索·恩 人物档案馆

013

生于坚定反俾斯麦圈子的历史
学家，写下最同情俾斯麦的传记

Bismarck

Original Title: Bismarck: Sturm über Europa. Biographie
by Ernst Engelberg, edited by Achim Engelberg
© 2014 by Siedler Verlag,
a division of Penguin Random House Verlagsgruppe GmbH, München
Penguin Random House Verlagsgruppe GmbH 授权社会科学文献出版社在中国大陆
翻译、出版本作品简体中文版。

俾斯麦::
欧洲风暴

Sturm über Europa

〔德〕恩斯特·恩格尔贝格
Ernst Engelberg

阿希姆·恩格尔贝格　著
Achim Engelberg

卢梦雪　译

社会科学文献出版社
SOCIAL SCIENCES ACADEMIC PRESS (CHINA)

恩斯特·恩格尔贝格 (Ernst Engelberg, 1909~2010) / 作者简介

20 世纪德国著名历史学家,曾任莱比锡大学、柏林弗里德里希 – 威廉大学（后改名为洪堡大学）历史学教授,研究重点为 19~20 世纪德国史、德国工人运动史、军事史、区域史、史学理论与史学史等。1985 年在联邦德国和民主德国同步出版其俾斯麦研究的第一卷,引起政界和社会轰动。获得反法西斯战士勋章（1958）、爱国功绩金质勋章（1974）、卡尔 – 马克思勋章（1979）、民主德国一等国家奖章（1984）等荣誉。

阿希姆·恩格尔贝格 (Achim Engelberg) / 作者简介

1965 年生,哲学博士,长期为《新苏黎世报》《自由报》等报刊供稿,现居于柏林。作为历史学者,他整理了父亲恩斯特·恩格尔贝格的学术遗产（现藏于柏林国家图书馆）,并在此基础上继续推进研究。

卢梦雪 / 译者简介

德法英译者,作者。原香港大学研究助理,欧盟EM奖学金得主,曾在欧洲大学和联合国机构任职,现为建筑学方向博士。出版译著有《戴高乐：军人政治家的肖像》。

人物档案馆丛书序

　　斑驳的旧物埋藏着祖先的英勇事迹，典礼仪式上演的英雄故事传颂着古老的荣光。从司马迁的《史记》、普鲁塔克的名人合传到莎士比亚的历史剧，乃至今天风靡世界的传记电影和历史同人小说创作——我们不断切换视角、变换笔触，力图真切地理解当事者的生活时代，想象其秉性和际遇，勾勒更丰满的人物形象。无限还原的愿望与同样无限的想象力激烈碰撞，传记的魅力正蕴藏在真实性与艺术性的无穷张力之中。

　　今天我们仍然喜欢描写和阅读伟人的故事，一方面是因为他们的存在和行为对社会发展起了关键作用，塑造着历史潮流，其人生值得在"作为艺术作品的传记"中延续下去并承载教化的功能；另一方面，人们的思想、情感、需求很大程度是相通的，传记从一些重要人物的人生际遇中折射普遍的人性，有让读者感同身受的能力。置身新时代，今人和故人面对着同样的问题：如何决定自己的命运，如何改变世界。过去与现在的鸿沟被不变的人之本性和深厚的思想传统跨越，这使历史可与当下类比。

　　索·恩人物档案馆丛书和已推出的历史图书馆丛书一道坚持深度阅读的理念，收录由权威研究者撰写的重要政治人物、思想家、艺术家传记。他们有的是叱咤风云的军事领袖、外交强人、科学奇才，有的则是悲情的君主，或与时代格格不入的哲学家……无论如何，他们都是各自领域的翘楚，不仅对所生活的社会，而且对后世及世界其他地方也造成了深远持久的影响。因而，关于他们的优秀的传记作品应当包含丰富而扎实的跨学科研究成果，帮助我们认识传主性格、功过的多面性和复杂性，客观地理解个体映射的时代特征，以及一个人在其社会背景下的生活和行为逻辑，理解人与社会结构是如何相互联系的。同时，这些作品当以前沿研究为基础，向读者介绍最新发现的档案、书信、日记等一手资料，且尤应善于审视不同阶段世人对传主的认识和评价，评述以往各种版本传记之优劣。这样的传记作品既能呈现过往时代的风貌，又见证着我们时代的认知和审美旨趣。人物档案馆丛书愿与读者共读人物传记，在历史书写中思考人类命运和当下现实。

社会科学文献出版社

索·恩编辑部

索·恩　人物档案馆已出版书目

1　美国的尤利西斯：尤利西斯·S.格兰特的故事

2　德意志理想主义的诞生：席勒传

3　伊藤博文：近代日本奠基人

4　陀思妥耶夫斯基传

5　肖邦：生平与时代

6　叔本华及哲学的狂野年代

7　叛逆爱国者：罗伯特·李的生平与传奇

8　马基雅维利：他的生活与时代

9　帝国与革命：埃德蒙·伯克的政治生涯

10　阿尔贝特·施韦泽：1875—1965

11　维多利亚女王：帝国女统治者的秘密传记

12　梅特涅：帝国与世界

目 录

第一章　俾斯麦的成长与探索 / *0001*

第二章　在反对革命的斗争中 / *0109*

第三章　在政治前哨站：克里米亚战争前后 / *0238*

第四章　走向国家危机：作为后备力量的大使 / *0310*

第五章　冲突大臣 / *0362*

第六章　自上而下的革命的前夜 / *0387*

第七章　普鲁士的霸权 / *0418*

第八章　北德意志联邦的成立 / *0448*

第九章　经济进步与政治逆流 / *0472*

第十章　战争和帝国的建立 / *0513*

第十一章　时代巨变 / *0541*

第十二章　国家和教会；与自由主义的充满不和谐的互动 / *0613*

第十三章　多重危机 / *0647*

第十四章　来自东方的战争乌云；内部的紧张局势 / *0692*

第十五章　国内政策和经济政策的转变 / *0750*

第十六章　安保政策和殖民政策（1881~1885 年） / *0776*

第十七章　社会保险；各党派的变化 / *0811*

第十八章　内政与外交危机 / *0840*

第十九章　俾斯麦统治的衰落 / *0894*

第二十章　繁忙的退休生活 / *0947*

第二十一章　一个生命的熄灭——一个时代的结束 / *0992*

编者后记 / *1004*

人名索引 / *1012*

第一章
俾斯麦的成长与探索

乡村里的童年和都城里的学生时代

奥托·冯·俾斯麦（Otto von Bismarck）于 1815 年 4 月
1 日出生在易北河畔的舍恩豪森（Schönhausen）。他是地主费
迪南德·冯·俾斯麦（Ferdinand von Bismarck）和妻子威廉
明妮（Wilhelmine）[婚前姓氏为门肯（Mencken）] 的第四个
孩子。俾斯麦父亲那一脉是阿尔特马克（Altmark）的古老贵
族，而母亲那一边则是一个学者、教授和高官辈出的书香门第。
因此，他的人生注定要面对古老而多样的家族传统。与此同时，
俾斯麦的降生正值历史上一个重要的节点：拿破仑时期的动荡
和战争走向终结；他刚好出生在那特殊的一百天①中，那时拿破
仑从厄尔巴岛逃回巴黎，再度尝试让法国和欧洲臣服于自己的
统治之下。这位独裁者、法国大革命的继承人以及德意志民族
的统治者最终在 1815 年的初夏宣告彻底失败。正是在彼时，日
后将带领普鲁士王国执行 1848 年革命及德意志民族统一诉求之
"遗嘱"的俾斯麦，度过了他生命中的最初几周。

在这个普鲁士容克之子出生的那一年，欧洲的国际体系
正在重塑，以适应阶级和国家之间力量关系的变化。这正是
1814 年 9 月至 1815 年 6 月举行的维也纳会议的任务。

---

① 指"百日王朝"。

在欧洲进行版图重新划分和政治秩序重新构建的同时，德意志内部也经历着相同的进程。

英国是这场世纪之战的头号胜者，这场战争从 1688 年光荣革命之后开始，在 1763 年击败了波旁王朝的霸权，最后以拿破仑的战败而告终。自此，英国巩固了自己作为欧洲第一个工业大国和殖民大国的地位。奥地利从莱茵河撤退，放弃了比利时，撤出了布赖斯高（Breisgau），转而在意大利的威内托扩张自己的势力；它在南欧、东欧和多瑙河流域成了较以往更为强大的力量，但也并未放弃称霸德意志地区的野心。俄国则通过吞并波兰中部，继续向西推进。在法国，波旁王朝复辟，它只是失去了萨沃伊（Savoyen）和尼斯（Nizza），但依然保有阿尔萨斯和洛林。

10　　虽然普鲁士最终得以吞并半个萨克森、整个莱茵省和威斯特伐利亚，但汉诺威和黑森 - 卡塞尔（Hessen-Kassel）仍然将其割裂开来，使其领土不能连成一片。在德意志第二帝国的创建时期，奥托·冯·俾斯麦几乎直接或间接地处理了所有这些在他出生那年规定下的领土调整，尤其是在维也纳签订的《邦联条例》。这份条例摧毁了德意志民族统一的所有希望，因为它既没有带来一个联邦政府，也没有带来一个联邦议院（Bundesparlament）。

德意志邦联（Bund）的中央机构美其名曰邦联议会（Bundestag），设在美因河畔法兰克福，由各邦国政府派出的公使组成，但他们仍遵从各自政府的指令。历经五百年形成的德意志各邦国君主的主权，依然得以保留。

在参加维也纳会议的主角里，普鲁士首相冯·施泰因男爵（Freiherr vom Stein）和奥地利外交大臣梅特涅（Metternich）之间的斗争代表着国家间的政治对抗。梅特涅之所以得以战胜施泰因，是因为巴伐利亚和符腾堡等莱茵联盟——这一拿破仑在德意志土地上留下的最稳固的遗产——的成员国奉行地方主义而背信弃义；同时，也是因为一个虚弱的德意志符合其他欧洲大国的共同利益。

当梅特涅策划和建立反民族主义的君主同盟——德意志邦联时，俄国沙皇亚历山大一世开始着手在政治上加强与欧洲各国，尤其是中欧和东欧国家君主间的紧密合作，并且在意识形态上防止这些国家被开明专制主义，尤其是那同样适用于君主国的社会契约理论渗透。他想要复兴和巩固的是那些关于君权神授和统治合法性的学说。这些也正是在沙皇倡议下成立的神圣同盟（Heilige Allianz）的原则，宗旨是在思想上更好地武装君主制，遏制资产阶级对于宪政宪法和建立民族国家的追求，尤其是鉴于新保守派也认为这些符合启蒙运动的潮流。神圣同盟的核心由俄国沙皇、哈布斯堡皇帝和普鲁士国王组成，看上去，他们的组合可以决定未来几十年的精神和力量。但事实上，他们并不能做到这一点，尽管他们通过《卡尔斯巴德（Karlsbad）决议》规定了要预先审查出版物、禁止大学生协会、解雇不受他们欢迎的如恩斯特·莫里茨·阿恩特（Ernst Moritz Arndt）那样的老师，并对大学进行监督。正如反拿破仑独立战争时，反动势力与追求普鲁士–德意志复兴的势力进行了合作一样，以神圣同盟为标志的复辟时期的历史倒退也具有某种进步意义，这种进步推动着德意志邦联在社会经济、思想和政治上朝着资本主义民族国家迈进。

对成长于革命动荡时期的俾斯麦而言，为了能够在自己所处的时代中发挥作用，他的首要任务就是去面对它；但他也有家族传统的问题要面对，必须对其进行接受、消化或处理。他继承的遗产包括庄园、家具、祖先画像、墓碑、家族赞助的村庄教堂、文件以及各种形式的证书，以上这些充分地表明了其家族的封建渊源。口述传统在贵族认识其家族地位及谱系中扮演了重要的角色①，往往呈现传说与真实历史结合的特点。此外，在19世纪的进程中，有关上流社会和贵族的认知在意识形态上呈现了更明确的轮廓，促进了贵族等级意识的强化。

　　费迪南德·冯·俾斯麦和威廉明妮·门肯的孩子们所属的阶层，是旧普鲁士王国长久以来的社会和政治支柱：他们是在自己庄园里统治农民的容克贵族，是直接参与王国政务的政府高官；虽然俾斯麦父亲或母亲的家族里鲜有人担任（小教堂里低等级的）牧师，但有不少在大教堂里做（高等级的）教士和长老。尽管门肯家族的历史只能追溯到17世纪，但是俾斯麦家族的影响可以一直追溯到13世纪。

　　如果说每一个当下都承载着过去，背负着过去的负担，那么与俾斯麦紧密相关的德意志帝国建立时期存在的问题，则主要是由之前几个世纪的问题决定的，尤其是受外国推动并深化的，与信仰分裂相伴的小国林立的状态。那些在民族国家政治变革时期想要参与政治，哪怕只是发表意见的人，不仅要处理贵族、农民、市民与诸侯之间的传统关系，还要应对与欧洲诸国和其他民族的关系。无论是当下还是久远的过去，都会对行为个体产生主观影响和客观约束。过去与当下之间的联系，塑造了每一个民族和地区独特的历史环境，并且对一个人的社会关系至关重要。

　　对俾斯麦来说，他的出生年份有着双重社会意义。一方面，童年和青年时期了解到的那段刚刚过去的历史对他产生了极大的影响；另一方面，在当时的社会和国家层面，已经建立起了他未来要应对的问题的架构和内容。这个成长中的男孩将几乎不可避免地在多年中一点一滴地、愈加迫切地了解到，他的父母、亲戚、朋友和老师在他们所处的社会等级和立场上经历和

12

----

① 指没有文书来证明他们的贵族等级或家族的起源，只有口口相传的证明。

领悟了什么：从法国大革命的前沿阵地，到旧势力发动的干涉战争；从 1795 年普鲁士的单独媾和 ①，到 1806 年自老弗里茨（弗里德里希大王）时代传承下来的军队的崩溃；从外国统治者的压迫，到独立战争中的英勇事迹和牺牲奉献；还有在普鲁士为了夺取胜利果实而开展的外交游戏中，那并不光彩的来回斡旋。

俾斯麦家族几乎不会被欧洲大小国家的划分和吞并牵动感情，尤其是不会受德意志邦联的形成影响，这一邦联只是一个松散的、保留各德意志诸侯主权的邦国联盟。他们更感兴趣的问题可能是，萨克森究竟将会部分地还是完全地被普鲁士吞并。毕竟，自 1814 年 11 月以来，弗里德里希·冯·俾斯麦中将，即"弗里茨叔叔"已经接替俄国上校普兰德尔（Prendel），担任莱比锡市的指挥官。在那里，他需要跟与自己家族相熟的萨克森商会理事会以及大银行家弗雷格（Frege）打交道，后者自民族会战以来作为市议会的成员，一直负责管理莱比锡的医院。这些关系可以解释为什么弗雷格是奥托·冯·俾斯麦的教父之一，虽然他在 5 月 15 日舍恩豪森的村教堂兼世俗主管机构的洗礼登记册中被记为缺席。由此看来，奥托·冯·俾斯麦还在摇篮里时，外交似乎就扮演了一个角色——一种需要在贵族团结与国家利益的冲突中找到平衡的外交。

奥托·冯·俾斯麦身上那种可能遗传自他父母和祖先的身心状态与性格特征，与整个家族里那种几乎被他吸纳了的生活氛围形成了有机结合——包括家族的经济与政治利益，受个人和社会决定的感情、思维习惯和生活习惯，以及他们的社会联系和当代纠葛。

奥托·冯·俾斯麦在他生命的前二十年里与农村有很多联系，跟他的出生地却关联甚少。早在 1816 年的春天，他的父

13

---

① 指《巴塞尔条约》。

亲费迪南德·冯·俾斯麦就与家人搬到了位于波美拉尼亚的新购置的克尼普霍夫（Kniephof）庄园，但并没有抛弃舍恩豪森庄园。在所有地方都一样，将农民和农奴对土地的占有权和使用权转变为他们对土地的所有权，并免除他们的劳役、货币地租和实物地租，是一件困难的事。那份涉及范围相对广泛的1811 年《关于调整地主和农民之间关系的敕令》，从来没有在任何地方成功得以实施。是的，正如内部报告承认的那样，这个法令在很多地方甚至没有被真正公布过。1815 年，这份敕令被正式终止，取而代之的是 1816 年的一份新声明——《皇家公告》。新法令规定，只允许可以使用牲畜的农民用实物地租和货币地租赎买土地所有权。直到在 1850 年 3 月颁布的《调整法》里，才规定所有的农民都可以这样做。

在一个构成复杂的村庄，容克贵族不可避免地要面对管理和隔离的难题。只有在小型的领地上，这才有可能避免。与舍恩豪森不同，克尼普霍夫只是由一个地主庄园、一个小庄园和几个灶房构成。这可以充分解释为什么费迪南德·冯·俾斯麦要选择位于波美拉尼亚的庄园作为住所，并把易北河畔阿尔特马克的农民和他们无休止的争吵留给他的管家贝林（Bellin）去处理。克尼普霍夫的新主人在极其有利的条件下，从他堂兄遗孀那里继承了克尼普霍夫的庄园，以及邻近的雅格林（Jarchlin）和库尔茨（Külz）的庄园，连同农具和牲口。正如转让契约所写的那样，牲畜包括 30 头母牛和 1 头公牛。为此，克尼普霍夫的新主人付出了 890 个帝国塔勒（Reichstaler）作为报偿。契约并不是买卖合同，作为对这些货物的回报，里面规定"在不进行清算的情况下，骑兵上尉俾斯麦需要承担抵押契据（这已经登记为庄园的抵押资产了）和现金的差价"；同样，他需要对"1807 年的战争造成的损害以及修缮工作进行补偿"。此外值得注意的是，这份独特的财产转让契约的法律顾问是卡尔·威廉·齐特曼（Karl Wilhelm Zitelmann），他是同样来自什切青（Stettin）、在 19 世纪 50 年代担任新闻助理、在 19 世纪 60 年代担任俾斯麦的秘密情报部门负责人的那个齐特曼的亲戚。就这样，在商业关系的隐秘阴影中，存在一条近乎与之平行的纽带，连接起老一辈和年轻一辈，并且它的重要性在不断上升。尽管父亲费迪南德可能单纯而迟钝，但他在这次财产转让中证明了自己懂得如何充分利用生命中的有利机会，正如他在十年前的婚姻中所做的那样；他可以等待时机成熟才行动。这样的品质对他的儿子奥托来说也并不陌生。

位于波美拉尼亚的库尔茨、雅格林和克尼普霍夫的农庄沿诺沃加德（Naugard）东北的一条乡村公路分布，距离公路差不多有 10 公里。这些农庄的产权都掌握在同一个家族手里，但并不总是在同一个人手中。这些农庄都由同一个领主行使领主裁判权，农庄上的教堂拥有同一个教会赞助人。其中，在雅格林的三个农庄也被划进了同一教区，那里还有一个相对老旧的小教堂。邻近的诺沃加德是容克县长、领主的法律顾问以及由骑士执掌的县议会的所在地。这里不像坦格尔明德（Tangermünde）和施滕达尔（Stendal）等地方那样具有贵族和市民共治的特征，而是由容克的制度和社会观念主导。

如果有人想从诺沃加德去俾斯麦的克尼普霍夫庄园，那么首先应去库尔茨。库尔茨有一条林荫道，两旁种满了整齐的橡树，使人除了庄园的景色，再难看到别的事物。继续向克尼普霍夫行进，主干道上将岔出一条同样种满了橡树的小路，这条路的 2/3 属于铺砌路面，剩下的 1/3 没有被铺砌，可以跑马。克尼普霍夫不是一个村庄，不像舍恩豪森那样有着农舍和不时分岔的乡村道路，也没有雄伟庄严的乡村教堂。在这里，庄园就是统治和管理村庄事务的所在。就像在库尔茨一样，主楼入口前立有石柱，这是领主房产的标志。在通向领主庄园的橡树大道右侧，是附属于农庄的杂用建筑和农庄里工人的住所，左侧是美丽的公园和富饶的森林。

庄园的中心建筑有两层，两侧各有一个一层带阁楼的附楼。庄园后院有一个带门廊的花园小屋。仆人的房间在右侧的副楼里，房间是简洁的白色。门厅的地面是砖砌的，所以比起用来接待客人，其更多用来承受耕地靴、林地靴和马靴的踩踏。从庄园的规模和陈设来看，没有人会想要将它描述为一个城堡。拿舍恩豪森庄园粗略地做个对比，就可以看出，在舍恩豪森庄园，壮丽的村庄是一个相对独立的部分，而在克尼普霍夫，所有的建筑物都归属于田庄，并且在空间上也隶属于容克庄园。这一切象征着波美拉尼亚的父权制（Patriarchlismus），以及家庭仆役和农庄工人物质的贫穷与精神的卑微。只有一个类似于厂房的酿酒作坊——就像其他大多数建筑一样，位于庄园的右侧——看上去庞大笨拙、格格不入。它是一个公然欢迎金钱收入的标志，同时也是资本主义对父权制封建主义的入侵。

15　　然而，对于成长中的俾斯麦来说，克尼普霍夫在几年时间里成了男孩的天堂。波美拉尼亚的成长环境对他的阅历产生的持久影响，远远超过了阿尔特马克。他一直更爱克尼普霍夫，那个他年少时自由驰骋的地方。俾斯麦直到长大成人后，对克尼普霍夫周围的森林和丘陵的热爱，还是远远超过对舍恩豪森附近的河谷。他喜欢美丽的克尼普霍夫公园，公园与森林融为一体，有平缓蜿蜒的小径、林间空地、鱼塘，还有那老橡树。同时，这一切也为骑马和狩猎提供了一个绝佳的机会。在这里，自然风光的秀丽与领主统治的威严融为一体。

1821 年底，年轻的俾斯麦不得不告别田园牧歌般的生活和家庭的温暖，去到远在柏林的学校上学。而比他大了差不多 5 岁的哥哥伯恩哈德（Bernhard）已经在那里寄宿学习了差不多一年了。这两个容克之子的家庭从未想过把孩子们留在乡下接受教育，乡村学校所教授的知识实在是太贫乏了。此外，一个年轻的贵族少爷，当他和乡村的男孩女孩们在树林、田野和马厩里漫步时，彼此没有什么分别；但他们并不属于同一间课堂。波美拉尼亚的教室里，人们经常要为谁应该为校舍的建设提供资金、谁要支付维修费用而艰难地讨价还价。直到19世纪40年代都还有大庄园主认真地宣称，由于已经对学校进行过捐助，他们将拖欠学费。但是政府会回应说，到目前为止还没有这样的先例。就这样，一场令人不安的"小战斗"打响了。庄园主们开展了一个非常小的校舍改善工程，在教室的泥土地上铺上木地板。按照众多容克庄园主的意愿，教室应该尽可能宽敞，这样一个老师就可以教"100个甚至更多的"学生。这样就可避免"过多的班级、教师及其亲属带来的维护工作"。鉴于教育学的进步和教学内容的丰富，俾斯麦家认为，已不再需要雇用一名全科家庭教师；看重教育的母亲威廉明妮转而强烈要求她的儿子们去首都的一所名牌学校就读。况且俾斯麦家本来在那里也有一套公寓，他们常常在冬天过去，这已经是他们家多年来的传统了。

众所周知，约翰-恩斯特-普拉曼（Johann Ernst Plamann）学校的学生们接受的是裴斯泰洛齐（Pestalozzi）式的教学方法。学校十分注重体操和体育锻炼，一直到文理学校（Gymnasium）的八、九年级。当年轻的奥托·冯·俾斯麦成为普拉曼学校的学生时，那些著名的老师已经不在那里任教了：从1822年起，克里斯蒂安·威廉·哈尼施（Christian Wilhelm Harnisch）就去主管魏森费尔斯（Weißenfels）的教师培训中心了，这个培训中心被称为"教员大本营"；身为数学家、制图师以及德国体操奠基人之一的卡尔·弗里德里希·弗里森（Karl Friedrich Friesen）在1814年3月作为吕措志愿军

（Lützowschen Freischar）①的领袖被杀害；体操之父弗里德里希·路德维希·雅恩（Friedrich Ludwig Jahn）因为被怀疑是"煽动者"而被捕，不得不去服刑。只有恩斯特·威廉·艾泽伦（Ernst Wilhelm Eiselen）还在那里教数学、体操和击剑，但他还是在 1825 年离开了，创办了自己的体操学校，不久后他的体操学校也开始招收女生。

在独立战争结束后的几年里，普拉曼学校受到如下治校理念的指导："最朝气蓬勃的人生精神，最快乐的希望，对祖国的奉献与热爱，对上帝真挚的敬畏和虔敬，以及对科学知识的勤奋学习。"弗里森的继任者卡尔·弗里德里希·冯·克洛登（Karl Friedrich von Klöden）在他关于年轻岁月的回忆录中如此写道。然而，随着反动势力在国家和社会中获得越发牢固的基础，可能被曲解了的裴斯泰洛齐教学法也越发在普拉曼学校形成独有的特征，不再由对人类和社会进步以及民族革新的内在热忱驱动。在教育和科学上颇有追求的教师们坚决反对这种僵化，却徒劳无功。

老师和校长之间、老师和学生之间长久以来的彼此亲善和快乐的精神，在普拉曼发起的越发带有偏见的种种争论中消失了。学生们近乎家人般的团结被一种粗鲁的相处方式取代了，而这却被认为是简单诚实的典型德意志品格。和教学方法一样，学校的秩序也变得无关紧要了。一切有助于课程的东西都是纯粹的德意志式的。与此同时，普拉曼还担心他无法继续开办他的学校。这就是年轻的奥托·冯·俾斯麦被送到这所学校时的情形。

---

① 吕措志愿军是普鲁士王国在拿破仑战争时期的一支志愿军部队，1813 年 2 月成立，1814 年解散。名字来自志愿军的指挥官路德维希·阿道夫·威廉·冯·吕措（Ludwig Adolf Wilhelm von Lützow）男爵。由于绝大部分志愿军军人穿着染成黑色的制服，所以吕措志愿军的别名叫作"黑猎人"（Schwarze Jäger）。虽然吕措志愿军的军事胜利不是太多，但是由于在当时普鲁士军队里面，只有吕措志愿军有很多来自其他德意志邦国的军人，所以到 19 世纪德意志统一运动兴起的时候，吕措志愿军就成了民族主义者大力歌颂的对象之一。

　　甚至从一些日常生活和行为规范中，都能反映这所学校的强硬冷酷和生存恐惧：早晨 6 点准时起床；早餐是牛奶和面包；7 点，学生应该在进行完宗教熏陶、聆听过校长训话之后，开始上课；10 点之后可以休息半小时，吃一份加餐，内容是干面包；12 点，普拉曼校长夫人和她的侄女为每一个老师和学生送上对应的那份午餐。

　　数十年后，德意志帝国的创立者奥托·冯·俾斯麦仍会将普拉曼的理念称为"人造的斯巴达主义"，可谓生动形象。他的这个说法是可信的，因为这个学校出来的其他人也是这么说的。学校里总会有"新鲜的有嚼劲的肉，不是很硬，但很难用牙完全咬碎。还有胡萝卜，我很喜欢生吃它们，还有几块方形的煮熟的硬土豆"。晚餐通常是热啤酒或黄油面包。以前在普拉曼上过学的学生们回忆指出，上完游泳课会感觉饿，有钱人家的孩子们会去克佩尼克（Köpenick）向农田守卫讨要一点甘蓝菜，然后狼吞虎咽地把它们吃光，对此也并不觉得羞耻。老年时的俾斯麦保证，他在普拉曼学校从没吃饱过。

　　普拉曼脾气越来越差，他的学校融合了严苛、信仰以及吝啬，是一所基督教－日耳曼式的教育机构，仿佛是一所民办的军校，而普拉曼就像管理一个旧式连队的军费一样管理学校的财务，其收支平衡是以老师的低薪和学生的营养不良为代价的。裴斯泰洛齐的人文精神和对德意志的爱国热情在很大程度上让位于古老的普鲁士座右铭：赞美苦难（Gelobt sei, was da hart macht）！这一态度虽然没有被明说，却被坚决地实践，但它并没有吓到贵族的庄园主们。这就是冯·普特卡默（von Puttkamer）、冯·布鲁德（von Brodel）等年轻少爷来到学校的原因。其中的一些同学在后来跟俾斯麦还有些交集，并偶尔为他提供微小的帮助。

　　毫无疑问，俾斯麦终其一生都直言不讳地表达着他对普拉曼学校的憎恶。1864 年 6 月，他对朋友罗伯特·冯·库德尔（Robert von Keudell）说："我的童年被普拉曼学校毁了，对我来说那就像一座监狱。"直到 6 岁的时候，他几乎都是在克尼普霍夫的户外或马厩里度过的。在父亲的庄园度过了这番自由自在的生活之后，柏林的食宿触动着他的童心："当我看到窗外的牛在田垄上拉犁时，我总会想念克尼普霍夫，继而泪流满面。"俾斯麦继续说道："整个学校都充斥着冷酷的严厉。没完没了的体操和雅恩纪念仪式只是装腔作势，这让我感到厌恶，简而言之，我对那段时间的回忆非常不愉快。直到后来到了文理学校，我有了城里自己的公寓、独立的食宿时，我才觉得可以忍受我的境况。"

18   在回忆录里，俾斯麦写到童年时期的经历时，都着重写其政治意义，而忽略了里面的人文气息。普拉曼学校带给他的德意志民族的影响还停留在"理论观察阶段"，还"不够强大"，无法抹去自己"与生俱来的对于普鲁士君主制的情感"。此外，在准备进入文理学校的过程中，普拉曼学校传授的知识和技能的价值也遭到了老师们的质疑。总之，跟年轻的俾斯麦对学校的厌恶相比，他从学校教育中所收获的实在是不值一提，这个学校留给他的只是一辈子的阴影。

一些作者为普拉曼学校极力辩解，试图在事后对其进行美化，仿佛俾斯麦的军事才能是在那里奠定的。与此相反，俾斯麦在这里上学时总是想办法逃避军事训练。几年以后在一封学生信件中，一些话听起来轻快而自由：他"最终成功地用坚定的态度打消"了父母"逼迫他成为一名军人"的念头。俾斯麦本人否认了有关他早期军事伟大才能的神话——正如埃里希·马克斯（Erich Marcks）在与他的谈话中得知的那样，他认为自己在学生时代"没有显露英雄主义"。从俾斯麦 1825 年冬季的学业鉴定中可以看到，他的成绩，除了历史年表背诵都是优，但他做事总是风风火火的，无论做功课、思考还是做体操。他的"自然的快乐"让他清醒地认识到，"一切都有其适当的场合，工作时应当认真，人际交往时应当快乐"。1826年，柏林画家弗朗茨·克吕格（Franz Krüger）给俾斯麦画了一张肖像。在肖像中，俾斯麦穿着依照传统德式风格缝制的绳索裙和"席勒领"，正像一个普拉曼学校的学生应有的样子。这个精神的少年望向画布外的世界，人们看到便相信，他知道如何保护自己；他的双眼明亮而睿智，他那带有批判性的目光引人注目，在画家笔下，这被展现为俾斯麦本质的特征。

　　当时，准备成为军官的年轻人在15岁时才离开家门，而且尽可能去到由他们的亲戚或熟人指挥的军团。然而，俾斯麦早在6岁的时候就不得不离开家去到一个陌生的学校。由于他过早地离开家门，又常年在外求学，感受不到家庭的温暖，这破坏了他和母亲的关系。尤其是这位女士常常需要疗养，又喜欢社交，一到假期就把儿子送到弗里茨叔叔家。弗里茨叔叔住在邻近波茨坦的坦普林（Templin），他的那幢森林小屋直到今天还矗立在那里。

19

11岁的奥托·冯·俾斯麦，弗朗茨·克吕格成为普鲁士宫廷画师（1825年）后所作。

在 1825 年春天，俾斯麦的母亲甚至威胁要对俾斯麦的哥哥伯恩哈德采取严厉的惩罚措施，这进一步限制了母亲对他们的教育和成长所产生的作用。她写道："我必须跟你把话说在前头，如果你的秋季学期学业鉴定不是'极其优秀'，那你今年冬天就别想跟我们生活在一起。而且，如果没有普拉曼先生的批准，也不允许你再来找我们。"这位平时热衷于旅行的母亲并没有努力去和儿子进行个人对话，而是要求他"逐条"回答她的质询。5 年以后，在一封告诫信中，她写下了她的精神信条："一个人如果没有精神生活，他又该如何让他的精神变得完美呢？在这一方面，别人所能给予我们的帮助微乎其微，只有我们自己不懈追求才能得到这些，否则它对我们来说永远都是死的。"她指责伯恩哈德"回避所有的思想活动"，声明她"有权知道他内心深处的情感"，并写下了她深切的却自感无望实现的期盼："我以为对我来说最大的幸福就是能有一个成人的儿子，他在我眼皮子底下接受教育，会跟我的想法一致。但跟我这样一个女人相比，他作为一个男人，应当达到更高的思想境界。我期待着与他思想的交流所带来的火花，在与儿子的交流中收获乐趣，这些可以给我带来很大的满足感。他已经通过天然的纽带成为我内心最亲近的人，也许还能通过精神上的亲缘关系与我更加贴近。现在，满足我的期待的时刻已经到来，然而这些期待消失了。很遗憾，我要告诉我自己，它们永远消失了。"

20 所有这些责备的、痛苦的恳求到最后也没能奏效，这表明这位母亲无法将精神世界与充满行动的现实生活联系起来，她并不了解儿子们的性情。威廉明妮生在富有教养和智识的门第，她对孩子们的教育充满热忱、满怀期待，希望他们在上流社会努力找到自己的一席之地。但即使是比伯恩哈德更有天赋也更加敏感的奥托，由于天性过早地受到影响，也不可能远离现实和俗世转而沉迷于美好的精神世界。由于不了解孩子的天性，并定下了不符合孩子性情的标准，这位母亲从远处为儿子们带来了强迫式的教育。尽管她屡屡申明自己作为母亲的爱意，但她那不断的催促还是使得温情难觅踪影。这就是年轻的奥托所遭受的和孩子气地抵抗的。

后来，在 1847 年 2 月给他的新娘约翰娜的信中，他这样澄清了他和他母亲的关系。"她希望我学习很多东西，并且有所成就。在我看来，她常常对我严厉而冷酷：当我还是一个小孩子时，我就讨厌她，长大后，我就用谎言和成就欺骗她。"关于母亲，他以一种和解的方式坦白说："最平常的母爱，只要掺杂了母亲的自私，就恰恰成了一个巨兽，完全阻挡了孩子对母亲的爱。"他同时也充满懊悔地写道："也许我对父母犯下了最严重的罪过，尤其是针对我母亲所犯下的罪过最为深重，超过了其他所有罪过。"俾斯麦后来否认母亲具有柏林人所说的那种"气质"①，这和他的一位亲戚兼少年玩伴做出的评价相符。

而俾斯麦跟父亲的情感联系最为密切。因为费迪南德·冯·俾斯麦性情温和，就像俾斯麦自己写的，父亲总能让他"感受到宽厚慈祥"。同时，父亲很少关心俾斯麦的思想世界和内心世界的发展。他依据自己生活中得来的简单经验给予教导，例如，一个人不应该借钱，因为这只会给自己树敌。但是，除了希望儿子们最终能找到一份正确的职业并站稳脚跟这种务实要求——比如，奥托应该在接管庄园之前通过第二次国家考试②或

---

① 俾斯麦的母亲威廉明妮在柏林出生和长大，却没有柏林女人特有的丰沛感情。

② 旧称 Assessorexamen（也译作候补国家文职人员资质考试、国家评估考试），是德国国家考试（Staatsexamen）中的"二试"。德国国家考试是德国政府针对专门职业科系的大学高年级学生举办的毕业及职业证照考试。二试通过后，方能独立工作或开业。

者开始他的军事生涯——费迪南德·冯·俾斯麦让儿子无拘无束，将教育方法留给他那热衷于精神探究的妻子决定。

21   但俾斯麦和父亲之间的关系并不是完全没受影响。一方面，他对父亲充满情感依恋；另一方面，每当父亲再一次举止过分粗鲁时，又会使俾斯麦产生羞耻感，让他的自尊心深受伤害。因此，在1968年才第一次完整出版的、俾斯麦1847年2月23日写给新娘的信中，他写道："我真的爱我的父亲，当我不在他身边时，我就会后悔对他的所作所为，从而下定改变的决心，却很少能坚持；对于他对我的宽容、无私、善良与温柔，我常常报以冷漠和闷闷不乐；我更常常因为不愿破坏在我看来得体的礼仪，才在表面上爱他，但我的内心对他那些明显的缺点冷酷无情。我无权对这些缺点做出评判，如果它们与破坏礼仪相关，我只能为之生气。然而，我不能收回这个评价，即我在灵魂深处对他是好的。"事实上，这封信对于父亲和儿子的特点都有所展现。奥托·冯·俾斯麦从很小的时候就培养出了对礼仪的感知，所以，对于父亲常常出现的粗鲁举止，他特别敏感。

这位儿子对他父亲的评价在他堂姐海德维希·冯·俾斯麦（Hedwig von Bismarck）质朴的、不带任何反思的叙述中得到了证实，她在回忆录中对"费尔南德叔叔"有着美好的回忆：他"总是跟我们和颜悦色地说话，或者讲一个轻松愉快的笑话，特别是当我和奥托骑在他膝盖上的时候"。但她还记得他的直言不讳，让她"有点不寒而栗"，1816年，他从一位去世的远房亲戚那里获得了位于波美拉尼亚的克尼普霍夫庄园、雅格林庄园和库尔茨庄园。他说"一个冷漠的叔叔配上农场的酱料之后就会变成一道完全可以接受的菜了"。"如此戏剧化的表述，"她接着说，"完全是他独有的风格；他曾在旅店的访客登记簿上'个人特征'那一栏写上'卑鄙下流'，并常常因此受到取笑。"

这对父母在智识和性格上均截然不同，使得他们成长中的儿子缺少了一些根本性的东西：母亲的温暖，这可以打开通往孩子心灵和思想深处的通道；还有父亲的谨慎和认真，这可以帮助一个人获得来自他人的建议和尊重。

费迪南德·冯·俾斯麦用文字留下的少数意见，完全无法与他妻子流畅的风格相提并论。他用无心的幽默写下了如下的话："今天是奥托的生日。晚上，有只漂亮的山羊为我们而死了。天气很糟糕。"奥托·冯·俾斯麦在后来写给约翰娜·冯·普特卡默（Johanna von Puttkamer）的求婚信中，用适度的冷静评价了自己的家庭：我小时候对父母家是陌生的，那里从来没有家的感觉；这个家对我的教育是由这样的观点指导的，即一切都应服从于培养理智以及提早获取正面知识。

在关于俾斯麦的其他传记中，关于他父母的婚姻，观点都过于简单草率，以至于带来了错误的结论，即他的父母是在波茨坦举行的婚礼，是一个资产阶级的市民女孩和一个来自勃兰登堡边区的老贵族（Uradel）的结合。事实上，门肯家族没有什么资产阶级的自我意识，他们虽然一边像一些资产阶级那样投资房地产，另一边却更想打入专制君主和地主贵族们的社交圈里；另外，作为贵族的俾斯麦家族也想要在非贵族出身的门肯家的帮助下，被普鲁士王权的光环照亮。毕竟，路易斯①的母亲一直活到 1818 年，她生前和普鲁士国王的关系很近。她在 1812 年租下了王室位于柯尼斯武斯特豪森（Königs Wusterhausen）②和霍恩利姆（Hohenlehme）的庄园，并促使

22

---

① 俾斯麦的母亲全名是路易斯·威廉明妮·门肯。
② 位于今天的勃兰登堡州。

王室把这处房产卖给了她的儿子，还让他的儿子被任命为当地的行政长官。费迪南德·冯·俾斯麦与路易斯·门肯的婚姻，不能说是门不当、户不对，他们的结合甚至不只是一次联姻，而是一种社会共赢：这位庄园主，只是舍恩豪森一名退役的少尉，而通过这场婚姻他获得了社会声望。

尽管婚姻双方的社会地位并非不般配，但两个人自身确实难言匹配。所有的证据表明，这个波茨坦女人是在 17 岁时，被她那与宫廷关系密切的家庭强迫，与这位 35 岁的容克地主结婚的。虽然费迪南德绝不是一个暴君，在很多方面让他的妻子自由自在，但他的社交圈和思想境界太狭窄了，没能让她在婚姻中实现本应实现的人文与精神领域的充盈。威廉明妮·冯·俾斯麦试图参与到她不熟悉的农业改良与更新换代中，虽然她非常愿意接受教育、勤奋学习，但和她实际能力之间还存在较大的差距，最终她失败了。至此，她接受知识的能力，最终迷失在复辟时期特有的神秘主义观念中。这些年来，她越来越清楚地意识到，她的儿子们无法迎合她的教育理念，她的社会抱负无法得到满足，于是她变得越来越痛苦，她的身体也越来越差。在给儿子伯恩哈德的一封信中，她说她必须保护自己的健康免遭痛苦场面的刺激，她的健康"已经深受各种各样的悲伤的折磨了"；只寥寥数语，却已道出了她生命的无限悲情。

奥托·冯·俾斯麦的童年确实算不上不幸，尽管他要面对家庭、学校、社会之间各种各样的紧张关系。无论如何，他的社会生活在早年就已经预先形成，资产阶级无法阻止他从内心深处与容克生活和普鲁士主义的悠久传统建立联结。

俾斯麦的家族有几百年的历史。虽然他并不认识他的祖先们，但一直对他们存有印象。俾斯麦的亲戚和熟人中有几位容克贵族与军官，他们的生活深深吸引着这个孩子。其中帮助

奥托·冯·俾斯麦的父母：卡尔·威廉·费迪南德·冯·俾斯麦（1771~1845年）和路易斯·威廉明妮（1789~1839年，婚前姓氏为门肯）。

最大的，就要数他的叔叔弗里茨了。弗里茨很健谈，他的教育和俾斯麦的生活息息相关，完全不像俾斯麦的母亲那样远离生活。同时，俾斯麦还可以从弗里茨叔叔那里汲取到他军事生涯和政治生涯的丰富经验。他叔叔的家坐落在坦普林湖畔，从弗里茨叔叔家里，这个男孩可以看到尼古拉教堂和波茨坦城市宫的屋顶；在这一小片土地上，普鲁士君主政体根本性的统治力量仿佛就以王室行宫和容克领地的形式呈现在人们眼前。

　　在普拉曼学校度过了艰苦的 6 年后，俾斯麦先后在柏林的两所文理学校度过了轻松的学生时光。1827~1830 年，俾斯麦就读于弗里德里希大街上的弗里德里希 - 威廉文理学校。1830~1832 年，他就读于修道院大街（Klosterstraße）上的灰色修道院文理学校（Grauen Kloster）。这两所中学都没有给他带来困扰，但他也没在这两所学校多么努力。那段时间，他正处于未成熟的青春期，他找到了骑马的乐趣，特别是跟城市资产阶级普拉曼学校的体操比起来，骑马是一项更自由、更有贵族气派的运动。甚至偶尔发生的骑马事故也有它有利的一面：从马上摔下来后一瘸一拐地走路被认为很有男子气概，而且经常给他远离学校的充足理由。这就是为什么在给这个未满17岁的男孩的毕业证书里，"勤奋"那一栏是这样写的："时不时缺勤，没能有一个连续的、规律的考勤。"

24 　　这个学生的数学成绩只被认定为"令人满意"①，同样值得注意的是，他的历史和地理成绩也是如此，显然，对于历史年份的死记硬背是他的薄弱环节。他也不喜欢学希腊语，他后来提到，学希腊语纯属多余。这和他对待欧洲的关键语言——拉丁语的态度不同。那时，在古代历史课上，老师会用拉丁语提问学生，而学生也必须用拉丁语回答。年轻的俾斯麦能够在口语和写作中做到这一点；在他后来的演讲和交谈中，他也喜欢穿插一些拉丁语表达。至于比较新的语言，有证据显示，他"在法语和英语方面特别优秀"。这为他日后打下了基础，使他在成年后能够非常流利地使用法语和英语；他的俄语成绩是"足够"，意大利语和波兰语也都还说得过去，此外，他还会一点西班牙语、荷兰语和丹麦语。据称，他的德语"非常灵巧，让人愉快"。他继续通过读写以及在日常生活中的敏锐观察提高自己的德语水平，能极其生动地使用那些乡村词语，形成自己的文风，就这样，他成了一名出色的语言大师。在高中毕业会考（Abitur）平均审查中，准大学生奥托·冯·俾斯麦被老师们认为是"有能力且准备好了的年轻人"，在总共18名学

---

① 德国学校成绩评级一般分为"非常好"（sehr gut）、"好"（gut）、"令人满意"（befriedigend）、"足够"（ausreichend）、"不及格"（nicht bestanden）等几个级别（或其他类似的表达）。

生中排名第十五，这说明这两所柏林文理学校的教育水平和生源质量有多么高。

　　继在普拉曼学校军事化管理的寄宿生活之后，从1827年秋一直到1832年春在文理学校学习的那几年，俾斯麦终于能有自己独立的住所了。这为年轻的俾斯麦的人格与思想发展提供了全新的条件，这些都是学校无法教授的。起初，俾斯麦住在柏林市区的一所公寓里，这所公寓位于贝尔肯大街（Behrenstraße）53号，是俾斯麦的父母为了自己和孩子们保留的。他们一起在那里过冬；到了夏天，因为父母想留在克尼普霍夫，所以在一定程度上就要儿子们管理好自己的生活了——他们只有一个女管家照顾饮食起居，有一个家庭教师大致地监督一下学习。

　　日渐年迈的弗里德里希·冯·俾斯麦，这位来自坦普林的退役中将"弗里茨叔叔"，也在冬天和春天住进了贝尔肯大街53号，受到哥哥、嫂子和侄子们一家人的照顾；其也可以反过来通过自己为军界和政界做出过的贡献及将军的身份，为这一家在首都的非正式场合赢得一个光荣的地位。弗里茨叔叔还为这个暂居首都的家庭做了其他的贡献。在精神状态不稳定的母亲和她那更为自信、人格却还不够成熟的儿子之间，有时会发生一些冲突。在这一方面，父亲费迪南德能做的很少。相反，他的弟弟弗里德里希却可以介入其间，调停母亲与儿子的冲突。在1829年12月，弗里德里希去世前4个月，他写信给他的侄子们：他们必须有自己的空间，不要离他那虚弱而又饱受失眠困扰的母亲太近，"她有我这两个宝贝侄子当邻居，他们有着吹小号的肺活量和长号般的嗓音，而且非常大声地跟父亲说话。他们迈着重骑兵的步伐走路，早上又接受同样如重骑兵般的朋友拜访，动静很大，十分吵闹……"

　　当然，这不单是因为儿子们的年轻躁动打扰了母亲的清

25

静；而且是因为母亲和儿子们在生活方式和思想观念上长久以来的矛盾一次又一次地撕裂着双方的关系。1830 年 4 月 2 日，弗里德里希·冯·俾斯麦在他哥哥的柏林市区的公寓里去世了。那是奥托·冯·俾斯麦刚刚过完 15 岁生日的第二天。几个星期后，俾斯麦的父母不仅像往年一样在初夏时搬到了克尼普霍夫，而且完全放弃了他们的柏林住所。儿子伯恩哈德在莱比锡上大学，奥托被安排到普雷沃斯特（Prévost）教授家里寄宿，接着又到弗里德里希-威廉文理学校的校长——博内尔博士（Dr.Bonnell）家里寄宿了一年。

在这个位于柏林市区的家庭圈子中，"弗里茨叔叔"无论在道德上还是精神上，都是灵魂人物。贝尔肯大街 53 号先后接待了卡尔亲王和阿尔伯特亲王，还有保罗·弗里德里希·祖·梅克伦堡-什未林（Paul Friedrich zu Mecklenburg-Schwerin）世袭大公；也包括军官们和"胸前佩戴星形勋章（Ordenssternen）的老先生们"；当然，容克庄园主们也时不时造访此地。此外，俾斯麦一家还会去一些重要人物的家里参加社交晚会，包括持有极端保守主义思想的内政大臣兼警察总监舒客曼（Schuckmann）家。但是，雄心勃勃的威廉明妮夫人看起来似乎是被宫廷社交圈排除在外了；就像别的妇人们刻薄地评价的那样，她缺少两样东西："在姓氏前面没有——'冯'……更重要的是，她口袋里也没有钱。"奥托·冯·俾斯麦从来没有提到，他在家里听说过哪些有关宫廷社交晚会和互访的事情。看起来，这方面并没有多少值得注意的东西留在他的记忆中。但如果说这个清醒的男孩在家人的谈话中从没听说过有关宫廷、政府、军队以及仕途晋升或是冷落的逸事，从没听到对于社会、国家状况或是位高权重之人的批评，那会是很奇怪的。

去柏林公寓拜访俾斯麦一家的容克地主们并不总是神采飞扬的，他们常常抱怨，发着牢骚，即使事情完全不像他们说的那样糟糕。但确实，对付农民变得越发困难；而企业和市场经济问题明显变得越来越复杂。贵族们几百年来都在跟金钱打交道，到此时，金钱却获得了一股威胁性的力量，几乎支配着他们的整个人生。资产阶级渗透到社会的每一个毛孔中，骗取政府里的一些职位，此外，他们还总是用启蒙思想瓦解着国家。

在俾斯麦 10 岁到 15 岁这个接受能力最强的年纪，还有什么能比这个家庭圈子和交际圈子，更好地展示当前时代的戏剧性冲突呢？学校能做的或想做的，都远不及此。比如，学校以老家庭教师般的方式向他介绍解放战争："国王召唤，民众起义"；士兵前进，将军指挥，在上帝的保佑下，战斗激烈，他们完胜拿破仑这个大怪物，这个在 1812 年还被称赞"不可战胜"的人。而奥托·冯·俾斯麦通过不同的渠道，不仅能了解到那些大家都知道的世界史中的事件，还能知晓那些事件背后的故事，比如贵族之间亲密无间的关系是如何建立、撕裂又修复的，比如谈判和磋商是如何在眨眼间悄无声息地进行的。因此，我们确实可以相信年迈的俾斯麦在他的回忆录中所写的，17 岁时，他"比大多数年龄比他大的学生有更多的机会"去观察那些塑造历史的现实条件。

俾斯麦与周遭的生活和劳碌保持着"嘲讽的距离"，这强化了他贵族式的生活态度。在其他方面，他的一些思想特征不太符合从所谓复辟时期一步步发展而来的普鲁士社会的精神状态。比如，年轻的俾斯麦一直参加宗教课程，16 岁那年更是从弗里德里希·施莱尔马赫（Friedrich Schleiermacher）那里接受了坚信礼。不过，之后他经过仔细考虑，有长达十年的时间"有意地"放弃了晚间祷告。

我们的老一辈中，许多受过教育的人都能背出俾斯麦回忆录《思考与回忆》里的第一句话："作为我国国家教育的正常结果，我 1832 年从学校毕业时是一个泛神论者。虽然我不

是共和主义者，但我深信，共和国是最合理的国家形式。我思
考着是什么原因能使数百万人长期以来听命于一人，尽管我
能从成年人那里听到一些对统治者尖酸或者轻蔑的评论。"但
是各种各样的影响"并未强大到足以让我抹去天生的对普鲁
士和君主制的情感。我的历史同情心仍然在权威那一边。在我
幼稚的正义感中，哈尔莫迪乌斯（Harmodius）、阿里斯托吉
顿（Aristogeiton）① 以及布鲁图斯（Brutus）② 都是罪犯，而
威廉·退尔（Wilhelm Tell）③ 则是一个造反者、凶手"。老年
的俾斯麦可能在描述青少年时代的感受和想法时有一些夸张，
但我们的确应从怀疑的角度看待它。他看起来只是高估了学校
对他的影响。一个这样的"国家教育"的"正常结果"——他
在 19 世纪 90 年代出于政治目的，或许也出于辩论目的而这样
表述，很可能并不符合实情。这个表述也跟他从文理学校毕业
时记录的内心状态和生活经历相反。此外，复辟时期的"国家
教育"是否真的具有压倒性的启蒙—自由主义倾向？对于这一
概念，他除了将其当作为特定目的而使用的话语，究竟有没有
认真对待？毕竟熟悉的传统作用更大，特别是在宗教和国家问
题上，这种传统是植根于开明专制主义的——至少大众是如此
认为的。

　　黑格尔哲学从 19 世纪 20 年代开始在柏林的学生和青
年知识分子中蓬勃发展，却几乎没有渗透到俾斯麦家的城市
公寓里。也许这些年来，他们已经隐约地注意到了，黑格尔

---

① 哈尔莫迪乌斯和阿里斯托吉顿（双双死于公元前 514 年）因杀死暴君希帕克斯
（Hipparchus）而出名，成为古代雅典民主的著名象征。

② 布鲁图斯（前 85 年～前 42 年）是罗马共和国的一名元老院议员，组织并参与了
对恺撒的谋杀。

③ 威廉·退尔是瑞士民间传说中的英雄，15 世纪的史书有所记载，在席勒的戏剧作
品中被描写为反抗异族统治和封建统治、进行解放斗争的代表。

在 1818 年 10 月的大学教授就职演讲中满腔热忱地提到的东西：国家的骄傲，主要指普鲁士的，以及对一种精神力量的信仰，这种力量可能将超越启蒙运动的高地。黑格尔如此解释："特别是我们现在所寄托的这个国家，由于精神力量的高度发展，而提高其重量于现实世界和政治事件中，就力量和独立性来说，已经和那些在外在手段上曾经胜过我国的国家居于同等地位了。……我们这个大学既是大学的中心，对于一切精神教育，一切科学和真理的中心，哲学，必须尊重其地位，优予培植。"①

任何可能从环境渗透到年轻的奥托·冯·俾斯麦心中的东西，都不足以让他去辛苦地承受黑格尔的概念世界；后来他也顶多在这方面完成了一些必要的任务。俾斯麦家族与科学家、艺术家的圈子本来也没有什么社会关系。施莱尔马赫对他们来说最多是一位适合自己阶层的牧师，仅此而已。

贝尔肯大街 53 号的主人们是否注意到了发生在身边的城市建筑的变化，是值得怀疑的。因为众所周知，奥托·冯·俾斯麦终生对建筑都不大关心。但不管怎样，1818 年新警局建成，1821 年剧院建成，1829 年老博物馆建成——这些全部是由卡尔·弗里德里希·申克尔（Karl Friedrich Schinkel）设计的古典风格的建筑。雕刻家劳赫（Rauch）创作了一系列纪念碑，纪念 1813 年战争中的将军们。

首都建筑的发展，体现了王室委托人们的权力意识和身份象征的需求，让有产的、受过教育的市民阶层印象深刻。而一些乡村贵族的反应却不同，他们对自己府邸内的建筑十分热情。弗里德里希·奥古斯特·路德维希·冯·德·马尔维茨

28

---

① 出自黑格尔《柏林大学的开讲辞》，此处译文引自《小逻辑》，贺麟译，北京：商务印书馆，2019 年；略有改动。

（Friedrich August Ludwig von der Marwitz）再一次评论指出，与早年间相比，国王已经明确了艺术收藏的品位，并让人大量购进艺术品。这位持反对意见的容克尤其不喜欢老博物馆的建筑，它"位于施普雷河（Spree）中间，人们豪砸百万就为了建它"。令他不满意的还包括，在那"非常大的喜剧剧院里，只有一个非常小的剧场在使用"！总体上，马尔维茨认为，现在出现了"这样让人愤怒的对比，当农村变得贫穷、走向灭亡时，首都的陈列却变得更富丽堂皇了，只有政府的官员、犹太人、放高利贷者、投机商与之保持着同样的步伐，过着奢华浪费的生活"。中产阶级由此受到了攻击，他们当时正通过向古典风格靠拢，促进着廉价的比德迈耶（Biedermeier）①居住风格发展。同时，马尔维茨也对当代教育理念的显著特点不满；他不想去了解"哲学的鬼火"，而是要求他的儿子们"规矩地学习数学、语言、历史和地理"，并且要对"上帝眼中常见、心中常有，因为祂超越所有人类的知识和理性"。尽管对宗教不冷不热，但青少年时期的俾斯麦更接近于这些感受和教育所构成的世界，而不是黑格尔哲学。

在政治上，1830 年的法国七月革命，通过俾斯麦对此颇感兴趣的母亲，从远方影响到了他。根据俾斯麦自己的讲述，当母亲夏天在柏林度假时，曾几次派当时还是文理学校高年级学生的他去尤斯蒂（Josty）咖啡店里，尽可能地取回最新的巴黎报纸来为她朗读。虽然年轻的贵族少爷并不喜欢这种差事，但他也借此获得了有关叛乱和当局的信息。对一名贵族来说，对宗教和政治的怀疑总是可以容忍的，他甚至愿意保护这

---

① 指 1815 年至 1848 年的中产阶级文学、艺术风格，随着城市化、工业化发展而兴起，亦与旧秩序复辟有关，尤见于经济地位上升而政治力量受限的中产阶级，关注家庭生活、小圈交际、私人领域的现实。故此概念曾含贬义，被用以批评市侩、庸俗的审美与精神取向。

种怀疑免遭僵化。但当社会震动变得严重，并且侵袭到德意志的土地时，他就将回归自身固有的利益和生活根基。俾斯麦在大学时期的行为态度也是如此。

俾斯麦的大学时期和见习律师时期

在法国 1830 年七月革命之后的欧洲动荡时期，年轻的俾斯麦度过了文理学校的最后几年，以及大学生涯的最初几年。他清楚地认识到，保守势力不再能阻止奥尔良王朝的路易·菲利普建立资产阶级王权，也不能阻止 1789 年法国大革命的三色旗取代波旁王朝的白色鸢尾花旗。比利时的民族革命再也无法被压制，波兰和意大利的起义历经艰难才被平息。即使俾斯麦年纪轻轻、漫不经心，没有紧盯着在萨克森、黑森、不伦瑞克和汉诺威这些小国发生的地方动乱，他也一定能注意到 1830 年 9 月底发生在柏林市中心的一些骚乱，这些骚乱就在他文理学校和寄宿公寓不远的地方进行着——是以"宪法和媒体自由"为口号的政治运动。国王弗里德里希·威廉三世于 1815 年 5 月做出的具有法律效力的宪法承诺，直到1848~1849 年革命期间也没有被履行；统治者对于合法的宪政党派形成的恐惧，远远超过了对国王违约的羞愧。但宪法问题成了"前三月时期"里普鲁士各党派争执的主题。

在被地方主义分裂了的民族运动中，一些相同或相似的要求总是反复出现，达到高潮，比如取消苛捐杂税和德意志内部关税，成立国民自卫队，选举地方议会以取代由上级政府任命的地方法官。这些运动也始终提出各邦国颁布代议制宪法（Repräsentativverfassung）并保障新闻自由的一般性要求。19 世纪 50 年代的时候，俾斯麦之前的同学们回忆指出，他在 1833 年就预见了立宪是不可避免的。这种看法在那时不是什么预言或先见之明，而是德意志各邦国骚乱的余音，是他从和同学（主要是外国同学）的讨论中吸取的政治经验。

30　　1830 年之后的民族运动发展过程存在一种趋势，即要发起全民族的、更加强有力的组织和集会。在此过程中，迄今为止的自由主义和民主主义之间的分化更清晰地显示了出来。大学生自 1817 年的瓦特堡大会（Wartburgfest）起，就一直是体现德意志民族意愿的中流砥柱。大学生协会（Burschenschaft）在 19 世纪 20 年代被取缔后，如今又被重新组织了起来。在 1827 年末至 1828 年初的那个冬天，德意志大学生总协会（Allgemeine Deutsche Burschenschaft）被重新建立起来。在这里，那些早期大学生社团的集体爱国热情所酝酿的、尚且模糊不清的东西，通过其纲领性表述和组织形态都沉淀下来、变得清晰了。他们一致同意这个简单明了的表述，即他们的目标是"通过大学的道德教育、科学教育和体育教育……为建立在德意志民族统一的基础上的政治生活……做准备"。这份纲领强调了教育的重要性，并且在政治上追求宪政自由主义（尽管表述含糊），最初得到了绝大多数大学生社团成员的认可。1832 年 12 月，学生们已变得更加政治化和激进化，并在斯图加特举行的社团代表大会上将"通过煽动革命实现德意志民族的自由和统一"定为他们的首要原则。然而，在这个革命目标中，盲动主义的思想若隐若现，往往体现为学生们聚众喧哗时的自吹自擂。男生们发出了渴望弑杀君主的怒吼："直到最后一个国王被送到最后的绞刑架上绞死，我们才会停歇。"

斯图加特的第一份"原则声明"还进一步决定，德意志大学生总协会应该加入德意志新闻与祖国协会（PVV），这起初是对诸多新闻与民族协会变得愈加强大，以及 1832 年 5 月汉巴赫节的反应，同时也表明学生运动不再是全民族意愿的前锋。

通过比较 1817 年的瓦特堡大会和 1832 年的汉巴赫节，我们可以知晓民族革命运动如何在广度和高度上取得了进一步的发展：在瓦特堡，有大约 500 名大学生和教授参加了会议，纪念莱比锡会战的解放行动和路德宗教改革对世界历史产生的重大意义，并始终以取得德意志民族的统一和自由为目标。它的一切洞见和预判都掺杂着许多民族主义性质的反法国沙文主义狂欢（Franzosenfresserei），以及基督教—日耳曼式的自以为是和傲慢。但是，尽管 1817 年的瓦特堡大会存在一些激进的情绪，还有那示威性地焚烧反动或所谓"非德意志"书籍和徽章的荒谬场面，但它仍然是德意志民族意识的第一次展示，并引起了持续的回响。

汉巴赫山上的庆祝活动聚集了 3 万名工匠和熟练工，还有农民和一些大学生协会成员。1817 年开始的超德意志主义（Deutschtümelei）① 逐渐演变为沙文主义，它最终于 1832 年在汉巴赫被欧洲各民族反对神圣同盟的团结斗争思想击退；在德意志本土，由奥地利和普鲁士统治的邦联议会被认为是一个与国家统一和公民自由完全敌对的机构，并成了斗争瞄准的对象。斗争的目标有了更具体的轮廓，爱国者的力量壮大起来了；发言人和领导者不再是教授与学生，而是律师和记者——他们的日常工作更加贴近现实，在政治上也变得更加娴熟。但是，由于这场运动的社会构成具有广泛性，关于应该以何种方式、何种手段实现德意志祖国的统一和公民自由的总体目标，也有着广泛的分歧，且分歧不断扩大。

1830 年之后的那几年，社会运动继续发展，即将成为大学生的俾斯麦必须在做出一些决定时将其纳入考虑。他更多是

31

---

① 指过于重视一切与德意志相关的东西，认为德意志的一切都是最好的，坚持己见，从不反思。

在学生宿舍，而不是在教室或会议室思考这些事情的。首先，他需要决定去哪里上大学、学什么。到目前为止，他的思想发展之路都是由他母亲的判断和意志指导的。现在，为了帮助儿子奥托选择学习领域与适合的学校，母亲再次热切地研究了起来。根据奥托的资质，学习军事或者任何一门自然科学的道路都没有被严肃考虑过；法律学习便成了几乎理所当然的选择，这后来为他打开了通往政府的道路。只有官僚生涯是这位容克之子可以预见的，因为对他来说，当律师是不可能的——在当时尤其不可能，因为许多自由派的倡导公正者、宪法狂热分子，甚至民主煽动者，显然都来自这个职业。

当考虑去哪里上大学时，有很多因素要考虑。他的母亲应该是害怕海德堡会让他"对可怕的啤酒上瘾"。但仅仅因为啤酒就应该拒绝海德堡吗？位于巴登的这所大学（即海德堡大学）究竟能否通过其议会辩论、新闻自由和社会生活的自由思想，为奥托获取普鲁士国家公职提供适当的准备和推荐？儿子奥托应该很遗憾，波恩也遭到了否定；在那里，他本可以遇到同乡。这些仍然是孩子气的愿望，而对他的"择校顾问"来说，这所大学在1818年才重新建立，其社会声望和在学术上的扎实程度还未得到证明。

32　　母亲威廉明妮有一位亲戚是秘密财政顾问，他在威廉明妮看来是学术方面的权威，根据他的建议，威廉明妮更倾心于哥廷根。这位财政顾问一定知道，这座城市和它的大学里的绝大部分人在1831年初发起了叛乱。当时，哥廷根的市民和学生都把自己武装起来了，在占领了市政大厅后，国民警卫队成立了。第二天，在市民大会上，他们选出了临时的市议会。直到8天以后，政府的部队才重新夺回城市。叛乱的领导人是在哥廷根大学取得法学博士学位并担任讲师的劳申普拉特（Rauschenplat）和舒斯特（Schuster），他们成功地逃走了。

大学被关闭了，学生被疏散了，直到复活节之后学校才复课。然而，到了1832年，大家都认为这个城市和这所大学"平静下来了"。古老的哥廷根似乎复活了，带着它曾经的名声，即"为社交名流与商业精英提供政治教育的高校"；还有它那对于英格兰的关注，这是因为英格兰与汉诺威王朝拥有同一个君主，是君合国。母亲威廉明妮选择了哥廷根作为他上大学的地方，既能表达对普鲁士国家的忠诚，又有可能实现她秘密的愿望，那就是让奥托跟随她父亲的步伐，成为一名外交家。

1832年5月10日，就在汉巴赫节前不久，俾斯麦去大学注册了，成了一名"法学和政治学专业的大学生"。只有17岁的俾斯麦，终于感觉自己摆脱了所有的看管。这个新入学的大学生首先要做出一个本质上具有政治性的决定，他母亲和他们家的学业顾问，也就是那个在枢密院工作的家伙一定对此有过考虑。当被问到是愿意加入大学生协会还是同乡会时，他选择了后者。他几乎不可能做出其他的决定。

这个贵族之子想要进入国家公职系统，做一个法官，做一个行政官员，抑或做一个外交官（这个想法已经萦绕在他脑海中了！），就必须考虑到，如果他加入了大学生协会，这种规划将会面临最高的风险，因为在一年前的哥廷根，大学生协会把自己置于对权威忠诚的对立面，而在1831年秋天，德意志大学生总协会决定采用一条激进的路线。虽然年轻的俾斯麦无法预见，德意志邦联议会将在两年以后禁止前大学生协会成员进入官僚系统，但他足够聪明，能察觉领导者的前进方向。

约翰·洛斯罗普·莫特利（John Lothrop Motley），出身于中产阶级家庭的雄心勃勃的美国人，日后将成为俾斯麦大学时代的好朋友。他在1832年7月1日的一封信中，将哥廷根大学生协会描述为"大学的败类"。显然，年轻的俾斯麦的感觉与这个评价并没有什么不一样。老年的俾斯麦在他的回忆

33

录中对此的表述，有着政治家的稳重和政治上的谨慎。关于他大学刚开始的那段时光，他强调，他"起初与大学生协会有联系"，因为他的德意志民族情感很强，而协会"把维护民族情感说成他们的目标"。但在与大学生协会的成员建立起个人关系后，俾斯麦就产生了不满，"他们无法让他满意，因为他们缺乏教养和良好的社会形象"。

在心理学意义上很有趣的一点是，在他那受各种各样的附带意图引导的回忆录里，俾斯麦为了说明自己为何拒绝大学生协会，首先提到了协会对决斗的拒绝，而决斗恰恰是同乡会典型的入会标准。他还不喜欢大学生协会中"对政治见解的夸大"，他认为这是"缺乏教育，缺乏对既有的、塑造历史的生活现实的了解"。对于年轻的俾斯麦来说，"塑造历史的生活现实"本质上意味着乡村贵族庄园统治和普鲁士君主制的传统，事实上，他确实比那些主要来自资产阶级的"平均年龄比他大的学生"，"有更多的机会去观察"这些传统，

所有的思考和感受都与加入任何一个大学生协会相矛盾，因此他以惊人的速度加入了同乡会。5月10日入学后，他先是在7月6日以临时身份加入，并在第一次决斗比赛后于8月正式加入了"汉诺威拉"（Hannovera）同乡会。莫特利将决斗称作一项愚蠢无聊的传统，"只有在德国才有可能出现"。根据他的评价，这一同乡会是这一领域内"最优秀的"。奥托·冯·俾斯麦与汉诺威拉的同学们关系亲密，无法维持他的"良好社会形象"，这正好违背了他对大学生协会的谴责；他转而全身心地投入一种轻浮、热爱喝酒与打架的学生生活。虽然大学试图取缔这一极其严重的陋习，但他们似乎很难成功将其制止。

同乡会是以各省命名的，是学术青年中最具等级意识的群体。在那里，决斗是一项荣誉守则。他们有着来自金钱以及出

身的贵族式的傲慢，有着崇尚精英的部队心态，并且视禁闭惩
罚为无伤大雅，使得所有管理措施都无效。

　　在俾斯麦到哥廷根之后最开始的时间里，他有着夸张的
外表和举止，穿着浅色的睡衣斗篷，或者长长的苹果绿的燕尾
服，有一条大狗做伴，试图到处挑衅。这种叛逆并未体现那个
时代的任何进步思想的特征，而是体现着贵族的骄傲与自我意
识，后者正是他一直想要吹嘘证明的。无论是决斗还是喝酒，
无论是被关进禁闭室接受惩罚——他在哥廷根被判处的最后一
次禁闭还是在去了柏林后才完成的——还是独树一帜的着装风
格，俾斯麦在这些方面跟其他那些与他同路的大学生都没有什
么区别。他的大学同学——美国学生约翰·洛斯罗普·莫特利
可以证明这一点。莫特利在寄回家的信中写下了他的批判性观
察得出的观点："大学城是所有夸张行为的家……我们在街上
遇到的大学生无不穿戴招摇，这种穿着在其他地方恐怕是一定
会引来暴徒的……他们每个人都根据自己的品位，按照自己的
审美来塑造自己。"他们有着各种各样的形象，但一致表现了
对名望的追求。

　　在俾斯麦的闲暇生活中，最显出其与众不同的是他的书
信。在信中，他大大咧咧的，有意穿插着犬儒主义的玩世不
恭，用让人无从反驳的诚实描述着那些年的惹是生非，同时也
透露了早年间对以目的为导向的外交策略的兴趣。比如，在
一封于 1833 年 11 月 14 日写给他哥廷根的大学朋友沙拉赫
（Scharlach）的信中，他这样写道："如果你想以和写信人同
样的心情来阅读这封信，那么你要先喝一瓶马德拉酒 ①。如果
你不知道我天生对墨水害羞 ②，如果你不知道我在哥廷根更喜

---

　　① 即一种产自马德拉岛的白葡萄酒。

　　② 即不善书信，或不喜书信。

欢喝莱茵葡萄酒而不是写信，如果你不知道我一看到笔就会抽搐，那么我要为我长久的沉默道歉。"他承认："我和我家里的老头子陷入了非常不愉快的局面，他拒绝为我偿还债务，这多少让我陷入了一种厌世的情绪，大约就像卡尔·摩尔（Karl Moor）① 在成为强盗时一样；但是我安慰自己……我的物资的匮乏还不是那么严重，因为我有巨大的信用额度，足以让我有机会放纵地生活；这样做的结果是让我看起来脸色苍白、病恹恹的；当我圣诞节回家时，家里的老头子一定会把这归咎于生存物资的匮乏；接着，我将表现得精力旺盛地跟他说，我宁愿成为穆斯林，也不想一直挨饿。这样一来，事情就能解决了。"俾斯麦真的看起来是脸色苍白、病恹恹的吗？无论如何，沙拉赫给俾斯麦画的铅笔肖像展示的是一个消瘦、高挑、爱打扮的大学生。

35　　　　俾斯麦之后不会再让父母知道他在哥廷根的所作所为，尤其是父亲已经因为他的花销抱怨过了。相反，俾斯麦给他那中尉哥哥伯恩哈德提出了一个精彩的建议："不要在给家里写信的时候太粗鲁！这个克尼普霍夫庄园的'小宫廷'更愿意接受外交的诡计和谎话，而不是一个粗糙的士兵。"俾斯麦在和哥哥这样轻松的交谈中，已经展示了他狡猾的算计，尽管他自己对于看起来轻松的大学生活方方面面的诱惑几乎没有抵抗能力。他遵守的主要是同乡会里那些"合宜"的行为规范。同乡会的行为准则允许他在喝酒期间把一个酒瓶子扔出窗外，以此把大学法官（Universitätsrichter）召唤过来，并用他的狗去吓唬法官；同乡会的行为准则允许他各种各样的反抗，却不允

---

① 席勒剧作《强盗》（*Die Räuber*）的主人公，典型的狂飙突进式的青年形象。他不满于专制和社会现状，却又无力改变；追求自由，是典型的叛逆者，最后却只能以悲剧收场。

许他"加入暴乱，干涉国家政治秩序"。这包括在汉巴赫节上举行的关于国家统一和公民自由的示威活动；俾斯麦将攻击法兰克福警哨的反邦联议会的行为轻蔑地视为"叛乱"，因为参与者在社会和政治层面上对他来说都很陌生。

然而，对于德意志国家统一将在可预见的未来实现的期待，对年轻的俾斯麦而言却毫不陌生。俾斯麦在他的回忆录中提到，他和美国同学、来自莫特利朋友圈的科芬（Coffin）还为此打了一个赌。俾斯麦详细地跟记者布施（Busch）说过此事，后者逐字记录了俾斯麦的这番话："我记得30年或者更久以前，在哥廷根，我跟一个美国人打赌，赌德国会不会在20年内统一。我们以25瓶香槟做赌注，由赢了的人提供，而输了的人应该漂洋过海前去对方那里。他打赌不会统一，我认为会。我1853年想起来此事，想去海的那边找他。但是，我打听到他已经死了……值得注意的是，我在当时——1833年——已经有了这样的想法和希冀，而如今在上帝的帮助下真的实现了，虽然当时我跟想要国家统一的大学生协会的人还争吵不休。"

和那些激进资产阶级、与他"争吵不休"的大学生协会相比，俾斯麦对德意志统一的渴望在社会层面和政治层面的动机显然是不同的，因此也具有不同的性质。人们可以去想想马尔维茨对统一的构想，毫无疑问他的想法和感受都充满了根深蒂固的容克思想，对此人们不会产生怀疑。在第一次战胜拿破仑之后，马尔维茨大为不满地看到，许多德意志人对与普鲁士统一的恐惧，似乎不亚于对与法国统一的恐惧。

但是，"关于一个共同的德意志祖国的想法已经生根了，而且坚不可摧！有这一想法的人将会统治整个德意志，因为他的出现，将是那个混沌时代的一束光，他必将成为那个混沌时代里所有人的指望"。

奥托·冯·俾斯麦和路德维希·冯·德·马尔维茨，这两

36

个相差一辈的地道普鲁士人（Urpreußen），用同样的思想探讨德意志问题，这种思想的内核便是普鲁士式的君主统治。另外，早在 19 世纪 30 年代，自由派也已经在备忘录和出版物中宣传着，要在普鲁士王冠的霸权地位下建立一个统一的德意志国家。虽然像海因里希·海涅和路德维希·伯恩这样的作家不相信霍亨索伦（Hohenzollern）王朝将会朝自由主义发展，并因而维护资产阶级民主革命，但自由派不仅与普鲁士王权达成了一致，而且更依赖于普鲁士的经济实力。这种实力在德意志关税同盟中得以彰显，它由普鲁士发起，在 1834 年 1 月 1 日正式成立。在经过几十年的内部斗争和外部斗争后，两种条件不同、动机不同的统治思想——普鲁士王权主义和资产阶级自由主义——才终于以一种特殊的妥协团结在了一起，从而使德意志民族国家的形成成为可能。

俾斯麦情绪高昂，时常高傲自满、欢闹放纵地游荡于哥廷根，因而未能有一个规律的学习生活，更不用说学得深入而广泛了。这位年轻的少爷早就不研究法学了。另外，年事已高的历史学家阿诺德·希伦（Arnold Heeren）讲授的关于国情和民族概况的课程，正符合俾斯麦的本性和早年的兴趣。后来，俾斯麦也引用过希伦的观点。莫特利可能曾经也是希伦大课中的听众之一，这位学者在英国、法国，以及尤其在美国产生的影响，胜过在德国。希伦，这个来自不来梅商人家庭的儿子，头脑中充斥着亚当·斯密的思想，因此其以相当现代的方式呈现了旧世界各民族间政治、交通和商贸的相互联系。在欧洲的国家体系及其殖民地的历史中，希伦同样看到了商品生产、交换和国际关系之间的相互依存性。

37　　吸引了年轻的俾斯麦并对他产生持久影响的，是这两个基本主题：其一，对物质利益所带来的影响的经济考量；其二，对发生过深刻变化的民族和国家体系之间的相互依存关系的考量。俾斯麦对国际关系的兴趣，从他早年养成的案头常备地图和地图册的习惯中就显露出来了。他对于外面世界的生动景象以及其他的生活方式有着强烈的渴望，这让他结识了一些盎格鲁－撒克逊同学，与他们保持着朋友的关系，就像是对美国的莫特利一样。他还与来自波罗的海沿岸、效忠于沙皇的赫尔曼·冯·凯泽林伯爵（Hermann von Keyserling）和亚历山大·冯·凯泽林伯爵（Alexander von Keyserling）建立了同样的朋友关系。

在放荡、大胆、债务缠身且忙乱的大学生活之外，年轻的冯·俾斯麦先生在哥廷根展现的那些更为严肃的特征不应该被忽视。最重要的是，关于未来职业的想法在这段时间内逐渐成熟了。"在那时，只要我认真考虑起在政府里的职业生涯，我就会关注外交领域……"老年的俾斯麦在他的回忆录中这样写道。而这确实与事实相符。

母亲威廉明妮梦寐以求的（东西），就这样从儿子的嘴里轻松说了出来，或是从他快速滑动的笔尖中流露了出来。任何关心俾斯麦的人都知道：他想成为一名外交官。在给他的同乡会兄弟古斯塔夫·沙拉赫的信中，他自负地写到"外交大臣"，后来他半开玩笑半认真地对此解释道："我现在的计划是再在这里逗留一年；然后去亚琛的政府就职，两年后参加外交系统的国家考试，把自己交给命运，无论是让我去圣彼得堡还是里约热内卢，对我来说都可以。"他的同乡会兄弟也半认真半开玩笑地附和说，俾斯麦有一天会成为第二个塔列朗（Talleyrand）或梅特涅，光芒四射。

俾斯麦在信中提到了大约两年后参加"外交考试"的打算，这封信是从柏林寄出的，几天后他就正式入读了那里的大学。有迹象表明，俾斯麦在那几周里已经向当时的普鲁士外交大臣安西永（Ancillon）"报到"过了。外交大臣明确地向他表示，"平庸的普鲁士乡村贵族"并不被认为是未来外交官的合适人选，因为外交官需要拥有宽广的视野和熟练的技能。乡村贵族的后代最多可以做到驻德意志诸国公使的职位，但不可能被派到欧洲其他国家的宫廷里。无论如何，安西永还是建议俾斯麦作为候补文职人员参加国家考试，然后转而通过参与几个月前成立的德意志关税同盟的事务，寻求进入普鲁士在德意志的外交系统。

38　　关于促使俾斯麦从哥廷根转学到柏林的原因，我们所知甚少，更多只能猜测：汉诺威拉同乡会内部和外部的分歧似乎已经变得难以承受了，而债务更是折磨他很长一段时间了。1833年12月底，在克尼普霍夫，当俾斯麦再次起晚了的时候，他的母亲问了他一个烦人的问题：鉴于他一点儿都没有表现对学习的兴趣，他是否还想继续上大学？1833年至1834年的冬天，俾斯麦已经住在柏林了，尽管他在9月离开哥廷根时只拿到一个暂时的离校证书（Abgangszeugnis）[①]，并且直到1834年5月才能在一个新的城市注册入学。他的经济危机和道德危机使他认识到再也不能像以前那样"放纵地生活"了。

　　虽然他没有想着在柏林进行任何系统性的学习，但他继续和约翰·洛斯罗普·莫特利维持着友谊，后者勤奋学习、热爱讨论，并且也早已对哥廷根感到失望。他在柏林的第二个朋友是亚历山大·冯·凯泽林伯爵，俾斯麦在哥廷根的时候已经结识了他的兄长。在他面临危机的情况下，凯泽林和莫特利就是他好心情的来源。这三个好朋友都住在市中心，靠近弗里德里希大街、贝尔肯大街和莱比锡大街。"我们，莫特利，凯泽林和我，"俾斯麦之后这样写道，"在亲密交流中共同生活，分享我们的饭菜，一起运动。"他们一起阅读莎士比亚和拜伦，扩展了英语知识。这也引发了关于意识形态问题的争论，尤其是关于宗教问题。俾斯麦宣称"他根本不信教"，并对其"极端

---

① 一种学业证明，相当于肄业证书。

怀疑"。在文学讨论和世界观基本问题的争论之外，他们还有音乐。有可靠的证据表明，俾斯麦喜欢听凯泽林的钢琴演奏。

可以肯定，他在柏林的朋友面前的表现，并不像他用惯常的同乡会语气向哥廷根同学沙拉赫描述的那样："……晚上，我坐在剧院的第一排，举止粗野。"跟不是同乡会的朋友们坦率聊天，在后来的几十年里，都是俾斯麦愉快的回忆。以至于当俾斯麦后来当上德意志帝国的宰相时，仍会在紧要关头渴望继续跟他的两位朋友这样聊天，并且他也一再邀请朋友来到自己身边——这得到了他的妻子约翰娜的强烈支持，因为她发觉丈夫很需要这样无拘束的社交。

1841 年，来自美国大资产阶级家庭的约翰·洛斯罗普·莫特利成了美国驻圣彼得堡公使馆的秘书。他在 19 世纪 40 年代出版了自己的第一部历史著作，之后在 50 年代出版了一部三卷本的《荷兰共和国①的建立》，又在 60 年代出版了一部四卷本的《尼德兰联省共和国史》。之后，莫特利在 1861 年至 1868 年任美国驻维也纳公使，并于 1869 年至 1870 年任美国驻伦敦公使。与俾斯麦不同，莫特利的学术工作开展得更系统、更有条理，因此他很早就能在外交工作之余开展历史研究了。1834 年，一封寄给著名的历史法学派②创始人弗里德里希·卡尔·冯·萨维尼（Friedrich Carl von Savigny）的

39

---

① 又称尼德兰联省共和国。

② 历史法学派（Die historische Rechtsschule 或 die geschichtliche Schule der Rechtswissenschaft）是 19 世纪初兴起于德意志地区的一个法学流派。其产生背景是古典主义思潮对近代自然法和理性法思潮的反动，强调法本身所具有的历史规定性。创立者萨维尼主张，法的发展只能追溯到民族精神（Volksgeist）那里。历史法学派的基本主张是：法（Recht）并非由立法者随意创制，而是作为民族意识中鲜活的信念——如同民族的语言、道德、风俗——被把握的，其发展和变化深深植根于历史中，是随着时代有机发展的。因此，民族在实践中对法的不断变化的需求就成了这种法信念的承担者。在这种发展不息的法体系中，法学家阶层被赋予了出任民族法意识之代表的任务，他们负责对现行法进行学术加工，将之呈现并对之加以适用。

推荐信，将莫特利引入了柏林社交圈。正如家人所期望的那样，莫特利遍览普鲁士首都的名胜古迹，参观了波茨坦和无忧宫，也了解了这里的风土人情，他总是从保守的自由主义的角度来判断看到的一切，而这个时期的俾斯麦也在多次辩论中深入探究了这种思想。

对一个开明的美国人来说，德意志尤其陌生的地方在于它的封建制度，莫特利把德意志的"贵族阶级"视为"绝对激进的"。"你可以很容易地把德国人分成两类：名字带'冯'（von）的和不带'冯'的，"他于1833年11月4日在柏林这样写道，"那些名字前面拥有von这三个神奇字母的幸福的人属于贵族阶层，因此是最高贵的。而没有这三个的，不管其他所有字母怎样排列组合，就都仍然是平民。"

虽然这位大学同学的无偏见的、批判性的看法无法撼动俾斯麦的普鲁士属性，但确实让俾斯麦变得深思熟虑了，使他对许多现象的判断变得敏锐了。莫特利在当时称自己是一个"共和党人"，从俾斯麦1833年11月14日写给沙拉赫的信中，可以看到莫特利对俾斯麦的影响力。俾斯麦是在10天前收到莫特利的信的，在信中莫特利抨击了名字里带"冯"的"贵族阶级"。而俾斯麦在写给沙拉赫的信中，也嘲讽自己认识的一个贵族是一根细长的"贵族的自由之杆"（Freiheitsbaum）①，"在做人方面，他什么都欠缺；在当宫廷侍卫长方面，他什么都不欠缺，只欠给嘴上个锁。他和30个表兄弟、堂兄弟一起住在那里，他和他们都没有过节，他们聚在一起的唯一后果，就是积累起了愚蠢，这是违反警察规定的；'他们不吃不喝'，那他们做什

---

① 美国革命和法国大革命时期的一种象征自由和解放的标志，其形态是一根直立于地面的很高的木杆，顶端悬挂着旗帜或自由帽。一般竖立在城镇的广场上，被称为"自由之子"的公民聚集在其下，发表政见。

么？他们掰着手指数着他们的祖先"。在他与沙拉赫的通信中，这种嘲讽以文学的形式体现得淋漓尽致——特别是在 1834 年 4 月！那时，俾斯麦为自己描绘了一个"肥胖的常备军军官"的未来愿景，他将在他的庄园里咆哮，通过殴打仆人发泄情绪，并逐渐变得迟钝。值得注意的是，在这封信以及 1833 年 11 月 14 日的批评中，都有莫特利的名字！

莫特利在 1841 年 11 月 8 日的信中对普鲁士大加批判，他写这封信时，距离他在哥廷根和柏林留学的时光已经过去了一些年。但是，他在此信中表达的观点不是他去圣彼得堡的途中获得的，这些观点只是对官僚主义愤怒的产物，因为官僚机构在他的护照问题上给他设置了重重困难。他在信中说，普鲁士真的没有什么历史："……王室的确是古老的，但国家是新的，是这些购买、窃取和掠夺来的省份，在非天然的情况下人为地东拼西凑组合在一起的，它们之间没有天然的联系，被马赛克式地拼凑在一起，迫于压力维持在一起。"这个被巧妙拼凑在一起的王国在 19 世纪初被拿破仑榨干了，但后来又被维也纳内阁恢复了。"从那时起，普鲁士就一直是一个军营，人民操练刀枪。赞美它的好行政体系是时髦的，但我对所谓的好行政体系没有好感。普鲁士由一种温和的专制统治，这是事实。这是顺势疗法①般的暴政——小剂量持续进食，进食规则很严格，食量被严格控制。但最令人恼火的是这种没完没了的行政工作，它是政府小规模管理措施的长期结果，就像病人必须随时吞下的药丸一样。"

不仅是没有封建主义负担的美国人莫特利，受其他形式

---

① 顺势疗法（或称同质疗法、同种疗法）是一种替代疗法，1796 年由山姆·赫尼曼按其"以同治同"理论所创。此理论认为，如果某个物质能在健康的人身上引起病人患某病症，将此物质稀释、振荡处理后就能治疗该病症。例如洋葱会引起打喷嚏，多次稀释、振荡后得到的洋葱颗粒，就能治疗以打喷嚏症状为主的鼻炎。

的社会关系影响的亚历山大·冯·凯泽林，也始终和普鲁士保持着批判性的距离。凯泽林的祖父母和父母与彼得堡学院（Petersburger Akademie）有联系；据说康德曾在这个家族位于东普鲁士的庄园里担任家庭教师，并与之长期保持着联系。这个家族有着无与伦比的智慧，俾斯麦家族即使是在最鼎盛的时代里，也没有达到这个高度。和俾斯麦同一年出生的亚历山大·冯·凯泽林伯爵，在1839年作为联合编辑出版了一部名为《欧洲脊椎动物》的作品的第一卷，此书的系统性叙事方法被认为是突破性的。凯泽林在他的黄金岁月（1856~1862年）担任骑士上尉，与俄国政府斡旋；作为爱沙尼亚地区的行政长官，凯泽林是一个有自由主义倾向和等级意识的保守派。在一个相对自由的自治环境中，爱沙尼亚的骑士们知道如何面对王权和官僚体制维护自己的权利。因此，凯泽林的自由主义虽不是西欧那种资产阶级—宪政式的，但其保守主义根基已使其足够强大，因而让他拒绝了1834年在普鲁士被给予的那份工作。

41

　　和柏林的大学朋友们在一起，对俾斯麦的进一步发展有着不可估量的重大意义。显然，俾斯麦比他的哥廷根同学们更加诙谐幽默。但柏林的外国朋友们能帮助俾斯麦避免陷入平淡、偶尔奢侈的实用主义，对此俾斯麦自己也可以感受到。同时，他们让俾斯麦了解到了自由主义的一些发展方向，他在这个圈子里对这一方面表现了更强的接受意愿，这对他的生活产生了深远的影响。在汉巴赫节和法兰克福政变后，俾斯麦在他的回忆录中写到，跟他当初离开柏林时相比，他从哥廷根回到柏林时"自由主义思想更少了"；而在他"与国家机器直接接触"之后，这种倾向又有所逆转。俾斯麦在柏林和朋友们的辩论肯定有助于这一过程，因为在辩论中，他既为自己的观点辩护，又批判性地吸收朋友们的观点。这三个好朋友中的每一个

人都已经确定了自己工作和追求的方向；莫特利和凯泽林专注
于科学研究，并在系统性研究方面表现了极大的热情；俾斯麦
对思想并不陌生，但是对科学不甚了解。他的态度是矛盾的：
一方面，他就像一名典型的 17、18 世纪的年轻贵族，想要从
壮游中接受教育，学习处事经验；另一方面，鉴于国家官僚机
构的要求不断提高，他必须完成他用来谋生的大学学业，对他
来说，和其他许多人一样，这意味着要在导师的帮助下掌握考
试材料，以便快速通过毕业考试，拿到学位。为了谋生而学习
的学生俾斯麦没有遇到太大的困难，就凭借自己的能力实现了
这个目标。但是，他认为语言学习，以及基本的历史和地理知
识，对一名未来的外交官来说，是必不可少的。专注于这样的
学习任务量，外加阅读美文——这完全符合许多贵族的愿望。

　　海因里希·海涅（Heinrich Heine）在其 1840 年发表的
针对路德维希·博尔内（Ludwig Borne）的论战文章中区分
了以下两种人："禁欲、反对图像、追求精神净化的人，以及
精力旺盛、为进步而自豪的现实主义者。"奥托·冯·俾斯麦
就属于后者，如果说他偶尔或者早就察觉到自己有一种强烈的
自豪感，那么，这在他与哥廷根同学莫特利肆无忌惮的谈话中
就可以看出来："……我要么会成为普鲁士最大的无赖，要么
是普鲁士的元首。"

　　美国朋友莫特利显然了解年轻的俾斯麦心中的冲动。他
在 1839 年出版的小说《莫顿的希望》中以俾斯麦的形象塑
造了"奥托·冯·拉本马克"（Otto von Rabenmark）这个
角色——当然有理想化的夸张，但还是有一些现实的特征的。
奥托·冯·拉本马克活跃于街头巷尾和酒吧里；在他的房间
里——叼着烟斗、剪影打在墙上——他卸下了小丑面具①，和莫

①　小丑面具（Narrenmaske），在中世纪象征着言论自由。

顿"理性地"交谈。奥托·冯·拉本马克的出现有其意义：这个古怪的年轻人通过辱骂、决斗并取得胜利，加入了最好的同乡会；又通过狂野而奢侈的行为胜过了同乡会的同伴们；当被问及这种生活是否令他满足时，他回答，"哦，这是幼稚的行为，但我在年龄上确实就是一个孩子。我有一些时间。这所大学对我来说是一所行动的学校（Schule des Handelns）"。

"行动学校"正是这个追求进步的人身上的关键词。由于小说写于俾斯麦开始政治家工作的几十年前，不可能存有为他辩护的嫌疑，书中对他的描写就更加值得注意了。这样的性格也让他不会愿意被军官生涯的纪律束缚。俾斯麦准确地评估了自己这方面能力的不足，总是在这条道路前退缩。当1833年末，母亲向他提出那个恼人的问题，即他是否真的有兴趣读大学时，据俾斯麦向哥哥做的描述，她很乐意看到俾斯麦"穿上蓝色制服，站在哈雷门前保卫祖国"。俾斯麦不得不再次明确拒绝父母的这一强烈要求。"对于我父母那最终变得断然的让我成为军人的要求，我用我的坚定成功地抵制了，"俾斯麦在写给沙拉赫的信中说，"在那之后，我辛勤地工作，投入得非常多，在圣母玛利亚的帮助下，我得以从一个值得尊敬的法律考生转变为一个小小的王室公务员，即柏林市法院见习律师。"

无论俾斯麦为了达到他合适的社会地位和社会目标还会走多少弯路，也无论他可以考虑和尝试多少种可能的职业，他从一开始就排除了他的军事生涯——尽管后来他在威廉这位普鲁士国王兼德国皇帝面前，总爱做出与此相反的表述。尽管日后在他的执政时期里，普鲁士-德意志军国主义将会取得发展，但他自己在内心和明面上都抵制军事训练，并且极不情愿、能拖就拖地履行自己的军事义务。俾斯麦喜欢统治，但不喜欢被控制；他渴望权力，但只是在自己能够将它掌控而不必服从于它的情况下。

俾斯麦作为见习公务员的前两年里，他取得的进展大致记 43
录如下。1835 年 3 月，他从柏林大学办理了离校手续。5 月，
他在柏林高等法院通过了他的第一次司法考试，并在几天后
被聘为"柏林高等法院初级律师"，并做些庭审记录的工作。
1836 年 1 月，他请求亚琛政府主席（Regierungspräsident）阿
道夫·冯·阿尼姆 - 博伊岑堡伯爵（Graf Adolf von Arnim-
Boitzenburg）允许他前往当地参加考试，这是从司法系统转
入政府管理部门的必不可少的考试。2 月中旬，这位政府主席
寄给了奥托·冯·俾斯麦考试委员会选出来的题目，即两个
规定的论文题目，分别为"宣誓的本质及其合法性"和"国
家预算中的经济节俭性"。俾斯麦所写的论文很有目的明确
的应试风格，他的论文获得了"非常好"（sehr gut）和"及
格"（gelungen）的成绩。试图从中提炼俾斯麦的独创性是
毫无意义的。他的口试也得到了"非常具备能力"（sehr gut
befähigt）的判定，于是，俾斯麦晋升为政府后备官员，并于
1836 年 7 月初宣誓就职。

表面上看来，一切似乎进展顺利，但是俾斯麦从在柏林
高等法院开始，内心就已经不快乐。那时，他写信给朋友沙拉
赫："这样看来，我的生活真的有点悲惨；在白天，我学习一
些不感兴趣的东西。到了晚上，我在与宫廷人士和公务员们的
社交中假装愉悦，但我不是舒伦堡（Schulenburg）①贵族那样
的人，对这一切我完全感觉不到快乐，也根本不渴望。这种生
活将使我在肉体和精神上都萎缩，我相信，即使我最完美地实
现目标、获得德意志最长的头衔和最多的勋章，或是成为最令
人艳羡的贵族，都不足以成为补偿。"对一个想要有所发展的
年轻人来说，这些看法是冷酷的，几乎令人绝望的，他在他的

---

① 一个显赫古老的贵族家族。

控诉中又添加了一声充满希望的叹息："有时，我还是会燃起这样的希望，用犁去替换笔，用狩猎袋去替换公文包；而我仍然可以这样做。"事实上，俾斯麦首先尝试的是找到一条通往亚琛的道路，进而从司法事务转到行政事务上去。

突破困境

1836 年初夏俾斯麦前往亚琛，这种漫不经心的决定让人吃惊，但那里毕竟还有口试在等着他。他没有直接去亚琛，而是绕道莱比锡、法兰克福、威斯巴登、吕德斯海姆和宾根峡谷（Binger Loch），享受他快乐的旅程，在莱茵河上"乘蒸汽轮船，经历了一场非常英国式的派对"去到科隆，最后终于到达了他的新工作和新冒险所在地。在那里，俾斯麦受到了亚琛政府主席阿道夫·冯·阿尼姆-博伊岑堡伯爵的接待，正是这位伯爵给了他必需的法律书籍，让这位考生在"考试前 8 天的时间里，像水牛一样，用笨拙的方式，拼命地死记硬背"这些书里的内容。俾斯麦在信中告诉他的哥哥，他接受了关于普鲁士法律和法国法律的严格考试。在毫无准备的情况下，他要翻译拉丁文和希腊文文本，用拉丁文评论历史和哲学体系。这一切都取得了出色的成绩；考试的鉴定报告肯定了他出色的判断力、敏锐的理解力，以及流利的表达能力。

正是在这封写给他哥哥的信中，年轻的俾斯麦描绘了他接下来几年生活的主旋律：他奢侈的生活方式迫使他举债和讨钱。他以近乎天真的坦率告诉他的哥哥："这段旅程给了我很多乐趣，但也花了不少钱。"他向哥哥阐明了所有那些额外的，以及自然是意想不到的花销，并得出了一个无可辩驳的结论："如果我回家后，父母不心软而满足我的要求，给我一些钱，那么我在这里的生活将无法正常地维持下去；因为在没有

奥托·冯·俾斯麦（左图）和伯恩哈德·冯·俾斯麦（右图，1810~1893年）。伯恩哈德不止一次帮助弟弟奥托，当时奥托因为花钱如流水而欠下了债务。在月光下进行浮夸的香槟晚宴后，奥托"囊中羞涩，心如刀割"。

现金的情况下在这里生活，是绝对不可能的，而在这里挣钱也是不可想象的。我们拭目以待（nous verrons）。"此外，他会像"撒旦在天堂里"那样无聊。

　　暂时，一切都还好。他可以通过一个优秀的考试成绩暗示他的父母，解决他对钱的需求。同时，年轻的俾斯麦因为出色的成绩，向他的新上司展示了自己最好的一面，从而给新上司留下了良好的印象。俾斯麦同时也向冯·阿尼姆－博伊岑堡伯爵展示了自己的最佳状态。冯·阿尼姆－博伊岑堡伯爵作为边区最富有的继承领主（Majoratsherr）之一，属于普鲁士贵族和官僚中的最高层级。他的外表和举止让人觉得无法接近，他更像是一位英国贵族，而不是一名边区的容克。但他偏爱政府见习生俾斯麦，对他投以赞许的关注。"我早在夏天的时候就把它当成是我的奖赏，因为我是唯一一个会让他不时地当着我的面说起自己的过错（他总能知晓这些，且公正客观），并能给别人一些中肯建议的人。"与此同时，俾斯麦接连游走于各个行政部门。他7月进入领土和林业部门，并于8月转入军事和市政部门，理由是"因为他追求外交生涯，所以不必像其他政府见习生那样，把整个见习期都耗费在这里"。俾斯麦的理想是成为一名外交官，这个理想不再仅仅是与大学朋友们或者层次更高的外交大臣聊天时提到的话题，而是已经被行政部门知晓并接受的计划，并制订了培养方案。

刚开始时一切顺利。一切都被这样预先规定好了，不会出错，俾斯麦也可以按照预定的路线朝着外交官考试的方向努力，并成功通过，就像他的同龄人冯·萨维尼①一样——这位柏林大教授的儿子也在亚琛受训。但是俾斯麦的性格不允许他走上这种一帆风顺的道路；他开始以令人惊讶的速度获得了一些社会关系，最初他梦想着凭借这些社会关系实现社交和个人的腾飞，但实际上却陷入了新的痛苦。早在8月10日，也就是在他宣誓就职5周后，奥托向他的哥哥伯恩哈德承认，他在一定程度上恋爱了，"即使是东方人那种最大胆最夸张的修辞"，也不足以描述他的爱。那是两个英国女人，"我每天都和她们一起用餐，每天在品尝优秀厨师的杰出作品的同时，她们也越来越多地享有了我的注意"。现在，与他一同享用晚餐的人，包括17名英国人、2名法国人和"我自己"；"我们坐在上位、贵族的那一边，也就是说坐在克利夫兰公爵和公爵夫人，及其侄女罗素（Russel）小姐（她的可爱令人着迷）那一边……接下去是一排地地道道的英国人，当我荣幸地应尊敬的克利夫兰殿下的邀请，第一次跟他饮一杯葡萄酒时，凭借我独有的尊严和优雅，我将半加仑的雪利酒一饮而尽，那时他们所

---

① Karl Friedrich von Savigny，即前文所述的历史法学派代表人物萨维尼的儿子。

有人齐刷刷透过长柄眼镜仔细观察着我"。

亚琛在当时仍然是欧洲范围内知名的温泉城市，这位来自古普鲁士地区的贵族政府见习生在这里同时有着多重享受：精致的食物和饮料；与英国女人的调情变得狂热、充满激情；还有晚宴上的客人们让他觉得自己已经从乡村容克的狭小世界走入了这个岛国，走入了世界强国的高级贵族的广阔空间。在这种心态下，他对周围的莱茵兰人只有蔑视："我跟这些天生的贱民完全没有任何干系，因为这些人是愚蠢的、野蛮的，没有教养，没有灵魂的高度。这些妇女是肥胖的，小城镇来的没什么见识的，一切都散发着……令人窒息的闷热的气息。"他以学生气的追求名利的风格，对这些轻蔑的评价补充道："我只与英国人和法国人一起生活，我发现，平均而言，相比我们国家的女人，这两个国家的女性具有的天性使她们能对我所独有的优点给予更好的评价。"对于亚琛，他能接受的只有"一个非常好的歌剧院"，特别是因为他收到了"我的朋友，公爵夫人"送的一张歌剧演出的票。那个有着中世纪帝国时期的回忆的大教堂，则一次都没有出现在他的信中。

俾斯麦用恶毒而尖锐的语言写下的关于"天生的贱民"的内容——也是他的哥哥伯恩哈德在回信中表示赞同的——隐约透露了他的自我防卫态度。无论是刚到亚琛的时候，或是在后来的日子里，俾斯麦都对莱茵资产阶级中激起的风浪没什么兴趣，甚至对那些当时已经活跃在大卫·汉泽曼（David Hansemann）身边的工业家和银行家也不感兴趣，这些人当时正在通过君主立宪制的普鲁士来争取德意志邦联的改革。对俾斯麦这个未来的外交官来说，从社会规范的角度来看，堪称标杆的是英国高级贵族的世界，而非莱茵工业资产阶级的世界。年轻的俾斯麦尽管在表面上了解了工厂的世界，但他在内心没有留下对它们的深刻印象。

　　如果说在 1836 年 8 月初的信中，俾斯麦还保持着一个陷入爱情的纨绔子弟的语气，那么在 9 月 30 日写给哥哥伯恩哈德的下一封信中，他就直接坦白了。他承认，罗素小姐，也就是克利夫兰公爵的侄女，是"要多好有多好"。但是，尽管他对这位美丽的英国女士充满了爱慕的情感，并且在"伦敦的上流社会"中看到了追求社交世界的广阔空间的希望，他却也倍感压力。

47　　俾斯麦向哥哥坦承，"与富人打交道"使他"花的钱远远超出自己的承受范围"。这种需求，是他无法满足的，这引诱他进入轮盘赌博游戏，他怀着无可救药的热情沉迷于轮盘赌博游戏，希望这能改善他的财务状况。然而徒劳无获，他为他在游戏中损失的钱而后悔、烦恼，他需要向父亲传达这种"如此令人痛苦的事实"，这把他带入了危险的境地，他甚至有了自杀的念头："……我……为了这个目的，曾把自己的脖子置于一条黄色绸缎上，我将为这罕见的事情保留这条黄色的绸缎"；最终把他从这场生活危机中解救出来的，是一次坠马。从马背上摔下来后，他被迫休息，并读了西塞罗的《论义务》和斯宾诺莎的《伦理学》。

　　俾斯麦曾多次提到斯宾诺莎。他于 1890 年在弗里德里希斯鲁（Friedrichsruh）的一次席间谈话中表示，他从黑格尔哲学里只是获得了国家考试所需的东西，而他却借助德语工具书，研究了斯宾诺莎用拉丁语写的书。但俾斯麦所谓的研究不是对一个思想体系的深入探索，而只是吸收总结那些符合他的本性和内心需求的基本观点，比如斯宾诺莎认为，只有当一个人领悟到自己只是自然界中的一种生物，把自己看作泛神论的上帝—自然中的一部分，那么他的行为与本性的一致才可能是自由的体现；"因此，去自然中观察生活，比哲学对我的影响更大"，俾斯麦在上述席间谈话中这样说道。与他对自己社会地位的认知相呼应，俾斯麦认为还值得一提的是，斯宾诺莎是"一个犹太贵族"，因为荷兰的犹太人确实主要由来自葡萄牙的犹太贵族组成。俾斯麦从西塞罗的《论义务》中得到了什么？猜测这些是无意义的，但他在 19 世纪 50 年代挑战政府的观点——这点将在后面讨论——可能也源于西塞罗晚年的作品。

在 1836 年秋天，危机四伏的日子过后，他重新回到了脚踏实地的生活。俾斯麦现在因为重新热爱工作而感到大有益处，他试图通过这种热情让自己"偶尔地忘记发生的事情"；但他只能"偶尔地"做到这点。克利夫兰一家已经离开了，不过他们明年夏天还想回亚琛。俾斯麦深受打击，内心被撕裂了。

他因没有明确地做出婚姻承诺而深受打击；之后他回避了又一次建立严肃关系的机会，当然是因为他财务状况不稳定。对他来说，在他这个年龄和生活条件下，婚姻状态似乎是可怕的；如果一个男人除了远大前景，不能给一个富有的女人带来任何东西，这将是"令人尴尬的"。

远大前景？对他来说，未来的职业生涯已经变成了更加迫切的问题。关于外交，他跟他的哥哥说，他现在"缺少与高层人士的关系"。在同一封信中，他担忧地说，"但愿安西永不会把我的名字划掉！"，并请求他的哥哥去打听"安西永现在关于接纳新人是怎么想的"，以及其他一些类似的问题。俾斯麦猜测，阿尼姆（俾斯麦在亚琛的上司）有可能成为外交大臣，"因为阿尔文斯勒本（Alvensleben）现在已经是一个金融家了"。对于已经成了自己噩梦的安西永，这位见习生先生尽管仍然祝愿他一切顺利，但他"毕竟不可能长生不老"。另外，这位年轻的少爷以及外交官候选人虽然已将阿尼姆视为安西永的继任者，但对此也并不确定。毫无疑问，俾斯麦的才能将被阿尼姆用他那犀利的目光和公正的态度认识到；但一向刚正不

48

阿、消息灵通的阿尼姆会忽略赌场的事情吗？他会对俾斯麦英国的社会关系给予足够的信任吗？毕竟这种不牢靠、不确定的社会关系，对这位正在追求爱情和事业的人来说，是很大的隐患。还是说，他或许认为，从个人政治层面和国家政治层面上看，这种关系反而是一种资产，符合安西永在柏林跟他谈话时所说到的发展原则？

这些疑虑都促使俾斯麦考虑其他能做他的保护者的人选组合；他让他的哥哥留意威廉·冯·博宁（Bonin），也就是在什切青的波美拉尼亚最高主席（Oberpräsident）："通过他与坎普兹（Kamptz）的亲密关系，以及他自己的地位，他或许是能对我进行最长久有效的保护（！！）的地区长官；以我们的情况，我们能像其他任何人一样亲近他。我认为，在他的支持下会比在安西永的支持下拥有更好的前景。"信中提到博宁—坎普兹这一可能的保护者人选组合，这在政治和心理意义上都是值得注意的，因为几乎是个自由派的俾斯麦，并不畏惧将自己托付给追捕革命煽动者、负责修订法律的时任司法大臣——卡尔·冯·坎普兹。

49　　无论是在那可能的婚姻里，还是在未来职业的问题上，无论在哪里，年轻的俾斯麦的财务状况，总是让他不自由。1836年11月2日，他终于受触动并感激地向他的哥哥报告说，父亲在没有责备他的情况下帮助他走出了困境。这使他在给帮他居中调解的哥哥的信中详细说明了这 200 帝国塔勒是如何使用的，尽管这钱让他从极其可怕的窘境中解脱了出来，但还不能让他的财务状况恢复健康。尽管如此，这仍在很大程度上减轻了他的负担，还是让他很高兴，并让他获得了再次工作的乐趣和力量；他想在冬天通过节俭再省出些钱。只是，前往什切青的建议是他不能接受的。"……我必须身处首都或乡村"，他说。自 17 世纪以来，俾斯麦家族的很多人，都在这两极之间或多或少地来回摇摆。

事情看起来逐渐恢复了平衡，就在这时，他得知了一个出乎意料的、令人难以接受的消息，是关于他英国女朋友的出身的，这个消息瞬间摧毁了俾斯麦通过与她联结实现自己的社会抱负的梦想。就是在1836年12月3日那封俾斯麦写给他哥哥的信中，他向他的哥哥透露——这对他的贵族骄傲来说几乎是无法承受的！——从完全不带偏见的信息源中他了解到，他的英国恋人既不是克利夫兰公爵的侄女，也不是克利夫兰公爵的私生女，她可能是她母亲一次可疑的交易的结果，她的母亲仅仅是在两年之前，才让自己站上了公爵夫人这样令人尊敬的位置。这对于重视社会地位的俾斯麦来说实在是太过分了。对于他的感情被严重侵犯，以及对于他的爱慕被操纵的恐惧，使他自发地、出于年轻人的冲动，对所谓的爱情的沉醉做出了反应。现在困扰他的深深的愤怒，主要是由于"这样的一个念头对他来说非常致命"，即自己"像一只熊对于蜂蜜那样，被精心设计捕获了"。戴着长柄眼镜的英国人或许得出了这样的结论："……看看这里这个高大的怪物，那是一个愚蠢的德国男爵，就是他，被人们在灌木丛中给抓住了，连同他的烟斗和印章戒指。"没有什么能比这，对他那不能忍受半点不敬的、抑制不住的骄傲伤害更深了。

鉴于奥托·冯·俾斯麦对于他自尊心所受轻微侵犯的过于敏感的反应，有一件事是明确的：这种挖苦式的自嘲表明这段关系有着不可挽回的结局。在他后来稍微平静下来时，再次写到这件事只是对他生命中一个结束了的小插曲的反思；无论如何，相比那将会一路伴随着他的对财务的担忧，这个小插曲已经早早地结束了。正如他所说的那样，债主"像听到紧急哨声的守夜人一样"都从地里冒了出来。他再次抱怨：这些债务主要来自"鞋匠、裁缝、客栈、车夫，以及旧债和赌债"，"它们都是克利夫兰公爵还在的那段时间里欠下的（记得这么清楚也算是恋爱的众多好处之一），因此已经很久了，其必定损害我的信誉"。

50　　在 1836 年 12 月，他仍然"在金钱方面处于全世界最末等的地位；任何不习惯于这种境况的人，都不可能比我更有勇气"。他向他的哥哥保证，他不会结婚，"虽然迟了一些，但我已经忘却了激情；我现在还不足以成为一个家庭的父亲；我是一个仍然有着太多独立生活想法的人，而且生活在一个陌生人给出的善意里，而这个人甚至不是我妻子的亲戚，再者人们会轻蔑地看着她生出的孩子，这是一件多么可怕的事啊"。

　　是的，这就是年轻的俾斯麦的情况；"囊中羞涩，心如刀割"，就像《寻宝者》（*Schatzgräber*）中说的，世界有时候看起来相当黑暗。但很快它又会获得一些颜色。截至年底，俾斯麦的财务赤字是 90 帝国塔勒。这迫使奥托提醒他的哥哥伯恩哈德，"新年到了，恐怕人们会更加急迫地让我还债"，到时候，他会"比理查三世有更多更糟糕的表现"。在接下来的信中，他觉得自己暂时——就像很快将得到证明的那样——还没有"陷入困境"，尽管他还需要从头开始"改革预算"。俾斯麦松了一口气，充满了美好的希望。他的外交生涯看起来前途更加光明了。他的哥哥让他对安西永的态度感到放心；虽然他的顶头上司阿尼姆偶尔告诫他，但对他的支持是显而易见的：俾斯麦同时"在公共部门、军事部门、天主教和新教文化部门工作，在复活节，这四个部门的工作应该就全都结束了"，并且他也负责"非常全面的文件起草工作"，阿尼姆就此跟他进行了详细的讨论。

　　在 1837 年 3 月的一封信中，奥托再次向他的哥哥伯恩哈德扮演了知识渊博的婚姻顾问的角色："迈入婚姻对于人的一生而言至关重要，人们因此必须事先确定一切结果。如果一个人拿到的是一个针织袋而不是一个钱包，他仍然得满足于此，并且没有任何方法可以弥补这个错误，因为，非常遗憾，一个人只可以有一个妻子。"而现在奥托·冯·俾斯麦也掂量着他哥哥那不断增加的交换价值；他需要克服自己对居家的茶桌女孩① 的偏爱："……如果你把自己保养得说得过去，那么至少在 10 年内，可以保证你是一个受欢迎的追求者，此外，如果你能当上县长，哪怕只是一个候补文职官员，或者接管了父亲的一个农庄，那么你对优秀对象的要求大约还可以提高至少75%。"奥托也清楚地知道婚姻市场"储备"最好的地方：比利时的"供给"应该相当不错。奥托·冯·俾斯麦用相应的法郎和帝国塔勒来定义不同家族的女孩们，给她们标价。别人告诉他，有一位来自布鲁塞尔的 19 岁年轻女孩，"漂亮，聪明，并且受过最好的教育"，这个女孩已经决定了，她"只会嫁给一个信奉新教的德意志上流贵族；用 10000 法郎迎娶她应该不是什么难事，她还会在年迈的母亲去世后得到 50000 法郎，约合 13333 又 1/3 帝国塔勒"。比利时，这将是"适婚绅士们的应许之地，尤其是对有钱但没有长子继承权的贵族来说"。在这封信中，他继续用这种语气，讽刺地进行了研究和计算。

　　当然，对于一个只有 22 岁的人，无论是他这种奇怪的"芒施古特（Mönkguth）② 式的求偶方式"，还是他的所有这些考量，都不必太过较真。人们将很快看到，他仍将在情感的冲动中把所有的算计和考量抛到九霄云外。现在，一想起那个他以后还将见到的英国女人，他的良心已经折磨着他了："……可怜的劳拉（Laura）该如何想我？如果她知道，当她是公爵侄

---

① 指会持家、受过良好教育、有社交的理想女性。

② 或写作 Mönchgut，是吕根岛的一个半岛。据称该处风光原始、民风彪悍，作者以此来形容上文所述的求偶方式粗鲁野蛮。

女的时候我爱上了她，而一听到她不幸的出身、她是如何来到这世界的，就立刻背弃了她。"他十分讽刺地称自己身处"通往浪漫爱情的最佳路径"，尽管他最近才刚刚狠狠地发誓放弃浪漫。不过他在信中最后对哥哥强调，不必担心"我沉醉于一段可能后果严重的浪漫爱情，毕竟，如果我不是同一位贵族的合法婚生女儿结婚，这将与我的倾向相违背，必须有足够分量的理由才会让我这样做"。最后一句话，应该被严肃地、逐字逐句地看待，因为它代表了俾斯麦生活领域中根深蒂固的基本原则。

尽管如此，年轻的俾斯麦发现，他很难让自己的心从他的劳拉那里挣脱开；就像贵族绅士们都喜欢说的那样，他"身上有太多的浪漫"。为此，他坦承："劳拉小姐的故事让我有时候很郁闷，我还很难做到用它来自嘲。"俾斯麦不仅通过哲学——比如在斯宾诺莎的帮助下——安慰自己，也不仅通过工作转移注意力，他还开启了新的感情冒险。就在 1837 年初，他以一种算计一切社会影响的花花公子的口气，吹嘘道："现在，在一个新的有了更多考量的境况下，我爱上了一个 36 岁的优质的（法国）女人［俾斯麦那个时候还不满 22 岁！］，她已经结婚了，非常保守，时髦，有品位，我认为这种激情很有教益。因此，我把这方面所需的时间算作与我的教育有关，并把这些时间规划在平时的学习安排中，因为追求她的时候我可以练习法语。此外，这种激情可以带来非常好的社会声望，因此我对她和我自己都非常满意。"在这封信的开头，他向担忧他的哥哥解释说，他之前那种花花公子的名声并不会成为他仕途的障碍，只要他可以同时履行好他的职业责任。

52 奥托·冯·俾斯麦了解他的世界里的游戏规则：放荡公子是可以被接受的，甚至是有趣的——只要它不会触及同侪的威望。正如凯泽林年老时在回忆录中所写的那样，俾斯麦作为一个陷入了对女人的爱恋、几乎没有顾忌地受欲望驱使的年轻人，仍尊重着这个界限。即使在之后那些双方都毫无疑问对彼此有好感的关系中，他也会尽可能地保持克制，并懂得放弃，就像他与赫尔曼·冯·马洛蒂的未婚妻——"小琳"（Lienchen）的关系一样；和之后的玛丽·冯·塔登－布兰肯堡（Marie von Thadden-Blanckenburg），以及再后来的奥洛娃女侯爵（Fürstin Orlowa），他都是如此。

他所有花花公子般的愚蠢行为并不是因为道德而受到阻碍，而是因为缺乏金钱，他在财务问题最严重时诅咒金钱为"可耻的发明"。写给他那在父亲身边调解的哥哥的信件，几乎没有一封不讲述他在经济上的权衡，即他如何能让自己的生活方式更加节俭。由于缺乏资金，所有的关系都不断地被蒙上阴影，他不得不持续通过所有可能的伎俩来走出困境。

就在几个月之后，正如俾斯麦在 1837 年 7 月 19 日从亚琛写给伯恩哈德的信中所坦露的那样，奥托再次"燃起了爱火"。他再一次爱上了一个英国姑娘，这个 17 岁的伊莎贝拉·罗兰－史密斯（Isabella Loraine-Smith）无论从哪一面去欣赏，都是美丽的，她打破了俾斯麦此前的一切计划。讽刺的是，伊莎贝拉就是俾斯麦之前的爱人劳拉·罗素（Laura Russel）小姐的朋友。奥托·冯·俾斯麦再一次经历了他原以为可凭借机智平安渡过的所有事。只有一点是不同的：所有的事情都被放大了，包括他内心的热情程度。这促使俾斯麦跟卡尔·弗里德里希·冯·萨维尼这样说起他和这位姑娘的关系：他说起了他未来的"家人"、未来的"亲戚"、未来的"岳父"，以及这场"确定下来的婚事，很有可能会于 3 月底在莱斯特郡（Leicestershire）的斯卡斯代尔（Scarsdale）举行"。

伊莎贝拉·罗兰－史密斯的父亲是英国圣公会帕森纳姆地区的主任牧师，拥有受人尊敬的"教区长"的头衔。罗兰家族在继承了男爵头衔和位于莱斯特郡的恩德伯利（Enderbery）的家族庄园后，就在姓的后面附上了"史密斯"；他们属于英国的乡村贵族，而伊莎贝拉的父亲并不是易北河以东地区[①]意义上的那种乡村牧师，即不对教区赞助人（即庄园主）处于从属地位。

俾斯麦在请假不被批准的情况下，跟随他心爱的伊莎贝拉前往了威斯巴登，与一群英国人一起各地旅行，大手大脚地花钱，比如安排月光下的香槟晚餐。这些都不可避免地产生了债务，俾斯麦试图通过赌博赢些钱来填补债务，但他赌输了"极其多"的钱——超过1700帝国塔勒。他的失败简直令人难以置信；他"总是有一个危险的倾向"，即花销超过所得，后来，他跟他的堂姐坦白道，当他和自己那类人在一起时，他几乎不能忍受"在任何关系中处于弱势"。因此，与富有的英国人打交道对他来说是一种有着严重后果的引诱。一方面，一位拥有"金发和罕见的美丽的"英国姑娘迎合了他的自尊心与爱慕，另一方面，这家人进一步驱使他陷入了令人羞愧的财务困境。最终，这段让他事实上支出了非常多并且已经向朋友们宣布过的感情，还是走向了终结。

为什么？是什么造成这个局面的？这件事很难说清楚。可以想象，英国人也许对这位追求者的财务状况感兴趣，并且已经听到了很多关于这方面的事。在另一边，俾斯麦也思忖着这位帕森纳姆地区的主任牧师的财务状况，并表达了一些担心，他担心自己"坠入尴尬的资产阶级婚姻的炼狱"。罗兰先生是在三个郡里有选举权的地主，即使在英国人的观念里，也是相当富有的，但"他的收入主要来自神职的丰厚年俸"，且

---

① 指易北河东边的地区或东普鲁士，是一个旧词，在二战以前较为常用，往往代表着农业、大片的土地和保守。

年俸会在他去世时停止发放。"鉴于我资金的严重短缺，我不
认为我可以凭借妻子每年拿到大笔收入，而我也不知道罗兰
先生是否愿意、是否有能力长此以往地给我这么多钱。"这封
信的作者以一种总是让人无力抵抗的坦率补充道："你觉得对
于一个深深陷入了爱情的人来说，他笔下的这些算计与考量怎
么样？"有一些迹象表明，年轻的俾斯麦和老罗兰双方都在财
务上做了反复的考量，并最终在旅程结束后排除了婚姻的选
项——在这个旅程中，俾斯麦与伊莎贝拉和她的家人从威斯巴
登出发，途经法兰克福和美因茨向莱茵河上游行走，经过斯特
拉斯堡，最终到达瑞士。

俾斯麦在未经允许的情况下，擅自将最初获得批准的 14
天假期变成了好几个月，直至秋天到了伯尔尼后，他才以略微
懊悔的语气和一些不实的理由向他在亚琛的主管部门报告情
况。在他正式请求延长休假两个月之后，政府主席冯·阿尼姆
用同样克制而坚定的贵族式的外交辞令，斥责了这个没有纪律
性的花花公子：假期延长看上去"不再合适"；相反，其却对
于俾斯麦本人所提出的"转去旧普鲁士地区的一个王室机关，
以便回到更加繁重的工作中——这点在亚琛的社会关系中未能
实现——的决定，完全赞同……"

接下来，他在波茨坦的政府进行了大约 5 个月的所谓更
加繁重的工作，然后面对的是无法避免的兵役。他加入了波茨
坦的近卫猎兵营，成了一年役志愿兵，随后又在波美拉尼亚的
格赖夫斯瓦尔德（Greifswald）成为猎兵。为了从这一年的兵
役中解脱出来，他以肌肉无力为理由，做了"最后的尝试"，
"我声称是由于上次右胳膊上的伤还没好（！）；只可惜，伤
得不够深"。由此可见，俾斯麦并不畏惧借助这种蹩脚的、已
被无数人用过的伎俩，去尝试回避其实本可以轻松挨过的一年
兵役。

54

在 19 世纪 40 年代中期，俾斯麦向他的大学同学沙拉赫坦白，他曾站在一条"闪闪发光的职业道路"的开端，"如果不是一个像画般美丽的英国姑娘诱使我改变了航线，让我在外国海洋的逆流中度过了 6 个月没有丝毫假期可言的日子，我的雄心或许本可以继续甚至一直领航。我终于强迫她答应跟我在一起了，她妥协了。但是在拥有她 2 个月后，我这份战利品就被一个拥有 4 匹马和 15000 塔勒年金收入的 50 岁的独臂上校夺走了。囊中羞涩，心如刀割，我回到了波美拉尼亚的家"。但伊莎贝拉·罗兰 – 史密斯也没有嫁给那个有固定收入的男人，而是嫁给了来自哈罗（Harrow）的 29 岁银行家理查德·李·彼范（Richard Lee Bevan）。

"预想的婚事被完完全全地、不可逆转地打破"后，留下的除了"对非常快乐的 4 个月的记忆"，还有一个严重的财务窟窿，它将继续困扰奥托·冯·俾斯麦几年。因为他的债务，他要承受债主的威胁和剥削。正如他的一位朋友所说的那样，债主们都"十分气愤"，因此想要求助于阿尼姆的继任者，即马林克洛德（Mallinckrodt）主席，要求他催促俾斯麦"立刻"还清所有债务。酒馆老板的账单总是排在债务清单的首位，证明俾斯麦渴望在社交中表现得慷慨，完全不管他真实的财务状况如何，他每次都轻率鲁莽，根本不考虑后果。他的境况最终到了极其悲惨窘迫的地步，以至于"被法警卖掉的被飞蛾损坏的衣服"的那点儿钱，都可以用来平衡一下收支。

55　　1839 年 2 月，俾斯麦终于偿还了亚琛的全部债务。接着在同年 10 月，他再次收到了一位老赞助人从威斯巴登发来的一封令人非常不愉快的信，后者友好并强烈地建议俾斯麦，应当处理好他在银行家伯利（Berlé）那里的事务，并与这位银行家建立联系。俾斯麦缺乏偿还能力的事情臭名昭著，使得他的赞助人，退役的冯·哈根（von Hagen）上校，不得不在1840年9月警告他，如果伯利真像他所威胁的那样，"让普鲁士驻法兰克福邦联议会的公使处理这件事"，那将会"非常不愉快"。

来自各方威胁的、仁慈的烦扰让他非常尴尬。当俾斯麦的赞助人，一个有经验的花花公子，想出一个有效的解决方法，并向俾斯麦推荐了一位年轻的女士时，这并不令人意外。赞助人估计这位女士"在父母去世后""至少能有80000弗罗林的收入"。他的考量是，"她只有22岁，有一个难搞的头脑，应该需要一个聪明伶俐的男人"。她还没有订婚，但这位焦急的朋友就催促他抓紧，因为"想找一个这样的爱人很不容易"。这样的考量对俾斯麦来说绝不是陌生的，但最终他的骄傲和他的情感让他拒绝这样子钓"金鱼"。他可以这样写，但他不能这样做。

所以事情就这样发生了，它也确实得发生：反复的羞辱严重伤害了他极其骄傲的自尊；毫无疑问，他在1837年秋天离开亚琛、前去波茨坦的决定，是为了躲避众多债主的联系。十年后，他坦诚地向他的新娘约翰娜承认了这件事。不管他在亚琛的见习后是否决定成为国家公务员，在当时，有一件事是显而易见的：他那透露着年轻的不成熟、充满激情、无意识与叛逆并存的想要通过与英国贵族联姻来突破他在普鲁士的窘境的企图，失败了。

这场失败让他受到了更多的制约，在这种制约下，他完全无法做出他真正想做的决定。如果说家庭的经济困难之前妨碍了他向英国姑娘求爱，那么现在，事情已经很明显了，只有通过重新开发波美拉尼亚和易北河的家族庄园，才有可能逐渐还清这堆积如山的债务。

对他那在农业上花费巨大却终究是外行、同时越发病重的

56

母亲来说，是不可能进行这样的重整开发的。他的父亲跟母亲相比，更接近农村生活。但父亲对一切都放任自流，对更现代和理性的经济形式一点也不关心。奥托·冯·俾斯麦也不能把一切都丢给他那总是乐于助人的哥哥，而是需要与哥哥一起经营父亲位于克尼普霍夫、库尔茨和雅格林的农庄。

俾斯麦在格赖夫斯瓦尔德服役期间，去附近的埃尔德纳（Eldena）农业学院听过课。1838年夏末，他终于决定放弃公务员的工作，转而成为一个庄园主。这让亲戚们十分关注，他们虽然知道他在外面逍遥自在，但几乎不知道他债台高筑的事；亲戚们请求他放弃这个重大的举措。其中就有他的"小琳"，堂妹卡罗琳·冯·马洛蒂（Caroline von Malortie），原姓俾斯麦–博伦（Bismarck-Bohlen）；在1838年8月的一封信中，她从道德、爱国主义和实际收益方面，运用所有的论据，来说服奥托改变他的决定。由于她对俾斯麦所处的财务困境知之甚少，所以，所有的道义上的呼吁都注定是无效的。

堂妹在俾斯麦身上看到了比乡村容克身份更多的资质，这深深打动了他，让他无法不去回信；他也可能觉得，有责任向家人和最亲近的亲戚对他的人生决定做一个解释说明。因此，他于1838年9月写信回复了堂妹，同时也把这封信抄写给了父亲；此外，他的哥哥伯恩哈德也收到了这封长信，了解到了这些。9年后，他的新娘约翰娜也收到了这封长信。这封写给好几个收件人的信成了一份关键资料，尤其是信的内容，堪称家庭外交的杰作。他论证精妙，吸收了自由主义倾向，而并没有抛弃个人的独立自主，在用事实与虚构精心构造的网中，用真诚而机智的话语，应付了堂妹担忧的劝告。他列出了众多令人信服的理由，最终没有隐瞒任何一条原因，但只是隐晦地提到了那最重要的原因，即他的财务状况迫使他首先要确保自己的财产可以重新带来收益。直到1847年初，他才向他的新娘

承认，他在一定程度上向父亲隐瞒了的"巨额债务"是他离开
亚琛的"主要原因"。

　　尽管信中存在有意的掩盖和带有目的的措辞，其在政治方
面的论述还是包含了一些关于俾斯麦性格和思想面貌的真相，
引人深思。他直面那些无礼的指责，做出了解释——"我天
生就不喜欢我们公务员的那些工作和行政事务"，他坦白他的
"雄心抱负，更多在于避免听命于人，而不是去发号施令"，对
于这些事实，除个人喜好外，他无法找到任何其他的原因。他
接下来谈到自己对于公务员的普遍社会状况的主观感受："我
们国家公务员的工作几乎是没有独立性的，就连那些最高级
的官员也是如此，而其他人更是被限制在了行政机构预设的轨
道里，继续行进。普鲁士的公务员就像是管弦乐队中的每个个
体，他可能是首席小提琴手，或是演奏三角铁的人；他不必总
揽全局，也不必管整体效果，他只需要按照设定好的方式演奏
他的片段，无论他觉得演奏得好还是坏。但我想创作我认为好
的音乐，要不然就什么都不创作。"

　　他反复提到必须把性格磨平这一点：一个人"为了能够参
与官方事务，必须是一个有工资的、有从属关系的公务员；他
必须完全属于官僚阶层，分享这一阶层错误和正确的观点，完
全抛弃个人见解和个人行为"。俾斯麦想要控制的心态，与官
僚系统所要求的强制性的服从相冲突。最后，他把这种冲突与
庄严的国家政治问题联系到了一起，形容自己支持的政治制
度"与我们政府所认可的所有事都处于相反方向"。那么，人
们不禁要问了，这种制度是在哪里、通过什么、朝哪个方向前
进呢？但对此的回答寥寥，往往是空泛、不确切的。人们能得
到的最详细的回答是："在一个有自由宪法的国家，每个人都
能致力于国事，毫无保留地把自己的全部精力投放到保护与执
行这些措施和制度上，人们相信这些措施和制度的正当性与益

57

处，并将其视作唯一的行为准则，这样人们方可将私人生活的独立性带到公众生活之中。"

将私人生活的独立性带入公众生活之中，在那时，有谁能做到这一点呢？最有可能的，是俾斯麦从凯泽林的描述中得知的拥有自治权的骑士阶层。他们由于爱沙尼亚的特殊情况，能够保护自己的权利免受王权和官僚制度的侵害。一个人骗不了自己：这种对自由主义的同情，最多只是一种披着自由主义的鲜艳外衣的封建保守主义，仅此而已。

但无论如何，俾斯麦终其一生都对私人生活的独立性持有高度评价。作为一名容克，凭借牢固建立起来的势力，他有机会从事与他的社会地位相符的工作，而另外，如果他的工作与他的信念和爱好产生了矛盾，他也有随时辞职的自由。俾斯麦非常清楚，公务员经常要忙于工作，"以维持这份体面和有保障的糊口的生计，同时，由于缺乏资金，他们也无法开展别的体面的事业"。然而，对他来说，他的庄园所提供的支持给了他选择的自由，使他能够——化用席勒的一句话——在王权之前维持容克的骄傲①。

值得注意的是，年轻的俾斯麦，在 20~25 岁经历了许多挫败。这仅仅是他个人原因造成的吗？或者说在他的行为里那些主观上不理智的地方，是否也夹杂着一丝客观的理智？为什么一个拥有如此杰出才干的年轻人不能在社会中找到自己的位置？瓦恩哈根·冯·恩瑟（Varnhagen von Ense），这个俾斯麦不喜欢但给予认可的编年史作家，在 1836 年秋季写道："普鲁士最糟糕的地方，在于所有的事情都停滞了，没有一个充满活力的领域能让人为之奋斗。普鲁士从任何一个方面来看的确

---

① 库勒在《欢乐颂》里写道："在王权面前维持男子的尊严。"（Männerstolz vor Königsthronen.）

都没有优势，无法带来新的收益。在普鲁士，即使是最受青睐的人也没有快乐的冲动和丰富的享受。所有取得发展的事物不过是倚仗着泛泛的生命力，是无目的、无意识的，好像只是为未来的享受和未来的状态服务的一种材料。"卡尔·古茨科（Karl Gutzkow），"青年德意志"①文学运动的领导人之一，也在他的编年体自传中严苛地评价了那个时代："柏林属于军队，属于公务员，属于教会"，它们构起了一种"僵硬刻板、难以接近、单调沉闷的精神，就像在礼拜日布道会时的样子"。

19世纪30年代后期，在柏林和普鲁士，鲜活的、面向未来的事物还处于起步阶段，或者说，还在背景中，甚至是还在地下。直到19世纪40年代，这种进步的力量才通过奥古斯特·博尔西希（August Borsig）显露出来，他于1836年创立了铸铁厂和机械制造厂。这种进步的迹象也从那些青年黑格尔派②的觉醒力量中体现了出来，这些人包括大学讲师和作家，他们松散地联结起来，组成了"博士俱乐部"（Doktorklub）；来自特里尔的年轻大学生卡尔·马克思，于1837年夏天加入了这个由布鲁诺·鲍尔（Bruno Bauer）、埃德加·鲍尔（Edgar Bauer）、阿道夫·鲁滕伯格（Adolf Rutenberg）和弗里德里希·克彭（Friedrich Koeppen）组成的俱乐部。1839年，克彭将他的"贺词"（Jubelschrift）《弗里德里希大王和他的对手》友好地献给了卡尔·马克思。

在阿诺德·鲁格（Arnold Ruge）创办的《哈勒德意志科学

59

---

① "青年德意志"（Junges Deutschland）是由一群德国作家组成的文学团体，存在于1830年至1850年，在政治上反对专制主义，宗教上反对蒙昧主义，支持启蒙主义。崇尚民主、社会主义、理性主义。这场文学运动与1832年汉巴赫节的运动一脉相承，最终引发了1848年的革命。

② 或称左派黑格尔主义者，由一群年轻的德国知识分子组成，是在1831年黑格尔去世后的大约十年时间里，黑格尔学派解体过程中产生的左派思想团体。

艺术年鉴 》（ *Hallesche Jährbücher für deutsche Wissenschaft und Kunst*）中，黑格尔主义已经显示了一个稳固的轮廓。黑格尔的思想还没有解体，这是因为，它一边被右派敌视，另一边又被左派批判性地发展。毫无疑问，用瓦恩哈根的话说，俾斯麦是那"最受青睐的人"之一，他从不缺乏能量、贯彻力或自主性。但是，当普鲁士官方"所有的事情都停滞了"，"没有一个充满活力的领域能让人为之奋斗"，或者用俾斯麦有类似看法的评论来说——"行政机构"只是"在预设的轨道里，继续行进"，俾斯麦可以带着他的这些品质去哪里呢？也就是说，如果不去他父亲的庄园，他还能去哪呢？

内部压力和外部压力都促使俾斯麦在 19 世纪 30 年代末期回到乡村去生活和工作。但这是一个不可改变的人生决定吗？就在俾斯麦转移到农业领域的时候，初具规模的工业和资产阶级意识形态领域内部出现了对峙，使得俾斯麦在 19 世纪 40 年代登上历史舞台，加入了反革命派，参与反革命的斗争。当然，在 1838 年的秋天，他并没有预料到这一点，但他非常清楚地知道，在什么情况下，他的雄心壮志会被点燃。他说，他不太可能会在这条"通过考试、找关系、研究文献、按资排辈、讨好上级的冗长的晋升路径"中取得成功；但"某些荣誉"，尤其是"在充满活力的政治运动中作为参与者的荣誉"，将会对他施加"一种吸引力，使他排除其他一切考虑，就像光线对蚊子的吸引力一样"。

在波美拉尼亚的乡村：从事一种没有使命感的职业

60

在年轻的俾斯麦反复沉浸于欢欣和挫败情绪的几个月里——他远离官僚事务，走向农场管理的独立自主——他母亲的病情恶化了。奥托直到 1838 年 9 月一直在波茨坦，他经常去柏林看望他的母亲，他的母亲那时在柏林接受医治。他写给父亲和哥哥的信可以证实，他是真心为母亲担忧，想要解除母亲的痛苦，并以平静的方式向她解释他对官僚工作的厌倦和他的职业决定；她对他债台高筑带来的个人财务问题所知甚少，但她知道，波美拉尼亚的家族庄园，由于她丈夫欠佳的智力和体力，陷入了棘手的境地。

当时，可能令她欣慰的是，两个儿子都想继续打理农庄的业务，他们团结且精力充沛。俾斯麦也能如实地告诉她，他只是在公务员的职位上暂时休假，因为事实上，他也确实是在来年的 10 月，也就是 1839 年 10 月，才离职的。无论如何，在没有紧急事态的时候斩断退路是没有必要的，这样做不是他的风格。

伯恩哈德在克尼普霍夫谋划继承和财务问题，并通过信件与俾斯麦讨论。他也告诉了弟弟家族庄园的封地义务①，这种义务在波美拉尼亚很普遍，使得领地购买和继承都很复杂。所以，他自然是让聪明的奥托去与母亲谈论这个问题，看看还有什么是母亲可以处理的。"你最近常常跟她讨论这些东西，你也知道关于这些事情她是怎么想的，总的来说，你总是跟她关系很好……"由此，威廉明妮·冯·俾斯麦 – 门肯，至少在她生命最后的时刻，感受到了和更有天赋、关心自己"人生幸福"的小儿子的深厚联系，特别是她从个人经历中知道了，一个不圆满的人生意味着什么。1839 年 1 月 1 日，死亡将她从癌症的痛苦中解脱了出来。她勉强活过了 50 岁，就像她父亲和祖父的生命一样，仅仅达到了半个世纪的极限。门肯家族的人不如俾斯麦家族的人身体强健。

随着俾斯麦在 1839 年复活节搬到波美拉尼亚的克尼普霍

---

① 源于中世纪的封建制度，即国王与贵族之间的分封关系。

61

伯恩哈德画作。奥托·冯·俾斯麦在克尼普霍夫度过了童年。

夫，在"首都还是乡村"的抉择之间，他选了后者——至少暂时是这样。作为庄园主自主地工作并摆脱财务困境——大概是这样的期望让他下定了决心离开波茨坦和柏林。当时，在这两个都城，无论是社会生活、政治生活还是宫廷生活，他都没有活跃参与的机会，他也对柏林这座城市没有什么感觉，尽管它当时被认为是一座美丽的城市。俾斯麦从一开始并且终其一生都和许多容克——比如马尔维茨——有着相同的志趣和艺术品位，他对一些文学领域感兴趣，可以品鉴音乐，但几乎欣赏不了建筑，对博物馆也没有任何感觉。

克尼普霍夫仍像以前一样没有农民，除了为庄园主家里工作的用人，就只有农场固定工人（Instleute）①了，他们也被叫作雇农（Einlieger）。1815 年以后，随着土地改革的推进，在很大程度上，易北河东岸形成的这种雇佣关系只是一种过渡现象，这些雇农不再是农奴了，但直到 19 世纪 70 年代后期，农场里才有足够的工作机会给这些雇农。

---

① 指易北河东部地区和庄园有特别合同关系的农场工人，是土地改革过渡时期的一种特殊的雇农。他们在土地制度改革（1815 年）以前属于农奴，在土地改革彻底完成之后（1870 年）成为农民。

雇农常年受雇于庄园主和他的家庭，为雇主劳动。庄园主则为雇农提供免费住所，即泥木结构的茅草屋，同时也会给一些燃料和园地、事先规定好的一片土地上的收成以及一份在冬季脱粒后的谷物。货币工资通常很少，以至于官员们时常发现有必要向上级部门报告这个现象。封建土地义务（Schollenpflicht）① 不复存在，但雇农提前从庄园所管辖的区域离开、前往城市是违约的，只有在经济十分景气的时候，一个农场工人才会被允许这样做。此外，雇佣协议里已经规定好了脱粒谷物的分成，所以雇农在经济上与庄园主的利益捆绑在了一起，他们拥有共同的利益——高产量、高质量的脱粒谷物和高价位。在这种情况下，在庄园管辖的区域里，几个世纪以来的根深蒂固的风俗习惯，还在延续；服从和家长式作风的束缚并没有很快瓦解，主要因为庄园主作为警察职权行使者、庄园法庭主宰以及教堂赞助人，仍可以继续在其领地内享有统治权。奥托·冯·俾斯麦反对所有废除这些封建制度的倾向，他会在未来十年里比同阶层内的许多人进行更加顽强的斗争。

在克尼普霍夫，庄园主与孤单寄居于农庄的雇农的联系比与农民的联系要多，而且这些雇农也只是在庄园主管辖的狭小圈子里活动。最近的村庄是雅格林，在那里，费迪南德·冯·俾斯麦在 1818 年就已经以对他有利的条件，对用金钱和土地赎免封建义务做出了规定，并建立了针对农民土地所有权的规章。克尼普霍夫庄园里的那种居住区在波美拉尼亚很常见，因为这个省属于普鲁士乡民最少、容克最多的地区。在波美拉尼亚，关于 1811 年、1816 年和 1821 年土地改革的实施以及效果的相关证据和行政报告，每年都要由在斯达格达

① 土地义务将雇农与庄园联系起来，从而和庄园主联系起来。该义务规定，没有庄园主许可，雇农不能自由迁徙。

（Stargard）的一般委员会发送到柏林内政部。

　　所有省份都有这样的一般委员会，在当地特别行动委员会和经济专员的帮助下，执行劳役和从属关系赎免事务。农民和庄园主之间的法律程序首先涉及农民土地的法律性质和适用的法律文本，然后是庄园主的赔偿要求，以及农民可能提出的利用林地和牲畜的要求。在同样适用于农民和小农（Kossäten）的分田过程中，对于其他有争议的地方也必须做出规定：查明土地等级及其质量特征，估算其价值，并且聘请土地测量员，确定将要被划分并分配的土地的数量和质量。

　　将封建土地所有制关系转换为民事关系的这些法律程序，绝不仅仅是技术层面的；在这里，人们必须与不同教育背景和不同性格的人打交道，包括庄园主、农民、牧师、磨坊主等，他们往往有不同的利益追求，时常相互冲突。所有人都会援引1807年和1811年的敕令以及1816年和1821年的相关公告，自己对其加以解释，而且会援引源自分封制度的、错综复杂的法律条款，这使得人们不可避免地陷入长达数年乃至数十年的法律争议。

　　必须与各种麻烦事、法律纠葛以及乡村平原地带人们的激情打交道的，是一般委员会下属的经济专员。但是有谁事先已经接受过关于这样一个棘手而新颖的职务的教育或培训吗？接受过传统教育的官员几乎不会来争取这个职位；因此，被培养成经济专员的是有着不同教育背景和人生命运的人。这些人中，有破产的商人、药剂师、哲学博士、土地测量员、经济监察员、候补政府职员、神学院学生、司法专员、破产的雇农、庄园主等。

63　　但是，这些人更多受教于人生的跌宕起伏，而不是在公务员职业生涯一成不变的轨道内接受了训练，也逐渐熟悉了他们工作和职责中的困难。随着农村土地调整工作的推进，以及随之而来的从封建主义生产向资本主义生产的转变，贵族的家长式联结变松散了，甚至断裂了。一个以资产阶级为代表的新的政治霸权即将登上乡村的历史舞台。

伯恩哈德·冯·俾斯麦在1838年10月写给弟弟奥托的信中，对普鲁士特别是波美拉尼亚农业状况的大背景做了进一步论述。伯恩哈德不仅关注继承问题，而且讨论了要接手的庄园的财务状况。在信末的附言中，他承认他的陈述"有点混乱"。但被表达得足够清楚的是，父亲费迪南德已经登记了9000塔勒的抵押贷款，并以债券为抵押借来了6000帝国塔勒。显然，债主主要是亲戚和熟人。此外，伯恩哈德还提到了所谓的土地改良金，他说，国王"在给予土地改良资金这件事上非常仁慈"。无论这些债务详情如何，兄弟俩都希望在1844年前后摆脱"这个灾祸"，这样的负担和操作在易北河东部地区绝不是例外。

同样是在这封1838年10月的信中，伯恩哈德详细陈述了收成的大好形势。他认为，对于黑麦，"上帝保佑，我能卖2000蒲式耳 ①"。他还对豌豆、巢菜和青饲料的"非常好的收成"表示十分满意。同样，"干草也比去年多了，即使最年长的人也想不起来，之前何时有过像今年这么多的饲料收获"。当他提到，牧羊场新增加了300只羊，现在总共有3300只羊时，自豪之情溢于言表；关于克尼普霍夫、雅格林、库尔茨、库莫罗（Kummerow）和特里格拉夫（Trieglaff）的农庄出产的高质量的纯种外国羊，以及其他的事项，他都已经在之前的管理报告中夸耀过了。伯恩哈德还报告了新开工的酿酒厂以及草甸的修缮，就此描摹了一个生意兴隆的景象。这种繁荣还体现在作物类别的广泛，以及不再仅仅关注畜牧业和羊毛销售

---

① 容积单位，1吨黑麦约为39.37蒲式耳。

上。显然，俾斯麦家不想放弃黑麦这个大生意。

64 　　此外伯恩哈德还发现，在债务之外，他父亲的农庄还有
"一些亏损和遗嘱账单"。因此，储蓄才是正确的选择，这就
是为什么伯恩哈德决定，在新的一年要解雇工资是 100 帝国塔
勒且生活费用也是 100 帝国塔勒的记账员。日后的俾斯麦侯
爵会在谈话中提到，这种苦行僧般的生活方式甚至都延伸到食
物上了——鲱鱼和土豆已经摆上了庄园主的桌子。但是，在当
时的文件中找不到这样的证据，这可能是俾斯麦一种刻意的说
法，他想要指出，农业领域改革的前景正在变得暗淡。

　　债务在容克经济中并不是什么不寻常的事。除此之外，当
奥托·冯·俾斯麦到达波美拉尼亚时，他发现，尽管存在债务
之类的问题，但这里的农业经济运行良好。伯恩哈德已经在这
里做好了准备工作，他在写给奥托的信中，有时会用"朋友和
兄弟"的落款。当然，伯恩哈德并不像莫特利或凯泽林那样，
是俾斯麦精神上的朋友，但他事实上展现了兄弟间的互助精
神，并对奥托时而鲁莽的放荡行为表示了极大的宽容和理解。
毕竟，他们血肉相连，除此之外，伯恩哈德本能地知道，他的
弟弟在个性和才智上优于他，他对此没有嫉妒。他善良而大度
地接受了这一点，尽管他有时会生气地训斥弟弟。反过来，奥
托也在困境中学会了尊重他的哥哥，把他当成朋友和可以信赖
的人。就这样，所有的前提条件都已具备，兄弟两人将在接下
来的大约两年中在克尼普霍夫共同管理波美拉尼亚的庄园，直
到 1841 年。即使是伯恩哈德在附近的诺沃加德（Naugard）
当县长，而奥托独自担任克尼普霍夫的庄园主时，他们仍然
继续合作。奥托亲自处理账目，代替了被伯恩哈德解雇的记账
员。此外，管理员和视察员，一如在费迪南德独自管理庄园的
时期那样，保持着庄园的运转。

　　最晚从抵达格赖夫斯瓦尔德时起，奥托就对农业文献感兴

趣了。鉴于系统地研读科学书籍并不是他的强项，他很少在严格意义上钻研那些文字，而是根据需要和心情，从中汲取看起来有用的信息。他更多是通过交谈，以他敏锐而活跃的理解能力，从他农庄里的雇工和他的邻居那里学到知识。通过这种方式，奥托·冯·俾斯麦很快就做得很好了，他不仅可以以一个庄园主的身份发表意见并开展商谈，而且震撼了波美拉尼亚的邻居们那迟钝麻木的心灵；他对土壤质量、土地和商品价值的了解，他对地籍图的熟练处理，他从这本或那本外国杂志中获得的启发，都足以使他获得尊重了。

　　在乡村平原地区，变革尽管常常受阻，却也仍然变得明显可见，这对庄园主如何跟他们管辖的人们打交道提出了新的要求。奥托·冯·俾斯麦在政治上足够聪明，对人性也足够敏感，不会对他的雇工或牧羊人跺脚、咒骂或斥责；相反，他是平易近人、和蔼可亲的，如果要说责备的话，那也是用村夫野老的粗鲁玩笑。在这种相处中，他也再次回忆起了低地德语（Plattdütsch）的使用方式。

　　首先，他喜欢在自己的土地上，自由地支配自己的人生。不被政府的事务操控，而是能够自我调节、自我管理，这是他长期以来的渴望。但是这种在乡村平原上独立自主的行动仍然伴有沉重的负担，因为当 1839 年俾斯麦搬到波美拉尼亚时，还债的外部压力从一开始就比在农业领域大显身手的内心冲动来得更强。

　　但他是不是一辈子都和农村关系紧密呢？事实上，确是如此，尽管他有两种不同的动机。首先是庄园带来的物质利益，这保证了他的贵族式的富足生活和个人的独立自主。直到他做了大臣，他仍在管理这些庄园，远远地操控它们，或者交由别人打理，借用一句法国格言来说就是："什么都不做又什么都做。什么都让做又什么都不让做。（Rien faire et tout faire.

65

Tout faire faire et rien laisser faire.)"

然而，在俾斯麦的性格中，不仅仅存在事业上的积极进取。情感上的寂静主义是他的另一种动机。因此，他既是又不是一个庄园主；在作为一个庄园主的一面，他与乡村和自然紧密相连，但他又能够利用他艺术家的天性，从他交织错杂的生活中，提炼出生动形象的语言。在田野和森林中的漫游、观察和思考，比经营容克产业，更能满足他内心的需求。容克产业繁忙的经营活动只会让他迷失自己。1843 年 9 月，奥托·冯·俾斯麦自嘲地说，他长期遭受着"病态的懒惰"的痛苦。之后他又强调，他是那种世间少有的懒汉，一个在狩猎中，除了背上了猎枪，就不会再做任何事情的懒汉。这是夸张的玩笑吗？也许吧。但是，每一句真诚的讽刺都表达了很多真相；不能忽视的是，在俾斯麦"懒惰"的日子里，他的观察、谈话和写作的方式都自然地成形了，因此，这段时间也是卓有成效的。

66

在他待在波美拉尼亚的这些年里，他对职业越来越不满意，这使他内心更加孤独，但他仍然有政治和社交联系，得以保持住自己的社会阶层归属感。那时，他在海滨胜地、驻防城市以及庄园里，与同样地位的人们一道参加茶话会、舞会、戏剧表演和下午茶。

在诺沃加德县的容克自治范围内，克尼普霍夫庄园主的政治活动是很少的。他最多也只是出现在什切青的县议会中。他更多的是被那些贵族庄园主吸引，他们在农业之外的领域对他产生了持久的影响，并且在之后为他参与政治活动打开了更广阔的前景，把他吸引到了新的人生道路上。这些在经济社会的雨林中精力充沛的容克，同时也是干练的庄园主和虔诚的狂热分子：他的两位小舅子，来自特里格拉夫的阿道夫·冯·塔登（Adolf von Thadden）和来自格拉门茨（Gramenz）的恩斯特·冯·森夫特－皮尔萨赫（Ernst von Senfft-Pilsach），以及大地主、农业政治家、时事评论家恩斯特·冯·比洛－库莫罗（Ernst von Bülow-Cummerow）。这些都是在 1848 年革命之前的几年里，在各个领域用各种方式为容克的共同利益进行辩护的人。冯·塔登身边的宗教复兴圈子在道德—政治领域活动，冯·比洛－库莫罗则活动于经济—政治领域。

　　冯·比洛－库莫罗的庄园跟俾斯麦家的庄园相邻，早在伯恩哈德和奥托还在文理学校的时候，他就对他们感兴趣了。费迪南德·冯·俾斯麦在 1833 年用一笔可观的费用，帮这位邻居度过了财务困境。但由于是邻居，冯·比洛－库莫罗就一直拖着，没有偿还这笔债务，这让俾斯麦的家庭圈子中产生了许多不友好和质疑的言论；年轻的大学生奥托·冯·俾斯麦也对此颇有怨言，虽然他自己在制造债务和偿还债务的问题上，并不是什么榜样。但是，在 1838 年，当俾斯麦不仅在物质方面，而且在道德上也遇到麻烦的时候，冯·比洛－库莫罗帮助了他，并支持他辞去公务员的决定。当时，无可奈何的父亲费迪南德写信给儿子，说比洛认为"你经营庄园会比继续当公务员做得更好"。他认为，公务员只适合富人，对身无分文的人则意味着债务和放弃家庭幸福。在这里，这位名扬波美拉尼亚之外的大地主的话语，慰藉了备受亲戚谴责的俾斯麦。比洛的这番话让父亲费迪南德和儿子奥托安了心。然而，值得注意的是，比洛的观点反映了容克们在那个过渡时期里对于富裕与贫穷的认知。

　　在接下来的十年，奥托·冯·俾斯麦与比他大了 40 岁的恩斯特·冯·比洛－库莫罗之间的关系相当矛盾，冯·比洛－库莫罗十分关心这个在他看来才华横溢的年轻人。看起来，奥托·冯·俾斯麦要开始与一个可以充当政治导师、可能对他有帮助的人建立合作了。这个人是从哪里来的，他想要什么？

恩斯特·冯·比洛来自梅克伦堡一个枝繁叶茂的家族。结束了在汉诺威军队的兵役后，他曾在罗斯托克和耶拿读大学，并周游了革命动荡的法国。之后，在 30 岁时，他来到普鲁士的波美拉尼亚，并于 1805 年的春天获得了库莫罗及其周边的庄园。他通过农业现代化以及乡村工业、金融业和交通运输业的发展，促进了庄园经济走向资本主义；另外，他也坚持着承袭自传统封建制度的贵族家长式统治，掌管警察和司法审判权，尽管这些也都是经过了现代化的。由于缺乏容克的投资资金，为了从城市资本中获得贷款，他支持等级君主制①，但他反对那种倾向于资产阶级自由主义的立宪—议会制的宪法。他总是显露那种王权面前的容克式的骄傲，但他知道，容克们需要一个强有力的国王来对抗资产阶级日益壮大的势力，也需要官僚制度，尽管他对此也十分抗拒。真是矛盾重重！

他关于农村经济发展的各种计划与他根深蒂固的传统乡村贵族式思维和观念产生了矛盾，有时会导致他提出一些看起来很奇怪的建议。他曾指出，当马匹而不是火车承担运输任务时，他所倡导的铁路建设才最能起到促进经济发展的效果。但这个提议不仅是他个人的古怪想法，其他的容克和官员也提出了引入"铁制行驶轨道"的建议，从而把他们热衷于革新的注意力，首先聚焦到了改善颠簸的、满是泥土或沙砾的运输路线的任务上，然后才是运输工具牵引力的提升。

已经年近 70 岁的比洛－库莫罗，在 19 世纪 40 年代危机四伏的日子里，正以一种忙碌的节奏开展出版工作，这证明了他的政治热忱。

他著作里的这些矛盾冲突，引起了许多人的共鸣，无论

---

① 指王权借助等级代表会议实施统治，贵族和市民阶层共同参政，并在一定程度上分享权力。

他们来自哪个阶级或群体。资本主义工业化和铁路政策的鼓吹者弗里德里希·李斯特（Friedrich List）这样说："比洛－库莫罗是一位令人尊敬的、强壮的、久经考验的老兵，富有健全的理智及出色的判断力，因为他没有被阶级偏见影响，他有着独立的思想和政治勇气，他是德国北部乡村容克的'前进元帅'（Marschall Vorwärts）……有关他的国家经济学……我们必须指出，他仍然过分地从他的波美拉尼亚的沟壑里看待这个世界。"

奥托·冯·俾斯麦的个人藏书中，就包括恩斯特·冯·比洛－库莫罗写于1842年的《普鲁士及其宪法、管理以及它与德意志的关系》，其中部分没碰过，部分被读过。他之所以会注意到这本书，是因为他对这个问题感兴趣，也同样是由于他与作者建立了个人关系。在这本书中，比洛－库莫罗已经设想出了那个将在未来与俾斯麦的政治理念发展密切相关的小德意志方案，这个方案把德意志的命运与普鲁士紧紧联系在了一起，而将奥地利排除出了德意志邦国的行列，因为与它没有共同的利益。这个方向上的思索，是从关税同盟构想中合理产生的。这一同盟旨在打破德意志各邦国之间所有的障碍，确保经济利益能更自由地发展，以此促进德意志更紧密地联结在一起。

从这个概念出发，比洛渴望普鲁士能有一支"随时处于战备状态的"军队，"它事实上的力量不会输给任何一个欧洲强国"。这种诉求在1840年变得更为迫切，因为当时的欧洲，尤其是英国反对法国的东方政策，巴黎代理内阁里随之产生了新的声音，要求废除1815年签订的协议，并重建莱茵河边界①。这种法国沙文主义触发了德意志大部分地区的爱国运

---

① 法国的自然边界，即以比利牛斯山脉、莱茵河、阿尔卑斯山为边界，在法国大革命期间得到了广泛认同。1792年，法国在瓦尔密战役获胜后，国民大会要求军队驱逐莱茵河岸的普鲁士军队。1793年，乔治·雅克·丹东重申了法国的自然边界。

动，这集中体现在了很快就变得家喻户晓的尼古劳斯·贝克尔（Nikolaus Becker）的那句歌词："他们不应该拥有，自由的德意志的莱茵"（Sie sollen ihn nicht haben, den freien deutschen Rhein）。而马克斯·施奈肯伯格（Max Schneckenburger）写于当时的歌曲《守卫莱茵》（*Wacht am Rhein*），在 1870 年成了民族战歌。无论如何：1840 年触动了德意志西部和南部人民的东西，也在波美拉尼亚产生了文学上的反响，并在那里滋养了普鲁士式的统治思想。

在比洛 – 库莫罗的时事评论著作中，还可以发现俾斯麦在 1862 年向奥地利大使卡罗利伯爵（Graf Károlyi）公然表达的思想，即这个多瑙河君主国可以把注意力从德意志转移到匈牙利，更多地关注东方。将奥地利驱逐出德意志完全符合比洛的思想，但他认为要尽快通过结盟的方式跟它捆绑在一起。再之后，对比洛 – 库莫罗来说，拿破仑三世的法国也是一股维护反革命的力量，普鲁士应该将其纳入政治考量，而不是依据普鲁士正统主义者或者以格拉赫兄弟为代表的虔敬主义者的观点，将其看作恶魔。

就这样，俾斯麦早在 1848 年革命之前，就已经开始接触小德意志方案①的政治观点了。然而，俾斯麦从来没有接受过比洛有关单方面融入西方、对抗俄国的政治思想。总的来说：对于俾斯麦在理念上受到的影响，我们不应该只看到其中的一个方面；俾斯麦从丰富多彩的容克观点中获得了很多想法，其中有些是他在后来获得新经验时才激活的。

---

① 1848 年法兰克福国民议会制定宪法时，以加格恩为首的资产阶级自由派提出：建立一个不包括奥地利在内的德意志联邦，然后再同奥地利签订条约，同其建立某种联盟关系。即排斥奥地利，在普鲁士的领导下统一德意志。拥护这一方案的主要是普鲁士和德意志北、西、中部各邦的资产阶级代表，在议会中属多数派。与之相对的大德意志方案则主张建立包括奥地利在内的所有德意志人的民族国家。

比洛－库莫罗对俾斯麦的直接影响不应该被高估，因为俾斯麦对他总是持批判态度；他对人性弱点的敏锐的洞察力，使得这位老邻居身上很多不切实际的幻想无从掩盖。俾斯麦并不相信他后来跟普鲁士首相奥托·冯·曼陀菲尔（Otto von Manteuffel）说过的比洛的"忙碌的精神生活"，那只是表面上的赞美。

恩斯特·冯·比洛－库莫罗反而好像是早就认识到了，俾斯麦是一个有才能的年轻人。他格外赞同俾斯麦在1838年底对官僚机构里的国家公务员工作的厌恶，因为他想要把俾斯麦引到波美拉尼亚的经济政治工作上去。出于这个原因，他还在1844年1月建议俾斯麦去实施他的冒险，去实行他的埃及—印度旅行计划。他说，波美拉尼亚仍然处于"深度睡眠"状态，需要精力充沛的人将其唤醒。但是，比洛－库莫罗错误地判断了俾斯麦内心深处的追求，他的追求远远超出了这个贵族乡村，尽管这个贵族乡村曾经并且此时仍然是他的生存基础和他的家园。此外，俾斯麦并不想加入容克那两个派系中的任何一个（关心经济的那一派或者虔敬主义那一派），尽管这两派都希望将他培养成服务于自己目的的人。

无论在其内心还是周遭，危机四伏的成熟过程远未结束。比洛－库莫罗的出版和政治活动，只是社会和政治上党派分裂所产生的种种冲突中的一个特殊表现形式，这些党派自19世纪40年代初起吸收了旧传统，同时也创造了新事物。

在这场经济—社会变革的初期，由普鲁士发起的关税同盟发挥着作用，它促进了工业和商业的蓬勃发展，这体现在生铁的生产、投入使用的蒸汽机数量、棉花的进口以及那简直骇人听闻的铁路扩建上。总而言之，工业革命在德国也成了一场不可逆转的运动。随着工业革命而来的，是农业革命。大型庄园在生产和分配领域开始适应这种变革。

70

工业革命不仅巩固了资产阶级工厂主的世界，同时也催生了工人大军，他们取代了旧的行会系统和旧的制造业系统里的熟练工人与学徒工们。这个发展过程的最后一环是无产阶级和在经济—社会上瓦解了的小资产阶级。随着这些新阶级的形成和改组重建，传统上那些自由主义的、民主的或保守的各党派在意识形态—政治上和组织上获得了更加稳固的形态，并且也更加分化——这一直持续到了革命的年代。

文学和哲学的发展与这些新的党派潮流是分不开的。青年黑格尔派把注意力集中在对宗教的批判上，他们认为这是封建反动势力的主要因素。从这个观点出发，对宗教的批评也引发了对普鲁士政府和现有社会形态的批评。像布鲁诺兄弟、埃德加·鲍尔和马克斯·斯蒂莫尔（Max Stirner）这样的青年黑格尔主义者仍然坚守在黑格尔的唯心主义的阵地上，而之前接近青年黑格尔派的路德维希·冯·费尔巴哈（Ludwig von Feuerbach）则跟黑格尔的唯心主义断绝了关系。费尔巴哈于1841年出版的《基督教的本质》一书再次与18世纪的英法唯物主义产生了联系。这种思想过程的必然性，体现在与现存宗教观念和教会机构进行实际斗争的必要性上，而这种思想又在某种程度上与国家有联系，并且依赖于国家。

经济、政治和意识形态上的进程，有时可以通过个别事件加速，并呈现新的形式。其中一个不寻常的事件就是在1840年夏天发生的王位更迭。弗里德里希·威廉三世去世后，他的儿子弗里德里希·威廉四世在45岁时登上了王位。与他寡言内向、不善辞令的父亲不同，这位新国王有着精湛的口才和迷人的外表，许多人都期望他可以兑现1815年的立宪诺言。早在弗里德里希·威廉四世还是一个年轻的王储时，他就通过浪漫主义者和虔敬主义者对等级制产生了好感，这种等级制承认社团法、特权和垄断，但并不承认一般的公民权利，更不用说现代意义上的人权了。弗里德里希·威廉四世关于等级制的观念有着分解国家中央集权的倾向；面对现代化发展的努力，国王也不希望显得狭隘或暴力。另外，作为上帝保佑的国王，这位君主并不希望其绝对权力受到限制。这两方面的想法都很有浪漫主义色彩。这就是为什么年轻的恩格斯说这个具有基督教思想的国家有着"中庸（Juste-Milieu）的中世纪"，它的制度是前后矛盾、摇摆不定、不稳固的——特别是面对新兴的工业世界时。

奥托·冯·俾斯麦和他的父亲都参加了弗里德里希·威廉四世依据传统举行的继位典礼。典礼上，弗里德里希·威廉四世出现在柏林城市宫前，从华丽的露天御座起身，走下镀金楼梯，用激情洋溢、在那时足以振奋人心的话语，让聚集的来宾们——主要是贵族绅士们——陷入兴奋，高声宣誓效忠。但留下来的是什么？就像是在之前柯尼斯堡议会的效忠仪式上一样，新国王先是用沉默，然后越发明确地表达了他坚持拒绝引入全国性的宪法。只有越发高涨的对新闻自由的普遍诉求让他做出了让步，同意暂时放松审查。

王位的更迭带来了希望，但也很快就带来了失望。这种失望使得资产阶级反对派和全体人民的耐心消耗殆尽了。在当时众多著作中，柯尼斯堡的医生约翰·雅各比（Johann Jacoby）所著的《一个东普鲁士人对于四个问题的回答》（*Vier Fragen, beantwortet von einem Ostpreußen*）最强烈地表达了这种情绪。这不是一份请愿书，也不是一本回忆录，而是一份传单，主张人民参与国家事务不应再像是祈求一种恩惠一样，而是要行使一种已经被证实的正当权利。尽管存在禁令，这本著作仍得以在坚定的自由派成员之中传播，这本身就足以加强他们彼此之间的联系。

事实上，正如卡尔·马克思所指出的，1840 年，"普鲁士

的资产阶级取得对德国资产阶级运动的领导"；普鲁士的思想
家，在思想和前瞻性方面，胜过了迄今为止由南德意志主导的
自由主义所产出的内容。柏林大学成了思想斗争的竞技场。在
一份关于柏林讲师和学生的报告中，年轻的弗里德里希·恩格
斯解释道："普鲁士的基础不是过去几个世纪的废墟，而是万
古长青的精神，这种精神在科学中获得意识，在国家中为自己
创造自身的自由。"① 即使这种对普鲁士使命的自豪见解只是其
思想和政治发展过程中的过渡阶段，它也值得注意，因为，这
种见解与普鲁士贵族奥托·冯·俾斯麦的普鲁士主义截然相反；
俾斯麦仍然倾向于历史法学派的思想，尽管是在不知不觉中。

　　资产阶级准备好了内部妥协，与君主制拉开了越来越大
的距离，反对派也吸纳了更广泛的阶层，变得更强大；保守派
也就随之越发聚集在国王周围，他们主要是虔敬派，充当国王
的顾问。其中包括侍卫官利奥波德·冯·格拉赫和他那担任马
格德堡法院院长的弟弟路德维希；弗里德里希·威廉四世的老
副官、虔敬派信徒冯·蒂勒（von Thile）将军，成了最有影
响力的内阁大臣。还有信仰天主教的将军冯·拉多维茨（von
Radowitz），也被提拔到了国王身边，担任普鲁士驻邦联议会
的军事代表。自 1842 年开始担任普鲁士驻伦敦公使的，是博
学的外交官约西亚斯·冯·本森（Josias von Bunsen）。他使
国王坚定了自己对于英国政府和教会系统中所有古雅与保守的
偏爱。

　　君主国最高层的格局对奥托·冯·俾斯麦而言是重要的，
因为当时他必须决定他想在哪里、通过何种方式、和谁一道加
入政治斗争。尽管他已经熟悉了作为一名波美拉尼亚庄园主的

---

① 译文引自恩格斯《一个旁听生的日记》，《马克思恩格斯全集》（第二卷），北京：
　　人民出版社，2005 年，第 430 页。

一切活动，但两年以来，这个活动范围对他来说已变得过于狭小。在 1839 年至 1841 年，他感到很满意，因为他庄园的经济得到了振兴，同时，他内心也克服了在亚琛的挫败感。但是之后，在这个乡村容克的生活中不再有那"远处山脉中美丽的蓝色云雾"了。由于他在东波美拉尼亚（Hinterpommern）缺少职业活动，他在人际关系上也遇到了新的挫折。俾斯麦对奥蒂莉·冯·普特卡默小姐的求婚，被这位庄园主女儿的母亲轻蔑地拒绝了。当他意识到，在他——快 30 岁时——经历了 3 段不幸的爱情故事后，他仍然被认为是一个有问题的择偶对象，这使他难免感到抑郁。因此，一年后，他跟他青年时代的朋友冯·克力青（von Klitzing）说："虽然我对你和其他幸福的已婚人士并不是一丝嫉妒也没有，但此刻，我那求婚的步伐已经完全冻住了。我完全无法想象，是什么样的尤物，会诱使我向她求婚。虽然我非常喜欢与女性交往，但结婚太不可靠了，我的经历让我陷入沉思。"

之后几年，孤独寂寞的感觉仍时常深深折磨着他，以至于他在没有遇到有深刻爱意的对象的情况下，也考虑过结婚。在给他 12 岁的妹妹马尔维妮（Malwine）的一份充满爱意而又以恩人自居的、幽默而又夸夸其谈的信中，他坦率地表达了他内心深处对想要结束这种孤独状态的渴望："顺便说一下，我必须跟海伦娜（E.Helene）结婚，这对我来说再清楚不过了，因为父亲离开后，我感到孤独寂寞，温热的天气让我忧郁，让我渴望爱情。我最终还是忍不住想要和海伦娜结婚……"海伦娜对他很冷漠，特别是因为他还没有克服他对"不忠诚的"奥蒂莉的倾慕。但恰是这个"弱点"让他自恃起来："你不能像换件衬衫一样，轻轻松松就改变了爱意，这样很好……"

他向奥蒂莉·冯·普特卡默的求婚终于在 1842 年春天彻底失败了。为了"在国外的环境里释放"他无尽的忧愁，他于

73

7月到9月环游了英国、法国和瑞士。他手头有流动资金，因为他的财务状况"逐渐……确立了根基"，而且农庄的经济也已经非常成熟，使他可以离开。俾斯麦没有带着日记本去旅行，所以我们必须靠他给父亲的几封信来了解他的这趟旅行。在给父亲的信中，他谈到了英国餐饮行业，对其评价不高，他还一如既往地关注农村景观和经济的特色。在约克，尽管他对建筑没有什么审美，但他还是注意到了"拥有许多古老文物的宏伟壮观的大教堂"。他更关注轻骑兵团的营房和马厩，轻骑兵团的军官以极其礼貌的方式向他展示了一切，并邀请他共进午餐。

在曼彻斯特，通过引介，他得以参观"世界上最大的机器工厂和其他有趣的手工工场"。就像在亚琛时一样，他忽略了工业生产的社会层面，尽管曼彻斯特当时是宪章运动的大本营。他完全没有提到这一点。

虽然俾斯麦对无产阶级和资产阶级之间的大规模阶级斗争还很陌生，但就像在亚琛时那样，他被高级贵族吸引。在英国上议院，他对这里既有正式的礼仪，又有非正式的自发行为的情况充满好感；同时，他也从阅读中探寻着，皮尔（Peel）是用的什么方法，将托利党（Tory）变成了一个保守党。在诺德奈（Norderney），这个他两年后还会前来度假的地方，他愉快地加入了由汉诺威王储、他的妻子德绍公爵夫人、他们的女儿，以及各种位阶的、拥有各种头衔的宫廷高官所组成的社交圈。看起来，俾斯麦想要再次逃离波美拉尼亚的狭小空间，进入高级贵族的行列并实践社交技能，这是外交技能里最重要的部分。

暗地里对于另一种人生轨迹的渴望，让他对波美拉尼亚乡村生活和容克生活中一切陈腐与狭隘的东西感到更加痛苦。他更渴求广泛阅读了，因为这可以让他与世隔绝。当时，拜伦勋爵是他最喜欢的诗人（有很多证据可以证明这一点），这很可能是因为拜伦那狂热的独立意识、对理想世界与现实世界的反差的痛苦，以及对虚伪和傲慢的抗议，触动了俾斯麦。也许正是拜伦笔下那些孤独绝望的波拿巴式英雄激发了他身上相似的品质，并因此唤醒了他的才能。这些才能直到19世纪60年代才得到施展，但它们自他还是一名学生起，就一直沉睡在他的身体里，当时——我们再来回顾一次——他公开吹嘘道："我要么会成为普鲁士最大的无赖，要么是普鲁士的元首。"

　　除了英国小说和当代诗歌，俾斯麦还熟知那些对《圣经》和宗教进行批判的神学与哲学著作，特别是大卫·弗里德里希·施特劳斯（David Friedrich Strauß）、布鲁诺·鲍尔和路德维希·冯·费尔巴哈的著作。自18世纪启蒙运动以来，宗教问题就在普鲁士 – 德意志贵族中占据了重要位置，而俾斯麦不能也不想停留在表面的怀疑主义上，他的阅读可以增加他的知识，丰富他的情感世界，有助于他形成自己灵活机敏的文风。他的旅行也塑造了他的个人心性和社会视野；旅行还让他身心得到了恢复，分散了他对郁闷的生活问题的担忧，但旅行并不能解决这些问题。

　　在书信往来中，压抑的情绪与日俱增，俾斯麦对枯燥无聊的抱怨也有增无减："我无聊到想死。"这是他在1843年10月1日告诉父亲的。俾斯麦对波美拉尼亚的乡村生活感到非常不满足，以至于他曾有一些冒险的想法："我想扮演几年亚洲人，这能对我正在上演的喜剧 ① 的舞台装饰带来一些改变，让我去恒河上抽我的雪茄，而不是在雷加河（Rega）上。"他越来越清楚地意识到自己生活中的空虚，这种空虚使他陷入了生活危机。这场生活危机从1842年开始一直折磨着他。直到1844年秋天，他也没有找到任何出路。他的信件时不时传递出的，不

75

---

① 据乔纳森·斯坦伯格（Jonathan Steinberg）的《俾斯麦的一生》（*Bismarck: A Life*）一书记载，俾斯麦将自己的人生比作一出正在上演的喜剧，意味深长。

只是心灰意冷与疲惫，以及令他焦虑不安的无聊，有时甚至已经接近于厌世。但这在表面上只表现为傲慢无礼，以及他偶尔说的关于波美拉尼亚的难以捉摸的笑话，例如他说波美拉尼亚是"欧洲文明的核心"，或者反过来，他说他不认为"波美拉尼亚人受过良好的教育"，他"不再期待波美拉尼亚还残存着文明部落中常见的谦恭礼貌"。

1845年1月9日，俾斯麦更为详细地描述了他那"为期6周的尝试①，尝试用一切围绕在我身边的东西治愈一种另类疾病——近乎导致厌世的无聊；通过一位大臣的特殊优待，我再次成了一个没有薪水的见习公务员，没完没了的案头工作是乏味的，就像给空秸秆进行脱粒打谷。我把它看作一种精神上的森林采伐，使我无动于衷的、疲惫的精神再次恢复健康状态，就像庄园上单调而有规律的工作使我的身体保持了健康状态一样。但是，一方面，长期脱离了公务员的环境后，上司那种小家子气的自负和屈尊纡贵的可笑态度，比之前更令我不快；而另一方面，家中的意外、庄园管理的混乱以及前庄园管理人的离开等，都迫使我从诺德奈回来，再次亲自接管农庄。那之后我就在庄园里住下来了，未婚，很寂寞，29岁，身体恢复了健康，但精神上相当迟钝，我准时做着我的工作，但没有任何特别的兴趣，我想让我的下人们生活得舒适，而即使看到他们为此欺骗我，我也并不生气。上午我会闷闷不乐，午餐后才会有温和的感觉。我主要跟狗、马和乡村容克打交道。在乡村容克中间，我颇受尊敬，因为我可以轻松阅读文字稿件，因为我在任何时候都穿得像模像样，还因为我可以像一个屠夫一样精准地肢解一块生肉，又能冷静而大胆地骑马，我还能抽非常猛的雪茄，和我的客人在桌上友好而平静地喝酒……"俾斯麦很

---

① 指俾斯麦再次成了政府公务员，但是只干了6周。

少这样将对于内心状态的阐述与对官僚机制的强烈批判，以及与对他在波美拉尼亚周遭环境的批判联系起来，很少会一气呵成地说，他周围就是"狗，马和乡村容克"。

他有过几次认真地尝试在社会上立足，都失败了：1835年，他凭借勤奋和干劲，想要"在国家公职服务中取得成功"，但以失败告终了。1838年，对于他这个同情自由主义的人来说，似乎只有在农村的容克生活中，才能实现个人抱负和社会独立。从1842年起，他清楚地意识到，这条路也是虚妄的，这样的生活解决不了他的人生问题。

30岁、未婚的俾斯麦仍然站在起点；他的社会心态和个人心态使他陷入了许多矛盾。他是普鲁士君主制度的拥护者，却回避军队服役，憎恶行政机构的工作；他是容克，但在寻常的乡村容克圈子中并没有归属感。他的认知范围和行动欲望大大超过了同阶层的人。尽管特奥多·冯塔纳（Theodor Fontane）早年曾青睐这个来自边区的贵族，并以理想化的方式描写他，但见多识广的奥托·冯·俾斯麦从未对波美拉尼亚和阿尔特马克的乡村贵族这样做过。他现在应该做些什么，才能将那艘迟钝的、轻晃着的生命之舟驶入奔流的水中？这一次，大环境与他的小世界相遇了。

他的虔敬派邻居把他拉进了他们的圈子里，并试图让他皈依，这可能是对他未被开发的可能性的正确直觉。各种各样的问题在此冒了出来。虔敬主义来自哪里？它想要什么？它是如何、又是在多大范围上，在东波美拉尼亚确立社会根基的？虔敬派是什么样的人？这些有着相同信仰的人都是从一个模子里刻出来的吗？俾斯麦是否希望通过与他们接触而与上帝建立联系？还是他想要通过他们与人们建立联系？

76

波美拉尼亚的虔敬派圈子

波美拉尼亚的虔敬派宗主教阿道夫·冯·塔登（Adolf von Thadden）在 20 岁时还是一名少尉，彼时他写信给他的母亲说道："与自然和农业打交道，对我来说最有吸引力。我认为一个大庄园主就是他村庄里的小国王，他在和平时期是一位父亲，发生战争时是指挥官，是他的人民在困境中最能信赖的朋友。此外，他还有一个和蔼的妻子，她是村庄的王后和母亲。一位有才能的牧师和一位学校教师应该提供农民需要的精神教育，并通过体育游戏强健体魄。在宗教的民俗节日和家庭节日中，应该赞颂普世的爱与和谐，赞颂善良与美好的力量。"

为了能在社会上实现这种理想化的愿景，阿道夫·冯·塔登退役了。作为上校和侍从副官恩斯特·迪特里希·冯·塔登的儿子，他在父亲早逝后，不得不加入军队成为一名军校生，当时他还只有 6 岁。离开军队后，他去了位于利岑（Wriezen）附近的莫格林（Möglin）的一所农业学校，师从著名的阿尔布雷希特·泰尔（Albrecht Thaer）教授，然后去西里西亚实习了一年，那段时间，他主要是在豪格维兹（Haugwitz）伯爵的庄园里度过的。1820 年 9 月，他与亨丽埃特·冯·奥尔岑（Henriette von Oertzen）结婚，亨丽埃特的父亲牺牲于莱比锡民族会战。当塔登接管特里格拉夫的老奥尔岑庄园时，他成为一个"小国王"的渴望变成了现实。

但是，在宗教信仰和教会都经历着变革的这几年，阿道夫·冯·塔登的立场是什么？他在柏林知道了施莱尔马赫其人，他说施莱尔马赫"将他从动物王国领入了人类王国"。然而很快，塔登就对这位值得感激的、广受赞誉的神学家产生了质疑和批判，并远离了他。在一封写于 1818 年耶稣受难日的信中，他称赞了比他大一岁的路德维希·冯·格拉赫，因为格拉赫抛弃了"施莱尔马赫的异端学说","特别是"这异端学说包括了"扼杀灵魂的傲慢的教义,认为理智和恩典(或是与圣灵)是一致的";另外,他也指责格拉赫"过于客观地看待基督教"。塔登通过非常主观地理解他的信仰,得以将他的复兴主义倾向在精神上与他的世界观和远见结合起来。在写于耶稣受难日的信中,他介绍了英国圣公会复兴主义神学家约瑟夫·米尔纳(Joseph Milner)的做法,米尔纳不会"只在特定政党、派别,或是持有特定意见的人当中寻求建立自己的教会,而是会在各个地方,在最复杂的情况下,甚至会在异教徒、社会名流、教宗和君主们之间"。这种看待神圣的上帝、人类个体和广阔世界的角度,可以在小圈子里创造一个思想开明的氛围,同时也使得在高级别政治层面的积极活动成为可能。在还年轻的塔登新近得出的看法中所蕴含的发展的可能性,之后都实现了,它们也在后来深深吸引着奥托·冯·俾斯麦。但塔登首先把几乎同龄的路德维希·冯·格拉赫吸引进了新虔敬派的宗教复兴运动,这个运动想要剔除基督教有关罪行与恩典的教义中所有的理性主义元素;罪行与恩典更应该通过主体的强烈情感冲动被认知,通过沉浸在自己的内心,获得对自己的罪更透彻、更全面的理解,同时获得对救赎的确信和上帝的恩典。所谓的宗教复兴被认为是情感信仰以及个人信仰的开端,这种信仰可以被一个震撼人心的大事件,或是通过布道宣教触发。

这个新虔敬派的基本观念在许多方面跟旧虔敬主义是一致的,其改革目标同样要求神学和神学教育把注意力集中在教会和宗教实践,以及对布道的改善、对平信徒的动员和对《圣经》的深入研读上。旧虔敬派形成于17、18世纪之交,主要以柏林尼古拉教堂的施本尔(Spener)和哈勒(Halle)的奥古斯特·赫尔曼·弗朗克(August Hermann Francke)为代表,它在反对教会僵化的正统主义的斗争中,与启蒙运动在某

78

些方面很接近，并且在之后支持了弗里德里希·威廉一世的专制主义。而1815年后形成的新虔敬主义，则站在了历史对立面：它在某种程度上努力摆脱专制主义，要求专制主义在官僚体系构建中体现对不断上升的资产阶级的让步，并削弱容克贵族在其庄园里直接行使权力的行为。新虔敬派有时会非常彻底地表达对启蒙运动的背离，比如古斯塔夫·冯·毕罗（Gustav von Below）曾这样写道，人们必须与"精神上的傲慢的理智，这个强大的魔鬼"作斗争。

新虔敬主义在国家政治和教会政治中都反对专制主义。虔敬派贵族认为，他们获得了卡尔·路德维希·冯·哈勒的私法①国家理论的认可，该理论通过划分大量的权力和统治区域，保证了他们这些"小国王"的家长制政权。除了社会层面的认可，虔敬派贵族们还在宗教层面得到了为他们的庄园统治进行辩护的权利。因为从上帝那里得到的东西是不可能被国王从上面，或是被人民从下面拿走的；从这个意义上说，社会的诉求正在背离基督教！虔敬派正是在这个方向上强化了哈勒理论中历史倒退的特征。

在教会政治中，他们很快也追随了那或多或少已变得明显的趋势，即从教会联盟"分裂出去"——这是当时通用的措辞。教会联盟是由路德宗和加尔文改革宗于1817年成立的。19世纪20年代在普鲁士各省相继成立的教会联盟，实际上属于普鲁士王国的专制主义的历史范畴，这种主义正在试图重建自己。

此外，集中于波美拉尼亚农业地区的虔敬主义，正是发端于容克们普遍抗拒的城市。塔登的妻子亨丽埃特在柏林的斯比特尔马克特（Spittelmarkt）跟从传教士赫尔墨斯（Hermes）学习了宗教知识。在1813年至1815年的解放战争之后，位于

---

① 相对于公法来说，私法一般指规范私权关系的法律。

柏林的"自由城堡"①的一家旅店里形成了基督徒的社交宴会。这家客栈的老板叫"五月"（Mai），因此这个社交圈也被称为"五月虫们"（Maikäferei）②，这些人后来构成了在波美拉尼亚和宫廷的虔敬派的重要核心。在这个聚会场所，从战场归来的战斗人员和容克之子们聚集在一起，其中包括利奥波德·冯·格拉赫和路德维希·冯·格拉赫；阿道夫·冯·塔登偶尔也会出现；当时的王储，即后来的国王弗里德里希·威廉四世，也会出没其间。

在 1815 年之后的宗教复兴运动中，还有一个通常会被忽视的圈子，这个圈子主要由资产阶级知识分子聚集而成。与乡村贵族不同，这个圈子里的年轻人不仅铭记解放战争的经历，还以改革时期的精神为出发点。这个圈子的精神领袖是莫里茨·奥古斯特·冯·贝特曼－霍尔维格（Moritz August von Bethmann-Hollweg）。他早就批评过同时代的"五月虫们"，他们有时粗俗的论调，令他这个在法兰克福的商业贵族家庭长大的、师从著名地理学家卡尔·里特尔（Carl Ritter）的社交名流非常厌恶。尤其令他反感的是，五月虫们虔信的倾向很早就与哈勒理论体系的政治倾向混合在了一起 。后来，贝特曼－霍尔维格谈到了格拉赫兄弟那"带有宗教色彩的自私"。但是，由于每一次宗教复兴运动都不仅争取人们内心的虔诚，还会为世界的基督教化而努力，贝特曼－霍尔维格因此也不得不参与政治。他决定加入主要由商业资产阶级组成的保

---

① 柏林的自由城堡广场（Schlossfreiheit）位于柏林城市宫和威廉皇帝建立的国家纪念碑之间（这两座建筑物于 1950 年被拆除）。1672 年，一排总共十幢的楼房在此处建成了，被称为"自由城堡"（Schlossfreiheit）。由于土地泥泞，房屋造价高昂，选帝侯弗里德里希·威廉给予了这里的人们更多的自由，包括免除基本税负等。在 1709 年柏林王室住所建成之前，这里一直住着宫廷官员和贵族们。

② 或译为"金龟子们"。

守派阵营。他反对激进的后果；他也不想违反法律，无论是民主派还是反动派意义上的；他既不想要底层的革命，也不想要上层的违宪。贝特曼－霍尔维格于 1848 年真诚地加入了这个正在成形的保守主义党派。但他在 1851 年与格拉赫的分裂，是早就确定了的事，只是在这一年随着自由主义保守派的"周刊党"（Wochenblatt Partei）①成立，才变得板上钉钉。虔敬派宗教复兴运动由此分裂，无论如何，这都证实了黑格尔的观点，即宗教和政治总是在同一个屋檐下。

一个能够说明这件事的例子是塔登的特里格拉夫庄园新任牧师引发的争议。这个牧师职位在 1825 年就空置了。阿道夫·冯·塔登作为统治庄园的教堂赞助人，声称自己有权任命一位他认为合格的牧师，无论庄园里的农民们意愿如何。他甚至威胁，如果村民在申请书中提出的候选人得到当局的确认，他将拒绝出席礼拜。即使在他的势力范围内，他作为赞助人对宗教职位的任命主张也遭到了抵制，这激怒了他。国王希望以所罗门王一般的智慧方式摆脱这件事，指示什切青政府提出新的建议。但这次，王室的回避鼓励了塔登和他的朋友们，经过长时间的斗争，塔登贯彻了自己的意图。

80　　在这次争议事件中，早已开始顾虑那位有虔诚主义倾向的王储的中央政府，比中层和下层官僚更愿意采取回避、和解的方式，因为后者更直接地面对庄园主的无理要求与农民和教区成员的反抗。下级政府认为，对于虔敬派容克的这种行为，"信仰并不能构成理由"，这种行为已经等于是从地方教会中分离出来了。从行使权力的角度来看，有争议的问题在于，究竟应该由虔敬派容克，还是依据地方教会的意愿任命牧师。

---

① 19 世纪五六十年代，由普鲁士自由主义的保守派政治家组成，领导人是贝特曼－霍尔维格，机关报是《普鲁士周刊》（*Preußisches Wochenblatt*）。

塔登和他的朋友们在教堂及其领地之外举行了许多宗教活动与祷告。在 1821 年，塔登向被任命的牧师提交了两天前在庄园里接受圣餐礼的人员名单。这份名单包括海因里希·冯·普特卡默（Heinrich von Puttkamer）和他的妻子，即奥托·冯·俾斯麦未来的亲家。名单上写道，列举的信徒——都是庄园主和他们的妻子——都不能在地方教会的圣餐台上接受圣餐，而是像最早的基督徒那样，退回"屋子的一个角落里"。塔登和他的圈子喜欢对早期基督徒遭受的迫害产生共情。忠于地方教会的牧师提出了申诉，还提到这种行为违反了一般法的条款，但都没有结果。家庭集会事实上是被禁止的，这就是塔登档案中 1829 年和 1830 年有大量罚款通知的原因。然而，支持宗教复兴的贵族们的虔诚反抗，绝不像看上去那么勇敢。他们可以肯定，自己将得到王储的支持。王储在 1830 年 5 月 2 日写给大臣阿尔滕施泰因（Altenstein）的一封信中这样说道："政府的行为是如此愚蠢，愚蠢得让人同情。"

在他们的家庭集会中，虔敬派的庄园主们有时会让庄园里的雇农或工匠自主阐释《圣经》。如此一来，仆役们也可以让精神在圈定的牧场上"自由地"漫游。

阿道夫·冯·塔登有着戏剧性的、形象生动的表达方式，他的话语时常被朋友与敌人引用。他的希望是："通过用真诚的博爱服务于他周围的人，来维持自己富有成效的统治习惯。"与这种统治习惯相对应的，是对虔诚仆人的家长制的关怀。塔登庄园里的农业工人的工资在特里格拉夫相对较高。但这并没有阻止他们外迁或移民，因为他们想在海外不受束缚地生活。用虔敬派的方式去塑造主人与仆人之间的关系，已经越来越不符合社会动态和时代精神。

由于平信徒的信仰没有取得令人信服的成果，"小国王"必须努力将他们的影响力扩展到尽可能多的牧师身上。出于这 81

个原因，塔登自 1829 年以来就在特里格拉夫举行会议，并取得了越来越大的成功。在这里，虔敬主义者展现着"改变他人宗教信仰的侵略和征服本能"。"特里格拉夫会议"进一步扩大，尤其是在 1843 年至 1844 年，聚集了来自不同省份的虔敬派牧师。1844 年，有 108 人参加了会议，其中包括 6 名教区牧师、64 名传教士以及校长和公职候选人。

在波美拉尼亚，虔敬派容克也介入了教育系统。他们所施加的影响最终导致乡村地区本就已经贫乏的学校教育继续萎缩。这些地区所需要的季节性劳动力包括学龄儿童，他们的知识少得可怜，宁愿去农田，也不愿意去教室。对虔敬主义者来说，更重要的是通过教会赞助人（主要是容克）、牧师和教师间融洽的合作，在精神上统治整个乡村平原地区。因此，他们为合适的牧师人选斗争，也为乡村教师培训过程中的领导位置斗争。

俾斯麦已经陷入了深深的矛盾：一方面，他已经扎根于波美拉尼亚的贵族乡村，而另一方面，他对乡村生活和他的工作越来越不满。他在庄园主的各种群体中不停地徘徊，他在世界观方面的中间立场逐渐模糊——一切都迫使他做出一个决定。他既不能像他的父亲一样，不为任何事担忧，拘谨而虔诚，忠于国家，过着自我满足的容克生活，也不能长期在精神更加活跃的贵族圈里扮演一个边缘人物。

他的立场有些不明确，这不仅让他精疲力竭，而且给他的社交生涯带来障碍。为了继续向前迈进，他不得不加入一个团体；为了获得提拔，他需要一个赞助人，需要政治上和社会上的支持。于是，他于 1843 年春与虔敬派确立了关系。这给他带来的收获并不少：从孤独中解脱了出来，还在人际交往、世界观和政治方面建立了联结。但这种联结，正如他希望的那样，是依据他自己的方式建立的。他在内心有所保留，逐渐加入了一个更广大也更密切的群体。他在1843年2月8日给阿道夫·冯·塔登阅读他的第一篇报纸文章，是一件具有里程碑意义的事。俾斯麦可以肯定，在塔登那里，他对容克狩猎特权的激烈辩护可以被倾听，并得到充分的理解。显然，他们希望在政治方面进行合作，但无论是年轻的俾斯麦还是年迈的塔登，都还没有想过此外更多的事。

当时，俾斯麦与塔登的女儿玛丽建立了认真而有意义的人际关系。2月7日，玛丽向她的未婚夫莫里茨·冯·布兰肯堡（Blanckenburg）讲起她前一天跟俾斯麦的谈话："我从来没有听过任何人如此坦率而清晰地讨论自己的无信仰，或者更确切地说，泛神论……"她惊恐地注意到俾斯麦那"持续的、无底的无聊和空虚"，和他明显带有激情的忏悔："'我怎么可能去信仰，因为我甚至从没有过信仰：信仰一定是要么自己进入了我的内心，要么直射进来，而不需要我做什么或想什么！'他很激动，有时会因为激动而脸色暗红，但他说不完这个话题。"玛丽带着人性的同情和对俾斯麦灵魂的虔敬主义式的关怀讲出的这些事，是令人惊讶的。俾斯麦异常兴奋，看上去似乎展示了自己的内心，但除此之外，他还是倾向于用轻描淡写的语言略过信仰问题——这就是为什么他早先被认为是"一个不信上帝的嘲弄者"。他在亚琛做实习律师期间，就已经有了一个令人惊讶的见解。"我只能注意到，"他曾在给伯恩哈德的信中这样写道，"如果你认为我是一个无神论者，那你就低估了我思维的审慎了。"俾斯麦在这里提到了一种特性，这种特性使得实践理性对于宗教而言也是有效的。他拒绝采取可能导致他过于偏离传统的立场。

奥托·冯·俾斯麦对于更深层次的意识形态转变的风险有着一种直觉。在某种程度上，他能对自己的不信教负责，为什么不能呢？他生活在对基督教和《圣经》进行理性分析的时

82

代，他对"人性的，太人性的（Allzumenschliches）"①东西有着批判性的敏锐直觉，在宗教分析方面都清楚地表达出来了。他可能怀疑人类认知上帝意志的能力，对关于上帝之道的"阐释"持有批判性态度，鉴于它们只是来自人类的思索。尽管如此，他仍然小心提防，不放弃他基本的宗教立场，也因此不会放弃他基本的社会立场。即使在他最不信仰上帝的时期，他也并没有否认上帝的存在。而震惊的、忧心的玛丽·冯·塔登在1843年2月7日的信中，也还对他抱有一线希望，说他"无疑还是害怕上帝那蓝色的、模糊的形象，那是他自己想象出来的"。一个"蓝色的、模糊的形象"，实际上就是"自然神论"，是"泛神论的混合物"——基督徒可以称其为不信上帝，但不是无神论。俾斯麦合理地拒绝了这一指控。他与虔敬主义者的第一次接触表明，从一开始，他们就在不止一个方面是结盟的。但在宗教领域，通向他们的桥还很窄、很不结实，尽管虔敬主义者与上帝的独立、带有个人色彩、没有牧师作为中介的关联一定程度上诱使俾斯麦加入他们。

莫里茨·冯·布兰肯堡用大量的谈话和书信，试图劝俾斯麦那没有信仰的灵魂皈依。他作为俾斯麦青年时代朋友中最年长的一个，曾经是俾斯麦柏林文理学校的同学，也是俾斯麦在茨莫尔豪森（Zimmerhausen）和卡尔德敏（Cardemin）的庄园主邻居，还是阿道夫·冯·塔登未来的女婿，满怀新皈依者的热情。在波美拉尼亚的虔敬派圈子里，再没有谁如此适合这项任务了。莫里茨与俾斯麦在1843年的复活节见了面，从5月1日开始，布兰肯堡用一连串的信炮轰俾斯麦，信的标题是《朋友是那些永远愿意告诉你真相的人》，信中满是自以为是的热情倾诉。在4个星期内，俾斯麦收到了3封关于皈依的信，

---

① 语出尼采著作《人性的，太人性的》。

84

玛丽·冯·塔登（1822~1846年）。她对奥托·冯·俾斯麦有着深沉但无望的爱，因为她早已订婚。俾斯麦直到老年还在怀念这位英年早逝的女子。

他没有立刻回复这些信，其中的宗教狂热的基调对他来说肯定很陌生。

一个月后，莫里茨·冯·布兰肯堡吹嘘地说，他已经向俾斯麦心里"大胆地、自信地扔了千斤重担"。这将会"在合适的地方"施加压力，并带来"有关天堂的知识"。随后他重复了此前就对俾斯麦口头进行过的精神敲诈，宣称有一位垂死的近亲，她只有看到俾斯麦有确切的皈依迹象，才能平静地死去。因此，在恳请他皈依的信中，布兰肯堡这样写道："垂死的灵魂升起时的画面非常清晰，这濒死的痛苦，直到你进入了极乐世界才结束……"在1843年7月，布兰肯堡又发起了长篇大论，其中对俾斯麦的本性有着完全错误的判断："噢，奥托，奥托——你信中的每一个字都是真的，一切都应该如此，你也应当这样看待这个世界，应该这样谈论那你不认识的上帝，应该蔑视此世的一切不幸之事。"当看到他写，"你差一点就可以把上帝的爱抓在手心里了，有着受宠的灵魂的人啊"，俾斯麦一定已经对这些信相当厌倦了。

即使到这个时候，俾斯麦也并没有否认"从自身认识上帝"，但他拒绝基督徒自以为是地认识上帝的方式，强调信仰的多样性，并且批评基督教自我辩护的学说。为了改变这种无能为力的状况，莫里茨做出了伪善的劝诫，并表明自己对这个可怜罪人的同情。这逐渐变得糟糕，以至于俾斯麦最终了断了这种关于精神问题的书信交流。对他发起的精神猛攻失败了。

但他与莫里茨·冯·布兰肯堡的未婚妻玛丽·冯·塔登的关系逐渐有了不一样的发展。玛丽与她同样深深植根于虔敬主义的青年女性朋友们的书信往来饱含爱意。这个圈子也包括约翰娜·冯·普特卡默，即俾斯麦日后的妻子，她在感情问题上是玛丽特别的知己。这些过着无聊的乡村生活的贵族女士追寻着她们的文学理想，并在信件中展开探讨。

因此，作家让·保尔（Jean Paul）对她们来说有着特别重要的意义。她们一起读《泰坦》，这在她们看来犹如"俗世的《圣经》"。让·保尔对法国大革命的热情并没有吸引她们。对她们来说，让·保尔仍然是非常抽象的、乌托邦的，并不能让她们激动。她们彻底误解了她们所喜爱的作者的社会观点。她们读出的，是他带着哭腔的无病呻吟，对友情和爱情的陶醉，满溢的感情和女性的纯洁形象。她希望循规蹈矩的路德维希·冯·格拉赫（她的"叔叔路易"）也拥有这些。就这样，她们在书信往来中运用着浪漫主义的色彩符号，她们根据惯例，恰当地使用着这些色彩的象征意义。"真正的爱情、忠诚、对于生存本质的激情"，玛丽与约翰娜在 1844 年的讨论中认为，这些是蓝色的含义。红色象征着为每一次开花和结果所做出的不懈努力。白色象征着纯洁而不朽的爱情的圣洁火焰。借用让·保尔书中关于"高大的女人"的理想［《泰坦》里的伊朵茵作为霍亨弗里斯（Hohenfließ）的女统治者，通过改革性的影响脱颖而出］，玛丽和约翰娜她们对将来的庄园女主人身份进行了一种浪漫主义的美化。

　　奥托·冯·俾斯麦是一个有趣的人，因而常常在她们的通信中以假名出现，她们很乐意把他带进她们对幸福和爱情、纯粹的灵魂共鸣和宗教关怀的狂热。但她们无法诱使他参与阅读让·保尔，就像他也坚决反对穿得像让·保尔一样。

　　俾斯麦很难被这种虔敬派的灵魂魅力征服，但是他肯定会一直被 21 岁的玛丽·冯·塔登表现出来的通情达理打动。玛丽是一位丰满美丽的年轻女士，内心温暖，尽管在生活方式和信仰方面都受到束缚，但并非没有感官上的快乐。在她结识俾斯麦时，路德维希·冯·格拉赫那警觉的、如宗教裁判所审讯官的目光就立刻发现，她对世俗的感官体验存有倾向，玛丽有时会对此感到恐惧并溢于言表，躲在献身宗教这层保护罩下，希冀着她的"善良的莫里茨"给予安全感。

　　很快，就有一件事得到了证实：玛丽和奥托之间发展出来的亲密关系，让他们既高兴又悲伤，非常苦恼。俾斯麦已经被这个跟莫里茨·冯·布兰肯堡有了婚约的女人，被她亲切的同情深深触动了，但她已经订婚，无法再委身于他了。他也不能再与她频繁来往，不能再寻求她的理解，享受她的玩笑和女性魅力了。他们的书信，尤其是玛丽那一边的很多信件，都表明了这种关系；而她的信鲜明地，却又往往隐秘地显露着她的魅力。

　　她有时在给朋友约翰娜·冯·普特卡默的信中抱怨她的生活情趣："……但是现在，我热爱着世界和这世上的欢乐，生活的魅力、声音、火花和色彩！——一切都吸引、魅惑、诱导着陷入爱恋的人……在对生活乐趣的憧憬中，我们只是太相似了。如果你之后跟他变得更加熟悉，让他（俾斯麦）无法寻求平静，助长他青年时代甜蜜的轻率，那我将非常难过。很奇怪，我会跟你说这些，但我忍不住。"

　　这个年轻女子因为俾斯麦而陷入的少女愁思，在这里变成了一种带有轻微嫉妒的恳求，变成对约翰娜的虔诚劝诫。然而有时，玛丽的信中也显露一丝情感的波动，她试图在自己和他人面前说明这种波动来自她对俾斯麦改变宗教信仰的关心，也试图将其抑制——她害怕充分地意识到它，但她内心还是意识到了。如果她的未婚夫，"善良的莫里茨"，之前不是那么痴迷于改变别人的宗教信仰，就一定也能意识到她的内心是怎样的。因此，他只看到玛丽鼓励俾斯麦改变宗教信仰，却没有察觉到，俾斯麦只是因为玛丽的缘故，才在请求中断通信之前，忍受了他长期纠缠不休的倾吐。

　　玛丽对俾斯麦命运的参与充满了克制的爱，这加重了俾斯麦忧郁的情绪。双方对他们在内心和思想上的渴望与亲密关系的担心，构成了他们关系的独特的吸引力。人们固然可以将这位来自波美拉尼亚虔敬派圈子的女性所使用的情绪过于饱满的文风，看成她表达自己特殊情感的方式，但玛丽对奥托·冯·俾斯麦，对他的精神状态和彼世的福祉是如此执着，对他的关注是如此强烈和频繁，还是暴露了他对她有着难以遏制的世俗吸引力。她深深地叹息，祈求他从不信仰的状态中得到救赎。她殷勤地记录着他身上的改变，在 1843 年 7 月写给莫里茨的信中，她惊愕地描述着俾斯麦那众所周知的对信仰的无能；而到了 1846 年 9 月 11 日给约翰娜的信中，她则写道，他现在似乎在"严肃地尝试"去"真的阅读《圣经》，而不仅仅用理性去思考"。除此之外，她还在 1843 年 2 月 9 日写给莫里茨的信中表明了这样的态度：俾斯麦"迷人的个性"非常让她迷恋，以至于当她看到他时，"总是不能完全相信他过着那样放荡的生活"。毫不知情的莫里茨甚至还鼓励她，给"奥托更多的爱和同情"，所以玛丽安慰自己，"莫里茨非常爱他，让我非常确信，我从来都不必害怕与他的接触"。

　　那么，这种感情是无害的吗？从那封很有争议的信判断，并不是这样。玛丽于 1843 年 5 月 9 日的信中坦露："奥托不再出现在茨莫尔豪森：这很好，因为善良的莫里茨承受不了和他的对比。"人们不该认为，玛丽意识到了二人在人格方面的差异有多么危险。她的"善良的莫里茨"是忠实的、虔诚的、温情脉脉的，但俾斯麦是充满力量与激情的，是一团受抑制的火焰，让她神魂颠倒。玛丽担心他，"如果他不会在肤浅粗俗的波美拉尼亚（！）和生活的乐趣中堕落，就太好了，愿主怜悯他，指引他的灵魂走向安宁"。之后，她再一次在 1845 年的一封信中坦承："与往常比，俾斯麦这些天跟我更亲近了：我们已经牵了手，我相信，这不会是一个暂时的触碰。你恐怕想不到，我们可以在他总是展露的清高的优雅背后找到这么多别的东西，我抓住了这样的友谊，这对你来说可能是荒谬的；但这件事最近几天仍然牢牢占据着我的思绪，让我无法平静下来。也许对我来说，这种个人自由的抒发，与这只东波美拉尼亚凤凰——野蛮和傲慢的化身——的友谊，是如此有吸引力……"

也许在这里有少许女性虚荣心在发挥作用，她有意无意地隐藏在丈夫身后，要让丈夫去对俾斯麦发挥主要影响；但这里也体现了自我肯定和对个人自由的放纵，受到玩火游戏的刺激的吸引。这里有玩笑和戏弄，有认真严肃的关心和爱护，有感性的吸引和对于改变宗教信仰的巧妙操纵，有助人的情怀和嫉妒；总之，这是受到束缚、常常披着宗教伪装、被努力抑制着的爱情。它总是借着文学作品的掩饰悄然流露。其中特别重要的是歌德的《诗与真》的段落，它们深深触动了玛丽。在写给约翰娜的信中，她提到了《与莉莉的故事》，并写道："……它奇妙地吸引着我"，"通过这么多亲戚和熟人，我了解了种种人性，我如果不知道自己为什么会被束缚住，就无法解放自己。一定要读它——还要读读关于弗里德里克（Friederike）的事……还有……维特的出身和成长经历那里，非常好看，却又非常傲慢和冷酷"。

如果你按照她的邀请去阅读，就会在那全诗第一段就已提及的"莉莉的故事"中发现，歌德对莉莉·舍内曼（Lili Schönemann）①的爱一定深深触动了玛丽的心弦。她可以通过与奥托的交往，理解两个人在共同的社交圈子中的心意相通与亲密无间。在与俾斯麦频繁地交谈后，玛丽又怎会不明白歌德的问题："那么，如果不向对方敞开心扉，如何能畅谈心意呢？"

在另外的信中，玛丽·冯·布兰肯堡谈到了《亲和力》，接着谈到了她关于"人类爱情的不纯洁以及不忠贞"的沉思。正如她在 1845 年 1 月 25 日写给约翰娜的信中所说的那样，这个问题"非常让人困扰"。她惊讶地承认："我手头有《亲和力》，并且读了一半了，也就是说，故事的结局，就像是一个阴森的、恶魔般的世界，展现在我面前——我把它放到了一边，因为它可以轻易地控制我。"你可以看到玛丽是如何与她的思想和感情进行抗争的：她非常开心，因为她在文学中再次认出了、经历了那相似的、熟悉的、刚刚萌芽的爱情，但当遇到不圆满的感情结局时，她却恐慌地避开了。

玛丽的天性比约翰娜更加丰富，涉猎更广，不仅能接受贝多芬的音乐（她的朋友约翰娜此时仍未接触其作品），而且更容易被莎士比亚感动。对于莎士比亚的作品，她们再次在思想上产生了分歧。在约翰娜看来，《罗密欧与朱丽叶》显然在轻微地责备"闪烁的激情"；而玛丽则在其中看到了"蓝色的深渊"，她对此的理解正如她从让·保尔的《泰坦》中读出的那样，"忠诚，正直，不是一种美德或者感觉，而是激情本身，

---

① 莉莉·舍内曼（1758~1817 年）是歌德的未婚妻，真名叫 Anna Elisabeth Schönemann。莉莉是歌德在诗集和作品中对她的昵称。她是法兰克福一位富有的银行家的女儿，但是由于两家人的宗教信仰不同和莉莉父母的反对，二人最终没有结婚。

它永远振奋着、维持着生活的本质"。同时，玛丽非常清楚她的性情对于虔敬上帝而言过于狂热，并懊悔地引用虔诚的伊丽莎白·冯·米特施泰特（Elisabeth von Mittelstädt）的指责："如果难以描述的上帝的指引和保佑一直就在你眼前，你应该更安静，更清楚，更安宁，不去拼命'触及'天堂。"玛丽以姐妹般的真诚做出劝诫，随后她又愧疚地补充道，"哦，约翰娜，这是多么真实，多么真实"。

那种触动了她、让她充满兴趣却又满怀痛苦的情感，曾被她称作"对俗世的兴趣"。显然，天真的她没有意识到，这种情感给了她一种特殊的魅力。对俾斯麦有如此大的吸引力的，并不是一个作为笔友的、才女式的乡村姑娘，而是一个饱含求知欲地给朋友约翰娜写信的年轻女人："我很遗憾，你在卡尔斯巴德（Carlsbad）的生活如此孤独……雷迪纳家的人（Reddentiner）不结识任何人，这在我看来很狭隘。在去浴池的时候，我对年轻女孩，尤其是外国的年轻女孩，有着真实的愤怒，却还是被迫结识了一些人。我发现，在熟悉的本地的思想圈子里，人们会不知不觉地变得非常狭隘，所以，人们应该乐于了解外面的世界和不同的看法。"

在这里受到批判的，是波美拉尼亚虔敬派的本质，即思想上的孤立，俾斯麦对这一点也有强烈的感受；在与玛丽的谈话中，他意识到玛丽突破了一切在地域、道德和宗教方面过于狭隘的界限。这种与他的性格相似的倾向使他受到了触动。

玛丽是如何不断被人们之间无法实现的恋爱关系吸引并触动的，十分值得关注。她在1845年7月结婚之后，向她的朋友约翰娜讲述了她与莫里茨的朋友齐特曼（Zitelmann）的"热情而亲切的谈话"。他"说了很多异教的话，因为他不是基督徒"，她辩解道，"但能洞察一切的理解力把我们联系在了一起"。

89

　　齐特曼说，很多人生活了很长时间，却没有感受过深刻的爱情，他们相信爱情，甚至结了婚，却从没有了解过什么是爱。悲哀的是他们在结婚后还要面对真正的自我实现的机会，那会让他们开始生活，然后激起他们本性中更大的活力，却会在婚姻中变得永远不快乐。"在这个观点里，有可怕却又吸引人的真相，"玛丽补充道，"我谈到了抵抗这种诱惑的宗教力量，却不太理解……罗密欧与朱丽叶，就是他认为的爱情的形象。"

　　在同一封信中，玛丽说，她正好在社交圈中和俾斯麦一起读了《罗密欧与朱丽叶》。"你能相信吗？ 阿德玛（Ademar）——这就是经过让·保尔式的加密后奥托·冯·俾斯麦的代号——读的角色正是我所读角色的情人，我不认为这是东主的恶作剧，只是巧合而已。"很显然，玛丽内心深受触动，使得她一定要告诉她的朋友："我有太多的真相想说，这些真相来自我的灵魂，带着这么多的恶作剧，使我忘记了一切本可能让我感到尴尬的东西；甚至是我们在莫里茨的旁白下，按照剧本读出的那些下流的段落，我也忘记了。"这是一位年轻女士的勇敢的坦白；这种声音甚至超越了让·保尔式的灵魂喷薄。爱情让人看到：玛丽除了为了虔奉上帝所做的一切努力，还有着充满激情的本性、对更强烈的关系的渴望、对于"尘世的欲望"。她感觉到，并且知道，她与虔诚的莫里茨的婚姻，不会带给她在那个"柏拉图式"的男人——俾斯麦——那里可能实现的"生命的圆满"。

　　当玛丽努力将奥托引向自己的朋友约翰娜，即当她放弃了他以及他种种的爱慕之情时，她的内心是最为触动的。她是乐于助人的，但同时又是痛苦的，她对约翰娜满怀着友情，但又不是没有嫉妒，她是充满爱与引导的，同时也是不安的，被迫小心谨慎。你可以察觉到一丝悲剧的气息：玛丽无法实现更高的"生命的圆满"了，她曾预感并热烈憧憬的圆满，在她的生命中消失了。

彼时，奥托·冯·俾斯麦没有工作，在私人关系和世界观方面都很孤独，他正在寻求合适的活动和认可，他深深地感受到了玛丽的情感。与这位女士的交往，一次又一次地不可抗拒地吸引着他。他频繁的造访逐渐受到了周围人的指责。

正是玛丽促使俾斯麦写出了他的打油诗，这些诗是他1846 年 4 月在克尼普霍夫写的，借此，他以押韵的形式开着她的玩笑。

> 上周二你跟我说，
> 我缺少诗意，
> 现在你也许能明白了，
> 你对我的误解有多深，
> 那我就这样写给你，玛丽小姐，
> 以诗的形式，一大早就写了。

在信封上他注明，他寄给了她"很多书和几个苹果"，并且开玩笑地评论说——

> 如果到目前为止我一直在徒劳地寻找，
> 萨多里斯勋爵的虔敬的书，
> 您不必对此这样吃惊；
> 我可能会找到它。
> 吕克尔特（Rückert）的书我只有四卷，
> 我附上了它们。
> 一个自由派的中尉，
> 即弗里德里希·冯·萨勒特（Friedrich von Sallet）先生，
> 写了一首诗，一本诗集，

您可能还不知道。

我把它借给了弗莱利格拉特（Freiligrath）。

还有安那斯塔修斯·格林（Anastasius Grün），

和莱瑙（Lenau），我没有找到

我相信，很快就会装订。

我一旦再次看到她。

一定会送给她，请您相信。

91　　　这段颇为世俗的文字表明了一种自由思想，就像他的创作者年轻时对各种历史和文化形象展示过的那样。在这段幽默插曲的最后，俾斯麦玩了一个一语双关的文字游戏，扮演"共谋者卡斯科"的他，以"最谦卑的崇拜者"落款，暗合了预定要举办的关于"恺撒大帝"的读书晚会。这种诙谐绝不是他那些年的情绪基调，尽管写给亲密的妹妹马尔维妮以及青年时代的朋友沙拉赫的信喜欢苦中作乐，但他在现实中却总是不满和阴郁的。玛丽，无论如何，一定是从个人的接触中了解到了这一点，所以她经常写到他的消沉和"深沉的忧郁"。有人认为，对于生性好动但当时正赋闲的俾斯麦来说，他与迷人的玛丽的柏拉图式关系甚至增强了他对世俗的厌倦情绪。这个 30 岁的男人寻找了很久，遇到了一个年轻的女人，她的女性魅力、家国情怀、高贵的出身和虔诚的倾向与他对理想女性的想象是如此吻合，可她偏偏已有婚约。二次结合[①]可以说是不可能的，因为离婚在这个圈子里极为罕见，单单因为农业所有权涉及的困难已是如此，对于虔敬主义者来说，这种情况就更不可能了，毕竟他们的订婚同时也是在上帝面前的承诺。

　　　当俾斯麦在积极的生活中意识到他能比其他人在某个位子

----

① 指再婚。

上做得更好时，他就会毅然决然地去争取。但是，在情感的矛盾里，他应该做些什么呢？除了玛丽对俾斯麦所有潜意识的爱慕，除了俾斯麦和玛丽的丈夫之间尴尬的，也让"善良的莫里茨"几乎无法忍受的对比，玛丽几乎没犯下什么严重的背叛罪行。与波美拉尼亚虔敬派圈子的联系对于俾斯麦接下来的政治发展是有益的，如果他不能在著名的阿道夫·冯·塔登的女儿那里退缩克制，这种联系也将受到损害。他将再次——并且比之前——陷入更孤立的境地。于是，他只有做出最不符合他本性的事了：后退，放弃玛丽。

　　1846 年，他决定搬到舍恩豪森。在那里，1846 年 11 月 10 日，他得知了玛丽的死讯。不久前，玛丽刚刚失去了染上流行病发烧病重的母亲，同时也在照顾母亲的过程中，患了致命的脑部感染。11 月 18 日，俾斯麦怀着痛苦和震惊写信给他的妹妹，告诉了她这件事："你大概知道我与卡尔德敏庄园的关系，因此，你大概也知道这个死讯对我的打击有多沉重。如果我还需要什么东西，让我能下定决心离开波美拉尼亚，那便是这件事了。这实际上是我第一次因为死亡而失去一个跟我亲近的人。这种生离死别，在我的生活圈中，撕开了一个出乎意料的巨大的缺口。失去父母则属于另外一类，那是根据自然规律可以预见的。孩子和父母之间的交往通常不会保持得如此密切，至少孩子那一边的需求不会是如此强烈的，以至于我们面对他们的死亡，与其说是感受到剧烈的疼痛，不如说是为自己的损失而自怜与忧伤。至少对我来说，这种空虚感，这种想法，是陌生的。一个我珍视的、必不可少的人，我再也不能见到她、听到她的声音了。我从来没有过这样的体验，以至于我还不能熟悉这种感觉，这整件事仍然没有给我留下一个真切的印象。我羡慕亲戚们的信心，他们认为她的死亡只不过是提前踏上了旅途，他们迟早一定会快乐地团聚。"

俾斯麦终其一生都没有忘记早逝的玛丽·冯·塔登。当他已经是一个家庭的丈夫和父亲的时候，他对女性的魅力仍然敏感。他1862年在法国度假休养时爱上了俄国侯爵夫人奥洛娃（Orlowa），他向聪慧宽容的约翰娜坦白，她吸引他的是"她身上有一点点玛丽·冯·塔登的影子"。当年迈的他被介绍与侯爵夫人的一个侄女认识时，他仍会说："是怎样的灵魂在透过这双眼注视着我！"

玛丽·冯·塔登为俾斯麦做了很多事情。在莫里茨的支持下，她将他带到了朋友约翰娜·冯·普特卡默的身边。早在布兰肯堡的婚礼上，奥托和约翰娜之间的第一次会面就是经过精心准备的；但是对俾斯麦来说，他心中的火花似乎并没有被点燃。1844年10月4日在特里格拉夫举行的婚礼上真正被点燃的是烟火，新娘的父亲想用烟火照亮夜空，给婚礼增加喜悦气氛，却引起了大火，村庄和附属建筑被烧成了废墟与灰烬，只有住宅得救了。俾斯麦勇敢地加入了救火工作，拒绝了于事无补的虔诚祈祷，而是精力充沛又谨慎地提供帮助。在急需采取行动、干预和帮助的情况下，任何其他的行为在他看来都是致命的、亵渎神明的。

但是，尽管有莫里茨夫妇的明确提示，俾斯麦对他在婚礼上引领落座的约翰娜·冯·普特卡默小姐没有什么特别的印象。"过来看看，"莫里茨幽默地写道，"如果你不想要她，那么我就娶她做第二个妻子。"还要差不多两年之后，奥托·冯·俾斯麦才会与约翰娜·冯·普特卡默建立起密切接触。

第二章

在反对革命的斗争中

从庄园主到政治家

"我很高兴看到奥托，"费迪南德·冯·俾斯麦在1845年9月，也就是他去世前8周的时候，这样写道。奥托·冯·俾斯麦发现他的父亲处于痛苦的状态之中，他通过细心监督父亲接受的护理，以及保护父亲免受访客纠缠不休的打扰，来报答和父亲之间的亲密感情。尽管伯恩哈德警告俾斯麦，要他回到克尼普霍夫当地的事务上去，但奥托·冯·俾斯麦还是留在了父亲身边；儿子对父母的义务和同情占了上风："因为，对这位老先生来说，如果要他全然孤单地度过生命的最后几周，完全没有家人的陪伴，那将是非常不幸的。我的到来让他很高兴，因而同样地，我的离开会让他很伤心。"

俾斯麦的父亲于1845年11月22日去世了。俾斯麦并不觉得这是一桩悲剧，但无论如何，这是他人生中一个需要他做出重大决定的转折点。兄妹三人处理继承问题耗费了超过一年时间，但是，由于兄弟俩实际上对这个问题之前就已经有了一致意见，而年轻的马尔维妮·冯·阿尼姆也已经有了幸福婚姻，生活富裕，所以，这件事其实从一开始就确定了。大哥伯恩哈德——诺沃加德的县长，应该拥有离他所辖县城最近的库尔茨与雅格林，并留在波美拉尼亚；而不是公职人员的俾斯麦，将继续拥有波美拉尼亚的克尼普霍夫，此外，舍恩豪森也将按计划归属于他。不过，有什么能促使他再次去舍恩豪森定居呢？他的父亲不是已经将舍恩豪森的祖宅委托别人管理了二十多年吗？即使东波美拉尼亚的乡村生活并不能让俾斯麦满意，他也应该没有必要放弃与虔敬派家庭的友好关系，没有必要放弃他在克尼普霍夫庄园中无可争议的地位，以之换取在舍恩豪森这个高度社会分化的大村庄里的庄园主身份。更何况，在舍恩豪森，资产阶级出身的市议员加特纳（Gärtner）经营着一个规模更大的庄园。

有很多事情是需要考虑的；因此，1846 年，俾斯麦往返于舍恩豪森和克尼普霍夫之间，也并不奇怪。他一步一步地处理着他的事务，正如他在 1839 年搬到了波美拉尼亚，接着又在形式上辞去了公务员工作那样。

94　　　1845~1846 年，当他度过了人生的第三十个年头时，他完全不再是一个会快速做出决定的人了，不再像在亚琛见习时期那样会被激情驱使了。后来那些看起来是快速做出的决定，实际上是他长期钻研某个特定政治问题的结果。俾斯麦活力四射，同时也需要休息；他勇于进取，同时又犹豫不决。

所有这些他在 1846 年前的经历，最终都引向了一个对他的人生有决定意义的问题，即哪一个庄园主圈子可以立刻打开通往普鲁士更高层次的政治领域的道路。在 1845 年和 1846 年之交，俾斯麦的决定变得困难，那也是因为他此时与 1839 年时不同了，他已经成了一个广受招揽的人。有三个人对他的事很上心：比他年长 40 岁的冯·比洛－库莫罗，还有恩斯特·冯·森夫特－皮尔萨赫和路德维希·冯·格拉赫——这两个人都比奥托·冯·俾斯麦年长 20 岁。

俾斯麦与冯·比洛－库莫罗的联系从来都不是很牢固的，这让后者无法从个人或政治家的角度劝说俾斯麦留在波美拉尼亚；直到 1846 年和 1847 年之交，二人才在政治上有了短暂的相互配合，却以不快而告终。俾斯麦与上述另外两个虔敬主义者的关系取得了不同的发展，这两人在波美拉尼亚之外的地方对国王施加的影响力之强，远非不信奉虔敬主义的冯·比洛－库莫罗所能比拟。冯·森夫特－皮尔萨赫是格拉门茨的庄园主，从1845年4月起就在柏林担任内阁大臣，受国王任命，负责规划并修建排水系统。路德维希·冯·格拉赫来自普鲁士官僚阶层，家族有效力于王室的悠久传统，他直到跟奥古斯特·冯·奥尔岑（Auguste von Oertzen）（阿道夫·冯·塔登的小姨子）结婚后，才与波美拉尼亚的贵族圈子有了密切的联系。在奥古斯特·冯·奥尔岑英年早逝后，路德维希·冯·格拉赫与路易斯·冯·布兰肯堡越走越近，并结了婚。自1844年以来，路德维希·冯·格拉赫就是马格德堡最高地方法院兼上诉法院的院长。在舍恩豪森，与他的接触将会更加容易。

这位马格德堡法院院长此外还是枢密院和萨维尼立法委员会的成员，并且可以通过他的兄长利奥波德——柏林少将、弗里德里希·威廉四世的老朋友——对国王施加个人影响，因此，俾斯麦对他一定特别感兴趣。对渴望发展的俾斯麦来说，他一直期待的"乡村与都城"的结合，现在似乎已成为现实。他于1845年在特里格拉夫首先结识了玛丽的"路德维希叔叔"——路德维希·冯·格拉赫；第二年，他第一次与路德维希·冯·格拉赫的哥哥利奥波德见了面。

奥托·冯·俾斯麦与虔敬派中的保守派的接触，起初是在 95
政治和社会方面，而不是在宗教方面。他们的社会信条符合俾斯麦的利益。让我们再次回想起他的处境：公务员和相对独立的庄园主的生活都没有让他满意，他正在寻找与他的力量、才能和喜好相匹配的新的道路。由此，很明显的一点是：如果他没有认识到他在虔敬派保守主义者那里的机会，俾斯麦就将不是俾斯麦了，而是个彻头彻尾的蠢货。他与他们建立了广泛的联系，从他的处境来看，其中一些联系甚至有着决定性的意义。

尽管他表现了自由主义的冲动，偶尔也有反对派的行为，但他始终知道，他能自由选择职业的物质基础，是他的地产。他从没想过，即使在梦中都没想过，去削减这种可靠的支持。与此相反，1839~1841 年，他对此投入了很多精力、进行了很多考量、应用了很多知识，以巩固他的经济地位。我们可以大胆做出猜想，即他花在庄园上的体力和精力，同样也加深了他与他的地产之间的联系和责任。尽管他有着自由不羁的放荡行为，精神有时游向非容克的甚至唯物主义的领域——他读施特劳斯、费尔巴哈和鲍尔的书——但他可以允许自己这样做的基础，是他的地主生活。因此，就社会交往而言，与虔敬派中的保守分子的联系并没有给他的生活带来新元素；但这些虔敬主义者很清楚地知道，他们正在争取一个与自己气味相投的人。通过加入这些圈子，奥托·冯·俾斯麦只是强化了一个始终存在于他身上的组成部分。

1845 年，平时对人性的弱点或许有着过度批判的俾斯麦在给父亲的信中，这样评价了恩斯特·冯·森夫特－皮尔萨赫："他迟早会成为最高主席，甚至更高；另外，他也是一个非常有能力的人，比 20 名参加审核的候补文职人员更能成为一个优秀的主席。"从这种欣赏的态度，人们就可以推定，冯·森夫特－皮尔萨赫是有可能影响到俾斯麦的。总的来说，他的经济活动，以及他在很大程度上亦受此决定的政治活动，使他成了虔敬派的左翼。

96

冯·森夫特-皮尔萨赫那符合时代精神的经济现代化举措，让他在格拉赫兄弟的眼中变成了一个有非常强劲的世俗驱动力而在宗教上似乎没有足够原则的人。因此，他们将冯·森夫特－皮尔萨赫担任波美拉尼亚最高主席的任命推迟到了 1852 年 9 月。也许更加让格拉赫兄弟怀疑的，是他对于吸纳新兴工业资产阶级及其贸易的政策的呼吁。毕竟他于 1840 年 2 月就在给未来的国王弗里德里希·威廉四世的信中这样写道："陛下将在没有保证的情况下相信我，物质利益并没有在我心中占据最高的地位，更确切地说，人们现在追求物质利益所采取的片面的可怕的方式，对我来说，非常糟糕，也非常可疑。尽管如此，我仍非常确信，这项活动也有好的一面，并且在得到正确的引导时，它可以变得非常有用。最重要的是，让物质利益成为一个将强大的工业阶级与王权联合起来并使他们变得保守的手段，似乎很重要。"

冯·森夫特－皮尔萨赫还进一步阐释了这个基本思想。他警告道，政府思想的狭隘将会把资产阶级推向一场支持"君主立宪制政体"的"变革"。"上帝保佑，"他叹息着说，"我可能过于悲观，但我看到了一个不断开裂的深渊！"皮尔萨赫最后向国王建议，应该聘请一位工业领域特别是贸易领域的专家到身边，请他给自己提供建议。这个具体而实际的建议似乎预告了国王 1848 年 12 月在一个更广泛的意义上对此的实现，那时他成立了"贸易、商业和公共劳动部"。但是在 1840 年，冯·森夫特－皮尔萨赫那远较此保守的建议已经显得十分大胆了，以至于他请求王储将他的信烧掉，幸好王储没这么做。

奥托·冯·俾斯麦对这封信一无所知，但是，冯·森夫特－皮尔萨赫在与他交谈时，一定曾表达过这样或那样的政治思想。就像俾斯麦了解冯·比洛－库莫罗的一些经济思想和政治思想一样，他当然也会知晓皮尔萨赫的那些思想。尽管俾斯麦可能并不总是立即就接受这些思想，但这些思想对他来说不再陌生，使得他后来能够根据自己的经历仔细思考这些思想，并将其融入自己的政治观念。在 19 世纪 50 年代，他开始清晰

地意识到了给予工业应有的经济上的回旋余地的必要性，到 19
世纪 60 年代，这个意识则变得更加清晰了，他清楚地认识到，
不可能通过精妙算计让实业家成为保守派；相反，是经济和政
治的发展形势，迫使他产生了要跟资产阶级自由主义妥协的想
法，而这种行为是保守派无法容忍的罪行。其中潜藏的问题目
前只是尚未显现。

97

冯·森夫特 - 皮尔萨赫想要把这个很有政治前景的人再次
安插进官僚队伍。但奥托·冯·俾斯麦认为，抛弃克尼普霍夫
和舍恩豪森两个庄园，而去建立第三个住所，将是"一个愚蠢
的胡闹"。他将这些困难作为拒绝成为公务员的理由。如果永久
移居到舍恩豪森，他可以成为易北河中段的堤坝主管人，或许还
能接替因病而不再能胜任职务的县长。无论如何，他可以借由这
个新的庄园，走上整个普鲁士政治的更大的舞台，不是作为公务
员，而是作为一名为了正在形成的保守党派而奋斗的战士。

在这里，奥托·冯·俾斯麦的利益与路德维希·冯·格
拉赫的利益是一致的，他们两人于 1846 年 2 月建立了更为牢
固的联系。当时是"三月革命"前的时期，反自由主义的力量
开始集结的时候，路德维希·冯·格拉赫非常关注年轻人的能
力；他知道哪里还有未利用的机会、哪些人是值得给出建议和
支持的。因此，他与俾斯麦进行了越来越多的辩论，并在处理
领主裁判权的问题时与俾斯麦进行了第一次政治合作。格拉
赫还拉拢来了保守派圈子里的理论首脑，弗里德里希·尤里
乌斯·施塔尔（Friedrich Julius Stahl）。还有信奉施塔尔学
说的赫尔曼·瓦格纳（Hermann Wagener），即后来的《十字
架报》（*Kreuzzeitung*）的编辑。就这样，路德维希·冯·格
拉赫作为保守派的领导人物，非常活跃。

奥托·冯·俾斯麦对这一切都有一种敏锐的嗅觉，他相
信会有这样一个人，他可以通过和这个人的关系，得到提拔和

支持。因此，迁居舍恩豪森就成了一件确定的事情。1846 年
6 月，俾斯麦在庄园里给他的农民和日工们举办了一个开工盛
宴，接管了执法权，开始帮助那不受人尊敬的县长处理各种管
理工作。

　　舍恩豪森已经发展成了一个拥有近 2000 名居民的富庶地
区，几乎已经具备了一个农业城镇的特点。舍恩豪森距离易北
河有两公里远，在中间的土地上，首先是耕地，然后是一片宽
阔、低洼的草场区域。这条河在 1845 年表明，自己也可以发
挥出强大的破坏力。在 40 年没有遭受洪水侵袭后，该地区经
历了截至当时最严重的洪灾。

　　虽然编年史作者在 19 世纪 50 年代写下的叙述内容没有　　98
指责关于堤坝修建的疏漏，但奥托·冯·俾斯麦于 1845 年 10
月向马格德堡政府提交了一份全面的呈文。这份呈文体现了
控诉者的洞察力，以及这位目标明确、擅长文墨的作者的力
量。虽然这份呈文始于领主对菲诗贝克（Fischbeck）的农民
在经济上的负担的忧虑，但很明显，它的目标是解雇耶里绍
（Jerichow）那显然没有履行职责的堤坝主管人，并提名自己
的人选。他意图明确地援引了阿尔特马克一条 1776 年的法规，
该法规确定，在紧急情况下，由一位舍恩豪森的大庄园主直接
承担监督责任。

　　马格德堡政府在 1846 年 2 月的回复中为被俾斯麦谴责的堤
坝主管人做了辩护，否认堤坝主管人的"无能"，并批准了主
管人的辞职申请，但犹豫是否要把过于急迫的、在舍恩豪森尚
未站稳脚跟的俾斯麦推上这个职位。俾斯麦直到 1846 年秋末才
被任命为易北河右侧、从耶里绍到桑道（Sandau）的堤坝主管
人，并于 12 月 2 日宣誓就职。这是他的第一份独立的公职。

　　与他在这一年底出租的克尼普霍夫相比，舍恩豪森的家
长制氛围与前者几乎没有不同。俾斯麦坦承，庄园里的雇工是

世代居住于此的，检查员、砖匠、牧羊人、园丁，都为俾斯麦家服务了几十年，此时已是第二代在服务。和十多年前他作为国家公职人员考试的考生住在城堡里时相比，他更加能够感受到，他的祖先"几个世纪以来"一直住在这里，在这里出生，在这里死去。他的庄园主意识比以往任何时候都更加牢固地与他的祖先骄傲地联结在了一起。

和在波美拉尼亚时一样，俾斯麦与他同阶层的人建立了联系，比如瓦尔滕斯里本－卡罗伯爵（Graf Wartensleben-Carow）和西尔施塔德－达伦（Schierstädt-Dahlen）。在易北河的另一侧，他在施滕达尔附近的乌恩林根（Uenglingen）遇见了他的亲戚俾斯麦－博伦（Bismarck-Bohlen），后者也将在未来几十年内在政治上为他效劳、让他很感激。在阿尔特马克更远处的埃克斯勒本住着阿尔布雷希特·冯·阿尔文斯勒本伯爵，他曾在 1835 年至 1842 年担任财政大臣，出于普鲁士国家意识，他为推动德意志关税同盟的建立做了很多事情。尽管阿尔文斯勒本与冯·格拉赫兄弟走得很近，但他和冯·森夫特－皮尔萨赫一样，对正在崛起的工业资产阶级的"物质利益"持开放态度，这种态度最终大概也对俾斯麦产生了影响。俾斯麦与舍恩豪森的庄园主邻居——市议员加特纳，除了必要的事务，没有任何社交关系；他似乎并没有受到这样一个事实的影响，即加特纳这个资产阶级成员将一个更大的、原属于俾斯麦家族资产的庄园据为己有。

俾斯麦庄园主要包括 22 个小农（Kossäte），然后配有 5 个农民（Ackermann）和 5 个雇农（Büdner）。一直到 1852 年，他们都在履行着他们那来源于封建时代的各种义务：缴纳作为服务金的货币税费，缴纳租税、建筑服务金、什一税、接受金、地租和草质较差的牧场的租金；此外，他们还不得不用黑麦缴税，将每年的第十只鹅用来缴税，无偿编织废麻絮（亚

树木环绕的舍恩豪森庄园主房子。对俾斯麦和类似的家族来说，这是祖先们几个世纪以来居住的地方。"我爱树木，树是祖先"，他在 1887 年 10 月 2 日这样写道。

麻），并让一个至少 6 岁的孩子每年在庄园的花园里做 3 天轻松的工作。然而，在"三月革命"前的时期，发生了一场显著的变革：之前的手工服役（Handdienste）已经变成了每年固定的货币地租（Geldrente）。这意味着庄园的工作主要是由按日付工资的临时雇工做的，这是向资本主义庄园生产前进的又一步。

　　两个骑士庄园总共拥有 36 个有人居住的农民院落（Ackerhof），其中 7 个的土地进行了划分，此外还有 67 个完整的和 2 个半块的小农院落（Kossätenhof），最后还包括 80 个劳动者 ① ［Grundsitzer，如雇农（Büdner）或有房无地的村民（Häusler）］。真正意义上的"农民"的资产占有情况又是各有差异的：在一个庄园中，农民占有的土地为 60 英亩左右；在

---

　① 指从事手工业或在农民那里按日计酬劳动的人，如亚麻纺织工、裁缝、铁匠、木匠、马车制造者、小店商贩等，随着 19 世纪农业资本化发展而人数增多。

另一个庄园里，则是 130 英亩左右。从 1836 年到 1846／1847 年的大约十年间，舍恩豪森完成了农业结构上的重要转变，即小农和农民之间的"特定分离"（spezielle Separation）。所谓的预分离（Vorseparation）已于 1812 年准备就绪，并在 1818 年完成了。当时，庄园主们宣布废止所谓的"共同体"（Gemeinheit）——这主要涉及迄今为止尚未分配的林区和草场，即之前的公有地、共有林区等。容克们此前已采取了很多行动，以便从分散的农田里分离出他们的耕地，并通过交换土地来把自己的农田补整；现在，他们又从全体村民共同拥有和使用的林区和草场里分离出了最好的土地，并入了他们自己的庄园区域。

从所谓的预分离时候起，在 1818 年，舍恩豪森除了有两个"分离了的"骑士庄园，还有四个农庄共同体和牧场共同体，这些是当时的农民和小农的"或小或大的归宿"。在这些共同体区域内，从此以后，就像自古以来其他地方实行的那样，存在分配了的和尚未分配的田地。田地是根据土质、倾斜度、方位、高度和到村庄的距离而整齐地划分成一垄一垄的。每个土地所有人和草地所有人通过遗产分配或购买的方式拥有不同面积的土地。根据一个人的那一块土地的大小，来区分他是农民（Ackermann/Bauer），还是小农（Kossät）。在这些整齐地分成一垄一垄的耕地上存在一种田地约束（Flurzwang），也就是强制大家同时耕种和收割田地。这种约束的废止与农田分散状态的消除及田间小路的铺设相关，但只有在公共的残茬牧场 ①、割草前牧场和割草后牧场（Stoppelweide，Vorweide und Nachweide）关闭后才真的成为可能。当时在舍恩豪森仍然存在农田三年轮种法，即准

---

① 即庄稼收割后用作牧场，以残茬牧养牲畜。

确划分了冬季农田、夏季农田和休耕地（人们已经在这块地预先规定了"3/4 的地方种豌豆、野豌豆、苜蓿、土豆等"），以及在收割后，马、母牛、公牛、小牛犊、羊和鹅应该在什么时候、如何被带到残茬地里共同放牧。同样地，也规定了在所谓的基本草场（Grundwiesen）和野外草场（Feldwiesen）上的放牧。

在未分配的田地中，有一块曾是日耳曼部落公有地并沿袭至此时的公共土地；在这里，村民们——无论是农民、小农还是雇农——都拥有放牧权，这种权利通过共同放牧得到了部分的行使。因此，牧羊人的房屋和铁匠铺属于农民的总资产。就舍恩豪森周围仍然存在的森林而言，这些森林并不是被有节制地开采利用的。对于所谓的"山里的木材"，根据村镇里人们的决定，"砍伐完了，然后分配"，也就是这些木材在有资格的受益人中按比例分配，由他们自由支配；这些木材是"由村镇在林区自愿种满的松树，可在长短不等的一个期限内取用，然后再进行保护"。除狩猎外，庄园也从事渔业。

只有当分散的小块农田被交换和合并，即所谓的共同体解体时，农民和小农共同的土地和耕地才会被分割，从而使农民和小农自己的那一小块农田扩大。如此，分配了的和未分配的土地相互交错的状态才能得到厘清，这有利于农民和小农对自己的那一小块农田进行更加合理、更加个体化的经营管理。这一切都发生在封建制度下的经济义务被承担完的阶段。

1847 年，当奥托·冯·俾斯麦已经把舍恩豪森当成固定的居所时，农民的农庄共同体"从大的那块地"开始的分离，已经在很大程度上完成了，使得新的资产关系可以被登记在调查地图上了。地图上显示，相当多的农民的田舍和他们的马厩以及附属的外部建筑是沿着村庄街道分布的；俾斯麦的建筑和他们的建筑离得挺近，尤其是俾斯麦的草场，就位于村庄附

101

近。农民占据了通往村庄的道路旁的一大片土地，以及牧用价值较低的牧场上的一大片土地。在这些土地上，农民的田地总是一片紧挨着另一片；而小农的田地规模较小，像手巾一样重复地出现。教区能够在村子附近获得相当多的土地的所有权。

农民和小农的耕地区域不再混在一起；他们两个群体的耕地区域是分开的，各自使用自己的区域。各个社会阶层的人都住在一起，彼此毗邻着。当农民的狭长的田地越来越窄时，其附近的小农的狭长的农田也在减少。在村庄北面，有一个很大的骑士庄园占有了相当大的一片土地。一块块土地整齐划分，几乎看不出在这里曾爆发长达几十年的斗争，那是在村民与村民之间、村民与他们的领主之间关于土地分配、道路开发使用的法律诉讼以及各式各样的法律争执。在 1847 年的春天，俾斯麦告诉他的新娘，他是如何在"41 个傲慢的农民"之间完成调解的，"每一个农民都对其他 40 个满怀怨恨"。"我的前任已经拖了这件事超过 4 年了，可能是把这件事当成了可以利用的产奶的母牛了，这样他就可以很快从一个人那里收了礼，又从另一个人那里收礼；举行了无数次审判，有些时候是嘈杂混乱的，甚至发生打架斗殴，而且人们会死死咬住这个问题不放，起诉到所有可能的政府部门。我做了 4 个小时的工作才让他们聚在了一起，这期间我对他们时而谄媚、和蔼可亲，时而又非常粗鲁地辱骂，有好几次我都被彻底激怒了。我口袋里装着签署过的文件回到马车里的那一刻，是我当官至今为数不多的快乐时刻之一。"

102　　地图上的一块块田地从地理角度展现了以下这一原则：人们喜欢结交和自己一样的人，农民喜欢跟农民交往，小农喜欢跟小农交往。车道和沟渠遍布，表明易北河有洪水，需要一个堤坝来抵御。堤坝主管人必须来自庄园主阶层，而村民只会被请来做些维护的工作。

村庄里有清楚的分工，有 10 个裁缝、4 个木匠、3 个鞋匠、1 个补鞋匠、2 个铜匠、2 个铁匠、1 个锁匠、2 个屠夫、12 个亚麻纺织工、1 个木匠师傅和 10 个木工、3 名砌砖工、1 个做压纹板的工人和 2 个编筐的工人。两个骑士庄园各有一个砖厂。在村庄边上有 4 个鼓风磨坊，每个鼓风磨坊里各有 1 个磨臼；他们拥有最少的耕地和草场，通常只有大约 20 英亩。村庄边上的 4 个鼓风磨坊旁还住着 14 个养蜂人。在工商业和农业生产者之外，还有 2 个商人和 7 个小商贩；舍恩豪森就这样成了一个可以举行集市的地点。1 个医生和 1 个兽医在这里定居，也证实了这个地方有多重要。

在过去，两个骑士庄园都有啤酒馆或小酒馆，结了婚的男人们可以在这些酒馆里碰面。但两个骑士庄园的烧酒酿造厂和啤酒酿造厂如今都已经被遗弃了。此时，啤酒来自附近的坦格尔明德。在职业自由得以确立之后，私人啤酒店和白兰地酒馆得到了发展，数量持续增加，到了 19 世纪 40 年代，舍恩豪森有 4 家小酒馆和 2 家旅馆，这些旅馆在社会性质上并不一致，这就是编年史作者会写下这一点的原因："每一个阶层的居民现在都在寻找、也都有了他们的集会地点，其他地方的情况并非如此。"此外，编年史作者提到，在新建的舞厅里，通常不会有来自真正的农民阶层的年轻人参加娱乐活动。关于其他的场所也有类似的记载。

在 1815 年之后，随着庄园上的农民、小农和雇农越来越多地用土地来替代各种手工役（Handdienst）和徭役，或者——像在俾斯麦庄园那样——将其转变成地租（Geltrent）的形式，村庄似乎在内部完成了社会和心理上的新的发展。虽然被安排给每一个人的手工役和徭役可能是不同的，但这些役务在 1848 年之前的几十年里肯定在缓慢地被废除，由此，对抗庄园主的共同体意识减弱了。更何况，在经济共同体和牧场

103

共同体瓦解的过程中，村民内部也产生了争执和妒忌，从而使他们自己之间的关系破裂了。资本主义分化在村庄里变得越来越清晰，这使得在富裕农民中出现了一些封建式的、对自己的社会阶层的自傲。

村庄里发生了一场静悄悄的革命，其重点在于社会层面。在任何情况下，意识形态在发展过程中都是相互矛盾、异质的；一方面，封建式的阶层自负似乎在农民中愈演愈烈，另一方面，传统的礼仪和习俗也在消失。舍恩豪森的编年史作者着重指出："星期天，在教堂里，你经常会看到许多空座位，那里再也不是把人们吸引、聚集到一起的地方了。"他补充说，节日里的第二次礼拜"最多有 15~30 人参加（主要是学童）"，使得仪式有被完全终止的风险。

宗教思想和宗教实践的式微，是否与黑格尔主义者们对宗教的批判有关？其中当然不存在有意识的联系，但是有着无意识的相互关联。尽管这种对奥托·冯·俾斯麦也有所影响的宗教批判，似乎也只是用传统的思路和内容进一步编织而成的，但如果没有几十年来在经济、社会和政治领域发生的那些或声势浩大、或平静的革命，它将是不可想象也无法解释的。反革命也是革命的一部分；前者并没有什么行动，而只是对后者做出的一些反应。这就是为什么聪明的容克绝不会耻于跟自由主义者一样，时不时地把他们自己的态度戏谑为"反动"。虔敬教徒式的信仰，本质上也是对启蒙主义的种种否认上帝的表现做出的防御反应。

在以多元化为代表的教育诉求中，意识形态方面静悄悄的革命也显现了出来。新时代的物质生产和社会交往要求更高水准的知识和能力，即使在农村也是如此。这是反拿破仑的、资产阶级改革时期的需求。从 1811 年起，对所有孩子的写作课程和计算课程的既有规定被更加严格、认真地贯彻执行。1819

年，在舍恩豪森，只有1/4的接受了坚信礼的年轻人学过写字。直到我们的编年史作者开始承担教育工作之后，所有5~14岁的孩子才参加全部课程的学习。直到19世纪50年代，这位编年史作者都是这个村庄里唯一的老师。这些课程指的是"宗教、圣经故事、心算和笔算、阅读、写作以及语法"。学校的课程不是免费的。父母要为每个孩子每年支付1个帝国塔勒和10个格罗森银币（Silbergroschen）①；老师收取塔勒，而格罗森则流入学校资金库。校舍包括一个改建了的马厩和一个小谷仓。

新庄园主奥托·冯·俾斯麦积极介入了学费和失学问题，他同时借此证明了自己的领主裁判权。在1846年8月底到9月初，他公布了两份名单，记录着拖欠学费的人，以及对儿童失学负有责任的父母。第一份名单里有14个人，第二份名单里有24个人。在未偿清学费的人员名单里，俾斯麦写道："本名单交给法庭引导员布吕格曼（Brüggemann），委托他要求拖欠者交出上面列出的学费，如果在三天内没有缴清，则将由法庭介入执行。八天后汇报。"落款是："舍恩豪森，1846年9月11日——庄园主俾斯麦"。在对失学负有责任的24人名单里，有俾斯麦委托给舒尔岑·库诺（Schulzen Cunow）的简短意见："星期天早上9点钟，传唤上述名单里的人，俾斯麦先生会一同出席。"这显然主要是为了警告，但并没有对所有人起效。俾斯麦在另一封手书的信中指出，根据传教士施勒德（Schräder）的报告，有两名工人已经"很长时间"没有将他们的女儿送到学校了，他们必须"为子女失学的每一天

---

① 19世纪普鲁士和几个北部的德意志邦国所使用的一种硬币，价值是1/30塔勒。1873年普鲁士停止铸造格罗森银币，1876年停止流通，德意志帝国全面推行马克体系。

缴纳 5 个格罗森银币的罚款，或被罚相应的禁闭"，还应"确保他们的女儿按时上学"。否则，孩子应该被接走，并被送去学校。

1847 年 2 月 6 日举行了一次谈判，谈判的记录摘要不是由法庭引导员完成，而是由俾斯麦本人用他特有的倾斜的字体写就的。有些被传唤的人做出了可信的申辩；很多人以非常有代表性的三个叉号签名，由法庭的引导员确认。两名罪人受到 10 个格罗森银币的惩罚，或者，正如俾斯麦的手书表明的那样，他们将面临"24 小时监禁，如果他们交不出来 10 个格罗森银币"。

对于失学和学费拖欠问题，俾斯麦后来没再介入。这无疑引出了一个问题，即俾斯麦是否真的如此关注学校，还是说他实际上只是想要恢复领主裁判权。就在这个 2 月里，即俾斯麦担任法官兼记录员的时候，他向路德维希·冯·格拉赫抱怨说，这个裁判权"现在实际上和王室法院法官外衣上的补缀没什么区别，这种在华丽的衣服上作为装饰的褶皱，通常是微不足道的……"路德维希·冯·格拉赫得知俾斯麦想要抵制这种发展趋势，为此感到非常满意。格拉赫说，如果领主裁判权"要成为我们宪法中活生生的一部分"，那么庄园法庭的法官（Patrimonialrichter）"只要还处在他的位置上"，就必须"在本质上是一个完完全全坚定的贵族官员"。鉴于"我们从事农业的骑士阶层"缺乏"团体精神和等级制生活"，俾斯麦希望，在新的法律规定出台前，争取"在舍恩豪森、菲诗贝克、伍斯特（Wust）、霍恩格亨（Hohengören）、里巴斯（Libars）、瑙尔马克（Neuermark）和沙利博（Scharlibbe）等地区贯彻"如下思想，即"王室法院的法官不应同时作为庄园法庭的法官"。俾斯麦很可能在舍恩豪森的学校问题上为此提供了一个范例。

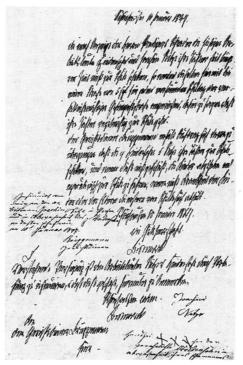

这份领主裁判会议记录由俾斯麦亲笔书写，一名涉事人员用三个叉号签名。

俾斯麦以这种方式致力于容克阶层的团结，让人惊奇的 106
是，俾斯麦竟会在 1846 年底支持他的波美拉尼亚邻居冯·比
洛－库莫罗的观点。库莫罗的观点迎合了国家官僚阶层，想
要将法官职责从庄园主那里抽离出来。冯·比洛－库莫罗对
俾斯麦充满信任，并且相信他们二人在基本原则上有一致看
法，他在 1846 年一整年内，向俾斯麦讲述了关于执行他所提
出的建议所需的每一个步骤。他很满意地告知俾斯麦，路德
维希·冯·格拉赫主席以维持社会等级为导向的建议被驳回
了，他自己正积极地准备着他那以削弱社会等级并增强国家为
导向的、有关领主裁判权范围的呈文。1846 年 12 月 29 日，

在冯·比洛－库莫罗之外，奥托·冯·俾斯麦和德维茨－乌索（Dewitz-Wussow）也在呈文上署名了。但4个月之后，俾斯麦在和年迈的冯·比洛－库莫罗激烈地争论后，离开了他，并再次加入了路德维希·冯·格拉赫的党派。

在有社会等级倾向的路德维希·冯·格拉赫和他那更加倾向改革的对手冯·比洛－库莫罗之间的这种摇摆意味着什么？俾斯麦的行为仅仅是出于投机吗？他在这个有争议性的问题上，有原则和立场吗？毫无疑问，他从一开始就明白，不能正面反对王室的政府部门，因此一直对所有人、所有阴谋诡计和事态局势都抱有兴趣。另外，俾斯麦也不想失去与虔敬主义党派领导者们的密切联系，这些人能让他在政治游戏中保持活跃，甚至在必要的情况下，还能帮助他根据自己的想法和考虑来操纵这场游戏。有一件事是肯定的：就像一个文学作品的主题那样，他又回到了这个观点上，即他不愿意让"骑士阶层传统的权利"减少。1847年1月7日，也就是签署比洛的呈文的8天之后，他从舍恩豪森明确地传达了这样的观点："此外，我相信……我和我的等级内的大多数人都有这种看法：对大批司法官员的提名权是一种重要且可敬的等级权利，它使得庄园主阶层在我们的宪法中具有了物质上以及更多是道德上的重要地位，这种重要地位很难被取代；因此我下定决心，不会主动放弃这一权利。"

107 　　从1846年2月写给路德维希·冯·格拉赫的信中就可以清楚地看到，俾斯麦持有的这种根深蒂固的基本态度，使得他从一开始就更接近格拉赫，而不是冯·比洛－库莫罗的立场。尽管如此，他仍然需要和冯·比洛－库莫罗保持联系，仍然有必要确定，国家统治圈子内部的形势和权力结构是否使他有必要做出让步。1847年初，在舍恩豪森的俾斯麦与路德维希·冯·格拉赫一致相信，容克特权并不是完全消失了，这使他尽最大可能地站在了这位老人的一边。从未来职业生涯的角度看，俾斯麦除了捍卫自己的阶级利益，在这段关系中还收获了不少。在与这个有影响力的庄园主派别的密切接触中，他证明了自己是他们精力最充沛的、最富有积极性的支持者之一，证明了自己作为一个非常有才能的年轻人，能非常有效地捍卫传统权利。

总的来说，俾斯麦政治活动的开始可以追溯到1847年5月，那时他成了普鲁士联合省议会（Vereinigter Landtag）的代表。关于这是怎么发生的，他自己叙述道："我们的议员布劳希驰（Brauchitsch）病得很厉害，以至于他再也不能开展案件的审理了……马格德堡当时的情况是，6个代表职位中的首席出现了空缺；他们没有像往常一样，让第2个席位以及其他席位的人依次向前递补，最后选举第6席位，而是将我，这个初来乍到、完全没做过议员的新人，破例直接选为了6个席位中的首席……"他补充道，这些情况使他不可能拒绝这次聘任，否则他将难免"冒犯马格德堡等级会议，并破坏前程，而这种前程是建立在与自己的社会阶层的联系上的"。

俾斯麦将他政治生涯的跳板清楚明确地描述为"与同等级的联结"。1847年5月，这种联结终于把他带到了政治舞台上，这是他长期有效的操作、周全的准备和试探的结果——这些工作至少从1846年的春天就已经开展了。在相关信件中，马格德堡法院院长路德维希·冯·格拉赫起到的顾问作用没有被详细阐明，但我们至少可以得知，格拉赫在茨莫尔豪森约的布兰肯堡家，以及在马格德堡接待俾斯麦来访时，都与其有过深入的讨论。这位政治和法律上的导师的影响大概是相当大的，因为格拉赫是除恩斯特·冯·森夫特－皮尔萨赫外，在俾斯麦身边唯一一个因才能而受到其尊敬的人。俾斯麦在1847年3月表达了这种毫无保留的肯定："在数小时的工作会议上，我有机会再次欣赏到了格拉赫的才能，他不仅一如既往地富有见解，而且是一位在冷门的法学和国际问题领域颇有经验的法律学家。"

俾斯麦写给恩斯特·冯·森夫特－皮尔萨赫和格拉赫的信，揭示了一些隐蔽的试探和公开的行动。在领主裁判权的问题上，他显然非常活跃。在 1847 年 3 月 4 日，这个此时已经订婚的男人向他的未婚妻约翰娜·冯·普特卡默这样写道："星期一，也就是 8 号，我会到马格德堡，和格拉赫打交道。在这个地区我有三个棘手的事项，还要和司法大臣进行洽谈，所以我需要在柏林逗留几天，这虽然是可以推迟的，但它们将始终不可避免地妨碍到我，如果我现在不把它们考虑清楚、安排得当的话，那么 20 号之后，我就需要离开你更久。此外，我还要做相当多的书面工作，因为全省很多地区的议员都授权我去处理我三个月前提出的那份旨在改革司法体系的规划，他们还选举我在这个问题上代表他们前往柏林，这是一份非常光荣的但也非常麻烦的公差。"

俾斯麦的信件揭示了，他是如何在不稳定的政治境况下，将全部精力投入到维护领主裁判权上面的。在 1847 年 4 月 28 日从克尼普霍夫送出的信中，他这样告诉他的新娘："在科沙林（Cöslin）发生了骚乱，直到 12 点以后，街道上仍然挤满了人，我们只得在一支征召来的地方守卫军的保护下，艰难地通过了科沙林。面包师和屠夫被抢劫了，3 个粮商的房子被毁坏了，玻璃窗户当啷啷地响。如此种种。我很想留在那里。"俾斯麦在信中补充道："在什切青有更严重的争取面包的叛乱；据称发生了两天激烈的枪战；大炮也出动了，但这可能是有些夸张的描述。"他在 1847 年 5 月 2 日跟新娘说道，他也需要在安格明德（Angermünde）停留更长时间，为了"在阿尼姆不在的这段时间保护他的妹妹，因为在这里每小时就发生一次暴动"。

这几个星期里，1847 年经济危机的影响在德意志的每个地方都清晰可见，到处都爆发了暴动和骚乱。乍看很奇怪的是，在这种情况下，对俾斯麦来说，竟似乎没有什么比投身于庄园法庭事务更重要的事了。然而，如果从他的职业生涯来看这个问题，就会发现，在他为这项注定覆灭的权利做出的斗争中，他只是想获得与特权阶层的联结，正如他向他的新娘解释的那样，他想把他的未来建立在这上面。在那些对他来说有决定性意义的日子里，他与冯·比洛–库莫罗的关系彻底破裂。但是，他那"成为省议会（Landtag）议员的殷切希望"实现了。就这样，他在 1838 年渴望看到的那个时代开始了，他可以成为一个"激烈的政治运动"的参与者了。

结婚，以及在省议会的第一次斗争

109

与此同时，俾斯麦虽然表面上看已经离开了波美拉尼亚，但他内心还跟那里的人们联结在一起。在寻找政治活动领域并取得成功的那几个月里，他也获得了一位生活伴侣，在未来几十年里，她会在他开展公众斗争的辛劳中，提供家庭的温暖和安全感。

奥托·冯·俾斯麦和玛丽·冯·布兰肯堡–塔登——他的朋友莫里茨的妻子——之间的关系，最终达到了一种从长远来看对双方都不无风险的程度。他们对彼此深切的发自人性的同情和艰难抑制住的情感，总有一天会突破自我克制的极限。玛丽希望，在她虔敬派朋友约翰娜·冯·普特卡默的帮助下，把这些内心的压力都释放出来。很可能也是出于这种考虑，玛丽在 1846 年 7 月底 8 月初，为她和莫里茨所在的虔敬派朋友圈安排了一场哈尔茨山（Harz）之旅。借这个有意制造的机会，奥托·冯·俾斯麦可以更好地认识时年 22 岁的约翰娜。他可以展示自己擅长社交的一面，尽管他不修边幅的穿着令这位年轻女士感到不快。俾斯麦带领大家在香槟的"河流"中徜徉，他"支付、处理一切事务，让其他人完全不必操心……"。有时他被拉到宗教对话中，他就表现得勤于思考，当莫里茨做出关于约翰娜小姐的鼓舞人心的暗示时，他也友好地领会。

事实上，俾斯麦在旅行结束后似乎认真考虑过与约翰娜建立更亲密的关系。毕竟，他在 9 月 5 日用拉丁语问了莫里茨一个问题："你关于她父母知道些什么？"对此，莫里茨回答道："基督徒父母无法拒绝将女儿许配给真诚的追求者。"但是，对多年来一直在寻找伴侣的俾斯麦来说，是什么长期以来阻止了他向约翰娜说出那句决定性的话呢？是他敏感的骄傲，让他抗拒布兰肯堡的安排吗？这个东波美拉尼亚的虔敬教徒，的确没有第一眼就吸引到俾斯麦，从她一搬到舍恩豪森，那里的农民就说："……我们年轻的仁慈的女主人不是来自一个拥有美貌的家族。"俾斯麦的一个亲戚也认为这样的评价是"可以理解的"，但这位亲戚补充说，约翰娜最终以她"独有的友善"赢得了胜利。

110   玛丽·冯·布兰肯堡肯定是这两个女人中更具有吸引力的那个，她的兴趣和渴望更加世俗化，她喜欢去剧院，梦想着旅行，能更深切地感受生活的魅力。吸引了俾斯麦的，可能还有她身上那令人心动的混合的特质，包括感性的世俗喜悦、性魅力、戏谑的幽默，以及她通过虔敬主义的宗教追求，对自己放纵的压制。从各方面来看，约翰娜都更加正派，而且——玛丽清楚地认识到——情感充沛："……你可以比我更强烈地感受到爱，你知道什么是自我克制，我不知道"，玛丽于 1846 年 9 月 11 日这样给约翰娜写道。她清楚地知道，约翰娜对俾斯麦而言将是一个真正忠诚的伴侣。俾斯麦也看清了这一点，比他那正在"纺织命运的纱线"的朋友晚了一点，但最终他为此竭尽了全力，与未来的妻子约翰娜·冯·普特卡默达成了真正的人性共鸣。在他被 11 月 10 日玛丽的早逝深深震撼之时，达成这种共鸣对他来说好像——尽管这听上去是奇怪且容易被误解的——变得更容易了，因为他的内心已不再受到从前玛丽尘世魅力的影响了。

在一种独特的纠缠中，玛丽的死亡给俾斯麦的生活带来了痛苦的告别和新的开始。在失去她的震惊之后，他决心努力赢得约翰娜·冯·普特卡默，对此，玛丽曾对他进行了——比莫里茨更谨慎的——引导。我们可以从他过去的生活经历和当前的生活状况中隐约意识到，是什么让他的内心受到了触动，让他在犹疑之后，决定付出一切，去争取那个既不漂亮，也不文雅，既不才华横溢，也不富有或具有影响力的约翰娜。他曾经在亚琛和他的英国美女们有过痛苦的经历，她们要么是倾向于更富有的追求者，要么是使得俾斯麦怀疑，她们只是想要通过婚姻来进入俾斯麦的阶层。后来还有一个可供选择的出身普鲁士贵族阶层的奥蒂莉，她伤害了他的自尊，因为她在她母亲的影响下提出了分手，这使俾斯麦无法原谅。现在，在与玛丽的缘份最终无可挽回地消失之后，他是否应该在 30 岁时，在政治生涯的开端，再次开始一段感情？

他渴望家庭生活、家人和安全，他需要一个他可以无条件信任的人。而他知道，他可以信任约翰娜，信任她对他坚定不移的爱与忠诚。约翰娜对他来说，似乎是可以教育和塑造，从而可以满足他的需求的。他曾经在给他哥哥的信中这样写道："她易于接触，因为我从来没有认识过一个这样的女人。"这一定唤起了他对她的情感。但他不想——就像约翰娜后来开玩笑地说的那样——"提着装满了的篮子"被打发回去，不愿冒被她虔诚的父母拒绝的风险，因此，他迫切需要"宗教觉醒"。宗教觉醒降临了，有点过于巧合，恰恰就在他需要它的时候——他一方面向往、寻求并需要"宗教觉醒"，另一方面又确实真正经历了"宗教觉醒"。他真的寻求并需要觉醒吗? 往后我们将有答案。

1846 年 12 月 14 日,也就是玛丽死后一个月,俾斯麦在卡尔德敏向约翰娜·冯·普特卡默告白。在 1846 年 12 月 21 日,俾斯麦给她的父亲写了那封著名的求婚信。作为一个深谙虔敬派本性以及他们可能的反应的行家,莫里茨·冯·布兰肯堡为俾斯麦争取约翰娜提供了宝贵的帮助。俾斯麦在信中将自己描述为一个追求者,是莫里茨给了他希望。俾斯麦对他过去的生活进行了全面的解释说明,因为莫里茨告诉他,一个坏朋友已经事先告诉了冯·普特卡默先生有关他过去的事,因此他需要坦诚相告。

人们阅读这封信时所产生的第一印象是,这是一个从更高角度出发、以压倒性姿态进行回顾的人对基督教做出的大规模分析。俾斯麦开门见山,直截了当地在第一句话就跟虔诚的冯·普特卡默先生说明了他这封信的目的:向他的女儿求婚。他继续说道,在不多的接触后,就来索要这世上最强有力的对信任的证明①,这可能看起来很大胆。在第三句中,他迅速指向了主要障碍,那个一定违背了他未来亲戚那虔诚思想的问题:但是无论如何,在做出"这样贵重的承诺"时,可以"通过信仰上帝,来实现对人的信任所无法做到的事情"。俾斯麦将在信的最后再次提到这个论点,这在策略上看是非常高明的选择。由于他知道自己作为一个"疯狂的容克"享有何等不靠谱的声誉,以及虔诚的岳父已经听说他是一个有"很多的恶而很少的善"的人(正如俾斯麦自己在 1847 年 1 月 31 日向哥哥

---

① 指同意把女儿嫁给他,参见 *The Love Letters of Bismarck; Being Letters to His Fiancée and Wife, 1846-1889*, authorized by Prince Herbert von Bismarck and translated from the German under the supervision of Charlton T. Lewis, New York and London: Harper & Brothers Publishers, 1901。

所写到的那样），他通过指向对于上帝的信仰，有效地驳斥了
这些疑虑，因为无论如何，信仰上帝一定都能弥补对人的信任
所无法给予的东西。这个莱茵菲尔德（Reinfeld）的虔诚的男
人，很难声称自己更加看重对人的信任。俾斯麦无可辩驳地为
虔敬主义者做了辩护。但他严格省去了冯·普特卡默先生本来
已经知道的或者可以轻易知道的关于他的所有的事，继续对主
要障碍采取了大胆的总攻："你认为宗教是什么？"他所说的不
是他与虔敬主义的关系，而是总体上与基督教的关系，这一点
是他明确意识到了的。

他从很久以前父母的教育说起，准确地概述了他在宗教方 112
面成长历程的主要特征。他的确隐去了一些细节，但是谁会为
此责怪他呢，毕竟这封信关系到他的一件人生大事。套用他自
己的话，真诚的坦白大概是他的技艺中最诱人的一种。真诚的
坦白使他的信具有说服力，还确保他能得到莫里茨·冯·布兰
肯堡的帮助，因为莫里茨对俾斯麦了解得够多，可以清楚地发
现那些明显不符合真相的地方。俾斯麦回溯了他的成长过程，
从学习生活，到他在自己庄园上多年来所有的不安、不满和反
省，在此期间他"完全没有信仰"。正如他在向冯·普特卡默
先生提到施特劳斯、费尔巴哈和布鲁诺·鲍尔的著作时坦承的
那样，他并不是没有受到过唯物主义的影响。对他而言，人类
所著的《圣经》不具备可靠性；莫里茨几年前的努力也没有成
功，因为他没有真正的信仰。

只有特里格拉夫的圈子更深刻地触动了俾斯麦。俾斯麦在
这方面也谈到玛丽·冯·布兰肯堡，并称特里格拉夫那里的家
庭生活对他而言"几乎是个故乡了"。是玛丽罹患致命恶疾的
消息，让他第一次"热忱地祈祷"。从那时起，他就获得了新
的东西：他每天用忏悔的心请求上帝唤醒并增强他对上帝的信
仰；同时，对永生的怀疑也离他而去。当然，这些都是俾斯麦

生活中新的特征。但如果没有一个能言善辩的说情人的帮助，这番说辞对未来的岳父来说还远远不够，哪怕俾斯麦还补充说，他决心去参加圣餐。

他再次抓住他在信的开头就提出的聪明的论点。对"女儿小姐"幸福的保证，不是存在于不可靠的人心中，而是只存在于对上帝恩典的祈求中。冯·普特卡默先生无法对此提出反对意见，但还需要对他再进行一些说服，所以俾斯麦请求道："……有一些理由会让您做出否定的答复，我想在您最终明确拒绝我之前，对这些做出解释，希望您不会拒绝给我这个机会。"无论如何，他都想避免完全否定的决定出现，因为这会使他无法继续奋斗下去，而他已经下定决心继续奋斗了。至少要保持可能性存在，俾斯麦不是轻言放弃的人。因此，这位明智的求婚者已经尽其所能地采取了预防措施。约翰娜是依靠个人努力赢得的，莫里茨·冯·布兰肯堡尽其所能地教他如何应对宗教方面的"格蕾卿问题"①，即可以用歌德《浮士德》中天使的话回答："谁能坚持不懈全力奋斗，谁就能得到拯救。"

113　　对于一封将尽可能的诚实作为其最高级的外交手腕的求婚信，我们将其称作"外交杰作"，并不会显得夸张。在这封信中，真实与有意操控的坦白、宗教与世俗完全糅合到了一起，形成了一个整体，讲述了俾斯麦身上的很多东西，却没有讲述全部。作者在信中凭借清醒的先见之明，避免了进一步冒险踏上他新获得的基督教信仰的薄薄土壤，以免它承受不住。

---

① 格蕾卿是约翰·沃尔夫冈·冯·歌德作品《浮士德》中的女性角色，是个虔诚的基督徒，她怀着矛盾的心情问她深爱的浮士德："你信仰上帝吗？"对浮士德来说，这个问题实在是很棘手，因为涉及上帝是否存在的问题而要是回答不信，就会断送他与格蕾卿的爱情。于是，他做了个模棱两可的回答："谁能呼其名，谁能自称'我信他'？谁有感受，而且敢于出口表示'我不信他'？"据此，人们便把一些重大的包括政治方面的难以解答的问题比喻为"格蕾卿问题"。

起初，海因里希·冯·普特卡默被这封求婚信吓了一跳，他在房间里来回踱步，喊道："我感觉自己就像是一头正在被屠夫用斧子砍头的公牛。"这位老先生的书面回复非常含混不清，俾斯麦为此不知所措；只有莫里茨·冯·布兰肯堡知道如何正确地解释它。不，这封回信不是拒绝，"这位老先生的进退两难"是"切实可见的"。其余的部分，是由俾斯麦以干劲十足、真正坚定的方式，完全独自完成的。在莱茵菲尔德，为了避免未来与岳父母漫长的谈判和在宗教问题上受到考问，他先冒着险在"第一眼见到"新娘时就"坚定地"拥抱了她，让她的"父母惊讶到无语"。正如他在1847年1月底告诉哥哥伯恩哈德的那样，这件事的发生，让他们"进入了另一个阶段，在这个阶段里，在5分钟内，一切都办妥了，所以几天后，在一次偶然的晚餐中，公开的订婚宣告再次让出席晚餐的人们陷入了震惊"。这出精心杰作，这个以一切细致和慎重制定的求婚策略，最终通过坚定的突袭取得了成功，俾斯麦借此向他的新亲属们显示了自己十足的信心。

1月12日，他大致告诉了妹妹马尔维妮这件事的良好走向，说事情的发展差不多"还好"。几天后，他向她承诺："我会口头告诉你所有的细节，包括卡苏本家（Cassuben）是何等惊讶，有的人窃窃私语起来，有的还愣在原地，老太太们感到恼怒，但没有人可以说这是我预先计划好的，等等。"然而，1847年4月14日，他已经非常深入莱茵菲尔德的新圈子，因而不敬地向妹妹报告道："这里虽然总是让人很孤独，但以现在的状况来看，这种孤独已经是达到顶点了，这对我来说是很好的，因为我身边的卡苏本家的人吵吵嚷嚷，这使得与他们的交际成了一种难以忍受的负担。在谈话中，他们总会在某些时间段里准时号叫，但我认为，考虑到他们自身和家乡的状况，这种感情的表达完全有理由，我不拒绝参与其中，但不会让它成为我长期的解闷的方法。"

114　　　尽管有这种无拘无束而不合礼节的嘲弄，奥托·冯·俾斯麦还是站在约翰娜身边，留在了波美拉尼亚的朋友圈和虔敬派支持者的圈子里；俾斯麦竭尽全力追求这段新的关系，世界观上的接近为此提供了桥梁。他有意识地跳出与世隔绝的状态，进入更紧密、更宽广的共同生活；至于《圣经》的经文，正如他写给冯·普特卡默先生的那样，他"果断地暂时囚禁了自己的判断"。与这些话密切相关的，是他对朋友凯泽林的回答。凯泽林曾问他如何摆脱"年轻时的激进的不信教"，俾斯麦答道："我召回了我的怀疑的先锋部队，它已经走得太远了。"

　　　在良机第一次出现的时候，俾斯麦那受到所有人认可的决断力帮助他结束了内心的矛盾。但与此同时，他敏锐的嗅觉告诉他，他不会被这段新的关系束缚。因此，对于他那在宗教上对他产生压力的岳父，他没有在已有基础上再做顶撞："目前，就我在之前的信中做出的信仰声明而言，我没有什么要补充的。"他与上帝的关系从一开始就是独立自主、积极主动的，他反对任何形式的被动的敬虔。1847 年 1 月 31 日，当他写到关于他与约翰娜的关系时，他用最清晰的语言跟他的哥哥说起了此事："比起与她的感情本身，信仰问题引起的分歧更大。但这并不像你想的那样严重。这是因为内心和外在的一些事件最近给我带来了变化，使我认为自己可以被算进基督徒的行列了，你知道我原来并不是这样想的。尽管在我自己看来，我和他们对那些关于主要问题的教义的看法长期以来并不一致，但我们之间似乎悄悄地签订了一种《帕绍条约》。"这是一种为双方取得一致而做出的让步。

　　　如果我们仔细留意俾斯麦这会儿寄给他的新娘的大量信件，就会注意到，他在探讨《圣经》的问题，但同时也在试图批评约翰娜虔敬派教徒式的狭隘并扩大她的视野。早在 1847

年 2 月 7 日，也就是他们订婚后刚刚 1 个月的时候，她向他坦白，如果上帝当初没有怜悯他，没有让他"至少通过怜悯之门的钥匙孔窥见到上帝"，她本会拒绝他的求婚，这显然伤害了俾斯麦的自尊。她从俾斯麦那里得到了这样的话："你对你的信仰是如此地缺乏信任，小心翼翼地将它包裹在与世隔绝的棉花中，这样世界上的任何气流就都不会使它感到寒冷。其他人却为你们感到恼怒，他们宣称，你们这些人是自认为很神圣，甚至于都不能让税务人员等人触碰。如果每一个自认为找到了真理的人都这样想……那么，上帝的美丽世界就将变成宾夕法尼亚监狱的监房，它被不可逾越的隔墙分成了 1000 个隔间，互不连接。"

在建议她关注多处《圣经》经文之后，他突然采用了一种新的宗教讨论方式，而此前，这种方式在他的求婚信中是被视作早已超越了的。值得注意的是，他提出了与他早先的想象世界相似的内容，他叫约翰娜去思考："信仰这个词自身，以及在那些要求人们相信《圣经》的话语对这个词的使用中，都允许哪些阐释。我在此违背自己的意愿，陷入了精神领域的讨论和争执。在天主教徒中，平信徒完全不会去读《圣经》，或者只会万般谨慎地去读，只有那些一生都在研究圣经故事出处的教士才会对其做出阐释。最终，一切都取决于阐释。"

这绝不是一种即兴的思考，而是对于一种更深刻的信念的表达。他在 1847 年 2 月 28 日写给新娘的这封信，同样具有启发性："一种信仰，如果它允许自己的信徒从他世俗的兄弟中脱离出来，使他独自就足以在纯粹的宁静中和上帝保持他自认为单独的联系，那么这就是一种死掉的信仰。如果我没弄错的话，在早先的信中我将这种信仰称作清静无为主义（Quietismus），在我看来这是一条错误的道路，而虔敬主义者容易且经常走上这条路，尤其是女虔敬主义者。"接着，俾斯麦提到了"这种需求，是要在友谊中或者通过其他的方式，让自己与某种看得见的东西建立更加紧密的关系，而不仅仅是通过普遍的基督徒的博爱获得联结"。俾斯麦在这里的意图是，同样借助宗教动机把约翰娜和自己的关系进一步拉近。他在给岳父的信中提到，希望把他与约翰娜的结合带来的幸福还是不幸留给上帝决定，但在世俗生活中，他的妻子应该属于他；因此，当他小心谨慎地指出彼此在宗教上存在分歧时，他提醒她要宽容。

从 1847 年写给新娘的信中，我们可以清楚看到俾斯麦严肃认真地追求与未来的妻子有更深层次的契合。她应该了解她的终身伴侣，因此他给她寄送了他早年那些直言不讳的信，例如 1838 年那封信的节选（还附带一段重要评论），他在当中向他的堂妹解释了他辞去公务员的理由。

116

俾斯麦也经常在信中附上诗歌，告诉约翰娜在过去几年孤独的时光里那些让他感动的事，这也是他间接的自我陈述，即使他曾经说，"几乎所有诗歌都不适合"用来记载他的生活，也不适合用来掩盖"他自己的小任性"。但诗歌时常是约翰娜放松精神的手段。俾斯麦在 1847 年 2 月 17 日的信中附上了 3 首诗，他那振奋人心的目的十分明显，他认为约翰娜会"从一开始就情不自禁地读出来"，"像一个法国人一样，领悟世俗此在（Dasein）的宁静"。

唐突的、法国式的亵渎上帝的内容，俾斯麦读起来当然不会抵触，反而会十分愉快——但他为什么要为约翰娜首先誊写这些诗呢？然后，作为"在这些亵渎上帝的言辞之后的对照和安慰"，他在信封上附了"一首不是特别突出，但是在此处十分合适的查特顿（Chatterton）的诗"，这是为了抚慰约翰娜愤怒的虔敬主义者的心。他从贝朗热（Beranger）的作品中摘取了一首四行诗，还有其他许多证明自己兴趣所在的诗歌，这些都是为了让约翰娜亲近自己，并在一定程度上塑造她。俾斯麦努力通过自己的引导，将伴侣培养为更贴近自己生活领域的人。他希望她学习法语，以适应这个世界的需求，还让她学习如何骑马，以使她更接近他的兴趣。这位帝国首相在年老时曾向他的儿媳承认："人们完全无法相信，对我来说，把冯·普特卡默小姐变成俾斯麦的妻子是多么困难；直到她父母去世后我才成功。"

　　毋庸置疑，奥托·冯·俾斯麦对婚姻的共同生活有着崇高的理解。他在 1847 年 2 月 21 日对他的新娘提出了这样的请求："不要自己沉浸在令人沮丧的想法中……而要用言语和眼睛告诉我，你心中想的是什么，无论是喜悦还是悲伤。"俾斯麦，根据他自己的评价，"在没有最明显的证据的情况下几乎不相信任何人"，却对约翰娜有"一种坚定的、无穷无尽的信任"。约翰娜也终其一生向他证明了，这种信任是值得的；她给了他温暖和家庭，这是他渴望的，给了他在紧张的生活中平静的避风港，这是他需要的。她照顾他，关心他，总是在他身边。 她认为他是一个忠诚的配偶，一个好父亲。

　　但是，她真的知道自己跟一个什么样的人结了婚吗？她几乎不知道，她既不了解他的灵魂深处，也一点都不了解那个将越发占据他的生活领域的东西：政治。在无条件的奉献中，她讨厌他所讨厌的东西，赞同他所赞同的事。"不管是对还是错，他是我的丈夫"——这是对二人关系最好的描述。任何威胁到她所守护的家庭生活的平静的事，都会让她虔诚的心非常厌烦。在 1870 年战争期间，俾斯麦这样对阿尔布雷希特王子略带讽刺地说："她对高卢人充满了强烈的愤怒，她想要这些高卢人统统被射杀、刺死。除了最小的孩子，家里其他孩子都忍不住会觉得，他们的父母太可怕了。"

　　看似矛盾的结论是，这场婚姻满足了双方的期望，因为女方能灵活适应男方对家庭的需求，这让他在外面的大世界里进

117

行斗争，同时又获得了一个平静的小世界，其他人往往没有这般幸运。有时，当他想要进行随意的谈话和讨论时，约翰娜会出于对奥托的需求的非常确切的直觉，邀请他的一个朋友——莫特利或凯泽林，来承担她无法完成的任务。如此一来，俾斯麦居家生活的经历也使得他在她心中的形象总是正面的，这正是俾斯麦为了家庭的和平与宁静所需要的。

这场缔结于 1847 年 7 月的婚姻，在很大程度上是建立在家庭共同生活的和谐基础上的，并且根据男主人的需求得到了塑造。男主人是一个更活跃、更令人兴奋的伴侣，而约翰娜则在狭小的生活范围内，证明了她的适应能力和天真质朴，她常常在关心他和孩子们，没有任何对规划自己生活的要求。

奥托·冯·俾斯麦意识到，他已经找到了一个在政治和家庭意义上的故乡，于是，他之后以火一般的热情投入到公众斗争中去。1847 年 2 月 3 日由王室召集，并于 4 月 11 日隆重召开的第一届普鲁士联合省议会，为他提供了机会。根据弗里德里希·威廉三世于 1815 年 5 月做出但从未兑现的立宪承诺，王室仅仅给出了这种程度的"恩宠"，即在 1823 年创立各省的三级会议。在 1846 年和 1847 年之交，普鲁士政府想要贷款修建从柏林到柯尼斯堡的铁路，银行家们借此提醒政府注意 1820 年的国债法，根据该法，更高额度的贷款只能由所谓的帝国等级会议担保发行。他们要求担保的目的——不管他们是不是真的想要——是立宪，是使资产阶级在国家法律问题上取得与其经济社会地位相匹配的影响力。

118 弗里德里希·威廉四世，这个"浪漫主义君主"，在这种困境中，召开了联合省议会，由八个省级议会（Provinziallandtag，囊括了三个等级）和贵族议会（亲王、侯爵和伯爵们的代表机构）组成。这个议会的体系维持了贵族等级制，使正常的协商和工作变得复杂而困难，人们从中看到，之前宫廷和政府内部的那些棘手纠纷，以及与圣彼得堡的尼古拉一世和维也纳的梅特涅进行的那些艰难协商，都已经成为过去式了。

自由派一致同意，2月3日的委任不足以践行上一任国王的宪法承诺。然而，他们对要采取的策略存在分歧。简单地说，各种各样的策略最终会归为两个选项：要么抵制联合省议会，要么从议会这个不够充分的法律根基出发，继续为资产阶级宪法而斗争。第二种选择是莱茵大资产阶级的立场，它在即将成型的自由派政党内盛行。其中，大卫·汉泽曼（David Hansemann）是最坚决的；他在演讲中针对政府新的借贷和税收草案说道，"当谈到钱的问题时，就不能再让步了"，这成了一句名言。

但这不只涉及钱的问题。国王在议会开幕时的演说中宣称，这个世界上没有什么力量能够在他和他的人民之间带来一纸宪法。这相当于由国王自己提出了这个时代的国家法的基本问题：那个关于立宪的（konstitutionell）、中央集权的（zentralisiert）、世俗主义（laizistisch）的君主制的问题。在这种情况下，尽管有各种限制和程序规则，但请愿和质询是不可避免的；同样不可避免的还有那围绕现代君主制的问题进行的辩论。

1847年5月17日，奥托·冯·俾斯麦作为新当选的第一届联合省议会的代表，以惊人的粗鲁反驳了冯·索肯（von Saucken）代表的观点，后者表达了自由主义反对派对宪法的期望。俾斯麦基于对1813年民族运动的解释，侮辱而讽刺地、同时蛊惑人心地否定了所有对宪法的要求。在他第一次公开演讲的几天后，这位不屈不挠的王权开路先锋将资产阶级长达数十年的诉求简化地称作——正如他在写给约翰娜的信中所说的那样——陈腐的、过分美化的"莱茵葡萄酒商的政治空话"。

在对反对派进行了笼统的否定和道德上的责难之后，他向

119

约翰娜坦承，"政治带来的兴奋……比他预期的更强地攫住了他"。他之前就在写给她的信中说过："我将很快发现自己处于和塔登一样的兴奋状态，塔登曾在晚上突然从梦中惊醒，因为他梦见自己进入了联合省议会，在早上因为这件事连吃饭都忘了。你会变得非常不耐烦，因为在听了长达6个小时的无耻言论之后，你几乎永远无法获得一个表达自己意见的机会，而当你最终获得这样一个机会的时候，你想讨论的事已经被20个人岔开了，它已经被忘记了。"

俾斯麦最乐于见到的，就是在议会做出对政府不利的决定后，国王立即将其解散。他激进的忠君立场在他1847年6月1日的演讲中更加得以凸显，他自己跟约翰娜说，这次演讲"可以说有点儿激烈"，"我的政治盟友们对我报以掌声，并给了我'温克捕手'（Vinckenfänger）的称号"。俾斯麦反对马克伯爵领地（Grafschaft Mark）的代表格奥尔格·冯·温克（Georg von Vincke）的言论，对任何自由主义的主张都无条件拒绝。俾斯麦根据自己的意图扭曲了史实，认为英国民众在1688年的处境跟普鲁士完全不同："只有经过了一个世纪的革命和内战之后，他们才得以自己决定王权归属，并附带上一些限制条件，威廉·冯·奥兰治接受了这些条件。与此相反，普鲁士君主的王权不是来自人民，而是来自上帝的恩典，实际上没有任何约束，他们从自己无限的王权中自愿地拿出一部分授予了人民：这是历史上罕有的例子！"他继续说道："国王一再表示他不希望被逼迫或驱使；我想请问与会的各位，当我们向国王提出修改立法权归属的要求时，除了逼迫和驱使他，我们还做了什么？"

120 　　在表达了这种忠君主义的立场之后，俾斯麦在其他讲话中，对铁路贷款和犹太人问题的论述有着同样的基调，也就顺理成章了。他以让人不快的夸张方式，对一切不符合政府意愿的东西都进行了道德上的质疑。这种方法并不总是像我们在这里看到的一样粗笨，是他很喜欢使用的。他的演讲《论犹太问题》充斥着恶意的讽刺挖苦，在基督教的国家观念层面进行探讨，这对虔敬主义者来说再熟悉不过了。"然而，我只把基督教福音书中揭示的东西看作上帝的旨意；我相信，如果一个国家将实现基督教的教义当作自己的使命，那么将其称为一个基督徒国家，就是正当的……"这里，俾斯麦以学院派的、格拉赫那种虔敬派的方式进行了辩论。他由此与人性的观念划界，并根据自己的目的，对这种观念进行了煽动性的歪曲。他说，如果把宗教基础从这个国家抽离出去，"那么我们作为一个国家就只保留了一个随机的权利集合体，一种抵御'一切人反对一切人的战争'的堡垒，而这个堡垒正是旧哲学所设立的。那么，国家的立法将不再从永恒真理的原始来源处获得再生，而是从有关人性的模糊而多变的观念中再生，因为这些观念恰恰是在统治者们的头脑中形成的。在这样的国家，我不清楚，如果共产主义者认为财产是不道德的、偷窃是有高尚道德价值的，并试图凭借诸如此类的理念确立人的先天权利、维护自己的权利，那么，人们该怎样去进行反驳呢？毕竟持有这些理念的人也认为它们是符合人性的，是人文主义之花"。

马克思在此后不久的《共产党宣言》中表明，共产主义的幽灵在欧洲游荡；这个幽灵也已经出现在了奥托·冯·俾斯麦身边。俾斯麦几乎没有读过社会主义或共产主义政治评论家的原著，也没有读过蒲鲁东（Proudhon）轰动性的著作《财产就是盗窃！》，但他似乎已经读过了洛伦茨·斯坦（Lorenz Stein）1842年的作品《当代法国的社会主义和共产主义》中的某些文字。

毫无疑问，俾斯麦目前在政治上很活跃。他于1847年6月8日高兴地跟约翰娜说道："总的来说，我现在很好，比开始时更加平静，因为我能更积极地参与其中了。"他全力以赴，尽可能地在联合省议会的台前幕后扩大自己的潜在影响力，并乐意在政治战场上抛头露面。他知道，并满意地发现，他在论战中的胆识引起了议会中政治对手的注意，也凭借他以身作则地对待反对派的方式，引起了他所属社会等级中的激进分子的注意。在处理政治危机局势的各种方法中，俾斯麦经常选择强攻的方法。这次，无论如何，他都要摆脱防御的态势，实践这种方法，他也因此变得愤怒。

但是，鉴于自由主义反对派在联合省议会中反对统治集团对专制主义的主张，俾斯麦意识到，他要开展的不仅仅是一系列尖锐的个人攻击。于是，他满腔热忱地寻求进一步的联系，并极其积极地参与反自由主义的集体运动，路德维希·冯·格拉赫在其中继续发挥着重要作用。俾斯麦在给约翰娜的信中谈到了这些活动："议会的最后几天，仍然是艰苦的战斗，特别是选举；会议，以及会议之外的各种活动，俱乐部、晚宴、报刊文章、王室邀请、协商、告别访问、支付账单，以及所有可耻的人的名字，都在我身边旋转，直到我星期一……到了根廷（Genthin），又从那里立即前往卡罗夫（Carow），与各位容克举行关于庄园法庭事务的会议；星期二，就同一事项，与内阁大臣的专员举行了8个小时的磋商；昨天，我又就同一事项，与专员和我们的朋友格拉赫一起，到埃克斯勒本（Erxleben）去见阿尔文斯勒本大臣。我们说到嗓音沙哑，写了很多东西，到最后我们发现，我们根本上的意见是一致的，我们吃了很多饭，喝了很多酒……现在，我已经吃过早饭了，有点困了，我两点钟要到格拉赫家吃饭，讨论一个报刊项目，六点钟我要登上火车，终于可以回舍恩豪森了。"此外，俾斯麦也终于可以为自己得到了国王的青睐而吹嘘了。1847年6月22日，他写信给约翰娜："前天我们去了我们的国王朋友家里，我深受上层统治者的喜爱……"

6月底，联合省议会的会议结束时，国王预期的结果没有实现。议会以2/3多数否决了东方铁路债券（Ostbahn-Anleihe）的发行，这个结果也得到了包括东普鲁士的容克—自由派的支持。否决的理由是，国王剥夺了议会定期举行会议的权利，使其无法像帝国等级会议（Reichsstände）那样定期召开。

虽然政府所期待的结果没有达成，但联合省议会本身还是具有重要的政治意义。它是以解决宪法问题为目标的进一步斗争的起点。虽然议会的外在结构是封建—等级式的，但议会上的辩论催生了松散而简陋的党团，它们可以被划分为保守派和自由派。1807年后的改革立法显著地促进了普鲁士的经济社会发展，这导致了在议会中尽管还有着各种礼节和仪式程序，但占主导地位的已不再是封建阶级，而是与正在兴起的资本主义相适应的有产阶级。出于这个原因，议会的多数派倾向于那种温和的、普鲁士—爱国主义的，但同时追求宪法的自由主义，这种思想主要是由莱茵资产阶级支持和推动的。

在普鲁士国王没有达到预期结果并在愤怒之下解散了议会4天后，《德意志报》（*Deutsche Zeitung*）于7月1日在海德堡发刊了。在这里，南德与北德有影响力的大资产阶级自由主义者们——正如他们的纲领所说的那样——为了"德意志民族的团结与统一"而共同努力着。在这份报刊出现的同时，俾斯麦与路德维希·冯·格拉赫讨论了创办一份报纸的计划，该计划于1847年7月17日在他签署的纲领性通告中得到了宣布。这份报刊成了保守派的喉舌，旨在从源头上抵御对现有法律的攻击，"无论它们来自日报、官僚机构，还是来自反对派的代表"。

可以看出，反动势力顺应了建党、办报的大趋势，这种趋

122

势越来越具体化了。反革命势力有足够的理由继续更好、更全面地组建自己。1847 年，俾斯麦找到了适合自己的政治活动领域。他出现在议会里，完全满足了最右派系的期望。但是，他的声名还不足以冲出议会和保守派的小圈子。当时，规模庞大而历史悠久的奥格斯堡（Augsburg）《总汇报》（*Allgemeine Zeitung*）定期带来有关柏林辩论的详细报道，它只是简单地提到了俾斯麦在联合省议会的表现。有一次，《总汇报》用了 16 行字的篇幅报道了他 1847 年 6 月 1 日的演说；另一次则是在嘲讽性的注解中提到了俾斯麦 6 月 7 日演说中使用的一句粗话——"讹诈"。但无论如何，奥托·冯·俾斯麦在 32 岁的时候在公共生活中找到了自己的位置——即使还没什么人注意到他。

1848 年 3 月前后

从 1847 年夏末到 1848 年春，西欧、中欧和南欧的民众运动在广度、力度和形式的多样性上都有显著增加。滋生所有那些喧嚣和反叛的土壤，是经济危机。源于英国的资本主义发展活力，对经济危机的产生起了作用，并且因为封建主义固有的、几十年来仍未解决的矛盾而增强了，这些矛盾在经济—社会层面和政治层面都广泛存在。因此，不同阶级和阶层中的反对派，都迫切地把矛头对准了所有封建统治者，并提出了诉求。简要地、通俗地说来，他们的要求是：为经济发展扫清障碍，实现公民自由和民族国家统一。

123　　在普鲁士，政治似乎在联合省议会闭幕后平静了下来，所以，奥托·冯·俾斯麦能以一种轻松愉快的心情去度假。1847年 7 月 28 日，俾斯麦与约翰娜·冯·普特卡默在东波美拉尼亚的科乌奇格沃维（Alt Kolziglow，今属波兰）的一个乡村教堂举行了婚礼，远离世俗喧嚣。不久，这对新婚夫妇就途经克尼普霍夫，前往了舍恩豪森。在舍恩豪森，村民们高兴地把新婚夫妇入驻庄园当成一个喜庆热闹的良机。经过几天的休息，男主人和女主人出发去度蜜月了。约翰娜见识了一个她以前从不知道的世界；她被各种各样的秀美风景和历史悠久的文化震撼了。他们先是沿易北河南下，去了波希米亚，最终到达了金色的布拉格，接下来又去了维也纳。维也纳作为帝国的首都，它那有着厚重历史感的辉煌壮丽，一定深深吸引了这位来自东波美拉尼亚的淳朴的女性；她在写给父母的信中说，她所有的感官都陶醉了。对于正愉快地进行观光的游客来说，世界从那里看上去似乎仍一片祥和。这对年轻的夫妇乘坐多瑙河上的蒸汽船，从维也纳出发，驶向林茨（Linz），之后从林茨前往萨尔茨卡默古特（Salzkammergut），然后经过蒂罗尔（Tirol），穿过布伦纳山口（Brenner）前往意大利北部，这是原来的旅行计划中没有包括的行程。俾斯麦决定，经过梅拉诺（Meran）继续前进，因为旅费仍然足够，他在写给岳父岳母和哥哥的信中总是对开支情况进行汇报；继续旅行也是因为他对这次旅行"很享受"，"尤其是由于约翰娜对一切都很兴奋，她从未去过哈尔茨山和卡尔斯巴德以外的地方"。在写给妹妹的信中，俾斯麦似乎有些自大，他说道："对我来说，急于让自己被新景象打动的日子，似乎已经过去了，所以我更多是通过约翰娜的反应来获得快乐。"

　　但是，威尼斯迫使他坦白道："这个城市超出了我的预期。"这个城市也暂时地让他参与到了政治中；这对年轻夫妇在这里遇见了普鲁士国王，国王对二人都"非常亲切"，但也只是把这对新婚夫妇"请到了宴会上"。谨慎的弗里德里希·威廉四世在威尼斯的酒店房间里与俾斯麦单独进行了谈话，并对他忠君主义的热忱表示了赞赏，在柏林议会期间的种种宫廷庆典上，国王没有对俾斯麦表达过这种态度。由于担心显得过于偏心，国王曾明显回避俾斯麦：陛下喜欢他忠诚的狂热，但并不喜欢对狂热分子表现出来。所有可能曾困扰俾斯麦的事情，都在遥远的威尼斯得以澄清，并且尽可能地得到解决。但这座亚得里亚海滨城市的假日氛围并非万里无云。俾斯麦简短地跟他的哥哥说："这里有许多奥地利军队，还将会有更多。"对于自己在 1847 年 9 月里做出的观察，他没有留下评论；但这一定让他思考过，有经验的、控制间谍情报网的哈布斯堡皇室正在军事上采取预防措施，以应对民众起义。而起义事实上在第二年的 1 月初在意大利全面爆发了——发生在巴黎二月革命 6 周前，后者虽然引起了广泛的回响，但绝不是关于 1848~1849 年国际革命的第一个或唯一一个信号。

1847 年 11 月，在瑞士，新教—激进派和天主教—保守派之间爆发的分离主义者联盟战争（Sonderbundskrieg）①，以天主教会神职人员地方分离主义 ② 的失败而告终，这为瑞士开辟了通向自由主义联邦制国家的道路。在现代瑞士的这场血腥的分娩阵痛 6 周前，俾斯麦夫妇横跨了这片土地，很可能没有了解到这里正在发生什么。他们从信仰加尔文宗的日内瓦出发，沿着日内瓦湖行进，进入了那些奠基州 ③ 的地带，它们同样让人印象深刻，受耶稣会控制。最终他们到达了苏黎世，那里仍然受

---

① 分离主义者联盟为 1845~1847 年瑞士 7 个天主教州为反对联邦政府而缔结的联盟，旨在保护天主教利益，阻止建立更中央集权化的瑞士政府。1847 年 7 月，联邦议会宣布该联盟为非法，11 月对其宣战，将其打败瓦解。

② 分离主义者联盟企图保持各州的割据局面。战后，瑞士于 1848 年通过新宪法，加强了联邦政府的权力。

③ 又称老三州，即施维茨（Schwyz）、乌里（Uri）和翁特瓦尔登（Unterwalden），三者于 1291 年为反对哈布斯堡王朝统治而结成"永久同盟"。在此基础上，1353 年同盟发展成"八州同盟"，1370 年签订《牧师宪章》，成为联邦，以施维茨之名称为"瑞士"。

到茨温利①和胡滕②的精神的影响。在旅程的所有站点中，也少不了湖中城堡——西庸城堡（Seefeste Chillon），拜伦的英雄史诗已经唤醒了俾斯麦对它的好奇。

10月，这对年轻夫妇回到了舍恩豪森。此时，约翰娜才终于作为管理庄园的女主人，入主了舍恩豪森。1848年1月的最初几天里，俾斯麦前往了柏林。在这里，他继续着那从1847年6月就开始的关于创立保守派报刊的讨论。但保守主义在世界观和政治战术上的谱系——从"天主教元素"，到有等级制倾向的虔敬主义，再到支持立宪的派别——对一份在革命爆发之前意欲持续发挥影响力的报刊纲领来说，还是太过宽泛。正如俾斯麦所说，仍有太多"不一致"的观点。他特别不满那些"……想要通过法律途径，得到抗议权、宪法以及定期审批税收的权力的人〔弗里斯兰人（Friesen）〕，这无非是要议会取代国王的权力"。当然，在他私下写给哥哥伯恩哈德的信中，证实了自己极端的忠君主义。当时，这种严肃主义对保守派政党的建立还不构成什么贡献。因此，当俾斯麦在2月的上半月表示"完全听不到任何有关柏林的好消息"，也就并不奇怪了。

保守派处于一个复杂的境况中。一方面，他们一定认识到了，在世界历史上，除了国家的军事实力和官方的国家主权至上原则，还存在一种属于民众的基本力量，这种力量受物质需求和精神、政治上的主题思想影响。另一方面，保守派还没

---

① 茨温利（Huldrych Zwingli，1484~1531年），瑞士宗教改革运动领袖。否认罗马教廷权威，反对出售赎罪券，主张教士可以婚娶，解散隐修院并没收其财产，废除烦琐宗教仪式，禁止敬拜圣像，取消"弥撒"而改行"圣餐"礼仪，主张教会牧师由信徒选举产生。

② 乌尔利希·冯·胡滕（Ulrich von Hutten，1488~1523年），是德意志人文主义者、诗人，著名的骑士理论家，1522~1523年骑士暴动的领导人之一。

俾斯麦夫妇，1849年。俾斯麦觉得，在妻子约翰娜那里，"无论这个世界刮起怎样肃杀的风，自己都不会感到寒冷"。

有能力进行必要的自我理解，因此还没能力进行那种在民众中已经显著开展的政党建设。他们更多依赖军事镇压应对群众运动，而不是思想精神上的说服。在这方面，他们相对左派而言处于不利的境地，尽管后者也在就如何具体实现破除经济发展障碍、保障公民自由和推进民族国家统一的集体要求进行着争论。

反封建的反对派中的分歧，最迟自1830年七月革命以来，就已经在公共生活的各个领域变得引人瞩目。这体现在文学、哲学、新闻出版领域，体现在青年黑格尔派的圈子（比如"柏林自由人"），以及体现在激进知识分子和熟练工的移民中（并在德意志产生了重要影响）。这一切都在1847年秋天逐渐形成了一种更为稳固、更加全面的形式，并主要发生在德意志西南部。在那里，党派运动更加激烈的根本原因绝不在于工业化程度较高，而是可以在政治上层追溯到拿破仑革命，以及这场革命特殊的建国形式。

1802~1810年，旧的巴登边疆伯爵领地在通过各种土地兼并（包括教区、修道院、侯爵和伯爵自治领、帝国直辖的城市以及邻国支离破碎的封地）后，形成了统一的巴登大公国。在拿破仑倒台后，这一个混合体只有通过那部树立起统一国家意识的1818年宪法，才得以继续牢固地结合在一起。它最现代的国家机构，即间接选举产生的第二议院，将会在未来几十年唤醒议会制的生命，它"没有让德意志宪法里的种子逐渐死去或变质"，正如年轻的弗里德里希·恩格斯——那个在1842年对德意志南部的自由主义极尽批判的人——所承认的那样。无论如何，在1848年革命前夕，德意志西南地区民众的各种组织和政党的形成特别顺利。

9月12日，巴登的民主派聚集到了位于邦国中部的奥芬堡（Offenburg），他们将自由派在卡尔斯鲁厄（Karlsruhe）等级会议第二议院上的表现，与正在开展运动的手工业者和工人们最迫切需要的东西进行了对比。很长一段时间以来，自由派的批评者们都喜欢用"嘴上自由主义者"或"游行英雄"这些词来嘲讽他们。聚集在奥芬堡的人们完全没有这么尖锐，但为了反对被他们轻蔑地称为"资产阶级自由主义"的议员作风（Parlamentariertum），他们制定了标题为《人民的需求》的温和的民主纲领。这份纲领被新闻媒体，或是以宣传册的形式，传播到了德意志的许多邦国。它最大的诉求是"人民在德意志邦联的代表权"。德意志人应该拥有一个"祖国，以及为祖国的事务发出声音的机会"，德意志民族应该在国内得到"正义与自由"，同时"对外国有坚定的立场"。

在此发声的不仅有民主派，还有几个世纪以来几乎没有得

126

到任何保护的边境地区的市民，他们对法国横行暴虐的兵痞的破坏行为仍记忆深刻，这种破坏从路易十四世在位时期一直延续到了拿破仑时期。纲领性文件进一步说道，一个强大而自由的民族需要一部"人民军事宪法"和"受过武器训练的、武装的公民"，以及选举平等、教育平等和累进所得税。本着社会改良的和谐精神，纲领也谈到，要处理"工人与资本之间的不平衡关系"。尽管根据现行法律，成立一个政党是不可能的，但该纲领的通过和跨地区的传播，也仍然将民主派更加紧密地联系在了一起，并促使他们通过射击、阅读、教育、歌唱和体操协会的方式，将人们组织起来。

127　　　对自由派而言，当下正是继民主派之后也制定自己的纲领的时刻。在奥芬堡会议的 4 周后，他们在黑森的黑彭海姆（Heppenheim）的山路上，也召开会议制定了纲领，会议地点离巴登的曼海姆和海德堡不远。1847 年夏天，大卫·汉泽曼就已经在海德堡参与创立了《德意志报》；此时，他作为发起人参加了这场在秋天举行的黑彭海姆会议。针对《奥芬堡纲领》关于在德意志邦联里召集一个所谓的人民代表机构的建议，大多数聚集在这里的自由派资产阶级分子批判性地指出："如果邦联议会还是像现在这样的话，就不期待它取得什么成果。它无法实现由《邦联条例》规定的使命，包括在各邦国出台宪法，以及保障自由贸易、交通、内河航运、新闻媒体自由等；邦联军事法既不提供普遍的人民武装，也不提供统一组织的联合军队。相比之下，媒体却要被强迫接受审查，邦联议会的谈判过程毫不透明……德意志唯一的共同的利益联系，是关税同盟，但它不是由邦联创造的，而是在邦联之外，通过邦国之间单独签订的一个个协议建立的……"

　　《奥芬堡纲领》的内容尽管有着一些模糊性，却提出了对建立共和国的诉求；《黑彭海姆宣言》则是选择了君主立宪制，并且通过否定邦联议会、抬高关税同盟地位，表现了其对普鲁士霸权地位的争取，以及与霍亨索伦王室的妥协。几年后，在这种对邦联议会的负面评价以及对关税同盟的正面评价中，奥托·冯·俾斯麦将会找到与自由派达成共识的出发点，这种共识将在民族和经济政策方面（而不是国家法方面），越来越清晰地被意识到，并变得越来越全面。

德意志西南部不如莱茵普鲁士、萨克森和柏林的工业发达；同样，这里的反资本主义思想也不是那么突出。不管是以什么形式表达其思想的，共产主义在这里都找不到特别合适的土壤。事实上，成立于 1847 年底的"共产主义者同盟"（Bund der Kommunisten）与民主派或自由派组织在其起源、构成和行动领域上，都有着本质上的不同。"共产主义者同盟"来自"正义者同盟"（Bund der Gerechten）。1836 年以来，来自德意志各地的无产阶级熟练工在法国、瑞士、英国和自己的家乡秘密组织起来，组成了"正义者同盟"，他们起初以威廉·魏特林（Wilhelm Weitling）的工人共产主义意识形态为指导。他们追随法国和英国的无产阶级抗争[1]，也深深为 1844 年在西里西亚的彼特斯瓦尔道（Peterswaldau）和朗根比劳（Langenbielau）的纺织工人起义所感动。纺织工人们的起义主要针对的是雇主，销毁的不是封建的庄园契约，而是资本主义的账簿。资产阶级和无产阶级之间新的冲突，在仍然是封建官僚主义的普鲁士，也爆发了。

但恰恰是政府军对起义的镇压，清楚表明了，无产阶级在与工厂主的斗争中，必须面对这个封建官僚主义的、军事专制

128

---

[1]　此处指英国宪章运动和法国里昂工人起义，和下文 1844 年 6 月的德国西里西亚纺织工人起义并称为"欧洲三大工人运动"，表明了无产阶级登上历史舞台，为马克思主义的诞生奠定了阶级基础。

的政权。从这样的经历中，应该得出什么样的普遍性的结论？一个新兴的无产阶级政党，应该专门针对，或至少是主要针对资产阶级进行斗争吗？例如，应该像"真正的社会主义者"或是魏特林 ① 所表现的那样吗？在寻求这些急迫的问题的答案时，"正义者同盟"中的许多人开始相信，资产阶级革命这一步不能被跳过去。为了社会主义的斗争，必须与追求资产阶级民主联系在一起。

围绕在约瑟夫·莫尔（Joseph Moll）和卡尔·沙佩尔（Karl Schapper）身边的无产阶级先锋对政治—精神上的自我认识的渴望，以及围绕着马克思和恩格斯的精英知识分子对与人民紧密相连的行动的渴望，在1847年、1848年的新年之交，罕见地同时得到了满足；一份对世界历史有重要影响，对世界文学有重要意义的文件诞生了：《共产党宣言》。与《奥芬堡纲领》和《黑彭海姆宣言》相比，《共产党宣言》起初在新闻传播中是低调的。但这个最初并不起眼的宣言，后来会变得强大，并影响全世界。在19世纪60年代，第一国际振奋人心的呐喊——"全世界无产者，联合起来！"——就已创造了历史。1871年5月底，在普鲁士大败法国并签订和约 ②，以及巴黎公社失败后，奥托·冯·俾斯麦在帝国议会从奥古斯特·倍倍尔（August Bebel）那里听到了秉承《共产党宣言》精神的话语。正如这个新帝国的首相后来所承认的那样，这些话让他久久难忘。

---

① 魏特林曾被马克思和恩格斯评价为空想社会主义者，但恩格斯也认为他是"德国共产主义的创始人"。他参加了"正义者同盟"的活动，受同盟委托，写了《人类的现状及其未来》，向无产阶级指出"通向社会新秩序之路"。他大声疾呼："你们不要相信，通过你们同敌人的和解得到什么，你们的希望只是在你们的宝剑上。"

② 指普鲁士在普法战争中获胜，双方于1871年5月10日正式签订《法兰克福和约》，规定法国赔款50亿法郎，割让阿尔萨斯和洛林东部。

《共产党宣言》纲领性地概述了工人革命运动的历史条件，并宣布，将人类从各种阶级的统治中解放出来、将个人从一切阻碍发展的束缚中解放出来，是其长期目标。在这份宣言非常温和地传播了一段时间之后，3月底发布的《共产党在德意志的要求》描述了在资产阶级民主革命中应该争取的短期目标。这份诉求的开篇，是对民族国家目标的激进的、雅各宾式的表述："全德意志应该被宣布为一个统一的、不可分割的共和国。"与奥芬堡民主派纲领不同，这个诉求在未考虑合法性的情况下被公开提出了，而且这里的共和国意指"全德意志"。这需要废除普鲁士与哈布斯堡的君主制，并且将哈布斯堡王朝治下的德语地区与其他德意志地区合并。"统一的、不可分割的"共和国，意味着消除地方割据的小国林立状态以及建立中央集权的民族国家。

从1847年秋天开始，资产阶级、小资产阶级和无产阶级的政党和组织出现了；同时，它们作为阶级和阶层，再一次处在了结构转型的过渡阶段中。如果不存在基本的群众运动，它们就几乎不能在革命的前沿阵地产生任何影响。政治运动在革命发展的各个阶段中展现的自发性无疑表明，对资产阶级民主自由和民族国家统一的追求，已经牢固地生根了。另外，保守派在精神—政治上孤立无援，思想混乱。

就像1789年以来经常发生的那样，法国再一次向德国的革命运动发出了决定性的信号。由于法国已经在1789年至1794年，彻底地废除了社会和国家中的一切封建制度，1848年2月24日资产阶级王权的倒台以及共和国的建立，实际上是一场独特的后续革命。这是国家政体对资产阶级、无产阶级和小资产阶级各党派之间新的力量对比的痉挛式的适应；这种适应尤其体现了工业资本主义的发展壮大，后者正在经历它的第一次重大危机。1848年的法国革命动员人们参与反抗封建压迫以及抵抗外国统治的斗争；它在中欧、东南欧和南欧激发了人们对于民族国家统一的渴望。到处都是暴动革命的民众和惊慌失措的贵族。

有产阶级也被巴黎的无产阶级及其在临时政府中的第一个代表震惊了，而且他们与君主和贵族就改革达成一致的努力也受到了严重阻碍。在 3 月 1 日从舍恩豪森写给他哥哥的信中，俾斯麦表现得有些惊愕，尽管仍带有一丝嘲讽："女士们听到法国出人意料的消息，激动得近乎绝望。"他认为，普鲁士军队开拔，"向莱茵河进军"，并非绝不可能。莱茵—威斯特伐利亚的资产阶级也有着相似的观点。埃尔伯菲尔德（Elberfeld）的银行家奥古斯特·冯·德·海特（August von der Heydt）担心"神圣同盟会变成更紧密的保护和防御联盟"；古斯塔夫·冯·梅威森（Gustav von Mevissen）认为甚至会出现"军队的战时动员"，且将伴随着爱国主义，就如同 1813 年各等级的团结协作一样。

用克雷菲尔德（Krefeld）的批发商赫尔曼·冯·贝克拉特（Hermann von Beckerath），以及科隆的银行家鲁道夫·冯·坎普豪森（Ludolf von Camphausen）的话说，普鲁士社会的富人圈子谈论着"巴黎的灾难"，认为"法国的大事件怎么看都像是灌了铅一样"，而民众的反应则完全不同。1848 年 2 月 27 日，在曼海姆举行了一场大型集会，集会提出的诉求除了群众武装、新闻自由以及成立陪审法庭，还包括"立即成立全德意志的议会"。就在同一天，同样的事情也在慕尼黑上演了，随后，在斯图加特、美因茨、哈瑙和其他城市，也都举行了群众集会。大中城市的革命运动迅速向北和向东扩展到汉诺威、不伦瑞克、萨克森和图林根。在科隆，"共产主义者同盟"的小组在 3 月 3 日就已经有能力在市政厅前举行示威集会，并向市议会提出激进的民主诉求了。这些都为马克思、恩格斯和他们的团体奠定了政治基础，使他们可以从夏天开始在《新莱茵报》（*Neue Rheinische Zeitung*）开展激进民主和"红色共和国"① 方向上的工作，影响力远远超出当地范围。

不仅城市里的民众开始参加政治运动了，就连德意志西南地区的农民也从 3 月初开始，在巴登和符腾堡开始了反叛性活动；同样的政治运动也爆发于德意志的其他邦国中。各地的农民们用镰刀、草耙和斧头武装自己，冲进城堡，把封地证书（Feudal-Urkunden）和封建文件（Feudal-Folianten）付之一炬，这一切都让人联想起了 1525 年的农民战争。

在任何时机成熟的社会和政体转型的地方，有产者和封建贵族都与政府当局进行了持久的努力，以找到能对付革命运动的最佳出路：巨大的妥协让步、残酷的镇压，或是这两种手段恰到好处的结合。在中小规模的邦国，群众取得了部分的胜利，包括废除或放松审查制度，吸纳自由派到政府部门或将其派遣至法兰克福邦联议会。很快，如下的事实就变得清晰了，即自由派只能在政府当局有沟通理解意愿的基础上，才能防止群众运动的极端化，并本着追求温和的自由权利以及与王室达成宪法协定的精神，来对其进行疏导。

中小邦国群众运动的部分胜利似乎给普鲁士和奥地利人民带来了必要的信心，促使他们对这两个最强大的专制堡垒发起总攻；另外，这也给政府当局带来了坚定、长久地维持现有秩序的必要信念。

暴风雨首先出现在了作为专制主义堡垒的维也纳，使它变成了一个布满街垒的城市。在 3 月 13 日夜里，当局做出了一个决定：梅特涅和阿尔布雷希特大公（Erzherzog Albrecht）必须逃离，但帝国政府仍然作为临时政府发挥作用。民众为

131

---

① 即共产主义共和国。

了组建政治组织和争取军事部队的自由而奋斗。市民们组成了国民卫队（Nationalgarde），学生们组成了学生军团（Akademische Legion）。

到 3 月 15 日，柏林得知了维也纳发生的事。在此之前，手工业者、工人、学生和年轻的商人们就已经几乎每天都聚集在一起，尤其集中在广受欢迎的娱乐场所，即蒂尔加滕（Tiergarten）区的"帐篷街"（In den Zelten）。柏林人越来越坚定他们的两个诉求：召开联合省议会和撤出军队。军队正在柏林的大街小巷游荡，进行管控与挑衅，就像是敌国的维稳部队。弗里德里希·威廉四世被他专制的君权神授思想束缚住了，此时也被囚困住了。在 3 月上半月，他只做出了些不再跟得上国内情绪的让步，这些让步都来得太迟了。他仍然最相信军队，尽管他本人无法牢牢控制军队。他一方面表现得很顽固，另一方面又内心矛盾，因为受到了各方的影响。这位君主让自己走到了这般处境上，如果他不想被推翻，那么接受羞辱和讨好那些他蔑视的民众是不可避免的。

132　　3 月 17 日，市民大会要求组织一支武装的公民卫队，以接替应从首都撤出的正规军，同时要求确保新闻自由。这些都不是共和主义的，也不涉及颠覆性。甚至在那关于第二天前往王宫示威、强调诉求的计划中，也没有包括推翻王权与建立共和国的内容。3 月 18 日拥到王宫前的大批民众是容易欺骗的，他们起初欣然接受了国王在中午颁布的诏令：一份诏令宣布废除新闻审查制度，另一份宣布将于 4 月 2 日召开联合省议会。国王、王储以及所有大臣签署的诏令要求将德意志邦联转型为一个联邦国家，并在所有德意志邦国颁布宪法。这让整个城市陷入了爱国热情，使得建立共和国的梦想都难以占有一席之地。但那些聚集在王宫前的民众在过去几个星期里被当成"无赖市民"，频繁被部队管束和骚扰，他们不会忘记对于部队撤离的要求；而王室和政府的诏令中却完全没有关于此的任何内容。当人们随后注意到宫前广场上的部队，并突然间警觉起来时，几天前的口头诉求演变成了一场暴力的抗议："士兵滚开！军队滚回去！"

军队没有撤回，反而前进了。首先，骑兵向聚集的民众冲了过去，据他们所说，意图是和平地清空广场。然而，在首都的民众看来，这些穿上了制服的农民的儿子们拔出的军刀一点都不和平。接着，在此起彼伏的混乱中不知何处传来了两声枪响，抗议情绪瞬间升温成了渴望复仇的愤怒。错综复杂的误解和煽风点火的欲望包围着王宫，而在王宫内，议事内廷的决策和命令反复无常、混乱不堪。最近几个星期的紧张局势已到无以复加的地步，紧张的气息不仅弥漫在受了军队侮辱的群众中间，也弥漫在每天都能感受到民众与日俱增的敌意的军队中间。

酝酿了几个月、发展了几个星期的自发的民众运动，在起义的几小时内展现了一种令人难以置信的灵活应变的能力。街垒瞬间就建造起来了；男人、女人和孩子们爬上了顶楼和房顶，从那里向部队投掷他们手头能拿到的一切东西。一些勇敢果断的人物从民众中间脱颖而出。战斗一直持续到深夜，这给军队带来了优势，但并没有给他们带来胜利。

3 月 19 日上午，官兵们已经疲惫不堪，也已经陷入粮食短缺的局面，远处的街区和城郊的老百姓却做好了继续战斗的准备。奥拉宁堡（Oranienburg）近郊的波尔西克公司（Borsig）① 的雇工们也未被打败，他们将对于 400 名同事在 3 月初被解雇的愤怒，针对有形的军事专制发泄了出来，而不是针对无形的工业化动力。即使是指挥作战的冯·普利特维茨（von Prittwitz）将军也不得不承认，部队的表现并没有达到

133

---

① 一家成立于 1837 年的欧洲老牌机械化工企业。

他的预期，而且军纪已经开始涣散。这样一来，战斗难道不会变成士兵与抗争民众间的亲善合流吗？

根据当时的情况，君主的首要任务是确保普鲁士核心军团在军事上和士气上的战斗力。这就要求他们必须停止与敌人，即叛乱的群众，进行接触；因此，近乎不可避免地，一道由坐立不安的弗里德里希·威廉四世和倔强固执的冯·普利特维茨将军发出的命令下达到了部队，要求他们从首都撤出。国王留了下来，从 3 月 19 日开始在王宫内由市民卫队守卫。就像梅特涅和一位大公不得不在 3 月 13 日之后离开维也纳一样，3 月 18 日之后，柏林也发生了一场最高等级的政治牺牲：宫廷中军事派系的代表、王位指定继承人威廉亲王，从普鲁士国王那里接到了一份给英国女王的假的政治委任，匆匆忙忙地乘船渡过哈弗尔河（Havel），离开了普鲁士。然而，和他 3 月 18 日之前的所有让步一样，弗里德里希·威廉四世的这一让步是远远不够的。

3 月 19 日，国王被迫与王后手挽手走到宫前广场上，向在街垒战中倒下的战士们的遗体脱帽致敬。同一天，在此基础上，他们又迎来了第二波羞辱：在柏林市民的斥责声中，军队离开了首都，前往斯潘道（Spandau）和波茨坦。普鲁士王室会接受这一切而不考虑反击吗？撤离的部队和受什切青指挥的从未动用的部队，不应该把柏林包围起来，对柏林实行军事占领，从而斩断"革命之蛇"的首级吗？弗里德里希·威廉四世作为普鲁士王权的有形首脑，当时一定接过了形式上的最高指挥权。这件事以及类似的事情的性质有多严重，可以从安排 3 月 19 日至 20 日夜里国王出逃一事，还有 3 月 20 日至 21 日夜间的第三次出逃尝试看出。弗里德里希·威廉四世在实施这项安排时却退缩了，甚至在最后一刻退缩了两次。是出于恐惧吗？这是可能的，但他的行为可能也出于政治上的顾忌，而这种顾忌主要来自首相冯·阿尼姆－博伊岑堡伯爵。

无论国王是何种心情，君主制之生死存亡迫使他不得不去思考这样的选择：对于那发生在 3 月 18 日且仍然得到激动的群众支持的革命，能否用军事手段镇压？还是应该通过与愿意妥协的自由派的合作，对革命进行去激进化、疏导，并且在某种程度上扭转局势？在感情和思想的纠结往复中，他选择了后者：他宁愿用政治伪装来对抗危险。虽然弗里德里希·威廉四世在其他方面可能很容易胆怯，但他能在需要展示自己言辞天赋的地方展现勇气。3 月 21 日，他通过呼吁书《致德意志民族》宣称自己是"宪政君主"，同时宣称自己是"德意志全体人民的领袖"，并且在左臂上佩戴黑—红—金的国旗色绶带，骑在马背上，在柏林具有代表性的市中心进行戏剧性的巡游，反复发表讲话，来证实这一自我宣称的身份。在 3 月 19 日受辱之后，他在 3 月 21 日这日公开否认了自己内心深处的信念。在普鲁士的历史上，有组织的军事力量第一次被群众打败了——这主要是由手工业者和工人组成的群众，正如埋葬在弗里德里希斯海因（Friedrichshain）的"三月革命"烈士 [①] 的社会构成所显示的那样。这是一个在那之前从未被认为可能发生的事件，它深深刻进了民众激进民主的意识，特别是影响到了首都的工人。

在德意志的每一寸土地上，人们都在为了公民自由而斗争；他们可以联合起来组成政治团体，甚至在某些情况下还可以是武装形式，并且可以自由地进行宣传鼓动。自由派大资产阶级的代表们进入了各邦国政府的顶层——在普鲁士，莱茵富商坎普豪森和汉泽曼在 10 天过渡内阁下台后进入了权力中心。普鲁士和奥地利的军队都遭受了失败，实力被削弱。然而，

---

① 在 1848 年 3 月 18 日巷战中牺牲的市民。

3 月的运动既没能消灭国家官僚制度（Staatsbürokratie），也没能清除君主专制的统治阶层。甚至在普鲁士国王身边还有一伙宫廷密党（Kamarilla）形成了一个反革命中心。考虑到现有的权力关系，一切都归于一个问题：已经完成一半的革命是将继续进行下去，还是完全反扑回去，变成反革命。

无论是意志坚定的民主派还是精力充沛的忠君派，都面临着挑战。现在也到了奥托·冯·俾斯麦行动的时候了。俾斯麦在他的邻居冯·瓦滕斯勒本伯爵（Graf von Wartensleben）位于卡洛夫（Karow）的家里，得到了关于 3 月 18 日、19 日事件的第一手消息，彼时已有几位柏林的太太逃到了伯爵的家里。直到 40 多年后，俾斯麦仍然在《思考与回忆》一书中记录了这段经历："起初，我更多为我们的士兵在街头巷尾被杀害感到痛苦，而没有太感受到这次事件的政治影响。"按照他的贵族—忠君情结来判断，士兵们不是死于巷战，而是被"谋杀"了。如果说维也纳巷战（市民和学生们在 3 月 13 日就取得了胜利，而梅特涅这个象征着整个时代的大人物却被赶走了）已经让俾斯麦变得激进了，那么同一时间在柏林发生的同样的事件则更加激怒了他。

3 月 20 日，来自附近城镇坦格尔明德的代表们过来告诉舍恩豪森，要求他们在钟楼上升起黑—红—金三色旗。"我问农民们，"俾斯麦后来这样强调，"是否想要自卫抵抗。他们一致地、激昂地回答道'是'，我建议他们把那些城里人都赶出村子，而这在女人们热切的参与下完成了。接着，我让人把教堂里的一面有黑色铁十字架图案的白旗拿来，升到钟楼上，又让人清点了村子里的枪支弹药，收获了大约五十支五花八门的农民们用的猎枪。算上老式步枪，我自己有二十来把枪，我又让信差骑马去耶里绍和拉特诺（Rathenow）弄来火药。"俾斯麦和他的妻子去了附近的村庄，发现很多农民都准备去柏林勤王。只有一位农民同情柏林的革命运动，他指责俾斯麦"把一支火把扔到了这个国家"，并声明，如果农民们真的准备动身，他一定会"挺身而出予以制止"。被内战情绪裹挟的俾斯麦回答说，如果有必要，他一定会击毙这个惹是生非的农民。人们可以相信俾斯麦就是这样大胆，这早在1847年他进入联合省议会时就以另一种形式彰显了。人们也可以相信他的自我坦白，即他起初并没有真正感受到柏林事件的政治影响。

奥托·冯·俾斯麦对3月事态的最初消息的反应，是立即进入战备状态。事实上，村民中仍然存在许多天真烂漫的、坚持传统的君主主义者；同时，一些反城市的情绪也复活了，特别是由于在过去几十年中，劳役可以用金钱和实物形式的租金代替，这缓解了早年间农民和庄园主之间的紧张关系；因此，庄园主可以更多使用劝说，而不是命令的方式，来解决问题。尽管如此，俾斯麦在后来描述1848年3月的事件时，可能过于夸大或刻意简化了一些事情。那个庄园上的农民会是唯一一个怀疑他在玩火的人吗？

毕竟，忠君爱国的中学副校长林德施泰特（Lindstaedt）136在他于19世纪50年代写就的地方编年史中指出："在不幸的1848年，有一部分居民被时代的洪流卷走了，对税赋减免的希望，总的来说就是对利益的渴望，决定了他们的行事方式。相对淡定的人，则只希望责任和义务的分配能更规范一些。到目前为止，大多数人还是簇拥在普鲁士的王旗下。"然而，他又忧虑地补充道："外面了解人和事的专家们声称，他们发现舍恩豪森不再像三四十年前那样享有良好的声誉了……1848年……对这里的愉悦气氛没有任何有利的影响。由于政治观点的不同，紧张气氛、不信任和党派纷争出现了。"

俾斯麦在3月18日之后的几天里，尚且能够劝说他的那些对首都革命前景还不确定的农民们，做好在特定情况下前往柏林解救国王的准备。但舍恩豪森的庄园主并不需要做任何试探。谁知道有多少人会在紧急关头挺身而出呢？

起先，俾斯麦只身前往波茨坦，想看看那里到底发生了什么事。很快，这个急性子的忠君派就在那里经历了一些幻灭，因为冯·普利特维茨将军向他明确表示，他不需要俾斯麦的农民军。军事后备力量仍然集中在斯潘道和波茨坦的部队中，这些部队一直处于待命状态，准备向发生了革命的柏林进军。俾斯麦彼时在政治上还缺乏经验，绝不是当时的主角之一，一些后来的作品依据俾斯麦日后的影响，为他在当时的作用进行了过于高估的辩护，这与事实相反，他充其量也就算是一个有用的侦察兵。只不过，从这种身份起步，他有时会从事件的边缘走向事件的中心。

冯·普利特维茨将军既不想不服从命令，也不想把纷争带到将军们中间。因此，在没有从王宫接到封锁并重新占领柏林的命令时，他不想检阅军队。在冯·普利特维茨将军这里，俾斯麦接手了一些任务，但都失败了。起初，显然是受冯·普利特维茨将军的指示，俾斯麦试图从仍然留在波茨坦的王公们那里获得进攻的指令；他先是去年轻的弗里德里希·卡尔亲王 ① 那里小心探询，之后也到卡尔亲王 ② 那里打探口风，但卡尔亲王只是给了俾斯麦一封可以让他觐见国王的介绍信。然而，俾斯麦却不被允许进入柏林的王宫。他给国王写了一封信，信中向国王保证了对国家的支持，但他也暂时没有得到回信。俾斯麦的柏林之行后，卡尔亲王再次在其中牵线搭桥，却仍然没有

---

① 弗里德里希·卡尔（Friedrich Karl，1828~1885 年），普鲁士亲王。弗里德里希·威廉四世和威廉一世的侄子。德国统一战争中最出名的野战指挥官。在欧洲 1848 年革命时指挥骠骑兵卫队，残酷镇压巴登的革命。

② 弗里德里希·卡尔·亚历山大（Friedrich Carl Alexander，1801~1883 年），弗里德里希·卡尔之父，弗里德里希·威廉三世之子，普鲁士亲王。

成效。

俾斯麦没有那么轻易动摇，3 月 21 日晚，他在波茨坦拜访了辞职的内政大臣。这位已经卧床不起、哭诉着祖国的沦陷的内政大臣，说国王是一个虚伪的懦夫，自己再也不想见到他。大概是通过卡尔·冯·博德尔施文格（Karl von Bodelschwingh），这位来访者才被安排进了国王的接待计划，他也告诉了在波茨坦和柏林跟他会面过的其他容克，国王逃出柏林的事情和暴力镇压革命一样，都是商议好了的，而在冯·普利特维茨领导下的将军们，已经做好了武装镇压革命的一切准备，就差一道直接的命令了。

由于俾斯麦仍无法从波茨坦的霍亨索伦王室成员那里得到进军的命令，而他又无法亲自见到国王本人，俾斯麦便执行了另一项任务，即与马格德堡的海德曼将军（General Hedemann）进行了试探性的会谈。对于海德曼是否准备服从冯·普利特维茨在紧急情况下的军事反攻计划，俾斯麦过于热切的试探得到了一个糟糕的结果，以至于他甚至面临被逮捕的威胁，而不得不撤回。只有被俾斯麦派去什切青会见那里的指挥官的密友，带着肯定的答复回来了。冯·弗兰格尔将军（General von Wrangel）说："普利特维茨做什么，我就做什么。"

直到这时，俾斯麦才作为容克代表团的代表探访了奥古斯塔王妃（Prinzessin Augusta）。俾斯麦此行得到了轻率鲁莽的卡尔亲王的授意；据他说，普鲁士的威廉亲王在逃亡英国之前曾留下一份书面命令，为万一弗里德里希·威廉四世倒台而进行了部署。显然，俾斯麦是想诱使奥古斯塔王妃接受逃亡的丈夫留下的行动命令；她的丈夫一定会草草地授权冯·普利特维茨将军身边的军官们向柏林进军了——但这么做将弊大于利，因为弗里德里希·威廉四世虽然被市民卫队看守在柏

林的王宫中，但他并非被废黜了的国王。因此，这位逃跑的
王位继承人的行动命令中那决定性的判断标准，根本没有达
成。同时，奥古斯塔被告知，虽然弗里德里希·威廉四世内心
有很大的波动，但他并不赞同头脑发热的军官们的计划，而是
想通过用自由派牵制民主派的方法，来获得行动自由。奥古斯
塔对她的小叔子卡尔亲王的诡计多端也并不信任。所以，她
有足够的理由拒绝俾斯麦的非分要求。这并不是一件无关紧
要的小事，这从路德维希·冯·格拉赫在同一天写的笔记中
可以看出："我想要一个保守主义中心：俾斯麦—宾德瓦尔德
（Bindewald）。"

138   在俾斯麦行动的第二天，即 3 月 24 日，奥古斯塔王妃从
天主教的宫廷密党首领拉兹威尔侯爵（Fürst Radziwill）那里
得知，这位舍恩豪森庄园主本想为此事特地造访国王，却被拒
绝了。正如侯爵先生向这位贵族夫人所做的那样，王妃也很可
能将消息进一步传到了国王那里。到底为什么拉兹威尔侯爵 3
月 24 日会在波茨坦，为什么他要去探访王妃？在当时，人们
几乎不能私自出游。拉兹威尔侯爵此行，或许与前一天柏林自
由派领袖奥托·克雷林格（Otto Crelinger）与国王在柏林王
宫中达成的协议有关？有理由推测，克雷林格在这次会面中提
醒了国王所谓的韦德克文件（Wedeke-Dokumente），这些文
件可能会将王室的图谋、共济会的微妙影响，以及最后也是最
重要的一点，即亲王们的地产和铁路投机活动，公布于众。

事情很快就清晰了，当自由派在跟民主派以及所有其他激
进派别斗争时，国王也在约束他的将军们。这样的协定也使自
由派的市民卫队合法化，使王可以去往波茨坦几个小时，并
且在三天后索性移居到那里。这些也是冯·阿尼姆－博伊岑堡
政府被莱茵兰自由派的坎普豪森—汉泽曼政府取代的前提。

3 月 25 日下午，出乎许多人的意料，国王本人出现在了

波茨坦。在柏林城市宫前，警卫队的军官团都集结完毕了，但没有任何普通士兵在场。没有预先安排任何阅兵式，这一定是很不寻常的；同样不同寻常的是，所有的军官都被命令到大理石厅（Marmorsaal）里听取国王的演说，而不是仅有高阶军官。国王最关心的事，就是打消人们试图用军事政变对付柏林叛乱的心思。

事实上，弗里德里希·威廉四世以这样一段话开始了他简短的演讲："我来到波茨坦，是为了给我亲爱的波茨坦人带来和平，向他们表明我是一个在各方面来说都自由的国王，同时也向柏林人证明，他们对波茨坦可能做出的回应没有什么好怕的，所有关于波茨坦的令人不安的谣言都是没有根据的。"他恳请军官们不要发表任何有可能助长这些谣言的言论，仿佛在部队中，特别是在军官中，有人谋划着逆转柏林的局势。他说，柏林的情况并不正常，百事萧条，但是，"我从来没有像现在这样，在我的公民们的保护下，自由和安全。我所给予和所做的一切，是自由地、全心全意地决定的，我早就为此做好了准备；这次重大的事件只是让它提前结束了 ①，任何力量都不能也不会让我动摇，让我收回我所给予了的东西，我也已经确信，为了德意志的救赎，我必须把自己放在这场运动的领导位置"。

这些话几乎是军官们无法理解的，它在军官中激起的反响对国王并不友好。不过，俾斯麦在回忆录中所写到的可以听到军官们"一阵阵剑鞘撞击之声和牢骚抱怨之声"，很可能只是一则传闻。1848 年，阿尔布雷希特·冯·罗恩（Albrecht von Roon）还是少校，他在当天写给妻子的信中描述了国王的演讲给军官们留下的印象："一张张阴沉的脸庞没有露出任

139

---

① 指按照之前国王给予民众的承诺，终结封建帝制，建立宪政。

何喜色，悲伤和痛苦的表情无法抹消。"

与此同时，住在罗恩位于波茨坦的家中的俾斯麦，在3月23日和25日遭受了两次政治—道义上的失败，这让他不得不陷入思考。对他而言，他与奥古斯塔王妃3月23日的谈话并不是一次在秘密军令这个具体问题上的失败，而是意味着他与一位宫廷高层的关系变得晦暗模糊了。他一定感受到了这一点，尽管他还无法预料到，这抹消了奥古斯塔在之后几十年的时间里对他的信任，使他在这位未来的王后和皇后那里不断碰壁。3月25日的王室讲话则又给了他一个教训，那就是，应该暂时改变用军事战斗反攻革命的战略；此外，弗里德里希·威廉四世的出现，让他想起了自己家族不参加任何贵族阵线反对国王的基本原则。虔敬派的领袖们凭借他们在宗教—政治上的严格，并不排除建立这样一条阵线，正因如此，俾斯麦在随后几周与他们的交往中，不得不小心翼翼地注意保持独立。

140　　就在国王讲话的第二天，也就是3月26日，路德维希·冯·格拉赫起草了一份呼吁书，呼吁高举容克旗帜。他把这份呼吁书寄给了哥哥利奥波德以及俾斯麦等人，让他们审读并联署。这个他们一致同意的宣言，成了一份保守派的等级自白。抗议的矛头直指外国人的革命暴政①，这是容克贵族、普鲁士政府、德意志的宪法以及德意志的自由——贵族的自由——所反对的。宣言认为，应该把重点放在召开联合省议会上，因为联合省议会是整个王国内保守派进行政治宣传活动的唯一讲坛，同时应保护会议免受"革命暴力"和"暴民骚乱"的伤害。在这里，路德维希·冯·格拉赫做了一个战术上的路线改变。在3月18日之前，由自由派发起的召开联合省议会的呼吁广受欢迎，但在那之后，很多民众大会（Volksversammlungen）都

————————
① 指法国的革命。

要求选举一个制宪委员会，即召开立宪会议（Konstituante），
来取代联合省议会。在首都民众出人意料地战胜了军队之后，
联合省议会不再能反映革命发展的情势了。格拉赫和他最亲近
的拥护者们希望把联合省议会变成一个保守派的避难所，一个
他们用来宣传的工具。在宣传方面，保守派无疑还有很多事情
要做，好追上自由派和民主派。他们最后也不得不利用新闻界
的力量，以便——正如格拉赫的呼吁所言——"向世界表明，
他们没有向野蛮的激进主义低头，没有向无耻的暴乱低头，且
绝不会屈服"。

　　即使是虔敬派的人，对于这个纲领，接受起来内心也是
十分复杂的。他们感受到了它那毫不妥协的、带有挑衅性的狭
隘。当格拉赫称赞"德意志的宪法"和"德意志的自由"时，
他指的是德意志诸邦宫廷那或多或少的紧密团结，换句话说，
即"旧德意志"。就像海因里希·海涅在他1844年的《西里
西亚纺织工人之歌》（Weberlied）中所说的，绝大多数德意志
人民，最终都想把这个旧德意志放进裹尸布。俾斯麦在呼吁书
上签了字，但改了一些内容。他同意利用联合省议会这个基本
战术路线，尽管他在几天前曾告知负责此事的最高主席冯·博
宁说，他将"不会出现在柏林的全国议会上，因为在当前的情
况下，在那里进行自由的协商是不可能的，而普鲁士邦议会只
会被迫出借它的名义来彻底摧毁君主制和法律"。俾斯麦在他
保守主义的怒火达到顶峰时写下了这句话。3月25日之后，他
不仅改变了他在议会问题上的看法，还进一步克制了情绪。他
抑制了格拉赫的过度狂热，尤其是虔敬派圈子里的其他人也认
为"不可能保住贵族等级，根据财产确定选举权才是唯一可行
的事"。

　　除了呼吁书中提到的内部危险，俾斯麦还强调了近几天莱
茵地区再次出现的另一个危险："普鲁士的土地面临被肢解的

141

威胁"。俾斯麦从 3 月 25 日的王室讲话中，听到了准备向温和的自由派让步的声音。他不但没有感到不满，反而了解到莱茵工商业的代表，即第一届联合省议会的反对派成员们，正在敲开各个大臣办公室的大门，希望能获得执行主席的位置。此外，普鲁士以外的立宪运动也很难逃过他的注意。这就是为什么俾斯麦在呼吁书中写下了这样一句话，即容克们绝没有"任何反动的意愿"。在根据国王的新策略修改了格拉赫的呼吁书草案后，俾斯麦在这份纲领性文件上签了字。

3 月 30 日，奥托·冯·俾斯麦致信《马格德堡报》(*Magdeburgische Zeitung*)，对据称是不公正的攻击做了回应。在这封信极具政治意义的部分中，他用异常温和的腔调进行了反击。他想让人们相信，在普鲁士的社会和政治生存岌岌可危的时候，在德意志受到来自不止一个方面的分裂威胁的时候，"大多数的骑士""既没有时间也没有意愿"把精力"浪费在反动性企图，或是浪费在捍卫我们留存至今的那些微不足道的庄园主权利上"。相反，庄园主们愿意"把这些事情交给更合适的人去做，因为我们认为这只是一个次要的问题；在我们看来，只有在德意志确立法律秩序、维护祖国的荣誉和让祖国免受侵犯，才是每一个人现在唯一的任务，只要他对政治形势的看法还没有被党派观点蒙蔽"。俾斯麦在这里也避免了对保守主义原则的炫耀式的声明，相反，他是在寻求信任，并指出了危险。

在 3 月 30 日，也就是这位舍恩豪森庄园主给《马格德堡报》写信这一天，路德维希·冯·格拉赫时隔一周再次在日记中指出，他认为俾斯麦是他"设想中的运动的中心点"，这一运动将是对"三月革命"事件和革命成就的决定性的回应。他这样做的出发点是坚信："保守派必须坚守住沉船上的每一根船梁、王室紫衣上的每一根丝线，为正义的胜利做好准备。"

他和被他视为"最忠实的朋友"的塔登想"一手拿着胡萝卜，一手拿着大棒"去战斗，并激励像他们那样的人加入。

一方面出于好为人师，另一方面担心即使是最亲密的虔敬派圈子里的同伴们也已经不再可靠，无论是言论上还是行动上都"没有力量去战斗"了，格拉赫向他视为自己政治门徒的俾斯麦提出了一些决定性的观点，让他在即将召开的联合省议会上提出。俾斯麦先是在舍恩豪森起草备忘录，努力在他的演讲稿中满足格拉赫那些超出合理范围的要求。于是，他向议会提出"王储返回普鲁士"的要求，这满足了格拉赫提出的有关威廉亲王的第三点建议。舍恩豪森的手稿还称赞军队"武器在手，怒气在心"，在谩骂声中保持了军事上冷静的姿态。这与格拉赫意见的第一点相吻合。但是，俾斯麦也随之突然中断了这样的拟稿，大概是由于在拟稿过程中其逐渐认识到，他不可能执行格拉赫意见中的所有要点；此外，他也认为不可能根据格拉赫提出的第二点，拒绝"革命大臣们"与城市代表团和社团就国家宪法进行任何谈判，也不可能按照第四点的要求，坚持"现行法典的国家法律基础"，即拒绝几乎一切立宪倾向。俾斯麦觉得，这样的保守主义在当时不会在联合省议会上找到共鸣，当然在舆论上也不会找到共鸣。

所以，路德维希·冯·格拉赫在4月2日第二次联合省议会开会前，在塔登的陪同下拜访完俾斯麦之后，不得不在日记中这样写道："……他对我的态度有点冷漠，也不怎么勇敢；但我没有放弃希望。"但即使是这种微弱的希望也没有实现。俾斯麦只使用了这个讲稿中一句苦涩的表述，那就是在"王冠自掘坟墓"之后，没有人能重新唤醒被埋葬的过去。

事实上，俾斯麦的讲话显而易见是沉闷的。如果你看一下关于财政的部分，就会发现它充斥着"审慎""规则合理""有序合法的状态""内部秩序""关切"等表述。4月5日，俾斯麦以不同寻常的疑虑两次声明他不想给政府造成"尴尬"或"困难"，因此宁愿保持沉默。他当然不能同意向国王发表的、感谢国王对自由主义做出让步的请愿书；他对刚刚被埋葬的过去的一切感到非常遗憾。但没有任何咄咄逼人的话语从他嘴里冒出来，他只是表示了遗憾、保留和观望的态度；而且在简短的发言中，他至少三次提到，此时的情势让他不得不接受现状。

143 　　在他第一次提到时，这甚至引发了众人的"笑声"，他们对俾斯麦肉眼可见的一筹莫展感到新奇。俾斯麦最后总结道："如果真的有可能在现在所走的新道路上实现德意志祖国的统一，实现幸福的或是合法有序的状态，那么，我向新秩序的制定者表示感谢的时刻就到来了；但现在对我来说是不可能的！"

　　1848年4月2日，俾斯麦在给约翰娜的信中谈到了他在外交上单枪匹马的尝试，他对自己所做之事评价之客观令人惊讶："我比以前平静多了；和温克同心同意。"偏偏是前一年第一次联合省议会上的那个自由主义反对派的老发言人温克？也许俾斯麦与这个后来被他指责为"极度爱吵架的人"暂时和解，是一场本着改变战术的心态的赌博？毕竟，在3月29日的一次谈话中，他的同龄人萨维尼和坎尼茨（Canitz）曾建议俾斯麦向所有人，包括前一年的敌人，伸出自己的手。3月25日之后，正如俾斯麦对他的约翰娜所表示的那样，他向"各种朋友"靠拢，为了"学习他们的政治智慧"。尽管俾斯麦对这些人做出了"一些抵抗"，努力保持了自己的独立性，但他并非完全不为所动。路德维希·冯·格拉赫也来找过他——俾斯麦曾在4月2日无视了他的四点指示。俾斯麦相当激烈地表达了这一点："格拉赫在这里待了两天，他和塔登一起，以最高地方长官的名义对我进行了干预。"但他并没有让自己被带离轨道，他安抚地对为此担忧的约翰娜补充道："亲爱的，你这颗心，不要让它被（奥斯卡·）阿尼姆、塔登和格拉赫感染了。不要有那种可怕的反动派疾病！"

在关于石勒苏益格－荷尔斯泰因（Schleswig-Holstein）问题的两次简短质询，以及关于波兰问题的一次质询中，俾斯麦也努力保持小心谨慎的态度。他曾两次向政府保证，不想给其添麻烦。他在 1848 年 4 月 10 日的财政演说则与此大相径庭。4 月 4 日的王室电文要求，参加第二次联合省议会的各等级应同意"恢复信贷及维持工业所需的资金，可以通过新税或旧税的征收来获得，或通过募集有效的债券来获得"。这些经济问题令俾斯麦不满。他以农村和小城镇的名义，反对为工业提供资金，但他对需要为调动军队支付的 1500 万没有异议。

俾斯麦的抗议来自他的担心："政府的财政制度会从工业主义的角度来看待我国的国情，而不是平等公正地以政治家清澈的眼光来看待国家的一切利益。因此我担心，新的债务负担主要会被转嫁到乡村和小城镇去，而所筹集的资金则主要会被用来惠及工业和大城镇。"在为庄园主的经济利益辩护之后，他又补充了一个政治方面的论点，即政府想通过"为安宁与秩序做出进一步的让步"来争取大城镇的人心。

1848 年 4 月 12 日，俾斯麦在给阿尔伯特·冯·毕罗（Albert von Below）的信中，毫不掩饰地表达了他对汉泽曼偏袒工业界的愤怒和他内心的挫败："前天是最后一次会议；在我代表乡村独自进行了长久的抗辩，反对汉泽曼为工业投入的天价花销之后，大会进行了投票，在温克的一段非常好的讲话的带领下，大多数人赞成贷 4000 万给工业界……"汉泽曼由此获得了"对纳税人钱袋子的无限权力"。对温克的演说的迫不得已的赞美还有汉泽曼的成功，让人明白了俾斯麦为什么"还属于政治的新鲜血液"。

乡村、小城镇与工业、大城市之间的对比，也是他在第二届联合省议会与国民议会（Nationalversammlung）选举之间写的一篇报纸文章的主题："我们生活在一个物质利益的时代，在新宪法确立之后，在目前的局势平静下来之后，各党派的斗争将主要关注国家债务是应该根据财富的多少来公平地承担，还是应该将其大部分平摊于随时准备交税的土地上，以便最轻松、最保险地征税，因为在某种程度上，那里的税永远无法隐瞒。同样，关于间接的税赋，我们听到更多的是保护性关税制度如何有利于国内的生产和贸易，而不是农村人民所需的自由贸易。"城市居民，尤其是律师，急于"把以前的骑士阶层说成是那些想保住旧的状态、想回到过去的人，而庄园主们却像其他有理智的人一样告诉自己，遏制或阻挡时代的浪潮是无稽之谈，也是不可能的"。

145 在俾斯麦的回忆录中，这篇文章只是以草稿的形式出现的。它之前到底有没有被发表过？我们是否更应视其为经历了第二届联合省议会后的自我反思之作？若以这种形式发表，他便不得不面临与格拉赫兄弟疏远的风险，因为他写下的一切，都是本着去意识形态化的精神来做的，这完全与虔敬派领袖们的精神背道而驰。俾斯麦不能真正加入他彼时正在暗送秋波的冯·温克身边的旧自由派 ① 圈子，因为他和波美拉尼亚的虔敬派无论在个人方面还是社会方面，都有太多的联系，而虔敬派可以通过宫廷密党影响国王。

根据亚当·斯密的说法，这已经不是一个关于选择封建主义还是资本主义的问题，而是工业和农业对国家财富的分配的

---

① 旧自由派（Altliberale）广义上指 1849 年以后的自由主义者，坚持温和、立宪的自由主义传统。狭义上，这个词被用来形容普鲁士下院中的一个议会团体，尤指 19 世纪 50 年代围绕着温克的团体。其成员如果在 1861 年后还没有加入进步党，便在 1866 年后被主要吸收到民族自由党或自由保守党中。

问题。俾斯麦关于"时代的浪潮"无法遏制或阻挡的说法，已经是当时一种愈加流行的见解，总体而言，它符合历史发展的一些基本趋势。如果他接受"迅速、合法地废除骑士庄园主们此前的政治权利"，那这几乎算不上是虚伪的，尽管就在一年前，他还曾与路德维希·冯·格拉赫一致捍卫过领主裁判权。俾斯麦毕竟从 3 月事件中吸取了一些教训。

他所说的"物质利益的时代"，与当时许多保守派的评论家和政治家的表达相呼应。但是，对于他那容克的、不再是封建式的个人利益，他也有着清醒的、几乎不被意识形态束缚的认识。因此，人们必须认真对待 1849 年春天，自由派议员维克多·冯·翁鲁（Victor von Unruh）从俾斯麦那里听到的话："我是一个容克，而且也想从中得到一些好处。"翁鲁在评论时补充说："我相信我正确地理解了他的意思，他并不是指金钱上的好处，也不是指他的地位和影响力。于是，我回答他：'那我们是可以和您讨论协商的。我们与那些总是把国家的福祉挂在嘴边、装得完全大公无私的右派绅士很难说上话。'"

俾斯麦在维护"物质利益"时，实际上已经不再（至少不再主要）关注封建特权的残余了。早在 1848 年 4 月 19 日，他就在给哥哥的信中直白地感叹"地租的不幸处境"。现在，这个贵族庄园主只担心自己的地租征收权会不会被取消并且得不到任何补偿，他的土地会不会继续归他所有。在对"财产"的关心上，从用词上看，他与城市资产阶级的利益是一致的，但双方在经济政策和国家政策的影响上却有相当大的分歧。利奥波德·冯·格拉赫将军在 3 月 30 日的日记中提到了后者，他在日记中表达了容克式的观点，认为大家应该努力"为国王保住王位，为自己保住财产"。这两个关键词道出了容克和资产阶级在未来数月、数年甚至数十年间的一切争论的核心点和本质联系，也在俾斯麦与汉泽曼进行激烈论战的"死亡省议会"

146

（Sterbelandtag）上回响着。

这之后，普鲁士国民议会和德意志国民议会的选举召开了，两者分别将在柏林歌唱学院（Singakademie）和法兰克福的圣保罗教堂（Paulskirche）举行，都是在广泛参与、平等选举的基础上进行的，但人们行使的往往是间接的选举权。这两场选举使得自由派在法兰克福和柏林都占了多数。在普鲁士的政府中，资产阶级企业家的代表——坎普豪森和汉泽曼——也确保了柏林国民议会绝不会隶属于法兰克福的国民议会。莱茵地区的资产阶级，即使是在争取国家统一的过程中，特别是在为了德意志关税同盟的建立而努力的过程中，也是以大普鲁士的地方主义为出发点的。这另外也架起了一座桥梁，通向王室和它背后的社会力量。然而，自由派的大臣们所坚持的与王室商定宪法的原则，却产生了严重的政治后果。根据这一原则，柏林国民议会不是严格意义上的制宪会议，也就是说，它不是源于"三月革命"，而是传统体制的一种法律延续（Rechtskontinuität）；它不是根据人民主权原则，而是根据之前与国王达成的协议来讨论和表决宪法的。

147

　　1848 年 5 月 1 日，柏林国民议会的选举人经投票产生，5 月 8 日，选举产生了议员。俾斯麦本想参选，但正如他在 4 月 19 日写给哥哥的信中所说，他"几乎没有什么机会当选"。他还说："对我来说，用尽全力去申请参选，只是一件关乎良心的事。"但他并没有这样做，甚至没有在自己那狭小的家乡参选，尽管 4 个星期前还有一大群农民准备和他一起去柏林解救国王。虽然俾斯麦向哥哥保证"咱们这里一切都平静如常"，但舆论显然对他这个急性子的贵族不利。这似乎是对刚刚于 4 月在易北河东部农村开始的运动的一种反映。那里的人们当时察觉到，"三月事件"并不是一场短暂的骚乱，而是将带来一个不再完全由贵族专政的政府，还将在更远的未来带来选举，以及随之而来的觉醒式的宣传鼓动。在这一地区，保守派在人数、经验和纲领统一性上，仍大大逊色于自由派和民主派，他们并不总是觉得自己能适应乡村里的新动态；几个世纪以来，易北河东部的农村虽然时而有反抗，但从没有过叛乱，但到了眼下，即1848年4月，那里的人们已不再像1525年那样，把自己排除在风起云涌的农民运动之外了。

几年后，奥托·冯·俾斯麦的哥哥伯恩哈德在一份记录中描述了"1848年诺沃加德地区政治运动的过程和背景"。根据这份描述，俾斯麦家族的波美拉尼亚庄园周边相当热闹。伯恩哈德的这些话毫不夸张："那里跟其他地方一样混乱，在国民议会的选举中，日工和手工业者占据了上风，一个普通的农民当选了。在诺沃加德成立了一个所谓的宪政俱乐部，把关于公法和国家机构的所有问题都纳入了讨论与辩论的范畴。大多数法院、邮局和一般委员会（General-Commission）里的公职人员、医生、商人、地主等，都以自由主义的姿态参与其中。我试图把保守主义的元素带进去，至少我成功地阻止了俱乐部在自由主义观念指导下做出过分的决定和行动，我为此付出了很大的努力，因为当时的诺沃加德地区军事指挥部的领导、第34军团的史蒂芬斯中尉（Pr. Lieutenant Steffens）是我的一个精明对手，他已经成了自由派的发言人和先锋。自由派穷追不舍地对我进行了攻击和质疑。邮政局的官员通过邮递员在乡间散布可耻的传单，法院出于对不法分子的恐惧和同情，推迟了我提出的司法调查请求。"

伯恩哈德·冯·俾斯麦卷进了东波美拉尼亚西部地区的叛乱和喧嚣，与之相比，从第二次联合省议会到6月之间这段躁动不安的时期里，奥托·冯·俾斯麦几乎什么也没干。从1848年4月底到6月底，他不怎么活跃，这主要是因为格拉赫和塔登都与他保持了距离。格拉赫和塔登当然是对他的"撤退"感到恼火。但俾斯麦难道不是从个人角度和政治角度出发，认为保持远离是明智的吗？在没有入选国民议会的情况下，他并不想仅仅躺在大椅子上，他还想对那"2~6个月的会议时间"进行细致观察。

在他看来，在有新的行动冲动之前，有这样一段思考的时间是合适的。他在很多基本立场上都是很有耐心的，诸如捍卫自己阶层的物质利益，在地租和庄园主特权问题上尽可能与农民达成最有利的协议，在追求全体农村人民与城市人民"利益平等"的意识形态下与农民结盟，以及加强王权及其军队，以对抗城市工业阶级在国家中的政治权力。

俾斯麦并没有像拉多维茨那种保守派一样，陷入"德意志的幻想"。尽管他偶尔的声明在必要时可以被理解为对德意志的爱国主义，但在这个革命的年代，他基本上只对他的普鲁士感兴趣。但他能完全驳斥资产阶级的利益吗？无论如何，正是在3月18日之后的几个星期和几个月里，等级君主制和君主立宪制之间的抉择成了他心头的一块大石；这个问题与民族统一问题一起，成了保守派内部以及保守派和自由派之间讨论的焦点。没人清楚宪政到底指的是什么。立宪制是否应该从立法机关扩大到行政机关？这样的延伸，是否与加强王权相适应？在接下来的几个月里，这些问题不是在理论上，而是在实践中得到了澄清。

大资产阶级与王室达成的关于宪法的协议草案，即汉泽曼所说的"与王室的交易"，决定了政府未来的政策。这意味着：压制民众运动，维持并利用传统的权力机构，维护有产阶级。协议里的政策也影响了政府同议会的争端，比如，关于普鲁士亲王的回归、立法咨询权和正式表彰革命，即表彰"3月18日、19日祖国的革命英雄"所做的贡献。

坎普豪森—汉泽曼政府一方面制定反容克的法律，谨慎地扩大宪政，另一方面又压制并削弱民众运动，因此，这个政府几乎让所有人都疏远了自己：和国王疏远了，他毕竟是被迫容忍着这个政府；和国民议会疏远了，虽然它的自由派多数可以在决定性的投票中屈服于政府的压力，但它明确注意到，大资产阶级的特别政策不符合自由派的普遍利益；最后也和民众疏远了，他们不希望"三月革命"的成就被拆解，而是希望它能被进一步扩充。民众压制的怒火在6月14日爆发成了对军械库的一场冲锋，这将迫使被拒绝了的民众武装诉求成为现实。但这场自发的、没有人领导的"二次革命"仍然没有结果，仅仅是给了坎普豪森最后一击，使他不得不在6天后辞职。

6月25日，奥尔斯瓦尔德—汉泽曼（Auerswald-Hansemann）的"实干内阁"上台了，但这个内阁几乎没有什么进步性的行动。在这个政府中，汉泽曼被认为是提出改革性法案的强有力的角色。伴随着这些草案的，是警务上和政治上与"无政府状态"的斗争，自发或有组织的民众运动都被怀疑有无政府倾向。资产阶级性质的改革体现在新制定的乡镇法规、陪审团法庭的设立，以及对封建负担和税收的规定中。但是即使到了此时，这些被提出并部分被决定的事情也没有让任何一个阶级感到非常满意。

贵族们尤为警觉地予以反对。为了不变成被嘲笑的对象，他们愿意接受无偿废除源自中世纪早期的贡税，包括封地转为自由地的赎金（Allodifikationszins）、死亡税（Sterbefall）、好家畜使用权（Besthaupt）、治疗税（Kurmende）、保护金（Schutzgeld）、屠宰什一税（Blutzehnt）、养蜂什一税（Bienenzehnt）等。此外，随着封建制下的格罗森税（Groschenabgaben）①被废除，庄园主的通报流程也得以简化

---

① 泛指封建制度下源于中世纪的各种苛捐杂税。

了，但他们不接受在没有补偿的情况下取消徭役，要求要么保留徭役，要么以金钱形式代偿。

政府把一切需要立法的事项都拖着，把为赎免这些封建义务而拟定法律的工作留到以后，这就意味着，在革命开始后的几个月里停止履行义务的农民们需要重新服徭役了。这种政治上的愚蠢使资产阶级失去了农民这个盟友；农民要不是激进化了，就是寻求与贵族地主就此达成妥协。令强硬的容克反对派们大受震撼的，是关于废除阶级税和土地税豁免权的草案。在他们看来，这样的措施到头来会导致贵族们变贫困，甚至会使容克们的土地被瓜分。大臣们的提案在国民议会中没有获得多数票，特别是政府的左翼也不想为其反民众的镇压措施提供财政支持。

150　　"实干内阁"导致了两个相反的发展趋势：正如整个德意志的情况一样，民众中越来越多的阶层被卷入政治运动，并且团结起来了；保守派，特别是大地主们也被激发起来了，因为他们尤其感受到了一股席卷整个欧洲的"上升气流"。

支持王权和军队的复兴，
反对自由派执政和民主主义的民众运动

在那个从经济上触发了欧洲大陆政治和社会动荡的国家里，激进式民主早早地遭受了它的第一次也是影响深远的失败。对1848年欧洲革命的发展来说，这是一个不好的预兆。

1848年春，英国政府成功打击了要求普遍、平等、不记名、直接的选举权的宪章派势力；这也对欧洲大陆的革命事件产生了不利的影响。沙皇俄国仍然是威胁革命的一股力量。5月，普鲁士军队在波兹南大公国（Großherzogtum Posen）镇压了波兰人的起义后，圣彼得堡觉得自己更有能力采取行动了，因为在很长一段时间内，那里的动乱都不可能蔓延到沙皇统治下的波兰地区了。就像"二月革命"是德意志和整个中欧的政治、社会和民族运动开始的伟大信号一样，军队在最高指挥官卡芬雅克将军（Generals Cavaignac）的指挥下对巴黎工人"六月起义"的镇压也鼓舞了整个欧洲的保守派，使得大资产阶级更愿意妥协。"Cavaignacen"成了政治术语中的一个动词，简明扼要地指代在公开的巷战以及处决的枪火中对叛乱民众进行大规模屠杀。

巴黎六月惨案之后，在老陆军元帅拉德茨基（Feldmarschall Radetzky）的指挥下，奥地利军队逐步平息了意大利的民主运动和民族革命运动。对于有着深厚音乐传统的哈布斯堡帝国，《拉德茨基进行曲》成了"反革命的《马赛曲》"。以米兰为首府的伦巴第将在奥地利的统治下度过十年。有了这样的大捷，哈布斯堡帝国很快便重新成为欧洲主要的反革命中心之一，在这种情况下，普鲁士也可以考虑对革命由守转攻了。这会以什么样的速度和节奏发生？在德意志内外，一直到深秋之前，社会、政治的力量以及国家权力是如何变化的？

在此期间，德意志国民议会于法兰克福的圣保罗教堂召开。这个议会于5月选举产生并开幕，其任务是起草一部为德意志帝国奠定基础的新宪法，起初，在格拉赫的圈子里很少有人关注这件事，俾斯麦也不例外。他们更看重自己的普鲁士，专注于在普鲁士集合并动员自己的力量。但霍亨索伦国王不可能对法兰克福发生的事情视而不见、不闻不问。他的密友冯·拉多维茨将军在德意志国民议会里属于右派，在非常小的一个阵营中，这个阵营与格拉赫派的高度保守几乎没有共同点，因而格奥尔格·冯·温克男爵，这个联合省议会中的自由派领袖，也可以在其中举足轻重。对他们二人来说，旧有的专制主义或者说格拉赫的等级主义（Ständetum）的时代已经过去了。他们都认为，新的经济结构正在工业和农业中形成；而那些为了封建特许权（Gerechtsame）和封建制度所做的保守主义的斗争，一部分算是最后一搏，另一部分算是侧面防卫，是为了防止工业城市超越农村占据主导地位。王权的势力应当在一定程度上受到议会的限制，但其核心是不应被触动的。这个右派阵营反对国民议会的任何所谓的越权行为，反对议会具有任何行政权，由此将普鲁士王朝的根本利益置于绝对优先地位。民主左派可以赞成容忍各邦国的继续存在，但反对与宫廷协商宪法的原则。民主派的国家观念的核心是议会制的国家政体，以及普遍的、平等的、保密的和直接的选举权。民主派里的极端左翼由约 40 名议员组成，大多来自巴登、莱茵河左岸的普法尔茨（Pfalz）以及萨克森，为了严格的人民主权原则，他们为新的暴力起义做好了充分的准备。

152 　　国民议会中的绝大多数人属于温和自由派，他们构成了中右派。他们的社会基础是大中型企业家、大批发商、银行家和制造商的团体，他们正在形成资产者的阶级。这一派的议会代表大部分是知识分子：律师、法官、高级公务员、教师和大学讲师。他们相对工厂主和商人那些直接利益方来说占有很大优势，因为他们属于传统角色。但这符合整个资产阶级的利益，因为中右派的核心是由一个联盟构成的，包括德意志西南部的政治家，他们大多住在海德堡和曼海姆，还有莱茵大资产阶级的代表，以及一群北德的教授。

　　国民议会里，海因里希·冯·加格恩（Heinrich von Gagern）以绝对多数票当选议会主席，他当时已经因为领导黑森大公国的三月内阁而成名了。他相当准确地提出了他的社会目标和政治目标：要"确保有产的、受过教育的市民阶层"在国家中"占主导地位"，尤其是因为这样的目标代表着"我们时代的方向"。加格恩是一个狡猾的战术家，一个雄辩的演说家，他被认为是自由派的代表人物；但自由派在法兰克福议会宪法委员会中负责提供概念设计的思想家，是弗里德里希·克里斯托夫·达尔曼（Friedrich Christoph Dahlmann）。作为一位博学的历史学家，也是久经考验的反专制王权斗士、1837年哥廷根七君子之一，他拥有学术和道德—政治方面的权威性，这使他在该委员会中获得了相当大的影响力。

在所谓的国民议会的中右派内部，小德意志—普鲁士的倾向越来越占据主导地位，它反对中右派里亲奥地利的那一支，提出要建立一个有着更高程度中央集权的、更具宪政特征的联邦制国家。立宪后的普鲁士的上层需要进行资产阶级改革，建立一个君主立宪的邦国。对于这个秉持严格自由主义的纲领，普鲁士王室一方面不能接受，另一方面又不能无视。资产阶级的社会影响和政治影响越来越大，正如加格恩所说，这是那个时代的潮流。

因此，普鲁士的传统势力，在随后的几个月、几年和几十年中，直到帝国成立后，都被迫寻找通往新的国家和民族政治目标的道路。各种传统势力彼此之间不是没有争斗，他们走过弯路，经历过艰辛曲折，发起过斗争，也为了再次前进而进行过战略后退，直到他们在普鲁士和德意志建立了这样一个国家，它既有宪政体制又有独立的王室及其军队，既实现了德意志的统一又保证了大普鲁士的地方分离主义。

普鲁士-德意志的自由派仍不愿意在与王室的联盟中，放弃对有限的领导地位的要求。但在追求这样一个目标时，它从一开始就展现了决定性的弱点。法兰克福国民议会由温和的自由派主导，类似于柏林的普鲁士议会，秉持与王公们及其背后的势力达成共识的原则。因此，在关键时刻，他们不得不放弃从民众运动中获得支持，甚至需要调转车头，反对民众运动——有时还要对民众运动进行镇压。这样一来，它就失去了

153

建立牢固的宪政，并通过与王室结盟建立自由派主导地位的力量。

达成共识或多或少地依靠王室的自愿让步，这导致在对彼时无法回避的问题做出决定时，出现了越来越多的新困难和充满挑衅性的妥协，从本质上看，这已经是种失败了。在中央权力的问题上，国民议会中占多数的自由派就做出了这种可耻的妥协。罗伯特·布卢姆（Robert Blum）等民主派人士希望将中央权力建立在由人民移交给议会的主权的基础上，而自由派则希望将其建立在与各邦国政府的协议上。事实上，在6月底的时候，国民议会的绝大多数议员从一个王室中选出了一位帝国摄政，即哈布斯堡的约翰大公（Erzherzog Johann）①，因为他和一个邮局局长的女儿结了婚，他成了一个属于民间的高级贵族。但就事情本身而言，约翰大公的奥地利魅力有什么帮助吗？这位帝国摄政不得不组建了一个帝国内阁（Reichsministerium），主要由中间自由派的人构成，但它在各邦国的权力面前无能为力。没有军队、警察和官员，这个中央政权和它的所有帝国大臣没有任何权力。邦联议会相当隐晦地声明"结束其至今的（！）活动"，并将其职能移交给了临时国家元首。这份协议是完美的，它保持了连续性，并使得邦联议会依据法律重新运转成为可能。这个中央政权的建立看似是一种成功，但对于激进的民主派和民族革命运动来说，是一种失败；不过，失败也不会与他们相伴太久。群众根据自己的利益和地域特点，夯实了他们的各种组织机构和出版机构的基础，并使其愈加多样化。

---

① 约翰大公（1782~1859年）是奥地利陆军元帅，有着自由主义思想，法国大革命时曾任巴伐利亚军队总指挥，在1848年大革命期间因巨大的声望而被法兰克福国民会议推举为帝国摄政，即临时国家元首。反对梅特涅专权。

从盛夏开始，普鲁士的保守派就以各种形式出现在公众场合，展开攻势。从某些方面看来，这是由国王的态度和宫廷密党的工作促成的。弗里德里希·威廉四世在 3 月 25 日的波茨坦演说中警告军官们，对 3 月 18 日的革命进行军事打击将会存在风险。几天后，他就任命了坎普豪森—汉泽曼内阁。这之后不久，这个宫廷密党就成立了，它具有影子政府或是对立政府的性质。利奥波德·冯·格拉赫因此称其为"秘密政府"。可以确定的是，出自将军委员会圈子的宫廷密党对现有政府形成了一种监督，他们认为，在现有政府里没有任何"绝对君主制原则的代表"。因为王权与军队相互依靠，同时也因为强化王权符合大地主的整体利益，利奥波德·冯·格拉赫将军就把线牵到了他的弟弟路德维希那里，也就是出任文官的容克极端保守派那里。

"秘密政府"为自己设定了三个基本任务：它要监督资产阶级领导下的政府对国王的忠诚，防止普鲁士的宪政转变成法国模式①，它还想要与圣彼得堡的宫廷保持密切的联系，以便能够根据需要，协调反革命措施。

在宫廷密党成立的最初几个月里，它都与俾斯麦保持着距离。俾斯麦首先需要在日益繁重的党务工作和公共事务中，重新赢得自 4 月初以来失去的格拉赫兄弟的信任。但早在 1848 年夏天，他就和哥哥伯恩哈德一起参与了《十字架报》的筹备工作。他在几年后描述了这件事："虽然庄园主们当时的财务状况和信誉都不乐观，我本人的状况更是如此，但我还是通过谈话、写作和投资案例，成功地为这份保守派报刊招来了支持。我和我哥哥还有冯·克莱斯特-莱佐夫（von Kleist-Retzow）一起支付了《十字架报》的押金，不然它很可能在创

---

① 即推翻王室，完全变为共和制。

办后不久就得停刊了。"

155 　　7 月 1 日，《十字架报》创刊，几天后，俾斯麦从莱茵菲尔德，也就是他岳父岳母位于波美拉尼亚的庄园那里，寄了一封信给该报的主编赫尔曼·瓦格纳（Hermann Wagener），信中有他简短有力的赞美和具体的建议。在农村的孤独环境中，报纸的最初几期犹如"向日报业的混沌和污浊中投入的金属颗粒，是令人愉悦的"。接着，他对报纸进行"责备"，认为报纸上的广告和个人简讯太少，而这正是妇女们感兴趣的；同时，报纸还缺少"到访外国人的名录"，并且"依据这份报纸可能出现的场合，缺少列车时刻表"。出于维护已经与现代资本主义市场驱动力产生了密切联系的庄园主阶级的利益，俾斯麦还希望"有更多的贸易和股票交易报道"。

　　"做生意离不开叫卖，"他在信中重申了自己股东的身份，"在当前资金紧张的情况下，我希望我的认股暂时被视为一种辅助性认购，但无论如何这个认购都是固定的，而我会放弃利息等，甚至会放弃全部的分红。"俾斯麦 7 月 5 日的信主要关注这份保守派报纸的商业状况，而他 8 月 25 日的信则更关注报纸的政治影响。他在信中仍然挂念着汉泽曼法案涉及的问题：土地税和地租支付。"这些问题事实上不仅关乎保守派的很大一部分人的生计，还关乎站在十字路口上的国王和政府，即他们是想要投入革命的怀抱，永久承认革命，并把革命延伸到社会领域，还是想要尽最大可能走上右派的道路；这关乎他们是不是想向有产者宣战。"

　　奥托·冯·俾斯麦希望参与保守派的所有关键层面的活动。6 月 21 日，俾斯麦告诉他的哥哥，自己要去波茨坦待两天；他又神秘兮兮地补充道，为的是"政治活动"。在 7 月 3 日给亚历山大·冯·毕罗－霍亨多夫（Alexander von Below-Hohendorf）的一封长信中，他把这么做的原因解释清楚了：

"我上周在波茨坦，发现相比起我们根据发生了的事做出的判断，高级政治家和最高统治者对他们的处境更加坚定和开明。"显然，俾斯麦成功地与国王和他身边的人重新建立了联系，并获得了相当机密的情报。至此，在最高层的各种活动中销声匿迹了好几周后，俾斯麦再次进入了决策中心。

俾斯麦在同一封信中宣传了"国王与祖国协会"（Verein für König und Vaterland），该协会就在他写信的当天在诺恩（Nauen）成立了。俾斯麦虽然没有参加创立大会，但他可以说是从一开始就参与其中了。这个协会将会变成一个隐秘的精英组织。俾斯麦说道："我们暂时不打算在全国各地成立费时费力且形制不一的新的支部；我们要把协会成员的人数限制在每个省 10~20 人。然后，每个会员都可能成为自己所在地区现有的或新成立的协会的会员，并试图通过这些协会在全国其他地区获得影响力，独立地和潜在会员建立联系，且不告诉任何人他属于我们协会。然后，每个成员都与柏林的中央委员会保持联系，向中央委员会提供其所在地区发生的事件、派系状况、激进分子活动等各方面的最新消息，另外以同样的方式获取柏林的情报，包括激进分子和各内阁部门的意图与计划，还有王宫里的动向（因为消息通过邮政系统发送，因此必须审慎），这样，整个协会就通过柏林将所有的省都联系起来了，如果有必要，他们可以在各地发动示威和请愿活动，这些活动的重要性取决于成员在自己圈子里的影响力。"

在某些方面，俾斯麦的这些话似乎已经在回避公开行动会吸引来的目光，而在下面这段话中，他更是戴上了阴谋家的面具。中央委员会拥有"优秀的警力，并将通过有效且及时的消息保证其成员对当地的影响"。但是，还需要更多的"财政力量"，以便"增加支付在敌方阵营中开展间谍活动的费用"。每月情报的交换，必须避免"中央委员会的秘密被泄露"，因为中央委员会的联络"对我们行动的畅通和支部位置不被暴露至关重要"。

俾斯麦也可能夸大了其阴谋性的一面；但很明显的是，"国王与祖国协会"从一开始就认为自己是所有保守派组织的中心或领导，这些保守派组织都是在1848年夏天由积极行事的人们成立的，比如普鲁士君主立宪协会、退伍军人协会、立宪协会、爱国协会、保守派的工匠与农民协会等。并不是所有这些组织都要被统一甚至合并在一起，但在思想上和政治上需要被引向同一个中心目标。从这一点上看，"国王与祖国协会"这个名字很有启示性。

157　　路德维希·冯·格拉赫主导了秘密的中央委员会的工作，该委员会向上致力于与宫廷密党和宫廷建立联系，向下则通过官方理事会与"国王与祖国协会"和其他组织的各级分支机构建立联系。因此，奥托·冯·俾斯麦完全有理由理顺他与路德维希·冯·格拉赫的关系。为此，他在7月7日从莱茵菲尔德向这位保守派一虔敬派捍卫者寄了一封简短的悔过书。忏悔者写道："您又一次提醒了我，我在上一次死亡省议会上有哪些应当受到责备的疏漏，这击中了我的痛点。我从来没有因自己的任何一个行为如此责备过自己。我想，就像您在马格德堡告诉我的那样，我太自以为是了，更糟糕的是，我让我那些耍小聪明或懦弱的朋友们影响了自己，而我在舍恩豪森写的演讲稿，几经涂抹删改，还一直留在我的口袋里。虽然事情已经过去了，但教训仍在。这教训对我来说如同苦涩的鞭策，让我甩掉了十年来乡村生活对我精神的束缚，甩掉了残存的卑微和愚蠢的依赖性。"

这些话没有任何政治方面的实质性内容，也没有提及任何纲领性的义务。但这对格拉赫来说还是可以接受的，尤其是他在保守主义的攻势中需要团结一切力量。反过来，对俾斯麦来说，他在波美拉尼亚的虔敬派世界里写出的东西，也是进入宫廷密党的入场券。不管怎么说，他在不久前作为一个热心的忠君派被国王记住了。在接下来的几周里，他展示了自己是怎样不顾一切地保持思想和行动上的独立性的。

7月，三位年龄相近的贵族在俾斯麦岳父岳母位于莱茵菲尔德的庄园里的灌木小棚里聚会：汉斯·冯·克莱斯特－莱佐夫（Hans von Kleist-Retzow）、亚历山大·冯·毕罗－霍亨多夫和奥托·冯·俾斯麦。毕罗提出了一个想法，即召集各省庄园主开会，以抗议奥尔斯瓦尔德—汉泽曼政府计划进行的改革，尤其是要反对赎免封建残余义务（不能无偿取消封建残余义务），特别是反对取消地产税的减免。除了抗议，还要采取适当的还击策略。

由此，这个发起广泛抗议行动的倡议就这样由一个庄园主小圈子提出来了，而组成这个小圈子的人要么是虔敬派，要么是俾斯麦这样在私交和政治上与虔敬派关系密切的人。这个倡议最终在8月18日和19日所谓的容克议会中达到了高潮。

三名筹谋者同意由年长的冯·比洛－库莫罗担任集会的主讲人。几十年来，冯·比洛－库莫罗都作为容克集体利益中的经济、社会方面的时事评论先锋而出名；他还是一个真正的农业经营者，与农场有着密切的联系，活跃在农业经济和农业科学领域。面对懒散浮躁的容克，冯·比洛－库莫罗也能让他们在有争议的事情上静心聆听、一同参与。

冯·比洛－库莫罗听从了家乡波美拉尼亚的这三个晚辈的建议，着手筹备容克议会，同时还参与成立了"保护庄园主利益与所有阶级繁荣协会"，并将其简称为"比洛协会"。在争取"物质利益"的同时，他也适合承担抑制越发普遍的反虔敬派情绪这项任务。尽管容克们也是传统的基督教徒，但他们往往把虔诚而狂热的虔敬派看成宗派主义的麻烦制造者。所以，

158

似乎应该把冯·比洛－库莫罗这样一个人物推到前台，由此也可避免把虔敬派逼退至次要地位。

冯·克莱斯特－莱佐夫在柏林的盛大会议之前就已经非常活跃了，他在《十字架报》上发表文章，参与省议会的动员工作。这一切都是值得的。冯·克莱斯特－莱佐夫——路德维希·冯·格拉赫的教条而固执的得意门生，得到了容克议会主席的职务，并帮声音微弱的冯·比洛－库莫罗念讲稿。

冯·比洛－库莫罗的文字有一个贯通始终的主旋律，那就是汉泽曼法案触动了容克利益。他认为那个关于偿付地租的法案彻底剥夺了某些对财产所有者至关重要的权利，在另一些方面也补偿不足。偿付地租的最后一个阶段，人们普遍认为是适时的，即便从容克的角度来看也是如此。相比起冯·比洛－库莫罗对此的批评，他对地产税法案的抗议就太夸张了，简直是在煽动人心。他认为，取消地产税的减免，将在更大程度上侵蚀个人的资产，因为它不是单纯向庄园主和地主个人征税，而是索要他们的全部资产；同时，这将使农业经营以最令人不安的方式陷入瘫痪，使所有农村以及散落其间的城市的人们失去生计。冯·比洛－库莫罗如此描绘了一幅充满黑暗与毁灭的画面。整件事以他的名言结尾："物质利益比任何东西都重要，追求物质利益能让我们脚下始终有稳固的根基。"

159 　容克议会辩论的基调和与会者的贵族形象显得相当矛盾。即使不能指望他们的讨论是学术式的，但他们煽动人心的夸张和尖酸刻薄的辱骂也出乎意料的低俗。奥托·冯·俾斯麦精力充沛地参加了全体会议和委员会会议。他说得最多的，就是土地税问题；他建议人们直接面陈国王，向国王求助，国王虽然不向宪法负责，但在上帝面前总是要负责任的。他说，即使是在国民议会上，也还是有些理性的人的。俾斯麦的政治嘲讽起初针对的是自由派所领导的政府，还没有针对国民议会。

冯·比洛－库莫罗提议成立的委员会将长期驻扎在柏林，处理一切关于抵御"侵害财产"的问题，正如他一再用煽动人心的尖锐措辞说的那样。这样的任务排除了一切具体的政治问题。关于这种观点，路德维希·冯·格拉赫在发言中进行了探讨，他针对所有的实用主义倾向强调："财产本身就是一个政治概念，是上帝赋予国家的一种责任，为的是维护祂的律法和实行祂律法的王国；只有配合上义务时，财产才是神圣的；作为单纯的享受手段，它不是神圣的，而是肮脏的。共产主义对待财产是只有权利，没有义务。这就是为什么我们绝不能放弃我们那些现在正在面临威胁的权利：教堂资助权、警察权、领事裁判权，因为它们更多的是义务而不是权利……仅仅维护这些权利，即面向他们的胡言乱语，背向做出要求的国家——这样的消极态度，这样的立场，顶多对农民来说，是可以宽恕的，而现在农民也不会再宽恕它了。牺牲，走上战场，征服（这本来就是最有力的防守形式），背向着胡言乱语，面向敌人——这才是贵族作风。"鉴于格拉赫对贵族义务的狂热而教条的观点，越来越多的乡村贵族希望摆脱教堂赞助权、警察权和领事裁判权的不便。

在促成容克议会这件事上，奥托·冯·俾斯麦在组织和宣传动员方面的功劳是无可置疑的。议会结束后，他对自己和所做的事感到满意。他在他的阶层中比以前更出名了。他能以热情和才能来为他们的利益发言——即使有些人不喜欢他支支吾吾、试探逡巡的演讲方式。但是，在多元的保守主义中，他究竟会在哪里找到自己的位置，还不是很清楚。在 8 月 25 日写给赫尔曼·瓦格纳的信的附言中，他以一种特别的方式引用了路德维希·冯·格拉赫（在容克议会上）的话："……为国家无条件服务，是贵族的准则；但是，要想做到这一点，他必须有自己可以赖以生存的财产，否则，这件事是绝对不可能的。因此，我们要维护自己的物质利益，必须有足够的物质基础。"在这种解释中，俾斯麦采取了冯·比洛－库莫罗的务实立场。

160

事实上，俾斯麦很可能是耶里绍圈子里"比洛协会"的主要负责人。除了对眼前的切身利益发出诉求，他无法让容克们行动起来，也无法让他们要求他担任代表。俾斯麦既需要下面的群众基础，也需要上面的恩惠提携。但完全听从冯·比洛－库莫罗这件事，无论在革命时期还是从前都不太可能。毕竟，冯·比洛－库莫罗宣称要戒除对政治的欲望，而俾斯麦自己却无法在未来几个月内保持这种禁欲。早在容克议会时，他的诉求的内在矛盾就显露出来了。

就路德维希·冯·格拉赫而言，他的教条主义本质当然也让俾斯麦疏远。但俾斯麦觉得，格拉赫在关乎容克普遍利益的立场上过度夸大，伴随着一种现实的愿望：在这个动荡的时代，必须以最为尖锐的眼光来看待被多次提到的权力问题，并为之不懈奋斗。可以在多大程度上与汉泽曼就他的法律草案达成事实上的妥协，这在当时似乎完全不重要。首先，必须把这些资产阶级统治者从被他们控制的政府里赶走，必须保证军队的权力和王权。俾斯麦反对向自由派的大臣们发出呼吁。他所关心的，不仅是要抵抗政府提出的一切律令，而且是迟早要把政府里制定这种法律的人也玩弄于股掌之上。在这种情况下，像路德维希·冯·格拉赫这样的教条主义者以满腔热忱呼唤着"国家，国家！"。一旦这种被崇拜的传统统治者的形象复活了，他们就可以在必要时接受对话，也愿意做出让步——一点一滴地让步，而且总是倾向于退出。在随后的几个月和几年里，普鲁士的政策就是这样的。

在保守派中高层中，仍有特殊形式的策略考虑。他们讨论的是，自由派失去在政府的共治职权后，他们应该在宪法和经济政策上对自由派做出多大程度的让步，以便让自由派失去与民主派结盟的所有意愿——谁能知道呢？在 1848~1849 年，贵族们偶尔也会考虑如何引诱民主派。无论如何，他们都想阻止自由派和民主派进行全面合作。

1848 年 7 月和 8 月，奥托·冯·俾斯麦为地主们的切身利益而活动，努力保障这些利益。他充当着组织者和宣传动员者的角色。9 月，他扩大了行动半径。他现在不再只是专注于把乡村地主们带入组织运动，而是要在宫廷的圈子以及宫廷密党的圈子里脱颖而出。

俾斯麦已经意识到了自己的政治能力，所以在 1848 年 9 月 9 日，即奥尔斯瓦尔德—汉泽曼内阁辞职前两天，路德维希·冯·格拉赫在日记中有关俾斯麦"自荐担任大臣"的说法，是可信的。从 9 月起，俾斯麦的信中开始更多地讲述他是如何参与"政治活动"的，以及他如何不得不"绞尽脑汁"之类的事。尽管如此，严格的虔敬派还是保留了对他的某种不信任；在寻找新大臣人选的日子里，他青年时代的朋友莫里茨·冯·布兰肯堡表示，他对冯·克莱斯特－莱佐夫的信任超过俾斯麦。

这一切并不排除俾斯麦间或通过冯·格拉赫兄弟接触到国王的可能性。由此，他得以在 9 月 11 日的王室宴会上结识了俄国公使，并在这期间与英国公使进行了接触。这场宴会不仅是关于新的大臣候选人的会谈，也是关于令人不安的石勒苏益格－荷尔斯泰因问题的，这个问题从春天开始就被提上了议程，到夏末时已经迫切需要解决。但是，应该如何解决呢？

就在维也纳和柏林的"三月革命"后的几天，石勒苏益格和荷尔斯泰因两省的临时政府在基尔（Kiel）成立，反对丹麦国王关于将石勒苏益格同荷尔斯泰因分离开来且合并到丹麦的主张。基尔的临时政府打着广受欢迎的"永不分开！"（Up

ewig ungedeeld！）[①] 的口号，组织志愿军，同时要求邦联议会
提供武器援助。自"三月革命"以来，邦联议会主要由自由派
的公使组成，它事实上决定对丹麦采取邦联武装行动；汉诺威
和普鲁士受到了委任，尤其是普鲁士。

　　正是这个委任使普鲁士的君主陷入了矛盾的境地。一方
面，对军事上弱小的丹麦作战为其提供了一个机会，使远离柏
林的部队得以重组和提振士气，因为他们最近在柏林遭受了叛
乱群众的重创；普鲁士也能够在政治上赢回为民族尊严、自由
和德意志统一而战的斗士光环。

162　　另一方面，国王和他的宫廷密党不得不告诉自己，这场反
丹麦的战争是一种革命，延续了石勒苏益格－荷尔斯泰因对享
有上帝恩典的君主的反抗。而这一点得到了全体德意志自由派
和民主派的一致支持！

　　国内政治问题伴随着外交政策方面的困难。反丹麦运动
很容易引起普鲁士王国与它最不希望敌对的两大强国之间的矛
盾：英国和俄国。普鲁士的进军得到了被革命运动席卷的民众
的同情与支持，这让英国和俄国十分警惕。尽管他们的动机并
不相同，但这两个大国都不希望看到波罗的海和北海之间的通
道在某种程度上由统一的甚至是革命的德意志控制。

　　在这种情况下，沙皇俄国认真考虑了拉马廷（Lamartine）
提出的与法国资产阶级结盟的提议。但沙皇尼古拉斯并不着

---

① 1386~1460 年，石勒苏益格与荷尔斯泰因合并；丹麦国王克里斯蒂安一世经奥尔
　登堡议会批准，成为两地的共同统治者，并为此不得不签署了《里普恩条约》，规
　定这两个公国永远不分开，而这句话成了一句政治上的流行语。1474 年，两公国
　臣服于丹麦。1815 年，维也纳会议宣布荷尔斯泰因为德意志邦联成员，丹麦则企
　图让两公国分开。1848 年，丹麦国王提出正式合并石勒苏益格，引发两公国人民
　起义，要求脱离丹麦，加入德意志邦联。普鲁士乘机出兵干预，普丹战争爆发。
　石勒苏益格－荷尔斯泰因问题是俾斯麦的德意志政策和德国统一过程中的一个关
　键问题。

急。他目前仍然相信自己对柏林的影响力。对尼古拉斯来说，从普鲁士的领导层，即从内部阻挠其对丹麦的战争，政治风险更小，而且可以从那里对德意志各党派施加压力。

德意志国民议会作为邦联议会的法定继承机构，已经在道义上和政治上对石勒苏益格－荷尔斯泰因的命运负有义务，它在口头上为这两个邦国做了大量的工作，但实际行动却很少。在俄国和英国等反革命大国的干涉下，调动起全民族的力量是不可能的。在这种历史政治背景下，我们可以理解为什么马克思在1848年6月要求革命的德意志发动战争，反对沙皇俄国的威胁和干涉。与马克思于6月在《新莱茵报》上发表的鼓舞人心的文章形成鲜明对比的，是俾斯麦在7月初的意见，他在得知沙皇的密信后，把"对于德意志若不公开爆发内战，就将与俄国开战的恐惧"说成是一种幻想。这两位同龄但来自截然相反的阵营的政治家如此表达了他们的观点，尽管一位是公开地，另一位是私底下地。他们谈论的是那已经上升到国际层面的选择：革命还是反革命。

自由派资产阶级不敢支持或领导群众革命运动进行反对国内各王朝的斗争，在抵制大国政府的干涉企图时更是如此。在这种情况下，普鲁士王国放弃了石勒苏益格－荷尔斯泰因以及德意志民族的事情，于8月26日缔结了《马尔默停战协定》；这明显是与普鲁士在军事上的成功相悖的。普鲁士领导层的这一行动已经使民众感到愤怒，而法兰克福国民议会更是为加剧这种愤怒尽了自己的一份力。9月5日，议会否决了普鲁士－丹麦的停战协定，但在9月16日，经过反复的辩论和表决，议会终究还是接受了这一协定。在这两个表决日之间的9月9日，路德维希·冯·格拉赫与国王进行了一次会晤，他在会上称，"与俄国人的联盟是最后的避难所"。

《马尔默停战协定》被广泛认为是卑鄙的。在法兰克福，农民、小资产阶级、工人和学生蜂拥而至；抗议大会、示威游行和代表大会形成了多元发声而又声音一致的抗议。面对这场动乱，奥地利和普鲁士的军队在所谓的帝国内阁的要求下调集起来了。有了各方势力的集结，美因河畔法兰克福的人民武装起义变得不可避免；但它也就在同一天，即 9 月 18 日，被击溃了。

法兰克福发生的事件在德意志其他地区也产生了共鸣：在巴登发生了一次叛乱，然后是莱茵普鲁士，以及萨克森和符腾堡的部分地区。在维也纳和柏林，一切都还很平静。《新莱茵报》提出的"二次革命"的口号，被事实证明是不可能的，但对工人阶级和小资产阶级中最具活力的那部分人来说，它有一种进步性的力量，将会增强他们未来几十年内的革命传统意识。但总而言之，自由派资产阶级与人民群众在法兰克福进行的公开斗争导致了民主制度的失败，这必然进一步削弱革命的力量。在柏林，反革命在法兰克福的溃败发生之前就已经取得了成功。在柏林国民议会通过了一项实质上旨在削弱王室对军队的权力的动议后，奥尔斯瓦尔德—汉泽曼内阁在 9 月 11 日被迫辞职。

164　　但国王仍不认为是时候放弃政府中的自由派大臣。新内阁由冯·普福尔将军（General von Pfuel）领导，他既不愿意也没有强大到能与国民议会进行强硬的对抗。他甚至在军队问题上做出了妥协：他发布了一道命令，指示军官们远离一切反动企图，避免与平民发生任何形式的冲突，展现对市民的宽容。不过，这些话在普鲁士最高统帅部的所作所为面前，并没有什么用。冯·弗兰格尔（von Wrangel）将军从石勒苏益格－荷尔斯泰因被召回，并被任命为边区总司令；此外，在柏林附近集结了一支 5 万人的部队。因此，国王在 3 月 18 日之后一直畏惧的包围圈出现了。与仍在自由化的内阁以及普鲁士国民议会的决战，已经准备就绪。

　　奥托·冯·俾斯麦在冯·普福尔倒台的几周后写给他的哥哥的信清楚地展现了，宫廷密党内部反对新内阁的情绪是如何上升到不可调和的地步的："我认为冯·普福尔内阁的每一个成员，继首相奥尔斯瓦尔德之后，都是从提尔西特（Tilsit）到特里尔（Trier）之间 ① 最能说谎的无赖和叛徒；我这样说并不是要诽谤谁，我只是作为一个冷静的旁观者，说出我看到的。"

　　只有从痛苦的失望中才能孕育出这种尖刻的话语。尽管在起初，宫廷密党和与它关系密切的人认为冯·普福尔对国民议会的让步只是拖延战术，但他们很快看清了冯·普福尔的真实意图。在冯·普福尔看来，君主派在将自由派大臣赶出政府后，并不应该再去解散国民议会。相反，就像冯·普福尔在夏天宣布的那样，他实际上希望与议会中占多数的自由派和民主派协商制定一部宪法。然而此时，国王和宫廷密党已经觉得没必要再与自由派立宪主义继续进行一场冒险游戏了，这可能会带来一部资产阶级代议制宪法。演习的时间已经过去了，果断行动的时候到了。在冯·普福尔内阁的最后几天里，俾斯麦在给妻子的信中毫不掩饰地说道："很快就要流血了。"此刻，那个目标更加坚定不移了：追杀国民议会这个"可恶的制宪议会"，加强王权。在那之后就可以做出让步，且不需要经过协商了。

　　那几个星期里，奥托·冯·俾斯麦进一步疏远了冯·比洛－库莫罗。冯·比洛－库莫罗在 9 月 9 日（即奥尔斯瓦尔德—汉泽曼内阁辞职前两天）给国王的信中提出了一个完全不同的政策。这个政策的目标是"把有产阶级同中间等级和全国的知识分子联合起来，从而形成一个紧密的群众团体，来反

165

---

① 　提尔西特和特里尔分别是普鲁士最东边和最西边的两座城，此处代指整个普鲁士。

对那些不想要社会改革、只想要社会革命的人"。无论冯·比洛－库莫罗在容克议会中多么激烈地反对了汉泽曼的法案，他仍然希望在地主阶级与有产和受过教育的市民阶层之间达成根本性的一致意见，对他来说，这就将构成类似于英国中产阶级（middle-class）的"中间等级"（Mittelstand）。而这种一致将带来国家内部的权力平衡，这与冯·普福尔的想法类似。

冯·比洛－库莫罗在 10 月的时候也反对所有的政变计划。俾斯麦逐渐意识到了这一点，偶尔会发泄一下自己的怒火："老比洛总是打着容克议会的幌子，进行着他个人的阴谋，他可耻地糟蹋了容克议会这块牌子。两个月前，他是现任内阁最坚定的反对者，对格拉博、翁鲁、罗德柏图斯（Grabow-Unruh-Rodbertus）等人的执政组合充满了热情，同时很明智地隐瞒了财政大臣的事情。我并不信任他，他老了，我很高兴我在波茨坦的时候成功地把所有的门都对他关上了；他总是以各省骑士阶层的名义提出最肮脏的计划。"这是他跟冯·比洛－库莫罗的最终决裂。

如同 3 月的时候，维也纳的起义先于柏林的起义一样，从10 月到 11 月初，奥地利和普鲁士的戏剧性事件之间有着更加紧密的联系。在维也纳，民众于 10 月 6 日起义，阻止了驻扎在那里的军队向叛乱的匈牙利进军。这个哈布斯堡多民族国家的首都的革命一直持续到 10 月底，才在帝国军队的攻势下屈服了。从政治上讲，哈布斯堡王朝之所以能够取得胜利，还因为它能够让帝国的人民互相对立起来。反革命进行了第一次示威性的报复，故意挑衅了法兰克福国民议会。国民议会的民主派议员罗伯特·布卢姆来到维也纳后，被当局依据紧急管制法执行了枪决。

在这期间，柏林国民议会把会址从柏林歌唱学院迁移到了大剧院（Schauspielhaus），维也纳的起义为它带来了鼓舞，

促使它在 10 月 12 日确定国王的头衔时，投票决定取消"来自
上帝的恩典"这一措辞。即使是在 10 月 31 日，帝国军队兵临
维也纳的时候，柏林的国民议会依然宣布废除贵族制度。

　　但是，普鲁士国民议会的激进决定缺乏内在的一致性。这
一点从民主派议员瓦尔德克（Waldeck）的动议中已经可以看
出。他指出，政府应动用一切手段，保护受到威胁的维也纳
人民的自由。根据这个令人吃惊的动议，普鲁士王国的政府应
该去维也纳援助革命，反对奥地利帝国的政府，这在议会内外
都引发了骚动。在所有这些骚乱结束之后，冯·普福尔内阁不
得不辞职，从而使公开的反革命运动得以通行无阻。这发生在
1848 年 11 月 1 日。

　　11 月 2 日，奥托·冯·俾斯麦满怀行动冲动地告诉他的
哥哥，他当天晚上就要出发去柏林了——"作为本地骑士阶
层的代表，我按照议会的规定拿旅行津贴，去用我的智慧照
亮'比洛协会'或波茨坦的人民"。所以俾斯麦并不完全是出
于私心，而是也作为家乡容克的代表而这么做。他在给哥哥伯
恩哈德的信中接着说道："这一次，我想我又会经历一些事情。
来自维也纳的避难者，也就是之前街垒战的领袖们，正在扎堆
拥向柏林，维也纳问题就这样被推到了大剧院的国民议会议员
那里，他们大概是在等着来自维也纳的波兰勇士（polnische
spadastino），以便利用新的大臣任命危机，为自己做最后的
努力。除此之外，他们担心各种协会和抗议会被镇压，在我们
的阉割政府从维也纳事件中获得勇气后，这种情势将会加剧。"

　　11 月 9 日，担任将军的弗里德里希·威廉·冯·勃兰登堡
伯爵（General Friedrich Wilhelm Graf von Brandenburg）
和经验丰富的官僚奥托·冯·曼陀菲尔一起，受命执掌内阁。
11 月 10 日，冯·弗兰格尔将军和他的部队进入柏林，没有遇
到特别的抵抗；11 月 11 日，他宣布市民卫队解散，并在次日

166

宣布进入戒严状态。国民议会先是休会，之后被迫从柏林迁到了哈弗尔河畔的勃兰登堡市。

　　奥托·冯·俾斯麦担任了国王的"内阁经纪人"（Minis-terimpresarios）。尽管侍卫官利奥波德·冯·格拉赫对原冯·普福尔内阁进行了为期一周的大刀阔斧的人员裁撤工作，但最终要找到合适的大臣们来接任绝非易事。

167　　当汉斯·冯·克莱斯特-莱佐夫因对相关工作不够了解而拒绝担任阁臣职务时，奥托·冯·俾斯麦告诉他，现在有决心就足够了。由一名充满决心的少尉接任这一职位，同时由一名鼓手担任副官，这将是面对国民议会对政府做出的最合适的支持。尽管俾斯麦偶尔在关键时刻倾向于沉思、退缩，但在1848年的11月里，他展现了无条件地坚定采取行动的能力。这种完全没有疑虑和顾忌的坚决果敢使他威信大增。

　　俾斯麦在他的回忆录中，记录了他与勃兰登堡伯爵的一次谈话。他关心的是如何获得合适且相处愉快的同事。"在提交给国王的一份名单上，我还发现了我自己的名字，正如格拉赫将军告诉我的那样，国王在我名字旁的空白处写道：'只有在刺刀横行的情况下启用。'勃兰登堡伯爵自己在波茨坦告诉我：'我已经接手了这件事，但我几乎没有读过报纸，对国家法问题不熟悉，我只有硬着头皮去做。我需要一个'驯象师'（Kornak），一个我信任的人，告诉我我可以做什么。我就像个孩子走进了黑暗，除了奥托·冯·曼陀菲尔（内政部主任），我谁也不认识。他有必要的相关知识，我信任他，但他还是有所顾虑'。"俾斯麦于是毛遂自荐，劝说曼陀菲尔同意入阁。在"从九点劝到半夜"后，他成功了。俾斯麦与埋下了"地雷"的利奥波德·冯·格拉赫将军紧密合作，为政变内阁的形成尽了自己的一份力。

　　11月11日，即市民卫队被解散的那天，俾斯麦从波茨坦写信给他的哥哥说："顺便说一下，这里的最高层几乎已经决定好一切了，要不惜一切代价走完目前所走的路，因为人们认为，任何反悔的念头都会使王权和现有法律秩序不可避免地崩塌。箭在弦上了。"

国民议会的多数人似乎要对休会进行抵抗；连续几天里，他们把不同的场所作为会议室，聚集在一起，而每次都被强制驱散。但是，他们呼吁民众支持了吗？11月15日，在最终屈服于弗兰格尔的刺刀之前，国民议会决定拒绝履行纳税义务；政府将无权再征税或使用税款。

拒绝交税属于被动抵抗的框架范围内，这个路线是国民议会通过其自由派主席冯·翁鲁向工人代表团宣布的。在协调城市和农村的所有反对政变的抗议行动，以及寻找合适的方式从被动抵抗转向主动抵抗方面，议会没有做任何事情。俾斯麦对此不屑一顾，他认为民主派的"被动抵抗""只是一种合乎时势的表达，人们一般会将其称为恐惧"。

不可否认的是，大批民众表达了支持国民议会的意愿；这种支持来自人民大会、各种不同政治倾向的协会、市民卫队、乡镇议会、城市代表大会、市政厅和行政机关；同时，勃兰登堡、西里西亚、威斯特伐利亚、萨克森、莱茵甚至波美拉尼亚的许多农村和小城镇也加入了抗议运动。从首都的工人到乡村的绅士，多个群体参与其中，这是前所未有的。

人们愤怒的程度，再一次在波美拉尼亚的诺沃加德所发生的事件中表现了出来，当时，伯恩哈德·冯·俾斯麦仍在诺沃加德担任县长。1856年，在给弟弟奥托·冯·俾斯麦的私人书信中，他描述了在勃兰登堡内阁成立并对国民议会采取威吓手段后，诺沃加德所发生的事："诺沃加德的宪政俱乐部因为这个消息而变得格外激愤，几个有影响的人物，特别是政府官员，改变了主意，拥抱了自由派，决定支持国民议会的抵抗。

168

拒绝纳税义务的号召书增印了很多次，一夜之间贴满大街小巷，它要求立即召集民众到诺沃加德举行大会，对是否声援国民议会进行投票表决。"

伯恩哈德·冯·俾斯麦感到有必要采取反击行动，因为其影响将不仅限于本地。他在信中继续说道："在我看来，我们革命的历史上的决定性时刻已经到来，我们要尝试进行激烈的反击，否则一切都将不可挽回地走下坡路。能否取得胜利，始终是非常不确定的，但誓言和责任要求我以坚决、公开的方式反对民主主义。"随后，他讲述了自己是如何亲自撕下已经张贴出的海报，或是让卫兵来做这件事。他还派人"向该地区所有的保守派送信，让大家派出尽可能多的、安全的增援"。

事实上，来参加民众大会的大部分人都是来自保守派的伯恩哈德的支持者；其中相当一部分人是来喝倒彩或当打手的。

在大会主席宣读先前拟定的讲话稿的过程中，伯恩哈德·冯·俾斯麦用"祝国王万岁"的提议打断了发言，这成了大会的一个转折点。站在大厅里的摩肩接踵的八九百人尽管对政变有所抗议，却一致忠心于国王，因此赞同这次祝愿。"民主派也跟着一起高呼，尽管脸上带着惊诧。在他们的描述中，国王是被身边的容克派妖言蛊惑、出卖背叛了。我试着在一段讲话中解释这一说法为什么是不可能的，宣读了我的效忠信，并把它拿到了旁边的房间里供大家签字，因为那个大厅里已经没有地方了。而另一派并没有退出游戏，而是签署了他们的公开信，并征集集体签名。然而，两个跳上桌子呼吁大家为这份公开信签字的庄园主，却被我的支持者们推倒了，这下子，事情就开始变得混乱了。为了避免事态升级，我安抚了大家，但由于对方并没有停止发言，仍要求在公开信上签名，我的支持者们就失去了耐心，放着公开信的主席台被打翻了，而对方被从门窗里推打着赶了出去。这是属于我们的一天，我们以出人意料的攻势对民主派进行了精彩的反击。在所有的圈子里，甚至在更远的地方，这样的反击还会继续，国王的权威会重新被树立起来。"

波美拉尼亚的县城诺沃加德的这些事件揭示了政治局势的多个方面：相当一部分有产者和公职人员，甚至地主阶级的圈子，都因政变这一违法行为而担忧和反感。1849年，费迪南德·拉萨尔（Ferdinand Lassalle）以他对法律的洞察力，在法院演讲中揭示了这场政变的本质是反革命的违法行为，它也许会导致"二次革命"。而伯恩哈德·冯·俾斯麦则以他自己的方式，在小范围内展示了积极抵抗是什么样子的。此外，他并没有隐瞒自己出于"自卫"的考虑随身携带了袖珍手枪的事实。

1848年11月中旬，就在柏林"宣布进入紧急状态"的时候，奥托·冯·俾斯麦担心"这件事会变成3月18日之前的那一个星期的样子"。他动员了乡下的农民预备队，并告诉哥哥伯恩哈德："来自特尔托（Teltow）、曹赫－贝尔齐希（Zauch-Belzig）、哈弗尔兰（Havelland）地区的农民通过提供粮食和组成武装部队来支持国王，并宣称他们和父辈一样忠于他与他的王室，不相信民主派的一切谎言。你要尽快让你那里的人知道这件事，通过报纸或什么别的方式；同伴做出的榜样会对那些动摇的人起到作用。"他还说："你看着，从那里将会很快有很多公开信寄给内阁和柏林的报纸，支持把国民议会移至勃兰登堡。会有相当多的公开信，即使每一封信只有几个签名，这些签名可能来自各个城市，有些信只有一个签名，这样的就不会刊登了；做生意离不开叫卖。"

这次，就连约翰娜也参与进来了；俾斯麦在1848年11月16日从波茨坦写给她的信中说："你争取一下，让那个教士［施拉德牧师（Prediger Schräder）］尽快发表他的公开信，

170

宁可要 6 份公开信、每份公开信上有 6 个签名，也不要只有一份有 36 个签名的公开信，但要很快；也要从你看到的其他人那里征集公开信，比如那些对内阁发表不满言论的人。民主派尽了一切努力，制造出'人民'敌视国王的假象，他们为此伪造了几百个签名；去问问市议会吧，打听一下马格德堡是不是还有一些理智一点儿的人，喜欢稳定与秩序，而不是街头政客的叫喊，并且从马格德堡向国王发出了支持性的公开信。"但有意把农村和农民作为反动势力的兵力储备的俾斯麦，也无法阻止在勃兰登堡地区发生的变化，这种变化导致他在 1848 年柏林议会的选举中不会有任何机会。

针对国民议会的武力政变以及勃兰登堡—曼陀菲尔内阁的成立所引发的政治反响向国王表明，他一方面需要坚定，另一方面需要小心和慎重。即使自由派的领导人已经保证将采取被动的、"不抵抗"式的抵抗，但在城市和乡村中间，对现在公开行动的军队和容克的愤怒已经变得十分强烈了，以至于许多地方的自由派和民主派又一次走到了一起。这可能会变成积极抵抗？可能也会针对被宽容保护至今的国王？鉴于这种阶级和党派之间势力博弈的最新发展趋势，政变必须在自由派得到安抚并重新归顺国王的情况下结束。

国民议会从一个地方被赶到另一个地方，最终定于 11 月 27 日在勃兰登堡大教堂举行会议，此时它不再有能力达成决议，将其解散已经是易如反掌了。

171　　伤口上很快就抹上了舒缓的药膏。12 月 5 日，"由弗里德里希·威廉四世给予其人民的新的普鲁士宪法"公布，随后被整齐地印在了小册子上，正式发行。与它的出身相反，这部"钦赐宪法"（oktroyierte Verfassung）是相当自由主义的，它赋予了在法兰克福国民议会上表决通过的一些基本权利，同时也吸纳了普鲁士宪法草案上的一些条款，而这些条款是在左派的影响下产生的。这包括：普遍和间接的选举权，但条件是达到一定的收入标准；新闻出版、集会和结社自由，以及许多其他尊重每一个个体的自由；废除庄园上的领主裁判权和警察权，也就是总体上废除等级特权；最后还规定了政府对宪法负责。

面对这样的普鲁士王室的自由主义，人们还会被进一步煽动起来，由被动抵抗转为主动抵抗吗？在这种情况下，自由派的资产阶级即使有足够的理由对这部宪法表示怀疑，但也还是很容易倾向于妥协。国王对军队的绝对权力以及他对战争与和平的决定权都被清晰而明确地写进了宪法条款——这便避免了掉入那种可能对自由主义政治未来的发展产生危险影响的宪政陷阱。这部宪法中有一项条款，为将由选举产生的议会保留了修改和批准宪法的职权。但是，在什么条件下才可以选出议会呢？

路德维希·冯·格拉赫并不希望通过强行颁布宪法来为政变加冕，而是想通过重新召开联合省议会实现这一点。早在夏天的时候，在《十字架报》的第一期中，主张等级君主制的格拉赫，就与施塔尔〔就是那个被《喧声》（*Kladderadatsch*）杂志嘲讽为圣阿尔（St. Ahl）的人〕就通过保守主义加强立宪主义的问题进行了讨论。而这一点随着12月5日宪法对王权的保护得到了确认。经历过这么多讨论，国王不想再去和宫廷密党协商做出决定了。他在没有事先通知侍卫官利奥波德·冯·格拉赫的情况下颁授了宪法。勃兰登堡—曼陀菲尔政府成立后，虽然他不想也不能把宫廷密党推到一边，但他有时可以跳过宫廷密党，依靠那些负责任的、绝对忠于自己的但又不教条的大臣们。

奥托·冯·俾斯麦从未参与关于向下进行防范的君主立宪制或是关于由君主领导的等级制的理论讨论。出于政治上的

172

现实考量，他早在 9 月就倾向于"在国民议会解散后，强制推行一部宪章"。他坚持的这一意见，与新被任命的内阁大臣勃兰登堡和曼陀菲尔的意见一致，他们二人对宫廷密党的干涉越来越反感。俾斯麦当然对 1848 年 12 月新组建的"贸易、商业和公共劳动部"没有任何异议——在接下来的几年里，这个部门尽管有时仍会有狭隘心态，但它将从新兴资产阶级的利益出发，对特许权制度做出较为宽松的处理，并制定利于资本主义工业化发展的法律。俾斯麦坚决反对与自由派结盟，这是比洛－库莫罗的政策倾向，但他和比洛－库莫罗一样，都把注意力转向了属于"物质利益"的新时代。这不仅需要维护地主的利益，还需要对资产阶级做出物质上的让步。所有这些让步，不仅扩大了资产阶级工商业的利益，还加强了普鲁士君主的力量，因为就像弗里德里希·恩格斯，这个来自巴门（Barmen）的精通国际贸易的企业家之子有理有据地指出的那样，"如果没有工商业，即便是目空一切的普鲁士邦也等于零"①。除此以外，在 1848 年底的时候，国王和没有被格拉赫灌输过某些思想的保守派们也已经意识到了这一点：反革命不能取得完全胜利，永远不可能完全恢复到过去的状态了。

1848 年 11 月，俾斯麦在这个革命之年中的政治活动达到了顶峰。这时的他，当然不再是那个在"三月革命"后最初的几天里冲动易怒的冒失鬼了。此时的他在工作中同时保持着谨慎和活力，与省里的容克们密切接触并担任他们的代表，同时也与有影响力的宫廷密党进行接触。与他在宫廷密党里的好友们不同，他从未抱怨过国王的优柔寡断和不可靠，甚至在政变后写给哥哥的信中，还充满了对国王的赞美："自从我第一

---

① 译文引自恩格斯《暴力在历史中的作用》，《马克思恩格斯全集》（第二十八卷），北京：人民出版社，2018 年，第 466 页。

次在约翰尼（Johanni）那里再见到他开始，尽管人们尽一切努力反对他，所有恐吓的谎言都扑向了他，但国王本人从未失去过勇气和目标。"在这封从舍恩豪森寄出的信中，他还写道："……从 9 月起，我就像钟摆一样在这里和柏林、波茨坦、勃兰登堡之间来回走动，以至于我再也不想看到根蒂纳大街了（Genthiner Chaussee）。而我的左右逢迎不是一无是处的，我虽要夹着尾巴度日，但回过头去看这一天的工作时，便可以心满意足了。"

事实上，在这事件频发的一年结束之时，俾斯麦有充分的理由对事态的发展和他在这个过程中所获得的政治地位感到满意。

以国民议会形式存在的"可恶的制宪会议"已经被驱散了，王权的威力得到了彰显，但蒙受上帝恩典的国王仍然无法对自己的事感到确定。这部强行颁布的宪法规定，第二议院

173

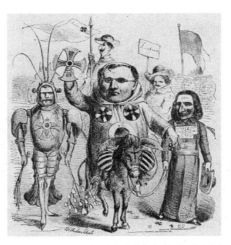

《新亚眠的彼得与十字军》。1849 年，《十字架报》创刊，《喧声》为其创作的一幅漫画，描绘了奥托·冯·俾斯麦（左）、路德维希·冯·格拉赫（中）和弗里德里希·尤里乌斯·施塔尔（右）。

（Zweite Kammer）由人民根据大致平等但间接的选举权选出。1849 年 1 月 22 日，"初选选民"要投票选出选举人，在 2 月 5 日的第二轮投票中，再由选举人们最终选出第二议院的代表。这种由相对少的选举人参与的投票为腐败和恐吓创造了机会。然而，不管是直接选举还是间接选举，政治生活仍没有平静下来。仅仅几个星期，政变还无法被民众忘记。

普鲁士的反革命政府也不得不考虑外交政策的权谋博弈。在美因河畔法兰克福，德意志国民议会仍在开会讨论宪法。在萨克森王国，小资产阶级民主派的议会多数给政府造成了很大的困难。哈布斯堡君主国当时展现不出任何奥地利魅力，而是以步兵和炮兵、绞刑和惩处，以近乎内战的方式处理问题，并且还要应付匈牙利的民族革命。在意大利，特别是在托斯卡纳和罗马，共和派的起义如火如荼。在法国，民主派小资产阶级联合起来，反对资产阶级政府和觊觎王位的路易·波拿巴王子。面对这些欧洲革命运动及其相互间的影响，反专制主义的势力也得以在普鲁士继续保持生机，或者——随着内阁辞职事件的发酵——重现活力。

保守派不得不在一个仍然被革命搅得天翻地覆的国家里正视民意、重塑形象。正如他们所说，"只有王权才能维持秩序"的时代已经过去了。尽管保守派取得了种种进步，但在各种社团协会和新闻界，他们仍远不及自由派和民主派的领先地位。与对手相比，他们的内部分化更为严重——从柏林国民议会的右翼，到《十字架报》的小团体，再到"国王与祖国协会"。因此，需要一个设在柏林的中央委员会来在选举工作中领导所有保守派。此外，"国王与祖国协会"还为此成立了"特别委员会"，其中除了那些著名的成员（如贝特曼 - 霍尔维格、弗里德里希·尤里乌斯·施塔尔、赫尔曼·瓦格纳、卡尔·冯·萨维尼），还包括舍恩豪森的俾斯麦。这个委员会发出了一封特殊的通告，通告中说："引领着我们委员会的政治思想是统一，它可能在很多方面比其他保守派团体的思想更尖锐。我们的思想就是，我们不与革命进行任何交易。"这句还用了图像加以强调的话，意味着这个保守派团体与宫廷密党保持一致，并接受其领导，直到1850年底《奥尔米茨协定》（Punktation von Olmütz）的签订。他们宣布支持君主立宪制，只要它能够维护"王国的完整和尊严"，并由此要求"动用法律，打击对新赋予的自由的滥用及无政府主义活动"。通告在提到"比洛协会"时，主张"保卫物质利益，并重新构建不同教区、专区和省份内的社会等级关系"。通告的起草人认为，这种向其他保守派团体进行"政治借贷"般的表态，可以证明他们的政治思想"不是极端的……而是真正的、健康的中间路线"。但实际上，站在这些来自"国王与祖国协会"的选举战略师们身后的，是路德维希·冯·格拉赫，他们在这场保守派大合唱中并不构成中间路线，而是极右派。

175

　　由选举产生的第二议院的正式任务是，与鲜有人注意到的第一议院的贵族和财阀一起，就是否接受12月5日强行颁布的宪法进行表决。然而，真正重要的问题其实是议院的选举，即是否仍会形成资产阶级代议制和自由主义的君主立宪制，或者王室和贵族的联盟是否将在军队、官僚和教会支持的国家统治体系中，重新在一定程度上得到巩固。无论如何，政治上看得很清楚的保守派知道，虽然政变为他们的进一步斗争创造了一个重要的起点，但还没有达到他们所追求的目标。保全"现在的内阁……防止它发生内部病变或遭受外部攻击，也就是来自法兰克福国民议会的攻击"，仍然是俾斯麦所关心的事。

　　1849年1月22日在整个普鲁士范围内的初选的结果对保守派并不特别有利，俾斯麦因此想到了双重候选资格（Doppelkandidatur）的事情。如果他能成功在对保守派有利的特尔托选区获得提名，那么他当选为议会议员的机会就会增加。为了达到这个目标，他毫不避讳地写了一封信给前内阁大臣冯·博德尔施文格。在信中，在一番构思好的顾左右而言他之后，他果断地毛遂自荐。"如果尊敬的阁下由于双重选举或者其他原因，放弃了在特尔托的候选资格，那么我借着对早年间您让我感受到的鼓舞和善意的信心，斗胆恳请阁下引导特尔托的选举人们注意柏林的施塔尔教授，或者，如果他那非常尖锐的教派主张可能引起不满的话，请您让选举人们注意到我。我非常相信，您的举荐在这种场合下是具有决定性的。"在信的最后，俾斯麦向冯·博德尔施文格坦承，他"没有特别抱着成功的希望"，"因为我似乎被模糊地认为是反动派，而格外受到质疑"。

反动派的名声在勃兰登堡对他而言一定是种双重阻碍，因为他的对手是市长弗朗茨·齐格勒（Franz Ziegler），正如很少送出称赞的俾斯麦对他的哥哥坦承的那样，"他是一个非常精明能干的人"。弗朗茨·齐格勒属于普鲁士国民议会的中右派，参与做出了拒绝缴税的决定，因此在反革命时期失去了职位，被剥夺了制服上的国徽，还被判处了 6 个月的监禁。在 19世纪 60 年代，他与费迪南德·拉萨尔进行了友好的合作。几十年后，弗朗茨·梅林（Franz Mehring）为"普鲁士老民主派"弗朗茨·齐格勒写了一篇既热情洋溢又敏锐犀利的纪念文章。文章中说，从 1848 年起，"布赫尔（Bucher）、罗德柏图斯、雅各比、瓦尔德克和齐格勒们的路线就奇怪而混乱；从容克阶层到无产阶级，从封建主义到社会民主主义，他们触及了各个党派；他们再也找不到一条确定的路线了"。

是什么让这些人在吸引了费迪南德·拉萨尔，或者像雅各比那样吸引了李卜克内西（Liebknecht）和倍倍尔（Bebel）的同时，也吸引了俾斯麦呢？正如弗朗茨·梅林很可能正确地认识到的那样，反对不断平庸化的自由派，是旧普鲁士民主派的指导思想之一；也正是他们接受的美学、历史和哲学教育，使齐格勒、布赫尔、罗德柏图斯得以"高高凌驾于无知的、兜售自由贸易的那伙人之上，但资产阶级反对派却越发地陷入这伙人之手"。如果像弗朗茨·齐格勒这样的人能够让俾斯麦肃然起敬，那么我们就能知道，为什么俾斯麦后来能跟旧普鲁士老民主派圈子里的一些人建立人情往来，而这种关系对政治也产生了影响。就布赫尔来说，他最后甚至与这位德意志帝国的创立者建立了密切的合作，而这种合作也反过来让俾斯麦1866年4月在选举法问题上，愿意吸纳旧普鲁士民主派的观点看法。因此，在1866年战争前夕，齐格勒能够说出那句著名的口号，"民主派的心，在普鲁士旗帜飘扬的地方"，也就可以理解了。

在1849年1月底的竞选中，俾斯麦表现得温和而克制。他的反动派名声，让他这样的行为显得很合拍。他毫无保留地公开宣布自己赞成12月5日的宪法，并主张法律面前人人平等，但他当然反对废除贵族制度，"反对在没有补偿的情况下废除货币权利，反对削减常备军"。作为一个直言不讳的保守派，他在"赞成严格的新闻法和社团法等"的言论中表现得最为突出。但是，在他向他的哥哥说明他的竞选诉求时，他坦承，在"无政府主义者的攻击"被击退后，他想要改善"宪法的不足"，立刻进行修订。

这些诉求已经宣告了，俾斯麦将在1849年春天那个短命的议会中展示极端保守派的立场。与他的对手弗朗茨·齐格勒相比，他只以微弱多数票过关——这要归功于间接选举，也就是归功于能够在各省内对选举人施加影响。他不得不向他的哥哥承认，在他的家乡，选举结果对保守派来说很糟糕。

在1849年2月5日被选入第二议院的议员当中，与宫廷密党关系密切的人数量不多。利奥波德·冯·格拉赫将军在他的日记中这样写道："我们可以信赖的人当中，被选上的有俾斯麦和冯·克莱斯特－莱佐夫，我认为凯勒教授（Professor Keller）也可以算在其中。把他们组织起来跟我们的反对者作斗争，至关重要。"

直到2月26日，弗里德里希·威廉四世才开启了新当选的议院。他不能把选举结果视作信任其政治的证明，因为在第二议院中，右派和左派几乎势均力敌。而且保守派右翼绝不是格拉赫的党羽。"俾斯麦和克莱斯特们"在第二议院中几乎是一个失落的小群体，他们愈加固执地坚持他们所代表的忠君—容克立场。自然而然地，俾斯麦反对解除军队包围柏林的状态，反对大赦"三月叛军"。在第二议院解散的前几天，他和冯·克莱斯特－莱佐夫一起对反对普鲁士国王接受德意志帝国皇帝的头衔。

在"短命议会"上——它就是以这个名字被载入史册的——一个关于德意志宪法问题的观点变得无可辩驳。法兰克福国民议会的许多议员很可能长期以来一直认为议会可以独立制定帝国宪法，不一定需要与政府协商。但是，立宪工作还没有完成，国民议会就已经很清楚地意识到，不与政府谈判，就无法完成任何工作。虽然它是1848年春民众革命的产物，但它放弃了进一步调动人民群众的积极性，而是由此依附于各王朝，尤其是依附于奥地利和普鲁士这两个主要的德意志强国。在1848年以前就被推倒的奥地利—普鲁士二元主义（Dualismus），此时随着人们对于建立统一的德意志民族国家的需求，猛然重新显现。

178　　　在成功镇压了维也纳的革命后，施瓦岑贝格（Schwarzenberg）亲王成了奥地利宰相。随着这次任命，哈布斯堡帝国内对联邦制和各省自行立宪的所有努力，都化为了政治白日梦。在坚决、无情地针对一切反专制和民族革命的斗争中，施瓦岑贝格无须再利用那个意志薄弱、被向自由派的承诺拖累的皇帝了。斐迪南一世被迫让位给 18 岁的弗朗茨·约瑟夫，后者直到一战期间一直是哈布斯堡君主国的最高统治者，他的众多头衔中包括"使徒国王"（Apostolische Majestät）。哈布斯堡王朝的天主教和霍亨索伦王朝的新教之间的矛盾，一直到德意志帝国建立之时，都是中欧政治的重要一环。1849 年 1 月 17 日，施瓦岑贝格尝试着拉普鲁士一道，以武力让法兰克福议会屈服；在反革命的狂怒中，粉碎霍亨索伦王朝霸权计划的企图，几乎没有任何掩饰。

普鲁士国王弗里德里希·威廉四世——正如宫廷密党一再指责的那样——"满脑子都是德意志计划"，当然不能答应这样做。另外，他是他秉持的正统主义的俘虏，他不承认人民主权，也不愿意在未经其他王公同意的情况下接受德意志皇位。这两个德意志大国在对权力的诉求上有着相反的利益，但它们有着共同的王朝利己主义，这得以使它们联合起来，共同反对所有争取建立人民主权的联邦制国家的党派。

大德意志共和派力争建立一个统一的中央集权的共和国，取缔包括两大德意志强国在内的所有邦国，但他们几乎没什么机会了。大德意志联邦主义者主要是奥地利的德意志人，以及南德意志的分离主义者，比如巴伐利亚人，还有采用另一种方式的施瓦本人，他们希望建立一个更大的德意志国家，但帝国的中央机构应被削弱。所谓的小德意志派有着最接近于现实政治权力关系的理念。这种理念也可以与已经存在的德意志关税同盟结合起来。小德意志派的目标是建立以普鲁士为首、以普鲁士国王为世袭皇帝的小德意志。因此人们也称他们为皇帝世袭派（Erbkaiserliche）。按照海因里希·冯·加格恩的建议，这个"紧密的联邦"将会根据国际法与奥地利结成"更广泛的联邦"。

　　然而，施瓦岑贝格亲王却否决了建立更紧密、更广泛的联邦的想法。显然，所有这些矛盾都只能靠武力来解决。而普鲁士国王、宫廷密党以及许多保守派人士都害怕与奥地利开战，因为在这种情况下，尼古拉一世统治的沙俄很可能会介入。

179
　　但是，在反革命立场上的团结一致，以及在王朝—国家利益上的冲突，比以往更加成为奥地利与普鲁士关系的政治主旋律。

　　1849 年 3 月，宪法草案终于在法兰克福通过了。它规定了一个联邦制国家，设有依宪政形式组织的政府，由两院——参议院（Staatenhaus）和众议院（Volkshaus）组成帝国议会。这部宪法所包含的基本权利至今仍是民主议会制宪法的标志。1849 年 3 月 27 日，法兰克福国民议会以 267 票对 263 票通过宪法，次日，弗里德里希·威廉四世被选为德意志帝国的皇帝。以拉多维茨为首的 15 名右派议员投票支持建立普鲁士世袭帝国（Erbkaisertum），他们宣称，宪法的最终确定以及帝位的授予不能由议会单方面决定，而是只有经过德意志各邦国政府的批准，才具有法律约束力。这也正是当时柏林官方的声音。

　　4 月 3 日，弗里德里希·威廉四世接见了法兰克福国民议会的代表。他用外交式的辞令拒绝了代表们的请求，称能否接受帝国的皇位，取决于所有德意志邦国政府的意见。在这次会见之前，奥托·冯·俾斯麦就已经知道会发生什么事了。早在3 月 29 日，他就在给妻子的信中写道："根据国王身边人的说法，国王会婉言拒绝皇位，并对此表示感谢，他会提出，希望能借此增强其与德意志诸侯的联结。内阁昨天的看法还是很理智的。愿上帝保佑，他们可以保持这种看法。"

　　由于弗里德里希·威廉四世做出的拒绝是非常有礼貌的，因此关于普鲁士在德意志统一诉求上的立场的讨论，无论是在公共领域还是在省议会上，都还在继续进行着。正是这一点让俾斯麦感到愤怒。他关于此的发言颇具挑衅性。他说这是法兰克福国民议会"强加的诉求"，几乎没注意到主席为了中断讲话而摇的铃声。他对"二十八个邦国政府"做出的批准很是气愤。他说那些大臣们"想通过在法兰克福提出构建无政府主义的方式，来完美彰显他们的'三月立场'"。

俾斯麦提出了三条基本的反对意见："法兰克福的宪法使国王从法兰克福议会中接受那至今为止都空置的世袭皇位，如果这些人民代表第三次做出这样的决定，那么已经变成联邦人民的臣仆的国王和其他所有王公们，就都不得不结束统治了。"第二条反对意见是针对在普遍选举权下进行的直接选举的。法兰克福宪法的第三个弊端，则是它每年都要推进预算审批。这些宪法条款将会把权力交到"那由直接选举这种赌博游戏选出的"议会多数派手中，他们将会中和"王室的权力和这个国家里的各派势力"。这里的描述已经很直白了，让人联想到雅各宾专政的形象。

最令人不安的，是俾斯麦对石勒苏益格－荷尔斯泰因问题的描述。他说："对法兰克福的顺从已经导致了一些奇怪的现象：当普鲁士王室军队在石勒苏益格护卫革命、对抗当地正统的统治者时，当我们的东部各省……第二次被封锁摧毁时，法兰克福的先生们却舒适地读着报纸上有关我们的战士的事迹，读着丹麦的人民在进行怎样的斗争。"在此，老普鲁士—容克式的煽动以一种荒诞的方式拉开了自己与人民的感情和思想的距离。

俾斯麦所说的这一切，构成了几天后所发生的事情的序曲。在第二议院批准通过了宪法之后，普鲁士政府以涉嫌越权为由解散了议会，并明确拒绝了宪法。

为反对王公们对革命的破坏行动，自由派、民主派和工人协会在全德意志范围内组织起了抗议运动，在德累斯顿和伍珀塔尔（Wuppertal），这和对帝国宪法的宣传活动一起升级为了起义，但这些起义只过了几天就崩溃了。但在德意志的西南角，即普法尔茨和巴登大公国，由于巴登的正规军已经转入了革命人民的阵营，民众运动得以在有限的区域内蔓延。与法国大革命类似，由转向革命的常备军、人民卫队和众多自由军事武装这三种军事编队混合而成的人民军在巴登诞生了。

逃亡的巴登大公向普鲁士求援。两支军团在威廉亲王，也就是未来的普鲁士国王暨德意志帝国皇帝的统帅下，出征了。外交部将俾斯麦青年时期的好友卡尔·冯·萨维尼指派给亲王担任顾问和联络员。

181　　大约 6 万名普鲁士士兵与约 2.5 万人的人民军进行对峙。干预部队 ① 虽然占据优势，但直到 1849 年 7 月底，拉斯塔特要塞（Festung Rastatt）不得不投降时，才最终击退了巴登的革命。在曼海姆、弗赖堡（Freiburg），以及特别是在拉斯塔特，霍亨索伦王朝对革命人士、志愿军领袖、军官乃至身不由己的普通士兵进行了抓捕与处决。其声称，做这一切的理由，是要对违反国家神圣不可侵犯性的人毫不留情。事实上，是狭隘的自以为是和对权力的本能冲动，导致了血腥的报复。

双方都经历了苦战。从大后方调来的部队受到煽动，认为他们的对手是罪犯。而另一边，人民军的士兵们也见证了普鲁士士兵的仁慈或羞辱。这体现在 1849 年 7 月 24 日巴登人民军战败后，诗人、民主派人士戈特弗里德·凯勒（Gottfried Keller）在为瑞士亲戚呈现的一张"快照"："希望你们那里能正确看待巴登的军人们，因为他们都是好人。尤其是巴登的炮手们，因为天气很热，他们都光着膀子，像烤炉前的面包师

---

① 即普鲁士军队，因为这支军队是派来干预当地事务的。

傅们一样，在大炮前，他们依旧精神抖擞，神采奕奕。他们会把负伤的战友射死，防止他们落入普鲁士人之手。"弗里德里希·恩格斯虽然不放过巴登起义中的一切小资行为，对其百般嘲弄与讽刺，但他与所有革命者的复仇誓言有着相同的情愫："这些不止一次地在行军过程中或战场上感到极大恐怖的兵士，却像英雄般地在拉斯塔特的壕沟中牺牲了。没有一个人曾经哀求，没有一个人曾经战栗。德国人民永远不会忘记拉斯塔特的整批枪杀和地窖监禁；他们永远不会忘记指挥这些可耻事件的大人物……。"①

从奥托·冯·俾斯麦的书信往来判断，他对他的普鲁士以外的人道主义悲剧和历史悲剧并不特别感兴趣。大概他确信，普鲁士的军队会把南德意志那片他后来所称的纷乱腐烂的沼泽排干除净。直到 1849 年的秋天，他和妹妹马尔维妮出于好奇，一起参观弗里德里希哈因（Friedrichshain）的"三月革命者"墓地时，他对革命者的所有怨恨才爆发出来。"昨天我和马尔维妮在弗里德里希哈因，"他在写给约翰娜的信中说，"我甚至对死者都不能原谅，对于给予这些罪犯之墓的偶像崇拜，我的心里充满了怨恨，那里的每一个十字架上的铭文都夸耀着'自由和正义'，这是对上帝，对人类的嘲讽……当我看到他们对我的祖国所做的一切时，我的心就像中了毒一样，这些杀人犯，时至今日仍然有柏林人对他们的坟墓充满了崇敬。"

这种充满仇恨的话语，唯有在物质—社会生存和精神—道德生活中都备感革命威胁且还能感受到革命余波的痛楚的人才能写出来。

182

---

① 译文引自恩格斯《德国维护帝国宪法的运动》，北京：人民出版社，1958 年，第 98 页。

奥尔米茨的经历：从普鲁士建立联盟的尝试到
奥地利—俄国的独裁统治

弗里德里希·威廉四世可以拒绝帝国的皇位，也可以推动取缔圣保罗教堂国民议会的自由派立宪工作，可以在自己国家的领域内解散普鲁士议会，还可以派遣军队对抗德意志西南部最后一波民众起义。但 1848 年，太多的民主愿望被激发了，使得以后很难再将其压制了。俾斯麦也在他相对狭窄的活动范围内体验到了这一点。在勃兰登堡这个作为"选侯之城暨首府"（Chur-und Hauptstadt）的地方，出于对德意志人民的民主和民族情感的信任，左派把俾斯麦 4 月 21 日的挑衅性演说编成了题为《反动意图的揭露》的传单，大肆散布。在这个演说中，俾斯麦用普鲁士主义回应了国民议会的关切。这样的发言在民主派看来，是反动派的自我揭露。

鉴于民众的情绪，完全废除宪法对国王而言在政治上和道义上都太冒险了。尽管国王已经取得了诸多胜利，但他却无法宣布他的宪政承诺及民族承诺无效。在这种情况下，他选择让一个由选举产生的新议会来修正他授予的宪法。在当时，"修正"（revidieren）一词是那些用来表示渐进的、表面和平的反革命进程的"政治咒语"之一。宪法修正的一个关键要点，甚至在议会选举之前就已经摆在了人民面前；经过法律上可疑的程序，普遍的、平等的、不记名的投票权变成了三级选举权（Dreiklassenwahlrecht），一直到 1918 年 11 月革命之前，这种投票权在普鲁士都是不光彩的，引发了很大的争议。选民按照直接纳税的多少分为三等，这样一来，纳税最高的那一小部分人被归为第一等选民，他们可以选出的议员数量和属于第三等的广大民众可以选出的议员数量是一致的。三级选举权意味着收入水平对政治影响力起着决定性的作用。此外，它是间接的、公开的。在普鲁士，资产阶级民主派通过新闻界，以及在 1848 年 12 月 5 日宪法强制施行后就立即成立的各个"维护人民权利协会"的帮助下，对这种选举方式进行了抗议。这些协会的代表们甚至在 1849 年 6 月成立了一个临时中央委员会，但该委员会却鼓动大家不参加选举。民主派认为，参加选举等于承认了强制施行的选举法。

俾斯麦在几周后，对民主派在选举中"冒失的自制"嗤之以鼻，但这几乎没有让他在新的选举中变得更轻松。他的主要对手现在变成了温和的自由主义者，后者指责他反对国王加冕为皇帝。因此，俾斯麦寄希望于来自小城镇的行会手工业者和农村的支持。但即使是在小城镇和农村，一些农民也退缩了。有人跟他说，当村里人提起他的名字时，"村里从上到下都感到非常'害怕'，仿佛就要接受一顿'老普鲁士的毒打'"。在勃兰登堡市，普鲁士—爱国者协会出于选举策略的考虑，不得不声称冯·俾斯麦先生是一位立宪派，绝不会是反动派。但立宪派是什么意思？在这个开明的城市里，这种光鲜亮丽的保险对他来说毫无用处；只有乡村和拉特诺的选票能给他带来微弱的优势。

1849 年 8 月，新选举的第二议院开幕了，当时，弗里德里希·威廉四世正在努力以对普鲁士的王朝有利的方式解决德意志问题，所以第二议院也要在这个问题上表态。在 1849 年 5 月 15 日的公告中，威廉四世宣布恢复早先在法兰克福开展的立宪工作，并宣布由德意志各邦国代表组成的帝国议会与王公们一起商定一部宪法。这件事由冯·拉多维茨中将负责，他没有内阁的职位，而是在一个受到非同一般的信任的位置上，与国王和他的政府合作。

拉多维茨跟格拉赫兄弟是一代人。1797 年，拉多维茨出生于一个匈牙利的贵族家庭，11 岁时就进入了夏勒罗伊

（Charleroi）军校，之后又去了巴黎理工学院。1813年，他作为一名威斯特伐利亚炮兵中尉领导一个炮兵连，之后在莱比锡负伤被俘。随后，他进入黑森选侯国的军队服役，1823年进入普鲁士的军队服役。在1830年的时候，他担任了总参谋长一职。

184 　　13岁那年，由于父亲的决定，拉多维茨皈依了天主教，他一直坚守着这个信仰。作为一个虔诚的天主教徒，拉多维茨与特里格拉夫的塔登及格拉赫兄弟周围的新教—虔敬派狂热分子联系在了一起，他们都憎恨一切革命，争取等级君主制。"七月革命"迫使这些在19世纪20年代初时凝聚力有所下降的保守派上层再次走到了一起，他们在柏林创办了《政治周报》（*Politische Wochenblatt*），拉多维茨也参与了其中的工作。在1836年，新的反革命时期里，他成了普鲁士驻美因河畔法兰克福的军事代表。

　　弗里德里希·威廉四世在世界观上与拉多维茨十分接近，就像他和所有所谓的基督教—日耳曼圈子里的人都很亲近一样；在新教徒之外，国王也喜欢与天主教徒保持密切的信任关系。此外，拉多维茨属于普鲁士军事机构中一个特殊的团体，他被派到国王身边，担任德意志事务的核心顾问。若不算驻沙皇宫廷军事代表的话，侍卫官（Generaladjutantur）主要负责内部事务，这个"军官"组成的小团体则负责处理一切民事和军事方面的对外事务。在这些军官中——大多是少将级别的军官——有负责德意志中等强邦、南部各邦国类似事务的专家，而拉多维茨则是负责奥地利问题和所有邦联事务的专家。从他负责的领域的角度出发，他早在"三月革命"之前就与国王一致认为，有必要进行邦联的改革。

　　依据国王和他的顾问所属的基督教—日耳曼派所坚持的基本政治和道德立场，邦联改革是否可行？这一问题的答案在 1849~1850 年，即革命之后的两年中得以揭晓。拉多维茨起草了临时的《联盟宪法》（Unionsverfassung）。它计划建立一个不包含奥地利的更紧密的联邦，在帝国元首（无皇帝头衔）外，还将存在一个由参议院（Staatenhaus）和众议院（Volkshaus）组成的帝国议会。众议院与普鲁士的第二议院一样，由间接的三级选举制投票选出；国家元首对议会的决定拥有绝对的否决权（而不仅仅是推迟的权力）。然而，国家元首，也就是根据该宪法计划应该担任此职的普鲁士国王，并不是专制的，因为他必须与由 6 人组成的王公集团（Fürstenkollegium）一起行使立法权。普鲁士国王充其量只能——或者说在最坏的情况下——依靠军队的力量，而军队可以获得真正的宪法授权。

从一开始，拉多维茨的宪法计划就遭到了部分隐蔽、部分愈加公开的反对，这些反对来自那些刚刚在社会和国家秩序中遭受了最严重冲击的势力团体和权力机构。保守派贵族在拟订的宪法计划中看到了太多对自由主义—议会制的让步；普鲁士之外的各王国担心霍亨索伦王朝的霸权主义倾向，而普鲁士的极端保守派则认为，一个比法兰克福《帝国宪法》所规定的还要更明确的君主制下的联邦制，只会损害普鲁士的权力和荣耀。

1849 年 5 月底，拉多维茨与萨克森和汉诺威的谈判代表们就所谓的"三王同盟"（Dreikönigsbündnis）①达成了一致意见，即在草拟的《联盟宪法》的框架下，建立一个更紧密的联邦。但与普鲁士国王关系密切的萨克森和汉诺威的两位国王，却对这一备受推崇的同盟工作提出了保留性的质疑，主张三国的同盟必须得到其他所有德意志王公的同意。起初，一切

①　即普鲁士、萨克森和汉诺威三个君主国之间的联盟协议。

似乎都充满了希望，因为渐渐地，所有的邦国都加入了三王同盟——除了巴伐利亚、符腾堡和荷尔斯泰因。由于各邦国的革命动乱，那些愿意加入的王公们暂时都倾向于普鲁士的意见。

《联盟宪法》表面上从法兰克福国民议会的宪法草案中借用了部分条款，这也有宣传的目的。借此，它不仅要吹响反革命军队的进军号角，还要让人看到一份近似民族国家的纲领，从而将资产阶级阵线中那些愿意妥协的、摇摆不定的人重新更加稳固地吸引到既有势力一边来。

事实上，1849 年 6 月 28 日，当民主派的革命人士还在巴登战斗、在普鲁士军队的枪林弹雨中倒下时，支持皇帝世袭的众多自由派成员在哥达（Gotha）会晤，同意了计划中的《联盟宪法》。自由派右翼从此以后被称为"哥达党"，直到 19 世纪 60 年代，"哥达党"都是对背叛了民众运动的自由派的代称。总的来说，这个联盟符合普鲁士的大资产阶级的利益，他们为此牺牲了自由权利，更牺牲了民主权利，以及他们直接的统治权。

186

起初，新选出的普鲁士议会似乎毫无抵抗就接受了政府的联盟政策。已经倒向了联盟政策的哥达党，组成了自由主义反对派的核心，实力只比执政的保守派稍弱。奥托·冯·俾斯麦再次成了极右派的代表。在拉多维茨向政府通报了有关德意志宪法事务的情况，以及议院的一个委员会研究了普鲁士宪法是否与未来的德意志联邦国家的宪法相协调的问题后，俾斯麦于 9 月 6 日出面，就具体的普鲁士主义发表了令人难忘的演说。在演讲的最后高潮时刻，他表演性地发表了一番言论。他高举起普鲁士的"黑—白两色旗"，与那"对三色旗的热忱"形成对抗，他大谈特谈："这面黑白旗象征着从大革命中幸存下来的普鲁士主义，象征着普鲁士的军队，象征着普鲁士的宝藏，象征着普鲁士多年来智慧的统治成果，象征着普鲁士国王和人民之间富有生命力的互动。那是普鲁士人对从历史流传下来的王朝的依恋，那是老普鲁士人对荣誉、忠诚、服从和勇敢的信念，而这些信念渗透到了军队中，从军队的骨干、军官团开始，一直到最年轻的新兵。"

俾斯麦针对1848年革命所说的话，可以让我们更深入地了解他当时的思想与感受。在议会的一次演讲中，他说出了这样一个观点，即"前一年的'运动坚持的种种原则'在本质上更多是社会性的，而不是民族性的；民族运动一直局限于一些秘密圈子里的少数精英。如果不是因为社会因素被卷入了这场运动，如果不是因为无产者对他人财富的渴望所形成的错误假象激起了穷人对富人的嫉妒，我们脚下的根基就不会动摇。那种由上层长期滋养的自由精神（左派的那些牢骚）越是泯灭人们心中关于反抗的道德因素，这些革命激情就越是容易生根发芽"。

俾斯麦对"无产者对他人财富的渴望"的愤怒，为他1849年11月底在第二议院中就解除土地负担①、调节庄园主与农民间关系、建立地租银行（Rentenbanken）等相关法案发表的言论作了铺垫："对土地所有权的许诺曾在忠诚的省份帮助布赫尔议员和他的政治伙伴们当选。这样的愿望绝没有消失；这些人绝不是放弃了这一愿景，他们一旦形成了自己的观点，就会以普通人特有的坚韧不拔的精神坚持下去。"值得注意的是：对俾斯麦来说，他所处等级的物质利益，也意味着要为保留容克特权而斗争；他不认为社会下层有追求物质利益的权利；他在那其中看到的，只有被民主派的宣传伎俩煽动出来的觊觎。这种观点占据着他的头脑，使得他仅仅会从这个角度来看待和判断革命。

187

①　指通过支付货币或实物免除在某片土地上要承担的义务或赎得土地所有权。

俾斯麦在 9 月有关弗里德里希二世（即弗里德里希大王）的表述，体现了他是如何有意识地把前一个世纪的历史现象挪用到现时发生的事上的。他推测着，如果是弗里德里希二世，在类似于 1848 年的危机情况下，会有怎样的表现。"他一定会知道，"俾斯麦这样说道，"今天也像我们父辈的时代一样，那召唤普鲁士人到君主麾下的号角声仍未远离他们的耳畔，无论这号角是呼唤他们去保卫边疆，还是去保护普鲁士的荣耀和伟大。他将会选择在与法兰克福决裂后，投入老战友奥地利的怀抱，在那里，他将取代俄国沙皇与奥地利结盟，一起消灭共同的敌人——革命。"俾斯麦在这里对奥地利用了美化的说辞——"老战友"，同时提到了要消灭革命，这一定是符合所有保守派的看法的。不过，一定会让保守派中的许多人深感震惊的是，俾斯麦竟敢对弗里德里希二世可能会采取的另一种行动做出猜测。根据俾斯麦的说法，弗里德里希二世"在拒绝法兰克福授予的帝位之后，便可随意动用那帮助他征服了西里西亚的同样的权利，命令德意志人——这正是他们的宪法所规定的——冒着风险，将刀剑作为筹码置于天平之上。这将会是普鲁士的民族政策。这种政策——要么通过与奥地利联盟，要么依靠自己的力量——将会给予普鲁士一个正确的地位，来帮助德意志在欧洲成为它理应成为的强国。"

这些都不符合拉多维茨或路德维希·冯·格拉赫的思想。迟早会使拉多维茨在行动上无所作为，并使格拉赫从一开始就对民族政治消极对待的，是他们来自正统主义（Legitimismus）的伦理道德原则，这样的原则排除了弗里德里希二世式的或俾斯麦式的征服政策。

当然，俾斯麦在一套忠君主义的传统说辞之后，也再三谈到了上帝恩典下的国王、自古传承至今的统治者之类的话；但对他来说，这些概念并不是建立在正统主义的理论体系上的，

188

即使他在与自由派和民主派激烈论战时也会使用这些概念。在他的忠君主义里，他其实也是一个务实主义者。简单来说，俾斯麦所关心的是加强王权，以保护贵族的诸多利益——这也就是说，世界观—道德上的理论体系只能限制他在政治上的活动范围。从本质上说，他把忠君主义和正统主义分开了；凡是以他那样谈论和推测弗里德里希二世思想（Friderizianizismus）的议员，都不是正统主义者，而是只效忠于普鲁士的忠君主义者。

俾斯麦 9 月 6 日的讲话，在策略上也受到了国际力量关系变化的影响，这种变化对普鲁士的联盟努力非常不利。1849 年夏，奥地利对普鲁士的外交保持观望，但绝不是抱有善意。由于匈牙利境内的民族革命仍在继续，它仍无暇做出任何攻击性行为。看起来，1849 年似乎将成为普鲁士获得霸权的一年。然而，奥地利在俄国的助力下取得了对匈牙利自由战士们的胜利后，它又重新获得了面对其对手普鲁士的政治行动自由。尽管奥地利宰相费利克斯·祖·施瓦岑贝格亲王（Fürst Felix zu Schwarzenberg）出于战略上的原因，在外交上提出了各种关于德意志和中欧政治重组的计划，但本质上，他是在号召恢复"三月革命"前那个由奥地利领导的德意志邦联议会，以此来反对普鲁士的联盟计划。

1849 年 8 月 27 日，施瓦岑贝格的意图变得清晰起来了。当巴登和黑森－达姆施塔特（Hessen-Darmstadt）承认了草拟的《联盟宪法》时，施瓦岑贝格宣布该宪法与 1815 年的《邦联条例》不相容。对于那份旧的邦联在 1848 年宣布将其职权移交给法兰克福国民议会的模棱两可的声明，他做出了如此一种解释，就仿佛这个被普遍憎恨的邦联仍然在国际法的意义上继续存在一样。奥地利明确反对联盟，并且以大国的口吻发话，这尤其在位于德意志中部的邦国中激起了或是隐秘、或是公开的对于普鲁士霸权计划的抵制。这反过来又使柏林的大臣们感到不安，加剧了他们与拉多维茨的对立。

所有这些政治上的变化都没有瞒过俾斯麦。9月在第二议院发表讲话一周后，他给约翰娜写了一封信："德意志的幻想很可能会落空；我的想法会是对的；我们正在与奥地利就建立一个联合的中央政权的问题进行热烈的谈判，之后拉多维茨的计划将会不攻自破。"10月初，他向市议会的首席议员门斯·祖·拉特诺（Mens zu Rathenow）报告说："在德意志的事务上，萨克森以及汉诺威正在越来越坚决地放弃三王同盟，尤其是汉诺威。而我们的政府仍在犹豫不决，一方面希望在不引起公开反对的情况下，离开此前在冯·拉多维茨先生的影响下走上的道路，另一方面则需要看到一个新的中央政权为了全德意志的事务而建立起来。"

10月的事态显示了奥地利，尤其是通过1849年8月27日的公开宣言，取得了怎样的影响力。在5月底就已经加入三王同盟的萨克森和汉诺威，此时宣布反对在埃尔福特（Erfurt）为规划中的联邦国家的领土问题而召开的议会。在没有正式宣布退出三王同盟、放弃计划中的联盟的情况下，它们后退了，只留下普鲁士和一些小邦国一起筹备埃尔福特议会。由此变得显而易见的是，在奥地利的驱动下，德意志的邦国们将不会加入计划中的联邦国家。尽管如此，普鲁士和仍然忠于它的力量相对小的盟友们还是在1850年1月31日举行了埃尔福特议会的选举。

这一切使普鲁士陷入了不幸的境地。在选举前，俾斯麦担忧地问他哥哥，他能否在诺沃加德被选为埃尔福特议会的议员，因为"在我以前的选区里，我当选的机会渺茫，因为那里的农民现在都加入了在农村发展迅速的阿尔滕堡－马格德堡民主人民协会（Altenburg-Magdeburgische demokratische

Volksverein）"。他显然意识到了，他在 1849 年 12 月中旬提出的纲领并不太吸引人。这份纲领聚焦于三个要求：1. 坚决反对民主派的目标；2. 实行真正保守主义的新的联邦宪法；3. 尽可能充分地实现联邦国家的目标，但不能完全或片面地追求德意志的统一，从而损害普鲁士的实力或荣誉。俾斯麦把最后一点要求实际上简化为了一句座右铭，即"必须永远维护普鲁士的荣誉、独立和力量"。在他内心深处，他无法相信联盟计划会成功。事实上，1850 年 3 月 20 日在埃尔福特召开的联邦议会及其两院会议早已注定失败，因为下院只在普鲁士和少数几个中小邦国中进行了选举，在萨克森和汉诺威这两个在正式层面还维持着与普鲁士同盟关系的王国里，选举甚至都没有进行，更不用说在巴伐利亚和符腾堡了——而且议会一如既往地采用三级选举制，使得投票率很低。

由于民主派因为三级选举制而号召抵制投票，被选中的议员大多是此前圣保罗教堂的皇帝世袭派，他们的上一任主席爱德华·希姆森（Eduard Simson）也成了埃尔福特议会的主席。这些"哥达党"，或是俾斯麦轻蔑地称为"哥达裁缝"的人，占了议会多数。在党派政治的构成和席位占有方面，俾斯麦、冯·克莱斯特 - 莱佐夫、施塔尔和路德维希·冯·格拉赫周围的保守派小集团的日子并不好过。他们不得不与巴塞尔曼（Bassermann）、西贝尔（Sybel）和格奥尔格·冯·温克这样在议会中如鱼得水、擅长演讲的自由派打交道。俾斯麦成了自由派主席爱德华·希姆森的议会秘书。他绝没有把这个职位看成一种褒奖，而把它看成让不受欢迎的新闻界代表们更难开展工作的机会。因此他得以禁止两名记者进入大楼，理由是他们的报道有刻意贬低之嫌。

1850 年 4 月 15 日是保守派与自由派进行根本性争论的大日子。路德维希·冯·格拉赫再次出现在议会讲台上。拉多维

190

茨的联盟思想对他来说是如此陌生，以至于他宣布"奥地利和普鲁士的统一对整个德意志的影响"是"德意志邦联的本质"。这样一来，他就再次接受了梅特涅政治学的基本思想。他把"民族性作为最高的法律原则"说成是"严重的错误"，并把"上帝的恩典所赋予的权威"置于其上。

自由派捍卫德意志的民族性和统一的思想。通过理论和神学的观点来反对他们，并不是俾斯麦的事情。他似乎更多是被内心的愤怒引导。自由派历史学家、哥达党成员施坦泽尔（Stenzel）是这样描述他所看到的俾斯麦的形象的："他是一个身材高大、干练、有点胖的人，留着金黄色的胡须，头发稀疏；他说话不流利，却像是在克制着对革命和革命集会的愤怒，把一个个字词从嘴里吐出来。"俾斯麦在谈到黑红金三色时，也显露了这种愤怒，他说："这从来就不是德意志帝国的颜色（左派出现了骚动，右派则为此叫好），而是两年来的暴乱和街垒战的颜色（右派爆发出了掌声）……"

191　　　他一而再、再而三地改变了他在竞选时提出的基本想法，这些想法事关普鲁士权力的削弱，或者按照当时的说法，让普鲁士不再能直接行使权力（Mediatisierung）。他想说服他的普鲁士同胞，"我们的邻国将来会统治我们，在王公会议（Fürstenrat）上，100万巴登人的影响力与1600万普鲁士人的影响力是一样大的，在参议院里，4个普鲁士人的影响力才能超过1个巴登人或拿骚（Nassau）人的影响力"。这与其他类似的言论一样，都是经过精心策划的宣传鼓动，但没有经过严肃的论证。俾斯麦保证，与他有同样想法的普鲁士人确实希望建立一个联邦制国家，但在他看来，他们心里真正的诉求是，他们不想在"接受这样一部宪法的代价下"建立联邦国家。

在埃尔福特议会占多数的自由派非常虚弱，而占少数的保守派对拉多维茨造成了强力的掣肘，这一点在埃尔福特议会的最后一次会议上体现了出来。拉多维茨无法对联邦的大臣们提名，因此不得不放弃回答有关联邦政府的关键问题。

关于俾斯麦和拉多维茨之间的关系，人们是否可以简单地理解为，他们对彼此充满厌恶？在这场尚未完全克服的革命危机中，让这两个人——两个普鲁士王权的捍卫者——走向对立的，看起来是主观因素，实际上是客观原因。这两位政治家都面临着这样一个问题：为了欧洲保守派的团结，同时也为了普鲁士王朝的国家利益，他们应该为结束一场具有国际意义的划时代的革命做些什么呢？随着他们以不同的方式追求本质上相同的目标，他们政治态度上的深刻分歧就显露出来了。

就在他的所谓联盟政策出台前，拉多维茨在给妻子的信中说："我的指导思想一直是严格坚持使用法律手段，哪怕是在最坏的情况下。"我们应该记得，相比起一个邦国联合体——它在 1815 年通过德意志邦联的形式建立、在 1848 年被取缔——拉多维茨所追求的是一种革命性的东西，即一个联邦国家。作为一个保守派，他因此陷入了一种诡谲的辩证：一方面，他想通过一个在当时看来是革命性的国家机构来结束革命，另一方面，他又想通过非革命的手段，确切地说，是"使用法律手段"来落实这个机构。

考虑到普鲁士之外的其他德意志邦国和欧洲大国的利益，这样的政治构想不可能成功。可以很容易地看到，拉多维茨谨慎不足，他既要争取联邦制国家，又要争取普鲁士的权力，这与其他国家的利己主义，尤其是奥地利和俄国这两个大国的利益相违背。他也可能低估了自由主义和民主在革命危机中的政治潜力，这种危机至今仍未完全克服。正因为他对德意志内外的政治环境没有足够的重视，他甚至让不属于宫廷密党的奥托·冯·曼陀菲尔都站到了自己的对立面。

俾斯麦没有理论性地思考过普鲁士联盟政策的整体框架，而是出于政治本能拒绝了拉多维茨的计划。他觉得，不犯法就不可能取得革命性的成果。凡是像他一样，为了德意志的统一，可以去推测弗里德里希二世的征服政策的人，都不是以普世的法律观念为指导的。但是，所有抽象的法律观念和正义观念都可以被归纳到各种政治愿景之下。在具体操作中，拉多维茨和冯·格拉赫的路线在法律观念上是一致的，他们后来却走上了完全不同的方向。拉多维茨希望根据历史发展，在民族思想中实现他的基本法律观念。而冯·格拉赫一派则认为，普遍适用的法律只有在传统的、合法的秩序中才能实现。

对俾斯麦来说，这些观点都是虚构的。然而，由于他在那个历史政治发展的时期接近冯·格拉赫的具体目标，所以他把矛头对准了拉多维茨，因为拉多维茨的基本态度和政治活动让他深感不安。俾斯麦在拉多维茨身上只能看到一个危害到王室和贵族利益的、博学多才的笨蛋。于是，俾斯麦写出了这样几封充满讽刺意味的信。1850 年 7 月，俾斯麦在给他的童年朋友沙拉赫的信中说："即使我不想像个普鲁士的拿破仑那样说他：'……他是一个好人，但却是个笨蛋，笨蛋！'但拉多维茨确实在普通人中也并不算出类拔萃，他只是记忆力惊人而已，而他的博学多才也只是因为他记忆力好……凭借惊人的记忆力，他能熟记大量很有感染力的优秀演讲及其中心思想，他也研究了我们最尊贵的国王的弱点，知道如何用表情和优美的言语来打动他，利用他的高贵和弱点。此外，拉多维茨作为一个普通人，是一个正派的、无可指摘的人，是一个优秀的顾家的好父亲，但他作为一个没有自己的想法的政客，只是靠着小聪明，急于获得人气和掌声，为巨大的虚荣心、报纸上的高谈阔论和所谓的舆论——其实只是那些最无耻的宪政鼓吹者的肤浅言论——所裹挟。"

在这里，试图区分哪些评价是真实的、哪些是杜撰的，是没有意义的。但是，如果我们知道俾斯麦很早就能敏锐地发现自己身边人的弱点，就不会把他对拉多维茨的任何批评都看成诽谤。而拉多维茨则向路易斯·沃斯伯爵夫人（Gräfin Luise Voß）这样描述他的对手："他是个为了不懂或不知道的事，在辱骂中耗费精神的没有教养的孩子。"

没有教养的孩子？俾斯麦至少能够以优雅的姿态来表现他的无耻。至于他的辱骂，是因为现实中确实有他不想理解也无法理解的领域。这几乎都是涉及城市和乡村工人阶级的社会苦难的。另外，从他的利益和立场出发，在经历了 1848 年之后，俾斯麦表现得对政治势力和时局胸有成竹，尽管他在 19 世纪 50 年代后半期才形成自己的政治构想。在他的身上，在跨进新时代的最后关头，一种以精神和实践的方式处理政治问题的新方式形成了。"现实政治"（Realpolitik）一词正是在那些年中诞生的。

埃尔福特议会在没有任何积极成果的情况下解散了。普鲁士政府阻止了联邦政府的成立，并且一直没有颁布在埃尔福特通过，后来又朝着反自由主义方向作出修订的宪法。很明显，在普鲁士的政策中占据主导地位的是，在合适的借口下，在不降低霍亨索伦君主威望的前提下，努力阻止联盟计划。但是，多瑙河的君主国让它很难挽回面子。在埃尔福特议会结束几个星期后，1850 年 5 月 16 日，在施瓦岑贝格亲王的推动下，邦联议会虽然仍没有恢复到全体会议的代表数量，但还是按照过去的形式重新召开了。暂时仍忠于联盟的各邦国缺席；而巴伐利亚、符腾堡、萨克森和汉诺威四个王国则站到了奥地利这一边。沙皇尼古拉本身并不反对普鲁士在德意志北部扩张势力，只要它能使用传统的解决王朝间纷争的手段，并且能与保守主义大国协商。但是，他反对德意志的统一政策，认为这种政策是建立在资产阶级的民族主义和自由主义的愿景之上的。他说，他会帮助那些在道义上被迫发动进攻的势力，他明确表示，如果抵制邦联议会的重新召开，将会使得普鲁士在道义上陷入错误的境地。

在沙皇的压力下，弗里德里希·威廉四世在德意志政策中的一个重要领域内，第一次在政治上进行了如此明显的大撤退：1850 年 7 月 2 日，弗里德里希·威廉四世与丹麦媾和，将进行民族抗争的石勒苏益格－荷尔斯泰因地区的人交由丹麦处置。他将这两个德意志公国许诺给丹麦，丹麦亦有权要求德意志邦联采取行动，以平息荷尔斯泰因的起义，帮助夺回这个省。石勒苏益格－荷尔斯泰因地区的民族抗争暂时被镇压了下来，但人们对自由的渴望并没有得到满足。石勒苏益格－荷尔斯泰因之火一直燃烧到 1866 年俾斯麦的革命前。

普鲁士—奥地利关系危机的发展一定程度上是由承担仲裁者角色的沙皇决定的，很快，这一危机就进入了尖锐阶段。在黑森选侯国，民众、部分官僚机构甚至军官团都对选侯公然违反宪法的行为进行了抗议；当选侯要求征收新的、未经批准的税目时，全国人民都站起来反抗他。由此，继荷尔斯泰因之后，黑森选侯国成了在 1850 年仍能进行民主革命起义的第二个国家。选侯不得不逃往法兰克福，在那里，由奥地利重新召集的邦联议会（普鲁士依旧没有派代表出席）承诺出兵镇压抗议的民众。普鲁士不是出于对民众的同情，而是出于军事上的战略原因，不得不对选侯采取了反对的立场；这是因为普鲁士在黑森有两条运兵道路，连接着普鲁士君主国的西部和东部。哈布斯堡王朝政治势力的增强，意味着一个被人民憎恨的君主不再像 1849 年 5 月那样需要向普鲁士求援，而是可以依靠奥地利了。

普鲁士和奥地利之间的角力有可能转移到军事层面。普鲁士的大部分人由于憎恶奥地利和沙皇俄国的阴谋，对于战争的愿望越来越强烈。但一年前就已经在境外镇压过起义的普鲁士，此时却无法对奥地利做出攻击性行为。对普鲁士的官员、军人和贵族来说，与奥地利和俄国开战，越来越意味着一种冒险行为了。一旦开战，普鲁士要么会丢掉它在德意志和欧洲政治中的强权地位，要么会无意中演变成一场人民战争。有影响力的大臣和军官们都有意地搁置了军事准备工作，并且对外国使节透露，自己不愿意与奥地利交战。

弗里德里希·威廉四世破坏了《联盟宪法》中本就脆弱的自由主义支柱。在宫廷密党和沙皇的压力下，邦联议会将不再由选举产生，而是由各国议会的代表团构成。但国王既不能摆脱所有有关联盟政策的想法，也不能和他的大臣们就普鲁士对德意志的强权政策的变化和应采取的策略——尤其是对奥地利的策略——达成一致意见。不然，人们就很难理解为什么9月14日，国王会任命拉多维茨为外交大臣，交给这个受到各方攻讦的人一个他干不久的职位了。

在屈从于俄国和奥地利摆布的路上，发生了诸多令人筋疲力尽的斗争；像普鲁士首相勃兰登堡伯爵这样的人，也在身体上败给了这些斗争。1850年11月7日，即他在勃兰登堡突然去世的一天后，俾斯麦在给赫尔曼·瓦格纳的信中说："你无法想象，即使在最保守的阶层中，关于德意志的阴谋诡计和对奥地利的愤怒已经扩散到了怎样的地步。"

在1850年11月29日的《奥尔米茨协定》中，普鲁士面对得到俄国支持的奥地利遭受了一场惨败：普鲁士最终不得不放弃了由拉多维茨构想和推动的尝试，即在普鲁士的统治下，把除奥地利外的所有德意志邦国结成联邦。为了结束这场屈辱，普鲁士不得不同意，将军队从黑森选侯国撤回，而这个区域对连接普鲁士西部和东部的领土十分重要；普鲁士还单方面将军队武装裁减到了和平时期的规模；最后，它不得不完全放弃支持荷尔斯泰因对丹麦进行的独立战争。

196 　　即使普鲁士在奥尔米茨的败北并不像一些人认为的那样，可以与1806年在耶拿的战败相提并论，但许多保守派人士，尤其是普鲁士的威廉亲王，即未来的普鲁士国王和德国皇帝，在当时甚至后来都认为这是"耻辱"——因为普鲁士的大国地位受到了威胁。在奥尔米茨会议的几个月后，一个温和派别因国内政治原因从保守派中分离了出来，成立了所谓的"周刊党"（Wochenblatt Partei），这个派别的领导人之一——冯·德·戈尔茨（von der Goltz）——发布了一份宣传小册子，聚焦于外交政策。他在上面强调，1850年11月以来的事件在保守派内部造成了"深深的裂痕"，"对外，普鲁士作为德意志一个独立大国的地位受到了威胁，同时，德意志民族的前途也受到了威胁"。

　　让自由派感到失望和愤怒的是，普鲁士不战而降，放弃了从1848年革命的政治破产中拯救出来的那个相当温和的民族统一政策，即《联盟宪法》。然而，尽管有了这次反抗和后来的几次反抗，直到19世纪60年代，哥达派仍然是中上层资产阶级机会主义者的代名词。

　　在拉多维茨辞去了普鲁士外交大臣的职务后，奥托·冯·曼陀菲尔成了他的接替者，签署了《奥尔米茨协定》，不久后他又接替勃兰登堡伯爵，成了普鲁士首相。他为普鲁士的投降辩护强调，由于对奥地利的战争需要大量资金得到批准，因此，对奥地利的战争会使王室更加依赖议会，这可能会迫使普鲁士在全德意志范围内，向民族主义和自由主义势力寻求帮助。他在与利奥波德·冯·格拉赫的一次谈话中指出，普鲁士"在与欧洲大国结盟或与革命结盟之外别无选择，而他会选择哪个，是毫无疑问的"。

事实上，普鲁士君主国在决定支持或反对《奥尔米茨协定》时，面临着这样一个问题：要么依靠自由派的和民主派的爱国热情，在军事上抵御奥地利和沙皇的要求，同时让人民的力量焕发生机，使得建立一个资产阶级议会制民族国家的机会提高；要么接受普鲁士被奥地利和俄国的强权政治打败的局面。宫廷密党不需要经过深思熟虑就决定支持后者；这样做，就宣告了拉多维茨政治生命的结束，也接受了勃兰登堡的"死亡"。

对保守派来说，在自由派甚至激进民主派的旗号下实现民族国家的统一，曾经是并且仍然是那场他们必须毫不妥协地进行斗争的革命的缩影。这也是俾斯麦的出发点，是他的政治感受、政治思想和政治行动的基本原则，尽管他很快就会接受一条自上而下的革命道路。正如俾斯麦 1850 年 12 月 3 日在奥尔米茨的演讲中所强调的，君主的顾问们的职责是："确保王室不受邦联内盟友的威胁，他们比敌人更加危险；保护普鲁士不会违背自己的意愿，成为那些被欧洲驱逐的人们的集结点。"在另一点上，他更加明确地指出："我所追求的普鲁士的荣誉，就是普鲁士首先要避免任何与民主之间的可耻联系。"最后，他警告说，要防止一场"原则之战"，因为这会使容克的普鲁士"即使在取得胜利的情况下，也会走向屈辱的覆灭"。对他来说，这就意味着这个国家向自由主义投降，并且融入德意志。俾斯麦在奥尔米茨演讲的核心是警告普鲁士对奥地利和俄国的军事斗争会导致民主革命。

然而，这仍没有勾勒出俾斯麦的奥尔米茨经历和他从中得出的所有结论。即使他于 1850 年末在奥尔米茨接受了普鲁士保守主义的避险政策，接受了普鲁士在与奥地利的斗争中丧失了威望和权力的事实，但在他的普鲁士主体主义的骄傲中，他并不是完全无动于衷的。在 1850 年 11 月 22 日的日记中，利奥波德·冯·格拉赫恼羞成怒地记录了俾斯麦的首次反驳："晚上，冯·克莱斯特－莱佐夫和俾斯麦来到我的家里；为了表达对政府的坚决反对，他们想在议会里反对普鲁士撤出黑森的事。我变得相当狂暴，因为我发现自己现在被所有人抛弃了。"

最后，俾斯麦还是以预期中的果断态度宣传了他这位赞助人所期望的东西，然而在他内心深处有所保留的，比那晚与利奥波德·冯·格拉赫的冲突所显示的还要多。至少一年后，他在给冯·曼陀菲尔的报告中仍然提到"联盟政策中健全的、实用的部分应该得到发展"。而且此处就应该注意，被普遍认为是一个不持批判态度的通俄主义者的俾斯麦，在四年后给曼陀菲尔的私信中，认为有必要强调一下："我不属于那些把俄国的利益视作与我们的利益一致的人；相反，俄国欠我们很多；即使是面对革命，在没有俄国的情况下，我们至少能应付我们国内的革命和德意志的革命，只要我们想。"而在同一封信中，在几段话之后，他又提醒道，维也纳内阁"利用俄国来对我们施加压力"。俾斯麦，这个在外界看来支持神圣同盟的政治家，其实是支持普鲁士霸权的政治家。

198　　　极端保守派存在激烈的内部争论，他们之中最有权力意识的那些人的心态出现了分裂，为了能够更有力地打击来自自由派和民主派的对手，他们几乎是以暴力的方式解决一切质疑——这一切再一次表明，奥尔米茨问题集中体现了，欧洲列强和德意志保守派势力的反革命团结中存在张力和问题，它们的利益相互冲突。

1850年底，革命后时代的最终阶段在奥尔米茨拉开了序幕。尽管取得了种种成就，但并不是所有革命前的状态都能恢复。1850年3月，在奥尔米茨会议之前的几个月，勃兰登堡—曼陀菲尔政府认为有必要违背宫廷密党和俾斯麦的意愿，推动通过了一部赎免法（Ablösungsgesetz），这是类似法律中的最后一部。它使资产阶级受益，因为它最终把农业推向了资本主义生产的轨道。因此，尽管路德维希·冯·格拉赫可能有些天真，他的思想基础可能相当陈旧，但当他带着压抑的愤怒，将这部法律称为一部"革命法"时，这并非无稽之谈。虽然封建容克们在思想观念和统治方法上都还有封建印记，但他们正逐渐变成乡村企业家，从而成了即将到来的自上而下的革命的潜在盟友。奥尔米茨会议之后，1851 年 5 月的共同所有制法（Miteigentümergesetz）也为近代采矿业乃至整个重工业的发展扫除了主要障碍。

总而言之，19 世纪 50 年代初普鲁士对民主运动的打击是一个历史性的转折点，弗里德里希·恩格斯在 40 年后简明扼要地描述了它："从下面进行革命的时期暂告结束了；随之而来的是从上面进行革命的时期。"①

---

① 译文引自恩格斯《卡·马克思〈1848 年至 1850 年的法兰西阶级斗争〉一书导言》，《马克思恩格斯全集》（第二十九卷），北京：人民出版社，2020 年，第 627~628 页。

第三章
在政治前哨站：克里米亚战争前后

终于走上了最初规划的职业之路

　　奥尔米茨会议导致了普鲁士国家机器中出现了反自由主义的重新洗牌和新的任命。与1806年耶拿战役之后不同的是，此时推行的是反动的人事政策；保守派把普鲁士外交政策的失败转化为了对国内自由派的胜利。这是真正的宫廷密党的政变。他们还让人分发了两万份俾斯麦在奥尔米茨的演讲稿。因此，与1849年夏天相比，时代已经发生了变化，那时，自由派公开发表这位舍恩豪森代表的演讲，目的是揭露他。

　　任何一个像俾斯麦一样期待着在更高层次上施展才华的人，都不能仅仅依靠在会议厅里的一次主旨演讲的成功；即使他没有明说，但他也一定知道，在这个关系到他一生的决定性时刻，等待并不是一个好的选择。他必须活跃起来，日复一日地行动。因此，俾斯麦在1851年的头几个月中开展了各种活动。他在给约翰娜的信中感慨道，会议、访问、磋商与筹谋填满了他每天的行程。人们在私人事务上征求他的意见，他还要出席"外交上的晚间密谋"，与新任俄国公使、来自波罗的海的德意志人冯·布德贝格男爵（Baron von Budberg）和奥地利公使安东·冯·普罗克什－奥斯滕（Anton von Prokesch-Osten）会晤；最后，他还要参加宫廷舞会，这给了他与国王攀谈的机会。国王在那里可以不再受拘束地跟人交流，他对俾斯麦议员挑动人心的演讲和演讲中对恢复秩序的呼吁表示衷心赞赏。在这里，时代也发生了变化；国王陛下不再像 1847 年那样，在宫廷里公开回避这位忠君派中的煽动者了。

国王饶有兴趣地关注着俾斯麦的议会活动，而俾斯麦也知道，在那几个决定性的星期和月份里，他的政治工作的重点必须放在议会上。在这里，他继奥尔米茨演讲之后，再次因为多次精彩的演讲脱颖而出，也受到了高层的青睐。俾斯麦虽然不是研究"海外贸易公司"（Seehandlung）——一种国家银行——预算的委员会成员，但他在 1851 年 3 月底的一次委员会全会上担任了委员会的报告人。显然，他通过保守派的运作成了委员会所称的"值得信赖的人"，让他检查并报告"海外贸易公司"的账目和银行流水。

作为一个来自波美拉尼亚和阿尔特马克的庄园主，要想对一家大型银行机构的商业活动做出评判，必须有足够厚的脸皮。事实上，这恰恰不是商业问题，而是政治问题。保守派想动摇汉泽曼的银行主席的地位，而在这种情况下，莱茵的议员站出来支持汉泽曼，并不能给他们带来任何好处。在议会听证两周后，内阁下达了改组银行领导层的命令，汉泽曼被撤职。俾斯麦和他的追随者们的政治干预取得了彻底的胜利。

在这成功一击的前一个月，1851 年 2 月 24 日，俾斯麦在演讲中向自由主义立宪派发起了攻击。他首次谈到了日后被广泛使用的"宪法缺口理论"（Lückentheorie），即宪法并没有规定，如果预算法不出台，应当采取怎样的行动；而根据普鲁士的最高王权精神，由国王任命的政府有权在与议会决定相左的情况下按照自己的意志行事。因此，俾斯麦这次的演讲获得了国王的特别致谢，这在政治上和人情上都是可以理解的，就像他 1851 年 3 月 11 日的演讲得到的致谢一样。他在这次演讲中以忠君主义者的姿态反对一切削减军事预算的提案，并且

200

阐述了他在议会与军队关系问题上的原则：军队绝不能听命于议会的决定，因为议会在军事上是无知的；普鲁士的强国地位依靠军队，而军队是由军官团组成的。这两次演说囊括了1848~1849 年普鲁士王室反革命的精髓，并预示了未来冲突的主旋律。而在这些纷争的过程中，奥托·冯·俾斯麦在1862年成了"冲突大臣"（Konfliktminister），并走到了一个在历史上非常奇特的位置，他在这个位置上自上而下地发动了普鲁士革命，建立了德意志帝国。

弗里德里希·威廉四世认为俾斯麦有能为王权奋斗的才干，他不想在议会里错失这样一个人才。在这种情况下，来自王室的亲善迫使这位谋求更高职位的人不得不暂时留在议会的枷锁中，虽然之后他会得到一个政府里的高级职位。1851年1月，一个奇怪的想法冒了出来，即派俾斯麦到安哈尔特（Anhalt）的贝恩堡（Bernburg）担任普鲁士代表。俾斯麦说："这位公爵①很愚蠢，大臣也是。"怀揣着对上帝和国王的忠诚，俾斯麦跟他的约翰娜说："如果国王要求我去，我就去，不然的话，我就不去了。"这个计划失败了，因为大家都知道，不能强求俾斯麦承担这样的任务。

在观望和行动的时候，高级政治为他带来了帮助。1850年底至 1851 年 5 月中旬，在奥尔米茨会议上敲定的"自由大会"在德累斯顿举行，会议没有就邦联议会的改组达成任何协议。德意志两个大国间的互不信任，以及小国对这两个大国的不信任，实在是太过严重了。所以，除了回归美因河畔法兰克福的邦联议会在"三月革命"前的形态，别无选择。但是，普鲁士应该派谁去当代表呢？利奥波德·冯·格拉赫向国王推荐

---

① 指贝恩堡公爵亚历山大·卡尔（Alexander Carl）。

了坚定的忠君派、《奥尔米茨协定》的捍卫者[1]。

国王很爽快地接纳了冯·格拉赫的建议，想要让俾斯麦立即成为驻邦联议会的代表。但是，这一切并没有那么快发生。任命的方式有所修改，让年近七旬的驻圣彼得堡公使特奥多·冯·罗肖（Theodor von Rochow）中将暂时担任驻法兰克福议会代表团的团长，直到俾斯麦加入。

在1851年5月8日，俾斯麦就与国王进行了长时间的告别仪式，国王于同日任命他为枢密公使参赞（Geheimer Legationsrat）。这是"一种讽刺"，俾斯麦向他的约翰娜如此写道，"上帝用它来惩罚我对枢密院的一切诽谤"。1851年7月中旬，罗肖回到了彼得堡，尽管人们说他并不情愿。此时，俾斯麦可以担任驻邦联议会全权代表的职务了。

这一任命在公众和宫廷的圈子里都引起了一些震动。自由派媒体称俾斯麦为"政治婴儿"，尽管在那时，他也确实已经不再是一个"政治婴儿"了。他被指责只会从消防规则的角度去看待邦联议会，并会导致普鲁士最终在德意志失去一切同情，这样的看法则是比较容易理解的。《喧声》杂志开玩笑说，冯·俾斯麦-舍恩豪森（Schönhausen）先生会将法兰克福好一番糟蹋（schön hausen）。也许是受妻子奥古斯塔的影响，威廉亲王用波茨坦赌场里人们说话的语气，埋怨人们将如此艰巨的任务交给了这位"陆军中尉"。

对于这种不符合规则的任命程序，很多高级官员可能也感 202
到相当惊讶，甚至反对。毕竟，一个没有经过规范的官员培训的人，被赋予了一个责任重大的高级职位。有些老绅士甚至还进行了相当没有教养的谩骂，恼怒的罗肖说，俾斯麦是个"酗酒的学生""波美拉尼亚的养猪人"，除此之外，他想不出别的

---

[1]　即俾斯麦。

什么评价。路德维希·冯·格拉赫与他的哥哥利奥波德不同，担心这种"暴力提拔"有些过分，让"此前的官职只是一个被宠坏了的政府见习官员"的俾斯麦成了邦联议会的议员。只有几个内部的反对者可以察觉并且理解，对俾斯麦来说，半路出道的自由生活和自我学习比官僚主义的例行公事更有教育意义。

无论这份委任的拥护者和反对者的动机如何，有一点再次被证明了：在历史上的非常时期，非常的任命几乎是不可避免的。这一点在革命和反革命中都有体现。25 岁的拿破仑和 35 岁的俾斯麦就是这样的例子。

随着职业生涯的开始和政治影响力的提高，俾斯麦不得不让妻子约翰娜做好准备，离开她在波美拉尼亚的故乡和家庭环境，熟悉在更大的城市和外交环境中的生活。起初他的论点很世俗，但后来，他又引上帝的意志为证："你经常抱怨说，上面的人对我一无所知；现在，远超我的期望和愿望，我突然被指派到了外交界目前最重要的职位；我没有寻求它，这是上帝的旨意，我必须接受它，我不能逃避它，尽管我预见到，这将是一个不会有什么成果而又十分棘手的职位，在那里，我将失去很多人的好感。但如果拒绝的话，我就太懦弱了。"俾斯麦的内心可能确实被宗教情绪占据了，在他 1862 年被任命为宰相、考虑到自己将要承担的职责时，他将再次感受到这一点，但无论如何，对约翰娜和她的亲人来说，上帝的意志是种有说服力的论据。

俾斯麦在 1851 年夏天给约翰娜的信就像是第二次求爱一样，这说明了很多事实。在他们身上，真挚的感情与外交手段交织在一起。约翰娜已经是两个孩子的母亲了；长子赫伯特（Herbert）于 1849 年 12 月底出生在柏林。

夫妻俩对彼此的爱都是真挚的，两人都因多次分居而痛苦不堪，都患上了"相思病"。在过去的几年里，当俾斯麦在

203

政治战场上奋斗的时候，他时不时像个度假的人一样回到莱茵菲尔德，回到约翰娜的身边，或回到他岳父岳母的家。不然的话，他就是住在舍恩豪森或柏林。只有1849年10月到1850年2月这5个月，是他们共同在柏林度过的。1851年1月至5月，在埃尔福特议会会议期间和之后的时间，俾斯麦与约翰娜的舅舅冯·克莱斯特－莱佐夫①一起生活在柏林。因此，新婚夫妇只能间或地享受到相伴的时光。当他们面临迁居法兰克福的时候，他们不知道将在什么时候、如何做到这一切。对约翰娜来说，她还面临着一个让人焦虑的问题，那就是她能否在这个陌生的城市、陌生的外交世界里定居下来。

　　正是因为夫妻俩的分居，约翰娜的身份仍偏向于是娘家唯一的女儿，而不是如今高就了的政治家的妻子。俾斯麦童年时的朋友莫里茨的妹妹、虔敬派教徒海德维希·冯·布兰肯堡（Hedwig von Blanckenburg）的信，描述了1851年夏天约翰娜的许多内心状态，令人印象深刻，非常有说服力。海德维希非常清楚地认识到这对年轻的夫妻在当时无奈分居所带来的问题，同时也明白约翰娜在信中"总是那么激动，几乎是愤怒"的原因。但她也知道，不是所有的事情都可以归因于外在的逆境。海德维希担心的是，约翰娜尽管有了母亲的身份，但她对生活的理解还不成熟，视野也不够开阔。"我被你对每一首小诗、每一朵花的少年般的痴情吸引，"海德里希在信中对约翰娜说，"我很高兴黎明能给你这么多的启发，但有一点让我很纠结，那就是你看任何事情的角度还是和5年前一样，我几乎无法理解这一点。有时候，我觉得你好像不知不觉地让生命无比深沉的严肃意义与你擦肩而过，仿佛你无法把握住它……属于往昔的一切还存留我身上，但现在我有了其他更严肃的事

---

①　汉斯·冯·克莱斯特－莱佐夫是约翰娜母亲的同母异父弟弟。

情要做，但我仍然不缺乏内心的精彩，约翰娜，亲爱的约翰娜，我们可以内心一直是玩耍嬉闹的孩子，但我们必须成为严肃的人，为主服务……"海德维希·冯·布兰肯堡回忆起了早年间，"在那时，一个让·保尔或一个歌德可以填满整整一天，几个月，甚至是几年。这也很美，但花只会在自己的时间里开，等它开完了，就要让它结的果子成熟了。小玛丽现在也不会再这样玩耍嬉闹了"。

204　　海德维希主要是想让她的朋友知道，她们以前那些共同的狂热——对大自然的热爱感怀、文学上的勤奋刻苦和对上帝的虔敬，应该与更贴近生活的现实主义相结合。

　　海德维希·冯·布兰肯堡以宗教的方式进行启发，可能是在不知情的情况下，与奥托的努力达成了一致，引导约翰纳摆脱了她的地域狭隘和片面的感受。俾斯麦很有技巧地进行着引导，为约翰娜小心准备好了未来作为外交官夫人的职责，建议她去练习法语："如果你爱我，就读法语吧，但如果眼睛疼，那就请亲爱的母亲读给你听，因为理解法语几乎比说法语更难……在这里，你会进入法语的世界，你要说法语，你要尽可能地让自己熟悉它。"俾斯麦在要求她练习法语的同时，也向她保证，他不想她只是肤浅地成为一个用外语聊天的、聪明伶俐的社交女郎："你是我的妻子，不是那些外交官们的女人，她们可以像你学法语一样学好德语。"俾斯麦此后对约翰娜的坦白充满了感情，以丰富生动的语言表达了出来："我跟你结婚，是为了在上帝的怀抱里爱你，是遵从我内心的需要，为了让我的心在陌生的世界中有一个栖息之所，在干涩的冷风中免于着凉，在外面狂风暴雨、天寒地冻的时候找到家里抱坐壁炉旁的温暖；但我不是为了娶一位社交夫人给别人看，我会珍惜你的小小火炉，照看它，打理它，铺设柴火，给它鼓风，保护它，挡住一切坏人和陌生人，因为对我来说，在上帝的怜悯中，没有什么比你的爱和家里的火炉更珍贵、更亲近、更必需了，你的爱和家里火炉的温暖，无论是我们在一起的时候，还是我在异国他乡的时候，都存在于我们之间。"俾斯麦写给他妻子的许多信都带有一种柔情，人们很难想象这样的柔情出自一个强硬、精力充沛，甚至样貌有些狂野的人。

在信的一些段落中，对约翰娜的爱与虔信的感情结合在了一起，此外，还总有一些段落表现了俾斯麦在处理宗教问题时热烈而浓重的态度，例如当他在讲他所听到的布道的时候。在那里，许多狂热的人使他心灰意冷，让他觉得整个基督教都有摇摇欲坠的危险，这时他就会祈求上帝"求神灵赐我力量，因为我就像一只跛脚的鸭子在主的水边，我看得很清楚，但我却不能劝诫自己，事情应该不同"。

俾斯麦太聪明了，不愿意改变约翰娜的本性。但他想让她一生努力，期待她将来能去履行更多的职责。她应该至少具备一定程度的社交能力，让她不至于在很快将向她打开的外交圈里显得太过笨拙和土气。正因为如此，在去法兰克福之前充分掌握法语，已经成了紧迫的事。在新婚时期，俾斯麦就已经向她提出了一些与贵族生活方式直接相关的要求："……你一定要骑马，哪怕要我变成马来载你。"偶尔，他告诫她不要过于天真，衣着不要过于俭朴，而要多注意大都市的、贵族式的优雅，因为俾斯麦那美丽而时尚的妹妹马尔维妮就有着完全不同的穿衣风格。他曾在晚年对他的儿媳妇玛格丽特说过："你不会相信，我把一位冯·普特卡默小姐变成冯·俾斯麦夫人是一件多么困难的事情；这在她的父母去世后才成功。"

约翰娜不是大社交圈的女人，而是属于小社交圈。她很乐意用任何似是而非的借口取消参加这个或那个晚会，尽管当她在自己的家里时，作为一个女主人，她很开心、很体贴，

205

莫里茨·贝伦特（Moritz Berendt）的画作，1850 年前后。漫长的寻觅岁月结束了，俾斯麦开始了他的崛起之路。

206　也很大方。1851 年，当约翰·洛斯罗普·莫特利开始在德国研究尼德兰解放战争时，他在法兰克福拜访了儿时好友俾斯麦，这是他自学生时代以来的首次拜访，他在给妻子的信中写道："俾斯麦夫妇一如既往地亲切，没有谁比他们更坦率、更真挚了。我一整天都在那里。在他们家，你可以做你想做的任何事……在这个家里，你可以享受到地球上一切可以吃喝的东西，波特酒（Porter）、苏打水、轻啤（Dünnbier）、香槟酒、勃艮第酒、红酒，所有的东西都在手边，同时，还能不断地抽着最好的哈瓦那雪茄。"关于约翰娜，莫特利充满了赞美。"她很友善，很聪慧，很自然，对待我就像对待一个老朋友一样。"就在写这封信的第二天，他写道："她是如此的善良、和蔼可亲，各方面都很讨人喜欢，我觉得我们仿佛认识了十年。她和她的妈妈再三跟我保证，俾斯麦在看到我名片的时候欣喜若狂。"约翰娜一生都把丈夫的朋友当成自己的朋友。在生活中遇到困难时，她总是动情地努力邀请来一位朋友，陪俾斯麦聊天，做他的知己，事实证明，这总能帮助到俾斯麦。

无论离开波美拉尼亚的故乡和父母的家让她流了多少眼泪，法兰克福的岁月都是她最幸福的时光。对俾斯麦来说，无论离开波美拉尼亚还是阿尔特马克亲切的家，每一次分离都是深刻的，但这并不是一个会带来精神压力的问题；他在1849年夏天就把他的舍恩豪森庄园租出去了，就像1845年把克尼普霍夫租出去一样。不管怎样，他的心更多的是在克尼普霍夫那里，1848年后，舍恩豪森离他更远了。从此以后，奥托·冯·俾斯麦就再也没有在舍恩豪森这个祖籍地长住过。当他将政治作为自己的职业时，他与庄园事业就渐行渐远了，但他却没有远离他的庄园财产。一直到19世纪60年代，他都让他的哥哥向详细报告克尼普霍夫庄园的所有情况。他从未远离容克的传统、生活习惯和爱好。如果仅仅把他的保守主义理解为政治信条，那么这种理解就过于粗浅了，保守主义深入他的内心，贯穿了他的生活习惯，达到了他的社会存在的根基。所以他很高兴地看到，自己在法兰克福的第一个家是在城外的一栋宽敞的别墅。一个有温室的两亩半的花园，以及一个和家乡庄园类似的小庄园，让他和家人感受到了乡村的亲近自然的感觉。

俾斯麦引以为豪的是，他可以将保守主义原则运用到家庭范围内，能让仆役雇工们尽可能地世世代代为这个家庭服务，他在法兰克福也同样注重这种连续性。早在5月，他就已经在给约翰娜的信中说道："看看侍女们要不要跟你一起来，或者，如果她们不愿意来，就从那里找一些其他你还算得上是认识的人；我不想让法兰克福这些毛手毛脚的人在我的房间里和孩子们一起玩；要不然，我们就得从黑森带回一个穿短裙、戴着可笑头饰的姑娘，她们还带有乡土气息，也没那么正派。"在俾斯麦为他的妻子做好了搬到新环境的思想准备和精神准备之后，他用一句话对妻子概括了自己对普鲁士的爱国责任，那就是他们两个人都被"扔到了莱茵河畔的政治前哨"。

乍一看，俾斯麦在1851年夏天实现了他学生时代的梦想：成了一名外交官。但他被任命为邦联议会公使不是终点，而只是一个开始。这为他开辟了一片新的领域，他将在其中取得历史成就。

在邦联议会的第一次活动

在法兰克福待了一个星期后，俾斯麦就把他对居住在那里的外交官们的第一印象告诉了约翰娜："我从不怀疑他们都是用水做饭的，但这样清淡的、简单的汤水，里面没有一丁点的肥羊肉，让我很惊讶……没有人会相信，即使是民主派里最恶毒的怀疑者也不会相信这些外交上的骗术和装模作样。"还有一次，他对约翰娜这样说："这里的先生们都让人难以忍受。每次我和他们讲话，他们就会摆出一副外交官的面孔，思考他们能如何在不用说太多话的情况下回答，以及如何向自己的宫廷汇报我所说的话。而不这样做的人，我就更讨厌了；因为他们和女士们说着暧昧的话，而女士们的反应又让人厌恶。"

他对赫尔曼·瓦格纳强调的更多是政治方面的东西："我在这里感到无比的无聊；我唯一喜欢的人是冯·谢伊（von Scheie），汉诺威的公使。从奥地利来的人都戴着无拘无束的温和敦厚的面具，实则诡计多端。他们谎话连篇，偷窃（就连他们当中最守法的人也是如此），赌博玩乐，嫖娼，并试图用一些小的礼节来欺骗我们，而这是迄今为止我们唯一的工作。那些小国的外交官们大多有着漫画式的辫子（Zopf），

208

当我只是问他们要点雪茄的火时，他们会立刻摆起一副做报告时的样子，当他们管我要厕所的钥匙时，又会用雷根斯堡（Regensburg）式的谨慎的眼神和词句来讲话。我不想在信中评论我的上司，如果我要在这里洁身自好，那我就得把自己田里的杂草除干净，或者，我就干脆直接回家。"

1851 年 6 月底，俾斯麦在给他的赞助人利奥波德·冯·格拉赫的长信中，以另外一种方式回顾了他在邦联议会的一系列同僚。他在谈到冯·马沙尔（von Marschall）先生时写道："他是一个聪慧而精明的人，对普鲁士表现了极大的好感，就是太有礼貌了，但相比其他来自德意志南部和西部的公使，我更喜欢他；如果他也背叛了我们，至少他会是有礼貌地背叛。"他又说："在来自德意志北部的公使中，我可以说，冯·谢伊和冯·奥尔岑是两位正直、可敬的绅士，他们都不虚伪，顾全大局，但又忠于他们的君主；这两位律师作为政客来说都有点过于认真，而且视野也不太开阔，但冯·谢伊是他们中比较杰出的一位。"在对这些人物进行了多方位刻画后，俾斯麦对他们进行了评价较低的总结："我不相信我们能通过这些人来改革德意志，我也不相信我们能通过重振祖国来骗取欧洲人的同情。这些人中间没有一个是有思想的，大部分人都做不了什么大事。"

当然，问题是，他在这里是否以及在多大程度上，过于轻率地描述了这些人物和事实。相比之下，俾斯麦在 1853 年 5 月的《给冯·曼陀菲尔宰相的机密备忘录》中，大大减少了他的负面判断。然而，除了俾斯麦在 1851 年观察到并记录在"世态画"中的邦联议会各位同僚这样或那样的性格特征和思想特征，我们还必须考虑到不同性质的文书之间的差别。

在给他的同事齐特曼（Zitelmann）口述的备忘录中，俾斯麦不得不克制地使用官方口吻；于是，里面有些内容是他被迫写上的。这些内容看上去是客观的，但绝不像主观的私人信件那样准确地反映事实，在后一种文体中，他对这些人物的身体特征和心理特征的描写要全面得多，兼顾他们的外在和内心，涉及他们的身体语言、面部表情、精神和道德之间的相互影响，涵盖他们如何说话和做事，以及说了什么、做了什么。他用自己的观察天赋和人物特征刻画技艺，记录了邦联议会的同僚们的政治反应和意见，以及他们在各自的物质状况中的个人特质和个人习惯。试图向他证明他这里和那里说得不对（毕竟没有人能做到完全正确），就好比试图指责画家格吕内瓦尔德（Grünewald）不够注意解剖学比例一样。

俾斯麦对邦联议会环境的描写时常可以达到文学的水平，这种描写基本上是对的，即使可能偶尔在细节上有错误。他在信件和官方报告中提供的信息则在其他方面，即在道德和政治方面存在一些关键的弱点，即在他对社会时事和政治全貌的看法中，有着明确的反革命观点。俾斯麦曾经是而且仍然是一个煽动者。在 1851 年给路德维希·冯·格拉赫的信中，他依据收信人的特点，做出了着重强调。他斥责他在邦联议会的同事们："他们已经忘记了 1848 年的事，他们屈服于最傲慢的安全感，认为宁可在这里彼此作对，也不要去反革命。"

这位普鲁士的邦联议会公使仍然是民主革命运动激烈的反对者。他对一切在他看来有革命嫌疑的事物都产生了攻击欲。无政府主义的火焰召唤着他去进攻。在 1851 年 7 月 5 日的一份报告中，他关于法兰克福民主派的结社、集会和印刷品的发行，以及据称非常被动的警察当局冷嘲热讽地说道："如果有任何迹象表明，这里的革命活动会导致事态的迅速爆发，那么我不会投票支持阻止革命，也不会支持通过部署更多的军队来遏制革命；但就目前的情况来看，这只是一种是为了以后的目的而对民众进行的缓慢但确切无疑的腐化，这种腐化在'三月革命'的成就带来的法律保护下，得以安全地进行。"

俾斯麦可能夸大了，但他想抵制的是革命的苗头，所以他欢迎任何可以促使警察甚至军队进行干预并使得干预变得合理的事情。他日后要如何在这方面有所作为，基本上此刻已经在他的脑海中有了答案。俾斯麦从未了解过工人运动的历史发展，但他从很早起就对工人运动保持着警惕，认为它是一种政治危险，他相信自己可以对付它。

另外，他在那个时候已经对民主运动中的片面性有了敏锐的观察，他可以借着这种片面性反对自由主义。他在最初给曼陀菲尔的一份报告中就直截了当地说，他发放的民主宣传册子"主要是针对资产阶级的"。虽然我们必须谨慎地评价俾斯麦个人与极左派议员友好会晤的一些逸事，但他向妻子讲述的他本质上与民主派的关系似乎是真实的："父亲说得很对，民主派人士［比如普鲁茨（Prutz）］不会嘲笑我；我不知道他们为什么要奉承我，但他们热烈地爱着我们这些极右派，相比之下，他们指责哥达党谎话连篇，不坚决、不彻底，并以哥达党为对比，在宣传册上夸奖我们。从他们中的一些人那里，我收到了来自国内外最尊敬的问候。"这里暗示了 19 世纪 60 年代的发展。俾斯麦在一些民主派单方面领导的反对"哥达党"的战斗中，认识到了让敌对势力彼此博弈并加以利用的可能性。他后来与拉萨尔派，与弗朗茨·齐格勒等民主派，以及与洛塔尔·布赫尔（Lothar Bucher）这样的倒向俾斯麦阵营的民主派的交往，都早已在政治策略领域埋下了伏笔，而不仅仅是个人情感使然。

在 1851 年 12 月路易·波拿巴发动政变前几周，俾斯麦写信给首相冯·曼陀菲尔，谈到了在面对革命的情形下，政治局势并不安全；这就要求推迟"普鲁士和奥地利之间不可避免的争端"。但在波拿巴专制政权建立后，尤其是在拿破仑帝国宣告成立后，对俾斯麦来说，政治形势发生了变化。当然，他在拿破仑政变中看到了一些让他担心的事情。在国内，他担心"自由化的官僚机构"会得到加强，在他看来，普鲁士也体现着波拿巴主义，尽管是某种淡化形式。在外交政策上，他担心法国的势力会得到加强。因此他说："作为一个普鲁士人，我不能为12月2日的事情欢欣鼓舞，因为我只看到了一个曾经生病的敌人，此刻正在增强自己的实力，而一个鲁莽的、说谎的朋友，奥地利，则借此变得更加厚颜无耻。"

不过，国内和国外的这种双重政治危险要在未来才会变得明晰。从短期看，参加法国政变的那些人似乎是革命最终的战胜者。对俾斯麦来说，让利奥波德·冯·格拉赫明白这一点，几乎是不可能的，后者把拿破仑三世和拿破仑一世一并视为法国大革命的遗产。尽管如此，他还是坚持对利奥波德·冯·格拉赫说："……现在还不是红色内阁的时代。"

211

克里米亚战争结束几周后，俾斯麦在给曼陀菲尔的私人书信中，比以往任何时候都更清楚地指出了波拿巴独裁政权在法国的建立与整个欧洲民主制度的失败之间的联系："在1851年，特别是在年初的时候，法国和意大利革命扩散的危险更加迫近，各君主国都团结起来对抗这种危险……类似的情况只有在法兰西帝国被推翻后才能再看到。只要这个帝国还存在，那么就不是抵御民主派的问题，而是内阁政治的问题，在这种情况下，奥地利的利益与我们的利益不一致。"

这段话有三点很有意思。首先，俾斯麦在这里用他自己的方式解释了保守派的团结和普鲁士王朝的利益冲突这种辩证的紧张关系，特别是在奥地利问题上的利益冲突。其次，与利奥波德·冯·格拉赫相反，他大大缩小了革命概念的范畴，越发倾向于仅仅将自下而上的民主革命视为敌对势力。最后，他同意民主派的观点，尽管方向相反，他们都认为法国将再次发

出欧洲革命的信号。在俾斯麦看来，法国的波拿巴主义直到
1870年垮台为止，也是民主的主要敌人之一。

就像俾斯麦作为一切民主革命派最坚定的反对者被派到美
因河畔法兰克福一样，他此刻也被视为普鲁士与奥地利联盟的
拥护者。从表面看来，他在《奥尔米茨协定》草案签订之前、
期间和之后的政治行动，似乎可以证明他的这种名声是属实
的。但在1850年底的奥尔米茨危机的几周内，俾斯麦只是为
了保守势力的团结而压制了他对实现普鲁士霸权的努力，而不
是将其放弃了。不然就很难在政治和心理上做出解释，为什么
他在法兰克福逗留了不到6个星期，就给利奥波德·冯·格拉
赫、首相冯·曼陀菲尔和他的哥哥写信，表明自己对奥地利的
政策越发厌恶。而在1851年6月26日，他给妻子写信说："奥
地利人在柏林扎根反对我的任命，因为我的黑白两色对他们来
说还不够黄。"显然，他丝毫没掩饰自己的普鲁士主义。

随着紧迫的革命危险的消失，普鲁士王朝与奥地利的利益
冲突对他来说越来越明显。一方面，1848年和1851年发生的
事使保守势力的团结行动有了事关生死的必要性；另一方面，
近几十年中往往被掩盖起来的利益冲突再次被揭露了出来。在
1848年之前，这种冲突主要发生在德意志邦联之外，尤其是
在1834年普鲁士主导的关税同盟成立之时。在邦联议会内部，
普鲁士—奥地利二元主义在1848年之前几乎没有表现出来。
直到革命时代，事情才有了很大的变化。

虽然在1850年底，普鲁士宫廷密党和维也纳宫廷里的权
贵们可能松了一口气，认为自己通过奥尔米茨摆脱了自由派和
民主派夺权的危险，但一切都无法回到"三月革命"前了。对
哈布斯堡的贵族们来说，宣布他们的多民族国家成为统一的关
税和贸易区、取消对自由迁徙的一切限制并尽快修建重要的
铁路线，已经成为当下不可避免的任务。赎免农民封建负担

212

也已是大势所趋了。然而，1851年12月31日，即拿破仑在法国发动政变后，哈布斯堡君主出人意料地在被称为除夕令（Silvesterpatent）的政令中废除了1849年3月那部"被授予的宪法"。①

军队、官僚和天主教教会三位一体的旧专制主义取得了胜利。但正因为如此，一个最不情愿跟随时代潮流的、被天主教的教权主义控制的多民族国家想要对一个——除居住着波兰人的部分地区外——单一民族的、几乎有2/3人口信奉新教的德意志实现霸权，已经越来越不可能了。早在1851年春的德累斯顿会议上，哈布斯堡争夺霸权的斗争就已经失败了；施瓦岑贝格试图使重新建立的邦联议会成为奥地利的工具，但没有成功。要求决策得到一致同意的旧原则并没有被废除，这条原则使得普鲁士不受议会代表多数做出的有利于奥地利的表决的制约。因此，对于在奥尔米茨受辱的霍亨索伦王朝而言，合乎法律的反对立场得以保留，用以对抗步步紧逼的哈布斯堡势力。

普鲁士不可能就这么沉沦下去，让自己轻易地被推倒、永远成为奥地利的小跟班。就连要求在邦联议会主席团会议上实现平等合作的极端保守派也不希望如此。毕竟，在两年前，1849年的春天，德意志国民议会也曾向普鲁士国王献上了帝国的皇位。

213

尽管弗里德里希·威廉四世在外交上拒绝了从法兰克福派往柏林的皇帝代表团，但有产阶级和受过教育的中产阶级还是在经济和宪政方面，从革命的政治破产中挽救了大量东西。为了不让大资产阶级自由派成为小资产阶级民主派的盟友，右派

---

① 史称"强加的宪法"。1848年10月奥地利国民议会迁至摩拉维亚城镇克罗梅日什（Kroměříž），继续开会并制定宪法。1849年3月4日制定委员会完成宪法草案，但未得到实施。皇帝下令以武力解散国民议会，颁布政府制定的宪法。

不得不对前者做出让步，这使普鲁士资产阶级在经济上获得了更大的行动自由，并进而从复苏的经济上获利。

1851 年不仅以法国的波拿巴主义和奥地利的专制主义为标志，英国在伦敦世界博览会上展示的自由主义也让 600 万参观者看到了新兴工业时代所蕴藏的力量。普鲁士和它领导的关税同盟比工业落后的哈布斯堡帝国更有机会跟上时代发展。普鲁士在宪法上也获得了先机。虽然 1850 年最终订立的宪法以三级选举制为基础，并没有建立起限制王权的现代化宪政，但议会的定期选举和协商谈判确实为国家的政治复兴做出了贡献。各个派别和政党相继成立，选举让更多的人被动员起来了，尤其是在 19 世纪 60 年代。

所有这些发展都在和封建专制主义的残余作斗争。虽然普鲁士在团结保守派方面做出了种种努力，但它无法在一个不受欢迎的邦联议会内推行一项会导致自己变成奥地利附属国的政策。正是经济、社会和政治发展的差异导致了德意志两个大国间的利益分歧，且正是这些差异和分歧，而非两国代表相性不合，导致了德意志邦联议会里摩擦不断。又正因各邦国利益立场不同，其代表的性格特征才显得不甚讨好，磋商的过程也才变得更加艰难。

奥地利驻邦联议会的公使图恩－霍亨施泰因（Thun-Hohenstein）依据传统和法律，以议会主席的身份行使职能。这位"主席公使"（Präsidialgesandte）是奥地利的高级贵族，一位伯爵，而不是像俾斯麦一样，仅仅是一个普通的乡村贵族。与俾斯麦不同的是，他接受了真正系统的教育，也有真正的外交官生涯：他曾在海牙担任参赞，后来在都灵当了三年的公使团秘书，1844 年在维也纳首相府（Staatskanzlei）工作，1847 年在斯德哥尔摩、1849 年在慕尼黑当公使。在这之后，他才被赋予了新邦联议会里如此重要的职位。图恩－霍亨施泰

214

因伯爵比奥托·冯·俾斯麦大 5 岁，也比俾斯麦在外交界多待了 14 年。他认为自己是百年皇权的代表。

作为一名职业外交官，图恩－霍亨施泰因没有卷入过高层或基层的党派斗争，就连在革命时期也是如此。他习惯于接受指示，并将其执行。执掌维也纳首相府的人物个性越强，他对首相府的政策就越是服从。当施瓦岑贝格亲王与年轻的弗朗茨·约瑟夫皇帝一起掌管着哈布斯堡君主国的政治命运并寻求打击普鲁士的政策时，他是他们的工具人，而不是一位独立的合作者。在性格上，他倾向于按照"让自己活，让别人活"（leben und leben lassen）的原则行事，他就像维也纳的各位上司和君主手中可塑的蜡一样，用智慧和精明执行着他们的政策。图恩是外交事务的专家，能明辨对手和盟友；作为他职业的一部分，他还在议事规则的掩护下，用狡猾的伎俩和隐秘的圈套来处事。虽然他不是一个天生的政治人物，但他代表着一种保守主义，这种保守主义对于作为哈布斯堡皇帝和"使徒国王"的外交官而言再合适不过了，带有明显的天主教教会倾向。

这位奥地利的"主席公使"现在不得不跟老派普鲁士人俾斯麦打交道，虽然俾斯麦没有受过正规的外交官训练，但他在革命时期和革命前后的斗争中都积累了政治经验，并且没有忘记自己的奥尔米茨经历。这段经历并没有让俾斯麦像他的前任罗肖那样，变得更加温和、更容易妥协，而是增强了他尽快摆脱守势的意志。

俾斯麦此时正在处理三大问题：德意志舰队的费用清算、新闻立法和关税同盟。1848 年，在资产阶级高涨的民族情绪中，法兰克福议会为了德意志的海洋地位，成立了德意志舰队。而现在，邦联议会必须对德意志舰队的命运做出决定。德意志各邦国本应通过征税的方式为这支舰队提供资金。但只有少数邦国缴纳了费用。奥地利是拖欠者之一。在德意志舰队上花费最多的是普鲁士，它向邦联议会申请，要求各邦国补缴剩余的费用，尤其是在当下舰队命运还不确定的时期里，它也要花钱。俾斯麦尽了一切可能，避免让普鲁士给人留下一个一直热心于经济发展却对民族大业不冷不热的印象，但他不想接受邦联议会做出任何违背普鲁士利益的决议。

在俾斯麦不在场的情况下，邦联议会决定征收新的税款，并从罗斯柴尔德银行手中接受了海军贷款，这使得在金融监管方面的意见分歧激化成了争议。普鲁士代表认为，这超出了邦联的职责权限，甚至是一种重新确立多数制表决的尝试，放弃了传统上要求决策获得一致同意的原则。在任何情况下，普鲁士都想避免在邦联议会中依附于支持奥地利的多数派。

俾斯麦在1852年1月8日至22日在柏林拜访了曼陀菲尔，两人显然讨论了各种可能性，使得俾斯麦此后在两个德意志强权之间的威权之战中采取了明显更为强硬的路线。回到法兰克福后，俾斯麦在与图恩的会谈中威胁称普鲁士会退出邦联。说出这种话很有可能是他越权了，但虚张声势有其作用。此外，俾斯麦还散布谣言，说维也纳——尤其施瓦岑贝格——所讨厌的伯恩斯托夫伯爵（Graf Bernstorff）可能成为他在法兰克福的继任者。

舰队争端以如此戏剧性的形式出现，以至于沙皇尼古拉一世觉得自己不得不进行干预、从中斡旋。他担心奥尔米茨的成果之一，即恢复邦联议会，会被破坏。尼古拉一世心里还是想着，德意志两个大国可以在他的监督下彼此平衡，保持和平。在法律上，沙皇可以宣称俄国自1815年以来一直是德意志邦联的保证国（Garantiemacht）之一。于是，他指示俄国驻斯图加特公使、驻邦联议会全权代表戈尔恰科夫侯爵（Fürst Gortschakow）前往法兰克福，通过与公使们交谈，来避免普鲁士与奥地利断交。俾斯麦通过这种方式认识了这位俄国政治家，从 1859 年起，这位俄国政治家成了他的重要伙伴，后来也成为他的对手。

俾斯麦对戈尔恰科夫并没有什么深刻印象，更不用说受到他的指点。俄国外交官的保守的道德观被明察秋毫的俾斯麦捕捉到了："（戈尔恰科夫）是一个庄严的、笨拙的傻瓜，如果他想耍小聪明的话，他就是一只穿木屐的狐狸。"最令俾斯麦恼火的是，戈尔恰科夫劝告他，作为普鲁士保守派的领袖之一，如果奥地利和普鲁士之间因为他的过错而发生分裂，他将无法承担这个责任。俾斯麦在给柏林的报告中没有提到这些。他甚至试图模糊这样一种印象，即戈尔恰科夫可能告诉了他此事的本质。但俾斯麦认识到了一点：俄国人的虚荣心。他将会在圣彼得堡逗留期间充分利用这一点。

关于德意志舰队费用清算方式的争论以普鲁士的胜利告终，普鲁士挡住了奥地利的"突袭"企图，并让自己预先做出的财政支出得到了承认；只有以船舶为抵押，普鲁士才有可能继续支付费用。因此，邦联议会于 1852 年 4 月 2 日通过决议，解散德意志舰队。在普鲁士获得了最好的船只后，舰队被拍卖了。民众认为，这是对民族利益的可耻抛弃。

关于新闻问题的争论虽然很激烈，有时也会钩心斗角，但这在历史上同样只是一件很短暂的事情。然而，在奥尔米茨会议之后的几个月，奥地利和普鲁士围绕即将更新成员的关税同盟的性质而展开的权力争夺，则是一个爆炸性的迫切的政治议题，它涉及各阶级的物质利益和中欧所有邦国的经济基础。关税同盟已经存在了 15 年，已经变得很重要了，它能够为一些重要决定打下基础，例如普鲁士 - 德意志帝国的建立。

从一开始，经济利益与民族利益之间的严重矛盾就显现了出来。一方面，普鲁士的农民——像所有其他大型农业生产者和绝大多数德意志企业家一样——无法满足奥地利提出的征收尽可能高的保护性关税的要求；另一方面，奥地利的工业无法加入一个几乎实行自由贸易的关税同盟。高额的保护性关税只会使关税同盟区与西方国家之间的自由贸易更加困难；反之，一个包括了奥地利在内的自由贸易体系，会使货物流入哈布斯堡君主国，并危及落后且效率不高的奥地利工业。

　　普鲁士政府很快就抓住了这种情况所带来的机会；通过向自由贸易政策过渡，它能够在经济上将奥地利赶出德意志领域，从而也大大地削弱奥地利在德意志邦联中的政治地位。

　　此外，与普鲁士不同的是，奥地利在财政上没有优势，它那存在已久且仍在不断加剧的财政困难，使得与它进行贸易缺乏吸引力。1850 年 9 月 7 日，普鲁士通过关税减免的承诺，成功与汉诺威和奥尔登堡（Oldenburg）签订了条约，两国将自 1854 年 1 月 1 日起加入普鲁士 – 德意志关税同盟。这种在德意志北方巩固关税同盟区域的做法是公然的"进攻"，奥地利的德意志计划因此被严重打乱。

　　普鲁士此时有能力承受在 1854 年 1 月 1 日终止现有关税同盟合约的后果，并同时邀请其关税同盟国重新商议关税。奥地利仍沉浸在它在奥尔米茨取胜的心情，认为时机已到，应该把部分倾向于保护性关税的南德意志地区从关税同盟中吸引出来，并把关税问题变成一件德意志邦联层面的事务。然而，邦联中的中小邦国的具体利益与普鲁士的吻合程度远远超过与奥地利的吻合程度。例如，萨克森依赖过境贸易、来自北方的免税原料和进行关税减免的关税同盟内部市场的销路；莱比锡作为贸易展销中心，无法承担与关税同盟的任何紧张关系。在德意志南部各邦国，比一些保护性关税可以带来的利益更重要的，是其直达北海的商贸往来。这就无法绕开普鲁士的领土。而莱茵河有很长一段是由普鲁士掌控的，事实证明，莱茵河的

217

运输比多瑙河要方便得多。

1851 年，俾斯麦也在给利奥波德·冯·格拉赫的信中提到"德意志的物质利益"，这些利益，"对大多数德意志人来说"，比对他或他的笔友来说，"更重要"；因此，应该利用这些物质利益来对付奥地利。

奥地利主席公使图恩奇怪地误判了真正的利益和事实，他于 1851 年 11 月底会见俾斯麦，进行了一次著名的谈话。俾斯麦之后在一封私人信件中向冯·曼陀菲尔报告了这次谈话的情况。他"完全以私人倾诉的方式"向图恩阐释了，奥地利对关税同盟的攻击性政策将为该国带来哪些"令人遗憾的结果"。另外，主席公使强调，他的政府正在尽一切可能"防止奥地利被较以往更加粗暴地排除在关税同盟外，防止奥地利被排除在一个包括了所有其他德意志地区在内的新组织之外"。图恩承认，奥地利希望将关税和贸易立法移交给德意志邦联，并对"普鲁士只想在邦联中建立一个警察机构和军事机构"感到遗憾。奥地利在德意志的权重毕竟属于"事物的本质特征"，所以地方主义的嫉妒导致的结果是，奥地利和普鲁士之间的关系不能称为处于和平状态，而是停战状态。

两位对话者都充满了他们所代表的国家的力量。他们以落落大方、温文尔雅的方式和愉快的心情进行谈话。这次谈话以"更多是开玩笑的语气"和"友好的开放态度"进行，它几乎戏剧性的高潮在给柏林的报告中得到了突出描写。图恩"说话像波萨（Posa）①，有着对大德意志的狂热；我补充完善了他的想法，说普鲁士的存在，甚至是宗教改革的存在，都是一个令人遗憾的事实，但我们都无法改变它，必须根据事实而不是

---

① 席勒戏剧《堂卡洛斯》中的波萨侯爵，是一个高尚坦荡，有着启蒙和人道主义思想的人物。

理想来考虑事情……因为正如他所说的那样，一个'放弃弗里德里希大王的继承权'，以便能够作为帝国的大管家（Reichs-Erzkämmerer），投身于它真正的天命的普鲁士，在欧洲是不存在的，要是想让我对国内提出这样的政策，那一定是事先要由刀剑决定的了"。和在奥尔米茨的那几个星期里一样，俾斯麦在这里暗示了为争夺德意志的霸权而有发生战争冲突的可能。

图恩的上司，施瓦岑贝格亲王，在1852年4月意外去世了，享年51岁。这个在爱情上和政治上都劳心劳力的勇敢的人秉持着这样的出发点，即他的多瑙河国家几个世纪以来遗留下来的经济弱小、社会落后、民族混乱等问题，只要谨慎努力，就能在短时间内解决。在奥尔米茨会议上获胜后，他想在政治角力上迫使普鲁士放弃其在德意志内最重要的权力产物——关税同盟。然而，这是不可能成功的。因为施瓦岑贝格提出的取代关税同盟的中欧关税联盟（Zoll-Union）与中小邦国的利益相矛盾。普鲁士坚决反对让奥地利加入关税同盟，作为替代，它提出了一项贸易协定。该协定于1853年2月生效，为期12年，规定在1860年就关税统一，或至少是就进一步缩小关税差距进行谈判。次年4月，原先的关税同盟进行了升级，将汉诺威包括在内。这两个协议对普鲁士来说都是大获全胜。奥地利在争夺政治高地的斗争中失败了，因为它的经济已经喘不过气来了。

俾斯麦初时也对与奥地利就关税问题进行的一系列谈判很积极。国王曾亲自委托他与施瓦岑贝格的继任者布奥尔伯爵（Graf Buol）谈判。此外，在邦联政策的其他事项上，俾斯麦至少还应该为两国进行更好的合作创造条件。国王给了俾斯麦一封他写给弗朗茨·约瑟夫皇帝的亲笔信，他在信中推荐了他的公使俾斯麦，说他"在我们国家，因为他的骑士式的自愿服从和对革命坚决的势不两立，而被许多人所拥戴，也被很多人所憎恨"。

普鲁士公使在维也纳的出现，给 22 岁的皇帝弗朗茨·约瑟夫留下了良好的印象。但晚起的俾斯麦并不喜欢皇帝 5 点钟就起床。俾斯麦很惊讶地注意到维也纳高级军事官员对普鲁士的友好态度。"昨天晚上，"他在 1852 年 6 月 11 日的报告中说，"在冯·舍恩堡（von Schönburg）侯爵夫人的家里，我见到了她和冯·布雷岑海姆（von Bretzenheim）侯爵夫人，她们是已故的施瓦岑贝格亲王的姐妹，有着令人惊讶的友好。元帅温迪施格雷茨亲王（Fürst Windischgrätz）也非常友好，他从一入席就跟我说个不停……"毕竟是成功镇压了布拉格和维也纳起义的人，温迪施格雷茨亲王对俾斯麦产生了浓厚的兴趣，并在政治上开诚布公地对他倾诉，他"感到苦恼，因为立法使国家官方革命化了，以及一种只依靠大多没有受过什么教育也没有什么道德的士兵和官员……的体制，是不可能长久的。他带着最大的认可和友善，谈论着普鲁士的一切。皇帝身边的其他高级军事家——格吕内伯爵（Graf Grünne）、德根菲尔德（Degenfeld）、赫斯（Heß）等将军的态度，应该也是如此"。

然而在经济政策的代表们那里，气氛则大为不同。"人们在向我描述由已故首相提拔的'犹太小团体'［巴赫（Bach）、霍克（Hock）和犹太报纸撰稿人们，尽管巴赫不是犹太人］时，说他们是与我们敌对的路线的支持者，尤其是在贸易政策领域。"至于首相兼外交大臣布奥尔伯爵，俾斯麦的对话者们指责这位首相不熟悉国情，也不熟悉他的工作。这的确让俾斯麦的谈判更加困难，而且布奥尔伯爵试图用傲慢来掩盖自己的无知。正如俾斯麦在一份给柏林的报告中所说的那样："我只想在我的生命中，能有那么一个小时，成为他整天自认为的那个样子，这样一来我的名声就一定会在上帝和人类面前树立起来。"

虽然俾斯麦在维也纳的外交任务中获得了一些个人层面的

成功，并对哈布斯堡君主国的政治潮流有所了解，但围绕关键的关税问题的第一次谈判就失败了。这次失败是关税问题的本质所导致的，而不是俾斯麦的谈判策略或方式有问题。尽管如此，他的失败还是给他带来了不愉快的后果；有大批反对者指责他迅速推进的越权行为，并在外交和政府领域中散布他失败的消息；甚至说他在维也纳以未来的首相自居。这种阴险的暗示，必定让本来就心存疑虑的曼陀菲尔重新对俾斯麦产生了不信任感。

俾斯麦对所有这些攻击极为敏感，但也同时精力非常旺盛。1852年7月22日当天他就给上司曼陀菲尔写了至少3封私人信件，并在报刊上就此事发出恢复名誉的请求。仅仅一天过后，他就在普鲁士的王子面前为自己申辩，到了8月7日，在给曼陀菲尔的另一份总结报告中，仍然回响着俾斯麦的激愤：他们"造谣中伤……为的是在普鲁士的保守派之间进行分化，特别对尊贵的阁下和您的追随者进行分化"。这里，一个懂得自保的人在战斗，他已经很难被击倒了。

这些针对他的指责都是错误的，俾斯麦既没有天真到要在奥地利首都这个地方泄露成为首相的野心，也没有轻率到要推动首相职位的更替。但他的野心确实超越了他的外交事业。从一开始，他积极的天性就让他几乎不可能只限于执行指示；相反，一年之后，他对奥地利同行图恩几乎表现了轻视，因为图恩很少努力"对指示的内容施加影响"。俾斯麦在给曼陀菲尔的信中写道，"如果图恩有一个坚定的、有动力的政治信念，能够始终如一地引领着他的活动方向和目标，那么他将会是一个卓越的人"。

这些关于图恩的言论富有启发性，不仅是因为它刻画了对手的特征，还是因为它揭示了俾斯麦本人对外交任务的想法。他从来没有资产阶级的安逸欲望，也从未被动地接受过指令。

在 19 世纪 40 年代的时候，他就批评过他的同侪缺乏共同体意识。当他又一次惹恼了柏林的上级，因此在政治上不能及时获取足够的信息时，他对利奥波德·冯·格拉赫讽刺地说："到头来，除了去开会，写我那不需要多加思考的会议报告，让我工资提高，爱我的妻子和孩子们之外，我没什么做的了。"几年后，在他与奥地利邦联议会主席和大多数中小邦代表的矛盾最严重的时候，他给奥托·冯·曼陀菲尔写了一封痛苦的信，信中谈到了对手们所谓的或真实存在的攻击冒犯，以及他在人际交往中被孤立的事实。事实上，他的性格已经使他成了外交领域的局外人："我可以像我的前任罗肖和大多数同行一样，通过适度的、表面上几乎看不出来的卖国行为，换来工作上的平稳顺利和一团和气的同事的赞扬，从而使我的生活变得轻松。"

直到 1854 年夏天之前，俾斯麦不惜多次前往柏林，背着首相，与利奥波德·冯·格拉赫做了一些政治生意。尤其是涉及在克里米亚战争期间防止对俄开战。1854 年 5 月和 6 月的几个星期里，冯·格拉赫兄弟考虑并讨论了是否应该让俾斯麦担任普鲁士的内阁大臣。但俾斯麦没有接受。路德维希·冯·格拉赫的日记显示，俾斯麦在 1853 年 10 月 26 日就已经向他解释说："到目前为止，他都没有争抢，都是因为需要而被提拔，之后也还会是这样，他终究会成为一位阁臣的。"他的原则是因为需要而被提拔，这无疑说明他不想成为保守主义中的某一派的候选人；相反，他想等待，等到那些在反复无常的国王手下彼此争斗不休的普鲁士各方保守主义势力要么在政治现实中被证明无用，要么失去地位。但是，等待并不意味着被动，俾斯麦多次试图影响柏林的政治，他的提议、建议和紧急请求往往超越了他的外交职位和权限范围。当他"最耐心地听从指令"，"最谦卑地考虑"，"最恭敬地提出"他的"无足轻重的建议"，或保证他将"认真负责地按照最高旨意行动"，但还是不可避免地再次表达了"自己的不抱期待的意见"时，他只会偶尔使用一些礼貌的套话来掩饰自己的旺盛精力和他渴望介入事件的强烈不羁的行动意愿。

他这些谨慎的措辞当然是必需的，因为宫廷圈子和政府圈子里的政治关系与私人关系错综复杂，因而在普鲁士的保守派中也是相当矛盾的。

面临危机的保守主义和俾斯麦的战术考虑

普鲁士在贸易和关税问题上的胜利并不是保守派的功劳；相反，在普鲁士的奥尔米茨失利中，保守派有着相当大的责任。三级选举制赋予了资产阶级代表们参与立法和税收审批的权利。1851 年 5 月，当曼陀菲尔政府违背宪法，通过恢复旧有的省级代表议会来实施"小政变"，从而为联合省议会的重启创造了条件时，那些曾在 1848 年夏天组成了与冯·格拉赫关系密切的"国王与祖国协会"小圈子的人脱离了保守派。正是莫里茨·奥古斯特·冯·贝特曼－霍尔维格和罗伯特·冯·德·戈尔茨（Robert von der Goltz）在不久之后成立了自由保守倾向的"周刊党"。

早在 1848 年，当保守主义的运动逐渐走向组建政党的时候，他们就已经很难实施统一的政策了；就连国王身边的顾问圈子也只能短暂地结为相对同质的宫廷密党。

1848 年秋，具有右翼自由主义（rechtsliberal）色彩的资产阶级大臣们被赶出普鲁士政府后，反自由主义和反民主主义的领导圈扩大了，也分化了。最初的宫廷密党已经无法再用老办法来掌舵了，勃兰登堡和曼陀菲尔身边的一群政变大臣进入了领导圈；他们对自己所做和需要做的一切事情都必须公开负责。1849 年春，弗里德里希·威廉四世在柏林任命冯·拉多

222

维茨中将为他的亲信，负责普鲁士－德意志联盟政策的事务，情况变得越来越复杂。

在1848~1849年以后，尽管政治上出现了倒退，但经济上势不可当的进步却显而易见，因而，保守主义内部在策略问题上出现了新的意见分歧。各派贵族之间以及贵族与国家官僚机构之间，在方法、行动速度和目标上都存在长期的分歧。他们只有在敌视民众运动和原则上同情"强大"的王权方面达成了一致。国家官僚机构比许多普鲁士东部容克更受政治需求的影响。

这种催生了诸多阴谋诡计的对立状态的形成，一方面是由于贵族的派别利益不同，甚至在地区利益上也有差别，另一方面则是由于在战术上难以掌握各社会团体与欧洲国家的关系。朋党争斗、宫廷阴谋、内阁与宫廷密党冲突不断是当时的特点。国王的顾问圈越是分化，国王本人也就越是奸诈，他一次又一次地玩弄着这些小团体，让他们彼此争斗，一部分是出于自卫，另一部分是一时兴起。

国王弗里德里希·威廉四世既驱使别人，又被人驱使，从他的历史地位和性格特质来看，他并不是容克派可以绝对信赖的人。因此，容克们让那些宫廷密党的人围住了国王，供国王寻求建议，但国王后来也一再厌恶这些他既信任又不信任的人，想通过其他宠臣和宫廷密党的对手来破坏他们的特殊地位，但最后又再次巩固了他们的地位。于是，国王在各条战线之间摇摆不定，罢免大臣，背弃高官，又懊悔地怀念他们。

俾斯麦不想在这场国王、大臣和党派之间的阴谋中被击垮。这也是不乏自信和野心的他不愿意去柏林接任阁臣一职的原因。相反，他想通过在1852年秋天放弃第二议院里议员的职位，让自己与柏林保持距离。在法兰克福，他身处政治前哨，可以独立行动，并且远距离观察。他以自我讽刺的方式向利奥波德·冯·格拉赫表达了这种态度："我在法兰克福像上帝一样生活，雷根斯堡辫子（Regensburger Zopf）、铁路、[博肯海姆（Bockenheim）的]乡村容克、共和派外交官、邦联议会里的争吵，这些使我非常愉快自在，只有当王室以无比紧迫的心情请求我时，我才会和我最亲的主交换位置。"

俾斯麦在法兰克福密切关注着保守派中发生的事情，有很多人试图制止党派内外的争斗。例如，利奥波德·冯·格拉赫在 1852 年给他的弟弟路德维希写道："如果《十字架报》倒台，保守派就会'解散成容克派、军官派、虔敬派和教宗至上派'，他们会以德意志人的专横和笨拙，彼此耍手段、用计谋。"事实上，路德维希·冯·格拉赫作为著名的《十字架报》"评论人"和普鲁士议会里保守派的领袖，试图通过一种完整的世界观为保守派提供支持。在对内政策上，他的封建君主制观念有着神权政治的基调，认为当国王从圣坛上取下王冠，成为"上帝的封臣"（Lehensträger Gottes）时，他就被授予了对广大民众的绝对权力；这种权力只会受到容克等级的限制，他称容克们为隶属于国王的封臣。作为保卫受其控制的等级制君主国的战士，他们会对专制主义发表一些轻蔑的言论。只有面对自由派资产阶级、小资产阶级和工人时，他们才是实实在在的专制主义者，他们希望看到国王的权力首先体现在他对军队无可争议的处置权上。

由于普鲁士的宪法并不影响王室的指挥权，极端保守派可以同意"替代性宪法主义"（Ersatzkonstitutionalismus）。1851 年 3 月，路德维希·冯·格拉赫向对手亮出了一张王牌："在十字架报派（Kreuzzeitungs-Partei）看来——正如最近一家革命报纸嘲讽的——如果没有培训陆军少尉的学院，普鲁士这个国家就不可能存在。我们欣然承认这种嘲讽。少尉比议院更根本。"普鲁士军队"必须吃普鲁士国王的面包，而不是第二议院的面包，才能保持普鲁士人的地位，才能保持军队的地位"。尽管存在众多分歧，但在这场关于国王的军队的阴谋中，所有的保守派仍然保持了团结。

路德维希·冯·格拉赫对神权—贵族式封建君主制的思想建构还有其他缺陷。他将基督教及其十诫作为立法的准则，当形而上的抽象概念转化为具体的现实时，就为拥有权力和贪图权力的贵族们的利益专断打开了大门；所有其他法律体系都可以因此被斥为革命。在对外政策方面，路德维希·冯·格拉赫呼吁法律的延续性，目的是要诋毁任何可能将神圣同盟、德意志邦联甚至现存邦国拆解为一种民族认同的革命。

225   对冯·格拉赫来说，德意志民族充其量只是作为一种知识和文化的统一体而存在；在政治上，他接受了在历史发展中产生的邦国分化，这对他来说是神圣的。此外，与奥地利的联合和神圣同盟内部的和谐对他来说仍然是不可或缺的。

然而，历史教会了路德维希·冯·格拉赫许多实际的道

利奥波德·冯·格拉赫（1790~1861年）与路德维希·冯·格拉赫（1795~1877年）。奥托·冯·俾斯麦的两位导师认为反革命斗争是"主要任务"，却并没察觉自己培养出了一位自上而下的革命家。

理。于是，在 19 世纪 50 年代，作为普鲁士议会保守派党团的领袖，他放弃了一些自己作为等级制代表的理想，赞成实行不影响王权的议会制度。在 1848 年 11 月出版的《十字架报》上，他谈到以工厂为基础的工业是近代以来让普鲁士强大的重要因素。但这种对不可否认的事实的认可，最后却以等级制—专制主义的堂吉诃德式行为告终。他想让工厂主成为庇护人，认为工厂主应该让工人保持"上帝所愿的依赖"，用基督教的正义对待他们。俾斯麦在 1852 年就这样谈起过这位他从前的导师："……他已经有能力通过自己的看法，忘记世界以及它的运转了。"最迟从 1858 年开始，即使从保守主义的角度来

奥托·冯·曼陀菲尔男爵（1805~1882 年）。他在 1850~1858 年任普鲁士首相期间给时代打上了反自由主义烙印。俾斯麦在《思考与回忆》中指出，曼陀菲尔的政策"更多是防御性的，而不是在追求实现一些具体目标"。

看，路德维希·冯·格拉赫也已经过时了。

利奥波德·冯·格拉赫自 1850 年起担任弗里德里希·威廉四世的侍从将军。他与弟弟在一些基本原则上是一致的：等级制的理想应该与以军队为基础的强大的王权联系在一起；此外，两兄弟都抵制一切官僚专制主义，敌视波拿巴主义，毫不动摇地坚持神圣同盟在外交政策上的原则，坚持同时与俄国和奥地利结盟。这也意味着承认小邦国的合法性，即只能在它们都自愿的基础上促进德意志邦联关系的改革——1866 年，奥托·冯·俾斯麦对这一合法性给予了致命一击。

利奥波德·冯·格拉赫很早就明确了在一个尽可能保守的普鲁士的领导下改革邦联关系的想法。在奥尔米茨会议之前，1850 年 4 月，他就写道："普鲁士领导一个没有奥地利的小德意志，不是一个错误的原则。"而在 1853 年 7 月 27 日，他在日记中指出："我已经千百次地告诉路德维希和所有人，联盟的真相是，普鲁士与德意志有一种特殊的关系，从而有权要求拥有不依附于奥地利的'第一公民地位'（Prinzipat）①。同样重要的是，普鲁士必须与德意志联合起来，而在这一联合中首先要与奥地利联合起来。"从这个角度看，普鲁士领导的关税同盟是一个"真正的德意志民族的机构"。国王的侍从将军冯·格拉赫和邦联议会公使俾斯麦一致认为，不应让奥地利加入关税同盟。

227　　尽管利奥波德·冯·格拉赫表明了，普鲁士应在小德意志中拥有政治和经济上的"第一公民地位"，但他为自己臣服于《奥尔米茨协定》做出了辩护。对他来说，若是继续推行联盟政策，反对得到沙俄支持的奥地利在奥尔米茨提出的要求，就意味着神圣同盟瓦解，并使普鲁士的政治重心转到自由派身上，

——————————

① 即优先地位。

这是有着决定性意义的。从长远来看，在神圣同盟这个抽象的理想之上，保守主义的大国间的利益冲突不容忽视，但冯·格拉赫兄弟对此似乎视而不见。直到克里米亚战争后，冯·格拉赫兄弟一直是保守派的重要核心，国王虽有时不情愿，但也总是会一次次受到他们的影响。但是，在任何阶段内，极端保守派都无法向哪怕最愿意妥协的资产阶级提供可行的同盟政策；即使他们在经济和国家政策上多加宽容，但最后一切都会归于封建教条主义。

但资产阶级也不会与曼陀菲尔采取一致的方向。这位普鲁士首相在普鲁士国家机器中成长起来，凭借功绩迅速升迁。表面上看，他是一位政治家，但实际上他更多的是一位经验丰富的公务员，没有前瞻性的想象力，是一个面色紧绷的、充满猜忌的倒霉蛋。面对那个忘恩负义、缺乏安全感、反复无常的国王，曼陀菲尔还是会以孜孜不倦的热情为他服务，并聊以自慰。没有任何一个资产阶级团体，能够在这位对工作毫无干劲的专家的带领下获得政治财富。

曼陀菲尔毕竟是保守派中的边缘人物，他之所以痛苦，是因为他大力镇压了自由和民主，但同时也建立和扩大了一个相对高效的国家机器。他自己发起或实施了诸多反动措施——一部分是遵循自己的信念，另一部分是屈服于宫廷密党的压力；在他自己的领域，即官员人事政治里，他会绕过自由派的官员，却提拔大批保守派公务员，但冯·格拉赫的圈子怀疑他是一个专制主义者、一个"波拿巴主义的秘密支持者"。这个指责的正确之处可能在于：曼陀菲尔在反对冯·拉多维茨的联盟政策方面与冯·格拉赫兄弟完全一致，他一定觉得内部的阻挠越来越烦人，越来越有损政府的权威。但他直到1856年3月才正面攻击了宫廷密党，因为随着沙皇俄国在克里米亚战争中的失败，他的对外政策已经崩溃，失去了支持。

228

在一份关于普鲁士内外形势的详细报告中，曼陀菲尔公开谴责国王"周围的人"，"这些人中的杰出成员被认为是反革命党团的支持者，无论真实与否，他们都被认为会尽一切手段实施自己的计划，而且他们还与阁臣们的下属直接接触，这种接触无论如何都是严重违纪的。这些情况还成功地使政府在国内外越来越多地被与一份报纸（《十字架报》——作者注）联系起来，这份报纸公开表示倾向于用一个容克派和虔敬派的统治团体来取代上帝恩典下的普鲁士王权，因而使全国人民普遍对它产生了仇恨和蔑视"。曼陀菲尔的名字和政治，与反动时期，即反革命时期的关系太密切了，因此，他政治生涯的结束便标志着所谓的新时代的开始。

冯·格拉赫主导的保守派面临的第一个明显的危机迹象，是 1851 年围绕着贝特曼 – 霍尔维格分离出来的所谓的"周刊党"。这个新的保守派集团包括外交官、高级行政官员和高级贵族成员——他们都来自普鲁士最发达的省份。最重要的是，他们还通过联姻，与中上层资产阶级和西里西亚的权贵们建立了联系。他们反对易北河以东骑士庄园主的小王国，他们看到，在普鲁士，一个纯容克的统治从长远来看是不可能的。"周刊党"的关键领袖之一普塔莱斯（Pourtales）嘲笑说："最充满渴求的、最纠缠不休的容克们在柏林搭起了帐篷，像街上的狗守着贫瘠的土地一样保卫他们在斯坦布尔（Stambul）的领地。"而对于资产阶级，他颇为讽刺地说："现在，1851 年，资产阶级对自己的德意志热情感到羞愧，对一切都产生了怀疑，而同时又被政府的工业主义引诱着。与此同时，这个新保守主义党派的支持者们当然赞成建立强大的王权；尤其是纲领中的这一点，使他们赢得了普鲁士王储的同情。但正是为了霍亨索伦王朝的利益，他们才认为资产阶级自由主义的'哥达党'在奥尔米茨会议之前与政府明确达成的妥协是必要的，并且反对破坏宪法和违反法律的制度。"

俾斯麦在1851年9月29日给曼陀菲尔的私人信件中，写了他在法兰克福对国内政治局面进行的观察和评论，他在信中说："一个保守的反对派只能由国王领导、通过国王领导……不是通过公开发行的报纸而是通过个人对宫廷施加的影响；其他所有的反对派在我们这里都没有立足之地，除非他们变得激进。即使是从其在地产、军队、官僚机构中的影响力来看，比这个莱茵—保守主义反对派要强大得多的容克阶层，也只有在国王身边有了自己的人后，才能成功地反对一个坚定的内阁。"

对俾斯麦来说，国王和容克阶层的共存至关重要；事实上，他甚至意识到，容克身份尽管有各种权力地位，但最终还是要依附于国王。易北河以东的庄园经济越来越多地受到世界经济的规则、波动以及赢利要求的影响；世界市场越来越多地威胁到贵族地主的地位。而且可以预见，面对工业资产阶级日益增长的财富，从长远来看，容克地主们在经济上和社会上将变得更加脆弱。

俾斯麦对王室—容克的权力问题做了如下概述："普鲁士不是靠自由主义和自由精神成长起来的，而是靠一系列强有力的、坚定的和明智的执政者……如果要使君主制达到可持续发展的目的，我们还必须维持这种制度。议会自由主义可以作为一种暂时的手段，但它本身不能成为我们国家生命的终点。"

在俾斯麦有意粉饰的评判中，那些坚强、果断而明智的君主以毫无顾忌的勇气制定了欧洲政策；但这些不值得去细细探究，尤其是因为俾斯麦最多只认可弗里德里希二世。只有两点是值得注意的：一方面，俾斯麦加强了未来普鲁士统治者对君权神授的认识；另一方面，俾斯麦暗示了一个重要的策略，即在经济和贸易中给资产阶级自由派以地位，并把他们作为争取普鲁士在德意志中的霸权的暂时盟友，同时要把自由主义化的官僚习气作为革命的潜在因素，从国家机器中赶走。保持这种"纯洁"，对于庄园主的结盟政策，以及对于普鲁士王朝日后能够真正自上而下地主导革命，是至关重要的。

俾斯麦的德意志政策并不是从全民族的利益出发，而是从普鲁士的、容克的特殊利益出发的。他在 1853 年 11 月 25 日给利奥波德·冯·格拉赫的信中这样写道："如果我们总的来说能更冷静、更自由地与其他邦国打交道，不用披上让人恶心的德意志爱国主义的银鼬皮大衣、掩饰我们普鲁士利己主义的政策，那么我们也会与其他邦国相处得更好。"此外，对俾斯麦来说，德意志问题早已简化为了奥地利与普鲁士的关系问题。从这个观点出发，他曾经相当粗暴地提出："我们的政策除德意志外，没有其他的执行之地，这是我们的地理环境决定的，而奥地利恰恰认为它自己需要这个执行之地；按照奥地利提出的诉求，两国不可能都获得自己的空间，所以从长远来看，我们不能和平相处。我们吸进的空气是从对方嘴里呼出的，我们之中总得有一个人给对方让路，或者让对方让路，到了那时，我们一定会变成敌人，我认为这是一个不容忽视的（请您原谅我使用这个词）事实，不管这个事实多么令人不悦。"在这封信中，他对利奥波德·冯·格拉赫的期望过高了。但在这种强硬的语句中，不起眼的"到了那时"对于事后反过头去看的人来说，却格外具有启发性，它已经暗示了俾斯麦 1866 年在尼科尔斯堡（Nikolsburg）会采取的态度。当奥地利作为普鲁士在德意志内的对手被击败后，俾斯麦后来对奥地利采取了温和的态度，这不仅仅是出于一时的战术考量或担忧，而是扎根于原则上的考虑。

早在 1852 年，俾斯麦就在一方面指出了奥地利与普鲁士这两个大国"在欧洲政策上""必要的相互谅解"，另一方面也指出了"我国和奥地利的德意志政策，仍然大相径庭"。这样的区分，使他能够在欧洲的权力博弈中，与奥地利结成暂时的同盟——例如在普鲁士和丹麦的冲突中，也能够在霸权问题解决后争取持久的友谊。但这样的政策在 19 世纪 50 年代还仅仅是个轮廓式的构想。

俾斯麦从反对奥地利的政治主旨出发，还考虑了普鲁士与中小邦国、普鲁士与德意志邦联议会的关系。由于不得不把资产阶级的物质利益也考虑进来，这导致了各大势力之间的政治对立，即使是在保守派内也不例外，这一点在关税同盟之争中表现得很明显。当俾斯麦在思考当时各邦国的这些方面时，就不再那么有独创性了。不过，他与众不同的地方在于，他能从两个方面充分利用经济政策上的妥协让步：一方面，这是为了使资产阶级受普鲁士国家政策的约束，而不给他们任何特殊的权力；另一方面，是为了使中小邦国内的资产阶级反对亲奥地利的政策。

这种对"物质利益"进行战略利用的政策，还包含在了俾斯麦于 1852 年 10 月提出的与"有影响力的人以及对普鲁士友好的人"建立广泛联系的建议中。俾斯麦希望"在德意志南部"铺展出"一个由铁杆好友构成的网络"，这个网络的中心将位于法兰克福，在现有的"商业—统计机构"的基础上组建，"这个机构与大部分工商业人士有联系，并能在各邦国大力促进其与各行业协会、商业协会以及南德新闻界的联系，以实现预定的目标"。这就是利奥波德·冯·格拉赫所说的俾斯麦的"实用主义思想"。

俾斯麦还从另一个角度关注了德意志南部发生的一些事件。在巴登教会纠纷 ① 中，俾斯麦采取了反对教会干预政治的立场。毫无疑问，是弗赖堡的冯·维卡里总主教（von

---

① 即教会干预政治。

Vicari）挑起了争端，他不顾这个在经济上受到剥削的邦国传统的参与决策权，占领了教区。教廷打着争取独立与自由的旗号，领导了这场事关职权的争端，背后隐藏着的深层欲望却是争取对整个社会的掌控。这些教士企图支配人们的灵魂，连最偏远的山谷中的人们也不放过。在政治上，他们想以自己的方式清算1848年革命，防止民族运动在民主主义、自由主义或大普鲁士主义的霸权主张的支持下死灰复燃。从后一种观点来看，奥地利支持了教廷党，而普鲁士支持了巴登政府。

1854年初，奥托·冯·俾斯麦亲自前往卡尔斯鲁厄执行公务，他向利奥波德·冯·格拉赫犀利地提出了以下意见："我的职务中最困难的职责之一，就是在为国王服务的过程中，必须不断地与天主教的争战教会（Ecclesia Militans）进行斗争。我希望像你弟弟那样的精神力量和基督教力量可以站在我们这一边，这并不是要反对天主教会的使徒根基，而是要反对那些防御和攻击手段，它们为了服务于人类的野心和迫害纯粹的福音传道，而毁掉了原本的大厦。这不是一种基督教徒的信仰，而是一种充满仇恨和欺诈的、虚伪的、偶像崇拜的教宗主义（Papismus），它用最臭名昭著的武器，在实际生活中——从各位君主的内阁到夫妻的床笫生活——与新教政府，特别是与作为福音的世俗堡垒的普鲁士，进行着不可调和的斗争。在这个城市里，在邦联议会里，在附近的宫廷里，'天主教徒'和'普鲁士的敌人'是同义词，不管他们是用黑—黄两色、法国的颜色、民主的颜色，还是把前两者混在一起，来绘出他们对我们的仇恨。"

所有这些策略反思构成了俾斯麦自己独特的立场观点，使他远离了冯·格拉赫的圈子。他曾经通过冯·格拉赫，在危急时刻进入了政界。他当时所拥有的反革命的团结意识，以及在冯·格拉赫派占优势时，他在邦联议会公使位置上所必须具备的周全的思虑，都不允许他与冯·格拉赫派进行外在的决裂，尽管他们内心已经产生了距离。关于该对神圣同盟采取何种立场的策略问题，已经触及了世界观领域，在此仅有争论交流是不够的。在这里，必须有涵盖全欧洲范围的历史经验来帮助俾斯麦。而那就是克里米亚战争。

克里米亚战争的经验

克里米亚战争前夕，俾斯麦以强有力的、普鲁士式的方式写道："巨大的危机形成了要求普鲁士发展的大气候，我们可以大胆地利用它，甚至可以毫无顾忌地利用它……"

1853年7月，俄国与奥斯曼土耳其之间爆发了战争。尽管俄国的封建主义仍然牢固，但它在1849年和1850年担起的欧洲宪兵的角色，意味着它比以前更加紧密地卷入了欧洲经济和政治上的利益联系与利益冲突，因此它即将迅速地对农业和贸易进行资本主义化改革，并扩大规模。即使是尼古拉一世这样一个傲慢无知的笨蛋，也注意到了一些事实，那就是专制主义不得不忍痛走上下坡路，以适应人们津津乐道的"物质利益"。正因为如此，才促使他实现了圣彼得堡长期以来的对君士坦丁堡的作战计划。他必须努力在政治上控制那仍然开放的通向自家的大门，使他仍然能够掌控进出口，也使他在近东和巴尔干的势力范围可以尽可能地扩大。

弱小的土耳其背后站着英国和法国，1854年3月，英法对俄宣战。这两个西方大国本身互相不信任，互相监视，所以这个政策是统治阶级和统治集团各派内部明里暗里对抗的结果；但它们一致认为，防御沙皇的野心，是对它们自己的扩张主义最好的保障。马克思和恩格斯在大量文章中揭露了英、法两国的虚伪，它们把"为局部目的而进行的局部战争"宣传成争取自由、反对专制的斗争。在现实中，它们只是想遏制沙皇，而不是消灭他。

奥地利和普鲁士面临着应该如何在冲突中行事的问题。到目前为止，他们都和俄国走在一起。然而，在奥地利，一群有影响力的温和保守派主张与西方强权结盟。奥地利的中上层资产阶级希望在巴尔干地区获得稳固的销售市场，并控制多瑙河的航运。这种愿望与俄国在巴尔干地区的推进产生了抵牾。

在普鲁士情况也一样，尤其是在那个与"周刊党"关系密切的贵族外交官圈子里，那些大力主张贵族和资产阶级之间应达成妥协人支持与英国和法国合作。王位继承人，也就是未来的国王威廉，虽然没有作出决定，却明显倾向于支持英国与法国。一时间，支持西方的"周刊党"与"沙俄党"之间的分歧愈演愈烈。尽管有种种个人色彩在里面，但弗里德里希·威廉四世那显而易见的摇摆不定，归根结底还是因为德意志邦联里的这两个大国有诸多利益交集，以及权力形势不断变化。此外，保守主义阵营一方面团结于共同利益之上，另一方面又存在利益冲突，这种充满张力的辩证关系给君主带来了道德和政治上的负担。

克里米亚战争期间，普鲁士和奥地利内部关于外交政策方向的争论，在法兰克福的德意志邦联议会中得到了回响。两大国都为各自的政策努力争取中小邦国的支持，这些政策反映在一系列协定、照会、条约草案和军事示威中。其中，在 1854 年 4 月缔结的奥地利—普鲁士防守同盟（Schutz- und Trutzbündnis）中，两个缔约国之间就因为各种条款的解释发生了争执。

虽然奥地利在形式上保持中立，但与普鲁士不同，它实际上卷入了这场斗争。奥地利要求俄国——用外交语言说，是向俄国发出了一个催告（Sommation）——让出各多瑙河公

国 ①，即今天罗马尼亚的一部分，而最终，奥地利不顾自己的财政困境增加军备，亲自入驻了那里。因此，奥地利牵制住了俄国武装力量中的重要部分，为西方列强进攻塞瓦斯托波尔（Sewastopol）提供了便利。难怪沙皇会怒火中烧，在会见奥地利使节时，宣布两个君主国之间的信任已不可挽回地被破坏了。在普鲁士，严格的中立政策占了上风，而各中小邦国也保持着警惕，它们不希望被奥地利拖入任何战争。它们的兴趣和关注点不在多瑙河，而在莱茵河。在这种情况下，奥地利和普鲁士的公使之间的政治关系和私人关系，比以往任何时候都更加重要。

在克里米亚战争爆发前的几个月，法兰克福"主席公使"的职位发生了变化。图恩 – 霍亨施泰因伯爵不再继续任职。维也纳的首相办公厅经过一番犹豫后，通过交换其在柏林和法兰克福的公使，解决了他的继任问题：图恩伯爵去了柏林，安东·冯·普罗克什 – 奥斯滕男爵去了法兰克福。作为格拉茨（Graz）一位官员的儿子，普罗克什最初开启了军旅生涯，并在哈布斯堡帝国的陆军和海军中担任军官，表现出色。他曾到尼罗河危险的湍流中航行，与地中海的海盗们斗争。这些给他带来了名声和过分蛮勇的气质。在公务之外，他还多次私下去东方旅游。

普罗克什出使的消息吓坏了法兰克福所有的邦联议会代表。俾斯麦在 1853 年 1 月初给利奥波德·冯·格拉赫写道："普罗克什的就任引起了这里所有的外交官、德意志人和外国人的真实而明确的恐惧。"他们对这个人有望成为他们的"主席公使"感到愤怒。只有俾斯麦很高兴，因为他认为这个人的当选是奥地利的一个"不可理解的政治错误"。

---

① 摩尔多瓦公国和瓦拉几亚公国。

235　　俾斯麦和比他大 20 岁的冯·普罗克什－奥斯滕在许多方面都可以产生共鸣——他们都拒绝冯·拉多维茨的联盟政策，都反对民主主义和自由主义。但他们也有明显的差异。出身于乡村贵族的俾斯麦从直接的生存利益出发，对他来说，历史、文学和宗教知识都可以对生活带来实际帮助，而对于这位格拉茨的官员之子来说，情况就完全不同了，他发迹于国家官僚等级中。他创造了一种水彩般的历史哲学，将东方置于西方之上，将历史研究美化为"外在的祈祷"。俾斯麦从来没有过这种只会给历史学抹黑的教育狂热。他把冯·普罗克什－奥斯滕的著作迅速地、不耐烦地扔在一边，这是可以理解的。因为他立刻感觉到了对方的自吹自擂和谎话连篇。对他来说，冯·普罗克什－奥斯滕是，而且一直是一种"催吐剂"。

　　从这种对比可以看出学识渊博的、勤奋的发迹者与扎根社会、注重维护传统的贵族之间的区别。冯·普罗克什－奥斯滕喜欢称自己是东方人。事实上，他已经具有了东方主义的一些特征，既有那种洒脱的、宿命论的容忍，又有偶尔爆发的狂热。这一点尤其表现在他对新教的态度上。1851 年，冯·普罗克什－奥斯滕对法国外交官皮斯卡利（Piscatory）说道："宗教改革，就其本身而言，导致了一场政治革命。它以同样的必要性，带来了导致社会经济政治完全崩溃的社会革命……"抗拒宗教改革、抗拒新教，是他憎恨普鲁士的一个重要因素。在这种立场上，他与俾斯麦之间不存在桥梁。冯·普罗克什－奥斯滕不再适合他的工作领域和这个时代了。早在 1853 年 5 月，俾斯麦就对路德维希·冯·格拉赫毫不夸张地指出："自从普罗克什来了以后，某种在我看来已经过时的、在西方外交中毫无用处的骗人把戏和偏狭的阴谋诡计也被移植到了这里，这扰乱了本来程度就很低的互信，从而扰乱了事情的发展。"普罗克什给俾斯麦带来了一些麻烦，但在无意中，他甚至增进了俾斯麦对议会中的中小邦国公使的影响。

　　在德意志霸权问题上与奥地利保持距离，然后迫使其转入防御，最后将其战胜——这一直是俾斯麦对外政策的基本动机。他以此为指导，尤其是在危急时刻，比如此时，1854 年 3 月的头几天，西方列强向俄国发出了最后的呼吁，要求它撤出各多瑙河公国，并放弃一切干涉土耳其事务的企图。西方列强和奥地利都试图以某种方式将普鲁士拉到反俄阵线上。奥地利已经失去了理智，想在德意志和意大利保持霸权，此外还渴望在巴尔干地区建立类似保护国的地位；考虑到多瑙河君主国经济上的疲软及其面对的民族运动的威胁，同时追求这些目标可能会是其力所不及的，但维也纳并没有被这个问题动摇。不管怎么说，那些痛恨普鲁士的政客们，同时也想借机给俄国增加压力。

　　不出所料，冯·格拉赫兄弟作为保守派团结和原则政策的守护者，把与圣彼得堡的友好同盟放在首位，此时依旧在通过宫廷密党密谋的方式影响宫廷。他们请从法兰克福去往柏林的俾斯麦协助，确保普鲁士不会支持西方列强于 1854 年 3 月初对圣彼得堡的催告。俾斯麦还在打破支持西方的"周刊党"对政府的影响上发挥了自己的作用——人们称该党为"自由主义的宫廷密党"。"周刊党"里的人以各种方式追求自己的战争目的，他们的指导思想是：普鲁士在西方列强的帮助下，可以迫使奥地利退出德意志的宪政活动，或许还可以用俄国的领土和利益区域来补偿哈布斯堡帝国，从而实现这个目的。但对弗里德里希·威廉四世来说，他们提出的东西似乎太冒险了。所以，国王最后决定罢免那些已经获得了官职和显赫地位的"周刊党"的领袖人物。王位继承人威廉王储同情"周刊党"，他离开柏林，去了巴登-巴登。他也不想对俄国发动战争，只想对这个东方友邦施加压力，防止它再进行战争冒险。对他来说，避免普鲁士被德意志之外对俄国持敌对态度的舆论孤立，也很重要。

国王和曼陀菲尔政府觉得自己从亲西方的"周刊党"人那里解放了出来，此时认为可以同参与这场东方冲突的所有主要势力维持良好的关系；本着这种精神，他们在奥地利的敦促下，于1854年4月20日与奥地利缔结了防守同盟。国王和首相都认为，这足以满足他们的中立政策，因为条约规定，一个国家要参战，必须征得另一个国家的同意。俾斯麦立即开始急切地利用这一条款来阻碍奥地利的反俄政策。

237　　在1854年的三月危机中，俾斯麦又与冯·格拉赫兄弟进行了密切合作。他们做的事情相同，目的却不同。对俾斯麦来说，亲俄政策不是一种信条，而是基于利益的现实政治的结果，它越发被纳入一个整体的政治构想。他对奥地利疲弱的经济进行了清晰的评估，早在2月，他就已经警告说，柏林不应该把它的"整洁漂亮的、能出海的大型驱逐舰"与"奥地利的虫蛀的老式奥朗格船（Orlogschiff）"联合起来。

尽管俾斯麦试图阻止同盟条约的影响，但他没能阻止维也纳和柏林之间签署的一项附加协议，根据该协议，两个大国应向邦联议会提出其在东方危机中的立场，并呼吁议会加入其阵线。中小邦国对此肯定是不满的，它们有充分的理由担心德意志会在没有必要的情况下被卷入战争，这就使得法国军队可以按照两百年来的惯例，推进到德意志南部——无论是作为敌国还是作为莱茵联盟（Rheinbund）①的盟友。经过长时间的谈判，中小邦国于1854年7月24日在邦联议会同意加入普鲁士一

---

① 1806~1813年莱茵地区的德意志诸邦在法国拿破仑一世监护下结成的联盟，推行《拿破仑法典》，实行各项资产阶级改革，支持拿破仑的各项政策，成为法国在中欧的支柱。也译作"莱茵联邦"。

奥地利的四月同盟。

俾斯麦不得不以普鲁士公使的身份，正式支持这个同盟。就在同一天，普罗克什－奥斯滕在他给维也纳的总结报告中，清楚地区分了俾斯麦的官方态度和真实态度。俾斯麦的真实态度，"与其说是基于对俄国的好感，不如说是基于对奥地利的嫉妒；与其说是基于保守主义的原则，不如说是对在德意志扩张其势力的狂热渴望"。在这里，德意志霸权问题又一次被触及，但不是由俾斯麦，而是由他的对手。

奥地利试图将普鲁士和其他德意志邦国拉上对和平有威胁的政策之路，这使沙皇感到不悦，因为奥地利在未与这些国家事先商定的情况下，做出了进一步激化反俄情绪的决定。6月3日，奥地利向圣彼得堡发出威胁性的要求，要求俄军从多瑙河公国撤走，6月14日，奥地利同正在与俄国交战的土耳其签订条约，允许奥地利军队取代俄国，进入摩尔达维亚和瓦拉几亚。1854年9月，大约是英法两国在克里米亚登陆的时候，奥地利军队占领了多瑙河公国，迫使俄国吃力地采取了防御措施。但这一切胜利将拖累哈布斯堡帝国的未来。

维也纳已不再遏制其对沙皇的敌意。神圣同盟宣告破裂，在奥地利于12月2日与交战国——法国和英国——结成防守同盟后，这种破裂进一步扩大了。但这对普鲁士和德意志的中小邦国来说，已经太过分了。它们拒绝跟随这个防守同盟，因为这是唯一能阻止奥地利对俄国发动战争的方式了——奥地利在财政上没有能力独自发动战争。卡尔·路德维希·冯·布鲁克男爵（Freiherr Karl Ludwig von Bruck）在一次宴会上宣布："愿上帝保佑奥地利军队，我这个财政大臣已经不能再帮他们了。"

但一个老帝国的骄傲不允许它在半途突然停下脚步。1855年1月，奥地利在法兰克福要求动员一半的邦联武装力量。俾

238

斯麦知道，中小邦国尽管对此充满愤怒和不信任，但不会有勇气断然拒绝维也纳的要求。因此，俾斯麦在考虑到一些实际诉求的情况下，申请了战备，他的理由是需要"在各个方向"抵御迫在眉睫的危险。有了"在各个方向"的表述，既向东又向西，奥地利专门针对俄国的意图就被打破了。为了不冒在邦联议会中一败涂地的风险，哈布斯堡主席公使不得不勉强批准了照此修改后的议案。奥地利那独占德意志邦联并把军力对准东方的深层意图，也因此失败了。为此，维也纳和巴黎都对俾斯麦恨之入骨，以至于俾斯麦的上司，柏林的曼陀菲尔，不得不在面对法国的抱怨时为他辩护。

然而，这位普鲁士公使创造了他的外交杰作；他作为"学徒工"的阶段结束了。普罗克什－奥斯滕不得不向维也纳的上司坦白："奥地利如今似乎受到了邦联的牵制，有人大声疾呼，应该通过普鲁士领导下的邦联抑制、驯服奥地利。'武装中立'作为反对法国和奥地利的措施，被称赞为一种智慧，我们自己把自己束缚住了，真是搞笑。"俾斯麦正是在这种联合中小邦国对抗哈布斯堡霸权的交锋中，取得了他外交生涯中第一个被朋友也被敌人公认的重大成就。俾斯麦通过利用他对人和人物关系的生动见解，利用他精准的观察力，有时也利用他在试验政治可能性上的娴熟经验，交出了这样一份政治上完美无缺的杰作。在中小邦国放下被奥地利拖入对俄战争的恐惧之后，俾斯麦不得不从普鲁士的利益出发，对它们采取不同的态度和政策，即回到与它们斗争的原本立场；无论如何，他终于从此时开始，放弃争取这些邦国的好感了。

俄国在军事和外交上的失败，使沙皇的体力与精神都受到了打击。1855 年 2 月，尼古拉一世突然身亡；或许他也可能像是偶尔传出的流言那样，是自杀的。他的长子亚历山大二世，即普鲁士国王弗里德里希·威廉三世的外孙，继承了皇位，并承担起了继续进行这场已经半死不活的战争的艰巨任务。

经过长时间的艰苦战斗，双方损失惨重，1855 年 9 月 11 日，当塞瓦斯托波尔沦陷时，战争也进入尾声了。在 1856 年 2 月和 3 月的巴黎和会上，大家对俄国提出了苛刻的条件。对俄国这样一个大国来说，最严厉的、几乎是无法忍受的要求，就是禁止它保留其在黑海的海军，禁止修建沿海防御工事。此外，俄国还必须承认"多瑙河航行自由"，并割让比萨拉比亚（Bessarabien）的一部分。由此，沙皇进一步失去了其在保守势力中的领导地位。外交政策的失败也加剧了内部矛盾；克里米亚战争后不久，沙皇就不得不废除了农奴制。俄国的民主革命运动成了欧洲的自由主义诉求的直接盟友。

随着《巴黎和约》的签订，法国成为未来大约 10 年内欧洲大陆的第一强国。神圣同盟各大国的团结局面已经结束了，这迫使普鲁士寻求新的政治方向。俄国和奥地利在巴尔干问题上的分歧再也无法弥合，反而在之后越发加深了。

俾斯麦曾在法兰克福警告柏林政府不要过多表露参加巴黎和会的愿望。他担心普鲁士将不得不在那里的各国面前，在与俄国敌对的多数国家的"道义压力下"，放弃它"此前的自由的立场"。主要是在英国的唆使下，普鲁士最终根本没有被邀请参加巴黎和会的开幕式，只是在后来讨论海峡问题时才被请到会议桌上。虽然普鲁士在这里只能起到次要作用，但它的外交政策的地位并没有像奥地利那样尴尬地恶化——因为奥地利在克里米亚战争中的态度不能使西方列强满意，也不能使俄国信任它。奥尔米茨那样的会议不会再上演了。

240

在会议开始前几个月，奥地利再次更换了主席公使。这件事在 1855 年春天宣布，在 11 月初落实了。当普罗克什－奥斯滕告别邦联议会，作为公使前往他一直向往的君士坦丁堡时，议会的所有人都松了一口气。看起来他好像是在哈布斯堡的外交事务中接手了一个重要的职位，其实他是离开了一个核心工作区域。但是在当时还是民族混杂之地的君士坦丁堡，伴随着气势恢宏的纪念性建筑、童话般的剪影、阴凉的咖啡馆和公园，他能够享受到几十年后"土耳其伟大的儿子"凯末尔帕夏（Kemal Pascha）为了民族利益而与之进行激烈斗争的那种东方主义。

政坛新贵普罗克什的继承人是约翰·伯恩哈德·冯·雷希贝格伯爵（Graf Johann Bernhard von Rechberg），来自一个曾直属帝国的（reichsunmittelbar）古老的施瓦本家族，家族祖居地在霍亨雷希贝格山（Hohen Rechberg），与霍亨施陶芬山（Hohenstaufen）遥遥相对。① 相比之下，阿尔特马克 – 波美拉尼亚的乡村贵族俾斯麦家族的地位不够高，尽管这个家族可以追溯到 13 世纪。俾斯麦对这个未来的同僚及对手的期待，在一个身材矮小、戴眼镜的 ②、看起来像"最高法院的法官"的男人走过来时，全然落空了。这些具有讽刺意味的描述表明，俾斯麦再一次捕捉到了这位新任主席公使的基本特征：他迂腐、枯燥、传统。然而，他的脸上却泄露了多年外交生涯中训练出来的狡猾的才智。

雷希贝格比俾斯麦大 9 岁，他认为自己不属于绝对服从于教宗的、教宗至上主义的天主教派别，而是属于哈布斯堡君主国的国家利益至上的那一派。与他相比，信奉新教的俾斯麦行动更加自由，对历史发展的态度也更加开放、更加无所拘束，并同时忠诚于霍亨索伦王权及其军队。雷希贝格，由于他保守主义的固执，只能如此肤浅地解释俾斯麦身上的非传统性：他

---

① 雷希贝格山（或称霍亨雷希贝格山）、霍亨施陶芬山和施图伊芬山（Stuifen）位于施瓦本山脉地区，被合称为"三帝皇山"（Drei Kaiserberge）。其中，雷希贝格山和霍亨施陶芬山上各建有家族城堡。

② bebrillt，德语中这个词常有讽刺意味。

没有受过足够的外交培训。

在经历了克里米亚战争的外交事务后，俾斯麦在与奥地利的关系这一触及保守派团结基础的微妙问题上，比以前更加坚定了。在他1856年4月26日——大约在《巴黎和约》缔结4周后——以私人信件的形式写给曼陀菲尔的"华美的报告"中，他依照原则明确而坚定地写道："上千年来，自卡尔五世（Carl V.）以来的每一个世纪，德意志二元制的主角常常通过彻底的内部战争来调节它们彼此的关系，而到了本世纪，除这种战争手段外，已经没有任何其他方法能够把转动的时钟调到它的正确时刻。我无论如何也不想从这份报告中得出这样一个结论，即我们现在的政策应该借着有利局面，对我们与奥地利的关系做出一个决定。这不是我的本意。我只想表达我自己的信念，即在不远的将来，我们将不得不为了我们的生存而与奥地利作战，我们无力阻止，因为德意志的事态发展让我们别无选择。"

俾斯麦这段附记的历史深度可以先搁到一边，不过很明显，这位作者在行文时秉持的观念是，德意志两大强国之间天然地必定发生对抗，尤其是因为这两个国家也是欧洲国家体系中的两大强权。他不是根据一时的想法写出这份报告的，而是经过了深思熟虑、反复考量。虽然并没有计划立即实施，但他已经构想好了与奥地利进行一场战争，来解决霸权问题。

早在他与奥地利在邦联议会斗争时，这个观念就已经形成了，这表明，俾斯麦绝不是一个在十字路口无法下定决心，在两条可能的道路之间摇摆不定的"大力士"；相反，他已经很成熟了，是一个试图利用"物质利益"以及资产阶级的民族国家愿望的政治家，尽管他尽一切可能地避免在政治上依附于资产阶级。出于这个原因，他想把欧洲政治作为普鲁士争取德意

241

志霸权的另一个战略武器。他在 1857 年 5 月 18 日写给曼陀菲尔的备忘录中，尖锐地提出："只有在德意志之外，我们才有办法从德意志本身的利益出发，巩固我们的地位。"俾斯麦同意冯·格拉赫兄弟的意见，认为应该保持并维护与俄国的类似联盟的关系；但即使在克里米亚战争结束、神圣同盟瓦解后，冯·格拉赫兄弟也依旧完全从保守派团结的角度看待与俄国的友谊，从而把奥地利纳入了这种关系；与之相反，俾斯麦在对俄政策的方向和目标上却一点儿也不教条，他将这种政策引到了反对奥地利的方向上。

242　　在克里米亚战争期间，"维也纳和圣彼得堡之间的对立变得更加尖锐与持久"，当俄国与奥地利算账的意识越来越明显时，对俾斯麦而言，普鲁士与俄国的合作仍然是外交政策的首要任务。随着俄国与法国接触的消息越来越多，俾斯麦坚定了一个长期以来的想法，他在 1856 年 2 月 13 日，也就是《巴黎和约》缔结 6 周前，给首相曼陀菲尔的私人信件中阐述了这一想法："冯·格拉赫将军最近写信给我，谈到他对俄国与法国的联系的担忧。由于我无法认同他的感受，我只答复说这件事是不可能的。但 9 日，阁下您在尊贵的私人信件中关于国王和您本人在这件事上的观点的陈述，让我鼓起勇气提出我的信念，即我更希望而不是更害怕这样的联盟，但前提是我们必须完全加入。这是唯一能使我们彻底停止对德意志中小邦国的保护、挣脱奥地利怀抱的手段。"俾斯麦通过这个"信念宣言"，非常公开地表达了与俄国结盟的战略目的和对法国的定位。它针对的是主要的战略敌人：奥地利，以及那些在政治上不断接近它的中小邦国。

　　因此，1855 年的巴黎世界博览会为俾斯麦提供了一个访问法国的良机。普鲁士公使哈茨费尔特伯爵（Graf Hatzfeldt）考虑到酒店人满为患，欢迎俾斯麦下榻自己家，这意味着俾斯麦得到了官方支持。与同事的密切接触使他更容易被引介给英国维多利亚女王，其时女王正在法国进行国事访问，以显示对法英结成联盟的庆祝。更重要的是，俾斯麦见到了法国皇帝夫妇。他又一次以敏锐的眼光对人物特征进行了捕捉，并尖锐地指出：拿破仑三世"脸长得很像老鼠，看起来很害羞"。然而，俾斯麦高估了他的智商，并低估了他内心的坚定。

俾斯麦无法找到合适的词语来形容法国首都的建筑古迹和整个城市的风貌，他只是以一种近乎画家的眼光，记录了塞纳河的风景。比起建筑，风景对他来说更亲切。然而，在巴黎，"街头生活的风貌"吸引了他，他向妻子评价道："这个巴黎，是个奇妙的城市。"政治，是他此行的目的。他在沙龙和大臣们的办公室里进行了许多谈话。他满意地指出："七月革命的资产阶级（July-Bourgeoisie）已经把权力移交给了军队。"但在国家的镇压机器之外，他认为，在巴黎，钱就是一切，元帅是大金融家身边的狗。

他公开嘲笑一众警察和所有公共生活的规则。他对此事的描写最终变成了一个怪奇故事："如果早上醒来，看到一张长着三根胡须、戴着一顶歪歪扭扭的帽子的脸，像狱吏一样用无聊的礼貌告诉我，'Pissez, s'il vous plaît, changez de chemise s.v.pl.'（请去小便，然后劳驾换件衬衫），我也不会感到惊讶。当你做起这份无聊的工作时，你不能再按照自己的意愿打喷嚏或擤鼻涕了……"

柏林宫廷密党的人当然不喜欢俾斯麦的巴黎之行。因此，俾斯麦不得不对国王的侍从将军利奥波德·冯·格拉赫说几个理由；他是以一个大贵族（Grandseigneur）的漫不经心（Nonchalance）的态度说的："您可以指责我去了巴比伦，但对于那种适合像吕措（Lützow）这样的军人或独立的乡村容克的政治贞操，您不能要求一个乐于学习的外交官也同样拥

243

有；而我认为，我必须从自己的经验出发，只要有机会，就尽可能多地去了解这些东西。不要担心我的政治健康，我有很多鸭子的特性，比如我会从羽翼排出水来，而从我的皮毛到我的心脏有相当长的距离。波拿巴主义没有赢得我的一丁点喜爱；相反，当我再次穿越国境回来时，它就像一个包袱一样从我的心头卸了下来……甚至对于同车的两位来自普法尔茨的工厂主，我都有了一种乡情冲动。"

为了解释法国之行的本质，他提到了自己秉持的信念："只要路易·拿破仑活着，我相信他就会牢牢占据王位。他的卫队和无数的宪兵队伍里有太多高薪的人，他们希望一切都保持现状，他们的人数多到足以控制巴黎。"有鉴于此，俾斯麦认为，法国是国际政治中的一个重要角色。

244

当然，关于如何塑造普鲁士与拿破仑治下的法国的关系，俾斯麦的想法在东方发生危机的期间还没有明确地形成；无论如何，他要防止普鲁士官方对法国的反对被"公开盖上不可撤销的印章"。他准确掌握了利奥波德·冯·格拉赫的心态，当他想向其介绍可能与拿破仑结盟的想法时，他从道德角度用了一连串的说辞来进行说服："如果没有一定程度的卑鄙，我们就不能与法国结盟。但是，如果我们能让俄国这样做，那么维也纳的反向政策就可能会迫使我们在这个可怕的联盟中成为第三者，以防奥地利占据这个位置。最尊贵的人，即使是中世纪的君主，也宁愿被从下水道救起，而不愿意挨打或被勒死。"这些关于普鲁士和法国结盟的可能性的讨论，当然不能只从字面上去理解。俾斯麦主要是想与法国建立更紧密的关系，而不需要借助更强的纽带。

克里米亚战争后，俾斯麦对普鲁士与法国关系的看法更具体了。他在1857年5月18日给曼陀菲尔的备忘录中，从普鲁士和法国两个国家各自的角度出发，主要目的是证明在两国之间建立和睦关系的必要性。俾斯麦说，法国必须谨慎行事，"既要对与俄国的同盟关系保持开放态度，又要避免为此采取过于引人注目的行为，导致无端与英国疏远。对此最可靠的办法就是培养法国与普鲁士的关系……对普鲁士来说，由此一来最大的获益之处将在德意志；由于法国对我们比对中小邦国更感兴趣，所以，它们就被切断了重建莱茵联盟的机会，并将投奔我们，因为只要奥地利不与俄国结盟，它们就不会在奥地利那里感到安全和受保护。"

俾斯麦坚信，与奥地利相比，普鲁士是让"德意志内部更强大、更有前途的因素"。在克里米亚战争后，由于巴尔干问题，俄国和奥地利之间的联盟不再可能。沙皇制由于在克里米亚战争中的失败而被削弱，使得保守派反动政党，特别是普鲁士的宫廷密党，已经无法从欧洲的宪兵那里寻求有效的支持。普鲁士在欧洲强国中的外交有了更好的机会，因为其主要对手奥地利的机会变差了。

俾斯麦的论证变得容易了，因为神圣同盟的瓦解为它赢得了说服力。与之相比，如果仍坚持保守派团结的教条政策，将会显得是一种堂吉诃德式的空想。如果普鲁士君主国想作为一个大国存在，那么它既需要对俄国有更大的独立性，又需要在德意志邦联内对奥地利采取更积极的政策。在德意志内部，特别是在工业发达的普鲁士，这场德意志邦联的两个主要强国之间的竞争，迫使每个阶级都要就如何解决德意志问题给出答案。

与宫廷密党决裂

对于地主来说，俾斯麦设想了可能的解决办法，使他们既能维持自己的权力地位，又能满足资产阶级的迫切需求。由于宫廷密党的行动纲领是退步的，长远来看，这份纲领无法承受来自资本主义工业和农业的巨大压力。

　　这就是 1856 年俾斯麦和利奥波德·冯·格拉赫之间爆发冲突的背景。俾斯麦 5 月 2 日和 5 月 30 日的两封信是政治文献，它集中而简明地概括了迄今为止基于传统、经验和思维方式的差异而产生的所有不同观点，例如所谓的原则政治（Prinzipienpolitik）和利益政治（Interessenpolitik）之间的分歧、关于与奥地利的关系，以及其他种种方面。俾斯麦很清楚这些信件的内容和意义，因此在 19 世纪 90 年代将这些信件收入了他的回忆录。如果说，我们要从这些信件所涉及的大量问题中，选出一个明显具有全新特征的问题，那就是对"积极计划"的再次要求。

　　在第一封信的开头，他就指责政府："我们没有结盟，也不推行外交政策，也就是说，我们不积极，我们只限于捡起那些落入自己花园的石子，尽可能地洗去上面的污垢。"在另一段中，他谈到"我们的政治完全扮演着被动的角色"，最后，他对冯·格拉赫进行了一次真正的抨击："我最敬爱的朋友，您最了解我们的政策了，您能告诉我一个我们的政策中坚持过的目标吗，哪怕只是一份依据形势制订的几个月的计划，能够体现我们到底想要什么？柏林有人知道吗？您是不是认为，其他大国的领导人中，也有人这样缺乏积极的目的和想法？……我不是在说现在；但您能不能给我说出一个积极的计划（有足够的防御性的），一个自拉多维茨的三王同盟以来，我们在外交政策上的打算？"

246　　俾斯麦认为普鲁士必须实行有计划的、积极的政策，这一点非常重要，因此他在 1857 年 5 月 30 日给冯·格拉赫写了第二封重要的信："您若能给我提出另一项政策，我会坦诚地、不带偏见地和您讨论，但是身居欧洲中部的我们不能如此消极地缺乏计划，不能舒适地放任自流，这种态度今天对我们的危险性可能和 1805 年时一样，如果我们什么都不做，我们就会腹背受敌，左右为难。"俾斯麦以普鲁士的地缘政治形势为由，要求采取积极的政策，这一点可以暂不讨论。但俾斯麦作为一位纯正的政治家，有一种可靠的直觉，那就是像普鲁士这样的大国——正因为它是最小的大国之一——在克里米亚战争后不应该消极地或草率地行事，因为所有的权力关系都已经处于变化之中，而在国内，资产阶级—自由派的圈子重新活动起来了，尽管还暂时有所拘束，他们要求用一个有行动能力的统一的德意志国家来代替邦联。

俾斯麦没有具体的方案，因为他没有、也不可能确定下实现目标的途径的细节，但他有一个战略目标，也有一个关于战术的基本想法。

最迟到 19 世纪 50 年代后半期，他已经意识到，在这条道路的尽头——考虑到受过教育的自由派市民阶层和有产市民阶层的民族国家愿望——普鲁士在德意志的霸权必须实现。对于拉多维茨的联盟政策，纵然俾斯麦曾经与冯·格拉赫和曼陀菲尔一道对其战术设计和实际执行进行激烈的抨击，但他从来没有怀疑过联盟政策的总目标，即普鲁士在一个小德意志的霸权。而在 1857 年 5 月 2 日的信中，他赞赏性地提到了三王同盟，将其作为普鲁士外交政策的积极计划的最后一个例子。俾斯麦认为目标构想中已经具体成形的部分是，在追求普鲁士保守主义利益的过程中，既要坚定原则，又要有对现代经济和社会发展的弹性。冯·格拉赫兄弟的教条主义的政策不允许做这样的调整。

俾斯麦认识到，普鲁士会因为需要服从多数，从而继续充当德意志邦联的囚徒，于是他得出了一个结论，即应该在德意志邦国的权力体系之外寻求更密切的关系。鉴于当下的利益格局，除俄国外，他认为只有与拿破仑治下的法国建立友好关

247

系才是实现计划的重要手段。对他来说，法国是奥地利的制衡力量，是德意志中小邦国的制衡力量，也是英国的制衡力量。他认为英国不会给普鲁士"发展海上贸易和舰队的机会"，并且非常"嫉妒我们的工业"。在与俄国和法国的"三方势力格局"中，普鲁士可以在政治上进行周旋，以实现其主要战略目标——在德意志的霸权地位。无论如何，俾斯麦坚信，如果法国站在自己这边，那么德意志中小邦国就会站在自己这边。正如莱茵联盟的历史所展示的那样，在出现极端危机时，这些邦国宁可将自己置于一个"新的拿破仑"的保护之下，也不会依靠脆弱的德意志邦联。只有从欧洲强权与德意志各阶级之间更为动态的关系来看，人们才会理解为什么俾斯麦一再坚持不懈地处理波拿巴主义问题，为什么他不想错过法国，这个普鲁士外交政策"报表上"可能的"资产项目"。

利奥波德·冯·格拉赫引用 1809 年弗朗茨皇帝在匈牙利议会上所说的话，回答说，整个世界毕竟是疯狂的。"奥地利理所当然地担心自己的意大利，同时与普鲁士和俄国为敌——这是仅有的支持它占有意大利的两个国家；它接近法国，而法国从 14 世纪起就对意大利虎视眈眈；它把撒丁王国（Sardinien）逼到极限，而撒丁王国掌握着意大利的大门和入口；它跟巴麦尊（Palmerston）暗送秋波，而他正忙于应对国内的叛乱。俄国开始对内自由化，向法国示好。——我们应该与谁结盟？除了等待，我们还能做什么吗？"

这种认命的无奈，清楚展示了利奥波德·冯·格拉赫对时代发展的不理解，时代的发展确实已经超出了他的历史视野。俾斯麦、戈尔恰科夫甚至亚历山大二世都有着更具活力的政治直觉，这为他们带来了对历史政治发展的部分理解，但利奥波德·冯·格拉赫完全缺少这种直觉。冯·格拉赫认为这个世界是疯狂的，在外交政策上持观望态度是最好的。即使他和俾斯麦对某些现象的看法完全一致，如奥地利对普鲁士的态度或普鲁士在德意志的影响太小，但他们对这些现象的性质以及原因的看法却不同。

"在德意志，普鲁士的影响是如此微弱，"利奥波德·冯·格拉赫感叹道，"因为国王永远无法下定决心向其他君主表示不满。"他的这种忠君主义的解释，不仅错误地判断了权力平衡的整体性，而且也没有看到，普鲁士王国有可能支持资产阶级自由派的经济—政治愿望和民族愿望，从而为自身争取到他们的支持，使他们为己所用。尽管冯·格拉赫和俾斯麦一再向对方宣称，他们在反对革命的斗争中是团结一致的，但他们之间的关系却越来越疏远，这是从外交关系方面开始的。

冯·格拉赫以"反对革命的斗争"为由，拒绝与波拿巴主义的法国合作或结成同盟。这样的观点与俾斯麦相去甚远，俾斯麦提出了许多历史性的论据："我不认为，在法国大革命以前有哪个政治家——即使他是最虔诚的基督徒和最有良知的人——会想到把他的全部政治努力、他在内政外交上的政治行为都置于'反革命的原则'之下，并且只以这个试金石，来检验他的国家与其他国家的关系。"总的来说："法国大革命比波拿巴革命早得多，基础也不局限于法国。如果要在地球上找它的起源，那它的起源不应该在法国，而应该在英国，如果不是更早在德意志的话……"——他指的是德国的宗教改革。

俾斯麦在5月的第二封信的开头就提出了最有指导意义的观点。他对历史的回顾有两方面的启示。一方面，他展示了，合法的事态可以被视为"自古沿袭下来的"革命；另一方面，这种回顾同时开启了他对接下来事态发展的看法。他说："在今天的政治世界里，还有多少不根植于革命土壤的存在？就拿西班牙、葡萄牙、巴西、所有的美洲共和国、比利时、荷兰、瑞士、希腊、瑞典来说，还有那今天仍然在意识里以1688年光荣革命为根基的英国；甚至今天的德意志的君主们所获得的领土也是如此，它们一部分来自皇帝和帝国，另一部分来自经营不善的其他贵族，还有一部分来自他们自己的附庸，在我们自己的国家生活中，我们也不能避免根植于革命的基础之上。"

249　　　大约 30 年后，弗里德里希·恩格斯在给奥古斯特·倍倍尔的信中提出的观点，基本上与俾斯麦在这里提出的观点相同。恩格斯在 1884 年 11 月底写道："欧洲各国现有的政治制度，都是革命的产物。法制基础、历史性的法、法制到处被千百次地破坏着或者是整个被抛弃。但是所有通过革命取得政权的政党或阶级，就其本性说，都要求由革命创造的新的法制基础得到绝对承认，并被奉为神圣的东西。革命的权利原先是存在的，否则执政者就得不到法律的批准，但是后来它被取消了。德国现有的制度是在 1848 年开始和 1866 年结束的革命的基础上建立起来的。"①

　　俾斯麦最迟从 19 世纪 50 年代末开始意识到，自下而上的革命的危险，最好是通过自上而下的革命来避免。

　　由于丹麦违反宪法，石勒苏益格－荷尔斯泰因问题再次成了热点，冯·格拉赫和俾斯麦之间的团结与分歧也在这里得到了体现。两人都同意，解决这一冲突不能与加强自由主义联系在一起，但他们在外交政策的策略上出现了分歧，冯·格拉赫再次认为必须宣扬对波拿巴主义的警惕。俾斯麦自然是从他的主要战略目标出发，看待这场在克里米亚战争后再次激起了人们情绪的石勒苏益格－荷尔斯泰因冲突。

　　有三件事决定了他在石勒苏益格－荷尔斯泰因危机中如何制定日后的战术：第一，对于在他看来由法国占据了关键地位

---

① 译文引自恩格斯《致奥古斯特·倍倍尔》，《马克思恩格斯全集》（第三十六卷），北京：人民出版社，1975 年，第 238 页。

的外交领域，他进行了严密的观察和探索；第二，他努力将奥地利和各中小邦国拉进对丹麦采取的一切行动，使普鲁士不至于单打独斗，而是可以组成联盟；第三，他注重与民众运动保持距离，同时避免明确地与之对立。基于这些考虑，俾斯麦在1858年6月17日给曼陀菲尔的信中写道："无论如何，我谨建议，普鲁士和奥地利都不能在没有对方的情况下参与此事。"

这番话透露了这个邦联议会公使的谨慎，他想要避免引起一直对普鲁士持怀疑态度的大国的不信任；同时也透露了，他打算把他的主要战略敌人奥地利作为他的战术游戏中的一种"资产"加以吸收和利用。这种设想在1863~1865年为俾斯麦结出了丰硕的成果。德意志问题中这个最重要的子问题的解决，使他在1866年取得了决定性的胜利。

俾斯麦在思想和行动上的主旋律仍然是坚定不移的，即普鲁士王国永远不应再遭遇奥尔米茨之耻，被置于政治命运的问题面前，选择要么屈服于欧洲列强，要么被民族自由主义运动套牢。他的战略和战术已然成熟；他把这些写进了之后著名的《俾斯麦的小书》(*Das kleine Buch des Herrn von Bismarck*)①。在这本内容广泛的备忘录中，他着重以大量的观察和翔实的知识为基础，控诉奥地利在任何时候都不失"与普鲁士争夺德意志霸权"的意识。他将这本书寄给了普鲁士的威廉亲王，威廉因其兄患有不治之症，在1857年时就已经作为代理人，接手了普鲁士国家元首的事务。虽然威廉对之前的外交政策和所谓的德意志政策有时并不满意，也相当不适应，但他也并不完全同意俾斯麦的思路。他有着太多的传统意识，以及君主式的多愁善感和自我克制，因此他无法在当下就努力推动德意志邦联解体，在普鲁士霸权下重塑德意志的力量关系，

250

---

①　或译作《俾斯麦的备忘录》。

并疏远奥地利。而奥地利正是威廉亲王希望与之交好的国家，在克里米亚战争中，他内心更倾向于奥地利，而不是俄国的立场。

几乎可以肯定的是，俾斯麦1858年3月的备忘录并没有像1858年7月阿尔布雷希特·冯·罗恩的军事备忘录那样给亲王留下深刻的印象。后者符合亲王现有的知识以及政治利益，也为之后的军队改组奠定了基础。普鲁士王国要想巩固对内对外的权力地位，就必须改革军队。但是，这项作为普鲁士政策核心的改革，如果没有资产阶级提供的雄厚财力，是无法进行的。因此，必须制止违宪违法的专断行为，因为这会使资产阶级难以再给予王朝任何财政支持。这种必要的改变自然要面临宫廷密党的阻遏，只有改变君主才有可能实现。

在威廉亲王代行国王职务期间，奥托·冯·俾斯麦通过他的堂弟弗里德里希·冯·俾斯麦－博伦（Friedrich von Bismarck-Bohlen）和他"亲密的伙伴冯·格拉赫"，得知了国王威廉四世的病情。弗里德里希·冯·俾斯麦－博伦从1856年起就担任宪兵队司令，因此一直在弗里德里希·威廉四世的身边。冯·格拉赫也想要尽可能地延长这项有关普鲁士君主之位的临时措施。围绕着代理执政变为摄政的阴谋延续了一年，俾斯麦所属的保守派团体主张设立明确条件，即对王朝的职权问题做出最终的规定。直到1858年10月7日威廉亲王才被授予合乎宪法程序的摄政王头衔。为了满足尤其是来自自由派的期望，摄政王于1858年11月7日解散了曼陀菲尔政府。

新政府由温和的自由派贵族组成；其首脑是安东·冯·霍亨索伦亲王（Fürst Anton von Hohenzollern），霍亨索伦亲王的副手、老自由派成员鲁道夫·冯·奥尔斯瓦尔德（Rudolf von Auerswald）是政府的实际首脑。"周刊党"的领导人冯·贝特曼－霍尔维格就任文化大臣。贸易大臣仍然是冯·德·海特，而在克里米亚战争中被解职的冯·博宁则再次成为陆军大臣。冯·施莱尼茨男爵（Freiherr von Schleinitz）是奥古斯塔王妃的亲信，被任命为外交大臣。尽管官僚机构高层没有什么实质性变化，但一些解职和新的任命在政治上还是很引人注目的。当古斯塔夫·冯·阿尔文斯勒本（Gustav von Alvensleben）取代利奥波德·冯·格拉赫，在摄政王身边接任侍从将军这一职务时，宫廷密党遭受了沉重的打击。

为了使资产阶级相信政治路线改变的真实性，在任命政府之后，必须举行普鲁士议会的新选举。很快，这方面的宣传动员就开展了。自由主义者追求的是一个"宪政法治国家"，其基础是现行宪法，在当时，这指的是那部"钦赐宪法"，自由派的纲领性诉求都没有超出这个宪法范围。他们主要关注的是将反动时期的法律删除，并保障法律不被任意破坏。此外，他们还要求：废除庄园主的领事裁判权、废除容克的土地税豁免权、打破路德宗的正统地位、呼吁科学自由及科学教育的自由、保证新闻界不受限制，以及确保公民在市政管理、司法和选举中的权利。但是，自由主义的行动纲领中并没有提到德意志国家的统一。

鉴于这些要求，甚至更激进的诉求——如柯尼斯堡的约翰·雅各比（Johann Jacoby）提出的那些——摄政王威廉认为有必要在1856年11月8日向新政府发表一个纲领性的声明，以此走向公众。对于资产阶级关于限制容克权力地位的要求，他丝毫没有提及。他表示，普鲁士要通过在本国的"英明的立法"，在全德进行"道义上的征服"，并以关税同盟的方式促进"统一"。他对邦联议会只字不提，这显示了他有着接近俾斯麦等政治家的想法。他的核心观点是关于普鲁士军队的改组。在这一点上，摄政王并没有隐瞒他为此需要"平静的政治环境和金钱"，也就是资产阶级的资助这一事实。

252

这些声明是受到种种附加条件限制，而又充满了希望的，人们对它感到警惕，或是态度有所保留。针对他在一些自由派、民主派的诉求中看到的"刻意夸大的思想"，摄政王立即宣布"采取法律措施甚至是强有力的行动"。尽管对资产阶级进行了种种改革，但君主专制却不容受损。虽然今后要采取更加积极的德意志政策，但"法律在任何地方都要受到保护"，也就是必须尊重德意志王公们的至高权力。因此，这一政策从一开始就受到合法性方面顾虑的掣肘，就像在拉多维茨时期一样。而且尽管摄政王竭力想独立于哈布斯堡帝国之外，但他还是无法摆脱对这个主要的德意志大国的依附感。然而，由于执政与权力的更迭、政治环境的宽松，普鲁士的议会选举已经不能再像以前那样由保守的县长们（Landrat）来主导了。这种结果几乎颠覆了之前议会中自由派和保守派之间的权力平衡：自由派获得了 147 个席位，而在 1855 年选举产生的"县长议会"（Landratskammer）①中，自由派只获得了 36 个席位。他们与前"周刊党"，即马蒂斯派（Fraktion Matthis）一起，联合组成了共有 204 个席位的多数派，远超保守派，后者的议员人数已从 224 人削减到了 60 人。

尽管选民群众还没有自己的组织，尽管在投票率高于以往的情况下，选民的总人数仍然很低，但新政治运动的第一个阶段正是从 1858 年的深秋开始的，这个阶段以工业化以及 1857 年的世界经济大萧条为引线，将在随后的几年里越来越多样化，最后发展到 1866 年，使得俾斯麦面临着要么遭受革命、要么自己主导革命的问题。

国家的人事变动和保守派那令人震惊的选举失败，让奥托·冯·俾斯麦深感忧虑。他不由得产生一个疑问，那就是

253

---

① 这是对 1855 年选出的普鲁士议会的戏称。

他将是否、何时、如何被调离，甚至被罢免。政治上的变化会造成影响个人的后果，这种焦虑的感觉笼罩着俾斯麦的整个家庭；尤其是约翰娜当然会感到"被所有的政治恐惧压抑"。俾斯麦徒劳地试图"向她灌输一些应有的开朗"，甚至对自己的兄妹，他也试图在一定程度上掩饰自己的政治愤怒。他故作轻松又带着些许伪装的优越感，轻描淡写地述说了他的事业可能发生决定性的剧变，甚至有被罢免的危险，并提到了他在乡村的安全避难所。

他的性格使他不可能被动地等待上级的决定，所以他利用了在柏林的停留时间思考对策，并想对此加以干预，尽管在他的政治对手的活动下，这样做已经变得很困难。最重要的是，奥地利的外交官们趁机谴责了这个反对来自哈布斯堡王朝的邦联议会主席特使的对手，认为在这个奥、法两国在北意大利冲突迫近的关口，这种态度在政治上是不合适的。英国公使布卢姆菲尔德勋爵（Lord Bloomfield）也希望，为了普鲁士和奥地利之间实现更加和睦的关系，应该免去俾斯麦在法兰克福邦联议会的公使职位。

直到 1859 年 1 月，柏林的决策者才决定将俾斯麦调到圣彼得堡；在俾斯麦看来，他被"冷落在了涅瓦河上"。这冲击了他的政治地位和职业地位，并由此给他带来了紧张情绪，以至于他在 1859 年 1 月患上了流感，并不得不卧床休息几天。他意识到了自己病情真正的原因，于是对自己信任的阿尔文斯勒本写道，他"感染了圣彼得堡的胆热"。唯一让他感到欣慰的是，亲王并不知道这种变化对他来说是多么的不快。在他的想象中，这至少体现了信任，因为他被委以普鲁士外交界的最高职位——"驻圣彼得堡宫廷特命全权大使"。

谁能说这是政治失败呢？当然，奥地利的外交官们及其来自中小邦国的拥趸们很高兴，终于摆脱了这个在他们看来臭名昭著的、阻碍邦联议会和谐的麻烦制造者。与此相反，俾斯麦担心他在法兰克福的继任者会变得一心追随哈布斯堡的决策，使普鲁士成为奥地利的马夫。但是，在议会大楼和维也纳的波尔豪斯广场（Ballhausplatz）上的欢乐气氛也不是全然没有瑕疵。在那里，一个令人焦虑的问题完全无法回避，那就是这个可恨的普鲁士人在圣彼得堡会否不够安分，使得奥地利已经受损的地位进一步遭到损害。

俾斯麦思想和行动的基本特点

254

总而言之，俾斯麦不是一个失败者，而是一个已经精通于政治的人。邦联议会中的其他一些人可能比他更好地熟记、践行过了外交行为的种种规则；但循规蹈矩并不是他的作风。即使到了晚年，他的伙伴和对手们还是可以或是恼怒、或是饶有兴趣地，注意到俾斯麦的急性子和欠缺考虑。但这并不是最重要的。在转变思路和创新思路的勇气上，没有人超过他；在观察力和创造想象力上，没有人能够达到他的高度。更重要的是：俾斯麦掌握了一种非凡的思维方式。我们自然不能认为，俾斯麦的思想中有许多理论意识；但如果我们认为根本无法对俾斯麦处理政治问题的方法进行系统化理解，那就大错特错了。

值得注意的是，在他的书信和报告中，经常会提到"事实的数学逻辑""政治上的天然必要性""概率的计算""条件中蕴含的必然性"，或者我们会看到"像数学一样清晰""像计算结果一样明确的例子"之类的表述。有时，他把政治看成"一门相对科学"。有时也有"政治棋局"的说法。这表明，俾斯麦心中已经有了一个战局，在这个战局中，不仅要考虑到棋子的实力和位置，还要考虑到各位对手的心态和行动。俾斯麦的优势恰恰在于，对于在一目了然的棋盘上进行的这场围绕欧洲国家利益的外交棋局，他是一个清醒的算计者，能够从各种社会立场出发，洞悉政治上可能的和必要的走棋方式。他讲到的"政治棋局"既不能被当作一种纯粹的象形表达而加以否定，也不能被看作一种已经完成的理论的表现形式。几十年后，世界著名的棋手埃马努尔·拉斯克（Emanuel Lasker）研究出了一套棋局理论，明确地把棋局与政治和战争，与"人类利益和活动冲突"中的战略和战术联系了起来。这些他草拟并最终理论化的原则表明，俾斯麦也是一个天然的棋局理论者。无论如何，他在政治生活中绝非朝不保夕、勉强度日。他以非凡的敏锐性和实事求是的理解力，看到了他所面对的历史—政治利益之所在，但另外，他又懂得如何在思想上探寻这种历史发展的内在连续性，并使其为他自己的目的服务。

俾斯麦对普鲁士和其他各邦国都考量了些什么？他的考量包括经济和财政利益，教派、王朝和家族关系，政体特点，民意潮流，军队的军备和实力对比，特别是基于铁路网的机动性对比，还有整体地理条件。作为一个实打实的政治家，俾斯麦对势力平衡十分敏感。用哲学化的表达方式来说，他并不是着眼于本质的需要，而是着眼于最终的需要。与卡尔·马克思的思想方法不同，俾斯麦的思想风格仍然完全植根于经验主义。但正因为如此，他才能实事求是地评估势力平衡局面与政治人物，并制定战略和战术。

对俾斯麦来说，国内政策的战略目标仍然在于维持、加强普鲁士王权，因为王权可以保护生产经营越发资本主义化的容克们在经济、社会和政治上的势力。直白地说，这个目标就是压制群众，特别是压制日益独立的工人阶级，还要抵制自由派和民主派的一切权力诉求，因为这种诉求可能导致资产阶级议会制的产生；为此，他准备在经济和民族国家政策上做出让步。这些国内政治目标与外交政策的战略目标密切相关：普鲁士要掌握德意志的霸权，这个德意志的范围是由关税同盟划定的，这意味着把奥地利排除在这个德意志之外；还要解散德意志邦联议会，或使其处于普鲁士的领导之下。1866年后，拿破仑的法国取代了奥地利，成了普鲁士霸权下的德意志民族国家统一的破坏性因素，因此需要被重挫。

而具体战术都从属于这些主要目标，尽管也要取决于德意志内部与欧洲各国之间的势力对比。这导致了一些看似矛盾而无原则的同盟组合。俾斯麦作为自由主义和民主主义的公开敌人，却与自由派和民主派进行了局部的、暂时性的合作，特别是在打击对手奥地利的斗争中。但另外，对于奥地利，这个在德意志邦联范围内的主要外交对手，他也加以利用，来牵制自由派，或是为了避免在追求外交政策目标的过程中依赖自由派，比如在丹麦问题的解决上。即使在外交的力量博弈中，奥地利对俾斯麦而言也能充当一枚在战术上平衡各方的棋子。

与沙俄的友好关系是俾斯麦的外交组合拳中用来强力反奥的手段。但这并不排除他偶尔需要减少普鲁士对俄国的依赖。在俾斯麦的想象和务实政策中，即使是拿破仑领导下的法国——这个对老保守派而言魔鬼一般的存在——也可以被利用，以便对抗奥地利，对抗仍时不时渴望莱茵联盟的德意志的中小邦国，以及对抗那俾斯麦永远无法寄予希望的英国。

从战术的角度看，德意志问题中的各种局部问题都是可以加以利用的，例如丹麦问题和黑森选侯国问题；正是在这里，俾斯麦奉行了他从奥尔米茨的经验中吸取的信念，即绝不允许列强结成反对普鲁士的强大联盟，不允许普鲁士依赖自由主义或是民主。

他的基本政治理念既包含战略目标，又包含基本战术要点，最晚在1858年便已形成。这种理念以何种形式实现，取决于复杂的势力关系的动态变化，俾斯麦的思想和意志都被深深牵涉到这种变化之中。

没有一个政治家可以事先明确确定并计划好如何实施其基本战略和战术路线。实现基本政治理念时，不同的手段和阶段，不同的路线和弯路，适当的速度——这一切都是实施过程的一部分。事实上，其中有着诸多变体，而战术技艺的内容之丰富，可以达到令人困惑的程度。基本的战术方法在实践中可以有多种形式，但原则上并没有太大变化。我们可以区分出不同的战术变体和战术技艺，对俾斯麦而言，这简直就是取之不竭、用之不尽。

俾斯麦从一开始就很有可能采取战争手段，来对奥地利和德意志中小邦国推行他的普鲁士霸权政策；他本人也多次公开谈论过这一点。但普鲁士和奥地利之间的战争冲突并不属于俾斯麦的基本战术路线，而是一种战术变体。其中包括利用别人的弱点，算计和考量人性；时不时说出狡猾的谎言，继而又展露别具一格的真诚坦率；还有把对手置于不义的境地，孤立他。在此，俾斯麦敏锐的观察力和同理心也得到了证明。例如，在法兰克福，他对雷希贝格（Rechberg）的特质和性格进行了全面的观察与分析，因而能够精确地算计出他的弱点、可攻击的部位和他可能的反应。俾斯麦能够准确地评估雷希贝格的保守主义思维方式并加以利用，就像他多年来密切观察拿破仑的性格和国内政治形势那样。

俾斯麦用这种方法对付各种人，也对付各种政治潮流和主张，比如，他为了政策的推行而对威廉国王做工作，也曾把整个内阁的行事方式纳入他的战术考量。"周刊党"的一位领导人普塔莱斯（Pourtales）在 1853 年给贝特曼－霍尔维格写的信中说："俾斯麦总是需要并滥用他的党派伙伴。他们是他的……邮马，他驾着他们，前往下一个车站……对于他卑鄙的忘恩负义，我总是准备好接受的。"这种极端的战术也会带来负面的影响。多年来，他对对手弱点的透视已经越来越不适用于那些能抵御政治利用、操纵和勒索的人了。俾斯麦的伟大在于他充分掌握了那种去除幻象、认识现实的能力，而他的极限也恰恰来自这种经验主义的障碍。然而，按照弗里德里希·恩格斯的说法，俾斯麦"在1871年以前从来不是……保守派的"，因为俾斯麦坚持的原则是：行动必须依据事实，而不是意识形态的分异。

俾斯麦在他一生中，常常在基督教信仰中寻求慰藉。在军队和宪法危机，以及德意志帝国建立的岁月里，他总是会去"守望语和教诲文"中寻求有力的鼓励，冯·克莱斯特－莱佐夫曾年复一年地向他输送这些内容。然而，俾斯麦的宗教信仰是由他的独立意识决定的，因此，他的信仰具有这样一种特殊性，即他习惯于在没有牧师或其他教会中介的情况下，求助于自己的上帝。神职人员的权威，无论是来自正统路德宗，或是争吵不休的天主教，都是他所厌恶的。他对去教堂、参加圣餐的需求很低，对神学教义问题也没有多大兴趣。此外，他在一定程度上了解19世纪40年代的《圣经》研究（Bibelkritik），因此不希望《圣经》被所谓的公务员牧师解释。他没有走向无神论或是服从教会，而是出于自己的实际需要，塑造了自己的基督教信仰。这些需要越是基本，他的宗教情感就表达得越强烈、越真切：玛丽·冯·塔登的死所带来的震撼，让他在有意地放弃祈祷十年之后，第一次在祈祷中寻求安慰。

1851年初夏，当他被任命为枢密公使参赞，并有可能成为驻邦联议会代表的时候，一种截然不同的动荡不安之感笼罩着他。这种不安之感十分强烈，因为他的生活充满了未知的责任，这引发了他的沉思和回忆。当他"带着忧郁的、早熟的智慧"到附近的威斯巴登参观了"之前发生过蠢事的地方"之后，他身上的某种感情爆发了，需要得到精神慰藉。他写信

俾斯麦的三个孩子。孩子们的出生地显示了这个家族从小庄园走向大政治的过程：女儿玛丽 1848 年出生于舍恩豪森，儿子赫伯特 1849 年出生于柏林，昵称"比尔"的威廉 1852 年出生于美因河畔法兰克福。

给约翰娜："但愿上帝用他那清澈而浓烈的酒来装满这个容器，过去那个 22 岁的青年曾用它挥霍过香槟酒，留下了变质的残余……我现在是否应该像当年那样生活，过一种没有上帝，没有你，没有孩子的生活——我实在不明白为什么我不应该像丢弃一件脏衣服一样丢弃这种生活……不要从这些潦草的文字中得出结论认为，我此刻特别伤感；相反，我觉得自己仿佛是在一个美丽的 9 月看着枯黄的树叶，健康而开朗，但又有点忧郁，有点想家，对树林、湖泊、草地、你和孩子的渴望，都混杂在夕阳和贝多芬的交响曲中。"凡是能写出这样的文章的人，都是被真情感动的，屈服于对家庭和精神—道德提供的最终的安稳的渴望，希望这种安稳能助他应付所有等着他的事情，甚至是那些潜伏着的坏事。在这种一点也不高涨的情绪下，他走向了他的新职业，而在这个职业中，他儿时的梦想实现了。

个人和政治上的成功从来没有使俾斯麦陷入虚荣自满的状态。他于1864年7月从卡尔斯巴德给妻子写信，说国王高度肯定了他的功绩："临走时，他非常感慨地感谢我，并把普鲁士在上帝的支持下所获得的一切归功于我。未得召唤，上帝就用他的恩典来指引我们了，而不是让我们自己盲从。这个职业教会了我，即使是这个世界上最聪明的人，也随时都会像一个孩子一样，下一秒就堕入黑暗。"

然而，在他主观着色的基督教信仰中，俾斯麦从来没有倾向于宿命论，也未曾对此展开寻求。1865年12月，当庄园主安德拉-罗曼（Andrae-Roman）想以一种令人生厌的基督教道德家的口吻，与俾斯麦进行触及良心的对话时，俾斯麦可能认为，罗曼是受到虔敬派领导人物的唆使才写出了这些道德书信，便在圣诞节的第二天回答道："作为一个政治家，我甚至还不够无情，我觉得自己相当懦弱，这是因为，在我所遇到的问题中，总是不容易得到那种明晰的认知，可以让对上帝的信仰在其基础上增长。"

260 俾斯麦坦诚地说道，只有明晰才能带来对上帝的信仰。从中可以看出，经验分析、政治活动和个人宗教性之间有着怎样的联系。一个人越能明晰、清醒地评估力量关系，并相应做出政治和军事上的计划，就越容易获得对上帝的信仰；但与此同时，信仰又似乎是种必要，因为其永远不能排除意外的出现。

因此，俾斯麦一直在寻求的，是在世界的政治舞台上进行斗争时，得到上帝的帮助；他希望能够确信，上帝对于普鲁士-德意志的崛起是仁慈的。在这个"更高的历史政治层面"上，他最希望能够感知到天意。但他从来没有试图在世俗的力量斗争中实践或贯彻基督教伦理规范。在他的政治生涯开始时，他在普鲁士议会的演讲中的确这样做了，但那只是他身上有一滴不属于自己的、来自冯·格拉赫的血液。他将很快把自己从中解放出来，而这令他的导师大为懊恼。

　　在他的政治活动的第一阶段结束时，他的思想、感情和行动的基本特征已近乎成熟，无论表现形式如何多样，本质都不会再有任何变化。

第四章

走向国家危机：作为后备力量的大使

普鲁士驻圣彼得堡大使和意大利北部的战争

1859 年 2 月底，俾斯麦只是简短地、公事公办地，在邦联议会的大圆桌边把自己的解职记录在案，为的是避免一场庄严的、虚情假意的告别仪式。不久之后，他就不无忧郁地离开了法兰克福，暂时离开了家人。从柏林出发，他用 7 天时间赶到了圣彼得堡——他先是乘火车到柯尼斯堡，之后一路乘邮政马车，在时不时有点冒险的情况下，赶到普斯科（Pskow）；只有在那之后，他才能在更宽敞的车厢里，再次伸展四肢，继续睡梦中的旅程，前往沙皇帝国的首都。

4 月 1 日是他的生日，奥托·冯·俾斯麦在这一天向沙皇递交了国书；二人的首次会晤持续了近两个小时。俾斯麦在疲惫不堪的旅程之后的最初几天里，就已经享受到了沙俄宫廷和大臣们的青睐。显然，大家知道，来者是一位政治伙伴。俾斯麦之前就已经跟俄国外交大臣亚历山大·米哈伊洛维奇·戈尔恰科夫侯爵（Fürst Alexander Michailowitsch Gortschakow）认识了。因为这位俄国政治家自 1841 年起便在斯图加特担任公使，并于 1854 年至 1856 年，即克里米亚战争中期，在维也纳担任大使，因此戈尔恰科夫可以通过做外交官时的直接经验了解德意志的情况。戈尔恰科夫比俾斯麦大 17 岁。他的虚荣让他可以精明地将友善和算计结合起来，将这个更年轻的普鲁士人招揽到他的政治羽翼之下。俾斯麦则已经认清了自己，也了解了自己的能力，他在继续练习那种发掘、利用别人弱点的技艺。那么，他为什么不可以在一个经过衡量和计算的距离上，扮演"助手"（Famulus）的角色呢？

戈尔恰科夫在相对高龄的 48 岁，才成为亚历山大二世治下沙俄的外交大臣；那是克里米亚战争结束后不久的事。他的观点保守，致力于维护沙皇专制，在尼古拉一世所规定的政策外，从来没有尝试过推行其他事项。起初，由于他此前长期不在外交要职之上，所以不需要过多地参与。直到他在克里米亚战争期间成为驻维也纳大使后，他才以一个参与者的身份，在俄国、奥地利和普鲁士东部三国同盟的保守主义团结崩溃之时，体会到了痛楚。

戈尔恰科夫知道外交博弈中在发生着什么，伴随着他的新职责，他更是必须为政治形势变化所带来的问题找寻答案：为什么，特别是在巴尔干地区，利益的力量可以变得如此强大，以至于神圣同盟的原则性政策——虽然它几十年来一直确保了沙皇在中欧和东欧的霸主地位——如今已不能阻止奥地利对俄国抱有敌对态度，不能阻止普鲁士的动摇？为什么立宪主义的英国和波拿巴主义的法国在欧洲的道德和政治分量会比专制主义的俄国更大？难道专制主义必须现代化，才能更具生命力吗？俄国的国内政策和对外政策是否要重新调整方向、重新排列组合？应该如何面对旧的原则政治（Prinzipienpolitik）和新近广受宣扬的现实政治（Realpolitik）呢？戈尔恰科夫大概会回想起他早期的经历：他会回想起青年时期与普希金在高级中学同班学到的开明的贵族自由主义；回想起卡波迪斯特里亚斯伯爵（Graf Kapodistrias）的开明专制主义，伯爵还曾在他的职业生涯初期提携了他；还会回想起他在意大利与拿破仑家族建立的联系。

262

如果专制主义不想冒在国内屈服于民主革命运动的风险，不想对外孤立无援甚至失去大国地位，就必须废除封建体制，对资产阶级—资本主义的要求做出让步——但是要在沙皇仍能握住缰绳的限度内。戈尔恰科夫致力于实现这一政治目标和政治风格。俾斯麦后来对他评价道："他也是倾向于自由主义意义上的进步的，只是比大多数人更节制，对政治局面的可能性和可用性更加了解。"

然而，戈尔恰科夫谨慎的自由保守主义与英国的立宪主义并非同一方向，而是更接近于法国的波拿巴主义，尽管在以封建制度为主的俄国，这种基本上是资产阶级—资本主义的模式并没有什么大的作用。此外，在外交政策上，他有着与拿破仑三世的法国亲善的想法，并相应地努力促使法国同英国疏远、与奥地利陷入更加尖锐的对立。因此，戈尔恰科夫认为，新任普鲁士大使反对奥地利的主导地位，反对德意志人民的反拿破仑情绪，是令人欣慰的。

263　　俾斯麦到达圣彼得堡后仅几天，就感到自己的反哈布斯堡态度得到了支持，在1859年4月4日，他以毫不掩饰的满意口吻对妻子说："奥地利人在这里是怎么过的，谁也不知道，没有一条癫皮狗会从他们那里拿走一块肉……无论人们怎么发表和平的论调，无论我怎么出于职责要求试图劝解，这种厌恶都是无法控制的，超过了我的想象。自从来到这里，我才相信战争；整个俄国政治，似乎除了如何击杀奥地利之外，没有其他的想法。就连安静温和的沙皇说起这件事也会生气上火，皇后也是如此，毕竟她是来自达姆施塔特的公主。皇后说起丈夫的伤心事，说起被丈夫当成儿子来疼爱的弗朗茨·约瑟夫，其实并没有生气，而是仿佛在说上帝的一次复仇。"

毫无疑问，这种对奥地利的共同敌意构成了俾斯麦和圣彼得堡社会的重要联系。戈尔恰科夫在1859年3月30日向俄国驻柏林公使布德贝格如此谈到了俾斯麦："我们就像手和手套一样。"而在 4 月中旬，俾斯麦也报告称，戈尔恰科夫"几乎每天在 11 点和 1 点之间"都会跟自己谈话。就这样，他们在一个政治性的灵魂共同体中互相串通，尽情发挥。俾斯麦以一种独特的方式在给妻子的信中写道："今天我们与皇帝和礼兵团一起为老霍恩洛厄侯爵（Fürst Hohenlohe）举行了葬礼。当挂满黑布的教堂已经空无一人时，我仍然和戈尔恰科夫坐在灵柩台和盖着天鹅绒的尸体边，谈论政治；我们是在工作，而不是在聊天。神父讲到了关于生命转瞬即逝的《圣经》诗篇（草、气、枯干）①，而我们就在那里计划、筹谋，仿佛人永远不会死一样。"

但是，这两个几乎已经在串通密谋的人，在各自国家的政治中有什么影响呢？戈尔恰科夫和亚历山大二世在保守主义的立场上显然有一些不同，俾斯麦在 1859 年 5 月 4 日给施莱尼茨的报告中写道："沙皇和他的大臣一样对奥地利有着厌恶，但他对法国的偏爱却没有达到和戈尔恰科夫侯爵一样的程度。"在这两位决定俄国外交政策的领导人中，年长的外交大臣比年轻的沙皇更具现代精神。沙皇尽管有着改革思想，但他毕竟是信奉极端保守主义的尼古拉一世的儿子。尽管如此，在 1859 年危机的几个月里，戈尔恰科夫觉得，在所有的政治策略问题上，他与沙皇、与俄国几乎整个统治阶层、与圣彼得堡社会、与首都的记者——最重要的是与资产阶级自由主义保守派——都是一致的。

与此相比，俾斯麦有着完全不同的对外和对内立场。光是地理和交通上的困难就限制了他对柏林政坛的影响。在对奥地

264

---

① 即《圣经·以赛亚书》40:7："草必枯干，花必凋残，因为耶和华的气吹在其上。百姓诚然是草。"

利的不友好态度以及对沙俄的友好态度方面，俾斯麦和他的直接上级外交大臣施莱尼茨有着基本共识；在某种程度上，他认为施莱尼茨是"人类健全理性的代表"。但很快，施莱尼茨在政策上摇摆不定和犹豫不决的特点就显露了出来；在当下的时代，渴求尊重的政权或党派必须坚决果断，施莱尼茨的这种特性无法满足俾斯麦。当新任普鲁士大使开始在圣彼得堡进行外交活动时，法国与撒丁王国对阵哈布斯堡王朝的战争苗头已经开始显现。

面对 1857 年的世界经济危机，拿破仑三世的法国失去了内部的安全性，亟须通过外交上的成功来恢复。长期以来，拿破仑一直把哈布斯堡帝国的北意大利属地作为争夺目标。撒丁—皮埃蒙特王国（Sardinien-Piemont）试图利用民族解放和统一运动，尽可能地将其统治范围扩大到整个意大利。拿破仑和皮埃蒙特首相加富尔（Cavour）一致认为，意大利应从哈布斯堡的统治下解放出来，将领土一直扩展到亚得里亚海，并且撒丁—皮埃蒙特王国应该兼并意大利北部的奥地利各省和教宗国控制的埃米利亚（Emilia），从而扩张成为北意大利王国。作为条件，拿破仑希望兼并尼斯和萨沃伊；他试图以将意大利人民从哈布斯堡王朝的统治中解放出来为借口，干预意大利事务。事实上，他想在意大利建立法国的霸权，取代哈布斯堡的霸权。

虽然拿破仑时期的法国不希望看到统一的意大利，更不希望看到一个独立的意大利，但它可以比哈布斯堡帝国采取更加灵活的政策，因为后者已经感受到了国内众多民族的积怨。拿破仑试图为这道政治难题求解，他希望在一定程度上支持撒丁—皮埃蒙特在意大利的霸权诉求和意大利人民对民族国家统一的渴望，同时又要注意不能因为过分削弱教宗国而损害天主教，不能侵犯受到欧洲保守势力承认的意大利中、小邦国的

265

主权。

如果拿破仑在即将到来的与奥地利的冲突中取得胜利，他的地位就一定会得到巩固，他吞并德意志莱茵地区的愿望就会更加强烈。如此一来，德意志民族的完整性和安全性将受到威胁，统一和独立的前景将蒙上阴影。因此，德意志人面临的问题是，是否能在这场意大利北部的冲突中保持中立。对于具有民主思想的那部分人来说，回答这个问题是极其困难的，因为德意志与拿破仑的战争将会维护奥地利在意大利的异族统治。

德意志各党派和邦国的政论家与议员大多要求及时遏制拿破仑向莱茵河方向的扩张欲望，尽管他们的动机各不相同。在直接面临危险的地区——莱茵兰、巴登、巴伐利亚和符腾堡——民族自卫意志最为强烈。人们脑海中浮现了1805~1806年的经历，以及1813年的人民起义。民众还担心，王公们会像在拿破仑一世时期的莱茵联盟一样，向波拿巴主义的法国靠拢；符腾堡国王与沙皇家族有着密切的家庭和政治关系，该国民众的不信任感最为强烈。面对如此程度的民众激愤，各邦王公们不敢公开支持亲近拿破仑的政策。

无论德意志各邦国表现如何，它们是否会参加反波拿巴战争，最终取决于普鲁士。普鲁士政府远没有使自己成为民族事业的代言人，而是领导了一种摇摆不定的中立政策，这一方面是因为反奥地利的政策，另一方面是因为对暗中支持拿破仑的俄国有所顾忌。这又将普鲁士和亲普鲁士的许多大资产阶级人士置于了没有什么结果的观望状态中，最终演变为了对政府中立政策的支持。甚至一些北德民主派人士也宣布赞成在意大利北部实行中立政策，因为他们认为奥地利代表着反动原则。费迪南德·拉萨尔就是其中之一。他在1859年5月发表的《意大利战争和普鲁士的任务》（*Der italien Krieg und die Aufgabe Preußens*）一文中，呼吁利用奥地利的弱点，吞并石勒苏益格－荷尔斯泰因。而这将引向 1866 年他支持普鲁士对奥地利开战的战略决策。

266 　　与普鲁士不同的是，南德意志的大部分有产阶层和受过教育的市民阶层都受到奥地利政治的影响，他们的核心报刊是奥格斯堡的《总汇报》（*Allgemeine Zeitung*）。该报试图表明，必须保持意大利北部各省的基本状态不变，提出了"保卫波河，就是保卫莱茵河"的口号。在这个口号下，德意志南部的资产阶级不自觉地接近了贵族和教士的立场。天主教——特别是在巴伐利亚——政治观念中的唯一诉求，就是要保持天主教在奥地利的主导地位，维护奥地利在意大利北部的霸权以及对于德意志南部地方主义的保护作用。在普鲁士，以《十字架报》为中心的保守派呼吁联合专制主义的奥地利抗衡拿破仑主义的法国，这令俾斯麦大为惊骇。

　　在意大利北部冲突的进一步发展中，一方面，对奥地利的共同敌意促使普鲁士与俄国官方社会形成了牢固的纽带；另一方面，俾斯麦不得不与柏林的上级领导们打交道，而且很快就发现，很多外交界的同僚也是与他敌对的。

　　普鲁士外交大臣冯·施莱尼茨的政治主张是"对法国不保持中立，对奥地利不进行帮助"。这种表述乍看尖锐，实则含糊其词，造成了施政时很大的不确定性；根据这种主张，以及在当时的舆论压力下，对法国的干预是完全可能的，而这可以对奥地利起到帮助作用。俾斯麦无法在施莱尼茨的反对者中找到支持，尤其是在冯·格拉赫的圈子那里，他们宣扬普鲁士与奥地利在反革命立场上享有共同利益，而与拿破仑的法国则是长久为敌。俾斯麦与他以前的党友们闹翻了，他在 1859 年 5 月 1 日写给妹妹的信中说，他在《十字架报》上"已经几个星期没有读过有关外交的东西了，因为对那些彻头彻尾的废话，连医生都提不起兴趣"。

俾斯麦不信任他在柏林的上级，与保守派老战友们争吵不休；此时他与沙皇政府的关系比与自己政府的关系更为亲近。因此，俾斯麦这样一个思想活跃的人开始倾向于放纵地发言，暗中与涅瓦河畔的统治者亲近。俾斯麦在 1859 年 4 月与戈尔恰科夫进行了一次重要谈话后，给妻子写信说："我们的政治使我心烦意乱；我们仍然是浮木，在我们自己的水域里，被陌生的风毫无计划地吹来吹去；而且，是如此粗暴的风，如此恶臭的风！在我们这样一个可敬的国家里，有自己意愿的人是多么难得啊！"这番话仍然体现了一个政府职员的忠诚。但两个星期后，在与戈尔恰科夫的一次正式谈话中，他的言谈就像一个贵族反对派，而不是一个外交官。俄国外交大臣问及了普鲁士的摄政王，后者曾经支持不向奥地利提供援助，后来又认为有可能对法国开战。对此，俾斯麦大胆地回答说，这一切都不会使他感到奇怪，因为他很清楚摄政王的性格，摄政王总是会受上一个对话者的影响。摄政王喜欢自己说话、别人聆听，前一天晚上说过的话，第二天早上就会推翻。

俾斯麦并不仅仅表达了对王室主人的不敬，甚至还针对如何对待普鲁士上级，向俄国政治家提出了建议："我冒昧地如此坦诚地对您说话，首先是因为我希望您能慎重，其次是因为作为一个本分的普鲁士人，我认为我们必须坚持我们目前的政治路线，只有这样才符合我的国家的荣誉和尊严。只要我们对俄国最终将采取的态度还不确定，我们就会犹豫是否要放弃这一政策，但是，从您坚定地保证永远不会对奥地利进行干预的那一刻起，我们就会遵循这一政策，因为我们现在的内阁软弱无力，一旦面临轻松而安全的任务，就会欣然而廉价地给自己戴上日耳曼式的光环。"在谈话后，戈尔恰科夫立即将俾斯麦的这番话报告给了沙皇，并明确表示他是逐词记录的。报告中那毫无疑问属于俾斯麦式的措辞足以证明这一点。俾斯麦提出的战术建议是针对谈话对象进行过精心计算的，因为戈尔恰科夫总是以同样的方式向他手下的驻外使节们指示，关于俄国对奥地利的最后决议，一定要保持暧昧。

1859 年春，欧洲大国和德意志、意大利的中小邦国在外交上所要处理的问题，关系到即将到来的战争纠葛的结果。

268

沙俄在 3 月 3 日与法国签订的秘密条约中，承诺在奥法战争中保持中立。随后，戈尔恰科夫提议召开全欧洲范围的会议，以调节意大利内外的关系。这样做的目的既是为拿破仑争取一定的军备时间，又可以使俄国有机会重新回到欧洲大国外交博弈的中央。戈尔恰科夫想让奥地利陷入这样的境地：要么拒绝大会的提议，成为和平的破坏者；要么在大会上被迫做出或大或小的让步，这无论如何都将削弱其在意大利的政治地位。

俾斯麦似乎并没有为这次会议特别上心，他的报告中没有提出任何具有建设性的建议或倡议。他在 1859 年 4 月 6 日接到施莱尼茨的电报指示，可以建议普鲁士、俄国和英国在巴黎展开联合外交攻势，通过拿破仑三世迫使撒丁王国放弃组建志愿军队，而这也正是维也纳方面所特别担心的。于是，他当天就去见了戈尔恰科夫。戈尔恰科夫的态度是抗拒的，俾斯麦对此愉快而详细地做了秘密汇报，并假惺惺地补充说，如果他想描述自己为完成政府的任务所付出的努力和热情，那只会导致电报毫无益处地延长。

在这几周的政治风暴之中，俾斯麦最关心的，是要拒绝奥地利对保守势力提出的所有要求。在第一次给摄政王的报告中，他提到自己与俄国外交大臣进行了多次谈话，由此产生的印象是，对奥地利的不满似乎是目前推动俄国内阁做出决策的最大动力，甚至可以说是唯一的动力。

在另外一封信中，俾斯麦写到他让戈尔恰科夫对普鲁士和奥地利之间、德意志中小邦国和普鲁士之间，以及德意志邦联和德意志民族之间的关系加以描述，其中的精确性，在这位俄国外交大臣 19 世纪 60 年代的信件和外交辞令中实属罕见。俾斯麦自己在信中用外语复述道：在"瓦勒度主义（leonistisch）的社会"[①] 中，比起普鲁士，奥地利占据了最大的比重；此外，奥地利还坚持认为德意志和邦联议会是两个完全相同的东西。俾斯麦说，戈尔恰科夫还讲道："普鲁士认为，为了证明自己要求得到德意志民族的尊重和承认的合理性，必须让自己的政策和利益服从于议会多数的智慧，而这个多数是由没有军队、没有欧洲责任感的各邦政府组成的，受到奥地利的利用。"最后这些表述恰恰是经过精心设计的，既能满足摄政王的军官荣誉，又能刺激他的大国私心。

269

　　1859 年 4 月 29 日，撒丁王国不出所料地拒绝了最后通牒，奥地利军队对其发动入侵，法国在"自由直抵亚得里亚海"（Frei bis zur Adria）的煽动性口号下，站在撒丁王国一边参战。此后，俾斯麦便更加集中精力争取普鲁士保持中立。

　　对于俾斯麦正式提出的俄国是否有义务参加奥法战争的问题，戈尔恰科夫曾明确给予否定的回答。但是俾斯麦在给柏林的报告中，故意对这一保证做了补充，称这个回答"其实并不能说明什么问题；不管是通过秘密决定预先确定了可能的宣战，还是仍需通过决议定下这个可能的结果，其中的不确定性都是一样的"。与俾斯麦对妻子所说的相反，他在给施莱尼茨的信中试图进行威吓："戈尔恰科夫在跟法国大使分享我的秘密，比以前更多。"俾斯麦想在柏林挑起针对俄法之间秘密协

---

① 12 世纪源自天主教教会的福音运动，由里昂富商瓦勒度创立，强调舍弃家财、效法基督、济贫传道，遭教会当局抵制，但为宗教改革奠定了基础，对法国南部和中部、意大利、瑞士、德国、奥地利、匈牙利等地产生了重要影响。

议的不安。在这样做的过程中，他采取了与戈尔恰科夫商定的策略，即让普鲁士政府不清楚俄国的最后意图，从而使其受到牵制——这一切都是为了让普鲁士对奥地利保持敌对中立。

俾斯麦不厌其烦地说，他的政治观点"是该死的异端"。因此，他还写了 1859 年 5 月 12 日的那封《给冯·施莱尼茨阁下的私人信件》，这是他著名的政治备忘录之一。他总结道："从我在法兰克福任职开始到如今，这 8 年中，我根据自己的经验，坚信之前的邦联机构对普鲁士形成了一道压迫性的枷锁，在关键时刻可能威胁生命，而它没有给予我们足够的东西，我们不像奥地利那样有着无可比拟的行动自由，得以从中获取很多。"俾斯麦并不认为中小邦国的政策——他在这里论及了更深层次——是"个别情形或人物的产出"，而是强调，何种利益决定了德意志中小邦国与德意志邦联中两个大国间的关系："与奥地利领导层形成联盟关系，是德意志诸侯及其大臣们政策的天然目标"，"它只能以牺牲普鲁士为代价来实现，而且必然只能针对普鲁士"。当中小邦国追随当时的战争情绪时，俾斯麦讽刺道："也许不无安慰的是，小国在紧急情况下，可以改换颜色①。"俾斯麦对于普鲁士政治的未来、对于应当采取的目标与手段所得出的结论，使得该备忘录具有重要意义，也引起相当的争议。

他的目标是："我想要看到，只有当我们与其他同胞的联系比以前更紧密、更有目的性时，我们才会在旗帜上写上'德意志'，来取代'普鲁士'；但如果现在把它与邦联联系到一起，它就失去了魔力。"俾斯麦由此设想了普鲁士在德意志邦国关系重组后的霸权地位。他也许会怀疑，当时普鲁士的统治阶级难以在不危及其统治的情况下，承受住德意志人民爱

270

---

① 即改变立场。

国主义的言语。俾斯麦在政治手段方面也预见到了未来："在我们的邦联关系中，我看到了普鲁士的一个弱点，如果我们没有在适当的时候采取对应的治疗方法，我们就迟早要用铁与火（Ferro et igni）修复它。"铁与火——这是"铁与血"最初的名称，俾斯麦1862年9月30日在普鲁士议会上以此为题目，极具纲领性和挑衅性地宣布，将与邦联议会及其主席国奥地利走向军事决裂。

他对德意志中小邦国的批评态度也影响了他与这些邦国驻圣彼得堡外交代表的关系。关于他的"德意志本土同事"蒙吉拉斯伯爵（Graf Montgelas，来自慕尼黑）和明斯特伯爵（Graf Münster，来自汉诺威），他在5月20日至21日给施莱尼茨的私信中说道，他们"完全代表了他们的政府固有的好战热情"。不久之后传出消息，明斯特伯爵在德意志报告称，俾斯麦在圣彼得堡"自顾自地"搞"政治"。汉诺威国王是否真如他所称的那样，派大臣去了柏林，要求看在"欧洲的需要"上，召回俾斯麦，这一点已无法考证。但无论如何，这个汉诺威人关于俾斯麦在政治上搞特殊所说的那些话，并没有什么不实的地方。俾斯麦很难用抗议或反击来掩盖这一事实；而且人们已经知道，不能完全信任俾斯麦。俾斯麦以极为犀利的言辞和可疑的手段成功驳斥了对他的指责，在那个6月里，这已经关系到了他的政治生命。他在写给阿尔文斯勒本的信中恰当地指出："这次成功将告诉我，我能否作为普鲁士大使在这里长久地待下去；我将在7月请求休假，把我的妻子带到这里来，或者陪她去舍恩豪森。"

当时，俾斯麦认真地问了自己一个问题：是继续在欧洲政治中心之一进行外交活动，还是回到阿尔特马克的乡下，过一种单调的容克生活。在这种棘手的情况下，他希望证明且必须证明，自己作为普鲁士王国在沙皇宫廷的使臣，出色地完成了任务。他的这一努力，得到了戈尔恰科夫和沙皇的支持，后者在沙皇村（Zarskoje Selo）与他举行了几次会谈。6月17日，俾斯麦就此向摄政王发出长篇的即时报告，这是一篇政治心理学的杰作。在这份报告中，俾斯麦清楚无误地表明了自己在沙俄的领导人物中间有着极其重要、备受信任的地位；当中同样值得注意的是，俾斯麦如何依据对摄政王心态的精心计算，转移了自己政治论证的重心。

俾斯麦首先提到，与戈尔恰科夫的第一次谈话是在略带不满的气氛中开始的。因此，在乌云边上，所有有关信任和好感的言辞都会变得格外明亮。关于这一点，他知道应该用多大程度的紧迫感来进行报告。他还提到，戈尔恰科夫充满信任地将沙皇外交文书处的重要信件和报告全部展示给了他；沙皇亲自接见了他，向他阐明自己对国际形势的看法，并命令内阁协助他工作。有人提议说，要举行四人内部晚宴，包括沙皇、戈尔恰科夫侯爵、高加索总督巴里亚京斯基侯爵（Fürst Bariatinsky），当然，俾斯麦也会列席。俾斯麦以考究而不拘束的客观性，报告了这件事和类似的事情；他知道自己能接触到俄国国家领导层最核心的圈子，并能清楚地阐明这一点。在这种接触中，俄国外交大臣以及沙皇并非不知道俾斯麦的地位充满争议；他们明确给出信号，称解雇俾斯麦将几乎等同于对俄国领导层做出不友好行为，从而表明挽留他的政治兴趣。

272　　　这些最高层会谈的内容肯定触动了摄政王，因为俾斯麦在其中不再强调反对奥地利，而是强调沙皇对欧洲革命发展的关注。沙皇担心，如果以普鲁士为首的德意志对法国宣战，将有可能迫使拿破仑点燃民族革命的激情，为民族生存进行绝望的斗争，挑起战争与革命的全面纠葛，而其结果是谁也无法预测的。

施莱尼茨在6月24日通知俾斯麦，他6月17日的报告给摄政王留下了"非常好"的印象。摄政王确实要自问一下，正如沙皇警惕地暗示过的那样，欧洲主要大国保守主义的整体利益或许很快就要再次寻求一个妥协的和平，在这样一个时刻，召回一个被沙皇一再信任的人是否符合普鲁士的利益。然而，尽管施莱尼茨向俾斯麦保证，自己已经反驳了所有针对他的含沙射影和对他工作效果的质疑，他还是不得不以友好的方式警告这位在圣彼得堡的大使："不过，我还是允许我自己提出请求，希望您能在你们的非正式会谈和关系中，尽可能地使言行符合您的政府的立场，当然，这个请求也许是相当多余的。"

俾斯麦和他的朋友戈尔恰科夫一道成功地抵御了针对他履职表现的攻击，但他不得不在身体和精神力量上都付出了沉重的代价。多年来，他为坚持自己的政治路线进行了徒劳的斗争，与十字架报派决裂，被解除了法兰克福邦联议会公使的职务，这些都使他心力交瘁，使他的身体和精神状况出现了危机。这个热情洋溢的男人不时会提到，自己在经历政治麻烦后会患上"胆热病"或呕吐。

起初，俾斯麦在圣彼得堡还算顺利，他的健康还可以，"尽管有一些小毛病"。"社交活动"，他在5月8日给哥哥的信中说，"是愉快的，也是平顺的，在经历了法兰克福的争吵之后，只和善良的人以和平的方式打交道，真是一种享受"。6月25日，他告诉妻子，他感冒了，也是因为"政治麻烦"而病倒了。4天后，他更详细且严肃地告诉了妹妹自己的病情："麻烦、气候和受凉，导致本来不严重的身体不适在10天前达到了高峰。"7月初，他谈到了"政治的烦恼"，说读《圣经》是为了"让忧患的内心摆脱政治"。有时，他的悲观情绪会使他产生讥讽、挖苦的幽默感。他说，不管人们是被热病还是被霰弹撒下伪善的面具，"他迟早要倒下，那时，如果一个普鲁士人和一个奥地利人的体型差不多，比如说像施雷克

（Schreck）和雷希贝格一样，就很难区分他们；即使是一个愚蠢的人和一个聪明的人，只要他们骨架差不多，看上去就差不多"。

虽然俾斯麦日后在《思考与回忆》中提到，这只是一次普通感冒，但从当时的信件中可以清楚看到，除了普通的着凉，政治上的愤怒也是重病的诱因——甚至是主要诱因。无法领会这一点的医生所采取的治疗方法未能使他的情况好转。他在给妹妹的信中写道："他在已经半死不活的时候"，才成功说服了医生，他的神经已经因 8 年的连续愤怒和不断的刺激而衰弱了，再放血大概会让他得伤寒或变痴呆。

毫不夸张地说，对疾病深层原因的了解挽救了俾斯麦的生命，因为这使他拒绝了只会使他进一步衰弱的治疗方法。然而，在他成功抵制了俄国医生的治疗方案、基本恢复健康后，一位德意志医生又差点毁了他，这个医生用一种功效类似毒药的药膏治疗俾斯麦在一次狩猎中受伤的腿，最终毁掉了他膝关节的静脉。这发生在他返回德意志前不久，他要去接他的妻子和家人。但是，在德意志，这位政治家由于受到医生的错误治疗，过度劳累，神经衰弱，最终被久病不愈的身体状态拖住了；1859 年深秋，在返回圣彼得堡的途中，他得了重病，不得不滞留在埃尔宾（Elbing）附近他的朋友毕罗的霍亨多夫庄园，在生死之间徘徊了几个星期。直到 1860 年 6 月，俾斯麦才得以再次去圣彼得堡就任。

俾斯麦在离开圣彼得堡之前，给施莱尼茨的最后一封信写于 1859 年 7 月 9 日，在此前一天，法国和奥地利达成协议，停战 5 周。在信中，俾斯麦表示绝不相信奥地利会很快结束战争。也许他也是在故意悲观，以警告柏林政府防范雷希贝格，此人自 1859 年 5 月起不再担任法兰克福的主席公使，而是在维也纳担任外交大臣。俾斯麦认为，雷希贝格还是会试探，"在他放弃之前，普鲁士人的血能不能将意大利重新黏合起来"。俾斯麦还咬牙切齿地补充道："我担心如果我们开战，奥地利的背叛行为将比法国的武器更厉害。"

奥地利在军事上遭受了失败，这对哈布斯堡领导层来说是尴尬的，对军队来说也是致命的。俄国的"所有阶层"都为奥地利的战败欢呼庆祝，同时也对法军进行了颂扬，这即使在俾斯麦看来，都有些过火了。两次主要战役，即 6 月 4 日的马真塔（Magenta）战役和 6 月 24 日的索尔费里诺（Solferino）战役，给双方都带来了惨重的损失。索尔费里诺战役结束后，瑞士商人、作家让·亨利·杜南（Jean Henri Dunant）看到了一幕幕恐怖的场景：被拖拽、撕裂的尸体，将死者的残喘，被痛苦、口渴和死亡恐惧折磨的伤员的尖叫声，尸体在酷热的天气里令人作呕的味道。无助的生灵在这个悲惨山谷中受到战争的折磨，他们不久前还是朝气蓬勃的青壮年。为了铭记这一切，杜南产生了一个想法，即建立一个救助组织，在战时救助伤员、减轻痛苦、照顾病人。从这个想法中诞生了"红十字会"，这个组织于 1864 年成立，为了向瑞士致敬，它把瑞士联邦国旗的象征符号——红底白十字——反过来使用作为标志。

在意大利北部的战争中，随着火器技术的改进，损失也达到了骇人听闻的地步，而这也为今后的发展做出了预告。

1859 年 7 月 11 日，弗朗茨·约瑟夫皇帝和拿破仑三世在维拉弗兰卡（Villafranca）会晤，并达成了初步和平协议。1859 年 11 月 10 日，两国在苏黎世确认了这一协议，其中有一条基本条款：奥地利必须将伦巴第割让给法国，法国则会将这一省份连同其首府米兰留给自己的盟友。由此，撒丁王国将其东部边界推到了具有战略意义的明乔河（Mincio）。作为交换，拿破仑在 1860 年拿下了意大利的尼斯和萨沃伊。

两个皇帝达成的初步和平协议让很多人感到意外，它显示了一个王朝内阁间的阴谋正在成形。经验丰富的戈尔恰科夫立即认识到了这一点，他在 7 月 17 日 "非常机密地"给他的驻维也纳公使巴拉宾（Balabin）写信说："维拉弗兰卡的会面一定有它的秘密故事。"事实上，在这个协议前的外交运作中，参与者包括黑森的亚历山大亲王（Prinz Alexander von Hessen），他是沙皇亚历山大的大舅子，同时也是皇帝弗朗茨·约瑟夫的亲信；而法国那边的参与者包括外交大臣瓦莱夫斯基（Walewski），以及驻伦敦和柏林的公使佩尔西尼（Persigny）和穆斯捷侯爵（Marquis de Moustier）。在维拉弗兰卡，拿破仑向他的谈判对手弗朗茨·约瑟夫皇帝展示了故意包含假消息的电报。这个消息称，英国和普鲁士想给奥地利一个屈辱的和平条件，但法国本着和解的意愿以及君主主义的团结，愿意做出实质性的让步。很难说这场外交造假真的说服了弗朗茨·约瑟夫。这个 29 岁的奥地利皇帝已经不再那么没有经验了；而且他对 "大坏蛋拿破仑"也不抱任何幻想——正如他在 7 月 1 日所写的那样。

实际上，在绝望的情况下，弗朗茨·约瑟夫很容易被欺骗。欺骗与自欺的交织，为皇帝们提供了一种礼节，使他们可以不提这份妥协和平的真正原因。弗朗茨·约瑟夫可以把全部的愤怒之火引向他的对手——普鲁士，并且使其越烧越旺。他在《拉克森堡宣言》（Laxenburger Manifest）中宣称，他之所以要进行这次媾和，是因为他被他的天然盟友背弃了。

在维拉弗兰卡达成的妥协是外交上长期讨论的结果。就在马真塔战役和索尔费里诺战役的几周前，俾斯麦于 5 月 19 日从圣彼得堡报告说，戈尔恰科夫侯爵已经在秘密演说中表示，奥地利和撒丁—皮埃蒙特以明乔河线为界，是战争的可能结果。即使当着英国公使的面，法国公使也对这个意见表示了同意。当俾斯麦提问拿破仑的公使蒙特贝洛公爵（Herzog von

Montebello），法国庄严宣布的"自由直抵亚得里亚海"究竟有何所指时，后者回答道："上天自有安排，那么以这句宣言口号做出的安排有何不可呢！"

波拿巴政权在战前一边宣扬民族解放的"拿破仑思想"，另一边与意大利民族统一的主角撒丁王国结盟，它向整个东南欧派遣了政治代理人，并与科苏特（Kossuth）领导的以匈牙利籍士兵为主的自由军团进行密谋。奥地利帝国的政策是以不同的意识形态原则为基础的；虽然它捍卫"公正和法律"，这在 1815 年的国际法框架下的领土秩序中就有所体现，但它也被迫在形势的压力下，唤起 1813 年的民族回忆，呼吁德意志人民抵抗拿破仑帝国主义。在他那注定失败的特别出访中，奥地利的卡罗利伯爵（Graf Károlyi）试图在圣彼得堡唤起对于保守主义大国间团结的记忆，对此，那里的人们指责称，奥地利将会鼓动起德意志最具革命性的力量，挑起巴尔干地区和波兰民族运动的反击。民族解放运动和独立运动已经如火如荼地遍布开来了，以至于任何一个反革命势力在面临局部结盟的问题时，都可以不无正当性地指责其他国家助长了共同的敌人——革命。这就是历史的狡猾——历史规律总是以各种各样的形式得到贯彻。

这场发生在意大利北部的战争很可能扩大至全欧洲范围，因为它可以调动起列强，同时也可以进一步激活所有争取公民自由、民族团结和独立的人民力量。加里波第（Garibaldi）和科苏特的自由军团在皮埃蒙特活动，有着在南欧和东南欧发动全面的人民战争的潜能。但是，欧洲的主要非战国能允许哈布斯堡帝国被摧毁吗？

俾斯麦纵然争取普鲁士采取反哈布斯堡的中立政策，努力避免奥地利"因辉煌的胜利而变得更气焰嚣张"，避免普鲁士成为"它的强大的垫脚石"，并为此辛劳到了自我消耗的程度，他也不希望看到奥地利被摧毁。另外，拿破仑不能冒险与整个德意志的军队进行战斗，因为他体会到，奥地利军队——俾斯麦已经预见到这一点了——不会"被一拐棍……就赶出伦巴第"。对德意志军队再次入侵巴黎并导致拿破仑三世倒台的担忧，在法国首都内也并不显得杞人忧天。无论情绪如何波动，反拿破仑的民族团结和独立诉求是根深蒂固的；正是革命的力量使一切都服从于反拿破仑的斗争。

然而，没有普鲁士，德意志便不能成功地对法国进行战争。而在哈布斯堡皇权深陷困境的当下，以德意志邦联的名义依附于维也纳参战，是普鲁士最不愿看到的。相对于两个大国，尤其是相对于本该掌握最高军事指挥权的普鲁士摄政王，德意志邦联拥有何种法律地位和实际地位？关于这个问题的争论看似吹毛求疵，其核心在于，德意志的政治霸权是可以由奥地利凭借邦联议会的多数来行使，还是可以由普鲁士凭借其军事霸权来赢得。多瑙河君主担心，自己在意大利的霸权会像在德意志一样丧失掉，于是不再继续对拿破仑的战争了。

圣彼得堡尽管行动空间有限，还是竭力促成了妥协性的和平。在所有的中立大国中，俄国尤为重视提醒其他国家，意大利的武装冲突可能导致革命的风险。这种担忧促使戈尔恰科夫以各种形式、在各种场合向普鲁士、德意志中小邦国、撒丁—皮埃蒙特乃至奥斯曼帝国以及波拿巴主义的法国发出了多次警告。

对不可预见的冲突和革命运动的恐惧在维拉弗兰卡的妥协和平中起了决定性作用。

与德意志民族联盟（Nationalverein）成员的联系

在维拉弗兰卡会议大约一周后，即1859年7月17日，过去法兰克福和柏林国民议会中的那些民主派人士——大部分来自图林根，少数来自普鲁士——聚集在埃森纳赫开会；两天后，自由派人士——主要来自德意志北部的中小邦国——在汉诺威开会，讨论民族问题中的道路和目标问题，并做出决定。在埃森纳赫的领袖是舒尔策－德利奇（Schulze-Delitzsch），他是合作社运动（Genossenschaftsbewegung）的创始人之一；在汉诺威的领袖是鲁道夫·冯·本尼希森（Rudolf von Bennigsen），他在1856年放弃了法官职务，成了邦议会第二议院自由派—反对派的领袖。

在埃森纳赫达成的决议包含两项基本要求。德意志邦联议会将被一个稳固、强大和持久的中央政府取代；此外，决议还要求召开德意志国民议会，由普鲁士主导。聚集在埃森纳赫的左翼自由派没有明确规定国民议会的权利。他们也没有明确要求普鲁士建立霸权，把奥地利排除在未来的德意志民族国家之外，但他们间接地指向了这一目标，要求"在德意志中央政府最终成立之前，德意志军队的领导权和对外的外交代表权移交给普鲁士"。通过这些声明，过去的民主派如今向自由派的立场靠拢了。

然而，自由派与保守主义大国的一些大臣和外交官一样，认为需要用警告的口吻指出，要么发生自下而上的革命，要么发动自上而下的革命。在汉诺威达成的宣言声称，只要德意志人民，"不单单是依靠革命起义来寻求摆脱内忧外患的处境，那么最自然而然的办法，就是由两个伟大的德意志政府中的一个，来对我们的《邦联条例》进行改革。奥地利无法做到这一点。它的利益并非仅仅在德意志，也永远不会仅仅局限于德意志"。尽管有人警告称，普鲁士不会追求纯粹的大国利益，但这份宣言却明确指出："普鲁士的政治目标与德意志的政治目标本质上是一致的。"

278

资产阶级自由派的民族政治观是建立在普鲁士－德意志关税同盟的基础上的。普鲁士不仅应当在经济上，而且也要在政治上统一这个地区，以消除所有影响资本主义市场发展的经济障碍和民族政治障碍，并保护国家外部安全。在 19 世纪 50 年代末，自由派在经济进一步发展的推动下，呼吁自上而下地进行民族统一，要求贸易自由，建立一个制定了明确法律的资产阶级法治国家，这些法律将对商人的贸易活动做出规定。但是与此同时，他们也抛弃了 18 世纪那伟大、动人的自由和人文主义理想。

现在，想要与反自由主义的君主制政体进行沟通的资产阶级自由派，与群众之间的关系非常紧张。资产阶级自由派非常欢迎群众在投票以及舆论抗议之中发挥作用，因为这样就可以促使普鲁士君主制向自由派让步，并且刺激其在民族问题上的积极性。许多资产阶级政客乐于承担起左翼自由派"人民之人"、进步代言人的身份，尤其是当他们在选举集会和民间节日上侃侃而谈的时候。但是，一旦群众开始在议会之外推动资产阶级的进步，政客们就会立刻进行压制，用海因里希·海涅的话来说，人民就会被当成大流氓。如果民众可以自觉地运用自己的革命潜力，就能获得非常多的权利和非常大的权力，因此，这些资产阶级政治家们对群众充满了不信任和不安，他们越发强烈地渴望能够有一位完成资产阶级改造、完成民族国家统一工作的"伟人"出现。

呼唤强者出现的人包括奥古斯特·路德维希·罗豪（August Ludwig Rochau），他的论文《现实政治原理》（*Grundsätze der Realpolitik*）催生了一个新的学派，其中的理论为背离古典人文主义理想和自由理想进行了辩护。罗豪说："无论是一个原则、一个想法还是一个条约，都不能把分散的德意志力量团结起来，能做到这一点的只有其中一支优势力量，它将吞并所有其余的力量。"

　　早在 1859 年，就有一位开路先锋出发去寻找这样的强者。此人正是汉斯·维克多·冯·翁鲁，他在柏林访问了俾斯麦。翁鲁是一位普鲁士将军的儿子，他曾长期处于普鲁士公职人员队伍中，担任西里西亚和东普鲁士的铁路建设工程师，后来，他转入了私营企业。在意识形态上，他受到英国模式的君主立宪制的影响。1848 年秋，他先是以普鲁士国民议会副主席、后又以主席的身份，遏制了革命。他是位于德绍（Dessau）的"德国大陆天然气公司"（Deutsche Kontinental-Gasgesellschaft）的创始人之一，并从 1857 年起担任柏林铁路公司（Gesellschaft für Eisenbahnbedarf）的总经理，因此，他得以越发意识到大规模工业的重要意义。他实际上代表着贵族和资产阶级的彼此接近，这二者正在凝聚成一个统治"不成熟的人民"的阶层，一个内部分化但却仍然统一的精英集体。

　　翁鲁被当时的人们戏谑地称作"资产阶级的小梅特涅"。7 月底，他在"皇家酒店"（Hotel Royal）见到了俾斯麦，后者因为腿部有疾，还在这里卧床不起。翁鲁记录到，当他进入房间时，俾斯麦手里拿着《十字架报》，随后把它扔到了床上，说这份报纸没有普鲁士爱国主义的火花。俾斯麦还说，在这场战争中协助奥地利，对普鲁士来说无疑是一种政治自杀。在这种反哈布斯堡的态度中，普鲁士王朝中的强人俾斯麦和德意志小资产阶级政治家翁鲁站到了一起。

　　起初，这都是一些政治闲聊，但它制造了一个有益的一致立场。只有在俾斯麦试图指向一个可能的政治联盟时，这一让人必须认真倾听的观点，才终于让谈话发生了轰动性的变化。俾斯麦宣称，可以肯定的是，普鲁士已经完全被孤立了；普鲁士就只剩下一个盟友了——如果它懂得如何去处理、如何去争

280

281

汉斯·维克多·冯·翁鲁（1806~1886 年）。作为一个企业家和自由主义者，他早在
1859 年就与俾斯麦进行了政治接触，以促使贵族和有产的市民阶层合成一个精英阶层。

取这位盟友的话。当被翁鲁好奇地问道，这个盟友是谁时，俾
斯麦回答道："德意志人民！"据翁鲁的记述，他自己在听到这
句话时，"面带困惑"。

　　但是，对经验丰富的政治家翁鲁来说，俾斯麦这个假装民
主的回答完全是意料之外吗？对他来说，只有确信俾斯麦有可
能超越惯常的容克式态度时，他的这次访问才会有意义。实际
上，俾斯麦解释道："好吧，您是怎么想的？我仍然是十年前
第一次在会议厅跟您见面的那个容克，但是如果我不能清楚地
看到现在的实际情况的话，那我的头脑就没有任何理智可言。"
他所说的实际情况意味着，普鲁士君主和贵族阶级应该考虑到
资产阶级在经济上和社会上与日俱增的实力，并且在当下的重
大问题上——资产阶级重塑和民族国家统一——寻求妥协，以
维持普鲁士的大国地位。

　　对话结束时，翁鲁对俾斯麦做出了不具约束力的承诺，将

在政治上对他提供支持；而俾斯麦在此之前提出了怎样的建议，并没有被翁鲁公开。翁鲁说："如果您能如此敏锐地掌握普鲁士的危险局势，采取适当的措施，那么对我来说，您会比冯·施莱尼茨先生更适合做普鲁士的首相，因为他没有那么充沛的精力。"谈话到此结束；尽管他们对一些共同目标达成了一致意见，但两人的第一个协议还远未达成。俾斯麦和翁鲁在其各自的阶级内部和普鲁士国家机器中所处的位置，导致他们无法达成对双方具有约束力的协议。俾斯麦作为普鲁士首相候选人的可能性还没得到过认真的考量。而翁鲁将在未来的德意志民族联盟（Nationalverein）的主要领导人中，始终占据特殊地位。

此外，在普鲁士，对于应该如何处理德意志邦联议会和奥地利的议会主席权力，如何塑造与各中小邦国的关系的问题，在资产阶级和贵族内部都还没有明确的一致答案。如果想要实现俾斯麦在"皇家酒店"提出的政治美梦，那么这两个有产阶级还需要做出大量的澄清、了结甚至斗争，以确定彼此之间应该做出怎样的妥协、妥协到何种程度。但俾斯麦和翁鲁之间的联系已经建立起来了，两人在各自的政治小圈子里，对此都没有任何隐瞒。

在埃森纳赫和汉诺威的民间倡议下，1859 年 9 月 15 日和 16 日，德意志民族联盟在美因河畔法兰克福成立了；大约在同时，在 9 月 10 日至 22 日，普鲁士摄政王和施莱尼茨、阿尔文斯勒本等主要顾问到了巴登－巴登；俾斯麦也被召到了这里。在这段对普鲁士政治具有决定性意义的日子里，警觉的冯·翁鲁在 9 月 12 日给俾斯麦写了一封详细的信，在信中提到了哈布斯堡外交大臣雷希贝格的一封公函，公函对资产阶级民族国家运动公开表示反对，雷希贝格特意公之于众。

这封公函主要是对恩斯特·冯·科堡公爵（Herzog Ernst von Coburg）的谴责。作为对哥达市民们的一场讲话的回应，科堡公爵对一个大型民族主义政党的成立表示了欢迎，该党将致力于在普鲁士领导下，建立一个排除奥地利的德意志国家。冯·翁鲁在给俾斯麦的信中直言不讳地说，雷希贝格如果不是认定"普鲁士的外交政策将优柔寡断和软弱无力"，他绝不会擅自对恩斯特·冯·科堡进行冒犯和指责。因此，冯·翁鲁警告并敦促道："普鲁士必须充满信心地抓住一切合适的机会，以积极的姿态来面对民族问题，从而赢得人心。这种征服必须在国际危机发生之前完成，普鲁士要把手放在剑上。"

冯·翁鲁还谈到，普鲁士对德意志还必须进行道德层面的征服。但是他并没有止步于此，没有忽略掉德意志内外的力量对比为德意志问题的解决带来了两种方案：要么是人民革命，要么是普鲁士战争。"普鲁士武器将永远是决定性因素……"，在这一点上，冯·翁鲁与俾斯麦意见相同。冯·翁鲁预见到了1866年和1870年战争的基本政治问题，他尖锐地指出："奥地利完全无法攻击一个在道德层面与德意志民族团结一致的普鲁士。如果路易·拿破仑挑起一场在普鲁士领导下的德意志人民战争，他就会像拿破仑一世那样垮台。"

德意志民族是否真的在道德上与普鲁士团结一致，这个问题将在未来几年内引发分歧。不过目前对冯·翁鲁来说，他关注的仍然是如何在民族政治方面达成一致，这也就是他为什么向俾斯麦提到："我和我的朋友们都认为，民族问题是最重要的问题，除此之外我们没有别的想法，如果您被任命为外交大臣，我们，包括冯·本尼希森先生在内，都将由衷高兴。"这不是奉承，而是大资产阶级自由派对俾斯麦的一个建议，几乎是一封委任状。冯·翁鲁用两句话结束了他信中的政治部分，俾斯麦几乎可以从字面上理解它们："普鲁士现在比以往任何时候，都更需要一个清晰、坚定和大胆的政策。最大胆的也是相对来说最安全的。"

　　显然，俾斯麦在巴登－巴登成功地影响了冯·施莱尼茨，并与其一起影响了摄政王，使得普鲁士政府对新成立的德意志民族联盟表现了谨慎的善意。无论如何，普鲁士政府此时还尚不具备对德意志民族联盟进行公开、无保留的赞同的条件。从冯·施莱尼茨关于冯·雷希贝格针对恩斯特·冯·科堡的抗议照会的声明，和内务大臣冯·什未林伯爵（Graf von Schwerin）给什切青民众的答复中，俾斯麦都可以看到，自己今后与冯·翁鲁的讨论能走多远。

　　在上述两份文件中，官方并没有反对民族联盟及其奋斗目标，《奥尔米茨协定》也只是被看作一份暂时的协定，并没有解决重要的问题，这一定符合俾斯麦的心意；摄政王还不想对邦联议会进行改革，因此不会为下一步目标的实现制造困难，这对俾斯麦来说也是有利的。俾斯麦想要的比这更多：他不是要改革邦联议会，而是要摧毁它；他不是要把法律和秩序作为不可动摇的合法性的最高指导原则，而是要让其服从于普鲁士的国家利益至上原则，也就是说，法律和秩序是可以被违反的。普鲁士政府的态度是，不积极提出"关于理想的德意志宪法的建议"，而是搁置一切、不予决定，这对俾斯麦来说非常有利。这不仅给他往后的政策提供了行动自由，而且使他可以掩盖眼下的意见分歧，或只是偶尔短暂地让人看到这些分歧。俾斯麦以简短到近乎可疑的方式，向冯·施莱尼茨报告了自己与冯·翁鲁的谈话；但至少他写道，他的"朋友冯·翁鲁"曾告诉他，给什切青的答复相当有利，"来自达姆施塔特的这位被大力擢升的民主派总司令梅茨（Metz）"在德意志民族联盟的成立大会上，在"同志们的掌声中"宣布，"宁要普鲁士最好战的军团，也不要经受小邦国之苦难"。尽管民族联盟与俾斯麦的关系起初充满了希望，但之后进展得一点也不顺利。

　　俾斯麦与民族联盟的关系受到了双重阻碍：一方面，民族联盟有明显的自由主义诉求，这一点在德意志南部尤其明显，而这与俾斯麦的思想不符；另一方面，俾斯麦身居的位置使他不能公开赞同民族联盟的大普鲁士—民族愿望，尽管他支持这种观点。自由与统一成了时代的标志；俾斯麦面临的问题是，如何在实现民族统一的同时，不因给予过多的公民自由而削弱普鲁士王室的权力。俾斯麦在与冯·翁鲁第一次接触后，凭借自己在冲突时期对内政外交的经验意识到，如果从他自己的政治地位出发，对邦联议会以及奥地利的议会主席权进行一场决定性的斗争，确保普鲁士在德意志的霸主地位，那么，他是可以依靠自由派的。

重返圣彼得堡；风起云涌的意大利

284

1860 年春，俾斯麦从长期的病痛中康复了，他可以前往柏林，并考虑重回圣彼得堡任职了。但摄政王在柏林拦住了他，因为摄政王正在考虑改组内阁，要替换掉做事摇摆不定的外交大臣冯·施莱尼茨，换上一个坚决果断的人。摄政王把俾斯麦放进了外交大臣的候选人名单里，这对这位大使确实要求过高了。几个月的时间里，摄政王让俾斯麦一直等待着，最终还是决定不用他了——至少暂时不用了。

离开了 11 个月后，俾斯麦得以在 6 月初与妻子和孩子一起回到圣彼得堡的宅邸，并开始照常工作。俾斯麦在英国码头（Englischer Kai）那里的前外交区租下了斯坦博克伯爵夫人（Gräfin Stenbock）的宫殿。宫殿一楼的大窗户为俾斯麦曾多次提到的三个宽敞的大厅提供了光亮。房屋中间的三角墙让这个相对窄长的建筑物有了一个匀称的结构。设计典雅的外墙和宽阔的楼梯平台也是这栋建筑的独特之处。这栋建筑还包含 11 个新增的房间，从而也为大使文书人员提供了空间。为了在冬天保持一个舒适的温度，正如房东（即伯爵夫人）曾经写过的那样，必须"每天在巨大的炉子里烧掉一片小树林"。

站在宫殿极目远眺，可以看到宽阔的涅瓦河上飘荡着许多渔船，"这些船只是西方人用湿漉漉的摇杆从世界各地开来的"。冬天，河面会结上厚厚的一层冰。俾斯麦热衷于到大自然中游山玩水，他经常从自己的住所观察涅瓦河，并用诗意的、形象的语言来描述它。在 19 世纪时，尼古拉桥（Nikolaibrücke）从英国码头通往瓦西里 – 奥斯特罗（Wassily-Ostrow），俾斯麦很喜欢眺望这个方向。那些小森林、公园和马道让他从总是摩擦重重的繁重工作中得到放松。

在普鲁士驻圣彼得堡的大使馆里，俾斯麦较为亲近的同事是库尔德·冯·施洛泽（Kurd von Schlözer）。他的爷爷——历史学家奥古斯特·路德维希·冯·施洛泽（August Ludwig von Schlözer）18 世纪时在圣彼得堡学院工作，是德—俄思想共同体的代表人物之一。一开始，俾斯麦和他的这位秘书相处不睦。这两个充满自信的人首先需要了解对方、习惯对方。然而，当俾斯麦于 1860 年返回圣彼得堡后，他向柏林报告说，自己对冯·施洛泽先生"在商业关系上可以给予最高赞誉，特别是在对当地的了解和对普鲁士同胞利益的热忱方面"；俾斯麦最初对他的不满已经完全消失了。一年后，俾斯麦认为他不可或缺。一开始，俾斯麦对冯·施洛泽有着"公开的敌意"，但后者的效率和尽忠职守让俾斯麦对他卸下了武装。冯·施洛泽则对俾斯麦这个"地狱般的家伙"表现了越来越多的钦佩，他看到，俾斯麦知道如何用自己的热情好客给俄国人留下深刻的印象，在俄国的贵族圈子里凭着完美的礼仪和慷慨的宴会而如鱼得水。而当二人在广袤的原始森林中猎熊时，这种深深吸引着俾斯麦的冒险活动进一步揭示了二人封建生活方式的共同特点。

在大使馆里，俾斯麦还和他的秘书一起处理领事工作。起初，俾斯麦要照顾住在俄国的 4 万普鲁士臣民，这个数字后来变成了 5 万，最终在 1860 年 12 月达到了 6 万。俾斯麦说，自己对这些人而言，就是"法院、警察、市长、父亲、母亲、邦联议会、货物转递员、律师、银行家，还有其他各种职能"。他们每个人都有他亲自签发的证书。"凡是不能从口袋里拿出使馆保护证书的人，都有可能突然看到自己穿上了军装，在阿斯特拉罕（Astrachan）的哨所前，思索着如何才能提供文件，证明自己是普鲁士人。如果他不能成功地向军士证明自己——这是可以想见的，那么他就要去做 25 年的鱼子酱腌制工，却一口也不能吃。这就是'俄国汪洋'上无辜的'游泳者'有时会被那'不懂德语的命运'抓住腿、不留痕迹地拉到水底的方式之一。"

通过领事工作和外交活动，俾斯麦深入了解了俄国人的生活——从广阔的外省到首都，从首相府、各部到帝国内阁。19世纪 60 年代初，他和他的工作人员通过私人谈话，而非官方报告，不断了解着农村的动乱情况。俾斯麦自己也认为农民战争是可能爆发的。此外，他还看到了"沙俄帝国最为严重的病病……即那些低薪和不诚实的官员"。此外还有金融危机和军队的诸多弊端。在圣彼得堡的工作接近尾声时，他确信"在不久的将来，可以预见，内部的困难，主要是财政困难，将使这里的内阁比以前更不愿意积极参与欧洲政治"。

在沙皇不平衡的外交政策中，实际上只有一个不变的东西：反对英国。这种反对所涉及的利益区，从亚得里亚海一直延伸到了中国的黑龙江。俾斯麦在 1860 初夏回到圣彼得堡时，发现反英的意识已经占据了戈尔恰科夫的脑海。俄国想要修改 1856 年在巴黎签订的克里米亚战争和约中那些与黑海非军事化有关的歧视性条款，是可以理解的，但这却遭遇了英国的强烈反对。英国想尽可能长久地消除俄国在近东的海军力量。而另外两个缔约国——奥地利和法国在面对俄国的要求时，总是以英国将会拒绝为借口而不予配合。这种回应不仅将俄国的怨恨煽动性地转向了英国，同时也真诚地回答了，为何多瑙河君主国及其在意大利北部战争中的敌人都无法对《巴黎和约》的修正要求做出任何让步。这些施加于沙皇帝国的条件得以维持，使其无法在黑海建立防御能力和军事机动性，这正是促成俄国与普鲁士在19世纪60年代相对紧密合作的主要原因之一。

波兰问题在两国关系中发挥了重要作用。和整个帝国的其他部分一样，以华沙为中心的俄属波兰也陷入了政治热潮。这直接影响了普鲁士的内部利益，因为它占有以波兹南为中心的波兰领土。柏林注意到，在圣彼得堡有影响力的圈子，都赞成对沙皇统治下的波兰实行自由化。与之相反，俾斯麦对波兰充满了深深的敌意。他告诉戈尔恰科夫，"几个世纪以来，这个国家一直被治理得很糟糕，也许他们根本就没有能力建立一个良好的政府，更不用提一个民族政府了"。他以此为自己对波兰民族运动的严厉镇压政策进行了辩护。但俾斯麦也不得不报告了他的谈话伙伴说的这些话："戈尔恰科夫侯爵昨天对我说，我们普鲁士谨慎地守护着本国自由主义的声誉，因此不能要求俄国为了别国而'火中取栗'、独自在舆论面前承担起专制和暴力政府的角色。"

波兰问题还引发了其他外交问题。拿破仑的法国为了推行扩张主义政策，宣称要协助民族解放运动，而实际上是为了对其施加管束；圣彼得堡的一些人因此认为，给予波兰一定程度的自治权，既能满足波拿巴法国的要求，又能遏制其与波兰移民的阴谋；在意大利北部，拿破仑在1859年就已经证明，他会对自己的民族解放口号进行严格的限制。因此似乎可以想象，法国和俄国在波兰问题上的让步可能会构建起法、波、俄

287

的三边关系，这对普鲁士，实际上对整个德意志都是危险的。

在波兰问题之外，沙皇的外交系统中一直有一些势力，希望对奥地利的努力做出回应，恢复两国间以前的信任关系。1859年秋天，俾斯麦报告了有关俄国驻柏林大使的情况："圣彼得堡有人告诉我，冯·布德贝格希望借着俄国与奥地利重新建立友谊的契机，让自己进入内阁！"因此，俾斯麦竭尽全力，将普鲁士摄政王和俄国沙皇在布雷斯劳（Breslau）的会面变成两国友谊的一次华丽展示。

鉴于来自外部的外交影响和俄国统治阶层内部的党派分歧，戈尔恰科夫有时觉得，自己不得不回避各种困难。这使得俾斯麦对这位俄国外交大臣做出了批评，尤其是在他的圣彼得堡任期即将结束时。不管怎么样，普鲁士和俄国的友谊还是占了上风。普鲁士在德意志争夺霸权，需要俄国的支持。但沙皇对此有自己的想法，因为他必须坚持合法性原则，而且必须考虑到自己与德意志中小邦国君主的亲属关系。他不希望这些邦国组成的"第三德意志"（drittes Deutschland）与普鲁士合并，而只希望它臣服于霍亨索伦的统治之下。沙皇和戈尔恰科夫想建立一个以普鲁士王国为首（primus inter pares）①的德意志联邦，这个联邦内部会比1815年的德意志邦联更紧密，但会比那个将要建立的德意志国家更松散。

俾斯麦对他们这种想法了如指掌，这更加促使他批判地观察和思考意大利的事件。他一定对1859年11月10日的《苏黎世和约》（Friede von Zürich）是否能持续下去很感兴趣。拿破仑三世和弗朗茨·约瑟夫皇帝在其中承诺，要在教宗的领导下，促使意大利所有邦国组成一个邦联；这就是意大利版的

288

---

① primus inter pares，拉丁语，意为"同辈之首"，指同辈中年纪最长者或同僚中居首位者。

德意志邦联，它已经充分证明了它在政治上的无能和历史上的滞后。意大利的统一和独立运动将会超越一切这些落后事物，将会赶走帕尔马（Parma）、摩德纳（Modena）和托斯卡纳（Toskana）的那些受到哈布斯堡王朝照顾的王公们，以及统治罗马涅（Romagna）的教宗代理人。

在由马志尼（Mazzini）推动的、根植于传统的"青年意大利"（Junges Italien）运动中，加里波第成长为了"行动派"（Aktionspartei）的负责人，该派别与"外交派"（Diplomatenpartei）相对应，后者的代表是加富尔。加里波第在1859年夏天的战役中表现出色，为打败奥地利做出了杰出的贡献。他要求，意大利的人民独立行动，无须将那个在《维拉弗兰卡停战协定》中背叛了意大利的拿破仑纳入考量。"外交派"也想制造一些事端；因此，它支持意大利中部摆脱了封建君主统治的各邦进行联盟，这些邦国想与撒丁—皮埃蒙特联合，以抗衡《苏黎世和约》。但是考虑到拿破仑，"外交派"反对加里波第将民族革命从罗马涅——也就是教宗国里脱离了教宗直接统治的那部分——进一步向南传播的计划。与此同时，加里波第于1860初夏，开始了那场著名的渡海航行，推翻了两西西里王国。

罗马涅的沦陷足以让教宗看到自己世俗力量的下降——这对天主教和教会作为"救赎唯一来源"的地位构成了威胁。教士们立即对罗马涅叛乱分子及其助手，尤其是对皮埃蒙特政府，进行了良心上的谴责诅咒，并用剥夺法律保护令等手段威胁他们。但是，他们的煽动性控诉在意大利以外的地方比在意大利境内更有效，因为意大利中部和北部的神职人员与人民的苦难和斗争联系紧密，不可能轻易成为教宗和主教的煽动工具。在德意志、比利时、法国和瑞士的天主教地区中，情况有所不同。在这些地方，教宗集权主义不断滋长，但自由主义和民主主义却日益受到抵制。

用武力来恢复被人民运动推翻的意大利中部各邦王公的主权已经是不可能的了，因为奥地利及其在意大利的盟友已经没有足够的军事力量，而拿破仑也不敢使自己在意大利完全陷入政治孤立，并且与亲意大利的英国闹翻。

俾斯麦对意大利的事件有何反应呢？早在 1860 年 2 月初，还在病中的时候，他就从霍亨多夫庄园给外交大臣冯·施莱尼茨写了一封信，他说："私下告诉您：如果与法国或奥地利发生冲突，我认为皮埃蒙特将是我们的天然盟友。对皮埃蒙特来说，如果它能依靠普鲁士，法国的联盟就不再是危险、专横的了。"在圣彼得堡，"焦灼的意大利问题"一再成为俾斯麦与戈尔恰科夫政治会谈的主题。1861 年 2 月，当戈尔恰科夫考虑，鉴于意大利王国即将宣布成立，普鲁士是否应该与撒丁断交时，俾斯麦在官方立场上保持了忍让克制，没有坚持自己的反对观点。他甚至在写给柏林的正式报告中都表现得很谨慎。这对他来说似乎是再合适不过的了，因为他对圣彼得堡的那些绅士们没有任何好感，按照普鲁士人的标准来看，这些人"是革命派的、亲意大利的，在国内外问题上都是民族狂热者"。从根本上说，俾斯麦与所有那些——至少是无意识地——倾向于意大利"行动派"的人都保持了距离。

俾斯麦在对这种亲意大利态度发表意见 10 天后，又在给冯·施莱尼茨的私信中坚决支持"外交派"，即支持加富尔："我在我的所有公务中，无论是对您还是对这里，都尽一切努力做到客观，并且做出对我们的政策而言正确的事。但我不得不在这封私人书信中写下我的观点——这对您来说并不新鲜，即我与最高当局的观点存在一点（tant soit peu）偏差，奇怪的是，这些观点并不与《十字架报》的观点一致，而是偏向意大利方面的。"虽然他不想"与俄国陷入一种紧张关系"，但他反对从都灵召回普鲁士使团，并建议柏林"不要明确地表现对撒丁王国征服政策的支持，但要向其展现较以往更友好的面貌"。

对于那些"在历史潮流中灭亡的王朝"，即撒丁所吞并的邦国，俾斯麦不认为自己负有任何义务。他承认自己做出了"党派背叛"，不仅在对意大利的政策上与十字架报派保持距离，而且与冯·克莱斯特－莱佐夫和冯·格拉赫不同，其不想"从教条主义的基础出发制造政治上的后果"。

1862 年初，他向上一年 10 月接替冯·施莱尼茨成为新任普鲁士外交大臣的冯·伯恩斯托夫伯爵提出了承认新建立起来的意大利国家的问题。他同时给外交大臣发送了一封"密报"和一封"私信"。他在其中指出，必须从"政治上的权宜之计"出发，在承认"被驱逐的王朝"的合法性和承认"既成事实"之间做出选择。 他比以往任何时候都更加坚信，"建立一个可以维持下去的意大利帝国对普鲁士来说将是有利的"。

俾斯麦从外交动态和世界政治的"大势所趋"的角度，考虑了他提出的这一主题："独立的意大利——在我看来——是普鲁士和英国的天然盟友。这个新成立的帝国将始终需要对法国和奥地利保持警觉，并依赖于其他大国。但是法国和奥地利各以自己的方式，继续作普鲁士的反对者，这不是由其现有统治者的专横决定的，而是由长期以来历史条件的叠加所决定的。"

值得注意的是，在这段话中，俾斯麦不仅考虑了法国和奥地利这两个普鲁士的外交对手，而且也考虑了在即将到来的冲突中的中立国：英国。

德意志诸侯的主权诡计

德意志民族联盟的建立使中小邦国行动了起来，各邦代表于 1859 年 11 月在维尔茨堡（Würzburg）举行了会议。这些"维尔茨堡人"希望给予那个自称邦联议会的卑鄙产物更大的威信，允许其在户籍、管辖、执行法院判决，在制定民法和刑法、共同专利权、统一的度量衡，以及在颁布商法典方面进行决议。这些代表们还针对邦联军事条例的改革进行了探讨，特别是改革邦联总司令的选举程序。此外，各中小邦国也在努力通过结盟协商，成为邦联议会里的第三股力量；所有这些努力都超出了它们在政治上的能力。

291 　　中小邦国王公们在法律上以 1815 年规定的邦联权利（Bundesrecht）为依据，坚持保留自身主权。在意识形态上，他们要么像汉诺威国王那样，以近乎基督教神秘主义的君权神授理论来进行辩护；要么像他们中最足智多谋的长者——符腾堡国王那样，以理性主义、犬儒主义的国家利己主义来自我辩护。王公们坚持保留自己的国家主权，就像小市民们坚持保留自己的所得遗产一样。有些王公会鼓吹自己受过相当好的教育，并像展示皇冠上的珠宝一样四处炫耀；有些王公可能会认为，他们是通过自己与圣彼得堡、巴黎和维也纳宫廷的亲戚关系或其他关系来处理欧洲政治的——他们的政治存在与德意志的市侩是一个水平的。他们无法采取具有历史前瞻性的举措，在抵御民族运动方面也谨小慎微，偶尔会进行镇压，甚至对形式温和的民族联盟也是如此。在梅克伦堡和黑森选侯国，民族联盟被禁止了；在包括萨克森在内的其他许多邦国，民族联盟成员常常被当局骚扰。由于不信任两个德意志大国，一些德意志王公和他们的大臣们难以掩饰向法国靠拢的欲望，例如以旧莱茵联盟的形式进行联结。

　　各中小邦国的政府对所有的人都采取防守的姿态，因而处处缺乏决定性的影响力。像黑森选帝侯或汉诺威国王这样的君主有时认为自己是坚定不移的，但那其实只是固执己见。他们有着毫无历史创造力的邦国利己主义和统治利己主义，在傲慢的犬儒主义和基督教—日耳曼的君权神授之间，在背叛人民和德意志民族之间，在最低层次的小打小闹和浪漫无比的展翅高飞之间徘徊不定。中小邦国的外交官们甚至彼此之间都没有足够的道义力量来达成协议，在中等邦国里实力最强的德累斯顿和想要成为德意志邦联第三大强权的慕尼黑之间，"斗法"和嫉妒从未停止。在彼此的关系中，这些邦国几乎没有一个不曾受到不信任感的驱使——就像一个小市民，一生都在为道路权和土地所有权而嫉妒、谩骂甚至打官司。

问题是，在一个更加集权的德意志邦联中，应该由哪个国家或国家联盟、哪个阶级或阶级联盟来行使权力。在民族国家统一的问题上，"新时代"的政府必须采取一个比以往更加明确的立场。1861 年 7 月，威廉国王去巴登－巴登，就是为了讨论这个问题。俾斯麦刚到柏林避暑，外交大臣冯·施莱尼茨就要求他尽快去巴登－巴登。俾斯麦对此感到高兴，因为他能借此机会，确保国王不会受到自己女婿——巴登大公的太大影响。俾斯麦担心，巴登大公的建议将会导致国王对普鲁士内部的自由派和中小邦国的割据主义利益做出过多的让步。他希望确保这种民族改革热情不会危及霍亨索伦君主国的权力，反而能使其加强。

在向国王进行了口头汇报之后，俾斯麦于 1861 年 7 月撰写了他的巴登－巴登备忘录，概述了普鲁士－德意志政策的新的着眼点。他前后写了两个版本，它们在本质上并没有什么不同，只是在针对不同的对象。原本在巴登－巴登写就的那版备忘录的某些段落，与在当地盛行的自由保守主义相适应，以便能够更有效地触及和影响国王的普鲁士国家意识。这份备忘录对建立民族国家的努力予以了承认。文中有着近乎自由主义的表述："邦联的活动，几乎只局限于镇压民族运动和革命运动。"同时，"需要看到德意志人民的力量在朝着更紧密、更统一、更团结的方向发展，其决心与日俱增。贯穿于整个时代潮流中的民族感情的复苏，加上对免受外来入侵的诉求，促使人们追求德意志更紧密的统一，至少是在军事力量和物质利益方面"。俾斯麦承认："民众对现状的不满是目前情势下自然而然的结果，在某种程度上是正当的。"而关于实现民族国家统一的途径，他说："为了实现这样一个目标，在邦联的中央机构中设立德意志民族的代表，似乎是最有效的统一手段，也许是唯一、必要的手段。"但是，为了使民族改革和统一的努力永远不会脱离普鲁士的领导，俾斯麦提出了以下建议：在普鲁士领导的关税同盟中建立关税同盟议会，从而将这一同盟变为宪政机构；扩大《科堡条约》（Coburger Vertrag）中实行的军事公约制度。

293　　这份备忘录的第二版不再考虑自由保守派圈子的喜好，而是针对普鲁士的老保守派，这些人想再次促使国王在面对任何民族统一运动时，处在一种僵化的保守主义立场上。因此，备忘录中所有在保守派听来过于接近自由主义的段落都被删掉或削弱了，得到突出的则是在德意志内部的霸权地位对普鲁士国家利益的意义。

　　俾斯麦为了保守派自身的利益，不得不亲自反击《十字架报》圈子里那些没有政治经验的冒失鬼。1861年9月，这些人在柏林成立了"普鲁士人民协会"（Preußischer Volksverein），不切实际地以为这将可以制衡民族联盟。对于绝对否定这种符合历史潮流的强大运动的狭隘企图，在政治上更有经验的俾斯麦表示反对。他把备忘录的修订稿寄给了他的朋友冯·毕罗－霍亨多夫，在这份修订稿中，他放弃了所有的外交克制，用"德意志王公们不符合历史的、背弃了上帝与公正的主权诡计"的说法，尖锐地反驳了保守派提出的"民族诡计"的口号。这句充满争议性的尖锐话语揭示了俾斯麦的真实想法。

俾斯麦在离开圣彼得堡之前就给冯·罗恩写过一封回信，对于此人，俾斯麦在表达自己的反合法性的立场时较为谨慎。在此之前，罗恩在他那语气激动的来信中，请求俾斯麦对当时搅动人心的所谓效忠仪式问题给予建议和帮助。1861 年 1 月，弗里德里希·威廉四世在经历了多年的病痛折磨后去世，摄政王将会以威廉一世的身份登基，眼下的问题是，应如何为他加冕。是举行中世纪封建传统的效忠仪式，还是基于现有的和承诺中的宪法，只在已经变得更加现代化的普鲁士国家的代表们面前举行一个光彩夺目的仪式，这个问题正如冯·罗恩所说的那样，"十分尖锐，直击要害"。

俾斯麦没有把整个"效忠仪式之争"看得那么重，尽管他显然是赞同冯·罗恩的封建礼节倾向的。但俾斯麦知道，自己将再次被纳入阁臣的考量，于是他在几句话后谈起了对他来说重要的问题，即"我们将要遵循的纲领"。他说："我认为，我们先前政策的主要缺点是，我们在普鲁士国内是自由主义的，对外则是保守主义的，我们把自己国王的权利看得廉价，却把其他国家的君主看得太高了。……从那不勒斯到汉诺威，没有一个王室会感谢我们的善意，而我们以自己的王位的安全为代价，对他们践行了热爱和平的教义。我将至死忠诚于我的君主，但是对于其他人，我没有感受到一丝一毫的义务，哪怕是为他们动动手指的义务都没有。这样的想法恐怕会让我与我们最仁慈的君主变得疏远，我担心他很难愿意让我为他出谋划策。"俾斯麦要求普鲁士政府采取一种"面向外部的态度"，与上一届政府相比，这个"态度要更为坚定，不受对其他王室同情的影响"。

这封信的论证和措辞与普鲁士的忠君主义以及冯·罗恩的大国意识相符。俾斯麦时而用解说的方式，时而用庄严的誓言，时而又用军官那种不顾礼仪的口吻，向冯·罗恩提出了他的策略和战术的重要原则：普鲁士国王要是想解决因军队改革而激化的内部矛盾，只能对外采取霸权政策的方式，这会损伤一些德意志王公的利益，但是正迎合了关税同盟的领土范围内关于建立小德意志的自由主义观念。冯·罗恩显然将俾斯麦的核心思想分享给了比他立场更偏右的朋友克莱门斯·特奥多·佩特斯（Clemens Theodor Perthes），因为佩特斯后来在给冯·罗恩写信时明确地提到："如果不是您的话，人们还能指望谁来领导下一个时代呢？一个对外表现革命性，对内表现保守主义，可以为了挽救勃兰登堡的贵族而抛弃德意志诸侯的人，我们很难指望。革命不可能像克里米亚战争那样仅仅是局部性的；它会像癌症一样蔓延、吞噬。"这种对俾斯麦进行从上而下革命的愿望的尖锐反击，与威廉国王的想法一致。国王害怕外交政策中的反正统主义特征，即使这可以在国内政治中加强王权。面对这些担忧，陆军大臣冯·罗恩保持沉默，并继续推动俾斯麦担任阁臣。

1861 年 10 月 18 日在柯尼斯堡举行的加冕庆典虽然没有按照封建礼节举行，但还是让冯·罗恩颇为满意：威廉一世以挑衅的态度迎接了议员们，仅仅把他们当作王室的"顾问"。王室在军队改革问题上与议会的争执已经变得更加激烈了。

295 关于军队法案；俾斯麦准备好迎接即将到来的事了

自克里米亚战争、神圣同盟崩溃和意大利冲突后，欧洲国家的版图开始重新形成，德意志邦联军事制度的改革成了当务之急。起初，中小邦国似乎受制于实际需求和舆论压力，主张改组军队。但由于财力不足，各方面都无法对军队进行改革，军队的组织、武器装备和训练都很落后。除财力问题外，中小邦国还对普遍兵役制度感到恐惧。这种物质上的匮乏和精神上的担忧导致结果高不成、低不就。改革军事制度的尝试很快就停止了，其障碍是地方主义。普鲁士要求对北德所有军队拥有最高指挥权。当然，这也是在地方主义思想的指导下进行的。但普鲁士在经济、军事和地理上的地位使它除吞并倾向外，还必须并且能够追求中央集权的目标。从这个意义上说，普鲁士的地方主义使其在德意志政治霸权和军事霸权的斗争中，比奥地利更有成功前景，并早晚会在中小邦国中赢得盟友。虽然这些邦国在军事上落后于普鲁士，而且奥军在北意大利的战役中也暴露了诸多弱点，但霍亨索伦王朝仍然不能满足于自己的军事制度和军队训练水平。

自 1848~1849 年革命以来，一项基本政治原则在普鲁士变得不可动摇：保证国王对军队的指挥权，保证国王独立于人民和议会之外。为此，保守派越来越多地攻击具有民兵性质的后备军（Landwehr），这股军事力量符合资产阶级对自己历史地位的认知，即它对参与 1813 年解放斗争所怀有的那份骄傲。如果保守派想让军队不受一切自由派甚至民主派的影响，那么像当时支持后备军的陆军大臣博宁（Bonin）这样的将军就是他们不能接受的。1859 年 12 月 5 日，阿尔布雷希特·冯·罗恩接替了冯·博宁的位置，成为保守派的陆军大臣，两年后，他为奥托·冯·俾斯麦铺平了政治道路。

军事委员会和国务院（Staatsministerium）中那些在军队改组问题上占了上风的人，希望超越针对国内政治的权利主张，为普鲁士至少在北德意志取得军事霸权创造条件，使其作为大国在欧洲拥有更大的行动自由。只有在普鲁士自己的军队实现了现代化的情况下，它对于北德军队最高指挥权的要求才是合理的。在普鲁士政府中，冯·罗恩是负责军队法案的人，政府于 1860 年 2 月向议会提交了该法案。该法案涉及四个问

296

题：后备军、三年服役期、加强常备军、增加军事预算。

在 1813 年解放战争中成立的后备军从此时起只能在国内服兵役——如果这被认为是有必要的话。政府要想解散"后备军中的民兵"，因为他们的军官往往来自受过教育的市民阶层。

三年服役期长期以来都会因提前解除兵役而缩短为两年半甚至两年，因此，从法律上对三年服役期进行规定具有重大政治意义。延长服役时间是为了使新兵接受职业军人精神的教育，使他们免受自由主义甚至革命倾向的影响。

自 1814 年以来，和平时期军事力量的增加与普鲁士人口的增长相适应，从而为始终如一地实行普遍兵役制提供了可能，这也是民主派的要求。然而，重组计划中大幅增加警卫团数量以及在和平时期维持大规模警卫军（在役 4 年，预备役 4 年）的规定，再次强调了军队中的宫廷—贵族因素，增强了军队进行内战的能力。

1860 年提交给议会批准的补充预算包含约为 700 万塔勒的军队改组费用。在随后的几年里，预计将有 950 万塔勒的额外费用产生。

297　自由派议员们有理由确信，选民会支持他们反对军队法案，因为两年服役期和维持后备军的要求大受欢迎，而军队改革所带来的财政负担则不受欢迎。对自由派和民主派来说，军队法案在后备军方面的问题在于，新的规定一方面难以掩盖其反自由主义的特点，另一方面却将带来军队组织的进步。野战军（Feldarmee）恢复了活力，因为最年长的野战军士兵只有 28 岁，而不是 32 岁；野战军的组织得到了统一，因为后备军被从中分离出去了；此外，这次改组也减轻了后备军队伍中老一辈成员的沉重负担，因为这些人大多是家里的父亲。如此一来已经很难否认，被有产的和受过教育的市民阶层赋予了德意志内政外交领袖角色的普鲁士，拥有了一支强大的军队。

但是，这个普鲁士是否真的倾向于承担领导民族的角色呢？在颁布军队法案的几周前，国王在即位演说中没有表现这方面的热情，所以资产阶级不得不降低对普鲁士军队能够按照他们的愿望完成民族使命的期待。这在那几周内尤其重要，因为当时拿破仑一派特别强调用自然边界的理论来证明法国吞并萨沃伊的合理性，这同时伴随着对莱茵河的觊觎。

普鲁士政府以法国的这种沙文主义为借口，让自由派的代表们一次性授予 900 万塔勒的军费，"为遥远的战争做准备，增强军队的战斗力"。这项措施的法律实施方法很简单：政府撤回其关于军队重组的法律草案，而由议会批准一笔特殊的支出，虽然这笔资金被宣布是临时性的，但政府用这笔钱对军队进行它想要进行的改革，这些改革清晰、明确，并非临时性的改变，而这样的变革恰恰是无法通过法律实现的。

于是，政府就这样迂回地掌握了必需的资金。然而，自由派却把它当作一条可以使自己避免做出明确决定的出路。他们没有勇气清醒地评估重组计划里有哪些正确的、有用的内容，没有勇气利用自己的预算批准权作为政治施压的手段。当 1861 年 1 月议会中的自由多数派第二次同意所谓的临时安排时，他们就彻底放弃了这项权利。然而，这引发了自由派内部的反对运动，这最终体现在 1861 年 6 月普鲁士的德意志进步党（Deutsche Fortschrittspartei）的成立上。该政党是自 1849 年以来第一个将民族国家统一置于其纲领之首的普鲁士政党。随后，该党提出了对庄园进行彻底改革、两年兵役期、维持后备军等要求。这个新的政党显然不想成为民主派，因为它对有限的结社权和普选权保持沉默。进步党对这些要求的放弃将会促使更多政党成立。德意志进步党的成立一方面是民众激进化的表现，另一方面也是对激进化加以控制的努力。在 1861 年 12 月举行的新一届议会选举中，进步党赢得了 109 个

298

阿尔布雷希特·冯·罗恩（1803~1879 年）。冯·罗恩曾任普鲁士陆军大臣，1862 年成为俾斯麦的政治先导，在后来的三次统一战争中任元帅。

席位，所谓的右翼立宪自由派仅获得了 95 个席位。保守派仅得到 15 个席位。

在新一轮的选举中，在政治上最活跃的阶层对议员们有着两点明确无误的期待：在民族问题上开展更多活动，并废止军队重组的临时决议。在议会里，自由派关于德意志问题的动议要求普鲁士公开宣布执行小德意志联盟计划。1862 年 2 月，各中小邦国与奥地利一道发出照会，反对普鲁士进行组建联盟的尝试——而普鲁士外交大臣冯·伯恩斯托夫认为这是普鲁士的权利；在这样的背景下，自由派在议会中的要求就更显恰当了。自由派的媒体上已经有了要求建立一个"综合内阁"（Gesamtministerium）的呼声，要求政府中的保守派大臣们，尤其是冯·罗恩，让位给自由派。这无疑向建立直接依附于议会的政府迈出了重要一步。

忠君主义的军队派系深知其中蕴含着怎样的权力斗争，

在冯·罗恩的领导下，他们此时不仅主张抵制自由主义的推进，而且主张完全解散"新时代"的自由主义内阁。内阁中比较温和的自由派如今看到，自己被夹在保守派和进步党两条阵线之间，因此提出了辞职。然而，国王威廉一世于1862年3月首先解散了要求加强自身控制权的议会。然后，他解雇了"新时代"的老牌自由派大臣们，并任命保守派人士取而代之。现在，自由派拥有了"综合内阁"——但它是保守主义的。

"新时代"已经结束了。资产阶级自由派得到了报应，因为它以两个临时安排的形式批准了军费的增加，用以扩充军队，这增强了王室的力量。他们由此放弃了自己的重要政治手段，即预算批准权。

最能表明民心所向的是1862年5月的选举结果，在这次选举中，反对派赢得了230多个席位，占全部席位的2/3。保守派的席位缩减到了10个。即使是像冯·罗恩这样的人，也对自己的政治分量不抱期望，他在3月给佩特斯的信中写道："我对所谓保守派不抱太大期望，他们软弱而自私……我现在在保守派那里也算个名人，虽然我肯定没有为他们出过力；但如果你要求他们出力，他们就会找借口。"保守派与军方不同，他们直接面对造反的民众，可以感受到民众的仇恨。而自由派则一部分是被民众的民主精神吓倒，另一部分是被迫出于道义在议会中采取反对立场。正因如此，冯·罗恩担心，正如他在给佩特斯的信中所说的那样，"民主派占多数席位的议会下院的反对倾向"会使目前的（纯保守派的）内阁难以为继。"只有到那时，真正的、关键性的危机才会展露；那时将会产生疑问，王室是否对自己还保持忠诚，不然的话——我迄今为止所有的工作和斗争就都是徒劳的；因为如果再次回到已经是过去时的那个内阁的倾向，就将意味着对普鲁士传统王权的放弃，意味着议会统治的登基，这时，作为胜利者，它将斗志昂扬，

300

毫无困难可言。"

　　普鲁士王室仍然是军队最强大的支持力量；此外，还有一个保守的、统一的综合内阁。在这几个月中，阿尔布雷希特·冯·罗恩是政治上的核心人物：他是军队的代表、国王最重要的政治顾问和内阁中最有权势的大臣。他偶尔会谈到力量的平行四边形和必须考虑到的政治对角线，强调大多数事情都是"在各种往往相反的努力和作用下实现的，过去和当下的事件都是这样"。这体现了他的历史政治意识。

　　冯·罗恩被完全限制在忠君主义军事统治的世界中；他想为这种统治的利益服务，尽管他不能像狂热的教条主义者们要求的那样，在国务院以及在与议会的争端中总是坚持这样的立场。正是由于冯·罗恩在实践中增强了自己对政治权力关系的认识，他偶尔会担心，如果他在国务院待得太久，"军队会怀疑我，那样的话我就毁了"。

　　冯·罗恩内心的紧张和无法应对复杂政治局势的感觉，可能是他召回俾斯麦的主观动机。这也与客观环境有关，国内的强烈反对声音使军队不确定还能否实施在1861年制订的政变计划。以隐蔽的"政治政变"取代公开的军事政变，似乎危险性较小，也更容易成功。在政治上团结、动员起国家机关军事和民事部门中的所有力量，这对王室的利益而言，较以往任何时候都更加必不可少。为此，外交政策要为国内政策服务，这样一来，在解决这个逐渐发酵的国家危机的基础上，普鲁士王室在所谓的小德意志内的霸权也必须得到保障。

　　冯·罗恩认为，只有俾斯麦才能处理所有这些任务。俾斯麦被从普鲁士驻圣彼得堡大使的职位上召回了，在幕后来回折腾了几个星期后，于1862年5月底以同样的大使身份被派往巴黎。一些证据表明，关于俾斯麦掌权的重要决定是在5月中于柏林初步做出的。俾斯麦的政治开路者冯·罗恩在5月23

日给佩特斯的信中就已经说道："您可能已经从报纸上得知，俾斯麦去巴黎当大使了。您可以把这看成我们未来政策的一个重要标志；但您也知道，他在那里的岗位上应该不会待得太久！"这意味着，围绕着将会影响深远的国家政策和人事政策的斗争，仍在继续。

俾斯麦和国王在抵制议会的一切权力要求方面当然没有分歧，但他们在外交政策的目标和手段上确实存在分歧。只有这样才能充分解释，威廉一世为何会在本能的不安的引导下，对任命俾斯麦为普鲁士首相进行了种种拖延抵抗。俾斯麦又一次利用了他的报告，这次是从巴黎发来的，表达了他对将要采取的战略和战术的看法。这份 6 月 7 日给威廉国王的即时报告记录了俾斯麦与拿破仑的私下谈话，他在其中写道，拿破仑曾说过："公众舆论是根据每一个政府的总体方向来进行评判的；如果政府是同情民族诉求的，那么个别措施的有效性和正义性就不会被非常精确地衡量，甚至政治自由的丧失也会在相当程度上得到容忍；反之，即使是最切合目标、最自由主义的措施，也得不到任何公正的评价。"把这种考虑应用于普鲁士的现实情况，拿破仑认为"在目前，只有一个为舆论中的民族诉求带来希望和滋养的政府，才能为自己创造一个有利的地位，使自己能够支配国内各党派的斗争，并且面对议会取得足够的权力和自由行动空间，这对一个君主的统治来说不可缺少。因此，我们的政治任务的重点在外交政策上，特别是德意志政策上"。

拿破仑也提到了这种政策的困难之处，困难主要来自大多数的德意志王公。这些人对与普鲁士联合起来、改进德意志邦联的宪法没有什么兴趣，但"只有这种改进才能为他们自己的统治在未来找到一个可靠的保障"。然而，如果"在这个方向上什么也做不了，恐怕德意志会在一段时间内酝酿出骚乱，使这个原本平静的地区变成欧洲动荡和危险的温床"。

302

拿破仑真的说过这些吗？我们很容易做出这样的推断：俾斯麦用可疑的手段，借拿破仑的嘴把自己的观点说了出来。这份即时报告的措辞是为收信人量身定做的，但除此之外，它表达的主要观点与 11 个月前俾斯麦在圣彼得堡给冯·罗恩发出的私信完全一致。二者的内容只在一点上有所不同：考虑到国王对统治合法性一事心有不安，俾斯麦以一种欺君的方式提出，普鲁士国王在德意志问题上可能会采取的举措，符合其他王公的合理利益。在这场政治棋局中，俾斯麦预料到，他可以说服普鲁士国王相信，德意志王公们那可以预见的对邦联根本性改革的抵抗，是一种侮辱性的忘恩负义。

普鲁士王后奥古斯塔在看到这份即时报告之后不久就进行了批评，尤其是针对其中与德意志王公关系的论述——不管她此时是否认识俾斯麦。这位宫廷中倾向自由主义圈子的代表人物，拒绝了对俾斯麦的首相任命。奥古斯塔指责这位首相候选人："作为邦联议会的议员，冯·俾斯麦先生一直在对普鲁士友好的政府中激起不信任感；对于那些敌视普鲁士的政府，他的工作却又渗透着一种政治观，这种观念不符合普鲁士在德意志的位置，而是将普鲁士视作一个极具威胁性的大国。"在这种种反对意见中，王后还是忽略了一个事实，那就是她所面对的不仅仅是驻外大使或首相候选人俾斯麦，而更是那些富有权势的军中精英。俾斯麦是这些人的候选人，而不是来自任何政党。因此，王后布下的棋局在一开始就输了。

除了推迟对俾斯麦的任命，王后什么也实现不了。反过来，国王不得不亲自向其他人解释，为什么他还在推迟做出任命决定。他说，俾斯麦应该在被任命为首相之前，"结识各地有影响力的人"。在与拿破仑三世进行了一次交谈后，俾斯麦于他在法国首都度过的第三周的末尾，申请参观伦敦的世界博览会，其中他最关心的，是与伦敦的主要政治家们进行接触。

他在伦敦的世界博览会上与英国首相巴麦尊勋爵（Lord Palmerston）、外交大臣约翰·罗素勋爵（Lord John Russell）和反对党领袖本杰明·迪斯雷利（Benjamin Disraeli）进行了交谈。他确实有些收获，但程度有限。伦敦的政客们从帝国的角度来思考问题，对于普鲁士的军队重组问题几乎一无所知。此外，这些对意大利的民族独立运动抱有热情的先生们，面对石勒苏益格－荷尔斯泰因人民的德意志民族情怀却相当冷淡。这些人与地中海的形势变化有着利益牵涉，因此在面对波罗的海和北海的海权问题时，自然支持丹麦的合法性。

从伦敦回来后，俾斯麦被不确定因素压得喘不过气来。他把这件事一遍又一遍地写在给家人以及政治伙伴冯·罗恩的信中，且越来越缺乏耐心。他在 6 月初向冯·罗恩坦言，他"对那些过得舒服时就会去冰面上跳舞的动物的进取精神印象深刻"。大概正是这样的评价刺激冯·罗恩在柏林做了一些事情，为的是"让这场无聊的伊夫兰特（Iffland）①式家庭剧……有更多的剧情"，他冒着掀起"惊涛骇浪"的风险，甚至不惜"决裂"。这样的胆大妄为可能会刺激到那不知道该不该、何时、如何任命俾斯麦主政的国王，使他立刻做出一个无法逆转的决定，彻底堵死俾斯麦的权力之路。俾斯麦因此警告说，不要急于求成，而应等待时机成熟。

7 月 15 日，俾斯麦给他的上司冯·伯恩斯托夫和冯·罗恩分别写了一封信。他首先请求批准他在法国放长假，因为他

① 奥古斯特·威廉·伊夫兰特（1759~1814 年），德国戏剧演员、导演、剧作家、剧院院长，曾在席勒戏剧《强盗》首演时扮演反面人物弗朗茨·莫尔，塑造了精彩的角色。作为性格演员，伊夫兰特擅用细节刻画人物，在建立早期现实主义表演方法方面颇有贡献。作为剧作家，其作品主要反映市民生活，创有大量出色的家庭剧和感伤喜剧。

想进行一些"健康储备"。他向冯·罗恩更详细、更坦诚地透露了其中的原因。他想给国王一点时间，让国王"先冷静下来，再决定自己的行动……"但在任何情况下，他都不想在柏林"停泊"几个星期之久。此外，对于国王任命他为一个实际上没有职责的大臣的想法，他认为不合适，也不值得去就任。在他看来，最有利的任命时机是在议会和政府之间的矛盾达到戏剧性的高潮的时候。他饶有兴致地提出了这样一个想法，一个新的阵容应该和他一起"以大臣们的阵势"亮相，特别是如果在那之前先有些关于"强制、政变的言论的话，我放荡粗暴的老名声就会帮助我，人们就会想，'好吧，现在开始了'"。在 7 月 15 日这封引人注目的信中，俾斯麦充分展示了，与冯·罗恩的"本能"相比，他会是一个更好的领导人。

304　　因此，这位首相候选人在度假期间，没有停下政治上的深思熟虑，也向冯·罗恩解释了战术。1862 年 7 月，俾斯麦经过布卢瓦（Blois）、波尔多（Bordeaux）、巴约讷（Bayonne）和圣塞巴斯蒂安（San Sebastian）来到了比亚里茨（Biarritz），并在比亚里茨度过了 8 月的大部分时间。9 月初，他最终在比利牛斯山结束了旅程。比起人为创造出来的建筑，俾斯麦一贯更喜欢大自然，但他在旅行之初就被卢瓦尔河（Loire）畔文艺复兴时期的城堡深深吸引。但在开始时，他在旅行中几乎没有结识任何一个让他感兴趣的人。他在路上和饭店的餐桌上遇到的法国人都有着过于闭塞隔绝的家庭生活。到了比亚里茨之后，他才迎来了可喜的转机。起初，他是被这里的风景和海滨浴场吸引了，他每天都要去游泳两次，上午在狂风巨浪中，下午在安静的海湾里。他怀着喜悦的心情，感受到自己衰弱的体力开始恢复了；8 月 11 日，他在给约翰娜的信中说，他每天都觉得自己"衰老的脑袋又年轻了一岁"，如果他能去 30 次浴场，她就将看到他变回哥廷根时期的年轻学生模

俾斯麦与维也纳歌剧演员宝琳·卢卡（Pauline Lucca）在伊什尔（Ischl）。奥托·冯·俾斯麦一次又一次地遇到机智而有魅力的女人。有关1862年和沙俄伯爵夫人卡塔琳娜·奥尔洛娃在比亚里茨度过的夏日，一直充满了各种猜测。因此，他禁止让任何媒体拿到他与卢卡的合影，这样就不会有谣言产生。奥托·冯·俾斯麦一直强调，他从未做出不忠于自己婚姻的行为。

样了。

在比亚里茨，俾斯麦不再孤独；他结交了来自俄国的奥尔洛（Orlow）夫妇，他们从布鲁塞尔旅行至此——尼古拉·奥尔洛（Nikolai Orlow）是驻布鲁塞尔的大使。俾斯麦在圣彼得堡的时候就已经结识了奥尔洛先生，但此刻，奥托遇到了22岁的卡塔琳娜·奥尔洛娃（Katharina Orlowa），她"风趣、清新、自然"。奥托告诉妻子约翰娜，卡塔琳娜和她一样，不喜欢宫廷和沙龙，她"就像一位波美拉尼亚女士，有对大世界的触觉"。我们可以从他的人物描写中猜到，甚至在他说出"她身上有一部分玛丽·塔登的气息"之前就能猜到，接下来会发生什么。他称卡塔琳娜·奥尔洛娃为凯西（Kathy），最后甚至亲昵地称她为凯什（Kathsch）；她让他着迷，因为她"风趣、聪明、善良、漂亮、年轻"，她每天晚上为他演奏贝多芬和门德尔松。俾斯麦愉快而强烈地体验着"这段在山水、森林、海浪和音乐中的浪漫"，他可以毫无顾忌地告诉他的约翰娜这一切，而约翰娜为他的幸福由衷地高兴，没有丝毫的嫉妒。俾斯麦写信给他的妹妹说，"就像偶尔会发生在我身上的那样"，他已经有点爱上了这个可爱的小公主，"但没有对约翰娜造成任何伤害"。

而这正是与往年的经历不同的地方。昔日，他还是孑然一身。与英国女人的邂逅对他来说可能是决定性的，甚至是事关命运的，尽管关系最终破裂，剩下的只是一颗破碎的心和沉重的债务负担。过去，俾斯麦的根基受到动摇，甚至偏离了人生的轨道。他与玛丽·冯·塔登的相识也使他非常激动和痛苦，这是因为一个与他相配的理想伴侣已经名花有主。但在这里，在南方的风景里，在全身心地爱着他的约翰娜的同时，这个年轻俄国女子让他找回了"喜悦"。愉快的陪伴也促进了他的康复，这为他日后的工作提供了必要的身体条件。

在休假归来的路上，俾斯麦来到了图卢兹（Toulouse）。他在那里写信给冯·伯恩斯托夫伯爵和冯·罗恩，想知道自己应该去哪里就职，是去巴黎担任大使，还是回柏林担任阁臣。在巴黎，他终于从冯·伯恩斯托夫那里得到了答案，后者建议他去做的，正是他还不愿意做的事，即去柏林拜访国王。在柏林，这出戏达到了预期的高潮。在 1862 年 9 月 11 日至 18 日，普鲁士议会中爆发了争执，来自温和左派的施塔文哈根（Stavenhagen）和西贝尔与来自进步党的特维斯滕（Twesten）议员一道，试图通过妥协的方式来解决冲突。根据他们的提议，议会要批准设置新军团的费用，但条件是，国王要准许两年的服役期。国王是不会同意这么做的。在他眼里，军队根本不能再成为议会和王室谈判的对象，除非有人想让王室军队最终变成议会军队，从而使王室失去独立性。

在议员们被国王顽固的态度激怒，以多数票否决了这份妥协的动议后，政府就不能再合法地使用进一步重组军队所需的资金了。这导致了内阁的危机，一些大臣不敢在违背议会已经明确宣布的决议的情况下管理政府。王国最高层的圈子心绪不宁、精神涣散。王储和他的妻子赞成议会的决议。国王则有了退位的打算，他发电报将王储召回柏林，而王储却放弃继承王位。

陆军大臣冯·罗恩身边的军方派系已经采取了防范措施。9月18日，也就是议会做出斗争决定的前一天，冯·罗恩给身在巴黎的俾斯麦发了一封电报，提出了那个著名的要求："拖延会带来危险。快点回来！"

9月28日，俾斯麦回到了柏林。眼下是陆军大臣把俾斯麦当作救世主的时候了。而对于这个军队重组的创造者、受到军队信任之人的建议，国王再也不能视而不见了，除非他想被打倒。只是，国王不愿撤回退位的决定。因此，俾斯麦被任命为普鲁士政府的最高领导人来解决国家危机，已经成了必然。

第五章

冲突大臣

普鲁士的宪法冲突和邦联政策的争端

　　1862 年 9 月 22 日，国王与俾斯麦的关键对话发生在巴贝尔斯堡宫（Scholss Babelsberg），这是一座位于柏林和波茨坦之间的哈弗尔河畔的哥特式乡村庄园。很难说清楚两人的真情实感是在谈话中的哪里结束的，而精心策划的表演又是从哪里开始的。

　　谁能肯定地说，威廉一世是真的准备退位呢？但无论如何，威廉一世在谈话中斩钉截铁地表示，他已经决定退位了，除非能找到一个有勇气为三年兵役期斗争的大臣，必要时甚至可以动用军队，尽管没有经费。这些让人印象深刻，本来也意在博取关注的话，有了国王那个已经拟好但还明智地没有签字的退位诏书，更是为同样期望制造显著效果的俾斯麦提供了方向。如同在演一出宫廷戏剧般，俾斯麦给予的回答不仅令崇尚"忠诚可靠"的威廉大为欣喜，也让未来几十年里的俾斯麦追随者深受鼓舞："我觉得自己就是勃兰登堡选帝侯的附庸，看到自己的领主处于危险之中，我能做的，就是听凭陛下的差遣。"

　　从此，剧情按照惯常的路数推进。国王宣布，在这种情况下，他有责任坚持下去，继续与顽固的议会进行斗争。而这位"附庸"非常娴熟地接着这一幕往下演，他避免提出明确的政府纲领，从而"欺瞒"他的"领主"。他不认为自己的职责是"通常意义上的宪政大臣"，而是国王的私仆；国家面临的选择不是"保守主义或自由主义"，而是"君主统治或议会统治"；而只有"一段时期的专制"才能避免走上错误的道路。

俾斯麦只强调了他长期形成的战略与战术概念中的主要国内政治目标，即维护并加强普鲁士的王权，而不提其他方面。如此一来，他已经为自己的执政打开了第一个突破口，并已经逐渐形成了自己的特质，尤其是在他首先要带领国家的内外政策走出混乱局面的情况下。他所设想的国家类型既不是封建专制的，也不是资产阶级议会制的。从这一角度来看，1862~1863 年的这段时间是一个重要的转折点；普鲁士的军队冲突演化为了宪法冲突，俾斯麦也随之被任命为了普鲁士首相兼外交大臣，这是一个历史性的决定，它将会在 1866~1867 年成立的北德意志联邦中披上国家法的外衣。

俾斯麦凌驾于国王之上的统治当然不是无约束的，而是充满了紧张和压力，苦难重重；他的自由派反对者们也注意到了这一点。有恶毒的闲言蜚语说，俾斯麦内阁更多是躲在国王屁股后面，而不是挺身立于其前。俾斯麦对普鲁士王室，尤其是对威廉国王，非常了解，他不会不知道，即将对奥地利和一些中小邦国进行的斗争中包含着非法目的和手段，他必须先予以隐藏。只有这样，他才能假托国王威廉来欺骗对手。但事与愿违，俾斯麦无意中犯了一个大错误。在他刚刚执政的 1862 年 9 月 30 日，他试图在议会预算委员会平息冲突。他不希望这场冲突看上去"非常糟糕"，因此展示了自己在阿维尼翁（Avignon）摘下的橄榄枝，以示和平。然而，在平静的言语和姿态之后，他却非常轻率地揭示了自己的德意志政策的目的和手段："德意志不是看中普鲁士的自由主义，而是看中普鲁士的力量……普鲁士必须凝聚力量，团结一致，争取有利时机——而我们已经错过很多时机了；普鲁士在维也纳体系下的边界不利于实现健康的政治生活；时代的重大问题不是靠演讲和多数人来决定的——这是我们在 1848 年和 1849 年犯下的大错误——而是靠铁与血来决定的。"

在会议结束回家的路上，冯·罗恩忧心忡忡地、有些许责备地说，这种"有见地的题外话"对真正的事情帮助不大。事实上，俾斯麦所说的东西非常鼓舞人心；直到今天，俾斯麦有关"铁与血"的这句话还让人记忆犹新。在回忆录中，他在描述议会委员会的事件时，颠倒了词序，把"血"放在了第一位，使他所说的话在后世看来更加有战争意味。

309
在协商过程中，事情也已经很清楚了：对邦联议会和各中小邦国采取更强硬政策的计划，并没有为俾斯麦赢得自由派的支持，反而惹怒了他们。进步党的发言人之一是著名病理学家鲁道夫·维尔乔（Rudolf Virchow），他直截了当地说，首相显然是想为了国内的政治目标，在外交领域推行粗暴的强权政治。而信奉自由主义的巴登 - 符腾堡大公的宫廷，也引起了俾斯麦的高度关注。因为在俾斯麦那番富有争议的言论充斥各大报刊的日子中，威廉一世和他的妻子，也就是俾斯麦的那位明确反对者，就住在那里。这位只是被临时任命的普鲁士首相不得不担心，国王在女婿巴登大公那里逗留期间，会再次被人唆使，反对他的任命。因此，俾斯麦决定在返回于特博格（Jüterbog）时，去趟威廉那里。他发现"坐在普通的一等车厢里"的威廉，"在与妻子交流后，心情明显低落"。不管他们在一同前往柏林的旅途中究竟谈了什么，在俾斯麦的描述中，他谈到了世界历史上伟大王者们的事迹；但无论如何，俾斯麦一定以威廉军旅生涯的声望抓住了这位国王的心，并再次唤醒了他顽强而明朗的信心。俾斯麦还额外收获了一项成果：到达柏林后，"前去接待的大臣和官员们"注意到国王和首相走在一起，可以看出二人关系融洽。

俾斯麦眼下可以集中精力对反对派发动进攻，并将官员们置于自己的政治控制之中了。在进步党议员福肯贝克（Forckenbeck）发言后，俾斯麦于 9 月 30 日明确表示，他已向国王承诺，如有必要，他也会在没有预算的情况下上任并执政。两周后，10 月 13 日，国王宣布上下两院闭会，并宣布在没有预算的情况下扩军；但他表示政府并不打算推翻宪法，而是会在必要情况下寻求议会的事后批准。

1863 年 1 月底，俾斯麦向重新召集的下院申明了他的措施的国家法依据。他谈到了国王、上院和下院这三个立法权力之间的平衡。这是为他广受引用的"宪法缺口理论"进行辩护的出发点："宪法并没有规定，如果三方没有达成一致意见，究竟应由哪方做出让步。"这就意味着，宪法指向的是妥协之路。俾斯麦指出，他在更早的时候，也就是 1851 年，就已经指出了宪法中的这一漏洞。俾斯麦在一场针对下院的争论中揭示了其中潜藏的隐患："如果其中一方本着教条主义的专制原则，想要贯彻自己的观点，使得妥协受挫，那么后续一系列的妥协就都会被打破，取而代之的是冲突，而冲突……就会变成权力问题；谁手中有权力，谁就能按他的意思行事，因为政治生活一刻也不会停止。"

310

俾斯麦在演讲的最后，用煽动性的话语强调道："宪法赋予你们的权利，你们都会一分不少地拥有。但是，你们提出的任何超过这些权利的要求，我们都会拒绝，并坚持行使王权……普鲁士王权还没有完成它的使命，它还没有成熟到可以作为宪政建筑的纯观赏性装饰，没有成熟到可以成为议会统治的机制中一个无生命的机器零件。"

针对这番代表王权的主权宣言，议员们在维尔乔的带领下发起了请愿，指责政府违宪，连带着也指责支持政府的国王违宪；请愿得到了绝大多数议员的赞同，即进步党和温和左派的 255 票，老自由派、保守派和天主教派投出了 68 张反对票。特别值得注意的是，天主教教士们投了支持俾斯麦的票，他们显然是在不信教且反教会的意大利自由派的影响下，加强了自身的反立宪主义倾向，但他们显然也对俾斯麦在意大利和德意志问题上的真实立场一无所知。

恰恰在一年后，俾斯麦认为有必要再次澄清、明确他在宪法问题上的基本立场，他在备忘录中写道：宪法冲突是关于普鲁士应该"由霍亨索伦王朝来统治还是由下院来统治"的问题。他煽动性地指出，如果人们想获得议员们的信任，就"必须以普鲁士国王的大臣们不可能做到的方式，委身于他们。我们将不再是国王的大臣，而是将会变成议会的大臣，我们会变成你们的大臣"。

俾斯麦在与自由派主导的下院的斗争中采用了镇压性措施。内政大臣弗里茨·冯·欧伦堡伯爵（Graf Fritz von Eulenburg）完全按照以前的设想，保护国家机器不受自由化的影响，他完全同意俾斯麦的意见，在 1862 年 12 月 10 日的一项法令中，他提醒公务员有责任"成为王权的宪法权利的支柱"。为此，"在各地的行政工作中，有团结统一的精神和意志、决心和力量，十分有必要"。因此，国王的官员们"不应滥用他们的地位赋予他们的威望，去推动那些与政府的观点和意愿相左的政治目标"。俾斯麦利用宪法冲突调整了行政机构，这被他称为"管教"。相关档案和私信可以证明，从内阁各部到各省最高主席、首府政府主席及县长，反自由主义的人事政策都被积极地落实了。

俾斯麦甚至想把"解职所有非保守派县长的想法列入内阁议题"。他的言辞严厉，措施也同样严苛。1862 年 11 月底，海因里希七世·罗伊斯亲王（Heinrich VII. Prinzen Reuß）

被告知："接下来，我们将在各类官员中组织一次猛烈的突袭……我赞成慎重对待议员，但对官员们要不惜一切代价，让他们守纪律。"

俾斯麦坚决反对自由派和民主派的报刊，尤其是后者。1863年6月1日的《媒体法令》（Pressordonnanz）授权行政当局，可以仅仅以"报纸的整体态度"为由，对报纸或杂志进行封禁。在大众传媒中，自由主义全面碾压保守主义——容克思想的趋势已经显露，因此，要尽可能地使媒体界失去影响力。同时，在对自由派媒体的打击中，官员们的反动勇气也可以得到检验、证明。《媒体法令》因其所显示的官僚主义专断而臭名昭著，这促使倾向自由主义的王储在访问但泽（Danzig）时，在一次演讲中进行了以卵击石的抵抗。他的发声与其说显示了他自己的力量——自由派也只能依靠这种力量——不如说显示了一个宫廷反对派（Fronde）的存在——这个反对派的首脑就是奥古斯塔王后和英国女王的女儿、储妃维多利亚。

最终，下院依据宪法规定，拒绝批准《媒体法令》，迫使国王的政府于11月将该法废除。这证明宪法并不只是一个空壳；自由派和民主派取得了胜利。

俾斯麦的镇压措施和镇压企图在很多方面与容克的复辟政策相似，但仍有所不同。俾斯麦拒绝了军人内阁首脑埃德温·冯·曼陀菲尔（Edwin von Manteuffel）领导的所谓政变党（Staatsstreichpartei）的所有计划，他的目的并不是要废除现行宪法，而是要利用宪法来争取自己的权力地位。他不想要公开的政变，而是要隐蔽的政变，因为冯·曼陀菲尔所追求的彻底废除宪法，将带来军官和贵族阶层的专制。另外，俾斯麦希望——也必须——把自由派，至少是大资产阶级自由派，纳入他的政治联盟。只有这样才能解释为什么他在下院的辩论中反复讨论宪法问题，为什么他会在巴贝尔斯堡提出，这场冲

312

突并不是要在保守主义和自由主义之间做选择。

但历史的狡猾超越了他的意志。俾斯麦在 1860 年 11 月就已经认识到了这一点，他在给奥尔斯瓦尔德的信中说，"最坚定的人类的意志，也无法对抗政治天地里的天气状况"。普鲁士正在走向有着本国风格的波拿巴主义，它仍然依靠军队，即容克官员和容克军人，但也希望尽可能地代表所有有产者的利益。这带来了一些超出议会工作范围的问题。即有产的、受过教育的市民阶层的真正权力诉求是什么？他们有什么权力手段，又是如何使用的？

资产阶级的自由主义是多种多样的，从经济实用主义延伸到各种意识形态学说。自由派想要与宫廷妥协的意愿和其对民众的不信任早已昭然若揭。在迅猛发展的社会组织和政治组织中，资产阶级的经济实力也表现了出来。这些组织中，最先成立的是"德意志经济学家大会"（Kongreß deutscher Vollcswirte），关注自由贸易和行业自由，每年召开一次会议；紧接着设立的是"普鲁士商贸代表大会"（Preußischer Handelstag）和"德意志商贸代表大会"（Deutscher Handelstag），集合在其中的代表来自几百个不同的企业家团体和经济利益集团，包括地区和地方的工商协会；最后诞生的是"矿业利益协会"（Verein für bergbauliche Interessen）。此外，资产阶级在政治上也组成了各种自由主义政党和议会团体。分布广泛的体操俱乐部、歌唱俱乐部、射击俱乐部以及选举委员会为这些政党和团体提供支持。民族联盟所代表的主要是中型企业家和知识分子的民族政治纲领，广泛招揽有声望的名士，有意与工人和学生保持距离。自由派报刊每天的发行量是保守派报刊的五倍，可以达到 25 万份，而后者只有 4.5 万份，这显示了两派支持者的比例，从而也显示了民众的态度。

自"新时代"以来，工人和市民们都成立了教育协会，这些协会独立于民族联盟之外，自主行动。自由派无意把这些协会作为一种政治力量加以利用，正如他们排斥资产阶级民主革命。资产阶级希望德意志在普鲁士的领导下实现民族国家统一，就像弗里德里希·恩格斯后来精准指出的那样，他们希望，"如果有可能的话，建立一个自由主义的国家，但在紧急情况下，可以是任何一种国家"。因此，军队冲突与宪法冲突归根结底关系到双方愿意做出什么性质、什么程度的妥协。在1862年夏，即俾斯麦上台之前，政府已经向工业家在经济政策方面做出了重大让步。与此同时，普鲁士与法国签订了自由贸易条约，将关税同盟最终置于了自己的统治之下。

俾斯麦上台后，严丝合缝地延续了其前任开创的经济政策和贸易政策，并将经贸政策作为其整体战略构想和战术构想的重要组成部分。1862年10月，在俾斯麦担任首相的第一周，"德意志商贸代表大会"就批准了普鲁士与法国的自由贸易条约，尽管有少数人强烈反对。如此一来，这个一直受关税保护和由亲奥地利倾向主导的代表大会成了"德意志经济学家大会"之外，普鲁士贸易政策的又一盟友，从而也成了俾斯麦在这一重要领域的盟友。

如果俾斯麦想在经济和贸易政策领域自由地行动，同时与可以影响到普鲁士政府政策的圈子和谐相处，而又不暴露这与他的整体政治理念之间的关联，他就必须暂时隐藏起他的大普鲁士政策的道路和目标。但正是因此，自由派才没有产生真正的信任，不相信普鲁士会以符合资产阶级利益的方式，完成它肩负的民族国家使命。

有产的、受过教育的市民阶层中的大多数人，都赞成某种形式的自由主义，他们在普鲁士军队冲突和宪法冲突期间的行动充满了内在矛盾。一方面，他们站在军队一边，希望军队能够在有利的国际格局中，确立霍亨索伦王朝在德意志的霸

314

权；另一方面，他们又回避武力冲突，尤其担心在国际舞台上爆发明显的争端。有自由派用"铁与煤"的说法来反对"铁与血"的口号。他们认为，前者才是"将普鲁士统一起来的必需手段"。

自由派的另一个矛盾是，它在有限的范围里小心翼翼地利用人民，对王朝及政府施压，但同时，它又反对底层革命，反对人民群众的暴力。施瓦本的美学家弗里德里希·特奥多·维谢尔（Friedrich Theodor Vischer）在 1863 年底的一封信中，巧妙而又直白地表述了自由派的这种矛盾："如果没有类似（！）革命的东西，我们是不会成功的……如果我们群众运动的规模给当权者留下的印象是地震级别的，我们就会赢。那他们的裤腰带就会断。这种印象（！）只有当一切都在震动的时候，当人们在街道上看到一切都在乱窜的时候，当这个激动的群体看起来很有威胁性（！）却还没有做出过分行为的时候，才会产生；这样一来，美杜莎的面容就会显露出来，让各地的政府都石化。"而在后记中，他更加明确地写道："必须发生一些强有力的事情，才能使得如今的民众运动不至于卡在半截承诺上，才能防止那些像畜生一样毁坏一切的人，防止那些在夜里行动的红色共和主义者用政变来破坏我们的事情。在这样一个暗流涌动的情景下（！），可以很明确地说：我们必须迅速采取行动，这也是为了防止民众的情绪会在无意间爆发。"

这种被维谢尔生动展示的矛盾，与自由主义的第三种矛盾联系在一起。它一方面声称要为全体人民谋利益，但另一方面又不能代表农民和工人的利益，尤其是后者的利益。

最后，还是应该提一下自由派的第四个矛盾：他们一方面在跟普鲁士的军国主义和君权神授进行艰苦的斗争，另一方面又假装站在支持君主的一边，反对政府的专横，反对容克的阶级利己主义。因此，资产阶级——正如它自己曾经错误地指责俾斯麦的那样——在政治上非常盲目。此外，资产阶级的分化越来越严重，已经达到了前所未有的程度：一派是在议会、报刊和集会中活动的思想家和政治家，另一派是在工厂和贸易办事处工作的有商业头脑的资产阶级。后一派利用 19 世纪 60 年代头几年中经济蓬勃发展的机会，对那些过于僵化、过于持久地固守自由主义要求的政治代表们施加了压力。

与 19 世纪 40 年代不同，莱茵大资产阶级的代表如今不再活跃于议会。在普鲁士，平均只有 8% 的议员是商人、工业家或企业主。作为 1848 年反对俾斯麦的人之一，大卫·汉泽曼甚至警告普鲁士政府不要冒险"乘上民族联盟纲领这艘愚人船，驶向强权政治的海洋"，因为在现有的势力平衡下，这一政策将不可避免地导致普鲁士的失败。中上层的资产阶级认识到，如果不进行革命，哪怕是自上而下地进行革命，都无法实现民族国家统一的目标，所以他们希望采取小步快跑的政策，尤其是采取经济改革的形式。大卫·汉泽曼用现实政治的观点为自己面对革命风险时的退缩做了辩护；鲁道夫·维尔乔在对"铁与血演讲"的回应中，用道德上的愤慨掩饰了几乎同样的退缩。如此种种都引向了一个问题，即俾斯麦的强大是否源于他的自由派对手的软弱？或者换一种说法：如果资产阶级自由派足够坚定，事情又会如何发展呢？

另外，随着冲突的进一步发展，俾斯麦必须问问自己，他的政策在民众间的基础是什么。选举本身以及其他许多预测民意的指标，都显示了令人不安的低迷；即使是他在下院中进行的强词夺理的计算也无法掩盖这一点。为了在群众中保持对资产阶级自由派的制衡，俾斯麦在 1863 年初夏与费迪南德·拉萨尔取得了联系；拉萨尔正准备组建全德工人联合会（Allgemeiner Deutscher Arbeiterverein，ADAV），希望赋予其单方面反自由主义的方向，这使得其至少在军队冲突和宪法冲突中不会与自由主义党派结盟。这样的策略正是俾斯麦需要的，这一定让他回想起了 19 世纪 50 年代，民主派对自由主义哥达党的单方面斗争使普鲁士政府大大受益。

316

俾斯麦与拉萨尔的对话内容主要集中在关于"社会君主制"（Soziales Königtum）的理论思想，以及关于废除间接税的政治讨论上——俾斯麦终生都不愿放弃间接税。之后，他们大量探讨了普遍、平等、秘密、直接的选举权利，这种选举权的引入在当时和以后的几十年里，对于动员工人和对民众进行政治教育都是非常有效的。

二人会谈的核心关乎俾斯麦在国内政治中的战术取向，俾斯麦为了自己统治的目的，努力发挥工人及工人领袖对资产阶级的影响。虽然这一点在 1863 年还没有什么效果，但在 1866 年与奥地利开战前夕及之后确实发挥了作用。在那时，普鲁士 – 德意志的波拿巴主义逐渐形成的特征，正如卡尔·马克思在拿破仑三世的帝国中看到的象征那样，"以政变为出生证书、以普选为批准手续、以宝剑为权杖"①。

在普鲁士政府换届、俾斯麦就任首相之时，普鲁士还与奥地利和中小邦国发生了争论，这些国家要求召集代表大会，处理司法改革问题。这一要求潜在的隐患在于它涉及了国家生命的问题。如果出现这样一个机构，使普鲁士在民法领域必须服从奥地利及其中小邦国支持者组成的多数，那么这就将触发危险。

在 1862 年和 1863 年之交的前后几个星期里，俾斯麦领导了一场艰苦的斗争，这场斗争以外交上的攻势开始，然后很明显地节节撤退。1862 年 11 月底，正在准备与匈牙利高级贵族、维也纳皇宫派来的大使卡罗利伯爵进行谈话的俾斯

---

① 译文引自马克思《法兰西内战》，北京：人民出版社，2018 年，第 58 页。

奥托·冯·俾斯麦以德国驻巴黎大使的身份告别。这幅漫画暗指拿破仑三世在1851年发动的政变，消灭了共和国国民议会，为第二帝国铺平了道路。《喧声》，1862 年 10 月 18 日。

麦，在给前任外交大臣的私信中写道，他认为"兄弟之战"（Bruderkrieg）……这个说法是站得住脚的，他看到的正是"让人不快的利益政治，一步一步，直至剑拔弩张"。

事实上，12 月 4 日，俾斯麦威胁卡罗利说，如果奥地利和普鲁士之间的关系没有改善，就会导致战争的爆发。他首先向奥地利提议，将德意志划分为两个势力范围，普鲁士只保留北方。普鲁士将把自己的势力局限在德意志北部——这个保证非常令人怀疑，这是因为，普鲁士在北方聚集力量后，必然会增加对德意志南部的影响，而且俾斯麦还要求，奥地利不得干涉德意志南部的关税同盟事务。俾斯麦的核心思想着眼未来，他暗示奥地利的重心可以向多瑙河流域东南部地区转移，转向布达佩斯；也只有在此基础上，他才会表示结盟的意愿。俾斯麦在外交上的其他举措，包括向普鲁士驻法国各地的外交人员下达通函，要求他们探明，法国在普鲁士和奥地利发生武装冲突时会怎么做。从法国返回的答案对俾斯麦来说并不乐观。法国方面以毫无避忌、让人大感不妙的措辞宣称，皇帝在将来会发生的事态下有做出自己决定的自由，将会以法国的国家利益以及欧洲的和平为行事准则。当时，俾斯麦还无法指望在战争中得到沙皇俄国的支持，而沙皇俄国对改变中欧的现状也毫无兴趣。

两个重要大国的这种态度，促使俾斯麦在战术上有所转变。这一点从他 1 月初与奥地利大使图恩－霍亨施泰因伯爵的会谈中可以看出（二人是在法兰克福时结识的）。俾斯麦突然强调，普鲁士对与奥地利合作具有兴趣，他试图说服图恩，虽然他不倾向于与奥地利结盟，但他认为绝对要避免与奥地利决裂。图恩被俾斯麦"最神圣的诺言"深深打动，竟然真的认为，通过放弃代表大会和司法改革，两国间的冲突就得以消除。

318   于是，在对汉诺威和黑森选侯国继续施压后，俾斯麦成功地促使邦联议会的多数议员拒绝在 1863 年 1 月 22 日召开代表大会。这是普鲁士对奥地利取得的重大胜利。投票结束后，出乎大家意料的是，俾斯麦宣读了一份声明，表示只有通过基于直接选举的人民代表制，才有可能进行有效的邦联改革。这个原则声明似乎有些不可信，也有些挑衅性，但措辞是克制的，使得他以后仍可以此为依据。从这件事看去，俾斯麦与拉萨尔关于普遍、平等、秘密和直接的选举权的谈话，也具有了特殊意义。

奥地利再次选择了接近德意志的中小邦国，即"第三德意志"的道路。1863 年夏天，奥地利对普鲁士采取了进一步的外交措施，希望以一种新的方式来巩固旧有的邦联关系。1863 年 8 月 16 日，奥地利邀请所有的德意志王公来到美因河畔法兰克福参加会议，会议以德意志邦联的改革为主题。奥地利建议设立必须能够采取行动的五国理事会（Direktorium）和定期举行会议的王公大会（Fürstenversammlung），此外还提出了它最中意的计划，这个计划在它前一年的形式上进行了扩充，要求建立一个由各邦国邦议会的代表组成的议会。由于普鲁士国王绝不应冒屈从于其他德意志王公组成的多数的风险，在俾斯麦的恳请和建议下——这是"领主"和"附庸"之间第一次紧张的较量——普鲁士国王远离了这次会议，使得其他王公无功而返。奥地利面对德意志邦联中小邦国失去了权威，这等于一场政治失败。俾斯麦认识到了奥地利改革计划的致命弱点，对此提出，邦联改革需要由人民按普选制选出议会。他此前在邦联议会否决奥地利关于召开代表大会的提案后提出了这一纲领性要求，如今又对其进行了扩充。事情从一开始就很清楚了，他的这一要求既不会得到认可，也不会得到信任；但他此刻已经战胜了奥地利，使其不能再采取接下来的冒进行动。

法国、俄国和英国在很大程度上同意了普鲁士对这场王公会议的破坏，这显示了当下的国际形势，即各大强国都不愿意看到，一个有行动能力的德意志中央政权得到加强。奥地利在欧洲基本处于孤立状态，在德意志的中小邦国中也失去了权威；另外，普鲁士将得到俄国的坚定支持，并再次与法国和英国建立良好的关系。这将为俾斯麦的外交政策提供灵活性，而他在国内政策中尚不具备这一点。

波兰问题；石勒苏益格 - 荷尔斯泰因之战；
自由派转变的开始

1863 年初，波兰会议王国（Kongresspolen）爆发了反对俄国卫戍部队的起义，激起强烈的民族独立渴望。这次起义也威胁到了普鲁士对波兰领土的统治。

俾斯麦从普鲁士的角度出发，把奥地利视为普鲁士在德意志争夺霸权的主要外交对手；但是，无论波兰的状况如何，他都把这个国家视为普鲁士君主制和他自己这个易北河东岸乡村贵族的死敌。因此，波兰民族应当继续保持分裂的现状，永远不应再被当作国家对待。在对圣彼得堡有影响的圈子里，沙皇的弟弟康斯坦丁大公和外交大臣戈尔恰科夫倡导在内部给予波兰民族自治，这对俾斯麦这个东普鲁士地主贵族来说是一场噩梦，因为这种政策可能会触发波兰的独立运动。

俾斯麦在圣彼得堡担任大使时就警告称，不要在这个方向上做出过多的让步，因此已经引起了戈尔恰科夫及其身边圈子的不满。但眼下波兰起义已经爆发，俾斯麦对抗圣彼得堡宫廷圈子里所有妥协意图的成功机会增加了。于是，他派普鲁士国王的侍从将军古斯塔夫·冯·阿尔文斯勒本去见沙皇；阿尔文斯勒本这次出访的目的是显示君主的团结，支持圣彼得堡不做任何妥协。阿尔文斯勒本在得到俾斯麦的电报授权后，签署了一份协定，规定在最高统帅部或边防部门的要求下，俄国和普鲁士两国部队的指挥官均有权互相协助，必要时可越过边界，追击越境进入对方境内的叛乱分子。

这份协定产生了重大的政治影响。普鲁士自由派和德意志民族联盟对俾斯麦进行了猛烈的攻击；他们担心与西方列强爆发严重的冲突，甚至是军事上的冲突。毕竟，法国媒体的恶意主要是针对普鲁士的。马克思和恩格斯等革命家都毫无保留地主张建立一个自由、民主的波兰民族国家，并支持组建一支德意志军团来帮助波兰革命者；而自由派只是要求中立。在本国舆论的驱使下，法国和英国政府抗议沙皇在波兰的镇压措施；与此同时，英国也受到了其与俄国在中东利益冲突的影响，而发出了这些抗议。奥地利虽然本身也是压迫波兰的一方，但也向俄国发出了照会，要求保证持久和平。

拿破仑法国与沙俄的合作始于1856年，在1859年到达顶峰，但随后却陷入了危机，戈尔恰科夫对此十分不满。事实证明，拿破仑的对俄政策是有很多副面孔的，非常不牢靠，因为至少法国皇帝允许巴黎的宫廷成员与波兰贵族移民进行合谋，同时又在天主教会的基础上同奥地利一道，对俄国进行算计。随着拿破仑三世企图利用波兰起义实现自己的帝国主义目标，俄国和法国的关系发生了根本性的变化；致力于在两国间建立同盟（普鲁士在其中仅作为附属者）的种种投机行为和外交努力，都早已变得徒劳。俄国对奥地利的反对远远超过了任何保守主义团结，以及那时不时出现的、利用奥地利来制衡其他伙伴的诱惑。

不但两个西方大国不能与奥地利就对付俄国的具体措施达成一致，而且普鲁士也已经用《阿尔文斯勒本协定》帮助打破了圣彼得堡在道义—政治上的孤立，不管这份协定会不会生效。此外，尽管俄国对普鲁士有着种种不满，但并不存在真正的对立，而普鲁士能够比以往任何时候都更坚定地站在俄国一边，因此，两国的官方也时不时传出要结盟的消息。

普鲁士在与奥地利的冲突中可以依靠俄国，而奥地利却不再拥有一个大国能作为自己坚实的后盾了。与此同时，普鲁士也可以从英国与法国的竞争中获利。正因如此，法国无法继续推进1863年的新闻舆论运动，使其变为一轮针对普鲁士这个圣彼得堡的反拿破仑帮凶的政治攻势。拿破仑也难以放弃自己抱有的希望，即一旦德意志统一，法国至少可以通过吞并莱茵河左岸的地区来获得补偿。考虑到这一点，拿破仑希望在适当的时候，成为普鲁士和奥地利之间的仲裁者——前提是，1859年就已经表明愿意为了反拿破仑而战的德意志人允许他这样做。在这种情况下，1859年是压在拿破仑对德政策上的一个

321

负担。霍亨索伦王朝和哈布斯堡王朝都意识到了这一点；因此，他们都不会太认真地参与到与拿破仑的肮脏的国家交易中去，即使他们偶尔会跟拿破仑眉来眼去。

在丹麦看来，波兰起义爆发后的国际紧张局势，特别有利于其实现自己的计划。1863 年 3 月 30 日，丹麦国王为荷尔斯泰因颁布了新的宪法公告，要求荷尔斯泰因永远切断与石勒苏益格的特殊关系；同样，与 1850 年和 1852 年的两份《伦敦议定书》相悖，丹麦仍然拒绝荷尔斯泰因完全自治。这些措施都显然表明，丹麦希望将这两个公国作为两个省份纳入自己的统治。1863 年 11 月，无子嗣的国王在哥本哈根去世后，王位继承将要按照第二份《伦敦议定书》的规定进行，这使得丹麦的领土愿望有可能实现。根据该议定书，整个丹麦王国会采用统一的继承顺序，两公国内的特殊王位继承权被取消了。此时，对德意志来说，永远失去石勒苏益格 – 荷尔斯泰因的风险已经变得很大了，关键行动已经不可避免。

德意志各地都成立了"石勒苏益格 – 荷尔斯泰因协会"，要求这两个省从丹麦独立出来。他们召开了大规模的民众集会，呼吁募集资金，成立志愿协会。事实上，许多年轻人，尤其是体操运动员们，都报了名，希望加入石勒苏益格 – 荷尔斯泰因的军队。而在石勒苏益格 – 荷尔斯泰因，民族解放运动在丹麦国王死后也获得了蓬勃发展。几乎所有官员都拒绝向新国王宣誓，丹麦军队中的石勒苏益格 – 荷尔斯泰因士兵也开始拒绝听命了。

中小邦国的王公们把希望寄托在民众运动上，希望在奥古斯滕堡（Augustenburg）家族的领导下，出现一个新的石勒苏益格 – 荷尔斯泰因邦国，采取反对普鲁士的路线。奥古斯滕堡大公的儿子在这个月的民族动荡中发声，宣布他从未承认父亲 1852 年的退位，他自己现在是合法的石勒苏益格 – 荷尔斯泰因大公。

德意志的资产阶级也支持这些主张。从街头的普通人到王宫的沙龙里，德意志的土地上似乎飘荡着一种难得一见的爱国热情。伟大的时刻终于到来了，但只有节庆演说家、游行爱好者和爱财之人知道如何利用它。正如巴登民主派路德维希·埃卡特（Ludwig Eckardt）反思道：自由派把"剑的问题变成了捐款袋的问题了"。他们把一切都压抑到了小邦国式的平庸状态。仅仅因为担心王公们会受到惊吓，自由派就放慢了军事运动的速度；就算他们不能阻止志愿军成立，志愿军也不能发展成为加里波第式①的样子，而应该为奥古斯滕堡服务。

1863 年 12 月 7 日，邦联议会以一票的微弱优势通过决议，要求丹麦遵守 1851~1852 年的条约；议会对奥古斯滕堡的立场便不言而喻了，因为决议承认《伦敦议定书》，也就相当于承认了丹麦的新国王和王国的完整。对于这些不利于德意志的条约，民众并不关心它的遵守情况，而是关心它如何被废除；民众从来没有承认过这些条约，也不打算对违反条约的行为给予补偿，他们只想解放石勒苏益格－荷尔斯泰因。

1863 年 12 月底，一个主要由自由派组成的委员会在美因河畔法兰克福成立。委员会的目的是作为"德意志民族的法律活动中心，保证石勒苏益格－荷尔斯泰因公国及其合法的弗里德里希八世大公（Herzog Friedrich VIII.）的权利"。此时，围绕石勒苏益格－荷尔斯泰因开展的运动的高峰已经过去，德意志两大强国对丹麦的干涉使民族革命志愿军的任何行动都成了泡影；民主派变得激进，面对自由派赢得了更加独立的立场。

---

① 加里波第的志愿军由军人、知识分子、工匠、工人等组成，打破了传统军队的阶级壁垒；以灵活的游击战术著称，擅长利用地形和民众支持；吸纳起义民众，反对君主专制，追求意大利统一和自由民主。

　　尽管 1863 年与 1864 年之交的民众运动存在种种弱点，也错过了诸多机会，但与 1859 年意大利北部危机期间的运动相比，它的形式更加高级。1859 年，舆论斗争主要集中在报纸和小册子上；但到了 1863 年底，却出现了无数的人民集会、委员会、志愿军，甚至是军事训练。很明显，政治组织变得更加复杂、更加广泛了，从资产阶级自由派的民族联盟开始，到体操、射击和歌唱协会，再到工人组织。

323　　面对这场政治运动，也是从更高层次的欧洲立场上来看，俾斯麦面临着以下选择：要么将普鲁士置于民族运动的领导地位，要么推行"以武力为支撑的大国政策"。在前一种情况下，他将面临依赖于自由派的风险，而且欧洲列强联合起来反对普鲁士的力量越大，这种依赖性就将变得越强。在第二种情况下，他就必须依靠普鲁士军队的力量，并且操纵欧洲大国彼此针对。在更高的层次上，俾斯麦必须避免再次出现奥尔米茨的情况。

　　在这样的背景下，俾斯麦与普鲁士驻巴黎大使冯·德·戈尔茨发生了争论。俾斯麦在 1863 年 12 月 20 日颁布的政令中，简明扼要地阐述了石勒苏益格 – 荷尔斯泰因问题中，国家内部问题和外部问题之间的紧张关系。在给冯·德·戈尔茨的圣诞信中，他继续以讽刺的口吻强调了他的想法："如果我们现在背弃大国，向被各民主派协会包围的小邦国的政策张开怀抱，就将使我们陷入内外交困的最悲惨的局面。我们会陷入被动，而不是掌握主动；我们将要依赖于我们无法控制的因素的支持，这些因素必然是敌对我们的，但我们会因怜悯和耻辱而向它们投降。您认为，德意志的舆论、商会、报纸等，可以支持或帮助我们实行联盟政策或霸权政策。我认为这是极其错误的，是一种幻想。我们的强大不可能来自议会政治或媒体政治，而只能来自武装起来的强权政治，我们没有足够的力量，不能在错误的战线上持续下去，在连篇废话中为奥古斯滕堡白忙一场。"在这封信中，我们仍然可以清晰听到 1850 年 12 月俾斯麦的奥尔米茨演说中的那种声音，尽管时代不一样了。

从 1863 年 12 月 31 日给普鲁士驻德意志各公国使团的通函中可以看出，首相俾斯麦是要坚决有力地消灭一切自由派或民主派运动的。俾斯麦很清楚，自己也受到了来自民众运动的压力。他后来对英国大使说，奥地利和普鲁士必须在进军石勒苏益格和德意志发生革命之间做出选择。

当然，俾斯麦想用这种言论来掩盖普鲁士势力扩张的种种努力；尽管如此，这些言论的思想基础，仍然是用"以武力为支撑的大国政策"来取代民众运动，来为与自由派的妥协创造外交条件。只有当他牢牢地把握住舵盘的时候，他才准备在不危及其统治的情况下，给予自由派他可以，甚至不得不给予的回旋余地。因此，他在石勒苏益格－荷尔斯泰因冲突期间所表现的反民主主义和反自由主义的愤怒，与他早先对于奥地利可能整顿左派的推测，以及他后来与自由派的合作，都绝不矛盾。

在存在如此多国内外利益冲突的情况下，俾斯麦需要一个盟友，作为他对抗民族运动和自由主义运动的伙伴，同时作为他在欧洲政治、在处理石勒苏益格－荷尔斯泰因问题上的共同行动者。虽然奥地利和普鲁士之间的敌对在美因河畔法兰克福的王公会议上再次凸显，但俾斯麦却成功地将他的主要战略敌人变成了自己的战术盟友。这仅仅是因为俾斯麦待人接物的艺术吗？他当然明白如何利用多年来在雷希贝格身上看到的"对革命活动和革命爆发持续、不安的关注"。但另外——这一点更重要——他能够使奥地利争取霸权的努力服务于他的目的。他知道，在奥地利看来，参加对丹麦的行动"是一种符合该国在德意志地位的政治需要"。哈布斯堡帝国更需要摆脱在大国

324

中的孤立状态，它不能让普鲁士单独对丹麦采取行动，从而降低自身在舆论中的地位。

俾斯麦根据普鲁士经济、政治和军事实力的不断增强实施了自己的政治计谋，他因此可以在1863年给冯·德·戈尔茨的圣诞信中理直气壮地说："至今还没有看到维也纳的政治在宏观和微观上发展到柏林这种程度。"然而，他自己的处境很困难。普鲁士下院反对普鲁士和奥地利援引1850~1852年的《伦敦议定书》，担心这两个大国以后会把石勒苏益格－荷尔斯泰因公国再次交给丹麦。在普鲁士统治阶层内，反对俾斯麦的阵线已经包括奥古斯塔王后、内政大臣冯·施莱尼茨、王储和储妃、普鲁士驻巴黎和伦敦的外交代表，以及外交部的高级官僚。国王身边最亲近的人和旧的"周刊党"成员又开始在政治上活跃起来了，他们敦促威廉一世承担起这场爱国运动的领袖职责，同时领导那些表面上与这场运动结盟的中等邦国，从而实现一石二鸟：普鲁士获得在德意志的霸权，并击退革命危险。

因此，这条反对阵线的战术，也是以普鲁士放弃臭名昭著的《伦敦议定书》为前提的。但俾斯麦暂时不想与《伦敦议定书》有任何瓜葛，并且还与奥地利联合起来，反对相当一部分自由主义的中等邦国，因此，在内部反对者们看来，这个普鲁士首相完全是在挑起革命。冯·德·戈尔茨是俾斯麦主要的反对者，也是俾斯麦的假定继承人，他高估了德国"啤酒屋热情"（Bierhausenthusiasmus）——俾斯麦轻蔑地将其如此命名——在国内政治中的力量和在外交中的威望；同时又低估了反对阵线提出的联盟政策将可能为保守主义带来怎样的危险，这种政策将使普鲁士君主依赖自由派，并受制于中等邦国的多数票。

对于将石勒苏益格－荷尔斯泰因从丹麦分离出去这样一

个受欢迎的目标，俾斯麦设想了应当采取的战略和战术，但他必须首先掩盖自己的许多政策意图，这使得他的设想在普鲁士国家机器中难以实施。王室、外交界和议会的反对者们做出的多次抵制终于让俾斯麦在给冯·罗恩的信中流露沮丧的情绪："但我有预感，国王在与革命的斗争中已经输了，因为国王的心已经到了另一阵营里，他的信任更多地转向了他的敌人，而不是他的仆人……如果没有上帝的奇迹，我们就会输掉这一局，同辈和后人将会怪罪我们。一切都是上帝的意旨。只有上帝知道普鲁士还能存在多久。但是，当它结束的时候，我将非常遗憾，天知道！"

这封信写于 1864 年 1 月 21 日。同样在这一天以及第二天，普鲁士下院就对丹麦战争的拨款进行了辩论。普鲁士希望与奥地利一样单独作战，把邦联议会排除在外，同时不公开提出、不强制要求实现解放石勒苏益格－荷尔斯泰因公国的战争目标。这种"以武力为支撑的大国政策"绝不是自由主义的舆论所能接受的，这使得处于宪法冲突中的下院拒绝了这一拨款请求。俾斯麦为了达到自己的目的，必须一再使摇摆不定的国王坚定支持自己，包括在下院的这次关键会议上。

在辩论中，俾斯麦有意反复强调自己是国王的大臣而不是议会的大臣。他站起来反对老自由主义者、前阁臣冯·什未林－普特查伯爵（Graf von Schwerin-Putzar）："我想这位演讲者先生认识我的时间够长了，知道我从来不害怕民主派。如果我害怕，我就不会出现在这个位置上，或者就直接在游戏中认输。（全场大骚动。人们喊道：'游戏！游戏！'）我不是一个只会空谈的人，请您不要依据我的表达来评判，而是依据事实来评判！—— 我不害怕这个对手，我想我一定会打败他（哦吼！）；我想，您也多少能感到，事情一定会是这样的（笑声）。"

326

如果说俾斯麦真的不怕民主派，那么他真正担心的是统治阶层里的众多反对者和阴谋家。这有时会使他产生悲观的情绪，但这些从来没有严重改变他富有活力的本性。他其实更容易找到重拾乐观的方法了，因为他感觉到了资产阶级自由派的胆怯——他们没有政治斗争计划，不希望抗议运动激起民众的情绪。正是出于对工人的恐惧，资产阶级在涉及议会外行动的一切问题上，都小心翼翼，姑息迁就，模棱两可。

2月1日，普鲁士—奥地利对丹麦的战争爆发了；4月18日，普鲁士军队冲进了杜普勒山岑（Düppeler Schanzen）；初夏，欧洲各大国在伦敦举行会议寻找妥协方案，但并没有成功。直到此时，普鲁士和奥地利才终于摆脱了颇具争议的1852年《伦敦议定书》。最终，战火重燃，两个德意志大国战胜了丹麦。在1864年10月30日的《维也纳和约》中，丹麦不得不将石勒苏益格－荷尔斯泰因和劳恩堡（Lauenburg）割让给奥地利和普鲁士，两国暂时共同占有这些地区，但不承认奥古斯滕堡的权力继承要求。在列举了这些客观事实后，我们不禁要问，在1864年与1865年实现的这些事情，是如何与俾斯麦的构想协调一致的呢？

事实上，俾斯麦成功地巩固了普鲁士与俄国的联盟，并在石勒苏益格－荷尔斯泰因问题上推动了一场充满恶意的联合，使普鲁士的战略对手奥地利暂时成了战术盟友。他与法国建立了一种差强人意的关系，而他的目的之一是"尽可能利用这种关系来对抗英国的亲丹麦倾向"。俾斯麦由此滋养了法国人通过莱茵河左岸领土获得补偿的愿望。最后，他成功地通过王朝战争，从丹麦手中夺下了这两个公国，并在那里建立了一种特殊的管理模式，使得普鲁士随时有可能与奥地利发生进一步的冲突。

327　　　这一政绩只能归功于俾斯麦，他必须对所有人隐瞒他的终极目标。他没有一个可以信赖的知己——这是一个"难以承受之重！"赫伯特·冯·俾斯麦在 1902 年向历史学家埃里希·马克斯（Erich Marcks）说的关于他父亲的话，是可信的："正如他自己不止一次解释的那样，他不会也不能跟任何人谈论他最重要的计划，以及他希望实现这些计划的方法，以免这些计划因别人的不谨慎或自私而受到损害。"俾斯麦对赫伯特说过："如果他在 1863 年秋末对威廉一世说，'我现在将跟奥地利联合起来，对丹麦作战，接着可能会因为石勒苏益格－荷尔斯泰因而与奥地利决裂，在那之后，我们将采用唯一可行的战争手段，确立普鲁士在德意志的最高统治地位'，那么这些政策就不可能实施了。"

和平条约签订后不久，普鲁士与奥地利之间的紧张关系就加剧了。到了 1865 年 5 月，威廉一世和多数大臣都考虑了战争和吞并这两个公国的可能性。奥地利和普鲁士在 1865 年 8 月 14 日签订的《加斯坦条约》（Vertrag von Gastein）只能起到推迟战争的作用。根据条约，两个公国将在行政上分离开来，使得奥地利被完全从石勒苏益格清除出去，而普鲁士则在荷尔斯泰因（例如在基尔）仍保有一系列的权利，这给俾斯麦在整体政治平衡中带来了相当大的优势。这种分离所带来的冲突，使他有可能在一个在他看来有利的时刻发动战争。《加斯坦条约》最终取消了奥古斯滕堡大公的爵位，中小邦国的政府对此的愤慨肯定会对奥地利产生更大的影响，因为奥地利又一次让它们失望了，雷希贝格辞去了奥地利外交大臣的职务，门斯多夫－普伊将军（General Mensdorff-Pouilly）接替了他的职务，这似乎标志着一个时期的结束，即与柏林的联合行动对维也纳而言，不再优先于同中小邦国的意见一致了。俾斯麦对中小邦国的态度始终如一，奥地利则因困窘而呈现摇摆不定、前后矛盾的态度。这样的摇摆无法为奥地利在与普鲁士的关键争论中创造稳定的道义和政治条件。在舆论方面，俾斯麦能够按照这样的格言行事：名声败坏的人可以肆无忌惮。

328 　　俾斯麦从一开始就认为《加斯坦条约》只是一个临时安排。《加斯坦条约》签署两天后，即 1865 年 8 月 16 日，他写了至少 4 封信，在信中都显露了这样的态度。他在写给驻佛罗伦萨大使的信中，做了一个简明扼要的总结："鉴于我们的财政和军事准备状况，由于我们必须考虑到国王陛下在奥地利领土上的停留，还因为我们仍不确定对法国和意大利将采取的立场，我们最好不要过早地让违约成为无奈之举。"

　　俾斯麦在 1864 年夏天取得了政治上的成功后，自由派与他达成谅解的意愿增强了，已经接近臣服了。这一点在关于所谓的石勒苏益格－荷尔斯泰因人民自决权的讨论中，变得很清楚。"德意志经济学家大会"的领导成员和莱茵大资产阶级们都希望，自由派可以回到自己对普鲁士霸权的基本构想的内在逻辑上来，从而把被征服的省份以某种形式纳入普鲁士的管理。

　　在资产阶级自由派的代言人竭力与俾斯麦达成和解时，他们主要关注的并不是消除仍未解决的宪法冲突带来的心理障碍；对他们而言最重要的，是澄清基本的政治问题。例如，海因里希·冯·特赖奇克（Heinrich von Treitschke）得出的结论是，普鲁士在吞并石勒苏益格－荷尔斯泰因后，将被迫推行它的德意志政策。他认识到了两种选项都是什么：要么是人民发动的对王朝的起义，要么是普鲁士的扩张。

　　虽然有产的、受过教育的市民阶层可以拒绝一切革命和民主的东西，但它一定会坚持以下目标：实现资本主义工业化，并通过民族国家对其加以保护。

第六章
自上而下的革命的前夜

党派之间与党派内部的争论

1862 年春，主张社会改革的民主派人士弗里德里希·阿尔伯特·朗格（Friedrich Albert Lange）写道："内阁的危机已经结束，人民的危机开始了。"1865 年秋，危机已经到了空前尖锐的阶段，普鲁士内外各阶层人民的不满情绪日益加重，这给各党派带来了危机，但小资产阶级与无产阶级也借此机会加强了组织管理。尤其是在《加斯坦条约》之后，所有人都觉得政治正处在前所未有的十字路口。

民主派主要存在于符腾堡、巴登、黑森－达姆施塔特和图林根这些以小资产阶级和小农为主的地区。而在下巴伐利亚和上巴伐利亚，天主教教士对中间阶层的影响仍然强大。在经济政策方面，小资产阶级与富裕资产阶级的利益诉求几乎是一致的。这就是为什么当时所有的民主派纲领都要求贸易自由、行动自由和不受限制的居住权；大多数民主派人士都赞成自由贸易。小资产阶级民主派比大资产阶级自由派更积极、更全面地提出了新闻自由、结社集会自由、普选和地方自治的政治要求。民主派领袖和新闻机构也在工人争取经济和政治地位的斗争中发挥了积极的作用。

1865 年 9 月初，工人和小资产阶级之间的和解在斯图加特的工人联合大会上变得愈加明显。在那里，工人协会决定为普选权进行宣传鼓动，并在会议结束时高呼建立一个"自由民主的德意志"。随着这一民族民主主义的转折，工人协会从之前的坚持三级投票权和希望建立由普鲁士领导的小德意志的资产阶级自由主义，转向支持小资产阶级民主派。

彼时，来自全德工人联合会（Allgemeiner Deutscher Arbeiterverein，ADAV）内部的一些反对派代表在莱比锡开会协商并通过了一份"宣言"，其中要求"无条件的集会与结社权"，以防止对于普遍、平等和直接选举权的滥用。从1865年秋开始，工人运动以这种形式发展，使整体的民主运动都得到了加强。

330

在斯图加特的工人联合大会和莱比锡的拉萨尔主义反对派代表会（即ADAV）举行两个星期后，几乎全德意志的主要民主派领袖聚集在达姆施塔特开会。会议是在路德维希·毕希纳（Ludwig Büchner）等左翼民主派人士的影响下召开的，此人正是那位早逝的诗人的弟弟。但这些人遭到了尤里乌斯·豪斯曼（Julius Haußmann）等符腾堡民主派的反对，后者代表着经济上相对稳定的广大手工业者阶层，这些人有着全德意志最有影响力的、最紧密的组织。他们的兴趣点既不在于产业工人的问题，也不在于通过民族政策克服各邦间的孤立主义。从施瓦本民主派的观点来看，整个德意志的宪法越来越成为一个遥不可及的终极目标，而这个目标只有通过中小邦国间的联盟才能实现。

民族国家目标的妥协方案是："不要普鲁士人领导，也不要奥地利人领导；德意志各邦国和各家族平等地联结在邦联政府之下，在各邦政府之上设有邦联政府和民族国家的代表。符腾堡的民主派愿意成立人民协会，在达姆施塔特阻止了全德民主党的成立。然而，资产阶级和无产阶级民主的这些弱点并没有被明确意识到；而正是在这个时候，也就是1865年，德意志的第一批中央工会成立了；在莱比锡妇女会议上成立了德意志妇女总会，要求社会平等、男女拥有平等的公民权利和公民义务，以及男女共同的结社自由和法律上的职业保护。

德意志的自由派，特别是普鲁士自由派势力的分化，几乎肉眼可见。尽管在 1863~1864 年石勒苏益格－荷尔斯泰因危机的初始阶段，邦联议会及其 36 人组成的委员会团结了自由主义和爱国主义的旗帜下，但 1865 年 10 月 1 日在美因河畔法兰克福召开的会议却标志着它将走向结束。召集这次会议的目的是针对大国在加斯坦的肮脏交易采取反制措施，并建立一个由奥古斯滕堡家族统治的石勒苏益格－荷尔斯泰因邦国，但会议上并没有普鲁士的自由派代表。1865 年 9 月 29 日和 30 日，普鲁士自由派的两位著名人物特奥多·蒙森（Theodor Mommsen）和卡尔·特维斯滕（Karl Twesten）在《民族日报》（*National-Zeitung*）上就他们缺席此次会议发表了公开信。在这篇写给中小邦国的信中，因写作《罗马史》而闻名的特奥多·蒙森毫不留情地说道："在此前的石勒苏益格－荷尔斯泰因战争中，德意志地方割据主义在军事—外交领域宣告破产，暴露了德意志邦联议会的资质，这个议会不会给德意志人带来任何收益。"特维斯滕也是一样直言不讳。这两位政治家都试图阻止民族革命与反君主制的群众运动；因此，正如蒙森所说的那样，他们只能建议"所有的中小邦国，特别是两个易北河公国，都服从于普鲁士领导的德意志国家"，以此作为出路。

来自中小邦国的自由派们指责蒙森和特维斯滕秉持的是大普鲁士割据主义，这自然是不无道理的。然而，普鲁士的这种倾向不是中小邦国有能力抗衡的。唯一能够取代任何形式的割据主义的，是反君主制的人民革命，但这恰恰是自由派畏惧的。这个困局难以破解。

蒙森和特维斯滕的大普鲁士兼并主义处在一条通向俾斯

331

麦的道路上，目前却在半途停顿了下来。特别是特维斯滕，在预算法这个备受争议的问题上，他属于普鲁士下院自由派议员中的最顽固分子，主张"仅仅经过一般性的讨论就可以否决预算"，不需经过任何的详细讨论。政府用一场司法丑闻做出了回应：俾斯麦肆无忌惮地左右了判决委员会的人员组成，该委员会受召集帮助做出司法决定，最终促使普鲁士高等法院对宪法条款做出了强词夺理的解释，宣布将对被指控在议会中发表诽谤性言论的议员进行法律制裁。这种对议员豁免权的取消正好波及了特维斯滕，因为他曾在 1865 年夏天指责普鲁士法院为了政治目的而滥用司法权。

1866 年 2 月 9 日和 10 日，这份来自俾斯麦的挑战在普鲁士下院掀起了两次大争论。普鲁士自由派学者和法学家中的佼佼者们，包括蒙森、鲁道夫·格奈斯特（Rudolf Gneist）、瓦尔德克、特维斯滕和希姆森等人，展现了他们在议会中高超的雄辩之才。在议会进行辩论的同时，柏林工人举行了反俾斯麦的抗议集会。显然，这几周的抗议不仅仅涉及了议会的预算决定权和议员的言论自由。2 月 21 日，一个应自由派成员爱德华·拉斯克（Eduard Lasker）的要求而成立的委员会建议，下院应当宣布废除政府在 1865 年夏天与科隆 – 明登铁路公司（Köln-Mindener-Eisenbahngesellschaft）签订的关于出售国有股份的合同。其中的政治原因在于，铁路公司在未经下院批准的情况下，通过购买 1300 万塔勒的股份，为反自由主义的政府提供了大量的资金，这些资金将被用于战争准备工作。位于埃森的克虏伯公司（Krupp）已经在 1864 年向普鲁士提供了价值 100 万至 200 万塔勒的武器，并规定了较长的付款期限；公司明确提出，这笔交易的背景是下院否决了政府的预算。

在 1866 年 2 月政治激烈交锋的日子里，自由派议员们再一次对俾斯麦与科隆 – 明登铁路公司的交易提出了质疑；这不仅是下院和首相之间的争端，更是自由派政客和莱茵 – 威斯特伐利亚工业家之间的冲突。归根结底，这是资产阶级民族国家应该遵循议会自由主义还是波拿巴主义的问题。知名律师格奈斯特的讲话不无道义上的悲怆之意："我们知道，收益支配着这个世界，自 1850 年以来，利益对欧洲有着比以往任何时候都要强大的影响力……我们看到……一个独立的政府体系出现了，它建立在道德败坏的基础上，把所有的因素结合在一起，进行精明的算计，通过奸诈、无原则和利益的短视来支配人民。这样的国家的榜样是在法国建立的。但我们也知道，这种利益国家的榜样，只能通过贸易政策和虚荣来补偿民众，如今它的统治已经岌岌可危了。"

这些对波拿巴主义的指涉清晰表明，在那几个月里，贵族和资产阶级都在围绕着波拿巴主义进行斗争。但是，尽管自由派议员们的发言非常出色，但 1866 年 2 月 9 日和 10 日的辩论已是下院的晚景。在这场议会之争两周后，也是在议会委员会宣布政府与科隆 – 明登铁路公司的合同无效的两天后，俾斯麦解散了下院。

同样的问题再一次出现：自由主义是否应该从之前的防守转为进攻？莱茵银行家赫尔曼·冯·贝克拉特（Hermann von Beckerath）希望保留旧有的策略，要求议员们"只需勇敢地坚持工作、继续工作"；在这样做的时候，他们应该尽一切努力不危害"宪法的继续存在"。但是，像特维斯滕这样在石勒苏益格 – 荷尔斯泰因的吞并问题上与俾斯麦走得很近的自由派人士不仅坚持宪法不可触犯，还要求朝着准许更大公民自由的方向进一步拓展宪法。普鲁士国内对此的呼声越来越高。

小资产阶级和无产阶级民主的激进化也助推了自由主义的发展。1865 年 11 月末，自由派议员勒韦 – 卡尔贝（Loewe-

333

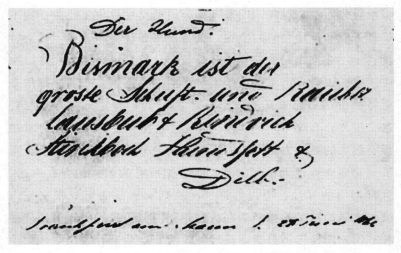

这封寄给奥托·冯·俾斯麦的威胁信淋漓尽致地表现了社会正在升温（1866 年）。

Calbe）在一次柏林工人集会上发表演讲，提出了普选和平等
选举权的不同寻常的要求。他谈到，普鲁士的政治正处于一个
转折点。他那轰动一时的演说不仅是对公众的情绪做出的反
应，还提及了法兰克福王公会议期间议会的一些要求，从而试
图架起与俾斯麦之间的桥梁。显然，无论是在民主运动还是在
自由主义运动中，普鲁士 – 德意志重大政治问题的解决时机已
然成熟。保守派也感受到了这一点，他们同样在不遗余力地讨
论着国内外政治形势和未来的策略。

俾斯麦被束缚的自由

334

路德维希·冯·格拉赫深知自己对俾斯麦已经不再拥有任
何个人层面的影响力，于是，他在 1862 年 10 月派汉斯·冯·
克莱斯特 – 莱佐夫和莫里茨·冯·布兰肯堡去找俾斯麦。在这
个虔敬派的灵魂守护者眼里，这位首相新官上任，"对世界和

撒旦而言都是一道美味佳肴"。他的两位使者应该努力尝试让俾斯麦为了他们的政治愿景而活动。冯·格拉赫对冯·克莱斯特－莱佐夫再三提醒："你应该向俾斯麦讲授教义问答手册。"俾斯麦作为国家内部反对自由主义的纪律维持者，当然受到他们的欢迎；但冯·格拉赫并没有放下对他的那种恐惧，即他在政治上会像撒丁—皮埃蒙特的君主主义者加富尔那样推动民族国家统一，参与一场邪恶的自上而下的革命，甚至参与自下而上的革命。

俾斯麦确实阅读并使用了汉斯·冯·克莱斯特－莱佐夫每年都要送给他的笔记日历《兄弟会的每日守望语和教诲文》。然而，在石勒苏益格－荷尔斯泰因危机爆发之初的 1863 年 11 月 6 日，冯·克莱斯特－莱佐夫写给俾斯麦的却只是《圣经·旧约》中谴责异教徒的言论。俾斯麦在这封信的边缘写道："哦，汉斯！总是像上帝的霹雳那般愤怒！"俾斯麦在 1865 年给地主安德烈－罗曼（Andrae-Roman）的圣诞信中，从根本上明确地拒绝了一切保守的宗教教育和劝诫的尝试。他在信中写道："对上帝的信任不会产生政治上的明晰，但政治上的明晰会产生对上帝的信任。"这是他的信条，他不想在不先理性地使用自己的力量的情况下，就去依靠上帝。

事态的发展越来越逼迫着人们做出选择：俾斯麦，抑或人民革命。特奥多·冯·伯恩哈迪（Theodor von Bernhardi）是一位可靠、消息灵通且受过良好教育的编年史作家，他那关于右翼自由主义者格奥尔格·冯·贝斯勒（Georg von Beseler）的记录指出，在 1866 年 2 月的两次会谈中，后者担心普鲁士会受到革命的冲击。贝斯勒提到，北美内战中"联邦军的胜利"对欧洲的影响将"高过任何的"估计。冯·伯恩哈迪还记载道，在同一个月，老自由派、王储的亲密朋友马克斯·东克尔（Max Duncker）认为：俾斯麦眼下应该迅速果断地采取行动，认真地对付奥地利，因为国内的情况越是糟糕，外交政策就越有必要取得成功。马克斯·东克尔还进一步敦促冯·伯恩哈迪就此事与冯·罗恩展开磋商，以便能为"开战"做好准备。对话的双方都意识到，战争的高昂代价不应使他们回避战争的可能性：他们反而觉得有义务去"尽最大努力"。

335 事实证明，这些老自由派是积极的帮手，他们的利益在这种情况下与首相的利益相契合。从某种意义上说，这些人在他们能接触到的高级军官与自由主义政治家、宣传家和大学教授之间构起了一道纽带。在新保守派、自由主义保守派和右翼自由派的支持下，以及在尤为重要的军方领导层的支持下，俾斯麦得以把自己的总体战略和战术具体化并用于战争决策中。他能够，也必须让步于仍在前进中的自由派资产阶级的要求。他之所以能够让步，是因为普鲁士在德意志的扩张政策的最高纲领，在很大程度上与资产阶级的民族国家统一的最低纲领不谋而合——双方反奥地利的立场也是相同的。他之所以必须让步，是因为若非如此，他就会失去资产阶级的支持并把资产阶级推向左翼，赶到革命阵营中去。

  俾斯麦此时不得不将其外交和宣传的重点从石勒苏益格－荷尔斯泰因问题转向德意志问题。1865年9月21日，就在《加斯坦条约》签订仅5周后，他对自己的高级顾问冯·库伊德尔（von Keudell）说，对于接替雷希贝格担任奥地利外交大臣的门斯多夫－普伊，我们或许可以在适当的情况下"让他直接面对黑—红—金①的威胁"。"石勒苏益格－荷尔斯泰因问题和更大的德意志问题是紧密地联系在一起的，因此当我们可以腾出手时，我们必须把这两个问题一起解决。一个全德意志的议会也将对中小邦国的特殊利益施以相应的约束。"

———————————

① 指联邦中的自由主义和民主思想。

　　1866 年 1 月 13 日对乌瑟多姆伯爵（Graf Usedom）的密令也是非常重要的，俾斯麦在此表明，德意志邦联内部的政治关系已然发生了变化，这使得邦联此前的存在形式已经变得可疑。柏林方面可以恢复"当时我们对法兰克福王公会议提出"的想法。俾斯麦指的是他 1863 年的提议，即通过人民普选产生的议会来改革邦联。

　　战与和的问题，眼下必须被提上日程了。1866 年 2 月 21 日，王储在日记中指出："国王陛下也出席了最近俾斯麦主持的大臣会议，据说俾斯麦向陛下提出了三种选项：第一，改组内阁，让自由派加入，陛下坚决地拒绝了这一提议；第二，发动政变，取缔宪法，陛下也拒绝接受，因为他想'像以前那样'忠于誓言；第三，战争，而陛下在这个问题上的态度还不甚明朗。"前两种选项显然不符合俾斯麦的基本态度，只能把它们当作一种心理策略来看待。它们的目的是吓唬威廉国王，让他更加顺从。

　　2 月 28 日，王室会议终于决定，为准备战争而采取相应的外交措施。会议的正式记录有一些不甚清晰的地方，每个与会人员的记录也不尽相同。赫尔穆特·冯·毛奇（Helmut von Moltke）的笔记似乎精确还原了首相的说法："俾斯麦伯爵说，目前的国内境况并没有使对外的战争成为必要，但为了改善国内的境况，战争确实是逼近了。"这个记录有较高的可信度，因为它在很大程度上与西贝尔在其著作《德意志帝国的建立》（*Die Begründung des deutschen Reiches*）中根据俾斯麦提供的材料和信息所做的记录是一致的。

　　俾斯麦希望把荷尔斯泰因事件仅仅作为更大的德意志问题的一个"插曲"来对待，他接着说道："因此，希望诸位不是以公国问题为出发点，而是以德意志事务为出发点开展讨论，希望诸位理解到，对于这个可能难以通过和平手段解决的民族

336

任务，现在正是有利的解决时机。"他很清楚，仅仅是占据两个易北河公国，并不能向世界历史舞台证明他本人公开谈论的"侵略"的正当性。因此，他非常希望"为事情的发展注入一个新的、高度正当的因素"，在他看来，这一因素正是"按照民族的合理要求，对德意志进行的重组"。因此，战争不仅是要抑制已经十分尖锐、严重的民众危机，而且是要通过建立民族国家来彻底结束这场危机。

俾斯麦事实上处于困境之中，他只有通过以符合普鲁士王室利益的方式，实现资产阶级的部分进步目标，才能将自己解放出来。而这也恰恰是他那被束缚的自由。

在准备自上而下的革命的过程中，有两项重要的措施相继出台：4 月 8 日，普鲁士和意大利签订了秘密的同盟条约；一天后的 4 月 9 日，俾斯麦公开提出了邦联改革的建议。

337 朱塞佩·戈沃内（Guiseppe Govone）作为意大利首相拉马尔莫拉（La Marmora）的代表和俾斯麦在这份秘密条约中约定，如果普鲁士在邦联改革谈判失败后对奥地利宣战，意大利也必须拿起武器一致对抗奥地利，而一旦奥地利战败，就必须将威尼托省割让给意大利。该条约的期限为 3 个月，因此，俾斯麦受到了时间方面的制约，一定程度上被迫对奥地利发动攻击。

此外，与意大利的同盟条约也不可能长期保密。意大利的军备措施和部队调动令奥地利感到震惊，并迫使维也纳考虑自身的外交安排。1866 年 5 月 18 日——秘密条约缔结仅 4 个星期后——奥地利驻柏林大使卡罗利伯爵报告说，他从法国公使馆的相关圈子那里得到了关于一份"正式的两国条约"的情报。事实上，他得到了有关条约基本内容的正确信息，甚至连条约有效期为 3 个月这项内容都已获悉。

这种泄密行为是由波拿巴主义法国的计谋所致的，法国试图为德意志邦联的两个主要大国分别提供"友好"的帮助，以此来刺激两国对彼此采取更加强硬的立场，并最终引发战争——这场战争将很可能是漫长的，可以给拿破仑提供担任仲裁员和受益人的机会。在这次意大利同盟条约的事件中，这种外交阴谋既有启发性，又有怪诞之处。

1866 年 3 月，正是拿破仑本人通过大使尼格拉（Nigra），诚意十足地鼓励犹豫不决的意大利人与普鲁士缔结了同盟条约。尼格拉立即将此事报告给了普鲁士大使冯·德·戈尔茨，并向他起誓，一定要对此事保持高度的谨慎。冯·德·戈尔茨立即将该情报传达给了俾斯麦，同样请求保密。在 3 月 23 日关于此事的报告中，他描述了当巴黎杜伊勒里宫揭晓这项最高机密时，官员们所进行的内部谈话，呈现了一幅外交虚荣的图景。法国外交官们有着那样的言行举止，仿佛他们是蒙上帝恩典的世界精神的执行者。但很快他们就也在柏林向奥地利大使出卖了自己的秘密，为的是让维也纳能够签订反普鲁士的条约。

在这个坏消息出现的几周前，奥地利皇宫就已经被普鲁士公开宣布的邦联改革方案搅得天翻地覆。4 月 9 日，俾斯麦在邦联议会举行的特别会议上提议，在直接选举和全民普选的基础上召开德意志议会，具体日期待定。该议会应与政府就《邦联条例》的改革达成一致。

很显然，普选和直接选举权对于多民族的哈布斯堡君主国无疑是一个重磅炸弹。此外，俾斯麦有着民主外表的议会思想在德意志邦联的中小邦国中也引起了不安和分歧。普鲁士在 4 月 8 日与意大利签订的秘密同盟条约中明确提及了《邦联条例》改革，并在 4 月 9 日的动议中提出了召开民主选举产生的德意志议会会议，这两项举措宣告了对奥地利作战的初步决定。

338

正如普鲁士 1850 年在奥尔米茨遭受失败之前，弗里德里希·威廉四世不得不罢免联盟主义政治家冯·拉多维茨一样，威廉一世也只有在罢免俾斯麦的情况下，才能推翻 4 月 8 日和 9 日的重要初步决定。但是，国王既不能组建一个自由派的内阁——这将会使他对军队冲突和宪政冲突的介入变得毫无意义，并将意味着自由主义的胜利——也不能像他在 19 世纪 50 年代作为摄政王时希望的那样，建立一个由宫廷密党统治的极端保守政府。

虽然国王本人的个性是摇摆不定的，但他此刻必须坚守原则，依靠他的首相那更大的政治能量和更卓绝的见识。然而，在 4 月 8 日和 9 日的军事、政治措施之后，能使首相放弃与哈布斯堡王朝进行战争对抗的，就只剩一种情形：哈布斯堡在开战前就放下自己的武器，也就是说，它不仅要自愿放弃在意大利境内建立霸权的希望，同时还要放弃在德意志邦联中的优势地位。这几乎是不可想象的。

处于防御中的奥地利阵营

哈布斯堡王朝无法制定出一个"合法的战争目标"，尽管在维也纳，许多人抱有一种在感情和理性之间摇摆的观点，认为需要对邦联议会进行改革，甚至认为革命也是有必要的。但奥地利政策的核心仍然只是抵御普鲁士的政治攻势，以及在邦联议会中捍卫主席国的权力。很快人们就意识到，真正威胁到哈布斯堡君主国的是什么。4 月 7 日，古斯塔夫·布洛姆（Gustav Blome）致信他的朋友、奥地利外交部中的实际掌权者、宫廷与内阁顾问路德维希·冯·比格里本（Ludwig von Biegeleben）："任何感受到民意脉搏的人都会同意我的看法，即人们对邦联改革这个词的热情已经被点燃了，一发不可收拾，而对奥古斯滕堡和荷尔斯泰因独立的兴趣已经衰退。恐惧不安与追求和平的人们希望邦联改革，追求势力扩张的巴伐利亚人希望邦联改革，全体民主派也呼唤邦联改革，他们认为这将带来民选议会。"布洛姆用这番充满激情与远见卓识的话证明了俾斯麦的智慧，即不应在易北河公国问题的标志下，而是要在德意志问题——这个资产阶级变革的中心问题——的框架下，解决与奥地利的冲突。在这封私信发出两天后，布洛姆在一份官方报告中惊呼："1848年革命的神秘幽灵被召唤出来了，任何政府都无法驱逐它们。"

博伊斯特（Beust）领导的萨克森政府和普福尔滕（Pfordten）领导的巴伐利亚政府都认为，有必要对俾斯麦提出的议会构想加以灵活操纵，尽管后者有着自己额外的考虑。汉诺威国王则一如既往地固执地宣布："议会绝不能也永远不能成立。"各中小邦国政府的反应和想法在这两极之间不断摇摆。这些邦国对彼此、对自己的人民以及对奥地利的主席国权力等各方面都存在不信任和怨恨，因此，它们甚至在拿起武器之前，就已经在道义和政治上解除了自己的武装。

对奥地利阵营来说，最灾难性的事实莫过于，它无法针对普鲁士的倡议提出任何积极性的替代方案；由于其内部结构的原因，它既不能接受激进的邦联改革，也不能接受建立资产阶级民族国家的原则；除了维持现状，它什么都不能提供。这不是哈布斯堡王朝多民族国家本身的问题，而是由于它受到了上层贵族与天主教教权主义的联盟的统治。诚然，奥地利的主要对手普鲁士也受到了一个前所未有的反民主的战斗内阁（Kampfkabinett）的统治——这个内阁的性质正如其字面所言；但在1865年秋天，俾斯麦已明确地放弃了封建保守主义和新教教权主义。而在奥地利，发展情况正好相反。

9月20日，由理查德·贝尔克雷迪（Richard Belcredi）、

莫里茨·埃斯特哈兹（Moritz Esterhazy）和门斯多夫 - 普伊组成的"三伯爵内阁""终止"（sistieren），即废除了1861年的二月宪法。这是一场封建政变。哈布斯堡家族此时希望实行联邦制统治，因此需要与匈牙利高级贵族相互妥协。三位伯爵中，埃斯特哈兹没有明确职权，他是在皇帝那里很有影响力的大臣，也是真正的内阁组建者。他是一个生活随意、偷税漏税的高级贵族，完全生活和工作在一个想象的世界里，那个世界仍然属于神圣同盟和过去哈布斯堡皇帝的荣光。然而，新政府的首脑是贝尔克雷迪伯爵，他的教育和精力，以及他与贵族和神职人员的密切联系，都备受称赞。埃斯特哈兹和贝尔克雷迪是普鲁士的容克极端保守派在奥地利高级贵族中的对应者，但普鲁士的这些保守派们在这几个月里被最终推到了次要位置。外交大臣门斯多夫 - 普伊与外国有着广泛的联系，但外交经验有限。作为一个有着欧洲格局的人，他对德意志中小邦国的"悲惨"命运——正如他自己所说——没有什么同情，他很倾向于与普鲁士沟通，尤其是他作为一位将军，能够清醒地评估军事力量。

总参谋长冯·亨尼克斯坦男爵（Feldzeugmeister Freiherr von Henikstein）在内阁会议上表示，普鲁士知道自己想要什么，但它必须让别人来决定自己的行动。对此，门斯多夫 - 普伊向他喊话说，不幸的是，这其实是奥地利的情况。但是，他希望维也纳的皇帝能与柏林的国王在推翻可恨的俾斯麦的问题上达成共识。在他看来，这似乎是解决危机的办法。但是，奥地利这样的政策极有可能导致俾斯麦被一个自由派首相取代，这又使那些好战的天主教徒产生了疑虑，他们在维也纳外交部和外交系统里，围绕在门斯多夫 - 普伊身边，限制着他的行动。

德意志事务的负责人是国务秘书冯·比格里本男爵，他

有权直接与皇帝弗朗茨·约瑟夫对话，因此，作为外交照
会的起草人，他能在内阁人选存在争议时推出自己的外
交大臣人选——副国务秘书奥托·冯·迈森堡（Otto von
Meysenburg），一个天主教皈依者。外交部的新闻主管是宫
廷枢密（Hofrat）马克斯·冯·加格恩（Max von Gagern），
他敦促德意志各邦的报刊对普鲁士表达不妥协的态度。俾斯
麦并非不知道这三个天主教徒的活动；在与俄国大使奥布里
尔（Oubril）的一次谈话中，他对这三个人在门斯多夫－普伊
身上施加的反普鲁士影响提出了抱怨。哈布斯堡帝国权力斗争
的如此情景，让弗朗茨·格里尔帕尔泽（Franz Grillparzer）
评论说，奥地利需要皈依新教两百年，才能充分展示它的伟
大——"今天它的才华仅仅体现在音乐和签订协约上"。严格
的天主教徒必须捍卫如今的奥地利，这相当于捍卫他们的统治
地位——尤其是在当下的时代里，教宗的国家权力被削弱、自
身也面临莫大威胁，这就是为什么教宗比以往更加明确地进行
天主教会的精神划界，比以往更加绷紧教会纪律。这就产生了
一个问题，即是否可以一劳永逸地在德意志和意大利境内，与
新教以及自由主义化了的普鲁士算账。

　　布洛姆不厌其烦地一再强调，在君主国的许多地方，战争
是受欢迎的，德意志的民情对奥地利是有利的。事实上，普鲁
士和奥地利之间日益紧张的关系在维也纳的报刊上得到了生动
的回响，这些报刊将矛头直指普鲁士和俾斯麦。甚至在德意志
问题上，反对维也纳三伯爵内阁的圈子也站在了政府一边。在
观察家们看来，反对普鲁士的人似乎把所有人和所有事情都联
合起来了。在反普鲁士主义下，很多斯拉夫人被动员起来了，
但几乎没有马扎尔人能被动员起来。布洛姆把哈布斯堡统辖的
德意志地区和部分斯拉夫核心地区的这种团结，与普鲁士的普
遍情绪做了对比，在那里，一直到 5 月，居于主导地位的都是

341

怀疑，有时甚至是彻头彻尾的反叛情绪。因此，他能够有说服力地断言，当下就是奥地利拿起武器最有利的时机。

对布洛姆来说，主要敌人不是俾斯麦，而是普鲁士的自由主义。千万不要让俾斯麦倒台！——他特别对他的上级门斯多夫－普伊进行了如此的强调。这个俾斯麦是奥地利最顽固，但同时也是最无害的敌人。如果他倒台，只会让普鲁士出现一个自由主义的政府，这样的政府"将不再遵循大普鲁士主义，而是以小德意志联邦国家和议会作为自己的旗帜。1866年，德意志还没有一个政府有足够的力量来反对这样的纲领"。布洛姆在这里接过了想要推翻俾斯麦的普鲁士外交和宫廷反对阵线的观点，只不过是在相反的旗号下。他得出结论："总之，一个腐朽的和平会带来革命，而现在战争为我们提供了比以往任何时候都更有利的机会。"布洛姆理解的革命，就是一个自由主义的普鲁士的诞生，它可以通过道德征服、以和平的方式，来领导一个德意志联邦国家。

342　现在，驻柏林大使卡罗利伯爵断送了一切在威廉国王和俾斯麦之间制造冲突，从而确保和平的希望，难怪门斯多夫－普伊叹息道："人们在从四面八方推动战争"。维也纳和柏林的执政圈子里都有这样的声音：不能再有奥尔米茨了！ 5月29日，布洛姆相当坦率地说道："战争，我们需要战争，只有战争。"他在加斯坦的谈判伙伴俾斯麦也持有这种的想法，并对此采取了相应的行动。维也纳和柏林都竭尽全力，使战争变得不可避免。

对奥地利来说，这场战争既针对普鲁士自上而下的革命，也针对全德意志自下而上的革命；此时做出的决策，将会为之后的数十年定下基调。基础而广泛的权力利益必须得到实现，其间接的表现形式是那些政治和情感上的战争动机，哈布斯堡王朝的大臣们遵循着这些动机行事。沙皇说，维也纳已经"接受了战争的命运"，这句受到广泛引用的话虽然与当时人们的种种主观陈述相符合，但并没有反映 1866 年的客观事实。大臣们首先是从各自的职责范围来判断的。例如贝尔克雷迪认为，奥地利的内部困境只能通过战争来克服，他因此支持俾斯麦公开发表的主张。

财政大臣拉里什伯爵（Graf Larisch）做了一个近乎嘲弄的计算：在接下来的几个月里，奥地利需要 5 亿克朗的战争投入，不然就要在战败之后，完成一个体面的破产。埃斯特哈兹这位没有职权的大臣以他那随意轻浮的方式直击问题的核心：经过首场战役后，谈判会变得更加容易。科堡公爵对维也纳宫廷的情况非常了解，他写道，在他看来，这些大臣们更像赌徒，而不是政治家。虽然民众没有清楚地看到这些，但他们的感受也将他们引向了类似的结论，使得哈布斯堡王朝的威信受损。

普鲁士不想触及哈布斯堡君主国的核心领土；而奥地利领导层则一致认为，普鲁士至少应在其莱茵河地区、西里西亚地区和毗邻萨克森的领土上遭到削弱。

普鲁士在 4 月与意大利签订的秘密条约，使意大利有机会通过自己的行动接管威尼托省；而奥地利则在 6 月 12 日与法国签订了秘密条约，规定只要法国在战争中保持中立，就也可以得到威尼托。这一承诺将使拿破仑有权决定，他会在什么条件下把威尼托交给意大利。这样一来，他就能够限制意大利民族国家统一的规模，特别是在教宗国的问题上，并确保他拥有介入意大利事务的权利。这项有关威尼托的秘密协议意味着，奥地利士兵需要在意大利北部为已被抛弃的领土战斗；就连他们的统帅也不知道，这到底是怎样一种政治运作。奥地利的外交使自己陷入了可能被拿破仑随时抛弃的可耻境地。支撑哈布斯堡王朝与普鲁士作战的道德情感动力，只是一种历史退步的仇恨情绪。

343

民众运动：战争前夕的普鲁士

在奥托·冯·俾斯麦于 1866 年 4 月 9 日提议召开全德意志议会会议后，自由派便陷入了没有出路的矛盾。他们不能也不愿意积极反对俾斯麦的战争政策，因为他此时正在实现资产阶级的民族政治愿望；另外，他们也不能公开无条件地加入俾斯麦的行列，因为他仍旧实行着违反宪法的统治，且非常不受欢迎。与此前一样，动员民众反对俾斯麦，并不符合自由派的利益。因此，进步党作为德意志最强大的自由主义政党，已经没有能力再提出明确的立场；自 1865 年以来，它的中央委员会就一直保持沉默。

眼下，对自由主义者来说，有必要用谨慎的态度与洞察力来利用这场在普鲁士和奥地利之间迫在眉睫的战事。人们对俾斯麦充满了厌恶与担忧。自由派一次又一次地被疑虑困惑。俾斯麦公开宣布的政治目标背后没有藏着险恶用心吗？

1866 年 4 月、5 月，自由派几个月来所经历的信任滑坡已经暴露无遗；因此他们很小心，不能让这种滑坡演变为一场政治灾难。他们必须为俾斯麦的胜利或失败做好准备。他们希望在他胜利的时候，能够平等地与他对话；一旦他战败，他们就会用革命群众来威胁普鲁士政府。

344 　　自由派对意志的渴望与对自由的压抑相互交错、重叠，构成了一个平行四边形，从中产生了一个口号：在两个大国之间的战争中，中小邦国要保持中立。自由派 5 月 20 日在美因河畔法兰克福举行代表大会，会议决议中反对兄弟自相残杀的豪言壮语最终引向的实际措施，只是阻止中小邦国与奥地利联合。自由派评论员威廉·魏伦芬尼格（Wilhelm Wehrenpfennig）以充分的理由安慰海因里希·冯·特赖奇克说："你们不要被委员会议案的包装误导，保持中立绝对是符合普鲁士的希望的。"自由派的中立要求间接支持了普鲁士。这个要求可以防止中等邦国与奥地利联手作战，也能保持群众的潜在战斗力。

但是，该由谁来领导那些对进步党失望的工人呢？在所有的有产阶级中，保守的容克最不适合这项工作。俾斯麦一番寻求后，找到了拉萨尔派和与他们结盟的那些民主派人士。他很早就认识到，那些与资产阶级进行单方面斗争的人很可能在适当的时候成为他的盟友。当俾斯麦在 1866 年初从秘密报告中得知，拉萨尔派的刊物《社会民主党人报》(*Social-Demokrat*) 在财政上陷入了绝望困境时，依照他的政治作风，是一定会向其提供适当的资金资助的。事实上得到了确证的是，1866 年 4 月 6 日，《社会民主党人报》的联合出版人和合伙人约翰·巴蒂斯特·冯·霍夫施泰坦 (Johann Baptist von Hofstetten) 从俾斯麦那里得到了 2500 塔勒的无息借款。而这事就发生在俾斯麦带着他的议会提案出现在公众面前的日子里。

约翰·巴蒂斯特·冯·施韦泽 (Johann Baptist von Schweitzer) 是《社会民主党人报》的主编，也是拉萨尔派的主要领袖，他在狱中写了很多对俾斯麦有利的文章，因此不久就被释放了。这些煽动性文章的精髓在于，他指出，资产阶级自由派是"绝对无能"的，他们那"闻所未闻的软弱"显而易见。当然，资产阶级并非像他说的一样软弱，绝对没有软弱到俾斯麦不必顾及的程度。因此，当冯·施韦泽一再宣称俾斯麦有关议会和选举权的提议（特别是其中反对哈布斯堡和追求民族政治的目标）"不是对资产阶级自由派的让步"，而是对全德工人联合会——就是那个刚刚惊险地躲过了内部和外部瓦解命运的联合会——的让步时，纯粹是在说大话。正因为俾斯麦需要尽可能多地抗衡资产阶级的力量，他才竭尽全力使全德工人联合会免于解散。

因为冯·施韦泽要防止一切反俾斯麦联盟的形成，所以他不允许"与所谓的'人民党'（Volkspartei）或其他分子妥协"。"其他分子"当然指的是威廉·李卜克内西和奥古斯特·倍倍尔等政客。如果说，当时没有为组建工人政党而结盟的可能性，那么，正如冯·施韦泽所说，问题就在于，应该是由普鲁士还是由奥地利来统治德意志；而除此以外的第三种情况，"目前暂时不可能在德意志存在了"。为了使自己的表述准确无误，他在此后不久又重复了这句话："目前在德意志，只有两个具有决定性力量的国家，而它们彼此争斗：奥地利和普鲁士。"

在受威廉·李卜克内西和奥古斯特·倍倍尔影响的各种工人阶级圈子里，工人们的道德—政治态度是与此完全不同的。威廉·李卜克内西和奥古斯特·倍倍尔也主张把工人从德意志进步党中分离出来。但正因为有政治觉悟的工人们在争取独立地位，他们必须搞清楚一个问题，即他们应该如何继续处理与反对派市民的关系。他们与前拉萨尔派成员尤里乌斯·瓦尔泰希（Julius Vahlteich）一致认为，"必须首先把对资产阶级的仇恨降到正常程度"。

不仅在萨克森，在莱茵兰和德意志南部，事情也在发酵。在这些地方，由于担心俾斯麦会牺牲莱茵河左岸的地区讨好拿破仑，民众运动获得了额外的推动力。在莱茵兰，在战争爆发前征召后备军的做法，引起了特别的骚动。群众骚动不安的标志性事件，是 1866 年 5 月 7 日南德学生对俾斯麦的暗杀尝试。

在政治危机爆发的同时，经济危机也随之而来了，这场危机早就显露了苗头，但在 5 月几乎突然间蔓延开了。柏林有 10000 名失业者，曼海姆有 1000 名；美因河畔法兰克福等城市的失业率也在提高。萨尔地区（Saar）的钢铁厂一下子解雇了700名工人。在西里西亚，为了打击工人的骚乱，政府已经部署了两个连队。6月初，在柏林，失业者在街头和市政厅前接连游行了好几天。然而，由于缺乏一个覆盖整个德意志的有经验的党派，工人们的潜在力量还不能转化为目标明确的行动，因此只能依靠其迅速疲软的自发行动。

民主派在当下的一系列问题上的分歧进一步扩大了，这些问题包括应对俾斯麦议会提议采取何种立场、选择战争还是和平、选择奥地利还是普鲁士。已经接近绝望的南德意志民主派在6月初抛弃了对德意志两大强国的中立立场，声明会在战争中支持奥地利。民主派与哈布斯堡王朝联盟的设想是愚蠢而天真的，这个设想包含着一个无法解决的矛盾。民主阵营缺乏组织领导，这对近几周的行动产生了致命的影响。倍倍尔在其生命的最后一刻依然强调："但由于没有一个目标明确的、思路清晰的、可以让人信任的领导，也没有一个强有力的组织来把大家联合起来，这种情绪就蒸发了。从来没有哪一个有着良好内核的运动，最终取得如此一无所获的结局。"

他在这里写下的，并不是一个老战士对革命的怀念。同样，外交官们在1866年春天多次提到革命的危险，也不应被视作幻觉与谴责。对于俾斯麦的话，即亲手制造革命比遭受革命之苦要好，我们也不应仅仅当作一时兴起的诙谐之语加以引用。

上层的政府圈子里说的是什么，与下面发生在民间的事情紧密相关。普鲁士在政治上优于奥地利，正是因为它可以对重要的民族革命和民主愿望做出积极的回应；既然它不想迫使争取民主自决的各阶层人民最后采取革命行动，它就必须给出这样一个积极的回应。俾斯麦的自由意志受到他的国家和时代的历史条件与潮流的制约。

反对派面临着外部分裂和内部分化，而与之相对的，是俾斯麦领导的国家在意志和组织上都有着更为集中的力量。当然，在这个决定性关头，普鲁士高层内部绝非没有摩擦，外交圈和宫廷里此前的反对阵线又开始活跃了起来。反对阵线的首脑及推定的俾斯麦继任者是普鲁士驻巴黎大使罗伯特·冯·德·戈尔茨伯爵。他和普鲁士驻伦敦大使冯·伯恩斯托夫伯爵原则上并不抵制反哈布斯堡的战争，但在现有情况下，他们希望先暂时避免战争，正如冯·德·戈尔茨 1866 年 3 月 26 日给冯·伯恩斯托夫的信中所说的那样，因为"在现任政府的领导下，战争会带来更大的风险，政治上成功的机会则更少，尤其是在德意志问题上"。外交圈里的反对阵线深信，如果不改变普鲁士的体制，德意志问题就不可能有成功解决的希望，而如果不进行彻底的人事改革，这种体制的改变也就不可能成功实施。但这样的要求只是意味着，要让国王重新转向一个自由派或自由—保守派的内阁。这是反对阵线的一个明显弱点。冯·伯恩斯托夫显然认识到了这一点，因为他在 4 月中旬拒绝与推翻俾斯麦的势力进行合作。冯·伯恩斯托夫认为，在与哈布斯堡敌对的情况下，不可能进行内阁改组或一场表面上的体制变革，因此，他的首要目标是防止战争爆发。但其中也有失算的地方；军备发达的奥地利如果没有得到不会在未来进行根本性邦联改革的保证，就不会跟普鲁士和平共处。但是，一旦普鲁士方面的任何人给予奥地利这样的保证，就会让政府丢掉资产阶级自由派的支持。俾斯麦认识到了这种关系，因此毅然决然地走向邦联改革——如果可能的话，不开战；如果必要的话，就开战。他知道，前者不太可能，后者几乎是肯定的。他确信自己会取得军事上的胜利。但他确信自己会在政治上战胜统治阶层内部的对手吗？在此问题上，无论如何，他都要丢掉幻想。

4 月，俾斯麦公开对意大利大使巴拉尔伯爵（Graf Barral）

说，普鲁士的一切外交活动都在与他的计划作对。他几乎没有
夸大其词。他不可能对他那广大的反对阵线掉以轻心，尤其
是因为这条阵线与宫廷——与王后、王储、前外交大臣和当时
的王室事务大臣（Hausminister）冯·施莱尼茨伯爵——有许
多联系，而且也有着广泛的社会关系；他们可以直接向国王报
告，这令俾斯麦最为恼火。宫廷小集团既急切地谋划着，又被
恐惧折磨着。有时，宫廷阴谋家之间的通信包含对彼此的警
告——警告对方要立即销毁他们的信件，因为这些信件是"罪
证"（corpora delicti）。

　　然而，尽管外交、宫廷和部分政府部门里的反对阵线能给
俾斯麦带来种种困难，但他们的力量终究是有限的。第一，俾
斯麦的这些对手太过在意普鲁士了，不愿意冒着让国家陷入危
机的风险。第二，因为他们供职于外交系统，所以终归是俾斯
麦的下属，受到俾斯麦命令的约束和控制。第三，在争取国王
的支持时，他们总要与普鲁士的军事机器对抗，而普鲁士军事
力量的关键人物——陆军大臣冯·罗恩，无条件地站在俾斯麦
一边，这是可以肯定的。

　　当然，正如路德维希·冯·格拉赫一派的人在1866年5
月所说的那样，一些将军和禁卫军军官出于保守主义的情感和
思想，对与奥地利的战争仍然"非常不坚决"。但对俾斯麦来
说决定性的因素是，总参谋长赫尔穆特·冯·毛奇经过一番摇
摆后，加入了陆军大臣阿尔布雷希特·冯·罗恩的行列，开始
为军事行动做准备。最终，他们为自己的战争路线赢得了第三
位同盟者——极端保守派埃德温·冯·曼陀菲尔，他在石勒苏
益格－荷尔斯泰因这个危机温床中担任军事总指挥。事实上，
这三位将军拥有整个普鲁士军队的指挥权。而普鲁士军队的正
式统帅——国王，无论是在心态上，还是在权力形势上，都离
不开他们；国王既是整个国家机关的主人，也是它的仆人。

冯·罗恩和老毛奇与俾斯麦一起，增进了他们与老自由派、德意志进步党之外的右翼自由派和大部分保守派的政治联系。在 1866 年关键的那几个月里，老自由派和保守派成了俾斯麦在国家机器之外的最强有力的支持者。老自由派中，特奥多·冯·伯恩哈迪在 4 月、5 月里特别活跃。他先是主动为老毛奇制订了一个针对奥地利的作战计划，之后又主动提出，自己可以到汉诺威去和自由派的德意志民族联盟的领导人本尼希森谈话。俾斯麦接受了这一提议，并对冯·伯恩哈迪阐释了自己的想法，这些想法接近于他在 1859 年向自由派的冯·翁鲁阐述的内容。当时，他向自由派提出建议，在邦联改革和对奥地利斗争的问题上进行合作。然而此刻，说这番话的不再是一个还没有被正式委任的普鲁士大使了，而是在一场决定历史的战斗中身担重任的首相。

刚刚得到俾斯麦的指点并被成功说服后，冯·伯恩哈迪就试图引导充满疑虑的本尼希森："是的！他（指俾斯麦——作者注）可以发动战争，请不要怀疑这一点。我可以再多告诉你一点：不仅仅是俾斯麦可以发动战争，而是只有他可以；一个自由派的政府，如果此刻还有其他选择，就不会发动战争了！这样的政府永远不能战胜来自国王周围亲奥地利的团体的阻力——也就是来自王后及其追随者的阻力——不能战胜来自已经在我们有影响力的圈子里扎下根来的奥古斯滕堡家族代理人的阻力。面对如此多重的阻力，自由派的政府一定会失败；它不会开战，而是会把我们带去奥尔米茨。这正是我们现在必须坚决支持俾斯麦的原因。"

事实上，一个自由主义的政府——如果这真能实现的话——既不能与奥地利开战，也不能与其就和平达成一致。这是因为，确保和平的条件是政府必须明确放弃资产阶级自由派的要求，放弃在邦联改革的道路上实现民族国家的统一。《奥

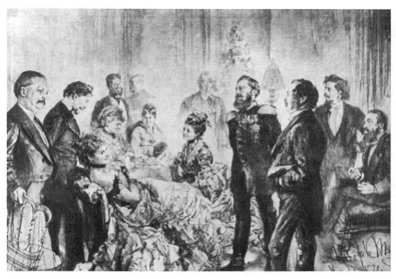

米密·冯·施莱尼茨（Mimi von Schleinitz）的沙龙，阿道夫·冯·门泽尔（Adolph von Menzel）创作。在米密·冯·施莱尼茨那里，针对俾斯麦的宫廷阴谋家们走到了一起。图中左起依次为：冯·亥姆霍兹（von Helmholtz）、安格里（Angeli）、冯·施莱尼茨夫人、冯·亥姆霍兹夫人、塞肯多夫伯爵（Graf Seckendorff）、布吕尔伯爵夫人（Gräfin Brühl）、维多利亚储妃、波泰勒伯爵（Graf Pourtales）、弗里德里希王储（Kronprinz Friedrich）、冯·施莱尼茨、安东·冯·维尔纳（Anton von Werner）和霍恩洛厄·朗格堡侯爵（Fürst Hohenlohe Langeburg）。

尔米茨协定》和 1850 年普鲁士被奥地利—俄国支配的不祥之兆真的再次出现了。这些战术考虑的背后，是对革命的担忧与恐惧。在准备与俾斯麦和本尼希森谈话时，冯·伯恩哈迪也拜访了冯·罗恩，向他保证自己愿意提供支持："现在，俾斯麦先生坚持自己的立场、执行自己的政策，是最重要的。如果他不得不辞职、不得不在外交政策上让步，那么我们就是在默许局势走向革命了。"

在这些谈话中，没有任何证据表明俾斯麦没有看到或否认了这种联系。不过，从 3 月 30 日俾斯麦写给冯·德·戈尔茨的信来看，俾斯麦似乎并没有把革命的风险看得太重："国内所有的激动和反对，我认为都是表面上的，是得到了上层资产阶级的支持的，是在民众中暂时得到了无法维持的承诺的滋养的。在关键时刻，群众会站在国王这一边，不管国王是向自由派还是保守派投降。"在这背后的问题是，普鲁士政府在宪法危机中对自由派的让步，是要在普鲁士与奥地利爆发冲突之前还是之后做出。与外交领域内倾向自由主义的反对阵线的看法不同，俾斯麦坚信自己可以顺利应对国内局势，直到战争取胜；到了那时，他就不仅能在宪法危机中，还能在民族问题上，让自由派在道义和政治上得到满足。

凡是像自由派一样不希望革命发生的人，都必须自愿或不自愿地接受普鲁士的霸权地位，这种霸权地位一方面是实施民族国家统一的工具，另一方面又可以在具体塑造宪法关系和政治权力关系时扮演监护人的角色。旧自由派和右翼自由派的分歧在于，一派是毫无保留地积极支持俾斯麦，而另一派则是出于对民意的考虑，只是有保留地、间接地支持他。旧自由派的马克斯·东克尔非常生动地表达了这一点："本尼希森、奥特克（Oetker）和其他许多人一样，只希望俾斯麦成功，但他们又总是为他制造困难。"

容克所在的保守派的情况与此有所不同。1866年4月1日，"来自下莱茵河的信使"写道，现在有两个派系，"我们姑且将它们称为俾斯麦派和封建派"。"信使"说："封建派无疑想尽快与奥地利和好，另外，想利用战争喧嚣的大好时机，野蛮地清理掉宪法、民众自由等类似的东西，这些对保守主义世界的秩序造成了小干扰。与之相对的是，真正的俾斯麦式的政策始终是以战争为目标的。如果这个方向在接下来的4个星期继续占据主导地位的话，那么它肯定已经赢了，因为在所有知情人看来，经过了4个星期的持续军备之后，战争就在所难免了。"

在俾斯麦提出议会提案后，声名狼藉的最高法庭（Ober-tribunal）的副主席阿道夫·冯·克莱斯特伯爵（Graf Adolph von Kleist）立即"绝望地"给冯·格拉赫写了封信，信中说："您对俾斯麦的这一转变有何看法？他在呼吁人民主权！他要成立国民制宪议会（Konstituante）！！……我们的盟友说：从细微之处看来，这就是一场革命。我们对此都非常愤怒。"路德维希·冯·格拉赫和汉斯·冯·克莱斯特－莱佐夫都认为，对于俾斯麦想召开一个制宪议会（konstituierendes Parlament）的指责是无端的。但是，冯·格拉赫身边的"封建党"却惊恐万分，因为在封建主义者眼里，这场革命的"细微之处"之一就是资产阶级自由主义——这个说法甚至是有一定道理的。

和外交反对阵线一样，冯·格拉赫身边的一群人也 351 在思考如何才能将国王赢取到自己的阵营。宾德瓦尔德（Bindewald）已经走上了危险的阴谋之路，他在1866年5月6日，也就是俾斯麦遇刺的前一天，给冯·格拉赫写信说："如果不能增强国王的力量来对付俾斯麦，就很难避免最坏的情况，因为国王总是会在最后一刻屈服于俾斯麦的辞职威胁。"在路德维希·冯·格拉赫于《十字架报》上发出警告后，他在这同一份报纸上收到了批评性的回复，此外还收到了责备信，主要来自保守派全盛时期的老朋友和政治密友们。年迈的阿道夫·冯·塔登做了一个相当粗糙的比喻："但我们确实有了一个安慰，这是托了俾斯麦遇刺的福：你向如今遭受非人折磨的俾斯麦（报纸评论中的有关段落只能这样来理解）发起的攻击，会被八发左轮手枪的砰砰声淹没、中和掉的。"

资产阶级旧自由派的核心部队与大部分的保守主义容克以及军队一起组成了一个联盟，俾斯麦可以牢牢地依靠这个联盟来打击他的内部对手和外部敌人。这样，俾斯麦可以在1866年继续按照1862年帮助他就任的规则行事。

在与意大利缔结同盟并提出组建议会的建议之后的几个

星期里，俾斯麦必须致力于进一步塑造普鲁士与法国和俄国的关系。最迟在 1862 年，他已经完全清楚地认识到，法国和奥地利——"以其各自的方式"——一定会是普鲁士在德意志推行霸权政策的反对者。然而，正如他明白如何将主要的战略敌人——哈布斯堡王朝统治的奥地利——在石勒苏益格 - 荷尔斯泰因危机中作为盟友加以利用一样，他对拿破仑法国采取了一种拖延政策，却不做有约束力的承诺，使其丧失了干预能力。拿破仑三世向俾斯麦保证了自己的中立，却没有通过任何条约做出领土上的让步。显然，他并不真的相信普鲁士的武装力量会很快取得胜利，他立场的摇摆源于这样的希望，即自己能在普鲁士和奥地利进行长期斗争之后，出来收获战利品。即使在柯尼希格雷茨（Königgrätz）战役 ① 之后，拿破仑似乎仍低估了霍亨索伦王国。有很多迹象表明，拿破仑的想法和希冀，只是他的政权如今在内部和外部环境上面临的客观不确定性的主观投射。拿破仑推迟着不去解决这些难题，而俾斯麦也知道这一点。

352　　　　在与对奥地利作战直接相关的外交准备中，促使法国保持中立政策具有决定性的作用。在 4 月的外交博弈中，俾斯麦是可以把俄国的友好中立视作定数的：但这也只是相对而言，因为戈尔恰科夫一再借助于召开会议和别的外交手段（就像他在意大利做的那样），推行维持现状的政策——这是俾斯麦最不想看到的。俾斯麦当然很清楚，俄国最关注的是如何应对自己国家里的那些危机迹象。另外，1856 年《巴黎和约》中关于禁止在黑海建立战备舰队、禁止在黑海沿岸建立兵工厂的规定，也是俄国与西方诸大国进行联盟的主要障碍。然而，俾斯麦不得不一再打消沙皇的顾虑，因为沙皇担心普鲁士会因提出

---

① 发生于 1866 年 7 月 3 日，是普奥战争中的重要战役，战局由此转向对普鲁士有利。

建立德意志议会和引入普遍、平等选举权而走上危险的道路。

罗马尼亚问题在普鲁士与俄国的谈判中也发挥了作用，特别是涉及摩尔达维亚和瓦拉几亚两个多瑙河公国的统一问题，以及选举一位外国王子作为库扎侯爵（Fürst Cuza）的王位继承人的问题——库扎侯爵于1866年2月被保守主义的封建贵族和军官赶下了台。俾斯麦与俄国大使看似只是在假设的基础上对此交换了意见，但事情很快证明，这是在巧妙地为圣彼得堡推举霍亨索伦－西格马林根（Hohenzollern-Sigmaringen）家族的卡尔亲王（Prinz Karl）做准备。毫无疑问，俾斯麦——与向俄国大使做出的保证相反——是在拿破仑三世的同意下推出了这个候选人的，显然是为了对抗统治特兰西瓦尼亚（Siebenbürgen）的罗马尼亚人的奥地利。考虑到即将到来的战争，俾斯麦认为，"在多瑙河的问题上，最重要的是要让奥地利不敢把所有的军队都调到那里去"。这个事件中不乏历史的讽刺：1870~1871年普法战争爆发的诱因——西班牙王位继承权之争——早已在此应验。

俾斯麦构筑起了两个同心圆，将奥地利封锁在了外交孤立中。内环包括普鲁士与意大利的结盟，意大利将会因此采取积极的军事行动；而外圈包括俾斯麦在罗马尼亚关于王位继承的阴谋，这也牵制了奥地利的军事力量。与匈牙利移民和匈牙利军团的谈判也可以包括在内，但这些谈判在军事上不能起任何作用，因为开始的时间过晚，大约在1866年6月。俾斯麦更多的是把这种关系当作一种威胁手段。这对他来说是相当冒险的，因为匈牙利的起义很容易就会蔓延到波兰。此外，摧毁哈布斯堡的统治绝不是他的目标。因此，不应把他同匈牙利的关系看得太重。

在同心圆战术中不容忽视的是，俾斯麦对战争的准备涉及了方方面面。他并不是直奔战争而去的。俾斯麦在25年后对

353

奥地利历史学家海因里希·弗里德容（Heinrich Friedjung）说："做事形式单一，不是我的风格。"这就是为什么，他在5月既接受了安东·冯·加布伦茨（Anton von Gablenz）的调停建议，又接受了拿破仑的会议建议——很明显，他的目的是要操纵维也纳，使其陷入不得不拒绝这两个建议的境地。冯·加布伦茨的调停方案的核心要点，是在奥地利和普鲁士之间，沿美因河线（Mainlinie）划分对德意志的最高军事指挥权。显然，这样的权力划分肯定会为普鲁士提供一个更好的起点，用来进一步实现自己的霸权野心。因此，从奥地利的角度来看，只有不陷入这个圈套才是正确的选择。俾斯麦能够以奥地利的拒绝作为证明，向他那摇摆不定的国王展示战争的前景。他在拿破仑召开的会议建议上也采取了类似的做法，取得了相似的政治结果。他同意拿破仑关于召开国际会议的建议，因为如果会议要处理领土割让问题，奥地利是绝对不能同意参与的。

6月10日，俾斯麦向各邦国提出了新的邦联条例的大纲。此时德意志南部的大多数民主派人士正在鼓吹革命，与那个面临着财政、政治和道义破产的奥地利帝国站在一边。俾斯麦的建议与他此前提出的邦联改革提案有所不同，其中的内容包括：把奥地利排除在德意志之外、在重大经济问题上进行联合、建立德意志海军力量，以及——为了争取巴伐利亚并安抚法国——在普鲁士和巴伐利亚之间划分军事最高指挥权。当然，大纲再次申明了要在普选的基础上产生议会。当时，拉萨尔的朋友，48岁的弗朗茨·齐格勒也喊出了口号："民主之心就在普鲁士旗帜飘扬的地方。"

7月3日，普鲁士下院的选举结果反映了民众的声音。1865年秋，保守派在下院只获得了38个席位，但在1866年，保守派获得的席位增加到了123个，而德意志进步党则从143

个席位降至 83 个。仍然属于右翼自由派的博库姆－多尔夫斯派（Bockum-Dolffs）此时拥有 65 个席位，而他们以前有 110 个席位。很明显，普鲁士的舆论已经转向了准备采取行动的战争情绪。

第七章

普鲁士的霸权

战争形式的革命

　　1866 年 6 月 7 日，普鲁士军队进军由奥地利管理的荷尔斯泰因时，并没有向对方开火。在这前一天，普鲁士司令官埃德温·冯·曼陀菲尔已经把进军的消息告知了他在荷尔斯泰因的奥地利同僚。双方都摆出了一副具有保守骑士精神的样子。奥地利军队在哈布斯堡帝国国歌的伴奏下离开了基尔，而国歌是由普鲁士海军乐队演奏的。一场颇具骑士风格的滑稽戏宣告了 1866 年这场命运之战的到来。

　　这绝对不是俾斯麦的意图，他原本希望冯·曼陀菲尔可以像在 1813 年那样 "演奏《约克军团进行曲》"①，并且在没有得到明确命令的情况下依然发动一场流血的冲突——只不过这次是针对奥地利人的。在普鲁士刚刚于石勒苏益格 – 荷尔斯泰因建立起根基的时候，俾斯麦就在 6 月里提出了具有挑衅性的邦联改革提案，不再将奥地利纳入未来重新组建的邦联。这样，

---

① 《约克军团进行曲》（Marsch des Yorckschen Korps）由贝多芬创作于 1809 年，最初名为《安东大公进行曲》（Marsch für der Erzherzog Anton），同年改为《波希米亚防卫军第一进行曲》（Marcia No.1 für die böhmische Landwehr），1813 年为纪念普鲁士将军路德维希·约克·冯·瓦滕堡（Ludwig Yorck von Wartenburg，1759~1830 年）未经国王同意而签订《陶罗根停战公约》，在第六次反法同盟战争期间促使普鲁士王国从与法国结盟转变为与俄国结盟而再度改名。

骰子已经掷下了 ①。奥地利不得不在事关德意志霸权的主战场上，对普鲁士做出强势的回应。

1866 年 6 月 16 日，在邦联议会对奥地利的军队动员提案进行投票表决的两天后，普鲁士发动了战争——首先是针对萨克森、汉诺威和黑森选侯国。德意志所有中型邦国都站在奥地利一方，包括萨克森、汉诺威、巴伐利亚、符腾堡和巴登，而普鲁士只在图林根和北德拥有几个小邦国盟友。尽管自 1866 年春天以来，整个欧洲都预料到普鲁士和奥地利的战争，但德意志南部各邦并未按必要的强度进行军备训练。尤其是巴伐利亚犹豫不决了很久。不仅仅是慕尼黑领导层推迟了战前准备工作，巴伐利亚国内对普鲁士和奥地利都不友好的情绪也使战备工作遭到了拖延。6 月中旬时，只有黑森-达姆施塔特和拿骚的部队准备好了进军。因此，德意志中小邦国对普鲁士的抵抗力很小就不足为奇了。在 7 月初，普鲁士军队就成功地完成了对这些邦国的军事行动。

同时，奥地利在南部的库斯托扎（Custoza）击败了意大利，但没有从根本上改善其面对普鲁士时的地位。波希米亚（Böhmen）此时成了主战场。

普鲁士作战的战略指挥职责由总参谋长赫尔穆特·冯·毛奇承担。在普鲁士战争历史上，这是军事行动首次由总参谋部的长官正式领导。6 月 2 日，他获得了以国王的名义独立向指挥官们下达命令的权力。这确保了总参谋部的战争准备工作和战争的实际指挥之间存在连续性。这种现代化的领导方式显示了，普鲁士的军国主义从容克式走向了容克—资产阶级式，从半封建式走向了资本主义式。

与普鲁士总参谋部相比，奥地利军队的领导层没有长期的

356

---

① 语出恺撒，形容已无路可退，必须背水一战的局面。

战争准备工作可以倚仗。防守和进攻都没有经过认真考虑和计算。奥地利总司令贝内德克（Benedek）5 月才在违背自己意愿的情况下上任，他想根据具体的情况制定战略和战术。尽管心中有些疑虑，他仍然认为，在总参谋部没有事先开展战争准备工作的情况下，他依然可以依靠大批人力物力的投入和新型工业武器，凭借自己的决断在战役中将敌人"拉下马鞍"。

根据老毛奇和他的总参谋部的计划，普鲁士军队会在波希米亚边界上兵分三路，只有到决定性的战斗时才会联合起来。老毛奇的原则是"单独行军，共同作战"，这与先前的所有战略原则相抵触；根据此前的原则，应当保证所有武装力量在主要战役前就实现联合。

6 月政治事件的迅速发展以及俾斯麦的策略——让奥地利以攻击者的形象出现——不允许普鲁士的武装力量在进入敌国领土之前就统一起来。这种不合常规的做法虽然是一种赌博，但并不是冒险，因为老毛奇成功使普鲁士经济和技术上的变革充分地服务于作战需要：铁路允许军队快速运输；道路的改善提高了行军效率；电报的使用保证消息和命令能更快传达；撞针式后装弹枪 [1] 唯独在普鲁士野战部队中得到了完全配备，这使得单个部队的火力和应变力大大提高，即使面对在数量上占优势的对手也不落下风。在军队重组后，更加年轻化的步兵队伍在战术上更加机动灵活，力量由此增强，这一点也为老毛奇提供了帮助。

除了在特劳特瑙（Trautenau），最初的所有战斗均以普鲁士的胜利告终。柯尼希格雷茨战役开始于 1866 年 7 月 3 日凌晨。午后，来自西里西亚、由普鲁士王储率领的第二军团到

---

[1] 普军列装的撞针式后装弹枪不仅火力凶猛，而且允许士兵卧姿装弹，相比于奥军装备的传统前装枪极具优势。

赫尔穆特·冯·毛奇，自1857年起任总参谋长，照片摄于1865年。在俾斯麦看来，老毛奇是一个"有计划地履行职责的人，他有着自己独有的气质，总是随时做好准备，绝对可靠，但又沉着冷静"。

达了战场；他们对奥地利军右翼的冲击为普鲁士带来了决定性的优势。但是，奥地利军队的指挥官建立起了一支强大的炮兵队，还通过骑兵回击，成功阻止了疲倦的普鲁士部队的前进，避免了已被击败的军队遭到彻底歼灭。最后，随着疲惫不堪且遭受重创的奥地利北部军团撤过易北河，普鲁士人占领了战场，战役以他们的胜利告终。

　　柯尼希格雷茨是19世纪规模第二大的战役，仅次于1813年的莱比锡大会战。傍晚时分，奥地利人在血流成河的田野上为1万多名死者、7500名伤员和2.2万名被俘士兵举行了纪念仪式。普鲁士方面大约有 2000 人阵亡、7000 人受伤，在受伤人数上与奥地利损失差不多。除了死者和伤者遭受的不幸，这场战役还留下了被焚烧、击毁的村庄，以及荒芜的田地。

单纯从军事角度来看，普鲁士军队的胜利主要归功于以下三个原因：针刺发火枪的超强火力、步兵的战术能力以及相对先进的规划和指挥机制。但是普鲁士也呈现了清晰可见、令人担忧的弱点。除第二军团的后卫炮兵外，他们的炮兵在技术上和战术上均不如奥地利人，后者拥有在 1859 年战役 ① 中积累的经验。这场大战的历程表明，普鲁士总参谋部没有让部队指挥官们对不同兵种的协同作战做好准备，缺乏与此相关的理论思想和培训。最后一点是，普鲁士军队现代化的领导机制纵然具备较高的灵活性，但并没有从理论上充分考虑到高层指挥与兵团指挥、战争规划与军队自律性之间的重要关系，并且在实践中也没有很好地建立起这种关系。总参谋长老毛奇对于军队自发性有着过度的自信，从而没有在战斗期间在已有的行军和战略框架内改变作战计划，没有进行有效干预——他本可使得第二军团对于对手侧翼的进军变成一场背后突袭。

然而实践证明，普鲁士军队的优势胜过其劣势——至少与哈布斯堡军队相比如此。尽管普鲁士民众多年来一直反对战争，这种反对甚至一定程度上持续到了战争动员期间，但事实证明，普鲁士军队的战斗士气优于奥地利。起初闷闷不乐的预备役部队和后备军队最终被说服，他们应该为德意志的统一而战。中小邦国的反对力量被削弱了，因为拥有财产的市民阶层和许多军人认同普鲁士的目标。

359　　7 月 3 日在柯尼希格雷茨发生的事件使整个欧洲震惊，强烈的回应随处可见。"为萨多瓦（Sadowa）复仇"是法国人要

---

① 1859 年 6 月 24 日，法国与奥地利爆发索尔费里诺战役。

求报复的呼吁，他们以此表达了自己的敌意，认为走入人们历史意识的不应是那个有着德语名字的柯尼希格雷茨要塞，而应是捷克村庄萨多瓦。圣座国务卿安东内利（Antonelli）枢机对奥地利人在柯尼希格雷茨惨败的消息的震惊反应也很出名："世界正在崩溃，世界正在崩溃！（Casca il mondo, casca il mondo!）"

但是柯尼希格雷茨战役真的一定会成为战争期间的决定性战役吗？奥地利在物质、道义和政治上都遭到了削弱，但其资源仍远未被耗尽。经过数百年发展出的社会和国家体系不会迅速轻易地瓦解，即使其适应历史进步的程度非常不足。

战争的规律很快就对普鲁士方面产生了影响：征服者被自己的努力削弱了，占领大片土地的困难呈几何级数增长，而被占领土地的大小却只呈算术级数增长。普鲁士部队的食物和牲畜饲料、鞋子和衣服的供应变得越来越困难，最终变得不足。霍乱在军队中的蔓延——一个勉强的安慰是，对手营地中的情况也没有更好——达到了令人恐慌的程度。浮桥和重型攻击炮很少，无法突破多瑙河线。进军敌人领土的行动缺乏进展，这样的严峻考验让很多士兵变得紧张、疲倦，他们成了接下来战斗中的迟到者、缺席者。普鲁士军队的物资供应需求在到处都引起了武装抵抗，特别是在波希米亚—摩拉维亚—西里西亚边境地区，这可能会演变为一场反普鲁士的人民战争。

因此，普鲁士仍有军事和政治上的危险。陆军大臣冯·罗恩曾在柯尼希格雷茨战役的几天后愉快地谈到了对维也纳的进军，但如今他已变得越来越爱批评指责，并最终宣布，"人们只是依靠着迄今为止的运气，才倾向于画出这样一幅光彩照人的图像的"，人们有责任"不去掩盖，而是必须更加尖锐地看到这幅图像的背面"。在这方面，老毛奇则更加清醒。

普鲁士军队的这两位主要将领对局势的评估，一定也决定了他们与俾斯麦的关系，俾斯麦很快就不得不与国王就军事、政治上的分歧斗争到底。作为普鲁士首相，他必须坚持，只有在双方有意就签订临时和约而举行严肃谈判的时候，才可以停火休战。而这又要求俾斯麦和拿破仑事先就总体性的和平基础达成一致。和平的基础必须遵照俾斯麦长期坚持的理念，即奥地利被排除在任何形式的德意志邦联之外，使普鲁士在德意志北部建立霸权，并有能力首先以隐蔽的形式使霸权也向德意志南部延伸。拿破仑从未反对普鲁士在德意志北部的霸权，但偶尔会用这种霸权进行引诱——他别有用心的动机是，能够利用霍亨索伦国家作为他在欧洲的霸权政策的工具。然而，如今在1866年夏天，他面临着俾斯麦的普鲁士可能实现权力转移的压力。7月18日，奥地利最终接受了法国和普鲁士为持续几天的停火提出的先决条件，停火期间，双方应当为举行预备性和谈达成共识。奥地利方面附带的条件是，必须维护萨克森的独立和领土完整，这是它最忠实的盟友。自7月22日中午12时起，双方开启了为期5天的停火，其间将在尼科尔斯堡就初步和平进行谈判。哈布斯堡让埃斯特哈兹伯爵在战前轻描淡写的说法成真了：经过首场战役后，谈判会变得更加容易。

当我们反思历史时，在尼科尔斯堡就初步和平进行谈判的日子之所以有趣，不是因为谈判者之间发生的事情，而是因为霍亨索伦和哈布斯堡君主国的最高圈子里面所发生的事情，尤其是在俾斯麦和威廉国王之间。当时，两人的关系很紧张，俾斯麦的神经简直遭受了不人道的折磨考验。威廉本想以军队最高指挥官的身份进入帝都维也纳，恨不得"以举世瞩目的方式"用战争赔款和领土兼并来惩罚哈布斯堡。但俾斯麦不希望采取惩罚性行动，而希望采取政治手段解决这场危机：打破奥地利在德意志的霸权，同时又保持它作为欧洲主要大国的地位，毕竟普鲁士迟早要和这个大国进行合作。占领维也纳等于羞辱哈布斯堡家族，会造成不可预见的后果。当时，正如俾斯麦后来承认的那样，他正努力让国王认同这样的看法，即普鲁士应该将"被排除在德意志之外的奥地利视为欧洲棋盘上的一枚优质棋子，而与奥地利重新建立良好关系，这应被视为我们可以持开放态度的一步走法"。"如果奥地利受到严重打击，它将成为法国和我们每个敌人的盟友；它甚至会牺牲其反俄立场的利益来报复普鲁士。"对于这样一种明确的现实政治观点，威廉只能用道德说教的方式进行反对，并固执地坚持奥地利应对普鲁士军队进行军事赔偿，并以吞并领土的形式赎罪。俾斯麦很难让国王明白，普鲁士不应像法官一样行事，而是要搞政治；奥地利对普鲁士的斗争并不比普鲁士对奥地利的斗争更应受惩罚。国王对俾斯麦的这些话充耳不闻。威廉的君主意识受到了伤害，如今他把内部争端的矛头指向了萨克森，这个他眼中战争爆发的罪魁祸首。他想以对普鲁士有利的方式分割萨克森领土，从而将其持久性地削弱，而俾斯麦知道，服从奥地利和法国对萨克森领土完整的要求将是明智的。威廉还更加坚决地要求严格对待北德意志的敌对邦国，特别是汉诺威和黑森选侯国。普鲁士国王打算迫使这两国的统治者退位，帮助继承人们掌权，他还希望普鲁士兼并这两国的部分领土，从而削弱它们。当俾斯麦告知他这两个北德王朝的终结以及普鲁士对它们的整体兼并时，他感受到了自己那秉持正统主义的良心的谴责。他怀着沉重的心情，最终同意了废除汉诺威、黑森选侯国和拿骚的王室。

在尼科尔斯堡谈判期间，威廉国王表现了他正统主义的两个看似矛盾的方面：懒惰和愤慨。7月23日，在尼科尔斯堡谈判的第一天，国王接见了前奥地利驻柏林大使和现任和谈代表卡罗利伯爵。卡罗利记载道，国王"眼里含着泪水，用颤抖的声音"，"对最终导致普鲁士和奥地利开战的种种情况和事

362

柯尼希格雷茨战役后出现在尼科尔斯堡的俾斯麦，1866 年 7 月 29 日。照片中的他沉着而平静，这与备战时的紧张情绪形成了鲜明的对比。在与顽固的国王斗争时，他甚至曾痛哭流涕。

件做出了评论"。

其实感性的威廉眼中很容易有眼泪——早在 1859 年，他在柏林接见奥地利陆军元帅温迪施格雷茨时，就已经落泪了。可能就像他对卡罗利诉说的那样，他真诚地认为，两个本应在反民主阵线上团结一心的国家却相互敌对、发动战争，是"违背自然的"。威廉国王的矛盾心态反映了这样一个事实，即在各种形式的资产阶级革命面前，君主制的团结往往会因各君主国之间的利益冲突而被破坏。而且由于普鲁士国王对总体或具体的问题都没有能够看透，他的君权神授思想总是会摇摆于正统主义的多愁善感和在面对其他君主时的威望意识之间，也摇摆于对首相的真诚感激和非难嫌弃之间。

关于全面吞并汉诺威、黑森选侯国和拿骚的问题，威廉在谈判的第一天就已经转变了看法；此时他更加相信，在奥地利问题上，他必须在那个让他暗中害怕的首相面前表现一种不屈的骄傲，如此才能对他的王位负责。由于俾斯麦在兼并北德邦国的问题上拿出了极为强硬的态度，这可能使国王认为，他对奥地利采取明智的温和措施是毫无道理的。尽管国王在白天与奥地利的卡罗利伯爵交谈时眼泪汪汪，但到了晚上，他再次要求俾斯麦在与卡罗利的进一步谈判中展示属于胜利者大国的严酷。难怪俾斯麦在与顽固的国王斗争时崩溃了，他7月23日晚上在自己的房间里猛烈地大哭了一场。

威廉与俾斯麦之间的冲突在7月24日达到了高潮，直到王储在7月25日干预后才结束。唯一存有疑问的是，是否如俾斯麦在几十年后的回忆录中描述的那样，这段时间在司令部内存在一个反对俾斯麦的将军阵营，提高了国王的地位。普鲁士军队领导层的将军们对柯尼希格雷茨战役之后的军事局势十分清醒，不无后顾之忧，只有当停战会单方面为奥地利军队起到重整力量的作用时，他们才会提出反对。与国王相反，将军们对7月23日的政治谈判感到十分满意。那天晚上，老毛奇给他的妻子写信说，他很赞成，"尽量不要再用已经获得的成功去下注。而且我希望，人们不要想着报复，而是要看到自己取得的优势"。即使是在表达方式上，老毛奇也与俾斯麦达成了惊人的一致。而冯·罗恩仍富有老普鲁士人的"坚韧精神"，他于7月25日跟他的妻子说："23日，和卡罗利与德根菲尔德（Degenfeld）伯爵召开了一次会议，商定了非常有利的和平条件；然而国王并不完全满意；没有人会责怪我们软弱，或是说我们倾向于一种'不牢靠的和平'；国王对战争的继续没有激情，但对这种'不牢靠的和平'如此尊重，使得他在合理和可能的东西之外，总是有更多的要求。"没有证据表明将军们要求战争继续下去。在尼科尔斯堡，被孤立的不是俾斯麦，而是

363

国王。

　　至于为什么俾斯麦会在他的回忆录中，给数代读者讲述将军反对派阻挠他的和平努力这样一段"政治神话"，主要可以从他做出口述的那个时期的政治状况来解释。他知道，有曾经的军官对 1890 年他的下台推波助澜。因此，他对自己跟将军们在 1866 年的关系做出的不实陈述，是对 1890 年的普鲁士－德意志总参谋部的报复。

364

　　1866 年 7 月 26 日，奥地利的大臣和军事将领们在维也纳霍夫堡举行会议，由弗朗茨·约瑟夫皇帝主持。自 7 月 10 日以来就担任奥地利全体军队总司令的皇室成员阿尔布雷希特大公（Erzherzog Albrecht）一开始就表示，继续战争并非不可能，因为普鲁士人似乎也过得不太好，这就是他们要求达成停战协定的原因。不排除恢复战争行动——大公的表述听上去并不包含对胜利的保证，可是他也没有做出任何承诺，最终使得一切都处于不确定的状态之中。他的总参谋长冯·约翰（von John）看来似乎负责以士兵的身份发言。他在会议中毫不犹豫地指出，目前的局势是无法长期维持的。

　　让别人说出不好听的话甚至送别人去执行有风险的任务，这显然属于大公的王朝风格。毫无疑问，他就是这样迫使贝内德克将军在 5 月接管在波希米亚的北方军团的指挥任务，而他自己则在北意大利的四角防线担任南方军团的指挥，这里的胜利是事先可见的。在柯尼希格雷茨一战之后，他毫不犹豫地抛弃了贝内德克，以总司令的身份扮演了随时准备拯救国家的救世主。然而他不需要证明这一点，因为他自己的总参谋长和所有大臣都反对恢复战争行动，尽管他们对于接受和平预备会谈的结果仍有些担忧。皇帝弗朗茨·约瑟夫也加入了这一行列。

　　一切主张和平的论点的政治核心，再一次由没有职责范围的大臣莫里茨·埃斯特哈兹伯爵揭了出来。在大臣会议上，伯

俾斯麦成了欧洲上空的风暴，1866 年。奥托·冯·俾斯麦说，他宁愿进行革命，也不愿意遭受革命。当时他被描绘成欧洲上空的风暴。帝国成立后，风暴形象发生了根本性的变化，此时他是以舵手的身份出现的，驾驶着国家之舰在狂风中航行；最后，人们把他看作离开了国舰的领航员。

爵指出，在这目前的两种可能——一种是极有可能带来不幸的继续战争，另一种是缔结和约——之间还有第三种选择：真正的爱国主义或王朝主义，其可通过自身力量带来有利的转折。只是这第三种选择并不真正存在，或者说人们并不能对它寄予厚望。

资产阶级的政治代表在各个大城市的议会中构成了自由主义的多数派，他们利用这种形势要求对暂停的宪法予以继续承认。但是君主制是不允许这样做的；相反，它更遵循贝尔克雷迪伯爵的建议。在大臣会议接受了预备性和谈条件的 7 月 26日，贝尔克雷迪提议在维也纳推行戒严措施，从而结束资产阶级推翻政权的压力。至少暂时来说，君主国做到了这一点。剧院或公共娱乐场中没有沮丧的迹象，施特劳斯在国民花园举行的音乐会仍旧很热闹。柯尼希格雷茨战役之后的几周内，首都居民保持了官僚们所要求的习惯：服从并享受。

尼科尔斯堡的初步和平谈判结束之后，俾斯麦不得不立即重新考虑战争、和平和革命之间关系的一些方面。1866 年 7 月 30 日，普鲁士驻圣彼得堡的军事全权代表报告称，俄国仍然坚持它的和会提案，这此前已经在尼科尔斯堡谈判期间引起了混乱。俾斯麦立即告知俄国，普鲁士政府不能放弃胜利的成果，或是让德意志的构造服从于这场和会的决定，否则就将引起普鲁士和德意志的革命。但他并没有满足于这种防御性的论点，而是发起了政治攻势。他说，普鲁士政府将被迫发挥德意志和其邻国的全部民族力量，以抵抗外国干涉。

就拒绝沙皇和会提案以及进行全民族抵抗的威胁来说，这已经是一种革命行为，是自上而下革命的一部分，因为沙皇可以从其正统主义角度正当地提出，德意志邦联条例是 1815 年维也纳会议决议的一部分，因此，未经三个大国的同意，条例不能改变。俾斯麦没有回应这一论点，因为他知道，在他革命性地清除德意志邦联议会时，德意志人民会站在他身后。俄国最终在 8 月 3 日撤回了和会提案，英国和法国此前都已经与其保持了距离，尽管出于不同动机。

366 然而，俾斯麦与沙俄宫廷的所有分歧尚未消除。沙皇的家族与符腾堡和黑森－达姆施塔特的宫廷有亲属关系，这也是沙皇觉得其尤其有责任致力于王朝团结的原因。然而，相比于无关痛痒地督促普鲁士的南德对手们反对战争，更触及原则的问题，是圣彼得堡对普鲁士在德意志北部吞并意图的关切，沙皇有理由认为这违反了正统主义原则。

俾斯麦下令冯·曼陀菲尔将军作为公使前往沙俄皇宫。在那里，冯·曼陀菲尔不得不接受了指责，沙俄认为，普鲁士对德意志北部所有统治家族的废黜将严重削弱欧洲的君主制原则，并激发革命思想。冯·曼陀菲尔澄清道，将会给符腾堡和黑森－达姆施塔特提供合理的条件。然而，如果俄国反对普鲁士在德意志北部的兼并，普鲁士将无法与斯图加特和达姆施塔特签订事先准备好的协定。对老保守派冯·曼陀菲尔而言，根据自己接收到的指示告诉沙皇，外国的压力将会迫使普鲁士宣布 1849 年的帝国宪法，一定是件很困难的事。普鲁士已经在 7 月以此威胁过法国。给冯·曼陀菲尔的指示电报中包含了俾斯麦一句经典的话："如果要革命，我们希望是去进行这场革命，而不是去遭受这场革命。"

然而沙皇做出了退让，在 8 月 12 日的一封称得上是兄弟般友好的信中向威廉国王保证，俄国绝不会站在反对普鲁士的这一边。但与此同时，他给威廉国王上了一堂关于君主保守政治原则的道德课。这再次激起了威廉国王的顾忌。他受到这个问题的折磨：普鲁士是否应该满足于德意志北部的部分兼并？但这是徒劳的：俾斯麦和全体内阁在 8 月 15 日的会议上一致否决了君主的意见。第二天，1866 年 8 月 16 日，威廉国王不得不向邦议会的两院宣布，他决心吞并汉诺威、黑森、拿骚和法兰克福。

人们不禁要问，俾斯麦是否只是口头警告会爆发革命，还是他真的处于困境之中。他是否真的想在匈牙利、波兰和波希米亚－摩拉维亚这些"邻国"激起一场革命？这是非常令人怀疑的，尽管他为匈牙利军团的组建采取了一些切实可行的措施。至于德意志，俾斯麦的决定实际上并不独立于别的力量的影响，这些力量不会容忍普鲁士在民族国家统一问题上在欧洲列强面前退却。普鲁士也可以确信，大多数德意志人会支持进行一场防御战争，特别是针对法国。俾斯麦并非在口头上说出空洞的威胁，而是发出了认真严肃的警告。

法国尤其担心德意志的民族力量挣脱束缚。拿破仑在 1859 年意大利危机时，已经经历过德意志人民强有力的防御性行动。这就是为什么在 7 月和 8 月的几周里，他在反德沙文主义和对德意志爆发反波拿巴主义统一运动的恐惧之间不停摇摆。一方面，拿破仑要求在莱茵河左岸获得领土补偿，并要求保证德意志南部和北部之间不会建立任何联系；另一方面，对于其领土补偿要求可能带来民族革命后果的担忧，又使他一次又一次地退却。他的外交官们扩大了领土要求，从最初仅限于萨尔布吕肯（Saarbrücken）和兰道（Landau），到后来在秘密协定草案中加入属于巴伐利亚的普法尔茨和包括美因茨在内的黑森莱茵河左岸地区。但很快，皇帝对自己的这种勇气感到了害怕，并且在会见普鲁士大使时把一切都描述为误会。

为了防止民族民主式解决方案的产生，俾斯麦必须回避一些困难问题，同时要向拿破仑让步。如果普鲁士不想在德意志无可挽回地丧失名誉，不想激发某种革命局势，那么它就不能将任何德意志领土移交给法国，无论它属于哪个邦国；但俾斯麦必须小心地采取一种持久性的策略，而不是从一开始就剥夺拿破仑任何有关领土补偿的希望。就德意志北部和南部合并为联邦国家的问题，俾斯麦暂时倾向于做出让步：在北德联邦成立之前，他不想要统一。但是，出于对未来的普鲁士政策的考虑，他必须对在他的领导下实现民族国家统一的可能性持开放态度。

368 　　俾斯麦于 1866 年 8 月与德意志南部各邦国的代表同时就法国和德意志问题进行了交谈；用计谋把它们分化，再与每个邦国单独谈判，并不是一件难事。由于它们互相猜疑，在与欧洲大国的关系中游移于恐惧和希望之间，俾斯麦得以倚仗普鲁士战争胜利的影响力，在与这些邦国签订和平协定外，还结成了数个秘密防守同盟。缔约国互相保证领土完整性，并承诺在发生战争时，将在普鲁士国王的指挥下"相互支持，充分保护"。在普鲁士的领导下，德意志国家统一在军事领域迈出了第一步，这一点意义重大。

8月23日，在尼科尔斯堡预备性会谈的基础上，普鲁士和奥地利最终在布拉格签订和约。普鲁士吞并了汉诺威、拿骚、黑森、石勒苏益格－荷尔斯泰因和法兰克福，人口从1720万（1855年）增加到2460万（1871年），并使得其本来被汉诺威和黑森分割开的领土在地理上变得完整。

俾斯麦在1866年及以后的所作所为，被他的朋友和敌人一致描述为"自上而下的革命"。海因里希·冯·特赖奇克是一个自由派倒戈者，并且将很快成为一个不折不扣的俾斯麦支持者，他在1866年7月28日写信给他的妻子说："我们正在经历的革命来自上层。"另一位右翼自由主义者、瑞士出生的国家法教授和政治家布伦特施利（Bluntschli）在1866年6月说："在我看来，现在的战争只不过是以战争形式发生的德意志革命，是由上层领导的而不是自下而上的，符合君主制的性质。"冯·翁鲁和海因里希·冯·西贝尔也都表达了同样的意思。但是，不仅是右翼自由主义者，就连俾斯麦的贵族盟友和对手们也把这些事件视为一场变革，在他们看来，这场变革充满了令人难以置信的内在矛盾。

1866年10月，因家族原因而并不是普鲁士敌人的奥地利参谋长冯·赫斯男爵（Freiherr von Heß）在给普鲁士陆军元帅弗兰格尔的一封信中，不顾社交礼仪地用军事同伴的语气，表达了对俾斯麦政策的愤慨："现在由于你们，自上而下的革命开始流行起来。如果这时代的洪流在冲走你们的正义感之后，又把你们自己裹挟了进去，你们的不幸就是双份的了！然后你们就输了！"说出这番话的与其说是一名基督徒，不如说是一个正统主义者；普鲁士罢黜了一个国王、一个选帝侯和两个公爵，他完全有理由将这视作对于所有保守主义原则的打击，并因而对未来感到恐惧。来自民主派和社会主义阵营的反对者们也将俾斯麦的政策及其结果描述为一场自上而下的革

369

命，尽管有着不同的侧重点。在 1866 年战争前夕，巴登民主派代表路德维希·埃卡特写道，"统一的问题是一个革命性的问题"，"因此，只有通过武力……要么自上而下……要么自下而上地通过人民"，才能将其解决。

马克思和恩格斯使用唯物主义辩证法，带有优越感地讽刺了 1866 年夏天的决定性事件。早在 7 月 9 日，恩格斯就已经认为，俾斯麦"走上了只有靠自由主义的，甚至革命的手段才能走下去的道路，同时迫使自己的土容克每天同自己的原则相对抗"[1]。两位观察家在英国做出预测，俾斯麦将被迫"依靠资产阶级，他需要资产阶级以便与帝国的王公们相抗衡"[2]。

内部变革

许多易北河东岸的保守派人士认为，政府在上次的议会选举中取得了巨大成功，在战场和外交上更是取得了重大的胜利，如此一来，就可以让自由派明显感受到国王领导的普鲁士国家的巨大权力。但是，尽管俾斯麦时代的普鲁士在物质上和道义上的力量都增强了，自由派却还没有软弱到可以被轻易压制的地步。自由派正继续从不断扩张的资产阶级中汲取活力，尽管资产阶级可以放弃直接掌权的诉求，但他们的扩张不可抑制。自由派政治家和理论家从未考虑过自愿退场，毕竟公开放弃自由主义是会在选民数量上付出代价的。许多人在经济、教育和自治机构以及在民族国家中看到了创造一种公共生活的机会，在某种意义上，这样的生活会在不知不觉中又不可阻挡地

---

[1] 译文引自《恩格斯致马克思（1866 年 7 月 9 日）》，《马克思恩格斯全集》（第三十一卷），北京：人民出版社，1972 年，第 237 页。

[2] 译文引自《恩格斯致马克思（1866 年 7 月 25 日）》，《马克思恩格斯全集》（第三十一卷），北京：人民出版社，1972 年，第 242 页。

强化一种更加自由的精神。民族国家对他们来说不仅是经济上的必需品，而且具有教化功能。

在柯尼希格雷茨和尼科尔斯堡的事件结束之后的几个星期、几个月里，俾斯麦一再保证，他要给德意志的国家重组以更广泛和更坚实的基础；他强调，"外交政策的任务还没有完成"，普鲁士还没有达到其政策的目标，而只是位于起点。它必须着眼于未来，"寻求并促进民族统一"。因此，自由派应该在普鲁士－德意志的权力大厦中处于什么位置，必须明确。

如果俾斯麦想以恰当的方式解决这些问题，他就必须超越保守主义的统治政策的狭隘视野；他很清楚，任何类似于政变的政治右转，以及任何保守主义的专制政府，对这个国家而言都可能是致命的。

尽管普鲁士的邦议会选举呈现了右转的趋势，但小资产阶级和无产阶级仍然组织了起来，特别是在萨克森、图林根和德意志南部。尽管柯尼希格雷茨让无产阶级和小资产阶级民主派在政治上遭受了失败，但与1849年初夏和仲夏不同，他们在军事上没有被粉碎，在组织上也没有被摧毁。在萨克森，人民协会（Volksvereine）和工人教育协会（Arbeiterbildungsvereine）已经十分强大，在1866年8月19日于开姆尼茨（Chemnitz）召开的代表大会中，他们成立了萨克森人民党（Sächsische Volkspartei）。

如果说自由派在权力政治上的失败为他们争取民族国家统一的努力带来了胜利，那么俾斯麦的胜利则意味着保守派正统主义和地方割据主义的重大失败。在这种情况下，对俾斯麦来说，与资产阶级妥协是必要的，外部的和平可以带来内部的和平。

和在1863年1月一样，1866年，他在下院提出了一条"相互妥协、相互接受的道路"。自由派知道，这种妥协不能触动王室的权力。但俾斯麦也对保守派承诺："……一份和平协定永远无法满足所有的愿望，永远无法实现一切正当诉求——我只能说，即使是天意让我们今年签订这份光荣的和平协定，我们也会有某些未竟之事，非常遗憾。"

《补偿法案》（Indemnitätsvorlage）成了对内的和平协定。在该法案中，政府请求对宪法冲突期间，在无预算状态下的支出做事后批准。此事将由国王在演讲中宣布，内阁在拟定演讲草稿的过程中进行了激烈的辩论。财政大臣冯·德·海特反对内政大臣，要求在演讲中宣布"只有"经过与议会商定的法律的授权，预算才会具有法律效力。冯·德·海特来自埃尔伯菲尔德的一个银行世家，在为战争筹款的过程中显示了自己的广泛人脉，他的立场因此至关重要。俾斯麦看到，如果不答应冯·德·海特的要求，就会被银行、证券交易所和工厂办事处抛弃。通过税收或债券流向国家的资金，要以合法规范的方式进行管理和使用。预算权是自由派议员和资产阶级商人的利益要害。

恰恰是在与威廉国王在尼科尔斯堡就奥地利问题吵得最凶的那些日子里，俾斯麦得促使国王做出支持《补偿法案》的决定。在王储的帮助下，他终于成功地获得了国王对冯·德·海特拟定的演讲草稿的同意；国王又一次没能立刻领会其决定的政治含义。在尼科尔斯堡出席会议的冯·罗恩也在补偿问题上附和俾斯麦，因此，在与右翼自由主义和解的基本政策上，俾斯麦的身边有了一位重要的军方代表。然而，柏林的大臣们并没有放弃自己的立场。他们可能不敢对国王的决定表示公开反对，但他们可以发起具有警告性的特别投票，向国王请愿，使国王也开始对《补偿法案》的问题产生疑虑。俾斯麦不得不通过数小时的谈话，再次让顽固的国王冷静下来，并劝说他按计划宣读演讲稿，这在政治上是必要的。

此外，让俾斯麦仍然感到不安的是，内阁有人违反了保密义务，把演说将会宣布寻求补偿的消息泄露给了极端保守派首脑之一汉斯·冯·克莱斯特－莱佐夫。冯·克莱斯特－莱佐夫是俾斯麦妻子约翰娜的亲戚，他完全赞同对奥地利的战争及兼并政策。但是此时，他告诉俾斯麦，内阁在哪里辉煌地赢下与君主国敌人的战斗，就会在哪里见证这场战斗的成果被摧毁，战利品会被扔到错愕的、战败的敌人的怀里。这将是整个欧洲的耻辱。俾斯麦在8月3日给约翰娜的信中抱怨道："内阁为国王的演讲产生了很大的纷争；利佩（Lippe）站在保守派立场上带头反对我，汉斯·冯·克莱斯特－莱佐夫给我写了一封语气激动的信。这些天才都没事找事，只能看到自己的鼻子，在空话大话的惊涛骇浪中练习游泳。一个人可以对付敌人，但对付不了朋友！他们都戴着马匹的眼罩，只能看见狭小的世界。"保守派的活动严重危及了俾斯麦的和平协定，以至于他不得不威胁冯·克莱斯特－莱佐夫，自己可能会请检察官介入。

经过这一番激动人心的拉扯，8月5日，伴随着颇具争议的国王演说，普鲁士的议会终于开幕了。国王演说承认，过去几年的国家开支是没有法律依据的，而且——这是对自由派的重大让步——国家预算只有经过所有立法元素（下院、上院和国王）都同意的正式法律的授权，才是符合宪法的。但是，国王和内阁并没有认罪，而是声明，"这个没有法律依据的国家预算，还得继续维持几年"，因为这涉及"国家的生死存亡"，比如"军队和国家机构的维持"等。他们没有给自由派所期望的保证，即今后在没有预算的情况下，将不会再进行政府工作。在这样的基调下，《补偿法案》草案于8月中旬提交下院。虽然该法案没有为下院的预算权提供任何明确的法律依据，但它在政治上具有重要意义。在柯尼希格雷茨和尼科尔斯堡的事件发生之后的几个月里，它是用来分裂各党派的重要手段。

　　冯·克莱斯特－莱佐夫和他的同党们的行为过于荒谬，以至于整个日益壮大的保守派系都无法轻易表示认可。保守派越来越难以维持其成员的团结，也难以维持与俾斯麦的和谐。派系斗争最终导致"自由主义化了的追名逐利者"在1867年联合起来，成立了一个独立的自由保守党（Freikonservative Partei）。主导着这个党派的利益和思考方式的，并不是易北河东岸那些来自普鲁士核心省份的大容克地主，而是那些来自高级行政部门和外交部门的贵族、西里西亚的大亨和一些莱茵实业家。自由保守派支持俾斯麦的普鲁士－德意志霸权政策及其带来的所有后果，而易北河东岸的庄园主们则充满疑虑，担忧着德意志民族国家会削弱他们的地位。

　　尼科尔斯堡和谈之后不久，来自工业界和金融界的团体纷纷发出了自己的声音。就在普鲁士邦议会开幕的前一天，德意志民族联盟的委员会将它的顾问处从不伦瑞克（Braunschweig）移到了柏林。作家卡尔·弗伦泽（Karl Frenzel）在《德意志博物馆》（*Deutsches Museum*）中简明扼要地描述了一些方面的情况："政府在过去一直是敌视自由主义的；从它所发动的战争、它准备进行的兼并看，它是敌视封建主义的；政府在国内所取得的成功，是建立在削弱自由主义和封建主义的基础上的，也依赖于一个日渐强大的执政党派。"这个执政党派，或者应该更准确地叫执政联盟，确实很快就成为俾斯麦在议会的支柱。

373　　那些走向民族自由党（Nationalliberale Partei）的大资产阶级自由派，很清楚自己在社会和国家之间的力量博弈中的地位。日后成为德国民法典（BGB）起草委员会总书记的汉诺威人戈特利布·普朗克（Gottlieb Planck）是伟大的物理学家马克斯·普朗克（Max Planck）的叔叔，他在1866年7月20日给他的朋友本尼希森写信说："我发自内心地认为，这个在容克军团领导下取得胜利的普鲁士，竟然会在获胜之后收获一个自由派政府，这是极其不可能的……不过，这并没有什么坏处，如果我们只是为了实现整个德意志的统一，那么最坏的情况也就过去了，之后我们必须争取自由，为自由而奋斗。"右翼自由派认识到了，俾斯麦由于其普鲁士霸权政策的内在限制，要倚仗他们的参与。因此，他们站在俾斯麦一边，向正统主义、地方割据主义和教会的保守派系发起进攻。

1866 年 8 月，西贝尔在杂志《两个世界评论》（*Revue des deux mondes*）上与法国人进行辩论；他认为，消灭王公只能由一个政治家来完成，因为对政治家来说，王冠不是家族财产，而是代表着国家职务。西贝尔为俾斯麦的辩护最终得出了这样的结论："对每一个普鲁士政治家来说，德意志统一的问题都将不可避免地将他引向某种自由主义学说。"这意味着，自由派确信，俾斯麦一定会——不顾一切地——追求资产阶级的重要利益。历史的狡猾使他有了一条走向资产阶级的康庄大道。

右翼自由派转向俾斯麦不仅伴随着他们对半封建保守派的攻击，还使他们与天主教教士和民主派更加疏远了。他们主要在《福斯报》（*Vossische Zeitung*）和《民族报》（*Nationalzeitung*）上发起论战，反对"民主学说的精神"，反对与大德意志派和天主教徒合作，反对"红黑两军组成联盟"；这就是日后的"文化斗争"的第一次小规模冲突。

自由派政治家和时事评论家们关于自由主义的新方向所写的一切文章，都被文学史学家尤利安·施密特（Julian Schmidt）——当时是拉萨尔进行激烈论战的对象——总结在了一本小册子里，这本小册子的标题是耸人听闻的《组建新的政党的必要性》（*Die Notwendigkeit einer neuen Parteibildung*）。施密特通过指出"时髦的进步主义的空洞性"，得出结论："如果不想让普鲁士历史上最伟大的功绩完全落入保守派之手——这将会是重大的不幸——那么，那些坚持自由主义原则而又把祖国的统一和强盛放在首位的人，就应该永远抛弃那些什么也没学到、什么也没忘记的所谓的领导人，组成一个新的政党。"

374 　　1866 年 8 月，自由主义的德意志进步党将要发生分裂的迹象已经变得很明显。一个象征性的标志是，工厂主冯·翁鲁——正是那个在 1859 年跟俾斯麦举行过特别政治会议的冯·翁鲁——从其议会派系离开了。甚至在他辞职之前，在大家就下院应该如何回应充满和解意味的国王演讲产生争议时，他就在安排福肯贝克成为下院议长了。把德意志进步党的共同创始人安排到这个职位上，是一个政治上的大手笔，因为在这个位置上，福肯贝克一方面可以接近俾斯麦，另一方面又可以在自由派的各个派系之间进行调解。

　　福肯贝克很好地通过了考验，9 月 6 日，在仅有 35 张反对票的情况下，他最终当选为下院议长。王储和首相都接见了福肯贝克，进行了秘密会谈。正如福肯贝克跟他的妻子所说的那样，俾斯麦在一次正式的晚餐后，"跟我又单独待了三个多小时，以相当惊人的坦诚态度跟我讨论最微妙的国家事务和私人事务"。像同时代的许多人一样，福肯贝克很难从俾斯麦的坦诚中识别他最强大的诱惑技巧。

　　自由派的道义和政治状态都非常混乱，他们很难起草一封公开信并在下院表决通过，用以回应国王的演说。对于国王和解性地推出的《补偿法案》，各派系的自由主义者也想做出和解式的回应，以防让极端保守派得利；另外，在经历了 5 年的军队和宪法冲突后，他们必须在公众面前挽回面子。各种信稿经历了多次修改；议长福肯贝克也介入其中，做出了一些修改调整，终于让这一切在国王和议会面前圆满地结束了。

　　自由派不仅在战术上陷入了困境，而且在情感和思想上也是矛盾重重；对于那个几十年来一直在削弱他们权力的普鲁士军队，他们同样心生敬佩。官方发言人鲁道夫·维尔乔的话也表达了这一点。尽管他告诫说，"我们要提防对胜利者的偶像崇拜"，但与以下他对军队爱国战争行为的赞美相比，很难算作道德上的"脱罪证明"："如果我们……认为一个德意志的议会——尽管一开始它的形制受限——已经成了一件即将实现的事情，那么我们首先要感谢……我们军队的行动。"维尔乔接着说："先生们，我可以毫不怀疑地说，我认为在世界历史上所有的战争中，没有哪一场能为民众带来比这更大的荣耀了。"紧接着，他谨慎地为自己的言论做出了限定："但我要毫不犹豫地说，我完全不是在为战争辩护……但是，先生们，自由的实现离不开巨大的冲突，我不能忽视这样一个事实，即我们所目睹的这一重大事件，为民族诉求提供了一个全新的基础。"维尔乔用这一席庄重的发言，收回了他1862年针对俾斯麦《铁与血》演讲发起的论战。至此，普鲁士军队既战胜了外敌，又战胜了内部反对派。

　　经过长久的争论后，下院于1866年8月23日以绝大多数的支持通过了写给国王的公开信；在这同一天，普鲁士与奥地利签订的《布拉格和约》也被送到了下院。于是，这一天就成了与外敌签订和平协定、与内部反对派实现初步和平的日子，随后，9月3日，《补偿法案》被接受并确立了。但在法律上，政府和下院的意见绝非一致，政府只是承认1862年至1866年的国家开支"缺乏法律依据"，但并不承认在冲突时期有违宪行为。因此，"宪法缺口理论"并未撤回。政治上的问题在于，下院是否应该接受这种法律上的意见分歧继续存在下去——其背后隐藏着政府和议会之间针对国际权力分配的分歧，以及下院是否应该根据1866年夏天形成的局面寻求妥协。

俾斯麦在 1866 年 9 月 1 日的讲话中，本着和解的精神，打算"不对追溯性的批评做出任何回应——无论是辩护，还是攻击"。他将内部和平和外部和平做了比较，并补充说："在对外关系中，如果要求在签订和平协定之前，一方先承认'我现在明白，我的行为是错误的了'，那么，协定就很难达成。"但是，如果他不提任何力量平衡的问题，他就不是俾斯麦了。这就是为什么他保证，政府希望和平的原因"不是因为我们在这场内部斗争中没有能力战斗；相反，此刻的潮流比几年前更有利于我们；我们也不是为了逃避未来可能会出现的某部《责任法》带来的某种指控，而希望和平；我不相信我们会被指控，即使被指控，我也不相信我们会遭到审判——内阁被指控的事情很多，但从没有人指控过我们是胆小怕事之徒！"俾斯麦向自由派议员保证说，他自己"并不像你们多年前所想的那样，离你们之中的多数人也在为之奋斗的那个目标很远；政府有时不得不沉默，但我离你们并不远。你们大可放心了"。这对自由派议员来说无疑是一粒定心丸。俾斯麦过去把许多事情都留在了黑暗中，而如今，在柔弱的光线下，他展露了自己在民族政治问题上与自由派的一致。如此一来，他就能够呼吁自由派承担自己的责任，从普鲁士外交政策的利益出发，通过接受《补偿法案》来维护国内的和平："军队的辉煌成就，只是在一定程度上增加了我们在这场游戏中的赌注，跟之前相比，我们可能会失去的东西更多了，但我们还没有赢下这场游戏，我们国内越是牢牢地团结在一起，我们就越有把握取胜。"

俾斯麦在随后的几个月里继续保持的信念是，宁要停战，而不是和平。对于持续的战争威胁的想象仍然在发挥着作用。这使得德意志进步党内拒绝《补偿法案》的议员们的处境格外困难。哈考特（Harkort）、霍弗贝克（Hoverbeck）和维尔乔提出，应当首先在 1867 年商定一部《国家预算法》，从而在反对派同意给予补偿之前，恢复国家预算符合宪法的状态。来自温和左派的宪法专家格奈斯特在演讲中呼吁制定《阁臣责任法》。然而，这不涉及任何使国家议会化的措施，例如授权议会通过不信任投票罢免阁臣。格奈斯特的主张要朴实得多，他认为，只有当阁臣们不再能任意解释法律时，一个合法的政府才开始存在，"宪法上的争端除了由法院依法裁决，没有其他解决途径"。格奈斯特希望在这部《阁臣责任法》通过后，再通过《补偿法案》。

与自由派的基本要求相比，进步党对于接受《补偿法案》提出的条件可谓国家法层面的小修小补。这个党最多只能借此留住它的支持者们，毕竟这些人受到了冲突时期的影响，却无法将他们组织起来、投入新的斗争。相比之下，俾斯麦在民族和经济政策方面的让步，即使对工人和手工业者来说，也有很大的吸引力。因此，民众摇摆不定，犹豫不决；即使是左翼自由派里反对《补偿法案》的人，对军队和国家的敌意也比以往任何时候都少，甚至还比以往任何时候有着更深厚的普鲁士—爱国主义情怀。无论是在下层群众中，还是在领导层中，德意志进步党分裂的趋势都已无法阻挡。

进步党里，最明确表达异见的人是卡尔·特维斯滕。他绝不是俾斯麦内阁里那些"娇生惯养的孩子们"的一员，这使得他更有说服力。对他的法律诉讼仍在进行中。让卡尔·特维斯滕作为发言人出现在下院，是持不同政见者的团体和同情他们的福肯贝克议长领导议会的策略。在辩论中，特维斯滕根本没有谈及宪法问题，而是强调了最核心的政治要点。接着俾斯麦的发言，他说道："我们正处于战争状态，即使和约已经缔结；在未来几年内，我们将需要一支非常庞大的军队，我们将需要批准政府认为必要的东西，以捍卫我们在战争中取得的胜利果实……以使我们能够应对任何威胁，反击任何针对德意志新形象的诋毁。"

特维斯滕的讲话基于这样一个不言而喻的认知：自由派争取政治权力的斗争已经失败了。他如今把民族国家统一作为核心任务，他的观点混杂了现实主义和煽动蛊惑："我们绝不能放弃各项自由的发展，但我们祖国力量的发展、德意志的统一，才是能帮我们发展各项自由的真正的、最高的基础，而我们现在正可以加入到这项事业中。"

当然，特维斯滕也不得不谈及政府的侵犯，称这让自由派陷入了孤独的消极的境地。但这只是一个修辞的运用，并最终演变为呼吁性的话语："如果我们继续消极下去，祖国最神圣的利益就会受到损害。在我看来，近年来俾斯麦的内阁严重侵犯了普鲁士人民的权利和权利意识，但过去一年的历史已经做出了补偿。让我们一起发出声音吧！"任何看到这里的人都必须认识到《补偿法案》的真正基础：在柯尼希格雷茨和尼科尔斯堡取得的军事胜利和政治胜利，以及在扩张后的普鲁士的霸权下进一步争取民族国家统一的持续斗争。

战前已经成为俾斯麦盟友的旧自由派和以大资本家为主体的新保守派，都对《补偿法案》无条件支持。这些人对于提出反对意见充满了恐惧，正如"特维斯滕派"——自由派的持不同政见者——曾担心反对《补偿法案》和反对整个政府会把俾斯麦向右赶到保守派的"少数党"的队伍中去一样。谁能知道他们当前的政府首脑会不会更加左倾，更加明显地向自由派靠拢，向自由派做出不合理的让步呢？因此，保守派的共识是在充满担忧和相当被迫的情况下达成的。

1866 年 9 月 3 日，下院以 230 票对 75 票通过了《补偿法案》。这次投票对政府来说是一个巨大的胜利，不仅是在票数上，更是在政治上——后者要归功于德意志进步党中的异见团体。俾斯麦在军队和宪法冲突中的最强大的反对派此时已经分裂了，这是其政治胜利的一部分。

这一点也可以从下院对其他三个政府法案的态度看出来，这三个法案分别涉及发行 6000 万塔勒债券、北德意志各邦并入普鲁士和即将组建的北德意志联邦议会的选举法。关于为陆军和海军提供 6000 万塔勒（包括 2700 万塔勒的国家货币储备）的特别贷款的法案，让自由派在道义上和政治上都感到头痛。恰恰是在《补偿法案》提出恢复议会的预算权之后，政府却要求发放这样大规模的贷款，使自己能够暂时实现财政独立。下院的年度支出审批权才刚刚得到确认，就再次受到了质疑。眼下，连福肯贝克和特维斯滕也站出来反对了。为了对议会中的自由派议员施加道德和政治压力，俾斯麦既利用了人们对其成功的外交政策的信任，又利用了人们对新的外交和军事纠葛的恐惧。他向议员们解释说："政府的这个法案是在问您，是否对迄今为止的外交政策领导层有信心，是否希望在必要的时刻，见证普鲁士人民紧紧握住、坚决捍卫上次战争成果的决心。"他声称，"在维也纳的皇宫中，和约并没有像我们希望的那样，为那里带去和解的精神"。他甚至提到了东方，说东方的危险可能"非常突然地发展到会影响欧洲势力平衡的地步"。俾斯麦并没有提到可能来自法国的威胁；显然，他想支持温和的拿破仑反对欧仁妮皇后（Kaiserin Eugénie）和外交大臣德鲁因·德·吕斯（Drouyn de Lhuys）身边极度敌视普鲁士的集团；德·吕斯确实在 1866 年 9 月被迫辞职了。

关于兼并汉诺威、黑森、拿骚、美因河畔法兰克福以及石勒苏益格－荷尔斯泰因的法案，在下院没有遭遇特别大的阻力。在接下来的几年里，当下院就新的省份的各种"组织法"（Organisationsgesetze）进行辩论时，自由派得以从俾斯麦手中得到了一些涉及全国领土范围的利益。俾斯麦在行政事务上做出了让步，而不是在宪法自由上做出了让步。

379

在 1866 年秋末冬初，俾斯麦把目光投向了将在被兼并的领土上工作的官员。他一直认为，公务员队伍的德政合一是稳固统治的不可或缺的前提。从这一点上看，他在汉诺威的行动堪称典范；他对不守规矩的官员进行了干预，特别是通过交换官员，将老普鲁士的官员安排在汉诺威。俾斯麦指示："要加快融合的速度，如果有机会，就要把汉诺威各阶层的官员尽可能地调到各旧省去。"此外，"应该进行入门培训，把那些有志于从事国家公职的年轻人从汉诺威调到旧省，反之亦然"——如果有必要的话，可以给候补官员提供奖学金。最后，他主张在司法领域"对有关人员进行相应的净化"，以便在普鲁士宪法生效后，他可以"完全确保上级法院中，具有普鲁士思想的人占多数"。普鲁士新闻界要把汉诺威官员中的顽固派"当作一些被时代抛弃的内廷佞臣中的容克式白痴"。

下院在决定兼并时，充分知晓并且确信它代表着资产阶级—资本主义新时代对抗封建专制主义旧时代的权利，也就是国家统一的权利，统一——像是在意大利发生的那样——要求将小邦国合并到一个更大的国家范围内，反对 1815 年至 1820 年的正统主义—地方主义邦联法律。这就是为什么进步党成员勒韦－卡尔贝（Loewe-Calbe）在最后的辩论中代表所有自由派宣布："我们以革命的权利来占领这些国家。"

380　局势的混乱还表现在围绕着北德意志联邦议会选举法的政治争论上。1866 年 8 月下半月，普鲁士与德意志北部 17 个小国签订了同盟条约，这份条约实质上是建立联邦国家的初步协议。这个所谓的八月同盟（Augustbündnis）的成员同意，将 1849 年的帝国议会选举法作为即将建立的北德意志联邦的选举法，它规定了普遍、平等、直接、不记名的选举权，如今将以相同措辞的各邦法律的形式，实施于北德意志联邦议会。其中最重要的就是普鲁士下院的决定。俾斯麦用这个法案实现了

1866 年 4 月 9 日为对奥战争做政治准备时做出的承诺。

德意志进步党成员们当然不能反对恢复 1849 年的选举法；但是他们并不希望看到，柏林同时成为普鲁士下院和北德意志联邦议会的所在地。他们中的许多人认为，在处理北德意志联邦的事务时，只需让其他北德邦国的代表们加入到普鲁士下院中来。德意志进步党的党员们宁愿看到他们熟悉的普鲁士宪法实施于整个北德，也不愿在俾斯麦的诱导下"跃入黑暗"。他们仍然不信任这位前"冲突大臣"。普鲁士下院的右派对拟议中的选举法的保留意见则是另一种类型的：右翼自由派对平等选举的原则提出抗议，保守派和教廷派更是激烈地反对。保守派和教廷派又一次走近了。

议会各派领袖们最终走向的出路是，对政府的法案进行微不足道的修改，以便能够以大多数人的名义体面地将其通过。普遍、平等、不记名、直接的选举，是北德意志联邦制宪议会得以产生的法律前提。

第八章
北德意志联邦的成立

立宪工作；制宪议会

在俾斯麦于最紧张的情势下，缔结了对外和对内的和平协定后，他在 1866 年 9 月经历了——如他自己所言——"神经破产"。神经疼痛和痉挛日夜困扰着他。之前几个月的刺激已经消耗了他的体力，尤其是首相任期的头几年早已使他牺牲了健康。虽然对首相职责的适应并没有带给他超出一般水平的负担，但他毕竟是以典型的"冲突大臣"的身份上任的。俄国大使奥布里尔和奥地利代办博胡斯拉夫·乔特克·冯·乔特科夫（Boguslaw Chotek von Chotkow）伯爵在 1863 年秋天都注意到，俾斯麦的精神高度紧张；在交谈中，他显然无法控制困扰着他的那些联想，使人很难跟上他冲动而不稳定的说话方式。

总体而言，1863 年对俾斯麦来说是极其困难的一年。他没有得到明显的成功，这自然会鼓励对手做出特别犀利的攻击。《阿尔文斯勒本协定》在道义上声名狼藉，其政治影响也尚不明显。随后，石勒苏益格 – 荷尔斯泰因问题出现了，他甚至不得不向国王隐瞒他的战术动机和背景。即使是在物质生活中，他也不能毫无顾忌。莫里茨·冯·布兰肯堡那时是奥托·冯·俾斯麦和伯恩哈德·冯·俾斯麦之间的联络人，协助他们出售克尼普霍夫庄园。他对奥托的资产保障问题提出了一些法律上的考量。他严重地担心"在未来王储的政府下"会出现没收财产的情况，并怀疑奥托能否在官员位置上"待很长时间"。

因此，多种因素的共同作用，导致俾斯麦在 1862 年夏天积累的"健康储备"被消耗殆尽了。尽管他在 1866 年秋天的时候已经处于精疲力竭的状态了，但他此时已经不可能再像 1862 年夏天那样，在与世隔绝的隐居中恢复身体了。起草未来的北德意志联邦宪法的工作对他来说太重要了，他不能将其完全交给别人去做；因此，他需要一个特殊的休养场所，他在那里必须能够了解到最重要的事情，并在必要时从那里进行干预。他先是结束了邦议会的工作，接着又身穿醒目的白色胸甲骑兵制服，以新晋升的少将身份骑马参加了部队的凯旋仪式，这之后，他就从柏林前往西波美拉尼亚（Vorpommern）的卡尔斯堡城堡（Schloss Carlsburg），投奔他的堂弟冯·俾斯麦－博伦伯爵；在那里，他最终收到了威廉·马尔特二世·祖·普特布斯侯爵（Fürst Wilhelm Malte II. zu Putbus）关于前往吕根（Rügen）的邀请。原本想在安静的小岛上度过的"几天"，最终变成了几周。从 1866 年 10 月 6 日到 12 月 1 日，俾斯麦和妻子约翰娜都住在侯爵的花园小屋里。

通过俾斯麦 7 月 10 日的改革提案和 1866 年 8 月 18 日 17 个邦国签署的同盟条约（Bündnisvertrag），北德意志的联邦国家新秩序的大致轮廓已经显现。起草宪法的人可以据此行事。这些人，包括老牌的自由派历史学家暨临时公务员马克斯·东克尔、具有民主思想的奥斯卡·赖辛巴赫伯爵（Graf Oskar Reichenbach）以及当时普鲁士外交部负责德意志事务的顾问罗伯特·冯·赫普克（Robert von Hepke）。8 月底，1848 年的抗税者洛塔尔·布赫尔——当时他已移民英国，自 1864 年以来一直是外交部的职员——起草了一份备忘录；大约在同一时间，赫尔曼·瓦格纳信心满满地提交了一份《北德意志帝国宪法原本》（Verfassungsurkunde für das Norddeutsche Reich）。俾斯麦从来没有把这个草案存档，也就是没有把它交给柏林的职员和大臣们，而只是个人使用。

在俾斯麦长期不在柏林的期间，国王主动出击，委托他信任的人对宪法草案提出建议。首先是卡尔·弗里德里希·冯·萨维尼，国王在 1849 年就认识了他。冯·萨维尼被普鲁士外交部指派给了当时的威廉亲王，负责镇压巴登－普法尔茨起义。后来，自 1864 年起，冯·萨维尼担任普鲁士在法兰克福的最后一位驻邦联公使，作为"邦联传统的继承人"，他似乎在宪法问题上很有发言权。冯·萨维尼也可以算作俾斯麦青年时期的朋友，也确实曾是俾斯麦信任的人，帮助俾斯麦在亚琛的冒险行为后克服了一些困难。然而，随着他们两个人的年龄越来越大，他们的关系也越来越疏远，无论是在私人情感上还是政治上。早在 1862 年 11 月，俾斯麦就对戈尔恰科夫说："冯·萨维尼总是劝我皈依天主教，而且这种情况与日俱增。"几年后，他指出冯·萨维尼对"职业生活知之甚少，而职业生活在现在的时代已经变得必不可少"。还有一次，他指出了冯·萨维尼的"迟钝的感受力，和他不习惯与不那么优越的阶层的人交流"。然而，俾斯麦无法阻止国王在王后的支持下于 11 月初颁布敕令，委托冯·萨维尼起草联邦宪法。俾斯麦不断得知柏林发生的这些事，他必须及时让大家知道，他才是最后拍板的人；他必须行动起来了。

秋季的几个星期里，他充分放松，远离一切公事，享受打猎和森林漫步的乐趣，最终恢复了体力；他已经有精力向妻子口述自己关于之前的宪法草案的批评意见，从而间接地对冯·萨维尼做出了指示。10 月 30 日，第一份"普特布斯口述"（Putbuser Diktat）就此诞生了。整个事情都交给了罗

俾斯麦一家在吕根岛的普特布斯，1866 年秋。俾斯麦左边是普特布斯侯爵夫人，站在侯爵夫人后面的是普特布斯侯爵，站在俾斯麦后面的是约翰娜，坐在俾斯麦右边的是他的女儿玛丽。

伯特·冯·库伊德尔（Robert von Keudell），冯·库伊德尔是这个家的朋友，也是在俾斯麦与柏林办公室之间进行沟通的唯一中间人。俾斯麦对于送到他面前的一切有关宪法的文件，都是从自己的构想出发加以判断的；从一开始，他就清楚地知道自己想要的是什么，只是在如何战术推进、需要阐明什么、需要对什么保持沉默、需要把什么留待将来发展的问题上，摇摆不定。因此，在北德意志联邦宪法起草期间，重要的不仅是他所写或所说的话，还有那些他没有说出口的东西。

俾斯麦在第一份普特布斯口述中指出，以前的草案"过于倾向中央集权的联邦制国家了，无法适应南德意志邦国未来的加入"，然后又说："应该在形式上坚持建立一个邦联（Staatenbund），但在实际上要赋予它联邦国家（Bundesstaat）的性质，对此的表述要有弹性、不明显，但意味深长。因此，中央机关将不是一个内阁，而是一个联邦制的议会。"这些指示背后的含义是，在这个不再由奥地利承担主席职能的新的联邦中，普鲁士外交大臣可以像在旧的德意志邦联中一样，完全依据宪法极大地扩张自己的权力，从而能够影响和指导其他盟国的政府。在联邦宪法完成之前，军事问题将"临时移交给普鲁士战争部"，"而这种临时处理将会持续下去"。

在与行政部门有关的事情上，俾斯麦有时表现得含糊其辞，但对于立法部门，他的态度要更为明确："我们坚持战前所宣布的纲领，即联邦法律是由联邦议会的多数与民众代表的多数一起协商制定的。"因此，俾斯麦希望这些中央机构可以尽快承担起立法职权。

在 11 月 19 日的第二份更为详细的口述指示中，俾斯麦希望宪法能够表达"对传统的依靠"，但又要确保普鲁士的"主导地位"。与此前的二元制领导不同，联邦制的议会是仅通过一个占主导地位的国家的霸权来运作的，它应当对那个由普遍、平等、直接选举产生的人民代表机构（Reichstag）[1]形成制衡。而后者反过来又是向其他盟国政府施加压力的一种手段。普鲁士国王掌握联邦军队最高指挥权的原则，在任何讨论中都没有被触动。

还在普特布斯时，俾斯麦就安排通知各国政府，普鲁士计划

385

---

[1] 参照 1849 年帝国议会（Reichstag）选举法普选产生；1867 年《北德意志联邦宪法》通过后，设立联邦议会（Reichstag，即下院）和联邦参议院（Bundesrat，即上院）。

于 1867 年 2 月 1 日召开联邦制宪议会会议，在 1 月下半月为此
进行选举。俾斯麦计划普鲁士与盟友就宪法草案的谈判在 12 月
10 日进行，谈判最后被推迟到了 12 月 15 日。他在急什么？显
然，俾斯麦认为，时限压力会使反对意见更容易被克服；他预料
到，国王、王后周围的小团体、严格的保守派、带有部门私心的
内阁机构以及各邦国政府都会提出反对。在这种情况下，在草案
最后的编辑阶段，他把不愿意或者不能按照他的思路工作的人员
全部解职了。卡尔·冯·萨维尼的工作确实很准时，但在俾斯麦
眼里，他的草案一方面在军队问题上过于一刀切，没有考虑到各
邦国兵额的问题，另一方面又过于地方分离化，保留了太多联邦
成员的主权权利；此外，冯·萨维尼对于普鲁士首相追求在宪法
问题上掌握一切的做法抱有怀疑，这已经成了尽人皆知的事情。
就此是不可能有任何妥协的。俾斯麦在 12 月 1 日回到柏林后，
不再让冯·萨维尼前来工作，这是对后者公然的侮辱。

　　虽然俾斯麦在宪法工作的最后阶段，使用了自由身份合作者
和公职人员提交的草案，但他避免了与传统意义上的保守派和教
廷派，或者——对立阵营的——自由派的人，进行任何密切合作。
我们大概可以推断，在阅读了他没有公开的、由赫尔曼·瓦格纳
提交的备忘录后，俾斯麦在宪法工作的最后阶段与洛塔尔·布赫
尔进行了非常密切的合作。无论是瓦格纳还是布赫尔，都不是唯
命是从的工具人，正是出于这个原因，他们才能够做一些有用的
工作。他们同时反对议会统治和专制主义，对此做出了独创性的
论证，因此迎合了俾斯麦的基本宪政思想，并使其有了更深的理
论基础。布赫尔在英国流亡时写就、1855 年出版的《什么是议
会制》(*Der Parlamentarismus, wie er ist*) 便做了这样的工作。

　　他们两人的中心思想是，自由主义意义上的不受限制的议
会统治并不能给人民带来福祉，无论如何也不适合欧洲大陆的现
状；这种思想一定会受到俾斯麦的欢迎。布赫尔认为，从有产

386

　　洛塔尔·布赫尔，约摄于 1880 年。对他人鲜有称赞、总是言辞犀利的俾斯麦，对布赫尔则大加赞美。

阶级中发展形成的英国议会，在其漫长的历史进程中已经成了一个国中之国。他评论道："现在的人们认为下议院议员可以代表全体人民，这种观念是建立在一系列武断的假设之上的，是虚假的。认为有选举权的 1/7 的成年男子代表全体人民，认为多数人的意志就是全体人民的意志，这些都是虚假的。"作为对欧洲大陆的民主派和自由派的警告，书中写道："欧洲大陆的议会制是一个革命循环。在典范国家撒丁，如果天主教党派在新的选举中获得多数票，那将会是怎样的一种成功？他们将会消灭对手们所创造的一切。"卡尔·马克思早在 1856 年就认为，他能从这篇反议会制评论家的身上，看到一位"未来的普鲁士阁臣"；这本书虽然没有帮助布赫尔走到那么远，但至少把他引到了俾斯麦的身边。

1861 年威廉一世在加冕时给予的政治大赦，使洛塔尔·布赫尔得以回国。起初，布赫尔与费迪南德·拉萨尔取得了联系，两年后，拉萨尔甚至指定布赫尔为自己的遗嘱执行人。布赫尔与拉萨尔不仅一致认为，政治权力不应留给资产阶级，而且都要求废除受限的、间接的投票权。这也为通向瓦格纳和俾斯麦的构想搭建了一座桥梁。1864 年春，瓦格纳和俾斯麦再一次建立了合作，这一次是建立在改革后的、克服了冯·格拉赫风格的保守主义的基础上的。

瓦格纳在 1864 年 3 月 1 日的一份备忘录中指出，任何政 ₃₈₇ 府都不会成功地"打破争取专政、对于自身利益和权力有着清晰认识的资产阶级（Bourgeoisie）的反对，除非彻底地消灭它"，这想必触动了俾斯麦。瓦格纳间接地提到了对市民阶层（Bürgertum）利益的必要的重视，他写道："但是，消灭资产阶级的反对，只有在满足了市民阶层——他们与资产阶级不同——的正当物质需求、赢得其支持后，才有可能。"俾斯麦在"市民阶层的正当物质需求"下面标了粗线，并在空白处写道："哪些？"值得注意的是，瓦格纳和拉萨尔一样区分了资本主义市民阶层（kapitalistischer Bürger）和政治资产阶级（politischer Bourgeois），他要考虑前者的利益，而让后者远离权力。布赫尔也一直尊重商业和工业市民阶层的财产。

俾斯麦的经济—社会观和政治—国家法观念都与布赫尔和瓦格纳相近，因此，他在起草北德意志联邦宪法时，绝不是毫不带有意识形态的。他当然不允许自己受学术界学说体系的影响；不愿长期与教条主义的教授和官僚为伍，尤其是因为他是被迫与这些人为伍的，就如同天主教保守派人士冯·萨维尼的情况那样。他对那些将政治、生活经验与理论和历史教育相结合的人更感兴趣，他们更适合充当值得信赖的助手。因此，将宪法草案的最后编辑工作委托给洛塔尔·布赫尔的决定，无论是在私人情感还是在实际工作的层面上，都是最合适的。

按照1866年8月与北德各盟国达成的协议，宪法必须提交给尚待选举产生的联邦议会（Bundesparlament）进行"协商"。这次商议宪法的民众代表大会将在普遍、平等、直接选举的基础上产生。为了1867年2月12日的选举，各派系相继成立了政党。保守派首先发生了分裂；从中分离出来了自由保守党，该党主要由政府高层和外交系统中的贵族、西里西亚的商业大亨和莱茵工业家们主导。自由保守党无条件地支持俾斯麦的外交和国内政策。保守派的核心仍然是易北河东岸的容克，它主张扩大普鲁士的势力，但同时又要保证易北河东岸的乡村贵族的权力地位和中等规模的庄园的经济安全，确保其不会受到俾斯麦民族国家政策的威胁。在宪法冲突期间，保守派最关心的问题就是议会应该由议会还是国王领导。他们试图寻找第三条道路，即在尽可能改革的专制主义和等级自由之间、在普鲁士霸权和各王朝团结之间、在专制主义统辖的工业化和实行自由贸易的庄园经济之间寻求结合。保守派经常与俾斯麦共渡难关；但是，在1866年夏末秋初内外危机的解决过程中，当他们意识到，俾斯麦把他们引向了一个与他们的想法不符的目标时，他们就变得有些抗拒了。他们感觉到，虽然反自由主义仍然符合普鲁士的最高国家利益，但它不能始终如一地坚持下去，正统主义已经受到损害。毕竟，作为小德意志之首，扩张的普鲁士推动了工业资产阶级的发展。1866年，极端保守主义的势力最终被打破了，但它还能在一些制度、生活方式和思维方式中继续施加影响。

更具政治意义的事，是德意志进步党——普鲁士军队及宪法冲突时期的自由民主派——的分裂。党内投票赞成《补偿法案》的那部分议员最初组成了"民族党"（Nationale Partei），该党与刚刚被普鲁士赢得的汉诺威和黑森省份的自由派合并，从而成立了以本尼希森为首的民族自由党（Nationalliberale Partei）。它代表了工商业资产阶级，虽然从俾斯麦那里得到了一些重要的让步，但在其他方面都服从他的统治。自由主义历史学家鲍姆加滕（Baumgarten）一针见血地指出了资产阶级的政治投降情绪："资产阶级生来是去工作的，而不是去统治的。"

在普鲁士的核心地区，德意志进步党在大约三个月的时间里完成了分裂。最初，只是党的议会代表机构分裂了；在城市和农村，基层的自由派选举委员会基本保持不变。在柏林，无论如何，一个联合选举委员会还是继续存在的，它发出了进行北德意志联邦议会选举的号召。选民在自由派右翼和自由派左翼之间的决定，更多的是基于候选人的政治人格，而不是他的政治纲领。德意志进步党缓慢而渐进的分裂过程表明，该党在资产阶级各阶层，甚至在工人阶级中——例如在柏林的机械工程师中——是多么的根深蒂固。另外，全体自由派在与保守派的对抗中，证明了自己的团结；甚至德意志进步党的持不同政见者也关心如何削弱保守派，因为他们希望借此在议会的交锋中让俾斯麦做出让步。原先在普鲁士下院中有代表席位的各党派进行的重组，还包括在政治上越来越积极的天主教派别，他们走向了反对俾斯麦的阵营。俾斯麦对自由主义的让步，对天主教派别来说太过分了，因为当时教会想通过抑制科学发展的新经院哲学（Neoscholastik）和教宗的专制统治来巩固自己的权力。

389

用俾斯麦的话说，红色民主主义主要是在普鲁士之外形成的，尤其是在1866年8月的萨克森人民党的《开姆尼茨纲领》中形成的。这个党由威廉·李卜克内西和奥古斯特·倍倍尔领导，要求"人民无限的自决权""人民军代替常备军""废除一切等级、出身、宗教特权"。与民主派和拉萨尔派相反，他们对民族政治的诉求是："以民主的国家形式统一德意志。没有世袭的中央政权——没有普鲁士领导下的小德意志，没有因吞并而扩大的普鲁士，没有奥地利领导下的大德意志，没有这三者同时存在的三位一体。这些和类似的王朝—地方分离主义的势力，只会导致国家缺乏自由、四分五裂、被外国统治，民主派要对其进行最坚决的斗争。"尽管在1866年普鲁士当局做出初步决定之后，建立一个资产阶级民主共和国的胜算比以前更加渺茫了，但这一目标仍有助于维持革命民主主义的反抗精神，并且为建立一个社会革命党做了准备。

联邦制宪议会的选举在1867年2月12日举行。民族自由党在选举中脱颖而出，成了第一大党。他们赢得了80个席位，而德意志进步党只赢得了19个席位。保守党以59个席位成了第二大党。新成立的自由保守党赢得了39个席位。第一个也是唯一一个进入联邦议会的社会民主派人士，是27岁的奥古斯特·倍倍尔。总体而言，这是属于中右翼的一次明显胜利。

在联邦制宪议会审议北德意志联邦宪法之前，草案必须得到普鲁士国家的各个机构，如国务院和枢密院的首肯；还必须打消国王和他的保守派教唆者们对普选制的反对，最后还必须得到未被吞并的邦国和自由市的批准。宪法草案反映了权力关系：普鲁士国家和军事体系对北德其他邦国处于支配地位；普鲁士政府，特别是俾斯麦的政府，对议会处于支配地位。

这部宪法草案似乎是按照这样的口号来写的："尽可能地反自由主义，必要时来点儿自由主义。"陆军和海军的最高指

挥权、外交政策的指导权、战争与和平的决定权以及联邦首相
（Bundeskanzler）的任命权仍由普鲁士王室保留。俾斯麦从来
没有让这一切动摇过。联邦参议院（Bundesrat）是加入联邦
的王公们和自由城市的代表机构，它绝不会对普鲁士的权力地
位造成威胁，因为在 43 个有投票权的成员中，普鲁士占据 17
席，并且可以——如果要进行战争投票的话——随时把小邦的
代表拉到自己这边来。联邦参议院和联邦议会一起，除了负责
通过法律外，还负责监督法律的实施。然而，人们很快就会发
现，联邦议会将会主导立法进程，联邦参议院无法及时、适当
地对众多法案进行讨论和决定。宪法草案没有提到联邦政府要
对议会负责。在草案中没有出现"预算权"一词，它事实上也
几乎并不存在。虽然联邦议会的选举是在普遍、平等、直接的
基础上进行的，但是实行记名投票还是不记名投票，仍然是个
问题。我们可以看到，在投票权问题上，俾斯麦有时害怕自己
的勇气。

联邦议会的权力主要在经济立法领域。1866 年 6 月 10 日
俾斯麦的通令已经几乎逐一列出了所有相关领域，只不过通令
中对这些领域的分类较宪法草案有所不同，表述也更加明确：
"在联邦境内，任何一个邦国的国民都有权在任何其他邦国享
受国民待遇，他的母国当局不能限制他行使这一权利。从本宪
法公布之日起，整个北德意志联邦便只存在一种身份归属。各
邦法律中与此相抵触的规定全部无效。"

很显然，像布赫尔和瓦格纳这样有社会政治经验的顾问，
为这份草案定下了基调。因为他们知道普通人的需求，几十年
来，人们试图在德意志的某个地方成家立业，却一直受到警察
的骚扰。此外，要实现奥古斯特·倍倍尔几十年后所说的"让
雇工变成小老板"这一更为普遍的愿望，即使不是不可能，也
是非常困难的。通过消除这些障碍，宪法的起草者们宣称，他

391

们已经做了一些实质性的工作，以防止普遍和平等的选举权成为政府的威胁。在这些关涉"半无产"阶级和小资产阶级利益的规定后面，才列出了关于经济—社会立法的条款，涉及有产的、受过教育的中产阶层所关心的那些领域，这让瓦尔德克嘲讽说这是"关税、电报和邮政议会"。

即使俾斯麦在宪法草案的政治核心问题上没有妥协，但在制宪议会的审议过程中，他不得不在民众的民主权利、联邦议会的权限以及加强中央权力等方面，做出一些让步。如果没有这些让步，民族自由党就很难在易北河东岸以外的地区，为正在形成的、由普鲁士领导的德意志民族国家宣传造势。

俾斯麦不得不承认，联邦议会的立法权在原则上也应扩展到一些军事问题上。例如，他同意民族自由党和自由保守党的意见，即按照每个士兵每年 225 塔勒的标准一次性支付军费并将兵力定为 1867 年人口的 1% 的规定，只应暂时适用到 1871 年 12 月。这使得民主派和自由派的势力能够将联邦议会内部的军事辩论批判性地展示给公众。

俾斯麦既然同意了民族自由党的要求，即至少要设有一个负责任的联邦大臣，也就是首相，他就不得不承担起接受联邦议会质询的道德义务。但是，联邦议会并没有机会表达对首相的不信任，从而将其罢免。俾斯麦确实允许联邦议会参与立法过程，并将其作为反对特殊利益集团的工具；但他从来没有准备授予它一个议会制行政体系所要求的那种政治权力。

392　　　他最终在不记名投票问题上妥协了，这是一个已经持续了 4 年的发展历程的结果，在这 4 年中，他曾作为普鲁士首相请求建立一个以普选为基础的德意志议会；在 1862 年与 1863 年之交，在 1863 年 8 月法兰克福王公会议上，以及在 1866 年 4 月和 6 月，他都提出过这个方案。俾斯麦在其回忆录中写道，当时这些关于投票权的建议，是"对抗奥地利和其他国家的武器"。但外交政策的这个方面也涉及了国内政策。早在 1863 年 6 月，俾斯麦就对卡尔斯巴德的一位法国外交官说，扩大普鲁士的选民范围是非常有必要的。我们不应轻易否定这样的推测，即俾斯麦可能受到了拉萨尔观点的影响：如果发生战争，那么战争的胜负很大程度上取决于工人群众的情绪，因为他们被现有的三级选举制剥夺了权利。拉萨尔在给俾斯麦的最后一封信中提醒了普遍、直接选举权的意义，他写道："你在上战场之前，先把自己的房子加固好。"

俾斯麦在 1866 年 4 月提出那个骇人听闻的建议，即在普遍、直接选举的基础上产生议会时，是否考虑到了拉萨尔的忠告，这很难说。但拉萨尔很可能在这方面起到了推波助澜的作用。正如一条小溪有许多源头和支流一样，动机各不相同的许多方面、许多人促使俾斯麦产生了继承 1849 年圣保罗教堂有关普选权决议的想法，而他最终不顾一切保守派和自由派的反对意见以及自己偶尔的担忧，下定了决心。但之后，已经成为现实的事情，就很难挽回了。

未来很快就会证明，社会运动和政治运动在德意志人民中间已经明显发展壮大起来了，效仿拿破仑三世的臭名昭著的做法、实施波拿巴式的选举操纵，从一开始就是不可能的了。普选和联邦议会谈判的公开——这是一个重要的事件——对提高民众的政治觉悟做出了重大贡献。

卢森堡危机；军事政策

393

在北德意志联邦制宪议会议事期间，卢森堡问题成了焦点，这在 1867 年将普鲁士和法国推向了战争的边缘。就其在宪法中的地位和民族特性而言，卢森堡的情况很特殊，影响到多国的利益和生存空间。通过王朝层面的人员联系，卢森堡与荷兰联合在了一起，因为荷兰国王也是这个只有 20 万居民的小国的大公；卢森堡属于德意志邦联，卢森堡城的邦联要塞驻扎着普鲁士军队；其官方语言是法语，不过在 1839 年瓦隆（Wallonie）地区被移交给比利时后，卢森堡的大部分人口就是讲德语的了，报纸使用的也是标准德语（Hochdeutsch）。

1849 年，德意志国民议会中的卢森堡议员曾在德意志帝国的皇帝选举中，支持普鲁士国王。1866 年德意志邦联被解散时，卢森堡没有被纳入北德意志联邦，但普鲁士军队仍然留驻在卢森堡城原来的邦联要塞。卢森堡的大多数人不想选择法国或普鲁士－德意志，而是希望保持自己的文化独特性和政治独立性。当时的一首卢森堡歌曲的副歌唱道："我们只想保留本色"（Mir wolle bleiwe wat mer sinn）。俾斯麦知道这种情绪，他在联邦议会的辩论中承认"在卢森堡的所有阶层中，都可以看到对加入北德意志联邦的坚决反对"。这种洞察力可能是他没有要求卢森堡加入北德意志联邦的原因之一，他不想为了这个国家与法国发生战争。2 月 12 日，即北德意志联邦制宪议会的选举日，法国大使文森特·冯·贝内代蒂伯爵（Vincent Graf von Benedetti）代表拿破仑，再次催促俾斯麦就卢森堡问题做出法国期待已久的决定；这让俾斯麦陷入了危险的处境。一方面，贝内代蒂自《尼科尔斯堡停战协定》签署以来一直要求俾斯麦用卢森堡补偿法国，俾斯麦必须在谈判中拖住他，让巴黎的帝国政府对此仍抱有严肃的希望；另一方面，鉴于卢森堡的历史和语言，无论是自由派还是民主派、保守派还是教权派、民众还是王公，都将其视为一个德意志邦国，因此俾斯麦无法将其交给拿破仑法国。

394
在这种困境下，俾斯麦不得不与法国皇帝和荷兰国王玩起了一场混淆视听、掩人耳目的外交游戏，这种游戏本应是保密的，但却也无法保密。他不顾法国对普鲁士解除在卢森堡的驻军的期望，提出了在实质上和程序上都无法实现的要求，一而再、再而三地推迟解决时间，但同时，又使法国产生了希望，认为普鲁士迟早会答应拿破仑的诉求。俾斯麦在把卢森堡卖给法国的问题上，也非常狡猾。海牙的威廉国王－大公（König-Großherzog Wilhelm）已经准备好把他统治的这个大公国交给拿破仑，以换取一笔可观的费用了；他还时不时地开玩笑说："如果卢森堡淘气，我就把它卖给阿姆斯特丹的某个犹太人。"但俾斯麦却放任荷兰与法国进行谈判，好像他自己什么都不知道一样。而当荷兰国王因为受到 1815 年维也纳会议确立卢森堡地位的国际法的约束，派人在柏林询问普鲁士政府是否同意已经谈妥的购买合同时，俾斯麦最初的回答是相当含混不清的。

当法国与荷兰的谈判还在进行时，俾斯麦就公开了他在1866 年 8 月与德意志南部各邦国分别秘密缔结防守同盟之事。他借此向德意志民众表明了他的民族统一意志。此外，他还在北德意志联邦议会中，秘密委托民族自由党议员本尼希森发起有关卢森堡售卖事件的质询。本尼希森的演讲体现了高昂的德意志民族主义情绪，穿插着对中世纪的浪漫回忆；例如，在谈到卢森堡是德意志的一个邦国时，他指出，"那里的王公家族产生过德意志的皇帝"①。但在拿破仑扩张主义的具体问题上，他却很现实："我们在卢森堡的边境地区要保卫的，不仅是德意志的一部分国土；那也是我们一个重要的军事阵地，如果这个阵地在卢森堡归属法国时被放弃，那么，不仅仅是比利时，德意志的莱茵省也将持续地受到直接的威胁。"本尼希森继续说："对外国来说，还有一个不小的诱惑，那就是利用德意志

---

① 卢森堡家族产生过亨利七世、查理四世、文策尔一世、西吉斯蒙德等多位德意志国王和神圣罗马帝国皇帝。

邦联的解体，利用这个德意志民族国家统一尚未完成、德意志内部政治斗争业已爆发的时机，来提高自己对德意志的优势地位。这绝不是说笑的。如果我们不反对第一次的这种尝试，那么这种尝试就会一次次地重复出现，目前的政治重组将不会在德意志建立起一个强大的联邦国家，而只会让旧的分裂和软弱延续下去。"

395 　　本尼希森在北德意志联邦议会里获得了热烈的掌声。然而，作为对这场议会质询和爱国演说的回应，俾斯麦努力在与法国的对话中展示一种和解的语气——这是一场分工明确的表演。在这场议会会议之前，他就已经对法国大使表现了善意。然而，经过这次由他亲自策划、受到媒体大力宣传的联邦议会辩论，民众对法国的愤慨达到了无以复加的地步，使得他能对法国皇帝和荷兰国王施加压力了。4 月 3 日，他让人在海牙宣布，如果战争爆发，公众舆论"和我们一样，会认为荷兰对此负有主要责任"。威廉国王迅速做出反应，发来一封电报，内容如下："放弃转让卢森堡。"

　　拿破仑三世极其愤怒，这是可以理解的：为了与荷兰国王兼卢森堡大公威廉达成协议，为了在卢森堡组织亲法集会，他付出了大量努力，但这一切都化为了泡影；他本人以及他的政府都感到被俾斯麦出卖了。事实上，俾斯麦后来对此嘲讽说，贝内代蒂竟然相信了他会出卖德意志的土地。俾斯麦还向普鲁士国王承认，他用这样的花言巧语拖住了拿破仑：普鲁士统治者颇有"偏离美德"的倾向，因此他需要一些时间，来再次赢回这位不情愿的国王的支持。

　　在俾斯麦发出通令，提请各大国认识到它们在卢森堡问题上所承担的国际法义务后，一场国际会议于 1867 年 5 月 7 日至 11 日在伦敦召开了。会议决定让卢森堡保持中立，并将它的独立性置于列强的保护之下。随着卢森堡被宣布为"永久中立国"，卢森堡城也不再是要塞；普鲁士驻军必须撤离卢森堡，并且承担清除防御工事的义务，今后不得再次修建。

如果我们提问，俾斯麦在卢森堡危机期间到底想要什么，那么，我们可以从他的各种书面或口头、秘密或公开的表述中找到答案。他在这几个月中非常困惑，所以黑格尔的话在这里也是适用的：动机的真理性只是在行为本身内（die Wahrheit der Absicht ist nur die Tat selbst）①。在 1866 年夏天，俾斯麦并没有计划让具有复杂国际地位的卢森堡加入即将成立的北德意志联邦。在与法国大使贝内代蒂的所有会谈中，他都慷慨地考虑了拿破仑对于法国吞并卢森堡的要求，但他利用自己长期不在柏林以及筹备成立北德意志联邦的机会，实施了拖延战术。事实上，俾斯麦知道，不应该将普鲁士－德意志的莱茵河邻近地区交给法国，这会对北德意志联邦的创立造成负担。德意志民众的民族意志是反对拿破仑的扩张主义的；俾斯麦很可能考虑到了这一点，无论他走的道路是如何曲折。

俾斯麦也不想在 1867 年与法国开战。他在各种场合都说过，有获胜的机会并不是发动一场大战的正当理由。这样的说法不能仅仅被视作一种蛊惑。但诸如此类的有时非常感性的话语，并没有直接反映他政治行为的核心。当他用空话搪塞法国政客时，他的考虑是，要把有关卢森堡的尖锐危机推迟到北德意志联邦制宪议会把宪法通过之后。只要这个联邦国家尚未成形、还未得到巩固加强，俾斯麦就不敢发动战争，否则就会刺激自由派和民主派，并不必要地加速南德加入北方的联邦。那样的话，人们就可以在自由主义—议会制的意义上，重新设计他的宪法工作了，他绝不想看到这样的事情发生。

---

① 引文摘自黑格尔《精神现象学》（上卷），贺麟、王玖兴译，北京：商务印书馆，1981 年，第 109 页。

法国和普鲁士之间的军力对比难以评估。老毛奇深信普鲁士的优势，因此反对拖延战争，因为他担心法军会在未来几年内加快技术更新及军事重组，从而使普鲁士的处境更加困难。而俾斯麦在回忆录中写道，他希望让现有的"军事法规和军事教育对所有普鲁士以外的德意志地区产生影响"。他说："……每拖延一年，我们的军队就会多得到十万余名训练有素的士兵。"他预计美因河以南的军队会逐渐适应普鲁士军队的标准——尽管在卢森堡危机期间，南德意志的政府们的态度不瘟不火。无论如何，普鲁士和南德意志之间存在防守同盟的关系，这种关系最近得到了公开。

在民族自由党人的宣传支持下，普鲁士在兼并地区和北德意志联邦各邦内推行了自己的军事法。小邦国的军队直接被整编进了普鲁士军队，普鲁士军官们被派往这些新的部队，而小邦国原先的军官则前往普鲁士旧有卫戍部队中服役。萨克森是北德意志联邦中仅次于普鲁士的最大邦国，它成功地让自己的军队成了一支独立的部队，萨克森国王还对其保留了一些任命权。1868 年初，普鲁士军队撤出了最后两个被占领的萨克森城市，即莱比锡和包岑（Bautzen）。萨克森这才成了北德意志联邦中与其他邦国平等的伙伴。在与萨克森签署军事协定前所要克服的一切困难都并非来自俾斯麦，而是由普鲁士国王造成的。就像对待奥地利一样，普鲁士国王想像惩罚敌国一样惩罚萨克森，所以他的反应是情绪化—道德化的，而不是像俾斯麦那样有着政治上的清醒与理智。

397　　《北德意志联邦宪法》规定了北德各邦国的统一防卫体系。在德意志南部，这种防卫体系的统一以及与德意志北部防卫体系的接轨都还不可能实现。然而，与普鲁士的防守同盟显然是朝这个方向发展的，因为面对国际紧张局势，德意志南部各邦国不得不从 1866 年的失败中吸取教训，维护自己的利益。尽管面对一定阻力，军事改革也必须在随后的几年里实现。由于德意志的邦国地方主义发展和一些地理环境因素，德意志南部各邦国的历史背景千差万别。因此，实力增强了的普鲁士的霸权利益不能以同样的方式在所有南德邦国中得到贯彻，更何况欧洲各国的势力关系也作用于此。

在北德意志联邦与其他三个南德意志邦国关系的进一步发展中，处于关键地位的不是愿意加入联邦并对普鲁士友好的巴登大公国，而是巴伐利亚王国。虽然在 1866 年 12 月 31 日，思想比较开放的克洛德维希·祖·霍恩洛厄－希林斯福斯特侯爵（Fürst Chlodwig zu Hohenlohe-Schillingsfürst）取代了冯·德·普福尔滕男爵（Freiherr von der Pfordten），成了巴伐利亚首相，但俾斯麦在与巴伐利亚的关系上却遇到了越来越多的困难。

作为巴伐利亚第一议院（Erster Kammer）的成员，祖·霍恩洛厄－希林斯福斯特在 1866 年就已经主张南德意志各邦国并入正在组建的北德意志联邦。《布拉格和约》第四条并没有禁止这种合并，但普鲁士不能接受这样的提议。因此，无论是在何时、由谁提出这种要求，俾斯麦总是表现出退让；他不能让这件事把普鲁士与法国的外交关系变得更加复杂，况且他首先要巩固北方的联邦。此外，巴伐利亚国王也并不准备接受祖·霍恩洛厄·希林斯福斯特这个雄心勃勃的合并计划。他的王朝自信和对纠纷的恐惧使他坚持巴伐利亚的独立；特别是他必须考虑到他的奥地利邻居，因为，在新首相弗里德里希·费迪南德·冯·博伊斯特（Friedrich Ferdinand von Beust）男爵的领导下，奥地利可能会和法国一起寻求报复。

作为第一议院的成员，祖·霍恩洛厄－希林斯福斯特或许还能比较容易地说些什么或是建议些什么，但是，作为首相的他就必须更加谨慎小心。他表示，除关税协定外，自己愿意

398

在军事领域为南方与北方的民族统一做准备工作。陆军大臣已经提交了一份关于重组巴伐利亚军队的草案。其构想是以普鲁士的军事制度为基础的。祖·霍恩洛厄－希林斯福斯特同意了这些改革工作，并于 1867 年 1 月 19 日在第二议院（Zweiter Kammer）的会议上宣布，"与德意志西南其他邦国组建一个统一而强大的军队组织"，是符合巴伐利亚军队的利益的。他尤其重视与符腾堡进行合作，因为如果不合作，"那里就会展开最冒险的改革"。

祖·霍恩洛厄－希林斯福斯特与普鲁士驻慕尼黑公使罗伊斯亲王（Prinz Reuß）就这些事项进行了讨论，后者自然是按照俾斯麦的指示行事的。俾斯麦立即将巴伐利亚的努力告知了他在卡尔斯鲁厄的公使冯·弗莱明伯爵（Graf von Flemming），当然，他是怀着赞许的态度的。同样是在这个 1 月，俾斯麦还向驻慕尼黑的公使发布了一项通告，更加全面地讨论了"德意志南部各邦国在尽可能贴近普鲁士军制的方向上，统一进行军事改革"的问题，希望各邦的合作可以包含更广阔的范围。有关慕尼黑和斯图加特的政府，他说道，"在当前情势下，应该让它们保持这样一个方向"，即"不与巴黎或维也纳合作，不给它们任何借口来在更有利的机会下松动甚至破坏已经缔结的同盟"。

俾斯麦的这种谨慎温和的政策，使祖·霍恩洛厄－希林斯福斯特更容易说服 1867 年 2 月在斯图加特召开的南德三邦国会议上的政府代表们，让他们做出有利于统一军制的决定。然而，这些决定很快就受到了质疑。1867 年 3 月对于防守同盟的公布，在巴伐利亚民众中间引起了很大的骚动，他们尤其反对的是在战争发生时将巴伐利亚军队置于普鲁士指挥之下的规定。祖·霍恩洛厄－希林斯福斯特已经无法像他所希望的那样，在南德意志统一的基础上，进一步加强巴伐利亚与普鲁士

的军事关系了。唯一能做到的，就是在部分地借鉴普鲁士模式
的基础上，于 1868 年完成巴伐利亚军队的整编工作。

　　在符腾堡，军改也遭遇了障碍。这里的人有着一种独特的
观念，即符腾堡的地理位置可以在发生军事冲突的情况下保证
其安全。弗里德里希·路德维希·林德纳（Friedrich Ludwig
Lindner）在符腾堡国王威廉一世（Wilhelm I.）的授意下所
写的《南德手稿》（*Manuscript aus Süddeutschland*）中就有
这样的表述。他在其中请求建立第三德意志，一个真正的、纯
正的德意志；他指的是在古老的德意志主要部族与现在的巴伐
利亚和符腾堡王国的领导下，建立一个更紧密的联邦。作者认
为，这两国——巴登完全不在讨论之中——之所以能够实现更
紧密的联合，是因为北德与南德之间有着天然的对立，地理形
势开放的北德需要大军防守，而南德有丰富的天然屏障，常备
军的财政负担对其来说是多余的，后备军就足够了。

　　似乎大部分施瓦本人把上莱茵河低地视为冰川，把黑森林
山脉视为天然的堡垒与城墙，认为他们自己可以在其后面安全
地生活。由于符腾堡与欧洲的任何一个大国都不接壤，这种对
于特殊联盟（Sonderbündelei）的倾向就更加强烈。这些是
民兵制度受到广泛推崇的自然和历史基础。俾斯麦也曾明确指
出，1866 年战场上的符腾堡人不像是士兵，而像是农家子弟。
而对国王卡尔（Karl）和他的外交大臣以及陆军大臣来说，在
经历了这样不光彩的事之后，便不能再忽视军事改革的必要性
了。但由祖·霍恩洛厄－希林斯福斯特发起、在俾斯麦的间接
促成下于斯图加特召开的二月会议，可以说给所有有着上述施
瓦本思想倾向的人带来了打击。南德各邦国必须考虑到奥法之
间可能进行的军事合作，由此产生的问题是，符腾堡是否真的
能像瑞士联邦一样，继续成为一块政治保留地。

　　与符腾堡和巴伐利亚相比，巴登的军事重组没有遇到任何

困难。到 1870 年战争爆发时，与北方的统一已经取得了巨大的进展，巴登的军队已经几乎与普鲁士的军队形制一致了。这个边境邦国能在没有任何摩擦的情况下推行军事改革，是很好理解的。毕竟，自路易十四世以来，它曾遭受多次入侵；法军对莱茵河右岸的城镇、城堡和宫殿进行的无数次破坏——想想海德堡就知道了——都没有被遗忘。而且和以前一样，对于此时属于法国的斯特拉斯堡（Straßburg），人们不仅将其视作防御要塞，还视作潜在的包围突破口。

400   至于这些年卡尔斯鲁厄和柏林之间发生的种种不快，其原因就在于俾斯麦。俾斯麦对巴登的态度很消极，有时几乎是抗拒的；除了直接加入北德意志联邦这个微妙的问题，俾斯麦对以军事公约形式出现的防守同盟的具体内容，一点也不想知道。在 1867 年 1 月 14 日给驻卡尔斯鲁厄公使的指令中，他将这个问题描述为"一种潜在的可能性"。而这从未变成现实：俾斯麦既不想过早地引起与法国关系的复杂化，也不想因与巴登私自行动而惹恼自认为是南德霸主的巴伐利亚。

南德各邦以不同的方式使自己的军制与普鲁士的军制完成了同化，普鲁士的这种军制是自军队冲突以来实行的，并在 1866 年的考验中证明了自己的实力。与慕尼黑、斯图加特和卡尔斯鲁厄的政府的反应不同，南德民众对此的反对与日俱增。他们尤其是对为期三年，即比此前更长的兵役感到不安，因为这给男性和家庭带来了额外负担；他们也对军队重组的筹资方式感到担忧，资金将来自间接税而不是民主派要求的累进所得税。俾斯麦已经选择了间接税，因为间接税一旦被批准，资金就会源源不断地涌入，因此不需要再经过议会的批准。盐、糖等重要物资肯定可以保证大量、持久的收入。1868 年，仅盐的税收就占北德意志联邦总收入的 15%。这种让底层民众来承担军队重组所需资金的筹资方式，几乎颠覆了一般义务兵役制的民主性质。军国主义（Militarismus）的概念就是在这时诞生的。另外，反对派的处境也很复杂，因为那些不顾其沉重负担而推行军事改组的社会力量，同时也推动了自由竞争的工业资本主义的进步。

北德意志联邦议会通过的法律在经济政策上与时俱进，为工业化铺平了道路。而关税议会（Zollparlament），无论时间多短，都扩大和强化了经济流通领域。由此，民族国家的统一已经成了必需。

第九章
经济进步与政治逆流

北德意志联邦的立法关税议会

　　1867 年 4 月 16 日，联邦制宪议会以 230 票通过了《北德意志联邦宪法》，反对票共有 53 张，来自韦尔夫家族和波兰的代表们、天主教派、进步党，以及社会民主派人士奥古斯特·倍倍尔。

　　经过各成员邦政府以及议会的批准后，《北德意志联邦宪法》于 1867 年 7 月 1 日生效。俾斯麦成了联邦首相（Bundeskanzler）。在联邦制宪议会完成任务后，新的立法联邦议会于 1867 年 8 月 31 日选举产生了，但其派系构成与之前几乎没有区别。值得注意的是，德意志进步党和社会民主工人运动的两个派系向新选出的联邦议会输送了更多的代表。奥古斯特·倍倍尔如今得到了威廉·李卜克内西的支持。

　　拉萨尔派赢得了三个席位；他们的首席发言人是冯·施韦泽。从此，北德意志联邦的新的议会开展了大量的立法工作，涉及宪法所规定的议会的民事、经济和政治职权领域。如果没有普鲁士政府官僚密集而专业的准备工作，这些工作大部分是无法完成的。俾斯麦向来质疑的官僚自由主义（Beamtenliberalismus）如今迎来了曙光；但联邦首相现在知道，这种自由主义也会加强联邦在法律和经济上的统一，最终会有利于王权。立法的基础工作是由联邦首相府

（Bundeskanzleramt）的主席鲁道夫·冯·德尔布吕克（Rudolph von Delbrück）领导的，这一机构的成立，为的是减轻俾斯麦的负担。

根据宪法要求，联邦议会通过了关于人员自由流动的法律；这使得每个德意志人都可以在任何邦定居、就业、生活，而不受地方当局的阻碍。在住宅支持方面，各邦也采取了同样的规定。宪法取消了对婚姻的限制。拖欠和扣留工资的行为都遭到了禁止。

中上层资产阶级和小资产阶级仍不满足于只有行动自由而没有充足的贸易自由的状态。因此，他们的代表要求联邦首相制定一部自由贸易法，并于 1869 年 6 月 21 日促成了综合贸易条例的制定。这些法规废除了旧的强制权和禁令权①，废除了行会和商人协会的一切特权，这意味着任何人都可以不受限制地根据竞争原则，在农村和城市从事贸易。贸易条例对有争议的结社权做了更详细的定义。如今，工人们可以联合起来组成工会，以争取有利的工作条件，也可以将罢工作为斗争的手段。只有农业工人仍然未被赋予这些权利。

运输业经由各种规定和协议得到了促进，例如与外国签订邮政协议，统一度量衡，取消易北河关税，支持修建圣哥达铁路（Sankt-Gotthard-Bahn），制定商船国籍法，组织建立联邦领事馆等。此外，通过北德意志各法院之间相互给予司法协助、设立莱比锡高等商事法院和制定北德意志刑法等，法律上的统一也得到了促进。

北德意志联邦经济立法的高潮，是 1870 年 7 月 11 日对股份公司法的修订；自此，所有的股份制公司都不需要在成立时

₄₀₂

---

① Bannrecht，一种贸易法规，起源于中世纪，限定商人在某一区域内生产并销售其商品。

向政府当局申请特许权了。这就消除了发展大资本主义生产的
最后一个封建官僚主义障碍。

　　人们偶尔会提到普鲁士制度的多面性，这次的立法过程无
疑就显示了普鲁士民族主义和自由主义的方面。

　　1866 年的战争和德意志邦联的崩溃，也动摇了过时的关
税同盟。毕竟，关税同盟的成员在那个战火纷飞的夏日里曾彼
此为敌；然而在战争结束时，普鲁士却干脆将新兼并的邦国
都吸纳进了它自己的关税统一体。这种情况也发生在石勒苏益
格－荷尔斯泰因身上，它们此前一直不属于关税同盟。根据
与德意志南部各邦国签订的和平条约，这些邦国将被纳入即
将续期的关税同盟。南德意志各邦国的大臣们已经清楚地认识
到，需要为关税同盟创建一个不同的组织结构——黑森首相赖
因哈德·冯·达尔维克·祖·利希滕费尔斯（Reinhard von
Dalwigk zu Lichtenfels）男爵是个例外，他想阻止关税同盟
的各邦国之间建立更紧密的联系。另外，巴伐利亚和符腾堡的
大臣们必须就关税法和外贸协定，努力获取各自邦国的第一议
院和第二议院的支持。

403　　但是俾斯麦针对所有这些行动提出了一个联合关税议会
的想法，这个议会将由普遍、平等和直接的选举产生。他的指
导原则之一是，民主选举的议会应当对超越各邦国管辖范围
的一切事务拥有发言权，并且拥有有限的决定权，就像在北
德意志联邦中已经实现了的那样。他秘密向巴登人建议，应
当以建立议会的要求，反对巴伐利亚可能提出的建立南方联
邦（Südbund）的要求。他在写给驻卡尔斯鲁厄公使的信中说：
"只有议会存在了，才能有南方联邦"，"对我们来说，这似乎
是巴登最好的防卫方式；它可以暂时抵挡住那个我们更担心的
联盟形式：一个没有议会的南方联邦"。总的来说，南方联邦
"永远不可能成为一种确定的组织形式，而只是一个过渡时期

的产物；而设立一个议会，将会缩短这个过渡时期"。听起来，俾斯麦关于南德议会的建议并不是一个单纯的战术考量；这个建议可以说是俾斯麦为了挫败巴伐利亚的霸权意图而进行的一种操作。一个月前，他就已经从一个更宏大的历史背景出发，提出了这个建议："要一举实现德意志的统一，只有在发生战争的情况下，才有可能。除了这种我们既不会预见也不会引发的可能性，德意志的统一过程还必须经历一个或多个过渡阶段……其中不可或缺的一个是，南方各邦国不仅通过协定的形式组织起来，而且是要建立一个联邦——一个南德议会。消灭现存事物，是民族新生的任务中最困难的部分。"

南德议会从来没有出现过，南方联邦也没有出现过。两者的失败都不是因为普鲁士，而是因为南德的地方主义者们，他们包括君主、贵族、教士、乡村政治家、城市的达官贵人和多嘴的老百姓。俾斯麦不能也不想强行建立一个南德议会，但经过一些外交上的准备后，他最终成功组建起了一个关税议会。1867 年 5 月 6 日，俾斯麦对慕尼黑内阁说，如果不与北方建立一个联合的议会机构，就不可能建立一个联合的关税同盟。6 月 3 日，普鲁士以及德意志南部各邦国的领导人在柏林举行会议。在会上，俾斯麦把重点放在了人民代表机构的设置上，没有这样一个机构，关税同盟的事务就不可能继续推进下去。

在结构上，新关税同盟的立法权划分与北德意志联邦一致：在关税和贸易问题上，关税联邦参议院（Zoll-Bundesrat）和关税议会（Zoll-Parlament）负责审议、表决；这两个机构的权限明确限定在关税事务、为确保关税区边界安全而采取必要措施以及同盟内部的糖、盐和烟草税收上。俾斯麦就这样把他的财政工具的核心，即间接税，从德意志的北方带进了南方。

7 月 8 日，所有与会代表都签署了新的关税同盟协定（Zollvereinsvertrag），从而批准了关税联邦参议院和关税议会等新机构。不过，这个协定，以及之前只在政府间协商的防守同盟协定，也需要得到南德各邦国议会的批准。如果符腾堡邦议会废除这一系列同盟协定，那就可能会迫使普鲁士终止关税同盟。

此时，施瓦本的民主派行动了起来。他们在自己的宣传煽动中，要求全盘拒绝这些协定，尽管他们没有对其内容提出具体的批判。最终，他们失败了，因为支持新的关税同盟的商会更加强大。普鲁士的经济和政治实力在1866年之前就已经成了人们必须考虑的因素，如今则更是如此。和斯图加特的情况一样，在慕尼黑，只有在克服了议会中利益和观点的政治冲突后，新的关税同盟协定才得以通过。不出所料，达姆施塔特和卡尔斯鲁厄的邦议会批准了这些草案，这样，新组建的关税同盟就可以于1868年1月1日生效了。之前的关税—邦联（Zoll-Staatenbund）变成了关税—联邦（Zoll-Bundesstaat）。德意志南部的居民需要选出代表来，与北德意志联邦议会的代表一起组成关税议会，由此，关税议会成了普鲁士主导的小德意志的一个全国性机构。

405   俾斯麦、民族自由党人和自由保守党人，都对关税议会抱有很高的期望。俾斯麦在1867年3月11日的联邦议会演讲中，就已经谈到了"全德意志的经济共同体"，这种"联合的立法机关"，"必然要逐步将制订大部分物质福利相关条款以及一些关于程序问题的正式立法的任务统于自身，也必然要为整个德意志制定一个共同规定"。在关税同盟协定得以签署、明确规定了关税议会的职权之后，俾斯麦仍满怀这样的期待。1867年11月，他在对普鲁士驻卡尔斯鲁厄公使发布的政令中，把即将选举产生的关税议会下一步要完成的任务，描述为"培养并唤醒一种扩大其权力范围、增加协商事项的意愿"。

1867年12月1日，俾斯麦对来自巴登的公使说，关税同盟需要 30 年的时间才能发展成熟。在铁路和电报时代，解决民族问题，也许只需要花费这 30 年中的一小部分时间。虽然俾斯麦有时预估这个时间会更短一些，有时又会认为这个时间会更长一些，但无论如何，他在那几个月里相信，德意志的民族国家统一是可以通过和平手段来实现的。在他看来，关税议会是"实现德意志统一的核心和种子"。

俾斯麦的南德支持者们跟他一样乐观，他们的选举口号是："从关税议会到全德议会"。南方的自由派政党在宣传中反复谈到，要扩大新成立的关税议会的权力。恰恰是这一点激发了反对行动，使得选举活动更多是围绕德意志未来的宪法问题，而不是关税问题展开。教士和准民主主义的党派对军事改组造成的财政负担感到抵触，这是可以理解的；但除此之外，旧有的一些担忧也被唤起，即德意志南部的地方、宗教和邦国特征，可能会因与普鲁士控制的北方的交流合作而受到重大损害。1868 年初关税议会的选举结果应当放在这些情绪的背景下加以理解。在巴伐利亚，天主教党派大获全胜，在全部48 个席位中赢得了 20 个席位；德意志党（Deutsche Partei）只赢得了 12 个席位。在符腾堡，人民党（Volkspartei）赢得了 11 个席位，政府联邦主义团体获得了 6 个席位。因此，与北德意志联邦的民族自由党相对应的德意志党，就无法向关税议会派出任何一个代表了。在巴登，民族德意志党（Nationaldeutsche Partei）获得了全部 14 个席位中的 8 个席位，支持大德意志方案的民主派获得了 6 个席位。德意志党只在黑森–达姆施塔特取得了令人印象深刻的胜利，它在那里赢得了所有的席位。

总的来说，关税议会的 85 名南德议员有着明显的地方主义倾向，不管他们各自的理由如何不同。在这里，俾斯麦的一个敌人成长了起来，这个敌人从天真的君主主义、前工业化的

406

生活方式和习惯、教士狂热主义和各政治团体的家族权力利益中汲取了力量。

地方分离主义者

在被普鲁士吞并的汉诺威，人们第一次感受到了地方分离主义者们对俾斯麦的反对。1866 年后，汉诺威在政治上出现了分裂，一方面，汉诺威是民族自由党的领地——民族自由党的领导人冯·本尼希森和米克尔（Miquel）坚决主张把汉诺威王国变成普鲁士的一个省；另一方面，汉诺威又是韦尔夫派的反抗大本营。在 1867 年的普鲁士邦议会选举中，汉诺威 36 个选区中的 31 个选区落入了组织严密的民族自由党之手。不过，这种亲普鲁士的浪潮很快就平息了，到了 1877 年，只有 21 个选区仍然在民族自由党手里。

然而，补偿协议（Abfindungsvertrag）并不能说服被废黜的汉诺威国王格奥尔格五世（Georg V.）放弃王位；相反，就在普鲁士上议院同意了这一对汉诺威国王经济上有利的安排的同一天，格奥尔格五世在维也纳附近的希青（Hietzing）举行的银婚庆典上发表演讲，宣布不久将恢复韦尔夫王国和韦尔夫王位 [①]；于是，普鲁士政府就中止了补偿协议。

在希廷的演讲并不是格奥尔格五世一时兴起，而是他对自己的深刻信念的表达。1866 年战争爆发前不久，格奥尔格五世曾接到最后通牒，要求他同意普鲁士的改革计划，但他以"基督教、君主和韦尔夫家族"为由予以了拒绝。1867 年，格奥尔格五世在给政府顾问奥斯卡·梅丁（Oskar Meding）的几封信中，阐述了他基于宗教的关于韦尔夫王朝的观点。他虔

---

① 汉诺威曾由韦尔夫家族统治。

鲁道夫·冯·本尼希森，汉诺威最高主席。1867年他对俾斯麦评价道："他很聪明，但几乎不可能像鸽子一样毫无过失。"

诚地希望，法国能够出面干预。因此，尽管我们出于人道，可以对这位在1833年作为王子时就已经失明的汉诺威国王感到同情，却无法从历史的角度为他辩护。当然，他的所有这些观点都来源于一种君主主义的、极端的、耽于幻想的心态。但是，法国内部确实滋生了可以让韦尔夫王国复辟的战争期望。格奥尔格五世把他从巴黎的亲信那里了解到的情况告诉了梅丁："他们的官方报告清楚地表明，帝国政府、拿破仑王朝和拿破仑皇帝本人面临的总体形势和势力关系处于这样一种地步，即只需要一个火种，就能点燃战争；皇帝自己也希望如此，而且他完全有能力打一场仗。"大家必须做好准备，"这样，当交战理由成熟时，我就会立即以盟友的身份，站在法国皇帝这边，这样，在法国皇帝的有力支持下，我就可以在上帝的帮助下，从德意志赢回我的权利"。自然，针对格奥尔格五世及其支持者的政治阴谋，俾斯麦让他的外交代表进行了干预。就连俾斯麦的对手、奥地利外交大臣冯·博伊斯特也不得不向汉诺威国王送上了一份备忘录，提请他注意自己违反了款待权（Gastrecht）①。为了安抚柏林，冯·博伊斯特向普鲁士大使递送了这份外交文件的副本。

408　　《伦敦德意志邮报》（*Londoner Deutsche Post*）提供了关于这种险恶的地方分离主义的社会根源和思想—政治面貌的信息。记者提到了"行会制度的瓦解过程"；他提到了那些二流师傅们（Kleinmeister）②，他们以前是通过"竭尽全力阻止年轻一代站稳脚跟"来维护自己的垄断地位，如今则是由于"新的贸易自由，被习惯于做实事的'普鲁士人'弄得四面楚歌"。那些"在汉诺威并入普鲁士时错失了良机，未能让自己像其他人一样被普鲁士人张开双臂欢迎"的贵族，也加入了心怀不满的行会成员的行列。最后，记者提到了"伪君子"——这些人赞同国王"刻薄针对犹太公民"的政策。这篇报道，以及普鲁士大使冯·伯恩斯托夫给柏林的报告，除了展示了汉诺威在兼并后的社会和政治变化，还展示了格奥尔格国王亲信分崩离析的情况——他身边的人，随着时间的推移，都离开了他。

　　汉诺威的地方分离主义是由被驱逐的国王挑起的，格奥尔格五世以一种近乎阴谋的方式，与城乡的利益和情绪联结在了一起。巴伐利亚的走向则与此相反。在巴伐利亚，农民和小

---

①　指在另一城市或国家，宾客得到接纳、庇护的权利。

②　指在某一领域自诩不凡，实则影响力有限、局限于地方的人物。

资产阶级的反独裁、反普鲁士活动，自下而上地发展起来了；主要由天主教神职人员领导的巴伐利亚爱国党（Bayrische Patriotenpartei），在几年内就发展成了一个大型政党。政治化了的神职人员及其亲信政要以1864年教宗的谬说要录（Syllabus）为指导，这份目录主要针对自由主义，以及一切所谓的科学思想造成的谬误。巴伐利亚爱国党的主要成员们本着对教会的服从，接受了一份在罗马——在山的那一边（ultra montes）①——写成的文件的指导。自由主义者很快为这些唯教宗马首是瞻的对手贴上了已经有几十年历史的"教宗至上主义"（Ultramontan）的标签。

巴伐利亚的教宗至上主义者的直接对手，是自由派的祖·霍恩洛厄－希林斯福斯特侯爵的政府，祖·霍恩洛厄－希林斯福斯特侯爵敢于触及神职人员的广泛特权，并试图使巴伐利亚与普鲁士，即信奉新教的北方，建立更密切的关系。在1867年春天公开的防守同盟的消息被不情愿地接受了之后，政府关于新学校法的草案在同年秋天成了斗争的对象，教宗至上主义者组织了一场演说运动，并在媒体和议会中对新学校法展开了激烈的论战。总体上看，祖·霍恩洛厄－希林斯福斯特的学校法一点也不激进，甚至连分离国家和教会的意图都没有。它只是限制了神职人员监督学校的权力，使各地的神职人员不得再单独控制学校，而是要与一个委员会合作。

这足以引发一场宣传行动，一直到20世纪，这场行动都是德意志所有天主教地区的样板。冯·罗滕汉男爵（Freiherr von Rotenhan）长期担任弗兰肯（Franken）地区的政府主席，他根据自己的亲身经历，向他的侄女婿、普鲁士军事代表恩斯特·威廉·卡尔·冯·格罗曼（Ernst Wilhelm Karl von

409

---

① 指教廷。

Grolman）描述了教士们所采用的方法。教士们"为了显示他们对民众还有什么样的权力，参加了选举，并且根据他们的原则——为了目的可以不择手段——通过一切有用的手段，包括经常声称反对派候选人存在可疑之处，发起了一场前所未有的行动。在讲坛前、在公共集会上、在挨家挨户的巡访中，他们都在宣传着：教会处于危险之中；如果普鲁士取得了霸权，巴伐利亚也将成为信奉新教的地方了"。

自由主义与教权主义在学校政策上的矛盾还将持续数十年，这一矛盾特别能够调动起天主教神职人员在政治上的积极性。巴伐利亚的地方分离主义和教权主义的精神领袖埃德蒙·约尔格（Edmund Jörg）表达了他们这派人的忧虑，他告诉人们，应当担心的是自由主义会"冷酷粗暴地、没有必要地……忽略他们内心深处的生活观念和他们的'存在'中所有的美好习惯"。在农村，有着巴伐利亚爱国主义倾向的农民协会的宣传家们与乡村教区的神职人员一起，对国家官僚机构、税收和繁重的兵役百般抱怨，并时不时对新教徒和犹太人的商人精神和新兴的工业主义大加挞伐；此时，巴伐利亚人就要变成普鲁士人的事实，已经非常清楚地显示了。他们的风俗习惯和传统都被改造了，旧的家园意识变成了地方分离主义，这在根本上符合教会和教会外的达官贵人们以及拥有农庄的富农们的利益。

410 　　巴伐利亚的"爱国者"很清楚他们要保留什么，要抵御什么，但他们不知道在这个有铁路、蒸汽机和电报的世界里，这些事要怎样推进下去，在这方面，他们的反普鲁士主义表达了他们对未来的恐惧和对现代化的拒绝。在一次又一次的选举中，无论是关税议会还是邦议会的选举，巴伐利亚爱国党的得票率节节高升，而这最终在 1870 年把国家带到了危机的边缘。

反对军国主义的论战是民主的，并且在事实上可以为财政利益和商业利益服务；另外，这一切都很容易演变成教权主义和地方分离主义，正如后备军成员在所谓的监督大会（Kontrollversammlung）上被煽动并高呼的那样："我们不想成为路德派，我们不想成为普鲁士人。"

反军国主义在巴伐利亚的变体包括对波拿巴主义法国的同情。作为教宗至上主义者的一个重要喉舌，《人民信使报》（*Volksbote*）将拿破仑三世视为南德中型邦国独立性的保障者。像所有狂热的地方分离主义者一样，《人民信使报》的发言人希望通过普法战争摧毁北德意志联邦，巴伐利亚在终止防守同盟后，可以保持中立，或加入法国一边作战。"我们不想成为法国人或普鲁士人的仆人和附庸；但我们不能否认，许多人将法国看作唯一能保护他们不被普鲁士强奸的人，看作唯一能在他们需要时提供帮助的人，看作使他们在 1866 年免于被吞并的救星，以及——如果上帝保佑的话——把他们从残暴的、难以忍受的普鲁士枷锁下解放出来的人。"从德意志爱国主义和历史进步的角度来看，这里表达的巴伐利亚式爱国主义是一种叛国。

教会和教宗至上主义者们的报刊为巴伐利亚爱国党的宣传鼓动提供了支持。主教府下辖的报刊委员会促进了巴伐利亚爱国党的扩张。这些报刊反对普鲁士、反对自由主义并反对慕尼黑的政府，都具有同样的攻击性和尖锐的语气；不过，它们仍然属于"沙龙—教宗至上主义"的范畴，与"街头—教宗至上主义"不同，后者语气庸俗。

其至有些主教也对这种激进的言论反感；1868 年秋天，帕绍（Passau）主教在讲坛上批评了极其狂热的反普鲁士的《多瑙河报》（*Donau-Zeitung*）的编辑约瑟夫·布歇尔（Josef Bücher），指责了他的"粗野态度"。在布歇尔向罗马抱怨此事后，罗马教廷批评了帕绍主教，并授予布歇尔一枚骑士勋章——圣格雷戈里十字勋章（Gregor-Orden）。

普鲁士驻慕尼黑公使韦尔特恩（Werthern）男爵在给俾斯麦的报告中说："对普鲁士充满敌意的鼓动宣传，就这样公然地、正式地得到了罗马的奖赏，人们宁可否定一个主教，也不愿与这种倾向走得太近。"当然，帕绍主教对于教宗的决定，也是无可奈何。但在私下，他与新教徒、中将冯·德·坦恩男爵（Freiherr von der Tann）谈起了教宗对他的侮辱，他深知冯·德·坦恩会将此事告知王室和普鲁士驻慕尼黑公使。韦尔特恩在给柏林的报告中指出，主教在与这位新教徒谈话时，"秘密但非常坦率地谈到了他所受到的攻击"，"这些攻击是从巴伐利亚的主教们，从罗马，还特别是从奥地利对他发出的；其根源无疑都可以追溯到耶稣会"。

巴伐利亚国王对这些事件做出了反应，他任命长期反对教宗权力主张的、持不同政见的神学家伊格纳茨·多林格（Ignaz Döllinger）为巴伐利亚议会的议员。韦尔特恩在早先给俾斯麦的一份报告中写道："国王不偏袒教宗至上主义者的行为——不过态度是消极的。"公使在报告中表达了对教宗至上主义者的阻挠策略的关注，他指出，祖·霍恩洛厄-希林斯福斯特政府"完全是依靠工厂主的物质利益"，才在议会的辩论中取得了胜利。

尽管 1869 年 2 月出现了暂时的不愉快，但俾斯麦对韦尔特恩的信任仍然没有动摇；1870 年春，普鲁士驻罗马教廷的公使哈里·冯·阿尼姆（Harry von Arnim）甚至接到命令，要将自己的报告也发给韦尔特恩。正如韦尔特恩自己所描述的那样，他有时会比"瓦尔津的宙斯"——这指的是当时住在东波美拉尼亚腹地的瓦尔津（Varzin）的俾斯麦——更早得到消息。韦尔特恩不仅有反天主教的倾向，而且在根本上也是反教会的。他心目中有一种"日耳曼"宗教的图景，这种宗教仍未摆脱种族主义和英雄崇拜；在慕尼黑，他与理查德·瓦格纳（Richard Wagner）周围的圈子建立了联系。但是，尽管教宗至上主义者在巴伐利亚的影响力越来越大，搅动着人心，这位公使仍然认为自己可以宣称，"绝大多数人……"是"站在民族的立场上的"，至少可以说，他们在感情上是徘徊于对"成为普鲁士人"的恐惧和"被完全孤立的不安"之间的。

鉴于各种交错的潮流以及许多不可估量的因素，俾斯麦必须做三件事情：他要尽一切可能，让国王远离宫廷派系和符腾堡国王等反普鲁士势力的影响；之后，他要在道义上和政治上支持祖·霍恩洛厄－希林斯福斯特政府，并培植它与所有受到教士攻击的官员之间的联系；最后，他要考虑如何说服德意志南部的人民，使他们具有德意志民族的乐观主义精神。1870年夏天，时机成熟了。

符腾堡的民主派在推行他们的地方主义时，将其美化为"联邦主义"（Föderalismus）；影响力之大，使得他们在1866年之前就阻止了一个全德意志范围的人民党的成立。从联邦制和中央集权制的对立中，他们总结出了一条世界历史的斗争原则。对他们来说，中央集权制与专制国家（Obrigkeitsstaat）相同，而联邦制才符合他们对民族国家的理想。《民主通讯》（*Demokratische Correspondenz*）如此写道："如果我们要用一个词来概括本世纪的政治任务，即调和自由和民族这两个概念，那么这个模式就叫作联邦。"施瓦本的民主派假称，联邦主义原则是一种介于小国地方分离主义和大国中央集权主义之间的概念，从德意志内部以及欧洲的权力关系来看，这样的观点既是一种幻想，也是一种煽动。

符腾堡民主派的基本态度呈现了可怕的扁平化思维。他们大概喜欢引用席勒和黑格尔的诗句，这是他们的规矩，只是他们忘了自己的邦国虽然培养了世界天才，却没能留住他们。黑

412

格尔是在普鲁士的首都开展他的主要活动的，他在就职演讲中充满激情地说道，柏林的大学是"一切知识教育的中心"；席勒在生命的最后一年中，也曾考虑搬到柏林去。

在施瓦本民主派眼中，俾斯麦自上而下的革命几乎只有军事化，他们没有看到那种历史理性，即随着北德意志联邦的建立，小国林立的状态已经被改变，自由主义的经济立法则推进了资产阶级的改造。这些民主派人士对政治发展的这一面视而不见，在关税议会选举之际，他们提出了对抗性政策，在这种政策中，他们无原则地选择了盟友，与符腾堡政府的圈子达成了一致。官方的《国家导报》（*Staatsanzeiger*）认为，北德意志联邦的宪法只有三个条款——交税、当兵、闭嘴。事实上，国家官员干预了选举活动，并提出了一个问题，即选民是想留在符腾堡，还是想成为普鲁士人。这其实就是一种蛊惑煽动，正如同巴伐利亚长期以来的情况。斯图加特的《观察员报》（*Beobachter*）对《国家导报》中的话进行了修改，写道："北德意志的公民，服役、交税、战斗、死亡；北德意志的国王，统治、消费、指挥，但永远不会死亡。"

413　　对于强调反对新教和天主教正统主义的施瓦本民主派来说，俾斯麦的普鲁士仍然是其主要敌人，也是其死敌。在一篇社论中，《民主通讯》宣称黑色是"吓唬大孩子的鬼"，"黑一白"两色（指普鲁士）是"隐藏着巨大危险的事实"。实际上，当这份报纸问出"烟草税与教会有什么关系""自由贸易与教派有什么关系""军事至上的问题与宗教有什么关系"时，它让事情显得很"简单"。施瓦本的民主派用这种简化的方式，夸大了这个基本问题的意义，即在民族国家统一运动时期，教士们在意大利以及南德发挥了怎样的历史作用和政治作用。这种反普鲁士的怒火的内在逻辑，也使施瓦本的民主派同情拿破仑法国。一直到 1870 年，他们与巴伐利亚和上巴登的教士一起取得了很大的进展，使得他们的地方主义就要演变成分离主义（Separatismus）了。

社会主义左派

"谁要是在 1525 年和 1848 年两次德国革命及其结局之后还想入非非地谈论什么联邦共和国，那么他就没有别的去处，只配送入疯人院。"[1] 弗里德里希·恩格斯在他那 1870 年第二次出版的论文《德国农民战争》的最后一部分中，特别强调了这一点。马克思和恩格斯反对联邦主义，更反对地方分离主义，这是他们对德意志问题的看法中不变的内容。对他们来说，从普鲁士－德意志的经济发展来看，联邦制是反动的，但他们认为，资产阶级——目前主要是在北德意志联邦中——所要求的一切，都是有利于无产阶级的。无论如何，在与普鲁士政府这个 1866 年后民主革命唯一的真正对手的斗争中，他们都不希望与联邦主义者结成政治联盟。出于这个原因，当他们的密友，即时不时被马克思讥讽为"特务"（Agent）的威廉·李卜克内西对联邦主义者表露好感时，他们极为敏感。尽管马克思和恩格斯对李卜克内西与联邦主义者的交往倾向提出了批评，他们仍赞同李卜克内西对俾斯麦及其政治系统的根本性批判。最重要的是，他们三人都赞同"无一例外地反对一切"的议会策略。

与威廉·李卜克内西和奥古斯特·倍倍尔所采取的方向不同，拉萨尔派的策略是在民族问题上支持俾斯麦。从 1864 年底开始，他们就已经有了一份重要的报纸《社会民主党人报》，

414

---

[1]　译文引自恩格斯《德国农民战争》，《马克思恩格斯文集》（第二卷），北京：人民出版社，2009 年，第 318 页。

柏林和汉堡这两个德意志最大城市的工人都特别喜欢读这份报纸。拉萨尔的全德工人联合会在经历了所有危机后，仍然是工人运动中最稳固的组织，它懂得如何在政治上利用拉萨尔死后的声誉。《社会民主党人报》的编辑约翰·巴蒂斯特·冯·施韦泽此时是拉萨尔派的精神领袖，他在1866年后说，战争起初只是在哈布斯堡和霍亨索伦之间决出胜负，但最终促成了"特殊的普鲁士主义的强化与巩固"。冯·施韦泽跟俾斯麦之间界限清晰，因为他要求建立一个德意志"统一国家"，而非联邦国家，并提出了"是吞并，而非联邦关系"的口号。冯·施韦泽在民族问题上提出了拉萨尔派的主要战略观点，即："从现在起，如果我们不想在无休止的、不一定会取得成功的斗争中精疲力竭，我们就必须把普鲁士政府看作实现民族统一的必需力量。"

李卜克内西和倍倍尔对霍亨索伦君主国的政府进行了正面攻击，称这个政府是民主革命的主要敌人，而冯·施韦泽则想支持俾斯麦，支持他继续推进下去。然而，这样的算计不能成功，因为工人运动的力量不足以促使俾斯麦放弃联邦制国家目标，不足以使他推行建立中央集权民族国家的政策。李卜克内西和倍倍尔的民族革命目标，当然也具有不现实的方面。虽然在1870年以前，俾斯麦在德意志内部的地位一直危机四伏，但在这种情况下最多只能实现地方分离主义的瓦解，自下而上的革命民主统一几乎没有可能；在与地方分离主义的斗争中，俾斯麦是那个有着最大胜算的人。另外，李卜克内西和倍倍尔的政策也并不荒唐，因为他们利用了反普鲁士的情绪，特别是在萨克森，使得工人们更容易被组织起来。李卜克内西和倍倍尔从根本上否定了俾斯麦的统治形式，从而为社会民主党派今后几十年的活动奠定了政治基础。因此，约翰·巴蒂斯特·冯·施韦泽在帝国成立后不久就退出了政坛，并不仅仅是出于个人原因。而倍倍尔和李卜克内西却能在德意志的工人运动和国际工人运动中，逐渐增强自己的权威。而使这一切得以发生的组织和政治上的先决条件，是社会民主工党（Sozialdemokratische Arbeiterpartei），它于1869年8月在埃森纳赫（Eisenach）成立了。

长期以来，反拉萨尔的德国工人协会联合会（Verband der Deutschen Arbeitervereine，VDAV）和萨克森人民党主要关心的问题是公民自由和民族统一，但是社会问题越来越无情地逼迫着他们，这包括改善工人目前处境的具体措施，到今后工人的解放问题。人们每天都能感受到资本主义工业化的进程，尤其是1866年之后的几年里，经济危机和随之而来的经济萧条导致的失业和工资缩减，持续地压在工人和他们的家庭身上。

拉萨尔派认为，不仅在民族统一问题上向普鲁士政府施加压力是可行的，在社会问题上也同样可行；另外，在国家的支持下建立生产合作社也是可行的。事实上，这些想法越来越被证明是不切实际的。在1866年后，俾斯麦完全无法这么做，因为那将无可避免地导致与民族自由党的冲突，而俾斯麦迫切需要民族自由党的支持。

在这种情况下，1864年在伦敦成立的国际工人协会（Internationale Arbeiter-Assoziation）的口号"工人阶级的解放应该由工人阶级自己去争取"变得越来越流行。卡尔·马克思制定、改写了简称为"第一国际"的工人协会的基本文件，他不能再像写给朋友恩格斯的信中那样，大胆无畏地发言，而必须顾及这场伦敦会议的发起人——英国工会，以及受蒲鲁东主义影响的法国工人组织。他还尤其必须与各种工人组织都认同的观点建立联系。在政治上变得积极了的工人们努力在组织上脱离资产阶级民主，马克思必须支持这种行动，但同时他又必须将其与争取社会解放联系起来。工人的切身利益也必须在国际团结的基础上表达出来，这就需要工人们在日常的经济斗争中相互理解。由于最近几年中各地的经济斗争越来越频繁，1866 年日内瓦国际代表大会通过的关于工会的决议，也得以在萨克森和普鲁士的工人中引起共鸣。这个决议的革命性的、前瞻性的基本思想是："如果说工会对于进行劳资之间的游击式的斗争是必需的，那么它们作为彻底消灭雇佣劳动制度和资本统治的一种有组织的力量，就更为重要了。"①

416　　在这种工人斗争日益激烈的形势下，1867 年，马克思的《资本论》第一卷出版了。渴求知识的工人们纷纷阅读这部著作，想要了解它表达的立场与观点；他们不顾阅读这部著作所需要的极高的知识储备，一遍遍地研读它。工人们意识到，这是一本着眼于无产阶级的经济—社会问题的基础性学术著作，因此他们可以克服种种困难，怀揣着一些自豪感来阅读这本书。

当然，与工人组织关系密切的知识分子们对这部作品的印象更加深刻，这本书延续了德意志精神生活中宝贵的理论传统。恩格斯非常满意地写道："可是只有一个德国人才能攀登最高点，把现代社会关系的全部领域看得明白而且一览无遗，就像一个观察者站在最高的山巅观赏下面的山景那样。"②

1868 年 9 月，德国工人协会联合会在纽伦堡召开大会时，享受着政治和思想上的有利气氛。同时，我们可以回顾联合会这 5 年的历史：1863 年，德国工人协会联合会紧

---

① 译文引自马克思《给临时中央委员会代表的关于若干问题的指示》，《马克思恩格斯全集》（第二十一卷），北京：人民出版社，2003 年，第 272~273 页。

② 译文引自恩格斯《为〈民主周报〉写的〈资本论〉第一卷书评》，《马克思恩格斯全集》（第二十一卷），北京：人民出版社，2003 年，第 363 页。

紧跟随着自由主义；1865年，联合会已经从自由主义中解放了出来，提出了资产阶级民主的要求，甚至要求进行资产阶级民主革命；1867年，奥古斯特·倍倍尔等颇有决断力的代表登上了联合会负责人的位置，并对组织进行了精简；直到1868年，德意志工人协会联合会宣称，其最终目标绝不是资产阶级民主，而是要废除一切阶级统治。联合会在纽伦堡做出了一个重要的初步决定，即社会民主工党将于1869年8月在埃森纳赫成立，尽管此后仍将有诸多争论就此展开。

从内容和措辞上看，在埃森纳赫通过的纲领中，原则性的主要部分与纽伦堡纲领的高度一致。这份纲领宣布，"在《结社法》允许的范围内"，社会民主工党将成为第一国际的成员。同时，纲领中提出了若干有关民主自由的诉求，比如要求在所有人民代表机构特别是各邦国的邦议会选举中，所有20岁以上的男子享有普遍、平等和直接的选举权；还要求政教分离、新闻和结社自由，以及要求以人民军队取代常备军。1870年6月，在埃森纳赫之后的斯图加特代表大会上，社会民主工党决定利用议会，将其作为提出和实现社会民主主义纲领的平台，因此，它拒绝抵制联邦议会。

严峻的考验

俾斯麦乐于在首都和乡下之间往返，这也是他的家族传统。1870年春天和初夏，他经常在瓦尔津庄园里小住，有时甚至一住就是几个星期，这座位于东波美拉尼亚乡村深处的庄园是他1867年新购置的。1866年12月，普鲁士下院批准了150万塔勒，作为对首相和优秀将领的奖励，以表彰他们的功绩，其中，有40万塔勒落到了俾斯麦手中。于是，俾斯麦被强烈建议用这笔可观的赠款来购买不动产或其他固定资产。

这也促使俾斯麦买下了瓦尔津，瓦尔津完全符合他对乡村的审美。他想把克尼普霍夫留给他的哥哥伯恩哈德。伯恩哈德已经催促了俾斯麦很久，如果俾斯麦在波美拉尼亚找到"别的东西可以买"的话，就把克尼普霍夫留给他。在1867年6月，俾斯麦就"得到了关于邻近庄园……正在出售的消息"，事情很快就变得非常完美。而在他解决了自己的土地持有问题后，他的私人银行家吉尔森·布莱希罗德（Gerson Bleichröder）尽其所能地帮助他进行投资。俾斯麦从1859年起就与他有业务往来。这种往来很有可能是在俾斯麦离开法兰克福时，由当地的罗斯柴尔德家族牵线的。

一直到19世纪60年代后半期，布莱希罗德不仅帮助俾斯麦获得了大量的预付款，还在买卖股票的所有问题上向他提供了建议。由于1867年7月有熊市的风险，布莱希罗德卖掉了俾斯麦存有的许多证券（铁路股票、抵押债券）。卖出股份后，这位银行家于7月12日通知俾斯麦："这使我的余额减少到了80411塔勒23格罗森6芬尼"；几天前，俾斯麦账户上以布莱希罗德为受益人的余额是2842215芬尼。

俾斯麦在他的银行家的帮助下，在之后的几个月、几年中不断地抛售股票，到了1870年2月，他所持有的证券市值只有8.6万塔勒左右。布莱希罗德在商务信函中报告的政治内容很少，常常是只言片语，如果他会做出些预测的话，俾斯麦就会在这些预测旁边打上个问号，来表达自己的怀疑态度。不过，俾斯麦认为，1868年10月在瓦尔津接待从巴黎旅行回来的布莱希罗德是很有必要的；在炉边谈话中，俾斯麦可以了解到很多有关法国首都的情况，特别是巴黎金融界的情况，或许还可以了解到巴黎对西班牙的动乱和已经出现的王位继承问题的各种猜测。

毕竟，欧洲的政治地平线上已经出现了令人担忧的闪电。俾斯麦需要把自己的事情安排好，积蓄力量，准备迎接新的、艰苦的战斗，这将是他人生中面临的最严峻的考验。

在北德意志联邦，由于处在俾斯麦的直接掌控之下，汉诺威地方分离主义者最活跃的圈子沦为了非法状态，并且不得不移民，到1870年上半年，他们内部已经充满了不和。相反，德意志南部，尤其是在巴伐利亚和符腾堡，地方分离主义者们在一定程度上占了上风，因而能够阻挠俾斯麦的计划，迫使俾斯麦改变战术。

俾斯麦遭遇的第一次挫败是关税议会的选举结果。在德意志南部各邦的85名代表中，只有35名代表属于亲普鲁士的自由派。

俾斯麦的第二次败北是对一份声明进行的表决，这份由自由派提出的声明是对于普鲁士国王讲话的回应，表示希望尽快扩大关税同盟，以充分代表整个民族的利益。由普鲁士保守派、南德教士和人民党组成的奇怪的多数派否决了这项决议——民族自由党和自由保守党投了赞成票。至此，关税议会能够成为"全德议会"的梦想破灭了。关税议会的立法工作仍仅限于关税、税收和贸易协定。

即使这足以促进小德意志的经济统一，但南德和北德之间的政治联系仍然是松散的。俾斯麦对于在循序渐进的和平发展中改善这种情况的希望，几乎全然落空了。更糟糕的是，在巴伐利亚和符腾堡的选举中，地方主义者的势力得到了加强，这表明，那些已经取得的成就——普鲁士和南方各邦以防守同盟的形式建立的国际法联系，以及重组南德意志军队的种种措施——似乎也出现了问题。

1868年7月，在新的普遍、平等、直接原则下举行的第一轮符腾堡邦议会选举中，人民党和"大德意志俱乐部"

419

（großdeutscher Klub）大获全胜。他们在新的邦议会中赢得了 40 多个席位，而右派和中间派共赢得了 30 个席位。依据宪法，反对派自然无法迫使政府按照他们的意愿改组，但正因为如此，反对派并没有单单利用议会来反抗迎合普鲁士制度的兵役法与防守同盟。1870 年 3 月邦议会召开时，人民党提交了一份要求实行民兵制度的请愿书，有 15 万人在请愿书上签了名。对防守同盟的理解分歧也在增加。

早在 1867 年卢森堡危机期间，符腾堡政府就进行了巧妙的操作，宣称防守同盟并不是一个无限制的防卫与进攻协议；最重要的是，符腾堡政府要保留审查每一种具体情形是否触发同盟义务的权利。在符腾堡邦议会开会之前，俾斯麦就指示普鲁士驻斯图加特公使，要求符腾堡政府做出明确的立场声明。"冯·瓦恩布勒（von Varnbüler）先生会承认，"俾斯麦说，"一个缔约国说它有权在每一个战争情形中决定是否受条约的约束和一个缔约国说它能设想到另一个缔约国不会期望它履行条约的情况，这两者的区别非常大……按照我们对同盟条约的理解，我们不能接受前者。"符腾堡的内部局势非常紧张，国王不得不再次改组政府。人们将新政府交由新任战争大臣、亲普鲁士的冯·苏科（von Suckow）来掌舵，因此该政府被人们称为"能量内阁"。当以民主口号自吹自擂的人民党成员试图保卫自己在施瓦本的"地方主义巢穴"时，有影响力的军官以及有产的、受过教育的中产阶层自由派［其中包括来自图宾根（Tübingen）的教授］成了俾斯麦自上而下的革命的追随者，而邻国巴伐利亚也有相似的情况。

这种发展趋势在巴伐利亚尤其显著，1869 年 5 月，爱国党在巴伐利亚取得了第一次重大胜利。与西边的邻邦符腾堡不同，这里仍然实行间接选举。经过选举的考验，爱国党在议会中赢得了半数席位，这是地方分离主义的重大胜利，宫廷、封建贵族和教士阶层的反对派在这样的思想下集结了起来。从根本上说，这是农村战胜了城市；前资本主义的农村经济以其与教会的联系，战胜了新兴的工业经济。除弗赖辛（Freising）、雷根斯堡和班贝格（Bamberg）外，自由派征服了所有的城市，农村地区则几乎由巴伐利亚爱国党垄断。在 1869 年 11 月，新的选举已经不可避免，这次选举使爱国党在第二议院中获得了绝对多数。

自由派指责称，他们的失败是由于普鲁士在解决德意志问题上的不作为。针对此，俾斯麦不得不在给公使冯·韦尔特恩男爵的一道指令中为自己进行辩护，尤其是因为这位公使似乎也同意巴伐利亚进步党的观点。俾斯麦提到，"有一种停滞不前，可以被解释为出于软弱无力，或对更高的国家目标的漠不关心；还有一种深思熟虑的克制，我们用它来对付那些盟友前景不明的行动，他们虽然有改善德意志现状的暗暗冲动，却既不知道途径和方法，也不承担这方面的责任；这两者之间有区别"。

巴伐利亚邦议会两院此时已经出现了对首相祖·霍恩洛厄－希林斯福斯特侯爵的谴责动议，并且已经将其通过了。宪法中并没有规定，首相必须在议会进行不信任投票后辞职，这也是巴伐利亚国王和俾斯麦间接鼓励祖·霍恩洛厄－希林斯福斯特坚持下去的原因，但是，祖·霍恩洛厄－希林斯福斯特既没有意愿也没有力量与邦议会的多数进行对抗。1870 年元旦前后，他被他的弟弟、教廷枢机主教古斯塔夫·阿道夫·祖·霍恩洛厄－希林斯福斯特亲王（Kurienkardinal Gustav Adolf Prinz zu Hohenlohe-Schillingsfürst）秘密告知，巴黎已经要求教廷动用其一切影响，来撤换掉巴伐利亚的首相；在这种情况下，他又如何能与议会对抗。1870 年 3 月，这个被视作"披着伪装的普鲁士人"、四面受敌的首相，获得了他所请求的离职批准。祖·霍恩洛厄－希林斯福斯特的继任者是驻维也纳的大使奥托·冯·布雷－施泰因布尔格伯爵（Otto Graf von Bray-Steinburg），奥地利看到了获得更大影响力的希望。

无论爱国党的领导人如何抱怨普鲁士争夺霸权，如何将防守同盟视为致使"军国主义的灾难降临德意志南部曾经如此幸福的国度"的源头，他们都不敢正式要求终止这份条约。尽管德意志南部的人民对"下流的普鲁士"充满怨恨，但他们对来自法兰西帝国的威胁也绝非视而不见。但是，地方分离主义者们是有着对巴伐利亚的爱国热情的，他们可以像在符腾堡那样，要求在紧急情况下，由他们国家自己来决定是否履行条约所规定的内容。

最迟从 1870 年春天开始，这个德意志南部最大的邦国对北德意志联邦的忠诚度就受到了质疑。俾斯麦必须在战术上考虑到这一点，必须寻找合适的手段和道路，确保至少能使符腾堡和巴伐利亚的政府难以找到另外的选择。

俾斯麦与巴登之间的难题，则有着完全相反的本质。自 1866 年起，德意志民族自由党的国务大臣卡尔·马蒂（Karl Mathy）在获得了巴登大公、内阁以及两院的认可后，立即有意识地努力让巴登加入北德意志联邦。在这个边境邦国看来，依据历史经验，只有这样才能在法兰西帝国的巨大压力下得到安全。然而，面对巴登加入北德意志联邦的愿望，俾斯麦最初表现得极为克制，这引发了一些不满。1870 年 2 月底，为了帮助自己在巴登政界的朋友，民族自由党人爱德华·拉斯克在北德意志联邦议会上要求通过一项决议，决议的内容是对巴登大公国政府和人民的民族愿望表示感谢，并对其"尽可能不受限制地与现有联邦实现合并"的目标表示欢迎。然而，在俾斯麦看来，他只能在议会辩论中对这一要求严词拒绝；由此，他陷入了多重困境。一方面，俾斯麦不能失去巴登民族自由党的政治支持，他必须为政府和亲普鲁士的党派寻求支持和赞同。另一方面，他也要提醒大家保持耐心，因为南德的另外两个邦国会认为，这是对其独立意愿施加的压力，是对其自由决定权的限制。俾斯麦还尤其不想引起慕尼黑的国王和政府的不满，也不想给地方分离主义和教会的宣传提供更多论据，这种宣传声称，普鲁士向南德意志的推进违反了国际法，违反了《布拉格和约》的规定。

这位首相深信，巴登在事实上与其他南德各邦国分离、"并入北德意志联邦"，并不能促进南德与北德的接近，虽然他也不愿意相信，"在巴伐利亚，那个背信弃义、唯外国马首是瞻的党派"会掌权。虽然没有指名道姓，但俾斯麦在这里以明确的理由对巴伐利亚爱国党做出了毁灭性的判决。巴伐利亚爱国党先是竭力破坏防守同盟，之后又追求最迟在现行关税同盟条约于1877年到期后，巴伐利亚在关税政策上站到奥地利一边。这些都是清清楚楚、明明白白的事实。

从外交政策方面来看，反对拉斯克及其盟友的主张也是恰当之举。俾斯麦知道，在圣彼得堡、维也纳、巴黎和伦敦举行的外交会谈中，关于德意志南部各邦国并入北德意志联邦的问题，以及普鲁士与法国爆发冲突的风险，是反复出现的主题。1869年11月1日来自伦敦的一份报告记录了与英国外交大臣克拉伦登勋爵（Lord Clarendon）的会谈内容，这份报告一定让俾斯麦警惕了起来。勋爵将自己访问巴黎的经过告诉了普鲁士驻伦敦的使馆参赞冯·卡特（von Katte）。法国皇帝说过，只有在南德不变成北德意志联邦的一部分的情况下，他才有能力压制在法国仍然存在的要与普鲁士开战的情绪。最重要的是，巴登加入北德意志联邦可能会刺激法国人，从而迫使皇帝开战。

普鲁士驻巴黎大使也向俾斯麦报告说，拿破仑三世坚决反

422

对巴登分离出南德、单独加入北德意志联邦。外交大臣达鲁伯爵（Graf Daru）毫不赞同俾斯麦反对拉斯克的讲话，而是强调称，在阻碍巴登加入北德意志联邦的所有理由中，首相忘记提到那最重要的一个，即《布拉格和约》；而且首相在讲话中显然是有意忽略了这个理由。法国充满疑虑地关注着旨在加强南北德意志之间联系的一切努力，并且扶植南德意志的地方分离势力和北德意志的反对运动。

423

在这种情况下，俾斯麦当然不希望把美因河变成使人罔顾德意志民族共性的"忘川"（Lethefluss）①。正因为如此，俾斯麦在与拉斯克及其政治支持者的论战中极力强调，自己与他们在"整个德意志的统一"这个奋斗目标上完全一致，因此，"现在的北德意志联邦"虽然是"统一的具体表现形式"，但只是一个"暂时的阶段"。但随后，他一语中的地概述了实际争论的焦点："我们在目标上达成了一致；但关于手段，他们认为自己在手段和时机的选择上比我更有经验，而我也认为，我比他们更有经验，因而，我们无法在这一点上达成一致。但只要我还是首相兼外交大臣，政策就必须按照我的意志来制定（非常正确！），如果您从中作梗，往路上撒石子，或是插一根直杆在车轮里，您就是在阻碍这个政策的制定和实施，这个责任由诸位提案者和演讲者来承担，而不是我。"

我们当然可以把这一切都看作俾斯麦对外交政策上的绝对主导权的追求，但是，从这些感情化的用词中可以看出，俾斯麦正在经历一场严峻的考验。当时在政治上与他关系最密切的政党呼吁他采取更加积极的民族国家政策；而南德地方分离主义者和外国势力的代表，则比以往任何时候都更加强烈地警告他，不要改变现状。

---

① 希腊神话中让人忘却前尘往事的河流。

因为"常设预算"（Eiserner Etat）的期限即将到来，与民族自由党的争论对俾斯麦来说，一定是不愉快的。由于1867年的妥协，占联邦总预算约95%的军费开支又要在1871年底重新受到议会预算权的限制。这可能会引起俾斯麦与自由派的新纠纷。现今，如果普鲁士的军队和宪法冲突在北德意志联邦重演，它将比十年前更加具有爆炸性。与此同时，自由派阵营之外的反对势力也已经变得更加强大、多样了。俾斯麦感到，各方都在敦促他寻找解决民族统一问题的办法，为此，他需要仔细考虑德意志内外的力量形势。

在资产阶级和努力争夺霸权的普鲁士王室之间，一场新的冲突可能会爆发，这样的风险是显而易见的。但这两种政治力量都感到，自己受到了日益增长的地方分离主义的阻碍，以及外国势力的干预甚至威胁。到了1870年春，"民族国家的自然发展"显然已经无法再实现俾斯麦在1869年秋末所期望的进展了。一次巨大的实现民族国家的努力即将展开；作为普鲁士王权的代表，俾斯麦认为，自己有义务实现自由主义的国家目标，而又不能依赖于它。因此他希望，可以在没有外国势力干预和地方分离主义破坏的情况下，与沙文主义的法国进行那场不可避免的冲突；以和平破坏者的形象出现的，必须是法国，而非普鲁士。在这种情况下，主要应采取内阁政治密谋的方法；而西班牙的王位继承问题提供了一个现成的选项。1868年9月，胡安·普里姆（Juan Prim）将军在马德里发动军事政变，迫使天主教女王伊莎贝拉（Isabella）离开了西班牙。很快，一个君主立宪制的政体宣布成立了，但它还缺少一个国王。在考察了一些王位候选人之后，人们注意到了西格马林根（Sigmaringen）的利奥波德·冯·霍亨索伦王子（Erbprinz Leopold von Hohenzollern），他来自这个家族在德意志南部的一个天主教支系。利奥波德之所以被认为是合适的，可能是

424

因为他是葡萄牙国王的妹夫，葡萄牙国王希望他能帮葡萄牙与西班牙建立更密切的关系。而且利奥波德是罗马尼亚亲王卡罗尔一世（Karl von Hohenzollern-Sigmaringen）的兄长，在1866年战争前不久，俾斯麦曾对卡罗尔一世提供过支持，这是他对奥地利包围政策中的一部分。

来自西格马林根的霍亨索伦家族在罗马尼亚登基时，得到了拿破仑三世的认可。然而，在西班牙军事叛乱使得亲拿破仑三世的伊莎贝拉倒台后，法国皇帝面临的形势发生了变化。俾斯麦的普鲁士出人意料的大获全胜，还有卢森堡危机那让法国皇帝感到沮丧的结局，势必都让巴黎变得更加怀疑和警惕。拿破仑写给霍亨索伦王位候选人的信十分冷漠。另外，1869年3月，法国大使贝内代蒂得到指令，要在柏林询问普鲁士政府对西班牙王位继承的态度；同时他也宣布，法国不希望看到来自西格马林根的霍亨索伦成为王位候选人。

贝内代蒂直到5月才与俾斯麦会面，后者此前一直在回避。也许俾斯麦在1869年春天还没有足够的决心，还不能完全看到这个计划在政治上可能带来的争议。此外，西班牙的新统治者们也还没有做出正式决定。除了普里姆将军，枢密顾问（Staatsrat）唐·尤西比奥·德·萨拉扎尔（Don Eusebio de Salazar）也在王位继承问题上变得特别积极。1869年9月，德·萨拉扎尔前往德意志，求助于他的老朋友——普鲁士驻慕尼黑公使冯·韦尔特恩男爵，男爵把他介绍给了卡尔·安东·冯·霍亨索伦亲王（Fürst Karl Anton von Hohenzollern）和他的儿子利奥波德王子。从冯·韦尔特恩的官衔来看，他很难如西班牙人所愿，直接影响到普鲁士国王。

425　　　冯·伯恩哈迪向俾斯麦汇报了西班牙的大致局势，他通过在1866年4月和5月的几个星期里提供的宝贵支持，赢得了俾斯麦的信任。1869年下半年，冯·伯恩哈迪给俾斯麦发来了报告，对西班牙的内部情况做出了坦诚而负面的描述。值得注意的是，俾斯麦并没有将这些真正重要的文件交给王储，当然，也没有给国王威廉。西班牙的高层与俾斯麦手下官方和半官方的外交官们之间有着千丝万缕的联系，因此，西班牙枢密顾问萨拉扎尔得以于 1870 年 2 月 26 日在柏林与俾斯麦进行会面，他向俾斯麦递交了普里姆将军的信，并口头进行了解释。这次会晤发生在与拉斯克在联邦议会中的争执两天后。这种时间上的巧合也可以让我们推断，俾斯麦如今已经决定，要全力推出西格马林根的两个霍亨索伦家族成员中的一个作为王位候选人，要么是利奥波德王子，要么是"弗里茨王子"（Prinz Fritz）①。看起来，王位继承问题会像 1865 年夏天的《加斯坦条约》一样带来政治"倒钩"效应，在特定的时刻引发与主要政治对手间关系的复杂化。继 1865~1866 年奥地利做出了它的决定之后，如今到了 1870 年，法国也必须做出决定。和当年的情况一样，危机的升级如今也助长了对于战争的意愿。

在战术上，俾斯麦必须先赢得国王，尤其还要赢得王储的认可，让他们支持霍亨索伦家族的王子戴上西班牙王冠。在进行了一场口述报告后，俾斯麦在 1870 年 3 月 9 日用一份即时报告总结、整理了自己的意见；为了取悦威廉，俾斯麦首先强调了普鲁士争取和平的努力，不过，他是想以此来确保其在内政外交政策中的权力地位。俾斯麦在论述中着重强调，霍亨索伦家族的王子登上西班牙王位，会大大增强王朝的威望，会让王朝"在世界范围内拥有崇高的地位"，"自查理五世以来，只有哈布斯堡王朝能做到这一点"。他一边这样浓墨重彩地描述着这样做的好处，一边暗暗地陈述了拒绝支持霍亨索伦候选人会带来的后果，警告说，一个共和制的西班牙，可能会让

---

① 弗里德里希·冯·霍亨索伦－西格马林根，利奥波德王子之弟。

革命运动从那里蔓延开来。他最后建议，为了保密，应在国务院（Staatsministerium）之外召开协商会议，只涉及最核心的圈子，除陆军大臣冯·罗恩和冯·毛奇将军外，还应包括副首相、经济学家鲁道夫·冯·德尔布吕克，以及卡尔·安东亲王。值得注意的一点，也是非常值得怀疑的一点是，在1870年3月15日的这次会议上，他小心翼翼地回避了与法国可能发生战争的问题，大概是因为他不想进一步引起威廉一世的忧虑。

426　　　俾斯麦私下秘密地追踪着西班牙事件的进展，并没有在文件或备忘录中留下任何记录。1870年4月初，俾斯麦派自己的密友洛塔尔·布赫尔前往西班牙，布赫尔无论在私交还是公务上都对他忠心耿耿，且有着自己的判断力和决断力。俾斯麦知道，布赫尔对拿破仑充满了刻骨的仇恨，这在情感上给了他这次出使的动力。尽管布赫尔大概没有直接获悉俾斯麦最终的计划，但他一定足够聪明，知道将会发生什么。他那精明的政治手腕充分证明了这一点；4月20日，卡尔·安东亲王和他的儿子拒绝了王位候选资格，布赫尔通过巧妙的大事化小的方式将此事告知了普里姆，使得后者无法将此事视为板上钉钉。当他的亲信在马德里活动时，俾斯麦隐居在瓦尔津，并且因肝病不得不延长了在那里的逗留时间。在5月13日给德尔布吕克的信的末尾，他指出了西格马林根的家族拒绝王位的真正原因："西班牙的事情已经走上了悲惨的道路，不容否定的国家至上原则已经服从于王室的私人倾向和秉持教宗至上主义的女人的影响。这件事带来的恼怒，几个星期来一直沉重地压在我的神经上。"

　　　1870年5月，这个继承事件还因为其他情况而变得更加复杂。拿破仑为了恢复他那摇摇欲坠的权威，认为必须通过全民公决来批准他的统治制度的自由化改革；随着时间推移，这是他不得不做出的让步。

全民公决于 1870 年 5 月 8 日举行。700 多万法国人对政府投了"赞成"票，150 万投了"反对"票。反对票主要来自城市，因为城市不像农村那样容易被控制或是容易在思想上受到束缚。

全民公决结束后，巴黎的政府在 5 月 15 日进行了改组。原为议会温和自由反对派领导人之一，并自 1870 年 1 月 2 日起受命领导内阁的埃米尔·奥利维耶（Emile Ollivier），继续被任命为新政府的首脑。然而，与新政权宣称的政府自由化相反，格拉蒙公爵（Herzog Gramont）接替了在外交领域深耕多年、兢兢业业的达鲁伯爵，就任外交大臣。在担任驻维也纳大使的那些年里，格拉蒙公爵曾努力促成了法国与奥地利结成反普鲁士联盟，但同时他又热衷于拥护教宗在罗马的世俗统治，这使他不可能像拿破仑宫廷的许多人所希望的那样，与意大利王国合作。

随着格拉蒙的任命，拿破仑三世对普鲁士－德意志的政策变得更加僵化。在这方面，法国驻柏林大使贝内代蒂早在 1868 年就已经要求法国政府对南德和北德的统一问题做出一个明确的决定了：要么支持，要么反对。法国的同盟政策也应以此为指导展开。

拿破仑三世的政策不仅对当时的人来说没有什么规律可循，在今天看来也是如此。正如俾斯麦所说的那样，普鲁士的霸权政策只有德意志这唯一的"练兵场"，而拿破仑王朝的霸权扩张主义却席卷了整个欧洲。拿破仑有时针对意大利，有时针对波兰或多瑙河公国，并曾觊觎近东，甚至还在美洲大陆的墨西哥煽风点火。这就是为什么人们在当时就有"拿破仑帝国主义"的说法。拿破仑三世破坏欧洲各国在实现民族统一的历史进程中所做出的种种努力，以此为他的霸权服务。在意大利

427

和波兰，他都进行了这样的操作，在一定程度上，他也短暂地在普鲁士统一德意志的过程中进行了阻挠。这种错误行径绝非源于拿破仑三世的性格，归根结底，是由于其所宣称的民族原则与他在法国之外的霸权野心之间存在矛盾。

最迟在卢森堡危机后，所谓的"美因河线"体系已经在拿破仑三世的心里占了上风，但他也没有放弃旧的莱茵政策。无论如何，到了1870年的发展结果是，要坚持美因河线，从而阻止普鲁士实现德意志的民族国家统一。格拉蒙公爵是这项政策的忠实执行者，他所依靠的是在法国统治阶层广泛流行的沙文主义思想。拿破仑三世也感到，自己受到了下属中极端派的驱使，也承受着来自资产阶级反对派的压力。他发现，在眼下的处境中，他已经无法承受外交上的任何失败。

428　　　最迟从此时开始，俾斯麦意识到了，如果西班牙王位继承人之争要继续进行下去，那么普鲁士与法国的战争就不仅仅是存在可能性，而是几乎肯定要爆发的。巴黎的各方势力，尤其是军方，都不愿再看到法国作为欧洲大国的威望在民众中或是在欧洲列国面前受到任何损害，他们如今认为，必须彻底阻止普鲁士在德意志的霸权诉求了。在法国政治家们看来，鉴于德意志南部各邦特殊的盟友关系，尤其是在仍不排除奥匈帝国会进行干预的情况下，法国获胜的机会似乎很大；持这种观点的就是格拉蒙这样的政客，他从前在驻维也纳的职位上密切关注着德意志的动态，对德意志事务有着影响力。

俾斯麦对军队和德意志人民的民族情感信心满满，这使他坚信，他在西班牙以及与西班牙一起进行的筹谋能大获成功。他知道，虽然德意志各邦国在与普鲁士的关系上存在分歧，但在抵御法国的问题上，它们还是能够达成一致的。

尽管俾斯麦的神经依然紧绷，他还是不得不在5月21日从瓦尔津启程返回。我们很难琢磨，为什么在5月23日，就有两封来自西格马林根的霍亨索伦家族的信送抵柏林。西格马林根的霍亨索伦王子给普鲁士王储写信说，尽管他还有一些保留意见，但跟两个月前相比，他此时更愿意参与西班牙的王位竞选了。卡尔·安东亲王也对普鲁士的王位继承人说，"利奥波德现在再次面对这个问题时，应该不会像以前那样充满抵触情绪了"。

俾斯麦在与王储讨论了这两封信之后，转而向国王提交了冯·费尔森少校（Major von Versen）和洛塔尔·布赫尔的报告，这两份报告当然对俾斯麦非常有利。令俾斯麦感到满意的是，此前一直不情不愿的国王在大体上表示同意重新考虑此事；如果两位王子中的一位倾向于接受西班牙王位，他不会反对。因此，俾斯麦重新掌握了行动自由，并且即刻利用了这种自由。1870 年 5 月 28 日，俾斯麦告诫霍亨索伦 – 西格马林根亲王，要考虑"德意志的利益"；俾斯麦还明确向他表示，他的家族有责任恢复与西班牙的谈判。

俾斯麦在没有通知威廉一世的情况下，命令洛塔尔·布赫尔于 6 月初返回马德里进行谈判。这一切安排不过是为了能长久维持住这一事件作为纯粹家族事务的虚假外壳。6 月中旬，利奥波德王子终于接受了西班牙王位的候选资格，而作为家族首领的威廉国王准允了这一事项。这封很长时间内都无法追根溯底的指示信，事实上是布赫尔按照俾斯麦的指示写给萨拉扎尔的，萨拉扎尔还必须将此事通告普里姆。西班牙人希望俾斯麦能从幕后走出来，却未能如愿。

这大概也就是为什么，尽管普里姆对法国人使局势复杂化一事日益忧心，却仍然感到必须通知法国驻马德里大使称，西班牙政府将向国会提名霍亨索伦家族的王子作为王位候选人了。在这份通知之后，"马德里的炸弹爆炸了"。

巴黎政府并没有参与这桩所谓的"家族事务"，也没有去马德里活动，而是去柏林找了这件事的始作俑者。法国使用了一切外交手段；它发起了一系列充满张力的活动，为了促成普鲁士国王放弃指定利奥波德王子为西班牙王位候选人。然而，柏林当局却总是表现得好像与这件事完全无关。俾斯麦本人则逗留在瓦尔津附近的森林中，没有任何消息传来。

与此同时，7月6日，格拉蒙公爵在议会发表了一次被普遍认为是充满威胁的演讲。格拉蒙表示，他尊重西班牙的主权，但法国不可能接受一个"外国势力"将其王子"送上查理五世的宝座"，从而破坏欧洲的势力平衡，对法国造成不利影响。他对德意志人的智慧和西班牙人民同法国的友谊寄予厚望，否则——格拉蒙提高了嗓门——"我们的政府会知道该如何毫不犹豫、毫不手软地履行自己的职责"。会议厅里爆发的热烈掌声比演说本身更加具有灾难性：极右派表现得咄咄逼人；自由主义化的中间派被拿破仑三世的让步蒙蔽了，也吓坏了，欣然让自己被民族主义的热情冲昏了头脑；只有软弱的左派忍气吞声，虽然他们也被霍亨索伦的大胆行动震惊了。

当议会里已经波涛汹涌的时候，在议会之外，就像让·饶勒斯（Jean Jaurès）所说的那样，"疯癫之风"肆行，报纸也做了自己的贡献，"使思想失去了一切克制"。俾斯麦在内部信件中对查理五世皇帝进行了一些年代混乱的追忆，激起了霍亨索伦关于马德里王座的虚荣心；而格拉蒙的演讲同样对这个16世纪的西班牙—德意志皇帝进行了追忆，为的是唤醒法兰西民族对被包围的恐惧，从而使民族情绪达到沸点。

430　　威廉一世此时内外交困。他从一开始就对王位继承问题充满不安，眼下他对没有及时获得法国的支持感到由衷的遗憾。他尤其对俾斯麦感到生气，因为后者认为，每个民族都可以在不征求他国意见的情况下选举自己的国王。7月9日，在埃姆斯（Ems）接见贝内代蒂的威廉正式表达了自己的态度，即他认为自己作为国家元首与此事无关，只是作为家族首领知晓此事而已。由于俾斯麦确实没有把威廉国王纳入自己的战术操纵，而他的"险恶用心"又超出了国王的理解力，所以在第二次会晤时，威廉诚实地向贝内代蒂保证，他将允准王子自愿放弃王位竞选。威廉丝毫没有外交艺术地补充道，他已就此事向西格马林根送去了一封亲笔信，眼下正在等待回信。值得注意的是，国王是从《科隆报》（*Kölnische Zeitung*）的号外上得知这位谨小慎微的王子放弃西班牙王位候选资格的消息的，他立即让人把这个消息传达给了贝内代蒂。

法国似乎取得了外交上的成功。此外，法国在符腾堡和巴伐利亚的首都激起了政治上敌视普鲁士的反动潮流。关于同盟义务的问题重新浮现，并且遭到了否定，因为这场马德里王位大戏的导演显然是在柏林。在斯图加特，政府圈子公开表示，俾斯麦很可能是用流亡的汉诺威国王被没收的财宝收买了普里姆。即使在北德意志联邦的非普鲁士或新普鲁士地区，人们也对俾斯麦的筹谋感到不悦；在欧洲各国首都，外交官和新闻界也对普鲁士十分不满，有时甚至感到愤怒。

可能正是在这种反应的支撑下，法国政府才并不满足于西格马林根的霍亨索伦王子放弃王位候选资格。法国政府还被充斥着民族主义情绪的反普浪潮驱使着，这种浪潮自其第一次发出"为萨多瓦报仇"的呼喊后，就一再掀起，并在格拉蒙发表议会演讲后的几天里几乎不可抗拒地爆发了开来。对国家利益至上原则的清醒认识也告诉波拿巴主义者们，直面普鲁士这个大国暴发户、不惜一战使其失败的时刻，若不是现在，就永不会再来。哈布斯堡家族在1866年春天的想法和行动也是遵从的这种信念。

巴黎还不知道俾斯麦会对这几天的事态发展做出怎样的反应，因为他一直没有露面。俾斯麦在1870年7月12日深夜从

431

瓦尔津返回，之后不仅与冯·罗恩、老毛奇和内政大臣欧伦堡进行了磋商，还拜访了戈尔恰科夫，后者正在前往疗养院的途中，当天在柏林落脚。俾斯麦与戈尔恰科夫探讨了一场外交攻势，这场攻势尤其针对格拉蒙的煽动性言论。他们二人考虑让欧洲各国政府以官方声明的方式赞扬普鲁士国王及其内阁的温和，从而间接斥责这位法国外交大臣。正是本着这种精神，戈尔恰科夫第二天同英国和意大利驻普鲁士大使洛夫特斯勋爵（Lord Loftus）和德·劳内（de Launay）进行了谈话。随后，洛夫特斯立即与法国代办乔治·勒素（Georges Le Sourd）取得联系，建议巴黎政府应当对已经取得的成绩感到满足，肯定普鲁士国王的和解精神。在埃姆斯的事情发生之前，德·劳内就向他在佛罗伦萨的上级埃米利奥·维斯康蒂-韦诺斯塔（Emilio Visconti-Venosta）报告说："帝国首相跟我解释说，鉴于王子的自愿决定，杜伊勒里宫的要求已经失去了正当性，如果他们坚持这些要求，那么战争将不可避免。在这种情况下，法国将被孤立……普鲁士以自我克制的方式履行了自己的职责，如果不考虑到这一点，是不公平的。法国政府应该效仿此例，而不是一再展示自己挑衅者的形象。"

毫无疑问，戈尔恰科夫在柏林逗留期间——特别是在命运攸关的 7 月 13 日——对他的老知己俾斯麦在道义上和政治上给予了支持。值得注意的是，俾斯麦面对洛夫特斯勋爵时，不仅鼓励英国政府发表上述宣言，而且要求法国做出保证。"俾斯麦伯爵还说，"洛夫特斯向乔治·莱维森-高尔·格兰维尔（George Leveson-Gower Granville）报告说，"西班牙问题目前的解决方案，是最后一次对法国的诉求进行满足，法国不能再提出任何要求了，而且如果不撤回格拉蒙公爵所说的威胁性话语，或对这些话语做出令人满意的解释，那么普鲁士政府就不得不去要求法国做到这一点。"因此，甚至在埃姆斯的紧急公函到来之前，俾斯麦就已经做好了让普鲁士从防守转向进攻的准备。这也是让巴黎政府 12 日和 13 日在外交上采取激化冲突的行动的原因。在 7 月 12 日下午，在俾斯麦还没有到达柏林时，格拉蒙和奥利维耶要求普鲁士大使卡尔·冯·维特（Karl von Werther）给拿破仑三世写一封信，让威廉国王在信中为隐瞒其与马德里的谈判进行道歉，同时向拿破仑三世保证，他无意侮辱拿破仑三世和法国。然后，这封信应当被递交给法国议会并公开。虽然冯·维特男爵拒绝用电报向在埃姆斯的国王传达这样的请求，但他当然会向国王报告此事。

法国人继 7 月 12 日提出无理要求之后，又由贝内代蒂代表格拉蒙在埃姆斯的喷泉长廊要求威廉一世保证，他再也不会同意霍亨索伦的人成为王位候选人。这严重冒犯了威廉一世的自尊，他果断地拒绝了。下午，冯·维特关于法国人要求写道歉信的报告送来了；这个要求让普鲁士国王更加愤怒，被他斥为甚是"无礼"。

当天下午，国王的侍从副官拉兹威尔侯爵按照命令通知贝内代蒂，国王认为此事已因王子的放弃而得到解决。但法国大使还是被格拉蒙的新命令所逼，要求再次觐见国王。他会坚持重复一遍已经提出的要求。但国王已经不愿意接见贝内代蒂并给予任何保证了，不过还是传达了表示和解的最后几句话，即他无论如何都会批准王子的辞请。然而，君主这样的做法挫败了俾斯麦那经军队领导层批准的计划，即利用西班牙的王位候选资格引爆与法国的冲突。

海因里希·阿贝肯（Heinrich Abeken）关于埃姆斯事件的密电，在俾斯麦、冯·罗恩和老毛奇于柏林进行的晚间聚会上引起了极大的惊愕乃至沮丧，这并不令人意外。首相已经得到了老毛奇的保证，军队已经做好了行动的准备。通过与戈尔恰科夫的接触和一整天的外交会谈，俾斯麦已经清楚地认识

432

433

俾斯麦与威廉一世，1870 年。"在俾斯麦手下当皇帝真难"，这位君主曾经这样抱怨道。

到，北德意志联邦目前不仅在军事上处于有利地位，在外交上也是如此：俄国站在普鲁士一边，这首先就牵制住了奥地利；英国采取中立的立场，而意大利至少在目前也有所保留。所以几乎可以肯定，与法国的战争是可以局部化的。此外，在德意志，甚至在南方，人们的情绪也开始发生变化了。如果说人们的情绪还没有明显支持普鲁士，那么它至少是反对法国的，因为格拉蒙的威胁性演说和法国的沙文主义新闻攻势已经逐渐蔓延开来，使德意志民众变得警惕。自由派对普鲁士国王的退让感到不满，他们的一些领导人"怒火中烧"。

在 24 小时内，俾斯麦就已经通过讨论和报告，对政治和军事形势了如指掌了，因此，他敢在 7 月 13 日晚上下重注。俾斯麦又一次征求了他的亲信洛塔尔·布赫尔的意见，而他重新编辑阿贝肯密电的思路也是布赫尔的手笔。国王在电报中让俾斯麦把"贝内代蒂的新要求以及对这些要求的拒绝"告知普鲁士使节和新闻界。这就使俾斯麦有权根据他的政治目的重新拟定密电。此时，密电的内容为："在西班牙王室政府正式通知法兰西帝国政府称，霍亨索伦王子放弃了西班牙王位候选资格后，法国大使在埃姆斯仍然要求国王陛下授权他给巴黎发去密电，称国王陛下承诺今后绝不会再允准霍亨索伦家族的王子去继承西班牙王位。而国王陛下拒绝了法国的这一要求。国王拒绝再次接见法国大使，并让侍从副官告诉法国大使，陛下对大使已无话可说了。"

俾斯麦通过这封从柏林发出的密电，达到了三个目的：首先，国王以一个坚定的君主形象，而不是一个屈从于某国大使的压力的君主形象出现；其次，自 7 月 2 日"马德里炸弹"爆炸以来，这是普鲁士政府第一次也是唯一一次公开表态，它显示了普鲁士是一个无法被讹诈的大国；最后，法国政府面临两种选择，即要么在 7 月 15 日国会会议举行前不久接受普鲁士的谴责，而外交大臣在 7 月 6 日所作的威胁性发言此时仍萦绕在国会，要么诉诸最后手段——宣战。在 7 月 14 日做出动员决定后，巴黎最终在 7 月 19 日被迫选择了后者，政府不想冒拿破仑政权被推翻的危险。

那么，如今这场不可避免的战争是谁造成的呢？在外交方面，俾斯麦为南德和北德之间的矛盾所困，于是参与了西班牙王位继承权的竞争，开始了无声的侵略；但在整个事件的最后阶段，巴黎和柏林在走向战争的过程中，几乎都不逊色于对方。面对 7 月 6 日至 13 日法国人的挑衅，俾斯麦的"埃姆斯密电"是一个有着巧妙时间选择的回应。从历史发展角度看，法国反对德意志民族国家统一运动，使自己陷入了不义的境地。在普鲁士王室自上而下的革命进程中，法国在挑衅德意志之后，最终在战争中遭到了羞辱。

第十章
战争和帝国的建立

从战争开始到拿破仑统治的结束

拿破仑三世在最后关头仍然试图寻找盟友。奥地利和意大利政府都倾向于支持他，但这两个国家所面临的现实困难实在太大，以至于他们都无法在军事上进行干预。奥地利政府必须考虑到奥地利说德语的居民的情绪以及俄国充满威胁的姿态。出于这样的原因，奥地利和法国的结盟谈判没能成功。至于意大利，拿破仑三世无法下定决心去做意大利人民所要求的事，即从罗马撤军，从而牺牲教宗国。

沙皇政府支持俾斯麦的原因很简单，他们希望法国的战败能使1856年"黑海条约"（即《巴黎和约》）中的非军事化条款更快被废除。而英国政府也不愿意进行有利于拿破仑三世的干预，因为英国希望削弱法国在欧洲的军事和政治地位，并进而削弱法国在殖民地的地位，这将会对英国十分有利。伦敦政府或许并不亲普鲁士，但它无论如何都想阻止拿破仑三世在欧洲谋求霸权。

因此，可想而知，普鲁士－德意志在外交上处于有利地位，而对于被孤立的法国来说，其外交处境则是非常不利的。"埃姆斯密电"将法方要求普鲁士国王许诺一事公布于众，随后法国率先宣战，这使得拿破仑三世和他的政府以和平破坏者的身份出现在了欧洲公众面前。为了加强这种印象，俾斯麦做了很多事情。战争动员后不久，俾斯麦就发布了冯·维特7月12日的报告，报告中提到，法方要求普鲁士国王给法国皇帝写一封道歉信，意在羞辱普鲁士。一段时间后，俾斯麦让人将1866年8月20日由贝内代蒂亲自起草的条约草案寄给了普鲁士驻伦敦大使冯·伯恩斯托夫，后者在《泰晤士报》上发表了这份妥协文件。根据这个草案，如果普鲁士帮助法国获得卢森堡和比利时，法国就会同意普鲁士将南德与北德统一起来。俾斯麦向普鲁士驻比利时大使解释说，法国"直到不久前还在努力劝说我们接受它，直到法国确信无法成功劝说我们背叛我们的盟友及我们的邻国时，才转而对我们采取敌对态度"。

拿破仑三世把希望寄托在巴伐利亚、符腾堡和黑森等政府的地方分离主义倾向上，也寄托在了大部分民众的反普鲁士情绪上。然而，在这些地方，人们以1859年时那样的政治本能清楚地认识到，当前的主要任务是坚决地阻止法国沙文主义长久以来的吞并意图以及数百年来法国对德意志事务的一再干涉。

德意志民众认为，现时德意志民族和其他民族的主要敌人不是普鲁士－德意志的军国主义，而是法国的军国主义。任何一个有爱国情怀的德意志人都不会希望法国军队来到德意志的土地上，让民族的分离延续下去。面对这样的代价，没有一个德意志人会希望普鲁士战败，更何况柏林还抱着一个小德意志的统一期望，虽然那并不会是民主式的，但至少是统一。此刻，在莱茵河以东，人们面临着一个不可避免的抉择：要么与普鲁士站在一起反对拿破仑，从而支持普鲁士领导下的民族国家的统一；要么接受拿破仑的胜利，从而使任何一种统一在很长一段时间内都无法实现。

面对民族的生死存亡，德意志南部的反普鲁士情绪让步了。即使在反普鲁士情绪仍然很强烈的地区，比如汉诺威，爱国情绪也异常饱满，这从8月7日路易斯·库格尔曼（Louis

Kugelmann）写给卡尔·马克思的一封信中可以看出："除了心胸狭隘且有利益牵涉的韦尔夫党，我不知道还有谁不希望波拿巴倒台。人们愉悦地忍受着所有的抱怨和牺牲。所有的年轻人，不管是出于义务还是自愿，一腔热血地投奔到了军旗之下，私人医生在军医院内外对伤员进行免费治疗，民众在家里腾出床位来照顾伤员，尽己之力，为战争做着贡献。"

鉴于这种爱国情绪，德意志南部的王公们都不敢拒绝与普鲁士结成那在防守同盟中已经有所构想的联邦。尽管受到一些地方分离主义者的激烈抵制，民众代表们还是接受了政府的战争草案。德意志南部各邦国相继宣布战争动员，并按照条约规定，将其部队交给普鲁士，由普鲁士进行最高指挥。随着南德各邦纷纷加入对法战争，南德也迈出了日后与北德意志联邦统一的第一步。

当时，法国的波拿巴主义只有阻止一个统一的德意志国家的建立，并在可能的情况下逐步将法国的边界向东推进，才能维持其政权不倒。只要波拿巴还没被击败，德意志进行的战争就是正义的防御战争。决定性因素正是在此，而非俾斯麦通过宫廷阴谋挑起了战争。尽管俾斯麦在德意志内部对民主是反动的，但面对拿破仑，他代表的是民族国家的统一。

这是德意志的工人运动在战争第一阶段的主要看法。7月19日，在联邦议会，倍倍尔和李卜克内西在对战争公债的表决中投了弃权票。两位劳工领袖的这种行为非常勇敢，他们反对民族狂热，而在战争一开始，真正的爱国主义就已经在朝这个方向演变。拉萨尔派则同意发行战争公债，这是他们站在此前支持自上而下的民族国家统一的政治立场上，必然得出的结果。

拿破仑三世最初的战争计划是将军队推进到美因河谷、将德意志南部和北部分开，并以此赢得奥地利对作战的支持，后

437

者的战争动员总是要花费很长时间。1870 年 2 月，法方就已经在巴黎与奥地利的阿尔布雷希特大公在军事上进行了初步磋商。法军是一支优秀的正规军，由长期服役的士兵组成，在和平时期就已经达到了战时军力。法国的近代工业为决定战斗胜负的步兵提供了优越的火力装备：夏塞波步枪（Chassepotgewehr）和米特留雷斯机枪（Mitrailleuse），后者正是现代机枪的前身。法军军团在洛林和下阿尔萨斯（Niederelsass）的部署为实施计划中的进攻做好了充足的准备。

438 　　尽管从狭义的军事角度来看，法国的军力部署是正确的，但在实际执行中，法国却失败了。与陆军大臣的豪言壮语相反，法军并没有做好行军的准备。而由于组织上的混乱，作战计划完全无法展开。最重要的是，军需部失职了，全军上下军需匮乏，还有一部分食物坏掉了。这是多年来徇私舞弊的结果，严重损害了军队，危及了国家。上级军官的贪污和散漫给部队下级军官和士官上了一堂生动直观的课。于是，下级军官和士兵们以玩忽职守作为回应。而且由于法国军队没有任何鼓舞人心的、有前瞻性的指导目标，军队的光荣传统和士兵们原有的勇敢精神并不足以承受战争的一切苦难和冲突。

　　拿破仑三世于 7 月 28 日抵达梅斯（Metz），但进攻尚不能开始。法国正规军失去了宝贵的时机，因此无法扰乱德意志军队的集结。德军的集结按计划进行，但由于人数较多，且调动了更多后备役人员，最终较法国的正规军部署完成得更晚。

　　德军总参谋部指挥德军分成三个军团，向洛林和下阿尔萨斯进发，第一军团沿摩泽尔河进军，第二军团从美因茨出发，第三军团从巴登低地出发。行军结束、在数量上占优势的德军发起了进攻。德军约有 50 万兵力，大大超过了交战的法军，后者只有 24 万正规军和 5 万后备军。法军的部署对进攻而言极为有利，但事实证明，这样的部署对防守而言是灾难性的。

本来就在人数上占有优势的德军此时得以进攻法军，使得法军无法会合，甚至无法采取一致行动。

8月6日在沃尔特（Wörth）的第一场血战中，双方各死伤了约一万人，麦克马洪（Patrice de Mac-Mahon）的军队被迫撤离了阿尔萨斯。冯·德·坦恩（von der Tann）将军指挥的第一军团巴伐利亚部队在这次关键战役中发挥了重要作用。同一天，德军第一军团和第二军团以视死如归的勇气冲上了被巴赞（Bazaine）的军团占领并严密防守的斯皮舍朗（Spicheren）高地。这两场胜利在整个欧洲引发了强烈反响，标志着法兰西第二帝国的结束。拿破仑三世不得不交出了最高指挥权①。

巴赞企图在梅斯要塞的保护下，重新整顿士气低迷的军队，但他在那里停留的时间太长了。他没有继续向后撤退到马恩河畔的沙隆（Châlons-sur-Marne），因此使自己陷入了德军的包围。8月16日，在维翁维尔（Vionville）和马斯拉图尔（Mars-la-Tour），8月18日，在格拉沃洛特（Gravelotte）和圣普里瓦（St. Privat），他都曾绝望地试图突围。尽管他并没有动用全部兵力，但这已经给德军造成了惨重的损失：德军死伤36000人，法军死伤29000人。

德军在攻打圣普里瓦时，损失尤为惨重，参战的5个主力兵团在两个小时内几乎损失了全部军官和1/3的士兵，禁卫军步兵兵团则损失了超过1/4的兵力，其军官的损失也非常大。而造成这样重大损失的原因在于德军连队的行动无法应付法军先进的夏塞波步枪，这种步枪的射程是德军步枪的3倍。尽管遭受了前所未有的重大损失，德军还是赢下了梅斯周边的所有战役，因为他们在人数上占优势，他们的炮兵射击更远、更

439

---

① 拿破仑三世将最高指挥权交给了巴赞将军。

快，他们勇于牺牲的精神令人印象深刻。

巴赞的犹豫不决导致了麦克马洪做出了错误的战略决定，麦克马洪在巴黎政府的要求下，需要立即解救被困在梅斯的部队。于是，麦克马洪的军队在尚未整顿的情况下出动了。结果他们在色当陷入了包围。9月1日凌晨，战斗开始。法军的阵地处于德军炮火的集中射击之下，法军所有的突围尝试都宣告失败。与此同时，针对法军那占据优势的夏塞波步枪，德军对战斗行动做出了调整。虽然德军在圣普里瓦的午后战役中的总损失超过了20000人，但在漫长的色当会战中，损失的兵力却减少到了9000人。傍晚时分，被困的法军绝望了，他们不得不在色当城堡的废墟上升起了白旗。

俾斯麦在老毛奇的陪同下出席了投降谈判，谈判从傍晚开始，持续到了深夜。老毛奇拒绝了法军将领为实现光荣投降所做的一切努力。谈判的核心问题是，这支被困在色当、处境无望的军队，是应该由德军俘虏，还是应该在保证不会再作战的情况下获准离开，前往比利时接受看押。当法国将军温普芬（Wimpffen）提出政治方面的问题时，俾斯麦进行了干预："从目前的情况看，如果战胜者不充分利用他的成功，就将是愚蠢的。法兰西是一个嫉妒心很强的民族。他们会怨恨柯尼希格雷茨一事①，对其无法原谅，尽管柯尼希格雷茨对他们没有任何妨害，那么我们究竟要如何宽宏大量，才能让他们不因为色当而对我们怀恨在心呢？"

9月2日清晨，俾斯麦应邀与拿破仑举行了会晤。在一个纺织小屋里，他们进行了45分钟的会谈。他们坐在只有一张

---

① 指1866年柯尼希格雷茨（Königgrätz）会战中普军大败奥军。这导致了《布拉格和约》的签署，以普鲁士为首的北德意志联邦成立了，为德意志实现统一创造了条件。这一切都是法国所不愿意见到的。

松木桌子和两把椅子的房间里，礼貌地诉说着不想打仗的虚假的话。俾斯麦将有关投降条件的谈判留给了负责受降的老毛奇。俾斯麦拒绝了法国皇帝与威廉国王对话的要求，认为这只有在完成投降后才有可能。俾斯麦后来叙述道，法兰西皇帝"可能认为"威廉国王是"软弱而仁慈的"。9月2日上午11时，依据德军将领要求拟定的投降书在弗勒诺瓦（Frenois）的贝尔维城堡（Schloss Bellevue）签署。在这一天，8.3万法军沦为俘虏，其中包括皇帝、元帅、39名将军和2400名军官；400门野战炮、139门堡垒炮以及马匹、武器装备都落到了德军手中。拿破仑三世被关押在了卡塞尔附近的威廉高地（Wilhelmshöhe）城堡。

色当之战决定了法兰西第二帝国灭亡的命运。9月4日，巴黎民众起义，宣布成立法兰西共和国。

法国人对吞并的抵抗

拿破仑三世倒台后，走上前台的资产阶级政治家组成了"国防政府"。这个资产阶级临时政府由特罗胥将军（General Trochu）领导。此外，这个政府里还有代表大资产阶级利益的保守主义共和派人士，如儒勒·法夫尔（Jules Favre）和茹费理（Jules Ferry）；来自奥尔良君主派的阿道夫·梯也尔（Adolphe Thiers），以及来自小资产阶级民主派的莱昂·甘必大（Léon Gambetta）等。

随着法兰西第二帝国的崩溃，德意志失去了继续进行战争的所有理由。法国无法再干预德意志的事务了，但德意志的自由派和保守派势力却希望继续作战，以便吞并一些法国领土，永远削弱法国。民族主义报刊越来越大声地要求吞并阿尔萨斯和洛林两省；德意志北部和南部的民众示威也开始要求重新夺取德意志从前的边境地区了。7 月 13 日,《柏林证券报》(*Berliner Börsenzeitung*) 就率先撰文指出, 现在任何一个德意志人都不可能再让斯特拉斯堡继续作为法国城市了。

俾斯麦对吞并问题的基本看法, 从他在投降谈判时说的一句话中就可以间接看出端倪。当时, 他对法国将军说:"法国将会不惜一切代价为过去几周发生的事件对我们进行报复, 为此, 我们现在必须做好准备, 包括获得必要的阵地。"俾斯麦不相信法德之间会实现和解。因此, 他在军事以及经济上对吞并法国的阿尔萨斯和洛林持开放态度, 尽管他始终担心, 这种做法对于实现外交目标并无益处, 而且他非常清楚阿尔萨斯和洛林人民的敌意。在 9 月 4 日对莫里茨·布施(Moritz Busch), 以及 9 月 6 日对库伊德尔的声明中, 他都流露了这种矛盾的态度, 他认为吞并阿尔萨斯 – 洛林"在政治上是不可取的", 但占有斯特拉斯堡和梅斯要塞是必要的, 因为这样会使法国人更难发动新的侵略战争。为了达到这个目的, 必须让心怀敌意的阿尔萨斯 – 洛林的民众面对事实, 正如俾斯麦在 1870 年 9 月 12 日的即时报告中所说的那样:"我认为, 尽快在政治上占领这个省是非常重要的, 我们将要求法国割让该省, 并将其置于我们强有力的管理之下, 即使该省的省会暂时还不在我们的控制下。我们越是迅速而坚决地拿下其省会, 就越能坚定地向该省民众以及外国展示我们要保留住阿尔萨斯 – 洛林的意愿。"

在外交方面, 俾斯麦首先就自己的吞并意图向圣彼得堡做出了保证, 让其安心。他于 1870 年 9 月 16 日通知他的大使海因里希七世·罗伊斯亲王:"我们要求得到阿尔萨斯和洛林并不就是为了'物归原主'(Vindikation)的法律主张, 因为似乎有人想说服沙皇让他好好留意波罗的海诸省, 这是很可笑的, 我们只是想保卫自己免受法国的再次侵犯。"

但在法国人民中间，抵抗德意志吞并阿尔萨斯－洛林的意志 442
是非常强烈的。事实证明，法国不再像战争初期那样孤立无援。
英格兰，尤其还有奥地利，都不能坐视法国被进一步削弱，甚至
俄国在一定程度上也是如此。然而，欧洲的这些中立国无法采取
一致行动，因为 10 月 31 日，俄国政府取消了 1856 年《巴黎和
约》中关于黑海的条款。这样的做法主要是在针对英国。

当欧洲列强放弃对俾斯麦的政策进行任何抗议时，欧洲的
资产阶级共和派以及无产阶级力量对法兰西共和国的建立表示
了欢迎，他们发起了一场支持共和国的运动。在北德意志联邦
议会重新要求的就战争贷款进行的表决中，所有的社会主义代
表都投了否决票；拉萨尔派也加入了埃森纳赫派，一起反对这
项提案。这次投票在国外得到了良好反响，为德意志社会民主
党派在国际工人运动中的领导地位奠定了道德和政治基础。在
此，他们表明了自己是针对俾斯麦的一股重要反击力量。

法国临时政府中抗战派的代表人物莱昂·甘必大为了在法国
南部建立新的军团，组织法国的进一步抵抗，于 10 月初乘气球
飞出被包围的巴黎，前往图尔（Tours）。

彼时，德军继续向巴黎和法国中部推进。到 9 月中旬，巴
黎就已经被德军包围了。但是，要塞的总督特罗胥将军却没有
利用守军在人数上对围攻军的优势，因为在资产阶级看来，对
巴黎进行战争动员可能意味着动员起"煽动者"，即革命分子
和民主分子。于是，德军继续不受阻碍地围攻梅斯、斯特拉斯
堡和图勒（Toul）。9 月 23 日，图勒沦陷，9 月 27 日，斯特
拉斯堡投降了。10 月，甘必大组织的第一批军队部署在了卢
瓦尔河畔，他们虽然受到爱国主义和牺牲精神的鼓舞，但在军
事训练上远不如普鲁士－德意志的军队，在战争经验上更是不
如。随着 10 月 27 日梅斯的投降，19.6 万人被俘虏了。军官和
士官的损失尤其致命，因为这意味着国防组织力量的丧失。

443 ## 俾斯麦与总参谋部的争论；停战及初步和平协定

占领色当、梅斯，围攻巴黎，沿卢瓦尔河推进——但普鲁士－德意志的军事及政治领导层还不认为战争将要结束。在他那部出版于 1875 年的细致详尽的著作《第二军团的卢瓦尔河作战行动》(*Die Operationen der II. Armee an der Loire*) 中，当时的总参谋部上尉科尔玛·冯·德·戈尔茨（Colmar von der Goltz，他日后帮助土耳其改组了军队，成了普鲁士陆军元帅）毫无美化地总结了 1870 年秋末的军事形势："法国国防政府尽管犯了一些错误，但还是成功地使共和国的实力得到了增强，这种发展是人们以前无法相信的，也是当战争以色当会战、围困梅斯结束时，德意志人做梦也想不到的。对阿尔萨斯－洛林来说，图尔政府代表团的活动——或者说实际上是甘必大的独裁专制——在其中起了主导作用。"

让德意志人吃惊的不仅是法国人开展的人民战争，还有他们那"现在远胜于德军的步兵装备"。在这方面，德军完全低估了敌人的战斗力。在老毛奇及其幕僚的战略规划中，德方对战争持续时间也出现了严重的误判。当然，普鲁士总参谋部在理论思想以及实际准备工作上，都远胜于法国总参谋部。这一点在总部与各军司令部之间的互动中，在普鲁士－德意志军队的战略进攻中，以及在色当战场上三支进攻军队的协调上，都表现得尤为明显，几乎如行云流水般畅通无阻。弗里德里希·恩格斯这样一位持批判态度的评论家都要写道，老毛奇的计划"充满着青春的活力"[①]。但是，在色当会战和梅斯战役之后，老毛奇关于在现代战争中"快速取得重大决定性胜利"以及为

---

① 译文引自恩格斯《战争短评（十）》，《马克思恩格斯全集》（第十七卷），北京：人民出版社，1963 年，第 57 页。

实现战争目标而实行"总体战"的想法，就显得不切实际了。

色当会战导致了拿破仑帝国的覆灭，但这并不是一场具有 444
决定性的会战。希望能避免长期战争的普鲁士总参谋部，却冒
着会引发长期战争的风险，要求吞并阿尔萨斯－洛林。无论如
何，即使法国遭遇了惨败，但其物质资源和精神力量尚未耗尽。
克劳塞维茨（Clausewitz）关于防御性战争是较强的战争形式
的论点，被证明是正确的，当征服一个大国时，占领的难度是
以几何级数增长的，而被占领的领土范围则是以算术级数增长
的。与老毛奇速战速决的想法相反，现实呈现的可能性是，两
个经济强盛、人口众多的国家，即使全都愿意或被迫结束战斗，
他们之间的武装斗争也可能会旷日持久，导致双方损失惨重。

俾斯麦本就缺乏耐心，对外交领域的忧心更是令他急躁。
这导致他在 12 月中旬提出了一个在道德上十分不光彩的建议，
要求加强战争领导及占领政策，包括建立一个更广泛的征用制
度，更大范围地没收占领区的动产，扣押人质作为缴纳军税[①]
的担保并维持可疑社区秩序。他最臭名昭著的建议是："如果
有可能的话，可以让陛下的部队少抓俘虏，更多考虑在战场上
消灭敌人，这将会给法军带来直接的影响，散布一种效果显见
的恐怖。"

总参谋部对俾斯麦的建议感到苦恼，其原因与其说是在
于道德层面，不如说是在于他不了解领导这场越发持久的战争
所面临的客观困难。俾斯麦的肆意刁难毒害了政治领导层与军
事领导层间的关系。这场争端的根源在于此次战争彻底否定了
速战速决的战略理论，除了影响到气氛，它还引发了一系列实
际问题，涉及缔结和约时的谈判伙伴、战争目的和权力划分等
方面。

---

① 即占领军向居民征收的特别税。

炮击巴黎是否合理、应采取什么速度、做多大规模的准备，对于这些问题，军队内部也存在争论。在回复俾斯麦11月28日的即时报告时，老毛奇清醒地说道："什么时候应该开始炮击巴黎，或者说，什么时候能够开始炮击巴黎，只能由军事上的考量来决定。政治因素，只有在其不要求一些在军事上不允许或不可能实现的事时，才能被考虑在内。"客观地说，毛奇是绝对正确的。但这一争执背后的深层问题是，军事和政治领导者应在国王面前拥有同等地位，还是应该由政治领导者掌管一切。

445   俾斯麦与老毛奇的总参谋部一次又一次地进行着异常尖锐的斗争，这从12月的一些事件中就可以看出。在法国的卢瓦尔军队战败后，老毛奇将这一可以威吓巴黎的消息，写信通知了被包围的巴黎军事指挥官特罗胥，这种做法并不罕见。这样的信相当于一封隐晦的劝降书。老毛奇在派人送信之前，先派了他的行动总长布隆萨特·冯·施伦道夫（Bronsart von Schellendorff）去俾斯麦那里征得许可，然后又去国王那里征得最后批准。因此，我们没有理由怀疑布隆萨特12月5日的日记中所描述的内容，即俾斯麦已经同意老毛奇对特罗胥的行动。但不久之后，此事引爆了权限之争，这只能被理解为，有人为了在内部的权力斗争中坚持自己的诉求，采用了歪曲和戏剧化的做法，而在这一方面，俾斯麦无疑是个高手。12月7日，布隆萨特·冯·施伦道夫在日记中惊愕地指出："俾斯麦伯爵真的开始变得疯狂了。"他接着写道："……陆军大臣非常天真地说，不应该把事情推向极端，因为我的报告和俾斯麦伯爵的报告出现了矛盾，这只能证明我们中的一个人在说谎。老毛奇将军非常清楚是谁在说谎。"

虽然国王为老毛奇和布隆萨特·冯·施伦道夫打了掩护，但还是在俾斯麦的干涉下胆怯了，因此，他在12月17日下令，需要把刚刚决定好的行动计划报告俾斯麦；这也就是说，每天要向俾斯麦通报的内容，不再限于已经进行的战争行动和整体的战争形势。

　　紧张的气氛达到了一个戏剧性的高潮，本来要负责写报告给俾斯麦的布隆萨特·冯·施伦道夫拒绝执行国王的命令。他在日记中略带夸张地写道："习惯性的服从让我写出这篇报告，然而我做不到；责任感占了上风，即使这要违背国王的命令。"这种让他反抗军事服从的责任感是什么？布隆萨特所指的是"为了原则的反抗"，以保证"统一的最高指挥权这一元素不致丧失"。因此，他在日记中补充道："然而这种丧失是俾斯麦伯爵直接或间接参与军事指挥的必然结果。到目前为止，国王还能坚定地抵制其他影响，最终同意了老毛奇将军的种种建议；但如果现在来了一个像俾斯麦伯爵那样充满野心和权力欲的人，就没有指望了。"

　　这里涉及的统一最高指挥权已经不仅仅限于战时，而是也关乎和平时期了。这一点在他接下来的日记中写得很清楚："我提醒（军需处长）冯·波德比尔斯基将军（General von Podbielski），在和平岁月的最后几年里，俾斯麦伯爵已经开始对军事事务施加不当影响了。"

　　不断从陆军大臣那里获得权力的总参谋部拒绝了俾斯麦的一项重要的推进指令；但这意味着，在战争尚未结束的情况下，国王、总参谋长和首相的权力座次依然没有确定；紧张的局势依然存在。在这场内部权力斗争的发展过程中，出现了一些意见分歧。在1870年12月底，对于即将发动的对巴黎的炮击，已经没有再争论下去的必要了；顶多是有人等不及了。但炮击巴黎引发了一个问题，即如何从军事和政治上充分利用巴黎那可以预期的投降。

　　在1月1日的日记中，布隆萨特根据1月底俾斯麦与

446

儒勒·法夫尔缔结的协定的精神，就投降与和平预案之间的联系做了说明。军事上的妥协结果是，德方只要求签署一份和平预案，放弃了对法方全面投降的要求，而作为担保，法方需交出所有堡垒。1月5日，布隆萨特在日记中写道："经过枢密顾问冯·库伊德尔的斡旋，俾斯麦伯爵与总参谋部就巴黎将会出现的投降的各项事宜达成了一致意见。"因此，总参谋部和俾斯麦之间有关停战的问题在事实上达成一致已经变得有可能了。然而，剩下的问题是，总参谋部成员对首相的权力主张不信任。这就是为什么他们此时决定——就像是在反对俾斯麦一样——在投降和停战条件的问题上绝不妥协。这在1871年1月9日就已经显现。1月12日，当总参谋部的军官们得知王储邀请俾斯麦和老毛奇前往自己的府邸、试图进行调停时，他们以一种最尖锐的方式对老毛奇施加了影响："毛奇将军正在起草一些东西，我们通过报告成功地劝阻了他，让他放弃了陆军大臣提出的把巴黎战俘留在巴黎的想法。"对此，布隆萨特在1月1日的日记中表达了赞同。

447

　　1月13日，王储试图对俾斯麦和总参谋部进行调解，但没有成功，因为俾斯麦在谈话开始时，就对老毛奇的讲话进行了严厉的指责。他显然是想把这场战争打到最终决定性的时刻，并且让总参谋部屈服于自己。在这种情况下，老毛奇写下了1月14日的备忘录，这在根本上是一种战术性的斗争手段，目的是避免呈现总参谋部屈服了的样子。俾斯麦当着王储的面对老毛奇进行的挑衅行为，只不过是加深了自己和总参谋部之间的嫌隙。而总参谋长对俾斯麦的忌惮防备，也越来越重。

　　在军事上，事态的发展要求德方迅速就停火协议与和平预案做出决定。炮击巴黎的军事效果比不上德军在1871年1月的野战中使法军遭受的失败，这些战斗发生在法国西南的勒芒（Le Mans）、东北的圣康坦（St. Quentin）和东南部利宰讷河（Lisaine）畔的贝尔福（Belfort）。人数处于劣势的冯·韦尔德将军（Genral von Werder）的部队在利宰讷河畔大战3 天（1 月 15 日至 17 日），击败了布尔巴基（Bourbaki）将军领导的东线军队，至此，所有能阻断德军在巴黎和莱茵河之间联系的作战计划，都失败了。

1 月 19 日，巴黎军队的再次失败，迫使法国的临时政府决定投降。这之前的 1 月 14 日，俾斯麦在即时报告中讨论了普鲁士应该与谁就停战与和约进行谈判的问题。俾斯麦倾向于与波拿巴派进行谈判。但不管他多么想这样做，他都不得不清醒地指出，共和派"此时占有优势"。因此，俾斯麦会同意巴黎临时政府的外交部长儒勒·法夫尔的会晤请求，也就不足为奇了；双方的会晤于 1 月 23 日在凡尔赛举行。被总参谋部军官讥讽为"穿铠甲的文官"的俾斯麦，就是在这里与这位倾向于使用强调语气的法国雄辩者谈判、达成停战协议的。在这场有关军事问题的谈判中，双方的军事领导层最初是被排除在外的。

在 1 月 14 日的备忘录中，老毛奇不仅要求法方交出堡垒，还要求德军占领巴黎城，使巴黎服从于德意志司令官的命令。法军要交出所有的金鹰①、旗帜、武器，巴黎 25 万守军要作为战俘被带到德意志。这些条件是动荡的法国首都的任何政府都无法接受的。俾斯麦认识到了这一点，所以他从一开始就准备好去接受一个更为温和的停战协定了。他此前就讲过要对巴黎守军进行"全城逮捕"，巴黎守军要交出军械，成为战俘，不过他们会被留在巴黎城内。此外，俾斯麦也没有提出交出金鹰、旗帜等侮辱性的要求。

直到 1 月 26 日晚，俾斯麦——几乎是以最高统帅的身份——通知总参谋长老毛奇，应当按照与法夫尔的协定，在午

448

---

① 拿破仑的军旗为鹰旗，即旗杆上安有金鹰。

夜停止炮击。1月28日，经过各自的内部协商后，双方准备缔结停战协议。巴黎的守军只留下了一个师，其余的都被解除了武装，首都的大部分堡垒和火炮都被转交给了普鲁士。普鲁士－德意志的军队只是暂时控制了主要由中产阶层居住的巴黎西部地区，直到协和广场（Place de la Concorde）；巴黎实际的市中心及工人阶级的区域都没有被占领，这意味着主要由无产阶级组成的国民警卫队仍然拥有全副武装。俾斯麦把解除国民警卫队武装的工作交给了法国的临时政府。新闻界在当时已经注意到，俾斯麦和老毛奇都小心翼翼地避免将普鲁士－德意志的军队带入巴黎的危险政治旋涡。

显然，俾斯麦想把压制巴黎工人的事情，交给法国新的资产阶级共和政府去做。1870年9月，他在给儿子赫伯特的信中写道，如果德军太早进入巴黎，"就会阻碍他们的分裂。他们那种在社会主义领导下的内部和平是无法持久的"。

临时政府规定，2月8日将会进行国民议会的选举，以决定是要战争还是要和平。如此近的选举日期也让民众感到意外。君主派和保守的共和派大肆宣传和平条约；因此，德意志的占领军没有阻挠选举，并不奇怪。农村和小城镇的人们大多支持保皇派。在当选的675名代表中，约有400名是君主派，他们其中一部分是波旁王朝的支持者，一部分是奥尔良派的支持者，剩下30人是拿破仑帝国的支持者；其余的代表则是共和派，他们中的一部分来自支持法夫尔的中上层资产阶级，另一部分来自支持甘必大的资产阶级民主派。然而，在巴黎，几乎只有支持民族抵抗运动的代表当选。

449 在波尔多举行的国民议会选举阿道夫·梯也尔为临时国家元首。74岁的梯也尔属于大资产阶级，在政治上身经百战。经过艰难的谈判，他接受了俾斯麦提出的和约条件，即法国割让阿尔萨斯－洛林，此外再赔偿德意志50亿法郎。2月28日，双方在凡尔赛宫签署了初步和约。1871 年 3 月 3 日上午，第一届德意志帝国议会选举当天，柏林和德意志的其他主要城市宣布批准该和约。

3 月 6 日，德军司令部撤离凡尔赛后，法国国民议会和政府搬到了那里。由于国民议会的选举是在时间和道义的压力下进行的，所以它并不代表法国人民的意愿，法国人民——阿道夫·梯也尔也承认——只会团结在一个共和政体下。多亏了一位艺术家，我们得以拥有了一些关于凡尔赛国民议会的形式特别的文件。古斯塔夫·多雷（Gustave Doré）[1] 并不像奥诺雷·杜米埃（Honoré Daumier）[2] 那样宣布支持革命事业，他留下了一系列令人印象深刻的关于凡尔赛国会议员的讽刺画。他画中的人物皆自私狂妄，虚伪的外衣下都是对权力的欲望；他们的笑脸和身体语言与他们滔滔不绝的大话空话形成了鲜明的对比，这一切都毫不掩饰地在画中表现了出来。人们只有让这群人真正呈现在自己眼前，才能充分理解 1871 年 5 月那段可怕的日子里发生的事情。

国民议会不会在巴黎召开的决定，已经是对这座历经战火和苦难洗礼的首都的一种侮辱了，而在 3 月 18 日夜里，梯也尔派他的部队从巴黎国民警卫队那里偷走大炮时，巴黎经历了第二次挑衅。此时，首都的工人被迫把宣传已久的"结社自由"（Gemeindefreiheit）从口号变成了行动。很快，工人阶级的政府（即巴黎公社）就诞生了，这成了世界历史上的一座灯塔。这个工人阶级的政府在两个月后就被推翻了，主要是因为巴黎前线的德军最高指挥部在与法国参谋长麦克

---

① 古斯塔夫·多雷（1832~1883 年），19 世纪法国著名版画家、雕刻家和插图作家。

② 奥诺雷·杜米埃（1808~1879 年），法国 19 世纪最伟大的现实主义讽刺画大师。1871 年巴黎公社时投身革命，被选为艺术家联合会执行委员。拿破仑三世为笼络人心，曾授予他"荣誉勋章"，但被他拒绝了。

古斯塔夫·多雷作品中的对比再鲜明不过了：1870年的俾斯麦肖像（下图）绝非一幅讽刺画，而是表现了一个心思缜密、观察入微的人物形象；而他对法国议员的描绘则是毫不留情面的。上图左边的议员语无伦次地宣称："是的，先生们，我追求自由中的秩序，秩序中的自由，自由表达中的秩序，法律中的自由表达，进步中的法律，自由中的进步；这就是我想要的！……"而上图右边的议员显然也没有理解局势的严重性："看在上帝的份上，先生们，不要模棱两可！只有两种可能：要么法国挺过这场致命的危机，那将是它的救赎；要么它屈服于危机，坠入深渊——那将是它的覆灭……"

马洪达成协议后，允许凡尔赛的军队从北面经圣但尼（St. Denis）穿过德军的防线，进攻巴黎。1871 年 5 月 21 日至 28 日的"流血周"期间，在俾斯麦的对手暨同行阿道夫·梯也尔的全权负责下，成千上万的巴黎公社社员被枪杀在了社员墙（Mur des fédérés）[1] 边、贝尔维尔（Belleville）和蒙马特尔（Montmartre）的工人区。被囚禁的社员如果未被杀害，也被流放到了遥远的岛上。

普鲁士－德意志帝国的建立

当北德和南德的军人仍在法国战斗时，1870 年秋，一场主要与慕尼黑和斯图加特的政府进行的长期谈判开始了，尽管存在地方分离主义，但那里的人们仍在试图建立一个统一的德意志民族国家。俾斯麦希望将南德意志各邦并入北德意志联邦，并采用只需稍作修改的《北德意志联邦宪法》，以此来实现德意志民族的统一。面对战争期间不断深化的民族意识，处于守势的南德君主主义者和地方分离主义者为建立新联邦考虑了各种宪法计划。在巴伐利亚，高度联邦主义的国家统一思想自然占据了主导地位。南德意志的各王朝实现领土变更和边界修正的时机似乎也到了。在慕尼黑，人们正在考虑将巴登控制的普法尔茨同莱茵河左岸属于巴伐利亚的普法尔茨合并，并用

---

① 巴黎公社社员墙是拉雪兹神父公墓东北角的一段灰色砖墙。从 4 月 2 日起，公社战士与凡尔赛政府军在巴黎近郊展开激战。由于德军在 4 月间释放 10 万余战俘以补充法国军队，至 5 月中旬，凡尔赛政府只能调集 13 万兵力进攻巴黎。而与之相对抗的公社第一线作战部队的全部兵力仅有 1 万 8 千人。5 月 8 日，凡尔赛军开始炮击巴黎城防工事。5 月 10 日，法、德正式签署《法兰克福条约》，并达成秘密协议，允许凡尔赛军越过德军防线进攻巴黎，德军对巴黎实行封锁，切断粮食供应。5 月 21 日，凡尔赛军攻入巴黎城区，流血周开始了。28 日，公社战士退到巴黎市中心的拉雪兹神父公墓进行最后的抵抗，社员墙是他们最后倒下的地方。

阿尔萨斯补偿卡尔斯鲁厄大公。对于这种"肮脏的灵魂交易"，俾斯麦完全不予考虑。

451 　　俾斯麦在联邦首相府最亲密的同事鲁道夫·德尔布吕克主持了与慕尼黑的第一次谈判，符腾堡的首相也一同参加了谈判。这是早在 1870 年 9 月就发生的事；10 月，巴登申请加入北德意志联邦——这次，它是在俾斯麦的同意下主动申请加入的。由于德意志大胜法国，德意志内部的力量关系发生了很大的变化，巴登加入联邦的申请不会再像 1870 年春天那样，使联邦国家的统一变得困难了。法国已无力阻挠，而巴伐利亚的反对行动到了秋天也不足为惧了。普鲁士此时则可以施加压力，首先是针对黑森。统治黑森的仍然是那个反普鲁士的大公，而他身边的首相冯·达尔维克男爵同样是反普鲁士的。但考虑到统一的愿望和宫廷里的王位继承人，冯·达尔维克不得不做出让步，同意让黑森申请加入北德意志联邦。

　　俾斯麦不是借助于民意，而是通过外交阴谋、行贿腐败的手段，消灭了德意志南部诸侯的抵抗。但是，自下而上地对各宫廷里的反对派和满腹诡计的舞文弄墨者们施加压力，对俾斯麦来说也不是陌生的想法。俾斯麦被这些权贵折磨得受不了了，在订立宪法条约前不久，他给儿子赫伯特写信说："除非伴随着一场德意志大风暴，否则，这些老派外交官和官僚们不会弄出什么结果，至少今年不会。"

452 　　不过，普鲁士还是与德意志南部的各王朝签订了条约，因为普鲁士的优势实在太明显了。无论法律上的表述如何，在实际上，德意志南部各邦加入了北德意志联邦，新联邦最初的名称是"德意志联邦"（Deutscher Bund）。符腾堡和巴伐利亚的统治者只能在军事、税收、交通领域拥有一些保留权利或特殊权利。俾斯麦不得不对巴伐利亚做出最大的让步；巴伐利亚国王保留了自己的军队，从而可以自主地对军官进行训练和教育。有人指责他做出了太多让步，对此，俾斯麦说，德意志国家绝不能因为"一帮慕尼黑军校生"而功败垂成。巴伐利亚还得以保留居住权和移民权，并且和符腾堡及巴登一样，分别拥有自己的铁路。巴伐利亚获得了联邦议会外交委员会的主席之位，这看起来相当有分量，但后来的事实证明，这个位置并没有什么用。作为对南德诸侯的让步之一，这些王朝都可以保留他们王朝统治的象征，发行绘有王朝君主或摄政王头像的邮票，这样的状态一直延续到1918年11月革命爆发。但是，在1871年以后，无论北德和南德的王公们还能保留多少财富和主权，他们的政治权力都已经被自上而下的革命打破了。

　　在宪法条约订立后，俾斯麦才与南德诸侯就德意志皇帝的问题展开了谈判。这首先需要他尊重并利用巴伐利亚国王的嫉妒心和自尊心。虚荣的人都是"可以交易"的，这是俾斯麦长期以来的观点，所以他敢于劝难缠的巴伐利亚国王，这个继普鲁士之后德意志最大邦国的领袖，同意为威廉一世戴上皇冠。这个计划是俾斯麦背着普鲁士国王实施的，且得到了巴伐利亚司厩（Oberstallmeister）马克斯·冯·霍尔恩施泰因伯爵（Graf Max von Holnstein）的协助。这场阴谋主要是在凡尔赛上演的。在那里，首相向巴伐利亚的这位高阶使节转交了三份给路德维希国王的文件。在一份公函中，从一开始的"最崇敬、最伟大的国王"，到结尾句"在深深的敬意中，陛下最恭顺、最忠诚的仆人——俾斯麦"，措辞都极其夸张。当中最核心的一句话是："关于德意志帝国的问题，以我充满敬畏的看法，尤为重要的是，相关的建议首先应来自陛下，而不是来自任何其他人，尤其是不应该来自人民的代表。如果不是由加入联邦的王公当中最强大的那位自主地提出经过深思熟虑的倡议，那么我们看到的立场就是虚假的。"而在一封私人信件中，俾斯麦提醒路德维希国王，他是14世纪时维特尔斯巴赫

（Wittelsbacher）家族的勃兰登堡边疆伯爵的后裔，他的祖先"不止一代"享受着边疆伯爵的"特殊恩惠"。他这样做是为了提醒路德维希，维特尔斯巴赫家族是勃兰登堡君主的封臣，这既是吹捧，又充满算计。

453 　　霍尔恩施泰因转交的第三份文件是一篇草拟的信稿，路德维希二世应当将其寄给国王威廉一世——这封信在经过了路德维希二世的一些修改后，最后也确实送到了威廉手中。巴伐利亚司厩带着这份所谓的"皇帝信件"回到了位于凡尔赛德军司令部的联邦首相那里。对于巴伐利亚王室的这种服务热情，俾斯麦给予了丰厚的回报。路德维希二世每年都会收到秘密的现金，总金额约为 400 万马克，全部流入了他的私人金库。霍尔恩施泰因伯爵，按照日后的传闻，因为他的居中斡旋而得到了10% 的佣金。俾斯麦在战争爆发前就知道这位巴伐利亚使者是可以贿赂的。普鲁士驻慕尼黑的使节曾告诉俾斯麦，霍尔恩施泰因被称为"巴伐利亚的莫尼（Morny）"，而莫尼指的就是拿破仑三世那个疯狂敛财的同母异父弟弟。

　　在不知道俾斯麦是如何筹谋这一切的情况下，威廉国王收到了这封"皇帝信件"。他很高兴，因为帝国中有第一个王公将皇帝头衔赋予了他，维护了他的合法性。但与此同时，这位霍亨索伦君主本能地意识到，随着普鲁士霸权的扩张，北德意志联邦变成"德意志帝国"，"德意志皇帝"取代了联邦元首这一平淡无奇的头衔，传统的普鲁士精神终将受到损害——这个过程可能缓慢，但肯定会发生。

　　但俾斯麦这样做的主要原因是，皇帝头衔会使新帝国拥有一个一体化的象征。如同在历史上做出任何重大决策的时候一样，首相又一次和他的国王发生了矛盾。他在 1870 年 12 月12 日写信给他的妻子说："烦扰我的不仅是诸侯的活动，还有我最亲切的国王带来的各种难题，在成为皇帝这个非常简单的问题上，这些难题来自他那些君主的偏见和蠢话。"

北德意志联邦议会像所有邦的邦议会一样，需要通过与之 454
前的联邦宪法基本相似的、新的帝国宪法。修正条款几乎只涉
及南德诸侯的特别权利。此外，议会还选出了一个由 30 名议
员组成的代表团，向国王提交了一封请愿书，"请求陛下接受
德意志帝国皇冠，以献身于统一工作"。但是，在这"30 个
好汉"——他们这样称呼自己——被允许向陛下提出他们最忠
顺的"请求"之前，他们必须在凡尔赛等两天，等到德意志所
有王公都同意威廉一世享有皇帝称号后。与 1849 年他的哥哥
弗里德里希·威廉四世不同，威廉一世在此之前甚至都不想与
议员们见面。经过长时间的关于头衔、徽章、旗帜和名称的争
论，《皇帝诏书》终于在 1871 年 1 月 18 日颁布了，这也正是
1701 年弗里德里希一世在柯尼斯堡加冕为普鲁士国王的日期。

诸侯、将军和官员们齐聚凡尔赛宫镜厅。各国代表团也都
举着旗帜出现了，但德意志民众的身影却没有出现。宫廷牧师
的布道词和宣读诏书的声音充满了整个大厅，满是激昂、自负
和路易十四世式的好战、虚荣；而此刻，所有人就聚集在这位
过去的法国君主的华丽宫殿里。但是，对于这个选出了享受上
帝恩典的新皇帝的大会，这间宫殿似乎要进行秘密报复，因为
一位细心的总参谋部军官指出："临时搭建的圣坛面对的是一
个赤裸的维纳斯雕像，这在凡尔赛宫是难以避免的。"

直到最后一刻，国王威廉一世都在抵制"德意志皇帝"
（Deutscher Kaiser）的称号，以免给人留下普鲁士要被德意
志吸收进去的印象；他希望被称为"德意志的皇帝"（Kaiser
von Deutschland），因为他想在统治德意志的同时，又能说：
"我是普鲁士人，我要保留普鲁士的身份！"他的女婿、巴登的
弗里德里希大公在典礼开幕前不久与俾斯麦商定，人们应高呼
"威廉皇帝"（Kaiser Wilhelm），从而避免这个难题。诏书

宣读完毕后，威廉从他的首相身边走过，没有看他一眼，也没有说一句话，接着与老普鲁士和新帝国的其他重要人物一一握手。这标志性的一幕是否只表达了当下的愤怒？凡尔赛宫的这一幕，并不是这对君主与大臣之间发生的第一次冲突。

在所有的历史转折点上——1864年、1866年、1870年以及1871年——俾斯麦要么背着国王行动，要么需要打破国王的反对。这一切都是无法避免的，因为这两个彼此依赖的人在本质上是不同的。俾斯麦一直着眼于具体的、因地制宜的计划；威廉从来没有这样思考过，而是只遵循一般性的原则，最终却无法处理艰巨复杂的现实问题。俾斯麦有着一个贵族和普鲁士人的骄傲，同时又是一个清醒的现实的政治家；而威廉一方面是一个感性的正统主义者，另一方面是一个在乎声望的道德主义者。威廉国王的洞察力有点薄弱，他用道德化的固执代替了连贯的思考，而这种固执总是要靠环境的力量以及巨大的努力才能打破。

从1864年到1870年，俾斯麦领导了三次战争，但日后的"英雄皇帝"无法理解这些战争的政治意义。1864年，俾斯麦不得不动用他所有的外交手段，促使威廉一世反对奥古斯滕堡家族，以免国王的君主合法性思想破坏了整个政治计划。1866年，威廉一世直到最后一刻，也就是直到俾斯麦用尽一切方式冒犯了他的尊严，都在反对与奥地利作战。他对西班牙王位继承问题的相关背景一无所知，从一开始就充满抵触。至于那场有政治思考力的政客们在1866年就预见到的第三场战争，他毫不知情地步入其中，因此没有损害自己尤为珍视的良心。三次战争，三次胜利，一个蠢蛋就这么庆祝了三次！

在颁布《皇帝诏书》并迫使法国接受初步和平方案之后，实现帝国统一的下一个重要环节是举行宪法规定的帝国议会选举。25岁以下的男子及士兵没有选举权。这种做法淘汰了有活力的阶层，抑制了选举热情，所以只有50.7%的选民投了票。种种迹象证明，3月3日选举日当天广泛弥漫在民众中的欢庆气氛可能更多的是跟所取得的和平，而不是帝国的统一有关，因为统一的思想还没有真正渗透到人们的意识中。

最支持俾斯麦政策的政党取得了压倒性的胜利。民族自由党获得了30%的选票，向议会送出了175名民选代表；自由保守党（或称德意志帝国党）[①] 以8.8%的得票率输送了37名代表。然而，同样拥有8.8%选票的左翼自由主义进步党，却因为选区和竞选制度，得以派出46名代表进入帝国议会。

保守派主要来自易北河东岸，是容克利益的代表，他们获得了14.1%的选票和57个席位。天主教—教廷派和地方分离主义者构成的反对派发展为中央党（Zentrumspartei），该党赢得了18.2%的选票和近1/5的议员席位，即63席。

民族自由党无疑具有很强的资产阶级性质，它的领导人在各个方面都与现代企业结成了同盟，应该再次指出的是，特别是在德意志，银行资本在那时就已经开始与工业资本交织在一起了。民族自由党最重要的议员，比如鲁道夫·冯·本尼希森和爱德华·拉斯克，既不是实业家，也不是银行家，但他们在实践上和思想上都与这个新工业资本主义的世界建立了联系。该党的其他领导人，如约翰内斯·米克尔（Johannes Miquel），与贴现公司（Disconto Gesellschaft）有关系，路德维希·班贝格尔（Ludwig Bamberger）则与德意志银行有关系；弗里德里希·哈马赫（Friedrich Hammacher）是一位来自莱茵－威斯特伐利亚的矿主代表，维克多·冯·翁鲁是一位独立实业家。自由保守党的领军人物则包括来自萨尔地区的

456

---

① 1871年德意志帝国成立后，自由保守党正式定名为"德意志帝国党"（Deutsche Reichspartei），但在普鲁士境内仍称"自由保守党"。

重工业家费迪南德·施图姆（Ferdinand Stumm）和来自西里西亚的威廉·冯·卡多夫（Wilhelm von Kardorff）。

在民族自由党和左翼自由主义的进步党中，除了直接代表大资本、中等资本的利益代表，还有来自受过教育的中产阶层的代表；自由保守党的成员则包括高级贵族、外交官和高级国家官僚。旧的保守党却恰恰由于民族国家统一这种进步而处境艰难。1870 年 9 月 24 日，莫里茨·冯·布兰肯堡在给朋友冯·罗恩的信中说，他去了柏林几天，为的是跟"极端的（普鲁士地方主义的）朋友"和"极端保守主义者"进行接触。与上层政治家们在当时的信中热情洋溢地写下关于新生的统一帝国的内容不同，冯·布兰肯堡在 1870 年 11 月 8 日给冯·罗恩的另一封信中说道："我对政治前景的看法是黑暗而悲哀的。"他和他的党内朋友一样，"对黑森、符腾堡、巴登缺乏深思熟虑就加入联邦感到失望"。这些"极端保守主义者"担心"新的帝国议会的大多数人，将不可避免地变得拉斯克化"，也就是会按照自由主义者爱德华·拉斯克的精神来思考和行动——他们也确实变得如此了。

457 　　大、中资本家与支持民族国家统一的党派所获得的大量选票再次表明，1848~1849 年自下而上的民主革命，以及这种革命在 1866 年所剩的最后一点希望，都遭遇了彻底的失败。历史的进步只能在之后以自上而下的革命的形式实现。正如卡尔·马克思自己承认的那样，普鲁士王朝的革命者，俾斯麦，是 1848 年革命的遗嘱执行人，但同时也是反革命的守护者，因为他在任何时候都坚决维护王室的特权。

这种革命与反革命的辩证关系既蕴含着对专制主义的否定，也包含着对自由主义的否定。1866~1871 这几年中，还发生了第三件事：如果从宪法条文和宪法的现实两方面来看，那么当时已经出现的"波拿巴主义"的概念确是对新的统治形式的准确描述。尽管拿破仑主义与普鲁士－德意志霸权体系有着相当不同的表现，但它们也呈现了共同点：二者都承担了推行自由竞争的工业资本主义的任务，都主要依靠军队，并且都试图在权力的保护下，在社会力量和政治体制之间进行周旋，以使它们保持平衡。现代的波拿巴主义专政的前提条件是每个阶级的软弱。在德意志，仅仅是经济上的原因，就已经使得来自易北河东岸的容克——贵族中占有土地的核心群体——无法在国家实行专制统治了。资产阶级在 1848~1849 年的革命中遭受了重挫，因此只得利用自己的经济实力，促使统治阶层在经济政策及民族国家政策上做出让步。而工人运动尽管在组织上和政治上取得了种种进步，但革命的时机还没有到来。

　　普鲁士－德意志的波拿巴主义的社会及政治发展形成了一个显著的特点。正如恩格斯曾经说过的那样，普鲁士－德意志的波拿巴有三个头，"就像古代斯拉夫－波美拉尼亚的偶像三头神（Triglaw）那样"①。在这种三方关系中，国王毫无疑问是国家的象征，老毛奇是受过教育的现代指挥官，俾斯麦是"总管"（Majordomus），是"当代黎塞留"——那些被称作"半神"（Halbgötter）的总参谋部军官就是这样私下赞美俾斯麦的。

　　俾斯麦靠自己赢得了"总管"的位置。他不满足于阿尔特马克—波美拉尼亚的狭小空间，很早就奔向了广阔的大千世界。他很快就意识到，这里不仅有国王和高级贵族，还有银行家和实业家。他们的利益都必须被考虑在内，不然，乡村贵族、王室和军队的利益就无法得到保护。他能把这种区别于大多数同阶层成员的现实政治洞察力加以转化，变为富有想象力的、巧妙平衡的、充满幻想的、诡计多端的政治实践，为此他

---

① 译文引自恩格斯《致奥古斯特·倍倍尔（1888 年 4 月 12 日）》，《马克思恩格斯全集》（第三十七卷），北京：人民出版社，1971 年，第 50 页。

投入了全部的力量：他的联想能力、他对人性的批判性认识、他富有活力的天性、他对上帝的信仰和他身上的魔鬼。

458 　　俾斯麦所做的事可谓造就了一个时代。他是多面的，常常显得充满矛盾。他有时是谨慎的，有时是大胆的，有时是讨好的，有时甚至是威胁的。他可以厚颜无耻地行贿，也可以让政敌心生敬佩。他能够毫无顾忌地撒谎，然后又以一种外交上不常见的方式说出真相。经过深思熟虑和反复权衡，他知道如何在适当的时机推动事情的发展。他具有难得的超越自我的能力，是一个完完全全的政治家，他之所以成为帝国的缔造者，是因为他能做自己想做的事，也因为他想做自己能做的事。

　　他的工作就像他本人一样充满矛盾。俾斯麦有明显的局限性，这体现在他仅代表贵族和工业资产阶级的利益；他对蓬勃发展的工人运动完全无法理解。吞并法国的省份后，他为自己国家的外交增添了负担；他增强了军队的力量，最终使其成了国中之国。因此，新建立的普鲁士－德意志帝国就具有了矛盾的性质；但这终究是一个重大的进步，资本主义社会的发展如今可以不再受到小国林立状态的阻碍，而是得到一个强大的民族国家的促进，德意志不会再是列强的玩物了。即使帝国议会没有资产阶级议会那样的权力，但它作为一个拥有各阶级的民族国家的机构，仍然是有意义的。工人阶级也能够在统一国家的基础上凝聚力量，为自己的目标而奋斗；仅仅是帝国议会里的讲坛、选举，以及工人阶级自己的报刊，就已经给了它认识自我及建立组织的新机会。1871 年民族国家的统一能否辅以民主改革，从而拥有新的内涵，还是未知的事情。

第十一章
时代巨变

和约与巴黎公社

1871 年 1 月 18 日，皇帝在凡尔赛宫镜厅发布公告；5 周后，法国被迫接受了一份严苛的和约。奥托·冯·俾斯麦被人称颂，被人崇拜，被人尊敬，但也被人痛恨。

但这位胜者本人的感受如何呢？对于初步和约中基本要求的最终确定，他不必有任何怀疑；他也不需担心法国人的抵抗会死灰复燃；就连巴黎公社也很快接受了初步和约。甚至连欧洲大国对法德谈判所做的各种干预，也在预期之中。1871 年 3 月，在伦敦举行的本都会议（Pontuskonferenz）也告一段落，会议解除了 1856 年《巴黎和约》中强加给俄国的黑海非军事化的要求，从而给普鲁士 – 德意志的这个准盟友带来了相当大的利好。

人们有充分的理由相信，新建立的帝国在短期内不会遭遇危险。因此，俾斯麦能够像一个突然拥有了权势的人一样，冷血地对法国提出了 50 亿法郎的战争赔款，并借机要求偿清从前拿破仑一世一再向德意志人勒索的那些战争贡金，这一点，俾斯麦从他的家族回忆中了解得再清楚不过了。虽然在货币和黄金的问题上，他没有受任何担忧的烦扰，但是有一些顾虑折磨着他，使他的胜利心情蒙上了阴影。最使他感到不安的，是对阿尔萨斯 – 洛林的吞并。

就在 1871 年 2 月 26 日缔结初步和约的前几天，首相曾试图说服国王和总参谋部至少放弃梅斯，但没有成功。而在和约签订次日，俾斯麦认为他的主要对手梯也尔"可敬而亲切"，称赞了他的"优雅的老法式作派"，并抱怨说："……我必须对他严厉，而这对我来说变得非常困难，我很难做到。"这不是一个欢快的胜利者，而是一个满怀心事的人，他向妻子坦言："昨天我们终于签了字，我们所取得的成就超出了我从自己的政治算计出发认为是必需的范围。但我必须考虑到上面和下面的意见，他们都不懂得算计。我们获得了阿尔萨斯和洛林，以及梅斯这个非常难以消化的因素，还有超过 1.3 亿塔勒的赔款。"

460

要考虑到上面和下面的意见。在这里，俾斯麦面对一件可能使他变成被告的事件，并没有为自己轻易地进行脱罪辩护。更何况。在给妻子写关于政治的信时，他并不期望任何专业意见，只是想倾吐心声，开诚布公、没有顾忌地交流。忧心忡忡的他早在上一年 11 月中旬就对约翰娜说过，就连"善良聪明的老毛奇……也被我们的成功引诱，对皇位变得痴狂了"。他还说："我常常担心，我们这种自以为是的傲慢会受到惩罚。"毫无疑问，俾斯麦非常强烈地感受到了兼并阿尔萨斯 – 洛林会在未来给德国政治带来的负担。

阿尔萨斯 – 洛林问题确实引起了广泛的共鸣。德国新闻界试图将吞并阿尔萨斯 – 洛林描述为对被路易十四世掠夺德意志土地的补偿，以及使德国不受法国军队再次攻击的保证，以此来证明其正当性。至少在历史上，阿尔萨斯原本是德意志文化区，这片土地走出了斯特拉斯堡的戈特弗里德（Gottfried von Straßburg），大教堂建造者埃尔温·冯·施泰因巴赫（Erwin von Steinbach），德意志神秘主义者约翰内斯·陶勒（Johannes Tauler），还有塞巴斯蒂安·布兰特（Sebastian

Brant）、托马斯·默纳（Thomas Murner）、雅各布·施图尔姆（Jakob Sturm）和约翰内斯·菲沙特（Johannes Fischart）。伟大的画家巴尔东·格里恩（Baldung Grien）、马丁·松高尔（Martin Schongauer）和天才马蒂亚斯·格吕内瓦尔德（Matthias Grünewald）也在这个莱茵河上游地区居住了很多年。但阿尔萨斯最终不是被路易十四世从德意志夺走的，而是经由两次革命分离出去的，其中一场在德意志遭受了失败，另一场在法国取得了胜利。1525 年，孚日河（Vogesen）和易北河之间的土地上爆发了一场农民战争，而阿尔萨斯是整场战争的中心之一；对农民战争的镇压削弱了德意志，加强了其离心势力。在早期资产阶级革命的炮火中将帝国最西部地区牢牢守住的可能性就此丧失了。而赫尔德（Herder）和歌德虽然在 18 世纪就被斯特拉斯堡吸引，但当时的法国大革命却比以往任何时候都更紧密地将阿尔萨斯的农民和市民与法国联系在了一起。阿尔萨斯给法兰西第一共和国和法兰西第一帝国输送了几十位将军，以克莱贝尔（Kléber）和克勒曼（Kellermann）为代表，他们以革命的精神进行了战斗。斯特拉斯堡正是《马赛曲》的诞生地。

然而，这种历史发展并不能消灭阿尔萨斯文化上的混血特征。在中世纪晚期和宗教改革时期，阿尔卑斯山以北的文化中心区之一在莱茵河左岸发展了起来——从斯特拉斯堡经施莱特施泰特（Schlettstedt）、科尔马（Kolmar）、米尔豪森（Mühlhausen），一直延伸到瑞士的巴塞尔，而那样的时代已经无可挽回地成了过去。

卡尔·马克思预言，吞并阿尔萨斯-洛林将使德国高度依赖于沙皇俄国，因为沙俄随时可能与反德的法国结盟——正如它日后所做的那样。这是马克思和俾斯麦都赞同的，不管他们二人的观点立场是多么的天差地别。两人都从自己的角度坚

461

信，只要阿尔萨斯和洛林的民众愿意，法国就会努力收复这两个地方，因此会寻找盟友。在 1871 年从战争到和平的过渡时期里，俾斯麦就已经做过关于这种联盟的噩梦了。

这种外交上的考虑没有得到德国边境民众的广泛接受，人们清楚，阿尔萨斯 - 洛林人对德意志是抗拒的，不想斩断自己与法兰西民族之间千丝万缕的联系；而且实实在在的物质利益也在起作用，比如地产和抵押资金将会贬值，存放在写字台抽屉里的法国公债将会崩盘。面对阿尔萨斯 - 洛林的反抗，巴登和普法尔茨民众记忆深处的一种恐惧占据了上风，这是他们自 17 世纪以来不得不忍受的对法国入侵与突袭的恐惧。

卡尔斯鲁厄的历史学家赫尔曼·鲍姆加滕（Hermann Baumgarten）在奥格斯堡的《总汇报》上描述了战争开始时人们的心情，当时的人们担心会被法国军队"血洗"，认为德国"绝不可能"守住莱茵河上游的边界。他们眼下只希望摆脱"斯特拉斯堡大炮"的威胁。

有关民众疾苦以及城市遭受洗劫的故事常常以家庭回忆的形式在民间口口相传，至此仍然广泛传播，因此，斯特拉斯堡一方面对莱茵河右岸的城镇和村庄散发着吸引力，另一方面是进攻邻近的南德地区的咽喉要道。斯特拉斯堡的问题甚至出现在了当时的流行歌曲里："啊，斯特拉斯堡，啊，斯特拉斯堡，你这美丽的城市，无数士兵葬身于此。"边区人民充满悲情的矛盾态度可见一斑。因此，1870 年夏末自由派政要们立刻跟教廷派站到一起，对吞并阿尔萨斯和洛林进行宣传并最先在德意志西南部取得成功，也就不足为奇了。很多时候，普罗大众的真实感情已经被沙文主义的煽动扭曲，以至于两国人民之间似乎不可能和解。针对所谓的头脑狂热、道德沦丧的法国人，人们自以为是地拔高了德意志人的本性。

早在和平谈判之前，俾斯麦就已经陷入了一种有着历史意义的困境。伴随着对法国的胜利，广大民众对他的政绩给予了认可。但同时，普遍的胜利感并没有使首相在新生帝国的社会和国家权力斗争中顺风顺水，反而使其处境变得更艰难了，因为此时人们对他有所期待，并提出了要求，尤其是在边界问题上。政治思想家、经济利益相关方和军事策划者们纷纷建言。

俾斯麦只是偶尔与议员和政治评论家们进行私人接触，与他有着更多联系的是总参谋部、君主、王储，还有他口中的"无所事事的王公们"。钢铁工业的代表也加入了这些主要与军事事务有关的圈子，他们虽然不那么显眼，却思虑周全又雷厉风行，觊觎着法国境内的矿藏。

作为一个负责任的政治家，俾斯麦不能让自己被情绪牵着走。王储在 20 日指出："我认为俾斯麦伯爵的发言总是温和而又非常理智，他的注意力能敏锐地集中在一切事物上，可以冷静观察一切，绝不因为我们迄今为止取得的成功而盲目乐观。"对首相来说，在与王储的谈话中保持克制是很重要的，因为前不久，威廉在一份备忘录中把重新获得阿尔萨斯说成是德国人民的心头大事，不能被政治形势阻碍。因此，在 8 月 15 日，首相命令外交部将英国、俄国、奥地利和意大利报刊的剪报送到王储那里，以便他"更清楚地了解那边民众的情绪，以及他们会对普鲁士进行不友好干涉的这种显而易见的危险"。

俾斯麦并不在乎"阿尔萨斯和洛林以前归属帝国""当地居民日常使用德语"的说法，他最后轻蔑地称其为"学究的观点"；对于"索还旧有资产"的说法，即德意志的领土诉求有历史依据支撑的观点，他也不想再做了解。尽管他怀疑吞并行为的政治合理性，他还是在 8 月的外交文件和充满启发性的文章中，要求阿尔萨斯和洛林针对"下次攻击做好防守"，而这种攻击可能还是会来自法国。

在意义重大的 1870 年 8 月中，西里西亚钢铁大亨吉多·亨克尔·冯·多纳斯马克（Guido Henckel von Donnersmarck）和联邦议会议员雷纳德伯爵（Graf Renard）来到了俾斯麦的司令部。这两位大鳄都是自由保守党的重要成员，仅此原因，就让与旧保守派疏远的俾斯麦不得不接受他们。正如德意志银行的联合创始人、民族自由党成员路德维希·班贝格尔在司令部逗留期间所了解到的那样，首相没有给他们任何指示；班贝格尔在日记中写道："他（俾斯麦）对亨克尔、雷纳德和库尔维特（Kühlwetter）等人说：'不要问我任何事情。'我们要自食其力了。"这样一来，这些人可以自主管理、追求自己的特殊利益了。在亨克尔·冯·多纳斯马克被任命为梅斯的行政长官之后，柏林矿业学院院长、胡格诺派出身的德意志民族主义者威廉·豪舍康（Wilhelm Hauchecome）立即向贸易大臣提交了一份报告，解释说，由于德国萨尔煤矿和法国摩泽尔河沿岸的铁矿能起互补作用，随着海关边界的取消，这两个地区的钢铁工业将会繁荣发展，欧洲大陆上的其他任何一个地区都无法比拟。

在冬季，俾斯麦几乎没有细致处理过边界问题。直到1871年3月底再次受到钢铁工业家们的催促后，他才派豪舍康作为边界划定的全权代表前往布鲁塞尔，就和约的最后条款进行谈判。俾斯麦并不是在吞并整个洛林的问题上，而是在划定边界的问题上受到重工业界的压力，因为边界的重新划定会把丰富的矿藏纳入德国境内，这将会对他们非常有利。

在吞并法国省份的问题上，俾斯麦不仅受到了军方和所谓的公众舆论的催促，也受到了南德政府圈子甚至是巴伐利亚地方分离主义者的施压。巴伐利亚爱国党的约翰·尼波穆克·塞普（Johann Nepomuk Sepp）在8月5日给普鲁士大使冯·维特写信说："从法兰西帝国手中夺回阿尔萨斯的霍亨索伦人，将成为德国皇帝。"这句话实际上比它乍听起来的更为认真严肃。因此，当俾斯麦后来于 1871 年 5 月 2 日在帝国议会上宣称，症结"在斯特拉斯堡，因为只要斯特拉斯堡不属于德意志，它就永远是南德参与统一、无保留地采取德意志民族政策的障碍"时，并不仅仅是在煽动。在这里，相对于南德民众的声音，俾斯麦考虑得更多的是统治阶层的态度。在各国宫廷和政府中，许多人对 19 世纪初巴登首相赖岑斯坦（Reitzenstein）的意见并不陌生，即只要阿尔萨斯属于法国，巴登就应该转向法国。由于针对法国进行军事防御的问题引起了激烈的讨论以及广泛而热情的报道，南德并入北德意志联邦就多了一层性质，即各邦国组成了一个吞并共同体。

鉴于德意志的这些政治变化，俾斯麦知道，他必须密切关注外交方面的动态。因此，1870 年 9 月 13 日和 16 日，他向普鲁士驻各中立国的使团发出指令称，德意志的诉求是针对"法国未来进攻"的"物质保证"①，故而是合理的。他不相信能达成和解，而是怀疑："因为这次惨败，因为我们对他们的邪恶进攻的胜利防御，法兰西民族将永远都不会原谅我们。"在三天后发给普鲁士驻慕尼黑、斯图加特和卡尔斯鲁厄使团的第二份通告中，他再次强调了德意志占有斯特拉斯堡和梅斯是出于防御目的，并强调法国"在 20 多场战争中"一直是侵略者。最后，在 9 月底的第三份通告中，他报告了与法国外长法夫尔的会晤情况。报告中说，法夫尔在会晤时，把法国的割地行为说成"有损法国的尊严，甚至是不光彩的"。这也是在拿破仑三世倒台后，停战协定没有在 1870 年秋成功缔结的原因。

俾斯麦的论点还是本着"计算"与"清算"的精神提出的。他提醒法夫尔注意那些"法国要求意大利和德意志实现的条件，而这些条件是法国在没有与这两个国家中的任何一个开

464

---

① 指德国向法国索取战争赔款作为"担保"，以防止法国将来再次进攻德国。

战的情况下提出的；如果战败的是我们，法国无疑会把这些
条件强加给我们，最近每一场战争的结果几乎都是这样"。他
在这里对意大利将萨沃伊割让给法国一事进行了回顾，并指
出了法国对莱茵河左岸的渴望。此外他还冷静地指出，"法国
的荣誉"对他来说，"与所有其他国家的荣誉在本质上并无不
同"。然而，这样的一个法国将异常难以接受像伟大的社会主
义者让·饶勒斯后来所说的那种观点，即它不是那唯一的伟大
民族，而只是众多伟大民族之一。

俾斯麦向儒勒·法夫尔提出的观点并没有触及一个弱点，
即阿尔萨斯人和洛林人不愿意成为德意志人，他明智地扬长避
短了。法德和解甚至修好的时代还远未到来，人们意识到，从
长远来看，这两国中的任何一方都不可能永远被压制下去。旧
有的历史心理负担已经很重了，如今又添了新的负担。战争
在冬季持续的时间越长，牺牲的人就越多，俾斯麦就越不能辜
负大家对阿尔萨斯和洛林的期望以及被各大党派煽动起来的
舆论。

465　　　　如果说首相因此受到了下层民意的种种束缚，那么他面
对上面的总参谋部时就更是如此，在那里，他总是要顾忌着皇
帝以及皇帝身边那些态度不友好的人。将军们主要考虑的是要
塞和军事基地。但是，俾斯麦已经在炮击巴黎及停战问题上与
最高统帅争论不休了，根本无法再应付与总参谋部的其他冲
突，况且这可能会让他陷入绝望的孤立状态。此外，纯粹的军
事考量也是难以被忽视的，因为即使是像弗里德里希·恩格斯
这样坚决反对俾斯麦但又精通军事的人，也得出了以下结论：
"占领了梅斯和斯特拉斯堡以后，德国就有了一道极其强固的
防御线。只要比利时和瑞士保持中立，法国人就只能在梅斯和
孚日山脉之间的狭长地带采取大规模进攻行动，此外，科布伦
茨、梅斯、斯特拉斯堡、美因茨构成了世界上最坚固、最巨大

的四边形要塞区……因此，战略上的巨大利益是唯一能够为兼并辩护的理由。可是，这种利益能不能比得上由此而遭到的损失呢？"①

既然国家的安全主要是从军事角度来理解的，那么这种损失确实可能变得危险。尤其是在被兼并的领土上进行的极其牢固和全面的要塞规划与建设一定会致使反对势力形成一个强大的联盟，并降低新帝国的道德声望和政治威望。

在 1870~1871 年冬的几个月里，俾斯麦已经感受到了以军事为主的思维方式和行动方式对政治带来的伤害；当时，无论是外国统治者还是外国民众，都对普鲁士 - 德意志从防御战争向征服战争的过渡越来越反感。因此，俾斯麦对兼并问题已有的疑虑变得越来越强烈。但他知道，作为一个政治领导人，他不能带着这样的疑虑继续生活和工作下去。于是，他利用了已经多次帮助过他的生活经验：在他无法改变的事情已经基本成形了的情况下，他要让自己在心理和政治上接受这一切，并且试图以宗教的方式来应对所发生的事情。上帝一定会帮忙让和平变得"稳固牢靠"的，毕竟太多人已经为此付出了生命。他在年轻的时候正是这样召回了"怀疑的先锋"，重新收获了内心的和谐。凡是听过他在帝国议会的演讲的人，都不会想到，俾斯麦坚定的态度是自己努力获得的。俾斯麦认为，阿尔萨斯人和洛林人将逐渐回忆起旧有的德意志身份，并习惯于新的联邦国家。兼并行为在政治上是否合宜的问题，已经不复存在了。俾斯麦希望，帝国议会要走的是那条各国政府都走过的"经验之路"，并"根据实际情况""而不是根据期望中可能出现的情况"行事。他说，在这种情况下，"应该让事情按照自

---

① 译文引自恩格斯《暴力在历史中的作用》，《马克思恩格斯全集》（第二十八卷），北京：人民出版社，2018 年，第 496 页。

己的惯性发展"。然而，这个过程并没有按照预期的那样进行，因为俾斯麦的内心态度和外在立场已经决定，他不可能走那条唯一能让阿尔萨斯人和洛林人与德意志身份达成和解的道路：让帝国自由主义化。

466　　法国国民议会在 1871 年 2 月 8 日——停战后不久、达成初步和约之前——就通过选举产生了，其中多数议员是波拿巴派、奥尔良派和正统派等保皇派，包括了大名鼎鼎的贵族、大农业新贵和工业家们。长远来看，这样的议会不能代表法国这个已经发生了三次革命的国家，但它能够在当时保护有产阶层免受社会革命的影响。

　　阿道夫·梯也尔当选为法兰西共和国的元首，他成了俾斯麦在这个战败国中最重要的对手。自 19 世纪 20 年代以来，梯也尔当过记者，在资产阶级国王菲利普手下当过职权多次变更的大臣，后来又在拿破仑三世手下当过反对派议员，积累了丰富的经验，写出了惊人的史学著作。同他的朋友米涅（Migne）、蒂埃里（Thierry）和基佐（Guizot）一样，他也是复辟时期的历史学家，他们在历史书写中明确指出，蕴含在政治斗争中的是各阶级——或各阶级中的派别——对统治权的诉求。

467　　从 1823 年到 1827 年，梯也尔本着温和的自由主义精神，出版了 10 卷本的《法国大革命史》。在 1845 年至 1869 年的 20 多年间，他又出版了 29 卷，描写并英雄化了拿破仑一世在担任第一执政和法兰西皇帝时期的历史。经过新闻界历练的梯也尔在写出这些不朽之作前，参与了一系列政治活动：任首相兼外交大臣的他在 1840 年 3 月将拿破仑一世的遗体从圣赫勒拿（St. Helena）移回了巴黎，安葬在了巴黎荣军院；他支持巴黎建设防御工事，支持埃及总督穆罕默德·阿里（Mehemed Ali）对抗土耳其，这与其他大国形成了鲜明对比；并且他准备利用东方冲突发动欧洲战争，目的是夺回莱茵河左岸，而这引发了德意志爱国主义的本能式的防御运动（这场运动在当时的流行歌曲中得到了体现："他们不应得到它，自由的德意志的莱茵河。"）。毫无疑问，对于将法国最后两个左岸省份割让给新德意志帝国一事，年迈的梯也尔肯定是无法接受的。

俾斯麦在 1870 年底和 1871 年春天要对付的这个对手总是以"伟大民族"（Grande Nation）的精神行事，而且无论在文学还是政治上都已经积累下了丰厚成果。在身体、心理和社会层面，几乎再没有两个人可以像梯也尔和俾斯麦这样反差巨大了。这个矮小、活跃、来自小商人家庭、总是在文学和政治之间游走的南部法国人，面对的是来自易北河东岸的普鲁士的大块头容克。俾斯麦比梯也尔年轻了近 20 岁，从 1847 年才开始积累政治经验，但与梯也尔不同的是，俾斯麦的政治经验是全方位的，而且从未间断。俾斯麦对自然和人都很敏感，而且在文学、历史和语言上都受过教育，已经拥有了独特的话语风格，他把这种风格运用到政治工作中，以协调各种人际关系；就像一个能捕捉到乐器每一丝震动的音乐家，只不过他谱写的是文字的诗篇。然而，对于像梯也尔那样写下长卷本作品的任务，他既缺乏资质，也没有雄心。

俾斯麦对梯也尔的著书立说几乎没有什么印象，但他尊重梯也尔的人格，甚至认为如果梯也尔在拿破仑三世时期担任首相，战争肯定不会爆发。此外，俾斯麦在与梯也尔就初步和约进行谈判时，对后者所处的绝境表达了同情和理解，尽管他还犀利地补充说，梯也尔不适合做谈判代表，"甚至连做马贩子都不适合"。这个普鲁士人尤其对这个南法人即兴的、展开过多的说话方式感到恼火；他曾在给妻子的信中这样说："思想的泡沫无可阻挡地从他身上涌出，就像从打开的瓶子里涌出来，消磨着人们的耐心，让人厌倦，因为这会妨碍人喝到重要

468　的可饮用的部分。"而对于觉得自己扎根于几千年前的罗马文化的梯也尔来说，俾斯麦仅仅是个来自狂野东方的政治家，是个"野蛮人"，尽管有着令人惊讶的"可爱"。在 1871 年春天巴黎及其周边地区发生的紧张事件中，这两位代表既是对手，又是合作者。

在 2 月 26 日初步和约签订后，德军司令部于 1871 年 3 月 6 日撤离了凡尔赛，法国国民议会此后迁入了这座路易十四世的王城。议会里的大多数人都希望在凡尔赛，而不是在革命的巴黎举行会议，正如梯也尔所说的那样，这样就不用担心"暴乱者投掷的石块"。"凡尔赛分子"的这个决定否定了巴黎市长的一切斡旋，这是对在被围困期间经历苦难与挣扎的首都的第一次挑衅；第二次挑衅发生在 3 月 18 日夜里，梯也尔出动了像盗贼一般的军队，夺走了巴黎国民卫队的大炮，而卫队的大部分成员是武装起来的工人。这促使巴黎人民把宣传已久的团体自治，即巴黎公社的思想，付诸了实践。在很短的时间内，一个由有斗争经验的、与小资产阶级关系密切的制造业工人组成的政府成立了，它标志着国际劳工运动的转折，在未来几十年内都起到了灯塔的作用。从 3 月 24 日开始在布鲁塞尔进行的关于实现最终和平的谈判，由此被打上了法国内战的烙印。俾斯麦一边就相对友好的赔款方式和详细的边界划定讨价还价，一边巧妙地把胜利者的疑虑与冷酷以及反革命阵线与梯也尔政府完美地结合在了一起。

就在 3 月 18 日公社起义几天后，俾斯麦允许法国政府向根据初步和约驻扎在巴黎周围的 4 万人部队再增派 2 万兵力，以便军队至少能够暂时抵抗住最初在人数上占优势的巴黎公社。4 个星期后，当凡尔赛的政府又从被德军抓获的俘虏中要回了数千名士兵后，俾斯麦向被占领的法国领土的总督冯·法布里斯中将（Generalleutnant von Fabrice）下达了公开指

示。他说，凡尔赛的法国政府要求德意志在反对巴黎公社的斗
争中提供支持，并且"公开承认依靠我们"，因此这个政府必
须"在一定程度上向我们屈服"。他接着说："如果在我们支持
并维护了那个政府之后，那个政府却首先将通过我们的善意而
获得的力量用来对付我们，并以此在最终的和约中争取到尽量
有利的条件，那么这种要求就是天真的，甚至可以说是恬不知
耻的……法国政府在布鲁塞尔的苛刻的、不妥协的态度，与他
们6个星期以来像声索权利一样要求我们做出一个又一个让步
的贪婪态度，形成了鲜明的对比。"

显而易见的是：为了向凡尔赛的法国政府施加压力，俾斯
麦继续与倒台的拿破仑三世保持联系，3月19日，拿破仑三世
就已经离开了他的监禁之地——卡塞尔附近的威廉高地，得以
前往英国与欧仁妮皇后会合。俾斯麦试验着重新建立波拿巴统
治的想法。另外，他允许弗里德里希·冯·霍尔施泰因因为4月
底在奥贝维利耶堡（Fort Aubervillier）与巴黎公社的"战争
代表"克吕瑟雷将军（General Cluseret）进行谈判。

彼时47岁的克吕瑟雷有着饱经动荡的前半生。作为一名
年轻的机动卫队军官，他曾在1848年6月的战斗中攻克了巴
黎无产阶级的11个街垒，并因这一反革命行为获得了荣誉军
团十字勋章；随后，他成了更具冒险精神的拿破仑派成员，在
1859年先是与加里波第并肩作战，之后活跃在意大利军队的
总参谋部。19世纪60年代，在北美内战期间，他与联邦政
府军并肩作战，在那里获得了将军的头衔，但这个头衔一直
没有得到真正的承认；他最后参加了反英的爱尔兰芬尼运动
（Fenier-Bewegung），在第一国际中加入了半无政府主义、半
蒲鲁东主义的团体，在巴黎公社期间迎来了自己的高光时刻。
巴黎公社失败后，他继续在纽约、伊斯坦布尔以银行家、画家
和艺术品交易商的身份活动，自19世纪70年代起，他又回

到巴黎从事这些活动。仿佛是一个循环，随着年龄的增长，他又回到了年轻时的反动立场，他在 1896 年激烈地参与论战，反对社会主义这种"犹太—德意志学说"，在德雷福斯事件（Dreyfus Affäre）① 中支持反动的军事法。

这种冒险家很容易在自发的革命中——比如巴黎公社——出人头地，他眼下成了新的德意志帝国的代表要对付的人。克吕瑟雷直言不讳地对俾斯麦承认，他反对公社的"社会主义暴动"，不求建立一个国中之国，只求市政（公社）独立。他甚至希望俾斯麦扮演一个调停者的角色，对此，俾斯麦作为一个经验丰富的谈判策略家，并没有否认这种可能性："只要不与其他共产主义的附属品联系起来，那么按照我们的城市秩序实现公社独立，本身并不是一个不可理解的要求。也许合理的公社愿望可以与国际革命的愿望分开。"这到底是战术用语还是俾斯麦真实的想法，我们不得而知。无论如何，奥古斯特·倍倍尔在帝国议会上嘲笑了俾斯麦有关普鲁士的城市秩序体现了团体自治的说法。

470　　　在与克吕瑟雷谈判 8 天前，俾斯麦还颇有梯也尔的精神，反对"对和平调解抱有虚假希望"，认为"只有武力，并且是迅速的武力才能达到目的"，但 4 月 28 日，他却摆出要"为法国国内和平进行高调斡旋"的姿态。他在法国内战期间自告奋勇地充当了和平使者，试图分化公社，同时向梯也尔政府施加压力；他想得到"防止凡尔赛做出不正派行为的新的保证"，并给冯·法布里斯中将下达了一个在任何时候都有效的指示："在这种情况下，不要旗帜鲜明地反对巴黎。"

---

① 1894 年法国陆军参谋部的犹太裔上尉军官德雷福斯被诬陷犯有叛国罪，被革职并判处终身流放，法国右翼势力乘机掀起反犹浪潮。此后不久即真相大白，但法国政府不愿承认错误，直至 1906 年德雷福斯才被判无罪。

5月初，和约谈判国之间的外交阵地战，以及凡尔赛军与巴黎公社之间的军事斗争，已经发展到了一个新阶段；在梯也尔—法夫尔政府看来，他们最好不要再继续试探自己能走多远了。他们不能再指望俾斯麦做出任何实质性的让步了，而且他们也必须考虑到，欧洲各国新闻界自内战以来对法国的同情已经明显减弱了。只有签订和约才能加速战胜公社。

根据在法兰克福签署的一份秘密口头协议，在最终的和约签署的第二天，德军驻巴黎的最高司令部将允许凡尔赛军从北面经圣但尼穿过德军的防线进攻巴黎。但是，俾斯麦是在凡尔赛国民议会批准了《法兰克福和约》之后，才与巴黎公社彻底断绝联系的。《法兰克福和约》是在5月18日签署的。至此，通往5月21日至28日的"流血周"的道路，已经清理干净了。

在这一个星期里被"凡尔赛分子"处决的囚犯以及被判定为嫌疑犯的人数——官方正式承认的有17000人——超过了在街垒战和战场上被杀的人数。摆脱了束缚并受到了煽动的兵痞们用步枪大肆扫射，实施了这场大规模屠杀——在空旷的大街上，在宽阔的公园里，在墓地的墙上，事先挖好的万人坑只在几米远的地方。最后，由于担心尸体堆有可能带来瘟疫，政府停止了杀戮；38565名囚犯——他们被精确地统计过——很快被"依法"审判，即在"合法"和"得到教会提供的信仰关怀①"的条件下被处决，有些人被判无罪，多数人则被流放，去了远在太平洋的新喀里多尼亚（Neukaledonien）。1871年5月的这一周中的死亡人数远远超过了法国大革命多年的死亡人数的总和，而大革命时的景象已经如阿纳托尔·法朗士（Anatole France）所说，仿佛"众神在渴望鲜血"。

瓦德西伯爵（Graf Waldersee）被俾斯麦任命为德意志帝

---

① 死囚在被处决时，需要神父到场。

国驻梯也尔控制下的巴黎的第一任代办，他与其他普鲁士军官关于这些兵痞的意见一致："他们在近两个月的围困期间表现得很虚弱，让人从不敢利用他们发动猛烈进攻，他们却对自己的对手犯下了骇人听闻的暴行，把恨意都报复在了囚犯身上。"就连原本对叛乱的巴黎感到愤怒的德意志媒体，如今也大多被"白色恐怖"震惊。

德意志许多工人阶级地区都举行了集会，激动地表达了德法工人团结反对俾斯麦与凡尔赛资产阶级政府。所有人都专注而急切地关注着巴黎的革命事件，这给马克思的支持者和拉萨尔派留下了深刻的记忆。然而，想在煽动舆论的新闻宣传战中保持清醒并不容易。弗里德里希·恩格斯在从恩格尔斯基兴（Engelskirchen）写给他忧心忡忡的母亲的信中，就如何获得独立思想和论证能力这样说道："你们只有靠《科隆日报》和《埃尔伯菲尔德日报》得到消息，而这两家报纸简直是在向你们灌输谎言。不过，你在自己的一生中也曾听说过，有不少人，例如在老拿破仑统治时期的道德协会 ① 会员、1817 年和 1831 年的蛊惑者 ②、1848 年的人们，都曾被诽谤为真正的食人生番，而后来总是证实，他们根本不是那么坏；出于私利的迫害狂起先给他们编造了各种各样骇人听闻的故事，但后来这些故事都烟消云散了。亲爱的妈妈，我希望你在报纸上读到这些

---

① "道德协会"是普鲁士爱国团体之一，于 1806 年普鲁士被拿破仑法国击败之后创立。它联合了自由贵族和资产阶级知识分子的代表。协会的宗旨是宣传反拿破仑的解放战争的思想，支持在普鲁士进行温和的自由主义改革。1809 年，普鲁士国王应拿破仑的要求取缔了道德协会。然而协会继续存在，直到拿破仑战争结束。

② "蛊惑者"是 1819 年德意志各主要邦的大臣参加的卡尔斯巴德会议的决议对德意志知识界中那些参加反政府运动的人的称呼。他们在德意志与拿破仑法国战争结束后，展开了反政府运动。这个运动的参加者反对德意志各邦的反动制度，组织要求统一德意志的政治示威。在 1830 年法国革命的影响下，德意志的反政府运动和革命运动加强了，这引起反动当局对"蛊惑者"的新的迫害。

捏造的恶行时，会记起这些，同时对 1871 年的人们也会从好处着想。"①

无论如何，31 岁的帝国议会议员奥古斯特·倍倍尔都在 472 巴黎公社中看到了革命的先兆和希望，因为"欧洲各国人民在共和政体中看到了他们期望的目标"。事实上，巴黎公社提出了一个重大问题：资产阶级民主与工人政府之间应该是何种关系。对那些每年去弗里德里希斯海因的"三月革命"烈士墓地进行悼念的柏林工人来说，1848 年 3 月 18 日柏林的街头战斗与 1871 年 3 月 18 日巴黎的公社起义之间的联系和对比，是显而易见的。无论从哪个角度看，革命工人和激进的小资产阶级在巴黎的短暂统治，都为当下和将来提出了很多问题。就像德意志帝国的建立一样，它标志着一个旧时代的结束和一个新时代的开始。在新兴工业资本主义的基础上，历史政治事件的焦点从民族问题转到了社会问题。毛奇将军当时在写给弟弟的信中说："现在所有国家面临的最大威胁，可能是社会主义。"对俾斯麦来说，这意味着在接下来的 20 年首相生涯中，他必须与日渐壮大的工人运动打交道。但即使在当下，社会问题也已经在外交活动中发挥了重要作用，这些外交活动针对的都是在 1871 年 5 月 10 日缔结的最终和约。

2 月 26 日的初步和约所规定的条款，在最终的和约中基本都没有改变。只有那条关于约 53 亿法郎或 42 亿马克战争赔款的支付方式的条款，还没有确定。这些战争赔款将以金、银，以及担保汇票的形式支付，而不是像法国人所希望的那样，以地租（Renten）或国债（Schatzbons）的形式支付。德意志对阿尔萨斯和洛林的吞并，依然毫无转圜可能。工业界

---

① 译文引自《恩格斯致伊丽莎白·恩格斯（1871 年 10 月 21 日）》，《马克思恩格斯文集》（第十卷），北京：人民出版社，2009 年，第 366 页。

促成了最终边界划定方案的修改。最后，俾斯麦放弃了贝福特（Belfort）周围较大的地区，在初步和约中，这个地区被保留作为"抵押"，以确保法国会像俾斯麦在 5 月 9 日给皇帝的电报中所说的那样，"割让蒂翁维尔（Thionville）以西，从拉丁根（Radingen）到莫伊诺尔（Moyenore）的边境地区的村庄，这里有丰富的矿藏"。后来这里出现的边界仿佛"不是按照地形图画的，而是按照地质图画的"。

在过去的几个月里，俾斯麦确保了俄国、奥匈帝国和英国等大国没有对欧洲中部的势力重组指手画脚。但这也有弊端，因为这些强国都没有对新德意志帝国的存在予以担保，没有认可其领土划定，因而也没有认可其吞并阿尔萨斯 – 洛林的国际法效力。一切都要靠实力了。

俾斯麦回家了

1871 年 3 月，从战争中归来的俾斯麦不得不忍受一场最严重的军事政治冲突；在他自己的队伍里，即使是在 1866 年，也从来没有发生过如此大的冲突。1871 年 1 月，他在写给冯·罗恩的信中说："我们俩都用健康换来了胜利。"然后，与威廉一世的关系也颇为紧张，因为威廉一世出于普鲁士的传统意识，不愿意接受"德意志皇帝"的头衔。此外，俾斯麦一直在为他的儿子赫伯特和比尔的生活担忧，也在担心约翰娜的健康，她总是充满忧愁、焦虑不安，同时体弱多病。

不过，俾斯麦此时并不缺乏认可。1871 年 3 月，首相被擢升为世袭侯爵，之后在夏天的时候又被赐予了萨克森瓦尔德（Sachsenwald）。这难道不应该让人高兴、满意吗？不尽然，侯爵的头衔首先给他带来了很多麻烦。1871 年 7 月 30 日在瓦尔津，俾斯麦以他惯有的坦率对自己的顾问路德维希·艾吉迪

（Ludwig Aegidi）教授说，他曾向陛下提出，如果自己接受侯爵的头衔，就将会跳出自己等级的框架，而伯爵的头衔则不会带来这种问题。约翰娜的感觉和想法也是如此。她对冯·艾森德歇尔（von Eisendecher）夫人——这位跟她在法兰克福度过了快乐岁月的好朋友说："现在每天晚上，我们的客厅都会挤满各种各样的人，他们以前从来没有出现过，但他们觉得自己有义务向侯爵祝贺，我总是记不住他们，当我听到他们说的那些措辞得体的词句时，总是不免吃惊地看向他们……俾斯麦想用最礼貌的恭顺姿态来拒绝这种情形——因为这实在有悖于我们的原则，但陛下用拥抱和亲吻，让他说不出一句话来。所以我们坐在那里，并没有觉得很开心。"

不，约翰娜不会被虚荣心牵着走的。但俾斯麦考虑到了与他的高级头衔不甚匹配的经济状况。3月底，总参谋部的"半神"之一的布隆萨特·冯·施伦道夫在日记中犀利地指出，"我想，这个囊中羞涩的人一定能修补这种差距"。1871年7月，伴随着新授予的显赫头衔，劳恩堡公国（Herzogtum Lauenburg）的萨克森瓦尔德到了俾斯麦的手中，俾斯麦给他的哥哥伯恩哈德做了一份财务报告，里面密密麻麻的数字尽是关于收入和支出、赠款和购买、租金以及利息的。当这位容克在报告中愤怒地说出"我也不能一直把狩猎的事情留给汉堡人去做"时，这一定是真话。最后他总结道："1872年1月1日起，我才会有收入。在那之前，我还是处于负债状态。如果不用去当那个侯爵的话，3万塔勒还真是一份丰厚收入。我想我是不会习惯这种把戏了；如果赫伯特可以在上帝的帮助下生活下去，且拥有更多的才干，那么，作为一个侯爵的收入还是相当可观的。"

如果说家族圈子内部对这份馈赠的反应是冷静而思虑再三，甚至还带着一些不安的，那么1871年6月11日俾斯麦给

474

德皇威廉一世的感谢信，则体现了这位忠心耿耿的臣子的一贯作风："陛下赐予我的地产是我梦寐以求的，一片美丽的森林，如今我竟然能拥有它，我的骄傲和喜悦都来自陛下……虽然身体的虚弱有时会影响到我的思考，但我希望，在陛下的恩典下，只要休息几个月，我就能为了陛下恢复成为一个健康的仆人。"但正如约翰娜不止一次坦率透露的那样，瓦尔津将在很长一段时间内仍然是俾斯麦"家乡般的"居所。

在瓦尔津，这个在约翰娜看来"漂亮的、起起伏伏的小乡村"里，俾斯麦在"连医生都没有的孤寂"中找到了心灵的安宁，因为这个地方使他在空间上远离了政治，从而也得以在精神上远离国家事务的劳累。诚然，在那座被约翰娜称为"任性的老怪物"的城堡里，难以从事政治；俾斯麦本人也曾向妹妹写道，"风声呼啸，破旧的'瓦尔津城堡'摇摇欲坠"。后来，

475

1869 年，俾斯麦去打猎。他很喜欢打猎，因为打猎能给他带来刺激，使他从政治事务中得到放松，因为正如他曾经说过的那样，"世上谎言最多的时候，莫过于选举前、战争期间和狩猎后"。

他们不得不通过扩建来进行补救，虽然有损景致，但俾斯麦并不在意，因为他对建筑一直没什么兴趣。他更在意的是居住的舒适度、温暖的壁炉、窗外美丽的风景。当然，他对森林很感兴趣，他毫不掩饰自己对那片比他原来想象的还要丰饶的森林的满意。约翰娜喜欢屋后的大公园，在公园东南部有大量的橡树、山毛榉和松树，而俾斯麦则更喜欢"传送公函的地方"，即一条狭窄的小路，如他自己所说，在那里他可以保护自己不受一切高级政治的干扰，专心思考他的林业事务。

俾斯麦经常在马和狗的陪伴下，在路上待上几个小时，甚至几天，毕竟，正如约翰娜1877年5月29日在基辛根（Kissingen）所感叹的那样，他并不是在任何地方都能找到让他放松的接触自然的机会。"我不明白，"她写道，"孩子爸爸怎么会觉得窗外这样的春天景色很无聊——但不幸的是，对他来说，一切不叫萨克森瓦尔德和瓦尔津的地方都很糟糕。"

瓦尔津虽然交通不便，从柏林坐火车也几乎要花一天的时间，但对俾斯麦来说却非常重要。每当他在波美拉尼亚的孤独中渴望知己的时候，他就会邀请年轻时的朋友，如莫特利来看望他。时不时去看望他的冯·凯泽林伯爵在1867年7月从瓦尔津写给女儿的信中，描述了这样一次拜访经历："他撤到这里来，以求能不受干扰地休息。但似乎并没有什么结果。严肃的思想就像闪电一样，总是在他的脑海中闪现。大量的文件送到了这里，正如他所说，五年来，他几乎没有一天远离工作上的烦恼。"1868年10月，当冯·凯泽林再次在休假返回途中前往瓦尔津做客几天，他看到的情况仍是如此。伯爵夫人表达了她对俾斯麦的关心："他睡得很不好，由于经历了多次斗争，他的神经时常处于紧绷状态。不是这样的话就没法统治世界！"

俾斯麦喜欢平原和丘陵，贝希特斯加登（Berchtesgaden）

的山激发了约翰娜的灵感，却无法让他心动。约翰娜甚至有些恼火地说，他"喜欢一切平原——我想他甚至喜欢马格德堡的臭名昭著的萝卜地，而我却发自内心地喜欢每一座山"。不喜欢山脉而喜欢平原和丘陵，这可能是种个人偏好，是由青少年时期强烈的印象所塑造的；而他越发独爱自己的地产，则揭示了旧贵族财产思想中的约束意识；他曾经说过，大树是祖先，他自称是"树傻子"，不过那只涉及他自己的祖先、他自己的树。

1868年，当冯·凯泽林在瓦尔津做客时，俾斯麦就邻近的庄园向朋友坦言，每天晚上他都有吞并这些庄园的贪婪欲望，只有每天早晨起来他才可以平静地看着那些庄园。如果俾斯麦有地产，他就会立刻膨胀起来："在漂亮的房子里住、在美丽的公园中走、在舒适的床上睡、在精美的餐桌旁吃，都不是我真正想要的。如果房子不是我的房子，树不是我的树，床和桌子也都不是我的，那么这一切就对我没有吸引力了。"他的"贪婪欲望"得到了满足，他在瓦尔津的领地在随后几年中增加了1万亩。不仅如此，1871年7月，冯·凯泽林还从瓦尔津报告了庄园得到进一步扩大的情况。俾斯麦"在他的工厂里很快乐。以前他无法从他的林地获取任何地租。眼下，他有了一个总投资超过10万塔勒的工厂，这个工厂可以让每一棵杉树在一天内变成大量的纸张。此外，他还有一个非常好的蒸汽锯木厂和几个大型排水厂。总之，他在自己的庄园里也是一个不安分的创造者。但这给他带来了很多烦恼，他抱怨说自己就像一个可笑的煮皂工人。从前他几乎没有什么可担心的，并且一直有现金。自从他接受了如此丰厚的赏赐，虽然他有了地产，但没有现金了，因此产生了很多烦恼"。

就像在1866年那样，1870年的事态发生之后，俾斯麦感到有必要进行坦率的、无拘无束的政治辩论。在国家事务中付出了巨大努力之后，他再次邀请以前学生时期的朋友莫特利和冯·凯泽林来看望他，约翰娜对这种对他有益的社交感到非常高兴，欣然应允。分工是这样的：约翰娜守护他的小世界，而朋友满足他对大世界的需求。俾斯麦在1872年夏天接到莫特利的来访通知时，显然非常高兴。"永远欢迎"，他立即给莫特利回信说道，并为迎接这个最受欢迎的客人做了细致的准备。俾斯麦向他展示了所有的善意，即使是批评者也总是难免被俾斯麦身上这样的善意惊讶到，因为他们很难相信这个经常看起来脾气暴躁的人竟能如此友善。1872年7月25日，俾斯麦的朋友莫特利给妻子写道："晚饭后，俾斯麦带我去树林里散步，他用最简单、最有趣、最好玩的方式谈起了那段可怕岁月里发生的一切，但当他谈起日常生活时，就又像普通人那样，毫无顾忌地谈论着最不起眼的小事……在我见过的所有人中，无论老幼，他是最真实的。"此外，莫特利还在1872年8月1日对家里讲道："至于俾斯麦本人，他在我心中的伟大形象，并没有因为这次重新的亲密接触而减损，反而更加鲜明。而且由于整整一个星期里，我每天都跟他在一起待14到15个小时，我有充分的机会来了解他。"

莫特利在1866年6月给女儿的信中这样写道："俾斯麦是一个具有伟大天赋和钢铁意志的人。"日后，他也没有收回这句话。他还说："他像穆罕默德或查理大帝一样，坚定地相信自己的事业，当然，我们的清教徒祖先则会认为这是一种暴政。"莫特利大胆地指出，"现世之人，可能没有像我一样了解俾斯麦的了"，这句话可能令人难以置信。但说出这句话的人，在年轻时就已经在一部影射现实的小说中形容道，自己的这位大学朋友是一个沉迷于发展进步的人、一个有伟大使命感的人。后来在建立帝国的十年中所发生的事情，应该可以证实这一点。

477

　　当然，俾斯麦在瓦尔津与他的客人广泛地探讨了政治问题（他们怎么可能闭口不谈政治呢），例如关于尼科尔斯堡会议以及他在战胜奥地利后的克制，这些都是莫特利还是美国驻维也纳公使时发生的事情。值得一提的是，这位美国朋友向家人描述自己在瓦尔津会谈中了解到的内政情况时，比冯·凯泽林要公正、坦率得多。冯·凯泽林这个为沙皇服务的波罗的海人显然必须更加谨慎些。

　　但有一点是俾斯麦的两位朋友都能感受到的，也是让他们十分尊敬的：俾斯麦在谈论天下大事时没有丝毫的虚荣，格外坦诚。他接触到的权力和势力格局并没有让他产生任何的自负。相反，他以一个老朋友的身份告诉莫特利，年轻时他认为自己是个很聪明的家伙，但他渐渐相信"没有人能够掌控事件，没有人真的强大、伟大，当他听到自己被赞美为聪明、有远见、大权在握时，他都会嗤之以鼻。当局外人思考明天是雨天还是晴天的时候，在他这个位置上的人则必须迅速判断明天是下雨抑或好天气，并动用一切可能的手段，采取相应的行动。如果他猜对了，整个世界都在呼喊：多么聪明，多么有预见性啊！如果他错了，所有的老妇都想拿扫帚打他。他说，就算他别的什么都没学会，也至少学会了要谦逊"。莫特利最后补充道，可以肯定的是，"从来没有一个凡人活着的时候，能做到如此不受外界影响"。

　　事实上，关于俾斯麦在政治上理性的行为方式，不乏一些令人信服的证据。对他来说，"高级政治"是一门"生意"（Geschäft），或者像他另一次所说的那样，是一门"行业"（Gewerbe）。当然，俾斯麦的朋友们注意到，他被他的"生意"折磨得很痛苦，他的妻子也希望看到他退隐到乡村的寂静中去，但冯·凯泽林意识到，这无济于事，俾斯麦有着不安分的天性，需要更积极入世地生活；这里的风平浪静让他很痛苦，那里的猛烈风暴也让他受折磨；他的天性注定，"生活会耗尽他，而安定则会杀死他"。

　　他的健康受到了损害，尤其是在最后一次战争中，而他的妻子约翰娜在这段时间里遭受的痛苦也一点不轻。对于她对家庭的忧虑与操劳，俾斯麦总是给予许多理解、安慰和鼓励，有时还对她隐瞒了许多可能让她担心的事情；但对于她在政治上的过分大惊小怪，俾斯麦却总是充满自信地一笑置之，因为他深知她是——正如她自己所说的那样——一个"非政治性生物"，她"从来不读报纸，或者说极少读"。

　　普法战争期间，约翰娜一直忧心于丈夫和两个儿子。而其他方面的事也会刺激到她，导致她"紧张到了极点"；当俾斯麦回答别人对约翰娜关切的询问时，就是这样说的。她倾向于避开较大的聚会，因为深感自己相对渺小，但在小圈子里，她可以完全向大家敞开心扉，在给朋友和亲人的信中，她记录了自己每一个小情绪，但她也能豪放地臧否人物，几乎没有人想到这个虔诚的虔敬主义者会这样做。要不是她一再做出不触碰政治的承诺、一再作为母亲和妻子深切地担忧着家人，人们肯定会指责她是最疯狂的沙文主义者。她的非政治性的对法国的怒火愈烧愈烈，最终迎来爆发，她说她希望俾斯麦的"健康是'防弹'的，同时又像炮弹一样威力强劲，因为我们要用这体魄对付那被诅咒的罪恶之巢；但愿我们最终能把它连同那些该死的人炸得粉碎，碎到任何一块碎片都无法留在另一块上——那将是一种无与伦比的幸福和快乐！"

　　跟这些攻击性的措辞相比，一年后的那些并没有好到哪去的"假惺惺的柏林"和"乌烟瘴气的帝国议会"的说法，就显得相当温和了。她这样说，是因为他们肯定日夜不停地折磨、烦扰着她的"可怜虫"，也就是俾斯麦。他们已经把她"激怒了"。就像巴黎一样，柏林也是她想"屠戮"的。所有惹恼她

479

的"小俾斯麦"的城市都有祸了！到了1892年，她仍然认为柏林"这个老巢，是如此可怕，像地狱一样"；她只认可里面"几个正直的人"，"如果不是他们，我想，柏林可能早就在厄运和硫磺中沉沦了，愿它早日如此"。而帝国议会当然也是由"魔鬼们"组成的。

在她的医生斯特鲁克博士（Dr. Struck）注意到她看起来"相当虚弱"之后，她给她的"小比尔"①——她喜欢用昵称，这是波美拉尼亚家乡的特色——写道："难道他真的以为，在为你，我最亲爱的宝贝，以及你那可怜的、亲爱的爸爸持续不断地、撕心裂肺地、魂飞魄散地恐惧了两个星期之后，我应该看起来像个吹号的小天使（Posaunenengel）并跳着波尔卡舞步吗？医生似乎就是这么想的。但我想，如果一个人在这样忧愁的日子里不变得满头银发、衣带渐宽，那他就是冷血而无情、只考虑自己的，一定有些罪恶的嗜好。"尽管有这么多的"愤怒之箭"，但她并不是一个食人魔，不过，她变成了俾斯麦曾经想要努力塑造、培养的那个女子了吗？此刻站在权力巅峰的俾斯麦又是什么状况呢？

俾斯麦在追求并实现政治目标的过程中消耗着精力，如今他需要家庭的安宁、放松与和谐，他深深感激约翰娜一直信守着她曾在一封新婚书信中做出的承诺："我将尝试弯曲我无法折断的东西——如果这也不行，我将安静地做——你想要的事情。"不轻易相信任何人的俾斯麦，知道自己可以无条件地信任她。与俾斯麦家相熟的冯·库伊德尔解释说，家庭中女士们的态度可以归结为一种"简单的政策"："她们把人分成两类，一类是支持俾斯麦的，另一类是反对俾斯麦的，而她们跟后者是无法调和的。"

---

① 儿子威廉的昵称。

玛丽·冯·塔登的激情当然不会在约翰娜身上迸发出来，玛丽早就知道这一点，约翰娜自己在一封新婚书信中也说过："我对你的爱没有激情……只有深沉、温热、坚定和亲密，现在，再也不会有人使我对你的忠诚产生错误的怀疑。"激情——对于虔敬主义者来说，已经是一个罪恶的字眼了。许多类似于小资产阶级婚姻田园诗般的场景呼之欲出："在家庭里起主导作用的是端庄的家庭主妇、孩子们的母亲"，而丈夫则向充满敌意的生活发起猛烈冲击，之后回到家里，在壁炉边重新振作，得到关怀、拥抱和悉心的照料。

约翰娜在她的一生中都深爱着她的奥托，尽管她几乎不理解奥托的政治关切，也不觉得自己有必要理解这些东西。这是一种十分传统的婚姻景象：女人独自服侍丈夫、服从丈夫。俾斯麦曾经试图把她带出虔敬主义的狭隘，但早已放弃了：在早年间，俾斯麦偶尔提醒她多带些衣服，让她读这个或那个，诸如此类。如今，他越来越少这样做了。他接受了她的样子，因为他也不想再登上新的彼岸了。在众多政治冲突的烦扰和压力下，他更愿意在瓦尔津以及后来的弗里德里希斯鲁寻求身心放松，陪伴在他身边的，主要是志同道合的人、同事和助手。他所取得的成就已经带来了让人难以承受的负担，因此他不能也不愿再面对新事物，甚至在音乐和文学上的投入也变得越来越少。他的力量在衰退吗？无论如何，他的人际关系的拓展受到了限制，他将精力主要集中于政治上，而这必然带来牺牲和损失。

俾斯麦曾称赞道，"家庭的安宁幸福，以及孩子们的精神健康和身体健康"是种福分。他曾给他的哥哥写信说："……如果上帝保佑，这种状态可以一直保持下去，那么所有其他的担忧都不足为虑了，所有的抱怨都是肤浅的。在这个意义上我想说，我的官职尽管有着外在的光环，但我知道，我的体力已经耗尽了，无法再代谢那幕布之后的生活注进我血液的所有胆汁了，我的工作能力已经不再能满足要求了。"

"防弹"，正如约翰娜对他的健康所希望的那样，再也实现不了了。过于紧张、抵触的情绪影响了他，剥夺了他的睡眠，让他整天忙个不停。只要能照顾好家人，约翰娜就会无私地忘记自己的病痛。大型宴会的耀眼光芒从来无法吸引她，她只是全心为自己的家人和最亲密的朋友们的小圈子提供服务与照顾。

俾斯麦家的三个孩子中，第一个出生的女儿是整个家族中生活最平淡的。这个约翰娜眼中的"好孩子"，甚至连母亲那时不时充满激情的原始天性都不具备，而是完全在家庭环境中深居简出。1878 年 11 月 6 日，玛丽嫁给了公使衔参赞库诺·祖·兰曹伯爵（Graf Kuno zu Rantzau），祖·兰曹与俾斯麦家族关系密切，成了首相身边勤劳而谦虚谨慎的私人秘书，名副其实地"帮助了他"。朋友和熟人都很清楚，玛丽没有利用好她的能力。她只是俾斯麦"血缘上"的孩子，熟悉这个家庭的冯·施皮岑贝格男爵夫人（Freifrau von Spitzemberg）说，"精神上，她甚至没有试图和他生活在一起，她和他没有任何共同的兴趣，没有任何共同的愿望"。玛丽盲目而不了解情况，按照简单的赞成或反对的方式为她的父亲站队；父亲虽然对她有着确定无疑的爱，但并没有多少器重。这位父亲曾经说，养育一个女儿是创造一件"伟大的艺术作品"。1888 年 4 月，俾斯麦坦率地说出了一段话："我常常与玛丽发生激烈的冲突，与她那天生的理智能力相比，她的兴趣异常狭隘：丈夫、孩子。我们满足了她，但几乎没有哪个人能吸引她，更不用说全人类了。她本质上是懒惰的，就是这样。"

最小的儿子威廉在家族和熟人圈子里被称为比尔，这位父亲敏锐地察觉到，尽管自己深爱着他，但却无法从他那里得到多少积极的帮助，这一点与赫伯特相反。比尔在很小的时候就避免这样做，并在其他地方找到了一份属于自己的工作。不幸的是，他的大部分信件都丢失了，流传下来的几乎都是稀松平常的内容，其中没有一句话能让人感兴趣。即使人们不把这些信与奥托·冯·俾斯麦那想象力丰富的文字进行比较，它们也不及哥哥赫伯特的写作风格那般出众。赫伯特政治上更独立，口才更好，甚至更热心。比尔可能在某些方面比赫伯特聪明，但这有什么用呢？因为他倾向于安逸和逃避责任，有意识地放弃发挥出自己的全部潜力。

兄弟二人彼此和睦；他们都选择了波恩大学，在那里学习法学，加入了普鲁士军团（Corps Borussia），并在父亲的同意下——他们的父亲显然还记得自己年轻时对旅行的热爱——前往英格兰、苏格兰、巴黎和布鲁塞尔长期游学。两人都参加了对法国的征战。"在1870年8月16日的马斯拉图尔战役中，"俾斯麦后来回忆道，"两个儿子都以中尉的身份参加了第一近卫龙骑兵团发动的失败的进攻；大儿子赫伯特受了重伤，又由母亲照顾了很长一段时间；小的那个，威廉，只是和他的马一起摔倒了，所以只是跛了一段时间。"威廉晋升为了冯·曼陀菲尔将军麾下的初级参谋官（Ordonnanzoffizier），和将军一起完成了在瑞士的冬季战役，并且——在奥托·冯·俾斯麦看来——染上了严重的痛风病，在玛丽安巴德（Marienbad）、基辛根和加斯坦的反复治疗也不能使他痊愈。19世纪70年代中，威廉只是偶尔帮助父亲，这不仅是因为他的健康状况不稳定，还因为他不愿与父亲有政治关系。

为纪念先祖，俾斯麦原本为长子取了尼古拉斯（Nikolaus）、海因里希（Heinrich）和赫伯特这几个名字[1]。但是，随着俄奥在1850年底强行左右了普鲁士的命运，这个家庭想要避开俄

482

---

[1]　其全名为 Nikolaus Heinrich Ferdinand Herbert von Bismarck。

国沙皇的名字，于是，小尼古拉斯到了青春期时就变成了赫伯特。在家庭教师的指导下，他在 1869 年通过了毕业考试，准备上大学，他的弟弟威廉也是如此。尽管赫伯特只有过短暂而艰苦的战争经历，但正如了解内情的观察家们所证实的那样，他对战争过程的描述是真实可信的。就像他的父亲曾经做过的那样，他一点也不为军事生涯所吸引，一点也不喜欢"绑腿扣在军营的微观世界里变得紧绷，试图为每个人的世界观定下狭窄的基调"。然而，他也不想开启纯粹的官僚生涯，年仅 24 岁的他就转向了外交领域。在父亲的悉心指导下，他在德累斯顿、慕尼黑、维也纳和伯尔尼的公使馆工作了一段时间。直到 1876 年 3 月，他才通过国家考试。和他的父亲一样，他对历史特别感兴趣，这对他后来的外交工作很有好处。1875 年 9 月，德国驻巴黎大使馆的秘书冯·霍尔施泰因不无羡慕地写信给他，说他"永远也不需要经历仕途的坎坷"，冯·霍尔施泰因还进一步说道："毫无疑问，您会进入有趣的生活状态。唯一的问题是，您要怎样完成它……可以肯定的是，您在任何职位上都无法像现在这样学到如此多的东西了，因为您的父亲自然会和您一起努力。哈茨菲尔德（Hatzfeldt）告诉我，您已经非常接近了。在您父亲手下的这份工作，会让您积攒未来作为生意人的声望。维也纳的《新闻报》（*Die Presse*）前几天曾提到您，说您现在有最好的机会接受培训，一定会被训练成为一名受人尊敬的外交官。报纸还说，没有人能代替您对父亲的陪伴。"霍尔施泰因说得一针见血，但他几乎没有意识到，父亲对儿子的这种爱意正是 6 年后爆发冲突的根源。

483　　赫伯特接受了帮一直饱受疾病和精神危机折磨的父亲减轻负担的任务。父亲的信任与儿子的奉献相匹配——这是一种罕见的情况。没有对立的阶段，没有想要挣脱的阶段，甚至没有叛逆地主张个人独立的阶段，这些都没有，在与周围人的对比中，赫伯特被反复指向了那唯一的一个人：父亲。首相的两个儿子在青少年时期已经见识了太多虚伪和奉承！赫伯特已经做出了决定，他认为这是得到了确证的，因此坚持于此。歌德说过，对于我们所欣赏的功绩，我们自己身上就有它的种子；事情一定就是在这种方向上发生的。赫伯特不仅仅是一个执行机器；他是自愿的，而不是没有想法的，但也正是他所毋庸置疑地拥有的能力，为他带来了冲突。当然，总有一些东西是一直潜藏在那里的，尤其是他知道自己把身体累垮了。奥托·冯·俾斯麦非常清楚，在19世纪70年代中期，他的儿子已经是他不可或缺的支柱和知己。在失眠的夜晚，他有时会因为想到可能会失去这个儿子而感到一股强烈的恐惧。一封写于1875年10月15日的信证实了这一点："亲爱的孩子，我不知道这封信是否还来得及送达柏林、送到你手里，但无论你何时读到都不迟。在辗转难眠之时，一想到在阿尔卑斯山另一边的邪恶敌人有着各种各样的罗曼式的传统，我就感到不安。求你答应我，不要吃也不要喝那里为你预备的食物。你的生命对他们还不会造成伤害，但他们知道，这支箭会射中我。不要认为这是一种病态的担心，但为了我对你的爱，请格外小心。"人们只有了解了奥托·冯·俾斯麦那饱受恐惧折磨的精神状态，了解了他对赫伯特的深切关怀——从政治意义上说，赫伯特也是他的一部分——之后，才能理解这位父亲对与儿子有关的一切事物的过于敏感的反应。

首相的权力以及权力的界限

　　俾斯麦甚至早于德皇离开了战败的法国，于1871年3月9日返回了柏林。他必须为3月21日召开的德意志帝国议会的第一次会议做好准备，这次会议将讨论帝国宪法。

484　　　　从一开始，占微弱多数的民族自由党和自由保守党就准备
接受带有俾斯麦印记的宪法。另外，德意志进步党仍然处在从
普鲁士军队和宪法冲突时期就形成的左翼自由主义传统中，认
为宪法中的自由只得到了部分承认，因为自由主义没有在理想
的议会制度中得到体现。然而，旧保守派已经倾向于加入反
对阵营了，这个阵营由天主教—地方分离主义的中央党、韦尔
夫派、波兰派和丹麦派组成。在激烈的辩论之后，自由派拒绝
了中央党提出的将言论和集会自由或宗教和信仰自由等基本权
利列入帝国宪法的动议，认为这违背了他们自己的原则。奥古
斯特·倍倍尔正确地指出了这种矛盾。特赖奇克的观点则揭示
了产生这种矛盾的原因，他认为中央党试图"在天主教会的岔
路上获得独立于国家之外的地位"。中央党违背了皇帝讲话中
所表达的不干涉他国事务的原则，而是暗中期望德意志帝国
政府在教宗国问题中做出有利于教宗的干涉；气氛因此变得紧
张了。

　　然而，在议会辩论中还有别的矛盾浮现。多数派的发言
人也拒绝了中央党的动议，理由是该动议不仅仅是要求在形式
上修订宪法，而是希望对宪法进行实质性的修改，对此时机尚
未成熟。由此，民族自由党和自由保守党相当于承认，自己在
宪法问题上将遵从俾斯麦对于道路和目标的看法。因为他们自
"三月革命"前期以来只懂得宣扬自己的民族国家观念，却无
法将其实现，所以他们必须妥协，让普鲁士在德意志的霸权诉
求、资产阶级对现代工业的要求以及与时俱进的民族国家愿望
结合起来。由于俾斯麦在传统势力尤其是军队的帮助下，克服
了国内外的政治风险，最终实现了这一目标，他因此有足够的
权威成为宪法的起草者。

　　在 1871 年 4 月 14 日的最后表决中，帝国国会通过了经过
修订但没有实质变化的宪法草案，仅仅遭到了 7 票反对。甚至

连自己的修改宪法动议都被否决了的中央党，也不得不批准草案。鉴于巴伐利亚和符腾堡的地方分离主义者在 3 月 3 日的选举中失利，没有哪个政党敢公开质疑德意志帝国作为一个联邦国家的统一；即使是社会民主党派——俾斯麦反民主政策的一贯反对者——也支持帝国的统一。

帝国议会的辩论和投票具有重要意义，因为帝国宪法不再仅仅是北德意志联邦和德意志南部各邦之间的条约，而是一部真正的基本法，只有在议会批准的情况下才能做出修改。因此，第一届帝国议会已经显示了它是一个代表国家统一的机构。然而，它不是一个能左右宪法的机构，最多只能修订草案，而不能改变其实质性内容，之后只能对其表示赞成或反对。

新德意志帝国是一个由 25 个邦国（4 个王国、6 个大公国、4 个公国、8 个侯国和 3 个自由市）和作为帝国领土的阿尔萨斯－洛林组成的联邦国家。联邦议会（Bundesrat）①是各邦诸侯和自由市的代表机构，也被认为是帝国的最高行政机构，同时也是一个立法机构，集行政权和立法权于一身。在联邦议会的 58 个席位中，普鲁士只占有 17 席，这看起来并不占优势。19 世纪 60 年代曾多次给正在崛起的普鲁士制造困难的中等邦国也拥有 17 张选票。但是不难预见，普鲁士凭借其经济—社会和政治—道义上的力量，能够使拥有 21 票的小邦国和三个自由市在紧急情况下站在自己一边，由此使得中等邦国只占有少数席位。普鲁士的实际优势被谨慎地隐藏了起来。

作为普鲁士外交大臣，俾斯麦能够指示并指挥他在联邦议会的 17 个代表，并通过外交渠道影响小邦国的代表们。就像

----

① 《德意志帝国宪法》规定立法权由联邦议会（Bundesrat，上院）和帝国议会（Reichstag，下院）行使。

485

以前的邦联议会一样，联邦议会中各邦的代表不能自由做出决定，而是要根据各自政府的指令行事。由于俾斯麦还以联邦、帝国首相的身份担任这个机构的主席，他能够发挥更大的影响力，即使他经常只是派代表出席。俾斯麦得以行使帝国总管的权力，既得益于履职经历——帝国首相、普鲁士首相和外交大臣，后来还担任了贸易大臣——也得益于联邦议会那源自过去的邦联议会的特殊机制。因此，对于一切将联邦议会转变为一个独立于政府的"帝国上议院"（Reichsrat），或甚至转变为一个德意志诸侯会议的提议，俾斯麦都坚决反对。

486 　　当时有洞察力的人们可以清楚看到，联邦议会根本无法独立进行治理。如果说它作为行政机关的政府职权已经形同虚设，那么它作为立法机构的职能也没有更好的境况。联邦议会和帝国议会一样被赋予了立法权和预算权，但其代表在柏林开会时却并无法履行这些职能，因为存在大量的障碍和缺陷，比如缺乏官员、内阁的支持不足等。这就是为什么巴登首相尤利乌斯·尤利（Julius Jolly）在1871年说过，"联邦议会作为一个机构会受到一定礼遇，但在其他方面则是零"。

　　存在这样一种假象，即被联邦议会代表的诸侯是帝国的实际创造者和捍卫者，这种假象有助于在危机发生时对反对政府的帝国议会加以限制。从这个意义上说，人们可以用威廉·李卜克内西对整个德意志帝国的评价来理解联邦议会，即它是一个"反对民主的君主保险机构"。

　　尽管俾斯麦从一开始就限制了议会的权力，但帝国议会是通过普遍、平等、直接和不记名的选举产生的，这具有重大的历史意义。在这方面，它代表了一种资产阶级民主的自由，与联邦议会相比，它是更能体现民族国家统一的机构。然而，它的地位是不稳定的，普选权一再受到威胁，这特别是因为中上层资产阶级的代表公开表达了不满。排斥妇女也削弱了它的民主效力。此外，对总是只能选出一名帝国议会代表的选区而言，选区划分非常不平等，那些人口最密集、以无产阶级为主的选区与人口较少的选区相比处于劣势。但这种限制并不是德国的特色，即使是在其他那些因其议会制度而受到高度赞扬的西方国家中，也同样存在。

　　自由派一再批评帝国议会与行政权力相比过于软弱。事实上，德国的议会无法通过不信任投票来推翻帝国首相，只有皇帝能任命或罢免他。帝国议会甚至没有自行集会和自行休会的权利；议会的召集由皇帝负责，因此实际上是由首相负责。然而，历史政治的实践总是根据特有的规律发展的。议会能够通过请愿、质询和演讲，以及最终借由否决法案和预算提案，来给首相施加政治压力。帝国政府也不能忽视在公开辩论中出现的批评，毕竟各方都可以在报刊或小册子上发表帝国议会辩论期间的讲话，而警察或法院无法干预。不难理解的是，社会民主党派尤其广泛地利用了这一点。俾斯麦对待帝国议会的严肃态度，可以从他在议会的多次演讲中看出。当然，他有时会通过解散帝国议会来强迫进行新的选举，借助反社会主义的宣传或是对战争恐惧的散布，最终使自己获得适当的多数席位。但是，在 1890 年帝国议会解散后的新选举中失利后，他很快就被解职了。无论如何，20 年来，俾斯麦能够通过偶尔举行的具有全民公决—波拿巴主义性质的新选举，与帝国议会共存并共同发挥作用。但是，首相在国内政策问题上遇到的困难已经够多了。与此相比，在外交政策方面，我们几乎可以说帝国议会剥夺了自己的权力。面对俾斯麦的历史性成就，民族自由党和进步党都充满了敬意，因此，他们不敢把帝国议会作为外交政策辩论的平台。自由派议员拉斯克在 1870 年做出了向外交政策领域进军的尝试，提议接纳巴登加入北德意志联邦，但遭到了俾斯麦的强烈反对；而到了 1874 年，拉斯克则对社会民主党派的态度更为强硬，称其将外交政策作为帝国议会辩论主题的企图，是"对祖国的犯罪"。

总的来说，尽管有各种法律条款的限制和各种摩擦，俾斯麦仍然保持了自己对于立法机关的主导地位；而在行政权力内部，他在很长一段时间内都拥有巨大的影响力，尽管他在宪法上受制于德国皇帝暨普鲁士国王。皇帝负责任命首相，决定外交政策的基本问题，尤其是战与和的问题。但是皇帝的所有法令都需要首相的副署。因此，在这种情况下，谁依赖谁是显而易见的；然而，对首相来说，皇帝有权解雇他，给他带来了威胁。出于这个原因，俾斯麦一直关注着宫廷中的敌对阴谋。

488　　　根据普鲁士的传统，皇帝天然拥有军队和舰队的最高指挥权。皇帝的指挥权主要针对的是陆军部队，无论它们属于哪个邦国承担的联邦兵员份额。除两名巴伐利亚将军外，所有的将军、要塞指挥官以及各兵种的总监都能直接听命于他们的最高统帅。每一位将军都是他所在军团的指挥官，同时也是他所在地区的军事指挥官，这使他能够影响社会氛围，可以在危急情况下宣布进入紧急状态，动用军事力量进行干预。这种权力格局丝毫没有阻碍俾斯麦，在他后来考虑部署帝国军队对付国内反对派的时候，这种权力格局甚至还显得很有利。普鲁士在德意志帝国建立时的统治地位造成了军事部门的特殊行政结构，帝国没有国防部，普鲁士国防大臣作为普鲁士在联邦议会的全权代表，在帝国议会就军事预算和军事法进行辩论时，代表军事利益进行发言。就这样，普鲁士国防大臣和总参谋部接管了本应由一个帝国部门负责的任务。

自 1866 年以来，总参谋部对于国防部的影响力得以加强，这主要是因为其首长冯·毛奇在两场重大战争中证明了，自己是一位具有世界历史地位的指挥官。他的个人权威与种种现实制约一起压制了地方分离主义王朝势力的历次抵抗，使得形式上独立的萨克森和符腾堡总参谋部，甚至是巴伐利亚的联邦部队，最终都不得不服从普鲁士总参谋部。

在帝国行政机关的职权网络中，俾斯麦不得不与另外两个强势的人打交道：总参谋长和德国皇帝。1870~1871年冬，老毛奇和俾斯麦之间的严重分歧很大程度上源于双方都试图扩大自己的职权范围。在那之后，他们之间的关系冷淡而理性，但也不乏相互尊重。

俾斯麦与比他年长18岁的皇帝的关系，无论是在个人层面还是在职务层面上，都要更加棘手。首相位子上的政治现实主义者与王位上的正统道德主义者相处困难，双方年龄的差异也让相互的政治理解变得更加困难。俾斯麦曾经说过："在我们王室中，习惯具有巨大的力量，固执的本能随着年龄增长而更加强大，拒绝承认外面的世界里那些无可争议的变化。"首相还必须考虑到那些难以控制的影响因素，它们可能会削弱他的地位。然而，对他来说，除了一次又一次地在神经紧张的困境中为自己的政治统治地位而斗争，别无他法。

各党派所反映的国家和社会之间的关系，也是宪法现实的一部分。虽然他们无法对提交给他们的《德意志帝国宪法》做出任何根本性的修改，但他们发展了宪法生活，使所有阶级、所有阶层都在政治上活跃起来了。在1871年，各党派的意识形态面貌和政治立场就已经形成了大致的轮廓。

在德意志帝国第一届帝国议会中，1870~1871年冬季正式成立的中央党便立即以其纲领性的提案引发了各党派不愉快的关注。这个由老牌政治家创建的新政党是天主教政治势力与反普鲁士的地方分离主义的混合体。其最主要的领导人是赫尔曼·冯·马林克罗特（Hermann von Mallinckrodt）、彼得·赖兴斯珀格（Peter Reichensperger）和越来越占主导地位的路德维希·温特霍斯特（Ludwig Windthorst）。马林克罗特比俾斯麦年轻几岁，另两位都比俾斯麦年长。最初，中央党想要使用政治手段重新巩固天主教的教廷，因为自法国大革命以来，教会受到了资产阶级民族运动的严重冲击。1870年，意大利的爱国者们废除了教宗国，不久后又宣布罗马为意大利首都，使教会感觉到威胁。德国天主教徒无法忽视这样一个事实：在1870年统计的4100万人口中，天主教徒只占不到1500万，也就是36%左右。天主教中，满足于礼拜仪式和灵魂关怀的纯粹信仰的派别，对此似乎无能为力。就连在天主教地区主导学校而不仅仅是开设宗教课程的目标，都需要采取政治行动才能实现。争吵不休的教士们认为，取得成功的唯一机会在于尽可能地实现"各个邦国的自决和独立"，这是中央党在1871年3月的纲领性宣言中要求的。德国有多个天主教徒聚集地区，在那些地方，并且从那些地方出发，人们能够并希望以政治化的教会的名义拥有发言权。

490 　　中央党提出了正当的怀疑，认为正式的宪法条款巧妙地掩饰了普鲁士的霸权和俾斯麦的权力地位，因此，中央党更加强调了德意志帝国作为一个联邦国家的性质。另外，天主教中的政治派别准备将地方分离主义的保留权利利用到最后一刻，如果有必要的话，可以牺牲得到了正式承认的"整体利益"；在1870年以前反对德意志帝国统一的运动中，人们就是这么做的。俾斯麦和准备反攻的教士们，都在长袍中藏了一把匕首。

　　中央党的追随者主要是巴伐利亚南部、巴登南部和莱茵天主教地区的小资产阶级和农民。在那些地方，尽管经历过那"非同寻常的一年"（1848~1849年），但市侩作风和乡巴佬思想仍然比比皆是；旧时的奴隶主和农民由于没有受到新教的工业伦理的影响，不思进取，在思想上已经跟不上工业化和市场经济的脚步了。当天主教的通俗作家们渴望回到父权制和农业经济的状态、怀念良好的旧习俗和传统时，中央党的领导人们却时不时发出完全不同的声音。路德维希·温特霍斯特曾公开地宣称，天主教徒是懒惰的，并补充道："我们的神父对田野里的鸟和花宣扬得太多了，它们既不播种也不收获，却能维持生计。"无论如何，中央党不得不依靠在经济以及思想观念上都还比较落后的社会阶层，在新教统治的工业化帝国里，这给天主教领袖带来了社会教育问题。但是，教权的首要任务仍然是捍卫教会及其组织的独立性，以及它对国家机构——特别是对学校——和所有专门权力领域的影响力。

有时，老保守派被看作中央党的对立面，代表着老普鲁士—地方分离主义与新教正统主义。但是，这仅在有限的范围内适用。长期以来保守派就集中于易北河东岸，与其他政党相比，保守派已萎缩为一个区域实体，这种趋势从德意志帝国成立以来尤甚。他们的议员代表，除图林根的一位贵族代表外，都是由老普鲁士选区选举出来的，没有一位来自柏林。保守派已经没有任何政治领袖了。从他们的破碎程度来判断，人们很难相信他们能够重组。然而俾斯麦本人对此很感兴趣。既然当下已经有了帝国议会，且这个议会不会被废除，那么，他就需要一个组织稳固、政治方向明确的政党作为议会的支柱。起初，俾斯麦愿意并且能够在经济和民族国家政策上向自由派做出让步，但他很难相信能与他们结成持久的联盟。似乎只有重组后的保守党才有能力成为自由主义的制衡力量，或者至少能够在未来对自由主义进行约束。

在 1871 年后，鉴于保守派的荒芜状态以及要与中央党开始对抗的需要，尽管俾斯麦最初并不能放弃与自由派的合作，但他也并不排除新的政治组合的可能性。这就是为什么他仍然对帝国议会保守派党团的纲领草案施加了影响。这份纲领强调了一个优先原则："作为德意志帝国的一个政党，它必须代表德国的利益，并且认识到，有必要与德国各邦中相同的势力形

491

成联合。"这意味着要从地理和精神上远离易北河东岸的地方主义。保守派的主要任务应该是"在坚定的根基上与政府一道，相互信任，携手行动"。

俾斯麦的经济和社会政策原则体现在这份纲领的要求中，例如"平等考虑所有职业和经济部门的利益"，特别是"消除……土地所有权、农业贸易和生产性工作中的不平等"。最后，他说："工人运动特别需要国家权力机关的干预，以引导工人阶级对合法利益的主张进入合法渠道"。在此，《反社会党人法》时期的双重策略已经被预先勾勒了出来：压制性的例外法和安抚性的社会保障。

然而，这份在俾斯麦的帮助下制定的"君主—民族主义政党"的纲领，虽然在仅有两票反对的情况下被帝国议会的保守党党团通过了，却没能在全党内得到贯彻。它在冯·克莱斯特－莱佐夫和十字架报派的抵制下失败了。这个圈子的力量虽然很弱，无法重振保守党，但足以阻止保守党的改革。

1872 年 5 月这份新保守主义的纲领草案失败后，俾斯麦与老保守派之间的对立加剧了。首先，普鲁士东部六省需要一个新的地区行政秩序，其组成机构为地区议会（Kreistag）、地区委员会（Kreisausschuss）和县政府（Landratsamt）。庄园主和老保守派认为，在行政重组计划中，他们传统的权力地位会面临危险。地区议会的选举面临的问题最少，因为农村地区的庄园主仍然可以通过经济压力和社会影响，获得会让他们满意的多数席位。随后，议会选举产生了由 6 名成员组成的地区委员会，委员会在县行政长官（Landrat）的主持下开展工作。旧式制度下，县行政长官由该地区的骑士庄园主担任；现在，新的法律要求政府依据帝国议会的建议任命一位行政法律专家（Verwaltungsjurist）接替这个职务。与庄园主那直接、不受控制的家长制统治相比，法律规定下的行政制度，即官僚体制，带来了进步。

虽然地区行政秩序的重组也必须考虑到城市和教区，但这无论如何也消除不了庄园主的影响，尤其是因为县政府向来是贵族出身的候补文职人员在职业生涯中的第一站。但与此同时，如今的一切都越来越受到官僚体制规定的限制，以及政治宣传和政治组织活动的影响，例如地区议会选举。面对这样的发展形势，领主们维护着自己在领地里的警察权和乡村管理权，同时也统治着学校和教堂。新教保守派容克与天主教教会的要员们最有可能一致推崇的，就是这种肆无忌惮的父权制统治，即坚持在直接统辖的生活领域内尽可能普遍地行使权力。奥地利大使卡罗利也观察到了这一切，他在谈到"容克党"时说："容克党永远不可能达到政治贵族的高度，他们从纯粹的等级制度的特殊精神出发，把建立在庄园地产之上的个人地方特权视为贵族出身最大的好处。"

关于地区行政秩序的争论反映了德意志帝国首相不得不走上"反对国家系统里的保守派"的道路，转而"依靠自由派"。与老保守党紧张的政治关系，也使首相与以前的朋友和战友们的关系受到了损害。只有冯·罗恩在批评俾斯麦这位"伟大的魔术师"时，还仍然保留了政治和心理上的敬意。他怀疑俾斯麦想根据保守主义改革帝国宪法，因为俾斯麦越来越喜欢"首相的角色"了。三年后，他写信给莫里茨·冯·布兰肯堡说："俾斯麦——尽管他永远不会承认——在内心深处，是一个不折不扣的'政治教宗'；他恰恰是那个被他'憎恨'的母亲的儿子。但我不能也不会撤回我对他的同情。因为我不知道我的爱国愿望、爱国情感还能寄托在哪里。只有自恋的傻瓜才会不承认他的强大人格；但我们二人大概并不属于那些今天崇拜他、明天想把他钉死在十字架上的乌合之众，而且我们内心越是倾向于他，就越能深刻而痛苦地感受到他强大人格中的道德鸿沟。"

俾斯麦知道，并且也能感受到，冯·罗恩永远都不会和他决裂。因此，他曾经向冯·罗恩写了一封关于叛变了的兄弟、关于"我们容克的临阵脱逃"的信，并且引用《圣经》说道，他"在与冯·克莱斯特－莱佐夫、冯·瓦尔多（von Waldow）和冯·格拉赫的斗争中，一如在与罗马那些进行偶像崇拜的野心勃勃的神父们的斗争中"，看到了敌方阵营中的傲慢。政治上的苦闷也带来了人际层面的悲伤："老朋友们死了，或者成了敌人，而我却没有收获任何新朋友。"俾斯麦对冯·罗恩进行的这种愤怒的、痛苦的倾诉，在历史层面具有象征意义，因为正是冯·罗恩在 1862 年以普鲁士陆军大臣的身份，推动了俾斯麦出任首相兼外交大臣，从而为帝国成立前的那些"历史性岁月"创造了条件。俾斯麦知道，"新时代"在 1871 年已经到来，但许多昔日的朋友都反对他以及他的"新时代"。

在帝国成立之前，自由保守党就已经从旧的保守党中分离出来了。1871 年 3 月，自由保守党组建了德意志帝国党（Deutsche Reichspartei）。通过改名，自由保守党组建了一个结构松散、从未有过明确纲领的权贵党，他们希望表达自己对已经僵化了的旧普鲁士地方分离主义的拒绝。这个党的领导成员主要是来自西里西亚的高级贵族，他们以自己的大庄园（Latifimdienbesitz）为出发点，涉足了采矿业和冶金业。1867 年春天时，帝国议会里的自由保守党包括 2 名公爵、3 名侯爵、9 名伯爵和 11 名男爵。此外，许多出身贵族甚至是高级贵族的内阁官员和外交官，都与自由保守党关系密切。事实证明，德意志帝国党的许多代表与内阁各部有着秘密的关系，因此，他们被认为是消息灵通、有影响力的。奥托·祖·斯托尔贝格－韦尼格罗德伯爵（Otto Graf zu Stolberg-Wernigerode）是帝国议会中自由保守党的党

团主席。然而，西里西亚人威廉·冯·卡多夫和来自萨尔的
工业家卡尔·施图姆（Karl Stumm）很快证明，自己才是
党内领导人物。无论如何，随着德意志帝国党的成立，贵族
大庄园主和国家要员与大工业资产阶级形成了一种社会共生
关系。

虽然自由保守党这个原本松散的党派得以从"1866年的
民族国家政治变革"中脱颖而出，并为建立一个以普鲁士为中
心的德意志民族国家而努力，但俾斯麦起初还是与它保持着
距离；尽管有各种摩擦，俾斯麦还是保持着与容克保守派的联
系，因为他从不会在没有必要的情况下切断联系。至少，他希
望与赫尔曼·瓦格纳等人保持联系，后者从1865年秋天起一
直在帮助俾斯麦，使保守党支持这场自上而下的革命。俾斯麦
对继续利用经验丰富、知识渊博的赫尔曼·瓦格纳的聪明才
智，还是很感兴趣的。即使是得到了国王同情的保守党中那个
普鲁士—地方分离主义的分支，他也不能挑衅，至少不能过早
地挑衅。

只有在普法战争和德意志帝国建立后，俾斯麦才与自由保
守党有了更密切的接触。1872年，他对时事评论员莫里茨·
布施表示，他支持自由保守党的大亨与大工业家们的信念，这
些人组成了"保存现状的政党"，这个党并不"反对新时代"，
因此是一个"属于当下的政党"。自由保守党将普鲁士的国家
历史视为"新德国的史前史"，并试图在坚持联邦国家形式的
同时，扩大帝国的统一范围。虽然俾斯麦在政治上与他们的意
见基本一致，但他知道这些"尊贵的大人物"①永远无法组成
一个阶级政党。在政治上，他不能不尽可能广泛地争取有产、
受过教育的中产阶层圈子的支持。与俾斯麦最疏远的仍然是

① 有讽刺意味。

494

1861 年成立的德意志进步党，这个党代表着资产阶级和小资产阶级。除中型企业家外，这个党还包括许多知识分子，如律师、医生、公务员等。进步党的目标仍然是建立一个资产阶级领导的政治制度，因此，它主张议会在军事问题上也拥有完全的支出审批权，要求建立一个负责任的内阁，以及实行自由贸易的经济政策。但由于左翼自由派不愿意与民众联合起来，为实现目标共同奋斗，而是想通过交易实现目标，因此它不仅要屈服，而且最终还不得不回到统治体系的控制之下。

俾斯麦的巨大成功极大地打击了德意志进步党领袖们的信心，赫尔曼·舒尔策－德利奇（Hermann Schulze-Delitzsch）在 1871 年 2 月竞选期间写的一封信就证明了这一点："我担心，在德意志的问题上，我们除了有可能与南德人走到同一片屋檐下，不会有什么其他成就。帝国的内部扩张，还要留到以后。"他身边的许多自由主义者已经对短期内在德国实现议会统治的胜利失去了信心，而只是寄希望于对民众进行长期的自由主义启蒙，因此，很明显，他们首先要与神职人员作斗争，教会已经刺激了许多人去承担乌尔里希·冯·胡滕 ① （Ulrich von Hutten）的角色，即去做一个反对教廷统治和民族堕落的斗士。由此看来，德意志进步党在文化斗争期间支持俾斯麦，也是可以理解的。

495　　　代表中上层资产阶级的，是 1867 年从进步党分裂出来的民族自由党。1871 年春，民族自由党以 125 个议会席位成为帝国议会最强大的政党，这一方面是因为它的经济实力，另一方面是因为它的政策取得了明显的成功。"只要民族自由党能

---

　① 乌尔里希·冯·胡滕（1488~1523 年），德意志人文主义者。1519 年参加反符腾堡公爵的施瓦本同盟；1520 年因批评罗马教廷，受宗教裁判所迫害；1522 年参与领导骑士暴动，失败后逃亡。著有《对话录》和《蒙昧者书简》第二部，痛斥了天主教士的堕落。

为德意志统一、抵御外国干涉、对抗国内的特殊利益做好准备，并致力于增强联合起来的德意志的力量"，那么普鲁士的每个政府就都希望支持它。德意志帝国宣布成立后，民族自由党在1871年1月25日的选举呼吁书中表示，它认为自己的基本任务是"纠正宪法中公认的疏漏，使我们的公共活动致力于推动一种改革，这种改革能在诚实地尊重联邦制国家的同时，加强帝国的中央权力，直至其可以实现有效、有序的国家治理，并且在德意志国家的安全而肥沃的土地上，让自由不断发展壮大"。在宪政问题上，民族自由党在选举后几个星期就显示了自己的软弱无能。无论如何，对于与普鲁士－德意志的传统势力和各方力量开展政治合作的程度，他们始终无法达成一致意见。党内右翼主要依赖于大工业和少数大银行，主要关注促进工业资本主义的立法，愿意在所有涉及自由主义原则的问题上做出妥协；左翼主要由前普鲁士官员、律师和其他与大资本没有直接联系的议员组成，他们仍然具有一些古典自由主义的精神。民族自由党的左翼领袖是爱德华·拉斯克，右翼的典型人物则是约翰内斯·米克尔，党团主席鲁道夫·冯·本尼希森负责居中调解。

随着民族国家和工业资本主义的"新时代"的到来，严酷的社会矛盾也显露了出来，革命思潮和社会改良思潮因此得以流行。尽管有着不同的锐度，尽管人们的洞察力有所不同，但所有人都认识到了时代的变化，认识到时代的重点由民族统一问题转向了社会问题。这种变化已经在巴黎公社中爆发性地表现出来了，对德国的无产阶级先锋队来说，巴黎公社是他们争取"民主—社会"共和国的一个持续性刺激因素，但对资产阶级思想家和政治家来说，这是一种警告，一种社会政治性的挑战。1871年初，即将成为"官方历史学家"的海因里希·冯·西贝尔在巴门为"最有经验的工业界人士们"做了一场题为

《当今的社会主义和共产主义学说》的演说。这个宽泛的主题仍然是辩论和争论的对象。争辩的一方是"社会政策协会"（Verein für Sozialpolitik）下属的左翼自由主义的"讲坛社会主义者"（Kathedersozialist）①，他们的对手则是那些围绕在海因里希·冯·特赖奇克身边的右翼自由主义者，后者期待所谓的资本主义市场经济的自我修复力量可以解决一切问题。

496　　争取"民主—社会"共和国的运动是唯一与俾斯麦构成原则性对立的反对派。这个在俾斯麦执政末期成了帝国最大党的势力，有着相当不起眼的起步。在 1871 年 3 月 3 日的帝国议会的第一次选举时，广大群众沉浸在对胜利的自豪和喜悦中，德国工人运动的两派——拉萨尔派和所谓的埃森纳赫派（即马克思的追随者）——受到了所有党派和组织的敌对，还遭到了政府的打压；在这种情况下，两派各赢得了 3% 的有效选票。然而，在城市选区中，这一比例要高得多：17.1%。"最敌视俾斯麦的党"的领导人，奥古斯特·倍倍尔，成了德意志帝国第一届帝国议会里唯一的工人代表；拉萨尔派的全德工人联合会主席冯·施韦泽在选举失败后，立即宣布辞去这一领导职务，向财政等多方面的困难妥协了。光是这一点，就为马克思的追随者威廉·李卜克内西和奥古斯特·倍倍尔提供了道义和政治上的优势，虽然他们二人也同样境况艰难。

---

①　"讲坛社会主义"一词由自由主义记者 H.B.Oppenheimer 发明，最早出现在其1871 年 12 月 17 日刊登于《柏林民族报》的文章上，用以讽刺一些左翼自由主义学者的改良政治理念。他用"讲坛"讽刺 G.Schmoller、L.Brentano、A.Wagner、A.Schäffle、G.Schönberg、H.Herkner 等政治经济领域的教授是只会空谈的知识分子，又用"社会主义"对这种理念进行贬低。受批评者起初拒绝接受此名称，因为他们坚持财产私有制（Schmoller 甚至坚持君主制），不愿被归入革命性的工人运动，但与此同时他们也不同意排斥一切国家干预的"曼彻斯特自由主义"。"讲坛社会主义者"于 1872 年 10 月 13 日创建了"社会政策学会"，主张结社自由、设立劳动局、改革工厂立法、设立劳动保险等。

德意志帝国的统一消除了工人阶级运动内部一个根本性的争论点，即通往德意志民族国家的道路选择问题。德意志帝国的建立，创造了一个既不可否认也不可撤销的事实。工人们也不得不"虽不认可，但还是接受了这一事实"。1882年，在面临《反社会党人法》压迫的状态下，恩格斯在给考茨基（Kautsky）的信中，回顾了自己在德法战争爆发后就已经预见到的事情："只是在1866年大普鲁士统一小德意志的问题实际解决了以后，拉萨尔派也好，所谓爱（埃）森纳赫派也好，才有了意义；只是从1870年……事业才蓬勃发展起来……为了能够进行斗争，首先需要有土壤、空气、光线和场地。"①

正如威廉·李卜克内西在1872年毫不避讳地指出的那样，工人运动希望把国家和民主联系起来，并走向"社会革命"。

在奠基时代热潮中成为经济强国

日渐成型的德意志帝国瓦解着旧的普鲁士，这个帝国中各种社会力量和政治力量的共存与对立，可以从经济的角度得到大致解释。事实上，经济的蓬勃发展可以追溯到1866年危机被克服的那一刻，普法战争只是中断了这种发展，在那之后，工业和农业的上升趋势继续呈现了一条陡峭的曲线。此外，由于法国按照和平条约中的要求，支付了约50亿金法郎的战争赔款，而且这笔钱比预期更快地流入了德国，经济发展出现了过热的迹象；这些钱相当于42亿马克，是德意志帝国流通货币数额的3倍。② 约22亿马克用在了陆军和海军的现代化建

---

① 译文引自《恩格斯致卡尔·考茨基（1882年2月7日）》，《马克思恩格斯文集》（第十卷），北京：人民出版社，2009年，第471~473页。

② 这个阶段，德意志社会因获得了大量流动资金，经济迅速扩张，各阶层陷入投机热潮，在高利润的驱动下出现大量创立公司的活动，故称为"奠基时代"。

设以及防御工事的扩大和重新装备上，占到了总赔款额的一半以上。

来自法国的资金主要惠及了从事军工业生产的德国企业家：埃森的"大炮之王"克虏伯、马格德堡的格鲁森（Gruson）、开姆尼茨的哈特曼（Hartmann）；柏林的工业家们，如修建战略铁路的博尔西希（Borsig），以及生产鱼雷和机械的施华茨科普夫（Schwartzkopf）；还有西门子和哈尔斯克（Siemens und Halske），他们的电报机已经展现了对军队的用处。

大量的资金也通过偿还国债和战争债券的方式，流入了

498

鲁道夫·冯·德尔布吕克，1870 年。俾斯麦在 1870 年给约翰娜的一封信中这样写道："告诉他实情，告诉他我是多么感激他的不眠不休和出色的工作……以至于我甚至在给你的信中也谈到了这一点，我一般不会在信中谈论工作的，都是说些别的。"

经济，增加了可用资本。帝国基金的设立与相关法律规定相结合，确保资金进入工业领域。德国的银行，特别是汉泽曼贴现公司（Hansemannsche Disconto-Gesellschat），就是通过债券和铁路优先权来利用这些资金的。

在有效利用法国数亿资金的过程中，经济政策的立法得到了进一步的扩大。为了使经济朝着一个现代工业国家的方向发展、与德国的大国地位相适应，就必须扫除专制主义时代和德意志的四分五裂所造成的一切障碍。这项立法工作的规划和实施，由"自由贸易总参谋长"鲁道夫·冯·德尔布吕克负责。冯·德尔布吕克自1868年起担任联邦首相府的主席，自1871年起担任帝国首相府的主席，是俾斯麦的副手和最亲密的合作者。

冯·德尔布吕克体现了普鲁士人为国奉献和经济自由主义的传统，他是最能为自由派提供"有影响力的建议"而又不支配他们的人了。他不是来自乡村的容克世界，而是来自都城官员的圈子。他于1817年出生于柏林，只比俾斯麦小两岁，父亲是一位牧师，也在王室担任教师。他在大学里学习历史和法律。此外，他毕生都在研究文学和艺术；他在教育上的勤奋却显示了一些市侩的特点，因此，他并不像老毛奇或俾斯麦那样能用独特的风格表达自己的想法。

冯·德尔布吕克在回忆录中坦承道，他从小就意识到了"坚守抽象原则"的好处。他把职责义务看作自己行为的道德基础。他写道："对此，我并不认为我作为公职人员是在还债，即使真是如此，我也不会改变；我真正相信的是，我服从于我所处的国家，所以国家的目标就成了我的目标、决定了我的意志。我认为，我的职责义务，就是自觉地把我自己奉献给国家的广大群众；履行这一职责，就是我人生的使命。"冯·德尔布吕克对国家的奉献精神，受到了他1842年加入的普鲁士贸易部的精神的影响。这个部门在那时就受到了一种权力意志的支配，希望在与奥地利的斗争中继续扩大1834年的关税同盟，直到德意志在普鲁士霸权和自由贸易的标志下实现经济和货币的统一。这一切在痴心于工作的冯·德尔布吕克入职首相府前，就深深影响了他。

499　　　在与自由派、自由保守派和普鲁士财政大臣奥托·坎普豪森的合作下，俾斯麦的这位副手有力地推进了经济政策立法工作。其中最重要的创新举措可以追溯到普法战争爆发前：1870年6月的一项法律修正案废除了成立股份公司需要官方批准的规定；此外，它还允许股份自由流动。这样一来，封建专制主义对资本流通的钳制的最后残余也被废除了。然而，就连自由派后来也批评说，新的股票法中并没有明确规定可以在一定程度上保护股东免受冒名顶替者和诈骗者的侵害。

　　德国的贸易和信贷业发展也得益于国家针对货币、铸币以及与此相关的银行业颁布的法律法规。1871年秋天，帝国议会对一份涉及这些领域的法律草案进行了讨论。俾斯麦对此几乎毫不关心；他承认，在帝国议会就铸币法进行谈判时，他曾出去散步。事实上，他只进行过两次简短的干预发言。他唯一关心的，就是要考虑到大众的习惯和王朝的威望。对于在帝国的所有硬币上铸上皇帝形象的要求，他进行了成功的抵制。他十分生动地展示了传统主权观念中那种天真的君主主义："如果一枚写着'威廉，德意志皇帝、普鲁士国王'的金币流入了普鲁士之外的屋子里，那么它给人留下什么印象，就取决于屋子里住着的人的心情了。在范围很大的一片土地上，人们会说：你看，那个就是想罢黜我们的王公的人。人们会抱怨自己是怎么被这个人对待的，说普鲁士的硬币违背了人们的意愿和声音，被强加给了人们！"他认为，绝不能激起"离心的本能"。

正因为俾斯麦考虑到了尤其是巴伐利亚等地区的敏感性，他才能够消除地方分离主义，并在必要时与之进行坚决斗争。1871 年 12 月的铸币法生效后，7 个不同的货币区和 33 个中央银行逐渐成为历史，马克在整个德国成了法定货币，到 1878 年，各个邦国的钱币已经被悉数收回。同时，国家开始向金本位制过渡，法国黄金的流入加快了这一进程。普鲁士银行改制为帝国银行，也由此保障了铸币权。中央集权的趋势还体现在统一的商法和刑法上。

民族自由党人路德维希·班贝格尔对铸币和银行法的制定做出了重大贡献；他曾是 1848 年革命的参与者，移民巴黎后成了一个富豪银行家，在 1870 年参与创建了德意志银行。在 1867 年，他就用法语发表了一篇题为《俾斯麦先生》的研究报告。他认为，尽管这个普鲁士王室的政治家在本性中有着种种非自由主义的特点，但其归根结底还是在为 1789 年开始的资产阶级—资本主义革命服务的。因此，经过深思熟虑后，他决定与俾斯麦接触。俾斯麦也认识到了这个机会，于 1870 年 8 月邀请路德维希·班贝格尔前往普鲁士 – 德意志的司令部，并于同年深秋发出了第二次邀请，二人在那里就新闻工作的安排进行了商定。这些观点差异巨大的政治家们在战争期间和战后的合作之所以成为可能，是因为他们都想以同样的方式解决当前的问题。他们都考虑到了具体的利益，且是从经验所带来的对问题的直观看法出发，而非从抽象的理论出发。

俾斯麦与爱德华·拉斯克之间的关系是完全不同的。拉斯克和路德维希·班贝格尔一样是民族自由党的议员，但他是完全不同类型的政治家。班贝格尔有丰富的商业实践经验，而且已经拥有了大笔财富，在 1872 年奠基时代热潮的高峰期，他指责中产阶层律师拉斯克"以某种怀疑的眼光看待全部的大企业和金融行为"。事实上，拉斯克并不代表大资产阶级的特殊利益，而是作为整个资产阶级的代表，倡导自由主义思想。作为一个受意识形态支配的议员，他并没有以实用主义的视角看待各个法案，而是始终坚持法治国家理论和扩大帝国在法律事务上的权限的总体观点。这当然是属于所有自由主义者的共同财产，但拉斯克在帝国议会中异常坚定地坚持着这种观点，使人确信他想直接走议会单独统治的道路。

501   俾斯麦虽然做好了让步的准备，但这并不是他所希望的。因此，在他看来，比他小 14 岁的拉斯克是一个无法与之进行政治交易的人，而且拉斯克在议会中的干预使他越来越感受到威胁。事实上，拉斯克对议会的热情，有时很难说是值得欣赏，还是显得可笑；到 1884 年 1 月他去世为止，他只缺席了 1142 次议会会议中的 17 次，这一点有可靠的证明。在这位对手去世后仅几周，俾斯麦就发表了一篇颇对其贬低的讲话，这被普遍认为是一件丑闻。俾斯麦讽刺说，在过去的几年里，"如果没有盖上拉斯克的印章"，那么任何政府法案都不可能获得通过。俾斯麦一如既往地对消极因素有着敏锐的洞察力，但他对以下事实缺乏尊重：正是由于爱德华·拉斯克的努力，民事立法才进入了帝国的权力范围；1873 年 12 月 20 日的宪法修正案最终实现了这一目标。次年，在戈特利布·普朗克的领导下，一个负责起草德国民法典的委员会成立了。德国民法典最终于 1900 年生效。

诚然，与 1789 年至 1804 年拿破仑法典出台这个时期的法国立法机关相比，德国的立法机构在帝国成立前后的岁月中并不具有历史独创性，但它仍然在很大程度上激发了经济活力。从 1871 年到 1873 年，大规模股份公司的成立呈井喷之势，其中多数是由老企业转型而来。柏林最古老的商人团体在 1871 年的报告中这样写道："在初步和约签署后，商业和交通都变得生机勃勃，消费能力向产能提出了异常巨大、前所未有的需求，这种需求常常超过了制造商的生产能力。这自然驱使工厂主急于扩大他们的厂房。面对这个过程中存在的种种困难，最为保险的决定，就是把工厂卖给股份公司，这些公司也擅长于此，它们拥有更多的资源，能够根据需求扩大工厂规模"。

事实上，很多公司都是基于真正的需求创立的，而这之所以成为可能，是因为整个国民经济中释放了大量的资本，能够以股份的形式投资到其他公司。然而，所谓的创业往往只是投机倒把的借口。当时的决定性因素不是生产性投资，而是高股价。按照惯例，一个想要赢利的企业家会联系银行，由银行进行个别调查（目的、日期、佣金、利润），然后证券交易所和报刊便会对此类即将自由流动的原始股产生浓厚的兴趣。为了推高股价，报纸的商业版和广告版都会对已发行的股票进行夸张到令人难以置信的推荐。因此，股票发行离不开银行、证券交易所和报社这三巨头的合作。用高于股票面值的金额进行投机买卖，是很多参与者的实际目的。仅在1872年，普鲁士成立的股份公司的数量就几乎是1801年至1870年这几十年里成立的公司数量的两倍。这种迅速增长已经可以让人们做出预测，正如恩格斯所解释的那样，随着股份公司成为日后企业垄断联盟中的最强力量，量变最终会产生质变。

股份公司的形式曾经只普遍存在于铁路、保险和规模较大的煤炭、钢铁企业中，如今则已经普及整个工业和银行业。银行家是最主要的企业创始人和投机者。1872年，仅普鲁士就成立了49家银行和信贷机构，资本金达3.456亿马克。德国最重要的银行按成立的先后顺序分别是：贴现公司（1851年）、达姆施塔特银行（1853年）、德意志银行（1870年）和德累斯顿银行（1872年）。无论这些所谓的"D银行"[①]是在哪里

① 因上述银行均以D字母开头，故称"D银行"。

502

注册的，其行政总部都设在柏林；除此之外还有 S. 布莱希罗德私人银行（S.Bleichröder）和后来的柏林贸易公司（Berliner Handels-Gesellschaft），它们也有相当大的影响力。这些大银行与政府代表和议员的关系颇为密切。帝国建立后，布莱希罗德作为俾斯麦的私人财产总管承担起了更多的职责，他可以与首相讨论计划，管理韦尔夫基金（Welfenfonds），这是汉诺威国王格奥尔格被废黜后，普鲁士政府在 1868 年使用其被没收资产的利息所成立的基金，被用来贿赂新闻界。对于那些表面上可以贿赂或者真的可以贿赂的新闻记者，俾斯麦将他们称为"爬行动物"，韦尔夫基金则被他贬低为"爬行动物基金"（Reptilienfond）①。

除少量的工业控股外，布莱希罗德银行还专门从事外国政府债券的配售，这部分债券收益又高又快，有时还可以迎合俾斯麦的外交组合拳。由于布莱希罗德主要关注的是"政府的需要"，而不是现代工业的需要，所以最迟到 19 世纪 80 年代时，他已经变得"过时"了，失去了私人大型股份制银行应有的意义。另外，成立于 1870 年春的德意志银行发展迅猛，德国工商业渴望在世界市场上变得比以往更强大、更独立，德意志银行充分利用了这种需求。德意志银行的创始财团成员包括路德维希·班贝格尔，他们希望建立一个适应对外贸易交通需要的全新银行组织。

赫尔曼·瓦利希（Hermann Wallich）在回忆录中写道，成立银行的目的主要是"让德国的海外贸易摆脱英国的掣肘"。他接着解释说："在 1870 年以前，没有一包棉花不是在英国中

---

① 俾斯麦把给他制造麻烦的人称为"爬行动物"，因而设立此贿赂基金，"好把爬行动物赶进它们的洞穴"。该术语也译作"处置基金"，现用以指可自由支配而无须接受审计，通常用于施加政治影响力或行贿的秘密资金。

介资金的支持下进口到德意志的。德意志工业的所有常用原料也都是如此。德意志的最主要出口路线也必须经过英国。这种多余的代理费每年都会使德意志损失数百万塔勒。把我们的祖国从这种限制中解放出来、使我们的贸易独立，是一种美好的设想。"德意志银行几乎没有参与新帝国奠基时代的狂潮，但它培植起了与政府高层的联系。直到1870年夏天，成立股份制公司才不再需要国家颁发的经营许可，因此，银行的创始财团不得不去应付那拖延的、吹毛求疵而缺乏信任的官僚机构。大概是为了缩短审批流程，德意志银行的临时董事会于1870年2月8日致函俾斯麦并指出，新的民族国家形态可以为德意志商人的国际交通运输提供保护。由于即将成立的"德意志海外银行"的"总部设在柏林"，它的创立者们"首先需要等待最高层的批准"，这与其他邦国内的企业家面临的情况不同。在这份表述礼貌而委婉的信函中，"最恭敬的签字人"表示，相信"阁下"将确保"他们在这种情形下的不利条件将被限制在尽可能小的范围内"。俾斯麦以及他的手下冯·德尔布吕克显然对此做出了积极的回应，因为在2月9日的这封信之后，德意志银行的最终章程在3月10日便得到了批准。4周后，1870年4月9日，银行在法兰西大街（Französische Straße）设立了办公室。与训练有素的银行家赫尔曼·瓦利希相比，格奥尔格·西门子（Georg Siemens）绝不是银行专家，但事实证明，他在领导德意志银行的过程中更有活力，也更愿意承担风险。1874年，他被选为帝国议会的民族自由党议员。

　　银行和政治现在已然连成一体。在成立于20年前的贴现公司中，这种联系十分典型。在一种特殊的关系下，奥托·冯·俾斯麦本可能非自愿地为贴现公司的成立做出贡献，但俾斯麦担任议员时属于非常活跃的保守派，他们在

504

1848 年时已经把汉泽曼赶出了普鲁士内阁，之后又想把他从普鲁士国家银行行长的位置上赶下去。俾斯麦控制干预下院两周后，大卫·汉译曼在内阁命令下被解除了国家银行行长的职务，不得不开始了自己的独立发展。在克服了官方阻力后，1851 年 6 月 3 日，他在一场大会上向有意参与者们提出了成立贴现公司的计划；1851 年 10 月，公司在柏林开始运作，尽管还只是设在简陋的房舍里。汉泽曼利用 19 世纪 50 年代的工业繁荣，将最初的信用合作社改造成了规模宏大的信用银行。

在政治上，大卫·汉泽曼仍然保持着反对派的精神，他批判容克阶层和他们的自由贸易制度，但对大德意志方案持开放态度。他于 1864 年去世，在石勒苏益格－荷尔斯泰因战争得胜的一年里，他的儿子阿道夫·汉泽曼（Adolph Hansemann）成了贴现公司的唯一领导人，毫不犹豫地转向了俾斯麦的路线。他在 1866 年和 1870 年参与了战争的筹资，因此在 1872 年被授予了贵族称号。

贵族有着自己的义务。这位新加入贵族行列的大银行家在普鲁士－德意志帝国内获得了两座大庄园，一座在吕根岛，另一座在波兹南地区。因此，他完全就是大资产阶级与贵族阶级的共生关系的典型体现。与他那仍要为自己的大资产阶级立场而奋斗的父亲不同，阿道夫·汉泽曼处理商业与政治之间关系的方式帮助他在身边聚集起了一群有影响力的议员和政府官员，就如大型企业的劳动分工那样从各个方面为他提供服务。

505　　除了上述这些银行，还有相当多的股份公司的成立得到了"政治创始人"的帮助，这些政客和公职人员们在工厂主与银行董事之间、议会议员与国家机构之间牵线搭桥。选举产生的议员也加入了公职人员、军界人士和"艺术和科学界知名人士"的行列。每一个资产阶级议会派别中都有这样的一些知名代表，他们至少通过一两个监事的职位与股份公司的命运联系了起来：例如，中央党领袖温特霍斯特是汉诺威银行的代表；民主派人民党的领袖利奥波德·索内曼（Leopold Sonnemann）参与创立了许多公司；进步党议员阿道夫·哈根（Adolph Hagen）是德意志联合银行（Deutsche Union-Bank）的董事，也是许多公司的创始人或监管理事会成员；此外不能忽略的是保守党领军人物之一赫尔曼·瓦格纳，他的事例在很多方面都值得讨论。

1873 年 2 月，爱德华·拉斯克在普鲁士邦议会上发表了长达 3 个小时的演讲，揭露了贸易部官员与铁路公司之间的合流行为。他声称，赫尔曼·瓦格纳以一种可疑的方式参与了波美拉尼亚中央铁路的修建。拉斯克的演讲是对奠基时代热潮的第一次强力攻击，被自由派出版商亚历山大·东克尔（Alexander Duncker）在两周内印刷发行了四版。这让公众十分激动，也让内阁各部受到了震动。贸易大臣伊岑普利茨（Itzenplitz）辞职，赫尔曼·瓦格纳请求退休。左翼自由派显示了一种狂热的教条主义，却没有意识到，瓦格纳是在推动自由保守党大企业主们的事务。他们对瓦格纳在所有社会改革事务中对俾斯麦施加的"红色"影响持怀疑态度。1872 年 11 月，在拉斯克发表那场令人震惊的演说的 8 周前，萨尔实业家卡尔·施图姆在写给后来的贸易大臣阿肯巴赫（Achenbach）的信中说道："此外，我非常希望看到瓦格纳……被清除掉。因为这个人在社会问题的领域里扮演着一个危险的角色，由于他现在的地位，他的影响力非常大。"

俾斯麦马上就看清了到底在发生着什么，虽然尚不知道阴谋的细节。他要求拉斯克发言，拉斯克试图为自己辩解，说自己根本没有攻击他，俾斯麦愤怒地回答说："但您开枪的时候离我太近了，甚至是擦着我的头发而过。"对俾斯麦来说更糟糕的是，他的知己兼同事倒下了。在瓦格纳被迫辞职后，俾斯麦立即抱怨说："最能干的人已经从我身边被夺走了。"在1873年3月，他又对帝国议会的一位保守党议员说："瓦格纳这个人……他做的事情我并不是全都支持，但他犯下的错误，最多也就是做了其余那几百个享有极高地位的人物都在做的事。——当谗言攻讦他的时候，我特意当着众人的面，穿着整齐的军装去拜访他，以期让他有些许安慰。"

506   在股市和银行崩盘前的几个月，爱德华·拉斯克通过他所做出的揭露，让公众注意到了创业者们的胡作非为，注意到他们如何利用政治权力地位谋取个人的商业利益；这是他的功绩，然而他却无法为自己的成功感到高兴。他不仅为自己招致了俾斯麦那不可调和的憎恶，而且对他来说更糟糕的是，许多人都怀疑他实行双重标准，放过了他的自由派阵营中那"几百个"人，而这些人是比瓦格纳更激进的创业者和更娴熟的投机者。无论如何，拉斯克不能也不想改变整个经济社会体系中的任何东西。这个体系就是这样的，金钱和权力共同支撑，相互成就。

    毫无疑问，俾斯麦的执政促进了资本主义在经济和社会方面的进步，但同时也引发了道德和政治上的腐败。从1870年到1872年，工业生产增加了1/3左右，生铁产量增加了40%以上，钢铁产量增加了80%。工业化进程的强度在煤炭生产的增长中表现得尤为明显。鲁尔地区向东、向北扩展了它的矿田。产量的提高主要是通过增加劳动力实现的，而非通过改进技术。

    当时的机械制造业还处于大规模工业生产的初期，首要任务是超越英国的原创产品，发展自己的设计。在纺织业方面，1871年后产能的提升得益于土地兼并，具体而言就是得益于上阿尔萨斯的棉花工业。它使德国纺织业的纱锭、纺织机和棉织物印花机数量分别增长了56%、88%和100%。在阿尔萨斯之外，德国的纺纱厂和织布厂增加了基于最新技术的机器数量。纺纱厂增加了纱锭的数量，加快了运行速度。然而，没有任何一个工业部门像纺织业那样广泛地开展家庭化生产。在这里就业的人数比在大中型企业工作的人数多出一半。

507

赫尔曼·瓦格纳。他向俾斯麦坦白："你是我身边唯一一个我可以坦诚相待的人，当我不再能这样做的时候，我就会被自己的胆汁憋死。"

当时已经可以很明显地看出，在德国工业的整体发展中，生产资料工业的发展速度高于消费品工业。德国已经不可逆转地进入了资本主义世界贸易和大工业阶段。这一发展极大地促进了自由竞争的资本主义在1866年至1873年达到顶峰。经济进程与1871年以后的政治和社会变化一样，都是时代变革的一部分。在政治上，帝国的建立结束了自1789年开始的争取民族统一和独立的时代，它同时也开启了西欧和中欧工业企业的社会霸权的时代。随之而来的是国际工人运动的发展，在俾斯麦执政时期，这场运动的重心转移到了德国。

在欧洲力量博弈中的定位

尽管俾斯麦发表了一些诚恳的声明，但欧洲人并不相信德国已经心满意足，毕竟这个刚刚统一并实现了与奥地利分离的国家有着强大的经济实力，在军事上也领先于其他欧洲强国。在19世纪70年代初，外交官和记者们就已经开始感到不安了。人们担心，这个几乎是一夜之间崛起的帝国可能会谋求霸权，并且可能造成社会动荡。

508　　　　奥地利、俄国和英国的外交官和大臣们在谈到巴黎的革命时，都表现了或真或假的恐惧，他们几乎都认为，必须加强政府的权威、国家的秩序。这些都为俾斯麦的理念提供了便利。尽管如此，对于主要由戈尔恰科夫提出的外交建议，即德国应当抓住欧洲列强发起的反社会主义防御措施的倡议，俾斯麦却没有热烈响应。这是他的一条旧战术：他要先静观其变，让革命民主主义甚至是社会主义的组织发展壮大，而后他会在合适的时机采取早已精心准备好的强力手段，由此成为伟大的国家救星。同时，在刚刚战败却又令人恐惧的法国内部有着持续的共和派动荡，这也十分利于对该国实施外交孤立。

1871年夏天，在"秩序与权威"这一单调又重复的口号下，很多外交活动在进行着。这也预示着时代的更替，在这个时代，工人问题比以往任何时候都更为紧迫。同时，各国政府都力图在欧洲列强重新划分阵营的新格局中取得最有利的地位。在这场有时激烈异常甚至是无耻无礼的斗争中，法国政府最想对俾斯麦采取的消极态度加以利用，从而超越德国，成为保守的秩序守护者。儒勒·法夫尔在1871年7月的一份通告中提议召开欧洲政府间会议，讨论反社会主义的特别法案；他甚至提出了限制结社、集会和新闻自由的法律草案。尽管俾斯麦向保守、正统主义的法国大使德·贡陶－比隆（De Gontaut-Biron）承认道，在巴黎起草的反共产国际特别法对德国而言也是一种"样板"，但他并不想过早地让法国参与自己的外交组合。

首先，他想重新定位与奥匈帝国的关系。在19世纪50年代末，尽管俾斯麦在他的计划中希望将哈布斯堡君主国从德意志邦联排除、促使邦联解体，但同时他又谨慎地希望维护这个老牌帝国的领土完整，并推动其进一步发展成为一个多瑙河君主国，届时可以根据国际法与其开展合作。这个计划的第一部分于1866年得到了实现，第二部分在1867年的奥地利—匈牙利"折中方案"（Ausgleich）之中得到了一定程度的实现。但由于维也纳统治集团的干预，基于国际法的合作计划流产了。直到德意志帝国建立后，这个多瑙河畔的二元帝国才被迫改变了主意、做出了让步。

在与法国签订《法兰克福和约》几天后，1871年5月18日，奥匈帝国外交大臣冯·博伊斯特伯爵从加斯坦向皇帝弗朗茨·约瑟夫发出了一份报告，讨论"目前奥匈帝国的总体政治局势和政治方向，结论是：奥匈帝国应该和德国就当前的日常摩擦达成暂时性和解"。显然，冯·博伊斯特在拟定研究报告的标题时很谨慎，使用了"暂时"和"日常摩擦"的说法。但是在正文中，他变得更加明确和坦率，公开呼吁承认1870~1871年的结果，并且指向了奥地利内部存在的"德意志民族火药桶"。哈布斯堡君主国面临的这种危险只有通过向德国靠拢才能避免。霍亨索伦王朝统治的国家肯定也有意达成和解，因为"它的政治形势绝未紧张到与军事形势相同的水平，也绝未安全到柏林内阁可以对我们的态度无动于衷的地步"。

509

冯·博伊斯特提到了俄国的反德倾向，因为德国的经济发展在那里引发了担忧。俾斯麦侯爵不会忽视这样一个事实，即"现在俄国很可能在欧洲的这种复杂局面中扮演索求者的角色，而普鲁士 – 德国则会扮演授予者的角色"。冯·博伊斯特继续讲述着他的观点：既然俾斯麦"从法国得到的只有仇恨和复仇的愿望，从英国得到的只有冷漠，从意大利——除个别圈子外——得到的都是厌恶，那么他自然就会把目光投向维也纳，不仅在理论上，还要在实践上与奥匈帝国一道寻求一个更好的立足点"。

这样的和解要求维也纳放弃与法国的同盟。对奥地利来说，法国可能会是"一个友好，但实际上非常危险的伙伴……只要德国和奥地利之间的冷淡与紧张关系超过了友谊和合作的话，就会是如此"。弗朗茨·约瑟夫皇帝在这段话的边缘加了一条红线。事实上，尽管俾斯麦对于兼并奥地利那些持有教权至上、自由主义甚至民主思想的德意志人并不感兴趣，但如果奥匈帝国在他与法国的生存斗争中向后者提供了任何支持的话，他就会引爆那个"德意志民族火药桶"。两年后，俾斯麦用简短的、挑衅性但掷地有声的话语，坦率地对奥匈帝国的大使提出了这种可能性。但这只是俾斯麦的最后手段。在维也纳，从弗朗茨·约瑟夫皇帝于 5 月 25 日"赞许地批准"了冯·博伊斯特的备忘录的那一刻起，和解便成了可能。

皇帝威廉一世终于再度前往巴德加斯坦疗养，这是自 1865 年以来的第一次。他还于 1871 年 8 月 11 日在伊施尔和 9 月 19 日在萨尔茨堡两次会见了奥匈帝国君主弗朗茨·约瑟夫。俾斯麦在一份通令中宣布，通过这次访问，维也纳和柏林之间的破裂关系"已经是一个完全被消弭了的事件"。为两位君主之间的会晤增添了政治意义的，是俾斯麦和冯·博伊斯特这两个老对手以外交大臣的身份，在巴德加斯坦和萨尔茨堡进

行的两次深入会谈。两位大臣谈论的话题范围很广，其中不可
避免地也涉及了共产国际，他们认为共产国际不过是一个话很
多的傀儡；但两位大臣当然能够看到，与其相关的"社会问
题"必须得到重视。他们知道，在这个资产阶级和无产阶级之
间的对立全面发展的时期，"像在《卡尔斯巴德决议》和美因
茨中央委员会时期那样"，仅仅靠镇压的手段是不行的。俾斯
麦清楚地意识到，在他必须考虑到帝国议会中的自由派的当
下，社会政策立法工作是不可能实现的。毕竟，自由派已经在
议会外给古斯塔夫·施莫勒（Gustav Schmoller）这样的国民
经济学家打上了"讲坛社会主义者"的烙印。面对自由派的这
种苛刻，冯·博伊斯特和俾斯麦所做的正是所有外交官在类似
情况下会做的事情：他们委托了一个联合专家委员会进行预先
研究。对于社会政策忧心忡忡的反复考量最终只能导致它的推
延，它被降低为了保持柏林与维也纳之间关系的一种手段。

对两个君主国来说，更重要的是重建互信关系，并认识到
"双方的国家利益不会再发生冲突"。俾斯麦认为，对于德国将
吞并奥地利的德意志省份的猜测纯属"小学生政治思维"："我
们并不想征服丹麦和荷兰，尽管征服它们可能是有利可图的；
但如果让奥地利的省份连同那里的斯拉夫人和已然成势的天主
教反对派一起加入我们，将是毫无意义的，会让刚刚成立的德
意志帝国解体。"抵御奥地利内部一切德意志化的尝试成了俾
斯麦政策的其中一个目的。他重申，德国希望而且需要"奥匈
帝国君主制的强化"，赞同奥匈帝国在巴尔干地区的扩张愿望，
尤其是考虑到奥斯曼帝国可能很快就会解体。但另外，冯·博
伊斯特不得不强调："柏林不希望因为我们而被卷入与俄国的
敌对，而是希望通过与我们的良好关系，在与俄国的外交中赢
得更自由的地位。"事实上，与俄国合作而不依赖于俄国，并
且通过与维也纳的紧密接触保证这一点——这也是俾斯麦外交

511

政策的目的之一。

但是，既然德国寻求与俄国在巴尔干地区的对手奥匈帝国建立互信关系，它又该如何维持与扩张中的俄国的互信呢？戈尔恰科夫试图让充满疑虑的俄国看到，霍亨索伦君主国和哈布斯堡君主国之间正在计划着什么，这使得德国外交官在萨尔茨卡默古特（Salzkammergut）举行的第一次峰会后就如实宣称，柏林和维也纳之间的和解并非针对圣彼得堡。俾斯麦并没有使维也纳内阁对他与圣彼得堡之间长期的密切关系产生怀疑，他甚至想把圣彼得堡作为一个平等的第三方拉拢到同盟中。戈尔恰科夫迎合了俾斯麦在社会和政治层面保守主义的同盟计划；但如果说俾斯麦希望通过三国同盟而获得对俄关系的更大行动自由，戈尔恰科夫的愿望则与此正相反。戈尔恰科夫相信，因为德国在外交关系上已然受制于其与法国的对立，俄国便可以在一个包括奥匈帝国的强权同盟中占据上风。虽然他的想法并不缺乏理性的内核，但俄国经济和社会的落后状态与他的霸权主张是矛盾的。俄国和德国的外交官们反复向对方保证两国之间的友谊，任何阴谋都注定将在这块巨石前破灭，只要一点爱和忠诚便可以维持虚假的表面。

1871 年 11 月，维也纳的霍恩瓦特（Hohenwart）—博伊斯特内阁因其宪政计划而倒台了。在他们的计划中，一方面要扩大居民主要由波兰人构成的加利西亚的自治权，另一方面要使捷克波希米亚地区在宪法上与匈牙利处于平等地位，也就是给予哈布斯堡君主国内的斯拉夫民族以类似于匈牙利人的地位。俾斯麦向驻维也纳使馆发出指示，要求对哈布斯堡君主国内部的争端保持克制，但他也同意匈牙利首相久洛·安德拉西（Gyula Andrássy）的担忧，即"政府在试图维护其权威时，依靠的是狂热的民族势力，而非保守主义的原则"。这种对东欧和东南欧民族独立愿望的抗拒，是俾斯麦此后几十年政策的决定性因素。

在霍恩瓦特—博伊斯特内阁倒台、阿道夫·奥尔斯贝格（Adolf Auersperg）被任命为首相后，安德拉西伯爵从布达佩斯的政府所在地搬进了位于波尔豪斯广场的维也纳外交部。他的履历代表了匈牙利贵族中很大一部分人的政治发展历程。安德拉西是一个老牌大地主家庭的后裔，在1848~1849年参加了匈牙利争取自由的斗争。斗争被镇压后，安德拉西在缺席审判中被判处死刑，人们用其肖像象征性地"吊死"他。在1857年被赦免之前，他一直生活在巴黎。回国后，他加入了弗朗茨·冯·德阿克（Franz von Deák）所领导的温和派，并参与了制定1867年奥地利—匈牙利折中方案的法律工作，这个方案标志着奥匈二元制君主国的建立，弗朗兹·约瑟夫一世除统治奥地利帝国外，还以个人身份担任匈牙利王国的君主。在普法战争前和战争期间，安德拉西果断主张中立；从1871年11月起，安德拉西作为外交大臣，成了除圣彼得堡的戈尔恰科夫外俾斯麦在国际舞台上最重要的伙伴。他延续了夏天时便已经定下的亲德倾向，并且作为奥匈帝国巴尔干利益的最强硬代表，力争与柏林就反俄达成一致。但维也纳驻柏林大使卡罗利立即挫败了安德拉西的这种期望；奥地利君主于1872年4月中旬宣布将于当年秋天回访柏林之后，便更是如此。

在沙皇告知德国大使罗伊斯亲王，自己想要参加霍亨索伦和哈布斯堡皇帝在柏林的这场会晤时，安德拉西希望与柏林单独达成和解的愿望最终破灭了。沙皇故作庄重地想要让威廉一世亲自告诉他，他最好的朋友不会在没有他的情况下缔结新的友谊。不断有人声称，虚荣心很强的戈尔恰科夫嫉妒俾斯麦在世界历史中取得的成就，因此故意给德国政治出难题。无论这个因素到底起了多大作用，俄国政治家们也都必须正视实际情势的要求。德国的统一和实力发展、法国的削弱和奥匈帝国的

513

调整，都迫使沙皇帝国在1871年后重新寻找和确定自己在欧洲力量博弈中的位置。

奥地利的外交手段很明智，他们没有表现任何不满，并且同意举行三方会议。如果沙皇想以第三位皇帝的身份出现在柏林，那么俾斯麦自然会利用这一点，在战胜法国之后，在新成立的帝国首都向全世界展示三大帝国的联合。这在内政上也对他有利，因为在三皇会议前，三国官方就已经提高了反对颠覆分子的呼声，这样一来，颠覆分子们那"红色的呐喊"就可以被掩盖掉了。

在新帝国的主持下，三个帝国的强强联合被展现在了世人面前。这种结果看似经过了审慎的考虑，但实际上，很多事情更多是水到渠成。俾斯麦的外交艺术在于他知道如何利用突然到来的时机对付他人，即使在强权政治领域也是如此。在1872年9月6日至11日的几天里，帝国首都不断上演的军事和宫廷盛宴，在世界历史进程中留下了浓墨重彩的一笔。这一切对俾斯麦来说都是价值非凡的，哪怕他绝没有因这盛行的"世界精神"而震颤，而是一如既往地与仪式性事件保持着距离，也保持着嘲讽，因为他很清楚这一切的来由。但他又一次——就像他以前经常做的那样——忽视了言辞得体；他向英国大使奥多·罗素（Odo Russell）嘲讽地说道，他认为君主们"就像三女神一样"构成了一个沉默而又令人惊异的"温柔的组合"，欧洲"可以仰望和信任他们，把他们当作和平生活的象征"。于是，他让他的傀儡，即高高在上的陛下们，在世界政治舞台上跳起了舞；这位顽固的君主专制主义者对君主从来没有过多少尊重。

展示性和戏剧性成了三皇会议的主要目的，以至于待解决的问题只被捎带提及。首先，三国互相保证，将"为了中欧的秩序和道德"，对"共产国际的革命和颠覆行动"进行干预，并将使用镇压和预防的手段解决社会对立问题。在这个问题上，人们不需要看得太远，帝国首都本身就能提供足够例证。皇帝威廉一世曾写信给他的妻子奥古斯塔，讲述柏林工人阶级区的许多金属工人也加入了"住房骚乱"（Wohnungskrawalle）①。

　　既然柏林的各方都公开追求俄奥和解的目标，那么巴尔干问题就无法回避。俾斯麦在这里秉持着隐忍的态度，让戈尔恰科夫和安德拉西进行谈判；二人承诺不干涉奥斯曼帝国及其统治下的巴尔干民众的事务，这一点完全符合安德拉西的计划，他坚持维护土耳其的国家完整性，希望与土耳其在反斯拉夫的立场上建立友好关系。这并不是一个好兆头，尤其是因为人们承认，"东方的纠葛"并不总是能够被避免。尽管没有缔结协定，但三皇会议仍然是成功的，因为它为一个新的、尽管总是不稳定的大国组合提供了起点。俾斯麦首先要顾及的是法国，一旦发生重大冲突，要防止法国寻找盟友进行复仇战争。

　　在内政问题上，俾斯麦在普鲁士议会中要对付的是来自老保守派的对手们；在外交政策领域，他同样要面对有着保守精神的反对派。反对派中一如既往地包括奥古斯塔皇后，以及军人政客埃德温·冯·曼陀菲尔和阿尔布雷希特·冯·斯托什（Albrecht von Stosch）；最令他困扰的，是诸如国务秘书赫尔曼·冯·蒂勒（Hermann von Thile）、驻圣彼得堡大使罗伊斯亲王以及驻巴黎大使哈里·冯·阿尼姆男爵等反对者。他们都享受着威廉一世的无上恩宠，在1872年9月这个三皇会议之月，威廉一世发自内心地希望："我们必须回到保守的土壤中去，不能再像现在这样下去了。"皇帝考虑到了俾斯麦在国内政治中与自由派结成的反对教权主义和地方分离主义的联

514

---

　　①　因反对住房价格高企而产生的抗议活动。

盟，正是如此他才相信并希望，至少三位皇帝仍然可以本着老保守主义的精神走到一起，并在新构建的神圣同盟中让过去的使命感重生：要让法国实行君主制，对英国施加保守主义的影响，在德意志帝国使旧普鲁士势力复兴。

515　　俾斯麦当然知道，他总是可以指望自由主义帮助实现自己的意图，并且有时必须暂时性地与之结盟。他绝不能与自由主义发生正面交锋，因为工农业经济上的发展已经是如此迅速，而各政党的形成已是如此明确。既然眼下外交和宫廷中的反对派认为自己在三皇会议中处于上风，那么俾斯麦就必须果断行动。毕竟这个问题不仅涉及他的政策，更涉及他的位置。俾斯麦的内部反攻带来的第一个受害者是国务秘书赫尔曼·冯·蒂勒，他不得不在1872年9月三皇会议后立即离职。然而，如果俾斯麦想用一个纯粹的政治理由让一个任职多年的同僚离职，那么这种做法在皇帝那里是行不通的；相反，用一个微小的谈判能力问题作为借口，却可达到此目的。冯·蒂勒在一次为外国外交官颁发奖章的仪式上没有执行自己上司的意见，俾斯麦因此冷冰冰地告诉他，他们之间很难再继续合作了；这不可避免地引起了内阁问题。皇帝被迫让步，皇后也只能感叹，这又在"我们狭窄的圈子①里"撕开了一个"无法填补的缺口"。

　　从各方面看，打倒以德国驻法大使哈里·冯·阿尼姆为代表的保守派反对阵营将是一件尤为困难和费时费力的事情。毕竟，威廉一世在1870年将他提升为了伯爵，并任命他为与法国缔结和约的德意志代表团成员。另外，他从梵蒂冈的使团团长升任德意志帝国驻巴黎大使。很明显，冯·阿尼姆不仅在利用柏林宫廷中的保守主义情绪进行暗中的阴谋活动，还利用了统治家族中的反对派。在从巴黎发来的报告中，冯·阿尼姆极力推

---

① 指实际听命于德皇的少数人。

崇俾斯麦所反对的复辟、正统主义的对法政策。他和其他保守派人士一再主张，法国可以通过一个有序的君主制得到巩固，可以成为其他大国的盟友；限制"共和制这一鱼雷对欧洲其他国家"的影响力，肯定符合德意志帝国的利益。

俾斯麦大概也有着其他考虑。他想尽可能谨慎地保持法国的现状，也就是一个梯也尔领导下的保守共和国，他已经熟悉了梯也尔的政策，并知道如何对其进行评估。德国冒着在刚刚战败的邻国增添不确定性的风险、牵头推动政府更替，并由此违反皇帝在1871年春天的演讲中宣布的不干涉原则，这样的做法在俾斯麦看来是极其冒险的。俾斯麦在正式声明中称，法国国家内部事务的发展应由该国自己来处理，但在此之外他也承认，可以在某些情况下偏袒那些从事符合德国官方利益的活动的人物，但"为此我们必须……等待他们出现在舞台上，而不是以制造阴谋的方式利用他们"。

即便在这种情况下，他仍然认为，只能在特定的成熟的条件下行事。俾斯麦只对一点是坚定不移的：德意志帝国不能偏袒法国内部与教会利益相关的正统主义者，因为他们总是以教宗为中心；"只要我们同教廷的斗争还在持续，看不到终结之日，就要这样"。种种考虑使他认识到，从《卡尔斯巴德决议》开始的、属于封建专制主义的复辟和干涉政策的时代宣告终结了。他在19世纪70年代追求的"君主团结"具有新的历史特征，即贵族—资产阶级共生的特征。从这一点来看——俾斯麦很清楚这一点——梯也尔当然是可以信任的，因为他已经在巴黎公社时期作为大资产阶级的利益代言人出色地通过了考验；同时，如果梯也尔真的寻求复仇，他会被东方三个君主国的同盟牵制。总的来说，无论有没有梯也尔，法国内部反社会主义的镇压势力都非常强大，俾斯麦不想冒着风险去干涉其他国家的事务。

516

哈里·冯·阿尼姆这个老保守派反对人士并不能被说服，因为他根本就不想被说服。他在皇帝的信任中得到了足够的安全感，可能还被考虑为首相的潜在接班人。但是，在巴黎举行关于和约中战争赔款的会谈时，这位野心勃勃的大贵族违抗了指示，还使自己背上了股票交易投机者的嫌疑，俾斯麦因此毫不客气地将谈判转移到了柏林。1873 年 3 月 15 日，首相签署了协定，约定在 1873 年 9 月初之前，法国支付最后 10 亿战争赔款，德军从法国领土全部撤出。

这位德国驻巴黎大使在法德冲突的最后一幕中遭到了免职，他随后向皇帝提出了申诉，称自己在俾斯麦那里受到了"侮辱"，这使皇帝陷入了尴尬的境地，尤其是因为首相在 4 月中旬宣布，冯·阿尼姆已经不愿意"通过书面讨论的方式，在邦议会和帝国议会中、在内阁工作和与外国政府打交道时帮助我对抗社会和报刊的影响、维护我处理事务所需要的官方权威了"。在法德最终协定刚刚签署之际，俾斯麦的权威不可能被否定，但他也同样尚且不能要求冯·阿尼姆被解职。

517　　　然而，这位大使并没有放弃，与俾斯麦的意愿相反，他在 1873 年 5 月参与了推动梯也尔垮台的行动。即使是像冯·施韦尼茨大使这样的保守派，也同意首相兼外交大臣在这一关键问题上的看法，即不能允许帝国赞成在法国恢复君主制。冯·阿尼姆不顾这一切而继续做的事情，以及他做事的方式，都并不是源于他坦率的性格，而是源于一种不择手段的亢奋；他在报纸上疯狂发表反俾斯麦的文章，滥用私人信件，甚至违反官方保密的义务。任何一个外交大臣都不可能允许图谋不轨的人在外交队伍中继续存在。于是，与冯·阿尼姆的争执终于来到了这样一个时刻，俾斯麦不得不当面逼皇帝做出决定："要他还是我"。

威廉不得不让步，但起初并非全心全意。冯·阿尼姆被调到君士坦丁堡担任大使。这位被贬之人在国王面前表现得很是骄傲，没有接受遥远的君士坦丁堡的职位。他认为必须为自己保留更好的机会，所以在报纸上发表文章，通过发表剽窃来的、断章取义的文件，获得了轰动性的支持，从而使自己脱颖而出。就这样，当时最大的一场外交丑闻持续发酵：经过外交部的告诫和要求、审判和定罪，冯·阿尼姆移居瑞士，并发表了《一文不值》（*Pro nihilo*）一文。这篇文章给驻瑞士大使留下的印象是灾难性的："这样的自杀是盲目的，这场自杀是用疯狂的虚荣、充满恶意和淬毒的卑鄙的匕首进行的。"俾斯麦本人后来认为，对冯·阿尼姆做出的 5 年监禁的缺席判决"过于严厉"。然而，冯·阿尼姆并没有被迫害，而是自己在陈旧的保守派观念中走向了道德自杀，最终在 1881 年迎来了肉体的死亡。

与旧保守主义的斗争还必须在另一个层面上进行。在圣彼得堡，德国大使罗伊斯亲王助长了沙皇和戈尔恰科夫对俾斯麦国内政策的忧虑；种种迹象都印证了这一点，特别是因为保守派宫廷密党在传统上与沙皇政权联系紧密，俾斯麦自 1848 年起就看到了这种联系。他在 1873 年 4 月底与威廉一世和老毛奇一起前往了俄国首都，为的是亲自澄清两国之间的关系。为期 12 天的访问充满了令人疲惫的庆祝活动，日程中的重要一项是缔结德俄军事协定；但俾斯麦还有别的要务，也就是巩固自己在德国之外的保守派阵营中的地位。遵照托尔夸托·塔索（Torquato Tasso）的智慧之言——"当面在场乃是有力的女神"（Die Gegenwart ist eine mächtige Göttin）——俾斯麦想前往那里，"使那些来自欧洲的、在圣彼得堡等待着皇帝并将一股脑向他倾倒的老妇的絮语都失去效力"。俾斯麦在这方面似乎是成功的，他与罗伊斯亲王的私人密谈大概令亲王放弃了所有相关的阴谋。

518　　首相还在外交上发出警告称，只有在多瑙河君主国也加入的情况下，军事协定才是有效的。但是，多瑙河君主国选择了回避，因为担心会由此被动卷入英国和俄国的东方冲突。尽管如此，俾斯麦还是在 1873 年 6 月促使亚历山大二世和戈尔恰科夫前往维也纳。这是克里米亚战争后，俄国沙皇对奥地利首都的首次访问；通过在美泉宫签署意向宣言，这次访问展现了些许表态性意味。

　　威廉一世由于身体原因，无法前往维也纳。10 月 23 日，他才加入了亚历山大二世和弗朗茨·约瑟夫之间的协议；这就把协议扩大为了三皇协定。在总体性的措辞中，君主们承诺合作"维护欧洲和平，抵御一切冲击"，并承诺在受到其他强国攻击时，"为了能够就共同追求的路线达成一致，应首先在三国之间达成互相理解，而不寻求缔结新的联盟"。

　　沙皇坚持对德国采取友好的态度，这抑制了俄国内部那些考虑甚至推行亲法政策的势力。但俾斯麦并没有因此摆脱掉那个经常被提及的梦魇，也就是那些有朝一日可以被法国用来对付德国的联盟。

第十二章

国家和教会；与自由主义的充满
不和谐的互动

冲突的产生

俾斯麦在经历奠基时代热潮的同时，还要在国际上应对新的力量形势，在国内完成帝国的对内扩张。在此过程中，他与自由派结盟，一并陷入了一场反教士的政治战争。这个反教士联盟中的两方有着不同的动机和目的。俾斯麦对意识形态的兴趣远不如对政治的兴趣，他关注的是一切涉及国家权力和自己首相地位的事情。他无法忘记 1866 年以后的苦闷经历，那时，与南德各邦的防守同盟越来越受到地方分离主义势力的质疑，而且——除符腾堡外——南德的地方分离主义者都受到了天主教教权主义的影响。关于天主教势力可能结成反普鲁士新教帝国的联盟的想法，有时被人驳斥为俾斯麦的固执己见；在 1871 年以后，首相很快又把它看作一种危险的信号，因为他始终坚信："如果一个人对一个大帝国的命运负有责任，那就必须非常注意它所显现的那些构成威胁的症状，并及时努力加以克服。"

当然，在迫在眉睫的教会斗争中，地方分离主义和教宗至上主义的阻挠也牵涉自由派。而且除此之外，作为现代工业和理性科学的代表，自由派对 1864 年颁布的"谬说要录"（Syllabus Erronum）① 和通谕（Enzyklika）以及 1869~1870

---

① 1864 年罗马教宗庇护九世公布禁书目录，意在进行思想钳制。

年的第一次梵蒂冈大公会议非常不满。所以，自由派学者鲁道夫·维尔乔用"文化斗争"（Kulturkampf）这个朗朗上口的词来形容整场冲突，是很容易理解的。

1864年的两份梵蒂冈文件产生了大量翻译本，因此得到了极大的宣传。发布这两份文件的是教宗庇护九世，他在1848~1849年的国际革命前夕被推为了教宗。虽然庇护九世对意大利的爱国情怀和他作为天主教会首脑的普世义务之间存在矛盾，但他的反自由主义思想是根深蒂固的。在1846年当选后，他就立即谈到了"有生命力的、无懈可击的权威"，并主张理性从属于信仰。大约二十年后，在颁布"谬说要录"时，他对普鲁士公使阿尼姆宣称："真理之所以是真理，并不是因为它有充分的证明理由；它之所以是真的，是因为我宣布了它。"

520

"谬说要录"各段落的标题已经表明了教会反对何种倾向，例如"泛神论、自然主义和无条件的理性主义""温和理性主义""冷淡主义""共产主义、社会主义、秘密社团、自由主义的宗教协会""关于罗马教廷世俗权力的错误认识"，还有那在最后被提及、最为重要的一点，"当今的自由主义引发的谬误"。

在八十种要严格抵制的观点中，我们在此选取两种。第十章第79段谴责了"国家有选择任何信仰的自由，以及完全给予每个人发表其所有思想和意见的自由"这种自由主义观点。最后，第十章第80段反对教宗应与"进步、自由主义和现代教育"进行和解、协调的建议。在最后一段中这种对资产阶级自由派的教育理想的否定，是教宗御用的主题，用来反对自法国大革命以来所产生的一切启蒙的宣言。但是，"谬说要录"也为暂时的后退和迂回保留了可能性。由于教廷描绘了要反对的观点，而没有精确地表达天主教自己的观点，因此各级神父可以根据需要对他们中间的矛盾意见做出解释。

在"谬说要录"反对社会、国家和科学的现代化发展的同时，教廷在同一时间发表的通谕也煽动了神父和激进信徒的狂热。在通谕中，教宗谈到了"心怀叵测的人的邪恶事业"、"他们混乱的渣滓"和"他们腐败思想的奴隶……"。如果说教宗对"可悲的时代进程"的感叹仍属合理，那么他告诫"天主教会所有心爱的儿子们"，"应该憎恶并避免感染这种瘟疫般的毁灭"，便完全不能令人接受了。在通谕的最后，对于那些不愿意授权教会"用世俗性手段惩罚违反教会法律者"的人，教宗表示了坚决的反对。这种要求不可避免地唤起人们对 1572 年圣巴托罗缪之夜①期间和之后那严重迫害的记忆，以及对宗教裁判所带来的迫害的记忆；此外，众所周知的是，教宗国在感化院和监狱上的花费是教育上的六倍。教宗国的文盲人数远远高于西西里王国。

通谕以及"谬说要录"的内容和用语显示了，梵蒂冈由历史上的守势转为了攻势。这种攻势随着各种宗教团体——特别是耶稣会、修道院联合会、学童和牧师研讨会以及民众传教士——活动的增加，形成了一种侵略性的斗争形式，必将给社会整体氛围带来重负。

俾斯麦在教宗秘密内侍来访时宣称："如果《巴伐利亚人民信使报》（*Bayrischer Volksbote*）等南德报纸对普鲁士展开充满谎言的敌对性抨击，受到了那里的神职人员的保护和挑唆；如果罗马不仅没有采取任何行动来证明其反对这种活动，而是对个别记者提供支持，那么我们将无法相信罗马此前多次表达的友好态度，并且从长远来看也无法与罗马保持友好关系。"

---

① 圣巴托洛缪大屠杀是法国天主教暴徒对国内新教徒胡格诺派的恐怖暴行，开始于 1572 年 8 月 24 日，并持续了几个月。由于胡格诺派拒不妥协，该事件成为法国宗教战争的转折点。

让教士们感受到了阻力的，只有那些仍然保有 1848~1849
年革命传统的地区，以及那些由于过去的领土分裂而靠近新教
教区，并随着交通通达性的提升而接受了更自由的精神的渗透
的地区。在反法统一战争中，新教徒和天主教徒毕竟曾在一些
军团中共同战斗过，并因此在个人关系上也得以相互接近。但
尽管如此，一直到了 20 世纪，从属于罗马教廷的世俗教士和
教团教士，仍然可以在民众中划出一些分界线。

德国主教们比起修士和教区牧师更难被教廷约束，因为他
们活动在宗教改革的发端地，与纯天主教国家的主教面对着不
同的历史环境。陆军大臣罗恩的朋友、来自波恩的教授佩特斯
很了解科隆主教区内部修士们的分歧；他区分了教宗至上派和
西萨尔平派（cisalpine）两种导向，并强调后者正在向普鲁士
国家寻求帮助和支持，不是为了反对天主教会，而是反对教宗
至上派。"他们……对于当前的内阁可能支持也可能反对，但
他们始终支持普鲁士国家，始终反对奥地利和比利时。"这是
一种与教宗至上主义对立的立场，教宗至上主义并不承认普
鲁士政府实行的宗教教派宽容政策，而是将普鲁士视作不愿满
足自己要求的敌人。在这种教条主义的狂热中，教会内的蒙
昧主义者（Dunkelmann）无法认同普鲁士更自由、更光明的
一面。

522 天主教会在其各个权力范围内都被进一步激发，反对社
会、国家和文化的现代化发展，在这一背景下，教会在 1868
年夏天宣布，将于 1869 年 12 月 8 日在罗马召开第一次梵蒂冈
大公会议①。如果考虑到上一次的大会已经是三百多年前的特兰

---

① 梵蒂冈第一届大公会议（First Vatican Council），即天主教会第二十次大公会议，
于 1869 年 12 月 8 日隆重开幕，到 1870 年 9 月 1 日会议暂停，发表了两个宪章：《天
主之子》讨论信仰和理性的关系，《永远司祭》讨论教宗的首席权和无误性。

托大公会议（Tridentinisches Konzil）[1]，并且那次会议发起了反宗教改革运动，那么这次的会议就更引人注目了。通过召开宗教会议，教廷显然在追求两个主要目标：一是扩大教宗在教会内部的权力，二是更有力地维护教会对国家的权力。

这意味着，欧洲国家将要面对天主教会更加好战的态度。这促使巴伐利亚首相克洛德维希·祖·霍恩洛厄－希林斯福斯特侯爵于1869年4月9日向巴伐利亚驻欧洲各国代表发出通函，寻求各国对宗教大会达成共同立场。他合理地怀疑，宗教大会未必真的将只处理"纯粹的信仰问题，讨论对象为纯粹的神学"。他认为，关于教宗无误论（päpstliche Unfehlbarkeit）[2] 的问题已经远远超出了宗教领域，具有高级政治的性质，因为这一信仰理论决定了，教宗对所有君主和人民在世俗事务上也具有管辖权。

祖·霍恩洛厄－希林斯福斯特的这份紧急公函自然无法一直作为外交秘密，它得到了公开，并引起了不小的轰动。可能是在来自慕尼黑的博学的教区长多林格（Johann Joseph Ignaz von Döllinger）的启发下，祖·霍恩洛厄－希林斯福斯特侯爵写出了这份通函；这不仅仅是一份国家文件，因为它同时代表了自由保守主义的、具有欧洲思想的高级贵族们的一次最后尝试，为的是保持其在天主教内部的独立性、不受"街头

---

① 特伦托大公会议（Konzil von Trient）是教会第十九届大公会议，从1545年12月13日开始至1563年12月4日止，含四阶段共二十五场会议，中间经历过三位教宗。特伦托是一个小城，位于意大利北部。这届酝酿了25年的大公会议召开的目的，除了规定并澄清罗马公教的教义，更主要的是进行教会内部的全盘改革。

② 教宗无误论是天主教会的教义，其实正式始于1870年，在梵蒂冈第一次会议中，由当时的教宗庇护九世正式颁布为天主教教义，此教义有很严格的规范，规定教宗在什么情况下的言论才可算绝对无错误。总括来说，所谓教宗无谬误，并不是指他所说的每一句话都绝对正确，只有他代表教会所宣告的关于信仰和道德的训令被列入无误的范围。所以这是指教宗在公告信仰教理上没有错误，而非指教宗永远正确。

的教宗至上主义"的影响。

523　　祖·霍恩洛厄－希林斯福斯特首相和他的三个兄弟的家庭关系，恰恰以一种最富启示性的方式，像源自生活的小说般凝练地反映了这个矛盾时代里的社会等级问题。兄弟中的一个是枢机主教古斯塔夫·阿道夫·祖·霍恩洛厄－希林斯福斯特亲王。古斯塔夫反对耶稣会，也反对教宗无误论，但在这条教义通过后，他还是表示完全同意教会最高领袖的意见。古斯塔夫是唯一一位在意大利军队占领之前离开了罗马的枢机主教，远离梵蒂冈多年，直到1876年突然归来。古斯塔夫搬进了自己的旧居——蒂沃利（Tivoli）的埃斯特别墅（Villa d'Este），在他的办公室里，不仅挂着俾斯麦侯爵的画像，还有加富尔的画像。巴伐利亚首相的另一位兄弟是冯·拉蒂博尔公爵（Herzog von Ratibor），1871年的帝国议会选举中，他在西里西亚的普列斯－雷布尼克选区（Pleß-Rybnik）作为一个反对中央党的坚定天主教徒参与竞选，结果失败。当威廉一世在文化斗争期间访问布雷斯劳时，拉蒂博尔公爵——除几个反对人士外——率领了一个由西里西亚省"最杰出、最重要的天主教贵族家庭"组成的代表团。祖·霍恩洛厄－希林斯福斯特首相的第三位兄弟，康斯坦丁·祖·霍恩洛厄－希林斯福斯特亲王（Prinz Constantin zu Hohenlohe-Schillingsfürst），在维也纳弗朗茨·约瑟夫的身边担任宫廷最高职务，曾在奥地利上议院（Herrenhaus）投票赞成废除奥地利政府与罗马教宗签订的条约。毫无疑问，祖·霍恩洛厄－希林斯福斯特家族是那些希望将忠于教廷和忠于世俗国家权力结合起来的高级贵族之一。

　　俾斯麦勉强同意了巴伐利亚首相的交涉，这项措施虽然得到了公众的呼应，但并没有取得外交上的结果。俾斯麦绝不想比德国的主教和其他欧洲强国走得更远；但他又指示他的大使到教廷去，希望可以促使教廷安抚德国南部天主教神职人员对普鲁士的敌意，但罗马对此从未做出回应。这让他更加坚信，敌对的念头和阴谋就是从那里产生的。

然而，俾斯麦坚持划分教会和国家的权限的做法带来了一个严肃的问题：尤其是在1864年的"谬说要录"和教宗通谕之后，教会中那些要求在国家事务中行使最高统治权的教廷、耶稣会派，能否凭借所谓的上帝给予的权利而承认自己侵犯了国家的主权？抛开其基本立场不谈，这一派在权限划分的过程中察觉到了国家和教会分离的趋势，这难道不是正确的吗？这些复杂问题的内在逻辑在根本上已经包含了即将到来的冲突。俾斯麦喜欢把教条主义的问题放在一边，但这些问题确实涉及了高级政治领域。而正是在政治的这个领域里，俾斯麦将在以后的岁月里和自由派结成盟友。

1869年12月8日，教宗宣布第一次梵蒂冈大公会议开幕，这是几个世纪以来首次上演这种盛况。在教廷最高层的努力下，在罗马聚集的692位主教中的369位，于1870年1月3日隆重要求宣布教宗无误论之教义。这种要求的罪大恶极，使当时大多数人都忽视了教廷在1869年12月10日官方印发的《论基督教会》之中，对现代国家提出的关键要求。巴伐利亚驻梵蒂冈大使认为，这些要求比祖·霍恩洛厄－希林斯福斯特首相在通函中表达的所有担忧都更为过分。

罗马教廷此前已经同意——当然是心照不宣地——与新教正统主义一道，谴责教会和国家的分离以及无宗教内容的学校教育；而现在，他们则更进一步，公开反对在一个国家内实现各个宗教的平等，这在本质上是拒斥了莱辛的宽容思想。

俾斯麦没有参与任何意识形态的争论。1870年1月5日的那份也得到了国王批准的重要通告，虽然让全欧洲的有识之士都兴奋不已，但对教宗无误性的问题却没有给出哪怕是最粗

524

浅的说法。相反，首相关注的是梵蒂冈大公会议的另一个主要问题，即教宗权力与主教权力之间的关系，还有教会的内部组织及其主要机构的权限。在这一封给驻罗马大使的通告颁布两个月后，俾斯麦向驻伦敦大使伯恩斯托夫伯爵谈道："教宗威胁要用专制主义政变来破坏教会的宪法。"

对政治家来说，重要的不是即将宣布的教宗无误论的教义和其他教义主张，而是教会等级结构中的强权政治问题，以及教会今后将主要采取怎样的方向——是倾向主教还是教宗。在俾斯麦看来，主教们是离政府"最近的教会代表和机构"。他在通告中说，如果主教相对于教宗的权力被大幅削减，那就需要"对立法和行政方面的行事方式做出改变"；这份通告在政治上的轻微抱怨，已经宣布了文化斗争的暴风雨即将来临。首相尤其担心，在德国与"宗教自由和追求科学"有关联的主教们，会在罗马的大公会议上，"受到占多数的势力的压制和歪曲"。

525　　而这最终还是发生了。大公会议开幕六周后，46位德意志和奥地利的主教向教宗请愿，要求不要宣布教宗无误论的教义，议事规程由此被修改为通过起立或坐下的方式进行投票，这种突袭使得辩论可以轻易地被终结。这是狡猾而精巧的设计，尤其是因为由大会主席们准备的各自的"信仰问题代表团"中，没有一个人反对教宗无误论，也没人反对与其联系密切的"罗马教廷专制主义"（俾斯麦语）。

自15世纪的大公会议以来，教宗至高无上权（Primatial-gewalt）与主教至高无上权之间的关系就一直存在争议。然而，在1869~1870年的罗马大公会议上，所有旨在实现两权共存的妥协提案都被否决了。在罗马通过的关于至高无上权的定义明确表示，"罗马教廷和罗马教宗对整个世界具有优先权"，"我们的主、耶稣基督，已经赋予了他们治理和管理整个教会的全部权力"。另外，主教们"受最高的、所有人共同的牧灵者——教宗的保护、支持、辩护"，只对其直接的行政区域——教区，有管辖权。这样，支持圣座的绝对权力的决定在 1870 年被最终确定了下来。此外，所有的主教都被永远禁止支持民族独立愿望，除非这种愿望是为教宗所容忍、同意或出于教会斗争的需要而鼓励的。

在普法战争爆发的前一天，由于一些主教的提前离开而缩小了的会议以 531 票对 2 票通过了如下的教义，即教宗在"信仰或道德问题"上的判断是无误的，因为他受到了上帝的支持。这种主张超越了信仰、延伸到了道德领域，所以，这条教义的影响一直蔓延到了国家和教会的边界上。

德意志的主教们在富尔达（Fulda）的会议上表示服从大公会议的决定，并在主教通告中宣布"所有的天主教徒都必须以坚定的信仰和喜悦的心态，对关于教宗无误论的决定作为启示性真理加以接受"。此时，厘清国家与教会关系的时刻已经迫在眉睫。在皮埃蒙特 - 意大利的国家军队占领罗马后，这种需求就变得更加迫切了。意大利自上而下的革命完成了，教宗国^①，即教宗的世俗统治，不复存在。庇护九世宣布自己是"梵蒂冈的囚徒"。

冲突时代

在反对教权主义的斗争中，俾斯麦绝不把所谓的旧天主教徒视为盟友，这些人是拒绝接受教宗无误论教义的异见者。他对旧天主教徒的看法，可以从编辑尤里乌斯·朗（Julius Lang）的笔记中看出，朗于 1871 年 7 月 4 日与俾斯麦进行了谈话。朗有着异见者的热情，扮演了波萨侯爵（Marquis

---

① 公元 756~1870 年罗马教宗进行世俗统治的国家，今只限于梵蒂冈。

Posa）① 的角色；首相直言不讳地对尤里乌斯·朗说："我对这场运动根本不抱任何期望……民众大体上很少或根本没有参与其中，他们一直无动于衷，只有教授、律师、作家和少数神职人员说了一些空话，然而并没有赢得群众的支持。我从来没对天主教能够改革抱有幻想，我认为，天主教的体系早已封闭，如果有人想对它做出改变的话，它就不再是原来那个它了。"旧天主教派（Altkatholizismus）② 那博学多识的发起人多林格，"对这个时代和时代里的人不甚了解，对主流舆论知晓无多，甚至是完全不知晓"。天主教会事实上无须惧怕教会运动，但是十分排斥像是 19 世纪的民族主义那样的目标，特别是意大利和德意志的统一运动。

俾斯麦在谈话中明显变得不耐烦，最后只愿再回答一个关于民族教会的可能性的问题；他非常坚定地对记者说："您不要再问我关于未来的问题了，关于当下已经有足够多的事情要去处理。我们不会看到民族教会，所有的前提都是缺失的。不，不，我们不能严肃地考虑这个问题。"在这次谈话中，首相显示了自己也是一个现实主义者，绝对没有低估教廷的力量。所以他才没有沉迷于对民族教会的空想。俾斯麦对教会的兴趣限于对教会组织的那部分，尤其是那些涉及"混合事物"的领域，国家机构、宗教机构和文化机构之间的冲突蕴含在这些领域中（包括学校、婚姻、社会和政治活动等），甚至已经爆发了出来。尽管俾斯麦的观点与自由派的观点不同，但他和

---

① 席勒戏剧《堂卡洛斯》中的人物，他曾要求国王给人民自由，是理想主义和自由主义的化身。

② 在天主教第一届梵蒂冈大公会议期间，有一群神父和信徒不愿意接受此次会议为天主教会所带来的革新，尤其是教宗首席权和无误性的信理。他们在多林格的领导下，逐渐脱离教会而形成许多分离的、独立的小团体，故名"旧天主教会"（Altkatholische Kirche）。它们一度受到不少基督新教的影响，也沾染了 19 世纪国家主义和俗化主义的色彩。在 1965 年，这类小团体的人数接近二十万。

自由派一样希望重塑教会与国家之间的关系，为的是维护帝国的统一和安全。

对好战的教权主义的第一次打击，是宗教和教育事务部中的天主教司的解散，这个部门成立于 1841 年弗里德里希·威廉四世登基后不久。1871 年 7 月 8 日的这一决定的直接诱因，是上西里西亚的柯尼斯胡特（Königshütte）的暴动，在那里，社会、教会和波兰民族的利益冲突在 6 月底爆发了。俾斯麦把这一切都归咎于文化部① 天主教司司长身边的工作人员。很难说清他的这一指责中到底有多少确信的成分，又有多少属于煽动。无论如何，他关心的不只是上西里西亚和那里有关波兰民族的棘手问题，而是还有更多：如果他想在下议院和困难重重的上议院里推动旨在重新塑造教会与国家关系的法案通过，那么他就不能容忍文化部里有任何不想跟着他的方向走的人。随着天主教司的解散，他在人事政策上跨过了反对教会干政道路上的第一道坎。

此后，他的意图主要遭到了普鲁士文化大臣冯·穆勒（von Mühler）的反对。穆勒是一个严格的正统主义新教徒，自 1862 年开始任文化大臣，是与俾斯麦一起经历过反自由主义的宪法冲突时期的老战友。如今，在昔日战友穆勒与俾斯麦之间出现的意见分歧并不是源于天主教问题，而是涉及新兼并各邦省份中的教派关系，包括汉诺威、拿骚、黑森、石勒苏益格 – 荷尔斯泰因以及老普鲁士地区本身。穆勒想要为整个普鲁士以及其他地区制定一部尽可能统一的教会法，并加强以国王为最高主教（Summus Episcopus）② 的君主教会

① 在非正式场合，人们也会用"文化部"（Kultusministerium）来指代宗教和教育事务部（全称为 Ministerium der Geistlichen, Unterrichts und Medizinal-Angelegenheiten）。

② 在新教国家里，国王就是"最高主教"，他把教会和国家的最高权力集于一身，这种国家形式的最终目的是黑格尔所说的政教合一。

团（landesherrliches Kirchenregiments）；在教会监理会
（Konsistorien）的帮助下，国王还将在新教教会中继续拥有
立法和司法权，以及最高行政权。这就像是一个基督教的国中
之国，尤其是要掌控学校教育，也要对官方决策和社会生活施
加影响。俾斯麦则希望各省教会在没有君主的至高权力的情况
下，尽可能地实现独立，也就是不实行新教教会的中央集权，
不在国内强化教士正统主义。归根结底，这意味着他不希望看
到自己作为政府总管的地位受到任何来自教会的威胁，无论是
新教还是天主教。

528　　　　俾斯麦与穆勒的矛盾越来越大，尤其是因为穆勒得到了
国王和王后的支持，他们都是首相的老敌人了。首相与仍然处
于强势地位的文化部长在两个层面进行了斗争。一方面，他利
用自由派对穆勒进行舆论攻击；另一方面，他试图在内阁孤立
穆勒。在穆勒的反对者中，有海因里希·冯·特赖奇克和古斯
塔夫·弗莱塔格（Gustav Freytag）等身份显赫的大人物。他
们都对穆勒的中小学和大学政策感到愤怒。

　　在关于国家、教会和文化之间的新关系的争论中，不能
忽视与新教正统主义的矛盾，穆勒正是这种主义代表。在普鲁
士内部，这种主义比政治派天主教更早地带来了矛盾。直到
1871年初夏之前，俾斯麦虽然多次感到失望，但仍一直希望
能促使教廷和主教团对教士组织及其附属刊物施加影响。只有
在梵蒂冈公开宣布与天主教中央党采取一致行动之后，俾斯麦
才做出了战斗的决定。现在，他对教会与国家间关系的思考变
得更加具体，更加重视天主教机构中的敌对态度，在那里，教
士们公开叫嚣应挑起冲突，直到有一场巨大的变革帮助教会取
得最终胜利。

　　在接下来的几个月里，文化大臣冯·穆勒步入了越发无望
的处境。在任期的最后阶段，他甚至不得不接受有争议的"讲

坛条款"，即禁止神职人员在礼拜期间"以危害公共和平的方式"讨论国事。这项对于刑法典的补充是巴伐利亚在联邦议会要求做出的。但是，由于这项条款可能鼓励告密行为，很多自由派人士在表示同意的同时也产生了巨大的担忧。无论如何，尽管"讲坛条款"在法庭上很少被使用，但保护国家机构免受教会批评的目标还是实现了，毕竟它在刑法中持续存在了几十年，直到 1953 年才被联邦共和国（Bundesrepublik）废除。

俾斯麦没有出席帝国议会关于"讲坛条款"的讨论。他当时可能生病了，但无论如何，这件事对他来说并不像后来的那些立法和行政措施一样，具有根本上的重要性。不过，巴伐利亚政府求助于帝国立法机构来执行自己意愿的做法，让他在政治上颇为满意，正如中央党领袖温特霍斯特讽刺的那样："骄傲的巴伐利亚雄狮因为害怕自己制造出来的鬼魂而逃到了老鹰的翅膀下。"

帝国的权威得到了加强。这更加激励了俾斯麦继续走他的道路。他接下来的目标是《学校监督法》，这项法律针对的是有关基督教国家的保守主义思想。穆勒——不管是否情愿——让部里起草了法案，并提交给了下议院，但他将不再是执行这项法律的人了。在被梵蒂冈激怒的德国，无论是新教还是天主教的正统主义都面临着糟糕的处境。穆勒坚持着保守主义的固执态度，以失敬的方式，最终拒绝聘用王储推荐的候选人、自由派的博物馆顾问（Museumsrat）赫特纳（Hettner）；他因此失去了皇帝的支持，1872 年 1 月 12 日，他不得不提出辞职申请，1 月 17 日，辞职申请得到了国王的批准。穆勒，这个受到自由派群体憎恨、在自己的同侪中被孤立并且被俾斯麦讨厌的人，倒台了；这使得教会政策有可能取得更快、更坚定的进展。

穆勒的继任者是阿达贝尔特·法尔克（Adalbert Falk），

他是西里西亚一个路德宗监理会成员的儿子，生于 1827 年。他的父亲并不是一个宗教狂热分子，而是愿意做出妥协；这位父亲在 1861 年给儿子写信说，与新教正统理念相反，他"坚决赞成强制的民事婚姻"。父母提供的开放包容的牧师家庭氛围，成了法尔克持有的温和自由主义态度的决定性因素。法尔克努力刻苦，始终追求公正的行事方法，选择了公职人员和政治家这条职业道路；他曾在东普鲁士和柏林当检察官，是邦议会中右翼自由派最年轻的议员，之后成了司法部的讲席委员，其间担任过格洛高（Glogau）上诉法院委员。在当选为北德意志帝国议会的议员后，他与民族自由党关系密切，但这种关系又并非十分稳固。作为文化大臣，他带来了法律领域和议会常规工作的专业经验，以及自由派资产阶级特有的教育经历，其中包括《圣经》研究，他在大学时对此有一些了解。他发誓要遵循那种将霍亨索伦王朝的普鲁士主义与自由宪政相结合的保守主义精神，因此得到了王储夫妇的好感，但他也不得不面对皇帝的不信任和奥古斯塔皇后日益增长的敌意。

530　　　俾斯麦认为法尔克是一个精力充沛、技术过硬的大臣，有能力贯彻执行新成立的国家对教会的要求。因此，俾斯麦在计划纲领的框架内给了法尔克巨大的行动自由，就像他准许鲁道夫·冯·德尔布吕克在经济政策领域大施拳脚一样。俾斯麦在 1873 年底写道，他认为，在与教会的斗争中，法尔克先生"在普鲁士国家的领土上……是一位必要的领袖，因此也需要独立性"。然而，首相仍然介入了文化斗争，其程度远高于他对经济政策的参与，因为在文化领域中，他要面对自己的政治敌人。《学校监督法》规定，以国家对"所有公立和私立教育机构"的监督取代教会的监督；地方和地区学校的督学由国家机构任命，可随时被解职。

　　　该法律草案中的条款涉及了国家与教会关系中的核心问

题，因此，在 1872 年 2 月的议会辩论中，普鲁士下议院的所有党团都派出了自己的领袖走上讲台。在自由派方面，柏林夏利特（Charité）医院的知名学者鲁道夫·维尔乔再次挺身而出；依据西班牙和教宗国的情况，他否定了天主教会履行文化使命的能力。但是，他在发言中不得不承认，《学校监督法》会在一定时间内形成"内阁独裁"。正因为如此，所有的自由派人士和俾斯麦一起，甚至在议会会议开幕前就推动了对穆勒的解职。民族自由党的代表爱德华·拉斯克遵循着那个几乎变成圣歌被人们唱咏的原则，即"一切法律都来自国家，而且只来自国家"；因此，国家的任务是通过适当的法律确保民族的教育、宗教和文化水平。

毫无疑问，自由派为天主教中央党的领导人提供了许多论战的关键词。马林克洛德谴责该法律草案是教育领域独裁的宣告；比较温和的彼得·赖兴斯珀格预言，公立学校将变得无教派，甚至最终会变得无信仰。此外，这项法案使激进派的温德霍斯特对未来的学校进行了谴责，还声称国家将变得无信仰、异教化，变成没有上帝的国家，而国家将把自己变成上帝，代表着黑格尔国家思想的胜利。保守派在下议院的辩论中有所保留，直到《学校监督法》被提交到上议院时才对它发起攻击。只有自由保守党的贝图西 - 胡克（Bethusy-Huc）支持俾斯麦，并试图唤起人们对施陶芬时代（Stauferzeit）帝国与教宗之间大规模斗争的记忆。首相亲自积极参加了辩论。鉴于中央党对普鲁士 - 德意志帝国所持有的基本态度，他对该党发起了攻击，并且没有放过路德维希·温德霍斯特。俾斯麦说，温德霍斯特在辩论中多次发言，"但他的话语里的油不能治愈伤口，而是在滋生火焰，并且是愤怒的火焰"。

在谈到学校法案的核心原则时，俾斯麦公开表达了他多年来在内部文件中所说的话："关于变体论（Wandlung）或宗

阿达贝尔特·法尔克（1827~1900 年），他相信法律是万能的。

教宣言的无休止的教条主义争执可以在天主教会的教义范围内进行，但政府不会发起它，它也必须远离政府；任何为我们千千万万的同胞所认同的教义，对其他国民和政府来说也一定是神圣的，哪怕我们并不相信它。——但是，我们不能同意宗教权威对于行使部分国家权力的诉求，并且我们认为，为了和平，必须对宗教权威已经拥有的国家权力加以限制……这样一来，我们彼此之间就有了足够的空间，能够和平地共存，从而尽可能地使我们无须在这里担心神学问题。"而这种共存，恰恰是与 1864 年通谕和 1870 年梵蒂冈大公会议的精神相违背的。

　　上议院的一批保守派人士为自己的新教正统教会及其最

高教会会议（Oberkirchenrat）做出了辩护，俾斯麦不得不与他们周旋。虽然俾斯麦承认教宗有着足以影响历史的权力，但他却完全不重视自己教会的最高级别组织。他在这个问题上的想法可能与维尔乔类似，对他来说，最高教会会议是"专制主义和天主教教士团的变种"。上议院委员会报告中提出的主要指责与中央党领导人提出的指责一致，认为政府将会通过这个法案打开一扇大门，"通过这扇大门，无信仰的时代狂潮将会从去基督教化了的国家涌入学校"。上议院的发言人是冯·克莱斯特－莱佐夫，他是一个顽固的保守派，有着强烈的容克意识，且在地区行政体系的问题上持反对意见。俾斯麦在议会发言中说道，国家不能"把立场降低到单一阶层的视角上，这种视角只会重视学校赞助人（Schulpatronat）的利益或那已经被法律废除了的领主裁判权"，这正是针对冯·克莱斯特－莱佐夫本人说的。由此，俾斯麦对这位青年时代的朋友宣了战；早在1866年，他就曾以政治上的阻挠和行政中的冒失为由，威胁要起诉这位朋友。

俾斯麦对波兰贵族和波兰神职人员在课堂上故意忽视德语的行为的评论，有特别重要的政治意义。首相担心，学校体系的进一步教派化会削弱帝国的政治团结，这将是危险的，特别是考虑到来自法国的威胁。这种论调对前普鲁士首相冯·曼陀菲尔等保守派议员并非没有影响。他们最终支持了《学校监督法》，帮助这份法案在上议院绝大多数的赞同票下得到了通过。

即使在这项法律生效后，天主教会仍然试图保持对学校的影响。文化部知道，各个教区与宗教团体和修会签订了合约，允许他们的成员在学校担任教师。尤其是因为教区不愿意花钱，才使得这桩灵魂交易变得容易了。因此，文化大臣不得不在1872年6月15日下达命令，禁止教团成员在公立学校工作。在下议院以绝大多数票否决了一份声称这份命令违宪的动议后，俾斯麦于当晚给阿达尔贝特·法尔克发电报称："衷心祝贺你今天和昨天的辩论成功。"文化大臣的权威得到了加强，教会和学校的分离在法律上得到了确认。然而，教会对学校的影响仍然可观；宗教课程涉及的话题广泛，而且往往由教士教授，至少在新教地区是这样。而国家对教学内容所做的贡献，则完全称不上民主。

德国的主教们非常清楚地认识到，这项可能是文化斗争中最重要的法律有着重要的历史意义，于是，他们以自己的方式对其做出了反应。他们在 1872 年 4 月 11 日的主教通告中宣称，在所有基督教国家，学校自诞生之日起，就是"教会的女儿"；同一天，他们在给首相府的呈文中遗憾地表示，"学校和教会之间存在了一千多年的有机联系"被《学校监督法》破坏了。然而，教会和学校的分离在执行中并非总能带来理想结果。首相将学校从教派监督中解放出来的方式，远远不能满足伟大的启蒙主义教育家第斯多惠（Diesterweg）的要求，他主张学校的学科监督既不受制于教会，也不受制于国家专制。几百年的束缚终于得到了摆脱，让人们更加自由，但距离民主还有很长的路要走。

《学校监督法》尽管存在种种不足，但仍然推动了现代化发展。在此之后，以压制性立法为主要特征的时代出现了。与此同时，俾斯麦和庇护九世使用一系列富于谋略、言辞雄辩的文告，进行了精彩的攻防。

1872 年春，首相提议枢机主教祖·霍恩洛厄 – 希林斯福斯特亲王担任普鲁士驻梵蒂冈大使。对受到耶稣会强烈影响乃至支配的罗马教廷而言，这位公开反对耶稣会、有着国家教会思想倾向的亲王是完全不可接受的。另外，他在意大利军队占领前不久离开了罗马，并且是唯一一个远离了罗马城的枢机主教，这自然让他失去了教宗的信任。因此，教廷原则上不可能接受俾斯麦的建议。除此之外，该建议的提出也有悖于外交惯例。普鲁士没有先私下问询拟委派的大使是否受欢迎，在普鲁士国王兼德意志帝国皇帝正式对祖·霍恩洛厄－希林斯福斯特亲王做出提名之后，梵蒂冈才得知这个消息。此外，祖·霍恩洛厄－希林斯福斯特亲王本人也用妄自尊大的口气给教宗写了一封信。

只有当我们考虑到，帝国首相故意引起教廷的拒绝，以便能在国内政治中对其加以利用时，我们才能够理解这整件事情。俾斯麦可以很轻易地说服那位爱慕虚荣且不熟悉外交习惯的皇帝相信，教廷拒绝一位亲王、一位枢机主教担任普鲁士－德国的大使，是对皇帝的侮辱，是对和解意愿的信号的无视。这个老办法在皇帝陛下那里屡试不爽：威廉皇帝不能忍受得不到足够的尊重，也不能忍受自己为了和平所做的高尚的努力遭到误解。

正如俾斯麦在1867年诱使民族自由党的冯·本尼希森在议会中就卢森堡问题进行干预一样，他现在再次使用了这一手段，于1872年5月14日在帝国议会中提出了关于教廷行为的问题。本尼希森在审议外交部预算时询问道，是否可以取消驻梵蒂冈的使节职位；毕竟，教廷无视德国的让步，从而侵犯了帝国政府、政府领导人和皇帝的尊严。由此，宣传鼓动的主旋律已经奏响了。

当然，俾斯麦通过一场经过深思熟虑的鼓动性演讲讨论了这个问题，这场演讲产生了立竿见影的效果，并因为其中那句名言而声名远扬："我们不会去卡诺莎（Canossa）①——无论是

534

---

①　典出中世纪著名的卡诺莎事件。教宗与皇帝长期争夺对教会的控制权，并针对主教叙任权开展了漫长的斗争。1076年，教宗格列高利与神圣罗马帝国皇帝亨利四世相互宣布废黜对方；后亨利四世迫于贵族叛乱的压力，于1077年1月到意大利北部卡诺莎城堡向教宗悔罪，连续三日冒着大雪在城堡外赤足披毡请求宽恕，终获同意。此事件被认为是世俗权力向教权屈服的象征。

身体上还是精神上！"引用这句话几乎成了一种义务，每一个高年级的小学生都可以理解它，因为他们已经在历史课上学过关于 1077 年亨利四世在教宗格里高利七世的城堡前进行忏悔的故事。在同一天，俾斯麦向普鲁士驻圣彼得堡、维也纳、伦敦、罗马等地的使团发了一封秘密通函；他在其中指示各个外交代表，鉴于庇护九世的高龄，应敦促各国政府对即将举行的教宗选举给予必要的考虑。这份"关于教宗选举的公函"还提到，"教宗可以通过梵蒂冈把每个教区的主教权力都掌握在自己手中，还可以用自己的权力替代主教权力，而主教们成了工具；因此，国家利益受到了莫大的牵涉"。俾斯麦希望各国政府之间可以就承认教宗选举所需要的条件交换意见，但这并没有被达成。但在各国的首都，人们还是在猜测，在庇护九世去世后，枢机主教中谁是最有希望的候选人。在维也纳尤其如此，哈布斯堡皇帝作为"使徒国王"仍然对教宗的选举有否决权，这种状况一直持续到了 1903 年。

在 1872 年 5 月 14 日这个经历了议会和外交上两重大事的日子两天之后，帝国议会通过了一项由民族自由党、保守党和自由保守党协商确定的议案，该议案要求政府制定一项法案来规定宗教教团的法律地位，并使其"危害国家的活动"——耶稣会的活动——受到惩罚。

535　　这个安排是完美的；表面上看，帝国议会是这个反耶稣会特别法的发起者，该法案在次月得到了通过。虽然法律是由政府主管部门制定的，但俾斯麦通过从瓦尔津给德尔布吕克部长和法尔克发出的电报与信件，积极参与其中。他在外交上为这部法律做好了准备，在议会中为这部法律进行了游说，在舆论上为这部法律提供了支持。

法律规定，应在 6 个月内解散耶稣会的分支机构和与其有关的教团，并驱逐外国成员，应拒绝或指定德国耶稣会士居住于某些固定居所。这项条例中的内容仿佛预告了日后的《反社会党人法》。可以预见的是，这种特别条例也会引起一些自由主义者的担心，比如，卡尔·比德曼（Karl Biedermann）就写信给爱德华·拉斯克说，他将抵制这项法律，尽管对他的选民而言，没有什么能比针对耶稣会更糟糕的了。

首相一直坚持将天主教的宗教生活与罗马的政治活动，特别是耶稣会的活动区分开来。他的攻击只是针对政治活动的。对俾斯麦来说，中央党已经成了"对国家进行攻击的炮台"，而耶稣会——这个组织严密、遍布各国、以服从教宗为义务、总部设在罗马的组织——则在内政和外交上对帝国的生存构成了另一种威胁。现在，既然他已经与干预政治的教权主义展开了斗争，那么利用起德国之外也广泛可见的对于耶稣会的敌意，便是一种明智的战术。

在《耶稣会法》通过的前十天，教宗庇护九世为沸腾的舆论进一步煽风点火。在接待"德国天主教文学协会"代表团时，他被对于《圣经》的热情冲昏了头脑，化用《但以理书》第二章中的一段话，威胁性地宣称："谁知道不久之后，会不会有一个小星星从高处落下，摧毁了巨人的脚。"这个巨人既可以指首相，也可以指德意志帝国。现在，俾斯麦当然不想止步于《耶稣会法》，而是要继续大规模地打击干政的天主教。然而，他几乎将相关法律的制定工作都交给了文化大臣及其部下，只是偶尔通过洛塔尔·布赫尔来通报他对某项法案的投票意见。在那时，出于健康原因，俾斯麦已经很少从瓦尔津前往柏林了。

文化部的立法热情被文化斗争点燃，到1873年春天时，他们已经准备了大量的法案。它们迅速被讨论并得到了通过。

随着1873年"五月法令"的颁布，教会斗争进入了新阶段。虽然1872年的《学校监督法》试图将国家和教会相分离，

536

或至少要松动二者的联系，但"五月法令"的内在逻辑，却是将教会变成国家机构，将神职人员变成公职人员，或至少应该保证国家对教士阶层的控制。无论是废除了教会自中世纪以来的权利的《学校监督法》，还是对耶稣会的镇压，都没有像1873年的法令那样，使忠实的天主教徒前所未有地团结在一起。他们对教育的热情和对严密组织的追求都显示，他们对新的德意志帝国不是有益的，而是有害的。

尽管俾斯麦后来多次声明，他无法为法律的制定而操心，但他一定承担起了确定法律整体方向的重任——无论他是否情愿。他后来公开谈到了这种整体方向的无用。他说："试图通过教育和培训的手段，来影响教士今后对平信徒的行为，以及培养他们对其他信仰的宽容，这在我看来是错误的想法。这一点根本不取决于教育，而是取决于日后的经历，取决于上级的影响，我想说的是，取决于一个人生活的时代在这些事情上的整体气象。"他还在另一个场合中称天主教神父为"教宗的军团里的军官"。因此，鼓励教士反抗上级注定是徒劳的。

在天主教的主教们于1873年5月26日宣布无法对其给予承认后，"五月法令"便不再可能被推行了。天主教神学院的毕业生们没有参加文化考试，放弃了国家对他们的预备性教育的承认。主教们没有将新教区的牧师任命状交给负责的最高主席，他们因此被处以重罚；如果拒绝支付罚款，他们将会被判处监禁。

537

信徒们看到自己的神父在警察的羁押下被捕入狱，偶尔会进行反抗；这种情况下，宪兵们的工作就是要带领被捕者穿过人群离开。而政府当局的自作主张，更是让情况雪上加霜。俾斯麦自己也感受到了这一点，他曾经谈到，国家的表现"就像一个穿着厚重铠甲的人在追赶一个轻骑兵，就像一个配着长剑的宪兵在追赶一个身手敏捷的违章者"。

　　无论如何，天主教徒比以往任何时候都更加紧密地团结在了一起；即使是那些不瘟不火、半信半疑的人，现在也意识到，这不再仅仅是一个关于阻止教士行使权力的问题，而是一个关于宗教自由的问题。有关天主教民众已经群情激昂的说法，是贴合实际的，哪怕事态还没有严重到"戴克里先（Diokletian）迫害基督徒[①]"的程度。

　　中央党的选票在1873年普鲁士邦议会选举和1874年帝国议会选举中大大增加了，这体现了天主教会的反抗。教士和自由派在两次选举中都取得了成功，这显示了资产阶级和小资产阶级内部的两极分化，他们对有组织的劳工运动的共同敌意，要到之后才会变得更加强烈、明显。这很奇怪：自由主义和教权主义作为对立的双方，都能够感觉到自身的力量在加强，但没有一方是胜利在望的，甚至二者之间的妥协都还遥遥无期。当然，两个自由主义党派仍然在帝国议会和普鲁士下议院中保住了多数席位。

　　如果王储秘书的话可信，那么，俾斯麦对自由派的成功"耿耿于怀"，但与自由派决裂的时机还没有到来。他不能也不愿在这个时候减弱与教廷的斗争，更不会放弃。相反，1874年版本的"五月法令"将会在1873年的基础上进一步强化主张。根据新的"五月法令"，主教空缺的教区的资产管理可以由国家机关接管，而如果一个神职人员在未经主教向当局报告的情况下便承担职务，就会被逐出教区。这对教区的教会生活产生了深远的影响，因为日常的礼拜、洗礼、婚礼和葬礼，甚至是对空缺的牧师职位的捐助，都遭到了质疑，甚至再也无法进行。在这种情况下，牧师很容易成为殉道者，教会民众对这

---

① "戴克里先迫害"或称作"大迫害"，是罗马帝国最后一次和最严重的一次对于基督徒的迫害。

种压制也越来越愤怒。

538 　　那么，在这种愤怒的气氛中，会有一个精神不稳定的人不由自主地拿起左轮手枪，也就不奇怪了。第二版"五月法令"颁布后的几周，在 1874 年 7 月 13 日，21 岁的马格德堡制桶工人库尔曼（Kullmann），在巴德基辛根（Bad Kissingen）向俾斯麦开了枪，俾斯麦的手受了轻伤。俾斯麦此前对自己遭受攻击和死亡威胁的反应都还算冷静，这次则立即抓住机会，在帝国议会中大骂中央党："以您想要的方式把这个人赶走！他挂在您燕尾服的后摆上！ ①"为了达到想要的效果，他把这句话说了两遍。

　　在接下来的几个月里，俾斯麦在私下和公开场合都着重提到了马丁·路德，这在政治和心理层面都有特别的启示意义。1874 年 7 月底，他在给国务秘书伯恩哈德·恩斯特·冯·比洛（Bernhard Ernst von Bülow）的信中，抱怨新教徒们的支持力度不够，并建议"文化大臣考虑一下，是否可以在处理最高教会团的问题时让新教教会的态度焕发生机、给予国家支持"。他的政策毕竟不是反基督教的。伴着这样的建议，这封信几乎具有了官方性质；很明显，俾斯麦在反对天主教教廷的斗争中，正在寻找更多的盟友，甚至是全新的盟友。

　　俾斯麦早些年就已经希望"主要从新教元素中"汲取精神和道义上的战斗力，而不是依靠"1789 年的自由主义思想的力量"，因为这种思想很容易倒向法国的反教会主义。但现在，他更强烈地、更有针对性地激活了新教元素。他指责教宗是"福音的敌人，因而也是现在的普鲁士国家的敌人"。即使是对中央党议员冯·肖勒梅尔－阿尔斯特男爵（Freiherr von Schorlemer-Alst）那样的情绪爆发，也并不罕见。首相以宗

---

① 　此为德国俗语，意为自己没有主见，只会做跟屁虫。

教战士的风格对这位男爵进行了抨击："人们要是听到了前面的演讲者的演讲，恐怕就会误信，在教宗的统治还不受限制、不受争议的时候，从未有过谬说要录、酷刑和焚烧禁书的柴堆，从未有过暴力镇压和反宗教改革运动；误信在三十年战争很长一段时间之后，类似的事情才开始发生。"在他的战斗热情中，俾斯麦甚至愿意宣布中央党是一个服从于教宗的机构。

俾斯麦当然谈到了对庇护九世的愤怒，教宗在 1875 年 2 月干脆地宣布"五月法令"无效；俾斯麦的观点也必须变得更加激烈，因为政府即将出台更严格的法律。例如，"面包篮法案"（Brotkorbgesetz）①撤销了国家对神职人员的所有财政支持，直到神职人员承诺服从国家法律。同样是在 1875 年，在耶稣会受到迫害后，除了纯护理性质的教会团体②，其余所有修会及其相关的宗教团体都遭到了解散。有一千多名修士和近八千名修女受到波及。

与以往相比，俾斯麦在公开声明中对新教路德宗进行了极力的强调，这不仅是对政府新措施的意识形态方面的配合，他可能还有别的担忧：他越是清楚地认识到教会斗争中万般混乱的局面，就越是对与自由派的联盟感到不安。他不再相信，旨在控制教会的立法工作能够取得完全成功。因此，他在审议"面包篮法案"时公开表示："我并不期望撤销国家资助会有什么成果，但这样做是我们的责任，为的是保护我们国家和民族的独立不受外国影响，保证精神自由不受耶稣会和支持耶稣会的教宗的压制。"就像庇护九世坚持自己享有"至高无上统治权"而不能屈服一样，俾斯麦也不愿开启一次"卡诺莎之行"。由于情况复杂，他采取了双重策略。在那一次演讲中，他大肆

539

---

　　①　又译《早餐法案》。

　　②　Krankenpflegeorden，即天主教会中护理病人的修会。

渲染反宗教改革运动的恐怖，并从意识形态角度出发，为加强对教会中好战的仆从的镇压进行了辩护。最后，他表达了自己的期望："不过，很快就会再次出现一位爱好和平的教宗，他不仅想把意大利神职人员选举的产物提升到统治世界的地位，而且愿意让其他人按照自己的方式生活；我们可以与这样一位教宗达成和解。"借此，他暗示了教廷应如何在新教宗的领导下挽回颜面，鼓励教廷以妥协的精神解释1864年"谬说要录"中的重要论点。

尽管出台了更严格的法律，俾斯麦仍然考虑与教廷达成协议；但他一定清楚，这很难在自由主义的意义上实现。因此，他也准备好了在教会政策方面与自由派决裂。自由派中的许多人早已放弃原来的教会和国家分离的想法。这样的观点再一次由海因里希·冯·特赖奇克表达了出来，他声称这种分离"在德意志历史上没有任何根据"。在现代欧洲范围内，国家与教会完全分离的实现，只有在具有人民革命这一伟大传统的法国才有可能；而即使在那里，也只有通过1905年的著名的"12月9日法"（即法国《政教分离法》）才能实现，该法将教会生活的组织和资助留给了私人领域决定，就像在美国一样。俾斯麦是不可能做出这样的激进行为的，因为这样一来，他将不仅会打击到天主教会，还会打击到以国王作为"最高主教"的新教教会团。

540　　他能做到的，最多只是将教会和学校分离。但就在反教会干政的立法工作暴露危机的这一年，一部足以适应现代的法律得到了通过，即1874年1月的关于强制世俗婚姻①的法律。一年后，这部法律被推广到了整个帝国。这不是俾斯麦本人的建议，他受到了文化大臣法尔克和其身边亲信们的催促。

---

① 即民事婚姻，指不采取宗教仪式的婚姻行为。

俾斯麦在其他方面也感觉受到了阻碍；在对这项法律表决的前几天，他对布赫尔讲了几句关于法尔克的话："由于我在其他时间、其他情况下，公开发表过反对世俗婚姻的意见，因此，我个人应在多大程度上、多积极地参与这项法律的立法才合适，是一个问题……我对这项法律在原则上是赞同的，这不需要保密。"如果我们考虑到一年前老格拉赫在俾斯麦身上玩了一个漂亮的把戏，那么，俾斯麦这不同寻常的畏缩就很容易理解了。格拉赫在他的小册子《皇帝与教宗》的封面写上了这句座右铭："我希望还能看到，这个时代的愚人船①在基督教会的岩石上触礁。"这是 1849 年 11 月 15 日，帝国首相冯·俾斯麦在普鲁士下议院发表反对世俗婚姻的演说时说过的话。最终，世俗婚姻这样的进步措施在推行过程中几乎没有什么内部动力；这一点可以从对与此相关的帝国法律的投票中看出。

文化斗争的立法行动的结局令人失望。随着修会的解散，学校中的宗教团体也不得不停止了活动。这就造成了发展的不协调。对此，文化大臣法尔克没有进一步兴建和扩建世俗学校，也没有在学校中提倡自由主义的政教分离精神；他反而向东普鲁士、波兹南、西里西亚和莱茵省的最高主席们发出了一道体现着罕见的官僚主义式狭隘的公告。公告要求，在弥补学校数量不足和建设缺陷的问题时，"必须采取最谨慎的态度，尽可能地节约国家资金。因此，暂时不要设立纯粹的国家机构或耗资巨大的机构，这些机构对民众而言仅仅能够从表面上取代修道院机构的优势"。文化大臣大概完全没有想到，可以从法国 50 亿战争赔款中留出办学经费。但自由派文化斗争的战

---

① 《愚人船》是德国人文主义者、讽刺作家塞巴斯蒂安·勃兰特的作品，讲述了各色愚人驾驶着愚人船前往愚人乡的旅程，尖刻而生动地批判了这些愚人所象征的种种社会弊病。

541

鲁道夫·维尔乔，约摄于 1895 年。这位医生、现代病理学创始人是俾斯麦的自由主义反对派阵营中的一员。作为一个政治家，他希望在国家统一后促进内部团结。他推崇的是一种不受教条束缚，同时又有传统意识的民族文化。

士们也没有提出这样的诉求。在德意志帝国的初始阶段，学者和作家们关注的，是如何向刚刚拥有了统一国家的民族传递一种既无教条又有传统意识的民族文化。哪怕只有几道光，也能给人以启示。

在帝国成立的那一年，鲁道夫·维尔乔在罗斯托克（Rostock）的自然科学家大会上发表了演讲《自然科学在德国新的民族生活中的任务》。演讲的主旨是，帝国的内部统一要跟随其外部统一的步伐。他关注的是"精神上的真正统一"，在新的社会中，人们应"在精神的基础上共同生活，有着共同的内在本质"。因此，自由主义者关注的不是思想观念的多元化，而是"精神生活的共同根基"。

维尔乔似乎对中世纪关于世界观和文化统一的思想加以了世俗化的继承。他感到遗憾的是，目前仍然存在"在基本观念上巨大的分歧"；这一点在如下的事实中得到显示：过去15年里，自然科学家大会总是在天主教协会的会议开始前8天或14天举行。而当"一个国家里有两种思想并驾齐驱时，就会导致分歧越来越大"。维尔乔甚至指向了暴力冲突的风险，对宗教战争加以总体性的回顾，特别提到了三十年战争。

维尔乔认为，建立统一的民族文化的前提条件，是要在有关方法的思考上也达成一致。他从"遗传思想"中看到了这一点，即"不再把事物……仅仅看成是既定的，而是从它们的历史、它们的形成中去认识它们"。对他来说，这涉及用唯物主义观点理解精神与肉体、灵魂与器官之间的密切联系。大多数受过教育的人的知识是混杂的，像是斑岩。因此，人们必须确保"知识再次变成一种统一的、同质的知识，一种从统一的源头流淌出来的知识"。无论如何，民族的进步并不完全依赖于从中产生的个别杰出的精神。而是更多依赖于"让常识渗透到民众中间去"，还要让民众"思想方法上"拥有一个普遍认同的基础。"如果一个民族实行了义务教育……如果用立法的方式规定了每个人至少必须学习的东西，那么，我想，这首先引出的结果，就是必须提供在一定程度上统一的知识基础。"今后，不应出现"像目前大多数文化民族（Kulturnation）①中存

542

①　随着18、19世纪欧洲资产阶级革命和民族自决运动的兴起，"民族国家"（Staatsnation，或 nation-statehood）和"文化民族"（Kulturnation，或 cultural nationhood）构成了对立的政治概念。前者强调民族共性存在于统一的政治和法律基础上；后者则侧重于共同的语言、文化、习俗等，例如19世纪的德意志和意大利。

在的那种荒谬的差异"。

这种被政府官僚机构忽视的更深层次的关注，很快就被证明是一种幻想。在与维尔乔这样一个争吵不休的人的对比中，一个事实就可以再次显示，俾斯麦所谓的文化斗争不是为了革新民族文化，而是为了维护国家权力。维尔乔作为《通俗易懂的科学报告》的编者之一，支持正常工作日的确立，以便思想开放的工人可以有足够的自由和精力去接受教育；这样的理念对俾斯麦而言是陌生的。"人文主义的战役"中，这个自由主义学者主要在与天主教会和新教正统主义进行斗争；他时刻都能意识到，"从哲学时代向科学时代的过渡"已经完成了几十年，但他没有意识到，在这种进步过程中同样有一些宝贵的思想丧失了，比如辩证法。

维尔乔的基本关注点与大卫·弗里德里希·施特劳斯（David Friedrich Strauss）的关注点不谋而合，尽管两人在专业背景、评论方式和政治态度上有着巨大差异。

543 施特劳斯于 1835 年以作品《耶稣的生活》（*Das Leben Jesu*）开启了他的文学生涯，后于 1872 年以作品《新信仰与旧信仰》（*Der alte und der neue Glaube*）结束了这段生涯。他的第一本书曾拉开德意志整整一个时期的《圣经》研究和宗教批评的序幕，俾斯麦在 19 世纪 40 年代对这股思潮产生的著作颇感兴趣。施特劳斯的早期作品可以对如今这个令人困扰的问题给出答案：教会与现代科学的世界观和人生理想之间应该有着怎样的关系？

施特劳斯喜欢用"我们"，来表示那些"不再满足于旧的信仰、旧的教会——无论是新教还是天主教"的人。他的文笔很有暗示性，在他的笔下，这类人显得比他们的实际数量更多。施特劳斯将这类人限定在资产阶级范围内，他们有着特殊的风俗、财富、科学和艺术观念，并不包括"第四等级"①。在他看来，在"主要被法国江湖骗子们"引诱了的工人之中，"我们现代文化中的'匈奴人'和'汪达尔人'②"成长了起来。这是当时常见的偏见和诽谤，它们造成的影响是，施特劳斯所呈现的世界观和人生观仍然是折中的。因为教会已经无法在这方面提供足够的支持，所以他在书的最后推荐了个人进行修身养性和教育的读物，并精心提供了一张关于文化历史和自然科学读物的阅读心得的大表格。

在1873年的《不合时宜的沉思》（*Unzeitgemäße Betrachtung*）的第一篇中，弗里德里希·尼采像一个精神的原教旨主义者③一样，不顾一切地冲击了这种观点。他没有在战术上考虑到，这样一个热衷于教育的寂静主义者，或许也可以在反对教会和宗教的斗争中成为他的盟友。事实上，尼采并不想与"庸人首领"④施特劳斯有任何联系，更是为他创造了"受过教育的庸

---

① 当19~20世纪西方工人运动崛起之时，旧制度下的"第三等级"称呼不能满足工业革命与政治革命之后的欧洲社会分层。工业社会的进程加快了底层人民与工商业者之间的社会生活分离，由此产生了"第四等级"的称呼。1752年英国人亨利·菲尔丁（Henry Fielding）的小说是用"第四等级"指称无产阶级的较早的例子。而在观念史上，赋予"第四等级"划时代意义的是德国社会主义理论家、工人运动活动家斐迪南·拉萨尔（Ferdinand Lassalle）。他在1862年4月的演讲《工人纲领》中将继"第三等级"的革命之后担负着社会革命任务的"工人阶级"称为"第四等级"，并描述了其历史性的出现及诉求："第四等级在1789年还隐蔽在第三等级的内部，而且看来是和第三等级相同的。现在，第四等级希望把它的原则变成社会的统治原则"；"第四等级是社会的最末和极端的一个等级，也是被剥夺继承权的一个社会等级，它不提出，也不可能提出任何既不是法律和实际上的也不是贵族土地占有制和资本占有制的独有的条件，以便用来变为新的特权并使其贯穿于一切社会制度之中"；"第四等级的内心并没有任何新的特权的萌芽，正因为如此，这个等级同全人类是完全一致的。它的事业实际上就是全人类的事业，它的自由就是全人类本身的自由，它的统治就是一切人的统治"。

② 匈奴人和汪达尔人在此处被用以代指野蛮人。

③ 指信奉正统派基督教的人。

④ 庸人（Philister）又译"腓力斯丁人"，指对文化艺术无知、文化修养低下、野蛮的人。

人"（Bildungsphilister）这个让人过目不忘的新词。这篇针对施特劳斯的文章在结尾提出了一句有预见性的警告，即军事上的胜利可能"朝向有利于'德意志帝国'，却会造成德意志精神失败甚至灭绝"的方向转变。

尼采表达了对年轻时的大卫·弗里德里希·施特劳斯的敬意；他说施特劳斯是"一个勇敢的、严格的、思想复杂的学者，和德意志任何一个兢兢业业地为真理服务，也知道如何守在自己的界限之内的人一样，值得同情"。他讨厌年老时的施特劳斯的地方在于"这种胆大妄为与软弱无力的结合，这种勇敢的言语与怯懦的自我安慰的结合；他怯懦地权衡如何以及用哪些话可以使庸人都被打动，用哪些话可以抚慰他们……我讨厌的是这种带有一切经验上的成熟和优越性的装模作样的、智慧上的缺陷"。

544　　此外，在其他几篇"不合时宜的沉思"——《历史学对于生活的利与弊》和《作为教育者的叔本华》——之中，尼采也对新的德国社会乃至整个现代社会射出了他的批评之箭。他反对"国家是人类的最高目标的学说"，反对"严重地鄙视货币经济"，反对"既得利益者和军事独裁者的利己主义"。他尤其驳斥了文化"本质上可以促进科学发展"的观点，并批判了一类常见的学者，指责他们"寻找某些'真理'的动机并不纯净，是源自对某些统治者、社会等级、意见、教会或政府的服从，因为他们觉得，让'真理'站在自己一边是有益的"。

在这些"不合时宜的沉思"中，还有许多类似的令人惊讶的对社会现象或社会关系的见解，通过这些观察，尼采一次次地证明了，自己是一个具有艺术家般敏锐眼光和表现力的社会心理学家。但同时，这也与一个致命的弱点联系在了一起：他是一个狂热的反对者，反对那种主要来自黑格尔的对整个社会进程的看法。他说："这将是一个人们可以明智地摒弃一切世

界进程乃至人类历史的构造物的时代，是一个人们根本不再看
向大众，而是重新看向个体的时代，因为是一个个单独的个体
在发展（Werden）之河流上建起了一座桥梁。他们并不是要
延续一个过程，而是要永恒地、在同一时间活着，由于历史允
许这样的合作，他们就像叔本华曾经说的天才共和国里的人一
样活着，一个巨人通过荒芜的时空向另一个巨人呼唤，故意吵
闹的小矮人在他们身下爬来爬去，他们也不受干扰，伟大的谈
话还在继续……不，人类的目标不可能在终点，而只能在其最
高的样本上。"

尼采拒绝接受历史进程的观念，至少是否认所谓的"更高
发展历程"，因此他无法从源头上解释那些他在社会心理学上
往往能够恰如其分地加以描述的现象，以及它们各自的结构和
发展联系。

他在写作《不合时宜的沉思》那些年中所采取的实践和精
神上的基本立场，延续到了他之后的作品中那些表达更加鲜明
的观点中：反民主主义以及与之相伴的反社会主义，与乌合之
众相对的超人意义上的贵族个人主义，权力意志的学说，对基
督教和启蒙人文理想的敌意，以及与自然和社会整体性相关的
非理性主义。尼采在社会心理学的观察技巧和特征描述方面，
具有敏锐和深刻的洞察力，而这实际上是艺术家的标准；他既
不愿意也没能力依据政治的标准判断各种力量关系，无法识别
盟友并评估与其结盟的可能性；他也否认了认识历史发展趋势
的可能性。这就导致了他的结论后来被右派采纳并进行了（作
者不曾设想的）杜撰，为帝国的统治体系进行服务。

在19世纪70年代初的这一动荡时期，研究社会情势的变
化是很有必要的。但这样的任务必须由其他社会力量来承担。
在那些尼采所轻视甚至蔑视的"大众"中，激发起的不仅是罢
工或暴动，还有一种精神上的饥渴。那些真正从底层走出的人

545

们，在巨大的困难下直面时代在思想和政治上的问题，努力实现广泛的民众阶层的当前利益和未来利益，由此发展成了工人领袖。

威廉·李卜克内西做的一系列演讲在《知识就是力量——力量就是知识》的题目下得到了出版，影响广泛，因为它们对在工人教育协会中所讨论的问题给出了答案：资本主义工业社会与国家、学校、军队和媒体之间的关系应是怎样的。威廉·李卜克内西指责社会敌视教育，奥古斯特·倍倍尔则在1873年和1874年之交被囚禁于休伯图斯堡（Hubertusburg）时写出了《基督教与社会主义》一文，直接参与了文化斗争。

虽然倍倍尔承认，对于《圣经》，"我们到今天为止对它的文化历史价值的研究还比较少"，但他还是对作为意识形态和习俗的基督教进行了异常激烈的正面攻击。这里表达的，自然有一些浅尝辄止的自学内容，但也正是以这种方式，工人们才有了独立的世界观，更加意识到了自己的社会特殊性。

546　　　这些简朴的、售价低廉的小册子印在白报纸上，由社会民主工党的领导人撰写，版次众多，似乎一步一步有力地推动着历史发展。自学成才的奥古斯特·倍倍尔与学者鲁道夫·维尔乔有过接触。两人都是以反教条主义为指导、努力提高工人教育水平的政治家。倍倍尔甚至接近于施特劳斯，因为他吸收了很多《圣经》研究和宗教批判的成果，并将其用于宣传目的。然而，他们二人并没有在日常的政治事务中进行任何合作，没有在文化政策方面形成最低程度的共同方案。因此，反教会干政的运动既没有取得必要推动力来反对教会，也没能对政府官僚机构产生影响。

然而，奥托·冯·俾斯麦甚至都没有注意到这一时期的思想斗争，他继续置身这场辩论之外。他正专注于纯粹的政治权力斗争。

第十三章
多重危机

奠基时代的恐慌

1873 年，在制定反教会干政的"五月法令"和帝国军事法的过程中，一场迄今为止规模最大的经济危机爆发了。虽然那场经济危机与这些政治事件没有因果关系，但社会关系更加紧张了。1873 年 5 月 9 日，维也纳证券交易所公布了一份只画了粗线而没有标明报价的证券交易牌价表，这与同时在这个多瑙河畔的大都市举行的世界博览会格格不入。始于奥地利的"奠基时代危机"（Gründerkrise）① 先后波及了意大利和俄国，9 月 20 日，随着纽约杰伊·库克公司（Jay Cooke & Co.）——负责政府金融业务的银行——破产，也蔓延到了北美。10 月初，危机最终蔓延到了德国。值得一提的是，俾斯麦的金融界亲信布莱希罗德在维也纳股灾后，就已经向他预测了这一可能性。

柏林的奎斯特普联合银行（Quistorpsche Vereinsbank）是第一个不得不停止支付的银行。它的创始人曾是夏洛滕堡（Charlottenburg）的土地投机商，他在那里买下了王宫

---

① 1870~1871 年战后经济过热导致 1873 年维也纳的股票市场崩溃。19 世纪，尤其是 1848 年革命之后，奥地利经济经历了变革；而德国由于在 1870~1871 年对法国的战争中获胜，获得了法国支付的赔偿金，经济发展繁荣且建立了德意志第二帝国。此阶段故而被称为"奠基时代"（Gründerzeit），也译作"创造者时代""创建时代"等。随后的通货紧缩阶段被称为"奠基时代危机"。

周围的地皮，然后以虚高的价格挂牌出售，但没能在贸易萧条前及时脱手。与帝国皇室的业务关系给他带来了很多荣誉，比如，在他生日的时候，大教堂的唱诗班就会穿着燕尾服、佩戴白色的绶带出现。但是伴随着破产，所有的辉煌都消失了；海因里希·奎斯特普（Heinrich Quistorp）正式被载入了丑闻史。奎斯特普联合银行倒闭后，马姆罗特发行银行（Mammrothsche Zettelbank）和普鲁士的中央－博登－信贷银行（Zentral-Boden-Kreditanstalt）也相继破产。仅这三家银行的资本损失就达 1.5 亿马克。柏林证券交易所倒下后，其他交易所也相继倒下，直到最后，德国所有的证券交易所都受到了影响。某个观察家所预言的事情，就这样被证实了：1871 年后工业生产的扩大，可能一定程度上与实际需求相对应，但生产供给被短视的利益推得太远了，导致了这一点的正是"股东们，因为他们只是些交易货币的人"。股市大王们在他们的创业和投机热情中，把所有有产阶级和阶层都牵扯进了他们的生意，从帝国皇室到街角小店的老板，无所不包；而他们全然忽视了这样的警告，即如果将来自法国的亿万资金过快地、不经考虑地注入经济循环，那么它将可能像毒品一样发挥作用，将生产刺激到远远超过需求的地步。在 1873 年，大崩溃发生了。

548　　　恐慌笼罩着贵族和非贵族的投机者，大大小小的资金猎手突然发现自己陷入了不可理解的不幸，甚至遭遇了破产的耻辱，种种欺诈行为终于得到了曝光。罪恶带来赎罪！尤其是那些经手的雇员感受到了这一点，在法国数十亿资金涌入带来的狂热之中，他们没有抵挡住诱惑，通过贪污和造假，从大户的利润中揩油；他们最容易被抓住，所以一些出纳、银行官员和授权签字人以自杀告终或因牢狱之灾结束了职业生涯，人数之多前所未有。然而，帝国刑法典中涉及欺诈的条款不能适用于大投机商，因为自由派律师主动出面，从刁钻的角度证明了投机者的行为是正当的。

　　在银行和股市灾难爆发前，许多企业创始人愤然拒绝任何干预；而现在，他们呼吁国家援助，要求重新启动战时的提前支付措施——人们对此记忆犹新——或者授权普鲁士银行借出减值的股票。但暂时，只有"受困的机构"能得到支援。

　　政府最有意愿为铁路公司提供援助。这也涉及那些在国外的冒进的铁路公司，比如贝塞尔·亨利·斯特劳斯贝格［Bethel Henry Strousberg（原名巴特尔·海因里希·斯特劳斯贝格（Bartel Heinrich Strausberg）］在罗马尼亚的公司。在这种情况下，如果遇到困难，那么外交部门就会采取行动，比如驻布加勒斯特总领事约瑟夫·玛丽亚·冯·拉多维茨（Joseph Maria von Radowitz），甚至连帝国首相也会亲自出马。

　　但是，当银行倒闭的洪流在秋季最终形成时，无论是在物质上还是在道义、政治上，普鲁士银行都已经无法为所有受到威胁或影响的人修建大坝了。舆论认为，破产的银行家不是需要帮助的人，而是不值得国家援助的投机者，这种观点是有道理的。多数的失败者只能自生自灭，除了那曾经备受赞誉的"经济自愈能力"别无依靠，这完全符合资本主义的自由竞争的逻辑。

　　许多企业家被迫首先减少生产，基本放弃新的资本投资，或者退回到不需要新投资的老项目上。建筑承包商与海因里希·奎斯特普这样的土地投机商捆绑在一起，他们同样付不起钱了，于是开始解雇工人、辞退工匠，已经动工的建筑也不再继续建造。但总的来说，减产造成的资本下降，小于价格暴跌对资本带来的影响。在 1873 年至 1874 年，虽然产量下降了 5%，但产值却足足下降了 15%。

549

可以肯定的是，奥托·冯·俾斯麦密切关注着危机的进展；除了对报纸进行深入研究，他还能接触到地方行政长官和各部大臣的报告；尤其是通过自己的银行家格尔森·布莱希罗德，他得以对股票市场的环境形成一定的了解。1874年7月底，布莱希罗德在给俾斯麦的一封信中表现得相当乐观，与他对维也纳经济崩盘后的反应截然不同："商业生活格外平静，股价仍然没有恢复；但我认为，到了深秋，股价一定会回升，因为公众普遍养成了宁可睡不安稳，不可节衣缩食的习惯。"

这里所提到的"公众"，显然是那些顽固的证券投机者们，布莱希罗德认为他们将进行新的活动。这种观点针对的，并不是那时刻变化的、只有通过分析才能掌握的经济活动的推动力量。本质上，布莱希罗德不是一个掌管经济的政客，而是一个关系活络的商人，有时也可以提供外交服务。在这个意义上，他对俾斯麦是有利用价值的。

经济形势早日好转的希望没有实现。让证券交易带动经济回暖是根本不可能的，最重要的是要把消费、物价水平和生产之间的关系调整好。从1873年开始，德国的生铁消费量逐年下降，到1879年时已经减少了近一半，这与机器设备制造量的下降基本对应。由于国内市场不够大，德国不得不加大重工业产品的对外贸易。1872年至1878年，生铁出口量从15.1万吨增加到了41.9万吨，钢轨出口量从7.07万吨增加到了20.7万吨，机械出口量从3.73万吨增加到了7.23万吨。

从这一个重工业部门就足以看出，危机现象是多种形式的，而且可以通过人为行动加以调整。硬煤的生产也体现了这一点，其产量暂时下降了50万吨，但其产值持续下降到了1879年，即使产量重新抬升也于事无补。硬煤价格的长期下跌促使企业家们用最精明的方法提高了一天内的工作效率。

550

在生产行业之外，企业家们也试图对工厂进行现代化改造、提高工作效率、降低工资并裁减工人。从各个方面来看，经济进行"健康收缩"的代价都是工人们承担的。失业率逐年上升，在1873年至1879年的这段危机期结束时，城市的失业率已经到了25%左右。

如果说生产方面5%~6%的总体下降率并没有带来特别引人注目的后果，这主要是归功于对外贸易，外贸在1870年到1879年经历了几乎没有中断的上升期。然而，当时的观察家对德国大量出口商品的质量评价很低。

作为前工厂主的弗里德里希·恩格斯深谙国际商界门道，他在1884年给奥古斯特·倍倍尔的信中仍然如此写道："一般来说，德国的工业仍然和从前一样：它生产的物品，在英国人看来数量太少，在法国人看来质量低劣，但毕竟是大规模地生产。它能够维持的原因仍然是：（1）抄袭外国的式样，（2）把真正的剩余价值（唯有如此，它才有竞争力），用压低工资的办法来榨取过头的剩余价值（唯有如此，它才能够维持）。"①

德国企业家试图通过这三种方法在世界市场上维护自己的地位，这些手段一点也不光彩，因为它们侵犯了版权，倾销商品，通过压低工资来压低价格。在1876年的费城世界博览会上，柏林教授弗朗茨·雷奥（Franz Reuleux），一位中产阶级的专家，就已经为德国产品烙印上了著名的评价：劣质廉价！

毫无疑问，这样的批评也促使德国工业在产量增长的同时逐步提高了质量，质量的提升是建立在合理化发展和机械化的基础上的，还有生产工艺上的创新。随着技术进步，价格也同

① 译文引自恩格斯《致奥古斯特·倍倍尔（1884年10月11日）》，《马克思恩格斯全集》（第三十六卷），北京：人民出版社，1975年，第216~217页。

步降低了。同时，在一场异常漫长的经济大萧条（1873~1896年）中，严重的经济危机（1873~1879年）加速了生产和资本的集中，其程度远远超过了以前的所有时期。大公司出现了，开展大规模的生产，也把更多的工人招进了厂房。同时，资本集中使得大银行更加强大，而规模较小、业务不发达的银行则消失了。

551　　在银行领域之外，还可以看到另一种发展趋势。如果说大企业往往都是在彼此竞争激烈的情况下进行的，那么在那时，已经有人试图建立一个卡特尔，在一定意义上消除这种竞争。然而，那时的垄断性合并并不是永久性的，而只是暂时的现象。垄断的倾向主要在采矿业表现了出来，价格下跌对采矿业的冲击尤为严重。

　　1875年开始的农业危机加剧了工业危机。美国粮食的生产及其对欧洲市场的渗透使德国的农业面临着越来越大的销售困境。从1875年到19世纪90年代，粮食价格大跌，普鲁士的大地主们证明自己没有能力提高农业生产的利润。不光彩的是，普鲁士的粮食、马铃薯和干草的每公顷产量仍然低于德意志帝国的平均产量。许多工人向工业区和国外迁移，迫使容克采取更加合理化的生产方式。但总体而言，容克更希望通过招收季节性工人，特别是波兰移民工人，来解决困境，而不是通过增加机器的使用。

　　从总体上看，受到世界经济危机冲击的德国处于资本主义高度发展的阶段，因此，与1857年相比，有更多的阶层和人群（中产阶级、小市民阶级、容克、资本家和无产阶级）被卷入了这个旋涡。但在经历奠基时代热潮、经济危机和萧条之后，德国的生产和资本高度集中，得以与美国一起作为工业国家，打破英国长期以来的工业垄断。用诙谐的大银行家卡尔·弗斯滕贝格（Carl Fürstenberg）的话说，这些年可能是"伟大但糟糕的时代"。

　　无论如何，相信自由竞争的自我修复能力、痛恨国家干预经济生活的自由主义思想受到了冲击。1873 年，萨尔地区的工业家冯·施图姆和西里西亚大亨冯·卡多尔夫要求维持乃至增加现有的铁税，但是没有成功。之所以失败，是因为帝国议会中民族自由党和当时还支持自由贸易的粮食出口商代表们占据多数，他们反对这项政策。接着，在 1875 年，卡多尔夫发表了一篇轰动性的文章——《逆流而上》(*Gegen den Strom*)，他在其中呼吁德国的经济政策转向保护性关税制度。然而，保护性关税制度的主角们在着手组建利益集团之前，就与俾斯麦进行了接触。布莱希罗德和卡多尔夫之间的合作尤为密切。1875 年 11 月，卡多尔夫写信给俾斯麦说，"如果想德国的工业不被彻底摧毁，那贸易政策就必须做出改变"。但是，即使在收到这封以警告的口吻写成的信后，首相还是对卢修斯·冯·鲍尔豪森 (Lucius von Ballhausen) 说，他"暂时不想处理……现时的经济困境"。一个钢铁工业家代表团在 1875 年 12 月 1 日觐见帝国首相之后，也不得不给出这样的结论：他"暂时不会放弃对经济问题的消极态度，但是，若想改变我们所采取的新的经济政策方向，也只能寄希望于侯爵的倡议了"。

　　鲁尔区的企业家们和其他人一样明白，俾斯麦在决定对其政治路线进行根本性的改变时，从来都不会操之过急。俾斯麦总希望先观察清楚，局面的发展是否与他面对的各方理念和利益相符。他从来都不是那个粗心大意地打落"未成熟的果实"的人。他现在一直在关注，那些支持保护性关税的利益团体究竟能在多大程度上增强自身的实力和影响力。此外，他还得考虑到党派关系。尽管他在与自由派打交道时感到了诸多不愉快，但只要他仍然从自己等级的政治代表和思想家们——保守派那里——感受到敌意，他就不能割断与自由派的联系。

但在俾斯麦更深入地处理经济政策之前，他必须先把注意力转向一切在他看来涉及安全政策的事务。

军事问题；与自由派达成一致

在所谓的"文化斗争"的高潮岁月中，用宪法方式解决军事问题仍然是可能的。根据帝国宪法，德意志皇帝暨普鲁士国王在军队的内部组织和个别指挥职位的任免问题上可以自由处理，但议会是否以及应该以何种方式影响德意志帝国的军队事务，仍未确定。自由派力图扩大帝国议会的预算权，使其涵盖军事预算，从而增加他们自身作为中产阶级代表在帝国政府面前的政治分量；和平时期军队的驻扎和士兵的服役期每年都要由议会审查并核准。与此相反，在传统上与军队有联系的、在保守党内团结了起来的容克们，则坚持要求制定"铁的"军事预算；他们要求，帝国议会批准的和平时期军事力量和相应的财政手段不以年为期限，而应是无限期的。

鉴于这些相互矛盾的意见，俾斯麦认为应该采用折中方案。早在 1867 年，他就已经同意了帝国议会的一份决议，该决议规定，到 1871 年之前的这段时间内，每名士兵和士官每年可以一次性领取 675 马克。和平时期的军事力量，即所有军种中接受训练和做好战斗准备的士兵总人数，为总人口的 1%。这种临时安排一直适用到 1871 年，然后延长到了 1874 年。但是，由于士兵们普遍在服役的第三年甚至第二年休假，帝国议会批准的和平时期 40.2 万人左右的军队规模一直没有达到，而是偏低 10% 左右。从 1871 年到 1874 年，陆军司令部将梅克伦堡、巴登和黑森的部队——这些邦的国防部已经解散——整编进了普鲁士军队，并对战争装备进行了现代化改造，引进了新式野战炮，在步兵中用毛瑟式步枪取代了针式步枪；最后，陆军司令部还创办了军事学校。下拨的 2.7 亿马克远远不足以覆盖上面的花销；因此，国防部又从自己可支配的约 42 亿马克法国战争赔款中划拨了一半以上的资金出来。

尽管存在休假行为，军队规模及军事设施的发展速度在德国仍是前所未有的。装备精良的军队还吸收了旧普鲁士的"纪律和秩序"精神；这样一来，军官不仅是一个公民，而且从属于一个有着特殊的荣誉、权利和道德观念的社会阶层。为了使这一职位在物质上也具有吸引力，国家为部分将领提供了总额达到 1200 万马克的津贴。为了打消人们的顾虑，约有 50 万在战争期间遭受商业损失的预备役军人和后备军军人获得了所谓的无息贷款形式的援助。

1871 年 6 月通过的军人抚恤金法，使得军官的抚恤金与战后归来的伤残军人的救济金之间的失衡更加严重，这让人们非常愤怒。对于军官们的优待除了有助于提高他们的社会地位，还有其他目的，这是普鲁士 – 德国军队的扩张结果。在军官团中仍占据决定性地位的东易北河的容克，已无法满足对军官候选人的需求了。在这种情况下，对来自资产阶级的后代们进行物质激励是必要的，这样一来，这些未来的军官就更容易遵从"传统精神"。

1872 年通过的军事刑法奠定了军队整体纪律的基础。俾斯麦的亲信阿贝肯认为，在宪法上已经统一了的德国，还应该"内在有机地、有生气地统一在一起；必须保证普鲁士那坚定、牢固、充满活力的精神也渗透到德国的其他地方，特别是渗透到军队和军事机构中……并消除小邦国中普遍存在的不冷静和软弱的特质"。这意味着，除了校长和学者，军官们也要对民族起到教育作用。

在 1872 年 11 月给罗恩的信中，俾斯麦就这个尚待解决的问题发表了自己的看法，即军事法应该如何从一项临时安排变为永久性法规。他的目的，是要在1874年1月的帝国议会选举之前通过这部法律，使它不会在选举活动中发挥作用。他认为所谓帝国的敌人——中央党和社会民主工党——能够借此增加他们的选票和席位，因为这部法律将给政府的对手们提供更好的选举武器。对选民态度的担忧促使俾斯麦提议从草案中删除关于军队的警察职能的部分，因为这些条款只会使整部法律更加难以实现。事实上，这些规定从未再次出现。

5月11日，联邦议会批准了军事法草案，将其转交给了帝国议会，但帝国议会以工作量过度为借口将其暂时搁置。民族自由党尤其希望将对此的磋商推迟到新一届议会选举之后，因为担心会引发党内纠纷。在秘密谈判中，俾斯麦一反其本意，批准推迟帝国议会对该法案的辩论。保守派，特别是将军们，对这次延期感到不安，因为他们本想尽快结束一切。然而，资产阶级政党们还不需要在这方面确定什么，因此利用了这一优势。

555　　在工人运动内部，以倍倍尔和李卜克内西为中心的"埃森纳赫派"[①] 非常强调反军国主义的行动，从而也把拉萨尔派的领袖们推向了这个方向。社会主义运动的两股潮流汇合在了一起。尽管在1月的选举中，自由派凭借着文化斗争的氛围，赢得了帝国议会中的绝对多数，但社会民主党派凭借其以反军国主义为主线的宣传，也取得了巨大的成功，获得的选票是1871年的三倍，超过了35万票。

从他的最明确的对手的成功中，俾斯麦也有一些正面的收

---

① 即德国社会民主工党，因1869年成立于在埃森纳赫召开的社会民主主义者全德代表大会上而得此别称，主要由从全德工人联合会中分裂出来的左派和德国工人协会联合会成员组成。

获。他得以利用工人运动的蓬勃发展，向资产阶级政党，特别是民族自由党施加压力。就在选举的十天后，他宣布，社会民主工党的成功将有助于把所有支持私有财产的人与政府更紧密地团结起来。他等待着帝国议会的讨论，这最终于 1874 年 2 月 5 日开幕了。冯·毛奇伯爵作为保守派的代表，在一次振聋发聩的演讲中，为争取该法案的通过而高呼："我们在半年内用武力取得的成就，还需要我们在之后的半个世纪里用武力去守护，以免它再次被抢走。自从那场幸运的战争 ① 以来，我们赢得了各地的尊重，却没有赢得爱。"他的讲话没有达到预期的效果。除社会民主工党的议员外，进步党、中央党和其他一些派别也否决了法案中十分重要的第 1 条款，该项条款规定，和平时期的军队规模应该固定，"直到制定另一项法律对其进行规定为止"；这相当于一劳永逸地规定了军队规模，将帝国议会的支出批准权变成一场闹剧。

在经过议会一读之后，军事法按照惯例被提交给了一个委员会；很快，委员会审议的同时，一场支持政府要求的议会外运动也发生了。受到官方和"爬行动物基金"——被没收的韦尔夫家族（Welfen）财产——支持的报刊做出了令人生畏的猜测：法国危矣，首相辞职，帝国议会解散，等等。然而，舆论不仅受到新闻界的影响，还在社会层面广泛地被动员了起来，许多地方的人们都撰写了要求通过帝国军事法的决议。此事还顺利地使人们回忆起普鲁士那经过改组的军队所取得的成功，并让一个有了统一国家的民族内心充满感激之情。这场几乎像军事行动一样精准的运动，给许多民族自由党人留下了深刻的印象，以至于他们越来越愿意妥协。他们的主要报刊之一《马格德堡报》当时写道："我们想最终摆脱压在我们胸口的重担；

---

① 指普法战争。

只要这个法案没有确立，我们就一直会面临爆发冲突的危险，我们认为，整个形势让我们没有丝毫理由渴望与政府发生任何严重的纠纷，因为政府的政策完全就是我们想要的政策。"

在公众讨论开展的同时，帝国议会委员会的审议还在继续。但与 1874 年 4 月 8 日开始的秘密磋商相比，委员会的行动已经不那么重要了。虽然当天的《省通讯报》（*Provinzial-Correspondenz*）① 表现得相当坚定，表示只承认"军事当局"的意见，但在洛塔尔·布赫尔的安排下，俾斯麦在当晚与右翼自由主义者约翰内斯·米克尔进行了讨论。俾斯麦一开始再次以辞职相威胁，称之后会有一位能与教会、中央党和保守派达成谅解的首相接任。米克尔随后做出了让步，他声称，如果和平时期维持的军事力量不是永久性的，而只是在几年的有限时间内适用，那么民族自由党就肯定会同意。出于种种原因，俾斯麦也对妥协感兴趣；在任何情况下，他都不可能在文化斗争期间，在尚未制定应对经济危机的新经济政策的时候，去冒与民族自由党决裂的风险。在民族自由党的小组会议上，众人一致接受了与俾斯麦商定的妥协方案：帝国议会可以至少每 7 年通过一次关于军事预算的决议。4 月 10 日，帝国首相派洛塔尔·布赫尔给本尼希森报信，称首相将接受妥协，条件是民族自由党人推翻那个取消官员地税豁免权的决定，次日，民族自由党迅速完成了这项工作。

正如所有留存下来的报告所证明的那样，民族自由党现在已经感到完全满意了，或者说只是纯粹的喜悦；产生这种情感可能并不是因为达成了此项结果，而是由于避免了党派分裂。尽管爱德华·拉斯克领导的党内左翼希望看到年度预算批准权

① 半官方的普鲁士新闻机构，成立于 1863 年，开办至 1884 年。自从与普鲁士政府建立紧密联系以来，《省通讯报》就被视为奥托·冯·俾斯麦的传声筒。

也扩大到军事预算方面，但他也最终同意了这个妥协方案。即使是在进步党内，以勒韦－卡尔贝为首的团体也同意在军事问题上妥协。然而，尽管情况有所缓解，有些人还是被刺痛了。

帝国议会的进一步讨论已经不再能对这项法律产生任何根本性影响了，因为在议会辩论之前，7年的期限已经被确定下来了。经过长时间的讨论，1874年4月20日，议会以214票对123票通过了7年期的规定。7年内，帝国议会无法对军队的兵力施加任何影响，因为士兵人数的确定意味着相应的财政资金必须被无条件批准。军方领导层推动的这项法律，剥夺了帝国议会在物质和人事方面对军事管理的控制权。

然而，一些容克和军人对7年期非常不满。在19世纪60年代和俾斯麦一起经历过军队冲突的老罗恩很清楚这一点。他说，关于和平时期的军事力量，制定一个永久性法律自然更好，但是，"合法存在了7年的东西不会像手套一样用完就脱掉……在这7年里，不需要讨论预算问题，军队管理部门可以以最便捷的方式成立。7年后，如果我们面对不确定的政治形势，就像现在这样——那么帝国议会怎么可能决定裁减？或者我们甚至可能在那时正处于大战的前夜或战争的边缘，那么，我们就更不用担心了；又或者旧欧洲可能真的进入了一个恒久的和平时代——但谁又相信呢？"谁相信和平？这个骄傲自大而让人愤怒的问题，不仅展现了一种军国主义的思考方式，还揭示了作为虔敬派的罗恩对一个腐败世界的思考方式，在这个世界上，和平似乎是虚幻的。很快，比较强硬的极端主义者们也看到了妥协的好处，这种妥协对他们而言毫无风险；由此，军事法为后来保守党的重建提供了重要的推动力。

民族自由党在1874年的退却只是其进一步妥协的第一步。以拉斯克为首的党内左翼力图使帝国逐步议会化，但遭受了重大失败，难以从中恢复。而米克尔那派则越发享有发言权，米克尔作为贴现公司的代表人，主张保护重大贸易业务，甚至可以为此动用武力。

俾斯麦之所以能够通过军事法进一步巩固自己的权力地位，是因为他向自由派的中上层资产阶级和将军们展示了自己是多么的"不可或缺"。随着和平时期要维持的军力暂时确定了下来，俾斯麦为自己创造了更大的行动自由。在"7年期"中，他认识到了"军队对国家的普遍价值，是军队建立起了国家，因此，任何一位大臣处理起军队事务都很棘手"。他毕竟在 1870~1871 年的冬天亲身经历过这一切。用他自己的话说，他"对军队仍然很虔诚"，而且在公务活动中大多穿着胸甲骑兵将军（Kürassiergeneral）的制服出现，也证明了这一点。但他并不想成为军队的工具，相反，军队应该是并且仍然是他的对外政策的工具。如果将军们在这一方面拒绝配合，那么内部冲突将不可避免；这在 19 世纪 80 年代末体现了出来。

在新军事法得到通过之前，三位皇帝间的关系已经出现摩擦，这让俾斯麦有些担心。

岌岌可危的三皇关系

1873 年 4 月，俄国外交部高级官员斯特里穆科夫（Stremouchow）在从巴黎回国的途中经停了柏林。通过罗伊斯亲王的引介，他获准与俾斯麦进行了两个小时的谈话，后者在谈话中对沙皇的政策和克里米亚战争的历史背景大加评论。斯特里穆科夫报告称，首相试图解释为什么尼古拉一世在德国不受欢迎，以及为什么"俄国同样如此"。俾斯麦说，1850 年，在俄国与奥地利的支配下，奥尔米茨会议宣告了普鲁士联邦计划的破产；他指出，"如果当时能与俄国达成协议，那么普鲁士的和平扩张就是有可能的"。俾斯麦力图保持柏林和圣彼得

堡之间的良好关系，并向俄国人表明，他所面对的公众舆论是
已经发展成熟了的各党派塑造出来的。而自由派、教士和社会
民主党派在某种程度上是反沙皇的。

两位对话者也谈到了戈尔恰科夫，俾斯麦特别强调了戈尔
恰科夫身上一个令他羡慕的特点：戈尔恰科夫很冷静，这对一
个政治家来说是非常宝贵的。俾斯麦坦率地补充说，很遗憾，
他自己缺乏这种特质；怒气在他体内激荡，耗尽他，折磨他，
并且最严重的是，有时会影响他的判断力。

在这次谈话的五个星期后，法国爆发了政治危机，最终导
致总统阿道夫·梯也尔遭到了国民议会中的教会—保王多数派
解职，麦克马洪元帅接任总统。俾斯麦不得不担心，对帝国不
利的新情况可能会出现。6 月的时候，他写信给皇帝说，俄国
的政策"将变得更加贪得无厌，他们将设法剥削我们，将在东
方采取一种超出我们接受范围的不安定的态度，他们对奥地利
将也是如此"。首相最为关心的是，对于法国把复仇与宗教相
结合的新倾向，俄国将如何应对。

1873 年 8 月初，南锡（Nancy）主教在一封牧函中，号
召其教区的教徒为阿尔萨斯 - 洛林和法国的统一祈祷；正在瑞
士度假的戈尔恰科夫向一位法国外交官保证，"欧洲"不会允
许柏林进行任何反法的镇压。不容忽视的一点是，戈尔恰科夫
的儿子在伯尔尼担任外交官，他偶尔会反对俾斯麦，对俄国可
能选择的利于法国的行动措施做出了诸多猜测。因此，从身在
伯尔尼的儿子的态度中，可以很明显地推断身在圣彼得堡的父
亲的态度。无论如何，戈尔恰科夫在 1873 年 8 月的外交活动
标志着亲法倾向的开端；虽然这还远未导致反德联盟的形成，
但已足以让俾斯麦无法摆脱"反德联盟的梦魇"。

南锡主教做出的榜样很快就被其他法国主教效仿，教廷的
刊物也以自己的方式加入了进来。此外，由于与巴黎外交部的

谈判一直没有结果，俾斯麦不得不在抗议和声明中变得更加迫切并明确提出要求。1873 年 10 月 30 日，在给驻巴黎大使冯·阿尼姆大使的公告中，俾斯麦一开始就以温和的口吻告诫道，不要向法国外交部长德·布罗格利（de Broglie）提出过多的要求，尤其是不应要求他公开宣布"认为欧洲目前的政治状态是最终确定了的"。俾斯麦还说，"我们不能相信一个刚在战争中失去了领土的大国会这么快就做出这样的放弃，而且，一个部长做出的放弃声明，比起和平条约中那常见的声称缔约国之间友谊长存的补充条款，并不会更有诚意、更持久"。俾斯麦担心的是，如果要求过多，最终只会得到更少；于是，他希望德国的抱怨"要在更狭窄的范围内措辞"，并且将会因此变得更加严厉。德国大使不得不要求"媒体停止相关报道，并且公开惩罚南锡主教的行为，至少要对其予以谴责"。

560 　　法国政府一再提出，它必须在面对新闻界和主教权力时持消极回避的态度，对此俾斯麦并不接受；相反，他现在采用了一种专横的语气；他表示，如果什么都不发生，那么"我们希望，法国政府至少能够对于为何拒绝我们提出的正当诉求给出明确的说明，然后，我们就会知道如何看待法国政府及其支持者们的意图了"。在这份公告的最后，他威胁说，不能让敌人"逮到时机"进攻。

　　经济危机爆发几个月后，俾斯麦也不忘谈到"德国商界"。他认为，商界"要求明确的政治前景，它在 1870 年战争之前就已经多次显示，战争的爆发对它的危害要小于永无止境的战争威胁"。在俾斯麦写下这一切的 8 天前，三位皇帝之间的关系已经有了由国际法维系的新形态，即一份旨在"维护欧洲和平"的三皇协定。

　　什么是"永无止境的战争威胁"？俾斯麦在签订了协议后还是不相信和平吗？不管怎么说，俾斯麦在各方面都仍有疑虑；毕竟，在此之前，普鲁士与奥地利的矛盾还能让俄国松一口气，但现在，俄国渴望找到一个新的力量来抗衡德国。仅仅是德国对阿尔萨斯－洛林的吞并，就已经让沙皇俄国将法国视作了可能的伙伴甚至盟友。另外，一些法国外交官认为，三皇协定只是一个面具，躲在面具后面的是三国之间的分裂对立。但是，这种观点几乎完全排除了三皇协定的积极意义，忽略了三国之间盟约关系的作用。俄国毕竟也受到国际法的约束，因而不得不对法国方面发出的欢迎采取保留态度。俄国尽管曾在外交上对法国很亲近，有时几乎是主动引诱的，但最终又变得很冷漠了。

　　俾斯麦时不时地会考虑进行一场预防性战争，这种想法是出于担忧，而不是出于侵略的欲望。他1873年10月给冯·阿尼姆的仅限外交圈内部参阅的告令，在1871年11月4日帝国议会的一份公开声明中已经埋下了伏笔；根据这份声明，俾斯麦认为可能有必要"效仿七年战争前的弗里德里希大王，弗里德里希大王没有等那张将要缠住他的网在他头顶上延展，而是以迅猛的速度将其撕破"。不过总的来说，俾斯麦对于在外交上威胁发动预防性战争的做法非常谨慎。1874年1月底，他在给驻圣彼得堡的罗伊斯亲王的公文中，以淡化了的口吻告知了此事；他还同时指示其他大使："诸位不要以此作为发表任何声明的理由。"很明显，这种克制不是出于道义上的顾虑，而是出于政治上的考虑。首相很清楚，他不能恐吓法国，因为法国虽然战败了，却仍然是一个大国，仍然保持着它的光荣传统、它的骄傲。而且俾斯麦在欧洲已经很难获得可靠的朋友了。老毛奇所说的德国"赢得了各地的尊重，却没有赢得爱"，正是针对这种情况。

　　由于军事威胁没有取得多大成果，俾斯麦试图在反教权主义这个意识形态层面打击法国人的复仇欲望。这种思想认

561

为，根本上的敌人不是法国，而是教会国家的神权政体。这才是制造动荡的根源，而不是所谓的德国对权力的争夺。首相在 1874 年 1 月底给罗伊斯亲王的公文中警告说："法国的世俗政府将陷于贪权的教士们的政治领导之下，我们知道，这些教士是和平的天敌，也是国家秩序的天敌。"他接着保证说，与"强大的邻国"和平共处是他"最强烈的愿望"。他将"不遗余力地争取法国政府接受这个观点"。

俾斯麦的这些话是可信的，他并不想对法国采取单独军事行动，因为法国是不会在没有盟友的情况下进行复仇战争的。他怀疑，这些盟友可能会团结在好战的天主教的旗帜下，发动复仇战争。他的恐惧最终变成了确凿的想法吗？当时，一个负责任的政治家必定会考虑到，欧洲许多国家内部的天主教教权主义都掌握着迟早会改变国际同盟体系的力量；尤其是，在麦克马洪领导下的法国，教会—君主制的倾向有可能得到加强。在随后的几年里，法国出现了很多反动方向上的运动，且广泛而深入：所有具有共和思想的法国省长、副省长和市长都被撤职了，取而代之的，是具有教会色彩的保守主义人士。随后，共和派的报纸和政党活动都遭到了骚扰。虽然其中有些事情只是幕间插曲，但进行反动主义改造的意志是清晰无疑的。

562　　俾斯麦尤其担心的是，法军在恢复元气后，会落入"态度坚决的人手中"，这指的是麦克马洪元帅，他无法控制自己教宗至上主义的"倾向和对我们的仇恨"，使得他"在缔结和平协定之后，对冯·曼陀菲尔元帅连最基本的礼节都没有"。然而，在客观情况的制约下，俾斯麦不得不追求较拿破仑一世远为温和的目标。尽管他想防止法国的教权—君主制政体得到加强，但他清楚，对维也纳和圣彼得堡来说，法国作为对抗欧洲中部新帝国的力量，一直有着相当大的作用。

在 1874 年接下来的几个月里，俄国在许多方面延续着对德国的不友好态度。塞拉诺（Serrano）将军领导的军事独裁政权在西班牙建立起来了，这个政权反对激进的左翼共和派，镇压了卡洛斯派①的教宗至上主义叛乱；俾斯麦希望对这个保守主义的共和国政权予以外交承认。他在给德国外交使团的通令中提出了自己的建议，这项建议得到了伦敦、罗马甚至巴黎的接受，维也纳对他的建议持回避态度，圣彼得堡则予以果断拒绝。德国大使报告了沙皇对于拒绝的解释："不是他背离了我们，而是我们背离了他，因为我们没有事先和俄国政府沟通，而是同时向所有大国的内阁提出了我们的主张"。在圣彼得堡，人们显然还没有习惯这个已经扩张成德意志帝国、发生了改变的普鲁士，这个国家已经不再如马克思曾经嘲讽道的那样，是俄国的前线领土了。

安德拉西提出了一个折中方案，即承认西班牙的行政当局，但不承认其共和国，俾斯麦立即采纳了这个办法，并在 1874 年 8 月正式委任了德国驻马德里的大使。帝国政府不得不站在军事独裁者塞拉诺一边，反对教宗至上主义的堂卡洛斯（Don Carlos）②，因为堂卡洛斯的支持者在几周前抓捕并枪杀了共和国军队的随军战地记者、前普鲁士上尉施密特。俾斯麦对堂卡洛斯的"刽子手经济"感到震惊、恼怒，但圣彼得堡并没有反应。让首相深感遗憾的是，俄国是唯一一个拒绝向他提供外交支持的大国，"尽管这种支持本不会损害俄国的利益"。

俄国驻外大使们的反德情绪是有其原因的。正如德皇威廉曾经在一份大使报告中指出的那样，"俄国对法国的一切东西

563

---

① 支持国王费尔南多七世之弟、西班牙王位觊觎者卡洛斯·马里亚·伊西德罗（Carlos María Isidro，1788~1855 年，老堂卡洛斯）及其后裔争夺王位的政治派别。

② 老堂卡洛斯之孙马德里公爵卡洛斯·马里亚（Carlos María，1848~1909 年，小堂卡洛斯。）

都越来越偏爱，甚至到了夸张的地步"；这一点是"举世皆知的"，而且尽管"法国的政府形式经历了种种变革"，这种偏爱却还在延续。在俄国的外交往来和贵族家庭的圈子里，法语都是对话和书面用语。让俾斯麦使用母语之外的语言跟儿子们通信是难以想象的，但年轻的米哈伊尔·亚历山德罗维奇·戈尔恰科夫（Michail Alexandrowitsch Gortschakow）除了有时用俄文写几段话，都是用法文给父亲亚历山大·米哈伊洛维奇·戈尔恰科夫（Alexander Michailowitsch Gortschakow）侯爵写信的。

1871 年以后，传统上受法国文化影响的俄国封建贵族高层越来越反德。毕竟，德意志此前被割据诸侯统治，一直通过婚姻和家族关系受到圣彼得堡的影响，现在却变成了一个统一的帝国，虽然它内部动荡，但已经无法再从外部控制了。人们甚至对这个帝国感到恐惧。虽然俄国的对外贸易额还是很可观的，但在 1871 年，农产品在外贸额中所占的比重约为 97%，这是令人担忧的；粮食的大量出口显示了对外贸易结构的单一性。沙皇俄国在资本主义工业化方面远远落后于欧洲主要国家，特别是邻国德国。而所谓的农奴解放运动成果寥寥，只是消除了最极端的人身依附和法律依附。数百万农民仍然饱受土地过少、赎买费过高、税收压力增大之苦。废除农奴制 15 年后，俄国 85% 的人口仍以农业为生；资产阶级和无产阶级的发展很慢。每一个了解外国的俄国贵族，都能意识到俄国可耻的落后。但这并没有增强俄国继续推行改革的意愿，这种旨在追赶工业化的欧洲的改革是在克里米亚战争后开启的；相反，俄国的挫败感转化为了对德意志帝国的不满。在德国身上，人们太容易看到一个充满威胁的政治新秀了。在这样的政治心态下，俾斯麦很难让俄国外交官相信，他希望与俄国达成长期协议真的是为了欧洲的和平。

鉴于德国与沙俄的关系总体上发展不利，尤其是在商业领域困难重重，德国大使罗伊斯亲王的长期患病就更显不幸。因此，俾斯麦决定派一名有经验的外交官到圣彼得堡去，对俄国与德国代表在巴尔干地区的分歧中的原则性和实际性问题做口头澄清，同时也应当对戈尔恰科夫的外交手段予以反击。俾斯麦已经就此向奥布里尔做出了简要而明确的表示。俾斯麦的特使是约瑟夫·玛丽亚·冯·拉多维茨，外交部东方事务的负责人；他的父亲是一位普鲁士政治家，曾经推行联盟政策，但被俾斯麦在1849年激烈地批驳为虚幻，并最终在受到奥地利和俄国控制的奥尔米茨会议上宣告破产。

拉多维茨到达圣彼得堡后，立即得到了戈尔恰科夫的接见。"在谈话过程中"，拉多维茨回忆说，"他三次回到了所谓的俾斯麦烦躁和紧张的问题上，每次我都礼貌地打断他的话，说我们在柏林对此丝毫没有感觉"。戈尔恰科夫是在故意地夸大其词，而拉多维茨则尽职尽责地将其加以淡化。圣彼得堡高层似乎在有些紧张地期待着拉多维茨的到来，因为在他首次出现时，沙皇亚历山大立刻询问他是否有特殊的使命，称如果确实如此，可以立刻说明。出乎沙皇意料的是，拉多维茨婉转地否认了这个问题，并表示皇帝威廉和德意志帝国首相认为，"在整个政治利益领域继续交换意见"是德国和俄国有可能达成紧密一致行动的前提。在讨论巴尔干地区的外交摩擦和包括西班牙问题和波兰政策的各种"误解"时，拉多维茨意识到，沙皇亚历山大得到了一些错误的信息；后来证明，沙皇是被听命于戈尔恰科夫的奥布里尔大使的报告误导了。沙皇与拉多维茨谈话的内容也延伸到了德国的政教斗争，但他们完全没有提及法国。

拉多维茨奉命做出的发言的核心内容，是要求两国在政治上完全平等，这在柏林看来是两国关系不可或缺的前提。两国解决外交分歧的方式也大不相同。戈尔恰科夫喜欢谈到"误解"，而俾斯麦则坚持"不应模糊整个过程的时间顺序"。年轻的德意志帝国需要在外交舞台上站稳脚跟。

拉多维茨提出的许多观点都令圣彼得堡官方疲于辩解、陷入了守势。圣彼得堡因此渴望再次转入攻势，首先要让拭目以待的外交界知道，拉多维茨是带着一种非同寻常的试探性目的到来的；他希望俄国在德国对法国重新开战的可能情况下保持中立，而作为回报，德国将为俄国实现其在东方的愿望提供支持，并在特定情形下不惜损害奥匈帝国的利益。当然，圣彼得堡的办公厅还透露，已明确对俾斯麦大使的交涉予以坚定的拒绝。此外，拉多维茨还收获了"塞壬"（la Sirène）这个绰号，这是戈尔恰科夫从古代传说中为他选择的，指的是危险的引诱者。这场阴谋最初只是计划在外交界内部针对德国外交使团上演，在 19 世纪 80 年代却引发了新闻界的狂欢，对此，拉多维茨在《笔记与回忆》（*Aufzeichnungen und Erinnerungen*）中进行了令人信服的驳斥。

这个不实消息的源头早就被找到了，即戈尔恰科夫给奥布里尔的一封"高度机密"的信。信中说："俾斯麦先生派来这么一个狡猾而又深受信任的人，会不会是想让他查清我们对东方是否有什么不可告人的目的？如果真是如此，那么拉多维茨会不会奉命向我们保证，德国将在我们有关东方的一切事务上给予完全的、绝对的支持，同时又要求我们对德国在西方的一切利益上给予同样的完全的支持？"这些难以捉摸的句子里的两个问号，简直就像是激起认同的感叹号。尽管作为绅士的戈尔恰科夫夫保证，他只是想在保密的情况下传达个人的推测，但这位经验丰富的政治家知道，别人会把它当作确凿的东西来传播。众所周知，在接下来的几个月内，在外交部主事的斯特里穆科夫也是"拉多维茨使团"假消息的来源；这些假消息可能短暂影响到了奥地利大使冯·朗根瑙（von Langenau），但并没有影响到维也纳的安德拉西。

俄国外交官捏造的有关德国特使的话是牵强且不可信的。
这一点，从拉多维茨的即时报告和随后的声明中，都可以看出来。1879 年，在与奥地利外交官塞切尼（Szechenyi）的一次谈话中，他对泛斯拉夫主义和泛日耳曼主义都发表了反对意见。拉多维茨解释说，俾斯麦的伟大之处在于，他始终认为泛日耳曼主义是德国的危险敌人。"他认为把德国扩张到目前的边界之外，羞辱和残害战败的对手，导致对手永远在寻求报复，将会是德国可能遭遇的最大不幸。他很坚定地推进着自己现在做的工作……如果那是他能决定的，那么我们不仅会撤出法国的梅斯和洛林，还会离开阿尔萨斯。他很快在这方面意识到，自己不能违背舆论和军队的意愿。"拉多维茨最后总结说，无论谁想写俾斯麦的历史，都不应该满足于讲述他所做的事情，还应该描述所阻止了的事情。

从事实看，圣彼得堡在 1875 年春天发出的诋毁消息与俾斯麦当时的意图和基本观点也是相矛盾的。拉多维茨向圣彼得堡传达的首相的要求，仅限于在柏林和圣彼得堡之间建立平等的外交关系，以及促使俄国放弃与法国进行类似结盟的合作；所有这些都完全符合三皇协定的精神。在已经充满了反德情绪的俄国资产阶级外交界和新闻界，俾斯麦已经无法再进一步了。虽然戈尔恰科夫仍不能主动与巴黎进行联盟性质的合作，但在 1871 年后，他不能也不想再次转向反法的政策。而对于那种从一开始就注定要失败的试探行为，俾斯麦根本就未考虑过。他不想再对法国发动进攻了，他只想让法国无法在这片大陆上结盟。

就东方而言，俾斯麦无法在不惹怒奥地利且不危及与维也纳的进一步和解的情况下，给予俄国任何行动自由。因此，他力图确保三皇协定中的另外两个伙伴——奥地利和俄国，在东方这片欧洲列强的行动领域中采取共同行动，这时常使他背上"调解狂"的指责。

567　　维也纳官方的态度与圣彼得堡截然不同。安德拉西乐于强调自己与柏林的不同——想想他对沙俄首都的访问——并提出一些令人不快的问题，例如涉及北石勒苏益格的丹麦问题，这个问题自1866年的《布拉格和约》签订以来一直没有解决；但在最近的西班牙事件中，他表露了继续与新帝国和解的意愿。哈布斯堡帝国的外交使团普遍遵循这一政治路线，特别是驻柏林大使卡罗利，他从1862年起就非常熟悉俾斯麦的个人特点和政治信念。其中包括俾斯麦在19世纪60年代向卡罗利表达出的这种设想，即在普鲁士领导下建立的德意志民族国家应当与哈布斯堡帝国以国际法为依据进行合作，同时哈布斯堡帝国可以将其霸权重心沿多瑙河向下游转移。然而，这并不意味着在德意志帝国建立后，奥地利需要在巴尔干和近东将其影响力扩大到与俄国发生对抗的地步。

　　与维也纳的外交官们相比，维也纳的新闻界对德意志帝国首相的态度往往不甚友好；在宫廷和军界甚至出现了复仇的念头。因此，俾斯麦担心哈布斯堡君主国的阁臣更迭将带来一个"耶稣会告解神父和军事冒进者"领导的政权，也并不奇怪。毕竟，也是在那个时候，教宗在一份"具有神圣法律权威"的通谕中，宣布普鲁士颁布的一系列"文化斗争法"无效，并对所有屈服于这些法律的人实施了绝罚。在维也纳宫廷、军队和教士中那些至少存在松散合作的圈子里，人们的基本想法是，将奥匈二元制帝国转变为一个受教廷和斯拉夫影响的联邦体制哈布斯堡国家。不能断然认定这种努力会失败，尤其是在帝国的半壁江山——匈牙利——陷于财政的泥潭时。

　　然而，由于维也纳直到会晤发生前不久，才宣布弗朗茨·

约瑟夫皇帝与意大利国王维克托·伊曼纽尔二世（Viktor Emanuel II）将在威尼斯会晤的消息，柏林感到了不悦。这座潟湖之城在1866年之前一直处于哈布斯堡统治下，哈布斯堡将其作为1875年4月初为期三天的会议和庆祝活动的举办场所，象征着奥地利与意大利的和解，而俾斯麦却一无所获。鉴于维也纳对这次会议的准备工作保密了很久，柏林不禁要问自己一个问题，即这一切是不是一个反德联盟形成的开始。

关于两位君主的会晤，安德拉西本人可能长期以来也被维也纳霍夫堡（Hofburg）① 方面蒙在鼓里；他急忙在私人信件中向卡罗利通报事情的真实情况，并要求他驳斥新闻界在这方面的一切猜测以及柏林官方"任何错误的想法或可疑的行动"。十天后的3月31日，安德拉西催促他的大使和朋友卡罗利寻求与俾斯麦会面——关于俾斯麦辞职的消息此时再次流传了出来——以便向他转达"我方十足的同情"，并告诉他，"他坚持担任高职并在远方指挥德国和普鲁士的命运的决定，是非常重要的"。这项关于奥匈帝国和普鲁士-德意志帝国政治领袖间的共同利益的宣言，很快得到了柏林的回应。

然而，安德拉西和卡罗利不得不向多疑的俾斯麦重申，一个天主教国家的国家利益，绝不需要与天主教教廷的政策完全一致。首相自己也知道这一点，但彼时麦克马洪的法国不正是呈现了这种特征吗？奥匈帝国皇帝暨奥地利国王弗朗茨·约瑟夫，是否仅在形式上继承了"使徒国王"的称号，而当时的神职人员，无论高阶低阶，是否毋庸置疑地代表着一种权力？对于意大利的局势，俾斯麦是不是需要考虑到，那里强大的亲法势力在某些情况下可能会与"梵蒂冈的囚徒"——教宗就反德达成一致？最后，引发了强烈疑虑的新德意志帝国的首相无法

---

① 哈布斯堡王朝位于维也纳的皇宫。

忽视法国报刊对威尼斯会议的欢欣鼓舞，因为这同时也是对 3 月议会通过的军事改组的公开呼应。这当然不会对德国构成直接威胁，但确实增加了法国在未来可能会形成的反德联盟中的力量。总而言之：俾斯麦不可能忘记，从 1867 年到 1870 年，成形中的德意志国家受到了天主教强国奥地利、意大利和法国的威胁，普鲁士 - 德国军队迅速取胜，才阻止了他们的联合行动。

对于帝国建立后这些在明面和暗流中发生的事件，后世的历史观察者可以在叙述中将其淡化到适当的程度，但柏林那位承担着重要职责的政治家在当时却必须时刻警惕并关注眼下发

569

漫画《三位皇帝，或瓦尔津的腹语表演者》，出自 1884 年 9 月的《冲锋报》(*Pinch*)。当年，英国作为世界强国，对德国可能崛起成为欧洲霸主心存疑虑。

生的事。奥匈帝国的局势不甚明朗，至于俄国的政治气氛，虽然柏林和圣彼得堡之间外交上的摩擦得以逐一解决，但两国原先的信任已经受到了很大的影响。在这种情况下，三皇协定虽然才刚签订不久，但它是否还有价值，已经是需要重新审视的问题。俾斯麦不是一个——正如他后来所说——"让一个问题一直恶化下去"的人。相反，他会尽快以这样或那样的方式去厘清现状。在1874年2月，他在与奥布里尔的谈话中表示，德国不能对法兰西帝国的敌对活动表现出被动，那样的态度将是不光彩的且对德国不利的。只有兔子才会沉默。但是如果它能大声反抗猎人的话，就不会那么容易被猎杀了。

1875年，各种秘密外交的手段似乎已经被用尽了；于是，俾斯麦把争论摆到了公众面前，但并没有暴露自己。他为了威廉皇帝而选择继续躲藏在后面，因为皇帝信任自己在圣彼得堡的侄子亚历山大二世，不想引起公众甚至国际社会的骚动。俾斯麦在这种情况下认为，应当在报刊媒体中采取一些行动，而不是在议会。利用媒体开展行动，并不会让国外的人们过分敏感，维也纳和巴黎的报纸就证明了这一点。俄国的官方报纸《北方报》（*Nord*）煽动性地指责安德拉西称，他企图"以奥地利、俄国和意大利的联盟取代奥地利、俄国和德国之间的协约"。

1875年春，战争的喧嚣和对联盟的恐惧

根据祖·霍恩洛厄-希林斯福斯特的记载，1875年3月底，俾斯麦与他就正在扩充军备并重新武装的法国可能结成的"各种联盟"进行了探讨，这些联盟无疑将是针对德国的。几天后，外交部的新闻官员路德维希·艾吉迪（Ludwig Aegidi）给《科隆报》的主编寄去了一篇稿件，稿件被伪造成了一篇来

自维也纳的文章；艾吉迪还称，文章中的"每一个字都像是国家文件那样经过了慎重衡量"。

这篇题为《新同盟》（*Neue Allianzen*）的社论最终于1875 年 4 月 5 日发表，它指出，欧洲的情势比一般人所认为的更不值得信任。欧洲的和平仍然受到威胁，而这种威胁正是来自已经开始重整军队的法国。也许这种危险要比人们想象的更迫近。法国从来都不想单打独斗，不管这场战争是发生在不确定的未来，还是在不久后的某个时间点上，所以它寻求联盟。但只要奥匈帝国的折中方案还在继续发挥作用，只要它的代表安德拉西伯爵还在掌舵，那么法国想要加入大天主教联盟的愿望，就只是空想。如果安德拉西倒下了，那么奥地利的联盟政策就有可能转向法国，转向与教宗和解了的意大利。而奥地利、意大利、法国和教宗的结盟将会成为"那个阴谋"的第二版，也就是那个"在沃尔特（Wörth）会战和魏森堡（Weißenburg）会战①后一败涂地"的阴谋。这是在提醒人们注意 1870 年维也纳和巴黎之间的协议，该协议规定，一旦法国军队在德意志南部的对德战争中取得胜利，奥地利和意大利就会进行军事干预。

571　　事实上，到了 1875 年，曾经的阴谋还历历在目，因此，对这个阴谋再一次出现的猜测，绝不是荒唐的，尤其是因为柏林再也不能像 1870 年那样指望俄国的善意了。俾斯麦在 3 月与祖·霍恩洛厄－希林斯福斯特的会谈中，甚至考虑到了法俄

---

① 魏森堡会战是普法战争期间的首次会战。1870 年 8 月 4 日，普鲁士王储率普军第3 军团先头部队攻打法军在魏森堡的阵地，由阿贝尔·多内指挥的法军进行顽强抵抗。最后普军攻占魏森堡。普军在此次会战中伤亡 1500 余人，法军伤亡及被俘人数达 2300 人。沃尔特会战发生于 1870 年 8 月 6 日，普鲁士王储率领第 3 军团与麦克马洪的法国阿尔萨斯集团军交战，结果是法军被迫放弃所有阵地。其中，法军伤亡约 1.2 万人，普军伤亡数字大体相等。

结盟的可能性。

　　可以肯定地认为，首相没有读过《科隆报》的文章手稿。但这个运用新闻手段的政治方针来自他，因为《科隆报》上的文章内容来自外交系统，在如此敏感的领域里，艾吉迪并不是一个可以主动发起行动的人。这样一篇表面上源自维也纳的文章对哈布斯堡君主制进行了剖析，它间接警告了皇帝弗朗茨·约瑟夫，不要屈服于教廷和军界进而改变自己的政治立场。

　　《科隆报》的文章还没引起人们的特别关注。像艾吉迪这样保持着政治家的风格、有时甚至陷入学术沉思的语气的人，很难搅动国际政治。因此很有可能的是，同样具有新闻和外交经验的洛塔尔·布赫尔暗地里要求媒体发出了一些挑衅性的声音。政治专栏作家康斯坦丁·罗斯勒（Konstantin Rößler）在自由保守党的近乎官方性质的《邮报》（*Post*）上，实现了洛塔尔·布赫尔的这一期望。他在 4 月 8 日发表了一篇文章，标题是《战争在望了吗？》（*Ist der Krieg in Sicht?*），非常具有煽动性。这篇文章势必将引发一些惊恐：它声称，几个星期以来，政治的地平线一直被"乌云"所笼罩。文中提到了法国支出账单上的"强壮马匹的采购"，称"法国军队的骨干"数量也出现了强劲的增长。法国媒体对奥地利皇帝与意大利国王的会面所表现的欢欣鼓舞，被文章恶意地记录为"恬不知耻"。与"乌云"相配的，是文章为整体画面染上的"严肃色彩"。人们可以看到"迫在眉睫的战争"的危险，看到"对一场复仇战争的直接准备"。虽然安德拉西伯爵被认为"不可动摇地"站在德国一边，但如果奥地利"军队和宫廷中的强大势力"现在正致力于"与法国结成复仇联盟"，并且可能"在教宗的支持下"形成一个针对德国的三国同盟呢？在意大利，如果教宗放弃"占有意大利的土地"，那么"大多数的上层阶级人士"将会非常愿意结成反德联盟。

572 　　总的来说，全部的战争危险似乎与那看上去诡计多端的教宗至上主义密切相关。这一点在关于法国的段落中，几乎变得很透彻了："我们不认为共和国领导人的见识如此之低，以至于他们看不到，在教会的默许下、在教会的外交和将军们的蓄意领导下进行的复仇战争，将会给共和国带来怎样的后果。"由于文章的作者预计，共和派（非主战派）将在即将选出的国民议会中占有多数席位，所以他担心"法国的主战派，甚至会在本届法国国民议会解散之前，就考虑发动战争"。另外，他过渡到了那句被广为引用的话："尽管战争就在眼前，但并不排除乌云散去的可能性。"文章的目的在于挫败危险的联盟，并警告整个德意志民族国家领导层面临的危险。最后，这篇引发了轰动的文章重复了俾斯麦在"文化斗争"的高潮时所反复表达的信念，即帝国真正的"对手"是"罗马天主教廷"，法国如果以罗马为导向，就将成为德国的死敌。

　　惊动了法国甚至英国媒体与外交界的，是文章中关于战争的喧嚣。最迟在看第二遍的时候，人们就能清楚地看到，文章提出的恐怖前景与现实毫无关系。3 月 12 日，法国通过了《骨干法》（Cadregesetz），规定在 144 个团中各增设一个第四营，使得法国军队的人数增加了 14.4 万人，这种改编对一个大国来说是相当合适的。在《邮报》对此发出攻击的 3 天后，德国驻巴黎武官伯恩哈德·海因里希·冯·比洛（Berhard Heinrich von Bülow）少校 ① 在一份长篇报告中强调，法国国民议会决定的这项措施不具有威胁性。

　　柏林的国务秘书告知德国驻巴黎大使祖·霍恩洛厄－希林斯福斯特侯爵："帝国首相……绝不想对冯·比洛少校的军

---

① 后官至帝国首相。其父为俾斯麦手下的外交大臣伯恩哈德·恩斯特·冯·比洛，其兄为德国陆军元帅卡尔·威廉·保罗·冯·比洛。

事判断……提出质疑。"但是，柏林方面继续争辩道："只要整个法国媒体、亲法的外国媒体以及教宗至上主义的媒体把谴责……德国为欧洲和平的主要扰乱者视作自己的任务，我们就必须首先行使辩护的职责，确保别人不会因事实真相被掩盖而犯下错误。"法国固然存在教宗至上主义的煽动性报刊；但是，1875年4月的几个星期里的事件实际上的因果关系，并非如国务秘书在此依据俾斯麦的授意所明确提出的那样。

虽然首相的政治战略是以防御和维护帝国为目的的，但服务于这个战略的战术却显得富有攻击性和好战性，在此情况下，产生误解和曲解的风险自然就很大。人们很容易产生怀疑，即是否能相信皇帝庄严的即位演说和外交上官方对于德意志帝国已经心满意足的保证。许多人想知道德意志帝国是否能抵挡住诱惑，会不会先去侵占奥地利的德语区，接着侵占荷兰，最后侵占比利时的佛拉芒大区。正如俾斯麦没有忘记1870年奥法同盟对新生的普鲁士－德国所做的一切，1864年、1866年和1870~1871年的这一系列最终以德意志吞并阿尔萨斯－洛林而告终的战争，仍然存在于欧洲民众的脑海里。既然法国没有人想到要"尽快开战"，德国人也不认为必须进行军事自卫。作为最高军事指挥者的德国皇帝在得知新闻界的叫嚣后，感到非常惊讶、惊恐。但他没有召开过一次战事会议，没有一个堡垒被重新装备以备不时之需，也没有一个兵营开始行军或被派遣到边境地带。在军事领域之外，街上也没有伪爱国主义的或以民主口号抗议的游行示威，就连议会里也没有任何骚乱；群众并未感到激愤，而是依然平静。只有记者和外交官很活跃，有的人甚至投身名利场，捕风捉影、疑神疑鬼，也许还尔虞我诈。而其中包含的严肃意图是，俾斯麦想在他挑起的这些骚动中测试一下德国与欧洲各国的关系。毕竟，他一直对法国组建联盟的前景感到担忧，这种联盟将会帮助法国实现俾

573

斯麦一直假定存在的复仇需要，而且他认为法国这次可能会采取与教权主义联手的形式。

574 　　军队中存在一个在原则上不反对预防性战争思想的圈子，领导这个圈子的是总参谋长老毛奇，他曾在1875年4月底5月初向英国大使奥多·罗素和比利时公使让·巴蒂斯特·德·诺托姆（Jean Baptiste de Nothomb）表达这样的想法。那不是偶然发生的谈话；至少，这位著名的军事指挥官并没有在家里接待他们，而是专程到英国大使馆拜访了奥多·罗素；这大概是老毛奇和俾斯麦之间的分工，尤其是鉴于俾斯麦当时正处于身心俱疲、烦躁不安的状态中。老毛奇自然能像德国驻巴黎的使馆武官那样，对于法国军队中的力量形势做出清醒的估量。对于奥多·罗素提出的问题，即欧洲大国是否应该对法国施加影响使其限制军备，老毛奇甚至给予了否定的回答。老毛奇表示，不能指望任何一个大国会这样做；而且，这种要求也是错误的，因为德国也在武装自己。事实上，帝国的领导层从来没有要求法国撤回其军队重组的计划。老毛奇考虑的只是法国的军力和可能结成的联盟，他和俾斯麦有着相同的担忧，认为法国军队重组可能是一种不利发展趋势的开端，法国可能在未来与盟国的军队合作，从而对帝国造成威胁；因此，德国必须抢先一步行动。在有关这方面的谈话中，老毛奇的措辞比外交官们惯常使用的语气更加严厉；俾斯麦后来与这种过于直接、有时让人误解的措辞形式保持了距离，但并没有放过事件本身。老毛奇自己也乐于强调，他是以一个军人而非政治家的身份在发表意见。

　　老毛奇与诺托姆公使的会谈则是因德国与比利时两国政府间的纠纷而起的。在1875年初，德国外交部要求比利时政府采取措施压制比利时教会的反德煽动。在幸灾乐祸的戈尔恰科夫的支持下，比利时拒绝了德国的要求，德国外交部随后于4

月中旬再次与布鲁塞尔进行了交涉。德国外交部宣称，"比利时因中立特权而处于特殊的地位，这种地位使我们期望，比利时王国可以格外注重对良好国际关系的维护，特别是与能保证它的这种中立地位的大国的关系"。在紧张的外交形势下，人们可以从这段文字中读出一些弦外之音，即间接的战争威胁。

英国在当时也倾向于怀疑，这尤其是因为德国王储和储妃——英国维多利亚女王的女儿——周围的宫廷圈子里的一些反俾斯麦的流言蜚语传到了白金汉宫，之后又从那里传到了英国外交部。博伊斯特伯爵原本是萨克森人，在1866年后担任奥地利首相，1875年出任奥地利驻伦敦大使；他在自己的职位上重拾了自己在政治上对俾斯麦的旧恶，并采取了相应的行动。政治经验丰富的博伊斯特当然知道，法国和德国当时都在努力寻求英国的支持。只有这样，老毛奇对英国大使馆的不寻常的访问才解释得通。

老毛奇迅速地与多位外交官举行了会谈，这让我们可以做出推测：在4月下旬召开了一次没有留下记录的内部会议，与会者们审视了之前的政治活动，并确定了接下来的行动步骤。这样的"秘密会议"后，正如俾斯麦在这种情况下常说的，时事评论员们大概被再一次地给予了信任，政府与他们就如何展开有进攻性而不带夸张的论述进行了讨论。臭名昭著的《邮报》随即发表了一篇文章，对法国可能结盟的国家进行了一番考量，最后总结道："巴黎是不会单独出击的，但有了盟友之后，这种叫嚣声就会立刻占据上风：冲向柏林。"这种经过调整的、温和的论述有着明显的特点：不再发出关于所谓的战争风险的警报，而是对未来法国可能会进行的联盟发出了间接警告。

在柏林使用较为温和的措辞的同时，法国外交部长路易·夏尔·埃利·阿尔马尼厄·德卡兹（Louis Charles Elie Armanieu Decazes）公爵则在外交和新闻界大肆推波助澜。4

575

月 29 日，德卡兹将贡陶·比隆关于自己与拉多维茨会晤的报告副本寄给了法国派驻各大国、荷兰、比利时以及教宗处的外交代表，但不包括驻德国的大使。报告评论了德意志帝国的预防性战争的威胁，将其下意识地称作了"当前的威胁"——但它并非如此。如果说康斯坦丁·罗斯勒的战争警报是粗糙的，那么德卡兹公爵发出的警报则带有高级贵族的精致。

但德卡兹公爵并没有止步于外交措施，而是"逃进了公众的视野"，他曾傲慢自负地使用这样的措辞暗指俾斯麦的行动。这是他与伦敦《泰晤士报》驻巴黎办事处的主任亨利·斯蒂芬·德·布洛维茨（Henri Stephan de Blowitz）安排的一次反击。这个名字很有风格的记者其实原名叫作阿道夫·奥佩尔（Adolf Opper），来自皮尔森（Pilsen）旁边的布洛维茨（Blowitz）。化名德·布洛维茨的奥佩尔将一篇名为《巴黎来信》的文章寄给了《泰晤士报》，该文在 1875 年 5 月 6 日得到了刊登；他在其中论述了"德国关于不可避免的预防性战争的理论"，但并没有直接攻击柏林的官方政策。他表示，相信只有俄国能帮助结束这种对战争的忧虑不安。在同一期报纸中，主编德莱恩（Delane）在社论中努力对这种言论进行了软化，但布洛维茨的通信仍然在整个欧洲引发了轰动。俄国外交部进一步为气氛升了温，5 月 9 日，他们在与自己亲近的布鲁塞尔的《北方报》上揭露了一份据称是拉多维茨向圣彼得堡提交的建议，涉及德俄利益范围划分的构想，俄国外交部随后以高尚的情怀冷静地拒绝了这一建议："俄国从来没有也永远不会把维护和平的问题当成货品进行交易。"

尽管《巴黎来信》向俄国发出了种种呼吁，但其真正目的在于对英国政府产生影响，尽管英国已经受到了多方的影响。而它的目的达到了。英国外交大臣爱德华·亨利·史密斯·德比（Edward Henry Smith Derby）勋爵愤愤不平地说道："要么俾斯麦真的想打仗，要么他只是想让人相信他想打仗。"保守党内阁的首相迪斯雷利在 1875 年 4 月 21 日时还在警告不要与法国关系过于密切，但现在，他改变了自己的立场。在得知沙皇不久之后将开启计划已久的巴德埃姆斯（Bad Ems）之行并在德国首相的陪同下途经柏林后，迪斯雷利于 5 月 8 日指示英国驻柏林大使罗素对俄国政治家的和平努力给予大力支持；同时他还告知英国驻维也纳和罗马的代表，应鼓励奥地利和意大利政府派驻柏林的外交官采取类似行动。英国女王批准了这一公文，但同时表示，法国并不寻求复仇，这根本不是事实；她还在当时以及几天后两次提出要求，也应警告法国人不要威胁复仇或为此做准备。

迪斯雷利这一政治操作的首要目的可能并非帮助法国，而是进一步干扰柏林和圣彼得堡之间的关系。俄国政府却看到了被英国步步紧逼的危险，因此在响应伦敦的倡议时感到了不安。毕竟，随着迪斯雷利将维也纳纳入反俾斯麦的外交策略，那份英国从未予以认同的三皇协定也将动摇。然而，英国的这种期望太大胆了，因为安德拉西表示了拒绝。5 月 6 日，安德拉西敦促卡罗利保持克制；对于这场探讨当下的和平是否受到威胁、谁是罪魁祸首的辩论，他并不想参与。俄国和英国是老对手，也即将发展出新的对抗；这两个国家突然联合起来，努力挽救本就未受威胁的和平，无疑是各自心怀鬼胎。

亚历山大二世和戈尔恰科夫于 5 月 10 日至 13 日停留在柏林，他们对俾斯麦表现了相当家长式的态度。沙皇说，"他（俾斯麦——作者注）说的话连一半都不能信，因为他说的东西不是他的本意，只是他的激情和一时的神经兴奋的结果"。此外，亚历山大二世恳请俾斯麦不要坚持辞职；在 5 月 4 日，即圣彼得堡访问团到来的几天前，俾斯麦向威廉一世提出了辞职的申请。德意志帝国首相就这样同时让两个皇帝陷入了困境。来自涅瓦河畔的陛下当然愿意看到俾斯麦遇到麻烦，但他并不希望俾斯麦自此从国际政治舞台上消失；毕竟，自俾斯麦作为驻圣彼得堡大使成功开展工作以来，他们就认识了，距今已有十五年。无论如何，亚历山大二世都想维持三皇协定，即使戈尔恰科夫想要玩火；但是，他没有勇气直面戈尔恰科夫的阻碍。

577　　　维也纳的《新自由报》（*Neue Freie Presse*）在 1875 年 6 月 5 日回顾了柏林官方报纸上的"好战的声明"，对俾斯麦在 1875 年 4 月 5 日推动发表的那篇文章中的基本关切进行了一些中肯的解读：这篇文章的主要目的大概是"摸清德国盟友的安全可靠性"。总的来看，1875 年 4 月至 5 月这几周的危机，对奥匈帝国和德国的关系只产生了有利的影响。

当安德拉西投向俾斯麦时，德比勋爵则转向了相反的方向。5 月 31 日，这位英国外交大臣在上议院发表演讲，重复了自己在数周危机期间对德国的指责，并明确表示支持法国。据路透社记者报道，德比称，德国大使明斯特伯爵也曾多次表示赞成预防性战争。虽然议会的正式报告删除了德比对德国驻伦敦大使的这一批评，但这篇相当准确地反映了英国统治阶层情绪的演讲仍然引发了德国的警惕，因此，德国的《帝国日报》（*Reichsanzeiger*）不得不在 6 月 1 日发表更正声明：虽然法国军队骨干的激增引起了德国"一定程度的关注"，但"帝国政府在任何时候都不打算要求法国政府裁减武装力量甚至暂停军队的改组"。这个声明是符合实际情况的，并不是外交上的撤退。

在柏林，人们可能比以往更明确地注意到了，德比在 1870 年以前就已经把普鲁士的崛起视为对欧洲形势的一种危险的扰乱；而且与迪斯雷利不同的是，他允许自己受到怨恨情绪的影响，在反德主张方面，丹麦的宫廷圈子和荷兰女王都有所推动。在俾斯麦的授意下，德国外交部指示德国驻伦敦使馆"也借助私人关系"向德比表明，"他已经失去了德国政府对他的政治手腕和政治名誉的信任"。他们与德比的接触仅限于最基本性的内容，并避免"就政治问题交换意见"。

对于德国驻伦敦使馆外交代表们摆出的近乎抵制的保留态度，英帝国的外交大臣无法承受太久；毕竟，在三年后，英国政治就要依赖于德意志帝国的友善态度。1878年3月底，随着旨在结束东方冲突的国际大会几乎确定将在柏林召开，德比勋爵辞去了职务。在他辞职的所有动机中一定发挥了作用的一种考虑是，德比勋爵不能作为迪斯雷利首相的"差役"出现在那里，而且也无法对大会主席俾斯麦有过高期待。继戈尔恰科夫之后，德比是第二个在1875年春为了胜利而付出了极大代价的欧洲政治家。

尽管存在种种战争的喧嚣声，但俾斯麦既没有谋求扩张，甚至也没有谋求霸权，只是在既有现实的基础上运作着一种安全政策。然而，由于这种饱和性政策（Politik der Saturiertheit）[①]也在阿尔萨斯－洛林、德属波兰地区和北石勒苏益格的丹麦语区实行，一些无法仅靠俾斯麦的欧洲联盟政策解决的问题就出现了，包括地区自治和中立化、国际框架内的历史和解，甚至是停止武装和裁军。

在这方面，俾斯麦在未来十年采用了另外一种政策，这种政策以工人运动为代表。在所谓的"战争在望的危机"结束后，工人运动在政党层面完成了重组。这当然与这场危机没有直接关系，而是内政外交中新的动荡阶段的表现。

拉萨尔和马克思的支持者联合反对俾斯麦

1875年5月底，拉萨尔的全德工人联合会和倍倍尔、李

---

① 即德国现在的需求已经饱和了，不谋求扩张或霸权。

卜克内西的社会民主工党的代表在哥达召开了联合大会。在过去五年的经济上升和下行的过程中，各阶级之间的关系、各阶级与新帝国的统治阶层的关系取得了新的发展，越来越促使两个工人党派放下不和。

579

在帝国成立后的一段时间里，俾斯麦曾考虑"阻止社会主义运动目前正在偏离正道的发展"以及"把它引向更有益、更健康的道路"的可能性。所以他希望国家能解决"最迫切的问题，包括工时、工资和住房短缺等"。关于全德工人联合会，俾斯麦表示："与他们不仅仍有可能取得事实的谅解，而且在国家的正确干预下，目前也有可能使大多数工人与现有的国家秩序相协调，使工人和雇主的利益重新达到和谐。"

如果说俾斯麦打算把拉萨尔的全德工人联合会向右推到政府阵营的话，那么他从一开始就认识到，这种努力对奥古斯特·倍倍尔和威廉·李卜克内西1869年在埃森纳赫成立的德国社会民主工党是没有希望的；因为这个"埃森纳赫派"在"原则上坚决"拒绝"现时政府提供的任何支持与合作"。

因此，俾斯麦只能期待工人运动两派之间矛盾的发酵。然而，自1871年开始的事态发展势头之强烈超出了他所有的预想。帝国首相通过以自己的方式建立帝国，消除了拉萨尔和马克思的追随者在民族国家统一的性质和范围上的旧有争议：是以民主—反封建王朝的方式还是波拿巴主义的方式建国，以及是否要将奥地利包含在内。现在工人运动面对的问题是如何重组、扩大俾斯麦的帝国。全德工人联合会执行委员会中的一位有影响力的成员托尔克（Tölcke）宣称，人们只想通过和平的方式来推动立法；这种观点是针对倍倍尔和李卜克内西的，因为他们在1872年3月的叛国罪审判过程中为一种激进的社会主义观点做斗争。那时，威廉·李卜克内西关于"革命战士"的一席话点燃了火花。

当然，拉萨尔派仍然拥有声势浩大的追随者，尤其是在柏林和汉堡。但恰恰是在这些代表工商业的大城市里，经济发展状况与拉萨尔主义的教条口号和战术结论产生了矛盾。他的追随者从企业创始人的角度谈及了"工资的铁律"，根据这一规律，平均工资总是会被降低到生存和繁衍所必需的最低水平，这就是为什么他们不相信工资水平可以通过有组织的斗争来改变。但实践胜过了他们的理论，伴随着经济繁荣带来的通货膨胀，各地的工人们被迫为增加工资、减少工时以及缓解劳资关系中的其他矛盾而斗争。各地发生了大规模的罢工运动。在经济高度繁荣的"亿元时代"①，工资在上涨，但与此同时，生活成本也在上涨，尤其是住房租金。由于食品价格畸高，人们的不满情绪爆发了，在曼海姆、美因河畔法兰克福、慕尼黑、斯图加特等城市都开展了游行，并演变成了人们所说的"暴动"。1873年开始的经济危机则造成了工资下降和大规模失业，深化了工人们的生活困境和生存危机。

除了劳资关系内的种种艰辛外，还有住房的苦恼。在奠基时代的热潮中，工人们为了寻找新的生计，从农村涌向工业中心，这就让那些本就苦于住房的工人更绝望了。在柏林，土地投机者们将边区的沙地炒成了"金矿"，那些再也找不到住处或付不起高昂价格的工人只好选择了唯一可能的、尽管不合规的出路：他们搬到了城郊，在那里建起了棚屋。正如普鲁士统计局局长恩斯特·恩格尔博士（Dr. Ernst Engel）在1872年普鲁士社会政策协会的一次代表大会上所报告的那样，"一排排五颜六色的用最不值钱的废旧木板和废弃物钉在一起的可怜的小屋，到处都是大大小小的裂缝，寒风夹杂着雨水从这些缝隙进入了屋子，把这些小屋的生土地基变成了泥浆和淤渣"。

580

---

① 即法国战败赔偿的大量资金涌入德国各行业的时代。

当数以百计的豪华公寓空空如也时，执法者却在工人阶级的区域肆虐；他们以最微不足道的借口驱逐人们，目的是提高房东的租金。"据称，"恩格尔博士继续说道，"有 20 多万人因无情的房租压力而被迫搬出原来的公寓。不少楼房从上到下的每一间房都发生过这种事情。"当柏林的布鲁门大街（Blumenstraße）上的一户家庭被驱逐后，人们积压的怒火终于爆发了。当四五千名愤愤不平的居民砸破了一个备受憎恨的房东的窗户时，警方无能为力。在法兰克福门（Frankfurter Tor）前的无家可归者的棚屋被拆的消息传开后，骚乱蔓延到了整个地区。韦伯大街（Weberstraße）、法兰克福大街（Frankfurterstraße）、布鲁门大街、克劳特大街（Krautstraße）和施特劳斯贝格大街（Strausbergstraße）都处于一片混乱之中。但警方最终还是艰难地"控制了局面"；1873 年 2 月，在棚户区进一步被拆后，37 名被告人在司法判决的余波中总共被判处了 47 年的有期徒刑。

581 面对这种生存斗争中出现的各种爆炸性问题，拉萨尔派的干部们如果不想让自己陷入孤立的境地，就不能不去开展屡遭禁止的工会工作，马克思的追随者们早已认识到了这种工作的不可缺性。如此一来，当下的需求让两派的距离更近了。甚至连企业家们也被迫对此做出了贡献，他们之前拒绝了工人的纯经济性要求，认为这是对他们生意的狂妄干涉。所以，两派除了在工会和政治上团结起来反对资本家们，还能做什么呢？

针对这些事态发展，工厂老板们认为自己"当家作主的地位"受到了威胁，他们满怀愤怒，不惜一切代价阻止这种发展趋势。阿尔弗雷德·克虏伯（Alfred Krupp）简明扼要地表示："我们一定不会答应这种诉求。"粗暴与感性混合在企业家的这种家长式心态中，克虏伯这段经典、清晰直白的话表达了这种心态："我们只希望工人能够忠诚，能够从心里感激我们，感激我们给他们提供了面包，我们希望用最大的博爱来对待他们，像对待自己的家人一样关心他们，他们会从我们这里赚取一个行业所能提供的最大限度的收入，否则，我们将会放弃这样一个让人挨饿的行业。但没有人应该站起来反抗我们这样仁义的管理，我们宁可炸毁一切、牺牲一切，也不能在罢工的压力下屈服于工人的要求。"

甚至宁愿炸毁一切？这样说话的人，哪怕他只是在一时不高兴的情况下说出的，也显示了自己拥有一种能够使社会关系变得更加尖锐的思维方式。难怪有人发明了"烟囱男爵"（Schlotbaron）① 这个词来称呼他。就连古斯塔夫·冯·梅维森（Gustav von Mevissen）和弗里德里希·哈马赫（Friedrich Hammacher）这样的企业家，他们虽然没有克虏伯那么大胆，却也站在主人的立场上，对工人摆出高人一等的派头。这些企业的政策甚至还包括在进修学校中对工人进行"节俭"和"有序"的教育。这种政策的支柱是一系列相当可疑的福利设施，如养老金和工厂健康保险基金、工厂消费中心和企业住房；人们也不讳言，这些设施使得工人们依赖于企业家。

庄园主们的行为与工业资本家类似，他们的庄园最终变成了农业资本主义性质的企业，这主要是由于旧的雇佣关系解体，同时农村中形成了现代意义上的无产阶级。在1870年后的繁荣时期内，当东部各省的农业工人开始大规模流向工业区时，庄园主及其在帝国议会中的保守派代表不知道该如何对付这种不可抗拒的现象，除了在一份违约法案中威胁进行惩罚，别无他法。推动起草这份法案的人正是俾斯麦。大约自1873年经济危机起，俾斯麦成了工人保护措施的顽固反对者，且一直没有改变立场。他虽然主张推行养老保险和残疾保险，但由

---

① 意为一夜暴富却良心尽丧的人，专门用来讽刺企业巨头、大工业家。

于在政治上仍与自由派捆绑在一起，他也不得不对这方面的立法保持克制。因此，在他看来，镇压似乎是目前控制独立的工人运动的唯一手段。

无论这一任务将以何种方式完成，它都应当承担起对工人的日常需求做出让步的责任。但在经济危机中，大多数企业家并不准备这样做。他们可能还认为，对于自1月帝国议会选举以来日益显著的全德工人运动的苗头，他们必须予以抵制。曾经对"讲坛社会主义者"持同情态度的俾斯麦支持者特赖奇克，也以自己的激昂姿态登上了新闻舆论的舞台。他的文章发表于1874年7月，得到了官方和自由派报刊的认可与刊登，文章的标题是富有煽动性的《社会主义及其支持者》（*Der Sozialismus und seine Gönner*），其中充满了对德国社会民主人士的老套、小气的谩骂，呼吁对工人采取"必要的严厉措施"。特赖奇克指责讲坛社会主义者们"只是为社会主义者的愿望打了方便的侧翼掩护"。正是以这种方式，他支持了来自马格德堡的检察官泰森多夫（Tessendorff）的严厉政策，这位检察官密切关注着工人运动的各个方面。

在"泰森多夫时代"，具有了政治自觉性和积极性的工人们成了监视与镇压的对象，这些措施都得到了俾斯麦的批准。与倍倍尔和李卜克内西那组织结构高度弹性化、给予成员较大自主空间的党派相比，有着僵化的、中央集权组织结构的全德工人联合会受到的影响更大。在1874年的帝国议会选举之后，拉萨尔派的排他性主张再也无法维持了，因为两个工人党派各自的总票数相差不大。约17.1万名选民投票给了社会民主工党候选人，约18万名选民投票给了全德工人联合会候选人。二者加起来共有35.1万票，约占总有效票数的6.8%。这样的投票结果和两派共同遭受的打压、迫害增强了成员们的团结意志，这是可以理解的。

1874 年 12 月，马克思支持者们发行的报纸《人民国家》(*Volksstaat*) 和拉萨尔派的《新社会民主党人》(*Neue Social-Demokrat*) 提出了关于两派统一工作的共同宣言；此后，两派的地方组织内部出现了一些高度情绪化的运动。因此，对纲领性原则展开辩论变得困难重重。马克思派面对着这样的抉择，即要么基本上全部接受拉萨尔派方案的观点，要么让两派统一的前景破灭；他们最终选择了现实政治的道路。1875 年 3 月，一份充满了拉萨尔派措辞的纲领草案发表了，这让还在狱中的倍倍尔"大失所望"。

卡尔·马克思在一系列信件中，对草案中逻辑缺陷和矛盾之处逐条进行了剖析与评论，但由于纲领草案已经无论如何不可能再改变了，他最终不得不停止进行批判性的公开辩论。弗里德里希·恩格斯认为："当我们的敌人和工人都把我们的见解掺到这个纲领中去的时候，我们可以对这个纲领保持沉默。"[1] 在哥达通过的妥协纲领毕竟包含着一系列民主和社会政策要求，因此可以有效地动员群众反对统治阶级；纲领首先要求的是普遍、平等、不记名和直接的选举权与表决权，并且希望这种权利普及各邦和教区；纲领还要求人民军代替常备军，要求女性在政治上享有平等地位；最后，纲领要求出台劳动保护法，而这遭到了俾斯麦和企业家们的强烈反对。

1875 年 5 月 26 日，德国社会主义工人党 (Sozialistische Arbeiterpartei Deutschlands) 宣布成立，该党以"德国社会民主党"(Deutsche Sozialdemokratie) 的简称被载入了史册。[2]

---

[1] 译文引自《恩格斯致奥古斯特·倍倍尔 (1875 年 10 月 12 日)》，《马克思恩格斯全集》(第三十四卷)，北京：人民出版社，1972 年，第 151 页。

[2] 1875 年 5 月 22 日至 27 日，社会民主工党 (埃森纳赫派) 和全德工人联合会 (拉萨尔派) 在哥达代表大会上合并，建立德国社会主义工人党，结束了德国工人运动长期分裂的局面。1890 年正式改名为"德国社会民主党"。

奥托·冯·俾斯麦当时在个人和政治层面都处于危险的境地，因此几乎没有注意到哥达的事件。在他看来，这是他留给别人——内务大臣、检察官和警察局长——去做的"小事"之一。而"大事"则包括刚刚结束的外交危机，也包括经济危机在国内产生的余波，这让他暂时对是否应该继续实行自由主义的经济政策产生了怀疑。他被牵涉、束缚进了如此多的重要决策，他似乎没有认识到工人运动的两派联合的历史意义和长远影响。然而，无论如何，俾斯麦失去了一个可能的依靠，他常常对拉萨尔的全德工人联合会有所期待。从今以后，他不可能再利用社会主义的两派去对抗自由派了。相反，他遭遇了来自工会和政治组织越来越多的反对。

584

没过多久，官僚机构就以更强硬的措施和新的法案做出了回应。例如，普鲁士内务大臣冯·欧伦堡要求帝国议会强化刑法第130条的规定，即凡是"公开煽动不同阶级互相攻击，或公开以演说或文字攻击婚姻制度、家庭制度或财产制度，危害公共治安的人，都可以被判处监禁"。但是，帝国议会无法支持这个建议；自由派担心一个武断的规则也会影响到他们自己，处于"文化斗争"中的教士们更是坚决反对。保守派则希望看到一把更加有力的法律戒尺。

1876年1月27日，内务大臣对帝国议会的拒绝做出回应，威胁称，我们"别无选择，只能继续想办法维持这项软弱无力的法律条款，直到步枪射响、军刀挥舞"。这是对1848年3月18日柏林的军事行动和1871年5月底巴黎"流血周"的提醒。现在，社会民主党人得到了警告，因此采取了弹性战术，保证仍然有可能发动政治攻势，而不会给对手提供诉诸步枪和军刀的理由。

在内务大臣露面近两周后，首相在帝国议会就所谓的新闻媒体滥用问题发表了讲话。在经济危机中，人们都渴望找到一个罪人；俾斯麦宣布，"社会主义民主派的阴谋"对于"我们眼前的经济压力的形成起了重要作用"。他指责社会主义者的领导人"要为工人阶级今天所处的悲惨境地负很大责任"。

当然，俾斯麦在讲话中也不忘提及"烤鸽子飞进嘴里的黄粱美梦"，以及对于"巴黎公社的杀人放火者在帝国议会前受到公开表扬"的愤慨，这主要是指奥古斯特·倍倍尔。值得注意的是，这一切话语既无知又咄咄逼人。

第十四章

来自东方的战争乌云；内部的紧张局势

巴尔干地区的叛乱和三大帝国

政党和社会团体进行着政治重组，经济危机和教会斗争仍在持续，而文化上也出现了撕裂的局面——这就是东方危机开始时的情况，在这场危机发酵的过程中，战争的前景真的清晰可见了。

面对几近崩溃的土耳其的敲诈勒索，巴尔干地区的斯拉夫民族无法再默默承受而不思反抗。奥斯曼帝国的达官贵人和地主们已经习惯于向农民征收高额赋税，依靠被征服的基督教民族的劳动为生。在克里米亚战争和 1856 年的《巴黎和约》之后，土耳其用现代武器装备了自己的军队，因此陷入了债务和利息支付的窘境，不得不更加对纳税人们"拧紧螺丝"。苏丹和他的帕夏们暴露了自己的言而无信，不愿推行承诺的改革，因为根本无力做到；此时，情况就越发令人难以忍受了。偿还债务与减免臣民税收的任务根本就无法协调共存。

在贫困、枯竭和遭受暴政统治的巴尔干地区，只需再添加一些小小的事由，就足以将沉闷的怨气激化为一场大风波。1874 年，在仍然受土耳其统治的黑塞哥维那（Herzegowina），喀斯特地貌区出现了歉收；10 月底，在波德戈里察（Podgorica）发生了对黑山人的大屠杀，这对泛斯拉夫主义的煽动者来说可是个大新闻。另外，弗朗茨·约瑟夫皇帝在 1875 年 3 月对达尔马提亚（Dalmatien）的访问唤起了虚幻的希望。当时，他在一番祝酒词中为"他的朋友"沙皇庆祝了生日。连续数日，在一派张灯结彩中，两国在奥地利的达尔马提亚沿海地带与土耳其控制的腹地之间的边界上互派了使团。这一切都助长了这样的传言，即苏丹可能在沙皇同意的情况下将黑塞哥维那割让给奥地利，以换取奥地利对土耳其部分国债的接管。绝望和希望最终促使黑塞哥维那人在 7 月对土耳其的总督和穆斯林地主们发起了反抗。很快，邻近的波斯尼亚也加入了。

　　德国驻维也纳大使冯·施韦尼茨将军（General von Schweinitz）抱怨"奥地利陷入了混乱的局面"。而事实上，弗朗茨·约瑟夫皇帝从达尔马提亚发出的同情的呼吁，乃是意在通过外交渠道诱使黑塞哥维那和波斯尼亚人成为哈布斯堡帝国的臣民，而绝不是像真正发生的情况那样，试图煽动他们造反。民族革命起义不仅给哈布斯堡君主国带来了潜在的危险，而且带来了一项直接的负担：许多被迫逃往达尔马提亚或克罗地亚的叛乱者——连同他们的亲属总计约 10 万人——都需要由奥地利出钱供养。此外，奥匈帝国内部的南斯拉夫人自愿向叛乱分子提供了金钱、武器和志愿者。

　　这种跨越国界的团结也促进了这样一种想法，即南斯拉夫人，无论他们是生活在奥匈帝国还是土耳其的统治下，迟早都能联合成为一个独立的国家，甚至是一个大联邦。于是，一个火药桶摆在了奥匈帝国这个多民族国家及其贵族们面前，因为这些贵族也是通过牺牲南斯拉夫农民利益的方式获取财富的，尽管与土耳其的帕夏们相比，他们的做法显得文明一些。

　　为了平息叛乱地区的局势，奥匈帝国外交大臣安德拉西撰写了一份关于黑塞哥维那和波斯尼亚的改革文件，将由欧洲大

586

国以联合照会的形式提交给"高门"（Pforte）①，即交给君士坦丁堡（伊斯坦布尔）的外交部。虽然俄国政府同意安德拉西的意见书，但它有着完全不同的目的。维也纳希望通过改革为日后奥匈帝国吞并波斯尼亚和黑塞哥维那创造条件，沙皇的政治家们则希望改革成为这两个省份未来实现自治的第一步——这一步最终将使整个巴尔干地区在俄国的直接或间接保护下进行政治重组。

俾斯麦考虑的是如何"维持以自由决议为基础的三皇同盟"，但他也在考虑如何遏制巴尔干地区旨在形成小型民族国家的民族革命运动。德国需要反复申明，自己对东方不感兴趣；因此，俾斯麦向他的外交官强调："只要维也纳和圣彼得堡的内阁能达成一致，我们就和它们统一步伐。"柏林做出"只要形势没有变得更加严峻，任何主动的举措都是不可取的，也不能对我们的两个盟国提出批评"的姿态。这里所暗示的局势恶化的可能，很快就变成了现实，使德国不能继续保持绝对克制。

587　　在任何情况下，做到不偏不倚都是困难的，尤其是鉴于俾斯麦在巴尔干的骚乱开始时仍然受到 1875 年 5 月外交事件的严重影响。那起事件的经历增强了他对戈尔恰科夫的不信任感。在东方危机的进一步发展过程中，他抵制了这样的企图，即"为了赢得德国的政治砝码而满足俄国不言而喻的目的，并且劝说本国为俄国开出一张空白支票，由它任意填写和拿到奥地利、英国那里使用"。他认为，戈尔恰科夫正努力"将欧洲描绘为一个统一的大国、一个联邦国家，而俄国愿意牺牲自己的利益来维护这样一个统一的欧洲；这样一来，我们出于自己作为欧洲人的利益，就会去说服欧洲其他国家相信俄国的利他

---

① 也称"崇高之门"或"帕夏之门"，是管理奥斯曼帝国事务的政府场所。

主义，并共同决定用一个欧洲委员会来实现俄国的计划"。

深知外交语言之虚假的俾斯麦说出了一句经常被引用的话："我总是在这样一些政客的嘴里听到'欧洲'这个词，他们以此向其他强国要求一些他们不敢以自己的名义要求的东西。"与他维护三皇同盟的努力和中立政策的逻辑相对应，他主张采取一种尽可能被普遍接受的折中办法，即"一个或多个有关国家将向其他国家做出让步，要么降低它们的诉求，要么减轻对彼此的不信任"。在这种努力中，日益卷入东方危机的大国应该放弃维系"共同受到侵害、共同肩负责任的欧洲"的假象，而是公开宣布自己的利益和意图。

当大国的代表们默不作声地回避谈论其政府的意图，或是用容易识破的措辞掩盖其意图时，俾斯麦通常会给予冷嘲热讽的反应。对于奥匈帝国外交部没有公开表示希望占领波斯尼亚和黑塞哥维那，他感到非常愤怒。在俄土战争爆发的几个月后，俄国驻柏林大使宣称，他的国家"并没有为自己要求什么，几乎没有计划过在亚洲的征服"，而沙皇亚历山大二世除了最多要求归还南比萨拉比亚（Südbessarabien），最关心的是"基督徒的命运"。对此，俾斯麦在国务秘书比洛的笔记的空白处写道："为什么在秘密通信中还这么虚伪？"

对俾斯麦来说，中立绝不意味着被动，在局势还将恶化的情况下就更是如此。他想打破英国那令人难以揣度的沉默，毕竟英国对东方是真正感兴趣的。因此，他安排了与奥多·罗素就可能"解决复杂问题的办法"进行讨论，这场会谈最终于1876年1月3日举行。当俾斯麦考虑奥地利是否应该占领甚至吞并波斯尼亚和黑塞哥维那这两个叛乱的省份时，罗素表示，"英国不会不欢迎"这样的做法。在这个回答的鼓舞下，俾斯麦继续试探性地提到了对俄国进行所谓的补偿的想法。波斯尼亚归奥匈帝国、比萨拉比亚落入俄国之手、埃及交给英

588

国——这是德国首相的构想。

难怪戈尔恰科夫讥讽俾斯麦是"山上的撒旦"。而奥地利驻俄大使当然也就圣彼得堡的态度做了反馈，他写道，德意志帝国首相"出于老习惯"，控制不住自己，"时不时地，至少在纸面上重塑欧洲的版图——而他在现实中已经屡屡成功地做到了这一点"。人们有充分的理由指责俾斯麦这种国家间讨价还价的肮脏交易、这种与对于民族国家建立与独立的总体愿望背道而驰的行为，人们有充分的理由予以指责，但是，他其实往往只是将别人暗中的想法和计划明确表达了出来。

1876 年 5 月中旬，在俄国的建议下，三个帝国的代表在柏林举行了会议，这距离戈尔恰科夫发起的大胆外交行动正好一年，他在当时力图挽救和平。俄国首相此次带来的要求是巴尔干的斯拉夫人地区实行自治，这与奥匈帝国的利益是相违背的。值得注意的是，戈尔恰科夫没有预见到俾斯麦并不愿意支持他。一方面，俾斯麦原则上反对巴尔干民族自治，更反对其建立民族国家，这与哈布斯堡君主国的利益不谋而合；另一方面，有过去年上半年与俄国的外交经历后，俾斯麦开始在三皇同盟中偏向奥匈帝国。在 1876 年的柏林三方会谈中，俾斯麦以"三国之间不应实行少数服从多数，因此，不应该让德国难堪地在另外两国之间做选择"为借口，退居了二线。但事实上，俄国首相因此间接地受到了多数票的支配；俾斯麦在外交博弈中表面上的撤退，使得安德拉西可以轻松对付戈尔恰科夫了。

其实，柏林的三方会谈只是为七周后在波希米亚的莱希施塔特城堡（Schloss Reichstadt）进行的谈话做了铺垫。1876 年 7 月 3 日，奥地利和俄国君主在各自的外交大臣的陪同下，于莱希施塔特举行了会晤。与此同时，保加利亚掀起了暴乱运动，塞尔维亚和黑山也向土耳其宣战。尽管两位最高统治者表面上坚持不干涉外国政治的原则，但事实上面对土耳其在巴尔干地区的统治可能崩溃的局面，他们必须就该地区各国势力关系的重新调整达成一致。没有一个大国愿意让巴尔干人民决定自己的命运，奥匈帝国和俄国这两个有直接利益牵涉的大国尤其如此。

虽然双方没有在莱希施塔特签订正式的协定，但双方的会谈终究还是揭示了一些有关哈布斯堡帝国和沙皇帝国的领土与帝国野心的内容——尽管双方事后留下的会谈备忘录存在种种矛盾。根据计划，奥匈帝国将被允许吞并波斯尼亚和黑塞哥维那的大部分地区，而一些边境地区将被并入塞尔维亚和黑山。俄国将会恢复1854年的边界；比萨拉比亚南部将归俄国所有，同时，俄国还将获得向土耳其的亚洲部分扩张的机会。保加利亚南部被允许自治，君士坦丁堡则按计划成为自由城市。

从其外部形式就可以看出，莱希施塔特的协议带有临时性的印记；不久，这些协议也因事态的发展而前景存疑。从某些角度看，塞尔维亚人对土耳其人发动的是一场赤裸裸的代理人战争；毕竟，俄国的志愿军包括了切尔尼耶夫将军（General Tschernjajew），他被任命为塞尔维亚军队的总司令。尽管塞尔维亚得到了这样的帮助，但土耳其的军事优势依然存在，所以几周后，塞尔维亚的米兰大公（Fürst Milan）不得不请求大国进行停战协调。在俄国国内，泛斯拉夫主义者利用俄国各阶层人民对巴尔干人民争取解放的发自内心的同情，越来越迫切地要求沙皇进行果断的干预。

然而，正认真考虑对土耳其进行大战的俄国，却因为莱希施塔特的协议，而感觉受到了同样来自三皇同盟的奥匈帝国的阻碍和限制。

戈尔恰科夫建议，德意志帝国应召集欧洲六大国举行一场东方问题会议，但俾斯麦对此没有响应。他绝不相信这会成

590

功，反而担心这样的举措会进一步破坏三个皇帝间的关系，导致反德团体的出现。他在此想到的当然是法国，法国"追求与俄国的亲密关系"，会"助长俄国的要求以及戈尔恰科夫个人的气势"。

但是，出于对沙皇亚历山大二世的考虑，俾斯麦必须以谨慎、谦虚的姿态对戈尔恰科夫关于举行东方问题会议的建议加以拒绝；德国人不能突然从"以前的克制走向欧洲的领导地位"。为了处理圣彼得堡对他"冷漠主义"的不满，俾斯麦派埃德温·冯·曼陀菲尔元帅带着德皇威廉一世的亲笔信前往华沙，向因军事演习而逗留在那里的沙皇亚历山大二世致意。和往常一样，身在柏林的舅舅威廉皇帝写给外甥沙皇亚历山大的这封信是由俾斯麦起草的，在形式上是一封家庭书信，但在内容上却如它的作者所评价的那样，是"具有欧洲意义的对于尊重的证明"。其中有一句很关键的话："我铭记着 1864 年至 1870/1871 年您对我和我的国家的态度，这将会指导我的对俄政策，无论发生什么。"

"无论发生什么"——通过这种表述以及对战争年代的提及，柏林为俄国的积极态度指明了一条它乐于看到的道路，也就是对土耳其发动进攻；而同时，柏林也不必做出保持善意中立之外的承诺。在军事方面，曼陀菲尔在华沙的表述非常直接。他向戈尔恰科夫解释说，他个人支持对土耳其的战争，但是，德国不能在没有任何利益的驱动下发动战争，"毕竟俄国在 1864 年、1866 年和 1870 年也没有为我们发动过战争"。曼陀菲尔的言论对俄国领导层是有价值的，因为他们现在得知，在对土耳其发起单方面行动的过程中，他们至少可以在某些时候从德国得到道义和政治上的支持。

但是，德国特使提出的这些总体性的保证和探讨绕过了戈尔恰科夫的要求；毕竟，圣彼得堡期待的是德国对奥地利施加政治压力；在俄国看来，尽管奥地利对巴尔干和东方有种种兴趣，但它不应像在莱希施塔特那样对俄国提出那些有关领土的前提条件。在德国外交部，对此问题的处理一拖再拖，而俾斯麦则再一次回到了瓦尔津，他绝不愿意为了俄国伙伴而在三皇关系中与奥地利反目成仇。作为回报，俄国必须一改以往的拒绝态度，正式承认德国对阿尔萨斯－洛林的吞并，这将抑制法国的复仇欲望。

在华沙会议的大约三周后，沙皇的副官奉命在维也纳建议称，俄国和奥地利应采取联合行动迫使土耳其方面结束与塞尔维亚的战争。即使奥地利给予的礼貌、委婉的拒绝可能惹恼了沙皇及其身边的人，但俄国的举措仍然显得十分奇怪：在维也纳的外交措施失败后，1876 年 10 月 1 日，沙皇亚历山大二世在其位于雅尔塔（Jalta）的里瓦儿亚（Livadia）夏宫通过普鲁士德国全权代表冯·韦尔德询问柏林方面，德国将会在一场俄奥战争中如何表现。俾斯麦感到愤怒，在官方的问询中"第一次提到了'对奥地利'的战争"，"而在此之前，人们本还可以在形式上挽救三皇同盟，并且只是在对土耳其人的战争中坚持中立的"。俾斯麦还对军事代表冯·韦尔德非常不满，因为他在里瓦儿亚把自己当成了"俄国的工具"，从而"帮助俄国逼迫我们做出一个我们不情愿的、不合时宜的声明"。当然，首相在这里看到了戈尔恰科夫布下的陷阱。所以他才会大发雷霆："如果我们回答'不'，他就会去亚历山大皇帝身边进行挑拨；如果我们回答'好'，他就会在维也纳对此加以利用。"戈尔恰科夫营造的"两难"局面是显而易见的。

1876 年 10 月初，安德拉西派冯·明希男爵（Freiherr von Münch）到瓦尔津执行了一项特殊任务。明希和俾斯麦进行了一场非正式的详细的探讨，他们都设想了巴尔干事件的各种可能走向。他们讨论中的一个特别敏感的焦点，是俄国军队可能占领保加利亚。明希对安德拉西报告道，俾斯麦认识到了，"奥匈帝国……正在考虑是否允许俄国在那里永久驻军"。事实上，他似乎"对这种前景感到不安，即俄国占领保加利亚将会对多瑙河公国和欧洲在多瑙河下游的贸易带来不利后果；我受阁下之命提醒了他这一点"。这让俾斯麦陷入了深思，但他仍然表示："俄国不会竭尽全力吞并保加利亚，他们会因为把边界扩展得太远而削弱自己的力量"。他最后指出，吞并保加利亚也会激起英国的敌意。他不怀好意地表示，对于"俄国和英国在这些（巴尔干）国家问题上的天然对立，如果没有必要"，奥地利不应轻易介入。

592 　　从二人讨论的内容来看，戈尔恰科夫关于奥匈帝国可能对俄国在巴尔干地区的推进进行干预的怀疑，似乎并不是完全错误的；从里瓦几亚发出的紧急询问也可以从这种考虑中得到解释。然而，这一微妙的外交措施不是为了给俄国进攻奥地利做准备，而是为了吓唬俾斯麦，促使他放弃他那在俄国眼中的不作为态度；同时也是为了通过柏林告知维也纳，圣彼得堡正处于戒备状态。由此看来，对这则信息的直接接收人的选择是明智的，因为戈尔恰科夫很清楚，俾斯麦虽然不能允许奥匈帝国被削弱，但他也必须体谅俄国，即被迫进行调停。德意志首相向明希等人辩解说，沙皇帝国没有能力在与土耳其作战并可能对英国开战的情况下，再发动一场对奥地利的战争。

　　考虑到各方势力的关系，俾斯麦全心全意地充当了调停人。但与此同时，他仍然对戈尔恰科夫不满，这一点在他所有的口授、信件、旁注以及谈话中都有所表现。俄国首相的不忠诚引发了俾斯麦个人情感上的不悦，但他更关心的是，俄国首相会不会促使事态向着与德国安全利益相违背的方向发展。正如明希所报告的那样，俾斯麦认为"在东方问题的后期阶段，俄国、法国和意大利可能站在一边，而德国、奥匈帝国和英国会站在另一边"。这是他的报告中唯一一处让安德拉西着重勾画、写下了大量笔记的地方。法国将在联盟关系的变化中扮演重要的角色，这是俾斯麦一直没有摆脱的噩梦。1876 年秋，他忧心忡忡地延续了自己 1875 年春对此的想法，尽管他现在考虑的是一个更加冒险的大国组合，这将有可能迫使德意志帝国参与对俄国和法国发动两线作战。

他在此前已经对意大利产生了不信任，现在则更是如此。在东方危机的过程中，他与奥地利外交官激烈地谈论到了意大利"对土地的贪婪"对哈布斯堡帝国的威胁，并认为意大利有"背信弃义的意图"。

他将这种消极观点积极地运用到了与奥匈帝国的关系中。在与明希的谈话中，俾斯麦再次提到了与奥地利结盟的可能性："这将是一个'有机联盟'，由民众代表表决批准。"俾斯麦通过多种方式透露，他认为这个联盟是极其重要的，尽管促成它的时机在 1876 年秋天还没有成熟。这样的联盟不应该"是一个动荡不安时期的结果，因为这样一来，这种联盟就会变成每个国家在面对特殊情况时才会想起来的实用工具，之后可能就将再次土崩瓦解"。

俾斯麦非常委婉地表达的保留态度可以为他赢得时间，他想以此表明，即使是一个在议会批准下建立的德国与奥地利的特殊联盟，也绝对不会是对俄国的威胁，而只是意在促使俄国留在三皇同盟内。维持这种三皇同盟仍然是他的政策的基调。因此，俾斯麦令戈尔恰科夫在根本上最为反感的，就是他那"不安分的多产性"，总是可以指出"计划中的不足"，从而疲于应付。

俾斯麦在与明希会谈后，安排德国大使冯·施韦尼茨将军起草了那久违的针对里瓦几亚的问询的答复。考虑到"三国皇帝之间的友好关系"，柏林将不得不"首先试图劝说奥地利与俄国保持和平，即使在俄国与土耳其交战的情况下，也是如此。而根据目前所了解到的奥地利的意图，这些努力也并非毫无希望"。德国在做出这一保证之后，又明确指出："如果我们竭尽全力也不能阻止俄国和奥地利之间的决裂，那么德国本身就没有任何理由不保持中立。"

在东方冲突扩大的情况下，俾斯麦密切关注着西方邻国的行为。他对沙皇的警告不如说是对戈尔恰科夫的警告："这样一场战争，特别是如果意大利和法国参加了这场战争的话，会不会迫使我们站起来维护自己的利益，是无法预料的。"尽管有种种外在的逆境和内部的摩擦，俾斯麦还是坚持着他的"计划"，不仅要对三皇同盟加以维持，甚至还要巩固强化，因为在他看来，三皇同盟是对他最好的保护，一方面可以防止敌对联盟反对德意志帝国，另一方面可以防止社会革命和民族革命的发展。

594　　19 世纪 70 年代中期，德国的党派形势本身就处于动荡不安的关键阶段，俾斯麦不得不以各种方式向议员和民众解释他在东方冲突中的政策。

自北德意志帝国议会时期起，俾斯麦就努力在议会的议程之外与议员们进行不定期的非正式接触。议会的晚宴和晚会成了一种惯例，也受到了媒体的关注。比起正式的讨论，人们在饭桌上谈话或者站着聊天时更能畅所欲言。俾斯麦凭着他那久经考验的看人眼光，能够近距离地看出这些议员们是怎样的人；此外，他还能在饭后的演讲中更加自然地提出许多意见，这是他在那些会被正式记录在速记报告并印刷出版的议会演讲中做不到的。除了内阁大臣、高级官僚和一些与王侯们关系密切的女士，受邀者还包括帝国议会和普鲁士上下两院的执行委员会全体成员，以及特定的著名议员或银行董事会成员。饭后，在首相事先审核并安排好的座席上，各种各样的团体展开了非正式的谈话。

1876 年 12 月 1 日，俾斯麦利用一次议会晚餐会介绍了自己的东方政策，尤其是说明了德国对奥地利和俄国的立场；在场听众是来自不同议会党团的成员，包括三名中央党的代表。奥地利大使卡罗利通过内部人士与媒体报道详细了解了这个情况，就此向维也纳进行了汇报。俾斯麦在晚餐会上解释说，东方问题很可能会呈现三个发展阶段。与土耳其的战争难以避免，俄国将会在这场战争中处境艰难。俾斯麦还随口提到，现在的俄国在他看来"就像一个点了一份肉排的人，等到肉排上桌后，他却没了胃口；但因为他必须付钱，所以他只好以上帝的名义吃掉了它"。在东方危机的第二阶段，预计英国会进行干预，这并不一定意味着英国会对俄开战；相反，俾斯麦完全可以想象到，"英国将首先在军事上占领土耳其帝国的某些地区，以保护其本国的利益"。最终，在东方冲突的第三阶段，俄国和奥匈帝国之间可能会发生战争。"在这种情况下，由于哈布斯堡君主国的领土完整会受到威胁，德国就必须进行干预。君主国的完整性和继续存在是一种必须，这不仅是出于欧洲平衡的需要"，而且是因为它也符合"我们民族的同情心和历史传统"。

在写下这份报告之前，卡罗利已经在一份密电中总结道：俾斯麦在晚宴上的整个演讲持续了半个多小时，以"非外交形式"向俄国发出了警告。正如首相自己明确表示的那样，他非常希望自己的言论能够得到进一步的传播。在帝国议会里，他"出于对其他各大国的考虑，不能公开发表这样的言论，因此，他十分希望各国外交代表能知道他对这个问题的看法"。

在 12 月 5 日的帝国议会演讲中，俾斯麦出于对圣彼得堡的考虑而强调了别的内容，但这与晚宴演讲的论调并不矛盾。这一次，他以外交的方式重复了对圣彼得堡的警告，以防"我

595

俾斯麦在一次议会啤酒晚会上与帝国议会的议员们进行交谈，由恩斯特·亨塞勒（Ernst Henseler）创作，1894 年。比起正式的讨论，人们在这种晚间宴会上更能畅所欲言。俾斯麦凭着他那久经考验的看人眼光，能够近距离地看出这些议员们是怎样的人。

们的任何一个朋友要求我们用敌视另一个朋友的方式来证明我们对它的友谊更加牢固，用憎恨另一个朋友的方式来证明我们对它的爱更加强烈；尽管那另一个朋友没有对我们造成任何伤害，相反，还愿意继续与我们保持友谊"。俾斯麦在演说的最后总结道：只要他"看不到德国会在整个事情中获得任何利益的前景，哪怕只是值得一个波美拉尼亚火枪手的身体健康的利益"，他就不会建议德国卷入东方冲突。

596 　　作为对所有这些演讲和谈话的总结，我们可以清楚地看到，尽管有各种摩擦，俾斯麦还是维系着与沙皇帝国的传统联系。但从 1875 年起，他开始越来越有意识地考虑在三皇关系中建立起德国—奥地利的两国同盟；这表明，维护哈布斯堡帝国的完整及其在巴尔干的利益，也是符合德意志帝国的利益的。

　　从这个角度来看，奥匈帝国和俄国在 1877 年 1 月 15 日签订的《布达佩斯协定》对俾斯麦是有利的；根据这一协定，在爆发俄土战争的情形下，两国将协调军事和外交行动。俄国较此前的协议更进一步，承认奥匈帝国可以吞并波斯尼亚和黑塞哥维那，并同意不在巴尔干半岛建立"大斯拉夫国家"。而哈布斯堡帝国只承诺在俄土战争时保持友好中立。

俄土战争与欧洲列强

　　在俄国于 1877 年 4 月 24 日对土耳其宣战后，它似乎在道义、政治和军事上都占据了上风，因为欧洲列强长期以来都未能通过外交手段为巴尔干人民的公民权利争取到任何成果，无论是在国际大会上联合努力，还是单独采取斡旋措施。面对苏丹和他的权贵们（他们要么用仁慈的表面措施拖延所有改革要求，要么干脆粗暴拒绝），沙皇政府暂时隐藏了自己那大俄罗斯主义的权力欲望以及塞尔维亚和黑山两个公国的野心，而是高举起自由、正义和欧洲文明的旗帜，反对东方的专制主义。

　　俄国和土耳其军队的行进都受到了国家财政薄弱、铁路匮乏、军事管理部门效率低下和官员腐败的影响。然而，政治和军事管理部门的错误与失职，在某种程度上被俄国和土耳其士兵的坚毅与朴素弥补了。

　　起初，俄军的领导层得益于对手那严重至极的疏忽大意；土耳其没有采取措施阻止俄军从宽阔的多瑙河北段的平坦地域向南段的陡峭地域艰难行进，没有让敌人在此过程中付出惨重代价。在 35 岁的米哈伊尔·斯科贝勒夫（Michail Skobelew）将军的指挥下，俄军在 6 月底就这样相对轻松地跨过了多瑙河，向保加利亚中部进发。7 月 19 日，俄军已经占领了巴尔干山脉上最重要的通道——希普卡关口（Schipka-Pass）。一切似乎都在按照俄国的意愿进行着。但恰恰是在这种关键的情况下，奥斯曼帝国那数百年的战争传统和战争经验仍然彰显了强大的力量。正是在俄国征服希普卡关口的那一天，土耳其军队在奥斯曼的帕夏的领导下，在普列夫纳（Plewna）建立了自己的分队，并对这个重要的交通要道进行了加固，从而能够在这里防守5个月。在冬季来临的影响下，由克里米亚战争中著名的塞瓦斯托波尔（Sewastopol）守卫者 ①——来自波罗的海沿岸的托多雷本（Eduard von Todleben）率领的俄国攻城军损失最为惨重。

面对托多雷本猛烈的炮火，土耳其人进行了长久的抵抗，但在12月10日突围无果后，饥饿而筋疲力尽的军队最终不得不投降。由此，土耳其人的抵抗被彻底击破。俄军部队翻过冰雪覆盖的山脉，迫使土耳其人停火；1878年1月31日，双方在阿德里安堡 [Adrianopel，也就是今天的埃迪尔内（Edirne）] 签署了停火协议，同时确定了"临时性和平基本立场"。这对土耳其人来说是羞辱，对奥地利和英国来说也是挑衅。奥地利和英国在战争开始之前或开始之初与俄国签订的协议的精神和内容都被俄国忽视了。这种违反协约义务的行为，很快就成了外交争端的主题。

但英国和奥地利暂时都集中精力于延缓俄国人胜利的脚步，阻止其到达最后的目的地——海峡沿岸和君士坦丁堡。对此，英国的舰队开进马尔马拉海（Marmarameer）是一步重要举措。虽然俄军打破了停战状态，从阿德里安堡向君士坦丁堡的近郊推进，但他们小心翼翼，没有占领门户大开的首都以及

---

① 塞瓦斯托波尔战役是克里米亚战争中的一次主要战役，1854年10月17日，英法土联军开始包围俄国黑海舰队的基地塞瓦斯托波尔，炸毁俄军全部工事，俄守军进行了349日的保卫战后失败。

博斯普鲁斯海峡和达达尼尔海峡沿岸地区。屡屡被人们提到的"通往沙皇帝国的大门的钥匙"①，依然保持着原样。

对沙皇和他身边的人来说，要想实现泛斯拉夫的梦想，似乎太冒险了。这很容易引发英国舰队的干预，从而让俄国面临着这样的选择：要么刚一占领这个在俄国社会的政治想象中备受觊觎的地区，就被迫立刻撤离；要么冒着在全欧洲燃起战火的风险，挑起与英帝国的战争。如果撤离，沙皇帝国内部的形势将大大恶化；那里有着复杂的政治光谱，从资产阶级自由主义、民族激进主义到内部高度分化的社会主义，各种立场都或多或少地掺杂着泛斯拉夫主义，或者与巴尔干地区民族革命运动深有共鸣。在这样危急的情况下，俄国国内对于沙皇在军事上同样无能的指责，就变得不可忽视了。随着俄军对普列夫纳（Plewna）的围攻一再延长，俄国秘密警察负责人梅岑佐夫副将（Generaladjutant Mezenzow）在 1877 年 8 月表示："如果我们被迫在 1878 年开始一场新的军事行动，那么俄国就必须同时面对革命了，没有别的办法。"这场革命肯定将意味着一种全新性质的资本主义农业改革，以及资产阶级对国家的影响甚至支配。

当沙皇俄国考虑占领君士坦丁堡问题的利弊时，它在根本上面临着 19 世纪各王朝及其政府的典型处境。这些王朝和政府都面对的问题是：在其国界内外，对于那受资产阶级革命精神影响甚至支配的民族统一和解放运动，应当作何处理？可以压制这些运动，或煽动性地加以利用然后将其抛弃；但同样也可以尝试通过历史性的妥协来缓和它。所有这些可能性都有足够的历史案例可循：波兰争取自由的斗争屡遭粉碎；普鲁士先是对 1848 年石勒苏益格－荷尔斯泰因的独立运动给予军事支持，

598

---

① 土耳其扼守黑海出海口，被俄国视为"大门和大门钥匙"。

后来又因为担心自己成为革命的帮凶，而在《马尔默停战协定》中放弃了这种支持；加富尔和俾斯麦则分别将意大利与普鲁士的民族统一运动引上了自己的轨道，借以实现各自的目的。

599

在 19 世纪 70 年代，圣彼得堡仍然可以放弃推行资产阶级改革。它用一项对外的准民族政策来安慰自己和他国。正如俾斯麦在 1877 年 5 月所说的那样，在这场有着泛斯拉夫主义意识形态烙印的战争中，沙皇"当然需要一些轰动性的胜利"；因为"如果没有这些胜利，俄国军队就不能回家"。

圣彼得堡一定不会一直看不到德国中立政策中的虚伪。虽然俾斯麦可以明确地表达对沙皇的保守主义的声援，但他并不希望俄国轻易取得胜利。1877 年秋，当俄军在普列夫纳城下被拦住时，外交界有传言称，俾斯麦心情平静、面露喜悦，这大概是因为"这个法国的潜在盟友"正在走向衰弱。此外，首相在战争中审慎地隐忍着，并与柏林内阁一致希望——正如国务秘书冯·比洛所说的那样——东方战争"不要超过一定的限度"，因为不然的话，"欧洲会出现新的集团和联盟，这也会有其危险可疑的一面"。隐藏在这一切背后的，是对于法国可能有机会重拾其国际角色的担忧。

无论如何，俄国必须考虑到，在与英国发生军事冲突时，德国的中立恐怕将不再是友好的，因为舆论对沙皇的扩张主义已经越来越不满。一本关于"1877 年俄国人在保加利亚和亚美尼亚的残酷行为"的小册子已经出版了。相比起这种总会在战争期间大肆蔓延的宣传谎言，更令俄国担忧的，是德国新教徒——而不再仅仅是天主教徒——对奥匈帝国的同情越来越强。而德意志帝国领导层虽然奉行中立政策，但毫无疑问，它不允许哈布斯堡帝国遭到严重削弱，必要时一定会进行军事干预。

在事关生存或者灭亡时，德国为奥地利提供了支持，这就已经说明，哈布斯堡帝国所处的外交形势优于俄国。除了维也纳和柏林之间充满信任的接触，多瑙河君主国和财力雄厚的英国之间开展联盟式合作的可能性也是不应排除的。在与卡罗利的谈话中，俾斯麦虽然对奥匈帝国能否依靠"积极的英国联盟"表示了怀疑，但他认为，"英国的资金支持无疑将是一种强有力的战争手段"。无论如何，俾斯麦与两个帝制大国的关系如今变得越来越清晰了：对奥地利，他是友好的；对俄国，他是不信任的，有时甚至是猜疑而顾忌的，因为他认为这个大国可能会成为德国的威胁。

俄国不敢冒险走上占领君士坦丁堡和土耳其海峡的极端道路，因此，"临时性和平基本立场"很快就成了欧洲外交的主要议题；此前，这些基本立场在 1878 年 1 月 31 日的阿德里安堡停战协议中得到了确立了，随后在 1878 年 3 月 3 日的圣斯特法诺（San Stefano）初步和平协议中进一步扩大。令奥地利感到尤其愤怒的是，与在莱希施塔特和布达佩斯达成的协议相反，这个"基本立场"计划建立一个一直延伸到爱琴海的大保加利亚。而英国则受到了欺骗，因为海峡问题将不会按照此前条约的规定由列强协商解决，而是将由苏丹来制定规则，苏丹将会保护那里的"俄国的权益"。安德拉西明确指出了各国面临的抉择："与俄国发生冲突，或者召开国际大会"。

安德拉西建议将维也纳或柏林作为会议地点；为了"表明方向"，他向卡罗利告知了外交部坚持的观点："我们绝不允许俄国在最终和平协定框架之外对保加利亚的占领，也不承认俄国和土耳其单独缔结的和平①，这会损害欧洲的权利，也会损害

600

---

① Separatfrieden，可译为"分离性和平"或"单独和平"，通常指一个国家与先前的敌国缔结和平协议，这意味着一个国家彻底离开了之前的联盟，从而退出了战争，或这个国家改变了阵营。

我们作为大国以及一个与之接壤的国家的特殊利益。"事实上，一个由圣彼得堡控制的大保加利亚将会在巴尔干地区发挥关键作用，同时也会对附近的君士坦丁堡施加压力。保加利亚成了奥地利外交的重点。

起初，俾斯麦对这个会议建议一点也不满意，因为他不得不担心外交形势可能由此复杂化，最终导致新的大国联盟的出现。为了避免这些问题，他早在俄土战争期间就阻止了矛盾的扩大，特别是阻止了奥匈帝国与俄国之间的战争。他的目的是解决两个大国之间的矛盾，本着三皇同盟的精神实现和解。在他看来，官方谈判似乎比三个君主之间的书信往来更有效。安德拉西可以"与德国大使和俄国大使就俄国的和平立场展开正式讨论"，并在这种"三方秘密会议中……就现有争议逐条分析"，"以便清楚地了解现在的分歧"。

601　　同时，安德拉西试图重塑柏林和伦敦之间的互信关系。但这有些困难。让英国的统治阶层尤其是维多利亚女王感到愤怒的，是德国反对俄土战争却没有进行阻止的做法。而女王没有看到，如果俾斯麦这样做，将只会危害到他与俄国之间的关系。然而，德国首相从来没有推动俄国和英国之间的战争，而是希望在两国之间进行调停。他希望英国将其"有可能的积极介入限制在占有抵押物的程度"，但这必将损害土耳其的利益。

维也纳在此时感到不安，因为英国出于对俄国的顾虑，不支持奥地利提出的将保加利亚限制在巴尔干线（Balkanlinie）上的要求。这对俾斯麦来说并不意外，2月底时他已经在与卡罗利的谈话中对这个岛国"极尽贬低和蔑视"，斥责英国如今"一步步从俄国面前退缩"。这一切可能要归功于德比勋爵，他在1878年3月才辞去了外交大臣的职务。

在奥地利强烈要求召开国际和平会议后，会议地点如今成了争执的焦点。在维也纳举行会议的提议立即遭到了戈尔恰科夫的否决。然后，布鲁塞尔、巴登－巴登、威斯巴登和柏林也成了候选地点，各方就此进行了辩论。俾斯麦在这件事上很克制，1878 年 2 月 19 日，他在议会强调，在德国的土地上举行的会议必须有一个德国主席团。德国只是作为大会的调解人，不应成为在出现意见分歧时做出决定的仲裁人。他既拒绝"拿破仑式的霸权行为"，也拒绝"欧洲校长"的角色；他用一句话概括了德国政治家在即将召开的会议上的任务，这句他在思索良久后说出的话已经成了名言：这种任务就是"一个真正想做成生意的诚实的经纪人"该做的事。他认为，如果英俄两国不能自行达成协议，德国可以成为英俄之间以及奥俄之间信任的来源。

尽管帝国的外交形势总体上是有利的，但俾斯麦必须克服一些特殊形式的矛盾。德国的舆论，包括军界的意见，都敦促他采取单方面拥护奥地利的立场；但是，尽管与之存在摩擦，俾斯麦并不想在没有必要的情况下，放弃与俄国之间的传统联系和长期关系，毕竟它是法国潜在的盟友。此外，威廉皇帝和他的宫廷一直都想对圣彼得堡示好，俾斯麦不得不考虑他们的意见，无论他自己对这些意见持有怎样的批判态度。

卡罗利认识到了这一点，但对于俾斯麦在俄国占领保加利亚的问题上保持沉默并且愿意在建立大保加利亚的问题上做出让步，他仍然感到很是吃惊。俾斯麦在发表国会演说之前，就已经让卡罗利注意到了这种可能性，即在战争行动结束后，无法签署协定的局面可能会持续很久，"问题将会变成泥潭"。这也许并不是件坏事；因为在欧洲没有对战争结果进行确认的情况下，俄国可能会面临一种尴尬局面，而奥匈帝国则会处于一种"强势地位"。安德拉西在卡罗利的这份报告的空白处打了一个大大的感叹号和问号。在帝国议会会议之后的第二次谈话中，俾斯麦继续解释说，"问题变成泥潭"绝不意味着无所

602

作为；奥地利完全可以占领波斯尼亚和黑塞哥维那，然后也可以占领塞尔维亚，这样一来，塞尔维亚将会成为"针对俄国的战略要地"。在卡罗利的这份报告中，安德拉西同样留下了一个问号的旁注，俾斯麦狡猾的试探让他怀疑。

在与奥地利大使的两次会谈中，帝国首相事实上用大胆的想法进行了相当程度的冒险。当他谈到塞尔维亚作为"战略要地"时，在他看来，俄国与其在巴尔干地区的直接对手之间的战争是完全有可能爆发的。此外，对自己父亲的想法了如指掌的赫伯特·冯·俾斯麦在 4 月底写给国务秘书冯·比洛的信也是值得注意的：总的来说，"更重要的是我们要做出努力确保和平的样子，而不是真的维持和平"。

然而，德国首相很快就了解到，英国虽然极力反对俄国，但希望尽快结束"观望和不确定的状态"，因为这"对贸易和收益造成了令人完全无法忍受的损害"。此外，俄国国内的政治危机也迫使俾斯麦谨慎行事，甚至还要在必要时维护保守的团结。2 月 5 日，维拉·萨苏利奇（Vera Sassulitsch）对圣彼得堡的军事长官特雷普将军（General F. F. Trepow）进行了刺杀，他随后在 4 月 12 日被陪审团宣告无罪；这是一个重要的时代标志，它清楚地表明，如果沙皇统治在另一场新的战争中失败，就会有革命的危险。因此，俾斯麦在接下来的几周中努力维持和平、寻找各方都能接受的妥协方案，这是经过清醒的思考和权衡后的结果。

从 3 月到 7 月初，紧张的关系和各国之间的摩擦仍有待克服。武装力量在君士坦丁堡附近相互暗中监视，局面十分危险：俄国部队的几支巡逻队占领了马尔马拉海；英国战舰则停泊在王子群岛（Prinzeninseln），登陆部队也在那里进行战斗演习。为了发现俄国的鱼雷艇，英国装甲战舰使用了当时最现代化的电动探照灯照亮了马尔马拉海。这一切都营造了一种不祥的气氛，其中潜藏的导火索可能会在无意中点燃战争火焰，而那将是英国不愿意看到、俄国无法承受的。

俾斯麦终于在1878年4月9日主动出击，提议伦敦和圣彼得堡的军队相互退让：英国从达达尼尔海峡撤退，俄国从马尔马拉海撤退。俾斯麦的建议被采纳后，正如罗伯特·阿瑟·索尔兹伯里（Robert Arthur Salisbury）侯爵讽刺的那样，"没有真正战争的停战谈判"开始了。这使俾斯麦得以在另一个领域活跃起来。他会见了俄国驻英国大使舒瓦洛夫（Schuwalow）。

舒瓦洛夫5月从伦敦去圣彼得堡的途中，在弗里德里希斯鲁做了停留，在返程的路上，他于该地再次会见了俾斯麦。两位政治家在基本问题上始终保持一致意见，他们认为，沙皇对英国的让步是不可避免的。同时，俾斯麦也担心俄国暂时只愿意对英国做出让步，因此，他呼吁舒瓦洛夫让圣彼得堡意识到，"从我们的利益角度出发，俄国与奥地利的和解对我们来说甚至比与英国的和解更有意义"。同时，他委托冯·施韦尼茨在圣彼得堡发出警告："俄国可以把许多本来就不属于它的东西让给奥地利，这样，奥地利就不是必须与英国结盟了。"

很明显，俾斯麦主要是想帮助奥地利。这又需要他在英国进行额外的调解。5月，安德拉西请求俾斯麦对英国施加影响："让他们知道我们的观点，特别是在波斯尼亚问题上。"侯爵的话将会是"容易被接受的，因为英国……终于放弃了传统上对德意志人建议的不信任，这是我们长期以来一直反对的；如今我们可以满意地说，我们为此做出了贡献"。

然而，俾斯麦在伦敦获得的更多的信任，与其说归功于奥地利的劝解，不如说是通过他在国际势力博弈中的克制性战术获得的；这样让他陷入了不得不承担调停人角色的境地。5月

604

底，柏林终于被接受为国际大会的举办地，会议开幕日期定在
了 6 月 13 日。

在大会筹备工作的最后阶段，达成了两项重要协议。俄
国和英国同意，在《圣斯特法诺和约》中规划的保加利亚领土
应大大缩小，还应分成两个具有不同的政治地位的独立政治实
体。这一协议的具体形式仍应由大会决定。否则，俄国就可以
保有其占领领土。

在大会开始前几天，奥匈帝国和英国就保加利亚问题以及
维也纳对波斯尼亚和黑塞哥维那的诉求达成了一致。由此，大
会已经拥有了充分的外交准备。然而，在最后的准备阶段中，
德国经济和国内政治中的矛盾出现了戏剧性的变化。

国内政治和经济政策转折的过程与途经

最迟从 1875 年开始，首相受到了已经转为支持保护性关
税措施的重工业家和大银行家的追捧，这些人知道自己想要
什么。而易北河东岸的容克地主阶层则只知道自己要反对的是
什么，既然他们不准备向大企业妥协，那么他们也不会对俾斯
麦妥协。从 1875 年 6 月底到 7 月，《十字架报》以《布莱希
罗德 – 德尔布吕克 – 坎普豪森时代》(*Die Aera Bleichröder-
Delbrück-Camphausen*) 为题发表了一系列文章；这显示了
俾斯麦的亲密追随者和合作者们正在成为容克们针对的目标。
这些由弗朗茨·佩罗特 (Franz Perrot) 撰写、经报刊主编
大幅修订的没有价值的文章之所以取得了效果，是因为它出
现在了老保守派的传统喉舌上，利用了人们对奠基时代热潮
的后果的普遍不满，而将矛头指向了俾斯麦。俾斯麦被谴责
为所谓的由犹太人控制的"银行家 – 自由主义"(Banquier-
Liberalismus) 的帮凶，甚至是工具。

佩罗特的写作读上去，就仿佛他受了后来的纳粹区分"掠夺式和创造式"资本的影响。他将批判的火力完全引向了银行资本，指责德尔布吕克和坎普豪森作为内阁大臣与银行家关系密切。文章称，他们是贝伦街（Behrenstraße）上的"百万富翁俱乐部"的成员，与犹太银行家布莱希罗德为伍，后者被错误地称作新德国经济政策的"思想创始人"。除了刻意夸大其政治影响力，文章还对布莱希罗德加以恶意的称赞，说他为首相的财政状况做出了贡献，在当时，俾斯麦"只有微薄的普鲁士使节的薪水，在没有坐拥可观资产的情况下，要在圣彼得堡、巴黎和法兰克福代表自己的君主，肯定在财务方面得到了优秀的建议"。而有关当下，文章称："众所周知，布莱希罗德先生经常与帝国首相侯爵先生结伴而行"。两人的这种关系是五篇文章的共同主题，只是进行了一些变动。在另外一处，作者谈到了这位富有的"闪米特人、信仰摩西的同胞"，称这位银行家"可以对德国的政治领导人和大臣们提供建议，获得了他们的信任"。

受到攻击的不仅有内阁级别的德尔布吕克和坎普豪森，还有"奥本海姆（Oppenheim）、米克尔、冯·卡多夫"这三位代表人物。这一系列文章的最后是一篇针对冯·卡多夫的论战，他是西里西亚的大亨和关税保护主义者，当时越发倾向于自由贸易的容克地主对他提出了警告，因为他们预见到，"大型工业中的关税保护主义者与大犹太金融家的强大联盟，会在不久的将来达到其目标"。

俾斯麦起初根本没有做出反应。直到几个月后的1876年2月9日，他才对《十字架报》进行了指责，他略过了政治问题，而是称其做出了"不光彩的诽谤"，并要求任何人"都不应该用订阅的方式间接参与其中"。对此，包括年迈的阿道夫·冯·塔登在内的46名老保守派在一份声明中做出了回应，他们以贵族骄傲受到侮辱的口吻驳回了俾斯麦的指责和他那"关于荣誉和礼节的教诲"，并宣称在这份声明上签了字的人都是王权的可靠支柱。他们的人数在接下来的几周内翻了一番。俾斯麦愤怒地为这些"声明人"贴上了罪人的标签，并将他们的名字公布在《帝国日报》上。俾斯麦此举是否如卡罗利向维也纳报告的那样，完全只是受到个人怨恨、受"他易怒性格"的影响？对这种解释构成否定的一点是，在《十字架报》发起攻击的几个月后，首相才做出了反击；他在那时得知，在工业家和农业家中发展形成了一种有组织的反自由主义，但这种反自由主义与原始的普鲁士保守主义绝不相同。

606 　　俾斯麦之所以将"声明人"列入黑名单，主要不是出于个人的怨恨，而是出于政治上的考虑。事实证明，这些人的看法严重阻碍了保守派重组、转变为一个重视工业资本和银行资本的党派。俾斯麦偶尔表示过，这种适应"新时代"经济社会发展的党派现代化，是农业家和工业家、保守派和右翼自由派在政治上达成一致、进行合作的前提。只有这样的联盟能够实现金融政策和经济政策的新导向。

　　在经济、社会和政治力量的重新组合中，俾斯麦既是一个推动者，也是一个被推动者。路易·巴雷（Louis Baare）是"波鸿钢铁矿业公司"（Bochumer Verein für Bergbau und Gussstahlfabrikation）的总经理，也是一个坚定的关税保护主义者，他在 1875 年 12 月 9 日给"德国钢铁工业家协会"（Verein deutscher Eisen-und Stahlindustrieller）的秘书写信说："如果我们想发动一场大规模的宣传鼓动，以迫使皇帝或俾斯麦更换内阁……那么我们只有与其他势力联合起来，才能获得这种力量。"与其他势力？这意味着，第一步就是要努力将尽可能多的工业家纳入一个大型组织。在完成这件事后，就可以同时对内对外为推行关税保护而行动。

威廉·冯·卡多夫采纳了这一有针对性的建议，他邀请了"德国钢铁工业家协会"、"南德棉花工业协会"（Verein süddeutscher Baumwollindustrieller）和其他行业的一些企业家代表在 12 月 14 日参加一场会议。在这次会议上，工业家们远未能就未来经济政策的问题达成一致意见，尤其是在保护性关税的性质和范围上存在分歧。唯一得到了大会认可的，是实现联合的必要性，毕竟从南到北、从上西里西亚到柏林和鲁尔地区的工业家们现在都已经到场了。这次全德会议为中央协会的成立做出了准备。

能干的商人们争分夺秒地开始了工作。1876 年 2 月 15 日，在俾斯麦攻击《十字架报》的 6 天后，"德国工业家中央协会"（Zentralverband deutscher Industrieller）成立了。这个新成立的中央协会还不能公开将保护性关税宣布为自己的口号，它要求采取一切措施，对帝国议会中支持自由贸易的民族自由党多数派给予重创，因此，它寻求与那些逐渐背离自由贸易原则的大庄园主结盟。在 1875 年农业危机爆发后，德国粮食生产者失去了英国市场，在国内市场上则面临着国外商品的竞争；容克地主中呼吁"保护国内工作"的力量不断壮大，就像越来越多的工业家也在对此呼吁一样。由于传统的"德国农民代表大会"（Kongress deutscher Landwirte）只为粮食出口商的自由贸易利益服务，在"德国工业家中央协会"成立 7 天后，庄园主和农业记者们在 1876 年 2 月底成立了"德国税收和经济改革者协会"（Vereinigung Deutsche Steuer-und Wirtschaftsreformer），成了大地主们为关税宣传的谨慎开端。毕竟，他们无法迅速说服广大的大庄园主放弃传统的自由贸易理论和实践。但是，大庄园主内部的新运动的肇始，立即从中央协会的钢铁工业家处得到了回应，后者派一名代表参加了这个大庄园主协会的成立会议。

607   从时间联系上看，俾斯麦在议会上反对《十字架报》及其背后的容克地主、"德国工业家中央协会"和"德国税收和经济改革者协会"的成立构成了 2 月的一大转折，朝向新的经济政策和国内政策。这场转折几乎预示了 1878~1879 年的下一场转折，旧保守派内部的分化和官僚自由主义（Beamtenliberalismus）的瓦解自此开始。一个明显的迹象是，1876 年 4 月 25 日，鲁道夫·冯·德尔布吕克辞去了北德意志联邦首相府 ① 主席的职务；在那篇臭名昭著的《十字架报》文章中，这位"自由贸易总参谋长"可以说是与卡多夫和布莱希罗德一起成了被讨伐的对象。这场运动与他到目前为止的经济政策背道而驰，然而首相在 2 月转折的迹象之下，已经将经济政策进行了非常明确的转向。德尔布吕克太了解俾斯麦了，他预见到自己迟早要和首相公然决裂，因此他才想及时主动离开，而不是被动地离开。他的辞职让大家都感到意外，尤其是首相本人，他现在只能从对于所发生的事情的各种不同的解释中获得安慰。在这种情况下，俾斯麦也会变得悲伤；所以他抱怨老皇帝从自己身边"夺走了德尔布吕克"，暗指陛下很快就批准了德尔布吕克的辞职请求。

无论如何，这种辞职对俾斯麦来说都是不合时宜的，因为尽管他在内部表达了对自由派的不满，但只要保守党尚未重组，他都不想终止与自由派的交往。而保守派的队伍中已经出现了一个新的领军人物，即图林根的骑士庄园主，奥托·冯·海尔多夫－贝德拉（Otto von Helldorf-Bedra）。

经过谨慎的谈判，包括与俾斯麦的密切接触，保守派政治家们于 1876 年 6 月 6 日在美因河畔法兰克福开会，决定成立德意志保守党（Deutschkonservative Partei）。会议的地点

---

① 1871 年德意志帝国成立后为帝国首相府。

和提议的党名已经表明，老保守派的普鲁士地方分离主义需要被克服。此外，在27个签字人中，除了来自易北河东岸的普鲁士的11名保守派代表，还有来自巴伐利亚、萨克森、巴登和黑森的代表。当然，新保守党的成员也主要来自农业发达的易北河东岸。对在民族国家的基础上进行的联盟，他们表现了更大的开放性，并且愿意向在政治层面上同样是新生势力的工业资本和银行资本势力妥协，尽管德意志保守党成立的口号是反对"对大额货币资本的偏爱"、反对"投机和股份制的过度发展"，从而与《十字架报》一派保持了密切的政治联系。

在建党号召书的经济政策部分，德意志保守党谨慎地远离了自由贸易的立场，宣称："与自由主义理论中的无限制自由相反，我们希望在行业和市场流通活动中获得有序的经济自由。"

旧的保守主义顽固派有所松动，摆脱了原始的普鲁士地方分离主义，愿意在"保护国内工作"的口号下与有产阶级势力合作；总体而言，这在政治上得到了回报。在1877年1月10日的帝国议会选举中，经历了重组、加入了德意志民族主义行列的保守党的席位比1874年几乎增加了一倍；他们以9.8%的选票赢得了40个席位，而自由保守党只得到了38个席位。这是当时政治普遍右转的一种表现。民族自由党拥有128名议员，仍然是迄今为止最强大的党派，但其左翼的影响力越来越小。"保护国内工作"的口号对社会和政治氛围影响很大，拥有93个席位的中央党由此认为，有机会通过倡导保护性关税政策来减轻文化斗争，特别是因为该党与保守党在教会政策方面有着共同点。

社会主义工人党以9.1%的得票率成了第四大党，但由于资产阶级统一战线在议会第二轮选举中的作用，该党仅有12名议员进入了议会。由此可见，政治右转还伴随着两极分化。

现在，反社会主义变得更加激进了。

1月的选举给工业和农业界中保护性关税的支持者带来了动力。随着这些人在1877年中建立起越发紧密的联系，俾斯麦安排首相府起草了一份最初受到严格保密的关税改革法案。俾斯麦在越来越广泛的意义上证明了，他不仅是一个被驱动者，也是一个推进者。使他更靠近关税保护主义者的原因，不仅仅是他作为大庄园主的逐利性；还有一项政治方面的利益驱动着他，即巩固提高自己在帝国范围内的波拿巴式的总管地位。因为当保护性关税得到鼓吹的同时，帝国岌岌可危的财政状况和已经变得烦琐的财政体系也成了焦点。经济危机导致了税收减少，法国贡献的数十亿资金已被用光。在这种情况下显得尤为麻烦的是，帝国没有一个最高的财政管理机构，而是依赖于各邦所谓的人口税（Matrikularbeitrag），而这又必须由各邦议会和帝国议会决定。这也与统治手段，即与国家法律和宪法问题有关。

在1875年外交领域的春季风波结束后，俾斯麦离开了柏林，远居瓦尔津，但时隔数月，他不得不再次出现在帝国议会。促使他去议会讲话的内在推动力，几乎总是他的各种政治利益；他会用几句话来表达这些利益，有时用尖锐的句子，有时甚至是用随意的、闲谈的方式对自己的经历做出评论，常常伴有对自己对手的幽默而讽刺的映射，大多是诙谐的，具有独创性，生动形象；但他偶尔也会有惊人的陈词滥调，特别是当他面对社会主义工人党这样的对手时，因为对他来说，与这些人进行讨论真的没有价值。

1875年11月22日，俾斯麦参加了关于增加酿酒税的辩论，全面解释了自己关于税收改革的一些想法。这和社会主义工人党并没有关系，而是和左翼自由派欧根·里希特（Eugen Richter）有关，因为里希特认为，由于长期的缺席，俾斯麦已经越来越成为议会中一个神话式的人物，承担了过多的责任。至于税收问题本身，俾斯麦讲到了关税改革与"全面税制改革"之间的联系。他主张减少甚至完全取消各邦的人口税，坚定拒绝作为"难以实施又笨拙的应急措施"的直接税。这样一来，所得税和土地税的问题就完全被略过了。在这里，我们很难忽视作为基本养恤金受益者的容克地主身上那可怕的自私自利。他表示，自己的"理想"是"尽可能只通过间接税来满足国家需求"。然后，他又相对详细地谈到了"消费品"，比如咖啡和最重要的烟草，为了享受这些物品，必须"向国库缴税"；"我几乎等不及要对烟草征收更高的税了，尽管我希望给每个吸烟者都带来快乐。啤酒、白兰地、糖、石油这些大宗消费品也是如此，从某种程度上说，它们是大众的奢侈品"。

　　演讲的最后是一番陈词滥调，很难说其中包含多少俾斯麦的信念，又有多少蛊惑人心的宣传。俾斯麦解释说："我倾向于对富人的奢侈品征收很高的税，但这并不能带来多少收入：松露和华丽的马车，它们能带来什么？因此我们要关注那些为数众多的小物件，比如外国的化妆品之类的；我可以对它施以很重的关税，其实它们甚至比烟草更应该承受这种负担。"在这里，首相说的话带有一种近乎天真的容克主义，他对普通民众进行了事无巨细的算计，对富人的生活费用和奢侈品费用则进行了大方的减免，不对他们征收累进所得税，这种直接税遭到了果断的拒绝。

　　俾斯麦在宪法问题上花掉的时间，几乎和他处理税收问题所用的时间一样长。他直接向自由派解释说："无论如何，对于一个合作式运转的内阁中的首相这样一个不受欢迎的角色，我不愿意再承担了，这个角色不受欢迎，无权无势，却又责任重大。"他还以一种自己时常使用的怪诞的夸张方式说道，在一个由独立的阁臣组成的自由主义合作式的理想型政府中，首

610

相甚至连一个守夜人都无权任命，他"在意见分歧时，总是只能请求、恳求和调解，而他自己根本说不上话"。怪诞的是他进行的煽动；他看上去十分忧虑地提请帝国议会的代表们考虑到，他的政府可能"永远无法在合适的时间向诸位提交帝国预算，在今年也不行，除非我们的首相能独自负责，拥有决定权"。

611　　在自由派看来，他们通过议会阻挠和舆论压力来一点一点地瓦解"帝国首相的宪法"，这个目标已经越来越近了；对此，俾斯麦提醒他们注意传承下来的权力的力量。俾斯麦半是打着小算盘地警告，半是深信不疑地劝诫，对自由派责备称："我再说一遍，帝国本身还没有发展到足以成为各方势力一决雌雄的战场的地步。"事实上，1848~1849年民主革命的失败，还有那可以说是遭到了俾斯麦自上而下改革的阻挡的1865~1866年民众运动的微薄成效，都给1870年以后帝国的扩张留下了许多阻碍。

　　教会等因素决定了党派形势中存在的种种矛盾，除此之外，地方分离主义势力在帝国建立后仍然非常强大，即使是俾斯麦，也因此需要在政治上谨慎行事。俾斯麦不仅要考虑到1866年后仍然保留下的各王朝，还要考虑到各个邦国内多种多样的特殊利益，总之，要考虑到它们的历史环境的特殊性。

　　与帝国财政改革相关联的，是对铁路系统进行必要的重新规划，此时，地方分离主义便成了一个尤为突出的问题。自1873年以来，帝国一直在努力扩大自身在这个高度分散的运输部门的权限。然而，当时成立的帝国铁路局并没有取得多大的成绩；1874年，帝国铁路局由于受到个别较大的邦国以及众多私营铁路的抵制而宣告失败。令商人感到恐惧的是，即使排除掉巴伐利亚，帝国也仍有近14000种不同的关税。俾斯麦希望结束这种混乱，将私营铁路系统国有化，并将所有的国营铁路交由帝国部门进行统一管理。总参谋部对此也很感兴趣，因为他们需要保证军队调动的顺利进行。但对首相来说，更重要的是通过帝国铁路获取更多的资金来源，这可以使他在面对拥有预算权的帝国议会时具有更加独立的地位。

俾斯麦当然知道，面对多方面的阻力，他最多只能分阶段实现他的帝国铁路计划。普鲁士下院和上院在 1876 年批准将普鲁士国有铁路出售给帝国，但在等待议会决议和内阁各部推出实施条例的艰辛道路上，他还远远没有走到尽头。财政大臣冯·坎普豪森和贸易大臣冯·阿肯巴赫在普鲁士国务院推动了一项多数决议，规定俾斯麦的铁路方案只有在其他各邦效仿普鲁士的前提下，才能得到批准。两位大臣以一种特殊的方式，体现了普鲁士那教规般的地方分离主义的国家利己主义，以及市场经济自由主义。

对俾斯麦而言，来自普鲁士自家的倔强反对要比预期中来自非普鲁士邦国的抵抗更令人感到痛苦；如果他在联邦议会提交关于帝国购买普鲁士铁路的动议，各邦可以在那里发表意见，并做出表决。尤其是巴伐利亚和萨克森这样的中小邦国预见到，如果帝国通过占有普鲁士国营和私营铁路来充分实现其立法权和监督权，那么各邦国就将相继被迫出售自己的运输设施；这使得俾斯麦的提案遭到拒绝的可能性增大了。众多自由派议员与邦国分离势力以及私人股东联合起来，抵制俾斯麦的计划。路德维希·班贝格尔就是这些自由派怀疑者之一，他以自由竞争的理论为指导，对波拿巴式的万能国家感到担忧。

然而，民族自由党的大部分成员希望从统一的运输政策中获利，因而愿意支持俾斯麦。民族自由派左翼成员爱德华·拉斯克此次在普鲁士下院成了俾斯麦铁路计划的主要辩护人。但一如既往地，他不仅关注统一机构的发展，还关注议会权利。由于俾斯麦不想要后者，他对拉斯克及其党团多数成员的认可

612

并没有感到非常高兴。在他看来，考虑到这一切，最稳妥的办法是暂时不再继续他的帝国铁路计划。

在 1876 年中，普鲁士内阁中对此前的经济政策起决定性作用的人物，以及帝国议会中的多数派，都被证明是实现俾斯麦的税收和运输计划的严重障碍，也阻挠着俾斯麦所越来越倾向的保护性关税的实施。首相陷入了危机，他试图通过导演一场特殊的冲突来将其克服。

起初，他与自由主义化了的官僚团队展开了斗争。坎普豪森和阿肯巴赫这两位内阁大臣——与鲁道夫·冯·德尔布吕克不同——根本没有辞职的意向，并且巧妙地进行了周旋，使得俾斯麦没有理由要求他们辞职。俾斯麦认为，他能在阿尔布雷希特·冯·斯托什将军身上找到这个理由。斯托什是帝国海军司令部的负责人，同时也是普鲁士内阁成员。俾斯麦针对的，是一个在政治上处于自由主义化了的王储羽翼下的人，亦即未来皇帝的首相候选人。他怎么能把这位"议会将军"和潜在的竞争对手驱离政治舞台呢？首相对导演这场特殊冲突有着怎样的脚本？脚本在冲突上演的过程中是否发生了变化？

613　　出人意料的是，这场冲突是以议会中的交锋为开端的。1877 年 3 月 10 日，俾斯麦在帝国议会的讲话中对这位海军管理部门负责人和自己的内阁同事进行了指责，称斯托什一年前在左翼自由派议员欧根·里希特的要求下放弃了他部分的预算要求，而这部分预算要求此前是费尽周折从帝国首相府主席那里夺来的。这就为俾斯麦的恶意歪曲提供了关键词："我不能放任里希特先生的权威和说服力对海军管理产生比我大得多的影响。"

无论这件事的细节究竟如何，这番指责对同僚来说既是个人丑闻也是其政治丑闻，达到了俾斯麦预期的效果。斯托什按照职责惯例，回复了一封辞职信。但皇帝拒绝了斯托什的辞职，因为对他来说，斯托什尽管有着自由主义倾向，但仍是一个在两场战争中证明了自己的将军。威廉不允许自己在自己的"领地"——陆军和海军中——受到俾斯麦的压力。自由派已经体验到，俾斯麦在政治权力问题上的行为是如何无情、如何有损尊严。斯托什的朋友古斯塔夫·弗莱塔格对这种"首相的污蔑"愤愤不平："这是显而易见的没良心，是为了眼前的利益而牺牲事实的不择手段的行为，让人无法忍受"。

然而，俾斯麦并不会坦然接受失败。他做出了回应，以自己身体不好为由给皇帝上了一封辞呈。他的身体确实不好；但这份立即得到了媒体特别是官方媒体大肆报道的辞职请求，却主要是出于政治动机做出的。唯一的问题是，他的辞呈是否书面写就的，因为在经过整齐编排的档案中找不到这份文件。所有的证据都表明，俾斯麦是在觐见皇帝时口头提出了这一要求，而皇帝只说了他那句广为人知的"永不"（Niemals），却没有把它写在书面文件上。皇帝确信这种反应是一时冲动做出的。

为了使这件事具有戏剧性的效果，俾斯麦在官员和外交官中散播了这样的故事，即在他与皇帝的会面中曾有过"感人"的一幕。其实，他根本就没有想过要辞职。他只是想让皇帝难堪，因为在斯托什的事情上，皇帝没有跟随他，以至于整个世界都在谈论"首相危机"。国内外报刊皆是如此报道的，自由派要求就此在帝国议会进行辩论，本尼希森在演讲中谈到了"欧洲的巨大骚乱"，因为俾斯麦的辞职请求引起了严重的"宪法性质、政治性质和个人性质的问题"。大部分的公开发言，都是以遗憾和谴责为基调的。在帝国首相俾斯麦侯爵过生日时，皇帝、王储和巴登大公都向他表示了祝贺，并设法改变他的想法。在随后的日子里，辞职请求突然变成了休假请求，这为皇帝在俄土战争前夕不得不面对的窘境提供了一条出路。在

614

欧洲列强可能被卷入东方冲突的时刻，在霍亨索伦家族统治的土地上的任何一个人，一定都不可能让这位帝国的创始人暨经验丰富的外交家退休。只有皇后的仇恨是盲目的，她希望批准俾斯麦的辞职申请。

俾斯麦最终于1877年4月15日回到了自己的庄园，居住了好几个月，从正在进行的公务中解脱了出来；而皇帝只有一个条件，即他在必要时需要提供意见，并且充分履行副署帝国法令的权利及义务。赫伯特伯爵是俾斯麦的长子，除了在维也纳使馆的临时工作，自1877年1月起，赫伯特就一直在柏林他的父亲身边办事。在俾斯麦这段漫长的休假期间，赫伯特始终在帝国首相府中确保一切运行如常。

弗里德里希·冯·霍尔施泰因的判断力还没有被反对俾斯麦的怨恨所扭曲，他以政治和心理上的敏锐性写信给首相的儿子赫伯特，对渐渐衰老的俾斯麦的辞职计划做出了评论："我相信，他并不会在精神上离开他迄今为止的、历史意义非凡的工作范围。让他只旁观却不干预，对于有着他这样的习惯的人来说，恐怕是一种冒犯。他已经走出了大臣的范畴，进入了君主的范畴。君主是不会辞职的，只会在年纪大了之后，转移一部分管理的重担。您的父亲是德国舆论的主宰。"事实上，这也是俾斯麦的地位几乎不可撼动的原因。他的辞职不仅是一位在任首相的辞职，更是一个历史人物的辞职。

615　　在外交方面，帝国首相大可放心。现在最重要的是国内政策和人事政策，他很快就通过官方媒体公布了这些政策的目标。自1875年4月的文章《战争在望了吗？》开始变得广为人知的《邮报》，在《论首相的危机》(*Zur Kanzlerkrisis*)一文中谈及了俾斯麦的改革计划，涉及社会政策立法、税收制度和铁路问题等领域。这是社会政策第一次作为俾斯麦关注的主要议题之一进入公众视野。文章特别提到了实施改革设想的困难："这场必要的改革必须一点点地去争取，过程中将面临各种误解和恼怒，也许最后不会取得充分的成功：这就是导致侯爵提交辞呈的背景，因为他在任何情况下都无法期待自己的力量足以完成这项任务……但如果侯爵身边有一些助手，能完全地、心甘情愿地、积极地响应他，按照他设定的路线去实现他的目标，情况就会大不相同。或者，如果能在帝国议会中形成多数，以团结的力量毫不动摇地支持这一目标，令各相关部门领导摆脱顾虑，敦促他们沿着侯爵坚信正确的道路迅速开展改革工作，情况就会不同。"

《邮报》所论述的内容随后被《柏林日报》（*Berliner Tageblatt*）转载。《柏林日报》揭示了危机背后的政治动机，反复提到"不愉快"，然后才提到"帝国首相的疲惫"。坎普豪森和阿肯巴赫被称作反对俾斯麦意图的"普鲁士大臣会议（Ministerrat）中的同事"。就这样，内阁的问题被清楚展示给了全世界。这篇相当于官方报道的文章，使首相危机升级为"宪政危机"。

虽然《柏林日报》比较详细地论述了俾斯麦对国家行政机关进行组织和人事层面改革的目标，但对党派内部和党派与政府间关系的批评却非常克制。立法部门和行政部门之间的关系不容易受高层规范。因此，俾斯麦和他的官方写手们甚至不得不假装将他们的目的展示为在行政领域建立一个"真正的议会内阁"。党派的权力显然无法再被抑制了。

与首相危机有关的关键问题，除了高级职位的人事变动和行政机关的改组，还有针对帝国首相的"宫廷反对派"。这些人也是必须关注的。俾斯麦在新闻界的仆人莫里茨·布施在莱比锡的《边境信使报》（*Grenzboten*）上发表了他的"摩擦文章"（Friktions-Artikel）。在文章中，"一位高级夫人"，即奥古斯塔皇后，是作为反俾斯麦宫廷阴谋的中心人物出场的。

616

在她主导的宫廷里，"《十字架报》圈子的渣滓和根深蒂固的
上议院反对派，以及来自罗马的秘密渠道中的教宗至上主义的
毒药"，与波兰人和韦尔夫家族的不满情绪一起流动，制成了
"满是《十字架报》糖果和耶稣会果酱的糖果盒"。文章使用
的语言太过牵强，使得与皇后的论战沦为粗鲁攻击，缺少了俾
斯麦进行讽刺时的那种优雅。但毫无疑问，首相为他的记者提
供了素材与启发。

俾斯麦在 1877 年 5 月底对邀请到家的奥地利大使表示，
自己在外交方面完全可以开诚布公。卡罗利向维也纳报告说，
俾斯麦的长期休假并没有解决首相危机，因为在首相"决定积
极回归工作之前，会坚持某些条件不动摇"。同时，俾斯麦在
对皇后的地上和地下斗争中，追求着更为广远的目标，即"扩
大权力"；他要使自己成为"政治领域的绝对主宰"。

与拿破仑一世和三世不同，俾斯麦必须与皇帝和总参谋长
分享他的波拿巴式的权力。尽管历史成就为他赋予了权威，但
他始终不得不利用国家机构和政治组织的相互博弈，以保持自
己对局势的掌控。如果他现在想削弱"皇室特权"，就需要利
用帝国议会和各党派来进行制衡，但是，这种制衡力量不能变
得过于强大。在他的行动中很多看似邪恶的行为，其实只是普
鲁士－德意志式波拿巴主义权力三分之客观逻辑的主观表现。
为了尽可能长时间地保持优势地位，俾斯麦一方面要对王朝、
军队、政府、帝国议会、各党派和各组织进行压制，另一方面
又要保持这些势力继续存在下去，以便在国家和社会生活的力
量博弈中，根据需求利用它们来进行制衡。

俾斯麦在 1877 年认为，巩固自己在霍亨索伦国家机器中
的政治地位，是与实现几个月前导致了自己失败的计划紧密相
连的。他从未放弃这些计划；在休假过程中，他始终朝着自己
的目标进发、受其推动，他通过阅读和会谈了解了有产阶级的

617

新关切。他的主要议题仍然是税收和关税改革，除此之外还有帝国行政机构的改组。

帝国首相府的规模在过去就已经很大了，因此需要被划分成几个独立的部门。根据计划，首相府将由一个帝国司法部、一个帝国财政部和一个贸易部构成。普鲁士在德意志帝国的霸主地位也要体现在帝国政府的组织结构上。就像德国皇帝一直是普鲁士国王一样，帝国首相，除短暂的中断外，也一直是普鲁士的首相；所以，普鲁士各部大臣，也要在对应的帝国各部中发挥主导作用。由于帝国各部与普鲁士各部共享同一个班底，故而其只对帝国首相负责。而只有首相需要接受议会的问责。

在不处理公务的几个月里，俾斯麦考虑的不仅是改革和改组本身，还有实施改革和改组的可能性。道路和目标之间，必须有所区别，但永远也无法分开。在实现目标的过程中，必须考虑到议会多数席位的状况。因此，俾斯麦自然首先联络了帝国议会里最大党的领袖、民族自由党人鲁道夫·冯·本尼希森，表示愿意就政府负责制度进行讨论。然而，由于两人的立场和目标在关键问题上存在分歧，谈判未能成功。本尼希森一定立即就认识到，首相的提议有其隐患；如果他按照俾斯麦的改革思想接管一个部门，那么民族自由党将不可避免地面临严峻考验。作为帝国议会中最大党的领袖，他在道义上和政治上都有义务避免自己党团的分裂，甚至有义务在此时充当团结各方的角色，因为民族自由党在当下认为德国的议会化可能取得重大进展。本尼希森不愿与党内左翼分道扬镳，他提出的条件是，另外两名自由派人士福肯贝克和弗朗茨·奥古斯特·申克·冯·施陶芬贝格（Franz August Schenk von Stauffenberg）必须一同进入内阁。

俾斯麦不能允许这么做。国家的进一步议会化与他的愿望

618

相反，他不想加强与民族自由党的合作，而是想使其分裂，此外他还预见到，老皇帝会抵制这种任命。皇帝在得知俾斯麦和本尼希森谈判时，就已经很不高兴了。他那充满了王朝思想的头脑有时十分混乱；虽然一度泪流满面、良心不安，但威廉一世终究是在1866年吞并了汉诺威，废黜了那里的盲眼韦尔夫国王，但现在他却怨恨汉诺威人冯·本尼希森不忠于自己家乡的王朝，反而成了一个归顺普鲁士的叛徒。

对俾斯麦而言，与本尼希森进行的这种漫长谈判是很常见的。他从来不会迅速地断绝关系或联系；在冲突全面爆发之前，总是经过了长时间的谈判、探究，有时甚至是摩擦的铺垫。俾斯麦直到1878年2月22日的帝国议会会议上，才挑起了与本尼希森的冲突并使谈判破裂。他在没有事先协商的情况下，对勉强支持提高烟草税税率的财政大臣冯·坎普豪森要了个花招，宣布这个税收法案只是实现烟草专营之前的一个过渡阶段——自由派是永远无法接受这种专营的。本尼希森没有办法，只好在会后告诉俾斯麦，他现在认为，加入俾斯麦内阁的谈判已经失败了。

俾斯麦得到了他想要的。不受俾斯麦认可也遭到民族自由党批评的财政大臣坎普豪森，如今已经无法继续在政治阵营之间进行周旋了，不得不递交了辞呈。不久，贸易大臣阿肯巴赫也递交了辞呈。首相打倒了这两位曾经属于反对阵线的自由派大臣，由此为普鲁士内阁的改组扫清了道路，这主要涉及财政部、贸易部和内政部。在俾斯麦的支持下，此前担任驻维也纳大使的奥托·斯托尔贝格－韦尼格罗德伯爵（Graf Otto Stolberg-Wernigerode）在帝国和普鲁士受到了任命。作为一个拥有庞大庄园和工业企业的大亨，他是一个典型的自由保守党人。

俾斯麦在1878年2月22日的行为，与两天前教宗利奥十三世的当选有关。这次教宗更迭可能让俾斯麦产生了与教宗至上主义者达成协议的希望，尤其是在保护性关税的问题上。然而，更具有决定性作用的，是德国工业家中央协会在1878年2月21日和22日的大会上通过了一份详尽的关税草案，他们还宣称，草案未能顾及农业经济利益，相关代表应当要求征收农业关税。中央协会的关税草案，成了后来被正式任命的关税委员会的工作的基础。

因此，政府和企业的利益交织在了一起。就这方面而言，德国工业家中央协会的创始人之一、保护性关税的宣传者、德意志帝国党的主要政治家威廉·冯·卡多夫与帝国首相俾斯麦在3月31日的会晤，具有重要的政治意义。俾斯麦认为，帝国议会的解散是不可避免的，因为在关税和垄断问题上，议会多数还没有支持他。下面是卡多夫对于自己这个"西里西亚钢铁巨头"与"林间地主"俾斯麦的对话的记录，从中可见个人利益在政治筹划中起了多大的作用。

619

　　他滔滔不绝地说着，最后我插话道："您为什么不愿意再次提出钢铁关税法案呢？"

　　他说："我自己不能去做这个工作，而又有谁会为我做呢？"

　　我说："只要简单地废除1873年的法律就行，不需要做任何工作。"

　　他说："你信任议会多数吗？"

　　我说："为什么不呢？无论如何，这件事并不会因为再次失败而变得更糟。此外，您对木材价格的看法是错误的，因为西里西亚的其他灾难造成了木材价格下降。"

　　他说："为什么？"

　　我说："因为钢铁关税的取消。"

他说："我不明白。"

我说："这很简单。首先，木材最大的消费者是煤炭行业，煤炭行业停滞不前，随之而来的便是木材销售的停滞。第二大消费者是木炭高炉。现在因为我们取消了钢铁关税，2/3 的高炉都被关停了，木头就不值钱了，这就是木头和铁的关系。"

他说："嗯，这是有道理的——我还不能向您做任何承诺，但我会考虑的；如果还有可能，我会再试一试钢铁关税。"

这里，在没有任何意识形态重合的情况下，政治意志就形成了；个人利益政治和国家政治直接融合在了一起。

620　　在这次会议几天之后的 1878 年 4 月 5 日，普鲁士内阁召开了一次秘密会议，决定在实行间接税的基础上，起草一份关于修订关税的法律草案。经过与俾斯麦的谈话以及 4 月 5 日这场也许并不完全是秘密的会议后，卡多夫变得底气十足，在 4 月 8 日以上级的口吻向帝国首相府的主管克里斯托弗·冯·提德曼（Christoph von Tiedemann）写道："鉴于钢铁关税法案还未出台，我有一个急迫的请求——我希望这份法案连同其出台动机可以被事先透露给施图姆或我，因为我们必须非常重视动机的正确表述和娴熟起草，而在这方面，我们非常不信任帝国各部的资质。"

提德曼知道，不迁就卡多夫就意味着反抗俾斯麦，而任何一个有抱负的官员都最好避免这样操作。因此，仅仅过了几天，卡多夫就可以对妻子说："我每天都必须为给提德曼的指示和支持关税保护的媒体报道写很多东西，几乎要累死了。"俾斯麦与卡多夫在 3 月 31 日达成的一致意见，最终使关税保护主义的利益代表直接介入了行政业务。现在剩下的任务，就是赢得议会支持或将其解散了。

在此期间发生的两次刺杀皇帝的企图对于这些计划的实施是有利的。1878 年 5 月 11 日，俾斯麦与卡多夫的重要会谈过去还不到六个星期，当皇帝乘车经过菩提树下大街（Unter den Linden）时，20 岁的杂役水管工霍德尔（Hödel）用一把损坏的左轮手枪对他开了两枪。这名刺客在 4 月中旬遭到了莱比锡社会民主党的开除，之后和其他社会寄生虫一起在柏林加入了宫廷传教士斯托克（Stoecker）的基督教社会党（Christlich-Soziale Partei），由此引起了人们的注意。弗朗茨·梅林（Franz Mehring）在他的《德国社会民主主义史》（*Geschichte der deutschen Sozialdemokratie*）中精准地写道，这次暗杀企图——如果真的是一次暗杀企图的话——是本世纪最无害的一次。

俾斯麦听到行刺的消息后，大叫道："现在我们逮住他们了！""社会民主党人吗？"一个俾斯麦身边的人问道。"不，是自由派。"他回答。他立即开始对社会民主党人开展了打击，也针对民族自由党，意在将其削弱。几天之内，针对社会民主党人的非常法草案就起草出来了，但其中的条款过于含糊不定，导致帝国议会在 1878 年 5 月 24 日否决了这部法案。

一个星期后的 6 月 2 日，一位患有神经衰弱、人生一事无成的诺比林博士（Dr. Nobiling）向皇帝开了两枪，打伤了皇帝。通过他的供词——无论这是官方声称的还是真实的，我们只知道他忠于社会主义思想。但和霍德尔一样，他也在斯托克的基督教社会党中引起了人们的注意。当俾斯麦在弗里德里希斯鲁得知这次刺杀企图时，他在第一反应下说道："现在我们可以解散帝国议会了。"他立即下令解散阻碍了他几个星期之久的帝国议会。在此之后，他才打听起自己的皇帝是否安好。

在新开展的选举活动中，俾斯麦使出浑身解数，进行宣

621

传鼓动与道德恐吓。反对社会民主党派的煽动以及对其选举的阻挠手段达到了荒诞的地步。提交给内务部的大量官方报告显示，这种对"蓄意颠覆的臣民"和"刺杀皇帝的凶手"的迫害，是如何由当局和许多商人联合起来、有计划地进行的。例如，哈姆（Hamm）的最高检察官吹嘘说，有80多人因侮辱皇室而被逮捕并定罪，他还报告称，工人遭到了工厂（克虏伯公司、多特蒙德联邦酒厂等）的解雇。

支持关税保护的容克和大资产阶级也全面介入了选举活动，把钱输送给了他们喜欢的候选人，对支持自由贸易的候选人进行了污蔑。德国工业家中央协会和德国钢铁工业家协会甚至在柏林成立了一个"中央经济选举委员会"，对100名证明了自己"无条件忠于工业界"的议员提供支持。他们还对另外150名议员进行了详细考察，最终对其中50人强烈抵制。一位支持贸易保护主义的帝国议会候选人在为自己拉票时说："请投给我一票，因为我赞成把外国人赶出德国市场。"

在竞选活动还没有结束的时候，柏林的国际大会就召开了，这使俾斯麦成为国际政治的焦点。

柏林会议和德奥同盟

在1878年6月13日的大会召开之前，就有传言称，德国和俄国的代表正谋求在计划好的纲领框架之外达成反革命、反社会主义运动的协议。这种猜测很可能是俄国外交的杰作，因为它想把人们的注意力从《圣斯特法诺和约》的争端上转移开来，并且，它指出了德意志帝国内部的政治困难。俾斯麦反对这样做，因为这将使其他国家更容易提出各自的关切，例如"丹麦、荷兰或波兰的诉求"。

柏林也许不具有巴黎、维也纳等对欧洲文化产生了重要

影响的传统名城的风范，但作为一个刚刚创造了世界历史的人
的活动中心，它仍然吸引着人们的注意。而作为一个新兴的工
业、商业、金融之城，柏林在此方面是仅次于伦敦的欧洲第二
大城市。因此，德意志帝国的首都作为会议举办地，无疑是符
合新时代的特征的。虽然各国皇帝和国王没有前来，但这里仍
聚集了主要强国的政府首脑和外交部长。

正如人们所预料的那样，俾斯麦主持了会议，在他身边的
是德国驻巴黎大使、前巴伐利亚首相克洛德维希·祖·霍恩洛
厄 – 希林斯福斯特侯爵，以及外交国务秘书冯·比洛。外国代
表团由各自的驻柏林大使陪同。

来自英国的是 74 岁的左翼保守党首相迪斯雷利，他有着
数十年成果丰富的写作和政治活动经验，在两年前被擢升为比
肯斯菲尔德伯爵（Earl of Beaconsfield）。他的助手是外交部
国务秘书索尔兹伯里侯爵（Marquis von Salisbury），侯爵在
迪斯雷利死后成了英国保守党的领袖。

俄国的代表是 80 岁的帝国首相戈尔恰科夫侯爵，他的身
体和精神都已经很衰弱了；一同参会的还有彼得·舒瓦洛夫伯
爵（Graf Peter Schuwalow），舒瓦洛夫作为俄国驻伦敦大使，
在英俄协定的筹备阶段发挥了重要作用。他是一个既有活力又
有清醒洞察力的人，是俄国代表团的真正负责人；日后，他因
为泛斯拉夫圈子的阴谋反对而遭受了厄运。

奥匈帝国代表团团长是外交大臣尤利叶斯·冯·安德
拉西伯爵。陪同他的是奥匈帝国驻罗马大使冯·海默勒男爵
（Freiherr von Haymerle），海默勒在不久后便成了奥地利
外交政策的负责人。法国和意大利分别由各自的外长瓦丁顿
（Waddington）和科蒂伯爵（Graf Corti）代表出席了会议。

战败的土耳其的代表们体现了黎凡特地区的世界主义
（levantinischer Kosmopolitismus）：外交大臣卡拉特奥多

里帕夏（Caratheodory Pascha）在出身和信仰上都是希腊人；此外还有原名卡尔·德特罗特（Karl Détroit）的穆罕默德·阿里（Mehemed Ali）元帅，他出身于马格德堡的一个胡格诺派家庭，在年轻时作为海员，从一艘德意志船只上逃到了君士坦丁堡，皈依了伊斯兰教，并在土耳其军队中迅速崛起——他是一位风度翩翩的冒险家，却在次年9月死于暗杀。

623 　　值得注意的是，巴尔干国家的代表并不是会议的正式参与者。这表明，这次会议主要涉及的不是他们的民族诉求，而是大国间的利益冲突，大国们希望至少能够暂时地达成一致。

　　这次大会完全不像1815年在维也纳召开的那次大会一样充满颠簸，而是在俾斯麦娴熟的领导下努力开展着工作，在6月13日至7月13日的四个星期内完成了主要议程。虽然俾斯麦掌握着主导权，但他在谈判中也给参与者留下了很大的自由度。从一开始，他就确保争议问题在大会做出正确或错误的决定之前，已经通过英国、奥地利和俄国代表的特别会议得到了澄清。细节问题留给了特别委员会处理。这使俾斯麦得以紧锣密鼓地召开了二十次全体会议，正如舒瓦洛夫所报告的那样，会议安排有着"众所周知的军队般的简洁，这没有引起任何人的不满，所有大国的代表都向它低头了"。俾斯麦、他的儿子赫伯特和舒瓦洛夫是唯一在会议期间身着制服的与会者。

　　尽管英俄初步协议将保加利亚人居住的领土分成了三部分，但这仍然是巴尔干问题中最棘手的。争议的焦点在于对保加利亚公国有利的确切的边界划分，该边界将从多瑙河延伸到巴尔干山脉。俾斯麦支持俄国代表的要求并取得了成功，即把山脊以下的北坡留给保加利亚人，这将使得土耳其人无法加固山口；索非亚高原也将成为新保加利亚公国的领土。这个位于多瑙河和巴尔干山脉之间的公国的统治者应当由当地政界显要选举产生，经列强批准后，由土耳其予以确认。这样一来，苏丹的至高无上地位在形式上仍然得以保留，但俄国的影响将在该地成为主导。

在新的保加利亚公国南部、从巴尔干一直延伸到罗多彼山脉的领土被宣布为自治地区，但仍在苏丹的政治和军事控制之下。为了模糊居住在这里的保加利亚居民的身份，该地被称为"东鲁米利亚"（Ostrumelien）。其他保加利亚领土——马其顿和西色雷斯（Westthrakien）部分地区——将处于土耳其统治之下，没有自治权。

英国与奥匈帝国在柏林会议上阻止了一个由多瑙河延伸至爱琴海的大保加利亚国家的形成，这大大遏制了沙皇的影响力。俄国渴望主导海峡并向地中海推进的目标没有实现，这是它的一次惨败；它只在土耳其的亚洲部分赢得了一些地区，即卡尔斯（Kars）、阿尔达汉（Ardahan）和巴统（Batumi）一带。此外，罗马尼亚向俄国归还了通过1856年《巴黎和约》获得的比萨拉比亚领土，而这当然不是出于自愿：罗马尼亚将得到多布罗加（Dobrudscha）作为补偿。

所有这些国家间的领土交易都是于柏林会议期间发生的，也是在大国的压力下进行的。英国已经做过这种交易了，它那有益于土耳其的贡献——土耳其没有像《圣斯特法诺和约》规定的那样失去很多土地——是以塞浦路斯岛为报偿的，塞浦路斯将在日后作为英国的海军基地，保障通往印度的航路。英国在新帝国主义之父迪斯雷利的领导下取得的成果相当可观：1875年，英国获得了苏伊士运河股份；1877年，维多利亚女王收获了"印度女皇"的头衔；1878年，英国赢得了塞浦路斯。相比之下，奥匈帝国对于占领觊觎已久的波斯尼亚和黑塞哥维那的尝试简直是业余的，尤其是它一方面遇到了叛乱分子的军事抵抗，另一方面又遇到了维也纳的德意志人自由派在政治上的强烈反对，后者担心斯拉夫人会在整个君主国中占据主

624

625

1878 年的柏林大会，由安东·冯·维尔纳创作。站在画面中央偏右的帝国首相身旁的是两个主要对手，左边是奥匈帝国外交大臣安德拉西，右边是俄国驻英国大使舒瓦洛夫。画面左侧的三人组包括奥地利驻柏林大使卡罗利伯爵和俄国首相戈尔恰科夫侯爵（坐者），戈尔恰科夫正侧身与英国首相迪斯雷利谈话。所有其他的与会者只是构成了背景，最右边的是奥斯曼帝国全权代表穆罕默德·阿里－帕夏。俾斯麦不喜欢这件在画面中设置了明显的政治重心的委托作品。

导地位。

最终，柏林会议的会议文件废除了土耳其苏丹对罗马尼亚、塞尔维亚和黑山的最高统治权，给予了这三个国家完整的国家主权。然而，追求民族统一和独立的巴尔干民众只是部分地实现了自己的主要目标。仍有罗马尼亚人生活在特兰西瓦尼亚，仍有塞尔维亚人生活在奥地利和土耳其的国家权力下，仍有其他民族接受着外国统治。奥托·冯·俾斯麦坦率地表达了其他大国也有的想法："首先，我们必须决定战争与和平的重大问题；至于其他的问题，比如民族问题"，对他而言"是无所谓的，不是大会的任务"。他还偶尔漫不经心地表示，"下面的人"的安危与他无关。

大会结束后的第一天，官方性质的《北德意志汇报》

（*Nordeutsche Allgemeine Zeitung*）评论称，可能没有哪一个与会的政治家相信他们"创造了一部哪怕会持续一代人的作品"。就这样，巴尔干半岛——就像人们后来会耸耸肩承认的那样——成了一个火药桶。俾斯麦完全从大国的角度和利益出发，认为如果能够"保持东方的溃疡，从而阻挠列强达成一致，确保我们自己的和平"，那就是德国政治家的成功。这是俾斯麦在 1878 年 11 月的一封内部信件中所表达的，是那个座右铭的变体，即"德意志帝国并不渴望获得土地，而是努力防止由于列强之间的利益冲突而形成一个反德联盟"。

由于德意志帝国在大国进行交易的过程中并没有给自己带来什么好处，而俾斯麦又努力实现了谨慎而严密的谈判领导工作，欧洲各国内阁对德国政治的不信任得以减轻了。首相的道义和政治地位得到了明显的提升。与西方列强的关系也有所改善。随着法国在 1877 年 5 月挫败了国内政治中一切教廷—君主主义的复辟努力，德国与法国的关系也实现了缓和；现在，德国方面似乎可以推动实现法国对突尼斯的殖民诉求了，并且可以借此抑制法国收回阿尔萨斯 – 洛林的愿望。除此之外，俾斯麦的外交幻想还包括英法两个西方大国在政治上能彼此靠近，这样一来，英国作为俄国在世界政治中的对手，就能促使法国远离俄国。

在法德关系缓解的同时，柏林和圣彼得堡之间的关系则问题重重。因为德意志帝国正处于上升期，俄国不得不担心自己在欧洲列强中的地位，也担心自己会依赖德国，特别是在经济领域。这些矛盾导致德国与俄国外交官之间出现了紧张。在俄国外交官的行为中，有些是可以理解的反应，但与之交织在一起的，还有过度敏感和无理取闹。

虽然俄国意识到，自己将不得不在欧洲大国的会议上放弃通过《圣斯特法诺和约》取得的一些成就，但很快，他们也不

626

再想承认俾斯麦在保加利亚等问题上为俄国所做的努力。俄国迅速转变态度，指责在自己不得不放弃战胜土耳其所取得的重大成果一事上，俾斯麦也负有责任。舒瓦洛夫被指责在大会上仅仅做了"俾斯麦身边的呆子"。与此同时，民族主义、泛斯拉夫主义的失望情绪在媒体上得到了表达。

俾斯麦的回应遵循着这样的原则：以其人之道还治其人之身，并且敢于做出阴险的试探。他在 1878 年 2 月与卡罗利的两次谈话中，谈到了东方问题的"泥潭"，他根本不希望正式缔结和平条约，还提出奥地利占领塞尔维亚这个"战略要地"以对抗俄国；因此，他后来在 1889 年的谈话中提到的内容，需要给予严肃对待。他在 1889 年声称，自己在 1878 年也偶尔认为，"解散柏林大会、并与俄国开战，实际上是符合奥匈帝国的利益的，那个开战时机对奥匈帝国而言是比以往任何时候都更有利的，而且以后也不会有这样的机会了"。作为帝国首相，他不可能把自己对形势的看法"过于激烈地"强加给安德拉西伯爵，但是在"会议之前和会议期间"，他确实"反复"向伯爵提出了自己的意见。

627　　虽然与俾斯麦于 1878 年带着必要的谨慎向安德拉西提出的建议相比，他在 11 年后对此的复述可能是更加尖锐的，但有一点不可否认：他在经过深思熟虑后向公众提出了自己只想做一个"诚实的中间人"的座右铭后，却在内部提出了一个听起来一点也不和平、当然也不"诚实"的替代方案，这样的做法是符合他的政治手段的。他可能给奥地利安排了这样一个角色，它虽然不需推翻作为保守主义大国的俄国，但至少应该削弱这个法国潜在的盟友。然而，奥地利并没有听从他的想法，而他又不能向英国提出如此微妙的问题。因此，他继续以自己的一贯作风，坚持着"诚实的中间人"的路线——必须在多个方面支持俄国。然而，无论俾斯麦如何努力使一切看起来更加鲜艳明亮，圣彼得堡对这种只做出了有限担保的帮助仍然大为光火。

对于俾斯麦对待本国诉求的态度，俄国舆论和政府内部都表达了不满，这开启了权力斗争的新阶段。俄国不仅在外交上被削弱，而且在内部也面临着严重的危机。一个明显的标志是无政府主义者的暗杀企图，1878 年 8 月，政治秘密警察的负责人在圣彼得堡成了受害者。在这种情况下，德国反社会民主党的特殊法在外交上有着信号功能：俄国应当再次成为一个保守主义的"秩序维护大国"。但俾斯麦一直懂得如何将国家间的保守主义团结与权力斗争结合起来。随着德国在柏林会议后与西方列强关系的改善，俾斯麦更加致力于利用俄国在内政外交上的弱点，在形式上还存在的三皇关系中对"盟友"施加压力。

俾斯麦力图通过施压而非让步的方式，促使东方大国在三皇关系的框架下重新合作。一场扣人心弦的斗争在各个层面、各个维度上展开了。第一波争议涉及柏林会议上决定成立的特别委员会的谈判工作，这些委员会应在会后解决细节问题。俾斯麦用严厉的措辞告诉本国代表们，俄国的外交官不应该习惯于"要求我们的代表服从，而自己却什么都不做"；在此之后，德国的代表便表现得相当被动，不愿意向俄国做出承诺。

俾斯麦随后又转向了另一个战场，发布了德国和奥地利之间的一项协议，该协议规定，1866 年和约中关于通过全民公投决定石勒苏益格北部地区是否归属丹麦的条款不再具有效力。这个协议确定了帝国对石勒苏益格北部的最终吞并，但它在内容上的影响力远不如它的象征意义；它展示了维也纳与柏林之间友好和睦的关系。

在俄国和德国之间，除了强权政治层面的摩擦，还有德国的关税政策和针对俄国牲畜疫病危险开展的检疫行动。这两点

628

都对俄国的农产品出口产生了限制作用，并有可能导致进一步的灾难性发展。德国大使后来谈到，这是"俄国人对德国人情绪上的转折点"。

外交和贸易政策上发生的事情，还表现在柏林和圣彼得堡之间的"两国首相之战"上。8月，在给拉多维茨的一份报告的详细旁注中，俾斯麦提出了对于俄国帝国首相进行新闻宣传战的指导方针："戈尔恰科夫是俄国及其盟友的灾难；盟友最大的善意，也不足以弥补他的愚蠢所造成的后果。但我们在写出这些时，一定要表现对俄国特别是对皇帝的礼貌与善意。沙皇如果能在三年内比较娴熟地执行他的外交政策，就能取得更好的结果；戈尔恰科夫侯爵已经完美证明了，他能够使朋友产生怀疑、让对手感到愤怒，但又没有办法与对手斗争，也不能从朋友那里获得帮助。他对法国百般祈求，对待奥地利方式糟糕，对我们更是傲慢无礼。"俾斯麦以他特有的风格，用一句话做了总结："当然，这些话不能公开说。它们只是用最简短的篇幅说明了主题，而这个主题需要再加美化。"

在新闻街垒的另一边，戈尔恰科夫曾在2月初在《戈洛斯》（*Golos*）直言不讳地说道，三皇关系已经不存在了。他在给俄国驻维也纳大使诺维科夫（Nowikow）的信中写道："在我们眼里，三皇同盟已经被我们两个盟友的行为搞得四分五裂了"，在此之后，"我们目前的主要任务是完成对过去的清算，今后只能依靠我们自己"。然而，俄国不能一直自食其力。戈尔恰科夫的新闻喉舌《戈洛斯》后来写道，"使法国摆脱孤立状态从而让法国对我们怀有感激之情"的时机已经成熟。在这种气氛下，俾斯麦通过他的儿子赫伯特指示外交部发表文章向俄国媒体询问，"我们是否应该出手协助与奥地利和英国作战，然后观望，看看俄国1875年提出的与法国联盟的政策是否会在适当的时候得到执行，或者俄国是否会用这种政策作为威胁，对我们施加压力"。

在 1879 年，关于是否应该再次加强三位皇帝的关系或者 629
是否应该建立新的联盟的问题，已经变得更加明显。安德拉西
称"俄国内忧外患"，他不想再了解任何关于三皇同盟的计划，
没有兴趣"继续为这道菜花钱"。迪斯雷利则欣喜地看到，一
向让英国担心的三皇协定已不复存在了。

柏林和圣彼得堡之间的关系事实上变得更加重要了。俾斯
麦可以依靠外交行动、新闻论战和经济施压相结合的方式，而
戈尔恰科夫在反对德意志帝国的优势地位的斗争中，却受到了
政治上的限制。在柏林代表大会成立的特别委员会中，俄国代
表的提案遭到了德国同僚的投票否决，他们却什么也做不了；
而对于德国的经济施压，俄国也只能无力地抗议。沙皇的陆军
大臣米留丁（Miljutin）通过增加部队军力、将新组建的部队
迁往俄国西部边境的方式施加军事压力，但这也不可能触动柏
林的总参谋部。俾斯麦得到消息称，圣彼得堡已经被外国银行
告知，当地报刊针对德国的口诛笔伐将动摇人们对货币市场的
一切信心，因此，如果继续这样下去，俄国人的账户就不能再
做任何生意了。

当时的俄国无法用新的联盟来进行威胁。当然，对于他以
前以隐蔽形式争取的与法国的结盟，戈尔恰科夫如今可以使其
变成公开讨论的话题，将其称为自己的政治遗产，但这个联盟
距离成为现实还有很远的距离。因此，俾斯麦得以在一种看起
来很放松的状态下，接见了两位法国外交官，并以那种有时是
他最有力的政治武器之一的坦诚态度进行了交谈。1879 年 3 月，
他接见了以大使身份前往圣彼得堡并在过境时拜访他的山齐将
军（General Chanzy），6 月，他接见了接替贡陶·比隆担任
驻柏林大使的圣 - 瓦利埃（Saint-Vallier）。首相用感性的讽
刺，描述了俄国的现状以及俄国的统治者，同时也没有放过沙

皇。他的人物刻画技艺在这些谈话中服务于政治上的目的；他向法国驻柏林大使坦承，自己将越来越多地把与奥地利的紧密关系作为一切政策的基础。这便为这一年的外交定下了主要议题：在三皇协定框架内与奥地利结成特殊联盟，这个计划是俾斯麦从 1875 年 5 月开始考虑的，如今在思想和政治实际操作方面都已经非常成熟了，俾斯麦希望尽快将其达成。而在把这件事报告给自己的皇帝之前，他就已经向法国外交官做出宣布了。

630　　然而，一直到 1879 年的夏天，首相首先要处理的问题是如何在帝国议会通过关税税则，税则中部分的贸易政策内容会影响到俄国。在这种情况下，他接近了反俄的中央党，支持中央党成员祖・弗兰肯施泰因男爵（Freiherr zu Franckenstein）当选帝国议会第一副主席。据说，这位来自巴伐利亚的大资本家对奥地利抱有好感。这也标志着俾斯麦试图通过国内政治，为与奥地利进行更紧密的外交合作提供支持。

关键的决策阶段直到 8 月才刚刚开始，在这一阶段内，俾斯麦先后以自己的疗养地基辛根和加斯坦为根据地，推动了长期以来所追求的目标的实现，而他也不得不这样做。8 月 15 日，沙皇亚历山大写给自己舅舅德皇威廉的所谓"耳光信"送达了柏林。在这封信中，沙皇痛心疾首地对俾斯麦以及德国的忘恩负义提出了抱怨，并在最后做出了"耳光"式的威胁：情势对他这个沙皇来说太严峻了，他无法掩饰自己的恐惧，"后果可能对我们两个国家都是毁灭性的"。

沙皇这封威胁性的、不符合外交礼仪的信似乎是出自陆军大臣米留丁之手，因为戈尔恰科夫当时逗留在瑞士。8 月 24 日，依然身处加斯坦的俾斯麦对此做出了评论；俾斯麦说，戈尔恰科夫是"很专业的政治家"，不可能"批准"像这样的信。关于信件所述内容本身，首相表示："我们与奥地利的共同点比与俄国的共同点要多。同宗同族、历史记忆、德语、关于匈牙利的利益考量，都会使一个与奥地利的联盟在德国更受欢迎，它大概也会比德国与俄国的联盟更能长久维系。"看起来，在当下的1879年，在新的背景下，俾斯麦准备接受那些在1866年倾向于奥地利的人提出的一些有分量的观点，并将其纳入自己的总体构想。

　　俾斯麦在战术方面警告称，不应相信"可以通过顺从而赢得俄国的信任"。但他建议冯·曼陀菲尔元帅在于华沙附近举行演习期间会见沙皇时，应"完全无视所谓的耳光信中的威胁性的语句，以旧日友好的口吻，答应为俄国与奥地利之间的谅解做我们的斡旋工作，但同时要让他们明白，我们……不能为了我们圈子之外的问题与奥地利和英国为敌。鉴于亚历山大皇

631

　　威廉一世和他的外甥沙皇亚历山大二世在圣彼得堡。威廉的王朝思想与俾斯麦的政治考虑是难以兼容的，在俄国的问题上更是如此。

帝显然是我们在俄国的唯一朋友，而该国的公众舆论正被新闻界日益煽动起来反对我们，我们就更不可能这样做了"。

沙皇来信后不到两周，俾斯麦于 8 月 27 日和 28 日在加斯坦与安德拉西举行了会谈。在帝国首相写给皇帝的关于这次会晤的报告中引人注目的一点是，与对"耳光信"的第一反应相比，如今俾斯麦对沙皇亚历山大的不信任更加明显了。报告的第一部分具有政治备忘录的性质，其中关键的一句话是："如果俄国知道两大德意志国家的联合只是为了防卫、没有侵略倾向，那么它就可以维持和平：但如果这种联合不能实现，俄国就会在可预见的将来破坏和平。"所以，奥地利和德国之间建立防守联盟是必要的。

632　　俾斯麦还赋予了他的报告明显的怀旧色彩：奥地利——完全是一个"德意志强国"；此外，俾斯麦将这个"德意志联盟"视作一种维持和平的力量，尽管两国曾在中欧和东欧压制甚至粉碎民族运动。然而，令威廉皇帝难以理解的是，现在的德国—奥地利联盟将会诱导俄国尝试恢复之前的三皇协定。

在加斯坦的会谈中，俾斯麦提议建立一个一般性的防御联盟，帮助两个中欧大国抵御任何可能的攻击。然而，安德拉西并不想加入这样一个涵盖事项广泛的联盟。这样的联盟会将矛头指向法国，从而保证德国占有阿尔萨斯－洛林。这样的事情是任何欧洲政治家都不愿看到的，即使是亲德的安德拉西也不例外。安德拉西还进一步认为，奥地利也不能刺激英国，因为在他看来，目前英国需要法国。

安德拉西提出的相反的建议是，可以结盟，但联盟的任务仅限于共同抵御俄国的攻击。在给德皇威廉的报告中，俾斯麦装作自己对此没有发表任何意见，因为他深知，专门针对俄国的防御性联盟的想法会遭到德皇威廉的激烈抵制，尤其是鉴于德俄两国君主于 1879 年 9 月 3 日和 4 日在托恩（Thorn）附近的边境城市亚历山德罗沃（Alexandrowo）的会晤完全符合威廉皇帝的意愿。沙皇对他 8 月 15 日的信表示懊悔，坚称这封信并非自己所写。俄国新闻界也被命令停止对德国的攻击。这一切都足以感动威廉皇帝，却感动不了俾斯麦，因为沙皇的神经很脆弱，会屈服于各种各样可能的印象与影响，较以往更加无法提供可靠的合作保障。现在，德意志帝国的首相不想再独自克服尖锐的困难，而是要为过去五年充满摩擦的德俄关系写下结论。

　　于是俾斯麦继续向皇帝提交了一系列备忘录。他详细解释了他的外交会谈和外交措施，为的是避免引起威廉的怀疑，因为他很难让这位老君主明白自己打算与奥匈帝国发起的新的联盟。俾斯麦一次又一次地以各种各样的理由保证，他并不想放弃三皇关系，而只是要在三国关系中重新分配权重和设定目标。"三皇联盟作为一项和平的、维护性的政策，仍然是理想的政治目标……但与之不可分割的原则是，三个彼此交好的君主都不应在损害另一个君主的利益的情况下谋求征服，也不应以暴力威胁另外的君主、迫使他加入自己的分裂性政策。而后者，很不幸，是亚历山大皇帝方面做了的事情；但如果他确信这种以暴力相威胁的政策会让另外两个国家联合起来进行防卫的话，那么今后可能就不会再这样做了。"

　　9 月 7 日的备忘录述及了广泛的内容。其中急迫而纠缠不休地汇集了"斯拉夫革命""斯拉夫民族主义""亲斯拉夫的俄国""俄国那泛斯拉夫主义的好战性"等表述。俾斯麦用自己典型的措辞说道："两年前我所怀有并表达的希望，即胜利、升迁、乔治十字勋章、感恩赞美诗和被征服的马尾 ① 将会满足

633

────────────

①　马尾是突厥民族包括奥斯曼土耳其的重要标示，出现在旗帜、服装等象征等级的物品上，比如帕夏有三根马尾。所以此处意为征服了奥斯曼土耳其。

俄国军队对于行动的需求，至今仍未实现。俄国人那充满了过高要求的狂妄反而愈演愈烈，迫使欧洲对斯拉夫独裁统治的沙文主义保持警惕，警惕它可能给我们的和平带来的危险。"

俾斯麦当然知道俄国不能也不会在短期内发动战争。但是他相信，俄国可以施加道义和政治压力，并与法国联盟，从而对德国造成威胁。俄国与德国和奥地利的关系已经变得非常不稳定了，这逼迫奥地利寻求在即将续约的三皇协定的框架内建立一个更紧密的同盟关系。为此，首相恳请德意志皇帝与奥地利结盟——就是现在，而不是以后——以免奥地利转而向法国寻求安全感。俾斯麦警告称，这个决定需要及时做出，因为"历史证明，机会错过了，通常就不会再回来"。直到1879年9月底，俾斯麦才得以前往维也纳，最终达成了关于防御性同盟的谈判。这一切已经超越了纯粹的内阁政治领域，很多事情已经得到了公开。维也纳民众以喜悦、欢欣鼓舞的心情迎接了德国首相。9月24日签订的防卫同盟的草案规定，在俄国攻击德奥两国中的一国时，两国应彼此援助，而当其他国家向两国中的一国发动攻击时——这主要是指法国进攻德国，以及意大利进攻奥地利——另一国应保持友好中立。然而，如果俄国也介入了这些冲突，两国就有义务帮助对方。

634　　威廉皇帝认为，这个明显针对俄国的方针是"背信弃义"，因此像以往一样进行了顽强的抵抗。很多情感都在他的内心深处滋长：与涅瓦河畔的外甥皇帝的亲情，还有父辈传承下来的、被视作神圣的友谊——皇帝的君主思想对此有着意识，他才刚刚在亚历山德罗沃重温了这种感情。俾斯麦称其为"至高无上的心中感受"。一如既往，普鲁士德国的君主被自己的感情和教条引入了困境。他沉溺于君主制的传统意识，拒绝对符合新形势的国家利益至上原则进行清醒的思考。

俾斯麦根据1866年的经验以及自己对皇帝的精准了解，

知道"用讨论的方式克服最高统治者的反对意见是多么困难"。因此，他不得不在权力机器的内部孤立皇帝。不足为奇的是，维多利亚女王的女婿、对罗曼诺夫王朝没有任何浪漫崇拜的弗里德里希王储，批准了与奥地利的防御性同盟，并且可能接着促成与英国的合作。就连俾斯麦的老冤家奥古斯塔皇后也反对她的丈夫。外交部和外交官们毫无保留地对他们的领导的诉求表示了欢迎，接着俾斯麦又在 9 月 28 日的会议上将普鲁士内阁拉到了自己这边。很快，首相也赢得了军队指挥层的支持——除了埃德温·冯·曼陀菲尔，围绕在路德维希和利奥波德·冯·格拉赫身边的极端保守派宫廷密党的全盛时期早已逝去，只留下了曼陀菲尔这块化石。

在无可奈何的孤立中，皇帝究竟应该做什么？在这样的国家危机大戏中，当然也少不了首相辞职的威胁和君主退位的意愿；悲情的皇帝情愿做出任何事情，只要不是"背叛"沙皇。皇帝在巨大的痛苦中批准了《德奥同盟条约》，而他还补充了一句话："让我迈出这一步的人，有一天将会承担责任。"罗伊斯大使在维也纳与奥地利签订防卫同盟条约后，威廉皇帝于 1879 年 10 月 15 日批准了该条约。

随着这次结盟的完成，俾斯麦重新塑造了他的外交安全体系。他第一次做出了坚定的承诺；德意志帝国不再是像 1873 年的三皇协定一样仅仅对协定伙伴承担协商义务，如今它具有了对奥地利提供援助的义务。德国—奥地利的二元同盟，成了未来几年同盟体系进一步成形的起点。

第十五章
国内政策和经济政策的转变

《反社会党人法》和保护性关税法

在柏林会议之后，帝国议会各党派争取选民的热情达到了前所未有的高度，直到 1878 年 7 月 30 日选举结果出炉。然而，忠于政府的"秩序党"（Ordnungsparteien）极尽煽动和恐吓之能事，仍未能实现孤立社会主义工人党及其支持者的重要目的。社会主义工人党获得了 43.7 万张选票（占总选票的7.6%），与 1877 年相比，只损失了约 5.6 万张选票。此前 12名议员中的 9 人仍然进入了帝国议会，在秋天议会审议《反社会党人法》时，他们能够挺身而出。事实证明，德国的社会民主主义已经成了一种植根于城市无产阶级的力量。

除了呼吁拯救社会秩序，执政党还使用了另一个咒符，即"保护本国工作"。这并非没有效果。两个保守党派的势力跟1877 年相比都得到了加强。德意志保守党的席位从 40 个增加到了 59 个，自由保守党的席位从 38 个增加到了 57 个。民族自由党在保护性关税问题上存在分歧，在《反社会党人法》的问题上也摇摆不定，因而失去了 28 个席位；左翼自由主义政党进步党的势力削弱了，从 35 名议员减少到了 26 名。中央党仍然坚持文化斗争，但可以接受保护关税，有 99 名议员进入帝国议会，比 1877 年多了 6 名。

尽管这次选举的总趋势是向右转，但选举结果并没能让俾斯麦如愿以偿。考虑到他那关于压制社会党人以及实行关税和财政改革的立法计划，议会的党派形势对政府而言实际上变得更加不利了。最令政府担忧的是中央党：在议会中，以两个保守主义党团为一方，以尽管有所损失但仍为第一大党的民族自由党为另一方，形成了势均力敌的两大阵营，而中央党已经成为它们中间的第三股势力。在任何情况下，俾斯麦都可以倚仗重组后的保守派，无论是哪一党团；但是，民族自由党——套用自由派时事评论员魏尔普芬尼格（Wehrpfennig）的话来说——还不是那么"讨好国家"，不会毫无异议地接受一切。如果允许民族自由党对《反社会党人法》做出一些符合自由主义的、基本上是微不足道的修正，他们就会对其全力支持。而至于中央党，俾斯麦则根本不必号召他们来帮忙投票；尽管中央党对社会主义抱有敌意，但无论如何，在尚未结束的文化斗争期间，一部可能在原则上损害它的利益的法案不可能赢得它的支持。毕竟人们完全可以在反教会干政的意义上对一部反对社会党人的非常法加以解释、实践和补充。

关税和财政改革方面的情况则有所不同。在民族自由党中仍有相当数量的自由贸易支持者，他们的目光主要集中在依赖原材料的出口工业上；而中央党中则有农业保护主义者，他们的利益无论如何都是反自由主义的。但最紧迫的问题依然是"反对危害公共安全的社会民主党派活动的法律"，这一法案将于9月9日提交帝国议会讨论和表决。无论如何，必须让民族自由党人理解这部法律并给予支持。为了让民族自由党更容易产生妥协意愿，俾斯麦在选举后立即停止了对该党的一切攻击。民族自由党主席本尼希森放弃了对这部非常法的原则上的反对，宣布"对秩序的诉求必须高于对自由的诉求"。此外，他还呼吁"温和的自由派和温和的保守派联合起来支持政府，这样，德国政治就不会出现动摇或破裂"。

636

社会主义工人党的帝国议会议员们对官僚主义的、精心起草的非常法草案做出了抵抗，其依据的是古老的战争规则，即攻击是最好的防御。对容克和资产阶级权力的革命性反抗，最终伴着威廉·布拉克（Wilhelm Bracke）在议会大厅里掷地有声的一句话达到了高潮："先生们，我想告诉你们，我们对整个法律嗤之以鼻！"

637　　最终，帝国议会在1878年10月19日以221票对149票通过了《反社会党人法》。按照法律使用的官方术语，"旨在通过社会民主、社会主义或共产主义性质的努力，推翻现有国家秩序或社会秩序"的结社、出版和集会行为，都将被禁止。这也波及了受社会主义影响的工会。负责取缔社团和出版物的不是普通的法院，而是各邦的警察当局。当中，臭名昭著的第28条规定，在所谓的对公共安全构成威胁的情况下采取限制措施。这个法条以"暂时戒严状态"的名称为人所熟知。在受这些限制影响的地区或城市里，社会民主党派的干部可能会被驱逐。那些因违反这部法律的条款而被定罪的人，更是如此（第22条）。应民族自由党议员拉斯克的要求，《反社会党人法》的有效期被限定为两年半，之后必须由帝国议会决定其是否更新。

对社会民主党派来说，他们剩下的唯一选择，就是在适当的时候成立选举协会，这些协会可以对帝国议会、邦议会和市议会提名自己的议员候选人。但在非常法的条款下，这些权利很难得到维护。传单分发、会议召开和选票发放每次都受到警察的阻挠。骚扰、驱逐和逮捕措施使许多社会民主党派候选人无法在竞选期间现身。最糟糕的是，那些涉嫌投票给社会民主党派的人，会遭到道德驱逐和生存威胁。

这项法律之所以能被采纳，是因为民族自由党屈服于俾斯麦的压力，也屈服于俾斯麦所激起的市侩的激情。因此，民族自由党的报刊对此透露了一丝不安："我们都可以看到，遏制革命的苗头，肯定也会在总体上对资产阶级自由的状态产生不利影响。只要我们还在与社会主义死敌斗争，就不能指望法治国家的进一步扩张。"不仅仅是这种扩张被遏止了，整个国家机器也进一步朝向反自由主义经历了重组。提前退休成了倾向于自由主义的高级司法人员中的流行做法。

　　在当下占主导地位的国家法学说中，人文主义自然法的因素遭到了剔除。在社会其他领域中也一样，将权力本身描绘为符合道德之物的倾向占了上风。对于学生这些未来官僚的教育，也被迫采取了这种倾向，俾斯麦自 1880 年起有意推动的德国学生协会（Vereine deutscher Studenten）对此做出贡献。1881 年的屈夫霍伊泽集会（Kyffhäusertreffen）在思想和效果上都远远落后于 1817 年的瓦特堡节。在沉闷的当下，已经没有了那种反叛的、席卷全民族的积极向上的风气了；有的只是对现有帝国的严格遵从和对英雄俾斯麦的崇敬；这只是一场忠于国家和在社会上有地位的人的集会，是不会进入民族的历史记忆的。

　　议会在国家政策和国家意识形态方面向右越走越远。在此，《反社会党人法》的一个效果已经很明显地展现了：任何一个政治家，如果想走专制路线，就必须从打击最坚定的反对派开始。1843 年威廉·魏特林在苏黎世被捕，1852 年在科隆进行共产主义者审判，最后，1933 年纳粹对工人政党进行追捕猎杀，都印证了这一点。而俾斯麦也坚持这一原则。他当然没有看到社会民主党对国家和社会的任何直接危害，但在 1878 年夏秋之际那些以拯救社会为主旨的煽动话语中，他甚至时不时地骗过了自己。他 9 月 17 日在帝国议会演讲的结束语，时至今日听起来仍然像是战斗的号角："小心虚无主义的刀和诺比林的枪。是的，先生们，如果我们要在强盗社会的暴政下以这样的方式存在，那么每一种存在都会失去它的价值

（右翼阵营：说得好！），我希望帝国议会能站在政府和皇帝这边！……也许，下次被暗杀的人还会是我们中间的某个，这是很有可能的，但任何可能遭遇这种情况的人都可以记住，他是为了祖国的利益，为了祖国的巨大利益而光荣牺牲在战场上的！（右翼大声喝彩）"

俾斯麦可能有目的地使用了这种戏剧效果，但他坚信，代表新的社会阶级的社会民主党与其他政党有着本质上的不同，这一点是不容忽视的；在他看来，社会民主党所追求的革命目标——他一再强调——只会是破坏性的。他不承认社会民主党也在追求建设性的目标。他最多只是时不时地怀疑，社会民主党是在争取整个体制在社会和政治层面的变革，但在他眼里，这种变革只会对社会造成破坏。

俾斯麦对于向社会民主党发起歼灭战有着强烈的意志，他绝没有满足于 1878 年的非常法，而只是将其视作与社会民主党派斗争的第一步。他在消灭工人党的道路上设想了两个阶段：首先是由警察粉碎工人党的组织，甚至进行军事镇压；然后进行一场现有社会制度内部的改革，以便阻止新的革命性政党的成立，或者要让这样的政党遵守现有社会制度。俾斯麦在一次帝国议会演讲中提醒听众，法国现在的情势已经回到了政府和社会能够承受的范围内。这不是靠劝说实现的，而是靠"暴力镇压"实现的。在这种情况下，他对"社会主义的发生地"从法国向德国的转移深感遗憾。

作为对镇压的补充，俾斯麦在议会辩论中还提到了改善工人状况的努力，提到了这样一些协会，它们为自己确定的目标是"给予工人更多的工资收入，并在可能的情况下减少工时，这两个目标要在竞争和市场化生产所允许的限度内实现"。

在民族国家革命后，俾斯麦是否想自上而下地再进行一次社会革命？1866 年至 1870 年，在民族国家统一的过程中，他坚决消灭了德意志邦联等旧的政治实体，废黜了各国君主，吞并了各邦国，帮助自由竞争的工业资本主义取得了最终的突破；可以说他进行了一场真正的革命。但在 1878 年，鉴于当时存在的社会问题基本上已经成了工人问题，他除了对现有制度进行内部改革，并辅之以对工人组织的反革命镇压外，无法再做出其他的计划。作为一个农业资本主义经济下的庄园主，俾斯麦在 19 世纪 60 年代曾愿意也能够与工业资本主义的代表达成历史性的妥协。但在 19 世纪 70 年代，整个制度上的改革完全不是他能做到的。俾斯麦作为"白色"革命者或"普鲁士王室"革命者的时代已经一去不返了；他不是一个进行长久革命的人。就这样，他无情地宣布了针对社会党人的"歼灭战"。

《反社会党人法》在 10 月 21 日生效后，现有的 47 份社会主义报刊中只有两份逃过了即刻被封禁的命运。工人协会、工会和独立的救济基金被解散了，由 2500 名工人用他们为数不多的积蓄创建的合作印刷厂也被解散了。德国的社会民主不得不承受重负，这种负担尽管并非完全出乎意料，却是其从未经历过的。一个群众党派第一次遭遇了不得不走向非法的命运。毫无疑问，《反社会党人法》颁布后，在社会主义工人党的领导层以及工人中间立即出现了极大的混乱。

但警察的严厉措施，也对诸如赫希 – 邓克尔（Hirsch-Duncker）工会这样的拒绝阶级斗争思想的工人组织产生了影响，使它们也感受到了即将被查禁的压力。天主教方面，秉持基督教社会主义理念的工人协会情况也是如此。毕竟，来自两个重要工业城市的信仰天主教的工人们在 1877 年帝国议会选举中，已经提名了自己的候选人，与中央党官方提名的候选人形成竞争。在埃森，在社会民主党的帮助下，前金属车床操作员、当时担任编辑的施特泽尔（Stötzel）甚至进入了第二轮投票。在《反社会党人法》实施后，施特泽尔向中央党屈服了，

640

基督教社会主义工人协会失去了独立性。在相当长的时间里，工人的组织生活处于瘫痪状态。

对于工人运动的发展起着决定性作用的问题是，在经历了非常法的第一次打击后，社会主义工人党将如何在政治和组织上重新找到自己的位置。很快，党内出现了不同的派系。有一批人逐渐转为无政府主义，不久，改革派的团体也形成了。后者力图将主张阶级斗争的工人党转变为一个追求民主改革的工人党。

这种重新定位的最明显的标志，是 1879 年 9 月以《社会民主党人报》（*Der Sozialdemokrat*）为名的新的党报 ① 的问世。马克思主义的《周报》（*Das Wochenblatt*）也在苏黎世诞生了，并且通过非法途径进入了德国边境。它不仅起到了政治导向的作用，也起到了组织、集合党员的作用。1879 年 8 月，柏林警察局长不得不承认，"社会民主党人的顽固性不降反增"。

当然，激进的工人组织在人数上还很稀少，但正因为他们不是不择手段的叫嚣者，不是俾斯麦谴责的"强盗"，所以他们的影响力不断增强。警察局长冯·马代（von Madai）形容信仰社会主义的工人"清醒、勤奋，没有个人需求，对自己节俭，对党慷慨"。工人们会具有这些特点并非偶然。对于当时的职业组织的考察将会让我们了解工人们的这些特质的社会经济根源。组织程度最高的是印刷匠、烟草匠、打家具的细木匠、建房子的木匠和泥瓦匠、金属加工匠以及鞋匠。在这些行业中，行会传统对工会的形成和发展并不仅仅起到阻碍作用，同时也会产生促进作用。有时，正是旧行会的残余，才使工会

---

① 此为社会主义工人党（社会民主党）的秘密机关报，不同于前文提到的全德工人联合会（拉萨尔派）机关刊物《社会民主党人报》（*Social-Democrat*）。

的组织更加容易。但更重要的是，几个世纪以来形成的团结精神，使工匠们在明显感受到资本主义带来的变化时，再次走到了一起。对这些工匠们来说幸运的是，他们在经历这场变革时，并没有像手工业者们那样处在经济困境带来的压力下，那种压力煎熬至极、令人堕落。他们仍然或者说已经具有应对蛮横专行与严苛剥削的力量，可以承担更加长久、耐心的组织与宣传工作，他们没有因为过长的工时与微薄的工资而变得消沉迟钝，无法再胜任面对公众的工作，而面包房与屠户的帮工正是这方面的反面例子。

自帝国建立时就开始推行的生产过程机械化，使得对未受教育的劳动力、农业工人和农民子女的妥善安置成了必须完成的工作。他们构成了一支报酬低廉的后备军，这将在19世纪80年代的农业危机中起到显著作用。但是，这些部分来自落后地区、时常处于变动之中、没有消费需求的劳动力，是缺乏经验、头脑迟钝、没有自觉意识和共同意识的，因此也不具备反抗的力量。他们因此处在企业主的监督压力下，企业主们可以通过工厂薪金、工作规定、教育协会以及解雇反叛工人的方式实施控制。纺纱业等行业有着大量的女性工人，但在她们之中发展工会组织是无比艰难的，因为警察机构在执法中可以援引普鲁士《结社法》，这一法律禁止女性获得政治协会的会员身份；同时，警察还大大拓宽了政治活动的界定标准，往往专横武断地做出判断。

总体而言，在19世纪80年代的大型企业与中小型行业中，受过教育的工人是政治上最为活跃、组织最为严密、觉醒最为彻底的群体。在《反社会党人法》的制裁下，也正是这些工人首先在各地重建起了专业劳动小组，组织起了第一波反击战。

《反社会党人法》尚未经过议会三读的最终通过。此时议会正在为关税税则的改革做准备，这种改革将会放弃自由贸易

641

政策，引入工业和农业保护关税。这一工作推进迅速：1878
年10月17日，204名帝国议会议员以"自由经济联合会"
（Freie Wirtschaftliche Vereinigung）的名义，宣布支持对税
则进行朝向关税保护主义的修订。

642 　　促成议会多数统一起来发动集体运动的，是冯·瓦恩布勒
男爵。他在1866年是一名地方分离主义者，后来转变为了一
个支持俾斯麦的自由保守党人。紧接着瓦恩布勒男爵的行动，
俾斯麦在10月25日公开承诺，将对关税税则进行修订。与
帝国议会中实现了跨党团联合的关税保护主义议员们的要求不
同，俾斯麦的首要目标是财政改革，也就是用看似压力更小的
间接税取代直接税。俾斯麦不想"为了个别工业部门而征收保
护性关税"，而是希望征收一种普遍适用于所有进口产品的关
税，但可以对某些必需品实行例外豁免，例如棉花等德国现在
缺少的原材料。这种做法表面上取消了对于个别行业的优待，
但这其实模糊了事情的真相。在首相间接地对所有行业发出号
召、敦促其共同参与争取保护性关税的引入和提高之后，获利
最多的必定是那些组织结构最为合理、与俾斯麦联系最为紧密
的生产部门，也就是重工业家和大庄园主的产业。

　　重工业家群体中最重要的组成部分是生铁制造商，他们很
清楚俾斯麦对农业关税的个人兴趣；但他们也希望为自己打造
一种关税制度，使生铁加工业可以通过保护性关税保持国内的
高价，并通过低价促进出口。但是，也有些工业部门实际上是
被迫加入支持保护性关税的同盟的。

　　初夏提交给帝国议会的关税税则有43个主要项目，包括
对铁、木材、粮食和牲畜的一系列保护性关税，以及对咖啡、
茶叶和葡萄酒的财政关税。保护性关税的目的是抑制国内能够
生产的原材料、工业产品和农产品的进口，而这将不可避免地
提高价格。国家将可以在几乎不受议会干预和控制的情况下处

置关税和间接税的收入，这也正符合俾斯麦反自由主义的思想核心，即必须通过财政改革和关税改革等新手段保证政府的独立性。

1879 年 5 月 2 日，在帝国议会辩论的开幕仪式上，首相对他提出的保护性关税政策做了进一步说明。他的阐述主要揭示了他秉持的那种毫无顾忌的所有权思想。在 30 年前的 1849 年春，他曾毫不掩饰地果断宣布："我是一个容克，我想要享有容克应得的好处。"这种利己主义后来有了更大的发展，表述上却更加委婉了。当他要求用间接税代替直接税收时，马上转向了利益相关者的煽动路线："一个商人、工业家或是手工业者通过每天的工作赚取收入，但他明天就可能面临收入减少的危险……如果这些人和那些只需要拿剪刀剪剪利息单或只需要给付给他租金的房客开开收据的人缴纳一样多的税款，这就是不公平的。"这让人不禁想起了关于创造者和搜刮者的老生常谈，这种说法看起来合理，事实上却掩盖了真正的经济联系。

俾斯麦毫不掩饰地做了庄园主们的代言人，抱怨税负在动产和不动产之间的分配并不平均。他当然可以用数字来证明自己的意见，只有当数字不符合他的想法时，他才会宣布对于统计数据的不相信。他见证并参与了庄园主们几十年来的自由贸易，现在却假装这一切从未发生。难怪对此感到愤怒的爱德华·拉斯克会指责首相在推行"有产者的财政政策"，而首相反对称："是的，对于议员拉斯克先生我同样可以说，他是在推行一个无产者的财政政策；他是那些在我们立法过程的各个阶段里都占多数的先生中的一员。对于他们早便有言：他们不播种、不收割、不织布、不纺纱，却有衣裳穿。"这些先生"不从事工业、农业生产或企业运营，除非他们觉得自己完全是在忙着代表民众争取各个方向上的发展，并且全年都在这样做"，他们因此很容易失去"对那些利益的见地和同情，而这

643

样的利益是一个大臣——他有财产，也属于要缴税并受其支配的可怜人"——也拥有的；因为这个大臣察觉到了法律如何影响着被统治的人们。

帝国议会全体会议和委员会对于关税法案的协商从 1879 年 5 月 2 日持续到了 7 月 12 日，中间有短暂的中断。协商过程中发生了激烈而持续的争吵，这足以让人相信，辩论涉及的是一个有着百年意义的重要问题。在全体会议上，155 名议员、特派专员和联邦议会成员进行了发言。卡多夫的一封信展示了关于关税高低的讨价还价的精神所在，他在信中自鸣得意地报告称："我很有幸作为皮革关税的代表报告人，为我代表的产品争取到了很好的关税条件，比委员会决定的还要好。"俾斯麦在第二次会议上只就木材和谷物关税的问题发了言。议员弗吕格（Flügge）在 5 月底的发言中直击了这件事的本质，他说道："先生们，有时人们会有疑虑，我们必须记住自己是在莱比锡大街，而不是在布尔格大街（Burgstraße）上，尽管那里的会议也是受人尊敬的。"也就是说，人们是在当时还位于莱比锡大街的帝国议会中，而不是在柏林的证券交易所中。

644

弗里德里希·恩格斯不仅是一位社会主义理论家，也是一位经验丰富的商人。他坚持认为保护性关税是不合适的，因为德国的工业是在自由贸易下发展起来的，已经具备了出口能力；为了提高这种出口能力，德国工业需要"外国半成品给国内市场带来的竞争"。钢铁工业的状况则与此相反，其产量"约为全国所能吸收的平均消费量的四倍"，它仅对国内使用保护性关税，在国外市场上反而以倾销价格进行廉价销售，正如事实证明的那样。[①]

[①] 译文引自恩格斯《保护关税制度和自由贸易》，《马克思恩格斯全集》（第二十八卷），北京：人民出版社，2018 年，第 550~551 页。

大约在有关关税的辩论开始两周后，马克斯·冯·福肯贝克于 1879 年 5 月 20 日辞去了帝国议会议长的职务，因为他与议会中反自由主义的多数派发生了冲突；出于同样的原因，他的副手冯·施陶芬贝格男爵也辞职了。福肯贝克的位置由德意志保守党的冯·塞德维茨（von Seydewitz）接任，中央党议员冯·弗兰肯施泰因担任了副议长。

在中央党的通力合作下，完整的关税法案在 7 月 12 日以 100 票的优势获得了议会多数的批准；在这之后，内阁部门必须推动这项法律的执行。中央党受到党内高层成员和许多选民的压力，被迫支持保护性关税政策；但其领导层在对法案给予批准的同时也有着另一个目的，那就是为文化斗争的缓和创造良好的氛围。根据一条不成文的政治法则，反教会的"斗争部长"阿达贝尔特·法尔克如今必须下台。6 月 29 日，他递交了作为文化大臣的辞呈；在对国王就辞职请求做出解释时，他提到了与俾斯麦相关的考虑，称首相在教会政策中争取和平的努力不应受到人事方面的阻碍。

取代法尔克位置的是最高主席罗伯特·冯·普特卡默（Robert von Puttkamer），后者甫一上任便急忙宣称自己与前任截然不同。普特卡默出身于一个根深叶茂的普鲁士容克贵族家庭，由于他那近乎与生俱来的保守主义而深受老皇帝的喜爱；他有着标志性的雪白飘逸的络腮胡子，非常明显地透露了他的虚荣心。这自然会激起俾斯麦对新任文化大臣和阶层同僚加以嘲讽："与他护理胡子的积极性相匹配的消极性，必会在某个地方显现。"他还嘲笑普特卡默对讲话的欲望："一个优秀的游泳运动员，但可惜的是，他在每一个小水洼里都要游泳。"俾斯麦不能容忍一个这样的人长久待在文化大臣的职位上；因此，俾斯麦在 1881 年把他提拔为内务大臣，那时的俾斯麦正在成为社会民主党派厌恶和嘲弄的目标。

645　　　与文化部的变动相比，来自民族自由党的财政大臣霍布里希特（Hobrecht）和自由保守党的农业大臣弗里登塔尔（Friedenthal）的辞职并没有引起什么特别的连锁效应。农业中的贸易保护主义和新的间接税制如今处于卢修斯·冯·鲍尔豪森（Lucius von Ballhausen）和卡尔·赫尔曼·比特（Karl Hermann Bitter）的行政管理之下，而后者很快便显示了自己的无能。

　　随着财政和关税政策的变革，民族自由党失去了在议会和政府中的政治支撑点，因此面临着严重的危机。最终从这场危机中走出的，是一个变得符合俾斯麦意志的政党。首相极其希望看到这一点，因为他知道，与中央党的暧昧关系不能变成盟友关系。他在给新任农业大臣卢修斯·冯·鲍尔豪森的信中说道，"我几乎不相信我们可以通过任何的让步，促使中央党成为政府可靠而长久的支持者，无论这种可能的让步对我们的政府而言已经是多么巨大的退让"。在同一封信中，俾斯麦提到了两个保守主义政党，认为它们应该"对民族自由党中真诚的那部分人做出妥协"。这意味着，俾斯麦在那时已经对日后"卡特尔帝国议会"（Kartellreichstag）中的党派形势提出了构想。

　　如果我们只关注贸易和关税政策，就会很容易做出这样的判断：随着19世纪70年代的终结，"自由主义时代"在俾斯麦的帝国中也告终了。但真实情况是怎样的呢？尽管存在各种垄断迹象和国家的经济政策干预，但经济社会的基础仍然是自由竞争的工业资本主义。自1867年以来，自由主义为了自己的利益而制定的法律，比政治领域中的其他变化更具持久性。因此，路德维希·班贝格尔反复强调的一点是颇有道理的，即尽管遭受关税政策的阻碍，德国工业仍将发展出现代和世界性的维度。在经济结构中，自由主义并没有结束。自1866年和

1871 年逐步建立起来的制度在大萧条中仍得以发展，质的转折还远远没有出现。

另外，尽管俾斯麦的国家享受着自由主义的合作，但它从来就不是自由主义的。1879 年做出的决定之所以重要，并不是因为国家的本质发生了某种变化，而恰恰是因为一切都没有变化。促进自由化和议会化的希望没有实现。从 1878 年起，波拿巴主义的首相统治比以前更强烈地表现了其保守主义的特点。此外，在统治阶层内部，特别是在国家官僚中，保守主义明显得到了强化，自由主义则进一步被削弱了。在 1871 年以前，资产阶级与大庄园主的联盟在历史上具有广义的、民族政治意义上的进步性；但 1878 年以后，它变成了主要以利润为导向的、在道德和政治上施加限制的力量。各资产阶级派别在经济政治上的特殊利益，使它们不再可能结为一个完整统一的自由主义政党，因为各个利益集团都在施加压力。随着资产阶级在党派政治中日益涣散，"高炉和骑士庄园"的标志成了主导。然而，民众中的众多阶层并未简单地接受这一切。尽管政府采取了诸多镇压措施，但 19 世纪 50 年代的反动时期不可能再现了。

俾斯麦与议会的斗争；国内政治中的失利

1878~1879 年国内政策和经济政策的变革逐渐引发了各党内部的反抗和势力变化。这促使俾斯麦规划了更多削弱议会的措施并进行了试验。考虑到帝国因军备而必然产生的资金需求增加了帝国议会的重要性，俾斯麦的措施便显得尤其必要。关税准则得到批准后不久，首相向联邦议会提交了一份议案，根据该议案，帝国议会每次要批准两年的财政预算，并且每隔一年才为此召开一次会议；帝国议会的多数议员拒绝了这一议案，1882 年，一份类似的议案也被否决。

这些尝试显示了俾斯麦的目的，就是让普鲁士下议院的作用超过帝国议会。事实上，在保守派 1876 年与俾斯麦实现和解并于 1882 年的下议院选举中重新获得了 115 个席位之后，普鲁士政府已经可以再次依靠保守派了。然而，容克贵族的选举成功主要得益于三级投票制，他们以不可动摇的意志和政治手腕捍卫了这一制度，直到 1918 年的十一月革命。在通过普选产生的帝国议会中，他们早已不如之前那么强大，尽管他们成功地将党团人数从 1877 年的 40 人增加到了 1881 年的 59 人。

然而，俾斯麦在普鲁士下议院的帮助下使帝国议会——全德国的议会——陷入瘫痪的尝试并没有成功。虽然帝国议会的多数已经准备好批准将会带来可观利润的保护性关税，但他们无疑不希望遭受排挤。此外，一场缓慢但发展明显的民众运动为议会反对派提供了越来越多的支持。1879 年 7 月，柏林《人民报》（*Volkszeitung*）指出，"由于帝国议会的政策的后果，在所有大城市中都出现了政治风向左转的现象"。报纸上说，燃油、黄油、肉类、猪油和面包等生活必需品的关税上调所带来的影响是显著的。同一篇文章还表示，社会民主党遭受的仇恨将会消退，一些人将会把它看作"防止反动势力公然攻击的保护屏障"。

1879 年末，在汉堡、多特蒙德、莱比锡和柏林等许多大城市中，政治协会纷纷成立。其中的一些协会并入了进步党，试图促成该党的激进化；另一些协会，像在萨克森发生的那样，则继续运作，形成了一个民主主义政党的核心。

在 1880 年和 1881 年之交，资产阶级反对派内部的探讨主要围绕两个问题展开：一是延长 1874 年签订的有效期为 7 年的军队预算（即七年期），二是延长 1878 年通过的、有效期仅为两年半的《反社会党人法》。尽管资产阶级政治家们在关于军国主义的角色的讨论中未能达成一致，他们还是第一次抨击了俾斯麦的基本外交理念，并且将《法兰克福和约》以及和约带来的外交形势视作永无止境的军备竞赛的根源。左翼自由派对社会民主党的立场也发生了一些变化。"自由协会"要求拒绝《反社会党人法》，以使与社会民主党达成协议成为可能。

由于议会外的压力并未对多数议员产生足够影响，帝国议会在1880年5月6日批准了第二个七年期法案；民族自由党投出了支持票，中央党则没有这样做。议会在军事事务上的预算权再次受到了严格的限制，这将成为帝国中一个恒久不变的特征。1880年的这个法案扩大了和平时期的军队规模，增加了26000人，达到42.7万人，并规定了一级预备役每年进行为期18周的训练。军队的这一加强举措，也是德国对德俄关系的阴云密布做出的反应。

首相在给陆军大臣的信中估计，决定于第二个七年期中进行的军队扩充和训练改革将会带来大约2500万的财政负担。为了进一步筹集资金，俾斯麦在帝国议会提出了一系列的税法：印花税、股票交易税、啤酒税。然而，无论是在1880年春还是1881年3月，帝国议会都没有接受这些要向民众征收的间接税。议会没有批准俾斯麦要求的1.1亿马克的税额，而只批准了1500万马克的税额。

俾斯麦提出的新增税收计划和烟草垄断政策同样将为已经得到了宣布的社会立法提供资金，这些立法被宣传为"国家社会主义"，因而令自由党人恼火，也遭到了社会民主党人的嘲笑。现实情况并没有如此激进；俾斯麦与大多数企业家特别是重工业家有着相同的观点，认为全面的工厂和工人保护立法在经济上是难以负担的，这就将他指向了工人保险，即为因事故受伤、生病、残疾或因年老而不能工作的工人提供保险。1881

年 1 月，有关社会保险的第一份草案被提交给了议会，并在接下来的选举中被吹捧为"对继承的剥夺"。在与社会民主党和工会的斗争中，《反社会党人法》的大棒和社会保险的胡萝卜都得到了利用。

鉴于税目繁多，而且自己的总体国内政策都遭到了抵制，俾斯麦决定对帝国议会及其政党发起新的攻击。1880 年 11 月 17 日，刚刚接管了普鲁士贸易部的俾斯麦试图通过行政命令的方式，在普鲁士成立一个由工业、农业、手工业和工人代表组成的经济委员会，然后将其扩大为帝国经济委员会。路德维希·班贝格尔告诉自己的选民，这个计划中的委员会是"一种旁设议会和反议会"，这种看法是正确的。俾斯麦希望在经济问题上从有产阶级那里得到必要的支持，但即使是他们，也绝不会对这样一个经济委员会感到高兴。大型企业家组织希望——正如他们在推动经济政策的转折时所表现的那样——对政府施加压力，但不希望依附于政府或是被纳入国家机构。各政党更是表示了抗拒，它们的代表于 1881 年 6 月 10 日在帝国议会以 2/3 的多数否决了这个旁设议会所需的财政手段。这个俾斯麦希望孵化的机构成了一个死胎。

649　　这一切都发生在新一届议会选举前的几个月内。政府的运作非常不顺利，以至于反对派能够在选举活动中担任普遍不满情绪的代言人，提出充分的论点。"民众中正在逐渐酝酿一场反对俾斯麦的疾风骤雨"，细致的观察家特奥多尔·冯塔纳如此说道。议员欧根·里希特略带不安地表示："这股潮流从下面聚集而来，将会从那里席卷上去。"

正如冯塔纳还注意到的那样，在这种普遍不满的气氛中，来自"社会上层"的民族自由党的反对派议员们也蠢蠢欲动。他们在 1880 年 8 月已经聚集到了"自由协会"中，随后因路德维希·班贝格尔的一篇文章而以"分离主义者"

（Sezessionisten）的名字为人熟知。站在他们身后的有部分银行资本，有作为商业资本代表的海滨城市大资产阶级，还有保险公司、消费品行业和各类商人。这场反对俾斯麦的自由主义运动的灵魂人物是德意志银行行长格奥尔格·西门子，两个主要的分离主义者就住在他那位于柏林蒂尔加滕大街（Tiergartenstraße）的房子里，在那里讨论重要的政治问题。这个大资产阶级群体——主要是民族自由党的知识分子圈子——不能满足于首相的新经济政策路线。鉴于政府的反自由主义路线，施陶芬贝格和拉斯克等人所秉持的政治传统也被迫成为异见。

民族自由党的其余成员试图继续与俾斯麦合作，这不是首相所不愿意的，因为他当然知道，与中央党没有长久联盟可言。1881 年 5 月 29 日，帝国议会和各邦议会的 197 名议员通过了主要由鲁道夫·冯·本尼希森起草的宣言，该宣言表示，尽管民族自由党面对政府的立场发生了变化，但议员们仍准备实事求是地考虑政府的建议，尤其是社会立法和建立国家与天主教会的和平关系方面。宣言还称，保护性关税和自由贸易问题不能成为"建立政党的基础"。未来的几个月将会表明，妥协派民族自由党议员们的努力能否带来一个有成功希望的选举基础。

中央党的矛盾也显现了，尽管有别于民族自由党的情况。自从保护性关税获得批准，中央党与保守派的合作有了一个良好的开端。尽管新教和天主教之间存在教派差异，但在基督教保守主义的世界观基础上，建立更紧密合作的可能性也不能被排除。毕竟，德意志保守党在 1876 年就已经准备好与中央党就教会学校的问题达成共识了。但俾斯麦并不想看到保守派和教宗至上主义者走到这一步，因为他知道，在一切政治考虑中，宗教意识形态是一回事，而事实上的物质利益又是另一回事。

650　　　保护性关税促成了中央党与政府的和解，但同时也给它带来了一些困难。中央党政客巴赫姆（Bachem）写道，来自城市和无产阶级的中央党支持者对粮食关税的必要性不甚理解，甚至存在部分选民会因此退缩的风险。成员们的共同信仰仍然有助于抵制中央党的分裂倾向，但由于天主教会在权力问题上很难与政府达成一致，因此，就连逐步消除文化斗争也并非易事。能够缓和这种斗争的只有天主教的重心调整，特别是自利奥十三世继位以来采取的新方向。罗马教宗对自由主义的反对减弱了，但反社会主义倾向更为明显了，正如在1878年4月21日和12月28日的通谕中所展现的那样。

　　在随后的几年里，中央党在策略和政治层面对《反社会党人法》的疑虑逐渐消退。巴赫姆写道："中央党为了德意志祖国而对自由主义做过的事情，要在接下来的时期继续对社会主义做，而且力度将会更强……随着时间推移，后一项任务将越发重要。在反对迅速发展的社会民主党派的斗争中，新近赢得的教会自由必将证明其最重要的意义。"就这样，越来越多的中央党人赞成《反社会党人法》，他们主要来自大资本家和大庄园主的圈子。

　　俾斯麦在德意志保守党中得到了一个相对可靠的支持，他们投身于反对自由派的选举活动，为的是守卫刚刚施行的关税政策；他们意识到，这对容克贵族而言是事关生存的问题。尽管如此，保守派和俾斯麦之间仍没有达成真正的和谐一致，俾斯麦无法忘记他们在19世纪70年代的行为，况且在如今的普鲁士下议院和德意志帝国议会中，势力得到增强的保守派党团内又出现了一些目光极其短浅的大庄园主，还有一些极端保守派的莽夫。

　　1881年的选举年，柏林宫廷传教士斯托克的基督教社会党作为独立团体加入了德意志保守党。基督教社会党最初于 1878 年 1 月以"基督教社会工人党"（Christlich-Soziale Arbeiterpartei）的名字成立。经历了 1878 年 6 月帝国议会选举中颜面尽失的惨败后，该党深知提及"工人"在政治上没有任何好处，于是将其从党名中删除了。从此时起，这个新的政党团体瞄准了小资产阶级。这一群体在经历了奠基时代、危机时期和经济萧条后感到心慌意乱，基督教社会党希望通过明确有力的反犹主义来接近这一群体。历史学家海因里希·冯·特赖奇克加入了新教和天主教反犹分子的阵营，他试图通过《普鲁士年鉴》（*Preußische Jahrbücher*）将这种现代的蒙昧主义变成一种可以让人满意的伪科学。

对于反犹分子的活动，俾斯麦感情复杂。在 1881 年 4 月 2 日关于工人意外保险的演讲中，他明确表示，反犹运动是他"不想要的"。然而，随着帝国议会选举的临近，他越发倾向于利用反犹运动来对抗自由主义，尽管他对这场运动的社会煽动性仍有疑虑。俾斯麦在 1881 年 10 月 14 日为其子威廉确定的竞选口号就证明了这一点，威廉作为帝国议会候选人，正面临着在政治上走钢丝的前景。"当你发言时，你必须支持斯托克，因为他的对手是进步党人；但对斯托克的认同并不是政府想要的，如果你表达了政府的意见之外的东西，就永不可能得到信任。我们迫切需要斯托克被选上，这首先是因为他被选上，我们的对手就不会被选上；然后是因为他是一个与众不同的、愿意斗争的、作用重大的战友。但我们支持他，就是在为他之前所有言行带来的影响背书，或者说就是认可了其他所有的反犹分子，对此我是无法完全认同的。"归根结底，反犹运动对俾斯麦来说是"令人不悦"和"不合时宜"的；令他尤其不满的，是反犹主义对政治氛围的毒害，这使保守派与民族自由党的联合变得更加困难了，而这种联合有时恰恰是政府需

651

要的。

　　毫无疑问，俾斯麦最可靠的追随者是自由保守党人。在卡多夫和瓦恩布勒的领导下，他们启发了首相思考新的经济政策，并鞍前马后地与首相一起为之战斗。但可以预见的是，这一政策将为该党在民众中招致怀疑，并使其在选举活动中难以取得好的表现。

　　同政府敌对的社会民主党与所有其他党派有着本质上的不同，在非常法生效后的两年中，他们在意识形态、政治、组织和人员方面都进行了重新联合。1880 年，在于瑞士威登（Wyden）召开的第一次非法状态下的党代会上，社会民主党派提出了所谓的反秘密联盟战术（Antigeheimbundstaktik）的基础依据，这种战术有意将合法工作和非法工作结合起来。非法状态的指导和工作是以下诸多事项的前提：组织合法的选举协会、散发传单、尽可能地在居民区与居民保持密切联系、散发选票，以及在合法的专业协会、工人俱乐部和工作场所持续进行宣传鼓动，或是组织歌友会、烟友会或其他兴趣团体。过去的秘密社团在其密谋活动中已经试验过的很多手段，自然也得到了如今的社会民主党派的采用。

　　城市越大，越要更好地组织起秘密的"可信任人系统"。在柏林和汉堡尤其如此。在非法和合法的政治工作中，这种多样化的、始终处于危险之中的合作，需要一个松散而有效的领导层，其最重要的机关是帝国议会党团和设于苏黎世的中央刊物——《社会民主党人报》。

　　同时，一个卓越的领导人也是迫切需要的，这个人需要把时而相互纠缠、时而独立发展的各条线掌握在自己手中。在当时，奥古斯特·倍倍尔无疑就是这样的人选。他虽然没有被党的任何机构推选为主席或秘书长，却是公认的领袖；虽然不被帝国议会的部分成员喜爱，却受到各方的尊重。他的活动和人际关系的多面性令人吃惊。他在会议和议事中、在郊游中、在联合工作中、在客厅和酒馆中与工人接触；但作为商人和旅行家，他也与资产阶级的各阶层接触，在议会中与反对派政客交锋。今天他在莱比锡，明天就到了柏林，然后又出现在苏黎世，出现在埃尔茨山脉（Erzgebirge）或北部海岸。有时，他介入地方纠纷，无论是在梅拉内（Meerane）还是在斯图加特；最重要的是，重大决策中总有他的身影，例如在苏黎世的印刷厂和《社会民主党人报》的发行部。

倍倍尔不是理论家，但他具有理论意识。在选择马克思还是拉萨尔，这个对党来说仍然具有决定性意义的问题上，他抓住了关键的一点："拉萨尔的观点触及事物的表面，并保有很大的自由度；马克思的观点要求思维的敏锐和行动的一致性，而且，最重要的是，要求与国家中的非理性进行尖锐的斗争。这不是每个人都要做的，也不是每个人都能做的。"倍倍尔的专著、文章和演讲传达了对于未来的确定性，能够给人带来力量，其中也有无懈可击的关于当代的事实材料，足以抵挡社会民主党派的宣传中所有的空洞性。在帝国议会的大型辩论中，他和比他年长 14 岁的战友威廉·李卜克内西一样，几乎总是会登台发言。但是，议会并不是最适合他的环境。他向他的老朋友、《社会民主党人报》非法发行的组织者尤里乌斯·莫特勒（Julius Motteler）坦言："我有时对议会的种种议论深感厌恶。几乎每次发言后，我都会有一种良心上的谴责，因为我必须告诉自己，在那个意义重大、很多人都非常重视的讲台上，命运并没有被决定。"正因为倍倍尔不仅仅是一个议员，他才能够利用议会说服群众、团结群众，并最终使社会主义工人党成为德意志帝国的第一大党。因此，在最真实以及广泛的意义上，从人民中走出来的奥古斯特·倍倍尔在 19 世纪 80 年代成了奥托·冯·俾斯麦侯爵的真正对手。

653

"无产阶级的倍倍尔撕掉了俾斯麦的燕尾，上面写着非常法。"漫画来自《跳蚤》（*Floh*），1878 年 9 月。

　　威登党代会后不久，国家当局就诉诸了《反社会党人法》中最严厉的条款。1880 年 10 月 28 日，在汉堡 - 阿尔托纳（Hamburg-Altona）及周边地区，政府实行了暂时戒严状态；最初有 75 名社会主义工人党的领导成员遭到驱逐，其中的 67 名都已为人父。几个月后，又有 30 名成员被驱逐。在莱比锡及其周边地区也发生了类似的事情。对社会民主党的迫害采取了大规模阻挠选举的形式，这是由政府所处的总体政治形势决定的：民族自由党四分五裂，前途不明；中央党——尽管其右翼正在向俾斯麦靠拢——仍然同政府保持距离；分离主义者和进步党在不满情绪中日益增强。只有自由保守党和德意志保守党仍站在首相身后。

　　借助政府机器，俾斯麦还干涉了资产阶级和容克政党的帝国议会选举活动，反对左翼自由派，支持保守派。在1881年10月27日被确定为选举日之后，俾斯麦在仲夏发出了关于"从现在起要开展的选举—媒体运动"的指示。为此，赫伯特·冯·俾斯麦受其父亲委托，详细列出了与保护性关税和一般税收有关的议题，这些议题被视为"选举旗帜"；这些议题应当"每两天变化一次，并且在讨论中要伴有针对敌人的或长或短的论战；如果仅仅这样做30~40次的话，那还很难对冷漠的读者起到作用，所以次数越多越好"。他要求《北德意志汇报》、《邮报》和《德意志日报》(*Deutsches Tageblatt*)的编辑们完全集中精力，"以逐日增长的规模，每天对进步党和自由贸易进行尖锐的攻击"。

　　赫伯特·冯·俾斯麦的指示虽然风格粗暴，但仍然属于政府的新闻工作的范围；而首相对选举施加的直接影响则包含着一些无理要求，就连高级官员和军官也会畏惧。首相特别针对的一个人是分离主义者海因里希·里克特（Heinrich Rickert），他是但泽的候选人。里克特在1878年的选举中仅仅以微弱的优势胜出，因此，首相希望能够阻止他再次当选。为此，政府官员对国营船厂的工人们提出了称得上是义务性的要求——把票投给保守派候选人，而不是里克特。俾斯麦对整个事情非常重视，他命令但泽警察局局长就当地的情况写一份长篇报告。6月29日，俾斯麦通过内政大臣冯·普特卡默告知海军大臣阿尔布雷希特·冯·斯托什："我认为，让一个保守派在帝国议会代表海军，将是大有裨益的。这件事若是可以实现，那么保守派对于保卫祖国的每一份力量的天然情感，将会从海军角度较以往更加有力地表现出来。自由主义的极左派似乎比其他派别更接近海军, 但又不能从局内人的角度代表海军。而皇帝在任何情况下都会指望的, 恰恰是保守派的支持。"

655

这封信已经表明, 俾斯麦不仅要阻止里克特当选, 还想要试探一下这位亲近王储圈子的自由派上将, 让他向皇帝妥协。显然, 阿尔布雷希特·冯·斯托什拒绝了让船厂的高级官员以保守派的身份出现在工人面前的指令。为了对船厂的管理层施加压力, 但泽的政府主席、最高主席乃至冯·普特卡默都付出了努力。但不管怎样, 俾斯麦的努力是无用的, 因为里克特仍然当选了。

阿道夫·斯托克那披着基督教社会主义外衣的反犹主义对保守派在帝国首都的选举形势影响尤甚。外交部新闻官员鲁道夫·林道 (Rudolf Lindau) 在私人信件中把这件事告诉了赫伯特·冯·俾斯麦, 从而也间接地告诉了他的父亲。林道在 10 月初认为, "保守派在选举中被打上的反犹主义烙印过重了"。"保守派中最杰出的部分," 他继续说道, "与这些反犹运动保持着距离。" 王储面对这种情况表示, 反犹运动是德国的耻辱, 这句话常常被引用。同样是在这种情况下, 帝国首相做出了那句声明——"反犹运动不是他所希望的"。

不管保守派的要员们喜不喜欢, 反犹主义者已经组成了他们的冲击部队。在选举日前不久, 鲁道夫·林道报告称, 街上所有的广告柱都"被保守派的选举呼吁铺满了"; 而"柏林将被保守派选举委员会的 50 万份传单淹没"。在选举日当天, 每个投票站都有"一位眼神好的保守派代理人", "负责监督投票, 并对参与投票者进行完整的名单记录"。林道还对拉票和类似行为进行了更多的详细介绍。

保守派做了相当大的努力, 但选举结果令人失望。尽管保守派获得的选票数量有所增加, 但他们未能在柏林的任何一个选区赢得席位; 在所有选区中, 都是进步党候选人获胜。斯托克本人被鲁道夫·维尔乔击败了，只得作为来自锡根（Siegen）的议员代表进入帝国议会。保守派的失败在各省选举中更为明显。

总的来说，1881年10月27日的选举标志着俾斯麦政策的明显失败。首相在议会里的支持者，即德意志帝国党和民族自由党，都遭受了毁灭性的打击。这些政党的领导人甚至没有进入第二轮选举，俾斯麦的儿子威廉也是如此。投票率与1878年相比有所降低，这显示了，政府未能成功地把从前冷漠的选民们带到投票箱前。另外，人民党和进步党获得的选票数量大增，特别是进步党的选票由38.5万张增加到了64.9万张，证明中产阶级和小资产阶级选民对政府的反对更加坚决。分离主义者主要截获了从前民族自由党的选民，他们在选举中的成功表明，相当一部分中大资产阶级已经远离了政府。

社会主义工人党也失去了选票，收获了大约12.5万张，但它仍然在第二轮选举中赢得了三个席位。在萨克森中部、柏林、汉堡、美因河畔法兰克福和纽伦堡等传统票仓，社会主义工人党呈现的活力令人印象深刻。在某些地方，社会主义工人党赢得了40%以上的选票。

俾斯麦此次失败的后果如何，要到1884年的下一次选举时才得以显现。毕竟，同样是在1881年，他在外交政策上取得了相当大的成功。

第十六章
安保政策和殖民政策（1881~1885年）

外交政策的成功；声望达到顶峰

　　1879年10月7日，德国和奥地利在维也纳缔结同盟的第二天，《科隆报》以《为了和平》为题发表了一篇文章。这篇文章之所以会引人注意，是因为这份被外交部视为国内最正直的报纸曾多次发表文章传达俾斯麦的外交原则。这篇文章攻击了俄国的泛斯拉夫主义党，该党坚定地宣称自己具有某种"使命"；文章认为，"如果表现这种傲慢的，不是一个小心谨慎、有影响力的、能够造成巨大破坏的派别，那就太滑稽了"。在这种情况下，德国将有可能被困于俄国与法国之间，而奥地利则会被困于俄国与意大利之间。因此，德奥同盟是一个"防止战争危险的同盟"。即使俄国目前认为这种防御性同盟为自己带来不便，但它有可能会产生不同看法。"俄国不会永远看不到，它的征服政策对它自己造成的伤害最大；对于事实上阻止了这种发展倾向但又没有侵犯到它占有的领土的大国，俄国欠德国一个人情。"因此，如果德奥同盟促成俄国政策的改变，那么"俄国人民从中欧两大帝国的同盟中得到的积极好处，实际上比这两个盟国自己获得的好处还要多"。三皇同盟不会因为两个中欧大国之间更密切的关系而受到干扰，"相反，只有当沙皇像其他两位君主一样，抱着纯粹的和平意图参与此中时，这个同盟才会具有权威"。这清楚说明了俾斯麦的意思：在与奥匈帝国结盟的基础上，他打算再次拉近与俄国的关系，并将三皇关系作为其外交政策的根基。在接下来的几周里，其他一些报刊上也出现了类似的文章，使事情看上去更加紧迫了。

　　通过这些出版物，俾斯麦以自己的方式适应了新的发展；这种发展正如他有时所说的那样，纯粹的内阁政治时代已经结束了。现代社会的各种力量影响着公众舆论。如果他不想像自由主义要求的那样跟着舆论走，就必须努力塑造舆论。鉴于从社会民主党派到自由派、从教士到自由保守党的各派别——无论其动机和表现如何不同——都普遍厌恶沙皇俄国，俾斯麦不得不走出内阁，试图在舆论中为自己的外交政策方针辩护。他说："我已经……成功地实施了我的安保政策中在我看来的第一阶段，即在奥地利和西方大国之间建立起一道屏障。尽管在我看来，夏日的天空布满乌云，但我对第二阶段的达成并未失去信心，我们将在这个阶段中恢复三皇同盟，我认为，只有这个体系才能最持久地保证欧洲的和平。"

　　那么，赢回俄国信任的机会有多大呢？俄国毕竟受制于国内外的政治制约，迟早会倾向于重修旧好。许多俄国人渴望与法国结盟，但法国官方无论如何都不愿意与一个衰弱的沙皇帝国建立这种关系。由此看来，俾斯麦在俄土战争之前和战争期间的考虑是相当现实的，至少在当时是如此。而在俄国与英国之间，由于《柏林条约》并没有解决争论的问题，1878年以后，两国的紧张关系并未缓解，甚至还因为两国在中亚地区的竞争而不断加剧。

　　俾斯麦计划在东方三个君主国之间达成和解，以此维护三国的君主团结，在欧洲工人运动激进化、沙皇统治19世纪70年代末危机四伏的情况下，这种团结的意义更加重大；俾斯麦还希望通过各种外交联合来维持欧洲的现状。在德英关系

658

方面，首相并不是在寻求结盟，而是在寻求一种良好的互相理解。不仅如此，至少在当时，他还在促进伦敦和巴黎之间的良好关系，希望以此避免法国产生孤立感进而去结成一个针对德国的复仇联盟。

自 1877 年以来，法兰西第三共和国终于战胜了君主主义—教会主义的各右翼政党，得以稳固下来，这为俾斯麦重塑与法国关系的努力创造了良好条件。在共和政府的统治下，越来越多的希望法国采取积极殖民政策的资本集团获得了影响力；鉴于在殖民过程中可以预料的国际纠葛，这些集团对缓解法德关系中的压力颇有兴趣。俾斯麦十分愿意迎合这种期望，他支持在除阿尔萨斯－洛林问题外的所有领域同法国达成谅解。他在 1880 年 4 月 8 日给驻巴黎大使祖·霍恩洛厄－希林斯福斯特侯爵写了一份告令："我们与法国可以达成谅解的地区从几内亚一直延伸到比利时，并且涵盖了所有罗曼语国家；法国只需要放弃德国征服了的地方，就可以与我们保持朋友关系……法国企图加强对其他罗曼语国家的影响，这并不侵犯德国的利益……因此，如果法国认为扩大自己行动的政治基础符合自己的利益，那么，它就不仅可以指望我们将会保持克制，甚至还能获得我们的支持，只要这不危及我们在德国的地位，也不损害我们的唯一诉求，即我们要做自己家里的主人。"

这是俾斯麦过去几年中在脑海里琢磨出来的政治构想，他将其传达给了外交部的同事。与西方两大强国达成一致意见，并为此签订协议，是他的目标之一。然而，只有当三皇同盟使欧洲列强之间的平衡成为可能而这种平衡又会屡屡被巴尔干和近东地区的利益冲突扰乱时，这种形势才能满足霍亨索伦帝国的安全需要。对俾斯麦而言，重建三皇同盟作为德奥二元同盟的补充，是非常紧迫的任务，为了实现这一目标，他已经准备好克服圣彼得堡以及维也纳面临的政治困境和心理障碍了。

在奥地利—德国的同盟条约得到公开后，俄国的统治阶层感到了不安，因为条约的具体内容没有被公开。尽管戈尔恰科夫自1880年以来主要居住在巴登－巴登，但他仍然是外交政策的负责人，抵制与德国建立同盟。他希望推行一种无拘束的政策，其长期目标是建立俄法同盟。当然，他试图掩盖这一点；在经停柏林时，他宣称俄国根本不能再有任何外交政策，而只能有内政政策。他还表示，希望等自己下一次在圣彼得堡出现在沙皇面前时，把这些都告诉沙皇。对内要发挥国家的一切力量来调节财政，让国家更加繁荣，消灭社会主义和虚无主义。这样一份关于节制外交政策的宣言——不管它是否真心实意——是一个大国政治家的绝唱，他很快就不得不离开了自己的活动领域。随后，戈尔恰科夫在1882年去世几个月前，正式放弃了自己的职务。

然而，沙皇无法做出让俄国主动孤立自己的决定。他需要一位有勇气把国家从孤立状态中带出来的新大臣。即使是沙皇统治本身的内部危机，似乎也只有借助欧洲各国君主的团结，才能得到控制。此时，一个此前鲜为人知的人物登上了政治舞台，他就是彼得·亚历山大·萨布罗夫（Peter Alexander Saburow）。他45岁，尽管不是出身老牌贵族家庭，但也是来自富贵之家，对经济问题很熟悉。作为驻雅典大使，他与拉多维茨有着亲密的关系，因为后者除了外交部的工作，还担任德国驻雅典公使的职务。因此，萨布罗夫要想与俾斯麦建立联系并不困难，1879年7月，他曾多次到基辛根拜访俾斯麦。对首相来说，这个聪明敏捷同时又有丰富的与英国打交道的经验的人，为他实现自己重新接近俄国的外交计划提供了可能；而萨布罗夫在这些基辛根会谈中也熟悉了俾斯麦的重要思想。这为他给沙皇准备的备忘录增添了特殊的分量。他最终于1880

660

年 1 月被任命为俄国驻柏林大使。

萨布罗夫的直接上级是副外交大臣尼古拉·卡尔洛维奇·吉尔斯（Nikolai Karlowitsch Giers），吉尔斯是一个贫穷的波罗的海贵族，曾在沙皇俄国的外交部领导过亚洲司。在国内，吉尔斯是专制主义的倡导者，是为 19 世纪 80 年代的极端反动运动而生的人。在外交政策上，他既主张俄国和奥匈帝国在反自由主义的意义上进行联盟，又主张建立三皇同盟。这就需要避免战争的风险，放弃对海峡的征服，以此改善与土耳其的关系，并确保土耳其对英国舰队关闭海峡。最后，吉尔斯试图推动俄国和奥匈帝国在巴尔干地区划分利益范围。

萨布罗夫在海峡问题上暗中追求与此相反的目标，希望由俄国占领海峡，因此，吉尔斯反对任命他为驻柏林大使不是没有道理的。不过，萨布罗夫与俄国外交部当下的意见是一致的。1880 年 2 月初，萨布罗夫在与俾斯麦的会谈中，提出了德国与俄国建立"防守同盟"的问题。当萨布罗夫被明确告知，德国政府不会在没有奥地利参与甚至和奥地利对立的情况下签订任何协议时，他立即切换了话题，谈到了包括奥匈帝国在内的三国同盟。2 月 6 日，俄国驻柏林大使向俾斯麦递交了一份三皇协定的草案。

现在轮到维也纳行动了，它并不相信能与圣彼得堡达成利益平衡。在此，俾斯麦必须克服比在俄国更强大的阻力。首先：与俄国的外交类似，奥地利的外交也出现了人事变动。1879 年 10 月，在外交大臣安德拉西辞职之后，52 岁的冯·海默勒男爵（Freiherr von Haymerle）接任了奥地利外交大臣一职。与他的前任一样，海默勒男爵也反对三皇同盟。不过，对德国首相来说，更重要的是奥地利大使馆内发生的变化。1878 年底，维也纳不得不把卡罗利从柏林调到伦敦担任大使，因为伦敦已经不再欢迎博伊斯特伯爵了。在所有派驻柏林的大使中，卡罗利与俾斯麦的关系最为密切，而他的继任者伊姆雷·塞切尼（Imre Széchenyi）获得的信任则太少了，导致德国外交部宁愿与一位曾在卡罗利手下工作多年的使馆参赞谈判。因此，人事上的重新洗牌，使缔结新三皇协定的谈判变得更加困难。

　　大约在萨布罗夫向俾斯麦提出结盟建议的同时，卡洛诺基伯爵（Graf Kálnoky）被任命为奥地利驻圣彼得堡大使。在担任这个职务之前，卡洛诺基伯爵在途经柏林时与俾斯麦见了面，并进行了长时间的交谈。双方都对这次会谈进行了精心筹备。外交大臣海默勒在事先与皇帝弗朗茨·约瑟夫进行过讨论后，对卡洛诺基下达了有关这次柏林特殊任务的指示。由于熟知俾斯麦的作风，海默勒建议，"对于喜欢以自己的方式随意发挥的俾斯麦，无论如何都不应该打断他的话"。而事实上，这场"会谈"变成了德国首相的独白，俾斯麦显然事先对自己的发言做了反复构思。

　　1880 年 2 月 17 日，卡洛诺基从圣彼得堡向维也纳详细报告了此事。俾斯麦在谈话一开始就对历史进行了回顾，他想证明，尽管两国在旧的邦联议会和 1866 年的战争中关系紧张，但他本人一直在努力争取两国间的理解，争取建立紧密的同盟。"他在讲话中具体说明了他的这一政策的基本思想，称与俄国保持友好关系是这一计划的一部分。"在卡洛诺基看来，俾斯麦对德国和奥地利关系的评论之详细令人惊讶，他显然是想赢得奥地利对德国这个盟友的可靠性的充分信任。但俾斯麦无论如何都排除了进攻俄国的可能性。"我们不会在那里得到任何好处。我们的波兰臣民已经够多了，只是由于东部边境那地理上的'险恶'，我们才不得不一直坚守边境。"俾斯麦还考虑到，英国的挑衅行为将会最让俄国政治家担心。因此，不能就此对英国提供支持。在国际的紧张局势中，要求得到所谓

662

的未解放领土（的里雅斯特和南蒂罗尔）的意大利，也被俾斯麦视为一个不安定因素。

卡洛诺基总结道，首相通过德国—奥地利的两国同盟"让俄国的沙文主义者清醒过来了，促使他们更加坚定地拒绝法国对俄国的诱惑"。这样一来，俾斯麦就再次成了局势的掌控者，他认为，为感到恐惧的俄国和被围困的沙皇提供退路的时机已经到来。卡洛诺基推测，"理智"的俄国政客们向俾斯麦侯爵提出，俄国感到放心、准备为和平做出让步的条件是"它消除了对英国与德国和奥匈帝国结盟的恐惧，亦即确信英国那'挑衅而自私的政策'不会得到德国和奥匈帝国的任何支持。俾斯麦侯爵本来就认为英国的态度过于傲慢，因此没有兴趣助长它那毫无顾忌的姿态。俾斯麦现在的目标是让俄国平静下来，而他并不反对孤立英国，或许还认为这是有利的，他在发言中没有对这种可能性表现不悦"。

在对卡洛诺基发表讲话后，首相仍需付出巨大努力，才能说服哈布斯堡帝国同意更新三皇关系。在这段紧张的时期，他还必须确保"媒体的触角"不会伸到谈判中去。新的奥地利外交政策负责人冯·海默勒男爵对俄国充满了不信任，最希望看到俄国被抵挡在巴尔干半岛之外。而事实上，奥地利与沙皇俄国之间确实存在许多严重的争端，例如俄国支持下的东鲁米利亚（Ostrumelien）与保加利亚的统一，对于马其顿不被保加利亚吞并的保证，奥地利在塞尔维亚的立场，等等。鉴于这些争端，海默勒和他的前任一样，不想加入任何类似联盟的关系。对于维也纳的抗议，俾斯麦承认道，"对抗将永远存在，盟约对此并没有什么帮助"，但他同时强调，"相比没有盟约，加入盟约后的"俄国更令人信任。

柏林一再提醒道，面对各地的"颠覆"势力，三大君主国的凝聚力是很有必要的。对此，维也纳当然也很难否认；毕

663

竟，"人民的意志"（Narodnaja Wolja）① 在 1880 年 2 月对冬宫发动了猛烈袭击，沙皇一家仅仅侥幸躲过，而一年后，亚历山大二世被刺杀在了露天的街道上。但是，海默勒并不精通俾斯麦在巴黎公社前后使用的那种战术，无法将列强在保守主义立场上的团结与列强之间的利益冲突的解决结合在一起。海默勒在 1881 年初提出，签订新三皇协定的先决条件是与德国签订一个新的两国盟约，这是颇为笨拙的，因为这可能被视作一种侵略性企图，同时将使德国沦为奥地利的助手。俾斯麦拒绝了这种"无理要求"，并在 1881 年 2 月 10 日给德国驻维也纳大使的通告中明确指出："我们要全力以赴反对俄国沙文主义，它可能会像路易十四世一样针对我们中的一个；但如果我们被利用来达到侵略目的，那么德国的舆论绝不会原谅政府这样的做法。"

一直到 1881 年 4 月，维也纳都顽固地制造着困难，俾斯麦因此向奥匈帝国的政治家们提出，德国可能会和俄国单独签署一份协议，同时，他还用了一些尖锐的措辞劝说奥地利让步。在费尽周折地来回往复后，这场外交上的交易终于告一段落。1881 年 6 月 18 日，《三皇同盟条约》签订了，德国、奥匈帝国和俄国承诺，在三年期限内，如果三方中的一方与第四个大国发生战争，其余两方将保持友好中立。由此，德国确保了俄国将在法德战争中保持中立，俄国则确保了德国和奥匈帝国将会在俄英战争或俄土战争中保持中立。此外，三大帝国还承诺尊重彼此在巴尔干半岛的利益，并承诺只有在协商的基础上，才会改变对土耳其欧洲部分的领土的占有情况。对俄国来

---

① 也译作"民意党"，为俄国民粹派的秘密恐怖组织，成立于 1879 年 8 月，基本纲领是推翻专制制度，召开立宪会议，要求民主自由和将土地分给农民，企图通过刺杀沙皇及政府要员获得革命成功。

说尤其重要的是，其余两个缔约国赞成俄国封锁博斯普鲁斯海峡和达达尼尔海峡。在一项附加议定书中，三国宣布，它们不想阻止保加利亚和东鲁米利亚可能会发生的合并。

664 　　与 1873 年的那份《三皇协定》相比，德国首相与俄国和奥地利两国的大使在柏林签署的《三皇同盟条约》不仅是一份协商条约，更是一份三方的中立条约，这无疑是一个进步。然而，俾斯麦对其可行性并不抱有幻想，因为俄国和奥地利在巴尔干地区的对立一直是两国关系的负担，而且这个负担绝不可能消除。《三皇同盟条约》的有效期很短，只有三年，这已经说明了，三国都无法真正信任这个同盟。

　　签署条约的高官们同样不信任各自国家的内部力量，至少俄国和奥匈帝国的代表是如此。《三皇同盟条约》的存在是绝密的，因为俄国政府害怕泛斯拉夫主义者，他们不愿看到巴尔干地区利益范围的划分；奥地利政府则害怕那些马扎尔人，那些大地主们因为斯拉夫少数民族，已经对俄国产生了敌意。所以，事情变成这个样子："只有在一片黑暗中，在没有人看到的地方，人们才能握手。"

　　但对德意志帝国来说，境况有了明显的改善。俄国需要依靠帝国首相来抑制奥匈帝国在巴尔干地区的发展，正如德国需要依靠奥地利来制衡俄国扩张主义的力量一样。俾斯麦成了三国关系中备受追捧的调停者，至少在经济和社会发展使三个君主国的领导人转到其他方向之前，情况都将是如此。

　　三国之间的条约使得俾斯麦在面对南方和西方的欧洲大国时，暂时有了更大的行动自由。德国与英国和法国的关系有所缓和，不过首相仍建议他的外交官们要"小心翼翼地培养上述两个大国之间分歧的种子，但不要让这种意图显露出来"。英法分歧的根源在于不断发展的殖民扩张主义。为了防止各国在这一方面形成一个反对德意志帝国的联盟，俾斯麦对列强与其他国家的殖民竞争加以利用。一方面，德国的政策有利于法国将突尼斯变为它的保护国，也利于针对法国在西非和印度支那的扩张企图；另一方面，俾斯麦又在埃及推动伦敦的单独行动，对抗法国的野心。

法国对突尼斯的控制也是对意大利的地中海计划的重大打击。因此，意大利的政治决策者决定，暂时放弃对属于哈布斯堡帝国的南蒂罗尔和的里雅斯特等"未解放"领土的争夺，转而寻求与德国、奥地利国家集团的谅解。1881年夏天就已经出现了这样的迹象；而1882年1月，当意大利大使与俾斯麦接触时，他被告知，"对意大利而言，可以在维也纳找到通向德国的大门的钥匙"。这种暗示是合理的，因为维也纳自然可以更好地了解意大利的情势，但首相当然也希望让奥地利发挥更大的作用。

与三皇同盟的谈判相比，奥地利—德国—意大利的三国同盟的谈判进展迅速。谈判于1882年3月底在维也纳开始，仅仅两个月后，三国便已经就盟约的各项条款达成了一致意见，在5月20日签订了盟约。三国互相承诺，如果其中一方卷入战争，其他两国就会保持友善中立。俾斯麦从奥地利的利益出发，非常重视这一承诺，这自然与奥地利可能会和三皇同盟中的伙伴——俄国——发生冲突有着不言而喻的关系。但是，三国同盟的核心是针对法国的。德国和奥匈帝国承诺，将向意大利提供军事支持，以抵御法国的进攻，意大利则承诺在法国突袭德国或奥匈帝国时提供支持。在意大利的明确要求下，三国在签订条约时交换了部长声明，宣称《三国同盟条约》的条款并不针对英国。为了避免在非必要情况下刺激法国或惊动俄国，条约的内容是保密的。条约期限为5年。

随着19世纪80年代初最重要的两个条约——《三皇同盟条约》和《三国同盟条约》的缔结，奥托·冯·俾斯麦的国

665

际声望达到了顶峰，这种声望虽然没有 1878 年柏林会议期间
那么轰动，但却有了坚实的基础。1882 年 4 月，俾斯麦坦言，
德国的外交"不会给他带来任何一刻的失眠"。就连他这样一
个并不傲慢自负的人，如今也说道，法国和英国向德国寻求意
见，奥地利做任何事之前都会先来咨询，意大利在抛出橄榄
枝，连俄国也在投怀送抱。

当时，各种相互重叠、部分矛盾、缺乏稳定基础的条约
同时存在。说到底，它们都可以追溯到 1879 年秋天签订的德
国—奥地利二元同盟条约。从这一同盟开始，所有的条约都如
触角般生长起来了，其覆盖范围包括意大利北部，穿过巴尔干
半岛延伸到博斯普鲁斯海峡、普鲁特河（Pruth），最终延伸
到涅瓦河。在欧洲其他任何地方都无法再见到这种复杂交织的
产物。

666

家中的震荡

高处不胜寒，在政治上也是如此。在三场得胜的战争之后
的十年里，奥托·冯·俾斯麦真正可以信任的人际圈子变得越
来越小，越来越多人带着自己充满野心的企图接近了过来。首
相很清楚，他要比以往任何时候都更少地向人敞开心扉，大概
只能继续和那被约翰娜亲切地称为"小布赫"（Buchelchen）
的洛塔尔·布赫尔谈谈心。长子赫伯特越发成为俾斯麦的支撑
和希望，赫伯特对父亲忠心耿耿，对政治也感兴趣，工作极其
勤奋可靠。对于肩上负担越来越重的首相而言，赫伯特可能会
与他疏远的想法，是他无法承受的。

这样的危险已经浮现了：赫伯特爱上了伊丽莎白·冯·卡
洛拉特 - 博伊腾侯爵夫人（Fürstin Elisabeth von Carolath-
Beuthen），即原来的哈茨菲尔德 - 特拉申贝格女伯爵（Gräfin

伊丽莎白·冯·卡洛拉特－博伊腾肖像，由古斯塔夫·里希特（Gustav Richter）创作，1875年。与侯爵夫人的恋情使赫伯特·冯·俾斯麦陷入了严重的矛盾。与侯爵夫人结婚将意味着与父亲决裂。面对抉择，忠诚的赫伯特选择了父亲。

Hatzfeldt-Trachenberg）；在她于1881年4月与第一任丈夫离婚后，赫伯特希望与她结婚。由此，当身体疲惫的首相不得不面对艰难的国内政治斗争之时，俾斯麦的家族受到了严重的冲击。

伊丽莎白·冯·卡洛拉特与赫伯特·冯·俾斯麦的关系是至为不幸的，因为这个女人几乎违反了奥托·冯·俾斯麦对家庭婚姻关系的一切要求。正如当时赫伯特的知己菲利普·冯·欧伦堡（Philipp von Eulenburg）所说的那样，她"来自一个老首相二十年来一直敌视的圈子：在政治和宗教信仰问题上、在 1866 年、在文化斗争中、在总体的人生观中，这个圈子都是俾斯麦的对手。"欧伦堡继续更加详细地解释道："但真正灾难性的是，伊丽莎白侯爵夫人属于以古怪著称的哈茨菲尔德家族；她还通过她的姐姐，也就是著名的将军沃尔特·冯·洛伊男爵（Freiherr Walter von Loe）的妻子，与另一个家族产生了关系，那个家族中的一名成员在文化斗争中是俾斯麦最凶猛的敌人；她还是内务大臣冯·施莱尼茨的妻子的继妹，而施莱尼茨夫妇都属于俾斯麦家族最讨厌的人。"

侯爵夫人还是天主教徒，而且作为一位高级贵族，她"一生都习惯于不在生活方式上对自己施加任何限制"。即使是同情她的欧伦堡也认为，她永远不会"与赫伯特父母家中那种毫无典雅的简朴基调合拍"。他还说道："俾斯麦家的沙龙，永远都笼罩着小农村地主出身的、闭塞的乡村贵族的气息。这就是为什么整个家族圈子都被打上了诚实的烙印。无论你是否喜欢这个圈子的本质，谁也不能否认它那诚实与纯粹的优点。"尽管这番话带有一些恶意，但在本质上是正确的。代表着乡村容克的简朴本质的约翰娜，永远也无法对自信、优雅的儿媳妇伊丽莎白·冯·卡洛拉特感到习惯。

这位来自西里西亚、前奥地利名门的夫人想要赢得首相的儿子，期望赫伯特可以为了她与父母决裂，可以鼓起勇气和力量"战胜地狱与魔鬼，赢得他所爱的女人"。但她没有看到，在赫伯特的内心深处，他在情感上与家庭相连，在政治上出于责任和信念而与父亲相连；由此她犯下了决定性的错误。正如欧伦堡不无歉疚地指出了她那女性的虚荣心，她"没有完全理解真正的障碍，这些障碍像铁钳般将赫伯特禁锢住了"。

侯爵夫人完全沉醉于自己的心仪对象，并对自己的吸引力感到自信，而赫伯特·冯·俾斯麦则从一开始就有一种恐惧和预感。1881 年 4 月，他告诉他的朋友菲利普·冯·欧伦堡，5

年前——也就是 1876 年，当侯爵夫人第一次在他面前提到她
要离婚时，他没有急于建议她这样做："我看到了这个可怜的
女人的全部悲惨生活，却没有急于建议她离婚，这只能用这样
一个事实来辩护和解释，那就是，我能预见到，一旦我们在一
起，一场不幸就会发生。"然而：尽管他有着对"不幸"的预
感，他并没有预料到，爱情的风暴将会这样冲向他，甚至使他
岌岌可危。他感觉到，在他所爱的女人的迫切要求和他父亲那
不可抗拒的阻力之间，他身处最深的矛盾之中；他父亲的爆发
让他清楚地看到，这种冲突是永远不能解决的。

　　奥托·冯·俾斯麦当时已经 66 岁了，身体不好，他觉得
自己被击中了要害，急切地想要出面干预。对每一个有责任心
的政治家而言，如果家庭成员想加入对立者的阵营生活，都将
会是一个严重的问题。对当时的俾斯麦而言尤其如此，因为赫
伯特不仅仅是他的亲生儿子。在过去几年中，赫伯特在各个使
团的岗位上熟悉了外交实践和父亲的政治思想，在 1881 年初
刚刚被调到了外交部的政治司工作。赫伯特比以往更加明显和
认真地成了俾斯麦的依靠；精神过度紧张的首相不得不开始战
斗，以确保儿子可以继续帮他挑起越来越重的担子，确保和谐
家庭圈子提供的庇护所可以维系。

　　本就生性多疑的俾斯麦可能已然怀疑到，自己儿子与伊丽
莎白·冯·卡洛拉特的关系得到了高级贵族中的反对派的大力
支持。

　　突如其来的众多政治问题和人际问题把俾斯麦逼到了
绝境。可以相信，他接近精神崩溃了。大受震动的赫伯特于
1881 年 4 月 28 日从柏林给他的朋友"菲力"写信说："我的
父亲泣不成声，告诉我，如果这桩婚事成了，他绝不会继续活下
去，他已经受够了生活，只有对我寄予希望，才让他在所有的
挣扎中找到安慰，如果现在这一切也被夺走，那他就完了。……

669

至于我的母亲，她已经被心脏病折磨了好几年，两个可能对我都不太了解的医生告诉我，她的病情很危险，必须尽快采取措施，强烈的情绪会导致极端的情况发生！"仅仅两天后的1881年4月30日，赫伯特继续给"菲力"写信诉说自己的不幸处境，他说，他的父亲已经宣布这桩婚事与自己的"荣誉感"不相容，"他的姓氏将反对与一切叫作哈茨菲尔德、卡洛拉特和洛伊的东西结成姻亲，赫伯特最终将不会是唯一一个使用这个姓氏的人，他将会用尽牙齿和指甲的力气与之抗争"。

此外，俾斯麦不遗余力地对赫伯特施加了官方压力和物质压力，尽管他其实本不需要这样做。赫伯特写道："我不被允许离职，所以如果没有官方的批准，我根本不能结婚（在离职满10个月后，结婚在法律上才是被允许的），我还必须记住，我不能给侯爵夫人提供任何东西，因为根据刚刚在皇帝的允许下修改的长子继承权法，与离婚女人结婚的儿子将被剥夺继承权，而由于我父亲除了将为两个儿子留下一大片地产，没有其余财产，我将一无所有。"赫伯特进一步透露了自己内心的困境："我不会在意这些，因为我婚后也活不了多久，因为与父母关系的破裂和父母身心受到的毁灭性打击会要了我的命……我亲爱的菲力，与父亲的这次谈话对我的震动太大了，我无法用言语来形容，我永远也不会恢复过来，我永远也忘不了，父亲是因为我而感到如此伤心。"对于这个儿子来说，自己可能要为父母的死负责的念头是"恐怖"的。

赫伯特很清楚，父亲绝望的爆发是真实的，并非做戏。当爱情的风暴席卷而来的时候，他已经不再是20岁青涩的小伙子了，而是一个30多岁的成年人，在政府任职，他可以估量到父亲的承受能力。因此，他不可能违抗这个饱受痛苦的人，也不可能断绝与家庭的联系，而这种联系根植于家庭氛围和家族传统，根植于政治信念，也根植于对父亲的历史功绩的尊重。动摇了赫伯特的，不是对父亲专制的软弱屈服，而是对政治需要和人性需要的深刻洞察。

另外，赫伯特不仅对放弃爱情感到痛苦，还因对伊丽莎白侯爵夫人的失信而煎熬。他给欧伦堡写信说："我这样做并不是出于我自己下定的决心，因为对我来说，下定这样的决心是不可能的，即使是对最微不足道的人，我也不会这样做；我从来没有像现在这样让一个如此信任我的人失望过，那是与我的本性相违背的，即使是面对最微小的事情，或者我的仆人和日工，我也不会背叛他们对我的信任。无论是自己的事还是别人的事，我都不会忘记。我被置于这样一个不可想象的境地里，被迫承受最艰难的命运，除了违背可怜的侯爵夫人的最后期望别无他法，这让我心里痛苦而酸涩。"

每个人都在遭受精神上的折磨，但毫无疑问，赫伯特所受的痛苦最大。他坦言，自己现在已经明白，"曾经被五马分尸的人们有着怎样的感受了"。两天后的5月8日，他又说道，"我再也无法快乐了"。就连寻死的说法也变得响亮起来："不，我只有一个愿望，就是死亡，我觉得很累，很痛苦，很难受——一想到很快就能结束，我就很舒服！"

如果说，伊丽莎白侯爵夫人在震惊之中还不能完全理解赫伯特与家庭的根深蒂固的联系，那么我们不禁要问，那个广为流传的判断，即这个女人会给赫伯特带来他渴望的幸福的说法，到底从何而来。毕竟，她比他大10岁，许多问题对她来说肯定有着不同的性质；另外，正如赫伯特在以后的岁月中所展现的那样，传宗接代问题在俾斯麦家族中也起着不小的作用。

也许奥托·冯·俾斯麦并不是那个自私而倔强、阻碍了这对恋人享受光芒四射的幸福爱情的怪物？我们更应该把他看作一个接近绝望的父亲，他在为自己那可靠的、如今已不可或缺的依靠感到担忧。当赫伯特在 1886 年陷入持续数月的健康危机时，俾斯麦对他写了些什么？"不要过分沉溺于工作。……如果你不为自己着想，那就至少看在我的面子上，放过自己吧，我不能没有你的支持。没有人能像你一样了解情势、了解我的意图，没有人能够取代你。我愿意把我的余生，我的全部，奉献给我的祖国，但我不是布鲁图斯（Brutus）——布鲁图斯在国家利益的祭坛上屠杀了他的儿子们和他们的青春。最重要的是，放过自己，保全自己。活着，健康的你可以为祖国做出巨大的贡献，让我的工作变得更加轻松。如果你毁了自己，你毁掉的不仅是自己，还有我们。"

671　　当然，赫伯特·冯·俾斯麦从爱情的风暴中走出来时，并不是没有身负重伤。那些比较了解他的人证明：他在工作中变得比以前更具有自我牺牲的精神，但也更加没有乐趣、更加忧郁了；他对别人更粗暴了。这场人生剧目结束了，它的结局在一开始就已经注定，事实上它只是一个爆炸性的"第五幕"①。赫伯特期待欧伦堡能给受到重创的、最终对他选择了沉默的侯爵夫人带去安慰，他在 1881 年 7 月 17 日从基辛根对欧伦堡写道："我的灵魂是如此沉闷、迟钝，但不然又能怎样呢——我的余生就像平原里一望无际的沙土中的一条杨树大道，我不顾我所有的疲惫，继续涉足其中，尽管我清楚地看到，它将永远是现在这个样子——但当我停下脚步，站在原地时，它依然如故，之后我就会机械般地继续行走，只要我还能坚持下去。我尽量多做工作，但这并不能占去我所有的时间，一切工作在本质上都是一样的，要费很大力气，还有更多可恶的事情，最多

---

①　五幕剧是古典戏剧中常见的结构，第一幕引入故事背景和主要人物，第二幕展开情节并引入次要冲突，第三幕达到戏剧的高潮，第四幕推动情节进一步发展和复杂化，第五幕解决冲突和收尾。

的是对那些人类蛆虫的厌恶，我不得不与他们纠缠，或是领导他们。我父亲在形容官场的疲惫之感时说过：'我做猪做累了。'这话还真没错。"

在这段痛苦的自白中，赫伯特几乎拥有了他父亲的那种人物刻画能力，但他与父亲在性格上的差异也显露了出来。奥托·冯·俾斯麦是一个充满深刻矛盾的人，在他身上，坚硬和柔软常常结合在一起，形成对比，在他身上，既有斩断戈尔迪之结 ① 的决心，又饱含温情。然而，儿子赫伯特不仅具有矛盾，而且他的本性的两极似乎永远无法相互触及。他的傲慢自负和伤人作风令他的部下深受其害，部下们很难想象，有一天赫伯特将无怨无悔地放弃政治义务和责任，也无法想象赫伯特会写道，他不知道为什么要让自己暴露在"内心的伤害"和"伪造一切真相的连篇谎言"之下，尤其是"这种谎话"已经使他父亲生命的最后几年过得苦不堪言了。

在失望期和疲劳期之后，奥托·冯·俾斯麦总会迎来一段精力充沛、积极向上、目标明确的时期，但赫伯特的基本情绪却仍然是悲观的。家庭幸福——他虽几乎对此不抱希望——仍旧可以得到，但在政治上，他却无法像他期望的那样自我实现了。他是父亲希望的承载者，一生都在为自己是一个伟人的后代而苦恼。赫伯特对历史和政治都很有兴趣，如果人们没有从一开始就把衡量他的尺度定得太高，那么他也足可以成为一个令人尊敬的政治家。人们总是恶意地、无理地指责他，说他想取代父亲出任首相，从而建立一个俾斯麦王朝。赫伯特越来越鄙视人性，最终甚至不再与这种谣言作斗争了。相反，他怀

672

---

① 传说小亚细亚北部城市戈尔迪乌姆的宙斯神庙中有一辆战车，车辕和车辕之间有一个几百年来无人能解的绳结，神谕说，谁能解开此结，便能成为亚细亚之王。亚历山大大帝来到此处，挥剑斩断绳结。"斩断戈尔迪之结"即意为"快刀斩乱麻"。

着不安的急切心情，想为父亲减轻负担；这导致他的神经过度紧张，加剧了他的烦躁和剧烈反应。1844年秋，他在给姐夫兰曹写的随笔信里，说自己"有时会在晚上倒下"。1886年9月，他向弟弟比尔（Bill）坦言："如果我把所有的力量都集中在'对未来的依靠'上，那么我想，只要爸爸在任，我就能坚持下去。"这听起来不像是一个雄心勃勃的继任者说的话，而像是一种苛求。而且在很大程度上，这确实是一种苛求。

赫伯特的弟弟威廉比其他任何人都更清楚，和自己的父亲一起工作是一种怎样的负担；他在给哥哥赫伯特的信中写道："相信我，和爸爸一起生活，并和他不断地进行负责任的交流，对于一个爱他并且想让他远离一切不悦的人来说，是种巨大的压力。这需要消耗大量的精力。但跟我相比，你熟练多了，也更熟悉他，所以你更能避免这些副作用。"奥托·冯·俾斯麦也考察过自己的儿子比尔，认为他有可能成为政府官员、从事政治工作，因此，比尔有和父亲共事的经验，并从中得出了自己的结论。

1878年，比尔作为自由保守党在埃尔福特第三选区慕尔豪森-朗根萨尔扎（Mühlhausen-Langensalza）的候选人参加了帝国议会补选，并成功当选；随后，他于同年夏天随父亲从基辛根来到加斯坦，并在当年秋天继续听从父亲的调遣。第二年，他又和父亲一起前往了加斯坦，在那里，德国与奥匈帝国的外交政策领导人就德奥防御协定进行了一次重要的会谈。事实上，他与父亲的紧密协作也就此结束了。比尔从柏林移居到了斯特拉斯堡，被派到了阿尔萨斯-洛林总督冯·曼陀菲尔元帅的手下。在那之后，他主要在行政领域活动。

俾斯麦夫妇有三个成年子女。他们的女儿玛丽曾与文德·祖·欧伦堡（Wend zu Eulenburg）订婚，但后者不幸英年早逝，于是，玛丽嫁给了公使衔参赞库诺·祖·兰曹伯

俾斯麦的儿子们。赫伯特（左）是父亲的支柱，威廉（右）则远离政治生活，因为他知道这项工作需要"巨大的神经消耗"。

爵，此人成了岳父勤劳而谦逊的助手。这场婚姻孕育出了俾斯麦夫妇的第一批孙辈。但更加牵动奥托·冯·俾斯麦的，是男性继承人们，首先是威廉的儿子，然后，也是最重要的，是长子赫伯特的儿子——继承问题是至关重要的。

出乎所有人的意料，1885 年 7 月，威廉娶了他的表妹西比勒·冯·阿尼姆（Sibylle von Arnim），她是俾斯麦的妹妹马尔维妮的女儿。众所周知，奥托·冯·俾斯麦并不十分喜欢有些古怪的西比勒，但他和约翰娜都没有出言反对这桩婚姻。一方面，赫伯特与伊丽莎白·冯·卡洛拉特之间那不幸、痛苦的爱情冲突，似乎还留在他们的脑海里；另一方面，他们也不想给自己与马尔维妮的关系带来负担，因为俾斯麦一生都与这个妹妹关系亲密，这从他给马尔维妮的许多信件中都可以看出，他在信中表达了自己对妹妹的信任和爱意。而妹妹相对来说很少给他寄信，信的内容也不知所云。

婚后，威廉在哈瑙（Hanau）得到了县长的职位。人们对他广加称赞——这是为了让他的父亲高兴——使他前往汉诺威担任了政府主席，最后又去东普鲁士担任了最高主席。这不是奥托·冯·俾斯麦曾一直希望自己得到的那种必不可少的擢升，而仅仅是一种礼节上的优待提携。

威廉·冯·俾斯麦相当聪明。善于观察的阿图尔·冯·布劳尔（Arthur von Brauer）提到过比尔"那双狡猾的眼睛，在眼镜后面闪烁着嘲讽的光芒"。与赫伯特相比，威廉过得轻松随意，不过我们不应忘记，他早就得了慢性痛风病。威廉在1887年写道："我从来没有去朝廷里面当过官，我长期以来的表现与谦恭谄媚大相径庭，所以，在朝廷里，我可能被认为是一个反对派。"虽然他不想在政治上参与过多，但他对事件的发展过程有着绝对的兴趣。他的哥哥赫伯特写给他的大量信件足以证明这一点。二人的关系很好。

尽管威廉可能不是因为自己的过错而患上痛风的，但是，正如他父亲认为的那样，在1871年的冬季战役中，只能算是一个小个子却长期以来体重严重超标的他，难以抑制食欲。年轻的巴伐利亚医生恩斯特·施文宁格博士（Dr. Ernst Schweninger）首先对比尔施展了自己的技术，好好地"处理"了比尔肥胖的身体。俾斯麦也应该接受这种疗法。1881年春夏之交，他的身体明显垮掉了，很多人都看在了眼里。6月27日，在拜访了俾斯麦后，施皮岑贝格男爵夫人在日记中写道："侯爵来得很晚，面色相当惨淡，留着雪白的胡须，他在过去的几个星期里因为静脉炎和痔疮而饱受折磨。"而仅仅过了三天，6月30日，她再次写到了俾斯麦的身体状况，这次也提到了其他原因，而不仅仅是身体上的原因："又去了侯爵夫人那里：侯爵再次旧病复发，推迟了出发的时间。他们压力很大：卡洛拉特的事、侯爵的健康，以及最近侯爵夫人的健

675

　　1883 年，俾斯麦与他的私人医生恩斯特·施文宁格和自己的狗提拉斯（Tyras）在瓦尔津散步。俾斯麦像热爱森林一样热爱动物，尤其是爱他的提拉斯，他对提拉斯的性格了如指掌，提拉斯忠诚的奉献精神一次又一次地感动着他。

康，都让他们忧心忡忡。她因为严重的心功能不全而需要前往克罗伊特（Kreuth），对此她十分抗拒，但这种抗拒可能没什么用。"前任家庭医生斯特鲁克博士在这个时候辞去了职务，使得家庭成员的健康状况更加令人担忧。显然，过度紧张的病人也让主治医生饱受折磨，使他最终放弃了驯服这个顽固分子的艰巨任务。

　　导致俾斯麦的健康饱受摧残的原因，不仅包括过度劳累、历史动荡时期的种种紧张情绪，以及教会和党派政治斗争中遇到的困境；在很大程度上，这也是由首相本人不合理的、常常无节制的生活方式造成的。陆军大臣罗恩作为俾斯麦的朋友，在 19 世纪 60 年代就已经干脆明确地责备了他的主要罪过："上帝保佑，如果您真能用亲爱的卡尔斯巴德的温泉将您的躯体内外清洗一新，那么您一定不能再回到原来那种充满罪过的生活方式中去了：熬到天亮，睡到中午，晚上干活，吃两三个人的饭量！"

　　罗恩凭着良心发自肺腑说的话，对俾斯麦来说毫无效果，俾斯麦无法"强迫他放肆的本性接受一个可敬的德国一家之主的正常生活秩序"。他的生活方式没有改变，甚至连最长的休假也无济于事。只有不怕病人的医生，才能帮他。而这位医生就是施文宁格博士，他用医学的眼光和人性的力量，与顽固的病人展开了单独较量。逼迫俾斯麦遵守生活节奏，首先是一项心理层面的任务。阿图尔·冯·布劳尔评价称："施文宁格让现实主义者俾斯麦首先在比尔身上看到了成功，然后又在他自己身上看到了成功，从而赢得了他的敬重；这同时也要归功于医生坚持自己的命令的决心，如果病人不想听从，他就立即提出内阁问题。"

676　　施文宁格大大减少并控制了俾斯麦丰盛的食谱，并以简单的手段——每天晚上一杯加了一点缬草的水、一个温湿的睡袋——使病人又能在晚上入睡了。有时他会一连几夜坐在俾斯麦的床边，甚至守着他睡觉。这位医生成功彻底改变了俾斯麦侯爵不正常的作息。现在，俾斯麦8、9点钟起床，10点钟左右进入书房工作。根据计划，俾斯麦每天要活动一个小时，晚上不再工作，但施文宁格并不能完全确保第二点的执行。

　　首相明显地恢复了健康，他知道，这一切都要感谢年轻的医生把他从"健康破产"中解救出来，让他有了多年来未曾有过的"相对健康的感觉"。在此后近15年的时间里，医生和病人一直信任彼此，俾斯麦可以与这个比他年轻三十多岁的人进行善意的调侃和机智的自嘲，俾斯麦讥讽医生是"黑色暴君"，而自己也安于扮演被迫服从的角色。圣诞节时，俾斯麦向皇帝报告自己恢复了身体健康，并得到了皇帝对他"节欲治疗"的祝贺。就连俾斯麦满脸的大胡子也可以剪去了，这是首相为了在剃须时不刺激敏感的三叉神经而留的。在1883年8月时仍然觉得俾斯麦非常虚弱的菲利普·冯·欧伦堡也于次年写道："侯爵看起来好极了。身材瘦长，皮肤紧致，大大的眼睛炯炯有神，充满了活力。"

1884 年 3 月，首相回到了柏林，像以前一样步行前往帝国议会和皇宫。随着体力的恢复，他可以重拾工作了。

殖民扩张的开始

在 19 世纪 70 年代，德国内部也产生了许多关于如何以及在哪里"获取"殖民地的建议了；但是，俾斯麦出于外交和国内政策的考虑，并没有去研究这个问题。德意志帝国建立后，他没有考虑在欧洲以外进行领土扩张，因为那可能会引起各国"对我们的和平信仰的不信任"，他认为殖民扩张不是"实力的……源泉，而会是德国的弱点"。当时，与民族自由党的合作也使得殖民扩张无法实现，因为该党内有强大的反殖民并支持自由贸易的团体。由此看来，殖民扩张无法带来多少可见利益。

1879 年，德国的经济政策从自由贸易转变为关税保护，由此才掀起了一场殖民运动：各种协会成立了，大量宣传鼓动的文章出现了，这些文章以最诱人的方式将"获取"的海外领土描述为倾销地区、原料基地或是移民的目的地。工业保护主义似乎已经不够了，需要得到殖民扩张主义的补充。1878 年 10 月，"贸易地理学与德国海外利益促进中央协会"（Zentralverein für Handelsgeographie und Förderung deutscher Interessen im Ausland）在柏林成立。"西德殖民和出口协会"（Westdeutscher Verein für Kolonisation und Export） 是地区性协会之一，它的名字已经表明了它的愿望和利益动机。"出口"越来越成为许多工业家的口号和怨言。生产过剩造成的萧条使得国内市场过于狭小，因此，对广阔天地的诉求声越

677

来越大。看起来，人们可以在那片天地里开辟新的空间、进行贸易，或许可以取得优势、创建基地，甚至还可以占有无人统治的土地，无论以何种方式——人们称之为"获取"。

对商业的渴求发展成了对土地的渴求，而行动总要有一个道德上的理由，要么是"基督教"的传教工作，要么是伪达尔文主义的物种选择。冯塔纳说："你嘴上说的是道德，但实际上指的是暴力。"这句话不仅适用于作为殖民主义先驱的英国。英国在世界政治中的势力发展——而不是其国内的自由主义——成了德国殖民宣传中的典范。1879年发表的一篇宣传文章不仅提到了英国，还提到了美国和俄国，并沉浸在对未来的大胆幻想中："我们在1870年和1871年所取得的巨大成功，难道没有使我们有资格最终彻底地抛开旧的、卑微的、羞怯的和奴仆般的角色，大胆而自豪地加入这三个国家，成为未来可能统治世界的国家之一？"

俾斯麦并没有被这种异想天开带跑，而是脚踏实地，因为他最关心的是欧洲大陆上新德意志帝国的军事安全和外交安全。他暂时不想考虑有关海外殖民地的任何事情。1880年2月，他仍然在明确指涉英国的情况下如此谈到了殖民地问题："我们没有足够的舰队来保护我们的殖民地，我们的官僚机构也没有足够的能力来管理这些地方的行政。"当时他唯一坚持的一点是，德国的航运和贸易应当在海外获得与其他利益方平等的权利。

678　　为了进一步发展对外贸易，俾斯麦开始调整并完善德国的领事制度。他希望驻各国使领馆和大使馆的领事官员和贸易专家更多地关注德国工业的出口机会，特别是要对货物出口中的不足之处和未按期交货的情况进行报告。在备受瞩目的出口问题上，俾斯麦把外交从支柱性的领域降为商业竞争的普通领域。在此，首相仍然是沿着经济自由主义的路线前进的。他一

直信奉这种主义，即使是在 1880 年 4 月 14 日，外交部的专门
负责人海因里希·冯·库塞洛（Heinrich von Kusserow）在
他的同意下向帝国议会提出萨摩亚提案的时候——该提案的历
史可以追溯到奠基时代。

　　自 19 世纪 50 年代以来，汉堡的"哥德弗罗伊和儿子"
（Godeffroy & Sohn）海运商行在南太平洋地区建立了四通
八达的贸易分公司和种植园网络，并在萨摩亚和邻近岛群的
贸易中赢得了主导地位；但是，在股市狂热后长期持续的经
济危机中，该商行由于投机失败而濒临破产。商行于是转型
成了"德国南太平洋贸易与种植公司"（Deutsche Handels-
und Plantagen-Gesellschaft der Südsee，DHPG），其股份
与种植园一起被抵押给了一家伦敦的银行集团——巴林兄弟银
行（Baring Brothers & Co.），以满足债权人。贴现公司的阿
道夫·冯·汉泽曼已经多次通过购入的方式，为创建于奠基时
代的业已倒闭的公司提供了利润颇丰的"帮助"，现在，他看
到了一个可以让自己进军海外业务并握有优势的机会。

　　在为俾斯麦服务的银行家布莱希罗德的协助下，汉泽曼
于 1880 年 2 月 13 日成立了"德国海外贸易公司"（Deutsche
Seehandels-Gesellschaft，DSG），该公司意欲继续经营破产
的"哥德弗罗伊公司"，但条件是，帝国要在 20 年内为新公
司支付不超过股本（20 年内投入的 800 万到 1000 万马克）的
3% 的年度股息补贴。帝国的资金将会稀释海外业务的风险。

　　值得一提的是，汉泽曼与冯·库塞洛有姻亲关系，而哥
德弗罗伊在普遍信奉自由贸易的汉堡被视作关税保护制度的支
持者。虽然这些人际关联可能有利于汉泽曼接近俾斯麦，但影
响了他的选择的决定性因素是政治上的考虑。这家汉堡公司的
财产和贸易关系可能会落入英国人之手，这使他警惕，并促使
他与德国政府展开交涉，以保护德国的海外贸易。他还考虑到

了贸易中的地理因素。当他得知，在计划中的巴拿马运河建成后，他们与南太平洋的萨摩亚群岛的通航时间将大大缩短时，他在一旁标注道："这是最重要的。"

媒体尽其所能地为"对这家公司的资金支持"做出了宣传，据官方媒体《北德意志汇报》所说，这家公司的"目的是保持德国在南太平洋获得的商业地位"。《科隆报》与《德意志商报》(*Deutsche Handelsblatt*) 都希望关于萨摩亚问题的讨论能够推动"由经济需求决定的殖民政策"。这已经大大超出了俾斯麦的设想。俾斯麦希望在帝国议会中推动国家对私人海外贸易和海外财产的财政援助，但他还不想建立或吞并一个殖民地国家。但即使对于在殖民轨道上迈出的这第一步，他也是十分克制的，所以，他没有参加帝国议会关于萨摩亚提案的辩论，使这件事在没有他的情况下得到了协商。

经济自由主义的坚定支持者们在决定自由贸易或保护性关税的斗争中遭受了惨重的失败，他们很快又回到了议会的战场上。他们的论点很奏效，因为他们完全赞成全球贸易，只是反对国家对伪装成国家利益的私人利益的支持。这些懂贸易的人算清楚了事情的本质，尽管他们会因此被人说成是不爱国的"小气鬼"。

事实证明，路德维希·班贝格尔是一位精明的辩手。虽然有些人在萨摩亚提案中看到了希望满满的前景，但他从中看到的只是"殖民主义实验物理学"的"试验场"。抛开这一表述中讽刺性的夸张不谈，它其实非常明显地表述了首相的意图，因为俾斯麦总是需要一些可见的经验，他想在萨摩亚的事务中试探一下，国家补贴在特定情况下将会如何影响海外贸易，之后才有可能继续推进政策。他预测，这件事的发展将会推动海外的私人占有变为国家的领土统治。他没有说出来的这些思考，被他的官方喉舌《北德意志汇报》在帝国议会辩论的最后阶段写了出来：萨摩亚提案只是"德国殖民政策的前奏"。

　　但是在当下，那些对殖民事务感兴趣的人高估了自己的力量；经过激烈的争论，萨摩亚提案于 1880 年 4 月 27 日在帝国议会遭到了否决，进步党、民族自由党左翼、中央党、许多保守派和社会民主派人士都投了反对票。然而，经济自由派只是赢得了一场后方战斗。毕竟，本尼希森领导下的民族自由党右翼与自由保守党和德意志保守党一道投了赞成票；就这样，将在日后组成"卡特尔帝国议会"的政党联盟，已具雏形了。而 140 名议员投了弃权票，他们虽然不赞成政府对私营企业进行援助，却也并非没有对有关"国家利益"的探讨留下深刻印象，这给殖民政策的倡导者带来了希望。

　　无论如何，从 1880 年开始，议会对萨摩亚提案的兴趣得到了巧妙的利用，被用于向公众宣传殖民主义思想。1882 年 12 月 6 日，重工业界、银行资本和贵族在美因河畔法兰克福成立了"德国殖民协会"（Deutscher Kolonialverein），目的是组织殖民运动，迫使政府和帝国议会尽快走上殖民兼并的道路。加入了这些大资产阶级和贵族经济、政治经营的行列的，还有杰出科学家。霍恩洛厄 - 朗根堡侯爵（Fürst Hohenlohe-Langenburg）做了一个历史比较，揭示了这场社会范围广泛的集体运动的精神。他认为，"德国殖民协会"——就像三十年前的关税同盟一样——可以创造一个基础，"在这个基础上，我们在大洋那边的工业，可以以一种意料之外的独立自主的方式，蓬勃发展"。

　　在这份纲领性的宣言中，德国爱国主义已经开始为了扩张主义世界政策的目的而遭到滥用了。借助于这种殖民主义热情，政府开始推动"民族振兴"，其目的是掩盖工人阶级和小资产阶级的对立运动，使帝国议会中反对力量更加亲近政府。霍恩洛厄 - 朗根堡侯爵在 1882 年 9 月 29 日，即殖民协会成立

680

几周前，在写给萨尔工业家施图姆的信中表达了自己的一些希望："我认为，适当的殖民将是转移社会民主党带来的危险的最好办法，这种危险如今威胁着我们。"因此，难怪威廉·李卜克内西会在不久之后在帝国议会上批评殖民主义时说道，统治阶级想在"人民眼前变出一个矗立在非洲沙地和沼泽地上的海市蜃楼"，即简单地将社会问题输出到国外，以此来分散德国工人对革命性阶级斗争的注意力，就像英国成功做到的那样。在 1883 年，长期持续的经济萧条再次演变成了一场严重的经济危机，因此，对于统治集团中的受益者和秩序守护者来说，这样的做法就更有必要了，

681 　　面对着这种紧张形势，面对贸易扩张主义和殖民扩张主义宣传的不断强化，俾斯麦于 1884 年 4 月 24 日给德国驻开普敦领事发了一封电报，宣布不来梅商人吕德利茨（Lüderitz）在非洲西南部的财产受到帝国保护。吕德利茨在 1883 年 5 月 1 日与一位霍屯托人（Hottentotten）酋长签订了一份购买合同，通过这份合同，他将安格拉 - 佩克纳（Angra Pequena，意为小海湾）及周围的领土收归己有；在第二份合同中，他扩大了这一地区的范围，其面积相当于巴登、符腾堡和阿尔萨斯 - 洛林的面积总和。在俾斯麦的眼里，吕德利茨是一个王室商人，所以俾斯麦完全愿意为他提供支持。

　　首相在 1884 年 4 月通过电报，向开普敦发出了保护吕德利茨的全部资产的正式声明；在这之前，首相就已经指示在伦敦大使馆担任使馆参赞的儿子赫伯特询问英国外交部，英国在非洲西南部的上述地区是否享有主权。但是，伦敦方面在 1883 年花上了几个月来处理这件事，这个自信的帝国对德意志帝国这样的后起之秀的殖民计划不以为意、傲慢无礼。当然，俾斯麦也再次尽己所能，在提问和反诘的外交游戏中，对一些问题的表述保持了模棱两可，使得伦敦的外交大臣和殖民

大臣都认为，柏林在本质上对殖民兼并没有严肃的兴趣，因此，他们对这件事便更敷衍拖沓了。

这又让与吕德利茨占有的领土相邻的好望角地区紧张了起来，尤其是因为那里的政府由于财政问题无力干预。俾斯麦在针对英国以及好望角地区的声明中更加明确地表达了自己的意思，即他不能承认那些没有被实际行使过的主权。俾斯麦在那封宣告帝国保护的电报中根据国际法单方面做出的声明，终结了人们对于俾斯麦走殖民政策道路的一切怀疑。在英国方面，对德国殖民野心的怀疑变成了强烈的不信任。

英国政府是否会接受俾斯麦这个令人意外的捉弄，目前还有待观察。这件事发生在 1884 年 6 月 21 日，在俾斯麦处理了内阁会议上的争论之后。俾斯麦的目标是好的：除了沃尔维斯湾（Walfischbai）的一片土地，英国不能要求在西南非洲实际行使任何主权。吕德利茨所接管的地区实际上还不是由国家管理的殖民地，所以俾斯麦在 6 月 23 日的帝国议会预算委员会上可以理直气壮地宣布："我们不要什么温室殖民地，我们只是需要保护那些自己发展起来的企业。"

当赫伯特·冯·俾斯麦在伦敦表示，德国"仍然不想要任何英国意义上的殖民地，而只想要对我们的同胞以发放特许证的方式提供直接保护"时，格兰维尔（Granville）勋爵经验老练地回答道："但这样一来，您就是在建立殖民地了，我们的殖民地几乎都是以类似的方式开始的，您终究无法避免它。"这一切最终一定会演变成殖民地，在那里，表面上寻求保护的殖民者将会统治当地人。

为了阻止这片地区演变为德国旗帜下的主权领地，英国殖民大臣德比勋爵唆使依附于伦敦的开普敦政府吞并该地到安哥拉之间所有不受德国保护的地区，当地议会也在 7 月 16 日宣布了这一消息。但在这一命令执行之前，俾斯麦已经派军舰出动，先后在这片德国觊觎的地区的南北方升起了德国国旗。于是，德属西南非洲——也就是今天的纳米比亚——成立了。开普敦政府软弱无力，无法对德国人进行干预，而英国也因为与法国在埃及的冲突而不敢干预，因此，它们无奈接受了德意志帝国在 1884 年 9 月 8 日发出的关于德国"夺取"西南非洲的正式通电，甚至还摆出了一副无所谓的面孔。

俾斯麦固执地、不屈不挠地要求事先进行谈判，为此，他派儿子赫伯特专程前往英国，目的是与英国格拉德斯顿－格兰维尔（Gladstone-Granville）政府达成一致。当然，俾斯麦认为英国政府存在支持自由主义这一根本缺陷，甚至认为它有共和主义的因而也是革命性的倾向；虽然他可以接受法国所表现的这种倾向，但就英国而言，这种倾向确实令他厌恶。但这并不是外交谈判的主题，唯一重要的事情是殖民地；英国为了换取德国对其在埃及利益的支持，容忍了德国的殖民行为。

683　　即使是德国驻伦敦大使明斯特伯爵，有时也会无法理解首相的强硬态度。尤其是首相"根据自己毫无偏见的观点"，在客观上根本不愿意去了解那些"相当不切实际、不成熟的殖民努力，这种努力导致了社会团体的行动"。明斯特得到指令，需要向英国政府了解它是否以及在什么条件下会将赫尔戈兰岛（Helgoland）割让给德国。在明斯特过分热心地完成了这一任务后，俾斯麦很快就不得不向他发布了一项较长的告令，警告称，希望英国首先"解决我们在南太平洋的控诉，并尊重我们在非洲的贸易利益"。只有在这之后，才可以谈到这座北海岛屿的问题，并且这应当"作为赢得德国舆论对亲英政策的支持的一种手段"。在告令的最后，俾斯麦再次强调，"与英国相对于德国的整个海外贸易的地位相比"，赫尔戈兰岛只是一个"微不足道的"问题。此外，俾斯麦"很想知道，为什么英国能最大限度地行使殖民权，却不允许我们这么做"。明斯特伯爵还被要求向格兰维尔勋爵解释，英国人那"天真无邪的利己主义"伤害了德国人的民族感情。

如果说1884年6月给明斯特的告令包含的仅仅是种警告，那么8月的公告已经是一种谴责了。这份公告的主题也是"海外贸易"，即殖民政策的开端。公告中说，"如果我们不大力维护这一权利"，"我们就有可能因忽视这一权利而陷入劣势"。尽管存在种种阻碍，但俾斯麦的德国在成为殖民强国的道路上，是可以从相对有利的国际环境中获益的。在欧洲，《三皇同盟条约》和《三国同盟条约》提供了保障；而在世界政策领域，德国未受英俄、英法与法意之间爆发的对立冲突的波及。俾斯麦利用这个时机，在1884年和1885年间迅速地收集领土，德意志殖民帝国在1914年以前拥有的大部分地区，都是在这一时期内获得的。

西南非洲被攻占后，非洲探险家、德国驻突尼斯总领事古斯塔夫·纳赫蒂格尔（Gustav Nachtigal）于1884年7月代表德国政府，在多哥和喀麦隆升起了德国国旗；汉堡的沃尔曼公司（Woermann）在那里建立起了根据地。1884年秋，卡尔·彼得斯（Carl Peters）——此人因对当地人的残忍行为而被称为"绞刑者彼得斯"（Hängepeters）——代表"德国殖民公司"（Gesellschaft für deutsche Kolonisation）在东非"获取"了更多的领土，1885年2月27日，该公司得到了皇帝的保护函。1885年5月，贴现公司的分公司——新几内亚公司，也收到了这样一份保护函，保护其在新几内亚东北部和南太平洋近海群岛的财产。

德国在与英国发生殖民政治冲突的同时，与法国达成了战术和解，双方的利益暂时得到了满足。在1884年7月关于埃及问题的伦敦会议上，英国政府孤立无援地面对了三帝国和法国的联合反对。此外，1884年4月，德国加入了法国的阵营，

684

抗议 1884 年 2 月 26 日的《英国—葡萄牙条约》，该条约实际上是将刚果河口移交给了英国，这迟早会将比利时国王利奥波德二世建立的刚果殖民地置于英国的影响之下。

刚果问题会议于 1884 年 11 月 15 日至 1885 年 2 月 26 日在柏林召开，德国和法国受邀参加会议，但这并未事先经过与殖民大国英国的协商。这场会议标志着法德在殖民领域结盟的顶点。14 个国家——主要是欧洲国家，加上美国——派代表参加了这场迄今为止规模最大的殖民问题会议。跟 1878 年一样，俾斯麦当选为会议的主席，但只主持开幕式和闭幕式，其余的事务则由外交部官员代为主持。对此，外交礼节方面的考虑也起到了一定的作用：在 1878 年的大会上，出席的代表大多是首相，而在 1885 年的会议上，代表只有二等甚至三等的级别。柏林的刚果会议驳回了英国在西非建立垄断地位的主张，而是确认了这一地区的免税贸易，以及在刚果和尼日尔的航运自由，并推动国际社会对比利时的刚果国予以了承认。1885 年 2 月后不久，日益严重的国际困境使英国政治出现了变革。英国在苏丹问题上的失败和俄国在中亚的新一轮扩张尤其严重地动摇了格拉德斯顿的内阁。至此，德意志帝国首相第四次派自己的儿子赫伯特去伦敦考察和解可能性的时机已经成熟。

与外交大臣格兰维尔勋爵的谈判很艰难，至少在一开始是这样的。这位年近七旬的英国人显然倾向于居高临下地对待这位 36 岁的首相之子。赫伯特说，格兰维尔勋爵的态度就像检察官跟被告人讲话一样，"他很少让人说超过 5 个字或完整说一句话，他要么插话，要么起身去旁边的桌子上写下什么，以此打断你"。因此，赫伯特必须"非常努力，才能在政治会谈中把他带进关于双方平等权利的讨论"。

要怎样努力呢？赫伯特·冯·俾斯麦说了些很重的话，他对英国外交大臣表明："如果格兰维尔勋爵更看重的是殖民地居民和法国某些倾向的报刊的认可，而不是德国的友谊，那他尽可以这样说出来，这样我们就会努力向他证明，事实上我们可以让自己变得多么不好相处"，毕竟英国的主流意见是，"欧洲大陆的大国最好相互开战，而英国就可以在此期间做好自己的贸易"。自然，这种言论使得"格兰维尔勋爵神色激动，发出了抗议的怒吼"。

虽然这位首相之子并不是以外交手段灵活出名的，但在与格兰维尔勋爵又进行了四次会谈后，他成功地以妥协的方式解决了伦敦和柏林之间关于殖民地问题的争议。英格兰承认了德国在喀麦隆和多哥、东非、新几内亚以及西南非洲的权利，但同时也迫使德国放弃了在贝专纳（Betschuanaland）和圣卢西亚海湾（St.-Lucia-Bai）的野心，从而放弃了在非洲南部建立一个领土连续的、从大西洋延伸到印度洋的殖民帝国的希望。

德国与英国之间的谅解再次显示了俾斯麦的政治风格，即做事留有余地。考虑到如下的事态，这种风格就更显得必要了：在巴黎，就像可以预见的那样，儒勒·费里（Jules Ferry）的政府由于在印度支那的殖民战争中屡战屡败，以及同俾斯麦的合作有限，最终在 1885 年 3 月 30 日倒台了。

德国在欧洲的地位得到了稳固，尤其是与英国的关系也不再受到干扰，对德国首相来说，这不仅仅意味着德国可以进一步发动殖民政策的攻势。法国和德国都再次将注意力集中在了欧洲大陆，关注重组大国间的政治联盟的可能性。俾斯麦明确表示，对他来说，殖民政策的问题必须排在对欧洲政治的诉求之后："我的非洲地图铺在欧洲。"

到 19 世纪 90 年代时，俾斯麦仍在申明自己从来没有做过"殖民者"。然而，就像他自 1875 年以来对关税保护政策越来越感兴趣并最终投身于其中一样，他也允许自己被卷入殖

686

民运动，而在殖民运动中体现的大工业家、大银行家和大庄园主的利益，也越来越明显地成了他的外交活动的主题。这一切始于官方提出的出口愿望，发展到受国家保护的贸易公司和地产，最后变成了由国家进行的土地掠夺，即殖民。旗帜要跟着贸易走，官员要跟着商人走，简单来说，这就是殖民扩张主义的形式。

俾斯麦以现实主义的远见，希望人们"主要重视热带殖民地"；对西南非洲的重视只因在那里可以找到"金属财富"。他把注意力转向了赤道地区，希望得到那里种植的廉价产品，如棉花、咖啡和干椰肉。但他对农业殖民地没有兴趣，因为从那里向德国出口的大量的牛或成百上千公斤的羊毛，将会给易北河东岸的庄园主们引入新的竞争。

但俾斯麦也接受了殖民扩张主义中的不确定因素和不确定前景。从这个意义上说，殖民地也是他的试验田——正如左派自由主义者路德维希·班贝格尔所指责的那样。俾斯麦没有像一些殖民宣传家那样感受到关门时刻的恐惧、认为德国人来得太晚了。但最后，他还是赞成了对"无主领土"的预防性占领，按照"把能拿走的都拿走"的口号执行了这种政策。若非如此，便无法解释他在与英国的争端中的尖锐态度。

但俾斯麦是一个政治算计家，而不是一个狂热者。所以，当欧洲大陆上的大国关系变得更加困难和危险的时候，他就暂停了殖民政策。

在这一时期中，德意志帝国在联盟政策和殖民政策方面取得了成功，但同时也在外交上面临新的困难；与此同时，俾斯麦不得不面对国内的一些社会和政治问题。

第十七章

社会保险；各党派的变化

保险法——俾斯麦的诱饵

在 19 世纪 80 年代初，社会政策方面立法的内容和范围完全无法适应德国工业的发展和工人数量的增长。俾斯麦在 1878 年关于《反社会党人法》的辩论中就已经表明，针对一些毋庸置疑的社会弊端，必须采取一些社会保障措施，来补充《反社会党人法》。尽管科学家和政府官员一再警告社会政策立法的必要性，但最令俾斯麦关注的，始终是政治上的警报信号，比如帝国议会选举的结果。在《反社会党人法》得到通过之前，1877 年，社会主义工人党候选人获得了 9.1% 的选票，而自由保守党和保守党共获得了 9.7% 的选票。在帝国的首都，近 40% 的选民投票给了社会主义工人党这个所谓的颠覆党（Umsturzpartei）。在《反社会党人法》颁布后的最初几年里，社会主义工人党遭到了严厉镇压，在 1881 年的选举中失去了选票，但同时也证明了自己的顽强生命力。事实证明，它是不可能以这种方式被打败的。

在工人的社会需求方面，现在似乎比以往任何时候都更有做出让步的必要了。因此，俾斯麦必须明确社会政策方面的内容和措施。在过去经济高度繁荣的年代，他曾愿意推动立法机构通过有实质作用的工厂法。但是这遭到了自由派官员的消极抵抗；对于首相在笔记中所说的"为了跟社会主义作斗争，我们必须满足他们的诉求中的合理部分"，政府参事官施徒夫（Stüve）议员说："在社会主义中，没有什么是合理的。"后来，面对持续多年的经济危机，企业家们向俾斯麦提出了越来越恳切的诉求和保护性关税的倡议，于是，俾斯麦在1876年9月30日的一次表决中宣布，他反对进一步修改工厂法——按照人们后来的说法，也就是反对扩增工人保护措施。出于对企业家负担过重的担忧，首相一直到自己卸任之时，都坚持着这种反对立场。

688　　　正如担任政府参事官的议员特奥多·罗曼（Theodor Lohmann）所言，负责制订社会政策的贸易部仍旧在按照这种方法开展工作：洗我的毛皮，但不要把我弄湿。他们缺乏宽广的视野，这种视野只能通过对经济学和社会学的深入研究来获得；对于社会政策中的细节性工作，缺乏理论基础作为支撑。罗曼本是一个具有专业知识和远见卓识、可以发起大规模社会改革的人，但是面对贸易部这个被曼彻斯特主义 ① 思想支配的官僚主义机构，他却无能为力，无法施加任何影响。

1876年的《救济基金法》（Hilfskassengesetz）并没有带来什么根本性的新东西，它只是对此前的基金制度进行了规范，但并没有消除这种制度中的根本性弊端。这个制度一方面由许多零散的基金组成，另一方面规定了基金强制义务（Kassenzwang），这使得工人在更换工作地或工厂时，可能蒙受经济损失。市政基金是由行政机关下令设立的；工厂基金通常是在政府财政帮助下由企业家自发设立的；有着最强大的传统的是矿工基金；最近成立的是基于自愿协定的基金，通常

---

① 源于曼彻斯特学派，该学派为英国19世纪初的资产阶级自由主义经济学派，因在曼彻斯特商业会馆开会得名。其成员为资产阶级激进派和积极支持自由贸易政策的人士，多为工商业者，鼓吹自由贸易，要求废除《谷物法》和保护性关税，主张自由放任的经济政策。

隶属于工会。

1876 年《救济基金法》的反工会性质让有远见的资产阶级政客极其担忧，也让政治上有警觉性的工人深受挑衅。这项法律使得独立的救济基金更难从属于工会，转而将一切都置于当局的监督控制之下。而这也是在俾斯麦的推动下发生的。因此，社会民主党人很容易对工厂基金和工会基金的不同待遇加以利用，用这样的口号掀起一场抗议运动：工人对基金享有不受限的自决权。

俾斯麦反对全面的工厂和工人保护立法，因此——如果他想在这方面有任何作为的话——他就必须走工人保险（Arbeiterversicherung）的道路。这条路的起点是意外事故保险，而非医疗保险。毕竟，1871 年的《赔偿责任法》（Haftpflichtgesetz）早就需要修订了，因为根据这部法律，只有那些能够证明雇主或其副手在有关事故中的过错的人，才能够获得医疗费用和工资损失上的赔偿。这种规定的必然后果是官司层出不穷，从而使工人和企业家之间的分歧越来越大。最终，双方都对事故赔偿的新规定很感兴趣：工人要求得到一定的保障，而企业家也想避免烦人的官司。

1880 年底，特奥多·罗曼和路易·巴尔（Louis Baare）分别拟定了一份意外事故保险的草案，后者是采矿和铸钢生产协会（Verein für Bergbau und Gussstahlfabrikation）在波鸿（Bochum）的总负责人。巴尔很早就与俾斯麦建立了联系，受此鼓励，他提交了一份关于意外事故保险的备忘录。

巴尔的编委会里有一些有影响力的行业代表，如莱茵-威斯特伐利亚经济协会的秘书长布克（Bueck），以及德国钢铁协会（Deutscher Eisen- und Stahlverein）在柏林的秘书长伦奇博士（Dr. Rentzsch）。虽然路易·巴尔想扩大此前法律规定的赔偿责任适用范围，但他希望将这一赔偿责任金保持在

689

极低的水平，认为不应该鼓励工人疏忽、装模作样、偷懒。在他看来，没有获得高额养老金前景的劳动者，在工作中会更加谨慎，不会有意或无意地为了自己的家属争取养老金或抚恤金，亦即不会在厌倦了生活后选择自杀以养家糊口。即使是在不信奉"阶级斗争"的自由派工会成员马克斯·赫希（Max Hirsch）看来，这种观点也太过分了，他指责巴尔有着"赤裸裸的阶级利己主义①"，这是"不人道且不公正"的。巴尔希望在经济上进一步减轻企业家的负担，所以不想把全部的保险义务强加给他们，而是想让企业家、工人和社会各承担1/3。不过他也认为，建立一个由国家监督甚至管理的统一保险机构是"值得认真考虑"的。

由于这种粗暴的、毫不掩饰的代表工业界利益的行为，特奥多·罗曼很难让官方相对于企业家保持自身的独立性。他希望通过全面的改革，而不是个别的措施，来克服被广泛提及的"社会问题"。改革的范围应当从工厂保护法或工人保护法一直延伸到保险法。罗曼对路易·巴尔这样的人很不信任。但俾斯麦与企业家们意见一致，与罗曼则意见相反，他越发坚定地对工人保护法中的部分条款提出了反对，这些条款涉及礼拜日劳动、女工和童工问题，以及危险防护和对工厂的检查。罗曼倾向于让工人尽可能多地参与到保险基金（Versicherungskasse）的管理中来，而俾斯麦则希望让保险主要成为国家的事情。在他的脑海中浮现的，是拿破仑三世治下的工人作为"国家养老金领取者"的模式。

690　　尽管有种种摩擦，但俾斯麦对罗曼既没有怨恨，也没有不信任，因为罗曼并没有为自己或为一个政党争取什么，也就是说，他"没有能力结盟"进而形成威胁。当首相不认为政治

---

① 即只考虑本阶级的利益。

对手可以取得影响力时，便完全可以用幽默的方式对待争议事件。正如罗曼在一封私人信件中所说的那样，俾斯麦在后来的一次谈话中曾向他建议："我不需要为草案负责。如果我说，我本想做一些更好的事，但愚蠢的贸易大臣偏要这样做，他是不会介意的。"

为了至少达成一些目标，罗曼在起草关于意外事故保险的法案时，不得不做出了一些让步。1880 年与 1881 年之交，正式草案经巴尔补充和修改后被送交联邦议会，之后在经过新的修改以后，于 3 月 8 日被提交给了帝国议会。提案的动机部分叙述道，社会政策的出台不仅要从人道主义来考虑，而且应起到维护国家的作用。人们必须树立起这样一个观点，即国家不仅是一个必要的机构，也是一个慈善机构。至于在立法中可能引入的社会主义要素，这并不是什么全新的东西，而是"现代国家观念的进一步发展，这种观念是从基督教道德观发展而来的，根据这种观念，国家不仅负责防卫，还应负责通过适当的机构、利用其掌握的手段，积极促进其所有成员的福利，特别是弱者和贫困者的福利"。

意外事故法案并未计划向所有的职业都提供保险。不在保险范围内的有：大多数农业和林业工人、建筑工人、受雇于小企业的工人、海运和内河航运的工人以及铁路工人。与以前的《赔偿责任法》相比，一个关键性的进步是，新的法案在原则上消除了对于过错和非过错造成的事故的区分。在工人完全丧失工作能力的情况下，养老金的数额仅为事故前收入的 2/3。

该法案的政治核心要点——同时也是最有争议的要点——涉及帝国保险机构（Reichsversicherungsanstalt）和帝国津贴（Reichszuschuss）①。帝国保险机构要确保对意外事故保险

---

① 即政府的额外补助。

的统一组织和统一监督。俾斯麦特别重视帝国津贴，因为这最能体现国家对工人的关怀，是波拿巴式的国家养老金制度。

691　　1881 年 4 月 1 日，法案进入一读，在审议的第二天，俾斯麦介入了辩论，与进步党的发言人欧根·里希特进行了交锋。随后，他将发言上升到了对"巧言令色、汲汲营营之人"和"对追随自己的、不满的工人加以利用……追名逐利的时事评论员们"的讨伐。在做出这种批判的同时，俾斯麦也希望，随着社会立法的推进，"温和的社会民主党人对政府的评价也会变得温和"。作为意识形态上的主旨，他宣称《意外事故保险法》体现的是"实用主义的基督教"。俾斯麦以拐弯抹角的形式回避了当时一个时髦的名词——国家社会主义（Staatssozialismus），因为他不想跟"犯罪学说"和"地狱分子"扯上关系。

俾斯麦指责自由派"在政治上纯粹是曼彻斯特主义的"，这种主义的原则是"让每个人自己照顾自己，让每个人自己找到栖身之处"。分离主义者路德维希·班贝格尔自 1879 年的经济和政治动荡以来，曾多次全力以赴地投入政治论战，这次，他抱怨这份法案将会在未来导致"私营保险公司破产"。俾斯麦出色地战胜了他。班贝格尔认为，保险公司将会努力谋求国内同胞们的感激。俾斯麦对此表示："我一直认为，它们是在谋求同胞的钱。（笑声）但如果它们还能因此受到感激，那将会是一种聪明的操作。但我从来不相信它们拥有那样高尚的灵魂，不相信它们愿意为了工人的利益而牺牲自己的股份、设立保险机构，我也很难说服自己去相信这一点。"这让倍倍尔也对俾斯麦赞许道："非常好。"

首相在与自由派利益代表们针锋相对的同时，还充当了大工业家们的辩护律师，这些人被社会民主党人习惯性地称作"烟囱男爵"（Schlotbarone）。在经济不景气的情况下，俾斯麦可能确实被路易·巴尔身边的重工业界圈子的思想打动了，重视起了企业家要承受的负担。无论如何，对于这样的指责，即整个法律草案是对大型企业的资助，他做出了如下的声明："如果我们要放弃现有的大型企业，如果我们要让大型企业失去与外国竞争的能力，如果我们要施加给大型企业一些它们尚未证明可以承受的负担，那么，我们或许会得到这样一些人的掌声，他们对于任何比别人——实际上是比他们自己——更富有的人感到愤怒。但如果诸位摧毁了大企业家们，之后又能如何帮助工人们呢？"俾斯麦在煽动中特意提到了那种让欧根·里希特存有恐惧想象的"国家社会主义的可能性"。他说，"人们必须像提防传染病一样提防它"；他装作大胆的样子，仿佛一点儿也不害怕它。

　　奥古斯特·倍倍尔在辩论的第四天发言。他强调，在法案被提出的时候，政府将社会民主党派指称为这一切的真正推动者，并承诺会客观、实事求是地审查所有法案。然而，他对目前的法律草案有很大的疑虑。这项法律的动机是错误的，所以，可以理解的是，它不能适应当前情势的要求。现代国家的观念并不是从基督教道德观的进一步发展中产生的，相反，它是在 1789 年法国大革命中诞生的，且与基督教相悖。现代国家观念所代表的是所有公民的平等。它要求保证工作的权利和思想的自由。而基督教最多承认奴役中的平等。倍倍尔在进一步对基督教和工作进行论辩的过程中，仿佛置身于文化斗争。在逐一审阅条款的细节时，他承认，不再区分由过错和非过错造成的事故无疑是一种进步。然而，与此形成鲜明对比的是，遭受了意外事故的工人的情况大大恶化，他们以前能获得全额工资作为赔偿金，但现在只能获得事故前工资收入的 2/3 作为赔偿金。与以前的《赔偿责任法》相比，另一项恶化情况是工人需缴纳强制性保险费。

倍倍尔要求，一旦发生事故，雇主有义务支付赔偿，就和"他公司的机器出了事"一样，而且他"必须自掏腰包"。雇主不应请求国家承担工人意外事故保险的任何份额。意外事故的赔偿，必须全部由雇主承担。对于工业家们以有损竞争力为由而无法支付赔偿的说法，倍倍尔不予接受。有关损害竞争力的预言常有，但从未实现。此外，许多企业家还采取了预防措施，为工人购买了私人保险，以避免在发生意外事故时引发诉讼。在倍倍尔看来，这证明了工业界可以承担全部的保险成本。

693　　倍倍尔认为，为了保持德国工业的竞争力，多年来主要以自己的外交政策而闻名的帝国首相，当然能想出办法。如果首相现在利用自己对于所有大国的巨大影响力，在所有文化国家（Kulturland）中建立起一个和平友好的制度，为所有被剥夺了继承权的人们谋取最大的利益——正如他自己贴切地形容的那样——那么他所拥有的威望，将会比他幸运地赢得的那些战争带来的名声更加持久、伟大。"所以，先生们，"倍倍尔继续说道，"帝国首相应该号召瑞士、法国、比利时、英国和美国等国家的政府——尤其是因为这些国家是我们主要的工业竞争对手——召开一次国际会议，对工业、商业和贸易中的工人保护问题共同做出一个统一的规定。"最后，倍倍尔呼吁将赔偿责任范围扩大到所有劳动者，否则，社会主义工人党将不会接受这部法律。

　　倍倍尔接着谈到了计划中的帝国意外事故银行（Reichsunfallbank），对于自由派在公众舆论和议会辩论中提出的几乎所有反对这一银行的重要论点，他做出了冷静而客观的分析。倍倍尔成了建立帝国意外事故保险基金机构的最热情捍卫者。倍倍尔否认这个机构的设立会使工作烦冗不堪，并对这种中央机构的所有优点进行了强调。与特奥多·罗曼在政府内部提出的想法类似，倍倍尔公开抱怨称，法律的起草不再是基于原则立场，而是基于当前的权宜之计。尽管所有的资产阶级政党和团体在反对社会民主党派方面达成了一致意见，但如果不久之后，"触及它们自身利益的问题"被提了出来，"那么，每个团体就会优先根据其成员主要所属的社会阶层的利益，来审视这部要强制通过的法律。……现在，在这个立法过程中，社会各阶层之间的利益冲突最为直接地体现了出来，而又没有任何一个团体有足够的实力要求大家只接受它自己的观点，因此，它们不得不做出妥协"。这就导致了没有原则立场的立法。

倍倍尔的发言是这个问题上最为专业的见解，并且在后来也依然如此。它深思熟虑，客观而不显沉闷，放弃了对国家社会主义以及当时类似的一些时髦词语的一切空想，这种空想聪明但毫无意义。当然，奥古斯特·倍倍尔是无师自通的，但他为人处世就像一个扎实手艺人那样，比较系统地接受了政治和历史教育，并把这些知识直接运用在了自己的工作中。在他最为著名的那些演说中，他都对自己所讲的主题有着透彻的研究，演讲内容兼具实践性和理论性。他不希望仅仅在帝国议会里发表这些演讲，而是更希望——正如他有时被指责的那样——透过窗户和外面的工人、手工业者对话，这些人正在等待一个对他们言而有信的人物，给他们提供一些论点，让他们能够加以利用。

倍倍尔的演讲被印在了售价 1 芬尼的小册子上，分发给那些不能亲临现场的人，让他们感到，那里有一个内心赤诚、认真努力的人在为他们斗争。在议会中，中央党领袖温特霍斯特是俾斯麦的对手；但如果从社会整体的角度来看，就会发现，来自底层的奥古斯特·倍倍尔才是奥托·冯·俾斯麦真正的对手，因为俾斯麦属于为统治而生的阶层，来自上层。

在与政府和敌对政党的提案的具体论战中，社会主义工人党提出了自己的要求，这些要求是对工人组织的直接任务的进一步推进。经常出现的对于社会主义工人党的指责，即该党希望看到愤怒、饥饿的工人，被证明是一种彻底的误解。社会主义工人党最重要的组织者之一，伊格纳茨·奥尔（Ignaz Auer），曾在帝国议会的一次辩论中直接指出，最底层的、挨饿的、受压迫的工人是最没有能力"追随远大计划的；他们可以被组织起来发动政变，可以在一定的情况下被带领去做愚蠢的事情——如果绝望驱使他这样做的话。但要为一个理想坚持不懈地工作，就需要生活状态提供一定的稳定性"。而事实上，在政治上最活跃的那部分工人，就是从那些对技能要求高、传统悠久的职业中走出的。社会主义工人党根本不能实行一种连俾斯麦也要服从的冒险政策；如果这样，它将会变成一个没有影响力的派别。

议会一读之后，《意外事故保险法》的政府草案被提交给了一个由 28 人组成的委员会，这个委员会中没有一个社会主义工人党的代表。委员会对法案做出了两点根本性的修改：计划中的帝国保险津贴被取消了，另外，帝国保险公司将由各邦的保险机构替代。这些修改是由前些年中彼此激烈对抗的派别共同推动实现的：一边是曼彻斯特主义者，主要由对私人保险感兴趣的进步党议员和分离主义者议员组成；而另一边，主要成员则是中央党中热衷于文化斗争的地方分离主义者。

695　　倍倍尔一直是帝国保险机构的坚定支持者，因此，委员会多数决议对这一机构的拒绝更加促使社会主义工人党否决了整个法案。尽管委员会的草案于 6 月中旬在帝国议会得到了通过，但俾斯麦考虑到即将举行的选举，授意联邦议会再次将其推翻了。俾斯麦如今试图在竞选期间利用左翼自由派和中央党的反对，它们反对他的"国家社会主义"的主要项目——帝国津贴和帝国保险机构。但选民们最终决定不支持他，其中的原因包括他的保护性关税和税收政策。

1881 年新选出的帝国议会以一份"皇帝公告"（Kaiserliche Botschaft）宣布开幕。俾斯麦在选举失败后，必须通过皇帝和宫廷，向公众展示他在政治和道义上获得的支持。"公告"意在表明，帝国最强大的权力机关和立法发起人不是帝国议会，而是皇帝及受到皇帝信任和支持的、独立于议会的政府。同时，这份公告巧妙地否决了原本计划建立的由国家垄断的保险机构，对自由派和地方分离主义的中央党的诉求做出了让步。

这些自由党团和中央党用特别的议会活动回应了皇帝的公告。12 月，中央党通过赫特林（Hertling）向政府提出了质询。赫特林质问政府是否愿意进一步完善目前的工厂法的立法工作，尽可能禁止工人在礼拜日参与工作，禁止妇女参加工作，防止成年工人的工作时间过长，并扩大工厂监督。从宣传角度来说，这是一个聪明的举措，特别是考虑到这对西里西亚和莱茵－威斯特伐利亚地区的天主教工人可能带来的影响。

俾斯麦在 1882 年初对此做了答复，他的回答采取了和解的形式，但实质上是一种否定。俾斯麦表示，赫特林的质询中所提出的所有问题都还不成熟，不足以被讨论，同时，这些问题仅靠国家干预是无法解决的。他认为，不应把目标定得太高，不能超过工业可以承担的界限，以防这项政策演变成杀鸡取卵。工人状况的任何改善，都意味着工业负担的加重。此外，俾斯麦做出了明显的战术转变，不再支持建立帝国保险机构；他现在称帝国保险机构为"官僚主义机构"，要用一种合作式的机构来取代它，但这种合作应当由企业家而不是工人负责。俾斯麦的社会政策立场的根本弱点仍然在于他拒绝采取工人保护措施。只要他继续允许重工业界单方面向他通报工人保护法的实行效果，并继续站在重工业界的立场上，这种情况就会一直存在。

696

在皇帝公告和中央党的议会质询之后，俾斯麦迫切需要向帝国议会提交新的社会政策的法案。1882 年 5 月，《医疗保险法》、《意外事故保险法》和烟草专卖被提上了日程。对烟草全面征税——根据俾斯麦在 1881 年秋天所说的内容——将会为即将被设立的工人保险提供相当一部分的物质基础。国家烟草专卖遭到了消费者、生产者和商人的反对，从社会主义工人党到民族自由党的范围内，这一计划也都遭到了抵制；在俾斯麦建立的国民经济委员会（Volkswirtschaftsrat）也否决了烟草专卖之后，可以预见，这个计划在帝国议会不会得到任何支持。帝国议会中的绝大多数议员最终在 6 月否决了烟草专卖。

意外事故保险和医疗保险的法案几乎在同一时间被提交给了帝国议会，它们在实质上也是相互关联的。意外事故法案只规定对严重事故（即事故所造成的后果需要 14 周以上的恢复期）进行赔偿。医疗保险则为轻伤者买单，95% 的事故均属于此。医疗保险的保险人范围将会扩大，从事手工业的熟练工和学徒工也将被纳入其中。在现实操作中，保险组织无法实现标准化。除已经存在的工厂基金、矿工基金和救济基金外，还有乡镇基金（Gemeindekasse），这一基金是法律中包含的所有职业的最小统一单位和集体机构。此外还有地方医疗保险基金（Ortskrankenkasse），这一基金将会尽量按照职业群体进行划分。而医疗补助（Krankenunterstützung）涵盖了医疗费用和相当于当地日工资一半的疾病津贴，最长可发放 13 周。这项补助所需费用的 2/3 由工人承担，1/3 由雇主承担。救济基金大多是由工人创办和管理的，往往隶属于类似工会的、局限于地方的专业协会，必须自己担负开销。这样一来，救济基金在与其他基金的竞争中便处于相对不利的地位。

697

在议会辩论中代表社会主义工人党发言的是来自布雷斯劳

的议员尤里乌斯·克拉克（Julius Kräcker），他曾是一名铁路车间工人。克拉克从自己的实际经验出发，就官僚主义对设立救济基金进行的骚扰以及工厂医疗保险基金中工人权益受损的现象提供了令人信服的材料。他在原则上要求工人亲自管理基金；如果工人们必须自己缴纳医疗保险费，那他们至少应当独立于企业家和政府。

议会的处理周期过于漫长，以至于1882年内没有任何一部有关社会政策的法律得到通过。直到1883年4月，才开始对《医疗保险法》进行第二次讨论。议会委员会的报告没有对政府草案提出任何原则上的修改意见。政府法案中规定的各种各样的医疗保险基金仍然是工人们的组织框架。相关法律最终于1883年6月15日获得通过；这是关于社会政策的各项法律中通过得最早的一部，其原因在于，医疗保险不像意外事故保险那样需要很多资金——意外事故保险不仅要支付临时性的救济金，还要支付永久性的养老金。

工人的强制保险义务给社会主义工人党提供了为特定的救济基金做宣传的机会，他们可以借助这些救济基金获得影响力。几乎在所有较大的城镇里，社会主义工人党的代表都在1883年秋季举行了会议，他们建议工人们加入独立的救济基金。虽然从长远来看，救济基金无法应对企业家和官僚机构的联合压力，但它确实是朝向工人自决迈出的第一步。事情一旦开始进行，其后果往往是无法预料的。比如，警察不得不对社会主义工人党的一些行为予以批准——一场某种程度上因医疗保险法而掀起的运动正是由这个政党领导的；而这些行为在《反社会党人法》刚刚实施的几年里是会受到严厉惩罚的。就这样，《反社会党人法》的实践开始变得温和了。

警察在予以批准放行的同时，也希望社会主义工人党分裂。柏林警察局长在1882年6月表示，"社会主义工人党内已经形成了两种不同的潮流", "相对理性的、温和的观点很有可能突出重围, 并逐渐占据上风"。俾斯麦也是如此算计的, 但由于各种原因, 社会主义工人党并没有分裂。社会保险提供的支付额度实在太低, 因此, 谁都没法接受用社会保险法来取代工人保护法。

《反社会党人法》中的那些侮辱性条款, 不利于社会民主党中的机会主义者。该党的左翼, 而不是右翼, 得到了加强。这里, 一种辩证法显然起到了作用: 在与统治者的愿望相反、被统治者也未曾盼望的情况下, 《反社会党人法》的 "温和实践" 形成了一种新的局势, 在这个局势中, 政府和议会方面的让步致使工人们产生了颠覆整个制度的愿望。俾斯麦隐约预料到了这种事情的发生, 他一贯对让步持谨慎态度。让步的起点是可知的, 但谁也不知道它的终点会在何处。

有关意外事故保险法的工作还没有完成。在议会委员会要求进行再一次修改后, 政府必须给出第三份草案, 这份草案最终于 1884 年 3 月被提交给了帝国议会。首先, 这份法案划定的被保险人的范围非常有限, 并未在 1871 年《赔偿责任法》规定的被保险职业名单上进行多少扩充。补偿标准与上一部法案相同, 即养老金最多为赔偿金的 2/3。最后, 工厂主（而不是工人）要成立同行业保险协会（Berufsgenossenschaft）, 这些协会要覆盖整个帝国, 每一个协会要覆盖某一行业下的所有企业, 这些企业是保险的承担者。这份法案的目的完全在于将企业家的个人赔偿责任转化为整个行业的整体负担。

整个立法计划在内阁里也存在争议, 但是在 1884 年这个选举年中, 这项计划对俾斯麦来说是至关重要的, 他用一场长篇大论的演讲介入了帝国议会的辩论。他曾经与国家社会主义这个概念保持着距离, 而现在却肯定了它, 令人诧异地对它一再强调。显然, 俾斯麦此举的意图在于与最近成立的德国自由思想者党（Deutsche Freisinnige Partei）进行论战。该党的发言人是路

德维希·班贝格尔，他特意引用了法国国民经济学家莱昂·萨伊
（Léon Say）的贬低性评价："俾斯麦侯爵的社会主义企业"。

　　从形式上看，俾斯麦的反驳是一段理论化的离题论述；但 699
实际上，他真正在乎的，是进行政治上的回击。他回答道，如
果人们告诉他，这项立法就是社会主义，那么他会毫不避讳地
承认这一点。唯一的问题是，国家社会主义可以被允许的限度
在哪里。"没有它，我们的国家根本无法运作。每一部为关怀
穷人而制定的法律都是社会主义。"俾斯麦甚至还声称："比如
施泰因－哈登堡（Stein-Hardenberg）制定的一系列法律，它
们光荣地被人记住了，今天没人会怀疑这些法律在宪法框架下
的正当性，也没人会怀疑它们的合理性，但那些法律不也是国
家社会主义吗？"这些使普鲁士在经济、社会和思想上走上了
自由主义道路的改革，如今在帝国议会中被定性为了国家社会
主义，这听起来是令人尴尬的。俾斯麦还更进一步，想要知
道人们能否接受这样的理论："没有一定程度的社会主义，国
家就不能存在。"不过，"这个理论是否被接受"，对他而言是
"无所谓的"。如果我们试图找出是谁给俾斯麦——套用歌德的
《艾格蒙特》（*Egmont*）中的话——的血液输入了这些异物，将
是没有意义的。俾斯麦所追求的不过是对自由派的攻击，他
想从左翼战胜自由派。值得一提的是，当时他的主导思想是，
各政党代表的更多的是以经济为导向的利益集团，而非政治
方向。

　　俾斯麦曾在内部场合更加直白地说出了他在这里公开表
达的事情。他的意图是"建立若干集体协作社（korporative
Genossenschaft），这些协作社会在所有从事生产的阶级中逐
步推行，以便为将来出现的民众代表机构打下基础，这种机构
将代替或补充帝国议会，成为立法中一个能做出共同决定的重
要因素，尽管在极端情况下，可能需要通过政变的方式达成

这一目标"。虽然他同意帝国议会本身应当起到一种"协作作用"，但他认为，"议会统治是有害的，是不可能的"。议会可以阻止弊病，但无法治理。

俾斯麦所说的关于政党和议会的一切，都与他对于加强首相对帝国议会的权力的愿望有关。催生了这种愿望的，是帝国议会在民众中威信的增强，以及俾斯麦在几次议会表决中遭到的失利。从根本上说，他的社会政策与他的国家政策是紧密相连的，其目的是在将来改造各党派，使它们能够适应他的制度。

新的政党形势

1884 年 6 月 27 日，关于意外事故保险的第三份法律草案在帝国议会中得到了通过。由保守派、中央党和民族自由党组成的强大的多数派战胜了德国自由思想者党和社会主义工人党的反对意见。这意味着，法案的反对者是两个在基本观点和利益方面截然相反的政党；而法案的支持者也包括近年来一直彼此尖锐敌对的政党。1884 年 3 月，在对意外事故法案的商议刚刚开始之时，德国自由思想者党成立了。该党是由分离主义者和原先的进步党合并而成的。在这同一个星期，民族自由党在海德堡通过了一项新的纲领，展现了对俾斯麦友好的态度。

自 1881 年的帝国议会选举以来，变革就一直在酝酿着。在那次选举中，左倾的总趋势经由民众的意愿展现了出来。这就鼓励了进步党内那些争取民主革新的力量。他们开展了攻势，要求道：政府对议会负责；在各邦和各市镇的选举中，同样以普遍、平等、直接、不记名的选举权为基础；通过帝国法律确保结社和集会自由；确保工人的行动自由，使他们能够在协会和协作社中改善自己的处境；普及小学教育和民族包容；

缩短兵役期；促进全面裁军。

这些要求不仅是自由主义的，而且是民主主义的。它们完全有可能在进步党中得到可观的支持，这尤其是因为地方性协会的数量在 1880 年至 1884 年增加了一倍多，从 78 个增加到了 169 个，而小商人和手工业者在各协会执行委员会成员中占据的比例也从 10% 增加到了 16%。通过 1881 年的选举，教师、编辑和工匠都进入了进步党的帝国议会党团。不过，这样的发展趋势引起了进步党一些领导人的不安。随着进步党在帝国议会的一些代表对社会主义工人党的各种提案提出了支持，党内针对民主主义反对派的公开行动和秘密行动也增强了。但真正使他们警惕的，是在柏林市议会选举之际，进步党的左翼人士显然和社会主义工人党进行了合作——尽管这种合作针对的只是保守的反犹主义政党，即所谓的公民党（Bürgerpartei）。

现在，欧根·里希特和他的支持者们决定对党内反对派发动反攻。他们确定了与"自由主义联合会"（Liberale Vereinigung）和"分离主义者"联合的方针路线。与后两者合并、成立德国自由思想者党，意味着存在了二十多年的进步党走向了终结。但是欧根·里希特接受了这一点，尽管他仍然坚持着旧进步党的观点，进步党在成立时便明确不与 1848 年革命的激进主义接近，因此也不愿被称为一个"民主主义"政党。

进步党内部对此进行了一些反抗，这是可以理解的。对"进步党"名称的放弃已经令许多成员感到震惊，但另外，即使是具有民主思想的成员也不能轻易对此提出批评，尤其是因为他们也被成立一个大型自由主义政党的想法所吸引，并幻想着在一个更大的平台上提高自己的影响力。

俾斯麦授意自己的官方报刊对此做出了相当激烈的反应，随后亲自在帝国议会上进行了争论。他关注的并非这个新成立的自由主义政党的纲领，而是其名称，毕竟几乎没有一个词比"自由"得到更多滥用了。而当这个词"被放在任何其他形容词的前面时，它就具有更大的魔力了。（笑声）根据我的经验，大家对自由的理解只是自己的自由，而不是别人的自由……总之，他们的'自由'，实际上指的是统治"。在这个意义上，他还解释了在德意志帝国衰落的几个世纪中反复被引用的"日耳曼式的自由"，人们对"日耳曼式的自由"曾经是这样理解的："那指的是王公贵族相对于皇帝的自由，以及贵族对农奴的统治！他们希望自己能够自由；也就是说，他们的'自由'，和对别人的'统治'是相同的；如果他们不统治，他们就不会感到自由。所以凡是在另一个形容词前读到'自由'的时候，我都会怀疑，对'自由思想'这个词也是如此。……总之，我不相信'自由'这个词，（笑声）原因是，没有人想要所有人自由，每个人都想要自己的自由，但这种自由只意味着别人不得不服从、跟随他。"在说完这段话之后，俾斯麦声明，他反对新成立的政党选择的名称，他"不会在官方事务中使用这个名称"。他也想拥有自由思想，因此反对新成立的政党将这个名词据为己有的诉求。

值得注意的是，在俾斯麦发出这一声明几天前的 3 月 9 日，《北德意志汇报》在一篇关于这次政党合并及其纲领的文章中，就刻意回避了"自由思想者党"一词，而是只写了"进步党的两个分支"。而自由保守党的《邮报》也认为，这次合并是"向冲突时期的进步党的倒退"。这种大规模的宣传鼓动，是为了恐吓分离主义者的"自由主义联合会"中的那些大资产阶级绅士们，但对于进步党内推动了党派合并的管理者们来说，这种宣传却在根本上是有利的；这种攻击让进步党的党员们更加强烈地希望，该党多年的传统不会被抛弃。而实际上的趋势恰恰相反。大资产阶级政客的影响力越来越大，削弱了反对的态度。反民主和反社会主义的倾向得到了加强，越来越多的民主派人士被赶下了原来的岗位。

几乎在德国自由思想者党成立的同时，民族自由党以 1884 年 3 月 23 日的海德堡宣言开启了其发展的新阶段。

在资产阶级以及自由主义的分化中，南德的政客们日益被推向了右翼。事实上，自 1882 年以来，主要是南德政客们在试图说服整个民族自由党毫无保留地与右转的俾斯麦政权合作、重新获得接近于执政党的地位。处事灵活的米克尔支持了这种努力，并激发南德和西南德的民族自由党人们发表了海德堡宣言。民族自由党的第一次全国代表大会于 1884 年 3 月 18 日在柏林举行，会上，海德堡宣言得到了批准。在这份宣言之后，该党所有的宪政要求——1877 年时还在要求责任制内阁——都从纲领中消失了。民族自由党的这种右转倾向直接导致了 1887 年的卡特尔政党联盟的成立，该党在这个联盟中与保守派结成了自其成立以来最为紧密的联系。就这样，在 1884 年春天，自由主义的所有派别都以各自的方式完成了进一步右转；但无论如何，保守派在一个基本性的政治战术问题上达成了一致：与一切民主主义特别是社会民主主义势力，以及议会外的左翼势力，保持敌对、保持距离。

可以理解的是，社会主义工人党增加了他们在合法的工人组织中的活动，这些组织包括专业协会和救济基金；许多小资产阶级民主派的支持者转而投奔了社会主义工人党，他们秉持着 1848~1849 年那种席卷全德的激进传统的精神，以之为指导进行思考与行动。在帝国首都，这种现象的出现已经有了一段时间，而在德国西南部的巴登，这样的趋势则更为明显。

自 19 世纪 80 年代初以来，激进的资产阶级民主派开始向社会主义、无产阶级的运动过渡，而 25 年前，相似的历史发展趋势已经可见了。当时，像约翰·菲利普·贝克尔（Johann

Philip Becker）和威廉·李卜克内西这样扎根于 1848 年革命的人加入了"国际工人协会"。这不仅体现着个人生平的发展路径，还显示了一种一脉相承的传统。这些激进的小资产阶级民主派当然也将自己那种特殊的革命精神带入了社会主义工人党，这使社会主义工人党的内涵变得更加丰富了，但有时也会为其带来负担。

703　　在各个阵营中，政治传统、社会关系、教育路径和领导人行动范围的差异都会带来有关战略和战术、理论和实践上的意见分歧；社会主义的境况也是如此，这一点在帝国议会的党团中尤其明显。其中的原因依旧在于俾斯麦，他用社会保障和意识形态化的表演做出了引诱，也造成了混乱。在 1884 年 3 月帝国议会长篇演说的最后，当他说起那些关于国家社会主义的胡话时，是使用了政治手段的。这些话语的目的，是在"工人阶级"代表和资产阶级自由派代表这对"经济上的死敌"之间制造更多对立，同时使"温和的社会民主党人"感到不安。

当编辑威廉·比奥斯（Wilhelm Bios）和路易·维耶克（Louis Viereck）为了阶级间的和平而宣传国家社会主义改革时，卡尔·考茨基（Karl Kautsky）和爱德华·伯恩斯坦（Eduard Bernstein）等马克思主义思想家却宣称，阶级斗争正是这种社会改革的前提。考茨基和伯恩斯坦还反对片面地对曼彻斯特主义下的制度加以攻击，并警告称，从国家处换取的改革，将是以对俾斯麦和保守派的依赖为代价的。

爱德华·伯恩斯坦作为《社会民主党人报》的主编，最初只是在国内层面上发挥作用，而卡尔·考茨基则越发成长为国际上的一个重要角色。他主编的《新时代》（*Neue Zeit*）自 1883 年 1 月起在斯图加特合法出版，这份马克思主义的月刊在随后的几十年里几乎吸引了欧洲所有国家的工人。无论是在巴黎、布鲁塞尔、阿姆斯特丹、斯德哥尔摩、米兰、维也纳，还是在贝尔格莱德、圣彼得堡或西伯利亚的流放地，任何想研究工人运动的理论和实践的人，都不能不去查阅《新时代》。这一切也是德国对世界产生的影响的一部分。

从根本上说，1883 年和 1884 年是对 1878~1879 年政策转折的一次反动。各个新成立或改组的政党，如今必须对延长《反社会党人法》的时间期限采取立场，并且必须回答它们对自由主义有何种看法。欧根·里希特起初反对延期，但最终不得不向原先的分离主义者低头。他最后提供了一个秘诀，可以确保在不对新成立的德国自由思想者党造成重大不利的情况下，使《反社会党人法》延长期限的提案通过：一部分分离主义者要投赞成票，而另一部分则放弃投票——某种程度上他们是被"委派"这么做的。这就是事情的经过。1884 年春，投票结果为 189 票赞成对 157 票反对，《反社会党人法》的期限被延长了。每个人都可以计算出，德国自由思想者党的票数本足以否决掉提案。如何在不危及反社会主义目标的前提下，通过"被委派者"（Abkommandierte）维持一种政治假象，是一件十分难以处理的事情。因此，德国自由思想者党在成立的最初几个月中，就已经陷入了矛盾。

德国自由思想者党的行为在 1884 年秋季的选举中遭到了报应，参与了党派合并的进步党党员和分离主义者共失去了 1/3 的席位，即 32 席，他们之中只有 67 名议员进入了帝国议会。一个沉重的事实是，德国自由思想者党是此次选举中唯一输掉的政党。连保守派都赢得了更多的选票。对社会主义者的迫害以及自由派对原则的背叛，让工人选民做出了明确的回答。社会主义工人党赢得了 23 万多的新选民，赢得了近 55 万张选票，占总票数的 1/10。该党的席位增加了一倍，有 24 名成员进入了帝国议会。中央党尽管赢得了 10 万张选票，却失去了一个帝国议会的席位，再次成了帝国议会里决定势力平衡

704

的重要因素。

总的来说，帝国议会多数派的组成情况并没有因为选举而改变。这在未来几年中给俾斯麦在内政方面造成了新的困难。这些困难在 1883 年变得更加严重了，因为本已长期萧条的经济再次陷入了严重危机，并在 1886 年跌至谷底。不久之后，物价开始下跌，首当其冲且受损最重的是矿业和冶金工业。行业的减产导致失业和工资下降成了必然。由于社会生活的不安定，许多城市工人及乡村工人开始向国外移民。1883 年至 1888 年，每年有 10 万余人离开德意志帝国去寻求避难、工作和面包，他们主要前往美国，在那里逐渐失去了原有的民族身份。移民是国家的损失，但也是一种释放压力的出路。然而，留在国内的人的不满情绪依然存在，这使得社会政策成为所有社会力量和政治力量的永恒话题。

再次与帝国议会发生冲突；
关于工人保护

705　在 1884 年 10 月选举前的一天，俾斯麦曾向卢修斯·冯·鲍尔豪森推测道："如果他们的对立发展到极端程度，议会制度就会更快地被毁掉，军刀的武力统治就准备就绪了。"他再一次希望社会主义工人党发动政变，从而让他有理由进行干预。但他预料到，这种希望可能是过于乐观、不会有结果的，因此，他也在考虑与受宗教信仰约束的工人们展开合作。选举过后仅仅一周，11 月 4 日，他就向赫尔内（Herne）的路德派新教工人协会发表了友好的讲话，并赞扬了"以和解与平衡阶级利益的精神为指导"的社会改革。

虽然俾斯麦对议会制的破灭做出了预测，但他同时也继续对帝国议会开展了一系列小型斗争。例如，在 1884 年底，议员们被剥夺了免费乘搭往来于其居住地和柏林之间的火车的权利。尽管帝国议会里支持关税保护的多数派在 1885 年 5 月将小麦和黑麦关税提高了三倍，还提高了牲畜的关税，但俾斯麦有着更高的要求。俾斯麦不懈追求的目标是完全用间接税来满足帝国的资金需求，以便在很大程度上消除议会内各党团对帝国政府和各邦政府收入的影响。

在对于介入工人管理的救济基金的宣传鼓动中，一种观点被反复提及：仅仅针对伤病工人的保险制度是远远不够的，无论如何都需要改进；立法者还必须做一些事情来保护健康的工人和保障他们的工作能力。这种观点对帝国议会中的一些党团产生了影响；特别是中央党认为应当提交一些社会政策方面的动议，其中主要争取的内容是禁止在礼拜日工作。

在选举中获得成功后，社会主义工人党也认为自己有义务提交立法提案。他们的议会党团于 1885 年 1 月 29 日提交了工人保护法草案，其中的主要要求包括：每天的正常工作时间为 10 小时，禁止在礼拜日和公共假日工作，禁止上夜班，在无特殊需要的情况下禁止妇女在高层建筑或地下工作。与雇主们那种当家作主的立场（Herr-im-Hause-Standpunkt）相反，法案规定，企业的工作条例必须在事先征求受雇工人的意见后才能发布，而且必须张贴在明显的地方。社会主义工人党要求对工厂检查进行统一管理，这也是为了应对反复强调的工厂检查员缺乏的问题。

在一读结束之后，社会主义工人党的法律草案被转交给了议会第十委员会（X. Kommission），这一委员会还负责处理其他的有关工人保护的提案。在所有这些法律提案中，只有一项被提交给帝国议会进行了辩论，该提案要求禁止工厂、车间和建筑物中的工人在礼拜日工作。1885 年 5 月 9 日，一场关于这个问题的激烈辩论在帝国议会展开了，俾斯麦不止五次介

706

入了辩论。他反对禁止礼拜日工作的理由主要有三个方面。首先，有太多的企业需要礼拜日的工作。对他来说，"在这方面，例外的余地是无限的"。其次，禁止礼拜日工作要么会导致工人工资减少，要么——如果企业要作出平衡——会成为德国工业的负担，威胁到德国工业，或至少威胁到德国工业的出口能力。最后，是不是所有工人都能在礼拜日休息了之后得到身心的休整，是尚不能确定的事。如果工人们把星期天献给了他们的快乐，那么星期一就会是"忧郁的"——帝国议会在一片笑声中承认了这一点。俾斯麦认为，鉴于这些原因，人们必须非常谨慎地处理这项法案，且首先要通过广泛的调查来解决目前的问题。事实上，在1884~1885年冬春漫长的社会政策辩论之后，就再也没有别的东西被提出来了——这种状况一直持续到了俾斯麦任期结束之时。

俾斯麦不仅反对禁止礼拜日工作这项具体措施，也在总体上抵制工人保护的立法，这体现了他不仅是一个利益受到牵涉的地主，同时也是一个有着权力意识的政治家。身为这样这名政治家，俾斯麦担心的，不是工人们将会作为国家养老金领取者而从保险费中获利，而是他们将会作为成熟的公民坚持维护工人保护条例，并不断要求制定新的相关条例。首相几乎反对工人保护领域中的每一项措施，这引起了许多人的反感。甚至一些支持社会改革的保守派也感到了失望。奥托·冯·俾斯麦从对生活实际的观察中获得了许多领悟，他能够与农村的工人们打交道和畅聊，甚至可以用低地德语跟他们交谈。俾斯麦之所以能够理解这些工人，是因为他们和他一样与动物、植物这些有机的生命存在关联。但是，城市的工人对俾斯麦来说仍然是陌生的，他们在工作中面对的是无机物，是机器、器具和固体材料，这些东西对俾斯麦来说是"死的"，无法与人产生联系。

庄园景象。俾斯麦热爱乡村，生活在庄园主的世界里。他终其一生都不了解那些截然不同的工业条件，以及新兴生产部门工人的需求。

新的工业世界：企业家和发明家

奥托·冯·俾斯麦不仅接受了资本主义，而且促进了资本主义，这是他发动的自上而下的革命的历史逻辑。然而，他从来不是企业家的仆人，而是始终从一个尽可能独立的首相的视角出发，考察企业家们对国家经济政策提出的要求。那些在钢铁保护性关税的引入后一直折磨着俾斯麦的人，也主张尽可能多地征收间接税和建立国家垄断（在烟草和烈酒领域），而这些措施在得到施行后，政府将不必每年接受议会对预算的批准。首相遵循的一句格言是：用一只手洗另一只手。

在私人关系方面，俾斯麦与城市资本家们保持着距离；虽然他享有帝国创建者的威望，而且被提拔至侯爵的行列，但他始终保持着乡村贵族的身份，并且以此为自己的主要身份标识。他知道谁有求于谁，所以从不主动走向企业家，而是让企业家来找他。他不再往来于首都官邸和乡间庄园之间，只进行外事访问，或前往疗养胜地休息。他很少前往烟囱林立的工业地区。工业界和贸易界对他来说是大政方针涉及的内容，但很少会成为他进行实际生活观察的对象。

俾斯麦之于企业家们——尤其是那些来自以煤和铁为基础的行业的企业家们——则十分不同，上西里西亚的冶金厂厂长威廉·科尔曼（Wilhelm Kollmann）对首相的钦佩就表明了这一点。科尔曼不是博尔西希、克虏伯、施图姆、西门子、埃米尔·拉特瑙（Emil Rathenau）这些德国经济界杰出人物中的一员；他也不能像威廉·冯·卡多夫和亨克尔·冯·多纳斯马克（Henckel von Donnersmarck）那样，与俾斯麦进行一对一的谈话。但是，因为科尔曼作为白手起家的工程师和工厂主将自己的事业推向了顶峰，因为他身上体现着一种在一定程度上说是正常的、不追求冒险性创新的才干，所以他所做和所说的一切——尽管有着个人的烙印——都是具有代表性的，至少可以代表他所在的工业部门的企业家们。

708　　科尔曼从小就对这位帝国的创建者非常感激。在 1873 年 9 月 2 日这个洋溢着乌拉爱国主义气氛（hurrapatriotisch）的色当战役纪念日后不久，科尔曼促使卡托维兹（Kattowitz）的冶铁股份公司更名为俾斯麦冶金厂。上西里西亚的贵族政要们将这个冶金厂视为"永远燃烧的俾斯麦支柱"。首相表面平静地接受了一切，从来没有去过这座俾斯麦冶金厂。然而，毫无疑问，帝国的创始人用他的政策释放了能量，唤醒了工业家、技术人员和许多自然科学家的热情，激励他们继续进行 19 世纪的工业革命，推动其在 19 世纪 80 年代中期达到了第一次高潮。即使这一切似乎与俾斯麦无关，甚至对他来说是陌生的，但这也属于他的影响和他所完成的事情的影响。

当首相在政治上接近钢铁生产和加工领域的工业家们时，

他并未预见到，这些工业家将会在工程师的帮助下推动冶金和机械工程行业取得巨大发展，使人们逐渐开始用钢铁时代（Stahlzeitalter）来为这个时代命名。钢的产量和质量的提高与机床和作业机械的完善与专业化之间存在联系，现代化大型工业制造了越来越多这样的机械，而它们也参与了制造过程。在这些工厂里，科学技术渗透进了生产过程，逐渐取代了手工业时代必需的经验主义。不断壮大的工程师队伍带着技术性科学，在自然科学和集中化生产之间承担了中介的作用。

在发动机的使用方面也发生了质的变化。蒸汽机是工厂中最重要的发动机，它的体积越大，工作效率就越高。蒸汽机近乎有机地适应了电气工程时代，它在中央电站中驱动着直流发电机产生电流。随着 19 世纪 80 年代电气工业的崛起，蒸汽机不再是工业生产中的"女主人"。电流的应用越来越多。电力起初主要用于照明，之后被用来转化为动力和热能，最后还服务于电化学的用途。电动机的胜利征程，是从供电网络的扩张开始的。它与蒸汽机不同，可以单独驱动作业机器，而且价格比较便宜，因此，它有着双重作用：一方面，现在的手工作坊已经可以负担得起一台发动机了；另一方面，廉价的、适应性强的电动机为大企业的扩张提供了便利，促进了企业在生产制造和组织架构方面的变革。

在 1871 年之后的时期内，新的发明在与旧的生产方式的斗争中逐渐占据了上风，即将到来的变革也展示了可见的预兆；这一时期的过渡性特征，还体现在从燃气发动机向汽油机和柴油机的发展，以及内燃机的投入使用上。戴姆勒（Daimler）和本茨（Benz）在汽车方面的发明（分别在 1885 年和 1886 年），为未来一个世纪的世界交通系统带来了革命性的变化，而奥托·李连塔尔（Otto Lilienthal）在实验和技术上的努力则标志着人类征服天空的开始。

农业实验站越来越多地为农业化学的发展提供了实践途径。除此之外，最重要的是焦油染料工业的发展，即合成染料的生产，这使德国化学工业占据了主导地位。合成染料工业从一开始就坚信科学研究的价值，并系统地将理论与实践相结合，从而取得了领先地位。在维尔纳·西门子（Werner Siemens）身上，技术员、科学家与企业家的品质结合在了一起。1866 年时，他带着"冷静的赞赏"面对着俾斯麦，这样的态度符合他的自由主义基本观点。

无论德国的技术水平和科学水平有多高，如果没有熟练工人的配合，即使是最有创造力的工程师，也无法在实际生产的过程中取得成功。正因为机器生产有削弱工人技能的趋势，正因为，正如马克思在 1856 年所说，在资本主义下，科学的纯洁之光只照耀在无知的黑暗背景上，所以，无论是工业家还是技术人员，都必须在企业中至少拥有一批熟练工人组成的骨干。各类培训学校保证了这一点。不少工会和专业协会坚持开展广泛的教育工作。在《反社会党人法》的管控之下，工会报刊以行业期刊的形式出版，上面有设计说明、型号表、材料种类信息，而这不仅仅是一种伪装手段。碌碌无为的工作尤其为有着阶级觉悟的工人们所不齿，他们拒绝将这作为一种斗争手段。

710 资产阶级在经济和国家中的权力越来越大，几乎垄断了高校的教育。他们利用这种垄断培养出了一批技术人员和科学家，这些人不但在各自领域中出类拔萃，而且在政治上保持了对现有社会和国家秩序的忠诚。

俾斯麦无法从专业角度紧紧关注技术发展动态，也因此无法时时掌握德国工业的国际竞争力；正是在 19 世纪 80 年代时，他表示："我自己对技术已经一无所知了。我完全丧失了这方面的理解力。"而值得注意的是，他从来不认为自己有必要会见一些重要的工程师，以便至少从他们的思想心态中获得一些对他来说原本封闭的世界的见解。

　　珍惜力量、把精力集中在政治上的需求，在他身上体现得越来越强烈，这不仅因为过去几十年消耗了他大量的精力，也因为未来将越来越困难。太多的事情汇聚在一起，他已经无法像过去那样得心应手了，这些事情对他来说仍然是陌生的，却在变得越来越强大。而其中就有包括欠他太多的工业界，以及来自工业界的工人。

第十八章
内政与外交危机

社会困境和政治压迫

　　奥古斯特·倍倍尔比他在帝国首相府里的对手更能感受到当时的发展倾向。他现在对工厂检查员的报告特别感兴趣，这些检查员是负责监督仅有几项工人保护法律条款的官员。倍倍尔把检查员们的态度与他们英国同行的态度做了比较，指责他们对工人持有偏见，而且他们的检查鉴定啰嗦、含糊，对雇主和政府当局充满忌惮。他一再要求工厂检查成为工人的保护机构、监督为数不多的工厂内容的执行情况。就像倍倍尔此前曾一再提出的那样，这种监督的目的是避免加班、划定工作日范围、禁止童工、对青少年和妇女的工作时间提供法律规范。尽管实际工资不断提高，但现实中和可能发生的贫困现象仍然存在，特别是很早就开始的老年贫困现象。

　　同时，许多企业家试图迫使自己所雇用的工人对企业产生责任感、退出有组织的工人运动。这方面的例子是埃森的克虏伯和萨尔河畔的施图姆，他们以家长制的社会政策为工人建造住房、设立养老基金和消费机构，想让工人以感恩的知足心态依赖他们。西门子也是如此，他很早就自发地建立了养老基金，并意识到，为了工人的效率，必须减少每天的工作时间；他反对政府一切关于工人保护立法的尝试，这种立法将给予工人更大的行动自由。工人与企业的关系的培养，以及与公司相关的"团体精神"的培养，也是西门子这样的国际大工业家的重要关切。从根本上说，从分离主义者到保守派的所有充满分歧的资产阶级政党在一个具体问题上实现了联合，导致了全面的工人保护立法的失败，但这并没有让帝国变得风平浪静。

1885 年 5 月，帝国议会没有在社会政策方面取得任何成果，在此之后，德国几乎所有地区都召开了民众大会，在这些会议上，社会主义工人党的代表们报告了他们在帝国议会的工作。同时，众多工会下属的专业协会组织了一场为失败的工人保护立法请愿的运动。根据社会主义工人党中央机构的意见，那些像俾斯麦一样宣称工人群众不同意这项法律草案的人，必须遭到抵制。对此，最好的反对方式就是广泛征集对失败了的法案表示支持的签名。

然而，请愿活动的结果并没有达到预期。据《社会民主党人报》报道，到年底为止，他们只征集到了约 30 万个签名。如果我们考虑到普鲁士内务大臣在 1885 年 5 月通过政府通告对《结社法》进行了有利于工会协会的解释，那么请愿活动在期望与实现之间的落差也就不那么令人惊讶了。根据这份通告，对社会政策问题的讨论，特别是对划定工作日范围的讨论，将被视作工会组织"政治性"的表现：工会组织现在也要服从对政治协会联合的禁令了。在这种政治冷风中，那些在请愿书上签名的人相当于用一种并非没有风险的方式向政府当局和雇主暴露了自己。

虽然事实证明，在恐吓措施之下，请愿权几乎失去了作用，但罢工作为争取改善生活条件的一种手段，仍然是不可或缺的，罢工经常遭遇的失败也不能否定这一点。1885 年，罢工也没有停止，尤其是在柏林，从 6 月开始，12000 名砖匠为了争取增加工资和 10 小时工作制，进行了为期数周的斗争。虽然他们没有成功地获得所有企业家对这些要求的正式承认，

712

但企业家中的很大一部分确实同意了罢工者的要求。

1885 年底，帝国议会中的社会民主党团重新提出了原先的《工人保护法》草案，只是对其进行了很少的修改。法案在各委员会会议和各次全体会议上经历了一次名副其实的"奥德赛之旅"。委员会给出了两份关于工厂检查和职业法庭（Gewerbegericht）的决议，以及一份关于礼拜日工作的调查，这些便是 1885 年和 1886 年帝国议会关于社会政策的辩论的为数不多的成果。这些决议仍然没有效力，因为它们在俾斯麦的唆使下被联邦议会否决了。后来由中央党发起的帝国议会的辩论，也没能推动《工人保护法》的立法，因为即使是最温和的决议——如一再要求的禁止礼拜日工作的决议——也会遭到俾斯麦的坚定否决。

713

随着社会主义工人党保护工人的努力走向失败，《反社会党人法》的所谓温和实践也告一段落。司法迫害在数量和恶意程度方面都有所增加。1882 年只有 5 名工人被判刑，而 1886 年则有 179 名工人被判刑。来自社会主义工人党左翼和右翼的领导成员，如倍倍尔、奥尔、福尔马尔（Vollmar）、弗洛姆（Frohme）和维耶克等，都因涉嫌秘密结社而被判处 9 个月监禁。鼓励普鲁士内务大臣冯·普特卡默采取这种限制和镇压措施的，可能是俾斯麦 1886 年 3 月 7 日在普鲁士内阁会议上所做的宣布：他不在乎宪法，宪法的每一道裂缝都在崩坏。俾斯麦大概不是真的想破坏掉自己费尽心思创造出来的东西，因为这样做会伴随着太多的风险。但他已经对社会保险引发的消极反应和工厂法立法遭遇的持续冲突感到恼火，而帝国议会拒绝烈酒国家专营也不例外地让他感到愤怒。在这种情况下，在他看来，威胁发动政变完全是合适的，这可以使各党内的反对者更加顺从。无论如何，他加强了反自由主义的路线，尤其是反对工人组织；毕竟，《反社会党人法》的延长期限又一次提上

了日程。1886年4月2日,169名议员在帝国议会投了赞成票,
要求将该法延长两年,137人投了"反对",4人弃权。在169
张赞成票中,有27张来自中央党。如果中央党一致投票反对
《反社会党人法》的话——就像过去那样——这个提案可能就不
会通过。

波兰政策和退出文化斗争

德意志帝国的内政和外交在1885年和1886年出现了显
著的矛盾。政府对居住在普鲁士的波兰人采取的措施也加剧了
政治气氛的恶化。如果俾斯麦现在争取尽可能地结束所谓的文
化斗争,或至少争取与教宗和教会达成原则性的一致,他就
必须重新考虑波兰人在普鲁士国家中的地位。当然,当他偶尔
宣称文化斗争"主要"是因为波兰人而起的时候,是过分夸张
了。这种言论中正确的地方仅仅在于,19世纪70年代初文化
部天主教司的解散和《学校监督法》的出台,也是针对东普鲁
士、西普鲁士、波兹南和西里西亚等省的"波兰主义"的。首
相明确表示自己将坚定不移地继续推行这些措施,而且在这方
面不会做出任何改变。不过,在他看来得到了确证的一点是,
"教宗至上主义党在利用波兰的民族情感",这种情感如今是
针对普鲁士国家和德意志帝国的。鉴于波兰人口的增加,他关
注起了那些为农村和小城镇的波兰人提供教育的人,这些人在
宣扬一种将教宗至上主义和波兰主义结合起来的精神。在波兰
人的日常生活中,"新教"信仰被视为"德意志"告解。俾斯
麦认为,波兰贵族是教宗至上主义的社会支持者,他们将神职
人员作为自己的工具加以利用。波兰贵族是乡村人民生活、思
想和灵魂的主宰,在俾斯麦的眼里,波兰贵族曾经是而且仍然
是自己主要的敌人。后来,俾斯麦在与马克西米利安·哈登

714

（Maximilian Harden）的一次谈话中怨恨地提到，在波兰，农民们处处受到贵族那肆无忌惮的暴政的压迫；他说，事实上，"凡是已经认识到波兰人是主人的地方，人们就一点也不急于更新这种看法"。

1885 年 2 月 22 日，俾斯麦以普鲁士首相的身份指示内务大臣，不允许再让波兰裔的"俄国奴才"入籍，而是应当将他们大规模驱逐；他再次追求的目标是剥夺波兰贵族掌握的劳动力和影响力。已经有 3 万名俄籍波兰人来到了普鲁士东部各省，而本来定居在那里的波兰人则迁往了帝国的首都、鲁尔区和其他工业中心。当普鲁士方面试图扭转这种自东向西的运动时，不仅需要与俄国当局进行复杂的谈判，而且引起了巨大的轰动，于是一场报刊论战和抗议运动开始了。

715 　　1885 年 11 月底，帝国议会中的波兰人党团——在自由思想者党、中央党、人民党和社会主义工人党代表的支持下——在议会中向政府提出了一项质询。他们询问首相，帝国政府是否正在考虑采取措施，反对普鲁士政府驱逐波兰人。这项质询的目的是维护少数民族的利益和德国的道德、政治威望；除了具体内容，还有两点原因使这项质询显得非同寻常而形式新颖：一个本来有着地方分离主义倾向的党团与反地方分离主义的各党团联合了起来，以彰显帝国对普鲁士的权力，并至少是以暗示、谨慎的方式维护议会的宪法主张。然而，俾斯麦借助一份显然在他的启发下、由皇帝暨国王发布的告令进行了反攻：他驳斥了签署质询者的那种设想，即"好像德国有一个帝国政府，能够根据宪法采取一些行动"来阻止普鲁士所推行的措施。他宣称，帝国议会根本不需要关心涉及普鲁士主权的问题。帝国议会不可能"把德意志各邦的统治者""传唤到自己的审判席上"。因此，他拒绝讨论相关问题，这份质询变成了一纸空文。

然而，当议会在 1886 年 1 月就帝国首相提出的预算进行讨论时，自由思想者党和中央党又提出了一项决议，批评驱逐波兰人的理由不够充分，"不符合帝国成员们的利益"。俾斯麦于是发起了"阿肯巴赫动议"（Antrag Achenbach），德意志保守党、自由保守党和民族自由党向普鲁士下议院提交了这一动议。它们在动议中承诺支持政府在东部省份的反波兰人的措施。

在帝国议会的不愉快之后，首相利用起这一上升势头，于 1886 年 1 月 28 日在普鲁士下议院发表了长篇的"波兰演讲"，对驱逐波兰人和"阿肯巴赫动议"中提到的日耳曼化措施进行了评论。此外，中央党和自由思想者党之间的合作为俾斯麦提供了攻击温特霍斯特的机会。他指责温特霍斯特"极端顽固"，"韦尔夫家族、文化斗争领袖的身份和他对进步党的同情为他提供了三重武装。在我看来，这位尊贵的议员如果不坐在中央党那儿，也绝不会加入保守派的政党，而是会加入进步党"。俾斯麦谴责温特霍斯特是个进步主义者，意在使其在教廷中失去信誉，并把中央党排除在他打算组建的亲政府的党派联盟之外，这个联盟将在 1887 年所谓的"卡特尔帝国议会"中得以实现。

俾斯麦的行动从最初的对非普鲁士籍波兰人的驱逐，转向了日耳曼化的民族主义政策，他的语言在此过程中越来越坚决。他威胁道："不想一起筑堤的人，就必须离开；不愿意配合保护国家的人，就不属于这个国家，就对国家没有权利；他就应该离开这个国家。我们不再会野蛮到把人们赶走的地步了，但对于所有否定政府及机构的人而言，这其实是一种公正的回应……"

如果这 200 万波兰人，"孤立无援，那我是不会怕他们的……但是在其他国家和其他同样否认政府、反对政府的党派

716

的支持下，他们就形成了一股可怕的力量，形成了一种多数，我看不到他们能给德意志帝国今后的进一步发展带来什么益处"。俾斯麦最担心的是波兰人将会依靠于奥匈帝国，因为这必然会使德国与俄国的关系变得更复杂，而在奥匈帝国与俄国在巴尔干地区的对立加剧的时候，他是最不希望看到这样的情况发生的。

波兰问题与文化斗争之间的联系，在几项人事决定中得到了明显的体现。1886 年 1 月 27 日，在俾斯麦就波兰问题发表讲话的前一天，罗马枢机主教莱德乔夫斯基（Ledóchowski）通知波兹南的大教堂教士咨议会（Domkapitel）称，自己将无法恢复在那里的活动；他指定柯尼斯堡的修道院院长、军队神父尤利叶斯·丁德（Julius Dinder）为自己的继任者。莱德乔夫斯基成了教廷枢机主教（Kurienkardinal），从而强化了梵蒂冈的反德集团。但俾斯麦通过教宗阻止将一个波兰人任命为波兹南总主教后，便也接受了梵蒂冈的这种形势。俾斯麦认为，不能允许波兹南由一个有着"波兰总主教"（Primas von Polen）头衔的教会诸侯统治，这样一个人将会"对我们所说的革命持友好的态度，而波兰人将这场革命称为波兰共和国的建立"。

在国家与教会之间这种充满张力的博弈中，俾斯麦希望让尽可能多的职位按他自己的意愿得到任用，为此，他又出了一招：他让富尔达主教格奥尔格·科普（Georg Kopp）经由国王的敕令进入了普鲁士的上议院。因为格奥尔格·科普在没有事先与他的主教同仁们协商的情况下就接受了任命，俾斯麦得以成功突破了被文化斗争激怒的主教阵营。格奥尔格·科普成了依附于俾斯麦的"国家天主教徒"（Staatskatholike）和"国家主教"（Staatsbischof）之一。格奥尔格·科普支持反对波兰人的定居法，这部法律会交由普鲁士议会的上下两院讨论后做出决定。科普主教屡次被中央党的媒体打击、遭到德国主教们的怀疑，但他得到了利奥十三世的容忍，甚至很快还受到了提拔。在与普鲁士邦政府达成共识后，教宗于 1887 年 8 月任命科普为布雷斯劳的诸侯主教（Fürstbischof），1893 年又任命他为枢机主教。"国家天主教徒"成就了他的事业。

教宗让枢机主教莱德乔夫斯基远离了波兹南总主教的职位，并提拔科普为枢机主教，他长久以来一直面对着重重角力，努力寻求教会和国家之间的利益平衡，此番妥协正是在其多年努力的最后阶段发生的。利奥十三世在 1878 年就任教宗后不久，就认为有必要逐步与俾斯麦达成谅解。除教会的利益外，当时的大环境中保守派的团结也为教宗提供了支持；社会主义运动在德国取得了一些成功，并且伴随着无政府主义者对皇帝的袭击，这引起了所有保守派的恐惧。俄国国内的革命阴谋导致了真正意义上的爆炸性恐慌；自从法国最终建立起了一个资产阶级共和国并采取了反对教权主义的初步措施后，教宗就不再能从那里得到支持了。最后，在意大利，虽然政府对教宗信守了有关教会财产的保证，但它拒绝重建已经在 1870 年宣告终结的教宗国。摆脱这种窒息局面的唯一办法，就是与德意志帝国达成协定；德意志帝国在 1879 年与奥匈帝国结成了联盟，这种联盟的具体表现是新教皇帝威廉与"使徒国王"——天主教皇帝弗朗茨·约瑟夫——的保守主义合作。

俾斯麦也在尽可能多地赢得盟友，反对一切在他来看来具有颠覆性的东西，利奥十三世对此相当欢迎。与这些原则性的努力相结合的，是一种战术性的考虑，即或许还是有可能促使中央党与保守派结盟的。毕竟，在关税和财政改革中，俾斯麦通过他妥协的意愿，成功地把这个天主教政党拉到了自己这边，从而确保了议会多数。但总的来说，在温特霍斯特的政治领导下，中央党一如既往地相当不服从：在普鲁士，中央党拒

717

绝同意铁路国有化以及其他政府法案；在帝国议会，中央党拒绝了军事法案和税收法案；在《反社会党人法》的推广中，中央党放松了派系纪律，允许一些贵族成员投了赞成票，但党内的大多数成员却展现了对公民自由原则的坚定信念，投了"反对"票。

718 　　俾斯麦很早就意识到，教宗不可能轻易向斗争经验丰富因而自信满满的中央党下达指令。在教会政策方面，中央党仍然追求最大的目标，即恢复 1870 年的原状，如果不能以协定的方式做到这一点，也要保证事实上的恢复——并且没有任何交换条件。在这方面，中央党与梵蒂冈枢机团中的一个强大团体是一致的，不难理解的是，这个团体仍然生活在庇护九世的战斗精神中。1878 年 8 月 1 日，与利奥十三世关系密切的教廷国务卿（Kardinalstaatssekretär）弗兰基（Franchi）突然去世了，这似乎是对那些太愿意妥协的人的警告。弗兰基是在金碧地利圣母堂（Kirche Santa Maria dei Campitelli）为那不勒斯的新任总主教祝圣后，在烈日下喝了一杯橘子水后死去的。"梵蒂冈教廷里的人大多认为他是中毒而死的。"冯·胡滕 – 查普斯基伯爵（Graf von Hutten-Czapski）告诉记者，他很熟悉教廷的环境。这种猜疑揭示了罗马教区浓厚的不信任气氛和潜在的紧张关系。俾斯麦在《思考与回忆》中以高超的外交辞令描述了他对当时可能发生的犯罪行为的怀疑。他在提到"教廷国务卿弗兰基的突然死亡"时评论道："提到俄国人们会说：gouvernement absolu tempéré par le régicide（专制主义政府，被弑君行为缓和了——作者注）。那么这样一个教宗，他过于无视在教会政策方面竞争着的机关，在面对教会内的'虚无主义者'时，他会比沙皇更安全吗？"

　　从 1880 年开始的 3 年内，一系列所谓的"缓和法"（Milderungsgesetze）得到了通过，消除了 1875 年五月法令的最恶劣的影响。在缓和法颁布之前，普鲁士有 4604 个天主教堂区没有神父负责，而在 1880 年第一部"缓和法"出台后，只剩 130 个堂区仍然无人领导了。之后的一部法律允许被废黜的主教得到国家的赦免并复职。对准神职人员的文化考试尽管在形式上保留了下来，但实际上已经不具有效力了。此外还有诸多措施促进了教会生活。

库尔德·冯·施洛泽在 1859~1861 年受俾斯麦之命出使圣彼得堡，1863~1866 年在罗马任公使馆参赞，1882 年被任命为普鲁士驻梵蒂冈的公使。但无论是德国皇帝还是首相，都不想让罗马教廷在柏林设置一个教宗使节。首相说，无论如何，普鲁士已经用"缓和法""无偿"做出了让步。俾斯麦迄今一直遵循着他在各种场合宣称的关于普鲁士教会政策的座右铭："解除武装，但不会销毁武器；把武器放在一边，但要上好了油。"不过，他愿意给予教宗廉价的尊重——这是后者作为教宗国前首脑所珍视的东西。德意志帝国首相在公函中用"陛下"（Sire）称呼了这位"梵蒂冈的囚徒"，按照当时的习惯，这是对世俗君主使用的措辞。后来，1885 年底，在德国和西班牙之间关于南太平洋的加罗林群岛（Karolineninseln）的无关紧要的殖民纠纷中，俾斯麦安排教宗充当了同时得到两国承认的仲裁者；此时，梵蒂冈被一种世俗的极乐占据了。教宗作为一个合适的统治者出现在了世界舞台上。虽然这并不意味着以前的教宗国又被人从以罗马为首都的意大利王国手中抢走了，但这种外交礼节上的姿态就像政治氧气一样，让教宗更容易在国际外交的高空中呼吸。

议会正在对"缓和法"进行辩论，德国与教廷也恢复了外交性质的谈判。此时，对教会职位任命进行报告的义务，成了国家和教会之间为了达成长期性和睦一致而必须坚守的最重要原则。教宗在 1880 年初就已经准备好承认这一义务了。但

719

俾斯麦坚持增加了一个重要的内容，即不仅应"承认教会职务转移时的通报义务"，还应"承认国家的反对权利"。教会对这种反对权的抵制一直持续到了 1886 年，因为它不想依赖于官僚机构；在教会看来，官僚机构在很大程度上是与自己敌对的。

尽管如此，经过多年的临时立法、外交进展和人事决定，此时，通过永久性的"和平法"（Friedensgesetz）的时机已经到来。尽管俾斯麦在宫廷和政界享有的自由比教宗在梵蒂冈拥有的自由更大，但他仍然需要克服普鲁士议会两院里的困难。毕竟，文化斗争已经对大家的思想产生了很大的影响，以至于中央党和一些狂热的新教保守派只是怀着沉重的心情参与了进来，而原本服从政府的民族自由党仍然保持着反罗马的乌尔里希·冯·胡滕那样的姿态，直到最后都不肯同意。

第一部《和平法》的草案最初于 1886 年 2 月中旬被送交了普鲁士上议院，这违背了议会的一切惯例。在修订《文化斗争法》的过程中，不久前被任命为上议院成员且曾在波兰问题上与政府合作的科普主教，与天主教徒冯·哈茨菲尔德－特拉申贝格侯爵（Fürst von Hatzfeldt-Trachenberg）一起，在俾斯麦和教廷之间充当了调解人。然而教宗认为，在议会最终通过《和平法》之前，自己也无法正式承认俾斯麦所希望的不受限制的报告义务，以及与之相伴的国家的反对权利；他只是做出了一般性的承诺，他向被派往罗马的哈茨菲尔德侯爵叮嘱道："……请您告诉俾斯麦侯爵，要给予我信任。"

克服议会的所有阻力是困难的；因此，俾斯麦介入了上议院的辩论。他的两个基本想法非常值得注意。在谈到 1875 年时，他声称自己"要对五月法令成了斗争法的这种发展方向和倾向负责"，但不对其中的所有细节负责。此外，《文化斗争法》的目的并不是建立这样一种永久性机构，"这个机构将以宪法式的威信支配普鲁士国家。《文化斗争法》只是为了实现和平的一种斗争手段。在斗争中，没有人能够事先设想到这种和平将会怎样取得"。

是政治原因，而非信仰原因，推动俾斯麦参与了与天主教会的斗争。在他眼里，天主教会的政治权力在过去和现在都是借助宗教来行使的。正因为如此，他也深信"教会与王权的千年斗争不会因个别议院的个别决议而转变为最终的和平——比如：不仅是德国皇帝与天主教会之间的和平，还有国王与神父之间的和平，都像是圆积问题一样，人们永远可以接近它，但不能完全实现"。这一直是他的基本观点，他在回忆录中也表达了这一观点。在战术层面，俾斯麦试图在演讲中推动与教廷在修订《文化斗争法》过程中的谈判接触。在这一点上，他想尽可能地排除各党派的影响，特别是天主教党派的。"我认为教宗比中央党更亲德。教宗是一位睿智、温和、爱好和平的绅士。但帝国议会多数派中的成员是否也都如此，是一个值得讨论的问题（欢呼声）。"

他又一次将中央党推向了德国自由思想者党，后者仍然被他称为"进步党"。俾斯麦通过这种故意的歪曲，为两党披上了左翼的外观，而它们事实上完全没有这种倾向。他还不无煽动性地采用了这样的一种语言规则，为议会中的右翼各党团冠以"民族政党"的称号。

1886 年 5 月 21 日诞生的《和平法》——顺便提一下，民族自由党对它投了反对票——废除了国家组织的"文化考试"，承认了教宗对神职人员的惩戒权，废除了国王宗教事务法庭。天主教寄宿男校、天主教高级寄宿文理中学、神学生寄宿学校、为传教士和神甫而设的神学院都重新被允许建立。只有这些机构的章程、课程以及领导和教师的名字会被告知教育大臣，而其中涉及的人事选拔和聘用则仍由教会自己负责。最后，从事护理的修会也再次被允许存在了。而一年后，即

1887 年 4 月，教会下辖的修会又在普鲁士被允许成立了，唯一的例外是被帝国法律排除在外的耶稣会。

在 1886 年的《和平法》通过后，教宗信守承诺，指示主教们遵守义务，如有新任命的神职人员，应通知政府当局。关于所谓的《文化斗争法》的修订工作也就基本完成了，但那些作为被保留的、"上好了油"的武器的规定仍然有效，例如《学校监督法》、讲坛条款、《耶稣会法》等。退出教会仍然是比较容易的，世俗婚姻的推行也已经势不可挡了。这两者对自由社会生活的发展都很重要。而天主教和新教这两个教派并没有像北爱尔兰等其他地方一样，把自己封闭起来、组成相互对立的聚居区。即使是与非基督徒的相互容忍也取得了进展，这种彼此容忍在现代工业社会的持续发展进程中是必不可少的。

国际紧张局势中的保加利亚危机和三皇同盟的崩溃 (1885~1886 年)

在首相面对复杂的外交局面时，国内的政治困难也随之而来。1886 年 4 月，普鲁士内务大臣罗伯特·冯·普特卡默向警察机关发布了一项法令，要求警察机关重新严厉惩处工人们的专业协会，不要再进行克制；这表明，《反社会党人法》执行过程中的"温和实践"已经结束了。在这项法令颁布前一周，帝国议会的多数议员再次批准了这项非常法期限的延长，但不同于政府的提案，议会只批准了延长两年。即使在民族自由党内部，批评的声音也越发响亮。俾斯麦的《反社会党人法》在帝国议会中越来越难以被通过。另外，5 月底通过的——民族自由党对其投了反对票——《和平法》，也带来了政府与教廷的平衡，尽管这种平衡始终是脆弱的；但是，这项法律并没能促使俾斯麦与中央党进行任何长期的合作。几个大资产阶级政党与俾斯麦的关系变得相当不稳定。

在这些不确定因素之外，首相还要面对在预料之中的皇位更迭，因为即将 90 岁的皇帝已经越来越衰弱了。皇位继承人有着自由主义者的名声，并与班贝格尔、施陶芬贝格和福肯贝克等自由思想者党领袖建立了私人关系。俾斯麦很快认识到，这些雄心壮志的性质十分可疑，一个君主制—半立宪制政体的最高领导人的变化，将会危及处于危机之中的首相的统治地位。我们可以承认，俾斯麦并不只是关心个人的权力，而是也感到对自己参与塑造的社会和国家秩序负有重大的责任；但正是出于这个原因，俾斯麦担心国家首脑的变化会给裙带关系打开大门。

俾斯麦不止一次地利用外交政策避开了国内的危险，他相信，议会中的自由派和他在君主制国家机构以及军队领导层中的反对者们，不会敢于与他公开对抗，因为这些人认为他的外交政策是成功的。

1879 年秋的德奥二元同盟在 1881 年 6 月变成了德国、奥匈帝国和俄国的三皇同盟。与 1873 年那仅仅是一份协商性协定的《三皇协定》相比，《三皇同盟条约》作为中立条约，象征着三国关系的进一步发展，但俾斯麦对它的效力并不抱有幻想。他的怀疑是有道理的，因为三皇同盟的有效期只有三年。俄国和奥地利在巴尔干的对立一如既往地激烈。但泛斯拉夫主义者也将攻击的矛头对准了德意志帝国。俄国将军斯科贝勒夫——他在俄土战争中，特别是在渡过多瑙河以及在中亚与土库曼人的战斗中表现突出——于 1882 年 2 月中旬在巴黎对塞尔维亚学生的演讲中，号召所有斯拉夫人与俄法结盟，共同对抗德国和奥地利，并说出了那句口号："去君士坦丁堡的路要经过勃兰登堡门。"

对于斯科贝勒夫在巴黎以及之后在华沙发表的煽动性

演说，俾斯麦用这样的方式做出了回应：他满足了土耳其自1880年以来多次表达的愿望，为其重建军队提供了支持，并向君士坦丁堡派遣了普鲁士军官，其中包括将在君士坦丁堡成为传奇人物的少校——科尔马·冯·德·戈尔茨男爵（Colmar Freiherr von der Goltz）。奥匈帝国在1881年已经与塞尔维亚签订了一个条约，形式上看起来是建立一个联盟，但实际上却使这个巴尔干国家成了奥匈帝国的卫星国。1883年10月30日，奥匈帝国与罗马尼亚在维也纳签订了秘密的同盟条约，德国政府也参与其中。在这件事上，罗马尼亚对俄国吞并比萨拉比亚的不满得到了充分利用。

斯科贝勒夫展开了针对德国的狂热宣传运动，并采取了泛斯拉夫十字军骑士的姿态反对穆斯林土耳其；而与此同时，来自圣彼得堡的大使萨布罗夫则在没有正式授权的情况下，向柏林提议延长《三皇同盟条约》，主张德国和奥地利应允许俄国对土耳其海峡采取行动。萨布罗夫和斯科贝勒夫之间不太可能达成一致，但他们执着于同一个理想的目标：君士坦丁堡。1884年5月，在莫斯科的加冕纪念庆典期间举行的一次协商中，外交大臣吉尔斯战胜了萨布罗夫的支持者们。

在俾斯麦授权对土耳其的军事援助任务后，如果俄国公然试图摧毁奥斯曼帝国，就将把德国推向英国一边。而这对俄国来说是极其危险的，原因有两个：一是俄国无论如何都会在中亚与英国发生碰撞，二是保加利亚的亲俄情绪已经冷却了，甚至到了敌对的边缘。因此，吉尔斯立即前往德国和奥地利，最终在弗里德里希斯鲁见到了俾斯麦，俾斯麦以友好的态度接受了他的建议，即由先前派驻巴黎的奥尔洛侯爵（Fürst Orlow）代替萨布罗夫担任俄国驻德大使。1884年3月，《三皇同盟条约》延期了三年，内容上只是做出了一点微小的改动。

但是，英国和俄国之间的紧张关系已经造成了战争风险，这是必须被认真对待的；1885 年初，俄国部队与阿富汗部队发生了冲突，威胁到了英国王室殖民地——印度的边境。在 4 月和 5 月的几个星期里，局势急剧恶化，促使英国议会批准了大笔的战争信贷，政府也动员了预备役和民兵。伦敦与土耳其苏丹进行了谈判，商讨开放博斯普鲁斯海峡和达达尼尔海峡、允许英国军舰前往黑海作战；同时，英国政府让英属印度总参谋部制订了作战计划。不久之后，英国媒体写道，一个欧洲主权国家可以在阿富汗冲突中扮演仲裁者的角色。这当然是将注意力投在了德国皇帝的身上。而当《泰晤士报》像俾斯麦所说的那样，以"某种狂热、对德国提出了在阿富汗冲突中充当和事佬的过分要求"时，俾斯麦在 1885 年 5 月 27 日给皇帝威廉一世的一封详细的信中批判性地描述了当下的情况：德国的政策对英俄之间的战争前景没有起到过任何推波助澜的效果。但是，"如果我们实行这种节制……我们就有责任为了德意志民族的利益，避免任何可能导致这种结果的事情，即我们从英国那里分走了一部分俄国人的敌意，把这种重负扛在了自己身上"。

此外，对于俄国和英国报刊中主张两国结盟的声音，俾斯麦同样感到不安。"这样的联盟表面上是基督教、反土耳其的，但实际上是泛斯拉夫主义、有激进倾向的，如果它得以成立，"首相写道，"那么在英国和俄国的政策遇到德国的抵抗时，这个联盟就有可能随时根据需要从法国获得支持；这个联盟将为一个反对我们的联盟的形成提供基础，因为这个联盟无法独自面对一个危险的德国。"俾斯麦仿佛预见了 1914 年的欧洲列强局势。他没有对俄国在中亚的行动自由施加直接或间接的干涉，但他在尽一切可能通过国际外交阻碍英国的舰队行动；在这方面，他没有任何威胁的姿态，而是一直在援引国际条约。柏林方面在 1885 年 4 月中旬敦促法国政府，应当根据《柏林

724

条约》在君士坦丁堡对开放海峡的可能性提出反对。俾斯麦提请土耳其政府注意，如果让英国军舰通过海峡，俄国的干预将是不可避免的。尽管并不情愿，但土耳其政府不得不尊重这一点，因为提出了这一要求的不仅是俾斯麦和他在三皇同盟中的盟友们，甚至还有法国，就连意大利也在犹豫之后加入了这一行列。大多数欧洲政府在海峡问题上的明确立场，阻碍了英国在对俄战争中使用其决定性的军事力量——舰队。

英国在与俄国的争端中处于孤立的地位，而双方又都对战争缺乏准备。因此，这场国际危机以一纸有关阿富汗北部边境问题的议定书暂时告一段落了。在 1885 年的英俄危机中，俾斯麦成功确保了德国与所有相关国家的关系都没有恶化。三皇同盟发挥了作用。

725　　英俄冲突还没有完全解决，巴尔干地区的新危机就形成了，这给俾斯麦带来了更为艰巨的任务。1885 年 9 月 18 日，一场早已准备好的起义震动了东鲁米利亚；保加利亚人——其中有马其顿人——赶走了土耳其总督及其官员，宣布东鲁米利亚与保加利亚北方公国合并。9 月 20 日，保加利亚摄政王亚历山大·冯·巴滕贝格（Alexander von Battenberg）不得不顺应国内的情绪，不情愿地决定接管东鲁米利亚。

摄政王是黑森的亚历山大亲王与一位波兰女伯爵所谓"贵庶通婚"所生的儿子，他和所有兄弟一样，从自己的祖父——黑森－达姆施塔特大公那里得到了巴滕贝格亲王的头衔。他的父亲是俄国沙皇皇后的哥哥，这也提升了他的地位。因此，他作为沙皇亚历山大二世的内侄和亚历山大三世的表亲，享受着沙皇王朝的恩宠。亚历山大·冯·巴滕贝格在沙皇朝廷里已经相当重要了。除此之外，虽然巴滕贝格的家庭背景已经具有遍及世界的特征，但黑森－达姆施塔特的统治家族仍在继续以非凡的热情培育其国际关系。1879 年 4 月 29 日，在俄国的推动下，亚历山大·冯·巴滕贝格在索非亚当选为保加利亚大公，他与沙皇的亲缘关系可能是其中决定性的因素。起初，沙皇喜欢用帮助保加利亚摆脱土耳其束缚的"解放者"的名声来装饰自己；但真相很快就显示了出来，圣彼得堡显然想把保加利亚变成一个附庸国，甚至毫不掩饰地任命了两位俄国将军为保加利亚的内阁大臣。

亚历山大·冯·巴滕贝格作为保加利亚的统治者，完全陷入了内部争斗和大国阴谋的危险政治旋涡。这促使他像所有巴滕贝格家族成员一样贪图社会关系，不断在欧洲各国首都寻找靠山。然而，当他在1884年春天来到柏林和维也纳时，他并不知道俾斯麦即将结束关于续签《三皇同盟条约》的艰难谈判。因此，对于获得首相支持、抵御俄国侵犯的任务而言，他很难找到一个比当下更为不利的时机了。而且首相已经得知，这位年轻的大公与德国王储的家庭来往密切，他向这个家中的17岁的女儿——也就是皇帝的孙女——求了婚，而储妃对此持开放态度。

俾斯麦不希望让俄国国内出现任何政治上的误解，他知道亚历山大三世对这个桀骜不驯的表亲有着几乎是病态的仇恨，因此，他十分警惕。此外，他仍然愿意"允许俄国的影响力在保加利亚自由发展"，对于那些有关俄国代理人的"恶意"和"卑鄙"行径的抱怨，他回应道："本来，亚历山大大公接手保加利亚公国，不外乎是做一个俄国的总督；如果他是带着其他目的接手的，那么，他就把面纱揭掉得太早了，他不安分地从四处招来了土耳其人、希腊人、俄国人、保加利亚自由派和英国王室的反对，自己破坏了这个地盘。"对俾斯麦来说，"俄国宫廷对大公的不满"是相当合理的。

亚历山大·冯·巴滕贝格留下了一份他与首相的会谈记录。记录显示，俾斯麦曾毫不客气地坦率表明，不允许亚历山大·冯·巴滕贝格与霍亨索伦家族的公主结婚。而关于巴滕贝格的政治立场，俾斯麦向咨询意见的大公近乎嘲弄性地提出了两种选择："其实我觉得您应该意识到了，您到底德国人还是保加利亚人？到目前为止，您一直是德国人，而且直到您退休前，您都会一直是德国人。如果我站在您的立场上，可能就会继续保持德国人的身份，因为我意识到，与东方人打交道，一定会让您这种拥有诚实、直率性格的人感到厌恶。但如果您想留在保加利亚，就向俄国的仁慈或不仁屈服吧，甚至在必要时，您还得采取反德立场！"

向俄国的仁慈或不仁屈服？俾斯麦在此最为直白地展示了自己对保加利亚人民争取独立的努力的不理解。土耳其农民和贝伊们（Bey）在逃亡后留下了无主的土地，因此，保加利亚人不得不面对社会结构的调整。俾斯麦仅仅认为保加利亚是一个"补偿物品"，因此建议巴滕贝格"把他依靠沙皇亚历山大二世获得的职位，以最高的价格卖给沙皇亚历山大三世"。这个无理的"建议"也被传达给了德国驻维也纳大使，目的是消除令德国政府感到不悦的因素。巴滕贝格不能遵循这个建议，除非他想放弃自己的政治生涯。他做了目前形势下在这个有争议的巴尔干国家中可能做到的事情：正如他那位来自达姆施塔特的宫廷传教士阿道夫·科赫（Adolf Koch）后来所写的那样，他"尽可能地维护俄国的利益"，但也支持保加利亚人的愿望。这种做法是否会一直合适，还有待观察。无论如何，在与俾斯麦这次谈话一年之后，巴滕贝格不可能反对东鲁米利亚的谋反以及保加利亚人的政治统一，只要他不想被赶走。

727　　　然而，民族运动的发展带来的一个统一的、有独立野心的保加利亚是沙皇所不能接受的；沙皇希望这个巴尔干国家完全由他主导、尽可能与西方隔绝。这就是为什么俄国在外交上对1885年的保加利亚统一立即表示了反对，要求按照《柏林条约》恢复从前的领土状况。如果不考虑 1881 年的秘密三皇同盟的一份附加议定书所做的规定，即三国政府将不会在事情发生时反对这两块最重要的领土的统一，那俄国的这一要求就是完全符合国际法的。但保加利亚人的民族运动绝不违背三皇同盟的附加协定。俄国还采取了更为冒进的行动，向参加柏林会议的国家发出呼吁，要求对保加利亚进行干预，反对统一。尽管这些国家驻君士坦丁堡的大使们开会进行了协商，但在几个星期的时间里都没有取得明确的结果。

面对这个外交努力徒劳无功、保加利亚民族运动成果显著的时期，俄国政府试图推翻巴滕贝格的统治，此时，俾斯麦对可能发生的一次令人错愕的废黜君主行动发出了警告，而这当然不是出于他对大公和保加利亚独立运动的同情。相反，他担心的是，这种行动可能会造成国际纠葛。19 世纪 80 年代中期，保加利亚铁路的特许权正受到各方的争夺。奥匈帝国的资本集团在德国银行的支持下，主张建立从维也纳经贝尔格莱德和索非亚到君士坦丁堡的从西到东的路线，这将一定能使它们极其容易地打开塞尔维亚、保加利亚和其他巴尔干国家的市场。而圣彼得堡政府所要求的南北向路线，则可以在很大程度上将保加利亚与俄国的经济联系起来，而且在与土耳其发生战争时，这条路线还会有相当大的军事意义。保加利亚方面对这场政治和经济竞争（它被国际投机者利用，使他们从中获利无数）突然做出了支持奥地利利益的决定。就在授予特许权的最后期限前真正意义上的几分钟里，保加利亚代理人们打坏了俄国的算盘。所有的阴谋和讹诈企图都无法阻止这次针对俄国的特许权授予。北保加利亚与南保加利亚（东鲁米利亚）的统一，有利于东方铁路线向君士坦丁堡延伸，这进一步加深了俄国对巴滕贝格的怨恨。

保加利亚民族国家领土的扩张影响到的不仅是大国的利

益，希腊和土耳其也调动了自己的武装力量——不过在各大国的敦促下，它们还是保持了克制。塞尔维亚和保加利亚的关系出现了变化，此前与巴滕贝格交好的塞尔维亚国王米兰认为可以借此机会实现自己的民族主义强国梦，要求得到保加利亚的领土作为"补偿"，以便维护巴尔干地区的"平衡"。1885年11月14日，塞尔维亚突然入侵保加利亚，迫使在巴尔干地区竞争的各国表明立场。俄国和奥地利都知道塞尔维亚想要吞并保加利亚，却没有采取任何行动，因为它们希望米兰成功。俄国外交大臣吉尔斯希望除掉巴滕贝格；因此，在塞尔维亚入侵之前，俄国军官已经被从保加利亚的军队中召回了。即使在塞尔维亚取得胜利的情况下，吉尔斯似乎也不会冒任何风险，因为正如俾斯麦所指出的那样，"关于局势的最终决定"并不取决于"保加利亚的成功，而是取决于各大强国的决议"。维也纳外交大臣卡洛诺基则允许当地银行为塞尔维亚的进攻提供资金支持，希望以此将塞尔维亚与奥地利更加紧密地联系在一起，减少俄国在保加利亚的影响力。

在塞尔维亚于战争初期取得胜利后，保加利亚军队又掌握了主动权，这违背了所有人的期望。在民族统一运动的鼓舞下，保加利亚军队迅速推进到了塞尔维亚首都贝尔格莱德。这就迫使鼓励塞尔维亚人参战的奥地利政府转而求助于各大国的代表，希望它们用强制命令来结束战争，防止塞尔维亚国王米兰的溃败。奥地利提出了有力威胁，称该国军队将阻止保加利亚继续进攻；以此，卡洛诺基挽救了塞尔维亚政府，但同时也以一种危险的方式恶化了奥地利与俄国的关系，因为虽然俄国希望把巴滕贝格从保加利亚赶走，但又不希望哈布斯堡王朝取而代之进行统治。正因为如此，俾斯麦反对奥地利政府的单方面行动；在激烈的权力和利益角逐中，奥地利政府没有事先与圣彼得堡取得一致，这违反了三皇协定所规定的义务。但首相最为注重的不是国际法的规定，而是自己的政治意图：将德意志帝国对安全的需求与三大帝国在保守主义立场上的团结捆绑起来。面对巴尔干地区的种种动荡和大国阴谋，他给了维也纳一个极富启发性、凝练在了一句话中的建议："平静观望比快速做出决定更难，但也更有用。"

尽管如此，与沙皇专制的顽固相比，哈布斯堡君主国的干涉政策还是很灵活的。亚历山大三世公开宣布，"从现在起，斯拉夫人必须为俄国服务，而不是我们为他们服务"。但是在巴滕贝格和他的军队战胜塞尔维亚之后，俄国政府已经不能在保加利亚按自己的想法行事了；这个巴尔干国家现在已经不再像奥地利和英国在 1878 年所担心的那样，是俄国针对君士坦丁堡的军队部署区了，而是成了阻止俄国军队前进的屏障。巴滕贝格很聪明，没有太过挑衅性地利用自己的成功；他与苏丹进行了直接谈判，毕竟后者在理论上仍是他的君主。在君士坦丁堡举行的大使会议上，人们谈到保加利亚的统一损害了《柏林条约》的完整性，这一会议此时更加陷入了停滞。在巴滕贝格与苏丹的双边会谈以及塞尔维亚与保加利亚的和平谈判结束之前，大使们都采取了观望的态度。1886 年 3 月初，和平条约签订了；一个月后，巴滕贝格与苏丹达成协议，在一定程度上挽回了苏丹的面子，也掩盖了《柏林条约》的修订。这使得大使会议能够在 1886 年 4 月 5 日批准这些协议。保加利亚摄政王被任命为东鲁米利亚的土耳其总督。协议表面上为期五年，实际上是无限期的。由此，保加利亚的两部分组成的统一政府得到了承认。

奥地利和俄国的利益彼此抵触，它们完全不可调和地卷入了保加利亚及其周边地区的事件。因此，尽管《三皇同盟条约》的期限将持续至 1887 年 6 月，它已经越来越遭到质疑。亚历山大三世已经在考虑脱离奥地利转而投靠法国了，虽然暂时还不以与法兰西共和国结盟为目标。1885年冬，当沙皇携皇后和其他皇室成员出现在法国使馆的盛大舞会上时，引发了轰动，毕竟这是第三共和国成立以来，俄国统治者第一次进入使馆。法国大使费利克斯·安托万·阿佩尔将军（General Félix Antoine Appert）是镇压巴黎公社时的军队司令，一个极端保守派。这样一个人被派去与俄国统治者打交道，再合适不过了，尽管他对于在1886年1月成立的弗雷西内（Freycinet）政府来说是难以忍受的，因为这个政府是建立在温和派与激进派共和主义者的妥协的基础上的。毕竟，在前几轮的选举中，共和派曾经非常艰难地战胜了君主派。政府中的突出人物是国防部长布朗热将军（Boulanger），他有对德国复仇的想法，并得到了激进共和派及其领袖克莱蒙梭（Clémenceau）的支持，原因是他反对许多军官的君主制思想。

730　　1886年4月，一本小册子在巴黎出版，标题很有煽动性——《战斗之前》（*Avant la bataille*），由国防部长布朗热的朋友、退役军官希波利特·巴泰勒米（Hippolyte Barthélémy）撰写。作者认为，法军现在可以与德军平起平坐，甚至更胜一筹，因此复仇之日即将到来。诗人、士兵保尔·德鲁莱德（Paul Déroulède）也在序言中声称，这场战争是不可避免的，并大张旗鼓地呼吁："法国与德国的和解是必要的，但这要靠武器；是的，这将是有益的、有利的，但是要靠胜利获得。"德鲁莱德身后站着50万"爱国者联盟"成员，他在1886年仲夏前往了俄国。这个任务有些棘手，因为对法俄友好的展示不能引发反感，不能让沙皇在外交方面遭受舆论的压力，尤其是在圣彼得堡和巴黎的外交谈判进展不顺利的情况下。尽管如此：俄国政治新闻界的明星人物米凯尔·卡特科夫（Michael Katkow）接见了德鲁莱德，并于7月30日在《莫斯科日报》（*Moskowskie Wjedomosti*）上发表了一篇引发轰动的社论。他在其中反对了那样的观点，即君主制的俄国只应与奥地利和德国这种君主制帝国结盟，而不应与以杂乱的民主制著称的法国结盟。然而，俄国的诉求与法国的设想之间终究还是存在矛盾；俄国希望法国可以帮助它向君士坦丁堡和加利西亚推进，法国则认为俄国可以协助它重新征服阿尔萨斯－洛林。法国复仇主义者的主要对手是德国，但俄国的扩张主义是针对奥地利的利益范围的。

米凯尔·卡特科夫本人也在俄国中部参与了工业化的、强烈支持贸易保护主义的企业活动，被视为新兴工业的先驱和代言人。他继续毫不动摇地用他所能影响到的小报，反对三皇同盟。据说沙皇急切地阅读了这些小报，但并没有与周围的人谈论它们。沙皇也没接见过卡特科夫，尽管卡特科夫给他写了三封信，试图对他产生影响；关于沙皇的接见，正如德国大使对帝国首相所说的那样，"高高在上的君主"不喜欢"辩证法的比赛"。

卡特科夫于 1887 年 8 月逝世，享年不到 70 岁，很可能是因为受到了俄国在保加利亚的耻辱的折磨。虽然俄国特务在 1886 年 8 月 20 日至 21 日的夜里逮捕了亚历山大·冯·巴滕贝格，并在 9 月初逼迫他放弃了王位，但他们仍然没能建立起一个顺应沙皇的政府，尤其因为是大公在离开该国前已经建立了一个在斯坦布洛夫（Stambulow）领导下的摄政统治，这个政府不允许自己在行动上受到任何人操纵，包括沙皇的特使。俄国的干涉太过粗暴，对一个已经觉醒了的、要求自决的民族来说，总督统治是不可接受的。

保加利亚的事件震动了俄国的政坛。伯恩哈德·冯·比洛——后来的帝国首相——当时还是德国驻圣彼得堡的使馆参赞，他报告称，有很大一部分俄国知识分子感到不安，因为"25 年来一直被视为金科玉律的泛斯拉夫思想，被证明是一个

731

天大的谎言并被揭穿了"。他们"觉得自己像堂吉诃德，他视为女神的达尔西妮亚（Dulcinea）事实上是一个村姑"。但是，不仅仅是报刊编辑部和论辩圈子里充满着愤怒；在内阁以及政府和宫廷的沙龙里，人们也气愤不已，寻求新的外交政策和建立联盟的可能。毕竟这是俄土战争以来，俄军的胜利第二次变成了失败。在圣彼得堡，人们希望为这种不幸在柏林寻找替罪羊，但尽管如此，那些有关责任方还是得进行对话。尽管人们对三皇同盟能够维持的信心在减弱，俄国的反奥情绪却也必须得到安抚。在这种情况下，俾斯麦认为自己应像过去一样，为了帝国和保守主义"秩序维护力量"的利益而充当调解人。

1886 年 11 月，赫伯特·冯·俾斯麦在与沙皇的弟弟弗拉基米尔大公（Großfürst Wladimir）的长谈中，提请俄方注意巴尔干地区的民族革命的危险，以及哈布斯堡王朝在维持保守主义秩序方面的作用。他"谨遵父亲的指示"，解释道："俄国与奥地利的争斗，会导致哈布斯堡王朝在维持保守主义秩序方面的失败，而这会给俄国带来最严重的后果。在奥地利，共和派在各个民族中占据了主导地位。意大利人和南斯拉夫人早已被灌输了极端的政治激进主义思想，但即使是在匈牙利人、捷克人、波兰人和罗马尼亚人中，革命情绪也很普遍了，只是被奥地利皇帝在所有这些民族中间编织起的纽带压制。"如果奥地利在战争中被击败，那么激进主义将会在巴尔干地区得势，将会感染俄国本土的人民，"这将给沙俄王朝带来最致命的坏处"。

732　　赫伯特·冯·俾斯麦在唤起了这种对未来的或多或少是合理的担忧之后，向俄国政府保证，当俄国需要恢复"在保加利亚的合法影响"时，德国将会在面对其他大国时为俄国争取支持。但是，他警告说，俄国不应向保加利亚派兵执行更高的任务，因为德国政策的"主要目的"是"避免奥地利和俄国之间爆发冲突"。赫伯特表示，对于三位皇帝来说，革命带来的损失要远大于他们能从彼此那里获得的利益；他始终以促进对三皇同盟的维护和巩固为目标。在这里进行讨论的是两国的代理人，因为赫伯特·冯·俾斯麦是德国首相的儿子，而弗拉基米尔大公是沙皇的弟弟。然而，弗拉基米尔所属的圈子只是宫廷里的少数派，他们主张与德意志帝国保持良好关系，也不想削弱哈布斯堡帝国；宫廷和政府中的大多数人虽然是支持德国的，却反对奥地利。

德国在任何情况下都不能承诺在奥地利和俄国的战争中保持中立，奥托·冯·俾斯麦也明示了这一点："如果我们在我们两个朋友的这种完全没必要爆发的战争中保持中立，我们可能很快就会把这两个朋友变成两个对手……保加利亚的命运问题，甚至东方问题，都不是我们发动任何战争的理由。但是，我们对维护奥地利利益以及与之的良好关系方面却有着足够强大的利益，足以迫使我们在奥地利君主制受到严重威胁的情况下，违背自己的意愿而发动战争。"由此，俄国政客总是抱有的投机想法都被证明是虚幻的。

但柏林也经历了失望。伯恩哈德·冯·比洛，德国在圣彼得堡的事务负责人，与俄国外交大臣就俾斯麦的一个指令秘密进行了探讨，这个指令有可能会在时机成熟时被提交给沙皇参考。吉尔斯虽然生动地表达了对于德国与俄国之间的良好共识的欢迎，却"尽量避免"提到奥地利。

吉尔斯"对指令中关于三皇同盟作为抵御革命之堡垒的论述，只字不提"，尽管伯恩哈德·冯·比洛"一再把讨论引回到这一点上"，此时，吉尔斯的沉默便更加具有意义了。冯·比洛最终明白，三皇同盟已经没有复活的希望了。

俾斯麦认识到了德国与俄国关系日益棘手的原因。对他来说，卡特科夫的新闻喉舌是"一个第二政府"，根本上代表的

733

是贸易保护主义的工业界的利益。俾斯麦认为，俄国社会反德情绪的另一个来源是"俄国地主的物质困难"。但是，考虑到德国的农业危机也还在继续，他恰恰无法顾及这一点。因此，俾斯麦试图通过政治上的让步创造一种平衡。在这个意义上，赫伯特·冯·俾斯麦早在1886年11月底就以外交部的国务秘书的身份，给德国驻圣彼得堡大使写信说："我们越是预见到自己将不得不在贸易政策领域征收关税，就越是有必要不再隐瞒我们这样的态度，即我们在政治领域可以做出更重大的让步。对我们在政治领域的让步进行保密是没有任何好处的，我甚至告诉英国大使，我们不仅对保加利亚没兴趣，而且对君士坦丁堡也完全没兴趣。"然而，一段时间后，帝国首相在这种让步中附加了一个条件，即"在德国遭受法国的攻击时，俄国要保持中立"。

随着保加利亚危机后三皇同盟的解体，几大帝国之间开始寻求新的关系。在俄国，不仅统治阶层出现了分歧，媒体上也出现了批评的声音；在德国，俾斯麦的外交政策也比以往任何时候都受到了更多的怀疑和声讨。

在德国外交部内部出现了一个危险的对手，他就是外交部首席顾问弗里德里希·冯·霍尔施泰因（Friedrich von Holstein）。1837年，他出生于一个由退役普鲁士军官和富裕地主家女儿组成的家庭里，是家中独子；通过家教辅导和出国旅行，他获得了扎实的教育。因"肺部虚弱，整体身体状态孱弱"，他得以免于兵役，转而走向文职。1860年12月，23岁的他在当时由俾斯麦领导的普鲁士驻圣彼得堡公使馆担任随扈外交专员，开始了他的外交生涯。他在自己的岗位上脱颖而出，于是，普法战争期间，俾斯麦把他吸纳进了自己的外交指挥部，并将棘手的外交任务委托给他。1870年后，霍尔施泰因最终成了哈里·冯·阿尼姆伯爵手下的德国驻巴黎大使馆的二等秘书。当冯·阿尼姆伯爵与帝国首相发生了不可调和的争执时，他不得不作为控方证人出来，做出不利于伯爵的证词。然而，这件事并不是像人们常说的那样，是导致他被孤立的原因；他那年轻时就显示的孤僻性格，使他将自己封闭在社会之外，对此，他的父亲很早就担心了。

霍尔施泰因是远离生活的教育和单纯的外交服务所塑造的艺术产物，他没有国内政治的经验，也没有在商业世界中取得成功，尽管他曾在 1868 年至 1870 年对后者做过尝试。他主要是通过卷宗认识了外交领域中的人物和势力。在 19 世纪 70 年代和 80 年代初，他与俾斯麦家族建立了亲密的关系，但在 1884 年秋天，尽管俾斯麦一再发出邀请，霍尔施泰因还是退却了；彼时，由于皇权即将更迭，首相在国内政治上遇到了特别强烈的反对声浪。而霍尔施泰因正在与王储的宫廷建立联系，他开始指责俾斯麦家族忘恩负义。他行事老练、案头经验丰富、工作勤奋，但性格懦弱，终其一生怕承担责任；他从来不会光明正大地参与斗争，而是借助有着多层保障的阴谋手段。因此，马克西米利安·哈登后来为他创造了"灰衣主教"（Graue Eminenz）这个经久不衰的词。在争取影响力的过程中，当霍尔施泰因无法实现自己想实现的事情时，就会变得十分敏感。他本想成为俾斯麦那样的人，然而不幸的是，他知道他永远无法望其项背。

1886 年的外交政策危机年给了霍尔施泰因一个客观上的借口，由此从"俾斯麦支持者"变成了叛徒——但仍旧是在幕后和地下。作为一个保守派，霍尔施泰因也认为"所有任务中最大的任务"是"阻挡革命"。但他不想再参与俾斯麦的对俄政策了。因此，1886 年 1 月 13 日，在帝国首相对保加利亚－东鲁米利亚的革命做出亲俄的反应后，霍尔施泰因宣布："25 年来，我第一次对俾斯麦的外交政策感到了不信任。"霍尔施

735

反对俾斯麦同盟政策的人：弗里德里希·冯·霍尔施泰因（左）和阿尔弗雷德·冯·瓦德西伯爵（右）。

泰因可能已经意识到，再努力也不能使三皇同盟的局面维持下去了；与弗拉基米尔大公和舒瓦洛夫大使的意见不同，霍尔施泰因并不想用德国与俄国的同盟来取代三皇同盟，而是想进一步接近奥地利，并且在三皇同盟之外向英国靠拢。然而，这相当于形成了一个反俄势力集团，在俾斯麦眼里，这可能会引发一场具有双重风险的大战：对俄国和法国的两线作战，以及不仅仅局限于巴尔干地区的革命动荡。

霍尔施泰因希望明确德国的政策，俾斯麦则努力以一种新的方式缔结德意志帝国那已经危机四伏的盟约关系，同时对奥地利和俄国都保持高度的独立自主，并且依据形势敦促两国克制与和解。当然，首相最感兴趣的一个想法，即在巴尔干地区划分利益范围——俄国主导保加利亚，奥地利主导塞尔维亚——是不可能实现的。但是，霍尔施泰因对俾斯麦外交政策的本质做出了错误的判断，他在1884年指出："俾斯麦在所有事情上都喜欢临时性的东西，因为它比确定性的东西更有弹性。"但情况绝非如此，因为首相关心的是如何明确维护现有的力量关系。俾斯麦相信可以通过军备在外交上实现这一点，同时也要辅以随机应变的弹性手段，但其中存在的问题是，欧洲的和平与民族独立能否在军备竞赛的氛围中得到保障。无论如何，俾斯麦都不准备在不必要的情况下中断与他国的关系，尤其是德国与俄国的关系，无论它是已经多么危机四伏。

在这个过程中，又出现了另一个反对派，即军需官阿尔弗雷德·冯·瓦德西伯爵（Graf Alfred von Waldersee），他的出身让他几乎注定成为军人。他1832年出生于波茨坦，父亲是一位与普鲁士王子、日后的皇帝威廉一世关系密切的军官，1856年，他的父亲成了波兹南的指挥官，并在5年后晋升为柏林的司令官。阿尔弗雷德·冯·瓦德西的母亲来自将军冯·胡纳拜恩男爵（Freiherr von Hünerbein）的家庭，这位将军在路易斯王后的宫廷中担任职务。他娶了一位美国商人的独具魅力的女儿，她带来了一大笔财富。他的地位在这种连接大西洋两岸的关系中得到了提升，而他同时有着极端的保守主义和教科书般的宗教虔诚。

瓦德西是在1866年战争期间开始自己的职业生涯的，他是极端保守派的卡尔亲王的副官；1870年，他已经成了俾斯麦的代理人，尤其是在镇压巴黎公社的日子里。1873年，他被任命为驻汉诺威的第10军团总参谋长，他在那里受惠于一些在柏林有影响力的人。在总参谋部的训练演习以及在帝国演习中，他脱颖而出，赢得了老毛奇的青睐。1881年，他被任命为军需官，作为年迈的老毛奇的代表，实际上接管了普鲁士－德国总参谋长的职务。瓦德西是那种野心勃勃地参与政治的将军，他偶尔会把自己当成俾斯麦的接班人。由于他预计未来将会不可避免地发生两线作战，他希望"重新确立德国的政策"，并敦促与奥地利结盟应以反对俄国为导向。这又是一种

736

单线的思想, 与俾斯麦的政治信念和做法大相径庭。

尽管在政府层面, 做出新决策的过程中总会出现种种紧张局面, 但俾斯麦一直都能在德国外交政策中实现一致性; 如今, 这种一致性却受到了威胁。这也预示着, 他的首相职位会有危险, 尤其是因为来自政府内部的批判与新闻界形成了呼应。反对的声浪在延续, 其针对的是《北德意志汇报》报道的德国政府对巴滕贝格被迫辞职做出的官方评论:"保加利亚的这次和其他运动没有对德国的利益产生影响。"一切都倾向于使德国公众充满不快, 甚至是愤慨。起初人们发现, 被强盗式地从君主的位子上赶下来并被驱逐出国的巴滕贝格, 也有着一个德国军官的军衔。自由思想者党和教宗至上派的报刊指责俾斯麦在保加利亚让"俄国人打了德国人的脸", 民族自由党的报刊也加入了这一行列, 尽管态度不是那么激烈。

最后, 来自重工业和银行资本的有关利益团体也纷纷发表意见, 它们不再认同俾斯麦关于划定势力范围并相互尊重的构想。

737　　民主派的报刊占有特殊地位。1886 年秋前后, 民主派的柏林《人民报》开始把官方报刊称为"哥萨克报刊"(Kosakenpresse), 以谴责其亲俄态度。《人民报》认为, 对俄战争是不可避免的, 迟早会发生, 所以德国应该和所有欧洲列强一起, 在保加利亚对抗俄国人。中央党的左翼自由派报刊也持有类似的观点, 尽管不是那么尖锐。《法兰克福报》(*Frankfurter Zeitung*)起初宣称自己对保加利亚人充满热情, 但从 1886 年 9 月起, 它同样因俾斯麦的对俄政策感到激动。很快, 这一点在所有资产阶级报刊上都显现出来了, 政府对"法国危险"的夸大给它们留下了深刻的印象。新的军事要求已经被提出, 七年期选举(Septennatwahlen)和卡特尔帝国议会也宣告到来。

与左翼自由派和资产阶级民主派不同，社会民主党派从来没有对俾斯麦的国内政策和外交政策进行本质上的区分。社会主义工人党一再强调帝国外交政策的不民主性，强调大国之间的相互博弈牺牲了沙皇帝国和哈布斯堡帝国内部各民族的民族独立；尤其是军备竞赛，它不能保证德国的民族独立，而是将在长远上对其造成危害。

1886年9月，恩格斯曾写信给倍倍尔，谈到当时外交政策的转变："俾斯麦和威廉曾面临这样的抉择：要么是抗击俄国，那就或者导致法俄同盟和世界大战，或者由于泛斯拉夫主义者同虚无主义者结成同盟而使俄国革命不可避免；要么是向俄国让步，那就要出卖奥地利。俾斯麦和威廉不可能采取不同于现在的行动，这一点我认为从他们的观点看来是很清楚的，而霍亨索伦王朝的利益和德国的利益之不能相容现在暴露得非常明显，这正是一个巨大的进步。德意志帝国由于以普鲁士为基础而面临着死亡的危险。"[1]

恩格斯在这里表达了一个基本观点，将国家安全问题与帝国的民主变革联系了起来。反军国主义国家的斗争进入了一个新的阶段。

处于政治博弈中的军队；卡特尔帝国议会

俄国在保加利亚遭遇了道义和政治上的耻辱，引起了德意志帝国所在的同盟体系的动荡，这必然会激怒那些俾斯麦在国内政治中的反对者，这些人此前在外交政策上对他还有着信任。而且在首相看来，这些反对者集中在一个多年来一直奉行

738

---

[1]　译文引自恩格斯《致奥古斯特·倍倍尔（1886年9月13—14日）》，《马克思恩格斯全集》（第三十六卷），北京：人民出版社，1975年，第512~513页。

"阻挠政策"的帝国议会中——特别是在关税和税收问题上。他现在该如何应对这个棘手的帝国议会？俾斯麦有时会考虑一种类似政变的宪法修改，以此使帝国议会"干涸"或陷入停滞。可以说明他的这些想法的，是他于 1882 年 6 月 14 日在帝国议会发表的演讲，当时议会刚刚否决了烟草专卖的提案。他公然宣称："我……如果必须说服自己——到目前为止我还不相信——专制主义和爱国主义是一致的，德意志民族、德意志的独立，无论是对外还是对内，只有在一个王朝下，特别是在我的陛下、普鲁士国王那里，才可以得到保护和尊重，那么……我将立刻使用专制主义的语言。简而言之，如果我必须在祖国和议会多数派之间做出选择，那我的选择是毋庸置疑的。"

当时挺身与俾斯麦对峙的，是温和的自由主义者本尼希森，他警告会发生一场反对议会的政变。在此，他依据的是自己对宪政的这种理解，即帝国的成立和帝国本身通过"把君主制的思想与议会体制联系起来"，保证了"一个平静的、富有成效的政治发展趋势"。在这种情况下，本尼希森坚决反对取消帝国宪法中关于帝国议会的内容。本尼希森所代表的大资产阶级不愿意失去这样一个全国共有的平台，尤其是因为那将为"各种动荡开辟道路"。本尼希森明确指出：如果"在德意志各王朝的帮助下，议会被废除，别的东西代替了德国宪法和目前的宪政机构，那么，这将为一切革命开辟道路；这样一场自上而下的革命式进程，将会使得一切自下而上的变革性实验变得合法而畅通无阻"。

我们可以把俾斯麦那拐弯抹角的话与本尼希森的论述进行比较，并把它们与这两位政治家在此前甚至后来几年中关于议会与君主制的关系、关于专制主义与立宪主义的言论联系起来，这样一来，1882 年夏天在帝国议会的讲坛上进行的交锋就失去了戏剧性。一如既往地，自由派和波拿巴派最终将在中间层相遇。俾斯麦后来在帝国议会的讲坛上承认，本尼希森是他的"政治朋友及私人朋友"，这并不仅仅是挑衅性地与已故左翼自由主义者爱德华·拉斯克划清界限。

虽然俾斯麦一而再、再而三地以一个容克与忠君主义者的身份表达了看法，但几十年来训练出来的政治智慧告诉他，他不应该张弓过满，也就是说，不应该在政治上继续剥夺已经高度成熟的资产阶级的权利了；另外，本尼希森认识到，如果不发生革命震荡，就不可能实现英国模式下的自由主义的议会统治。他们把彼此的注意力引向了会让他们退缩的危险后果上。他们一次又一次地协商，寻找摆脱看似无望的局面的方法。俾斯麦当然一再地产生了政变的念头，但他在这方面没有认真的计划。在我们关于他所知的一切中，没有任何一个具体计划的政变的例子！

帝国议会毕竟清楚地代表着民族国家的统一，如果它"干涸"了，就会使俾斯麦陷入对德意志王公和普鲁士地方分离主义的充满危险的依赖，而普鲁士的地方分离主义绝不是他一直都青睐的。削弱帝国议会，也就意味着增强保守派相对于自由派的实力，这绝不符合首相的利益。尽管俾斯麦可能会不断地与帝国议会发生冲突并对帝国议会采取相当多的骚扰措施，但他对这一机构的基本态度却发生了变化——从 1867 年起草《北德意志联邦宪法》，到 1871 年起草《帝国宪法》，最后到 1892 年发表纲领性的耶拿演说，这就是变化的过程。

俾斯麦对付令他不快的帝国议会的武器不是政变，而是公民表决。在当时，公民表决是一种选举，在这种选举中，政府遵照拿破仑的典范，通过激烈的口号，利用民众的偏见，从思想上和行政管理上诱导民众，以争取有益于政府的多数派。俾斯麦在担任首相的过程中，基本上运用了两种手段来实现自己的目标：散布社会主义威胁论，以及利用民众对国家所面临的

739

威胁产生的恐慌。1886 年，社会主义威胁论已无用武之地了，但战争的威胁依然存在。

俾斯麦在 1886 年 11 月底就向议会提出了新的军事法案，这一行动是出人意料的，因为现行军事法律还没有到期。这个新的法案有着对"七年期"的要求，即法案有效期为 7 年，也会带来相当大的额外经济负担，因此是注定要失败的。很明显，他是在为解散帝国议会寻找一个合适的借口；在那之后，他想把帝国的安全——无论在战争时期还是和平时期——等带有煽动性的问题当作新的选举运动的重点。他期望担惊受怕的选民能给他带来帝国议会中忠实的多数派。在这种"爱国骚动"的帮助下，民族自由党将被迫接受驯化，与两个保守主义政党进行合作；首相还在考虑分裂中央党，削弱社会主义工人党和自由思想者党。

740　　政府在法案中要求将军队在和平时期的力量增加到 46.9 万人以上（不包括一年期志愿役军人）。步兵营要增加 31 个，15 个步兵军团要各扩编一个营并新设一个狙击营，此外，还要扩充铁道部队、列车员和野战炮兵。根据早在 1871 年就确定下的比例，军队在和平时期的力量应为总人口的 1%。由于在此后这段时期内人口增加——1885 年的人口普查说明了这一点，原来的军事力量规模扩大了 10%。1886 年 11 月 26 日，自由思想者党经验丰富的预算员欧根·里希特指出，该法的实施将导致每年 2400 万马克的额外支出，税收负担会大大增加。

1886 年 12 月初，里希特和温特霍斯特在帝国议会进行军队法案一读时发表了演讲，表达了反对意见。这让首相看到了希望，即议会对于"七年期"以及与此相关的高额财政负担的否决将可以使解散议会的举措变得受欢迎。然而，这样的算计不会如此迅速、轻易地实现，自由思想者党和中央党在次月达成了一致，同意在三年内允许拥有法案规定的"军力和军费"，只是反对"七年期"。

现在，俾斯麦不得不对辩论进行干预；从 1887 年 1 月 11 日至 14 日，他多次发表了内容详尽的演讲，尤其涉及与俄国和奥地利的关系。他在演说中描述德国与俄国的"友谊"是"无可置疑的"，为此，他不得不在不久后正式通知普鲁士驻慕尼黑的公使称，他在 1 月 11 日的演说中所描述的德俄关系是比他实际判断的情况更好的："只要沙皇亚历山大的态度不变，我对这种关系的描绘就大致上与实际情况相符。但这种关系同样会受到内部以及外部事件的影响，从而发生变化。在俄国内部，催促发动战争的因素是相当强大的，而沙皇亚历山大给予这些因素的权重超过了符合我们利益的程度。沙皇读到的报刊的态度，以及受卡特科夫掌控的报刊主导的、富有影响力的莫斯科上流社会的声音，本身就对沙皇的决定产生了强大的影响。"

俾斯麦给内部人员的这些阐述有着阴暗沉重的色彩。然而，他所担心的不是德国与俄国的双边关系，而是俄国和奥地利的"彼此冲突的利益"对和平的威胁。

在 1 月 11 日的演讲中，他特别提到了法国。为竞选考虑，他的首要任务是呼吁人们提高警惕，同时，他也需要明确地、反复地向这个西方邻国表达德国希望和平的愿望。首先，他概述了法国的危险性，这种危险性在于几百年的传统以及流传下来的复仇精神，在于法国不断地武装自己，在于法国在武器领域的创新才能和军事经验。在俾斯麦的思想以及当时普遍的时代精神中，对抗所谓的或真正的危险不能靠某种形式的裁军，而要靠军备扩张。俾斯麦声称："当战争看起来很轻松的时候，战争就更可能爆发；而当战争看起来很艰难的时候，这种惨剧就会被避免。因此，我们越强大，战争爆发的可能性就越小。法国如今不可能对我们发动攻击，但是，当法国换了政府之后，当他们相信自己对我们有压倒性优势时，就会对我们发动攻击。那时，我相信，战争的爆发是必然的。"而俾斯麦认为，由于法国实行的是议会制，一个沉迷于战争和复仇的政府将很容易占据主导地位。

　　无论如何，俾斯麦的演讲并没有引起轰动。俾斯麦也表示自己反对预防性战争。这不仅是针对瓦德西身边的将军们提出的要求而做出的战术考量，也是俾斯麦始终坚持的原则和信念。俾斯麦或许曾在不同的场合说了一些听上去与此相矛盾的话，但那仍然是一种有意为之的政治手段；不过，这并不排除一种可能性，即首相在面临严重战争危机和占有压倒性优势的反德同盟的情况下，将会同意采取预防措施。但是这种情况在19 世纪 80 年代并不存在，俾斯麦用了一切外交手段试图阻止这种局势；他一次又一次地强调、试图让人们相信——因为他自己也确信——帝国处于"饱和"状态（Saturiertheit）①。

742　　仍旧留存的问题是，在议会的进一步辩论中，首相还可以用什么理由来解散帝国议会。毕竟，军队法的有效期是七年还是三年并不是一个足够有力的争论点，不能使提前选举所产生的开销变得正当。为了提出有效的选举口号，俾斯麦声称："解散帝国议会不是时间问题，而是原则问题，是德意志帝国应该由皇帝的军队还是议会的军队来保护的问题。在解散帝国议会时，我们将会把这一点写在旗帜上……"在这一番话中，俾斯麦对帝国议会在军队事务上的发言权做出了重大限制。资产阶级再反对也无济于事，紫色的文件夹已经摆在了俾斯麦面前。1 月 14 日，帝国议会在二读中批准了新的军事法案规定的"每一个人和每一分钱"，但仅仅给予了其三年有效期；此

①　在 19 世纪末德国政治语境中，俾斯麦以这个概念表示德意志帝国对现状感到满意，并不具有扩张野心，目的是消除其他欧洲大国对德国扩张的恐惧。

后，议会就被解散了。新的选举时间定在了 1887 年 2 月 21 日，
也就是狂欢节的时候，所以这次选举被称为"狂欢节选举"或
"七年期选举"。人们对这次选举的印象极为深刻，格哈特·
豪普特曼（Gerhart Hauptmann）在他那著名的关于小偷的喜
剧《獭皮》（*Der Biberpelz*）中加上了这样一句前言："事件地
点：柏林附近某处。时间：80 年代末的七年期斗争期间。"

　　竞选只剩 5 周时间了。虽然俾斯麦在帝国议会演讲中避
免了一切挑衅性的行为，但他的竞选盟友和支持者们被眼前的
战争威胁吓怕了。向法国出口马匹的禁令、皇帝忧心忡忡的发
言以及召集 7.3 万名预备役军人在阿尔萨斯 - 洛林进行演习，
都被认为反映了形势的严峻。1 月 31 日《邮报》上的一篇题
为《在刀刃上》（*Auf des Messers Schneide*）的文章让这一
形势达到了高潮，而这份报纸在 1875 年就曾发出错误的警报
信号。文章在俾斯麦的启发下报道称，法国正在疯狂地武装自
己，战争迫在眉睫。而真实事态则正如副总参谋长瓦德西在 3
月 15 日的日记中所写的那样："首相认为现在是阐述战争危险
的好时机，可我越是思忖战争危险，就越是认为这一切是一场
喜剧。"

　　亲政府的宣传运动虽然主要针对内政方面的目标，但也会
对外交政策产生影响。社会主义工人党说，一个国家的军备的
任何一点增加，都会导致另一个国家的军备相应增加。这么说
是对的。"德国主战派的胜利，意味着法国主战派的加强。"此
外，对于"皇帝的军队还是议会的军队"这一表面上的抉择，
社会主义工人党用自己的问题加以了回应："在德国，帝国首
相的意志是否优先于民众代表的意志？"

　　社会主义工人党的领导层意识到，俾斯麦主要关心的不是
军事法案，而是新的帝国议会和随之而来的选举操纵，因此，
甚至在初选之前，他们便已经就如何在第二轮选举中应对资

743

产阶级反对派给出了指示。对于中央党和自由思想者党中反对
《反社会党人法》、反对取消帝国议会普遍选举的成员，社会主
义工人党将给予支持。而军事法案没有被提及，这是正确的。

社会主义工人党被迫在艰难的条件下进行斗争：有对集会
的禁令和遣散；有逮捕，比如在但泽；有审判，比如 1 月 21
日，几名社会主义工人党成员在法兰克福的秘密组织审判中被
判刑；有小规模的包围和驱逐。1887 年 8 月，奥古斯特·倍
倍尔等人才被释放出狱。

德国自由思想者党的竞选宣言只集中在一个问题上：要
七年期还是三年期？这样的选择题不是很有说服力，当然也不
能引起人们的兴趣。然而，对自由思想者党来说更糟糕的是，
它——尤其是在竞选期间，在俾斯麦的攻击下——以一种近乎
荒唐的方式分裂了自己的力量。最终，是社会主义工人党为自
由思想者党保住了 16 个席位，其中包括鲁道夫·维尔乔的议
会席位。欧根·里希特却宣布，他的党必须把"大部分"力量
转向针对左翼。在第二轮选举中，自由思想者党就拒绝给 10
名有希望当选的社会主义工人党代表投票。

中央党不想立即同意"七年期"，原因有二：一方面，
它试图以拒绝为手段，在文化斗争中施加压力，文化斗争虽
然有所缓和，但绝没有结束；另一方面，它也要顾及核心选
民，这些选民仍然对各种刁难的措施感到不满。因此，俾斯麦
与教宗进行了交涉，成功地使教宗通过教廷国务卿雅各比尼
（Jacobini）和慕尼黑的枢机主教向中央党领导人弗兰肯施泰
因和温特霍斯特发出指示，要求他们投票支持七年期。但是，
中央党在帝国议会的代表知道自己得到了普通党员的支持，在
选举呼吁中依然保持着尖锐的语气。

744 　　俾斯麦的支持者则认为，军事法案和随之而来的斗争
是他们的大好机会。1886 年 10 月 18 日，《保守派通信》

（*Konservative Korrespondenz*）就提出了首相的计划。该报希望能够"使德意志保守党、自由保守党和民族自由党结成一个有诚意的联盟，这个联盟将建立在一个宽泛、普遍、积极的改革方案的基础上，让导致三党彼此分离的因素暂时消隐"。事实上，早在 1887 年 1 月 15 日——帝国议会解散的第二天，这三个党的执行委员会就商定了所谓的卡特尔，意在排除三党在竞选期间的任何相互对立。它们同意无条件地支持政府，并希望避免在三党之间为第二轮选举展开竞争。这三个党的竞选宣言都对政府的口号做出了一定修改。自由保守党大胆宣称："选举的结果，关乎战争与和平"。民族自由党宣称，只有同意政府的政策，才能消除"外患"。

在选战中，三个卡特尔政党和政府官员毫无忌惮。在他们散发的画报上，法国士兵从德国农民手中夺走了最后一头牛，并对妇女进行了虐待、侮辱；一项广为流传的防御计划显示了法国的巨大优势；关于普鲁士将出台信贷法以发行战争债券的谣言，导致了柏林和巴黎的股价暴跌。他们试图制造恐慌，目的是为卡特尔赢得选票。难怪《社会民主党人报》对整个事件犀利地讽刺道："这不是一场选举，而是一场大捕杀，是突袭，是道德和肉体上的强奸，是最恶劣的拿破仑式的公民表决……"

在这一波宣传鼓动之后，选民的投票率很高。战争还是和平，是大家关注的焦点。在全德国范围内，投票率接近77.5%；而在 1878 年，投票率仅是 63.3%。显然，即使是以前对政治漠不关心的人，也被带到了投票箱前，而这之中的大多数选票都被卡特尔政党赢得了。然而，也出现了一些引人深思的矛盾。总共有约 360 万张选票被投给了卡特尔政党，其他政党则获得了约 400 万张选票。因此，如果仅仅是在比例代表制下，卡特尔政党将不会获得绝对多数席位。它只是通过个人直选（Persönlichkeitswahl）① 和不公平的选区划分才实现了绝对多数。

社会主义工人党取得了令人惊叹的成功。他们对俾斯麦的内政外交政策进行了坚决的、自我牺牲式的斗争，这为他们带来了超过 76 万张选票，占选票总数的 10.1%，比 1884 年多了 20 多万张选票。但是，由于选区划分对工人阶级占主导的地区不利，也由于自由思想者党在第二轮选举中的行为，社会主义工人党只获得了 11 个席位。

中央党确保了自己获得的选票和席位与上一届大致相同，自由思想者党则是唯一失去选票的政党，获得的席位数下降了一半。对来自蒂尔加滕街的先生们来说，这是一场可耻的失败。

民族自由党是"大赢家"，他们再次成了帝国议会中的最大政党：1884 年，他们拥有 50 个席位，1887 年则变成了 99 个席位。德意志保守党只多得了 2 个席位，总共拥有 80 个席位，而自由保守党的议员人数从 28 人增加到了 41 人。由此，卡特尔政党在议会中拥有 220 名议员，占绝对多数。俾斯麦已经实现了他最直接的目标。

新的帝国议会召开后不久，卡特尔多数派就于 1887 年 3 月 11 日批准了军事法案。官方媒体起初满意地说道，德国"实力强大，已经做好了战争准备"。但早在 1887 年 2 月 15 日，瓦德西就在日记中写道："我们军队的扩张将会让石头快速滚动起来。"他的意思是国际局势会进一步升级。

新的军队法为后来的民众军队（Massenheer）奠定了重要的组织基础，要求人民做出沉重的牺牲。1888 年 2 月 10 日的《债券法》（Anleihegesetz）授权帝国首相贷款 2.78 亿马

---

① 即选民把票投给个人而非政党，选区获简单多数票的候选人直接当选为议员。

克，为军队提供资金。卡特尔多数派甚至走得更远，他们利用其选举胜利，对民众施加了更大的关税和税收负担。卡多夫处在民族自由党和德意志保守党之间，大大巩固了自己作为自由保守党领袖的地位。1887年3月10日，他给妻子写信说："最近几天，我一直忙于有关酿酒厂税负问题的商讨，本尼希森和海尔多夫要我牵头，召集民族自由党、德意志保守党和帝国党的几位代表，确定可能要征收的烈酒税的原则，然后请俾斯麦秘密地将财政部的草案递给我们，好让我们来审查一下。"而俾斯麦对此"心甘情愿地同意了"。

经过这些充满希望的初步商讨，事情进展得很快。4月3日，帝国议会收到了这位来自易北河东岸的容克的关税请愿书，要求提高粮食关税。5月5日，帝国议会收到了《烈酒税法》草案；5月25日，《糖税法》草案第一次得到了讨论。1887年12月1日至2日，《粮食税法》草案进行了一读。《烈酒税法》使烈酒方面的税收从1880~1881年的3530万马克增加到了1889~1890年的1.353亿马克。这部法律设计得非常巧妙，不仅使国家得到了可观的资金，而且使以容克为主的大酿酒商平均每年得到了4150万马克的额外利润。1887年6月12日，卡多夫在给妻子的信中谈到了他那无利可图的庄园，非常坦诚地说："好在我们没有卖掉瓦布尼茨（Wabnitz）——尽管今年冬季农作物的产量不大——《烈酒税法》将会带来很大的帮助，并且很快将会推动物价上涨。"这表明，在《烈酒税法》中，私人利益驱动的政策与表面上是为了公共福利的国家政策结合了起来——而且这不是个别情况。

粮食税的增加对劳动人民的生活产生了异常不利的影响。这些关税将会抵御廉价的进口粮食，旨在提高大地主的粮食价格和利润。在1879年，每一公担黑麦被征收1马克的关税，而到了1885年，税额已经提高到了3马克，从1887年底起，则是 5 马克。粮食税将面包的价格——暂且不说其他食品——提高了 1/4 到 1/3。这牺牲了民众的利益，容克们则获得了好处。

1887 年 6 月 15 日，卡多夫告诉他的妻子："……糖和烈酒税的立法工作圆满结束了，我认为这是正确的。俾斯麦非常满意。"这是属于这样一个政治家的满足感，他如今终于背弃了自由主义的经济政策，使地主免于经济上的破产以及随之而来的在社会上的失势。俾斯麦还坚信，在平衡不同的阶级和阶层时，为了自己的首相之位，他必须保持容克的生存能力。在这里，个人利益与古老的普鲁士传统和维护当前力量关系的需求紧密相连。自帝国创立以来已经显现的事情，现在有了更清晰的轮廓；最重要的是，给人民带来物质负担的军备和一再迫使俾斯麦做出新努力的国际紧张局势之间的联系变得很明显了。

《再保险条约》；
反对预防性战争和抵御革命风险

747 　　虽然俾斯麦通过制造战争恐慌，成功地使保守派和民族自由党结成了多数派，但他也因此招致了外国的不信任。比如，莫斯科总督戈利岑侯爵（Fürst Golizyn）1887 年 1 月 28 日在日记中指出，俄国政府在所有的铁路上部署了列车，用于运输部队，这些列车是受到合同保障的。三周后的 2 月 20 日，布鲁塞尔的《北方报》在俄国外交官的安排下发表了一篇文章，以一种惋惜的口吻表达了对法国的再次战败可能使俄国陷入可怕未来的恐惧。

　　但是，由于德国首相如今在"卡特尔帝国议会"中享有对自己有利的多数派，他可以丢掉自己在竞选期间刻意利用的那种伪爱国主义狂怒。直到 1887 年 4 月，法国的边防专员施纳贝勒（Schnäbele）被诱骗到德国境内并遭到逮捕时，法德之间的紧张关系才再次到达临界点。法国陆军部长布朗热在部长会议上要求给俾斯麦下达最后通牒，并要求将法军带到边境。这场在各报刊上引发喧嚣并被载入了史册的"施纳贝勒事件"是一场恶劣的间谍战的一部分，俾斯麦明知纪尧姆·施纳贝勒（Guillaume Schnäbele）绝对不清白，但还是安排下属释放了他。于是，这场间谍战就中断了。1887 年 5 月底，已成为法国复仇势力代名词的陆军部长布朗热离开了政府；这进一步缓解了局势。

然而，鉴于欧洲国家之间迅速变化的力量关系，对战争爆发的担忧仍然存在。对欧洲裁军加以讨论的意愿也远未成熟。所以，统治者们使用了惯用的手段来对抗这种不安全感：先是用军备，然后是努力缔结新的同盟。如果我们比较一下常备军的规模，比较一下在可预见的未来可能会相互对峙的各国的潜在军事力量，就会得到一幅绝没有呈现德国霸权的图景；1886 年，单是法国就在军队人数上比德国多近 9 万人。而且法国和俄国的潜在军事力量加在一起，也优于奥地利和德国这个同盟的力量。

俾斯麦曾经批判性地将这种对比称为"数据组合"，他几乎没有受此任何影响。他在 1887 年 1 月 11 日的那场重要演讲中一再保证，只要他还是首相，德意志帝国就绝不会进攻法国。在七年期选举结束几天后，俾斯麦在给德国驻圣彼得堡大使的政令中进一步阐述了这一思想："如果您还有机会与俄国政治家讨论法国的大国地位问题，您可以让他们对我们在这个问题上的立场感到完全放心。我们完全没有必要进攻法国；但是，如果我们想在法国对我们的进攻中保持胜利，那么冯·吉尔斯先生认为我们在维护法国的大国地位方面与俄国没有同样的利益，他就错了。法国作为一个大国继续存在，对我们来

748

说，就像对其他任何一个大国一样，都是必要的。我们在某些情况下需要一个能在海上制衡英国的力量，仅仅是出于这个原因，我们就需要维持法国的地位。"他接着说："俄国认为，我们似乎想要永久地摧毁法国的大国地位，这是一种非常短视的看法；在政治格局上，根据情势，我们需要法国，甚至比俄国更加需要法国。就算我们遭到法国的进攻并战胜了他们，对于这样一个有着 4000 万欧洲人、有着法兰西人的才能和自信的国家，我们也不会相信自己可以将其摧毁。"

俾斯麦始终关心如何维持欧洲的平衡，他在 1886~1887 年冬天与有关政府的所有谈判都是为了这个目的。到了 1887 年上半年时，他再次成功地建起了一个错综复杂的同盟网络。1887 年 2 月 20 日，德国、奥匈帝国和意大利决定延长 1882 年的三国同盟条约，此外还签订了两个秘密的附加议定书。奥地利和意大利的协议规定：只有在彼此补偿的情况下，才可以改变巴尔干地区的领土，而彼此补偿的内容指的是土耳其的沿海地区和岛屿。

几乎在同一时间，俾斯麦提出的所谓《地中海协定》（Mittelmeerentente）也缔结了。1887 年 2 月 3 日，俾斯麦在与英国大使爱德华·马利特爵士（Sir Edward Malet）的谈话中表示，如果英国放弃对欧洲政治的一切参与，那么德国人就将没有理由阻挠法国在埃及的野心或俄国在东方的诉求。德意志民族的利益"不会因法国拥有埃及或俄国拥有君士坦丁堡而受损"。

749　　2 月 5 日，索尔兹伯里勋爵在与哈茨菲尔德伯爵的会晤中对此做出了回应，他声称自己在确保俾斯麦将继续支持英国在埃及的诉求后，愿意与意大利达成协议。1887 年 2 月 12 日，罗马和伦敦之间互换了照会；双方政府保证，它们将互相支持，防止第三方对地中海发动攻击，为维护地中海、亚得里亚海、爱琴海和黑海的现状而共同努力。1887 年 3 月 23 日，奥匈帝国政府加入了这个英国与意大利的协定，这个协定并非由条约维系，只是以交换照会为基础。三大国宣布，它们在东方的利益是一致的，在那里，"它们都需要尽可能长时间地维持现状，防止一个国家的扩张损害另一个国家的利益，因此它们需要共同行动，使这些主要原则能在各自的政策中得到落实"。1887 年 5 月 4 日，西班牙也加入了这个《地中海协定》。俾斯麦就这样把英国拉到了奥地利和意大利的一边，尽管只是建立了一种松散的联系。索尔兹伯里勋爵写信给他的女王称，关于英国对意大利的支持应该达到什么程度，英国的照会中为此留下了阐释的空间。

在 2 月给哈茨菲尔德伯爵的指示中，俾斯麦概述了他在推动《地中海协定》时的考量："以奥地利目前的情况，它很难有足够的实力来单独捍卫自己在巴尔干地区的利益、对抗俄国。而与意大利结盟将适当减少这种不平衡，增强奥地利的自信。不过，唯有当意大利得到英国的支持，英国舰队与意大利舰队并肩作战的可能性大大增加，它们才能在更大程度上增强奥地利的信心。否则，法国海军的优势就会阻止意大利卷入奥地利可能会面临的危险。"在这种对力量关系的权衡中，俾斯麦产生的主要顾虑是：如果奥地利在东方与俄国发生冲突，它应当得到意大利和英国的掩护，而不需要德国被迫介入。无论如何，俾斯麦都希望避免俄国与法国结盟的局面，并且加强各君主国在面对民族运动和社会运动时的团结，尽管各国间存在种种利益冲突；因此，他非常希望与俄国达成书面协议，以取代失败的三皇同盟。

然而，1887 年初，俄国再次爆发了反德宣传运动，这场运动主要对俄国与德国在经贸政策方面的联系表达了不满。沙皇并非没有受到媒体情绪的影响，因此，德国很难与他就续约的事情进行会谈。他对外交部的高官说，过去他把国民对德国的厌恶单单归咎于卡特科夫，但现在，他确信"整个俄国"都受到了这种厌恶情绪的影响。为此，他不仅拒绝了三皇同盟，还公开反对与德国结成两国同盟，因为他不想破坏他的国家对他的外交政策的信任。显然，他把保护主义的工业家和农业家与他们的理论家们提出的反对意见，等同于了"整个俄国"的反对。

750　　俾斯麦尽管很不耐烦，但仍旧指示驻圣彼得堡的大使不要主动触碰这个话题，以免给人留下德国"对这种同盟的需求比俄国更加迫切"的印象。不过，单纯等待也不是他的作风。于是，在 1887 年 2 月中旬，驻君士坦丁堡大使拉多维茨收到指示，要求他"针对所有俄英争端问题，暂时不要主动支持俄国的观点，更不要反对英国的观点，而是完全克制和公正地去观望"。这是对圣彼得堡的一个明显的提示！

　　1887 年 5 月 11 日，俄国大使递交了一项双方协定的正式草案。第一项条款中写道，为了换取俄方在德法冲突中保持中立的承诺，柏林必须通过严格的中立性切实地听凭俄国处理奥匈帝国问题。俾斯麦一再坚定地表明，他不会背弃奥匈帝国。为了说服俄国大使，俾斯麦向他展示了至今为止依旧保密的 1879 年《德奥同盟条约》中的内容。

　　1887 年 6 月 18 日，经过漫长的协商后，俄国与德国签署了一份条约，这一条约在历史上一般被称为《再保险条约》（Rückversicherungsvertrag）。这一条约的主体内容规定，当两个协议国中的一方遭到第三个大国攻击时，例如在德国遭受法国攻击或者俄国遭受奥匈帝国攻击时，协议双方要相互承诺保持友好中立。但这一条约在譬如德国攻击法国或者俄国攻击奥匈帝国时不具有法律效力。其有效期为三年。

　　有关《再保险条约》的消息得到了保密，这促使德国驻圣彼得堡大使冯·施韦尼茨发问道："为什么俄国会如此迫切和忧心忡忡地要求保密呢？只因为沙皇亚历山大认为，和我们结盟对他的对外政策有利，但是表面上对德国的仇视对他的对外声望和国内稳定性来说又是有必要的。我们很难指望'泛斯拉夫的宣传鼓动'会在协定更新后停止"。俾斯麦在一则旁注中记录道："……无论有没有条约，我们都应对我们与俄国之间友谊的破裂做好准备，这可能会是由革命压力或者暴乱导致的。"

　　除了这份本来就保密的《再保险条约》，还有一份"非常机密的附加议定书"，该议定书明确排除了巴滕贝格在保加利亚复辟的可能性，但也要求，当沙皇认为有必要将"帝国的钥匙"握在手中时，德国要承诺保持"友好中立"并提供"道义与外交上的支持"。俄国的目的在于夺取黑海和地中海之间的部分或者全部海峡。这些规定自然很难同由德国推动签署的英国、意大利和奥匈帝国之间基于现状的《地中海协定》相协调。但这并没有带来国际法层面的矛盾，因为一方面德意志帝国并没有加入《地中海协定》，另一方面，这个协定也只是以国家之间互换照会的形式存在的，因此就像索尔兹伯里勋爵向她的女王保证的那样，可以在紧急情况下得到宽泛的解释；此外，通过"帝国的钥匙"这样不明确的隐秘的形象，附加议定书中与海峡相关的条款的说明是十分模糊的，这导致它在法律上也意义不大。

　　俾斯麦在这件事上没有什么顾虑，这是有一定道理的；他认为，在这份条约那近乎随意的形式和表述中，他对于富有争议的、长期被奥斯曼帝国统治的东南欧的漠不关心得到了表达，他这十年来一直在反复表明这种态度。如果欧洲国家之间的矛盾在那里爆发，那么这些矛盾应当在没有德意志帝国军事介入的情况下得到解决。俾斯麦的主要担忧在于中欧的形势稳定。《再保险条约》是俾斯麦签订的最后一份中立性条约。这

751

份条约很长一段时间都不为公众所知。

哈布斯堡君主国也对国际紧张局势的形成做出了不小的贡献。在巴滕贝格被迫退位的一年后，1887 年 8 月 14 日，26 岁的萨克森 – 科堡 – 哥达家族的斐迪南（Ferdinand zu Sachsen-Coburg-Gotha）在特尔诺沃（Tarnovo）加冕为了保加利亚亲王。虽然维也纳与罗马、伦敦对不被圣彼得堡接受的斐迪南亲王采取了坚定的支持立场，但在这个问题上，俾斯麦仍然站在亲俄一方，没有让自己受到德俄之间正在进行的金融战争的影响。政治和商贸之间的关系再次显示了纠缠不清的特点。

752

8 月 16 日，半官方的《北德意志汇报》宣称，这个科堡家族的人对索非亚政府的接管是不合法的。这种表态符合《再保险条约》的精神，是可以让沙皇感到放心的。然而，沙皇仍对俾斯麦存疑，尤其是鉴于俾斯麦仍在原则上坚持要与奥地利结盟。法国政府为促使亚历山大三世反对德国尽了自己的一分力；它将伪造的德国驻维也纳与斐迪南亲王之间的信件转交给了沙皇，这些信件表明，俾斯麦在暗中是支持斐迪南的。虽然这些文件在几周后都被证明是伪造的，但它们还是促使俄国因保加利亚问题而宣布进入备战状态。军方领导层将部队从内地调到了加利西亚的俄奥边境。

预防性战争的支持者们无法理解俾斯麦有关俄国的保证，他声称俄国无须感到不信任，"只要他还在掌舵，那么德国就绝不会背离对俄国的最严格的中立性政策"。冯·德·戈尔茨确切地表达了预防性战争的支持者们的基本观点，他在 1886 年 11 月从君士坦丁堡向瓦德西这样写道："我完全同意阁下的观点，太久的和平并不利于我们。我们会因此面临失去主动权并让主动权落入我们对手之手的风险。"

虽然俾斯麦建议奥匈帝国增加加利西亚边境的驻兵，以防止俄国出其不意地进军，但是他拒绝了维也纳方面所有关于联合发动针对俄国的预防性战争的建议。在 1870 年之后，他一遍又一遍地强调了德国的饱和。避免进攻性战争成了他外交政策的主要特征，他最不可能为侵略俄国的战争提供支持。他在给驻维也纳大使的一封告令中为自己的这种态度做出了解释，他在其中反对了有关俄国可以被"毁灭"的设想，强调道："然而即便我们取得了最辉煌的胜利，这样的结局也是不可能上演的。即使是最有利的战争结果，也不会导致俄国的主要力量被瓦解，这些力量是建立在千百万东正教俄国人之上的。这些人即使是因为种种条约被分开了，也会迅速重新聚集到一起，就像是被摔碎的水银一样。俄国这个坚不可摧的帝国，凭借其气候、荒原以及只有一条边境需要保护的优势，在其失利后，将仍是我们天然的敌人、寻求复仇的敌人，就像是今天的法国在西方一样。这将会在未来造成一种持续紧张的局势，在这种局势下，我们可能要被迫应对俄国对我们或奥匈帝国的进攻，但是我并不想因我的责任而主动造成这种局面。"

俾斯麦对进攻俄国的愿望发出了警告，这不是出于情感，而是因为他认识到了俄国民族的生命力；俄国"就像一种基础性的危险，我们可以维持针对它的保护堤，但不可能彻底消除这种危险。对当今的俄国进行的每一次攻击，都将会增强其凝聚力；但如果我们静待它的攻击，就可能会在遭到它的攻击之前，先看到它内部的腐朽和瓦解；只要我们尽量少以威胁的方式阻止它陷入东方的僵局，它的腐朽和瓦解就会发生得更快"。

然而俄国并没有步入这一僵局。对于这个追求工业现代化的沙皇帝国来说，带来阻碍甚至是制造危险的竞争对手不是土耳其，而是作为军事和工业强国的德意志帝国。法国向其提出，自己可以作为平衡力量，并在之后成为一同对抗德国的盟友；因此，对德国来说，避免中断与俄国的联系就更加重要了。俾斯麦从未摆脱对"一场巨大的囊括整个欧洲的战争"可能会爆发的忧虑。正如当时作为外交部国务秘书的赫伯特·冯·俾斯麦在给驻维也纳大使的信中所说的那样，"在首相看来，这将是一场共同的灾难：如果不幸被他言中，所有参与其中的人都会因此受到严重伤害"。

这些于1887年夏天在官方文件中写下的东西，弗里德里希·恩格斯已经在当年春天私下里对倍倍尔的妻子尤莉娅（Julie）说过了，他在当时并不知晓外交领域发生的进展："局部战争的时代已经过去了，除了那些统治欧洲的聪明人以外，这自然是每一个小孩子都知道的，但那些堂堂的国家要人现在才发现了这一点。而他们对于一场世界性的战火毕竟有些害怕，因为其后果是无法预料的，甚至普鲁士的和俄国的军队也控制不了这场战火。我认为，这就是我们唯一的和平保障。" ①

在这些年中，像恩格斯和俾斯麦这样两个极端对立的人，却在社会变革可能导致的结果方面达成了惊人的一致看法。1887年11月，俾斯麦在为威廉皇帝和沙皇亚历山大三世的会谈进行准备时分析道："在政治上，我们既要依靠政党，也要依靠国家。今天的斗争与其说是俄国人、德国人、意大利人和法国人之间的斗争，不如说是革命和君主制之间的斗争……在我们所处的时代，大君主国比起以往任何一个历史时期对于规避战争都有更大的利益，因为如今各个国家的民众总是倾向于把他们可能遭受的任何军事挫败都归咎于他们的政府。"他的描述中的核心语句尖锐地概括了他的观点："战争，无论胜利与否，都会在不止一个国家内激起革命。"在此问题上，弗里德里希·恩格斯的观点也没有相差很远，他在1886年这样解释道："俾斯麦最害怕的就是俄国革命。随着沙皇制度的垮台，

---

① 译文引自恩格斯《致尤莉娅·倍倍尔（1887年3月12日）》，《马克思恩格斯全集》（第三十六卷），北京：人民出版社，1975年，第614~615页。

普鲁士的俾斯麦制度也要垮台。"[1]

　　1887年12月，恩格斯就勾勒了他对未来战争的设想，这 754
场战争只会是一场世界大战，"这会是一场具有空前规模和空
前剧烈的世界战争。那时会有800万到1000万的士兵彼此残
杀，同时把整个欧洲都吃得干干净净，比任何时候的蝗虫群还
要吃得厉害。三十年战争所造成的大破坏集中在三四年里重演
出来并遍及整个大陆；到处是饥荒、瘟疫，军队和人民群众因
极端困苦而普遍野蛮化；我们在商业、工业和信贷方面的人造
机构陷于无法收拾的混乱状态，其结局是普遍的破产；旧的国
家及其世代相因的治国才略一齐崩溃，以致王冠成打地滚在街
上而无人拾取；绝对无法预料，这一切将怎样了结，谁会成为
斗争的胜利者；只有一个结果是绝对没有疑问的，那就是普遍
的衰竭和为工人阶级的最后胜利造成条件。"[2] 但是，恩格斯并
没有从这种未来展望中得出工人政党应该走上战争道路的结
论。恰恰相反：他认为战争给人类带来的不幸过于严重，因此
不应作为未来革命形势的前提条件被寄予希望。

　　亚历山大三世在1887年11月18日来到柏林，俾斯麦为了
其与德国皇帝的会面很仔细地准备了对话。在此次会面中，这
位首相还给沙皇介绍了1879年《德奥同盟条约》的内容，按照
此条约的规定，德国只有在俄国进攻时才有义务帮助奥匈帝国。

　　其实沙皇已经大可放心了；然而，俄国政府在沙皇访问后
发布的通告还是有意保持了冷淡——"俄国和德国之间没有理
由决裂"。之后，沙皇在圣彼得堡向法国大使解释道，他的愿

---

① 译文引自恩格斯《致奥古斯特·倍倍尔（1886年10月23日）》，《马克思恩格斯
　全集》（第三十六卷），北京：人民出版社，1975年，第542页。

② 译文引自恩格斯《波克罕"纪念一八○六至一八○七年德意志极端爱国主义者"
　一书引言》，《马克思恩格斯全集》（第二十一卷），北京：人民出版社，1965年，
　第401~402页。

望在于延续法国和俄国之间绝佳的关系。亲自签署了《再保险条约》的俄国驻柏林大使保罗·舒瓦洛夫在 1888 年 1 月又向他的法国同僚强调了沙皇的话："请您不要担心，我们不会被驯服，幻想的时代已经结束了。我们意识到了我们行动自由的价值。"注意，行动自由！这在本质上就是与法国结盟的前奏。

虽然这种可怕的兴奋在 1887 年底就已经消退了，但是，欧洲列强重新结盟的可能性还是出现了。俾斯麦的帝国以一份新的国防草案对此做出了回应，草案于 1887 年 12 月被提交给了帝国议会。虽然人们在 1861 年的军队改革中曾试图尽量免除年长父亲的前线兵役，但是这一条款在 1887 年不再有效了。德国的军队增加了大约 70 万士兵。"民众军队"的时代通过这一法条获得了新的发展。

俾斯麦在帝国议会上发言为国防草案进行辩护之前，就已经安排同时在柏林、维也纳和布达佩斯公布《德奥同盟条约》的事宜了。他希望以此向友方和敌方展示这一同盟的防御性质。但是困难在于，如何证明德国战争后备军的扩张是一项和平措施。这是俾斯麦在其 1888 年 2 月 6 日进行的重要演讲中的意图，他违背自己通常的习惯，以书面形式为这次演讲拟稿。这次演讲凭借精练的形式以及有目的性的论证，成了他最伟大的演说成就之一。

他委托了专家来为国防草案中的细节进行论证。他希望做出"对欧洲整体形势的判断"，并强调了他在维持与邻国，"特别是与俄国"的和平的过程中希望达到的政治目标。他的演讲在很大程度上听起来就像是一堂关于 19 世纪德俄关系的历史课。他所阐释的内容不单单面向沙皇帝国的统治层，也面向德国民众，他们在总体上对俄国的扩张欲望感到不安，尤其是因为俄国在奥匈帝国和德国边境区域的军队调动。俾斯麦没有对俄国军队调动的可能原因加以探讨，他更多强调了俄国国家利益至上原则的基本思路。圣彼得堡的内阁坚信，"俄国在欧洲边境的实力越强，俄国军队越往西推进，俄国在欧洲的外交法庭中的话语权就将会越大。俄国的主力军队，或者至少一支强力部队，越靠近它的西部边境，它就能越快帮助盟友、打击对手"。

　　俾斯麦的演讲最终在这段话中达到高潮："在这世界上，我们德国人只畏惧上帝，其他什么都不怕！"在这段话引发的"热烈喝彩声"中，句子的后半部分似乎湮没无声了，就像它在后世的历史记忆中几乎被抹消掉了那样。这句话的后半部分是这样的："……对上帝的畏惧已经足够让我们热爱和维护和平了。"这段经过截取而变得更加令人生畏的话被印在了彩绘的、雕刻的、钩织的标语和横幅上，几十年来装饰在正直的公民和国家退休人员的"漂亮房间"里，起到了俾斯麦从未有意为之的作用。据说，过于狂热的女士们试图用印有这句话的大量礼物取悦俾斯麦，甚至把这句话绣在了绣花拖鞋上，俾斯麦曾亲自用低地德语回应道："我要是没说过这句话就好了。"

　　实际上，俾斯麦在 1888 年 2 月 6 日所做的并不是一场煽动性演讲。他不断反复保证称，德意志帝国一如既往地希望与其邻国保持和平，不希望与俄国和法国发生争执，并且"从不想发起进攻"；在这种表述中，他与所有支持预防性战争的战略家保持了距离。但是在德国政治里，并不会出现"对俄国的卑躬屈膝"。在一片掌声中，他补充道："这样的时代已经结束了；我们不再追求好感，既不追求法国的也不追求俄国的好感。"俾斯麦不相信存在"一种直接的、即将到来的对和平的干扰"，但他想让德意志帝国无论是在军事上还是道义上，都对未来可能发生的两线作战做好准备。这才是这场得到了所有资产阶级政党接受的阐明原则的演讲的本意。

　　俾斯麦所唤起的激情，让议会的机制飞速运转了起来：2 月 8 日和 10 日，军事法案及债券法都被全部采纳了。

756

第十九章
俾斯麦统治的衰落

三皇时代的首相

　　1888 年 2 月，帝国议会几乎一致采纳了俾斯麦的军事法案及其附属的债券草案，他在取得这次胜利之后，陷入了前所未有的更为困难的处境。1888 年 3 月 9 日，他向帝国议会通报了将近 91 岁的威廉皇帝逝世的消息，会议速记只记下了他对皇帝的隆重赞美之词，却几乎没有反映他内心难以抑制的不安。毕竟，他与威廉一起执政了 1/4 个世纪，他们经历了政治上的爆炸性转折点，经历了三场具有决定性意义的战役，在这三场战役后，不仅德意志得到了重塑，就连欧洲的力量关系也发生了改变。尽管两人在心性上非常不同，他们的长期合作还是在他们之间建立起了联结，因此，俾斯麦心中的震动是可以理解的。

　　威廉在他善于学习的 16 岁时见证了解放战争，这是他的基础性政治经历。从此以后，他就已经注定将被培养成一名军官了；普鲁士 - 霍亨索伦王朝寻求与其他王朝在正统主义旗号下团结一心，这样的国家意识在他心中萦回。正如他自己所说的那样，他的性格是"坚韧"的，也就是说，他并不属于克劳塞维茨那样的军官圈子，那些人秉持着德国古典主义时期的精神，其思想和工作的影响一直持续到了复辟时期。他在 1849 年指挥普鲁士军队抗击巴登 - 普法尔茨的暴乱者，并因此最初以"霰弹亲王"（Kartätschenprinz）之名被载入史册。

相反，俾斯麦的基础性政治经历却是 1847 年至 1850 年的一系列事件：革命、反革命，以及普鲁士在奥尔米茨对奥俄支配的屈服。在这里，容克俾斯麦和威廉亲王见面了。威廉亲王生性干练，但是不够灵活，而俾斯麦在音乐、文学上都有很好的教养，在政治上高度敏感，且能够认识和掌握新的形势。就像天性不对等的人在一起生活和工作时总会发生的那样，天赋平平的威廉从未正确地认识过天资聪颖的俾斯麦，俾斯麦却能看穿他的"主人"，并且不顾后者的反抗和外部的影响，实现了"暗示"和操控。

威廉从最开始就和俾斯麦处于一种奇特的紧张关系中。俾斯麦说过，居高位的人们总是知道哪些人对他们有用，这句话是有一定道理的。然而在皇帝看来，俾斯麦过于不同寻常，有时甚至有着独特的大胆，因此，他总是会在爆炸性的转折点上为俾斯麦带来几乎难以承受的阻力。俾斯麦和威廉一世之间的比较显示了，这位首相必须做哪些事情，才能说服总是不情愿的君主跟他走；反之，威廉可以单纯坦率地抱怨，"在俾斯麦的统治下做皇帝是很难的"。

1876 年 10 月，过度紧张且筋疲力尽的俾斯麦满怀激动地对副手阿道夫·朔尔茨（Adolf Scholz）陈述了很多来自君主的阻力："谁要为过去这些年书写秘史的话，就会发现，我的主要功劳，就是当了国家的盾牌，抵抗它的君主，保护国家不受君主那些不幸的作为或不作为的影响。"俾斯麦在他的总结中似乎没有忘记任何东西："皇帝能够同孩子、后备军人、将军和其他人很好地交谈；但很遗憾，在外交政策上的情况不同。我在 1862 年带着签好字的辞职信去见了他；1863 年他无论如何都想去王公大会，我竭尽一切反对他，但无济于事！……我永远不会忘记 1866 年春夏之交的那段时光，我日复一日地做着永无止尽的工作，把他推倒了的东西一次又一次地为他重新建立起来；因为他是一把那么勇敢、无畏的利剑，是一个如此可怕的政治家！当他投身战争并且取得成就时，又没有什么可以阻止他。他和将军们以及所有人都想继续进军匈牙利——没有任何意义和目标，只是为了染上霍乱！……我家的档案里有一份当年的敕令，开头是这样写的：'在我的首相面对敌人离开了我之后，在我依靠的儿子也支持了我的首相之后，我赞同了这种充满耻辱的和平，但是，对于那种认为我对这种充满耻辱的和平负有责任的指责，我要在上帝和历史面前发出抗议。'——这指的是《布拉格条约》！……而在凡尔赛，他又是何等抗拒'皇帝'和'帝国'头衔——他非常想以普鲁士国王的身份去做这一切，不管这会怎样惹怒其他人。我到底必须用什么才能让他屈服！"而当帝国被宣布正式成立、皇帝头衔被正式给予他时，"他对我是多么愤怒啊！我站在大厅中央，在他面前，他却装作没看见我、不认识我，他从我身边走过，他对每个人都说话，对我却一句话也不说！"

俾斯麦的这次情绪爆发，源于有关奥地利和德国之间建立持久有效同盟的争论。俾斯麦抱怨道，德国皇帝被沙皇亚历山大二世，那个"狡黠圆滑的萨尔马提亚人（Sarmaten）"俘虏了，"沙皇对他说了路易斯王后—我的祖母—你的母亲之类的话，然后他就这样被俘获了。而现在他什么都不想再听了，只想独自坚持自己的意志，牺牲国家的利益！而这次，他是孤身一人！王储站在我们这边，就连皇后也是——这是自我成为首相以来，她第一次在政治上站到我这边；1864年时她还是支持奥古斯滕堡的人，1866年时她跪求皇帝放弃战争——她总是反对我，如今这是她第一次不反对我。"俾斯麦心中充满怨恨地回忆起，他为了不断赢得皇帝对他的政策的认可而进行了多么艰苦的斗争。

759

皇室，1875 年。霍亨索伦家族中不同的观点和人物，有时会给俾斯麦带来很大的挑战。图为（左起）奥古斯塔皇后和皇帝威廉一世；玛丽和她的丈夫卡尔亲王（站立），卡尔亲王是皇帝的弟弟，一直与嫁给俄国沙皇尼古拉一世的大姐夏洛特保持着密切的联系；王储弗里德里希·威廉（即后来的皇帝弗里德里希三世）和他的妻子维多利亚及孩子们；站在维多利亚右边的是她的长子，即后来的皇帝威廉二世。

一年后，1880 年 11 月，他向他的家庭医生科恩博士坦言，760
自己甚至无法向皇帝"解释一切事情的原因"。不仅是他告诉皇帝的事情，还有他告诉皇帝这些事情所用的方法，都要耗费"长到可怕的时间"。俾斯麦一定是用了惊人的刻画艺术来对皇帝做出描述的："宫廷用语本身就很烦琐，你不能就很简单地说'陛下正走上歧途'，或者'陛下说的简直是一派胡言'，或者'陛下只有三年级学生那种对政治的看法'，而是得用恰当的客套话来表示这一切。但这需要耗费非常多的时间。那些总在谈论和嘲笑首相危机的人们不知道，要怎样才能和像皇帝这样一个年老的奥林匹亚人（Olympier）① 相处 18 年之久。自

---

① 即威严崇高的人。

从石勒苏益格－荷尔斯泰因事件以来，首相必须一步步让皇帝放弃一切，而且大多数时候，只有当内阁这把左轮手枪在手时，才能成功。”

俾斯麦只能艰难地原谅皇帝对其情感的伤害，和威廉一次又一次重修于好，因为他知道，威廉为难他“不是出于恶意，而是由于不理解和缺乏专业知识”；但一旦做出决定，皇帝仍是很可靠的。皇帝也一次又一次用安慰的话语来掩盖争吵，并且设法给生气的首相主动写信，说他们在 17 年的合作中还从未有过一次巨大的分歧，而之后，俾斯麦又会“对这种愉快的记忆”一笑了之。威廉的单纯坦率无人能及，他在面对首相的辞职请求时，伤心地抗议道：“我难道要在年老的时候出洋相吗？”

如果俾斯麦只是单单要对付皇帝的话，凭借其与人交际、认识其弱点并加以利用的出色能力，一些事情将会变得容易些。但是还有一位高贵的夫人，奥古斯塔皇后，从前的魏玛公主，在威廉皇帝的父亲弗里德里希·威廉三世明确禁止了威廉与伊莉莎·拉兹威尔（Eliza Radziwill）的恋爱关系后，威廉皇帝不得不与奥古斯塔结婚。奥古斯塔虚荣心强，并且不断通过她的丈夫和廷臣干涉政治，这给俾斯麦的整个首相生涯增添了沉重的负担。她对俾斯麦的反感源于 1848 年的革命时期，当时她把俾斯麦看成格拉赫兄弟身边宫廷密党的盟友，而这不是没有道理的。她当时有着这样的设想，即颁布由君主完全出于个人意志授予的宪法，并且在普鲁士霸权下进行德意志邦联的改革，把奥地利排除在外。被宫廷密党接受了的《奥尔米茨协定》阻碍了这次邦联改革，在她看来，奥尔米茨在道义上就像第二个耶拿，尽管她不知道，俾斯麦也正是在此第一次产生了疑虑。

奥古斯塔不想了解有关议会制的任何事情，在这个根本问题上，她与普鲁士国王威廉以及俾斯麦的意见是一致的。但是，他们在其他方面存在严重的分歧，特别是，正如俾斯麦在回忆录中所说的那样，引导她行动的更多是她的某些反感，而不是积极的目标："她的反感是针对俄国的，针对路易·拿破仑的，因为她怀疑我与拿破仑有关系；也针对我，因为我倾向于独立思考，因为我一再拒绝假称她的意见是我自己的意见，拒绝以此获得她的丈夫的支持。"当然，奥古斯塔一直反对俾斯麦在 1862 年被任命为普鲁士首相，就像她反对 1866 年的战争、反对与法国的战争一样，最后，她还在文化斗争中进行了抵抗。奥古斯塔在 1876 年公开表示了对原保守派的支持，这似乎令俾斯麦尤其愤怒。

俾斯麦在比较奥古斯塔皇后和维多利亚女王时说，维多利亚"从来没有像奥古斯塔皇后那样斗志昂扬的决心"，"后者在选择手段时也更加无所顾忌"。这句话是以一种相当巧妙而委婉的方式表达的。毕竟，奥古斯塔曾敢于偷听威廉的谈话，以获取威廉对她隐瞒的信息，当时她就站在连接旧皇宫底层图书室与她的房间的螺旋楼梯上。她利用皇帝生病的机会，在护理皇帝的过程中更加努力地发挥了自己的影响力，据说俾斯麦曾因此言简意赅地对皇帝的身体状况评价道："我一直都知道他的情况。当他不舒服的时候，他是自由主义的。当他健康的时候，他是反动的。"

奥古斯塔欣然地为皇帝送上了早报对政府政策的批评。这就是让俾斯麦害怕的"早餐页"。威廉会在一张纸上用尖锐的言辞写下他对首相提出的问题，或者直接心情烦躁地接见他的这位政府首脑——这是在奥古斯塔的精心安排下进行的。奥古斯塔和俾斯麦互视对方为君主身边的恶鬼。和解是不可能的。

据说，当皇帝拒绝了她所要求的宫廷维护款项时，奥古斯塔在皇帝面前制造了"可怕的场面"；她大概是不会招人喜欢的。她喜欢花里胡哨的洗手间，并且显然把每年在皇宫举行的四次大型舞会看作自己人生的亮点。她的侍从和仆人都惧怕她。她的阅读官写道："在她身边，没有一个人不感受到她的傲慢、残酷和让人厌恶的公主脾气。"她并不像人们常说的那样是一个自由主义者，而是倾向于一种开明的专制主义，相信进步。她沉醉于古代宫廷的奢华。在宫廷里，她因强调一切外国和外来的东西而受到嘲笑，她远离本国的传统，尤其是普鲁士乡村贵族的传统。虽然她是萨克森－魏玛大公的女儿，但她与德国古典文学丝毫不沾边，甚至在私人书信中，她也是使用法语。

俾斯麦在《思考与回忆》中几乎没有掩饰他对奥古斯塔的厌恶，但他显然以一种平静的方式描述了他与威廉一世的众多分歧和紧张关系——这是故意针对威廉二世的。在这些描述中，他把对过去的描写与他自己坚定的信念，即忠君主义，结合了起来。这是"忠君主义情感的一个特点，有着这种思想的人，即使要对国王的决议施加影响，也不会失去自己作为君主仆人的意识。国王有一天曾亲口夸赞……我的机敏，因为我可以猜到他的意图，而且——他在停顿了一下之后补充道——也知道如何引导他。这样的赞赏并没有让那种感觉有丝毫减损，即他是君主，而我是他的仆人——一个有用且虔诚的仆人"。另外，威廉有"君王的威仪，他不仅宽容，而且当他想到自己有一个受人尊敬的、有权势的仆人时，他就感觉自己也被抬高了"。这些描述很明显是暗讽年轻的、高傲的威廉二世，因为威廉二世没有一点宽宏大量的意思。

事实上，俾斯麦本质上的、根深蒂固的忠君主义，越来越使他无法克服他执政遇到的危机，更无法让他认识到，作为德意志帝国根基的霍亨索伦王朝，在未来将会是国家的沉重负担。

　　他在向德意志帝国的帝国议会正式宣布威廉一世的死讯时，同时宣布了将德意志帝国皇位传给王储弗里德里希·威廉的消息，弗里德里希·威廉接受了弗里德里希三世的称号。无论是在德国还是在欧洲，这位继承人已身患重病的消息，都已经不是什么秘密了。

　　据说，在 1882 年 6 月，俾斯麦就已经对莫里茨·布施说过，在一个长寿的皇帝之后可能会出现一个短命的皇帝，在他看来，王储的情况就是这样。这是值得注意的，但与俾斯麦的其他有预见性的预测相比，它并不稀奇。这难道是布施事后所捏造的吗？很可能不是，因为俾斯麦在这方面对身边的人——比如他的儿子威廉——有着特殊的预感。无论如何，当威廉一世年事已高时，关于皇位交接的问题就不可避免地被强加到俾斯麦身上了——他时不时地会向别人明显表现他对此事的愤怒。可谁又能责怪他的这些忧虑呢？他的首相之位毕竟与君主有着密切而长久的联系。俾斯麦与王储弗里德里希·威廉也认识了几十年，他比别人更清楚，弗里德里希·威廉不会威胁到自己的首相之位。

　　以俾斯麦练就的眼力，在弗里德里希三世还没有走到聚光灯下时，他就已经知道了这个王子在幕后的存在。弗里德里希三世的母亲奥古斯塔皇后很早就充满了担忧。弗里德里希·威廉王子于 1831 年 10 月 18 日在波茨坦出生，奥古斯塔皇后本想按照自己的想法塑造他，不想让他接受他父亲设定的军事教育，她曾向罗恩坦言，儿子的"性格力量和精神力量"，"尤其是思想的力量和逻辑"，不在同一个水平上。而他的军事教师也认为，"更高层次的精神发展"可能只得"留待他长大后才能实现"。即使是被要求对王子进行教育的著名语言学家、考古学家恩斯特·库尔提乌斯（Ernst Curtius），也无法改变这一点。

经过 1848 年革命的冲击，弗里德里希·威廉试图在母亲奥古斯塔和左翼保守派的"周刊党"政客们的帮助下，得出一些结论；此外，对他施加了影响的，还有他的妻子、英国的维多利亚公主，以及妻子的父亲、出生在科堡的英国女王之夫阿尔伯特亲王，还有亲王的圈子。弗里德里希·威廉希望在不大幅削弱霍亨索伦王权的情况下，在普鲁士实施温和的倾向于英国模式的自由主义，这也是他身边人对他的期待。他那虚弱的"王储自由主义"把他推到了种种历史事件的边缘。弗里德里希·威廉不仅时不时发表一些反对社会主义的尖锐言辞，还针对官僚主义、专制主义、文官统治和反犹太主义发表了意见。1866 年，他帮助奥托·冯·俾斯麦确保了威廉一世没有以胜利者的身份前往维也纳；1871 年 1 月，他还帮助俾斯麦改变了顽固不化的叛逆父亲所持有的拒绝"德意志皇帝"称号的想法。但同年，他也向他的岳母、英国维多利亚女王告状称，俾斯麦成了实际上的皇帝。

764

在新成立的德意志帝国中，王储成了柏林皇家博物馆的名誉主席，从而可以通过推广科学和艺术来"修饰"自己。他看了很多有关"社会问题"的东西，却无法得出自己的看法。1884 年，社会主义工人党在选举中获胜后，一向观察敏锐的外交部官员霍尔施泰因指出，王储对"日益突出的第四等级"感到不快。他还贴切地补充道："他掌握的套路不足以处理这件事"。最终，成了皇帝的弗里德里希三世本着他那自由思想的精神，反对国家出台社会政策，这被他称为"社会干预主义"。就这样，他蹉跎着时光，即使在继位前就已然如此了。罗根巴赫（Roggenbach）明智地判断，弗里德里希三世登基后，很大程度上会依赖于一个"新摄政王"。

俾斯麦认识到，他首先要把王储可能的顾问们从他们现在的位置上撤下来；只有这样，他才能有充沛的精力来引导摇摆不定的王储。首相巧妙地利用了社会主义工人党在 1884 年 10 月大获全胜的选举，将其作为社会主义威胁论的基础，就这样，弗里德里希·威廉和他的维多利亚逐渐落入了俾斯麦的之手。王储接受了俾斯麦提出的一个最重要的要求：不建立议会制政府，不受外国影响。

那么，王储的顾问们还能怎么反对俾斯麦呢？甚至早在弗里德里希·威廉获得展示能力的机会之前，他的同情者们就已经不再指望他了。古斯塔夫·弗赖塔格（Gustav Freytag）形容这只是在"消耗生命力"。在真正的开始之前，结局就已经注定了，这不仅是由于王储罹患严重且折磨人的疾病，已经注定要死亡的他在 1888 年 3 月 12 日正式掌舵；与此同时，在政治上，弗里德里希三世也是不可救药的。凭他那敷衍的君主自由主义，他不是俾斯麦的真正对手。俾斯麦坦率地跟冯·施皮岑贝格男爵夫人说："弗里德里希皇帝的自由主义，源自他那不可思议的政治愚蠢，而这一点还不为人所知。毕竟，如果他不被虚荣心迷惑，不被激情蒙蔽，不被他人影响的话，他会是个好人。"

俾斯麦并不喜欢"干涉政治"的女人；他经历过这样的事，尤其是在奥古斯塔皇后那里。但与奥古斯塔皇后相比，王储的妻子，只做了 99 天皇后的维多利亚，在俾斯麦看来似乎更容易对付。当俾斯麦注意到维多利亚的丈夫对她处于依赖和顺从的地位时，他要做的只有一件事：他要努力"对付"这个"夹在中间的维基（Viky）"。俾斯麦曾经说过，她是一个"充满野性的女人"，"当他看她的照片时，常常会被她眼睛里流露的不可磨灭的肉欲吓到"。他在 1888 年 4 月用男性的目光对她进行了试探，随后在 6 月的时候表示，"他在跟弗里德里希的皇后的接触中，就像变成了一个恋爱中的老人一样"，这也并不奇怪了。俾斯麦怀揣着目的对付别人，其肆无忌惮的程度令人震惊，只有他那种可以让人放下防备的坦诚才能对此加以调和。

　　三个卡特尔政党的合并，阻止德国的维多利亚公主与保加利亚的前君主巴滕贝格大公的婚事，用辞职来威胁这桩婚事——首相打出了所有的王牌，从而越来越限制了"影子皇帝"的行动可能。

　　除了政治上的惨败，弗里德里希三世身体上的痛苦也在折磨着他。弗里德里希三世罹患了喉癌，一直有失去说话能力的危险，终于，在一次手术后，这真的发生了，弗里德里希三世一直缠绵病榻，直到痛苦地离去。他是自由派希望的虚幻的承载者，越来越受到俾斯麦操纵；他想把自由主义的病菌植入充满权力意识的霍亨索伦传统，却只是徒劳；他充其量只是一个指示器，表明了政治气氛中的运动，无动于衷地暗示了资产阶级化的不同道路。

　　弗里德里希三世于1888年6月15日解脱了，他的儿子、29岁的威廉二世继承了德国皇位。首相比他的君主大了44岁，这是怎样一种差距！这样的差距对于任何一次君主更迭来说都会是问题重重的，但在威廉二世身上尤其显得爆炸性，特别是因为特殊的传统路线交汇在了威廉二世的身上。他是英国维多利亚女王的外孙，也是帝国第一任皇帝的孙子。

　　威廉二世的出生就已经极其复杂了。他有一条残缺的手臂，这伴随了他的一生；而医学专家们也不排除他有某些脑部损伤的可能性。无论如何，这些先天性的疾病似乎对青少年的心理产生了影响。短小的、无法动弹的手臂——一般情况下，他都会小心翼翼地尽可能把手臂遮掩起来——对他来说可能是一个痛苦的瑕疵，但对他的母亲来说却是一个永久的耻辱。

　　在很小的时候，威廉就已经因为暴力和不受控制的行为而让人担忧了。他被一切能满足他夸张的自信的东西吸引。因此，他喜欢和波茨坦警卫官们一起夸夸其谈、被人颂扬、摆出一副强者的样子。他没有能力结交到真正的朋友，只有一些庸俗的酒伴。他那来自英国的强势母亲支配着相对弱势的父亲，作为儿子，他对此的反应是蔑视。令人尴尬和羞耻的是，威廉以非常不尊重且有辱人格的方式谈论父亲、侮辱母亲。"我们家族的盾牌被玷污了，德意志帝国被一个英国公主带到了毁灭的边缘，这是最可怕的事情！而这位英国公主是我的母亲。"

　　威廉继位之时，按照弗里德里希·尼采的说法，正是"德国胜利"消灭了"德国精神"的时代。胜利的激昂无处不在，最严重的是在每年的色当战役庆典上。

766

　　威廉现在应该去哪里呢？给他留下最深刻印象的是军队。他的祖父威廉一世作为胜利者——在他那令人印象深刻的首相的辅佐下——也与军队保持着密切的联系。如果说威廉王子最初曾被俾斯麦吸引，那肯定不是因为他理解俾斯麦或试图理解俾斯麦，而更多的是因为他觉得俾斯麦是自己父母的强大对手。如果说威廉延续了某种传统的话，那一定是霍亨索伦家族对于君权神授的信仰。

　　一贯有着非常敏锐的识人本领的俾斯麦，对年轻的威廉又有什么看法呢？当俾斯麦在 1882 年 1 月认为，一位长命的皇帝有可能会由一位短命的皇帝接替时，他就已经在精心算计后带有言外之意地说过："在那之后继位的人会是完全不同的，他想亲力亲为，他精力充沛、意志坚定，根本不想做议会的联合摄政或一个单纯的侍卫军官……他一点也不希望他的父亲与教授们，与蒙森、维尔乔和福肯贝克搅在一起，也许他将成为我们所缺少的坚实的岩石（Rocher de bronze）[①]。"

---

① 指不可动摇的意志，可追溯至弗里德里希·威廉一世在 1716 年 4 月 25 日所写的"我……要稳定主权，要把王冠打造成坚实的岩石一般"。

　　俾斯麦怎么会在这个即将继位的人身上看到一块"坚实的岩石"呢？威廉一开始就拥有一种能误导聪明人的品质：他能非常快速地掌握一切，而这足以掩盖他无法真正深刻理解任何事情的本质。而且他总是脾气火暴，充满激情；只要表露一点短暂的激情，他就能让人误认为他活力四射。毕竟他很年轻，看起来还是有学习能力的，但实际上并不是这样。

767

　　俾斯麦这个一贯充满怀疑的人，这一次彻底错了。一方面，他不相信，这个还在不遗余力地表达对首相的喜爱和钦佩的年轻人，能把他这个经验丰富、久经考验、受全世界尊敬的政治家，从他的专业领域，即外交领域，他的"传统领域"——他总是这样说——赶走；另一方面，他又认为威廉二世将有可能做一些威廉一世甚至弗里德里希三世都不敢做的事情：用军事力量粉碎难以应付的、可怕的社会民主主义。在与帝国创立以及尤其是巴黎公社的危险类比推论中，俾斯麦认为这样的举措是必须的。俾斯麦说，社会问题不是用玫瑰香精就能解决的，而是要用血和铁。而如果必须不择手段地去处理它，那么，俾斯麦相信，威廉王子有能力做到这一点。首相很早就在酝酿这样一个总体解决方案了。他打算在德皇威廉一世及王储弗里德里希·威廉死后，向德意志各公国的君主发布一份公告；他深知自己的这份构想具有爆炸性，所以他要求"立刻烧掉"这份文件——毕竟皇帝和王储那时都还活着。尽管如此，这些思考以及这份文件的收件人对他来说是十足重要的，因此，他不顾身体上的病痛，开始写下这份构想，正如他所写的那样，"由于痛苦和失眠，我很虚弱，这让我每天早晨都很难开展工作，而每一点工作都会让我更虚弱"。

　　实际上，俾斯麦鼓励威廉二世从各邦君主那里看到帝国和帝国君主制度的稳固。"如果不是王公们坚定地跟德意志帝国站在一起，我们在过去短短17年的时间里，就已经沦陷在议会统治之下了"，"只要皇帝是强大的"，他们就不会再去寻求外国的支持了。俾斯麦希望，王权不仅能够在与各邦王室的关系中得到稳固，也可以在与民众的关系中加强。已经处于危机情势中的俾斯麦，要求"王室的承担者，不仅在和平时期要坚定决心、努力处理国家的政务，而且在危急的时候，也要在御座的台阶上握着佩剑为自己的权利斗争直至倒下，而不能做出让步"。1862 年，他也曾用类似的话打动了威廉一世。"没有一个德国士兵会抛弃这样的君主，"他继续说，"1848 年的那句老话仍然是正确的：'只有士兵才能帮助我们对付民主派。'……有自由主义的时代，有反动的时代，也有武力统治的时代。"俾斯麦还在别处有过与此相关的表达，他说，威廉王子不应该让自己被社会团体束缚，也不应该被另一些人束缚，他们故意怂恿他去利用社会团体"作为攻击和破坏现有体制的工具，而不是作为建设和维护现有体制的工具"，"……在我们国家，只有处于国家权力之首的国王，才有能力通过立法的方式，积极地发起、推动有可行性的改革"。坚决增强联邦议会以对抗帝国议会中的反对派，强调皇帝作为"国家权力之首"的地位——这就是俾斯麦的方案，一个注定要失败的方案，未来的皇帝、各邦王公、政党和人民，都将使它失败。

　　俾斯麦的家庭成员们一定对威廉王子进行过很多探讨，因为在 1888 年 6 月 15 日威廉王子继位那天，原本不问世事的约翰娜给儿子比尔写道："愿上帝赐予亲爱的爸爸力量，使他能够执行现在即将发生的、可能并不轻松的事，并使年轻的皇帝拥有高于一切的智慧，清晰和冷静。我非常害怕年轻的皇帝那超出他年纪的火暴脾气和他内在的青年人的火热。愿上帝永远不会抛弃我们！"

　　其中，"不轻松的事"指的是 1888 年秋天的事件，当时，弗里德里希三世自己保存的 1870~1871 年战争日记的段落被

768

公开了。毫无疑问，大家都知道，日记的内容是真实的。在日记中，当时还是王储的弗里德里希三世批评俾斯麦面对各邦国君主的利己主义时过于克制，并期望对符腾堡和巴伐利亚施加更大的道德"压力"。他要的不是诸多保留权利，而显然是一种单一意义上的"自由思想的"君主制。只不过，这些秘密是在一个对俾斯麦来说最为不利的时刻被揭露的，当时，俾斯麦想把联邦议会升级为"同盟邦国诸侯"的代表机构，与一再反对他的帝国议会相对立。

自然，自由思想者党热衷于在其报刊上引用当时还是王储的弗里德里希三世的批评言论，他认为俾斯麦的宪法是"人为制造的混乱"。因此，首相决定采取反制措施。俾斯麦立即在官方的《帝国和国家导报》（*Reichs-und Staatsanzeiger*）上发表了一份致年轻皇帝的即时报告，称有人怀疑被公开的日记是伪造的。为了说明问题，推动了这份日记出版的海因里希·格夫肯（Heinrich Geffcken）教授遭到了逮捕与审问，他绝不是一个自由主义者，而是一个极端保守派。但是，这一针对皇帝弗里德里希三世前密友的行动实在太过分了。尽管帝国法院在1889年1月5日宣判格夫肯无罪，但俾斯麦的攻击几乎引起了社会各界的关注。正如《十字架报》所写的那样，保守派看到，"君主主义的感情"受到了深深的伤害，于是，他们向非常容易受这种情绪影响的威廉二世发出了呼吁。左翼自由派取得了胜利；事实上，正如柏林《证券交易日报》（*Börsen-Courier*）所预言的那样，弗里德里希的日记成了德国自由思想者党最好的竞选材料。

769　　　威廉二世对公众的反应有些震惊，他以他典型的方式做出了回应。他起初责骂格夫肯，希望对其处以最重的处罚，但在舆论的压力下，以及可能也在一些顾问的压力下，他改变了主意。他觉得自己被首相误导了，这进一步助长了两个不平等的伙伴之间的彼此疏远。据说，俾斯麦在 1889 年 12 月用具有他个人特色的方式做了一个比喻："新的庄园主和老的农场工人相处得并不融洽。"

　　随着新皇帝的登基，统治者之间的关系也出现了虚伪迹象，出现了在粗制滥造的伪装中的互相欺骗。在此期间，很多事情都被揭露了，奥托·冯·俾斯麦再一次直击要害地指出了威廉二世的特点："皇帝性格的可怕和危险之处在于，他一贯难以接触，却也能在瞬间受到影响，并且让一切立即变成行动，因此，所有的连续性都被打断了。"威廉二世以他那不安分的精神，相信自己一定能把霍亨索伦王朝带入一个光明的时代，他要为霍亨索伦的王冠再添几颗耀眼的珍珠。他想保持皇家风范，却又想成为一位现代人，他总是三分钟热度，凡事都理解肤浅。他那忙忙碌碌的活力有时会让他提出一些倡议，而在这些倡议中只有自以为是，其精神上的多元包容只是模仿来的。他对掌声充满了渴望，非常不安分，他四处游历，民间称他为"旅游皇帝"。国家统治中那种目标明确的稳定性越来越弱。随着各阶层民众变得更加活跃、国与国之间的关系变得更加多变与充满张力，威廉二世的行为就更加具有灾难性了。

反对派作家；工人运动加强

　　柏林《人民报》说得很对。尽管德国北部的民主党已经自行解散，施瓦本的人民党也转变为了一个左翼自由主义政党，但《人民报》在 1887 年依然指出，资产阶级民主派不可能永远消失；毕竟它植根于"国家的中间阶层"，新出现的工业世界限制了这些中间阶层，但也给了他们机会。小资产阶级已经找不到力量来形成一个民主主义的政治独立的统一组织了，但个别具有和平主义特点的小团体诞生了，报刊也纷纷被创立起

来，文学风潮随之得到了发展。相比以前，一切都更加没有形
制了，但它们依然是紧贴时代、充满活力的。

770　　　　主要出身于小资产阶级的青年作家们强烈地感受到了当时
的社会矛盾，他们在 19 世纪 80 年代心灰意冷，因为奠基时代
的乐观情绪导致了思想精神上的停滞、萧条。大学里"忧心忡
忡的沉重氛围"同样发挥了作用，将这些青年推向了反对派，
使他们接受了民主主义思想，以及模糊的社会主义思想。1882
年，海因里希·哈特（Heinrich Hart）和朱利叶斯·哈特
（Julius Hart）两兄弟在《致俾斯麦侯爵的公开信》中开展了
"批判性的斗争"，他们对文化衰落表示惋惜，并要求政府对
艺术给予更多的支持。1884 年，阿诺·霍尔茨（Arno Holz）
认为自己正"充满疑虑"地同情着社会民主主义，他在当时写
下了反映资本主义工业化和大城市工人赤贫化的《时代之书》
（*Buch der Zeit*）。在书中，对于革命的期待与一个来自底层
的救世主人物联系在了一起，这位救世主不是"紫罗兰色的维
特"，而是"血腥的弥赛亚"。格哈特·豪普特曼，被称为"自
然主义者"（Naturalisten）的年轻一代中最有才华的人，将新的
社会阶层写进了自己的作品，并于 19 世纪 90 年代初在他的历
史剧《织工》（*Die Weber*）中复活了"三月革命"前时期的反
叛精神。

　　被卷入社会冲突的反对派作家们不仅在社会上处于中间
位置，而且在政治上和思想上也处于冲突地带。一方面，他
们被在《反社会党人法》的管控之下日益壮大的工人运动吸
引，另一方面，他们又难以摆脱儿时对帝国的建立，即"伟大
的时代"的印象，以及对令人敬佩的帝国创始人的印象。他们
部分倾向于社会民主主义，同时又崇拜俾斯麦，赫尔曼·巴尔
（Hermann Bahr）描述了这种矛盾关系："我们很喜欢俾斯麦，
又订阅了苏黎世的《社会民主党人报》，而我们敬爱的俾斯麦

却让警察对它严加禁止，以至于每次它被从瑞士边境偷带出来时，都要被装在一个信封里，从另外一个没有嫌疑的德国小镇送出去，而信封上的笔迹、信封的规格和颜色每次都要变化。在铁血首相 70 岁生日的时候，我还戴着我的维也纳学生社团徽章在威廉大街上游行，热情地把火把挥向那位大人物站立的窗口，发表了仪式般'热情洋溢的'关于共产党的讲话，几个月后，我已经被警察'记下来了'，因为我参加了倍倍尔、李卜克内西和福尔马尔举行的被官方禁止的会议。"

　　在这些作家身上，自上而下的帝国统一带来的政治和道德影响清晰地展现了出来。这场统一满足了资产阶级的要求，因而引发了积极的冲动，但也大大阻碍了民主的发展。

　　特奥多·冯塔纳以 70 岁时在文学上的晚熟和对年轻人的开明，成了一个特例。他与俾斯麦的关系是矛盾的，俾斯麦是他所崇拜的帝国的缔造者，也是他最感兴趣的人物之一，尽管俾斯麦受到的批评越来越多——尤其是在 19 世纪 90 年代。他说："俾斯麦的天才，体现在他说的每一句话中，总是让我着迷，总是让我把质疑抛到九霄云外，但当血液平静下来时，质疑还在那里。他没有一个地方可以让人完全信服。"老冯塔纳对容克的历史作用越来越怀疑，但他对有产的市民阶层有着从一而终的深恶痛绝。他看到了自底层而起的新的运动："所有的利益都要指望第四等级。资产阶级是可怕的，而贵族和神职人员是守旧的，且总是一成不变的。一个新的、更美好的世界只能由第四等级引领。就算这只是一个关于努力或尝试的问题，我们也已经可以这么说了。而事实并非如此。工人的所思、所言、所写，确实已经远远超过了旧的统治阶级的所思、所言、所写。一切都更加真实、真切、鲜活。他们这些工人正在重新思考一切，不仅在思索一个新的目标，还在思索新的方法。"

771

在特奥多·冯塔纳写下这段话的十年前，普鲁士内政大臣普特卡默在 1886 年 4 月颁布罢工法时，还幻想着警察能够使年轻的、不稳定的工会运动瘫痪；但结果是，工会组织的罢工斗争在数量和范围上都有所增大。例如，1886 年，普特卡默的法令所主要针对的砖匠在至少在 13 个地方进行了罢工。这就像一个连锁反应，蔓延到了其他行业。1886 年底，德国有 35 个工会的中央协会或至少是松散的中央组织。自由工会（Freie Gewerkschaften）在当时拥有约 2300 个支部协会和 81000 多名会员，超过了其在《反社会党人法》通过前 50000 名会员的发展水平。

由于工人们在 1887 年的经济繁荣期间通过与企业达成协议收获颇丰，争取提高工资的运动起初有所式微，但在接下来的时期里，工资运动重新变得强劲和频繁。无论是在德国最大的两个城市——柏林和汉堡，还是在各省的城市和乡镇地区，围绕经济利益的斗争都是非常自发的，它们虽然仍可控制，但已经无法阻止了。工人们也通过政治的方式表达着对社会现状的不满，而同时也有许多小资产阶级人士加入了这一行列。在一次次选举中，社会主义工人党的票数增加了，其自信心也随之提升了。1888 年 10 月 21 日，在《反社会党人法》颁布十周年的纪念日上，社会主义工人党举行了大规模纪念活动。除了非法的集会、会议和传单派发，许多城市还悬挂起了红旗，甚至有的公共建筑也悬挂了红旗，显示了这个被排挤的政党的活力。

772　　　　俾斯麦仍然只是用"胡萝卜加大棒"这种粗暴、无效的手段来对付"社会问题"；他既不能，也不愿意区分德国工人运动和国际工人运动内部的各种方向，他在其中只看到了一个单一的"内战党"，这个党可能会发展成类似巴黎公社的东西，因此必须用"血和铁"来粉碎。单凭这种战士的视角，他无法掌握世界工人运动中的社会和政治关系网的不断变化。此外，他不知道德国工人与在俄国发端的马克思主义运动之间的联系，也不知道德国工人与美国工人通过移民而维持的关系。

然而，社会主义工人党在选举中取得的巨大成功，也必须从思想精神层面加以处理，因为其中蕴藏着这样的危险，即这个自认为是俾斯麦那陷入了生存危机的政权的坚决反对者的政党，将会患上议会白痴症（Kretinismus）①，而 1848 年圣保罗大教堂的议员们，正是因为这种白痴症而备受指控。德国社会主义工人党在《反社会党人法》被废除之前的最后一次党代会（于 1887 年 10 月在瑞士的圣加仑召开）上批准了之前的议会活动，但警告称不应过分高估议会制。主要是倍倍尔谈到了这一点，而威廉·李卜克内西也申明："我们的活动的真正重点，不在于议会。"作为补充，党代会再次讨论了无政府主义。不参加选举已经成了一个公理，对无政府主义来说尤其如此。关于无政府主义对暴力政治的崇拜，党代会的决议里说道："暴力既是反动的因素，也是革命的因素；但前者比后者的可能性更大。"

这一切都与国际工人运动中的一个大事件有关。1886 年 5 月 1 日，芝加哥的无政府主义领袖们举行了一次争取 8 小时工作制的大型示威；在警察策划的炸弹袭击后，他们遭到了逮捕，被法院判处了死刑，之后被绞死了，这显然是一场蓄意的司法谋杀。主要由德裔构成的被告人们在审判结束时的发言中表现的尊严，令人印象深刻。因此，倍倍尔指示党的中央机关报的编辑们："施皮斯（Spies）的演讲一定要在《社会民主党人报》上刊登，它是一种极好的宣传鼓动手段……这些人在接受判决时所拥有的勇气，也应该得到明确的承认。"对倍倍尔

773

---

① 或译作"议会呆小病""议会克汀病"，指盲目崇拜资产阶级议会制度的痴迷状态。

来说在政治上具有重大意义的是，芝加哥的这些德裔美国籍无政府主义者并不是宗派主义阴谋家，而是在那个 5 月 1 日成功地团结和动员了大批工人的人——为的是争取 8 小时工作制这一国际性的要求。

芝加哥的冲突展现了当时已在世界各地普遍存在的社会政策主题：组织起来的工人对工厂法，特别是对"正常工作日"的渴望。8 小时工作制成了整个工人运动的主要要求。

俾斯麦注意到了正在发生的事情，他认为这只是工人领袖的问题，而不是群众的问题。社会主义工人党的帝国议会党团提议开展工人保护立法，但未获成功，俾斯麦不想看到这种所谓伤害经济的措施，而是在 1887 年 11 月提出了另一项社会政策。他公布了一份关于养老保险和伤残保险的法案，这份法案直到一年后才被提交给帝国议会的全体会议，被亲政府的报刊称赞为"社会改革的加冕礼"。而工人们的反应如何，很快就清楚了。

即使人们愿意承认，向议会提交的养老和伤残保险法草案至少是一个开始，但其中包含的福利待遇仍旧过于低廉了，毫不体面。保险法案规定，在 70 岁之前不提供养老金——许多工人甚至没有活到这个年龄。此外，那些被证明无法工作的人，必须等待 5 个缴费年限，才能拿到他们的残疾养恤金。每年的养老金平均为 120 马克，伤残抚恤金最高为 150 马克。女性只能领取这些抚恤金的 2/3。保险负担则由帝国、被保险人和企业家各承担 1/3。

774　　　法案经过了委员会的审议、修正和小范围的改进，但是到了最后，《养老和伤残保险法》能否在帝国议会通过仍然是不确定的。自由思想者党的班贝格尔和中央党的温特霍斯特都对未来的发展趋势提出了警告。他们认为，人们不仅会要求对老人和伤残者提供保障，还将要求失业保险和正常工作日等；最终，任何议员都无法逃避选民大会施加的普遍压力。到最后，社会主义终究会到来。"先生们，"班贝格尔说，"社会主义在本质上是民主的。它所依据的不仅是程序正义原则，还有在生活条件、物质上的平等原则，这种在生活条件和物质上的平等，与辉煌的君主制的高高在上的地位不相称，与高级贵族的威望不相称，而没有这些的话，君主制就不能指望存活下去，或许它也确实活不下去。"

所以，这个自由思想者党的发言人早就不再是一个共和派了；他更多是在为一种君主制辩护，这种君主制不同于俾斯麦塑造的制度，而是更类似于英国的。作为皇太后维多利亚的秘密顾问，班贝格尔的激昂雄辩听上去就像是一篇对弗里德里希三世的悼词，后者曾公开反对"社会领域的国家干预主义"。

俾斯麦也介入了辩论，并发表了他的最后一次帝国议会演讲；而这并不是他最好的一次演讲。他没有讨论温特霍斯特和班贝格尔的任何基本论点。尽管两位对手的论点有着煽情的夸张，他们的确感受到了社会矛盾的内在动力，并且希望尽可能多地让各种力量自由发挥、尽可能少地让国家出面。俾斯麦没有客观地回答他们的问题，而是说了一些尖刻的话。对首相来说，最重要的是消除保守派对该法案的疑虑，以防止最后一部社会保险法的失败；当然，他也是在为即将到来的选举考虑。他从自己的乡村经验出发提出了一些思考，希望能够把庄园主的家长制上升到国家层面。在抨击社会主义工人党时，他对以社会不满为自身基础的社会主义工人党领袖和"对某些事情不满意"的群众加以了区分。对某些事情不满意？关于工人们到底对什么不满意，他没有做出追问，也不知道答案。对他来说，社会主义工人党是一个"与我们开战"的政党，他对此丢下了一个又一个刺激性的词语："罢工""内战""工人部队的集体正步走"。

俾斯麦想吓唬别人，但他自己无疑也被吓唬住了。从本质上说，他既不理解社会民主主义中的"社会问题"，也不理解文化斗争中的"宗教问题"。他只想到了这二者对帝国的威胁——虽然社会主义工人党基本不想危害民族国家，反而是通过民主化来巩固民族国家；这超出了他的想象。俾斯麦做好了开展一场社会战争的准备，他认为像巴黎公社时期那样的"血洗"是不可避免的。

纽伦堡的社会主义工人党成员卡尔·格里伦贝格（Karl Grillenberger）曾尖锐地批评这个法案的细节，他很清楚首相的最终目的，于是他走上讲台，攻击俾斯麦："你想激起工人们去诉诸政变，这样你就可以镇压他们，抽光他们的血（右翼发出了骚动）——使他们 50 年内都站起不来。"然后，对于那些指责社会主义工人党反对有益的工人保护立法的声音，他提出了抗议。格里伦贝格想要发出警告，尤其是对那个刚刚充满活力地登场的年轻皇帝，因为如何对待日益壮大的工人运动的问题已经相当紧迫了。

1889 年 5 月 24 日，《养老和伤残保险法》以微弱多数获得了通过；同月，一场大规模的矿工罢工爆发了，德国各地区相继受到了影响。这次罢工在德国 19 世纪历史上是独一无二的，它的规模令民众、政府和所有政党都感到意外。就连奥古斯特·倍倍尔也公开承认，社会主义工人党没有料到会有这样的爆发。不过，这次罢工对鲁尔、萨尔和上西里西亚矿工的影响相对小。只是在萨克森煤矿产区的"萨克森矿业和冶金工人协会"中，这次罢工才占有强势地位。1887 年的经济繁荣期带来了产量的增加与物价的上涨，矿工们不得不进行自我保护，因为他们从经济危机的年代就开始忍受的艰苦工作条件和生活条件到此时还没有任何改变。他们的工资几乎没有增长，而工作时间也没有减少。矿坑管理者习惯于独断专行，尤其是采取了臭名昭著的"矿车清零"措施，即当矿车中的杂质过多时，监督官员将不承认工人的采矿业绩。

鉴于自己越来越屈辱的处境，矿工们提出了这些要求：工资增加 15%，取消超时工作，改为 8 小时工作制（包括进出矿井的时间），改善作业环境。在煤矿管理部门否认并粗暴地拒绝了这一切之后，大罢工才开始，起初是零星的、局部的罢工，伴随着小资产阶级的同情——因为矿工是他们的顾客。5 月 14 日至 20 日，上西里西亚有 7000 名矿工罢工，下西里西亚有 13000 名矿工罢工，萨克森有 10000 名矿工罢工，萨尔和亚琛地区有 20000 名矿工罢工，鲁尔区有 90000 名矿工罢工，罢工的总人数为 12 万人。

当局的第一反应是向罢工的地区派送军队。军人和矿工之间发生了冲突。在博特罗普（Bottrop），矿工们声称有 3 人死亡，4 人受伤；在波鸿，有 3 人死亡，6 人受伤。但就连司令官冯·阿尔贝迪尔（von Albedyll）将军似乎也对煤矿老板、矿长以及省督和政府首脑等国家权力代表那夹杂着傲慢的恐惧感到恼火："我几乎每隔十分钟就会收到一份电报，解释说除非立即得到军事援助，否则一切都会被推翻，但事实上，完全没有发生任何接近于财产损失的事。"

虽然社会主义工人党的组织与大罢工的爆发毫无关系，但他们立即进行了驰援，为罢工者及其家属提供物质支持。倍倍尔的威望促使北美的工人协会也提供了资金。

特别是在威斯特伐利亚，这场劳动争端使中央党感到非常尴尬，因为这些矿工以前是他们的忠实选民的一部分。自然而然地，中央党劝说工人们要冷静、头脑清醒；他们希望能与民族自由党和各政府部门联合起来，尽快达成一个合理的妥协，结束罢工运动。中央党还提出了派出一个代表团去面见皇帝的想法；代表团由三个人组成，其中有两个是社会主义工人党成员。虽然在普鲁士大臣的举荐下，皇帝接见了这个代表团，但

776

代表团甚至都没来得及客观地解释矿工们的处境，因为威廉二世在发表了一篇道德感满满的演讲大肆抨击了社会主义工人党后，就让他们离开了，所以这次会面只是增加了代表们的苦闷而已。

现在，其他各方不得不介入了。帝国议会议员、"矿业协会"主席弗里德里希·哈马赫尔（Friedrich Hammacher）与代表团进行了谈判，他一方面是出于自愿，另一方面受到了民族自由党同事的怂恿。他没有事先与其他企业家们协商，就这样挫败了企业家们顽固的当家作主的立场。后来，两名德国自由思想者党的议员也加入了这场长时间的辩论，他们最终起草了所谓的《柏林议定书》，该议定书规定，要适当提高工资，实行 8 小时轮班制（外加 1 小时的进出矿井时间），选举一个受大家信任的委员会，并且对部分工作条件进行改善。作为谈判伙伴的矿工们所展现的专业知识，给来自富裕资产阶级的哈马赫尔留下了深刻的印象，他认为与矿工们的会谈是他一生中"最有启发性的一次"。但是，矿长们却从未原谅他与"毁约的"工人们进行了这场谈判。

777　　半年后，弗里德里希·哈马赫尔没有被再次选入矿业协会的主席团，人们甚至连一个名誉主席的职位都没有授予这个协会创始人。此外，企业家们还推翻了哈马赫尔谈判达成的《柏林议定书》中的规定；工人委员会遭到了普遍的拒绝，关于超时工作和工作时长的规定也没能按照议定书实现。

相比于矿工们在罢工过程中的牺牲，他们取得的成果并不大，这些成果也缺乏保证，但罢工运动震动了各党派和组织，尤其是国家行政部门。枢密顾问罗曼（Lohmann）在给朋友的信中说道，自从矿工们罢工以来，关于社会政策陷入了僵局的感受在高级官员中不断蔓延。但最重要的改变是，矿工之中自发运动和有组织运动之间的关系发生了变化。恩格斯在1890 年 1 月 23 日给倍倍尔写道："工人阶级中迄今漠不关心的、鼓动工作做不到他们大部分人身上去的那个阶层，现在却被争取自己切身利益的斗争从沉睡中唤醒了。资产阶级和政府直接推动他们参加运动，在目前形势下，只要我们不去揠苗助长，这就是推动这些工人到我们方面来。"[1] 事实上，在 1890 年 2 月的帝国议会选举中，社会主义工人党在多特蒙德的荷尔德（Hörde）选区的选票增加了 8 倍，在波鸿和埃森的选票则增加了 7 倍。

矿工们经过罢工期间多周的直观政治教育，自信心得到了增强。在 1889 年 8 月，多特蒙德的 200 名矿工代表就决定成立一个鲁尔地区统一的矿工组织，这成了一个全德范围的矿工协会的雏形。越来越多的新工种被吸引到了运动中来：砌砖工、纺织工、金属工、木匠、平版印刷工、毛皮工、制鞋工、鞋匠和陶工。与矿工们一样，罢工成了工会组织形成的开端，尽管有时这种组织只是局限在地方。到 1889 年，自由工会取得了长足发展，已经拥有 41 个行业组织、2226 个地方协会，总计 12.2 万名会员；34 种工会报纸的发行量总计超过了 9 万份。工会的壮大不仅仅体现在数量上，在劳工斗争中，工会成员积累了组织行动和罢工战术方面的经验，检验了自身的实力。就这样，工人运动扩大了社会光谱，丰富了从事生产的工人们之间的关系。

俾斯麦对 1889 年初夏的事件是什么态度呢？这次罢工当然令他和其他人一样感到了意外。对首相来说，这次罢工的不同寻常之处不仅在于它的规模，还有它营造的政治氛围。罢工中的一些事情是他无法理解、更无法控制的。毕竟，矿工们无论多么愤怒、多么痛苦，他们都没有试图以巴黎公社的方式动

778

---

① 译文引自恩格斯《致奥古斯特·倍倍尔（1890 年 1 月 23 日）》，《马克思恩格斯全集》（第三十七卷），北京：人民出版社，1971 年，第 345~346 页。

摇现有的社会秩序和国家政权。所以，没有理由进入一个类似内战的局面。

但与皇帝和大臣们不同的是，俾斯麦对于迅速结束这些罢工并不感兴趣。他说，如果能"通过罢工来快速、轻松地"提高工资，那就会让大家争相模仿。而在另一个场合，他解释说，他完全可以强制要求雇主加薪，但无视政府权威的行为绝对不能被容忍——这是他最关心的问题。考虑到即将进行的关于延长《反社会党人法》的审议，俾斯麦当着皇帝的面说道："如果这次罢工及其引发的不幸后果没有很顺利、很迅速地解决，如果这些后果让资产阶级自由派更加真切地感受到了的话，那么在政治上将会是有益的。资产阶级自由派总是认为，政府比资产阶级更为社会主义工人党所苦，如果这场运动变得严重的话，政府会在必要时用武力镇压，这样，预防性的法律就显得没有必要了。"决定了俾斯麦在军事上的克制态度的，是迫使有产的市民阶层在政治上更加顺从的意图；这是一种为了波拿巴主义政权的利益而玩弄工人和民众的行为，十分典型。

1889 年 2 月 28 日，德国社会主义工人党邀请荷兰、比利时、法国和瑞士的社会主义者前往海牙，在那里，他们号召于 1889 年 7 月 14 日至 21 日在巴黎召开国际代表大会。总体上的工人保护措施，特别是 8 小时工作制，将会是大会讨论的重点。

德国社会主义工人党努力团结社会主义内部的各种路线，却徒劳无功。1889 年 7 月 14 日，在攻陷巴士底狱 100 周年的纪念日上，有两场社会主义者的国际代表大会同时在巴黎开幕，它们的议程都一样。在其中那场最终导致了第二国际，即"社会主义国际"[①]成立的大会上，有 173 名法国代表出席，其

---

① 第二国际（1889~1914 年）是一个工人运动的世界组织。1889 年 7 月 14 日在巴黎召开了第一次大会，通过《劳工法案》及《五一节案》，决定以同盟罢工为工人斗争的武器。

他国家代表有 354 人，其中 82 人是德国人。

在这个 7 月中，1889 年的工人代表大会显然会被与 1789 年的攻陷巴士底狱相提并论。"在攻陷巴士底狱这样一个革命事件的纪念日里讨论工人保护法，"《社会民主党人报》写道，"这难道不是市侩主义（Spießbürgerei）的巅峰吗？"那些从有关革命的神话中解放了出来、研究革命以及革命运动史并领会了其本质的人都知道，那些冠冕堂皇的话语是没有什么意义的，华丽的计划很少伴随着伟大的行动，但大量的改革要求推动了一些可以载入史册的恢宏的革命起义。而任何一个研究并了解 19 世纪工人问题的人都知道，对现代无产阶级来说，对于正常的工作日制度的诉求，与 18 世纪资产阶级对于废除封建阶级税收特权的诉求相比，至少是一样重要的。正是从这里开始，同时效仿着北美工人——想想 1886 年的芝加哥事件，8 小时工作制成了国际工人运动的诉求，并且工人们也因此在每年的 5 月 1 日都会进行示威。

随着第二国际的成立，这届巴黎工人代表大会促进了一种新的开放的世界主义，并为合作社组织、工会组织和工人政治组织的成立注入了动力，其主要目的是使议会制和资产阶级民主制的一切机构变得有利于人类的政治自决。

巴黎发生的事情对俾斯麦的政治体系影响颇大，却没有触及首相的内心；正在发生的事情与他对世界的看法之间的差距实在是太大了。俾斯麦只是间接地感受到了有关工厂法的持续压力，公事公办地视其为内阁会议中的某个事项，或是外交请求中的某个主题（例如瑞士政府提议召开国际工人保护会议）。毫无疑问，这件事已经超出了他的认知。然而，1889 年，他还在自己的传统领域里再次受到了挑战：外交。

外交政策的前景

在瑞士当局以有组织的钓鱼执法罪名逮捕了一名德国警察监督后，德国政府与社会主义工人党的冲突再次涉及外交领域。俾斯麦甚至对瑞士的中立性提出了质疑。瑞士的联邦政府告知他，该国的中立性丝毫不影响其行使主权。关于他的威胁行为的真正目的，俾斯麦后来非常坦率地说："我们的目的，只是想让瑞士政府对我们的社会主义工人党不要那么友好，而我们完全达到了这个目的。有些人觉得，我们好像要把整个瑞士都吞掉。但这么想的人都是傻瓜，不知道这种事情要怎么做。"

国际冲突在非洲引发了一些大事件。刚刚确立的德国殖民统治已经引发了当地人的反抗；在非洲西南部的达马拉兰（Damaraland）和东非的部分地区都发生了这样的事。此外，1888 年春，一位被称为埃明帕夏（Emin-Pascha）的为埃及总督服务的德国裔冒险家，在苏丹南部被卷入了马赫迪起义（Mahdi-Aufstand），失去了与埃及和欧洲的一切联系。一支由臭名昭著的卡尔·彼得斯（Carl Peters）率领的探险队在桑给巴尔（Sansibar）登陆了，该探险队打着解救埃明帕夏的旗号，但其实是想占据前埃及各行省的最南端，以便在那里建立一个德国殖民地。1888 年 7 月，一个临时性的埃明帕夏委员会宣布，即将被占领的地区是"非洲中心地带商业发展的关键"，整个行动"在商业和文明意义上的重要性到今天仍无法被估计"。该委员会得到了一些银行的支持，也得到了所谓卡特尔政党的政客的支持。

当然，人们要问，为什么在 19 世纪 80 年代末，人们对殖民地的兴趣复燃了，俾斯麦却保持了克制，甚至对此非常反感。所有工业化国家为了本国经济的利益，都需要原材料、资本投资、廉价劳动力和不发达的地区。这些才是重要的，而不是基督教的传教热情，那只是为了掩饰欲望、证明欲望的正当性。德国的商业利益者和他们的理论家也表示很希望追上英国和法国数百年来所取得的成就——至少是在有限的程度上。他们在 1884 年取得了初次成功，在 1888 年底再次蠢蠢欲动了起来。虽然他们进行殖民扩张的努力未曾中断，但现在，他们感受到新的经济条件的驱动。

在 1888~1889 年的经济繁荣期，国内需求和销售的增长与出口的下降形成了矛盾。虽然在 1880 年至 1888 年，进出口的贸易额之间只有很小的差别，但在 1889 年，这一比例发生了明显不利于出口的变化：德国的出口额为 3.167 亿马克，而进口额为 4.015 亿马克。在这种情况下，有关出口的呼声变得更加响亮了。由此，德国开始在海外系统地建立银行体系，目的是使德国在欧洲和海外市场的对外贸易中摆脱对英国银行的依赖。

俾斯麦一向支持德国的出口，他在根本上绝不反对资本输出和海外投资。1888 年 9 月 24 日，德意志银行从土耳其政府获得了在小亚细亚修建和经营铁路的特许权，几个月后，它在财务上控制了所谓的东方铁路（Orientbahn）的东南欧段。此后，首相批准了其特许权的申请——尽管他对此也有所保留，这完全符合他的特点："必须区分对特许权的支持和颁发特许权后对战争、暴力和不公正情况的支持。前者是可以的，而后者不可以；企业的风险要由企业家自己承担，而不是由帝国来承担。"此外，他让拉多维茨大使在土耳其政府那里代表德意志银行的利益；1889 年，他要求外交部门对企业家争取订单给予支持。

但在其他事务上，俾斯麦坚持了自己的立场：德意志帝国对近东没有政治上的兴趣。赫伯特·冯·俾斯麦在 1888 年 7

781

月就曾对俄国外交大臣吉尔斯表示："大国的经济关系和政治关系互不相干。"俾斯麦父子援引普鲁士和19世纪上半叶改革前的俄国的关系，作为这个观点的依据。然而，当这个观点变得绝对化的时候，它便是错误的，亦即当人们将经济和政治的相对独立性视为完全独立性，否认了这两个领域之间的联系时，便犯下了这种绝对化的错误。在德国殖民地的创建阶段，特别是在西南非洲，首相就曾要求国家权力首先确保为"商人们"提供优先权，然后才为其他利益方，尤其英国，提供保障。

但在19世纪80年代末，俾斯麦越来越感觉到，他的欧洲安全政策与殖民利益集团的占有欲望和统治欲望之间存在矛盾。他对殖民狂热者欧根·沃尔夫（Eugen Wolf）说："你设想的非洲地图非常漂亮，但我的非洲地图在欧洲。这里是俄国，这里……是法国，我们在中间，这是我的非洲地图。"无论他的措辞多么随意，这段话都概述了外交问题的关键。这段话已经表明了俾斯麦的欧洲政策和那种"世界政策"（Weltpolitik）的区别，后者将是他的继任者们始终推行的，直到灾难发生。

782　　　正是在俾斯麦担任首相的最后一年中，人们开始试着为与殖民扩张主义紧密相连的"世界政策"提供历史和政治上的依据。卡尔·彼得斯在1889年2月宣称：营救埃明帕夏的远征"具有世界性的历史意义……通过柯尼希格雷茨战役和色当战役，德国已成欧洲的主导力量；它开始介入非洲文明化的竞争。德国应该落后于其他国家吗……？德国已经进入世界强国的行列"。还有人指向了对于美洲的发现和占领，认为德国错失了追随这一潮流的机会。顾及卡特尔政党联盟中民族自由党的诉求，俾斯麦不得不容忍埃明帕夏委员会及其活动，但是，当卡尔·彼得斯率领的德国远征队于1889年3月底在桑给巴尔岛登陆并立即遭到英国人的抵抗时，这种事态并非俾斯麦所不愿看到的。首相已经事先秘密告知索尔兹伯里勋爵，德国政府与该行动没有任何关系。使俾斯麦陷入危急境地的，并不是卡尔·彼得斯身边人的大话和肆意妄为，而是来自政府阵营的民族自由党议员和亲政府的报刊对这些人的支持。

但是，在非洲的个别行动已经很久不再是公众讨论的主要议题了。人们在乎的是未来外交政策的基础，是殖民扩张将如何与帝国的安全政策相协调。鉴于国际形势的变化，俾斯麦大约从 1887 年初开始就没有再批准过殖民兼并了。1889 年，民族自由党的报纸对这种克制态度提出了批评意见，俾斯麦不得不为自己辩护。

在俾斯麦的授意下，帝国首相府的负责人冯·罗滕堡（von Rottenburg）给官方的《北德意志汇报》写了一份指示，称埃明帕夏委员会从未向政府通报其真实意图。如果委员会曾经做过通报的话，首相就会对其提出自己的担忧，这种担忧主要在于英国会理所当然地认为委员会的行动侵犯了该国的利益范围。冯·罗滕堡接着说道："英国的友谊对我们来说，比远征能在有利的情况下获得的任何成果都有价值；为了英国的友谊，我们做过更大的牺牲。如果远征队意在建立贸易关系……那么在这种情况下，要是它打算在苏丹进行殖民兼并，它必须自己承担所有风险；那么在这种情况下，这就是一种应当受到惩罚的行为，尽管根据我国法律，这种行为并不能被起诉。如果彼得斯先生打算用自己的武器或借助埃明帕夏的武器，从埃及手中夺取一个根据种种条约规定属于该国的省份，那就是犯罪行为。那么，彼得斯先生就是一个海盗……"换句话说，就是一个不顾一切、谋取私利的人。虽然外交部对冯·罗滕堡所写、所发出的指令在内容和语气上都做了缓和处理，刊登在《北德意志汇报》上的文章也因此失去了尖锐性，但民族自

783

由党和自由保守党的报刊仍然进行了大肆批评，几乎发酵成一场反俾斯麦的新闻运动。例如，《科隆报》驻柏林的记者指责首相为了收买英国的友谊，没有保护德国的"爱国者们"不受"英国的强奸"，且对有关德国殖民政策的诉求完全失去了了解。就连国外的观察家们也对反俾斯麦的愤怒运动非常重视。《维也纳新自由报》（*Wiener Neue Freie Presse*）坚称，埃明帕夏委员会背后是奋起反抗俾斯麦的民族自由党。事实上，就连外交政策方面也已电闪雷鸣了。

在德国创建殖民地的第一阶段，三皇同盟依然存在，德意志帝国与法国的关系也不紧张，两国的关系在殖民政策方面甚至是友好的。当时，德国的外交地位比以往任何时候都要稳固。从1887年起，形势发生了明显的变化：由于奥匈帝国和俄国在巴尔干的冲突，三皇同盟解体，在法国，反德复仇主义抬头并重新组织了起来；尽管签订了秘密的《再保险条约》，但德国与圣彼得堡的关系持续恶化，对德国来说，对法国和俄国进行两线作战的危险正在逼近。

面对欧洲大陆的这种事态发展，俾斯麦对德国新的、更强大的殖民扩张主义浪潮非常关注，他指出，自由主义和保守主义的党派、贸易和工业界的"利益问题"，看上去与他所构建的帝国的"生存问题"，乃至整个民族的"生存问题"，是不相容的。因为在非洲的行动本就问题重重，俾斯麦不能再允许给德国与英国——这个海上霸主和真正的世界霸主——的关系增添任何新的负担。不仅如此，他还必须争取与英国建立尽可能密切的关系。基于所有这些考虑，他在1889年1月11日的指令中，指示驻伦敦大使冯·哈茨菲尔德伯爵向英国首相兼外交大臣索尔兹伯里勋爵探听德国与英国之间有关条约缔结的事宜；他希望两国可以"承诺在一定时间范围内，共同防御法国对其中一方的进攻"。为了能够有效地防止战争的发生，该条约将不再保密，而是"提交英国议会批准，并公开通报德国帝国议会"。

德国建议的这项条约首先是以警告法国政府为目的的，德 784 国认为，法国政府可能会在某些情况下尝试利用其在步兵武器方面的优势对德国发起进攻。这种可能性一定是一个负责任的帝国首相所至为担忧的，更何况，有关法国陆军部长布朗热，这个所有复仇派的偶像，很快就会夺取全部执政权力的消息，已经遍布大街小巷了。德国提出结盟的目的，是避免那看起来已经迫在眉睫的战争威胁，这从拟议条约的期限就可以看出：设定的最长期限为三年。俾斯麦"并不指望在战争中变得更强大，而是希望能阻止战争"。此外，俾斯麦还警告称，在他看来，"如果英国将克制性政策推行到这样一个程度，使得所有欧洲大陆的强国，特别是德国，不得不准备好在不指望英国的情况下确保自己的未来，那将是没有益处的"。首相费尽力气，要引导英国走出"光荣孤立"；他在最后谈到了对索尔兹伯里勋爵的信任，即使后者将不得不"在英国的土地上，对他所提出的道路"进行否定。

俾斯麦当然预料到了自己的结盟邀请会被拒绝。事实上，在经过两个月的思考后，英国首相宣布："就让我们暂时把这件事放在桌面上，而不说行或不行：不幸的是，这是我目前唯一能做的。"尽管如此，他还是希望"尽可能清楚明了地"与德国携手合作。对伦敦和柏林来说，确保对话的渠道没有中断，并保持进一步外交互动的可能性，是非常重要的。

最终产生了这样一种自相矛盾的局面：1889年，那些本来出于意识形态原因而欢迎与英国结盟的自由派，通过自己强行推动的殖民扩张主义，使所有与英国建立良好关系的可能都变得更加难以实现了，甚至将这种可能性完全摧毁了。

俾斯麦向英国提出的结盟建议中，没有任何有关共同防御俄国进攻的条款。尽管除柏林和圣彼得堡的少数人外,《再保险条约》一直不为人所知,但德国政府政策的朋友和敌人都知道,俾斯麦并不想切断"通向俄国的电报线";即使他可能偶尔会通过政府的措施,如提高关税,给这条线路制造沉重的压力。

785　　布莱希罗德和汉泽曼身边的银行资本圈子一直对与俄国做生意兴致满满,因此不赞成1887年和1888年的金融限制,他们在1889年5月组成了一个财团,以更优惠的条件接管了价值约2.1亿马克的俄国铁路债券,并将其推向了金融市场。俾斯麦推动了这项所谓的转换贷款(Konversionsanleihe),他还必须设法让柏林证券交易所接纳这种债券。在他看来,这种债券可以为延长1890年到期的《再保险条约》创造更有利的外交筹码。根据他对政商关系的最新经验,他计划缓解俄国的金融政策压力。

　　以总参谋长瓦德西为中心的、支持预防性战争战略的反对派们对这笔计划进行的金融交易感到震惊,因为他们担心,流向俄国的资本会被用于战略铁路的建设。这样的论调也打动了俾斯麦身边的官员,比如帝国首相的副手伯蒂歇尔(Bötticher)、帝国首相府的负责人冯·罗滕堡等,事实上,就连俾斯麦的儿子赫伯特也一时有所动摇。容易激动、陷在军官心态之中的年轻皇帝很可能是被瓦德西说服发布了一道命令,敦促首相不惜一切代价阻止与俄国人的交易;发生这样的事并不奇怪。首相被要求对证券交易所的董事会施加影响,并推动官方媒体发布其反对债券的煽动宣传。俾斯麦断然拒绝了这一切。他认为,这笔俄国的转换贷款业务在军事上的影响并不十分严重,而他的行动是以政治上的考虑为指导的;在他的政治理念中,应当努力扩大欧洲的关系网,通过外交补偿的方式来保证帝国的安全,这种补偿的对象将会包括英国,如果可能的话也将包含法国。

俾斯麦虽然能够使俄国债券在柏林证券交易所获得发行许可，但他无法阻止《北德意志汇报》和《邮报》根据皇帝的命令对此进行负面的新闻宣传。这在很大程度上破坏了俾斯麦所追求的柏林和圣彼得堡之间政治气氛的改善。有人说这是"转换贷款危机"，这场危机显示了，年轻的皇帝与年迈的首相之间的分歧已经大到无法弥补了。此后，威廉二世不顾首相的建议，于 1889 年 11 月访问君士坦丁堡，对俄国进行了进一步的挑衅。

皇帝从一开始就无比傲慢地认为，俾斯麦简直就是"一个俄国人"，1889 年 8 月，他在会见奥匈帝国外交部的司长冯·索格宁叶（von Szögyényi）时，以赌场中的那种说话口吻抛出了这个观点。我们完全可以相信瓦德西在他的《回忆录》（*Denkwürdigkeiten*）中表达的观点，即转换贷款危机是皇帝与首相关系的"决定性转折点"："自此，在皇帝心里，他与俾斯麦父子的关系就断了。"

最糟糕的是，同样在这个 8 月，威廉二世在与奥地利总参谋长冯·贝克（von Beck）的会谈中，当着瓦德西和陆军大臣冯·韦尔迪（von Verdy）的面，公然以反对俾斯麦的态度吹嘘道："不管你们进行动员的内部原因是什么，不管是因为保加利亚还是其他原因——你们动员之日，也是我的军队动员之日，然后首相就可以想说什么就说什么了。"看到这句话，如果我们想起 1914 年战争前的几周或几天的情况，就会感到心情异常沉重。帝国的缔造者俾斯麦，和帝国的毁灭者威廉，二人的责任意识简直有天壤之别。

帝国高层的危机影响深远。民族自由党领袖约翰内斯·米克尔，这样一个过于聪明、见风使舵的人，如今倒向了更强大的阵营。米克尔采纳了瓦德西的容克、军官追随者们的所有观

786

点，认为时间对德意志帝国来说非常紧迫，因而在 1890 年出击比在 1891 年出击更好。这加强了某些政治家组成的阵线，他们为与外国竞争者的摩擦制造了更多潜在诱因，因而阻碍了俾斯麦在欧洲列强间达成政治平衡的工作。

一旦国内政治冲突进一步升级，皇帝、军方和部分大资产阶级自由派组成的反对俾斯麦的利益共同体就将威胁到俾斯麦的地位了。

崩溃和失势

多年来，工人们一直认为，不能仅仅满足于为病人、伤残者和老人提供保险费用，还应该要求对工厂中的健康者提供保护。因此，在 1889 年 10 月 22 日开幕的帝国议会会期中，演讲者在有关延长《反社会党人法》的辩论中提到这一诉求，也就不足为奇了。延长《反社会党人法》正是这个会期的主要议题。

787　　在议会辩论仍在进行的同时，1889 年 11 月 18 日至 12 月 30 日，一场大规模的公开审讯在埃尔伯菲尔德展开了，有 87 个人——包括奥古斯特·倍倍尔——被指控犯有秘密结社罪。指控尤其针对社会主义工人党的帝国议会党团，它被视作传播《社会民主党人报》的协调中心。但最后，邦法院不得不宣布指控不成立；43 名被告被无罪释放，其他被告被判处 14 天至 6 个月不等的监禁。"我想，这是他们在德国进行的最后一次秘密结社审判。"倍倍尔在 12 月 1 日这样写道，事实证明他是对的。

审判的结果打消了一些人对延长《反社会党人法》的热情，尤其因为政府向帝国议会提交的法案提议此法无限期有效，而资产阶级政党鉴于法案中种种苛刻的限制，不得不考虑这对即将到来的帝国议会选举的影响。法案第28条令民族自由党感到特别为难，它规定，警察有权将社会主义工人党的煽动者们驱逐出住处。无论如何，这项措施在政治上是短视的，因为被驱逐的煽动者往往会迁居至社会主义工人党尚未扎根的地方。民族自由党不想让自己因同意一项最不符合自由主义的立法而蒙受耻辱。党内一些成员赞成限制工人的结社自由甚至是投票权，另一些人则从罢工运动中得出了相反的结论，希望对工人和雇主的关系做出符合当前时代的规定，以引导工人运动走上更温和的道路。民族自由党内的多数派宣布，只有在取消驱逐条款的情况下，他们才愿意投票支持无限期的《反社会党人法》。这让人们对三个卡特尔政党之间的团结产生了怀疑。只有一直被认为是"卡特尔之魂"的由卡多夫领导的自由保守党仍坚定地站在俾斯麦身后。

因此，这项法案很大程度上取决于德意志保守党，而德意志保守党内的多数派受到了海尔多夫－贝德拉的影响。在19世纪80年代人们常说的"争夺穷人的竞赛"中，海尔多夫－贝德拉完全支持在保护工人方面做出让步，特别是主张增加工厂检查员。在1889年11月下旬，俾斯麦就已经邀请这位德意志保守党领袖前往弗里德里希斯鲁，海尔多夫在那里明确表示，只有缓和政府法案，才有可能与民族自由党达成共识。而这恰恰是俾斯麦所不愿意看到的，他反而是在考虑对社会主义工人党采取更强硬的态度，对他来说，血与铁的时代又一次临近了；当时，唯一能让恰好在场的冯·施韦尼茨大使感到安慰的是这样一种想法——正如他在回忆录中所写的那样——"侯爵其实一直都是对的，因此，如果能尽快用暴力手段解决社会主义问题，也许是最好的选择"。

首相仍然有很大的权威，所以在长时间的议会审议后，德意志保守党仍不敢在没有他的同意的情况下向民族自由党妥协。但无论是主管此事的政府官员还是俾斯麦本人，都没有给德意志保守党任何暗示，告诉他们应该如何做才有利于卡特尔政党的团结。甚至在私下里，他们也无法了解到，政府将会对帝国议会多数派通过的一个缓和的《反社会党人法》做出怎样的反应。看起来，他们想等到枢密院会议的召开，皇帝在没有事先与首相协商的情况下，将这场会议的日期定在了 1890 年 1 月 24 日，即帝国议会对法案进行最终表决的前一天。

在这场枢密院会议上，皇帝首先讲述了自己有关工人保护的看法，这些看法是他的私人顾问，即不负责此事的顾问传授给他的，将会在之后的"二月法令"中得到反映。至于《反社会党人法》，威廉二世表示，驱逐条款并不那么重要，不是必须坚持，坚持驱逐条款反而会危及亲政府的卡特尔政党的团结。俾斯麦对此提出了尖锐的反驳：屈服将带来"灾难性的后果"。如果皇帝在"如此重要的问题上"与大家意见不一致，那么他作为首相"可能已经没必要再留在这个位置上了"。俾斯麦说，如果法律不能按照政府提出的形式通过，那么政府就将"在法律之外想办法，让大浪卷得更高"。但这样一来，届时就不能排除爆发"冲突"的可能性。接着，俾斯麦以一种看似自由主义的姿态，要求大臣们发表意见。在枢密院会议开始前的三小时，俾斯麦已经促使这些先生们承诺对威廉二世采取统一立场了。俾斯麦当然可以确信，大臣们将会在这么短的时间内信守承诺，尽管在皇帝面前仍必须采取一种谨小慎微的方式，他们只能宣布政府将继续坚持驱逐社会民主派的权利。

789　　俾斯麦又一次得以贯彻了自己的立场。德意志保守党现在知道自己该做什么了；第二天，他们就采取了首相那种顽固的、强硬的立场，力图将《反社会党人法》推翻，然后使形势更加恶化。因此，德意志保守党投票反对了这部由民族自由党与中央党、自由思想者党和——最奇怪的是——社会主义工人党一起做了温和化处理的《反社会党人法》。导致《反社会党人法》流产的多数派，内部是矛盾重重的。

从 1889 年 5 月底到 1890 年 1 月底，帝国宰相几乎有 8 个月没到过柏林，除了 8 月奥匈帝国皇帝弗朗茨·约瑟夫到访柏林，俾斯麦与卡洛诺基伯爵举行了会谈，以及 10 月沙皇亚历山大三世访问柏林。在弗里德里希斯鲁居住期间，俾斯麦很可能希望在柏林的儿子赫伯特能够近距离地关注政治事件的发展进程，而他自己则可以通过远离，减少与年轻的皇帝产生摩擦的机会。现在，俾斯麦于 1 月底回到了柏林，而情况也变得比以前更糟糕了。他还是相信，通过主动减少一些职务——他解除了自己在商务部的职务——他也许能把其余的职务留在手中。但根本不是这样！在俾斯麦于 1 月 24 日下午的枢密院会议上对伯蒂歇尔提出的劳动保护法给出反对意见后，2 月 4 日，皇帝在没有首相联署的情况下，颁布了两道与此相关的法令。

皇帝宣布将进行范围广泛的工人保护立法，涉及最高工作日时限、礼拜日和节假日休息、健康和安全管理、限制妇女工作、禁止童工等内容。还计划成立工人委员会来代表工人们的利益，与雇主进行谈判。威廉二世，在他的教师欣茨彼得（Hinzpeter）、道格拉斯伯爵（Graf Douglas）和画家奥古斯特·冯·海登（August von Heyden）等政治经验不足的人的影响下，暂时地产生了对于建立社会福利帝国的想法，这深深地伤害了俾斯麦。1890 年 2 月 4 日当晚，俾斯麦就在议会的一次宴会上宣称，对于威廉二世签署的法令，他是"没有责任的"。此外，他觉得威廉二世对工人的境况并不关心，而只是在他那夸张的自尊心的驱使下，渴望与首相拉开距离。无论如何，皇帝宣布进行内容广泛的工人保护立法，使得重新提出一部更加收紧的《反社会党人法》不再可能，而将社会主义工

790

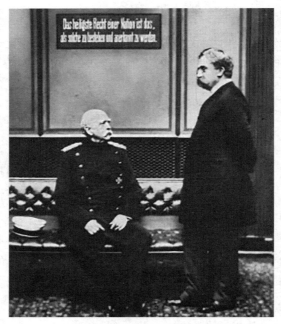

俾斯麦与议员伯蒂歇尔在帝国议会，1889年。皇帝立即接受了伯蒂歇尔提出的工人保护项目。俾斯麦察觉到，威廉二世真正关注的不是工人的状况，而是要与首相拉开距离。

人党的问题变成军事问题——正如俾斯麦所希望的那样——就更不可能了。

　　同样令俾斯麦不满的是，前来柏林参加于1890年1月去世的奥古斯塔皇后的丧礼的萨克森国王和巴登大公，在皇帝的要求下，希望在联邦议会提出一项关于工人保护的法律草案。这一切都没有事先与首相商定——这对俾斯麦来说是又一次侮辱。

　　皇帝和首相之间的对立越发严重，并逐渐通过媒体公开了。但首相还没有被孤立。事实很快证明，威廉二世的这些政令在政治上实在太夸张了；正如总参谋长瓦德西所指出的那样，这些政令遭到了"大企业家们的强烈抵制，尤其是受到了大资本家们的抵制"。股市以股价下跌做出了回应，而媒体则是大力批判。《社会民主党人报》欢呼着说，皇帝的法令是"不战而降"，并认为工人们应该像古老的《希尔德布兰特之歌》（*Hildebrandslied*）里写的那样，面对政府可能的让步，"应该用长矛接受礼物，针尖对麦芒"。

如果说这两项法令在最初似乎迎合了德国和欧洲自下而上和自上而下——从工人层面和政府层面——兴起的运动，那么这种情况很快就发生了变化。舆论已经表明，大工业资本家们和银行资本家们根本不愿意做出让步，而 1890 年初经济好转的迹象使得他们的这种态度更加明确了。克虏伯公司的总经理严克（Jencke）和"萨尔之王"（Saar-König）施图姆很快就说服威廉二世改变了主意，结果，威廉二世在法令公布时就背离了它。

现在，皇帝为缓和事态做了一切准备。2 月 9 日，普雷斯·冯·德·亨克尔－多纳斯马克－胡特侯爵（Fürst Pleß von der Henckel-Donnersmarck-Hütte）、施图姆、克虏伯和严克等人被任命为枢密院成员（Staatsrat）。1890 年 2 月 11 日，威廉二世随即召开了枢密院会议，正如皇帝所说的那样，枢密院要以"专业的审慎态度"审查 2 月 4 日的社会政策方案的"权宜性、可行性和影响"。米克尔迅速且坚定地跟随皇帝完成了这一转向，他被选为枢密院社会政策事务的负责人，严克是他的同事。就这样，尽管法令已被公布，但最终还是失去了效力。

皇帝和俾斯麦之间的权力斗争，如今已经造成一个矛盾局面。在社会政策领域，他们彼此接近了，但正因为如此，皇帝获得了大企业，特别是重工业企业在政治上的大力支持，现在更加容易实现他的目标，除掉这个让他不舒服的首相。俾斯麦也意识到了这一点，他在 2 月 8 日觐见威廉二世时说："我担心我挡了陛下的路。"皇帝并没有反驳俾斯麦，他先是沉默，然后问出了一个十分直白的问题："但无论如何，您还是会在议会推动实现军事要求的，不是吗？"

本质上，俾斯麦并不同意皇帝向陆军大臣韦尔迪·迪韦尔努瓦（Verdy du Vernois）将军提出的军队扩充计划。在他看来，这一计划在军事上并无必要，而且扰乱了他当时着重推行的平衡欧洲列强的政策。尽管如此，俾斯麦还是接受了皇帝的命令，并且在与皇帝的谈话中阐释了自己针对帝国议会的计划，因为议会预计将会出于财政上的原因对扩充军队发起抵抗。俾斯麦并不太在乎军队的问题，他真正在意的是，皇帝会在这次冲突中再次依赖他。

792　　2 月 8 日的觐见并没有让一切确定下来。对于俾斯麦提出的辞去普鲁士首相职务的想法，皇帝只是默默地点了点头。首相与皇帝的御前枢密幕僚（Zivilkabinett）总管卢卡努斯（Lucanus）商讨了一项命令，即自己将在 2 月 20 日帝国议会选举的当晚宣布辞去普鲁士首相一职。但这并不是一个不能变更的决定，正如他第二天在普鲁士内阁会议上所表明的那样，这更多的是一种测试，测试大臣们将如何反应。而大臣们绝没有恳求他留下来。当巴伐利亚公使勒琴菲尔德伯爵（Graf Lerchenfeld）以可能影响帝国稳定为由，要求俾斯麦收回自己放弃兼任帝国首相与普鲁士首相的决定时，首相趁机在与皇帝的一次谈话中宣布，已经商定好的辞职一事还为时尚早，对此，威廉二世回应了一句并不鼓舞人心的话："所以，到新的事情发生之前，一切都暂时保持原样。"在首相将自己的辞职意向公布于众后，媒体的情绪也保持了冷静。舆论认为，一个将近 75 岁的政治家，不能再继续担任帝国和普鲁士所有重要部门的最高领导人了。是的，得到这种巨大的权力很不容易；

但失去它更难。

　　与此同时，自由保守党、德意志保守党和民族自由党之间的联盟，由于《反社会党人法》的破产、二月法令的破产以及俾斯麦与德皇之间的紧张关系而变得十分脆弱。

　　那反对派的情况如何呢？中央党预计将取得优异的选举结果。他们在提前发表的竞选宣言中，回避了在皇帝和首相之间做出抉择的问题。正如他们在关于《反社会党人法》的辩论中提出的观点，中央党的领导人宣称，基督教教育是与社会主义作斗争的最好手段。当然，中央党还要求废除最后的《文化斗争法》；工人保护方面的主要要求是禁止礼拜日工作，限制妇女和儿童的雇佣工作。中央党的社会政策还要求对手工业者等级的生存加以关怀。中央党想要摆脱"敌视帝国"的陈旧恶名，所以该党领导层宣布，它将支持维护"帝国的完整防御能力"，坚持"宪法的基础"。通过这种选举呼吁，温特霍斯特和他的追随者们为即将到来的政党联盟谈判中政治局势的变化做好了准备。

　　德国自由思想者党的选举呼吁表明了大资产阶级内部的分化。他们主要的诉求是重新安排帝国预算、缩短兵役期、最终放弃《反社会党人法》、规范结社和集会权，以及扩大帝国议会的影响力。在经济政策方面，他们呼吁取消或至少降低食品的关税和赋税，"恢复此前的关税政策，即通过确定的劳资协议，确保贸易与工业可以与所有文明国家进行有利可图的往来"。这种吸引人的以出口为导向的口号违背了容克的利益。在社会政策方面，自由思想者党要求"制定适当的工人保护法"，扩大私人性质的工人保险，以取代"国家强制机构"。关于当下在皇帝和俾斯麦之间做出选择的问题，自由思想者党认为自己"是皇帝事业的支持者和助手"。

　　在选举宣言中已经足以清楚地看出，该党是如何避免对俾

793

斯麦发表评价并开始选择皇帝一方的。国家最高领导层的分歧或多或少地传达给了选民——在《反社会党人法》的失败上，在卡特尔政党的不团结和缺乏主动性上，人们都可以看出这种分歧。在上一次粮食关税大涨后，粮价和肉价依然持续上涨，这也令人们不满；当人们看到大庄园主明显受惠于烈酒税法时，这种不满达到了愤慨的程度。卡特尔政党被称作"食品涨价的推手"，因此处于守势。但皇帝的工人保护计划也被大幅削弱了，因此很难得到选民的青睐。

结果是，选民让俾斯麦和皇帝都遭受了失败。民族自由党失去了 50 多万张选票和 57 个席位，只剩下 42 名议员。追随俾斯麦的自由保守党减半为 20 名议员。德意志保守党失去了近 25 万张选票，但由于选区划分偏向农业区，他们只失去了 7 个席位。总的来说，三个卡特尔政党失去了主导地位。

虽然中央党失去了近 17.5 万张选票，但它又赢得了 8 个席位——这同样是由选区划分的不公造成的。它拥有 106 名议员，成了帝国议会中远比其余各党强大的党团。

资产阶级政党中的赢家是南德意志人民党（Süddeutsche Volkspartei），它再次获得了 10 个席位。自由思想者党新赢得了 34 个席位，并以 66 个代表席位数超过了民族自由党。由于自由思想者党内部在社会和政治上是高度异质的，所以我们只能说这次选举在一定限度内体现了自由主义的左转。

794 最出色的赢家是社会主义工人党，他们以 140 万张选票成为议会外的最强政党；但是，他们只有 35 名成员能够进入帝国议会。这一选举结果进一步抬高了社会主义工人党对俾斯麦的胜利，这一胜利是首先在《反社会党人法》的垮台中取得的。社会主义工人党不仅巩固了其在城市中的地位，还在农村地区赢得了更多支持，尽管这一趋势还远没有出现在易北河东岸地区。这个党再一次给人留下了深刻的印象，因为它既面向未来，而它的党员也同时在为工人的当下权益而奋斗。

尽管三个卡特尔政党事先就对可能出现的"糟糕"选举结果感到了担心，但如今，选举结果仍然让它们震惊。然而，自由保守党和民族自由党并没有把它们的惨败归咎于自己的政策，而是归咎于普遍的、平等的、直接的、不记名的选举权。在皇帝的身边，菲利普·祖·欧伦堡提出了这样一个问题："不如让各邦诸侯一起提出一个议案，要求在首相的领导下修改选举程序，怎么样？我承认这将是一场政变，枪击事件难以避免，但我几乎相信侯爵会同意，因为从根本上说，他受困于现有的选举权。"

在各个政党领导层以及宫廷圈子中蔓延的反动情绪，都与俾斯麦新做出的宪法解释相违背。根据这些解释，德意志帝国并不是一个由各个邦国组成的联邦，而是一个由各主权国家组成的联邦。1890 年 3 月 1 日，他在觐见皇帝时首次提出了这一观点，并在第二天的普鲁士内阁会议上做了进一步解释。他推测道，"如果有必要，各邦诸侯和各自由城市的政府可能会决定退出共同的协定。这样一来，如果选举情势持续变差，我们就可以脱离帝国议会了"。最后，俾斯麦甚至考虑了，如果普鲁士国王放弃帝位，是否能制衡住帝国议会的持续反对声浪。欧伦堡和瓦德西也有类似的政变想法。在军事领域，甚至还出现了一个具体的计划，即 3 月 12 日陆军大臣韦尔迪·迪韦尔努瓦向首相提交的"关于监督社会主义工人党活动的最高指挥部的法令草案"。草案规定了一切事项，甚至规定了要"低调地准备""拘留场所"。俾斯麦在 3 月 13 日对此给予了"完全认同"。

政变的政治准备有着不同的情况。人们很快就会发现，俾斯麦在皇帝和在普鲁士内阁那里所说的内容基本上纯属臆测。俾斯麦很清楚，要说服威廉二世在一次大胆的政变中放弃他所享有的皇室尊严与荣耀，即使只是暂时放弃，也终究是无望的。而各邦诸侯大多在自己的邦国里面对着现代化的工业资本主义及其带来的新的阶级结构，同样也无法进行任何有着难以估量的后果的宪法操纵。例如，在萨克森这样有着相当大比例的社会主义工人党成员的邦国里，国王为什么要在没有必要的情况下使局势恶化呢？对作为汉萨城市的汉堡自由市的政府来说，谨慎行事也是理所应当的。巴登大公，这个自由主义模范邦国的摄政王，仍然有着作为边疆邦国的意识，他也根本无法支持俾斯麦的事业，因为这将危及帝国统一所赋予德意志南部的安全。试探符腾堡、巴伐利亚和图林根等其他邦国的诸侯是否愿意发动政变，则更是毫无意义的。说到底，俾斯麦也不想通过冒险来危害自己一手创建的帝国。

那么，他为什么要在言辞中玩火呢？俾斯麦为了达到某种目的，刻意把一切都做得过头了，这对他而言并不稀奇。他的威胁性言论的核心是呼吁加强镇压政策——但这是在现有宪法的框架内的。他想通过扩大军队规模以及加强《反社会党人法》的方式，与新选出来的帝国议会进行斗争，促使议会在皇帝的命令下解散——如果解散一次不行，就解散两次——并在政府的道义和政治压力下，举行类似于1878年和1887年的选举。但是，做这件事的时机也已经过去了。

俾斯麦的政治孤立发展得如此迅速，以至于在3月10日，他几乎绝望地试图发起新的政治组合。在布莱希罗德的牵线下，俾斯麦与自己在议会中的多年宿敌温特霍斯特进行了近两个小时的谈话，后者如今代表着帝国议会中最强大的党团。在这次谈话中，双方对达成政治妥协的可能性进行了考量，但最后，温特霍斯特认为，他们联盟的机会很小。3月10日晚，温特霍斯特向中央党成员费利克斯·波尔施（Felix Porsch）坦言："我是从一个伟人在政治上的临终床前来到这里的。"

现在，皇帝的时机来了。1890 年 3 月 15 日清晨，皇帝出现在了赫伯特·冯·俾斯麦在外交部的住处，年轻的陛下粗野地让人把老俾斯麦提早叫醒，让他匆匆地穿上衣服。随后，威廉二世和俾斯麦进行了最后一次正式会谈，俾斯麦恼怒至极，却又保持着多年例行公事中训练出来的仪态，竭力抵抗着皇帝的责难。

威廉首先因为俾斯麦接见温特霍斯特而指责他独断专行。皇帝完全本着他的专制主义野心，要求首相事先告知他与党派领袖谈判的主题和目的，并征得他的同意。面对这个接近人身攻击的厚颜无耻的要求，俾斯麦援引宪法的精神和实践，提出了反对。然而，一定最令首相愤怒的是，皇帝指责他错判了与俄国的关系；而就在两天后的 3 月 17 日，俄国大使保罗·舒瓦洛夫伯爵向俾斯麦递交了续签《再保险条约》的全权委托书。不过，这件事情可能是俾斯麦有意安排的。

796

在接下来的三天里，外交政策，特别是与俄国的关系，成了中心议题。3 月 17 日，威廉把德国驻基辅领事馆发给俾斯麦的报告退回，并附上了一封——没有密封的，也就是说官员们都能读到的——亲笔信，这封信既是侮辱性的，也是毫无根据的，信中说道："报告非常清楚地表明，俄国正在面向战争进行战略进军。我必须非常遗憾地说，我对这些来自基辅的报告了解得太少了。我早就应该读到它们并了解到这种可怕的危险了！现在是警告奥地利人并采取反制措施的时候了。在这种情况下，要我再去克拉斯诺耶（Krasnoe）当然是不可能的了！"

首相在 1890 年 3 月 17 日立即进行了答复，强烈建议皇帝不要向维也纳发出军事警告："根据舒瓦洛夫伯爵今天回国时做出的关于未来同俄国关系的想法和打算的声明，特别是自沙皇 10 月的访问以来，我们同俄国的关系是十分良好而明确的，不会为怀疑沙皇的意图提供任何理由。奥地利人可以得到的关于俄国军事措施的消息，会比驻基辅领事提供的信息更加确切。"

现在，车轮已经不可阻挡地滚到了最后一段斜坡上。还是在 3 月 17 日这一天，上午，皇帝让御前军事内阁的负责人冯·哈恩克将军（General von Hahnke）——几乎是以命令的形式——通知首相，他应当立即提交辞职申请，并且在下午来皇宫接受解职。俾斯麦为自己辩护，反对这种充满伤害性的冲动；他声称自己应当得到合适的时间，来写出一份符合自己历史角色和人物品格的辞职理由。

797　　这种拖延更加剧了宫中的不耐烦，此前，皇帝已经因为从当时身在柏林的巴登大公口中得知的谣言而焦急了：俾斯麦父子可能会将皇帝关于俄国的亲笔信作为自己辞职的理由，并将其公布于众。因此，在 3 月 17 日晚上，皇帝决定再次派人去找俾斯麦，这次，他派的不是军事内阁的负责人，而是文职内阁的负责人卢卡努斯，催促俾斯麦尽快提出辞职申请。这番对待使得帝国创始人就像是一个不守时的仆人，他让卢卡努斯转达了这样的信息：陛下可以随时解除他的职务；当奥地利皇帝想请一位首相离开时，也会说"我们已经做出决定……"。在这里，除了对老首相的无情，还上演了一出廉价的喜剧。皇帝特使还受命询问俾斯麦，是否愿意接受公爵的称号。这意味着，当俾斯麦在幕后遭到毫无体面的逼迫时，他还要在面向全世界的公开舞台上，接受皇恩浩荡的提拔。他礼貌而坚定地拒绝了这个提议。

次日，即 3 月 18 日晚 8 时，首相送来了辞呈，正如他一直强调的那样，这并不是一份解职申请，而是实质上恰恰相反的东西。他在辞呈中没有写到任何有关健康受损、体力下降或厌倦了官僚生活的内容。他在其中明确写出了皇帝所设的使他不再能履行职务的条件："在绝对君主制下，像 1852 年法令那样的规定是多余的，而如果我们要回到没有内阁责任的专制主义的话，它也同样是多余的；但是，根据已经正确建立起来的宪政体制，以 1852 年法令的原则为基础，集体责任制内阁的首相领导是不可或缺的。"

在对专制主义做出了明确的界定后，俾斯麦强调说，他的继任者对责任的需求只会更加强烈，"因为他不会立即得到我拥有的这种威望，这种威望是我在首相职位上的长期任职和两位已故皇帝长期以来给予我的信任所带来的"。这段话仅仅是在表面显得客观，其中潜藏着两个直指威廉二世的矛头：俾斯麦一是强调了自己的权威为后天得来，二是强调了前两位皇帝对他的态度，而虽然没有明说，但字里行间清晰可见现任君主显然已经放弃了这样的态度。奥托·冯·俾斯麦特意强调说："陛下明明知道如果命令被撤销，首相就不能继续担任首相，但还是'维持'了既定的命令。"另外，鉴于他的"官方职权"，他坚称自己必须承担"宪法责任"。值得注意的是，这位极富口才的首相竟多次使用了"宪法"和"责任"这两个词。

俾斯麦提到的第二个方面是外交政策的方向。在这里，他提到了"陛下的亲笔信"，这是他与被送回的基辅领事报告一同收到的。他认为，如果自己不想让"在不利条件下取得的"、"对当前非常重要"的德俄关系受到质疑，就不能执行陛下的命令。俾斯麦在事实论述部分结束时，提出了一个经过深思熟虑后的保留意见，即他是"在仔细考虑了陛下的意图之后"，才请求辞职的，因为如果他想要"继续任职"，就必须准备执行这一命令。他作为首相，只有在得知陛下不再需要"先王们的一个忠臣的经验和能力"后，才可以辞职，而不至于被舆论认为是做出了"不合时宜"的决定。

我们在辞呈中找不到任何关于裁减军队的论述——俾斯麦

798

在早先写给威廉一世的那些并不认真的辞职申请中，通常都不会对这一内容略过不谈。同样，辞呈对于有关社会主义工人党的意见分歧也只字未提。对于该党，德皇喜欢表现自己的温和与理解，俾斯麦则希望采取有力行动。但在外交政策上，俾斯麦极为谨慎，总是注意避免给未来增添潜在负担，威廉二世则不惜发生冲突。

1890 年 3 月 20 日，卢卡努斯和冯·哈恩克将军这两位御前内阁领导——他们偶尔会被比作莎士比亚《哈姆雷特》中的罗森克兰茨（Rosenkranz）和吉尔敦斯坦（Güldenstern）①——带给了俾斯麦两封装在惯用的蓝色信封里的皇帝的信，皇帝同意了他的辞职申请；同时，他还收获了一个他不想要的、从未被人使用过的劳恩堡公爵（Herzog von Lauenburg）的头衔；除此之外，他还被虚伪地任命为元帅级大将。同日，皇帝在汉诺威任命第十军团的司令列奥·冯·卡普里维（Leo von Caprivi）将军接替俾斯麦，成为帝国首相暨普鲁士首相。

威廉二世始终保持着自己的本色：一方面夸张地表现着自己对俾斯麦的喜爱，并通过电报向公众表态，仿佛俾斯麦的离去令他几近心碎；另一方面，他于 3 月 20 日晚在皇宫向将军们发表讲话，指责离任的首相是一个不听话的大臣。即使是一贯反对俾斯麦的人，也会为这些做给公众看的内容和实际发生的事之间的巨大差距而感到难堪。前巴登公使弗朗茨·冯·罗根巴赫（Franz von Roggenbach）在 4 月初给他的朋友斯托什将军写信说："那些对恩宠的证明和充满哀叹的电报，与事实形成了鲜明的对比；人们都在说皇帝不够坦率，但坦率是不可能的。"这一切都表明"政治形势已经退化到了多么低的

---

① 《哈姆雷特》中登场的小人物，被国王派去监视哈姆雷特，并受命将一封要求杀死哈姆雷特的密信交给英格兰国王。

程度"。

从 1 月 24 日枢密院会议召开，到 3 月 18 日俾斯麦提出辞呈为止，一场艰难的角力在首相、皇帝及其顾问、各党派、帝国议会、大臣们和国务秘书之间，也同样在俾斯麦的心里展开。赫伯特·冯·俾斯麦是最早认识到皇帝和首相之间有不可调和的分歧的人之一，他曾建议父亲拒绝妥协并请辞，而他自己也打算这样做；他早已厌倦了办公室，工作太多，疲惫不堪，现在可以松一口气，甩掉重担了。但父亲的情况就不一样了，赫伯特鼓励他辞职，比尔劝他用蔑视人们的方式来回应，约翰娜则希望他回归乡村田园，家庭医生施文宁格也认为解职对他的病人有好处。他们都熟知俾斯麦的某些侧面，知道他厌烦的心情，听到过他灰心的话，看到过他在诸多矛盾中的痛苦。但是，尽管他们的这些局部看法都是正确的，他们却低估了俾斯麦对政治根深蒂固的热情，低估了他对好不容易建立起来的帝国能否继续生存下去的不安。赫伯特厌倦了多年来在全世界散布的关于他将以"俾斯麦王朝"继承人的身份崛起的猜疑，这让他对人性充满蔑视，退而管理祖居地舍恩豪森；而奥托·冯·俾斯麦如今已疏远了农村生活，宣称"除了政治，一切都使他厌烦"，这两者是截然不同的。

俾斯麦下台后，外国给予了这位离去之人尊重，同时也对接下来可能发生的事情担忧。在俾斯麦被解职之后的那段日子里，他在国外得到了比在国内更为正面的评价，因为在德国国内，人们仍然承受着他那过于沉重的国内政策的负担。法国大使埃尔贝特（Herbette）对巴登驻联邦议会全权代表布劳尔（Brauer）讽刺道："看来你们德国的天才太多了，那就把这一位借给我们吧！"

民众对俾斯麦被解职的反应如何呢？在大街小巷里，起初并没有什么人注意到这件事。这件事甚至没有像惯常会发生

被解职的首相离开帝国首都，1890 年 3 月 29 日。

的那样，被热心的报童用号外宣传开。而在 3 月 29 日，前首相离开柏林的当天，情况就不同了。在首都北部和东部的工人社区，社会主义工人党仍在努力地庆祝胜利，就连民主派的工匠师傅和帮工们也没有一点兴趣离开自己的工场。但在其他地方，许多人拥向了政府所在的区域，拥挤在一起；从帝国首相府到柏林莱特火车站（Lehrter Bahnhof）的街道上，每一扇窗户旁、每一个阳台上都挤满了人。胸甲骑兵连——据记载，他们用皇宫中的礼仪——向俾斯麦这个新被任命的大将致以军礼。穿着军装的俾斯麦和旁边穿着便服的儿子赫伯特坐在敞篷车里，缓缓地前行。在莱特火车站，伴着《德意志之歌》和《守卫莱茵》的歌声，民众的热情在爱国的欢呼声中达到高潮，仿佛是普鲁士 - 德意志帝国建立的一声回响。

第二十章
繁忙的退休生活

从当权者到反对派

现在，奥托·冯·俾斯麦住在弗里德里希斯鲁；如果他愿意，他还可以搬到瓦尔津去住，那里总能为他疲惫的神经带来放松。如果说他安歇了下来，正如他的妻子，那个自认为比任何人都了解他的约翰娜一直想看到的那样，那么他现在能不能按照她的意愿，步入一个"相当美丽、安宁、幸福的晚年"呢？

奥托·冯·俾斯麦比以往任何时候都读更多报纸，订阅的数量甚至还在增加；由于他与政府内部信息源断绝了联系，所以他主要从报刊了解有关事件的进一步发展。政治已经成了他一生的事业，是他所有的内在力量得以施展的领域。最终，只有家庭医生施文宁格明白过来，俾斯麦，按照马克西米利安·哈登的说法，一个拥有"火山特质"的人，不可能、也不应该突然从政治的躁动中转入乡村贵族平静的私人生活。

俾斯麦家的地产主要集中在易北河畔的舍恩豪森、波美拉尼亚的瓦尔津和弗里德里希斯鲁周围的萨克森瓦尔德，几十年来，这些地产已经发展到了符合侯爵身份的规模。1885年，在他70岁生日之际，舍恩豪森的二号骑士庄园作为礼物被重新送还给了寿星，这片庄园在19世纪初时被卖给了一个资产阶级地主；这笔交易的资金来源是在公众中引起了争议的"俾斯麦捐助"。就这样，这座始建于 16 世纪的祖传庄园，又一次成了一个封闭统一的建筑群。瓦尔津周围的橡树林和山毛榉林是俾斯麦在 1866 年后从一次皇室捐赠中买来的；1871 年后，另一笔捐赠给他带来了萨克森瓦尔德。除了这些地产，他还有在劳恩堡和波美拉尼亚购买的小农庄，以及妻子约翰娜 1871 年从父母那里继承来的莱茵菲尔德庄园。赫伯特在 19 世纪 90 年代估计，俾斯麦的财产扣除债务后的价值"最高可达 1100 万至 1200 万"。

802 　　地产的数量和价值却与其收益情况绝不匹配。一些小庄园甚至每年都需要补贴。而如果建有酒厂、锯木厂等一些典型的庄园设施，情况就会有所好转。农业经营的亏损并不完全是由国际农业经济危机造成的。与 19 世纪 40 年代相比——当时他专注于使父亲在克尼普霍夫和舍恩豪森的庄园重新盈利——俾斯麦本人长期以一种非常不专业的方式管理着他的巨大地产，在他生命的最后十年里尤其如此。像往常一样，他认真阅读林区主管的报告，之后，他曾多次以不体面的方式争取免除印花税，反对在他看来过高的建筑税和贸易税，为了校舍改造费用的分配而与普鲁士税务部门打官司，并在律师费上讨价还价。在工资待遇方面，他更是吝啬，有时他对待退休人员也是冷酷无情、任性专断。1897 年，弗里德里希斯鲁的行政主管和林区主管成了这种小地主专制主义的牺牲品。越来越多不满的农业工人家庭离开了俾斯麦心爱的瓦尔津，开始移居国外，于是，日工的短缺问题最终显露出来了。容克的"马厩烦恼"再也无法停止。

　　封建主的顽固作风与家长制的救济关怀绝不是相互排斥的，因为这种救济关怀可以说是一种必要的补充。俾斯麦坚定地支持过一个贫穷的寡妇，向陆军大臣提出了免除她儿子兵役的请求；他也曾照顾一个被截肢的警察。他在遗嘱中，赠予了马夫、侍者和女仆一笔介于 100 马克和一年年薪之间的金额，这也是传统容克的管理制度的一部分。除了救济关怀，对雇工们的管理是按照直到 1918 年才废除的雇工条例进行的。

由于俾斯麦在许多事情的处理上都亲力亲为，很少授权别人去处理，所以他无法以一个至高领导者的姿态来管理他的庞大地产。让赫伯特尤为忧虑的是，父亲对改革或改进行政管理的建议"变得不感兴趣、厌烦，甚至根本不听"。俾斯麦基本上只对看报纸感兴趣，正如赫伯特曾经生气地说，他这是在"玩弄伪政治"。即使是像亨克尔 – 多纳斯马克伯爵这样一位自 1870 年以来在政治上和私交上获得了俾斯麦信任的、经验丰富的大企业家，其深思熟虑的改革建议也无法被俾斯麦采纳，而俾斯麦的顾问们的建议也永远是石沉大海。俾斯麦不想"被赶进波希米亚 – 西里西亚的社交圈里"。这个解释很能说明问题，因为在那一览无余、可漫步其中的波美拉尼亚和阿尔特马克庄园的生活，是俾斯麦不能摆脱的。相比农业，他其实更喜欢树木虬曲、充满野性的森林。受普鲁士容克思想的影响，他反对那种起源于哈布斯堡帝国、如今已现代化了的豪绅作风（Magnatentum），尽管只有这样才能管理好侯爵的庞大地产。因此，萨克森瓦尔德的大部分地区都是杂乱无章、遭到忽视的。

不久后，赫伯特·冯·俾斯麦回到了舍恩豪森的祖居地，在那里，他与弗里德里希斯鲁保持着不间断的联系。在陪同父亲到莱特火车站进行了凯旋般的告别之后不久，他也离开了柏林。在奥托·冯·俾斯麦被解职后，皇帝把管理外交部的任务临时委托给了俾斯麦的儿子，以期他能继续乖乖听话——这是一个非常精明的举动，其目的是在公开场合假装与俾斯麦父子达成了某种共识。赫伯特对此表示了拒绝；他在 3 月 21 日就提交了辞呈，尽管外交部和宫廷高官进行了紧急干预，但他并

803

没有撤回辞呈，因此，皇帝不得不在 3 月 26 日批准了他的辞呈。4 月 10 日，赫伯特也离开了柏林，此后，他再也没有担任过官职。他长期以来只是把这些事务作为一种"该死"的责任和义务——尤其是对父亲的——来履行，常常是累到了筋疲力尽的地步，从来没有出于内心的冲动和使命感而行动，因此，现在他发自真心地觉得，自己从沉重的负担中解脱出来了。

离开帝国首都还不到三个星期，4 月 15 日前首相就接见了《汉堡报》（*Hamburger Nachrichten*）——长期以来都被认为是民族自由党的报刊——的所有者，埃米尔·哈特迈尔（Emil Hartmeyer）博士。埃米尔·哈特迈尔热情而聪明，想把"所有还未印刷的空白版面"都献给俾斯麦。哈特迈尔与老首相之间的实际联络人是赫尔曼·霍夫曼（Hermann Hofmann），他是一名 40 多岁的记者，一直处于债务危机和婚姻危机之中，因此更加不得不用他那支适应性颇强的笔来为伟人服务。但由于《汉堡报》还没有在国内外获得俾斯麦所希望的反响，他更乐于接见的是 4 月 16 日来访的一个重要的代表团，并且在那之后立即邀请外国记者与他进行了诸多访谈，这些访谈都是为了推向公众而准备的。

804　　来访的是德国工业家中央协会代表团，其背后的利益集团是议会之外支持保护性关税政策的潜在势力。在当时以及后来，俾斯麦都认为这是一个几乎理想的政治组合。在他看来，这是大地产与重工业的联盟。无论这个代表团是如何形成的，它都不是一个历史的巧合。俾斯麦不顾自己的保密责任，向这些有权有势的先生们暗示了自己被解职的一些原因。在一次简短的演讲中，他提到了他和皇帝之间的分歧：有关那则内阁敕命的问题——顺带说一句，他的继任者冯·卡普里维不久后就不得不执行了它；然后是接见温特霍斯特的问题；最后是社会政策，那在俾斯麦看来是机会主义的。俾斯麦总结道："政府目前的行动，会导致社会主义工人党势力的滋长。"

七天后，俾斯麦在接受《纽约先驱论坛报》(*New York Herald Tribune*)记者的采访时，说得更加犀利："不，这场阶级斗争永远不会结束。试图去解决这场阶级斗争，相当于试图去化圆为方一样。"俾斯麦认为，以固定工资为基础达成协定也只是种幻想，因为任何让步都会带来更多的诉求。他说，"在排除未来的战斗可能性的情况下思考这个问题的终极解决方案，都是多余的"。总之，他在这里表述了一种最严苛的社会达尔文主义。作为一名容克，他最多能对工业家们加以认知与理解，但没有办法对产业工人们做到相同的事情。

俾斯麦除秉持阶级斗争的态度外，还有着容克式的对于无产阶级城市居民的不理解。他不知道，被严格的工厂秩序约束的工人们是如何对待自己的工作对象和生产工具的。一方面，他们已经面临一种由所有制形式产生的异化；而另一方面，生产过程中产生了对于掌握、控制机器和工具的需求，由此又产生了消除异化的需要。此外，这位乡村贵族几乎不能理解，在各个行业的各式各样的共同工作中，当工人集中在工厂里时，就会产生团结合作的愿望；因此，他所试图阻止的工人团结，并不仅仅是社会主义工人党煽动者的产物。

在接受纽约记者采访的第二天，俾斯麦接见了巴黎《马丁报》(*Matin*)的一位大名鼎鼎的记者，其笔名为响亮的亨利·德·胡斯(Henri des Houx)，本姓则是杜兰–莫林波(Durand-Morimbeau)；即使是在共和制的法国，名字里适当有一些贵族的特征也是备受推崇的。俾斯麦不太关心对方的名气，而是直接回忆了法国，回忆了拿破仑三世，反复把那几乎完全由他一人进行的谈话带回他的中心思想上：德国已经饱和了，而且如果他来做决定的话，当初本应该放弃洛林；德国没有向任何方向扩张的意愿，也没有任何进攻法国的打算。他强调，德国和法国应该摒弃彼此之间的世仇。俾斯麦在这里所说的话，以及他在一个月后对巴黎《小报》（*Petit Journal*）的编辑尤德（Judet）所说的一切，都与他在政府内部告令中的说法完全一致。这方面确实没有任何出入。

俾斯麦很快就把媒体的兴趣引向了已经岌岌可危的德国—俄国关系，4月底，甚至在俄国外交大臣吉尔斯还没有来得及反对的情况下，他就邀请了《新时代》（*Nowoje Wremja*）驻柏林的记者伊格纳季耶夫·利沃夫（Ignatijew Lwow）。这完全可以理解。在采访中，俾斯麦陷入了对德俄关系的历史回忆，从克里米亚战争到柏林会议。他说，在柏林会议上，他是最像俄国人的德国人。他只支持进行防御性的战争，并就此保证道，"如果我们以任何其他的方式与俄国作战，那将会比与其他任何国家作战都更危险"。这是他的基本信念，是他直到生命的尽头都一直持有的。

他还向利沃夫表达了自己对奥地利的看法。在一处显然是对巴尔干地区的分歧的指涉中，这位前首相说道，维也纳是"俄国真正的重点所在，应将目光投向那里"。因此，俄国的利益集中在维也纳，而不是柏林。在谈到德国和奥地利的关系时，他说："您问我，奥地利的存在对我们来说有什么用。那我要问，法国的存在对诸位有什么用。"一些针对俾斯麦的指责认为，他把德国与奥地利的同盟当作次要事务处理，这是没有根据的。相反，俾斯麦担心，如果德国放弃与俄国签订的《再保险条约》，松动甚至扯断与俄国的连线，就会使德国对奥地利及其在巴尔干地区的霸权野心产生依赖。威廉二世只知道对俾斯麦进行间接的人身攻击，却对眼前的事情一无所知，这也是为什么他在俾斯麦的采访发表后，像个警卫军官一样咆哮道，奥地利"肯定会对他感激不尽的，因为他把俾斯麦扫地出门了"。有一点是人们普遍能够理解的：在接踵而来的一系列四月会谈中，被解职的首相向公众谈到了德国内政尤其是外交政策的基本问题。他在会谈中所说的，既是对他迄今为止所遵循的基本观点的梳理，也是对卡普里维的新政府的警告。

俾斯麦多次表示，他相当看好卡普里维。1890 年 5 月 22 日，他对尤德说："我非常尊敬我的继任者，他是一位优秀的将军，可能是我们最优秀的将军。遗憾的是，他去从政了；在接任首相职位时，他自己也说，他是走进了一间暗室。"

平时很少认可别人的俾斯麦，恐怕不可能说出比这更高的赞美之词了。但值得注意的是，一切赞美之词都是针对一位军人的，针对的是一个值得尊敬的、有教养的人，而并不是针对一位政治家。与尤德的谈话清楚地展现了俾斯麦关心的事情。他说，卡普里维无法对现有的这些政策做出什么改变，而只能作为一个军人，向预定的方向进军。俾斯麦相信，这是因为："……外交政策是不可能转变的。车辙太深了，车轮不得不在其中不停地打转、前行。"

俾斯麦在之后不久得知，卡普里维——可能是在欧伦堡和霍尔施泰因等人的怂恿下——在这次谈话后的第二天，就向所有德国大使馆和公使馆发出了一份通函。在通函中，俾斯麦的谈话被称为一种"看法和意见"，并不符合现政府的政策，因此"它们对于当下的政治没有实际价值"。俾斯麦知道该如何应对诋毁他的企图，但他更担心的是，他在通函中看到了外交政策将要发生变化的征兆。

卡普里维想要永久终止与俄国的《再保险条约》，而这件事实际发生在了 1890 年 6 月 4 日。此后，柏林被迫更加亲近维也纳和依赖维也纳的巴尔干政策。而且德意志帝国现在必须作为有需求的一方接近英国。更糟糕的是，卡普里维代表皇帝向英国大使爱德华·马利特爵士宣布，德国不希望改变自己的同盟关系，也就是不会远离奥地利，也不希望接近俄国。这简

806

直是再笨拙不过的外交手段了。卡普里维天真地承认，他无意像杂耍演员一样同时玩几个球。他无法在制定一个涉及俄国和奥地利的审慎的安全政策的同时，努力与英国达成良好的、至少是可接受的一致，更何况他还受到了工业和银行业中扩张主义势力的压力。于是，这位将军—首相就成了那些老实的庸人的一员，在历史上，这些人常常违背自己的意愿，成为让国家走上致命道路的帮凶。

前首相与安东·梅明格（Anton Memminger）的会谈有着特殊的意义。俾斯麦在基辛根逗留期间，邀请这位记者来参与了一次明显是经过精心准备的长篇对话；谈话的摘录发表在了梅明格的报纸《新巴伐利亚报》（Neue Bayrische Zeitung）上，俾斯麦去世后，这篇谈话以《俾斯麦侯爵的一课》（Ein Kolleg beim Fürsten Bismarck）为题进行了全文刊登。内容非常真实。

807　虽然梅明格曾因殴打他人入狱，但俾斯麦并没有因此而对跟他的接触表现丝毫的害怕，恰恰相反，据说俾斯麦如此说道："好吧，您坐牢的事根本不会损害您在我眼中的形象，我也吃过官司，尽管没有您的官司那么严重。没有发酵的酒，就是坏的酒……"，"坐牢也是政治教育的一部分"。

当然，俾斯麦对这个安东·梅明格是有所打算的，梅明格和俾斯麦的家庭医生施文宁格一样，都是乖僻的人。梅明格抱怨道："但我们巴伐利亚人也不得不始终用虔诚的余光偷偷瞥一眼您的检察官。"对此，俾斯麦建议他明确说出在皇帝身边有哪些阿谀奉承者和伪君子，但是不要得罪皇帝，因为那可能会影响皇帝的认知过程："请您把真相说出来吧！皇帝情愿从报刊上读到，也不愿从我嘴里听到这样的真相。"然后，俾斯麦清楚明了地勾画了敌人的特征，这是只有他才能做到的："……高高在上的宫廷侍从，秘密的官僚机构，强大的党派，比如中央党、犹太党和自由思想者党。宫廷里的先生们从来不承认我是一个纯正的容克，在这些人的眼里，我始终是资产阶级的儿子，是革命者的儿子；因为这些先生都是保守派，这意味着他们什么也不学，什么也不忘，什么也不变，什么也不改。"

相比俾斯麦在其他地方也表达过的这种对时政的看法，更值得注意的是他把自己丰富的政治经验和识人经验全部倾囊相授："外交不是一把鞋匠的椅子，让你坐在上面绷紧膝带、给破洞打补丁。外交不是一门通过多年学习、训练得来的手艺。外交是一门艺术。""阿谀奉承的人，一直是国家领导和国王最大的不幸。"历史正是让人们汲取经验的。"虽然事件不会重复发生，但情境和人物还是会重复出现的，对这些情境和人物进行观察和研究，可以激发、塑造自己的思想。"

柏林的中央政权在没有遭到异议的情况下，可能会发展成独裁统治，这种充满危险的发展趋势"必须通过有着自觉意识的民众来制衡，因为我们国家的思想家人数还少，而影响力大的思想家就更少了。一切都渴望着恩典的显明和降临"。甚至还有那些来自古老家族的、"不属于脊椎动物"的王公们①。至于官僚机构，在他看来，普鲁士的情况比巴伐利亚的情况更糟糕："在您那里，虽然一部分神职人员想把民众的一切独立运动浸在洒圣水的器皿里，但那些熟练、有自觉意识、受欢迎、经过实践训练的官僚还是提供了一种制衡。而在我们普鲁士，人人都在争夺内阁这个'丰饶之角'②。"

一个奇怪的局面形成了：俾斯麦曾多次被不无道理地指

808

---

① 讽刺他们阿谀奉承、没有主见。

② 源自古希腊古罗马神话，有多个版本，一说为宙斯不慎折下的羊角，具有源源不断产生各种食物的神力，象征丰饶、繁荣、幸运等。

责，人们在他强势的个性下难以实现自我发展，毕竟就连他的儿子赫伯特也因父亲的过度支配而深受影响；现在，他却在寻找稳固的盟友和独立的媒体了。

此外，俾斯麦要求梅明格一定要帮助传播这样的信息，即他不会允许自己被剥夺言论自由的权利，更不会允许"那些小职业政客，那些在我忙于欧洲政治的时候还是孩子的人，剥夺我的言论自由。作为一个干了四十年的政治家，除了我一直关注的政治，我还能谈什么呢？"这话毫无疑问不仅是对梅明格说的，也是对后世说的。

客人、对话、习惯

是什么让俾斯麦在小范围的社交圈和私人生活中如此有吸引力？他给几乎所有到访者留下的第一印象，是一个高大、值得尊敬、相比之下头有点儿小的形象。他有着强壮的四肢，长了一双漂亮的男性的手，他在演讲时总是做出一些手势来强调重点。除了约翰娜对伦巴赫（Lenbach）没有画出这双"如此美丽的手"感到遗憾，可以佐证这一点的，还有施文宁格留下的评价："他那只会说话的、会做出极其迷人的动作的神奇的手"。

那"虚弱的、听起来近乎羞涩的声音"与他那充满力量的外表完全不相称。人们经常提到，他说话时"带着一种奇特的、探寻的、停顿的迟缓"。虽然他的言辞常常因此而变得支支吾吾，但他还是努力找到合适的表达方式，使他的语言能达到最大程度的精确和生动，得以在真正意义上组成一个画面。他不喜欢"拙劣的辞藻"，他以艺术家的敏感寻找着恰当的词语和比喻。有时他让人认为，在他说话的停顿中，他"剔除了那些会阻碍他的想法"。他的言辞没有一丝伶牙俐齿的灵动，一切都来自自然的语言上的艺术创造力，来自语言上的探寻和权衡，但他的言辞比所有的俾斯麦纪念碑都更加不朽。

此外，俾斯麦还懂得如何把握人们的特性并适应他们。法国大使德·贡陶－比隆子爵在他的回忆录中写道："在看到这个巨人的时候，你会以为，此刻站在面前的，是自己的祖先——哥特人。他用粗粝面容上少有的和蔼神色接待了我。他说话迟缓，有着抑扬顿挫，从他时不时的停顿中，人们会非常容易得出一个错误结论，即以为他的性格是犹豫不决的。"法国大使多次强调俾斯麦是"最有礼貌的"，会以"最和蔼的方式"进行反驳。同样，作为意大利首相弗朗切斯科·克里斯皮（Francesco Crispi）秘书的埃德蒙·马约斯（Edmund Mayors）在 1887 年 10 月访问弗里德里希斯鲁时，也称俾斯麦侯爵是"人们能想象到的最精彩的谈话对象"，是"天生的艺术家"。

朴素、自然、不拘小节、具有淳朴的乡村贵族作风，这一直是俾斯麦家的行事风格，无论他是驻邦联议会公使、普鲁士首相、帝国首相还是前帝国首相。这让他的来访者们感到惊讶，给他们留下了深刻的印象，因为他们本以为会看到崇高与不凡，却遇到了一个能够一起畅谈世事的人，这个人能够坦率地描述这个世界上的伟人们的弱点，并毫不掩饰地沉浸在厨房和酒窖的乐趣中。"我从来没有太多奢侈的享受，"俾斯麦曾经说过，"我感觉最舒服的地方，是我的厨房，我一直都觉得厨房特别好，同样地，还有我那个建得很好的地窖。"他在弗里德里希斯鲁与作家西德尼·惠特曼（Sidney Whitman）谈话时说道，"总的来说，吃好喝好是他家的遗传特征"。然而，他旺盛的食欲有着两面性，这一方面导致了他严重的健康隐患，尤其是在 19 世纪 80 年代初，另一方面则能让他保持兴奋。

在俾斯麦的"健康破产"后，当时年仅 33 岁的医生恩斯特·施文宁格大大限制了首相过于丰富的膳食，迫使他回归理性。当俾斯麦告诉医生，尽管有严格的禁令，自己还是趁他不在的时候"喝了三人份的牛奶"时，施文宁格扬言要辞职。但由于病人马上就受到了恶报——严重的胆绞痛，施文宁格还是留了下来。从此，俾斯麦接受了警告，变得听话了。俾斯麦曾坦言，施文宁格是第一个治好了他的医生，原先的医生都被他"治好"① 了。"要我改变习惯实在是太难了，但他做到了。我现在只吃、喝那些他认为好的东西。"俾斯麦本质上很喜欢施文宁格精力充沛的个性，他对施文宁格很尊敬，说医生"像一个老巴伐利亚人才能做到的那样粗野，而这个'黑色暴君'也正是来自巴伐利亚"。

俾斯麦对施文宁格心存感激，并从亲身经历中相信了施文宁格的能力。施文宁格因为严重的道德罪行遭到了慕尼黑医学院的除名，是俾斯麦帮助他恢复了名誉，让他获得了一个学术席位。施文宁格为了表示自己的感激之情，最后向前首相推荐了自己的学生克里桑德博士（Dr. Chrysander），既做俾斯麦的全科医生，又做俾斯麦的私人秘书。那时，施文宁格已经承担了过多职责，如果继续担任侯爵的看护人，他那不安分的人生中，便将有太多时间被消磨在火车上了。

不过，俾斯麦并不曾真的忍饥挨饿，尽管他有时会抱怨："如果你脑力活动多，你就得把用光了的精力补回来。我的医生施文宁格也赞同这个观点，只不过他把我的胃估计得太小了。"俾斯麦接待的众多客人，都对他的胃口感到惊讶。"你真的得有个好胃口，才能跟上侯爵在餐桌上的速度。"一位到访者如是说。时任帝国首相的儿子克洛德维希·祖·霍恩洛厄－希林斯福斯特侯爵在 1895 年 3 月访问弗里德里希斯鲁时，也

---

① 处理和治疗在德语里面是同一个词，此处是双关。

    1893 年，奥托·冯·俾斯麦在弗里德里希斯鲁与亲友合影。图中坐着的是（从左至右）：库诺·祖·兰曹伯爵、赫伯特·冯·俾斯麦、威廉的妻子西贝拉［Sibylle，原姓冯·阿尼姆 - 克勒希伦多夫（von Arnim-Kröchlendorff）］、玛丽·冯·俾斯麦、兰曹伯爵夫人、约翰娜·冯·俾斯麦、奥托·冯·俾斯麦；站着的是家庭医生兼私人秘书鲁道夫·克里桑德博士、兰曹的三个儿子和他们的教师林多夫（Lindow）、威廉·冯·俾斯麦、恩斯特·施文宁格博士、赫伯特的妻子玛格丽特［婚前称霍约斯女伯爵（Gräfin Hoyos）］和弗朗茨·冯·伦巴赫（Franz von Lenbach）。

发现了这一点："有趣的是，侯爵无法控制他那贪婪的胃口，他右边邻座的大公爵一只牡蛎还没吃完，他就已经从牡蛎盘中取出一只又一只了。"俾斯麦在喝酒方面——由于大家慷慨相赠，酒窖里酒水充足——几乎不比进餐更差。时不时地，俾斯麦会在外出旅行时偷偷地往马车箱里装几瓶啤酒，偶尔——例如在斯皮岑贝格男爵夫人的愉快陪伴下——他还能在树林里享受一次小小的野餐。

　　对于自己热衷于美食美酒的个性，俾斯麦曾在讲述轶事时愉快地自嘲道："有一次我和皇帝威廉二世一起吃饭，我杯中的香槟酒的味道让我很疑惑。当伺酒人再次绕过桌子时，我想看一下瓶子的标签，但这是不可能的，因为酒瓶外面包着一张餐巾纸。我正要问皇帝这款酒的名字时，陛下透露，这实际上是德国的起泡酒。'是的，'皇帝说，'我出于节俭才会喝这种酒，因为我有一个庞大的家庭；我也出于同样的原因向我的官员推荐它。我喝它也是出于爱国主义。'对此，我回答皇帝说：'陛下，在我这里，爱国主义止于胃部。'"在日常生活和高级政治事务中，几乎没有什么事情是俾斯麦不能在闲聊时以自我调侃和机智灵活的方式讲出来的。

特别是当他的心与物相通时，他的语言就获得充满艺术性的画面感。俾斯麦意识到，自己其实并不会欣赏空间之美。一间明亮、洒满阳光、舒适的房间对他来说是"一种需求，如果他的这种需求得到满足，那他就没有其他任何愿望了"。但他对树林和草地、对野性、对他的狗则态度完全不同。因为童年给他留下印记。惠特曼很明智地观察到了这一点："精心打理的草坪……根本不符合他的口味。他更喜欢大片的林地，德国人称其为'小树林'（Hain），喜欢天然的林中之地，其深邃和阴凉、自由和野性为人们提供了丰富的想象空间。从跟侯爵的对话中我很快就发现，这些树对侯爵来说，比一般无生命的东西有着更大的魅力。他充满爱意地看着它们生长……他的想象力赋予了它们生命，他希望这种生命是永恒的。"无独有偶，他也承认自己是个"树痴"，而大树是他的"祖先"。

812

他早就不得不放弃他曾经挚爱的狩猎，他再也无法从中获得乐趣了，就像他说的那样，他无法从在动物漂亮的毛皮上钻个洞来获得快乐。1893 年，人们还可以看到他骑在马鞍上，但这样的日子也很快就结束了，因为他小腿的力量在减弱。他最终告别了森林，在那里，他从来没有孤独的感觉，很长一段时间里，他都会坐着马车进入大自然，在那里放松。

斯皮岑贝格男爵夫人讲述了俾斯麦对自然的热爱和对动

物近乎多愁善感的关爱。1877 年 10 月，他在自己饲养的獒犬
去世前训斥了它，因而爆发了绝望的自责。他甚至在自己临
终前还在询问，苏尔特尔（Sultl）是不是早就已经死了。他
很愿意讲那条丑狗赛勒斯（Cyrus）的故事，这条狗是威廉
二世送给他的生日礼物，以替代已故的提拉斯；而赛勒斯是
由挑狗方面的外行伯蒂歇尔替皇帝买的。巴伐利亚的记者梅
明格将这条狗视为"可恶而愚蠢"的，并通过这种坦诚获得
了俾斯麦更多的好感，因为这位前首相已经习惯了"疯狂的
女士们……想要拥有这只动物的毛发，以便把它装在金色的
匣子里随身携带，作为纪念品和护身符，而不再携带幸运猪
（Glücksschweinchen）"。根据俾斯麦的描述，这只动物看起
来很可怕："一个瘦骨嶙峋的骨架，肋骨突出，就像是船骨从
搁浅的船上探出来，这副骨架上安着一个畸形的头颅，像是罪
恶的原牛的头，摇摇欲坠的尾骨上垂着一条血淋淋的尾巴，就
像一根残破的旗杆。看到它，我想用手紧紧地捂住头，因为我
不由自主地觉得这是新的政策路线 ① 的不祥之兆，而这种模糊
的预感不幸地得到了一些证实。"不过，他还是把这只动物留
了下来，并给它添了一只漂亮的母狗黎贝卡（Rebekka），他
亲昵地称这只母狗为小贝卡（Beckchen）。赛勒斯和黎贝卡应
该是他最后的两条狗。他周围的圈子收得更紧了。

　　俾斯麦年轻时喜欢听音乐，尤其喜欢贝多芬，也喜欢听
约翰娜演奏的舒曼、莫扎特、肖邦和门德尔松，后来这些是
由家里的密友——极具天赋的钢琴家库伊德尔演奏的。据说，
俾斯麦还喜欢路德维希·伯格（Ludwig Berger）的短篇轻

813

---

① 1890 年 4 月，威廉二世修改电报时，使用了"新航路"一词作为政治用语，是俾
　　斯麦被解职后，德意志帝国的内部政治取向和国内的一些改革措施的指称，涉及
　　社会政策、对外贸易政策等。1894 年，新航路政策终结。

快乐章（op. 12, Nr. 3）。然而，他却欣赏不了理查德·瓦格纳（Richard Wagner）。俾斯麦曾向瓦格纳写道，自己也会对他的作品产生浓厚的兴趣，但有时这种兴趣会混杂一些反对的倾向。即使是与瓦格纳的会面，也没有让他更喜欢瓦格纳的作品。俾斯麦对这次会面描述道，这位音律大师似乎没有收获足够的赞扬，没能充分地施展自己的才华，因此失望地离开了。俾斯麦不喜欢去歌剧院和音乐厅。他喜欢家庭范围内的音乐演奏，这再一次体现了乡村贵族的特性——。在1896年夏天，他曾邀请著名小提琴家约瑟夫·约阿希姆（Joseph Joachim）到弗里德里希斯鲁，跟汉堡指挥家暨大提琴家斯宾格尔（Spengel）一起演奏，他们主要演奏了贝多芬的奏鸣曲。

另外，阅读伴随了俾斯麦的一生。要列举那些他没注意到的作家，是很容易的事。但我们不必这样做，毕竟，一位在75岁时决定"现在重新按照席勒戏剧的出版顺序"来进行阅读的政治家，还能在哪里找到呢？俾斯麦真的是从《强盗》开始读起的，读到"感人之处"，即弗朗茨把老穆尔扔回坟墓的那句："怎么，你想长生不老吗？"他很受触动，想到了自己的命运。

"这就是伟大的想象力的来源，因为根本就没有哪种教育可以提供这种能力。"这是俾斯麦的观点。"我们这些老年人至少学过一点拉丁文，并且知道德国的经典著作。"俾斯麦在书信、演讲和谈话中大量的引用，以及大量文学典故的使用，就证明了这一点。学问的宝藏信手拈来，供他随时援引和应用。他曾多次收到别人送的一些名著的经典版本，因此，在他的各个居住地，这些著作都可以随时被取阅。他当然熟谙歌德、沙米索（Chamisso）、海涅和施瓦布（Schwab）；他年轻时曾深入研究拜伦，而且一生都被莎士比亚深深触动着。1890年8月初，当萨瑟兰勋爵（Lord Sutherland）问他是否还在读莎士比亚时，他回答说："是的，当然。"并立即让人从儿子的房间里拿来了一本《哈姆雷特》。1891 年 2 月，他对马克西米利安·哈登说，他不能"像班柯的鬼魂出现在麦克白的餐桌上那样"① 出现在帝国议会里。甚至在 1894 年以后，他还曾对冯·埃克斯泰特 – 彼得斯瓦尔特伯爵夫人（Gräfin von Eickstedt-Peterswaldt）说："我今天读了有关恺撒大帝的书，什么都没记住，但是最有趣的一点是，那个时候的事，出奇地符合当前这个时代所发生的一切，而民族自由党很像是当时的布鲁图斯②（Brutus）。"关于席勒，据说，俾斯麦曾对伯爵夫人说道："《强盗》是我看过的第一个悲剧。席勒的文笔其实是在《华伦斯坦》（*Wallenstein*）达到成熟的。他的作品是面向所有国家的，而不仅仅局限于德国。"到了 1897 年 10 月，在一个不眠之夜，他评论古斯塔夫·施瓦布（Gustav Schwab）的叙事诗《骑士与博登湖》（*Der Reiter und der Bodensee*）说："他不知道自己骑马走在冰面上，而我知道。"

　　他一再探究和重新思考他从文学教育中获得的宝藏。他在政治事件上对文学的引用是引人注目的，他经常引用席勒和莎士比亚。当然，这并不奇怪，毕竟他虽然与格哈特·豪普特曼和苏德曼（Sudermann）没有任何关系，但也听说过他们的名字。只有那些勤奋学习的人，才是全知全能的专家；人们都有明显的倾向性，他们会选出一些，接着往往非常不公平地拒绝另一些不符合他们喜好的东西。然而，自卸任首相以来，俾斯麦的阅读几乎没有任何扩展，他只是与之前阅读过的书建立了更深的联系。毫无疑问，在与自然的联结之外，就主要是与文学的这种联结，帮助俾斯麦将语言表现力提升到了很高的文学

814

---

① 典出莎士比亚戏剧《麦克白》。

② 马可斯·尤尼乌斯·布鲁图斯·凯皮欧，作为一名坚定的共和派，联合部分元老参与了刺杀恺撒的行动。

水平，这使得他那强烈的个性和与众不同的感受力可以名副其实地将事物"据为己有"。

被解职后的这段时间催生了一个问题，即如今拥有了乡村栖身之所的俾斯麦，又要在哪里找到他的精神归宿。1890 年 6 月，他的朋友凯泽林问他是否仍然对主有着虔诚的却具有个人色彩的立场，俾斯麦回答称，不幸的是，在过去几十年的挣扎中，他离主越来越远，"就在他刚刚经历的困难时期里，他非常痛苦地感受到了这种疏远"，但他希望在与约翰娜的共同隐居生活中，再次与主建立起更亲密的关系。这无疑是他的一个愿望。但真实情况是什么样呢？

从 19 世纪 80 年代后半期开始，基督教格言出现在他的批注里的次数就明显减少了。在他被解职后的这段时间里，他的旁注就更少涉及宗教了，甚至完全不再与宗教相关了，而是与个人的生命有关。比如，他在 1891 年 4 月 1 日，自己的 76 岁生日时，在之前的批注——"活在主的怀抱里的人 / 将欣然死去 / 并不害怕……"——后面写道："但愿先别死。"

815　　　与宗教的联系的弱化，揭示了俾斯麦信仰的一些本质。他的信仰曾在冲突和帝国建立的岁月里表现得最为生动。当时，他是在上帝的帮助下完成他的政治任务的。毕竟，长期以来，因为他的需求足够清晰明确，他才亲近上帝。他的基督教信仰是一种极其实用的信仰，这是他在实际政治工作中的需要。但现在，他被解职了，他对他曾为之努力奋斗的帝国的生存现状感到不安，而他的帝国显然不再需要他了，除了苦闷，忧郁也常常折磨着他，他开始怀疑，情势的发展是否真的还是上帝的意旨。

他可能只是开玩笑地说了这样的话，但由于他已经多次表达类似的观点，我们必须严肃地看待他在 1893 年 3 月对施皮岑贝格男爵夫人所说的内容：他"经常感到，我们的造物主并不总是自己做所有的事情，而是把某些领域的领导权交给了别人，交给了他的大臣和官员们，然后这些人就会做一些愚蠢的事情"。还有一次，他谈到，这个小小的地球可能被安排了一个错误的"最高主席"，这位长官不一定能遵从上帝的意旨。又或者："上帝很可能打算让德国进入第二个分裂期，然后在一个共和国的新基础上步入一个新的辉煌期，但那跟我们已经没有关系了。"这里所透露的预感是让人震惊的。奥托·冯·俾斯麦对待上帝的观念总是具有非常鲜明的个人特征，他不需要任何教会的传教。他在 19 世纪 90 年代所说的话，与其说是证明了他的宗教性，不如说是证明了他对人和对政治的不安全感，这种不安全感表现在他对上帝统治的近乎亵渎的看法上。

　　而更加可以确定的一点是，在他一生中都希望、渴望得到支持并为之努力过的地方，他也确实找到了支持：在他的妻子和家庭的陪伴中。最重要的是，他的约翰娜现在和他生活在一起了——正如他开玩笑地说的那样——他们是"两个隐居者"。她对丈夫被解职的深层原因了解甚少。但她知道丈夫忧心忡忡的不安，她对那位年轻的、不成熟的皇帝很是愤怒，并把一切都归咎于他。俾斯麦自己曾经说过："……如果我的妻子每天都因侮辱陛下而被判刑的话，玛土撒拉 ① 的年龄都不足以服完刑期。"约翰娜对丈夫充满热忱，甚至赶走了一些客人，因为鉴于这些人的地位，她没法肆意谩骂。儿子赫伯特被要求管住母亲，不能让这位老太太被送进斯潘道监狱去。阿图尔·冯·布劳尔是俾斯麦家的朋友，他在 1890 年夏天访问弗里德里希斯鲁时经历了一些令人担忧的事情。布劳尔小心翼翼地劝约翰娜在萨克森瓦尔德之行中多加收敛，并以她唯一能接受的方式责备她说，扩大皇帝与丈夫之间的鸿

---

① 玛土撒拉是《圣经·创世记》中记录的最长寿的人，活到了 969 岁。

沟会损害俾斯麦的健康。这起到了一些效果。但在 1894 年 1 月，当冯·毛奇伯爵要发起俾斯麦与皇帝之间的虚假和解时，约翰娜却坚持己见："我不会宽容，我不能原谅，也不想原谅。"

816　　奥托·冯·俾斯麦厌恶所有误判了他的本性和工作、劝他不要搞政治的人。但对于约翰娜，当她抱怨"愚蠢的"政治，甚至"老旧沉闷的政治"时，他却以完全平和的态度接受了。她在结婚时的书信中就已经自称是"不关心政治的生物"了，可她一直守在这个担任过最高政治职务的男人身边。值得注意的是，"打理这个家的，是端庄的家庭主妇，孩子们的母亲"——约翰娜；经过 40 多年的婚姻生活，她比其他任何人都了解丈夫那庄园主的生活方式，但她对政治家的生活方式一无所知。不过俾斯麦曾经说过，这也有好处，让家里的气氛完全不同了。

俾斯麦身边最亲近的人们对马尔维妮的评价并不好，尤其是约翰娜与马尔维妮的关系并不融洽，每次马尔维妮离开这个家的时候，约翰娜都特别高兴。但俾斯麦与妹妹一直保持着亲密的关系，这就让人难免有些惊讶了。阿图尔·冯·布劳尔，一位非常好心的客人，这样描述过马尔维妮·冯·阿尼姆：她"年轻时是一个享受被人追求的、野心勃勃的社交名媛，而年长后成了一位风趣的妻子。她不免有些摆架子，喜欢沐浴在哥哥的荣耀中。80 年代，她几乎只出现在柏林的家庭聚会上。当晚上沙龙中宾朋满座的时候，她会穿着讲究的大礼服，盛装打扮后，僵硬地坐在一个角落里，仔细观察着来宾。凡是被介绍给她的人，都会得到一个简单而庄重的点头。这是她对于前来问候的人唯一的回应。她的周围弥漫着一种冰冷的气氛，这与俾斯麦家自由随意的气氛格格不入。由此可以看出，她认为宴会和宴会上正在发生的事，对她来说还不够高尚。她为此埋怨

"两个隐居者"奥托·冯·俾斯麦和约翰娜·冯·俾斯麦，与马尔维妮·冯·阿尼姆和兰曹一家1894年在瓦尔津。

她的嫂子，而约翰娜一定偶尔听到过她关于此事的言论"。

不，马尔维妮的这种埋怨是不对的；因为即使约翰娜想去安排扩大来宾的圈子，俾斯麦也会拒绝。当他还在任的时候，他不想有多余的人、多余的问题来占据他那本就不多的时间和精力。而在他卸任后，他就更无法应付这一切了。于是，俾斯麦夫妇就一直将聚会限制在了一个较小的家庭圈子和知己圈子里，而他们对此都非常满意。将奥托·冯·俾斯麦与妹妹联结起来的那条无形丝线，可能来自他们共同的母亲，因为马尔维妮身上有路易斯·门肯的影子，她比约翰娜更优雅，精神追求更高，即使她自己绝不可能达到那种高度。马尔维妮可能不经意地让哥哥想起了母亲，在母亲生命的最后一段时间里，俾斯麦跟她相处得很好，比弟弟妹妹与母亲的关系更紧密。并不是所有的事情都可以被解释、被证实的；人与人之间的关系，存在一些灵魂上的中间地带，在那里可以产生共鸣。俾斯麦只认为自己传承着父亲家族的传统，而在暗地里把妹妹看成母亲一方祖上那些学者、外交家的化身，这种看法也许并不荒谬。毕竟，门肯家族的学识渊博、宫廷气派，和俾斯麦家族的容克作风，都融合在了俾斯麦的身上。

不同于和妹妹马尔维妮的关系，他与年轻时关系亲密的哥哥伯恩哈德逐渐疏远。伯恩哈德一生都困在奥托·冯·俾斯麦出生的地方。兄弟俩的外貌非常相似，只是伯恩哈德个子小一点。而这种对比似乎也体现在了他们的精神思想上。顺带一提，冯·斯皮岑贝格夫人在与伯恩哈德最后一次见面后，说他"是一个活泼、健谈的老人"，说他毕竟是俾斯麦的"至亲、青年时的同伴"。而这一点，当俾斯麦在 7 月 8 日收到嫂子的电报，得知伯恩哈德已在前一天"长眠"的时候，肯定也同样感受到了。俾斯麦派赫伯特作为家属代表，参加了葬礼；又一个与他相识很久的人走了——俾斯麦深受触动。

818　　1890 年，赫伯特在退休后来到了舍恩豪森，得以稍稍松了口气。与他的父亲不同，这对他来说也标志着内心对政治生活的告别。赫伯特不想继续下去了。1891 年 4 月 3 日，他在从弗里德里希斯鲁写给普莱森（Plessen）的信中，提到了他生活中的一些问题："我只得在各级职位的蒸汽机上转动我的飞轮，这消耗了全部的力气，每一个本我的冲动都被压抑了。我只是生活在君主和父亲的思想中，因此，政治，即对祖国的兴趣，就是我的全部。当一个人像我这样完全拘泥于旧的生活方式时，需要一定的时间来适应其他的生活方式，但我在目前业余政治中所获得的一些乐趣，使我更容易过渡到一种独立自主的生活里，我以前从未真正拥有这种独立：也许我太老了，太累了，无法真正实现这种独立，但我仍要努力去实现它。"

赫伯特在不到 42 岁的时候就写下了这段话，在传统观念中，这个年纪的人应该正处于创造能力的巅峰。他的人生有一丝悲剧的色彩，在此之中，父亲和母亲的特质以奇怪的对等方式在他身上表现了出来。没有人像他一样理解约翰娜的处境，约翰娜是在为家庭的自我牺牲奉献中度过了一生的。早在1887年，他就竭力敦促："我们必须用所有的爱去滋养、增强母亲那微弱的生命力。因为她充满了责任感和自我否定，她的一生承担了太多的东西。她构筑了自己的妄想，仿佛她只是为了服侍丈夫和孩子而存在的，她人为地给我们所有人创造了一种侍女的角色，她觉得如果有一天考虑到了自己，就好像是在犯抢劫罪……这种夸张的考虑和自我折磨，让父亲非常难受，因为母亲从来不让他猜测她本人喜欢什么，而且拒绝他在这方面的所有打听、询问……"赫伯特对母亲的这种评价——他是在1887年7月2日给兰曹的信中这样写到的——第二天就得到了父亲的赞同：赫伯特所写的都是正确的，但要在她身上执行却不是那么容易。

　　赫伯特对父亲的依恋是外人难以想象的。"如果没有你，我就会深陷黑夜之中。"1896年7月23日，赫伯特给父亲写道，"我思想和生命的一丝一毫，都是如此地依恋着你，从最初的青年时代起，我就和你一起成长——包括我的思想和内心的所有情感，而我跟其他任何人都不会如此"。在同一封信里，他还说道："如果能从你身上驱散掉阴郁的情绪和一切损害你生活乐趣的疲惫，我愿意付出一切。就像我今天早上告诉你的那样，你是我在当今这个悲哀的、缺乏活力的德国之中唯一的光芒。"父母在赫伯特身上留下了很多印记：父亲那工作中的精力、在职位上的可靠性，以及对历史政治的兴趣；母亲对家庭圈子的关爱，以及对亲戚和好友的关注与付出。但两人身上都有一些东西是赫伯特缺少的：父亲在政治结盟方面的高超手腕、对政治的职业热情，以及充满智慧与活力地控制众多人的能力；母亲那淳朴的天性，与赫伯特常常对人冷嘲热讽和蔑视的天性毫不相似。如果说约翰娜在她的紧张、恐惧和愤怒中是

天然质朴的、粗糙的，虽然偶尔也是不知所措的，那么赫伯特
则是粗暴、冷酷的，经常会对他的同事做出严重的冒犯。

赫伯特在年轻时就经历过许多紧张的政治情势，后来在友
情与支持方面体会过痛苦和失望，还见证了父亲被解职后遭到
的许多有辱尊严的对待，这一切都使他内心深处对人性的蔑视
和愤世嫉俗的苦涩浪潮更加高涨。他自己也坦言，他"尤其了
解人们的可怜"。只有少数知己才知道，他是一个在与世界的
联系中最怕"伤到内心"的人。

尽管赫伯特对今后会发生的事情也很感兴趣，但他想要退
出政治，而且也得以退出了。然而，对赫伯特的父亲来说，政
治是其一生的事业，因此，他感觉受到了政治事件更加强烈的
牵动。

经济和政治上的变化

当俾斯麦从政治舞台回到了剧院前排观众席时，正如他曾
经说过的那样，国家机器、政党以及各利益集团之间的关系都
发生了很大的变化，德国与欧洲列强的关系更是如此。

820　　与领导层的政策不同的是，各行业都经历了令人瞩目的发
展。德意志帝国在世界工业产值中所占有的份额在 1880 年已
经达到了 13%，1890 年时增加到了 14%，而在克服了 1890
年底至 1893 年的经济低迷后，最终在 1900 年上升到了 18%。
这意味着，德国的工业生产几乎达到了与英国相同的水平，并
且远远超过了法国。而德国的工业增长速度仅次于美国，在世
纪之交，美国在世界工业产值中占比已达到 31%。在硬煤和生
铁的产量上，德国排在美国和英国之后，位居第三，而在钢铁
产量上，德国已经超过英国。

德国工业的现代化程度，几乎比德国工业的产量更加令人

印象深刻。托马斯炼钢法的快速引进，以及提高钢材质量方面的系统性工作，都让世人惊叹。但这仍然属于主要由铁路建设推动的所谓典型的重工业领域。随着德国在自然科学领域不断取得成就，德国在电气工业、发动机制造、大型化工等领域，也都进入了世界前列。

在德国各地，与大银行建立联系的趋势加强了，自19世纪80年代末以来，垄断开始形成。大公司之间就生产范围、产量、价格和销售区域达成了协议。这些都影响了自由竞争。最稳定的垄断出现在钢铁业和煤矿业。在电气行业，AEG集团①的成立是银行资本与产业资本融合的一个典型案例。早在1880年，经济杂志《德国经济学家》（*Der deutsche Ökonomist*）就指出，几乎没有一个工业部门不存在卡特尔和辛迪加。

德国工业超越了以前占优势地位的农业，这既体现在国内净产量上，也体现在从业人员的数量上，这些都日益向不利于农业的方向发展。德国工业也以此巩固了自己的国内地位和国际地位。由于这种朝向工业化国家的发展趋势非常明确，俾斯麦时常认为，自己需要在公开场合维护农业的利益，尤其是在1891年，德国与奥地利关于贸易协定进行讨论的时候。他认为，这项协定是迄今为止的外交政策发生令人担忧的变化的开端，与奥匈帝国的同盟将会变成德国对这个多瑙河君主国的单方面依赖，并且带有反俄色彩。

无论如何，19世纪90年代比以往更清楚地表明，社会、内政、经济、军事和外交政策的所有线索，都在贸易政策中汇合了。无论从哪种利益视角出发对工业、农业和贸易的问题做出决策，德国都需要特别审慎的国家领导，这是因为德国的国

---

①　全球最早的电气公司之一，于1887年在德国柏林成立，涉及电力系统、轨道交通、航空航天、家用电器等多个领域。

家统一较晚，并因此在全球经济和政治竞争中处于不利地位。这个新成立的德意志帝国是最不能允许自己犯严重的政治错误的。但政府的活动变得非常不确定，因为卡普里维只在位了四年，而他的继任者祖·霍恩洛厄－希林斯福斯特侯爵也只干到了世纪之交，而与此相比，俾斯麦先是做普鲁士首相，后来又在德意志帝国领导政府，前后长达 28 年。

帝国创建者的下台，并没有引起宪法发生任何外在形式的变化。帝国首相府的机构，帝国首相和普鲁士首相两职合于一身的局面，以及帝国在普鲁士设置的机构和部门，在形式上仍保持原貌。在结构没有变化以及人事变动较少的情况下，最高国家机关内部的政治势力还是发生了变化，其领导活动的形式和部分实质也发生了变化。事务与人员上的矛盾（在普鲁士内阁尤为显著），各部门职权的交错，以及大臣们在不同方向上的努力，导致各种势力之间展开了激烈争斗。

祖·霍恩洛厄－希林斯福斯特在 1890 年夏天的柏林就已经注意到，"大家都没有时间了，每个人都比以前更激动了；另外，人们都膨胀了。每一个人都能感受到这一点。以前，在俾斯麦侯爵的主导下，每个人都是缩手缩脚的，像被压在水里一样，而现在，他们都像海绵一样浮了起来。这有好处，但也有危险。人们缺乏一个统一的意志"。

在普鲁士内阁和卡普里维领导下的帝国领导层中都存在不同倾向，这使得高级军官们更容易摆脱俾斯麦费尽心力才为他们套上的政治缰绳。军事权力机关成了比以往强大得多的"国中之国"。总参谋部完全摆脱了包括陆军大臣在内的政府的一切影响，越来越多地对德国的整体政策施加影响。现在，已经没有一个俾斯麦来遏制不同派系之间的争斗了。各种势力进行着自由博弈，那些在国家机器中已经有稳固地位的人，比如容克们，以及经济实力最强的大企业家们，在决定性的政治问题中占了上风。

在外交政策方面，德国的目标发生了变化，首要目标不再是确保帝国的安全和内部发展，而是利用帝国的潜在力量来争取世界强权地位。国内政治则涉及两个决定性的问题：大资产阶级和容克及其各自派别之间的新的权力平衡，以及针对分化了的工人运动的战略和战术。

俾斯麦的政策，尤其是在他最后的首相岁月里，一直是以德意志保守党、自由保守党和民族自由党组成的"卡特尔"为基础的。这个"卡特尔"的先决条件是，保守派内的激进派别受到了遏制，而自由派放弃了自己关心的议会制统治。俾斯麦以前是用强硬的手段来压制这些矛盾的，并同时使用补偿的方式；而现在，这些办法都不能用了。工人运动现在与一切事情都有了牵涉，影响着政府战略和战术上的考虑。卡普里维认为，工人问题"将是本世纪末的主要问题，在下世纪的几十年内也许仍将如此"。因此，他打算把统治阶层内反对工人运动的所有派别都聚集在一条中间路线上，以便在面临已然可见的外交冲突的情况下，尽可能地取得国内政治的稳定。他还努力吸纳了俾斯麦批评过的"帝国的敌人"——中央党、波兰人、韦尔夫派和自由思想者党。卡普里维明确表示："只要我还有幸站在这个位置上，我就不会提出没有从以下立场出发加以验证的措施，即它将会对社会民主党问题造成怎样的影响。"

"德国社会民主党"（Sozialdemokratische Partei Deutschlands）——这是它现在的正式名称——在国际上的影响力，是毋庸置疑的。它仍然提供了一种霍亨索伦国家之外的民主化选项。

法俄同盟；裁军问题

正如整个《再保险条约》是保密的一样，德国外交部在

1890 年 6 月 4 日放弃续签条约一事，公众仍然是不知情的。然而，对俾斯麦来说，新帝国的领导层与俄国的疏远是非常清楚的。他几乎不用隐瞒对这一政治方针变化的担忧；他都不需要亲自点拨，《汉堡报》上已经出现了反映这种观点的文章。这篇发表于 1890 年 7 月 18 日的文章指出，德国应该在奥地利和俄国之间进行调停，但不应该支持奥地利在巴尔干半岛的利益，因为这会使德国的政策依赖于奥匈帝国。文章警告称，不应与俄国决裂，还斥责了德国大多数新闻报刊的反俄态度。

823

事实上，从社会民主党到自由思想者党再到天主教中央党甚至到保守派的圈子，德国和沙皇俄国之间的联结有多么——出于各种动机——不受欢迎，与奥匈帝国的紧密关系就有多受青睐。公众还没有意识到，德国可能会对多瑙河君主国的巴尔干政策产生怎样危险的依赖。《汉堡报》的文章引起了相当大的轰动，四天后，俾斯麦接受了《新时代》的采访，在采访中，他再次大声疾呼，赞成德俄友好："德国和俄国之间没有什么严重的理由发生争执，就算出现争执，也只会是因为无关紧要的事情。"

当然，德国与俄国之间的分歧并不是如此微不足道的。但是，尽管易北河东岸的地主们害怕俄国的农业竞争，而许多俄国工业家也害怕德国的经济优势和技术优势，尽管存在这种种摩擦，达成和解看来却总是有可能的。对俾斯麦来说，德国与俄国最终可能会爆发战争的这种看法，当然也并不陌生；但正因如此，这个看法才促使他尽一切可能去避免战争的发生。与卡普里维及其外交部的顾问们的观点不同，在俾斯麦看来，德国与俄国的战争绝不是命中注定的。他的继任者却以灾难性的方式切断了"通向俄国的电报线"，并试图与英国建立紧密的关系——这可以说是一种替代。1890 年 7 月 1 日，即在德国最终放弃《再保险条约》后不到 4 周，《英德条约》在柏林签署了。这份条约划定了德国和英国在非洲殖民地的边界，使桑给巴尔岛和奔巴岛（Pemba）成为英国的受保护领地，确定了分别割让给英国和德国的殖民地范围，其中将赫尔戈兰岛留给了德意志帝国。卡普里维政府对这份条约的缔结充满了自豪，认为这种有限问题的有限解决，可以将德英关系带向意义深远的结盟。

事实上，像霍尔施泰因这样见证了俾斯麦与英国整整十年的谈判的外交官，应该不会对这种条约期待过高，因为俾斯麦首相付出了很多的努力与审慎，才让英国与三国同盟或多或少地走近了一些。俾斯麦之所以批评这份与英国签订的条约，在根本上只是出于一种考虑，即避免加剧与俄国的疏远，避免圣彼得堡与巴黎签订条约。

1891 年 3 月，俾斯麦准备撰写回忆录的过程中，表明了他的又一项基本考虑："但是，如果我们对英国友谊的重视超过了英国对我们友谊的重视，这就将加强英国对我们的傲慢，并让英国坚信，我们可以为了英国的目的赴汤蹈火，即使得不到任何回报也会深感荣幸。"俾斯麦再一次表现了，他不喜欢外交政策方针在各国之间做出僵化的抉择，对外交官们的行事方式很是反感。然而，他的继任者们认为，目前的外交政策绝没有走入僵局，希望在此时建立起明确的关系。他们热切地想让一切都变得一目了然、易于理解，因此强行地把外交步伐的方向转向了英国，并在没有必要的情况下，切断了通往俄国的一座仍然可以通行的桥梁。这使得他们无法实现德国安全政策上的主要关切：避免俄法同盟。1891 年夏天，法国海军中队访问喀琅施塔得（Kronstadt），沙皇聆听了那仍被普遍认为是革命歌曲的《马赛曲》；1892 年，俄法军事会议召开；最终，俄法于 1893 年结盟。俾斯麦只能接受这一切。

马克思和恩格斯从 1871 年就开始担心俄法结盟的可能性，

824

这促使弗里德里希·恩格斯在法国和德国的工人报刊上发表评论称，德国可能会陷入一场两线作战的战争。他毫不怀疑，吞并阿尔萨斯－洛林是错误的，法兰西共和国对霍亨索伦帝国而言代表着革命——尽管是资产阶级的革命，但毕竟是一场革命。但是，如果法国与沙俄一同作战，"法国会不得不背弃自己在历史上的全部革命作用，而允许俾斯麦帝国把自己装扮成同东方野蛮对立的西方进步的代表"①。

825　　那时，经济和社会发展先进的帝国，就必须为"它的生存"而战，但德国社会民主党也必须斗争，因为"社会主义德国在国际工人运动中占据着最重要、最光荣、责任最重大的位置；它有义务维护这个位置，反对每一个侵略者，战斗到最后一个人"。一个"被肢解的德国将……无法在欧洲的历史发展中发挥应有的作用"。因为这样一场"事关生死的战斗"是可怕的，德国社会民主党人就不应该在战争的不确定性上下注，"而是应该等待和平取得必然的胜利"。此外，"……无论哪个国家的社会主义者，都既不希望今天的德国政府胜利，也不希望法兰西共和国获胜，并且最不希望沙皇取得战争的胜利，因为沙皇将会把这场战争的胜利与他对欧洲的征服融为一体。这也是各国的社会主义者都支持和平的原因"。

　　那些在激进民主主义的基础上主张和平的人，也被迫努力争取军队改组与逐步裁军。自由派的知识分子也反对欧洲联盟体系的重组以及相应的军队重组和军事扩张。贝塔·冯·苏特纳（Berta von Suttner）的小说《放下武器！》（*Die Waffen nieder!*）和她从 1892 年 2 月开始出版的同名月刊，促成了德国和平协会（Deutsche Friedensgesellschaft）在 11 月的成

---

① 译文引自恩格斯《德国的社会主义》，《马克思恩格斯全集》（第二十九卷），北京：人民出版社，2020 年，第 337 页。

立。但是，所有这些意在激发资产阶级左翼和平运动的举措，暂时仍局限于一个非常狭小的圈子。

1892 年底，卡普里维政府提出了一项军队法案，打算让德军在和平时期的军事力量增加 7.2 万人，达到 49.2 万人的总兵力。法案要求增加的兵员超过了 1875 年以来的所有军力扩张。这项法案在帝国议会中遭到了激烈的反对，导致议会被解散，需要重新进行选举。结果，虽然军事法案的反对者以 430 万票对 320 万票胜出，但由于选区划分不公以及第二轮投票受到了操纵，最终形成的议会多数派以 201 票对 185 票通过了军事法案。

在议会之外，最强烈的反对声音来自社会民主党。为了支持社会民主党的运动，弗里德里希·恩格斯于 1893 年 3 月发表了题为《欧洲能否裁军？》（*Kann Europa abrüsten?*）的系列文章，并且很快就被印在了小册子上。恩格斯说，常备军制度在欧洲已经走到了极端，以至于"不是这种制度使各国人民因为军费重担而在经济上破产，就是它必然导致一场毁灭性的大战"。当欧洲每一个大国都竭尽全力在军事实力和战争准备方面超越其他国家的时候，人民群众要求的是裁军，因为各阶层民众"几乎完全承担了提供大量兵员和缴纳巨额赋税义务"。裁军是有可能的，甚至是比较容易的，德国能比任何一个文明国家都"更有能力和责任"地完成裁军。[①] 他的文章的真正价值在于展示了和平政策这条道路，作为单纯的安全政策之外的另一种可能。鉴于现时的力量对比，奥古斯特·倍倍尔对此持怀疑态度，他给恩格斯写信说："我只能把裁军建议视为一种手段，用以表明，我们看到一条切实可行的途径；但我并不认

---

① 译文引自恩格斯《欧洲能否裁军？》，《马克思恩格斯全集》（第二十九卷），北京：人民出版社，2020 年，第 463、465 页。

为这项建议会被那些负有实施之责的人付诸实施。"①

826　　当然，俾斯麦并没有注意到这些文章，但他对卡普里维的军事动议做出了回应。他反对将 3 年的服役期减为 2 年，这可能还是跟他对普鲁士宪法冲突时的记忆有关。但更值得注意的是，他反对"数字狂热"，即反对痴迷于增加士兵数量，同时他认为军官队伍和士官队伍的素质才是决定性的因素。俾斯麦不想把卡普里维对两线作战的考量纳入辩论，因为他认为，防止这种情况的发生是外交官的任务。前首相一定是一次又一次地、从不同方面担忧地察觉到，他的继任者缺乏周密而协调的外交政策。

　　在 19 世纪 90 年代，裁军问题得到了比以往更为频繁的讨论。俾斯麦在被解职几周后，在法国记者亨利·德·乌斯（Henri des Houx）访问时，就此问题发表了看法："大型军队确实是一种负担。这是……另一种形式的战争：在这场战争里，你用金子打仗……这是各国为维护和平而支付的保险费。它是沉重的、毁灭性的，是一种认输；但是，与一场即使有幸得胜的战争所带来的毁灭相比，这又算得了什么呢？裁军是一种幻觉：人们会变得怀疑，永远不信任邻居会忠于裁军承诺……人们必须与这种弊端共存；也许在未来的某一天，它会被清除。"

战争警示和紧张局势；维也纳之旅

827　　在离职后的两年里，俾斯麦的回忆录《思考与回忆》完成了。早在 1890 年 4 月，他就已经在考虑为他写作的"忠仆"

---

① 译文引自《倍倍尔致恩格斯（1893 年 2 月 28 日）》，《恩格斯和倍倍尔通信集》，北京：人民出版社，1985 年，第 791~792 页。

会是谁了。俾斯麦首先考虑了波辛格（Poschinger）和布施，最后，他决定选择一个实际上最适合这项工作并且能足够无私地承担起这个重任的人：洛塔尔·布赫尔。布赫尔可靠的记忆力，以及他对政治事件的诸多内情的了解，都对这项工作十分有利；不过，洛塔尔·布赫尔在1890年5月抵达弗里德里希斯鲁时，似乎也低估了这项任务的艰辛。

洛塔尔·布赫尔生性谨慎，嘴巴很严，当俾斯麦再一次在工作中表现得过于执拗、反复无常时，布赫尔偶尔会向他的朋友莫里茨·布施抱怨自己的痛苦。主要的问题显然在于，俾斯麦一直把历史与日常的政治思考混在一起。俾斯麦时而抱怨，时而闲聊，经常不愿意专注于这项工作，他因为不断地看报纸而分神，但之后又会变得坦率而狡猾。就这样，布赫尔常常是带着愠怒之情完成速记的，之后又费尽心思地加以整理，并试图让其形成体系，可惜徒劳无功，最终产生了一部在各方面来说都残缺不全的作品。它既没有遵循连续的年代顺序，也没有建立在对材料进行批判性分析的基础上，更缺少历史理论的整体观念。

不过，所有不足都可忽略，因为记载中充满了大量富有启发性的插曲、敏锐的观察和令人难忘的人物形象，这一切都是通过有力、生动的语言再现的。这位作者是杰出的，他以艺术家的眼光捕捉并描写人物和情境，他那丰富的人生经历中的聪明见解一次次闪现在作品中。只有当俾斯麦掩盖或歪曲一些事件的内在联系时，行文才会受阻，比如俾斯麦对于西班牙王位继承事件的描述。洛塔尔·布赫尔一定清楚地知道当时到底发生了什么事，因此，对于实际事件与有意而为的描述之间存在过于明显的差异，他感到特别痛苦。

作者能在高度的赞美中透露批评的意味，这样的技巧着实令人惊叹。在关于威廉一世的章节中，作者以和解的口吻暗示了这位德意志帝国第一任皇帝的弱点。而他通过强调威廉一世值得称道的优点，暗暗对威廉二世进行了指责："他有一种国王式的感受，他知道自己有一个受人尊敬的、有权势的仆人，对此他不仅宽容，还会感到光荣。"对于一直反对他的奥古斯塔皇后，俾斯麦并没有掩饰旧怨。对于帝国首相副手兼普鲁士国务院副主席冯·伯蒂歇尔，如果不是俾斯麦为他专门撰写了一章，后人可能将对他一无所知。这一章揭示了：俾斯麦不能原谅不忠的行为，无论这种不忠是真正发生了的，还是他所认定的。

828 　　《思考与回忆》是一种历史材料，但我们必须以批判性的谨慎态度从中提取信息；书中除精准的人物描写外，还有一些刻意扭曲的描述；在一些章节中，俾斯麦是在想象力的指导下创作的，其中的一些经历实际上并不是以他描述的那种方式发生的，例如他与王储弗里德里希在尼科尔斯堡的会面，他说自己当时作为首相遭到了所有人的孤立。

　　在洛塔尔·布赫尔于 1892 年 10 月去世后，回忆录的撰写工作其实并没有继续推进，只是经历了一些补充和风格上的修改。不难理解的是，这本书有着巨大的读者群体，其中的一部分是十一月革命后才形成的。

　　在 1892 年的发展进程中，俾斯麦被迫把外交政策问题放在了一边，而是将国内政策变成了自己关注的主题。他对自己的继任者卡普里维的批评，自然也是对威廉二世的一种克制的攻击，他想让帝国议会——这出乎许多人的意料——示威性地反对威廉二世，作为对宪法的矫正。值得一提的是，1891 年春，俾斯麦曾被提名为民族自由党在威悉 - 易北河选区的帝国议会候选人，还在第二轮投票中战胜了一位社会民主党人；但是，他一直没有公开露面。自由思想者党和南德的民主派认为他的竞选违背了他早先旨在降低议会重要性的政策，这样的指责是不可避免的。甚至有人说这是他的"卡诺莎之行",这完全是夸大其词,对此,俾斯麦可以毫不费力地援引他长期以来的努力为自己辩护,称自己一直在试图保持王室和议会之间的某种平衡。就像 1862 年需要加强王室的势力一样,他现在也必须加强议会的势力。在每一个时间点上,他都会采取自己认为必要的纠正措施。

俾斯麦与不安分的皇帝之间的关系更加紧张了,并且引起了国外的注意。法国大使说,威廉二世"是反动、虔敬、好战、人道主义、宽容、和平主义、反犹太且反俾斯麦的,是一艘没有指南针的船"。民众嘲讽他为"游历皇帝"(Reisekaiser),这已经属于最无伤大雅的评价了。真正严重的是,1891 年 11 月,威廉二世断然向新兵们宣布,他们可能需要在特定情况下向自己的兄弟开枪。在这次失态的 3 个月后,他又犯了一个非常暴露自己本质的政治错误。他提出了这样一个问题:"那些心有不满的抱怨者们抖掉拖鞋上的德国尘土,以最快的方式逃离我们这不幸的、可叹的情势,岂不是更好吗?"

这促使指挥家汉斯·冯·比洛(Hans von Bülow),这个带领柏林爱乐乐团名扬天下的人,在深思熟虑后进行了一次引发轰动的示威。1892 年 3 月,比洛出于健康原因举行了告别音乐会,指挥了贝多芬的《英雄交响曲》。在乐曲结束、掌声平息后,比洛以一种极不寻常的姿态再次出现在音乐会观众面前,发表了一篇对皇帝极尽影射的政治演讲。他宣称,自己冒昧地把原本要献给拿破仑的《英雄交响曲》献给了"德国政治的贝多芬"——俾斯麦。然后,比洛从燕尾服上扯下一条丝巾,用丝巾掸了掸鞋上的灰尘,在引发轰动之后离开了舞台。他用哑剧演出了皇帝对"抱怨者们"提出的建议。

1892 年夏天,俾斯麦一家迎来了一件愉快的、非常私人的家庭大事。他们的长子赫伯特已经 42 岁了，却在年轻的匈牙利女伯爵玛格丽特·霍约斯（Gräfin Marguerite Hoyos）身上找到了晚年的幸福。赫伯特最初是在给他弟弟威廉的愉快而放松的信中写下了内情，他很少写这样的信给弟弟。婚礼起初计划在 6 月底举行，地点在阜姆（Fiume），也就是新娘父母居住的地方。但后来他们决定去维也纳，一方面是为了让俾斯麦一家的行程更轻松，另一方面也在一定程度上考虑到了声望上的需求。在哈布斯堡王朝的皇城中、在新娘富有的"帕尔菲叔叔"（Onkel Pálffy）的宫殿里举行婚礼，无论如何都显得更加庄重。

作为反对派的俾斯麦的每一次行程，势必将在当时那种躁动不安的氛围中成为一个政治问题。在外交界的正厅前座，卡普里维首相再次展露了愤恨下的笨拙。6 月 9 日，他向德国驻维也纳大使发出了一道重要命令，其中，他提到了俾斯麦和皇帝之间的紧张关系，建议罗伊斯和使馆的其他成员避免应邀参加婚礼。这引发了尴尬的连锁反应。德累斯顿、慕尼黑、斯图加特、魏玛和卡尔斯鲁厄的法院也接到了这一致命的告令。因此，在《帝国日报》于 7 月 7 日公开这则告令之前，它早已不是什么秘密文件了。奥托·冯·俾斯麦立刻就为它找到了一个名字——"乌利亚的信"①，一封意图阴险的信，典出《旧约圣经》中的一个故事。

830 　　说到粗笨，皇帝威廉二世自然不遑多让。威廉二世立即向奥地利军事参谋解释说，俾斯麦是个反叛者，应该被关进斯潘道监狱；威廉还指责俾斯麦不断挑唆德国与奥地利的关系，促

---

① 出自《圣经·撒母耳记下》第 11 章。大卫与乌利亚之妻拔示巴通奸，致其怀孕。为掩盖罪行，大卫将乌利亚从战场上召回，欲使其与拔示巴同寝。乌利亚拒绝归家，大卫遣其返回战场，并让其将一封信交给约押。其中，大卫令约押打仗时派乌利亚前进，使其在险处被敌人杀死。"乌利亚的信"因而指"给自己带来灾祸的信件"。

使德国倒向俄国，这是不符合实际情况的。威廉二世在给皇帝弗朗茨·约瑟夫的亲笔信中，重申了他的指责，并对这位在位了四十多年的奥地利君主使用了非常不恰当的语气。他在信中谈到他的前首相时说道："他已经想好了要见你，这已经成了他的议程中最主要的事了。"就这样，弗朗茨·约瑟夫被迫拒绝了这场符合社交惯例的访问。威廉二世通过他的外交辞令，不由分说地将维也纳霍夫堡和三个德意志宫廷卷入了与俾斯麦的争端。这成了他的一次皮洛士式的胜利①。这次争端中一切为公众所知的事情，都对俾斯麦的声誉起到了巩固作用。

6月18日，在俾斯麦动身前往维也纳的途中，从安哈尔特开始，人群就聚集在火车站向他致意。在德累斯顿，从车站到贝尔维埃饭店（Hotel Bellevue）的路上，人群向他致以欢呼，那番场景就像在柏林一样；人们甚至还为他准备了火炬游行。俾斯麦被这股爱国浪潮感动，又为柏林统治者那业余的水平担忧，在这种状态下，他说出了一些充满不祥预感的话，他自己甚至都不能完全认识到，这些话会在未来应验："这种团结是牢不可破的，我可以向诸位保证，破坏这种团结，将比我们创造这种团结困难得多，也要付出更多的鲜血。"

俾斯麦抵达维也纳后，受到了热情的群众和大学歌唱协会的欢迎。但接着他得知，他的求见请求被拒绝了。俾斯麦起先很恼火，甚至想要与卡普里维进行决斗。虽然他最终没有这样做，但关系的破裂也已经无法挽回了，而德国大使罗伊斯亲王被迫缺席了婚礼庆典，更让这一丑闻雪上加霜。就个人而言，俾斯麦或许很愤怒，但在政治上，他已经占尽优势了。所以，他心情愉快地参加了长子的婚礼。两天后，他再次出现在维也纳，无论走到哪里都受到人群的欢呼喝彩，然而，这些喝彩时

---

① 指付出极大代价得到的胜利。

不时地伴着反犹主义的舒纳党（Schönerer-Partei）对于大德意志的呼声。

俾斯麦在接受《新自由报》的采访时，义正词严地驳斥了对于自己敌视奥地利的指责。他在采访中犀利地指出，自己对现政府及其后续的继任者"完全没有个人义务了"。"所有的桥都断了。"他对维也纳民众的热情接待表示感谢，而这同时也是对维也纳宫廷和德国大使馆的间接批评，这一点是毋庸置疑的。

精明的冯·施皮岑贝格男爵夫人在日记中这样评论道："如果我们有能掌舵的政治家，同时有一位不被仇恨和嫉妒蒙蔽双眼的君主，他们就会注意到自己对俾斯麦总是赌输，并且会非常明智地选择沉默；如果罗伊斯悄悄参加了赫伯特的婚礼，那么奥地利皇帝就需要决定，如何在不得罪帝国盟友的情况下接待俾斯麦。显然，侯爵现在获得了一种超越了他本该获得、应当获得的优越感，但是：'如果我是慎重的，我就不是退尔了！'①"

俾斯麦回程的第一站是慕尼黑，市长和市议员在车站迎接了他。在这里，也有举着火炬的队伍为俾斯麦夫妇开路，陪伴他们一直走到画家伦巴赫的豪华别墅。6月23日至26日，俾斯麦夫妇就住在这里。巴伐利亚邦政府为俾斯麦夫妇提供了装饰一新的专列。这趟列车之后凯旋般地陆续开过了奥格斯堡和维尔茨堡，最后到达基辛根。

7月，和妻子待在基辛根的几个星期里，俾斯麦不仅做了疗养，还参与了会谈、客人接待和群众集会。耶拿市市长辛格（Singer）和著名的恩斯特·海克尔（Ernst Haeckel）率领的代表团代表耶拿市和耶拿大学向他发出了访问的邀请，因此，他于7月30日前往了图林根。在耶拿，他经历了继维也纳之

① 出自弗里德里希·席勒的戏剧《威廉·退尔》。

后的第二次政治高光时刻。和其他地方一样，这里等待着他的，也是欢快的歌唱协会与城市名流的代表团。俾斯麦夫妇在路德居住过的"贝伦"（Bären）剧院过了夜。所以，自然而然地，人们对过去的那位宗教改革者与如今这位日耳曼改革者进行了比较。

俾斯麦有两次演讲引发了轰动，一次是在大学的代表团面前的讲话，另一次是在耶拿市集上的演讲，他在演讲中表示，自己赞成巩固议会，反对"专制主义思想"，因为后者是在欧洲的中心上演的"危险实验"。俾斯麦坦白道，自己从来就不是一个专制主义者，但他承认："也许我在不知不觉中导致议会的影响力降低到了现在这个水平，但我不希望它长期保持在这样一个水平上。"

他在耶拿市集上的长篇演讲中，提到了德意志的民族运动和三次统一战争。但现在，民族国家形成了，德国需要的是和平。现在，帝国需要"一个强大的议会作为国家团结统一的核心"。这句话表达了他的中心思想，他进一步解释道："一个有着稳定的多数派的帝国议会，能够履行代表民众的职责，对政府进行批评、限制、警告，在某些情况下，甚至能够领导政府……如果没有这样一个帝国议会，我将为我们的国家机构的期限和稳固性担忧……如果我们想要生存，我们就不能再实行单纯的王朝政策了，而必须实行民族国家的政策。"

从这一时期俾斯麦的所有言论中可以看出，他所理解的"稳定的多数派"，是 1887 年至 1890 年的"卡特尔帝国议会"中的多数派。他计划的，仍然是德意志保守党、自由保守党和民族自由党组成的联盟，而民族自由党将是其中的主导政党。很可能正是出于这个原因，他才接受了民族自由党的候选人提名，该党代表着受过教育的和有产的市民阶层中最保守的那部分。

832

自由思想者党的特奥多·巴特（Theodor Barth）于 1892
年 7 月 30 日在他的《民族》(*Die Nation*）周刊上，指责俾
斯麦做出了一些毫无目的的批评并且缺乏政治思想，这种言论
收获了皇帝在报刊旁注中的赞许。但这并不能完全说明巴特具
有敏锐的政治判断。俾斯麦在耶拿演说中明确主张巩固帝国议
会，这当然并不意味着他提出了议会化政体这种替代方案，但
它是一种严肃的尝试，旨在应对专制主义的欲望和皇帝受到的
不可控的影响，并对此提出补救措施。

在俾斯麦 1892 年的政治巡游结束后，皇帝与前首相之间
的紧张状态达到了极点，这在舆论上对君主越来越不利。1891
年至 1893 年，俾斯麦甚至没有收到过君主的生日祝福，没有
被邀请到柏林参加老毛奇的 90 岁生日庆典，也没有被邀请参加
1891 年 4 月老毛奇的葬礼；但是，与皇帝于 6 月在高级将领面
前发出的逮捕威胁相比，这一切就都算不上什么了。"君主的意
志是最高的法律"（Suprema lex regis voluntas）——皇帝让人
把这句话印在了慕尼黑的城市金书（Goldenes Buch）① 上。他
不避讳这种庸俗无聊的行为。

1893 年 8 月底，身处基辛根的俾斯麦生了重病，患上了
肺炎、带状疱疹、呼吸急促和神经痛。此时，皇帝对自己与俾
斯麦的冲突感到了疑虑。现在，对于在皇帝与俾斯麦没有事先
和解的情况下，后者的去世会在政治上产生的影响，皇帝的顾
问深感不安。他们认识到，无论如何，威廉都必须出席俾斯麦
的葬礼，这是必须的，但在现在这种关系下，这对威廉来说会
是极其痛苦的。朝廷和政府成员们也很担心俾斯麦仍在世时可
能会发生的事情，尤其是因为前往弗里德里希斯鲁"朝圣"的
访客们越来越多，他们不得不充满怀疑地观察着这一切。

---

① 城市金书记录了到访该市的重要访客信息。

19世纪90年代，全国各地的人到萨克森瓦尔德"朝圣"，向这位前首相致敬。

　　菲利普·欧伦堡是皇帝与俾斯麦和解的主要推动者，为的是修补皇帝那受损的声誉，帮助皇帝摆脱岌岌可危的境地。与之相反，冯·霍尔施泰因男爵则对俾斯麦可能会康复回归表现得惊慌失措，卡普里维也对此相当忧心。此外，还上演了闹剧——库诺·毛奇伯爵（Graf Cuno Moltke）被派往弗里德里希斯鲁拜访俾斯麦，他转交了一封皇帝的信和一瓶酒。这瓶酒被嘲讽地称为"流泪的卡普里维"（lacrimae Caprivi），俾斯麦自然地选择了和皇帝的坚定反对者——马克西米利安·哈登一起饮尽了这瓶酒。现在，皇帝再一次觉得自己掌握了主导权。但俾斯麦也配合着所有这些"喧嚣"和"大话"。他有着清醒、冷静的算计，对他来说，如果弗里德里希斯鲁不再被"重点关注"，如果他的追随者们也不再背负罪责，并且从今以后不会再被理所当然地视为"反对派"，那么这对他来说并

835

浮夸和虚假。1894 年 1 月 24 日，俾斯麦挽着海因里希亲王的胳膊，走在前去与皇帝和解的路上。当晚，他返回了弗里德里希斯鲁。

不是毫无意义的。

834　　在库诺·毛奇到访仅仅几天后，俾斯麦应邀于 1894 年 1 月 26 日访问柏林；这位前首相已经有大约四年没有见到君主了。有关"和解的炒作"甚嚣尘上，有三四十万民众前来为这位来自萨克森瓦尔德的来访者欢呼。"这样的热情，"埃克斯泰特伯爵夫人说，"我在柏林从来没有经历过，太不可思议了。"皇帝从这种让步中获得益处，但是，看得够深的人们都不会被这种假象欺骗。

　　皇帝对弗里德里希斯鲁的回访发生在 1894 年 2 月 19 日，他在访问中展示了恶意、乏味的处事方式，这是他对被解职的俾斯麦所一贯采取的态度。他要么讲述自己早已熟知的逸事，来刻意回避一切有关政治的谈话；要么仅仅把俾斯麦看作一个军事家，只和他谈论军队的细节问题，如步兵装备等。1895

年 3 月 26 日，在前首相 80 岁生日之际，君主在弗里德里希斯鲁向一个全副武装的军队代表团发表了演讲，并极具舞台效果地大声宣布："今天是军队的日子。"

俾斯麦是怎样做的呢？他按照自己一贯的原则，用玩笑应对玩笑，回答说："我和我毕生事业中最棒的成就，自始至终都是成为普鲁士军官。"就这样，他们二人明知自己在骗对方，却还是配合着彼此演了这出喜剧。

"人们高估了我的雄心壮志，却低估了我的自尊心。"俾斯麦曾经这样说。单是出于这个原因，他就根本不可能原谅威廉二世对他的侮辱；但更为致命的是，这些侮辱不仅是针对他个人的挑衅，而且掩饰着政治上的重大航向转变。

很快，辛辛苦苦贴上去的水泥又破碎了，露出了下面的深深裂缝。虽然对皇帝的短暂、虚伪的效忠可以继续下去，但这绝不是最重要的东西。1897 年，皇帝对这位已经病入膏肓的老人的无礼达到了顶峰，可谓十分不光彩。1897 年 2 月 26 日，威廉二世在勃兰登堡的省议会上发表的皇帝讲话中，以一种狂妄自大的方式向祖父致敬。威廉二世宣称，如果是在中世纪，威廉一世会被封为圣徒，"来自各国的朝圣者"都将来到"他的遗骸前进行祈祷"。在关于"威廉一世的崇高意志"的阐述中，威廉二世说，威廉一世的所有顾问都只是"爪牙和侏儒"。

这实在太过分了。这尊神化的偶像完全掩盖了那个相当浅薄的威廉一世。抗议从四面八方传来了，从南方，从萨克森，从柏林。即使是反俾斯麦的报纸，也无法支持这些过分的说法。老冯塔纳也很愤怒，他针对这篇演讲写道："我不是俾斯麦的支持者，我一直努力回避他，他不是一个高贵的人；但是霍亨索伦家族不应该回避他，因为老威廉周身闪耀的荣光——那是纯粹的荣光，毕竟丑恶之物都粘在了俾斯麦的手上——以及霍亨索伦家族的所有荣耀，都要归功于萨克森瓦尔德的那个

836

不被欢迎的客人。威廉二世在弗里德里希斯鲁对俾斯麦进行了回访，1894 年 2 月 19 日。

'天才大力士'。'他的体型之高大，远超正常人类。'而他的精神之高大，又让他的庞大身躯相形见绌。而他却被说成工具人、爪牙，甚至侏儒！一个人怎么能说出这样的假话来。霍亨索伦那尽人皆知的忘恩负义让我目瞪口呆。"

顺带一提，在 1897 年 4 月 1 日，俾斯麦同样没有收到贺电；但皇帝在 1897 年 12 月对弗里德里希斯鲁再次进行了颇具侮辱性的访问。难怪俾斯麦为了不看到那张虚伪的脸，每每将五马克的硬币翻过来，并且直到临终都把皇帝称为"傻小子"。

也许，被权力放大了的自负的最大恶果，就是它把周围的一切都拽进了一个充满欺骗和虚假的旋涡，里面有共同编织的谎言，有半真半假的话，或者至少有对真相的不同程度的隐瞒。在他曲折的外交生涯上，奥托·冯·俾斯麦当然不是一个真相的狂热追求者，但他曾在一次反思性的谈话中说过，他一直憎恨那些强迫他撒谎的人。

在俾斯麦被罢免后，他和威廉二世之间虚与委蛇的闹剧，在二人似乎正要和解甚至是已经开始庆祝和解的时刻迎来了高潮。尽管如此，俾斯麦有着君主主义的基本态度，他深深地坚信君主制的根基不容动摇，最终，这使得他的所有攻击都没有取得效果。

第二十一章
一个生命的熄灭——一个时代的结束

告　别

　　1887年7月2日，赫伯特写信给姐夫兰曹，担忧地说道："妈妈说她肯定很快就要死去了，我们想尽一切努力和先见之明来防止这件事的发生。我亲爱的、无可替代的母亲的死，除了会给大家带来凄凉的痛苦，还将彻底摧毁爸爸的生活，摧毁整个家庭。"

　　从年轻时起，约翰娜的身体就不好。奥托·冯·俾斯麦曾经遗憾地表示，她几乎从来没有过身体完全健康的感觉。最严重的是她的哮喘，这与越发加剧的呼吸急促结合在一起，给她带来的麻烦比她所承认的还要多。约翰娜还贫血，几乎总是在发抖，尽管她经常戴着保暖的围巾或灰色毛领。当然，在一年中比较寒冷的季节，外墙林立、走廊众多的乡间容克庄园很难处处都暖和，到处都充满了着凉的风险。虽然约翰娜一直在为家人有可能生病而担忧，但她自己却越来越固执地拒绝离开家庭的岗哨，拒绝遵守紧急的医嘱，即抽出几个星期来维持并恢复体力。奥托·冯·俾斯麦越来越担心她，正如作家西德尼·惠特曼于1891年10月中旬在瓦尔津所观察到的那样："但对他来说，最重要的是他妻子的健康状况。"而俾斯麦轻声、悲哀地对此补充道："如果主把她召回去，那我也不想留在这里了。"——"这里"显然是指瓦尔津那"连医生都没有的孤寂"。

　　她和丈夫一道进行了那场去参加赫伯特婚礼的凯旋式旅

行。他们两人都对儿媳妇玛格丽特充满好感，这让她感到更加高兴。奥托·冯·俾斯麦曾在给新娘的母亲爱丽丝·霍约斯伯爵夫人（Gräfin Alice Hoyos）的信中，就家庭生活的意义和幸福发表了看法：他和赫伯特迄今为止都经历过斗争不断的政治生活，都希望在家庭中寻求一种更加稳固而深层的和平，他们最终都找到了。"我相信，赫伯特执起您女儿的手，就将不会缺少这种令人欣慰的安全感，哪怕他重新陷入政治。"

但之后，不断延展的阴影让俾斯麦的生活变得暗淡了。838
1894 年 7 月 6 日，他作为一个"对生活有些厌倦"的哥哥，在惶恐的预感中给妹妹写了一封信，说："我绝不能因我的忧郁见长而增加约翰娜的愁闷，她的气力已经很弱了，而且是与心绪紧密相关的。"他恐惧地意识到："……她生命的烛火开始摇曳了。"

约翰娜比他小了近 10 岁，他一直认为自己会"先走"；现在，情况正相反。1894 年 4 月 11 日，他们庆祝了约翰娜的 70 岁生日，她当时很虚弱，也很痛苦，常常动弹不得。随后，1894 年 8 月，在这对夫妇前往瓦尔津时，发生了一件让奥托·冯·俾斯麦认为是"不祥之兆"的事情：门口的一棵老栗树倒了，挡住了去路。第二天，据说俾斯麦对工头韦斯特法尔（Westphal）说："我们这些昨天来的人，大概不能都活着离开瓦尔津了。"他彼时当然知道约翰娜的情况，约翰娜如今更是患上了水肿。

赫伯特于 1894 年 11 月 20 日给弟弟的信中说："施文宁格的信让我心情非常沉重。"他当时不可能有别的感受。他去到瓦尔津，站到约翰娜的床前，以免自己的突然出现吓到她；在她生命的最后时刻，他是陪伴着她的。

赫伯特说，当父亲早上进入母亲去世的房间时，他"突然爆发出了一场恸哭，根本无法平静下来。现在，他要勇敢地战斗了"。

12 月 6 日，赫伯特写道："相比其他家庭中的情况，在我们家，她对我们来说可能是更加不可缺少的——我们都早已习惯了她作为我们所关注的中心——从来没有比她更慈爱的母亲了。"这是世间最饱含爱意的一个儿子的告白。

一起度过了快 50 年的婚姻生活！对俾斯麦来说，这太难接受了。他说，如果他还在任，他就会去工作。然而，在约翰娜去世的 3 周后，他以最坦白的方式向妹妹诉说了自己的痛苦，他"仍没有忘记约翰娜的去世带给他的那种凄凉的感觉"。

亲戚们催促他离开那难以通达的瓦尔津，但他知道："如果我远行，在人们的陪伴下，我会比在这里更觉得孤独……让我难忘的是约翰娜，是我们之间的点点滴滴，是我每天对她的问候，是在我回首 48 年来的生活时，对她毫无虚假的感激。"

显然，这一切也影响到了他的健康。从 19 世纪 80 年代中期开始，他的面部肌肉撕裂尤其让他感到痛苦，这种痛苦越来越困扰他。这很可能是三叉神经痛，是他忍受的"女巫安息日"（Hexensabbath）般的众多折磨中的一种。而许多其他的事也折磨着他。1896 年 2 月，他说自己的情况"正在走下坡路"，1897 年夏天，他跟邀请他到基尔参加船舶命名仪式的提尔皮茨（Tirpitz）诉苦道，他不想"以一个不成人形的样子站在公众面前"。

体弱多病使俾斯麦越来越烦躁；克利桑德难以应付这个桀骜不驯的病人，只有施文宁格能使他暂时恢复理智。施文宁格一走，俾斯麦的周围就又陷入了混乱。兰曹在 1895 年 3 月 16 日就告诉赫伯特，第二天"房间将被封锁密闭"，这是很好理解的。奥托·冯·俾斯麦不希望自己气力尽失的状态暴露在别人的好奇甚至是算计之中。他活着时是那样与众不同，最终却是像大多数人一样死去的：气力衰减，病痛增加。

他生命的火焰并没有迅速熄灭，而是始终摇曳不定。当皇帝威廉二世在1897年12月15日最后一次前来看望他并一如既往地表现无礼时，俾斯麦的状态仍旧如此。前首相再一次非常不客气地跟他的君主说："陛下，如果您拥有这支军官团，您当然可以做任何事情；但如果您不再拥有这支军官团了，那情况就完全不同了。"

1897年9月，赫伯特高兴地向俾斯麦宣布，他拥有了第一个男性后代。俾斯麦总算迎来了这一天。这是赫伯特带给父亲的最后的快乐；而1898年7月30日就是他能给父亲提供的最后的服务了。尽管自己年幼的儿子病情很不乐观，但赫伯特一直陪伴在父亲的病榻旁，直到他的苦痛和他的生命一起走到终点。赫伯特在1898年7月31日记录道："昨天早上，父亲的呼吸更微弱了，10点半的时候，他跟我说话，向我伸出手，我握着他的手，直到他睡着……11点，一切都结束了，我失去了世界上最好、最信任的父亲，和这个世界上最伟大、最崇高的灵魂！"

这种崇高与极致的赞誉完全符合作为约翰娜之子的赫伯特的风格。但是，无论关于这种评价存在何种争议，我们在这里看到的，是一种人性的证明，是可靠的存在，也是俾斯麦在家庭中寻找并最终发现了的"令人欣慰的安全感"。

被挥霍的遗产

840

鲜明地宣告了新时代来临的，是古老的英国。英国在1875年获得了苏伊士运河的股份；1877年，首相迪斯雷利说服他的女王接受了"印度女皇"的称号；1878年，这位首相在柏林会议上交易得到了塞浦路斯岛。从祖国英国通往印度的第一根桥柱已经清晰可见了。相比之下，当时的德国虽然在工业上取得了很大的进步，但仍然是落后的。然而，德意志帝国的建立使多种力量得到了释放与发展，使德国能在19世纪80年代追上，甚至在某些情况下超越英法等欧洲老牌强国。在自然科学的各个分支领域，发明创造的精神和同样不落下风的发展活力被激发了出来，时代普遍的躁动似乎转化为了科学家创造的活跃。

在经济方面，生产和资本在全世界的集中程度都提高了，随之而来的是垄断组织的形成；银行和工业资本之间的合作在许多方面变得十分密切，很快出现了类似于金融寡头的现象；此外，商品出口扩大到了资本出口；但欧洲大国对殖民地的占据直接影响到了政治领域。

俾斯麦和他的继任者都无法摆脱经济规律的束缚。无可避免的经济扩张必将导致政治上的扩张吗？这个问题在未来将变得极为重要。

俾斯麦在担任首相期间就知道，帝国高度组织化的经济结构将会引发领土扩张主义，并带来各种政治危险；因此，他不断敦促人们谨慎小心。德国位于欧洲的中部，他从年轻时就意识到了这一点，当时他经常站在地图前沉思。当他的任务不再是将破碎的领土整合起来，而是把已经创建起来的国家继续维系在一起的时候，他更是没有忘记这一点。他经常明确地表示，工业和贸易的利益不能轻易等同于外交政策中的利益。虽然他有时将这两个领域划分得过于严格，但他的观点也有一定的道理，即政治家必须比企业家考虑更多的事情，因为后者已然受到更强的经济束缚。政治家有一定的行动自由，可以有各种选择，但他的选择会对整个国家影响深远。

841

俾斯麦的政策充分考虑了德国在领土方面的饱和程度。他最在乎的是欧洲主要大国之间以维持和平为目的的平衡政策。但这样的方针并不意味着放弃自我意识和权力意识。帝国不应

842

苏联传单，1941 年底。从俾斯麦到希特勒，并没有直接的关系，即使希特勒利用了有关英雄的神话，利用了人们对强势领袖人物的渴望。就连在苏联的宣传画中，俾斯麦也被描绘成指向希特勒以示警告。

该像一个"暴发户那样，依仗着钱包里的塔勒，对别人推搡冲撞"。相反，首相所关心的是，"不仅要取得欧洲小国的信任，还要取得大国的信任"。

俾斯麦所有有关克制的敦促都被忽视了，或者被视作了累赘，这是一个令人担忧的迹象。当然，俾斯麦在被解职后所做的那些自视为必要的干预中，也夹杂了个人对威廉二世的不满和对政府高级官员的谄媚逢迎的鄙夷。然而，我们应该相信俾斯麦坦露的心迹："使我感到痛苦的，不是某个人的不可信或背信弃义，而是全体人民的完全沉默——他们无法认识到，促使我去进行批评的，不是我个人的不满，不是复仇，更不是夺回权力的企图，而是我对以如此高昂的代价和沉重的牺牲建立起来的帝国之未来的担忧，这样深切的忧虑，使我许多个夜晚都无法入眠。"还有一次，他谈到了"夜里的胡思乱想"，谈到这样的念头让他难以入睡：他们"会拆掉我建立起来并精心维护的大厦"。

尽管逐渐成长起来的贵族和资产阶级精英们可能受到了俾斯麦的鼓舞，但他们还是被帝国主义所强调的东西带跑了，并对这位萨克森瓦尔德的老人充满了怀疑。关于这一点，年轻的凯斯勒伯爵（Graf Kessler）——他在 1891 年和其他同学一起到基辛根拜访了俾斯麦——的表述颇具代表性："听他讲话的时间越久，你就越不得不认识到，他所说的话是面对属于过去的一代人说的……他给我们这些德国年轻人提供的人生目标，是一种政治上的退休生活，我们只需捍卫、享受已经获得的东西；我们创造的冲动化为乌有……我们痛心地看到，这不是一个开始，而是一个结束，一个华丽的曲终和音——他是一个实现者，而不是一个预示者！"与在帝国主义时代看起来十分诱人的行动冲动相比，这位老人那清醒的平衡政策已经无法再起作用了。俾斯麦仍然受人尊敬，但不再能得到聆听；太多人已不再听他说了什么，对他充满了误解，这是因为他们想这样，或者因为他们轻率地认为他落伍了。

843　　在 19 世纪 90 年代初，在德国新的行动主义（Aktionismus）的氛围下，人们曾试图赢得英国的友谊，以取代德国与俄国那阴云笼罩的关系。但最终，这种行动主义通过加速战舰建设，与这个老牌帝国的根本权力利益展开了对抗。在这两种情况下，欧洲的平衡政策都遭到了破坏，这使俾斯麦对帝国的未来越发忧心忡忡。他从来都不是一个亲英派，这个岛国的议会制度早已决定了这一点。在那段没有什么结果的小插曲之后，俾斯麦在19世纪90年代多次对英国的殖民扩张主义发表了相当不友好的评论。但是，尽管俾斯麦在英国人和布尔人（Buren）的争端中站在了后者一边，他也不想像威廉皇帝那样肆无忌惮地挑衅英国雄狮——威廉给布尔人国家的总统欧姆·克鲁格（Ohm Krüger）发了一封对英国充满挑衅的电报。1897年，随着俾斯麦越来越虚弱，他已经无法对付升任帝国海军办公室国务秘书的蒂尔皮茨上将的战术操纵了。他同意有限度地扩充海军，但他"几近愤怒地"驳斥了这样的想法，即"可敬的舰队力量"将可以帮助德国与俄国和其他列强结盟。他对建造大型作战舰艇这个想法的不信任是明确无疑的，但他的体力已经不足以让他在公众中强调他的反对意见了。

奥古斯特·倍倍尔在1897年12月11日的帝国议会演讲中，将这位前首相提名为一位不同寻常的控方证人："我很少同意俾斯麦侯爵的意见，但有一点他无疑是对的。几个月前，他通过他在汉堡的报纸宣布，他认为，按照现在的计划建立一支舰队存在很大的问题，因为在未来的战争中，起到决定性作用的是陆军而不是舰队。"

俾斯麦去世后，蒂尔皮茨继续推行他那危险的政策，迫使英国在1903年至1907年加入反德阵营，与俄国和法国一起，签订了三国协约。德国完全可以在没有战列舰队的情况下，在世界市场取得成功，但德国并没有放弃在海上展示力量，也没有放弃它那"没有定义的全球主张"。不断壮大的德国海军，对于已经"在全球范围内超负荷"的英国舰队来说，是一种沉重的压力。因为德国海军的基地无一例外位于北海、面对着英国海岸线，所以它已然对英国构成威胁。

844　　　　对帝国主义时代的经济来说，争夺销售市场和境外投资是再正常不过的事情了。但是，在这个领域发生的事情与海军和陆军的军备政策之间，并没有必然的关联。俾斯麦在去世半年前对政府宣布的"世界政策"（Weltpolitik）发表了自己的意见。根据《莱比锡新闻报》（*Leipziger Neueste Nachrichten*）刊登的他的说法，德国只有在不引起与其他大国的冲突的情况下，才应该参与海外投资。"到世界各个角落去"的要求与德国的实际利益相矛盾；关键的事情不是"迎合民族的虚荣心，或政府的权力欲"。俾斯麦不想了解所谓的"建立在威望上的经营"。

　　英国倒向俄国——这让大多数人惊讶——以及三国协约的形成，最终在一个新的维度上展现了德国那岌岌可危的局面。俾斯麦主要担心的是法国与俄国结盟，以及与此相关的爆发两线战争的可能性。但从1903年起，随着英国的加入，他所担忧的东西夹击已经有了合围的危险。终止与俄国的《再保险条约》从而放弃遏制奥地利的巴尔干扩张——这种做法长期以来遭到俾斯麦充满担忧的批评；现在，这种做法的灾难性已经完全显露。俄国逐渐做好了与英国达成反德共识的准备，而英国正是一个可以对战争起决定性作用的世界强国。

　　每一个关心时事的人都可以看到，德国已经火烧眉毛。此时，在德国国家和社会的领导阶层，在商人群体和中产阶级，在自由学者和担任公职的学者，在官员、教师以及学生中，对俾斯麦的崇拜热情极为高涨。在19世纪90年代，他们曾成群结队地造访弗里德里希斯鲁，甚至还到巴德基辛根拜访过这位前首相。在新世纪，他们通过下述方式表达了自己英雄崇拜的需求：建造火柱为夜间照明，在高处和山上竖起了巨大的俾斯麦塔，还为他设计了纪念碑，在这些纪念碑中，俾斯麦几乎都被塑造为军人形象，或者是像在汉堡那样，被塑造成非写实风格的高大英雄。俾斯麦被误解得再彻底不过了。

但这一时期也出现了针对俾斯麦及其遗产的批评声音。例如，历史学家汉斯·德尔布吕克说，俾斯麦侯爵被解职，主要是因为他打算发动政变。在这种舆论攻击中，值得注意的不仅是针对俾斯麦的无端指责，还有对于皇帝的正面评价。德尔布吕克这些人唱响了赞歌，他们为了取悦威廉二世，认为俾斯麦侯爵的思想到1890年就已经行不通了。而这种说法，正是俾斯麦在帝国首相府的前同事、此时的波恩大学学监冯·罗滕堡所极力反对的。冯·罗滕堡在1889~1890年冬拜访过俾斯麦，听到了俾斯麦关于把高级公职人员都培养成"受过教育的欧洲人"的想法。至于外交部门，俾斯麦认为，"进入外交部门的人应该对商业、工业或农业有一定的实践和研究"。

对于在议会化进程中取得实质性进展，资产阶级政党的热情十分薄弱，这与对俾斯麦强硬手腕的畏惧已经没有关系了——即使在俾斯麦离职之后，它们仍然热情不足——而是出于对底层力量的恐惧。这些力量通过社会民主党发声，呼吁裁军、去军事化和建立议会制；换句话说，这些力量希望看到民主化变革。然而，在俾斯麦看来，社会民主党只是一群"没有祖国的游民"组成的，是威胁他终身事业的人，是"帝国的敌人"。因此，他们之间有着很深的鸿沟，彼此的不信任完全无法消弭。

俾斯麦越来越陷入孤立；有时他会痛苦地意识到，自己的政治遗产到头来无人继承。他曾经安慰自己说："我从来不在乎头衔或勋章，就像我不在乎那些已经为我树立起来的和将要为我树立起来的纪念碑一样，我不想成为一个摆设，也不想被石化，更不想看到自己在有生之年成为一具木乃伊。于我而言，我那简单的名字已经足够了，我也希望这个名字在未来也会是足够的，未来或许将不再看重高高在上的头衔，而是看重成功的事迹。"这

846

845

奥托·冯·俾斯麦，由弗朗茨·伦巴赫创作，1884年。"画家之侯"通过众多肖像画向他的同僚和后人传达了宰相丰富多变的形象，这幅作品就是其中的一幅。

不是一种虚荣，而是他认识到了自己的历史功绩。

1864~1871年，俾斯麦自上而下的革命不仅执行了1848~1849年德意志革命关于民族国家的遗嘱，而且顺应了那个时代的总体历史潮流。当时，工业革命在政治上的成果得到了实现。因此，至少可以在相对意义上说，那些在19世纪只是部分地完成了民族国家统一或根本没有成功统一的地方，在经济上也都是落后的。

1871 年后，俾斯麦在新建立的帝国领土饱和的基础上，推行欧洲平衡政策。对他来说，殖民扩张主义是必须服从于欧洲大陆的安全需要的，但在相关利益者和某些意识形态越发施加的压力下，他一再向殖民扩张主义让步。然而，他对"世界政策"提出了警告，认为这种政策可能会唤起强大的反德联盟，而事实也的确如此。

俾斯麦的历史影响中的消极一面，是他对所有民主力量的敌视，特别是对工人运动；还有他顽固的忠君主义，这最终使他丧失了应对威廉二世的能力。威廉二世成了一个象征人物，代表着一种挑衅其他传统势力的政策，这种政策不仅得到了企业家、官僚和军队的支持，甚至还得到了资产阶级政党的支持。俾斯麦最重要的政治遗产，即在欧洲各大势力的交锋中克制行事，就这样被挥霍了。这样一位伟大人物的悲剧，成了德意志民族的悲剧。

编者后记

　　"恩格尔伯格以必要的客观性和同情心深入探索了俾斯麦这个人物，这种同情有时甚至是过于慷慨的。至少在我看来，从来没有人像恩格尔伯格一样，在叙述中把俾斯麦容克精神的根源、把那让他产生强大动力的土壤，展现得如此生动；俾斯麦的活动构成的那个网络，从未如此清晰明了。作者一定至少得是个马克思主义者，才能把这幅描绘了人际关系和社会联系的地毯制作得如此精美。"这就是鲁道夫·奥格施坦（Rudolf Augstein）在《明镜》（*Spiegel*）上所写的内容，代表着恩斯特·恩格尔伯格的俾斯麦传记第一卷所引发的反应，这本书在 1985 年秋天成了轰动一时的非虚构作品。《明镜》创始人在该书的首发式上，充满善意地祝愿当时已经 76 岁的恩斯特·恩格尔伯格能再有 20 年的时间来完成他关于俾斯麦的著作。而事实上，恩格尔伯格还能再有 25 年的生命，最终于 2010 年 12 月 18 日去世，享年 102 岁。但直到今天，这部对奥托·冯·俾斯麦这个有着世界历史意义的人物的最长、最全面的分析，才终于在压缩过后迎来终结。读者们终于可以完整地阅读和评价这部内容丰富的作品了。

　　让我们从头说起。恩斯特·恩格尔伯格来自一个坚定的反对俾斯麦的圈子。他的父亲威廉·恩格尔伯格（Wilhelm Engelberg，1862~1947 年）在黑森林地区的金奇希河谷（Kinzigtal）创立了社会民主党的选举协会。这件事发生在

1890 年，即在"反对危害公共安全的社会党人活动的法律"被推翻后。协会是在哈斯拉赫（Haslach）的埃普勒－弗朗茨（Zum Aiple Franz）旅馆里成立的，这个地方今天仍然存在。这家典型的中产阶级旅馆在当时被称为"革命小酒馆"（Revolutionsbeize）。1918 年十一月革命期间，当地的政治家、印刷商、宣传家威廉·恩格尔伯格，从自家醒目的凸窗挂出了迎风飘荡的红旗，引起了不小的轰动。

1909 年出生的恩斯特在父亲的陪同下，结识了一些著名 848 的社会民主党人以及坚定的俾斯麦反对者。其中就有阿道夫·盖克（Adolf Geck，1854~1942 年）。阿道夫·盖克是在巴登的民主传统中成长起来的。这位"朝气蓬勃的学生当过幽默小报的编辑，发表了一些趣闻逸事"；他度过了动荡的青年时代，在《反社会党人法》施行时期，在奥芬堡（Offenburg）维持了《社会民主党人报》流通系统中的一个重要据点；"在很长一段时间里，他都是巴登社会民主党无可争议的领袖"。阿道夫·盖克向这位好奇的高中生展示了奥古斯特·倍倍尔、威廉·李卜克内西和克拉拉·蔡特金的来信，恩斯特怀着"崇敬"的心情阅读了这些信。其中还有一封来自罗莎·卢森堡（Rosa Luxemburg）的感人的慰问信，信中还有卡尔·李卜克内西（Karl Liebknecht）的附言。1918 年 11 月 18 日，罗莎·卢森堡满怀不祥的预感，在给正因丧子而悲痛欲绝的父母的信中写道："我们都处在盲目的命运的支配下，我唯有用一个严肃的念头来安慰自己，即也许我很快就会升往天堂——也许是被四面八方潜伏着的反革命的子弹射死。"

在家里，成长中的恩斯特还认识了约瑟夫·贝利（Joseph Belli，1849~1927 年），此人是尤里乌斯·莫特勒最重要的同事，他在《反社会党人法》时期组织了社会民主党的报刊和文学作品的地下发行。恩斯特"经常去根恩巴赫（Gengenbach）

的博格豪伊斯勒（Berghäusle）看望约瑟夫·贝利，贝利和他精力充沛的妻子住在女儿那里，他们的女儿是库尔特·艾斯纳（Kurt Eisner）的遗孀。"在他死前一年，"恩斯特·恩格尔伯格回忆道，"他曾当着我的面，对阿道夫·盖克说：'我不是共产党员，但我不参加反对共产党员的煽动，他们与我们血肉相连'。"这些话"深深地打动了这个青年"。1928 年，早已受到政治熏陶的恩斯特·恩格尔伯格在他激进的青年时期参加了共产主义运动。

但他怎么会和奥托·冯·俾斯麦联系在一起呢？在柏林的弗里德里希－威廉大学（Friedrich-Wilhelms-Universität），恩斯特·恩格尔伯格在知名的弗里德里希·恩格斯的传记作家古斯塔夫·迈尔（Gustav Mayer）的研讨会上，做了题为《德国的社会民主主义和俾斯麦的社会政策》的报告。在准备过程中，奥托·冯·俾斯麦工作中的矛盾冲突和复杂性在他面前展露无遗。这引起了他的兴趣。这篇研讨会报告发展成了一篇博士论文。但古斯塔夫·迈尔在 1933 年 3 月已经无法接收这篇博士论文了——作为犹太人，他在纳粹"攫取政权"后立即遭到了开除。因此，这篇论文转入了赫尔曼·昂肯（Hermann Oncken）之手。

当昂肯在两年后被强制退休的时候，恩斯特·恩格尔伯格已经在监狱里了。1934 年 2 月，在得知自己通过了博士毕业考试的 4 天后，恩斯特·恩格尔伯格被盖世太保逮捕。恩斯特的处境岌岌可危。侦讯过程就像惊悚片一样刺激："在审讯中，我被问到一个叫阿尔弗雷德的人，这让我很是激动，因为这是我在红色学生联盟（Roter Studentenbund）中作为共产主义学生派系全国领导人使用的代号。他们在找他，却不知道已经抓到他了。我被判处了一年半的有期徒刑，被送进了监狱，多么幸运啊！如果纳粹发现我就是他们要找的阿尔弗雷德，我就会被送到集中营去。"

获释后，恩斯特·恩格尔伯格立即移民了，他先是去了瑞士，后来又去了土耳其。在他位于伊斯坦布尔的可眺望马尔马拉海和王子群岛的移民住所里，他重新开始研究起奥托·冯·俾斯麦。

战争结束后，大量的书籍和小册子纷纷出版，作者们将从路德到弗里德里希大王再到俾斯麦的诸多重要德意志人视为希特勒的"先驱"。恩斯特·恩格尔伯格很快就意识到："对德意志的整个历史进程，特别是对 19 世纪的历史进程做出的那种看似深刻的批判，客观上为那些对希特勒罪恶政权和德国人民的灾难负有直接罪责的人，起到了开脱的作用；就这样，无论是魏玛共和国时期那些争取并实现了国家对内对外强势右转的大人物，还是彼时再次放弃了斗争的自由主义者，都突然被置于历史批判的下风区。"但他也不喜欢另一个极端，即否认普鲁士 – 德国的军国主义与纳粹主义之间的一切联系。

在所有新出版的作品中，有一本书尤其让恩格尔伯格愤怒。这本书就是经济学家、社会学家威廉·罗普克（Wilhelm Röpke）在 1945 年出版的著作《德国问题》（*Die deutsche Frage*），这本书实现了多次再版，并且被翻译成了法文和英文。"他指责 1870 年帝国的建立首先是一场革命，'是对法律和有机发展的猛烈的、突然的破坏'。从这一立场出发，他不仅自然而然地反对自上而下的革命，而且对于自下而上的革命，特别是对于由无产阶级领导的革命，也充满了反感。在他看来，这个阶级对人口激增负有'重大'责任。罗普克想出了这样一句话：'这个德国已经被成百上千万人淹没了，这些人来势汹涌，人数众多，无法在文化上被同化。德国已经成了一个蛮族入侵的受害者，而这些野蛮人就是从这个国家的怀抱中诞生的。'作为极端自由派的罗普克还把这句令人难以置信的话用斜体字印了出来。他接着说道，另外几百万人被'有组织的社会主义争取到了，酝酿成了群众运动，运动的领袖们对这个乱局只有一样不满，也就是不满坐上第一把交椅的另有其人'，在这之后，'野蛮人的革命'的威胁就更大了。在这里，除了经常提到的嫉妒情结在著作中得到了体现，我认为下面这点也是非常关键的：罗普克指责俾斯麦帝国所具有的负面因素，恰恰是我在博士论文中所辩护的，也就是德国社会民主党组织的工人运动。我当然知道，尽管马克思和恩格斯批评德意志民族国家建立的过程中存在不民主以及普鲁士之风和君主制特征，但他们仍将其视为一种历史进步，特别是对工人运动的发展而言。但现在，罗普克的书对工人运动不仅加以批评，还进行诽谤，这迫使我更加仔细地研究罗普克所谴责的'普鲁士情结'和'病态的统一意识'。"

850　　　但是，要怎样做，才能有效地反对罗普克这样一位著名经济学家的立场呢？恩格尔伯格此时是莱比锡大学的教授，与他一起在这里任教的还有文学家汉斯·迈尔（Hans Mayer）和哲学家恩斯特·布洛赫（Ernst Bloch）。恩格尔伯格在20世纪50年代致力于编写关于1849年至1897年的德国历史的教科书。直到1965年，关于撰写一部俾斯麦传记的想法才变得成熟。他的一位同事认为，他对这段历史已经了然于胸了，半年就能把书写完。但他写了20年，在这期间，他和妻子瓦尔特劳特（Waltraut）走访了各地的档案馆与事件发生的原址，从维也纳到莫斯科，从弗里德里希斯鲁到什切青，再到巴黎。1985年，《俾斯麦：地道普鲁士人和帝国缔造者》（*Bismarck - Urpreuße und Reichsgründer*）一书在民主德国和联邦德国同时出版了。

　　从某种意义上说，这个行动几乎是阴谋性质的，因为恩斯特·恩格尔伯格——和当时多数民主德国学者的想法一样——不愿让联邦德国一个亲近德国共产党的、由民主德国提供部分资金的小出版社出版他的巨著。被认为是保守派的沃尔夫·约伯斯特·西德勒（Wolf Jobst Siedler）之所以会成为他的出版商，是因为这两个在意识形态上存在分歧的人彼此理解，可以合作。这段合作甚至发展成了一段不同寻常的跨越东西德的友谊。

对这部作品表达了敬意的不仅有鲁道夫·奥格施坦；它一共得到了一百多篇评论，甚至还被翻译成了中文。君特·高斯（Günter Gaus）邀请恩斯特·恩格尔伯格参加他的电视节目，后者成了这个节目上的第一位东德社会科学学者。在1985年9月22日于德国电视一台（ARD）播出的节目中，君特·高斯问恩格尔伯格："1949年春天你去莱比锡的时候……你有没有考虑到东西德分裂会持续下去？"恩格尔伯格回答道："你永远也说不清楚，是不是会持续。如果持续意味着永久分裂的话，那我今天仍然不相信。"

在随后的几年里，恩格尔伯格继续进行俾斯麦传记的创作。1990年10月3日，他长期执教并工作的国家——民主德国——走向了终结。那时，他凭借传记的第二卷《俾斯麦：欧洲中部的帝国》（*Bismarck – Das Reich in der Mitte Europas*）于法兰克福书展上收获了自己在出版和学术领域的最大成功。

两卷书加在一起总共有1600多页。沃尔夫·约伯斯特·西德勒与作者商定了一个删节版，这在史学研究史上并不罕见。例如，埃里希·埃克（Erich Eyck）将他的三卷本俾斯麦传记提炼成一本书，这本书受到了广泛的关注，并且已经流行了几十年；D.C.索默维尔（D. C. Sommervell）将阿诺德·J.汤因比（Arnold J. Toynbees）的《世界历史进程》（*Der Gang der Weltgeschichte*）进行了压缩；再举一个最近的例子，伊恩·克肖（Ian Kershaw）将他的两卷本希特勒传记缩减为一卷本。然而，这些作者都不是在 82 岁才开展压缩工作的，也不必去适应一个彻底改变了的世界。体力持续下降的恩斯特·恩格尔伯格把自己的时间花在了各种事情上。他写过文章，做过讲座，写过章节，但再也没有写过书。他最后一次亮相是在 1998 年，他与鲁道夫·奥格施坦一起出现在了汉堡市政厅的皇帝大厅（Kaisersaal）。这次露面的事由，是纪念奥托·冯·俾斯麦逝世一百周年。

2009 年，在我父亲的百岁生日之际，我将他尚未发表的和零散发表过的文章整理成了一本文集，《德国人：我们从哪里来》（*Die Deutschen – Woher wir kommen*），并进行了出版。借此机会，我津津有味地阅读了有关俾斯麦家族史的手稿。作为合著者，我在 2010 年完成了这个项目；在恩斯特·恩格尔伯格去世前不久，这部编年史以《俾斯麦家族：一个从中世纪传承至今的普鲁士家族的传奇》（*Die Bismarcks – Eine preußische Familiensaga vom Mittelalter bis heute*）为题出版了。恩斯特·恩格尔伯格在他 80 岁生日时宣布将对自己的理论思考进行系统化和扩展，研究成果在 2013 年完成编辑，并以《使我们运动的东西是如何运动的？世界历史上的进化与革命》（*Wie bewegt sich, was uns bewegt? Evolution und Revolution in der Weltgeschichte*）为题出版。彼得·勃兰特（Peter Brandt）在导言中说："对我来说，俾斯麦传记的两卷书到今天仍是史学杰作，尤其是因为它在个人经历与总体历史之间、在个别事件与整体结构之间建立了联系。已经有好几本优秀的俾斯麦传记出版了，但恩格尔伯格的巨著是最为杰出的。"

852　　然而，在很长一段时间里，这部巨著都是绝版的；恩斯特·恩格尔伯格想把他几十年来对奥托·冯·俾斯麦的研究压缩成一卷本，但没有成功。在积累了有关他的著作的经验并且得到了出版社的鼓励后，我大胆地参与了这个项目。我并没有将书中的某些线索全部删除以确保其他部分的出版，而是一层一层地对内容进行了小心翼翼的缩减。对我来说，保留作品的整体结构很重要，这就是为什么个别段落必须重写。不过，单卷本仍然保留了恩斯特·恩格尔伯格所有格言般的表述。我缩减了一些现在已经广为人知的历史知识，从而加快了叙事的速度，而在这个过程中，我注意没有破坏行文的学术基础。我调整了大量的拼写，以适应现在的语言使用习惯，但在有必要保留一些特有的东西时，我又用回了一些老的词语。我希望通过这种方式完成一本有独特品质的书，而不仅仅是一个轻薄的版本。

我要感谢卡尔-海因茨·诺阿克博士（Dr. Karl-Heinz Noack），他自 1965 年以来，一直与恩斯特·恩格尔伯格一起工作。我的母亲瓦尔特劳特·恩格尔伯格（Waltraut Engelberg）自 1959 年以来，一直在研究我父亲的所有手稿，父亲将两卷俾斯麦传记献给了她，她审读了这本书的草稿，并授权了出版发行。

阿希姆·恩格尔伯格（Achim Engelberg）

2014 年 8 月，柏林

人名索引

（此部分页码为德文原书页码，即本书页边码）

本索引未能将正文中出现的人名尽数收录；此处主要编排有重要历史意义或在俾斯麦的人生中扮演重要角色的人物。插图中出现的人物姓名以斜体标出。

Abdülhamid II., Sultan (1842 – 1918) 596, 723, 729

Abeken, Heinrich (1809 – 1872) 432f., 554

Achenbach, Heinrich v. (1829 – 1899) 505, 611f., 615, 618, 715

Aegidi, Ludwig (1825 – 1901) 473, 570f.

Albedyll, Emil Heinrich Ludwig v. (1824 – 1897) 776

Albrecht, Erzherzog v. Österreich (1817 – 1863) 131, 133, 364, 853

Albrecht, Prinz v. Preußen (1809–1872) 117

Albrecht, Erzherzog v. Österreich-Teschen (1817 – 1895) 437

Albert, König v. Sachsen (1828 – 1902) 790, 795

Albert, Prinz v. Sachsen-Coburg-Gotha (1819 – 1861) 763

Alexander, Prinz v. Hessen (1823 – 1888) 275, 725

Alexander I., Zar (1777 – 1825) 10, 275

Alexander II., Zar (1818 – 1881) 239, 247, 263f., 271f., 275, 287, 319, 366, 512ff., 517f., 562, 564, 570, 576f., 585, 587, 589ff., 593, 598, 603, 629 – 634, 631, 659f., 663, 725f., 759

Alexander III., Zar (1845 – 1894) 725 – 732, 740f., 749 – 755, 789, 796

Alexandra Fjodorowna, geb. Charlotte v. Preußen, Zarin (1798 – 1860) 263, 759

Altenstein, Karl Frhr. v. Stein zu (1770 – 1840) 80

Alvensleben, Gustav v. (1803 – 1881) 251, 253, 271, 281, 319f., 381

Alvensleben-Erxleben, Albrecht Graf v. (1794 – 1858) 48, 98, 121,

Ancillon, Johann Peter Friedrich v. (1767 – 1837) 37, 45, 48, 50

Andrae-Roman, Alexander (1821 – 1903) 259, 334

Andrássy, Gyula (Julius) (1823 – 1890) 512, 514, 562, 565, 567f., 570f., 576f., 586, 589, 591f., 600, 602f., 622, 625, 626f., 629, 631f., 661

Angeli, Heinrich v. (1840 – 1925) 349

Antonelli, Giacomo (1806 – 1876) 359

Appert, Félix Antoine (1817 – 1891) 729

Arnim, Harry Graf v. (1824 – 1881) 411, 514 – 517, 520, 523f., 559f., 734

Arnim-Boitzenburg, Adolf Heinrich Graf v. (1803 – 1868) 43f., 48, 50, 54, 134, 138

Arnim-Kröchlendorff, Malwine v., geb. v. Bismarck (1827 – 1908) 73, 92f., 108, 113, 123, 181, 205, 266, 272f., 304, 673, 816f., 817, 838

Arnim-Kröchlendorff, Oskar v. (1813 – 1903) 143

Auer, Ignaz (1846 – 1907) 694, 713

Auersperg, Adolf (1821 – 1885) 512

Auerswald, Rudolf v. (1795 – 1866) 149, 157, 161, 163ff., 251, 312

Augusta, deutsche Kaiserin und Königin v. Preußen (1811 – 1890) 133, 137f., 139, 201, 251, 302, 309, 311, 325, 347, 349, 383, 385, 514f., 528f., 614, 616, 634, 759, 759 – 764, 790, 827

Baare, Louis (1821 – 1897) 606, 689ff.

Bach, Alexander Frhr. v. (1813 – 1893) 219

Bachem, Karl (1858 – 1945) 650

Bahr, Hermann (1863 – 1934) 770

Balabin, Viktor Petrowitsch 274

Balan, Hermann Ludwig v. (1812 – 1874) 436

Ballhausen, Lucius v. (Lucius, Robert v.) (1835 – 1914) 552, 645, 704

Bamberger, Ludwig (1823–1899) 456, 463, 500, 503, 612, 645, 648f., 679, 686, 691, 698, 722, 773f.

Bariatinsky, Alexander I. (1815–1879) 271

Barth, Theodor Wilhelm (1849–1909) 832

Barthélémy, Hippolyte 730

Bassermann, Friedrich Daniel (1811–1855) 190

Battenberg, Julie v. (1825–1895) 725

Battenberg, Ludwig Alexander v. (1857–1893) 725–729, 731, 736, 751, 765

Bauer, Bruno (1809–1882) 58, 70, 74, 95, 112

Bauer, Edgar (1820–1886) 58, 70

Baumgarten, Hermann (1825–1893) 388, 461

Bazaine, François Achille (1811–1888) 438f.

Bebel, August (1840–1913) 128, 176, 249, 345f., 389, 391, 401, 414ff., 437, 470, 472, 484, 496, 545, 550, 555, 578f., 582ff., 652, 653, 691–695, 711, 713, 737, 743, 753, 770, 772f., 775ff., 787, 826, 843

Bebel, Julie (1843–1910) 753

Beck-Rzikowsky, Friedrich v. (1830–1920) 786

Becker, Johann Philipp (1809–1886) 702

Beckerath, Hermann v. (1801–1870) 130, 333

Beethoven, Ludwig van (1770–1827) 88, 259, 304, 813, 829

Belcredi, Richard Graf (1823–1902) 340, 342, 364

Below, Albert v. 144

Below, Gustav v. (1791–1852) 78

Below-Hohendorf, Alexander v. (1801–1882) 155, 157, 273, 293

Benedek, Ludwig August Ritter v. (1804–1881) 356, 364

Benedetti, Vincent Graf v. (1817–1900) 393, 395, 424, 427, 430, 432–435

Bennigsen, Rudolf v. (1824–1902) 277, 282, 348ff., 373, 388, 406, 407, 456, 495, 534, 556, 617f., 636, 649, 680, 738f., 745

Berendt, Moritz (1805–1882) 205

Berger, Ludwig (1777–1839) 813

Bernhardi, Theodor v. (1802–1887) 334, 348f., 425

Bernstein, Eduard (1850–1932) 703

Bernstorff, Albrecht Graf v. (1809–1873) 290, 298, 303, 305, 346, 408, 435, 524

Beseler, Georg v. (1809–1888) 334

Bethmann Hollweg, Moritz August v. (1795–1877) 79, 174, 222, 228, 251, 257

Bethusy-Huc, Eduard Georg Graf v. (1829–1893) 530

Beust, Friedrich Ferdinand Frhr. v. (1809–1886) 339, 408, 509–512, 574, 661

Biedermann, Karl Friedrich (1812–1901) 535

Biegeleben, Ludwig (1812–1872) 339f.

Bindewald, J. 138, 351

Bios, Wilhelm (1849–1927) 703

Bismarck, Bernhard v. (1810–1893) 15, 18f., 22, 25, 35, 42, 45, 44–52, 56, 59f., *61*, 63f., 66, 82, 93, 110f., 113f., 123f., 130, 146f., 154f., 164, 166–169, 172, 176f., 189, 206, 211, 381, 417, 474, 480, 817

Bismarck, Friedrich v. (1766–1830) 12, 18, 23ff., 28, 31f.

Bismarck, Hedwig v. (1815–1913) 21

Bismarck, Herbert v. (1849–1904) 202, *258*, 327, 448, 452, 473f., 478, 481ff., 602, 614, 623, 628, 654f., 666–672, *667*, *673*, 674, 681f., 684f., 731f., 753, 781, 785f., 789, 795, 799f., 801ff., 808, *811*, 813, 815, 818f., 829ff., 837ff.

Bismarck, Johanna v., geb. v. Puttkamer (1824–1894) 20f., 38, 55f., 84–90, 92, 108–121, 123f., *125*, 143, 170, 179, 181, 189, 199, 201–208, 210f., 243, 253, 259, 263, 267, 269, 271ff., 284, 304f., 371, 382f., 383, 453, 459f., 468, 473–476, 478–482, 666f., 669, 673f., 768, 789, 801, 808, *811*, 813–816, *817*, 818f., 831, 837ff.

Bismarck, Karl Wilhelm Ferdinand v. (1771–1845) 9, 11, 13, 20ff., *23*, 25, 47f., 56f., 59f., 62ff., 66, 71, 73f., 81, 93, 95

Bismarck, Malwine v., s. Arnim-Kröchlendorff

Bismarck, Marguerite v., geb. Gräfin v. Hoyos (1871–1945) 205, *811*, 829, 837f.

Bismarck, Marie v., s. Marie zu Rantzau

Bismarck, Sibylle v., geb. v. Arnim-Kröchlendorff (1864–1945) 673, *811*

Bismarck, Wilhelm v. (1852–1901) 258, 473, 487f., 481ff., 651, 656, 672–675, *673*, 763, 768, 799, *811*, 829, 838

Bismarck, Wilhelmine Louise v., geb. Mencken (1789–1839) 9, 11, 15, 18, 20ff., 23, 25, 37f., 42, 56, 59f., 492, 817

Bismarck-Bohlen, Friedrich Graf v.
(1818 – 1894) 98, 250
Bismarck-Bohlen, Theodor Graf v.
(1790 – 1873) 98, 382
Bitter, Karl Hermann (1813 – 1885) 645
Blanckenburg, Hedwig v. 203f.
Blanckenburg, Marie v., s. Thadden
Blanckenburg, Moritz v. (1815 – 1888) 82 – 87,
89, 91f., 109 – 113, 161, 203, 334, 381, 456,
492
Bleichröder, Gerson v. (1822 – 1893) 417f.,
502f., 547, 549, 552, 604f., 607, 678, 785, 795
Blome, Gustav Graf (1829 – 1906) 339, 341
Bloomfield, John Arthur Lord (1802 – 1879)
253
Blowitz, Henri Stephan de (eigentlich Opper,
Heinrich Georg Stephen Adolf)
(1832 – 1903) 575
Blum, Robert (1807 – 1848) 153, 165
Bluntschli, Johann Caspar (1808 – 1881) 368
Bockum-Dolffs, Florens (1802 – 1899) 354
Bodelschwingh, Karl v. (1800 – 1873) 137, 175
Bonin, Eduard v. (1793 – 1865) 251, 296
Bonin, Wilhelm v. (1786 – 1852) 48, 140
Bonnell (Bonell), Eduard (1802 – 1877) 25
Börne, Ludwig (1786 – 1837) 36, 41
Borsig, Albert (1829 – 1878) 707
Borsig, August (1804 – 1854) 58, 497
Bötticher, Karl Heinrich v. (1833 – 1907)
785, 789, *790*, 812, 827
Boulanger, Georges Ernest Jean Marie
(1837 – 1891) 730, 747, 784
Bourbaki, Charles (1816 – 1897) 447
Bracke, Wilhelm (1842 – 1880) 636
Brandenburg, Friedrich Wilhelm Graf v.
(1792 – 1850) 166ff., 170ff., 195f., 198, 222
Brauchitsch, Wilhelm v. (1820 – 1884) 107
Brauer, Arthur v. (1845 – 1926) 674f., 799,
815f.
Bray-Steinburg, Otto Graf v. (1807 – 1899)
420
Broglie, Albert de (1821 – 1901) 559
Bronsart v. Schellendorff, Paul (1832 – 1891)
445ff., 474
Bruck, Karl Ludwig Frhr. v. (1798 – 1860)
238
Brühl, Maria Hedwig Gräfin v.
(1805 – 1890) *349*
Bücher, Josef (1838 – 1909) 410f.

Bucher, Lothar (1817 – 1892) 176, 187, 210,
382, 385ff., *386*, 390, 426, 428f., 433, 536,
540, 556, 571, 666, 827f.
Büchner, Ludwig (1824 – 1899) 330
Budberg, Andreas Frhr. v. (1820 – 1881) 199,
263, 287
Bueck, Henry Axel (1830 – 1916) 689
Bülow, Bernhard v. (1849 – 1929) 572, 588,
599, 602, 622, 731ff.
Bülow, Bernhard Ernst v. (1815 – 1879) 538,
572
Bülow, Hans Guido v. (1830 – 1894) 829
Bülow-Cummerow, Ernst Gottfried v.
(1775 – 1851) 66 – 69, 94, 96, 106ff., 158,
160, 165, 172
Bunsen, Carl Josias v. (1791 – 1860) 72
Buol-Schauenstein, Karl Ferdinand Graf v.
(1797 – 1865) 219
Busch, Moritz (1821 – 1899) 35, 441, 494, 616,
762f., 827
Byron, Lord George Noel Gordon
(1788 – 1824) 38, 74, 124, 813
Camphausen, Ludolf v. (1803 – 1890) 130,
134, 138, 146, 149, 154
Camphausen, Otto v. (1812 – 1896) 499,
604f., 611f., 615, 618
Canitz, Karl Friedrich Ernst v. (1812 – 1894)
143
Caprivi, Leo v. (1831 – 1899) 798, 804ff.,
821ff., 825f., 828ff., 833
Caratheodory Pascha, Alexander
(1833 – 1906) 622
Carl, Prinz v. Preußen (1801 – 1883) 137f.,
736, 759
Carlos, Don, Herzog v. Madrid (1848 – 1893)
562f.
Carolath-Beuthen, Elisabeth v.
(1839 – 1914) 666 – 671, *667*, 673f.
Cavaignac, Louis-Eugène (1802 – 1875) 150
Cavour, Camille Graf Benso di
(1810 – 1861) 264, 288f., 334, 523, 598
Chanzy, Antoine Eugène Alfred
(1823 – 1883) 629
Chotek v. Chotkow, Boguslaw Graf
(1829 – 1896) 381
Chrysander, Rudolf (1865 – 1950) 810, *811*,
839
Clarendon, George Earl of (1800 – 1870) 422
Clausewitz, Carl v. (1780 – 1831) 444, 757

Cluseret, Gustave Paul (1823 – 1900) 469f.,
730
Coffin, Amory (1813 – 1884) 35
Cohen, Eduard 760
Corti, Conte Luigi (1823 – 1888) 622
Crelinger, Otto (1802 – 1874) 138
Crispi, Francesco (1819 – 1901) 809
Curtius, Ernst (1814 – 1896) 763
Cuza, Alexandru Ioan, als Fürst Alexander
Ioan I. (1820 – 1873) 352
Dahlmann, Friedrich Christoph
(1785 – 1860) 152
Dalwigk, Reinhard Frhr. v. D. zu Lichtenfels
(1802 – 1880) 403, 451
Daru, Napoléon Graf (1807 – 1890) 422, 427,
434
Daumier, Honoré (1808 – 1879) 449
Deák, Franz v. (1803 – 1876) 512
Decazes, Louis Charles Elie Armanieu
(1819 – 1886) 575
Degenfeld-Schonburg, August Graf
(1798 – 1876) 219, 363
Delane, John Thadeus (1817 – 1879) 575
Delbrück, Hans (1848 – 1929) 844
Delbrück, Rudolph v. (1817 – 1903) 401, 426,
451, *498*, 498f., 503, 535, 604f., 607
Derby, Edward Henry Smith Stanley
(1826 – 1893) 576ff., 601, 682
Déroulède, Paul (1846 – 1914) 730
Dewitz-Wussow, Otto v. (1805 – 1881) 106
Diesterweg, Adolf (1790 – 1866) 533
Dinder, Julius (1830 – 1890) 716
Disraeli, Benjamin, Earl of Beaconsfield
(1804 – 1881) 302, 576ff., 622, 624, 625,
629, 840
Döllinger, Ignaz v. (1799 – 1890) 411, 522,
526
Doré, Gustave (1832 – 1883) 449, *450*, *451*
Douglas, Hugo Sholto Oskar Georg v.
(1837 – 1912) 789
Drouyn, Lhuys de (1805 – 1881) 379
Dunant, Jean Henri (1828 – 1910) 274
Duncker, Alexander (1813 – 1897) 505
Duncker, Max (1811 – 1886) 334, 350
Eckardt, Ludwig (1827 – 1871) 322, 369, 382
Eickstedt-Peterswald, Gräfin 813, 834
Eiselen, Ernst Wilhelm 16
Eisendecher, Carolina Elisabeth Dorothea
473

Emin-Pascha (eigentlich Schnitzer, Eduard)
(1840 – 1892) 780, 782f.
Engel, Ernst (1821 – 1896) 580
Engels, Friedrich (1820 – 1895) 71f., 126,
128, 130, 172, 181, 198, 233, 249, 257, 313,
320, 369, 413 – 416, 443, 457, 465, 471,
496, 502, 550, 583, 644, 737, 753f., 777,
824ff.
Ernst II., Herzog v. Sachsen-Coburg-Gotha
(1818 – 1883) 281ff., 342
Esterházy, Moritz Graf v. (1807 – 1890)
340, 342, 360, 364
Eugénie, Kaiserin der Franzosen
(1826 – 1920) 379, 469
Eulenburg, Friedrich Albrecht Graf zu
(1815 – 1881) 311, 431, 583, 806
Eulenburg, Wend zu (1845 – 1875) 673
Eulenburg und Hertefeld, Philipp zu
(1847 – 1921) 666 – 671, 794, 833
Fabrice, Georg Friedrich Alfred v.
(1818 – 1891) 468, 470
Falk, Adalbert (1827 – 1900) 529f., *531*, 532,
535, 538, 540, 644
Favre, Jules (1809 – 1880) 440, 446 – 449,
464, 470, 508
Ferdinand I., Fürst v. Bulgarien (1861 – 1948)
751f.
Ferry, Jules (1832 – 1893) 440, 685
Feuerbach, Ludwig (1804 – 1872) 70, 74, 95,
112
Flemming, Albert Georg Friedrich Graf v.
(1813 – 1884) 398, 400, 403f.
Flügge, Wilhelm v. (1825 – 1898) 643
Fontane, Theodor (1819 – 1898) 76, 649, 677,
771
Forckenbeck, Max v. (1821 – 1892) 309, 374,
377f., 617, 644, 722, 766
France, Anatole (1844 – 1924) 471
Franchi, Alessandro (1819 – 1878) 718
Franckenstein, Georg Arbogast zu
(1825 – 1890) 630, 644, 743
Franz I., Kaiser v. Österreich u. König v.
Ungarn (1768 – 1835) 247
Franz Joseph I., Kaiser v. Österreich u. König
v. Ungarn (1830 – 1916) 178, 214, 219, 263,
274f., 288, 340, 364, 509f., 512, 514, 518, 523,
567f., 571, 585, 589, 661, 717, 732, 789, 797,
830
Frege, Christian Gottlob (1747 – 1816) 12

Frenzel, Karl (1827–1914) 372
Freycinet, Charles Louis de Saulces de
(1828–1923) 730
Freytag, Gustav (1816–1895) 528, 613, 764
Friedenthal, Rudolf (1827–1890) 645
Friedjung, Heinrich (1851–1920) 353
Friedrich I., Großherzog v. Baden
(1826–1907) 292, 309, 421, 451, 454, 614,
790, 795, 797, 810
Friedrich v. Hohenzollern-Sigmaringen
(1843–1904) 425, 428
Friedrich I., König in Preußen (1657–1713)
454
Friedrich II., König v. Preußen (1712–1786)
12, 187, 218, 229, 560
Friedrich III., Deutscher Kaiser und König v.
Preußen, als Kronprinz Friedrich
Wilhelm (1831–1888) 306, 311, 325, 335,
347, 349, 357, 363, 371, 374, 425, 428, 447,
462, 528f., 537, 574, 613f., 634, 655, 722, 725,
758f., 759, 762–768, 774, 797, 828
Friedrich VIII., Herzog v. Schleswig-
Holstein-Sonderburg-Augustenburg
(1829–1880) 322, 327, 330, 455
Friedrich Karl, Prinz v. Preußen
(1828–1885) 136
Friedrich Wilhelm I., König v. Preußen
(1688–1740) 78
Friedrich Wilhelm III., König v. Preußen
(1770–1840) 29, 70, 117, 239, 760
Friedrich Wilhelm IV., König v. Preußen
(1795–1861) 70ff., 79f., 94f., 118, 123, 131,
133f., 137ff., 154, 163, 165, 171f., 177ff., 182ff.,
194f., 200, 202, 212, 219, 222f., 225, 233, 236,
250f., 293, 338, 454, 527
Friesen, Karl Friedrich (1784–1814) 16
Frohme, Karl (1850–1933) 713
Fürstenberg, Carl (1850–1933) 551
Gablenz, Anton v. (1810–1878) 353
Gaertner, Ernst August (gest. 1862) 93, 98
Gagern, Heinrich v. (1799–1880) 152, 178
Gagern, Maximilian v. (1810–1889) 340
Gambetta, Léon (1838–1882) 440, 442f.,
449
Garibaldi, Guiseppe (1807–1882) 288, 469
Geffcken, Friedrich Heinrich (1830–1896)
768
Georg V., König v. Hannover (1819–1878)
270, 339, 406, 408, 502, 618

Gerlach, Ernst Ludwig v. (1795–1877)
69, 72, 77, 79, 85, 94f., 97f., 105–108, 121f.,
138–143, 145, 148, 151, 154, 157–161, 163,
171, 173, 175, 183f., 187, 190f., 192, 198, 202,
209, 221f., 225, 224–227, 231, 235ff., 241,
246, 260, 266, 290, 334, 348, 350, 387, 493,
540, 634, 760
Gerlach, Leopold v. (1790–1861) 69, 72,
79, 94f., 98, 139, 145f., 148, 151, 154, 161,
166f., 171f., 177, 183f., 192, 196f., 201f., 208,
210f., 217, 221–227, 225, 230f., 234, 236f.,
241–249, 251, 260, 266, 290, 387, 634, 760
Giers, Nikolai Karlowitsch de (1820–1895)
660, 723, 728, 732, 748, 781, 805
Gladstone, William Ewart (1809–1898)
682f.
Gneist, Rudolf (1816–1895) 331f.
Godeffroy, Johann Cesar (1813–1885) 678
Goethe, Johann Wolfgang v. (1749–1832)
87f., 113, 203, 460, 483, 699
Goltz, Colmar Frhr. v. d. (1843–1916)
443, 723, 752
Goltz, Robert Heinrich Graf v. d.
(1817–1869) 196, 222, 323ff., 337, 347, 349,
367
Golyzyn, Nikolai D. (1850–1925) 747
Gontaut-Biron, Anne Armand Elie de
(1817–1890) 508, 575, 629, 809
Gortschakow, Alexander M. Fürst
(1798–1883) 215f., 247, 261ff., 267ff., 271f.,
274f., 277, 286f., 289, 319f., 352, 382, 431f.,
508, 511–514, 517f., 558f., 563–566, 574,
576ff., 587–593, 601, 622, 625, 628ff.,
659f.
Govone, Guiseppe (1825–1872) 337
Grabow, Wilhelm (1802–1872) 165
Gramont, Antoine Alfred Herzog v.
(1819–1880) 427–433
Granville, George Leveson-Gower
(1815–1891) 431, 682f., 685
Grillenberger, Karl (1848–1897) 775
Grolman, Ernst Wilhelm Karl v.
(1832–1904) 409
Grünne, Karl Ludwig, Graf v. Pinchard
(1808–1884) 219
Gruson, Hermann (1821–1895) 497
Guizot, François (1787–1874) 466
Gutzkow, Karl (1811–1878) 58
Haeckel, Ernst (1834–1919) 831

Hagen, Adolph (1820–1894) 505
Hahnke, Karl Wilhelm v. (1833–1912) 796, 798
Halske, Johann Georg (1814–1890) 497
Hammacher, Friedrich (1824–1904) 456, 776f.
Hammerstein, Wilhelm v. (1838–1904) 581
Hansemann, Adolph v. (1826–1903) 504, 678, 785
Hansemann, David Justus Ludwig (1794–1864) 46, 118, 127, 134, 138, 144, 146, 148f., 154f., 157f., 160f., 163, 165, 200, 315, 497, 504
Harden, Maximilian (1861–1927) 714, 734, 801, 813, 833
Harnisch, Christian Wilhelm (1787–1864) 16
Hart, Heinrich (1855–1906) 770
Hart, Julius (1859–1930) 770
Hartmann, Richard (1809–1878) 497
Hartmeyer, Heinrich Emil (1820–1902) 803
Hatzfeldt, Maximilian Friedrich, Graf v. H. zu Trachenberg-Schönstein (1813–1859) 242
Hatzfeldt, Paul Graf v. (1831–1901) 482, 748f., 783
Hatzfeldt-Trachenberg, Hermann v. (1848–1933) 719f.
Hauchecome, Wilhelm (1828–1900) 463
Hauptmann, Gerhart (1862–1946) 742, 770, 814
Haußmann, Julius (1816–1889) 330
Haymerle, Heinrich Karl v. (1828–1881) 622, 661ff.
Hedemann, August v. (1785–1859) 137
Hegel, Georg Wilhelm Friedrich (1770–1831) 27, 47, 59, 70, 79, 395, 412, 530, 544
Heine, Heinrich (1797–1856) 36, 41, 140, 278, 813
Heinrich, Prinz v. Preußen (1862–1929) *834*
Helldorf-Bedra, Otto Heinrich v. (1833–1908) 608, 745, 787f.
Helmholtz, Anna v., geb. Mohl (1834–1899) *349*
Helmholtz, Hermann v. (1821–1894) *349*
Henckel v. Donnersmarck, Guido Graf (1830–1916) 463, 708, 802

Henikstein, Alfred v. (1810–1882) 340
Henseler, Ernst (1852–1940) 595
Hepke, Robert v. (1820–1898) 382
Herder, Johann Gottfried (1744–1803) 460
Hermes, Justus Gottfried (geb. 1740) 78
Hertling, Georg Friedrich v. (1843–1919) 695
Heß, Heinrich Frhr. v. (1788–1870) 219, 368
Hettner, Hermann Theodor (1821–1882) 529
Heyden, August v. (1827–1897) 789
Heydt, August v. d. (1801–1874) 130, 251, 370f.
Hinzpeter, Georg Ernst (1827–1907) 789
Hirsch, Max (1832–1905) 689
Hitler, Adolf (1889–1945) *841*
Hock, Carl v. (1808–1869) 219
Hödel, Max (1857–1878) 620f.
Hofmann, Hermann (1850–1915) 803
Hofstätter, Heinrich v. (1805–1875) 410f.
Hofstetten, Johann Baptist v. (gest. 1887) 344
Hohenlohe-Langenburg, Hermann zu (1832–1913) 349, 680
Hohenlohe-Schillingsfürst, Chlodwig Fürst zu (1819–1901) 397ff., 408, 411f., 420, 522ff., 570ff., 622, 659, 810, 821
Hohenlohe-Schillingsfürst, Constantin Prinz zu (1828–1896) 522f.
Hohenlohe-Schillingsfürst, Gustav Adolf Prinz zu (1823–1896) 420, 522f., 533
Hohenwart, Karl Siegmund v. (1824–1899) 511f.
Holnstein, Max Graf v. (1835–1895) 452f.
Holstein, August v. (1800–1863) 733f.
Holstein, Friedrich v. (1837–1909) 469, 482f., 614, 733ff., *735*, 806, 823, 833
Holz, Arno (1863–1929) 770
Houx, Henri des (eigentl. Durant-Morimbeau, Henri) (1848–1911) 804, 826
Hoyos, Alice v. (1851–1936) 837f.
Hutten-Czapski, Bogdan (1851–1937) 718
Isabella II., Königin v. Spanien (1830–1904) 424
Itzenplitz, Heinrich Friedrich August v. (1799–1883) 505
Jacobini, Ludovico (1832–1887) 743
Jacoby, Johann (1805–1877) 71, 176, 251

Jahn, Friedrich Ludwig (1778–1852) 16

Jaurès, Jean (1859–1914) 429, 464

Jean Paul (1763–1825) 84f., 88, 203

Jencke, Hanns (1843–1910) 791

Joachim, Joseph (1831–1907) 813

Johann Nepomuk Salvator, Erzherzog v.
Österreich (1852–1891) 153

John, Franz Frhr. v. (1815–1876) 364

Jolly, Julius (1823–1891) 486

Jörg, Edmund (1819–1901) 409

Judet, Ernest (1851–1943) 805f.

Kálnoky v. Kőröspatak, Gustav Sigmund
Graf (1832–1898) 661f., 728, 789

Kameke, Georg Arnold Karl v. (1817–1893)
647

Kamptz, Karl Christoph v. (1769–1849) 48

Kant, Immanuel (1724–1804) 40

Kapodistrias, Ioannis Antonios Graf
(1776–1831) 262

Kardorff, Wilhelm v. (1828–1907) 456, 493,
551f., 605ff., 619f., 643, 651, 708, 745f., 787

Karl V., dt. Kaiser (1500–1558) 241, 425, 429

Karl I., König v. Rumänien (1839–1914) 424

Karl, König v. Württemberg (1823–1891)
399, 412, 419

Karl Anton, Fürst v. Hohenzollern-Sigma-
ringen (1811–1885) 251, 352, 424, 426, 428

Károlyi v. Nagykároly, Graf Alajos
(1825–1889) 69, 276, 316, 337, 342, 361,
363, 492, 512, 567f., 576, 594f., 599–602,
605, 616, 625, 626, 661

Katkow, Michail (1820–1887) 730f., 733, 750

Kautsky, Karl (1854–1938) 496, 703

Keller, Friedrich Ludwig (1799–1860)
177

Keller, Gottfried (1819–1890) 181

Kellermann, François-Christophe
(1735–1820) 460

Kessler, Harry Graf (1868–1937) 842

Keudell, Robert v. (1824–1903) 17, 335, 383,
441, 446, 479, 813

Keyserling, Alexander v. (1815–1891) 37f.,
40f., 52, 57, 64, 114, 117, 475–478, 814

Keyserling, Hermann v. (1812–1880) 37f.,

Kléber, Jean-Baptiste (1753–1800) 460

Kleist, Adolph Graf v. (1793–1866) 350

Kleist-Retzow, Hans Hugo v. (1814–1892)
154, 157f., 161, 167, 177, 190, 197, 203, 257,
290, 334, 350, 371f., 491, 493, 532

Klitzing, Louis (Ludwig) v. (1818–1868) 72

Klöden, Karl Friedrich (1786–1856) 16

Koch, Adolf (1796–1865) 726

Koeppen, Friedrich (1808–1863) 58

Kollmann, Wilhelm (1839–1913) 707f.

Koser, Reinhold (1852–1914) 716f., 719

Kossuth, Lajos (1802–1894) 275f.

Kräcker, Julius (1839–1888) 697

Krüger, Franz (1797–1857) 18, 19

Krüger, Stephanus (Ohm Krüger)
(1825–1904) 843

Krupp, Alfred (1812–1887) 332, 497, 581

Krupp, Friedrich Alfred (1854–1902) 791

Kugelmann, Louis (1828–1902) 436

Kühlwetter, Friedrich v. (1809–1882) 463

Kullmann, Eduard (1853–1892) 538

Kusserow, Heinrich v. (1836–1900) 678

La Marmora, Alfonso Ferrero (1804–1878)
337

Lamartine, Alphonse de (1790–1869) 162

Lang, Julius 526

Lange, Friedrich Albert (1828–1875) 329

Langenau, Ferdinand v. (1818–1881) 565, 588

Larisch v. Moennich, Johann Graf
(1821–1884) 342

Lasker, Eduard (1829–1884) 332, 421f., 425,
456, 487, 495, 500f., 505f., 530, 535, 537, 613,
637, 643, 649, 738

Lasker, Emanuel (1868–1941) 254

Lassalle, Ferdinand (1825–1864) 169, 176,
266, 315, 318, 354, 373, 386f., 392, 414, 578f.,
581, 583, 652

Launay, Edoardo de (1820–1892) 431

Lédochowski, Mieczysław Graf
(1822–1902) 716f.

Le Sourd, Georges (1834–1877) 431

Lenbach, Franz (1836–1904) 808, 811, 831,
845

Leo XIII., Papst (1810–1903) 618, 650,
716–721, 743

Leopold II., König der Belgier (1835–1909)
684

Leopold v. Hohenzollern-Sigmaringen
(1835–1905) 424ff., 428–432, 434

Lerchenfeld-Köfering, Hugo v. u. zu
(1843–1925) 792

Liebknecht, Wilhelm (1826–1900) 176, 345,
389, 401, 414f., 437, 486, 496f., 545, 555,
578f., 582, 652, 680, 702, 770, 772

Lilienthal, Otto (1848 – 1896) 709
Lindau, Rudolf (1829 – 1910) 655
Lindner, Friedrich Ludwig (1772 – 1845) 399
Lindow (Erzieher) *811*
Lindstaedt, Johann Andreas (gest. 1859) 136
Lippe, Leopold Graf v. d. (1815 – 1889) 371
List, Friedrich (1789 – 1846) 68
Loe, Walter v. (1828 – 1908) 666
Loewe-Calbe, Wilhelm (1814 – 1886) 333, 380, 557
Loftus, Augustus William Frederik Lord (1817 – 1904) 431
Lohmann, Theodor (1831 – 1905) 688ff., 693, 777
Loraine-Smith, Isabella (1820 – 1885) 52ff.
Louis Philippe, König der Franzosen (1773 – 1850) 29, 466
Lucanus, Friedrich Karl Hermann v. (1831 – 1908) 792, 797f.
Lucca, Pauline (1841 – 1908) *305*
Lüderitz, Franz Adolf Eduard (1834 – 1886) 681f.
Ludwig II., König v. Bayern (1845 – 1886) 397, 411, 420, 452f.
Ludwig XIV., König v. Frankreich (1638 – 1715) 126, 399, 454, 460, 468, 663
Luise, Königin v. Preußen (1776 – 1808) 736, 759
Luther, Martin (1483 – 1546) 538, 831
Lwow, Ignatijew 805
Mac-Mahon, Marie Edme Conte de (1808 – 1893) 438f., 450, 559, 561f., 568
Madai, Guido v. (1810 – 1892) 640
Malet, Edward Balwin (1837 – 1908) 733, 748, 806
Mallinckrodt, Detmar v. (1769 – 1842) 54
Mallinckrodt, Herrmann v. (1821 – 1874) 489, 530
Malortie, Caroline v., geb. v. Bismarck-Bohlen (1819 – 1908) 52f., 56, 116
Mamroth, Eduard 547
Manteuffel, Edwin Hans Karl v. (1809 – 1885) 312, 348, 355, 366, 482, 514, 562, 590, 631, 634
Manteuffel, Otto v. (1805 – 1882) 69, 166f., 170ff., 192, 196ff., 208, 210f., 215, 217, 220ff., 226, 227ff., 236ff., 241f., 244, 246, 249, 251, 532

Marcks, Erich (1861 – 1938) 18
Maria Alexandrowna, Zarin, geb. Prinzessin v. Hessen bei Rhein (1824 – 1880) 263
Marie, Prinzessin v. Sachsen-Weimar-Eisenach (1808 – 1877) *759*
Marwitz, Friedrich August Ludwig v. d. (1777 – 1837) 28, 35f., 60
Marx, Karl (1818 – 1883) 58, 71, 120, 128, 130, 162, 233, 255, 316, 369, 386, 413 – 416, 436, 457, 461, 496, 562, 578f., 581, 583, 652, 709, 824
Mathy, Karl (1807 – 1868) 421
Mayers, Edmund 809
Mazzini, Guiseppe (1805 – 1872) 288
Meding, Oskar (1829 – 1903) 406f.
Mehemed Ali Pascha (eigentlich Detroit, Karl) (1827 – 1878) 467, 622, 625, 824
Mehring, Franz (1846 – 1919) 176, 620
Memminger, Anton (1846 – 1923) 806ff., 812
Mencken, Anastasius Ludwig (1752 – 1801) 32
Mencken, Johanna Elisabeth (1755 – 1818) 22
Mendelssohn-Bartholdy, Felix (1809 – 1847) 304, 813
Mensdorff-Pouilly, Alexander Graf (1813 – 1871) 327, 335, 340f.
Menzel, Adolph v. (1815 – 1905) *349*
Metternich, Klemens Wenzel Lothar Fürst v. (1773 – 1859) 10, 37, 118, 131, 133, 135, 190, 279
Metz, August (1818 – 1874) 283
Mevissen, Gustav v. (1815 – 1899) 130, 581
Meysenbug, Otto Frhr. v. (1806 – 1886) 340
Mignet, François-Auguste (1796 – 1884) 466
Milan Obrenowitsch IV., König v. Serbien (1854 – 1901) 589, 728
Miljutin, Dimitri (1816 – 1912) 629f.
Milner, Joseph (1744 – 1797) 77
Miquel, Johannes v. (1828 – 1901) 406, 456, 495, 556f., 605, 702, 786, 791
Mittelstädt, Elisabeth v. 88
Moll, Joseph (1813 – 1849) 128
Moltke, Cuno v. (1847 – 1923) 833f.
Moltke, Helmuth v. (1800 – 1891) 336, 348, 357, 356 – 359, 363, 396, 426, 431f., 439f., 443 – 448, 457, 460, 472, 488, 498, 518, 555, 561, 573f., 616, 736, 832

Mommsen, Theodor (1817 – 1903) 331, 766
Montgelas, Ludwig Graf (1814 – 1892) 270
Motley, John Lothrop
   (1814 – 1877) 32 861– 42, 64, 117, 206,
   475 – 478
Motteler, Julius (1838 – 1907) 653
Moustier, Lionel Marquis de (1817 – 1869)
   275
Mühler, Heinrich v. (1813 – 1874) 527 – 530
Münch, Joachim v. (gest. 1877) 591ff.
Münster, Georg Herbert zu (1820 – 1902)
   270, 577, 682f.
Nachtigal, Gustav (1834 – 1885) 683
Napoleon I. Bonaparte, Kaiser der Fran-
   zosen (1769 – 1821) 9f., 35, 40, 126, 192,
   202, 265, 282, 457, 459, 466, 471, 562, 616
Napoleon III. (Louis Napoleon), Kaiser der
   Franzosen (1808 – 1873) 69, 174, 210,
   242ff., 247, 257, 262, 264f., 268, 272 – 277,
   282, 287ff., 301f., 316f., *317*, 320f., 337, 343,
   345, 351f., 360, 367, 379, 392 – 395, 407, 410,
   422, 424, 426f., 429, 431f., 435 – 440, 453,
   464, 466f., 469, 616, 690, 761, 804
Nietzsche, Friedrich Wilhelm (1844 – 1900)
   543ff., 766
Nigra, Graf (1827 – 1907) 337
Nikolaus I., Zar (1796 – 1855) 118, 162, 178,
   193ff., 215, 232, 239, 262, 264, 477, 559, *759*
Nobiling, Karl Eduard (1848 – 1878) 620, 638
Nothomb, Jean Baptiste de (1805 – 1881)
   573f.
Nowikow, Ewgeni Petrowitsch 628
Oetker, Friedrich (1809 – 1881) 350
Ollivier, Emile (1825 – 1913) 426, 431
Oppenheim, Heinrich Bernhard
   (1819 – 1880) 605
Orlow, Nikolai A. Fürst (1820 – 1885) 304,
   723
Orlowa, Katharina Fürstin (1840 – 1875)
   52, 92, 304, *305*
Osman Nuri Pascha Ghazi (1837 – 1900) 597
Oubril, Paul Graf v. (1820 – 1896) 340, 352,
   381, 564, 569, 587
Palmerston, Henry John Viscount
   (1784 – 1865) 247, 302
Paul Friedrich, Großherzog v. Mecklenburg-
   Schwerin (1800 – 1842) 25
Peel, Sir Robert (1788 – 1850) 73
Perrot, Franz (1835 – 1891) 604

Persigny, Jean Gilbert (1808 – 1872) 275
Perthes, Clemens Theodor
   (1809 – 1867) 294, 299, 301, 521
Peters, Carl (1856 – 1918) 683, 780, 782f.
Pfordten, Ludwig Frhr. v. d. (1811 – 1880)
   339, 397
Pfuel, Ernst v. (1779 – 1866) 164ff.
Piscatory, Théobald (1799 – 1870) 235
Pius IX., Papst (1792 – 1878) 519f., 524ff.,
   534f., 538f., 567f., 570, 575, 718
Plamann, Johann Ernst (1771 – 1834) 16 – 19
Planck, Gottlieb (1824 – 1910) 373, 501
Planck, Max (1858 – 1947) 373
Pleß, Hans Heinrich v. (1833 – 1907) 791
Plessen, Ludwig v. (1848 – 1929) 818
Podbielski, Theophil v. (1814 – 1871) 446
Porsch, Felix (1853 – 1930) 795
Poschinger, Heinrich v. (1845 – 1911) 826
Pourtales, Albert Graf v. (1802 – 1861) 228,
   257, 349
Prendel, Victor Anton Franz (1766 – 1852)
   12
Prim, Juan (1814 – 1870) 424ff., 429f.
Prittwitz, Karl v. (1790 – 1871) 113, 136f.
Prokesch v. Osten, Anton Graf (1795 – 1876)
   199, 234f., 237f., 240
Proudhon, Pierre-Joseph (1809 – 1865)
   120
Puschkin, Alexander (1799 – 1837) 262
Putbus, Wanda Fürstin zu (geb. 1837) *383*
Putbus, Wilhelm Malte II. Fürst zu
   (1833 – 1907) 382, *383*
Puttkamer, Heinrich v. (1789 – 1871)
   80, 111 – 115, 123, 210
Puttkamer, Luitgarde Agnese v., geb. v.
   Glasennapp (1799 – 1863) 80, 113, 123, 204,
   206
Puttkamer, Ottilie v. 72f., 110
Puttkamer, Robert Viktor v. (1828 – 1900)
   644, 654, 713f., 721, 771
Quistorp, Heinrich (1826 – 1902) 547, 549
Radetzky, Josef Wenzel Graf v. (1766 – 1858)
   151
Radowitz, Joseph Maria v. (1797 – 1853) 564
Radowitz, Joseph Maria v. (1839 – 1912) 72,
   148, 151, 179, 183 – 193, 195f., 222, 227, 234f.,
   246, 252, 338, 548, 564, 566, 575, 628, 660,
   750, 781
Radziwill, Elisa v. (1803 – 1834) 760

Radziwill, Wilhelm Fürst v. (1797 – 1870)
138, 432

Rantzau, Kuno zu (1843 – 1917) 481, 672f.,
811, 818, 837, 839

Rantzau, Marie zu, geb. Bismarck
(1848 – 1926) 258, 383, 481, 673, *811*

Rathenau, Emil (1838 – 1915) 708

Ratibor, Viktor, Herzog v., Prinz zu
Hohenlohe-Waldenburg- Schillingsfürst
(1818 – 1893) 523

Rauch, Christian (1777 – 1857) 28

Rauschenplat, Johann Ernst v. (1787 – 1868)
32

Rechberg-Rothenlöwen, Johann Bernhard
Graf v. (1806 – 1899) 240, 273f., 282f., 324,
327, 335

Reichenbach, Oskar Graf (1815 – 1893)
382

Reichensperger, Peter (1810 – 1892) 489, 530

Renard, Johannes Graf v. (1829 – 1874) 463

Rentzsch, Hermann (1831 – 1917) 689

Reuleaux, Franz (1829 – 1905) 550

Reuß, Heinrich VII. Prinz (1825 – 1906) 311,
398, 441, 512, 514, 517f., 558, 561f., 564f., 634
663, 726, 752f., 829ff.

Richter, Eugen (1838 – 1906) 609, 613, 649,
691f., 700, 703, 740, 743

Richter, Gustav (1823 – 1884) *667*

Rickert, Heinrich (1833 – 1902) 654f.

Ritter, Carl (1779 – 1859) 79

Rochau, August Ludwig (1810 – 1873) 279

Rochow, Theodor Heinrich v. (1784 – 1854)
201f., 214, 221

Rodbertus, Johann Karl (1805 – 1875) 165,
176

Roggenbach, Franz Frhr. v. (1825 – 1907)
764, 799

Roon, Albrecht Graf v. (1803 – 1879) 139,
250, 293f., 296, 298 – 306, 299, 308, 325,
334, 347, 349, 359, 363, 371, 426, 431f., 456,
473, 492f., 521, 554, 557, 763

Rößler, Konstantin (1820 – 1896) 571, 575

Roth v. Schreckenstein, Ludwig Frhr.
(1789 – 1858) 273

Rotenhan, Julius v. (1805 – 1882) 409

Rottenburg, Franz v. (1845 – 1907) 782f., 785,
845

Russel, Laura 45ff., 49, 51f.

Russell, John Lord (1792 – 1878) 45ff., 49

Russell, Odo (1829 – 1884) 302, 513, 576, 588

Rutenberg, Adolf (1808 – 1869) 58

Saburow, Peter A. (1835 – 1918) 660f., 723

Saint-Vallier, Charles Raymond de
(1833 – 1886) 629f.

Salazar y Mazarredo, Eusebio de
(1827 – 1871) 424f., 429

Salisbury, Robert Arthur (1830 – 1903) 603,
622, 748f., 751, 782ff.

Sassulitsch, Vera (1851 – 1919) 602

Saucken, Ernst v. (1791 – 1854) 118

Savigny, Friedrich Carl v. (1779 – 1861) 39, 45

Savigny, Karl Friedrich v. (1814 – 1875)
45, 52, 143, 174, 180, 382f., 385, 387

Say, Léon (1826 – 1896) 698

Schapper, Karl (1812 – 1870) 128

Scharlach, Gustav (1811 – 1881) 34, 37ff., 41ff.,
54, 91, 192

Scheie, Frhr. G. v. 207f.

Schierstädt-Dahlen, Wolfgang v. 98

Schiller, Friedrich (1759 – 1805) 58, 412, 813f.

Schinkel, Karl Friedrich (1781 – 1841) 28

Schleiermacher, Friedrich Ernst Daniel
(1768 – 1834) 26f., 77

Schleinitz, Alexander Graf v. (1807 – 1885)
251, 263f., 266, 268ff, 272f., 280 – 284, 289f.,
292, 316, 325, 347, 349, 666

Schleinitz, Marie (Mimi) Gräfin v.
(1842 – 1912) 349, 666

Schlözer, August Ludwig v. (1735 – 1809)
284

Schlözer, Kurd v. (1822 – 1894) 284f., 718

Schmidt, Julian (1818 – 1886) 373

Schmoller, Gustav (1838 – 1917) 510

Schnäbele, Guillaume (1831 – 1900) 747

Schneckenburger, Max (1819 – 1849) 68

Scholz, Adolf Heinrich Wilhelm v.
(1833 – 1924) 758

Schönerer, Georg (1842 – 1921) 830

Schorlemer-Alst, Burghard v. (1825 – 1895)
538

Schuckmann, Kaspar Friedrich v.
(1755 – 1834) 25

Schulze-Delitzsch, Herrmann
(1808 – 1883) 277, 494

Schuwalow, Paul A. (1830 – 1908) 734, 750,
755, 796

Schuwalow, Peter A. (1827 – 1889) 603, 622f.,
625, 626

Schwab, Gustav (1792 – 1850) 814
Schwartzkopff, Louis (1825 – 1892) 497
Schwarzenberg, Felix Fürst zu (1800 – 1852)
　177f., 188, 193, 212, 214, 218f.
Schweinitz, Hans Lothar v. (1822 – 1901) 408,
　517, 586, 593, 603, 731, 733, 747, 750, 788
Schweitzer, Johann Baptist v. (1833 – 1875)
　344, 401, 414f., 496
Schweninger, Ernst (1850 – 1924) 674ff., 675,
　799, 801, 807 – 810, 811, 838f.
Schwerin-Putzar, Maximilian Graf v.
　(1804 – 1872) 283, 326
Seckendorff, Götz Graf v. (1840 – 1895) 349
Senfft-Pilsach, Ernst v. (1795 – 1882) 66,
　94 – 98, 107f.
Sepp, Johann Nepomuk (1816 – 1909) 463
Serrano, Francisco (1810 – 1885) 562
Seydewitz, Otto Theodor v. (1818 – 1898) 644
Shakespeare, William (1564 – 1616) 38, 88,
　813f.
Siemens, Johann Georg v. (1839 – 1901) 504,
　649
Siemens, Werner v. (1816 – 1892) 497, 707,
　709, 711
Simson, Eduard (1810 – 1899) 190, 331
Singer, Paul (1844 – 1911) 831
Skobelew, Michail (1841 – 1882) 597, 722f.
Smith, Adam (1723 – 1790) 36, 145
Sonnemann, Leopold (1831 – 1909) 505
Spener, Philipp Jakob (1635 – 1705) 78
Spengel, Julius (1853 – 1936) 813
Spies, August (1855 – 1887) 773
Spinoza, Baruch (1632 – 1677) 47, 51
Spitzemberg, Hildegard v. (1843 – 1914) 481,
　676, 764, 810, 812, 815, 817, 831
Stahl, Friedrich Julius (1802 – 1861) 97, 171,
　173, 174f., 190
Stambulow, Stephan (1853 – 1895) 731
Stauffenberg, Franz August Frhr. Schenck v.
　(1834 – 1901) 617, 644, 649, 722
Stavenhagen, Friedrich (1796 – 1869) 306
Stein, Heinrich Friedrich Karl Rfrhr. v. u. z.
　(1757 – 1831) 10, 698
Stein, Lorenz (1815 – 1890) 120
Stenzel, Gustav (1792 – 1854) 190
Stirner, Max (1806 – 1856) 70
Stoecker, Adolf (1835 – 1909) 620f., 650f., 655
Stolberg-Wernigerode, Otto v. (1837 – 1896)
　493, 618f.

Stosch, Albrecht v. (1818 – 1896) 514, 613f.,
　654f., 799
Stötzel, Gerhard (1835 – 1905) 640
Stremouchow, Piotr N. 558, 565
Strauß, David Friedrich (1808 – 1874) 74, 95,
　112, 542f., 546
Strousberg, Bethel Henry (1823 – 1884) 548
Struck, Heinrich 479, 674
Stumm, Karl Ferdinand v. (1836 – 1901)
　456, 493, 505, 551, 620, 680, 707, 791
Suckow, Albert v. (1828 – 1893) 399, 419
Sudermann, Hermann (1857 – 1928) 814
Sutherland, Lord Ronald S.-Leveson-
　Gower (1845 – 1916) 813
Suttner, Berta v. (1843 – 1914) 825
Sybel, Heinrich v. (1817 – 1895) 190, 306, 336,
　368, 373, 496
Széchenyi, Imre (1825 – 1898) 566, 661
Szögyényi-Marich, Ladislaus v. (1841 – 1916)
　786
Tann, Ludwig Frhr. v. u. z. d. (1815 – 1881)
　411, 438
Tauffkirchen-Guttenberg, Carl v.
　(1826 – 1895) 524
Tessendorff, Hermann (1831 – 1895) 582
Thadden, Ernst Dietrich v. (1745 – 1799) 77
Thadden, Henriette v., geb. v. Oertzen
　(1801 – 1846) 77f., 91
Thadden, Marie v. (1822 – 1846) 52, 82 – 92,
　84, 109 – 112, 203, 258, 304f., 479
Thadden-Trieglaff, Adolf v. (1796 – 1882)
　66, 76 – 83, 91f., 94, 119, 141ff., 148, 184, 351,
　605
Thaer, Albrecht (1752 – 1828) 77
Thierry, Augustin (1795 – 1856) 466
Thiers, Adolphe (1797 – 1877) 440, 449f.,
　459, 466ff., 470f., 515ff., 559
Thile, Karl Hermann v. (1812 – 1889) 72,
　514f.
Thun und Hohenstein, Friedrich Graf v.
　(1810 – 1881) 213ff., 217f., 220, 234, 317
Tiedemann, Christoph v. (1836 – 1907)
　620
Tirpitz, Alfred v. (1849 – 1930) 839, 843
Todleben, Eduard v. (1818 – 1884) 591, 597
Tölcke, Carl Wilhelm (1817 – 1893) 579
Treitschke, Heinrich v. (1834 – 1896) 328,
　344, 368, 484, 496, 528, 539, 582, 651
Trepow, Fjodor (1812 – 1889) 602

Trochu, Louis Julis (1815 – 1896) 440f., 445

Tschernjajew, Michail (1828 – 1898) 589

Twesten, Karl (1820 – 1870) 306, 331, 333, 377f.

Unruh, Hans Victor v. (1806 – 1884) 145, 165, 168, 279 – 283, *281*, 348, 368, 374, 456

Usedom, Guido Graf v. (1805 – 1884) 335

Vahlteich, Julius (1839 – 1915) 345

Varnbüler, Friedrich Gottlob Karl Frhr. v. (1809 – 1889) 399, 419, 451, 641, 651

Varnhagen v. Ense, Karl August (1785 – 1858) 58f.

Verdy du Vernois, Julius v. (1832 – 1910) 786, 791, 794

Versen, Maximilian v. (1833 – 1893) 426, 428

Vicari, Hermann v. (1773 – 1868) 231

Victoria, Königin v. England (1819 – 1901) 242, 311, 574, 576, 600, 624, 634, 749, 751, 763, 765, 840

Viereck, Louis (1851 – 1921) 703, 713

Viktor Emanuel II., König v. Italien (1820 – 1878) 567, 571

Viktoria, Kaiserin Friedrich, deutsche Kaiserin und Königin v. Preußen (1840 – 1901) 306, 311, 325, *349*, 529, 574, 725, *759*, 761, 763 – 766, 774

Viktoria, Prinzessin v. Preußen (1866 – 1929) 725f., 765

Vincke, Georg Ernst Friedrich Frhr. v. (1811 – 1875) 119, 143ff., 151, 190

Virchow, Rudolf (1821 – 1902) 309f., 315, 375f., 519, 530, 532, 541f., *541*, 545, 655, 743, 766

Vischer, Friedrich Theodor (1807 – 1887) 314

Visconti-Venosta, Emilio (1829 – 1914) 431

Vollmar, Georg v. (1850 – 1922) 713, 770

Waddington, William Henry (1826 – 1894) 622

Wagener, Hermann (1815 – 1899) 97, 155, 159, 174, 195, 207, 382, 385ff., 494, 505f., *507*

Wagner, Richard (1813 – 1883) 411, 813

Waldeck, Benedikt (1802 – 1870) 166, 176, 391

Waldersee, Alfred v. (1832 – 1904) 471, 735, 735f., 741f., 745, 752, 785f., 790, 794

Waldersee, Franz Heinrich v. (1791 – 1873) 735

Walewski, Alexander Graf (1810 – 1868) 275

Wallich, Hermann (1833 – 1928) 503f.

Wartensleben-Carow, Hermann Graf v. (1826 – 1921) 98, 135

Wehrenpfennig, Wilhelm (1829 – 1900) 344, 636

Weitling, Wilhelm (1808 – 1871) 128, 638

Werder, August (1808 – 1867) 447

Werder, Bernhard v. (1823 – 1907) 591

Werner, Anton v. (1843 – 1915) *349*

Werther, Karl v. (1809 – 1894) 422, 431f., 435

Werthern, Georg Frhr. v. (1816 – 1895) 411, 420, 424f., 463,740

Westphal, Ernst 838

Whitman, Sidney (1848 – 1925) 809, 812, 837

Wilhelm I., Deutscher Kaiser und König v. Preußen (1797 – 1888) 42 passim

Wilhelm II., Deutscher Kaiser und König v. Preußen (1859 – 1941) *759*, 762, 765 – 769, 775f., 778, 785f., 788f., *790*, 791 – 799, 803 – 807, 810ff., 815f., 827 – 834, *835*, *836*, 836, 839, 842ff., 846

Wilhelm III., König der Niederlande (1817 – 1890) 393ff.

Wilhelm v. Oranien, Statthalter der Niederlande (1748 – 1806) 119

Wilhelm I., König v. Württemberg (1781 – 1864) 399

Wimpffen, Emmanuel Felix v. (1811 – 1884) 440

Windischgrätz, Fürst Alfred zu (1787 – 1862) 219, 361

Windthorst, Ludwig (1812 – 1891) 489f., 505, 529ff., 694, 714, 717, 740, 743, 773f., 792, 795f., 804

Wladimir Alexandrowitsch, Großfürst v. Russland (1847 – 1909) 731f., 734

Wolf, Eugen (1850 – 1912) 781

Wrangel, Friedrich Graf v. (1784 – 1877) 137, 164, 166, 368

Ziegler, Franz (1803 – 1876) 175ff., 210, 354

Zitelmann, Karl Ludwig (1816 – 1898) 13, 89

Zitelmann, Karl Wilhelm (1777 – 1844) 13, 208

图书在版编目（CIP）数据

俾斯麦：欧洲风暴 /（德）恩斯特·恩格尔贝格
(Ernst Engelberg),（德）阿希姆·恩格尔贝格
(Achim Engelberg) 著；卢梦雪译 . -- 北京：社会科
学文献出版社 , 2025. 6. -- ISBN 978-7-5228-3872-4

Ⅰ . K835.167=43

中国国家版本馆 CIP 数据核字第 20245V60D4 号

俾斯麦：欧洲风暴

著　　者 /［德］恩斯特·恩格尔贝格（Ernst Engelberg）
　　　　　［德］阿希姆·恩格尔贝格（Achim Engelberg）
译　　者 / 卢梦雪

出 版 人 / 冀祥德
组稿编辑 / 段其刚
责任编辑 / 陈嘉瑜
文稿编辑 / 郭锡超
责任印制 / 岳　阳

出　　版 / 社会科学文献出版社·教育分社（010）59367151
　　　　　地址：北京市北三环中路甲29号院华龙大厦　邮编：100029
　　　　　网址：www. ssap. com. cn
发　　行 / 社会科学文献出版社（010）59367028
印　　装 / 南京爱德印刷有限公司

规　　格 / 开　本：889mm×1194mm　1/32
　　　　　印　张：32.25　字　数：807千字
版　　次 / 2025年6月第1版　2025年6月第1次印刷
书　　号 / ISBN 978-7-5228-3872-4
著作权合同
登 记 号 / 图字01-2018-8615号
定　　价 / 179.00元

读者服务电话：4008918866